L'ASIE

CHOIX DE LECTURES DE GÉOGRAPHIE

DU MÊME AUTEUR
A LA MÊME LIBRAIRIE

L'Asie. Ouvrage orné de 53 vignettes, de 9 cartes tirées en couleur et de 41 cartes intercalées dans le texte :
— *Première partie* (Asie russe, Turkestan, Asie ottomane, Iran). Deuxième édition. 1 vol. de 630 pages, in-12, br.   4 fr.

L'Afrique. Ouvrage orné de 57 vignettes, de 11 cartes tirées en couleur et de 31 cartes intercalées dans le texte. Cinquième édition, corrigée. 1 fort vol. de 930 pages, in-12, br.   6 fr. 50

L'Europe. Ouvrage orné de 44 vignettes, de 10 cartes tirées en couleur et de 53 cartes intercalées dans le texte. Cinquième édition, corrigée. 1 fort vol. de 1000 pages, in-12, br.   7 fr.

L'Amérique. Ouvrage orné de 37 vignettes, de 9 cartes tirées en couleur et de 26 cartes intercalées dans le texte. Sixième édition, corrigée. 1 fort vol. de 668 pages, in-12, br.   4 fr.

La France. 1 vol. in-12. (*En préparation.*)

L'Océanie et les régions polaires. 1 vol. in-12. (*En préparation.*)

L'ASIE

CHOIX DE

LECTURES DE GÉOGRAPHIE

ACCOMPAGNÉES

DE RÉSUMÉS, D'ANALYSES, DE NOTICES HISTORIQUES, DE NOTES
EXPLICATIVES ET BIBLIOGRAPHIQUES

ET ORNÉES

de 53 vignettes, de 9 cartes tirées en couleur
et de 41 cartes intercalées dans le texte

PAR

M. L. LANIER

PROFESSEUR AGRÉGÉ D'HISTOIRE ET DE GÉOGRAPHIE AU LYCÉE JANSON-DE-SAILLY
ET A L'ÉCOLE DES HAUTES ÉTUDES COMMERCIALES

DEUXIÈME PARTIE
(Indes orientales, Indo-Chine, Empire chinois, Japon)

DEUXIÈME ÉDITION
revue et corrigée

PARIS
LIBRAIRIE CLASSIQUE EUGÈNE BELIN
BELIN FRÈRES
RUE DE VAUGIRARD, 52

1893

Tout exemplaire de cet ouvrage, non revêtu de notre griffe, sera réputé contrefait.

LECTURES ET ANALYSES DE GÉOGRAPHIE

ASIE
(GÉOGRAPHIE GÉNÉRALE)

LIVRE IV
LES INDES ORIENTALES[1]

CHAPITRE PREMIER
L'HINDOUSTAN

1° RÉSUMÉ GÉOGRAPHIQUE[2]
I. — GÉOGRAPHIE PHYSIQUE

Limites; situation; aspect général. — L'*Hindoustan* (pays des Hindous, ou région du fleuve Sindhou, ou pays du dieu *Indra* ou de la Lune (*In-Tou*), occupe la péninsule triangulaire qui s'étend de la chaîne de l'Himalaya jusqu'au cap Comorin. Il a pour limites, au nord, du côté des régions tibétaines, une ligne qui suit les crêtes et les hautes saillies himalayennes parallèlement au *Brahmapoutre*, franchit le cours supérieur

---

1. Le terme *Inde* a désigné des régions très diverses. Il a été appliqué tour à tour au bassin de l'Indus, à tout le territoire gangétique, au plateau du Dekkan, à la péninsule malaise, aux archipels du sud-est. Christophe Colomb, en découvrant le Nouveau Monde, crut qu'il avait abordé aux Indes par le revers, et on continua, après lui, à désigner sous le nom impropre d'*Indes occidentales* les archipels de la mer des Antilles.
2. Voici, d'après M. L. Rousselet, le sens de quelques termes fréquemment usités dans le vocabulaire de la géographie et de l'histoire de l'Inde : *Abad*, demeure, séjour (*Allahabad*, demeure de Dieu, *Ahmedabad*, *Aurengabad*, *Mourchidabad*); — *Bâgh*, jardin ; — *Bahadour*, brave, indomptable, titre réservé aux nobles musulmans et radjpouts ; — *Band*, digue; — *Baoli*, citerne, puits; — *Bara*, grand; *Begaum* ou *Begoum*, reine ou princesse musulmane ; — *Béra*, porteur, portefaix, valet ; — *Bhil*, dépression marécageuse, étang ; — *Brahmane*, prêtre hindou ou membre de la caste sacerdotale ; — *Bungalow*, habitation ou maison-

du *Satledj* et de l'*Indus*, et laisse en dehors le groupe des monts du *Karakoroum* et de l'*Hindou-Kouch*; — à l'**ouest**, du côté de l'Afghanistan, la frontière englobe le cours inférieur du *Kaboul*, en amont de *Pechaver*, et suit la vallée de l'*Indus*, dont les rives sont soumises à la domination anglaise, entre les monts *Soléiman* et *Brahoui*; elle aboutit à l'ouest de *Karatchi*, au cap *Monze*; et se développe ensuite sur le golfe d'*Oman*; — à l'est, elle s'étend sur le golfe de *Bengale*, depuis le cap *Comorin* jusqu'au 21° degré de latitude, au sud de Tchittagong, et de là, suit une ligne conventionnelle, plus ou moins tracée dans les chaînes confuses des monts *Barel, Patkoï, Naga*. Chacun des côtés du triangle hindoustanique mesure environ 3000 kilomètres; de la vallée de Gilgit, au nord, au cap *Comorin*, au sud, la péninsule s'étend sur 28° de latitude.

Aspect général de l'Inde.

« L'Inde forme, au point de vue physique, un monde à part dans l'univers. Défendue par un gigantesque rempart de montagnes presque infranchissables et par la fureur des océans qui battent des côtes inhospitalières, elle semble vouée par la nature à un éternel isolement. Il suffit de considérer ses limites pour pressentir que sur son sol a pu se développer et s'établir une civilisation presque immuable et que les éléments étrangers qui

---

nette construite par le gouvernement anglais le long des routes postales de l'Inde, à l'usage des voyageurs européens; — *Chikari*, chasseur, batteur; — *Daghoba*, autel bouddhique; — *Dâk*, poste; — *Déva*, *Deo*, Dieu; — *Dewan*, ministre; — *Djaghir*, principauté, fief; — *Dourgah*, lieu sacré, sanctuaire, groupe de monuments religieux; — *Durbar* ou *darbar*, audience solennelle tenue par un rajah; — *Fakir*, mendiant religieux de l'Inde, surtout celui des sectes musulmanes; — *Gadi*, trône siège de souverain; — *Garh*, demeure, maison, palais; — *Gaum*, village; — *Ghari*, voiture; — *Ghât*, escalier, quai, col, défilé, montagne escarpée; — *Ghir, ghiri, ghur*, montagne, fort qui couronne une montagne; — *Jhil* ou *Djhil*, étang, marécage, lac artificiel; — *Jungles*, vaste espace inculte, couvert de broussailles, de buissons épais, de marais, même de forêts; — *Kalàm*, roseau qui sert à écrire; — *Kâmdar*, ministre, agent, secrétaire; — *Khound*, source, bassin, lac; — *Lascar*, domestique chargé du service des campements; — *Maha*, grand, magnifique (le mot s'emploie toujours avec un autre terme, maharajah, grand roi, maharao, grand-duc, mahadeva, grand dieu); — *Mahal*, palais; — *Mahout*, cornac, conducteur d'éléphants; — *Mollah*, prêtre musulman; — *Nadi*, rivière; — *Nautch*, danse de bayadères; — *Nautchni*, bayadère, danseuse; — *Nawab* ou *nabab*, prince ou noble musulman; — *Nullah*, torrent, rivière à bords escarpés, tarie pendant la plus grande partie de l'année; — *Pandit*, lettré, savant; — *Pir*, saint musulman; — *Pour, pore*, ville, cité (ce mot entre dans la composition d'un grand nombre de localités de l'Inde); — *Raj* ou *Radj*, royaume, principauté; — *Radjah*, roi, souverain; — *Rana* désigne un chef de la noblesse radjpoute et jate; — *Rani*, reine ou princesse hindoue; — *Rao*, duc ou prince qui vient immédiatement au-dessous du souverain; — *Sagar*, lac; — *Sahib*, seigneur; — *Sing*, lion, titre ajouté aux noms des nobles rajpouts et sikhs; — *Sircar*, souverain; — *Sircari*, gouvernement; — *Sirdar*, noble; — *Sowar*, cavalier; — *Sowari*, escorte de cavalerie, procession militaire; — *Tâl*, talao, lac; — *Tchour*, voleur; — *Tchota*, petit; — *Tofân*, cyclone, ouragan; — *Vakil*, ministre des relations extérieures; — *Vihara*, couvent bouddhique; — *Zemindar*, propriétaire foncier, possesseur d'un fief héréditaire; — *Zenanah*, appartement de femmes hindoues.

l'envahirent ont dû se perdre dans son sein. Elle est restée la terre mystérieuse et sacrée dont parlent ses anciens poètes. Encore aujourd'hui, après que l'appât de ses incomparables richesses a pendant des siècles attiré, malgré les obstacles, vingt conquérants divers, après que les facilités de communication dues aux sciences modernes semblent avoir effacé toutes les barrières et anéanti toutes les distances, l'Inde, sur une énorme étendue de ses frontières, demeure inaccessible. Pas une route importante ne traverse l'Himalaya, pas un port vraiment favorable ne s'ouvre le long des rivages. C'est le pays le plus fermé de la terre. Il est aussi difficile d'en sortir que d'y entrer. Aucune des antiques races qui l'ont peuplé n'eut jamais d'ailleurs l'idée de la quitter après qu'elle s'y fut établie.

» Ainsi isolée, cette contrée unique semble, par l'infinie variété de ses aspects, un abrégé de l'univers. Tous les climats s'y retrouvent, grâce à son étendue et surtout aux différences d'altitude qui existent entre ses nombreuses régions. Tandis que des chaleurs tropicales règnent sur les côtes basses de Malabar et de Coromandel, et dévorent les plaines du Pandjab, un printemps éternel enchante les premières croupes des montagnes; mais un vent glacé désole les hauts plateaux du nord, et des nappes de neiges comparables seulement à celles des terres polaires recouvrent d'un immuable linceul les massifs géants de l'Himalaya. Au commencement du mois de juin, au moment où des torrents d'eau, tels que le ciel n'en laisse échapper nulle part ailleurs, se précipitent sur les côtes du sud-ouest, les inondent et grossissent leurs cours d'eau qui roulent impétueux et gonflés vers la mer, les paysans de l'Orissa ou du bassin de l'Indus, accablés par la sécheresse, interrogent d'un œil plein d'angoisse l'azur implacable de leur ciel, et cherchent dans le sable en feu la trace des grands fleuves taris.

» Pays de tous les spectacles grandioses comme de tous les contrastes, l'Inde offre, non loin des mornes déserts du Thar, les plaines merveilleusement fertiles du Gange; entre les plateaux arides et nus du Dekkan, elle creuse des vallées où déborde une végétation luxuriante et presque indomptable. Au-dessus de l'oasis délicieuse de Cachemire, ce joyau de l'univers, elle dresse le plus effroyable hérissement de pics déchiquetés et sauvages que les bouleversements géologiques aient jamais soulevé sur la surface du globe. » (Dr Gustave LEBON, *les Civilisations de l'Inde*, p. 1.)

Littoral; îles.

Les rivages de l'Inde sur les deux golfes d'Oman à l'ouest, et du Bengale à l'est, ont un développement de 5 000 kilomètres environ, entre le delta de l'Indus et le delta du Gange. Sur cet immense pourtour, les îles sont très rares, les baies et les ports très clairsemés et inhospitaliers.

1° **Golfe d'Oman**. — Ce littoral part du cap *Monze*; à Karatchi, commence le delta de l'Indus, large de 200 kilomètres, sillonné de marigots et d'estuaires entrelacés, souvent mobiles et sans communication régulière avec le fleuve; la côte s'enfonce ensuite au nord-est, et la grande île de *Katch* ferme le golfe ou lagune de **Rann**. Le *Rann* (ou solitude) de Katch, large de 240 kilom., est une plaine saline, uniforme et désolée « qui n'est ni la terre ni la mer, et qui tient à la fois du désert et du marécage ». Deux passages, à l'ouest et à l'est, ouvrent à la mer le Rann, et, pendant la saison des pluies, la plaine est submergée. Pendant la saison sèche, le Rann est sans eau et sans verdure, les animaux s'en écartent, sauf les ânes sauvages qui vont paître dans les jungles et les marais du littoral. « Le Rann, dit Elisée Reclus, est la région du mirage : le moindre objet
» laissé sur le sol, une pierre, une carcasse de chameau, se voit à des
» lieues de distance, non dans sa forme réelle, mais avec des contours
» fantastiques; souvent il se dresse en tour ou se décompose en images
» flottantes qui ne semblent plus tenir à la terre que par un fil balancé du
» vent. » Le golfe de Katch sépare l'île de la vaste péninsule du **Kattiavar** ou *Kattivar* dans le Goudjerate, longue de 352 kilomètres, large de 264 (superficie 57 000 kilom. car.). Le *Kattivar* est sillonné de légères collines, les chaînes de Ghir et de Mandavi, dont le sommet le plus élevé a 1 150 mètres d'altitude; un isthme bas, couvert de sables ou de marais, le rattache au continent. Au sud du Kattivar, un îlot renferme la ville déchue de *Diou*, possession portugaise; — à l'est du Kattivar, le golfe de *Cambay*, étroit, envasé, reçoit des cours d'eau importants, qui creusent des estuaires profonds sur sa rive droite. — De Cambay au cap *Comorin* (1 650 kilom.), le littoral bas, sablonneux, sans baie, légèrement infléchi vers le sud-est, est dominé par les escarpements des Ghâts occidentales. — Dans la première section, ou côte de **Konkan**, se trouvent *Surate*, les îles de **Bombay**, *Salsette*, *Basseïn*, *Elephanta*, *Trombay*, *Dravi*, *Karanjah*, et les petites découpures de *Radjpouri*, *Goa*, *Karvar*, etc. ; — dans la seconde, ou côte de **Kanara**, *Mangalore*, caché dans les cocotiers, port d'exportation des cafés de Courg; — sur la côte de **Malabar**, *Cannanore*, *Calicut*, *Beipour*, sont les ports les plus fréquentés; au nord de Beipour, la petite colonie française de *Mahé* est éclipsée par *Tellitcheri*. Au sud de la rivière *Pounani*, une série d'étangs, les *Backwaters*, séparés de la côte par des plages basses et étroites et reliés ensemble par des canaux, sont les voies de communication entre *Cochin* et les ports du *Travancore*, dont la capitale, *Trivandram*, marque le point où la péninsule s'arrondit à l'est avant de se terminer brusquement au cap *Comorin*. — A 200 kilomètres de la côte de Malabar, les îles **Laquedives** (10 principales, 1 927 kilom. car.), et, au nord, la traînée des îles **Maldives** et **Tchagos** (5 000 kilom. car.), sont formées de récifs et de rochers stériles, qui reposent sur des bancs de corail sous-marins.

Les îles **Laquedives** ou **Lakkadives** (*Lakhcha Dvipa*, les « Cent mille îles », se composent de deux groupes : les cinq îles du nord relèvent du district anglais de Sud-Kanara; la plus importante, *Amini* ou *Amindivi*, renferme 2 200 habitants; — le groupe du sud appartient au radjah de Cannanore, mais il est administré par l'Angleterre : les îles les plus peuplées sont *Kavarathi* (2 000 hab.) et *Antrot* (2 640 hab.). L'île *Minikoï*, située au sud du groupe, à mi-chemin de l'archipel des Maldives, a 2 800 habitants, et se rattache aux Laquedives du sud. — Toutes ces îles sont basses, de formation madréporique, comme les archipels polynésiens : chacune d'elles est entourée d'une ceinture de récifs coralliques, qui est plus élevée et plus large à l'ouest, et les défend contre la tempête. Les sources manquent; mais des forages pratiqués à travers la couche de corail font jaillir à la surface l'eau douce en abondance. — Peu fertile, le sol produit un peu de *riz* et des *patates*; des *orangers* et des *papayers* y croissent, mais la richesse principale des îles est dans la culture des *cocotiers*, dont la fibre ou *coir* sert à tresser les câbles et à lier les membrures des navires; — la faune est pauvre; les *bœufs*, d'importation étrangère, sont de taille médiocre; les *rats* indigènes dévastent les plantations de cocotiers. — Les habitants sont d'origine malaise, mêlée au sang arabe : la religion est l'islamisme. — L'émigration des hommes, et les cyclones qui chaque année causent la mort de nombreux marins, ont amené dans l'archipel une singulière disproportion entre les sexes; le nombre des femmes dépasse de 11 à 12 pour 100 celui des hommes : dans Minikoï, de 26 pour 100.

Les Maldives (de *Mali*, l'île principale, et *Dvipa*, « île » en sanscrit, ou *îles de Malabar*, ou *Mille Iles*) s'étendent sur une longueur de 866 kilomètres, et une largeur de 80; en comptant, avec les îles habitées, les récifs de l'archipel, on a pu évaluer à plus de 14 000 le nombre de ces terres madréporiques; la population totale est de 30 000, selon les uns, de 150 000 selon les autres. — Bell porte à 200 le nombre des atolls qui sont habités. On les répartit généralement en trois groupes, séparés par les larges canaux de *Cardiva* et de *Un degré et demi*.

« Aucun archipel coralligène des mers du sud ou des Antilles et des Bahamas ne peut se comparer à elles pour l'étonnante régularité de leurs récifs annulaires, composés eux-mêmes d'autres atolls qui se subdivisent en écueils de la même forme dépassant à peine le flot de leurs roches brisées. Chaque île en particulier est un croissant de bancs émergés, simple segment d'un anneau de récifs, se montrant à marée basse. Les îles ne se distribuent point au hasard à la surface de l'eau, mais se groupent en cercles ou en ellipses, de manière à former un atoll entourant de son mur de corail, interrompu de mille brèches, un espace maritime transformé en lac intérieur. Enfin les 19 atolls constituent dans leur ensemble comme un atoll très allongé enfermant une méditerranée profonde, où l'on jette la sonde à des centaines de mètres sans trouver le lit marin. » (*Dictionnaire de géographie universelle*, de Vivien de Saint-Martin et Rousselet.)

L'eau douce se trouve en abondance dans les Maldives sous la couche de corail; mais le sol est plus fertile que dans les Laquedives. Sous un climat doux et agréable, dont les brises océaniques tempèrent l'ardeur, mais que les marais et les lagons rendent parfois insalubre, les habitants cultivent des champs de *millet*, de *coton*, des *rizières* qui donnent de bonnes récoltes. Les *figuiers banians*, les *tamarins*, les *bananiers*, les *palmiers* sont abondants; les *cocotiers* y atteignent une hauteur de 20 à 25 mètres, et produisent des noix particulièrement estimées. Des nuées de *canards* sauvages arrivent en novembre, et se font prendre dans les filets des indigènes. Ceux-ci pêchent en masse les *bonites*, sortes de thons qui abondent autour des récifs, et les *caoris* ou *cauris*, dont ils extraient la chair, et dont ils exportent les coquilles par milliers vers Calcutta, Zanzibar et le golfe de Benin. Les *cauris*, qui se vendent sur place à 5 000 pour un franc, servent de pièces de monnaie et de parure dans le Soudan et l'Afrique centrale et orientale.

La capitale politique et commerciale des Maldives, résidence officielle du sultan héréditaire des 12 000 îles, est **Mali**, dans l'atoll royal du même nom (16 000 m. de long sur 1 200 de large). Le sultan est sous la protection du gouverneur anglais de Ceylan, et lui apporte chaque année en grand appareil, sur son *schooner*, un tribut de cauris, de poissons et de gâteaux. Le sultan gouverne assisté d'un Conseil d'Etat, dont le président est le *dourimind* ou généralissime; mais le second personnage de l'archipel, après le souverain, est le *pandiari* ou grand prêtre et juge suprême. Les atolls habités sont administrés par un agent qui cumule les fonctions de capitaine, percepteur, prêtre et juge.

Les Maldives, avec les passes étroites de leurs récifs, et les écueils et les brisants qui hérissent de toutes parts les parages environnants, ont été longtemps le repaire inexpugnable des pirates indiens et arabes. Aujourd'hui les indigènes, excellents marins et artisans habiles, sont doux et inoffensifs. Potiers, tisseurs, fabricants de nattes, menuisiers, ciseleurs, pêcheurs, ils échangent avec l'Inde, le golfe Persique et l'Afrique orientale les *écailles de tortue*, les *noix de coco*, les *laines filées*, et surtout les *bonites* et les *cauris* contre le sel, le tabac, le bétel, le cuir, les cotonnades, le sucre étranger. — Ils paraissent issus d'un mélange de Cinghalais, de Malais et d'Arabes; ils parlent un dialecte cinghalais, mêlé d'éléments arabes et africains, et sont musulmans.

Le groupe des **Tchagos**, situé au centre de la mer des Indes (entre 4° 44' — 7° 39' de latitude sud, et 68° 30' — 70° 30' longitude est), est à 4 degrés ou 444 kilomètres environ au sud des Maldives; la formation madréporique est la même que celle des atolls des Maldives et des Laquedives. L'île principale, **Diego Garcia**, située au sud du groupe, a 24 kilomètres sur 5; elle enveloppe de ses murs circulaires de corail, larges de quelques centaines de mètres, un vaste lac très poissonneux auquel une brèche au nord-ouest donne accès. L'archipel, découvert par les Portugais, reconnu scientifiquement en 1786 par le capitaine anglais Blain, a été colonisé vers 1791 par des Français de l'Ile-de-France, pour l'exploitation de l'huile de coco, des poissons salés, des crabes et des tortues. De là les noms français des îles (*Egmont, les Trois Frères, l'Argile, Salomon, du Danger, du Sable*). Les Anglais s'emparèrent des établissements français, et les îles Tchagos sont aujourd'hui rangées parmi leurs possessions indiennes. — La population s'élève à 700 habitants environ.

2° **Golfe du Bengale**. — A l'est du cap Comorin, le littoral décrit une série de courbes rentrantes limitées par des caps ou promontoires : le golfe de *Manaar* sépare l'île de Ceylan de la côte, jusqu'à la pointe de *Ramnad*, terminée en fer de lance et qui se prolongeait autrefois à l'est par les îles ou îlots de *Ramesvaram* et de *Manaar*. Ce promontoire et les blocs de rochers épars qui subsistent de l'ancienne chaussée rompue au quinzième siècle forment les piles du *pont de Rama ou d'Adam*, sorte de trait d'union entre la côte indienne et la grande île cinghalaise. La brèche ouverte par les flots a été successivement élargie et approfondie par les travaux des ingénieurs anglais qui ont fait sauter les roches et draguer le fond ; un des chenaux ouverts, long de 1 300 mètres, large de 25, profond de 4^m,50, voit passer chaque année près de 3 000 navires de moyen tonnage. — Au nord de *Ramnad*, le golfe et le détroit de Palk isolent le nord de Ceylan du Carnatic méridional : là commence la côte de **Coromandel**, longue de plus de 600 kilomètres, éloignée des montagnes de l'intérieur, et formée d'un cordon de plaines basses, où les étangs et les lagunes se succèdent, comme l'immense marigot ou lac **Palikat**, semé d'îles que recouvrent des jungles. Ce littoral est sillonné par le réseau des nombreux cours d'eau du Dekkan, la *Caveri*, le *Palar*, le *Pennar* et leurs dérivés. La barre, le ressac et les brisants rendent cette côte périlleuse ; les débarquements y sont redoutés ; les ports n'y manquent pas, mais les rades sont trop ouvertes et les navires mouillent au large ; tels sont ceux de *Negapatam*, *Karikal*, notre second port français dans l'Inde, *Tranquebar*, *Cuddalore*, *Pondichéry*, chef-lieu de nos établissements, *Madras*, le troisième des grands ports anglais de l'Inde, *Nizampatam*, *Mazulipatam*, etc. — Au nord du delta de la *Godaveri*, la côte des **Circar**, plus étroite, s'étend jusqu'à la vaste lagune de *Chilka* (900 kilom. car., prof. 2 m.), qui déborde pendant la saison des pluies ; — la côte d'**Orissa** est toute couverte par les branches des deltas fangeux de la *Mahanaddi*, de la *Brahmani* et de la *Baïtarani* ; — la côte du **Bengale**, depuis la pointe *Palmyras* jusqu'au bras du Meghna, n'est que le dépôt des alluvions de l'immense delta du Gange. Les ports sont rares, et les abords encombrés de vases : *Calcutta* sur l'Hougli, à 128 kilomètres de la mer, est la grande place maritime de la région.

La barre sur la côte de Coromandel. Le catimaran.

« A la pointe du jour, j'avais fini par m'endormir, lorsque je fus réveillé en sursaut, en entendant des voix qui semblaient sortir de la mer. Regardant par-dessus le bord, je vis effectivement deux hommes assis dans la mer, l'un accroupi, l'autre à cheval sur une espèce de navette très longue, excessivement étroite, et légèrement creusée à la surface. Chacun tenait une rame avec laquelle il guidait ce fragile esquif comme un animal sur lequel il serait monté ; c'était un *catimaran*. Ces singulières constructions, faites de deux ou trois solives liées ensemble en forme de radeau, franchissent la barre, quand tout autre bateau y périrait, et les hommes qui les montent s'aventurent ainsi dans l'espoir de gagner peut-être quelques centimes, en vous apportant des lettres de vos amis du rivage, ou en vous vendant des fruits ou du poisson plus ou moins frais. On jeta une corde à l'un des rameurs ; le *catimaran* fut amarré, et mes deux compatriotes, grimpant avec l'agilité de deux singes, furent en un moment sur le pont. C'étaient deux hercules de bronze, nus comme la main, à l'exception d'un *langouti*, petit chiffon passé entre les jambes. Je fus un peu surpris de cette première apparition et de ce léger costume ; plus tard, la couleur des Hindous finit par me paraître un habillement suffisant. Pourvu qu'ils eussent leur langouti, j'avais la même impression que s'ils étaient vêtus de noir et rien de plus.

» Mes yeux se tournèrent ensuite du côté de la plage. Le port de Madras, vu de la rade, offre un coup d'œil très remarquable. La somptuosité des édifices, rehaussée par les effets d'optique, les hautes vérandahs, les toits en terrasses, les colonnades blanches et élancées, se détachant sur un ciel du bleu le plus pur, tout cela couronné par la masse imposante du fort, le *ressac* de la mer écumante, qui bondit sur une étendue de côtes à perte de vue, la diversité des embarcations qui sillonnent la surface des eaux, les groupes de figures humaines, noires et affairées qu'on voit rassemblées çà et là sur la plage, tout concourt à frapper vivement le voyageur avide de nouveauté...

» ... Je fus tiré de la contemplation de ces rives presque fantastiques, qui me faisaient, je ne sais pourquoi, l'effet d'un mirage, par l'arrivée de plusieurs chelingues ou *massoulas*, qui devaient nous conduire à terre ; ce sont des grands bateaux sans ponts ; simples coquilles de cuir et d'écorce, dans la formation desquelles il n'entre ni clous ni chevilles. Les morceaux sont grossièrement cousus avec du nâro, espèce de chanvre tiré des filaments qui entourent la noix du cocotier. C'est dans un de ces bateaux que le voyageur qui veut débarquer à Madras doit tenter, au péril de sa vie, de franchir le ressac, cette formidable barre, qui se fait sentir tout le long de la côte du Coromandel, mais ici avec plus de terreur que partout ailleurs. Toute embarcation européenne y périrait en quelques secondes. Je descendis avec le capitaine Owen dans le premier chelingue qui se présenta le long du bord. Nous y trouvâmes quelques rameurs, dont un servait de pilote, tenait le gouvernail et dirigeait les mouvements. Il était aussi chef d'orchestre ; car, du moment que les rames plongèrent dans la mer, nos bateliers entonnèrent un détestable chant, mélange de malabar et d'hindoustan, sur des airs bizarres et monotones. Les vers sont rimés ; le pilote chante le premier vers et tous le redisent en chœur ; puis il chante le second et tous le redisent pareillement.

» Bientôt nous approchons de trois lignes parallèles d'écume qui vont successivement mourir en mugissant sur le rivage, mais celle qui se dissout est immédiatement remplacée par une quatrième, en arrière des deux autres, qui se rue du fond de la mer avec un bruit épouvantable sur les pas des précédentes. L'art du nautonnier consiste ici à présenter toujours la pointe du bateau perpendiculairement à la ligne qui s'avance ; la vague est ainsi coupée et glisse à droite et à gauche, tout en vous couvrant d'écume, puis elle soulève le bateau, qui semble faire la bascule d'abord en avant, puis en arrière. Vous avez jeté un cri, et la première ligne est passée. C'est maintenant que le danger est le plus grand, que le pilote s'agite, crie, trépigne ; c'est une pythonisse en fureur. Les rameurs répondent cri pour cri, agitent les rames à tour de bras, tout en regardant en arrière avec terreur ; on dirait des diables qui se démènent. C'est qu'il y va de la vie ! Regagnerez-vous à temps la perpendiculaire ? Serez-vous prêt à recevoir l'ennemi sur la pointe ? S'il vous frappe en travers, dans une seconde il ne restera plus de votre esquif que quelques fragments d'écorce et de cuir tournoyant sur l'abîme. Vous avez encore un espoir cependant ; voyez-vous à droite et à gauche ces brins de paille dansant dans l'écume, ces intrépides catimarans qui semblent d'ici des pétrels de tempête ? Ce sont de hardis plongeurs prêts à vous repêcher, si les requins toutefois n'ont pas pris les devants. Quatre fois au moins, vous passez par les mêmes épreuves, vous subissez les mêmes terreurs, et, Dieu aidant, vous venez enfin échouer sur le sable, où vos rameurs vous enlèvent aussitôt dans leurs bras et vous déposent sur le quai, palpitant encore, rendant grâces au ciel et jurant qu'on ne vous y reprendra plus. » (Comte DE WARREN, *l'Inde anglaise*; Paris, 1845, t. Ier, p. 23.)

Aujourd'hui, comme autrefois, la côte rectiligne de Coromandel, « défendue par une triple barre de lames », est redoutée des navigateurs, et Madras n'est parvenue à se maintenir au troisième rang des grandes cités de l'Inde pour l'activité commerciale que grâce aux voies ferrées qui y aboutissent, et aux grands travaux maritimes, encore inachevés, qui ont rendu moins périlleux l'accès du port. Une jetée de 335 mètres permet aux voyageurs de débarquer sans faire usage des *chelingues* ou *massoulas* et des *catimarans* qui dansaient affreusement sur le flot. Cette jetée a été plusieurs fois démolie par la tempête ; et le port de Madras ne sera vraiment abrité qu'après l'achèvement du grand port artificiel dont les travaux ont été entrepris en 1878. — Quand M. Louis Rousselet, à la fin de son splendide voyage à travers l'*Inde des rajahs*, aborda à Madras en 1868, les *massoulas* et les *catimarans* continuaient très activement leurs services :

« Jamais emplacement plus défavorable n'a été donné à une grande ville ; placée sur une côte battue par les flots, elle se voit séparée des navires qui lui apportent leurs chargements par une barre redoutable et ne leur offre en revanche aucune protection contre les vents des moussons ; sans rivière qui fasse affluer vers elle les richesses des fertiles provinces du sud de l'Inde, elle s'étend elle-même à l'entrée de plaines sablonneuses, peu fertiles, rôties pendant six mois de l'année par une température saharienne...

» ... Le lendemain de notre arrivée, je me rends à terre à bord d'un *massoula*, sorte de grand bateau pointu des deux bouts, très solidement construit, qui sert à franchir la barre. Cette opération n'est pas sans présenter quelque difficulté, mais il me parut qu'on en avait exagéré le danger, car j'arrivai sur la large berge sans avoir été trop mouillé. Cependant, lorsque la mer est forte, les choses ne doivent pas se passer ainsi. On ne peut alors se servir des massoulas, et il faut avoir recours au *catimaran*, l'un des plus étranges esquifs que l'homme ait eu la témérité de lancer sur les flots. Le mot *catimaran* est la corruption des deux mots tamoul, *kattou*, attacher, et *maram*, arbre ; cela suffit pour expliquer que ce bateau n'est qu'une sorte de radeau composé de deux ou trois poutres attachées ensemble avec des cordes.

» C'est sur ce frêle assemblage qu'il faut se livrer aux flots furieux lorqu'on veut débarquer à Madras en mousson.

» L'opération n'offre toutefois, à ce que l'on prétend, d'autre danger que quelques émotions vives et un bain complet. Les adroits bateliers lancent leur catimaran sur la première vague de façon à atteindre la crête de la seconde, qu'ils fendent littéralement par un vigoureux effort. Le radeau est jeté sur la berge, où des hommes qui l'attendent se hâtent de le hisser hors de l'atteinte du flot qui semble courir après sa proie. Souvent le voyageur est enlevé du catimaran par la lame, mais il ne court aucun péril ; les bateliers, nageant comme des poissons, le retirent sûrement de l'eau. Les conducteurs de catimarans forment à Madras une sorte de corporation ou de caste distincte; ils se disent chrétiens et descendants des pêcheurs de la côte de Coromandel convertis par saint François-Xavier; mais leur christianisme est des plus douteux, et consiste, je crois, à placer parmi leurs idoles brahmaniques une statue de la Vierge et à pousser dans les moments de péril de grands cris de : *Dsavié, Dsavié!* » (L. ROUSSELET, *l'Inde des rajahs*, ch. XXVII; Paris, 1874, in-4° illust., p. 768, Hachette.)

Relief du sol.

La péninsule de l'Hindoustan se compose de trois régions distinctes : **le grand massif himalayen** et les chaînes du nord-ouest; — **le plateau central du Dekkan**, et les chaînes qui s'y rattachent, *les Ghâts, les Nilgiri, les Vindhya, les Satpoura, les Aravalli;* — **la bande de plaines basses**, arrosées par l'Indus et le Gange, qui s'allonge du golfe d'Oman au golfe du Bengale, entre le massif du nord et le plateau central.

A. Massif de l'Himalaya.

L'Himalaya (*mons Emodus* ou *Imaus*), « le Séjour des neiges », forme le rebord méridional de l'énorme massif qui enveloppe de sa courbe semi-circulaire les plateaux tibétains. Du coude de l'Indus à la percée du Brahmapoutre, il mesure 25 degrés de longitude (2250 kilom.); sa largeur moyenne, du Gange à la vallée du Tsang-Bo, est de 250 kilomètres; la superficie du massif qui dresse ses remparts et ses glaciers, entre le Pamir, le Tibet et le Pandjab, n'a pas moins de 600 000 kilomètres carrés, c'est-à-dire un espace plus grand que la France entière.

On sait aujourd'hui que l'Himalaya est, comme les Alpes, revêtu par endroits d'immenses glaciers qui obéissent aux mêmes lois que ceux de l'Europe occidentale. On a constaté la présence de larges moraines, indiquant le mouvement de recul de ces glaciers. — Il en est qui s'étendent sur une longueur de 15 kilomètres avec une largeur de 500 mètres, et plusieurs centaines de pieds d'épaisseur. — D'immenses névés recouvrent les cimes et les hauts plateaux; mais la diversité des climats, suivant les zones, ne permet pas de fixer l'altitude où commence la limite des neiges éternelles. Il n'y a pas de volcans, ni de traces d'éruptions volcaniques dans l'Himalaya : dans les hautes régions, les roches granitiques dominent; dans les moyennes, les couches fendillées des schistes et des gneiss; plus bas, le grès et les débris des roches décomposées.

Quelques géographes rattachent à l'Himalaya les chaînes du Karakoroum et de l'Hindou-Kouch : d'autres comprennent sous le nom d'Himalaya le système qui s'étend de Gilgit à la grande coupure du Brahmapoutre. Ainsi limité, l'Himalaya comprend deux chaînes parallèles : 1° **l'Himalaya du sud**, qui domine les plaines de l'Inde, et porte les pics géants, est percé de vallées et de gorges profondes, où passent les affluents du Gange, et qui découpent la chaîne en massifs isolés et en quelque sorte indépendants; — 2° **le Trans-Himalaya du nord**, sillonné dans sa partie occidentale par l'énorme entaille du Satledj, sépare les eaux du bassin gangétique de celles qui rejoignent la profonde entaille du Tsang-Bo.

I. Himalaya du sud. — Il peut se diviser en trois systèmes : 1° Le *système occidental*, de l'**Indus** au **Satledj**, renferme les monts qui forment la barrière méridionale du Kachmir, les monts **Kadj-Nagh** (3500 à 4500 m.), séparés par le défilé de *Baramoula* et la coupure du *Djilam* de la chaîne imposante des **Pandjab** (3500 à 4700 m.) où les cimes neigeuses dominent des pentes revêtues de forêts de sapins, de pâturages et de cultures; de nombreux cols ou *pir* la sillonnent, et les rivières du Djilam, du Tchinab, du Ravi, du Satledj et de leurs affluents la découpent en fragments inégaux. (*Voy. la lecture sur le Kachmir*.) — 2° Le *système central*, du **Satledj** à la **Kosi** ou au **Sikkim**, couvre en partie le royaume de Nepal, et renferme les cimes géantes de l'univers. A l'est de la ville de Simla et au nord des avant-monts de *Sivalik*, le groupe du **Djamnotri**, avec ses deux sommets culminants du *Banderpountch* (8406 m.) et du *Sargaroïn* (6250 m.), fournit les eaux de la Djamna, et les premiers torrents du Gange; les vraies sources, le *Baghirati* et le *Djanevi*, sont issues des glaciers et des neiges de la chaîne transhimalayenne de **Kidarnath** (6960 m.), l'*Alaknanda* se forme des torrents de l'*Ibi-Gamin* (7781 m.) et des eaux du glacier du *Nanda-Devi* (7823 m.). La rivière Gogra marque la limite occidentale du Nepal; cette région de l'Himalaya est découpée du nord au sud par les profondes vallées des cours d'eau gangétiques, et dominée par les grands sommets : tels sont : le **Davala-ghiri** ou *Mont-Blanc*, qui s'élève à 8180 mètres dans le massif du *Narayana*, et les cimes voisines, non moins majestueuses, du *Barathor* et du *Yassa;* les pics vénérés du *Deorali* et du *Dayabang* (7247 m.) dans le groupe du *Kirong;* la cime souveraine du **Gaourisankar** ou *Tchingopamari*, ou mont *Everest* (8845 m.), que nulle autre n'égale dans le monde entier, « le mont superbe du Nepal de l'est, consacré au couple divin, à Siva, le dieu de la Force, à Parvatti, la déesse de la Beauté »; et, sur la frontière du Sikkim, le grandiose massif du **Kintchindjinga** (8483 m.) qui dresse ses deux cimes jumelles au-dessus d'une ceinture de champs de neige étincelants. D'autres pics et des contreforts de la montagne atteignent la hauteur de 7000 mètres. — 3° Le *système oriental* s'étend du **Sikkim** au **Brahmapoutre**; malgré le voisinage relatif de Calcutta et les facilités d'accès, il est le moins connu de tous, à cause de l'épaisseur des fourrés, de la violence des torrents, de l'insalubrité du climat, du fanatisme des habitants. Au nord-est du Kintchindjinga, de hauts sommets, des cirques neigeux, parmi lesquels on cite le *Donkiah* (7066 m.), enveloppent les sources supérieures de la Tista, qui s'échappe d'une formidable enceinte de montagnes entre la chaîne de *Singalilah*, prolongation méridionale du Kintchindjinga, et une longue arête orientale qui se rattache au Donkiah, et porte la magnifique pyramide du **Tchamalari** (7298 m.), et les cimes escarpées du *Gnariam* et du *Tchola* (5280 m.), presque toujours voilées par la pluie et le brouillard.

« L'extrême humidité du climat, la fréquence des pluies et des brouillards ne permettent pas aux graviseurs de s'aventurer loin de Darjiling sur les hautes pentes du Kintchindjinga ou du Kintchindjhaou. Il est très rare que l'on puisse voir l'ensemble des grands sommets se profiler dans un ciel pur. Pendant la mousson d'été, les pluies sont presque incessantes, et même en hiver, lorsque les vents alizés du nord-est dominent dans l'espace et descendent le long des crêtes, un sous-courant humide, venant du golfe de Bengale, reflue vers les vallées du Sikkim. Après les averses, des brouillards semblent s'élever des forêts comme une fumée, rampant sur toutes les montagnes; fréquemment, les couches

» de vapeur qui s'étendent en voile uniforme sur tout le ciel ont plusieurs
» milliers de mètres d'épaisseur, et les paysages, qui semblent éclairés par
» les rayons lunaires, plus que par la lumière du soleil, prennent un aspect
» fantastique; on croirait voir, non des montagnes, mais des spectres de
» montagnes, d'autant plus hauts en apparence que les vapeurs de l'air
» semblent les éloigner davantage. Dans cette atmosphère humide, à tempé-
» rature presque toujours égale, les vents ne soufflent que rarement et avec
» peu de violence, même sur les hautes croupes; seulement, quand les
» voiles de nuages se déchirent, et que les monts se montrent dans le ciel
» clair, des foyers locaux de chaleur attirent l'air environnant, et l'on voit
» alors d'en bas les neiges s'élevant en aigrettes sur les sommets. »
(E. RECLUS, *l'Asie*, p. 141.)

II. **Trans-Himalaya du nord**. — Le **Trans-Himalaya** ou chaîne du nord sépare les bassins indiens et tibétains; il commence, à l'est du Baltistan, au massif colossal du **Nanga-Parbat**, la *Montagne Nue*, ou *Diyarmir*; ce « géant de l'espace » qu'on aperçoit à 100 lieues de distance, porte sa crête à 8116 mètres, au nord du Kachmir, à la frontière de l'Inde anglaise. A ce sommet se rattache la chaîne du **Dzanskar**, revêtue de neiges et de glaciers, qui domine au nord-est les campagnes riantes de Srinagar, parallèlement à la muraille des monts *Karakoroum* et aux grandes coupures de l'Indus et du Chayok. Les principaux pics du Dzanskar sont le *Haramouk Kolahor* (plus de 5000 m.) et surtout les deux cimes jumelles, *Noun* et *Koun*, qui atteignent 7134 mètres. Au delà du Satledj, dans le groupe des monts où se cachent les sources du Gange, l'**Ibi-Gamin** « grande mère des neiges » élève son dôme à 7784 mètres, le *Garla Mandata* à 7690 mètres. — De ce massif part la crête du *Mariamla* (4725 m.) qui relie la chaîne himalayenne aux monts *Gangri*, et sépare les lacs *Mansaraour* et *Rakous-Tal*, sources du Satledj, des torrents supérieurs du Brahmapoutre. La chaîne qui longe ce dernier fleuve (rive droite) est peu connue; son plus haut sommet est le *Langour* (7520 m.). La chaîne s'abaisse un peu à l'ouest du lac *Palté*, aux pics *Khamba-la* (5240 m.) et au *Khoro-la* (5100 m.).

« Rien n'égale la grandeur sévère de ces montagnes, formant une série continue de précipices au fond desquels il n'existe ni ces vallées fertiles et riantes, ni ces lacs transparents, ni ces chutes d'eau gracieuses ou grandioses qui font de la Suisse un séjour si cher au touriste. Tout concourt à produire sur le voyageur qui se trouve pour la première fois en présence de ce spectacle sublime, une impression pénible de désappointement; tout jusqu'à ces éternelles et monotones terrasses, qui succèdent si régulièrement, sur les flancs des montagnes, à ces fouillis non moins monotones de maigres bambous au feuillage rare et jaunâtre. Le spectacle de cette lutte opiniâtre de l'homme contre un sol ingrat et contre des éléments déchaînés remplit de tristesse celui qui s'attendait à des vues gracieuses. L'Himalaya n'est pas dameret, il faut du temps pour s'habituer à ses lignes un peu rudes, mais éminemment grandioses, et, quand on le comprend, tout s'efface devant lui. » (*Dictionnaire de géographie* de Vivien de Saint-Martin, art. *Himalaya*.)

Un voyageur anglais, M. Russell-Killough, décrit en ces termes le panorama des monts Himalaya, vu de Darjiling :

« Dans le nord-ouest, le Gaourisankar se dresse, fier sans doute de ses 8 800 mètres et de son éclatante cuirasse, mais bien inférieur en forme au Kintchindjinga, qu'il domine cependant. A l'ouest, c'est l'immense crête de Singhalila, s'élevant graduellement depuis le pic de Touglo, haut de 3 000 mètres, jusqu'à 4 000 et 5 000, atteignant, avant de montrer une plaque de neige et restant toujours herbue, 5 400 mètres au col de Kanglanamo, puis disparaissant, s'affaissant ou s'abîmant tout à fait, nul ne sait encore, avant de toucher les assises occidentales du Kintchindjinga. C'est de l'extrémité de cette chaîne de Singhalila, qui sépare le Sikkim du Népal, qu'à une hauteur d'environ 5 800 mètres commencent les royaumes neigeux que l'œil, mais l'œil seul, peut si bien explorer des jardins fleuris de Darjiling. On y voit des crevasses de glaciers qui doivent être de véritables vallées, des parois bleues de plusieurs centaines de mètres, des neiges labourées en tous sens ; la Sibérie assise sur l'Inde, mais pas même un rocher qui sorte comme un îlot de cet océan désolé. Continuant sa route à l'est, l'œil s'abat successivement sur des pitons de toutes formes, des dômes, des brèches profondes, celle entre autres qui mène à Lhassa ; enfin, après avoir passé en revue sur la moitié de l'horizon tous ces bataillons solennels de fantômes, on voit l'herbe et les rochers succéder à la neige sur les monts du Bhoutan, que recouvre un manteau de forêts jusque vers 4 000 mètres. Lorsqu'on promène ses regards et sa pensée sur tant de pics vierges, il est assez naturel de se former, par l'imagination, un tableau du panorama dont on pourrait y jouir. Ainsi, du haut du Kintchindjinga, l'horizon mathématique serait aussi grand que la France entière, et renfermerait Lhassa et Calcutta ! Si cette montagne se trouvait au centre de la France, on la verrait de Calais aux Pyrénées et de Brest à Strasbourg, en supposant le temps clair et l'œil excellent. » (Id., *ibid.*)

Les **cols** ou **passes** de l'Himalaya sont assez nombreux dans les deux chaînes, mais pour la plupart très élevés et d'accès difficile ; on ne peut guère les franchir que de mai à octobre. On en a reconnu une vingtaine dans la chaîne du nord. Les principaux sont : la passe de *Dras* ou *Draz*, dans le district du Ladak, située à 3343 mètres d'altitude, ouverte par le torrent du Dras, issu du mont Kantal, et tributaire de l'Indus; ce défilé franchit, au col de *Zodji*, la chaîne de Noun-Koun, et sert de route de commerce entre Srinagar et Leh; — le col de *Tchini*, qui serpente à 2700 m. autour des monts qui dominent la haute vallée du Satledj, rattache Simla, Rampour et Chipki par un chemin qui se dirige vers Lhassa; — le col de *Niti* (5050 m.), sur la frontière du Gahrval et du Tibet chinois, à l'est du col de *Milam* ou *Kioungar*, est suivi par la route de Gartokh — ; la passe de l'*Ibi-Gamin* (6235 mètres) entre le Tibet et la province anglaise de Koumaoun, atteinte par les frères Schlaginweit, conduit du Gahrval au Gnari-Khorsoum; elle est une des plus hautes de l'Himalaya. — « Le col » le plus célèbre parmi les périlleux passages de l'Inde au Thibet, est le » col de *Nialo*, qui conduit au lac de Mansaraour, au pied du mont Kaïlas. » C'est dans les retraites de cette dernière montagne que sont cachés, sui- » vant la croyance des Hindous, les animaux mystérieux dont les gueules » écumantes vomissent les quatre fleuves de l'Inde : le Tsang-Bo, l'Indus, » le Satledj et la Ganga. » (G. Lebon, p. 40.) — Dans le Nepal, les voya- geurs qui remontent la vallée de la Gandak, franchissent le col de *Potou*, et rejoignent, sur le Tsang-Bo, le monastère de Tadam. Une autre route, plus facile, réservée aux grands personnages, part de Katmandou, vers le nord, suit la vallée de la Trisoul, passe à *Djonka-Djong* et aboutit au lac tibétain de Palgon. — Les alentours du massif du Gaourisankar sont percés de gorges et de fissures épouvantables où les plus intrépides montagnards n'osent pas s'aventurer. Il est cependant des cluses où sont tracés des sen- tiers. « En aval de Tchoksam, où un pont d'une vingtaine de mètres de » longueur franchit la puissante rivière de Bhotia-Kosi, le sentier se com- » pose de 775 marches de pierre, larges de 25 à 45 centimètres; et repo- » sant sur des barres de fer enfoncées dans le roc; le torrent gronde à » 450 m. au-dessous de cet escalier suspendu dans le vide. Il est rare que » des brebis ou des chèvres s'aventurent à suivre l'homme sur ces péril- » leux degrés. » (E. Reclus.) — De la « ville de santé » de Darjiling, part une route du Tibet qui descend dans la vallée de la Tista, franchit le torrent, et s'élève au nord-est vers la brèche de *Djaïlap*, à 3960 m., d'où elle pénètre dans la vallée tibétaine de Tchoumbi.

III. **Régions sub-himalayennes.** — A la base de l'Himalaya, et comme une transition entre les hautes chaînes et la plaine gangétique, se succèdent, du Satledj au Brahmapoutre, trois régions distinctes : 1° la région du **Téraï**, *Taraï* ou *Tariani*, au sol bas et marécageux, fait de gravier et d'argile, immense fosse encombrée d'herbes, où viennent paître d'innom- brables troupeaux de vaches et de buffles, foyer de la malaria et des fièvres ; — 2° plus haut, le **Bhaver** ou *forêt de sâl*, aussi sec que le Teraï est humide, et non moins malsain, pays des bois de charpente et des ani- maux sauvages ; — 3° la région des **Dhouns**, des *Maris* ou des *Douars*, vallées longitudinales, encaissées entre la grande chaîne himalayenne et les avant-monts appelés *Outer-Hills* à l'ouest de la Kosi, et *Sivalik* à l'ouest de Hardwar, au point où le Gange la franchit; les *Dhouns*, arides comme le Bhaver, sont formés de débris, de détritus charriés par les eaux, et re- couverts d'une couche de terre végétale; d'épaisses forêts de sâl les re- couvrent, et abritent des lions, des tigres, des éléphants, des rhinocéros, des bœufs sauvages, des buffles, des cerfs, des crocodiles et des pythons énormes. Toutes ces régions, situées, au plus, à 800 ou 1 000 mètres d'altitude, sont empoisonnées par une atmosphère pestilentielle. La région salubre et tempérée ne commence qu'à 1.200 mètres environ.

Aspect général de l'Himalaya.

« Ce qu'il y a de grand dans l'Himalaya, ce qu'il y a d'étrange et d'important, c'est moins la hauteur apparente des montagnes que l'espace qu'elles occupent. Voilà ce dont les Alpes ne donnent aucune idée. Le diamètre de la bande que leur chaîne couvre de ses cimes est comparativement fort étroit; et là où elle se divise et embrasse, entre ses limites extérieures, de part et d'autre, un espace plus large, les vallées qu'elle enferme entre ses branches sont si ouvertes, que les regards s'y promènent comme dans des plaines. Tel est le Valais, tel est le Hasli, du pied de l'Oberland bernois. Dans l'Himalaya, au contraire, c'est toujours à des sommets que la vue s'arrête; et, quand on s'élève davantage, on ne fait que découvrir des cimes nouvelles, plus éloignées. Rarement les lignes de leurs sommets s'élèvent parallèlement les unes derrière les autres; elles s'inclinent et se croisent de mille façons. Le désordre de cet arrangement lointain se lit plus distinctement dans celui des montagnes plus voisines que l'on domine. Ici, ce sont des croupes isolées et droites, que ne sillonne aucune ravine; on dirait des tronçons de prismes triangulaires posés sur une de leurs faces. Là, ces croupes également isolées sont arquées ou coudées. Ailleurs, ce sont des pyramides entassées les unes sur les autres, et qui projettent, dans toutes sortes de directions, des arêtes qui se rencontrent avec d'autres arêtes descendues de massifs semblables; au lieu de leur jonction, quelquefois elles se relèvent, d'autres fois elles s'abaissent brusquement pour former un col étroit. Les eaux suivent les routes tortueuses et divergentes que le caprice de la direction des montagnes leur impose, et, avant que d'arriver des neiges de l'Himalaya, d'où presque toutes descendent, à l'entrée des plaines de l'Hindoustan, il est peu de torrents qui n'aient coulé vers tous les points du compas.

» Un des traits qui distinguent surtout ces montagnes, et qui peut-être leur est propre, c'est l'absence également absolue de plateaux sur les cimes, et de vallées à fond plat; les vallées les plus longues ne sont que d'étroites ravines; on dirait qu'elles ont servi de moule aux montagnes qui les enferment. Les lignes horizontales que l'œil aperçoit çà et là dans le profil des montagnes ne sont que des crêtes étroites ou émoussées, qui se soutiennent quelquefois sur d'assez grandes longueurs à un niveau égal. Des escarpements verticaux d'une hauteur considérable n'y manquent pas moins absolument. La même ligne pourrait servir à représenter la section transversale de toutes les vallées.

» L'Himalaya n'a donc pour lui que la grandeur de ses dimensions. Mais bientôt l'œil s'accoutume à cet horizon de montagnes, et alors il n'y trouve plus, comme dans les plaines, qu'une uniformité continuelle d'un autre genre. Il n'y a pas plus de vallées verdoyantes que de cimes nues et déchirées ; les escarpements inaccessibles manquent comme les sommets unis qui les couronnent si souvent dans les Alpes.

» Voilà pour les formes. La végétation qui les couvre est monotone, comme elles. Comment en serait-il autrement, puisque c'est la diversité des sites qui produit celle des plantes, et qu'ici presque tous les sites se ressemblent? Des bois, où la variété des espèces, que paraîtrait commander une latitude aussi méridionale, est déjà très réduite par l'élévation absolue, ombragent les bords des torrents dans les vallons les plus ravinés. Sur les pentes des montagnes, on voit également une ligne étroite de verdure plus sombre marquer le cours des ruisseaux assez rares qui y glissent. Leurs flancs sont d'un vert monotone et sans éclat. Il n'y a ni prairies ni pâturages, mais partout, excepté sur les plus hautes cimes, une herbe inégale et grossière, trop courte pour faire une prairie, trop longue pour faire un pâturage. Des blocs nombreux sont épars sur ces gazons vulgaires ; des éboulements les ont jonchés souvent de menus débris, ou des rochers en place en affleurent les pentes. Il est des montagnes élevées qui, de leur base à leur sommet, ne sont revêtues que de ce terne mélange d'herbes et de rochers.

» Plus souvent sur ce fond plat et monotone des arbres sont dispersés. Au-dessous de 2 000 à 2 500 mètres, aux expositions méridionales, ce sont presque toujours des pins. Dans des expositions plus froides, mais entre les mêmes limites, ce sont ordinairement des chênes et des rhododendrons. Ni les uns ni les autres ne forment d'épaisses forêts. On aperçoit, entre les arbres, le vert plus clair des herbes lâches et diffuses qui croissent au-dessous. Ce n'est qu'à la base des très hautes montagnes, ou dans leur voisinage immédiat, qu'il y a des forêts dignes de ce nom : leur caractère est entièrement européen. Il serait montagnard même en Europe ; cependant on y trouve la plupart des arbres de nos plaines, comme ceux des Alpes, confondant leurs feuillages divers. Cette diversité de détail ne produit pas moins la monotonie des masses.

» Il est vrai que plus on s'élève, plus on voit le climat faire un triage sévère entre les espèces que leur constitution plus robuste défend contre ses rigueurs. Mais la zone d'où il exclut la variété de celles qui croissent mêlées au-dessous est presque celle où la végétation arborescente expire. Elle n'y a pas encore atteint la sombre et solennelle monotonie des forêts de sapins ou de mélèzes des hautes Alpes, que déjà elle est réduite à des proportions misérables. Elle n'offre plus que l'image de la décrépitude et de la difformité, là où, prête également d'expirer, elle conserverait dans les Alpes le caractère noble et mélancolique de sa grandeur et de sa désolation. C'est la différence d'une mort naturelle à une mort violente. Les forêts meurent d'elles-mêmes dans l'Himalaya ; on est témoin de leurs derniers efforts contre le climat et de leurs misérables résultats. Dans les Alpes, au contraire, c'est un rempart de glace, ou des escarpements inaccessibles, ou le défaut subit d'abris qui les arrêtent brusquement ; c'est le sol qui leur manque tout à coup plutôt que le climat, dont les refus, toujours graduels, produisent, comme la vieillesse, la décrépitude avant la mort. » (Victor JACQUEMONT[1], *Journal d'un voyage dans l'Inde*, t. II, 4e partie, p. 129-131. — Paris, 4 vol. in-4°, 1841, Didot.)

---

1. JACQUEMONT (Victor), voyageur et naturaliste français, né à Paris, en 1801, fit un premier voyage en Amérique, en 1826, sur les conseils de son frère, Porphyre, capitaine d'artillerie. Etant à Haïti, auprès de son second frère, Frédéric, consul de France, il reçut des administrateurs du Jardin des plantes la proposition d'une mission de voyage pour le compte de cet établissement scientifique. On lui laissait le choix des pays à visiter : il désigna lui-même l'Inde anglaise. Il se rendit en Angleterre pour solliciter l'appui des savants et des hommes d'Etat, fut bien accueilli auprès des directeurs de la Compagnie des Indes, et se fit admettre dans la Société asiatique de Londres. Muni de précieuses lettres de recommandation, il s'embarqua à Brest, à bord de la *Zélée*, en 1828. Après des relâches nombreuses à Ténériffe, à Rio-de-Janeiro, au Cap, à Bourbon, à Pondichéry, il arriva à Calcutta, en mai 1829. Il y séjourna plusieurs mois, pour attendre les subsides qu'il avait demandés en France, et pour continuer et achever les études et les préparatifs nécessaires à son excursion. Il y reçut une hospitalité splendide chez le gouverneur général de l'Inde, lord Bentinck. Au mois de novembre, il se rendit à Delhi, en passant par Bénarès, par le Bandelkand, et par Agra. A Delhi, il fut présenté au Grand-Mogol qui tint un durbar pour le recevoir avec plus de pompe. Au mois d'avril 1830, il commença un pénible et aventureux voyage dans l'Himalaya, explora les chaînes entre le Gange et le Satledj, et pénétra sur le versant tibétain, où les Chinois du Ladak l'obligèrent à retourner sur ses pas. De retour à Simla, une lettre du général Allard, qui commandait les armées de

Cours d'eau.

1º Versant de la mer Arabique. — Entre la chaîne des monts Souléiman, qui bordent les plateaux baloutche et afghan, les énormes murailles de l'Hindou-Kouch et de l'Himalaya du nord, et les monts Aravalli à l'est, s'étend une immense dépression, jadis golfe marin, aujourd'hui divisée en deux contrées distinctes : 1º celle du *sud-est* n'est plus qu'une vaste steppe sans eau, presque partout inculte et déserte ; — 2º celle de l'*ouest* et du *nord*, très arrosée et fertile, où les habitants se sont concentrés, est le vestibule de l'Inde, à qui elle a donné le nom de son grand fleuve, le lieu de passage des migrations des peuples. « C'est par là que
» vinrent les Aryas eux-mêmes, repoussés peu à peu vers l'est par le flot
» des immigrations nouvelles. Des plateaux de l'ouest descendirent les en-
» vahisseurs persans, puis les Grecs d'Alexandre, les Arabes, les Turcs du
» Grand Mogol, les Afghans, et c'est du même côté que regardent sans
» cesse les populations de l'Inde, se demandant si les Russes ne se pré-
» parent pas à descendre à leur tour. » (E. RECLUS.) Cette région est celle du *Pandjab*[1] et du *Sind*, traversée par l'Indus et les *Cinq-Rivières* himalayennes, ses tributaires.

L'Indus, *Sindh* ou *Scinde* (2 900 kilom.; superficie du bassin : 965 000 kilom. carr.), a sa source initiale au nord de la chaîne des Gangri ou Kaïlas, près du col de Mariam-la, à 4 725 mètres d'altitude. Sur le versant méridional des Gangri coulent, en sens opposé, le Satledj et le Tsang-Bo. Une autre source de l'Indus est celle qui sort du lac *Argoum-Tso*, à l'ouest de la première. Grossi de cent autres ruisseaux, le fleuve « sorti de la bouche du Lion », le *Sinh-Ka-Bab*, fait une courbe à l'ouest, et se double par la rivière de *Gartok* ; puis, traçant une énorme sillon entre les murailles du Karakoroum et de l'Himalaya, il court droit au nord-ouest jusqu'à la frontière du Kachmir, reçoit à gauche le *Hanlé*, dans la vallée duquel s'élève un monastère bouddhique, à 4 595 mètres d'altitude ; c'est un

---

Runjit-Singh, souverain indépendant des Sikhs, l'invita à se rendre à Lahore, et lui offrit l'aide et la protection de son maître. Jacquemont écrit que son séjour à Lahore « fut une véritable féerie, un rêve des *Mille et une nuits* ». Comblé de présents, il partit pour visiter le Pandjab et le Kachmir, dont Runjit-Singh voulait le faire le vice-roi. Il en rapporta de magnifiques collections qu'il vint classer à Delhi. En février 1832, il se dirigea sur Bombay, et explora le Radjpoutana, Djeipour, Adjimir, Aurengabad, Ellora, Pouna, etc. Il se disposait à franchir la chaîne des Ghâts et à traverser le Dekkan, lorsqu'il tomba malade à Bombay d'une inflammation du foie, dont il avait pris les germes dans les forêts empestées de l'île Salsette. Il y succomba, le 7 décembre 1832. — M. Guizot, ministre de l'instruction publique, fit publier sous ses auspices le *Journal du voyageur*, et sa famille a fait imprimer en deux volumes la *Correspondance* du jeune naturaliste. Aucune correction n'a été faite à ces pages charmantes, où Jacquemont se montre tel qu'il était, aimable, spirituel, modeste et bon, dévoué à ses amis, à son pays, à la science. Son journal n'a presque pas vieilli, il demeurera, comme ses lettres, un modèle de bon goût et de pureté de langage.

1. *Pandjab* ou *Panchanada* (en sanscrit) a le sens de Cinq-Rivières ; autrefois on donnait à la région le nom de *Sapta-Sindawat* « Sept-Rivières ». Le changement de nom indique le dessèchement progressif de la plaine, dont le désert et les dunes de sable ont pris possession, à la place des bourgades et des cités ruinées ou englouties.

des lieux les plus élevés du globe qui soient habités d'une façon permanente. — L'Indus passe à Leh, capitale du Ladak, reçoit à gauche le *Dzanzkar*, émissaire d'immenses glaciers; puis, à son entrée dans le Baltistan, le *Sourou*, qui épanche les eaux du glacier de Noun-Koun, passe sous le fort de Khartakcho, et double presque son volume par l'affluent du **Chayok**, « l'Indus femelle », qui recueille les eaux de tout le massif oriental du Karakoroum. L'Indus prend alors le nom de Sindh, arrose Skardo, s'augmente à droite de la *Chigar*, et, au village de Haramoch, cesse brusquement de couler au nord-ouest, et descend au sud-sud-ouest. C'est là qu'il est rejoint à droite par le torrent de *Gilgit*, descendu des sauvages montagnes du Dardistan ou Kafiristan; il dessine plusieurs grandes courbes et des sinuosités sans nombre entre l'énorme massif du Nanga Parbat à gauche, qui le sépare du Djilam, et la haute muraille des montagnes encore mal connues qui se rattachent au groupe du Tchitral et du Lahori.

L'Indus, large de 100 mètres en moyenne, et parfois de 20, roule dans ces gorges une eau rapide, mais peu profonde et souvent guéable. Les crues sont terribles dans ces âpres contrées du Baltistan et du Yaghistan; souvent les avalanches de neiges et de glaces, l'écroulement des rochers ont barré la route au torrent, et, quand la débâcle arrive, la masse des eaux balaie sur son passage villages et campements, moissons, bestiaux et habitants[1].

L'Indus entre sur le territoire anglais près de Derbend, au pied des montagnes de Mahaban, et, à 76 kilomètres plus bas, à 1600 environ de ses sources, arrive à Attok, devant la grande forteresse qui surveille la route et la voie ferrée de Lahore à Péchaver. C'est là que finit à droite le *Kaboul*, qui apporte le tribut des eaux du Sefid-Koh et de l'Hindou-Kouch. (Sur ce fleuve, voy. l'*Asie*, 1re partie, p. 565.) — L'Indus, en aval d'Attok, coule parallèlement à la chaîne des monts Soléiman et des monts des Brahoui qui bordent sa vallée jusqu'à la mer; de ce côté, lui arrivent de nombreux torrents qui se dessèchent pendant la saison chaude, mais dont le lit ouvre des communications avec les plateaux de l'Afghanistan et du pays baloutche. (Voy. l'*Asie*, première partie, p. 566, 580, 605.) Les principaux sont la *Kouram* (défilé de Choutar-Gardan); — le *Gomoul*; — le *Sanga*; — la *Tejaga*; — le *Bolan* grossi du *Nari* (chemin de fer de Chikarpour à Sibi, Quetta et Kandahar); — la *Gandawa* ou *Moula* (route de Kelat).

Au-dessus d'Attok, l'Indus, toujours resserré, traverse une dernière rangée de montagnes; mais, au sud des chutes de Kalabagh ou monts du Sel, après avoir recueilli les eaux du plateau de Rawal-Pindi, réunies dans le *Sohan*, il pénètre dans les plaines sablonneuses du Pandjab, se divise en plusieurs bras, et étale en liberté ses eaux à travers le Deradjat, ou pays des Deras, laissant sur sa droite Dera-Ismaïl-Khan, place forte, située au débouché de la passe de Gomoul, et Dera-Ghazi-Khan, foyer de commerce sur l'Indus

---

1. M. Elisée Reclus rapporte, d'après l'Anglais Cunningham, qu'un pan de montagnes écroulé des flancs du Nanga-Parbat arrêta complètement le cours de l'Indus en 1841. « Lorsque la débâcle d'eau, de cailloux et de pavés, évaluée à
» plus de 600 millions de mètres cubes, se précipita hors des gorges supérieures,
» une petite armée de Sikhs était campée sur les bords du lit presque desséché
» de l'Indus, dans la partie de la plaine du Tchatch voisine d'Attok; plus de
» 500 hommes furent emportés par la vague d'inondation, haute de 10 mètres;
» des villages situés sur les hautes berges furent complètement rasés, le courant
» de la rivière de Caboul fut refoulé jusqu'à plus de 32 kilomètres de son embou-
» chure, et la plaine se recouvrit de plus d'un pied de boue. »

entre Moultan et le pays baloutche. — A Mithankot, il reçoit l'énorme **Pandjnad** ou **Pendjnad**, réunion des « Cinq-Rivières » du Pandjab, le *Djilam*, le *Tchinab*, le *Ravi*, le *Bias*, le *Satledj*.

Le **Djilam**, *Djelam* ou *Jhelum*, *Behat* ou *Bedasta* (*Vitasta* en sanscrit, *Hydaspes* ou *Bidaspes* en grec), long de 800 kilomètres environ, est formé, au sud-est du Kachmir, de deux branches, le *Lidar*, près d'Islamabad, et le *Vichao*; grossi de toutes les sources du cirque de montagnes kachmiriennes, il arrose Pampour, Srinagar et Sopour, et franchit, par une série de cascades et de rapides, le défilé de Baramoula. « Quelques heures de
» navigation sur le Djilam à sa sortie du lac, et nous sommes à Baramoula,
» petite ville située sur la rive droite de la rivière, et reliée à la grande
» forteresse, qui s'élève sur la rive gauche, par un pont de bois. Cette
» ville, assez fréquentée, est l'entrée habituelle du Kachmir. De là, en
» effet, les voyageurs qui arrivent des plaines de Rawal Pindi, regardent
» avec admiration cette riche et verdoyante vallée qui ferme le royaume
» de Kachmir. D'un ovale irrégulier, la vallée, large et étendue, est en-
» fermée au milieu d'une chaîne infinie de montagnes couronnées de ma-
» gnifiques glaciers dont les zébrures bizarres forment des dessins éblouis-
» sants. » (Mme DE UJFALVY-BOURDON, *Voyage d'une Parisienne dans l'Himalaya occidental*, p. 420.)

Tournant ensuite au nord-ouest, le Djilam, encaissé dans un lit de rochers, passe devant les superbes ruines du temple de Raniar et à Mouzafarabad, dont la forteresse, élevée par Aurang-Zeb, domine les cluses du torrent et les routes du Kachmir et du Yaghestan, reçoit à droite la *Kichanganga*, coule au sud, profond et rapide, et sépare le Kachmir du Pandjab jusqu'à 100 kilomètres au nord de Djilam. Dans le Pandjab, il arrose Djalalpour, Chahpour, et rejoint le Tchinab.

Le **Tchinab** (*Tchandra-Bhaga* ou *Asikni* en sanscrit, *Akesines* en grec) roule son cours impétueux et encombré de pierres entre les deux chaînes de l'Himalaya, du sud-est au nord-ouest, arrose Kilar et Kichwar, où à droite se précipitent, par plusieurs chutes d'une hauteur de 750 mètres, les eaux du Mari-Wardwan, tourne brusquement au sud-ouest, passe devant la formidable citadelle d'Aknour, reçoit à gauche la *Tavi*, le torrent de Djammou et du pèlerinage de Parmandal, passe à Ramnagar et à Pindi, et, après avoir reçu le *Ravi* et coulé à droite de Moultan, va mêler ses eaux à celles du Satledj. — Le **Ravi** (*Rawa*, *Rawati*, *Iravati* en sanscrit, *Udraotès* en grec) descend des hautes chaînes himalayennes du Lahoul, à travers une contrée sauvage, toute sillonnée de torrents et de cascades, où s'aventurent, au pied de rochers escarpés et de glaciers énormes, les caravanes des honnêtes et intrépides montagnards lahoulis, intermédiaires de tout le trafic entre le Pandjab et le Ladak[1]. Jusqu'au delà de *Tchamba*,

---

1. M. et Mme de Ujfalvy, venant de Simla par le Koulon et le Kangra, pénétrèrent dans les États du maharadjah de Kachmir en traversant le Ravi et les montagnes escarpées du Tchamba, qui séparent Tchamba de Tchinab. La passe de *Padri*, située à une altitude de 3300 mètres, au-dessus de Baharawar, s'ouvre au milieu de roches toutes ruisselantes de cascades; sur leurs corniches étroites et croulantes qui surpassent l'abîme, hommes et chevaux ne passent qu'un à un; lentement, à la file indienne. « Quel splendide pays que ce haut Tchambal! Torrents
» impétueux, cascades, forêts dont l'œil peut à peine mesurer la profondeur, mon-
» tagnes rocheuses, tapis verdoyants, tout est réuni pour en faire le plus beau
» pays que nous ayons encore admiré, et pourtant le chemin se perd au milieu
» de montées, de descentes plus pittoresques les unes que les autres; la pluie

le Ravi coule au nord-ouest, flanqué à gauche du *Dhaola-Dhar* (ou montagne blanche), dont les flancs sont tapissés de sapins et les sommets couronnés de neige, puis prend la direction du sud-ouest, et descend par Lahore vers le Tchinab où il se perd. — Le **Bias** ou *Beyah* (en sanscrit *Viposa*, la Déchaînée ; en grec *Hyphasis, Hypasis* ou *Bipasis*), 500 kilomètres, naît dans le district de Koulou, ou pays du « Bout du Monde », entre les monts Rohtang au nord, hauts de 5500 mètres, les monts de Bara-Bangahal à l'ouest, et les énormes chaînes à l'est qui séparent le Lahoul du Spiti ; la route commerciale d'Amritsar à Yarkand, par le col de *Rohtang* (4114 m.), un des plus périlleux de l'Himalaya, passe par le Koulou, dans la haute vallée du Bias. Après avoir arrosé Nagar, puis Sultanpour, le Bias, courant vers le sud, décrit une vaste courbe, prend la direction de l'ouest, laissant à gauche la montagne de Sikandar-Ka-Dhar (mont d'Alexandre), où l'on a cru retrouver les traces des autels élevés autrefois au conquérant ; le Bias tourne ensuite au sud jusqu'à son confluent avec le Satledj.

Le **Satledj**, *Gharrah* ou *Ghasa* (en sanscrit *Satadrou*, Cent-Bras ; en grec *Zadadros*), est le plus important des affluents de l'Indus, par sa longueur et son volume. Il a sa source près du Kaïlas tibétain, dans les monts Gangri, non loin de l'Indus, du Gange et du Brahmapoutre. D'après les données de Moorcroft et des Pandits hindous, il serait l'émissaire du lac sacré de **Manasaraouar** ou *Mansaraour* (380 kilom. car.), que l'on regardait autrefois comme le réservoir supérieur du Gange. « Le Manasaraouar,
» comme le Kaïlas, tient une place importante dans la mythologie hindoue.
» Le Vardjou-Pourâna raconte que, lorsque l'Océan tomba du ciel sur le
» mont Mérou (Kaïlas), il plut quatre fois autour de la montagne, au
» pied de laquelle naquirent quatre fleuves qui formèrent quatre grands
» lacs : Arounada à l'est, Siloda à l'ouest, Mahabbâdra au nord et
» Mânasa au sud. Cette légende fait allusion aux sources des quatre
» grandes rivières Indus, Satledj, Brahmapoutra et Kournali (Gange),
» voisines les unes des autres. Le Manasaraouar est un des quatre lacs
» dont Siva, assis au sommet du Mérou, boit l'onde sacrée. Son nom
» signifie lac formé du souffle de Brahma ou, plus simplement, lac sacré.
» Des cygnes, vénérés comme des bienheureux, nagent par milliers sur ses
» eaux bleues. Des maisonnettes de pèlerins s'élèvent çà et là sur les buttes
» des alentours ; car, malgré les dangers du voyage et du climat, les pieux
» ermites ne craignent pas de séjourner pendant quelques mois dans ces
» terribles solitudes ; ceux qui meurent en route savent que leurs cendres
» seront jetées dans cette eau, la plus sainte de la terre, et c'est pour eux
» la suprême récompense. » (*Dict. de géog. universelle*, de VIVIEN DE SAINT-MARTIN et ROUSSELET, t. III, p. 600.)

Le *Satledj* coule pendant 200 kilomètres dans une étroite cluse, où aucune ville ne s'est fondée ; mais une route, construite par les Anglais, entre Simla et le Tibet, suit la fissure. En amont de Tchini, le Satledj

---

» torrentielle qui nous inonde rend d'autant plus difficiles les sentiers vertigineux que nous parcourons ; chaque pas de nos bêtes nous expose à un danger ; mais le spectacle est si beau, mais ces paysages qui changent à chaque instant laissent dans nos âmes un tel sentiment de grandeur, que, semblables aux Hindous, nous courbons nos têtes devant cette nature merveilleuse, que nous sentons notre maîtresse. » (Mᵐᵉ DE UJFALVY, *Voyage d'une Parisienne dans l'Himalaya occidental*.)

tourne au sud-ouest, reçoit les torrents du Spiti, passe à Rampour et Bilaspour, laisse à gauche Simla, le plus fréquenté et le plus salubre des *sanatoires* anglais, qui est, en même temps, à la jonction des routes de la Chine, du Tibet et des provinces septentrionales de l'Inde : le Satledj arrose dans la plaine Loudania, et plus bas, non loin du confluent avec le Tchinab, la ville de Bawhapour.

Ainsi formé par les « Cinq-Rivières », l'Indus atteint une largeur moyenne de 2 000 mètres, et parfois de 15 kilomètres à l'époque des grandes crues ; il arrose la province de Sind, se divise en bras nombreux, passe à l'est de Chikarpour, à l'ouest d'Haiderabad, tête de ligne des bateaux à vapeur, et fait 1 000 kilomètres avant d'atteindre le delta, à 105 kilomètres de la mer. Plus bas, son cours se ramifie à l'infini ; quelques-uns de ses bras sont des marigots temporaires à l'eau peu profonde, et au cours incessamment changeant, d'autres sont des chenaux servant à la navigation ; le plus large est le *Hadjanro*, qui ronge ses rives, et qui finit près de Keti. Au moment des crues, qui s'élèvent parfois à 10 ou 12 mètres, le fleuve emporte ses berges escarpées, qui s'écroulent avec un fracas de tonnerre. Grâce à de coûteux travaux, les Anglais ont réussi à établir un port à Karatchi, où aboutit le chemin de fer. L'immense delta a une superficie d'environ 8 000 kilomètres carrés.

L'Indus.

« Le volume d'eau roulé par l'Indus en une seconde excède quatre fois celui du Gange dans la saison sèche, et égale presque celui du Mississipi, le grand fleuve de l'Amérique du Nord. La longueur considérable de son cours et de celui de ses affluents à travers de hautes montagnes neigeuses, qui doivent toujours leur fournir d'immenses quantités d'eau, nous a préparés à ce résultat, et il ne semble pas extraordinaire, quand nous réfléchissons à la surface embrassée par quelques-unes de ces rivières, ainsi qu'à la prodigieuse hauteur des points où se trouvent leurs sources. Le Satledj, entre autres, sort du Mansaraouar, lac sacré du Tibet, et situé à 1 000 pieds au-dessus du niveau de la mer.

» L'Indus traverse un pays comparativement stérile et désert, mal peuplé et faiblement cultivé, tandis que le Gange répand ses eaux par des irrigations, et prodigue aux habitants de ses bords des moissons riches et abondantes. Même dans la saison du débordement, l'Indus est resserré dans son lit par des rives plus escarpées et plus solides que celles du Gange, et sa largeur excède rarement un demi-mille ; le Gange, au contraire, est représenté comme formant une mer intérieure dans une partie de son cours, de sorte que parfois un de ses bords n'est pas visible du côté opposé, circonstance qui doit grandement accroître l'évaporation. La nature aride et sablonneuse des contrées qui bordent l'Indus ne tarde pas à absorber l'excédent des eaux, et le fleuve rentre plus promptement dans son lit. De plus, le Gange et ses affluents sont alimentés par des eaux coulant du versant méridional de l'Himalaya, tandis que l'Indus reçoit celles des deux versants de cette chaîne énorme, et de plus est grossi par les eaux des pluies d'une partie du Tibet. Ses eaux ont été accrues longtemps avant le commencement de la saison pluvieuse ; et, quand nous considérons la grande distance de sa source, nous ne pouvons attribuer ce débordement hâtif qu'à la fonte des neiges et des glaces.

» Depuis Tatta, situé au commencement du Delta, jusqu'à la mer, le pays est presque partout soumis à l'action du débordement périodique de l'Indus ; les grands bras de ce fleuve sont si nombreux et se subdivisent en une quantité si considérable de canaux, que l'inondation est générale, et, dans les lieux qui, par des circonstances fortuites, sont privés de ces avantages, des rigoles creusées par l'art, larges de quatre pieds, et profondes de trois, conduisent les eaux dans les champs. Le fleuve commence à déborder vers la fin d'avril ; l'inondation continue à augmenter jusqu'en juillet, et a complètement cessé en septembre ; on suppose que sa fin est accélérée par le vent du nord. Elle commence par la fonte des neiges dans l'Himalaya avant la saison des pluies. Dans les autres temps, la terre est arrosée par la roue persane que fait tourner un chameau ou un bœuf, et qui est partout d'un usage général. Un huitième de la surface du delta est occupé par des bras du fleuve ou par des canaux plus petits. A dix milles de la mer, le pays est tellement couvert de buissons et de broussailles touffus qu'il n'est pas possible de le labourer. Mais, le long de la côte maritime, on voit de vastes espaces tapissés d'herbes verdoyantes qui fournissent de la pâture à de grands troupeaux de buffles. Ces animaux récompensent les soins des pasteurs par une provision abondante de ghi ; mais le travail de ces hommes est continuel ; il faut que sans cesse ils apportent de l'intérieur de l'eau douce pour eux-mêmes et pour leurs troupeaux.

» ... La pêche est très active, tant dans le fleuve qu'en dehors de ses différentes embouchures ; elle se fait principalement à l'hameçon ; quelques poissons sont d'une dimension énorme. On prend le *kadjdjouri* pour ses ouïes, qui, avec les nageoires des petits requins très communs dans les parages voisins de l'Indus, forment un objet de commerce avec la Chine. Le poisson de rivière est également abondant ; le plus remarquable est le *palla*[1], espèce de carpe dont la saveur est délicieuse ; on ne le trouve que dans les quatre mois qui précèdent le débordement. Le *singali*, qui est à peu près de la grosseur d'une petite morue, n'est pas moins commun. A l'approche de la marée, il fait sous le navire un bruit plus fort que celui de la grenouille mugissante ; il a une grosse tête et beaucoup d'arêtes. Il n'est pas particulier à l'Indus ; on le trouve dans toutes les rivières de l'Inde occidentale.

» La largeur générale du lit du fleuve n'est pas d'un demi-mille ; à Haïderabad, elle n'est que de 2 490 pieds, à Tatta que de 2 100, et au-dessous du village de Hilaya, à 15 milles de cette ville, elle n'excède pas 1 800 pieds. La plus grande profondeur de l'Indus est vis-à-vis de la capitale, la moindre à Tatta, où elle n'est que de quinze pieds. Le delta de l'Indus est exempt de bancs de sable ; de Tatta à Haïderabad, on en rencontre partout, et, les bords du fleuve étant plus fréquemment en talus qu'escarpés, il est difficile de découvrir où le chenal est profond, ce qui embarrasse le navigateur. Beaucoup de ces bancs de sable ne sont couverts d'eau que jusqu'à la hauteur du genou, et changent continuellement de place ; le courant étant là moins rapide que près de la mer, ils ne sont pas aisément emportés. Dans plusieurs endroits, ils sont devenus des îles et partagent le fleuve en deux bras dont l'un est toujours navigable. Cette subdivision du fleuve a été cause que beaucoup de ces bras ont été représentés sur nos cartes comme des rivières séparées.

1. « Nous remontions l'Indus dans la saison du *palla*, poisson du genre de la carpe, de la grosseur du maquereau, et dont le goût égale celui du saumon. On ne le trouve que durant les quatre mois qui, de janvier à avril, précèdent le gonflement du fleuve, et jamais au-dessus du fort de Bakkar. Les naturels croient superstitieusement que ces poissons viennent à cause de Khadja-Khisr, saint personnage très célèbre qui est enterré là, et qu'ils s'en retournent sans jamais tourner leur queue vers cet emplacement sanctifié : assertion que la couleur bourbeuse de l'Indus empêche d'être contredite. La manière de prendre le palla est très ingénieuse. Chaque pêcheur est pourvu d'une jarre en terre, ouverte par le haut et un peu aplatie ; il s'y place, et s'y couchant horizontalement s'élance dans l'eau, où il nage, ou se pousse en avant comme une grenouille en se guidant avec les mains. Parvenu au milieu du fleuve, où le courant est le plus fort, il jette son filet immédiatement au-dessous de lui, puis suit le fil de l'eau. Le filet consiste en une poche attachée à une perche, il la ferme quand il rencontre sa proie, perce le poisson, le laisse tomber dans la jarre et continue sa pêche. Il y a aussi de petits vaisseaux sans aucun orifice, sur lesquels les pêcheurs s'asseyent. On voit des centaines d'hommes, jeunes et vieux, occupés à prendre des pallas. » (A. Burnes.)

» Cette contrée, qui pourrait être une des plus riches et des plus fécondes du monde, est vouée à la stérilité. Les *Chikargahs*, ou terrains réservés pour la chasse, se suivent de si près, qu'ils n'en laissent pas de reste pour le labourage, et les haies qui renferment le gibier s'avancent jusqu'à quelques pieds de l'Indus. L'intérieur de ces terrains réservés forme un taillis très touffu composé de tamaris, d'arbrisseaux salins et d'autres broussailles avec des arbres épineux et peu élevés, qu'il n'est pas permis d'émonder ni de couper; de sorte que les rives de l'Indus, si elles se trouvaient dans les mains d'un ennemi formidable, pourraient fournir un abri à la faveur duquel une expédition, arrivant par eau, serait constamment et grièvement harcelée.

» Bien que négligée, cette partie du Sindhi n'est pas dépourvue de ressources; le grain y est abondant et partout à bon marché. Tatta et Haïderabad sont les capitales ancienne et moderne du pays.

» Les productions de la terre dans les jardins de Tatta montrent sa fertilité; la vigne, le figuier, le grenadier y sont élevés avec succès; il y a aussi beaucoup de pommiers, leurs fruits sont petits, mais deviennent plus gros dans les environs de Haïderabad. Dans le petit nombre d'emplacements cultivés, on voit l'indigo et la canne à sucre à côté du froment, de l'orge et des autres grains de l'Inde. L'agriculture et le commerce souffrent également.

» On peut dire que le commerce de ce pays n'existe réellement qu'à Karatchi; l'Indus ne lui est pas plus utile que s'il n'existait pas, et, quoiqu'on y embarque des grains pour le delta, on ne tire nul parti de ce fleuve pour faire remonter les marchandises à Haïderabad; celles qui arrivent sont débarquées à Karatchi, et l'objet d'exportations le plus précieux, qui est l'opium de Malva, est expédié du même port. Les marchands qui continuent leur voyage vers le Kandahar et les pays de l'Indus supérieur se hâtent de sortir du territoire du Sindhi. » (Alexandre Burnes[1], *Voyage de l'embouchure de l'Indus à Lahore*, 1831-33.)

Depuis que les Anglais, à coups de millions, sont parvenus à combler les marais, à creuser des chenaux, à rattacher les îlots du delta par des digues où passent les voies ferrées, à fonder à la pointe de Manora un

---

1. Sur Alexandre Burnes, voy. l'*Asie*, 1re partie, p. 590.

havre profond de 6 à 7 mètres, et protégé contre les envasements du fleuve par un entretien constant, Karatchi s'est amélioré : le commerce des céréales et du coton y atteint une centaine de millions de francs par an; le pavillon anglais y tient le premier rang. — La ville est chaude et malsaine, souvent dévastée par le choléra. Les riches Européens sont installés à Clifton, à l'est de la baie.

2° **Versant du golfe de Bengale.** — Sur le versant méridional du Trans-Himalaya, dans un massif énorme de montagnes qui va des sources de la Gogra à la coupure du Satledj, le **Gange** (*Ganga*), le fleuve sacré des Hindous (longueur 3000 kilom., sup. du bassin, 932 000 kilom. c.), se forme au milieu d'un immense cirque de glaciers et de roches chaotiques, dont les cimes les plus hautes, le *Kidarnath* et le *Moira*, atteignent près de 7000 mètres. La source la plus lointaine, la *Baghirati*, s'échappe d'une caverne profonde creusée à 4 200 mètres d'altitude, à la base d'un glacier renfermé entre les trois pics de *Saint-Patrick*, de *Saint-Georges* et de la *Pyramide*, hauts de 6 500 à 6 950 mètres. A 20 kilomètres en aval, le torrent passe à Gangotri, lieu vénéré des adorateurs de Siva, mais rarement fréquenté, tant sont périlleux et presque invincibles les obstacles qui barrent l'accès du sanctuaire. A Bhaïraghat, la Baghirati reçoit la *Djanavi*, plus longue et plus puissante qu'elle-même, qui descend du versant septentrional du Kidarnath; elle se fraye, à l'ouest, puis du sud-ouest au sud-est, un passage tortueux à travers le massif des monts, et se grossit de plusieurs torrents avant de se réunir à l'**Alaknanda**. Celui-ci, deux fois plus large que la Baghirati, est l'émissaire des torrents issus des glaces et des neiges de l'énorme masse de l'Ibi-Gamin, au sud du Kidarnath; on le regarde souvent comme la vraie tête du Gange.

Le Gange, ainsi formé, perce la chaîne du Sivalik, et s'étale dans la plaine où il arrose Hardvar (*Gangadvara*, la porte du Gange), le grand rendez-vous des pèlerins et des marchands, le lieu sacré des grandes foires et des grandes fêtes célébrées en l'honneur de Brahma. — De là, part le grand canal qui arrose et féconde les plaines du Doab, et porte les bateaux jusqu'à Cawnpore; là, fortifié par l'apport de la *Ram-Ganga*, venue du Rohilcand, et du *Koli-Nadi*, rivière lente du fertile Doab, il a une largeur de plus de 1 000 mètres, et, à 250 kilomètres en aval, sous les murs d'Allahabad (anc. Frayag), se mêle à droite aux flots de la puissante **Djamna** (ou *Djemnah*, *Djemna*), dont une des sources s'échappe des monts Garhval, et l'autre du pic de Djamnatri. La Djamna franchit les gorges du Sivalik, alimente, en se divisant, les canaux de Firoz-Chah et du Doab, serpente à travers une plaine immense, baigne les murs de Delhi, de Matra et d'Agra, reçoit le tribut des eaux des monts Aravalli et Vindhyas, le *Tchambal*, la *Betva*, la *Kéna*, la *Baghinadi*, et, dans un lit navigable pour les bateaux à vapeur, et plus large que celui du Gange lui-même devant Allahabad, mêle ses eaux limpides aux flots verdâtres du fleuve sacré dont elle est comme la branche jumelle, et qu'elle dépasse en longueur, mais non en volume (Djamna, 1 375 kilom. de long., Gange, 1 050 à Allahabad).

Le **Gange**, plus profond et plus majestueux, passe devant Mirzapour et baigne les quais de Bénarès, la cité sainte, la *Rome de Brahma*, reçoit à gauche la *Goumti* (675 kilom.), la rivière « tournante » et poissonneuse, issue des marais du Téraï, qui féconde la plaine d'Aoude et arrose Luknow, Faïzabad, Soultanpour, Djanpour; la *Gogra* ou *Shardjou* (975 kilom.), originaire des monts du Tibet, dans le voisinage des sources du Satledj et du Brahmapoutre, qui se précipite entre des cimes hautes de 7000 mètres, comme la majestueuse Nanda-Devi, sépare le Nepal du Koumaon britannique, franchit les marais du Teraï et la plaine d'Aoude, pour finir à Tchapra. — A droite, des monts Amarkantak descend la *Sône* qui verse au Gange, dans les grandes crues, jusqu'à 5 000 mètres cubes d'eau par seconde.

A Tchapra, entre les confluents de la Gogra et de la Sône, le Gange pénètre dans le Bengale et arrive à Patna (anc. Patalipoutra ou Palibothra). Dans cette dernière section, les torrents himalayens se succèdent nombreux et puissants : tel le *Gandak* ou *Narayani* (700 kilom.), la rivière du Nepal, formée des *Sapt Gandaki*, ou sept torrents issus des glaciers entre les géants du Dhavalaghiri et du Dayabang; l'un d'eux, le *Trisoul*, naît en plein Tibet, à 20 kilomètres du Brahmapoutre. Réunis dans le Gandak, ces émissaires roulent ensemble de 300 à 7 600 mètres cubes d'eau par seconde, suivant les saisons. Une dérivation ancienne du Gandak, aujourd'hui rivière indépendante, le *Tchota Gandak*, navigable malgré sa rapidité et la violence de ses crues, se joint au Gange à Gogri, près de Monghir. — D'autres cours d'eau, comme la *Kamlaï* et l'impétueuse *Kosi*, celle-là formée dans le Tibet chinois de deux branches, s'ouvrent un passage par d'effrayantes cluses à travers la région des massifs souverains (Gaourisankar et Kintchindjinga) : la Kosi, avant de sortir des montagnes, emporte les eaux de nombreux torrents et, toujours rongeant sa rive droite et déplaçant son cours, finit en aval de Bhagalpour.

Tranquille et majestueux, le Gange s'étale ensuite dans un vaste lit, semé d'îles et de bancs, entre des rives qu'ont fécondées ses alluvions; heurte à droite les derniers contreforts de la chaîne centrale des Vindhyas, dans le pays des Santal, et les franchit pour couler brusquement au sud. Près de Radjmahal commence son delta; les bras du *Djellinghi* et du *Baghirati* s'en détachent et forment bientôt par leur réunion le **Hougli** (195 kilom.), le fleuve de Calcutta, particulièrement vénéré des Hindous, large de 900 mètres, profond, mais encombré de bancs de sable et de vase qui se déplacent sans cesse. Le vrai bras du Gange prend le nom de *Padma* ou *Padda* « fleur de lotus », et roule une masse d'eau qui varie de 2 000 à 16 000, et parfois 34 000 mètres au temps des grandes crues.

Les plaines du Bengale lui envoient toutes leurs eaux par le *Kankaï*, la *Mahanaddi*, le *Tangoun*. A Goalanda, le bras principal du Brahmapoutre, la *Djamouna*, se confond avec le Gange : les deux énormes fleuves continuent de détacher vers le sud une multitude de bras secondaires, qui se croisent en un inextricable réseau à travers un delta de plus de 300 kilomètres d'étendue sur chaque face.

Le delta du Gange; les Sanderban.

« Lors des inondations, le fleuve dépasse presque partout ses rives et s'étend au loin dans les campagnes jusqu'à une grande distance du lit majeur. Au lieu de violenter la nature, les riverains du Gange ont préféré accommoder leur existence à ses lois; si ce n'est dans le voisinage des grandes villes, ils n'ont point bordé leur fleuve de ces levées coûteuses qu'il faut exhausser de décade en décade, à mesure que s'élève le fond du lit obstrué d'alluvions, et que l'on doit fréquemment consolider, fortifier de contre-digues ou même refaire entièrement, lorsque des crues exceptionnelles ont bouleversé tous les travaux de défense. Ne s'abritant point derrière un rempart de levées, comme les riverains du fleuve Jaune, du Pô, de la Loire, du Mississipi, les cultivateurs du Bengale ne peuvent donc labourer leurs champs en vue de récoltes éloignées ; ils ont deux espèces de cultures, les unes pour la période des eaux basses, les autres qui succèdent immédiatement à la période d'inondation, quand le sol est encore vaseux. En revanche, l'immense danger des crevasses et des inondations soudaines leur est épargné, les catastrophes sont évitées, la terre est débarrassée des fourmis blanches qui l'infectent et renouvelle incessamment sa fertilité. Quant aux villes et aux villages pour lesquels on n'a pu utiliser des tertres naturels, on a construit des terrasses artificielles s'élevant au-dessus du niveau des crues, qui est de 13 à 14 mètres à Bénarès, et qui diminue graduellement vers l'aval ; les groupes d'habitations se trouvent ainsi transformés temporairement en îlots. Malheureusement, ces travaux de terrassement sont faits sans méthode ; pour avoir des matériaux de remblai, on creuse de grandes excavations qui se remplissent d'eau et où pourrissent les débris de toute espèce, répandant au loin leur puanteur ; de longues années se passent avant que les boues alluviales aient comblé ces marées insalubres.

» ... La région méridionale du delta est une terre indécise entre le continent et la mer ; elle appartient aux côtes par la végétation qui la recouvre, à l'Océan par l'eau qui la pénètre dans tous les sens et l'inonde même en entier lors du retour offensif des malines et des tempêtes. L'ensemble de cette contrée est connu sous le nom de *Sanderban*[1].

» La superficie de cette région neutre entre la terre et la mer est d'environ 20 000 kilomètres carrés ; de l'ouest à l'est, les Sanderban ont plus de 200 kilomètres. L'immense labyrinthe, découpé au milieu d'îles et d'îlots par quatorze grandes rivières et des centaines de coulées se ramifiant à l'infini, n'est accessible qu'au batelier, glissant entre les roseaux ou sous les voûtes de

---

1. Ce terme de *Sanderban*, *Sounderban*, *Sounderband* est expliqué de diverses manières par les étymologistes : ce serait le Sindourban ou la « Forêt rouge », le Souderban ou la « Forêt superbe », le Chandabhanda ou « Pays des Sauniers », le Sounderband ou la « Bonne Levée », ou bien encore la « Forêt des *Soundri* », appellation locale de l'arbre le plus commun de ces terrains à demi noyés ; c'est aussi à une plante des Sanderban, la *hougla*, que la rivière de Calcutta, le Hougli, devrait son nom. (ID., *ibid.*)

feuillage, dans sa barque construite du bois rouge de soundri. De nombreuses îles des Sanderban, bien protégées par des dunes de sable que dressent les vents de la mousson, sont recouvertes de forêts épaisses dont le gouvernement s'est réservé la propriété et qu'il fait aménager avec soin ; d'autres n'ont pour végétation que des palmiers nains ou des broussailles, sous lesquelles gîtent les bêtes fauves. Des ruines retrouvées çà et là prouvent que les Sanderban n'étaient point inhabités à l'arrivée des Européens dans la contrée et qu'il s'y éleva même de grandes cités ; les premiers écrivains portugais s'accordent tous à dire que les terres des Sanderban étaient fort peuplées de leur temps ; mais la limite entre la région des cultures et la zone inhabitée du littoral semble s'être maintenue presque sans changement pendant des siècles. Depuis une centaine d'années, les empiétements des agriculteurs sur ces terres vierges sont considérables, principalement du côté de la Meghna, où le sol est en moyenne plus élevé. En 1872, la surface du territoire mis en culture dans les Sanderban s'étendait sur un espace de 280 000 hectares, mais la plupart des champs sont exposés aux inondations, et l'on a dû les entourer de digues. Souvent les marées changent toute la région des cultures en d'innombrables îlots de forme polygonale. C'est dans ces estuaires changeants des Sanderban, où l'eau de mer et l'eau douce se rencontrent avec leurs flores et leurs faunes diverses, et dans les *bhil*, *djhil* ou *djoulla*, dépressions marécageuses des campagnes voisines, que naît la « fièvre du Bengale », ou fièvre des jungles, l'une des plus redoutables maladies de l'Inde, attaquant indistinctement les hommes de toute race, indigènes aussi bien qu'étrangers. A Calcutta, la fièvre choisit le plus souvent ceux qui vivent en partie sur la rivière, les bateliers, les marins, les portefaix, les douaniers ; les chasseurs, les hommes qui travaillent dans les plantations basses sont aussi très menacés. Au mois de septembre principalement, quand les marais commencent à baisser, et laissent à découvert des plages vaseuses, les cas de fièvre sont particulièrement redoutables. Le choléra est aussi l'une des maladies endémiques du Bas-Bengale, et c'est de là qu'il se répandit dans la première moitié du siècle sur le reste de l'Hindoustan et dans le monde entier ; il existe probablement de toute antiquité sur les bords du Gange inférieur, quoique le fléau, lors de son irruption soudaine dans l'Europe occidentale, fût considéré comme une maladie nouvelle. L'humidité surabondante de la contrée et la putréfaction des matières mêlées à l'eau, qui se rencontrent partout à quelques centimètres de la surface, sont la cause de cette terrible endémie du Bengale.

» On sait que des milliers et même des millions de cadavres rejetés jadis chaque année sur ses bords par le courant du Gange contribuaient à l'insalubrité de l'atmosphère. Depuis que les Anglais sont devenus les maîtres du pays et que leur police intervient dans les questions d'hygiène publique, le Gange n'emporte plus dans ses flots les corps de tous les adorateurs qui vivaient sur ses rives; mais combien souvent la piété filiale sait éluder les prescriptions sanitaires en assurant aux morts le lieu de repos le plus sacré! Que de fois on aperçoit la nuit, sur l'eau du fleuve, pareilles à des lucioles égarées, de petites lumières que le courant entraîne avec lenteur! La lueur vacillante éclaire la planche sur laquelle est posé le cadavre; les amis se pressent au bord de l'eau, suivant anxieusement du regard le voyage suprême de celui qu'ils pleurent, jusqu'à ce qu'un bateau, un banc de sable, un tournant de la rivière ou l'éloignement fasse disparaître le point lumineux que leur regard disputait aux ténèbres. Les Hindous voient plus qu'une déesse dans la rivière qui arrose leurs champs et fait naître leurs moissons; ils voient en elle une mère. D'après la légende, elle ne consentit à descendre sur la terre que pour baigner et purifier les restes des aïeux du roi Baghirati; mais sa source est toujours aux cieux et son flot pur est celui dans lequel se jouent les immortels. Lorsque son courant s'épancha du ciel, un dieu, le robuste Siva, qui a pour tête et pour épaules les rochers de l'Himalaya, put seul soutenir le poids de la rivière « tombant de son front comme un collier de perles dont le fil s'est brisé ».

» Il n'est pas un endroit sur les bords du Gange qui ne soit sacré, et le nom même de la rivière, prononcé avec révérence, serait-ce à cent lieues de son courant, suffit à effacer les péchés commis pendant une ou plusieurs existences antérieures. Des pèlerins emplissent de l'eau divine de petites fioles qu'ils placent ensuite en deux paniers, ornés de plumes de paon et réunis par un bambou; chargés de ce fardeau, à la manière des porteurs auvergnats, ils parcourent l'Inde entière pour revendre à grand prix l'onde sacrée. Les riches Hindous peuvent donc jouir du privilège inestimable de se purifier d'eau sainte; en outre, dans toutes les parties de la Péninsule, la superstition populaire a désigné comme des bas souterrains du Gange les fontaines jaillissant de la roche. Mais la sainteté parfaite ne peut s'acquérir que par un pèlerinage au bord de la « mère Ganga », surtout par *pradakchina*, qui consiste à cheminer pendant six années sur la rive du Gange, de la source à l'embouchure et de l'embouchure à la source. Dans ce voyage, les endroits saints par excellence sont tout naturellement indiqués par les confluents, les roches isolées, les brusques détours, les défilés; c'est là que les bains ont toute leur vertu purifiante. Les pèlerins y séjournent; les marchands s'y établissent, et des villes se bâtissent autour des temples. En aucun pays, la religion n'a contribué comme dans l'Inde à la fondation des cités.

» Après le Yang-tsé-Kiang, la sainte Ganga est certainement le cours d'eau qui a la plus grande importance au point de vue économique. Le sol que cultivent les cent millions d'habitants de son bassin est des plus féconds et produit en abondance des denrées d'espèces diverses ; leurs cités sont riches et industrieuses ; les bateaux se pressent par milliers aux abords des marchés. Jusqu'à une époque récente, la voie du fleuve et les canaux de son delta étaient les seules voies de commerce dans le Bengale, et, quoique les chemins de fer aient maintenant enlevé au Gange une part considérable de son trafic, ce cours d'eau n'en reste pas moins l'un des plus fréquentés du monde entier. La seule ville de Calcutta reçoit des ports de l'intérieur pour une valeur de plus de 400 millions de francs importée par bateaux ; tel bourg voit passer devant ses quais plusieurs centaines d'embarcations par jour; c'est par millions de tonnes qu'il faut évaluer le mouvement annuel dans les ports du delta gangétique. Sans doute, le Gange ne saurait se comparer au Hudson, au Mississipi, à la Tamise, pour la navigation à vapeur, mais nulle part, si ce n'est dans les fleuves de la Chine, les petites embarcations ne sont plus nombreuses. » (Elisée RECLUS[1], *Nouvelle Géographie universelle*, t. VIII ; *l'Inde et l'Indo-Chine*, p. 319-324. Paris, Hachette 1883.)

---

1. Sur M. Elisée Reclus, voy. nos *Lectures sur l'Amérique*, p. 148. (Paris, Belin, 5ᵉ édition, 1889.)
Nous avons plaisir à citer ici le jugement élogieux que trace de l'éminent géographe l'auteur de la *Question du latin* et du *Péril national*, qui est lui-même un penseur délicat et profond, un moraliste vigoureux et sincère, en même temps qu'un des écrivains les plus distingués de notre temps. Dans son projet de réforme, ou plutôt de refonte générale des études de l'enseignement secondaire classique, M. Raoul Frary réserve à la géographie une place très large, trop large peut-être. Tout le monde sera d'accord avec lui pour proclamer M. Elisée

Le **Brahmapoutre** cache ses sources les plus lointaines dans cette région himalayenne, hérissée de pics et de glaciers, autour de laquelle rayonnent tous les grands fleuves sacrés de l'Inde : Indus, Satledj, Gange, Djamna. Les découvertes récentes des Pandits hindous ont démontré l'identité du Brahmapoutre et du **Yaro-Dzang-Bo**, le grand fleuve tibétain, dont le cours supérieur parallèle aux crêtes de l'Himalaya, creuse un sillon profond dans l'immense plateau adossé aux murailles du Nepal et du Bhoutan. Le Yaro-Dzang-Bo, grossi de tous les torrents qui écoulent les sources et les lacs des monts Gang-dis-ri à gauche, et du Transhimalaya à droite, passe à Djanglatché, entre Namling et Chigatzé, laisse au nord Lhassa dans une vallée secondaire, coule près de Tche-Tang, et opère un vaste détour vers le nord dans une région inexplorée. On suppose qu'il est la vraie tête du *Dihong*, venu du nord-ouest, dont le volume s'élève, aux plus basses eaux, à 1500 mètres cubes par seconde, aux plus hautes, à 12000. Ce dernier fleuve a été reconnu sur une longueur de près de 200 kilomètres avant sa jonction avec le *Dibong*, issu des plateaux inexplorés du nord, et avec le *Lohit*, rivière puissante de l'est, qui forme le *Brahmakound*, ou lac de Brahma. De ce lac s'épanche une cascade que les Hindous considèrent comme la branche maîtresse du grand fleuve Brahmapoutra : « quelques pèlerins » viennent y faire leurs cérémonies religieuses et garder la source sainte, » peuplée de grands poissons que vénèrent les indigènes comme de saints » fakirs ayant changé de corps. »

Ainsi constitué par la réunion des trois fleuves dans la plaine de Sadiya, le Brahmapoutre, plus puissant dans la saison sèche que le Rhin ou le Rhône, se ramifie en plusieurs bras, dont les plus larges atteignent plusieurs centaines de mètres, et dont l'ensemble s'étale sur 40 et même sur 100 kilomètres entre les rives extrêmes. Jusqu'à Dhouhri, où commence le grand coude du fleuve, le Brahmapoutre traverse, sur une longueur de plus de 700 kilomètres, les plaines de l'Assam, qu'il transforme parfois, à l'époque des crues, en une vaste méditerranée, d'où émergent seuls les villages et les chaussées.

Avant de pénétrer dans le Bengale, il contourne un groupe de montagnes qui se dressent, comme un long promontoire, au-dessus de l'immense vallée. C'est l'extrémité des chaînes qui, par les monts Langlan, se prolongent en longues arêtes vers le nord et jusqu'au cœur de la Chine. Ce massif se

---

Reclus comme le grand maître et l'initiateur incomparable de cette science ainsi universellement entendue.

« Quand les programmes cesseront d'emprisonner la géographie dans d'in-
» justes limites, quand les maîtres qui l'enseignent auront le droit d'accomplir
» toute leur tâche, de s'adresser à l'imagination et à la raison au moins autant
» qu'à la mémoire, on s'étonnera d'avoir traité si sèchement une science qui mé-
» rite le premier rang parmi celles qui nous parlent de la nature et de l'huma-
» nité. Mais il fallait pour cela qu'un homme de génie vînt la mettre à sa place.
» M. Elisée Reclus nous a révélé l'immensité du domaine dont il s'emparait. Il
» est le premier, en France du moins, qui, dans un ouvrage de longue haleine,
» ait montré qu'il appartient à la géographie de rassembler et de coordonner
» une multitude infinie de connaissances naguère éparses et flottantes. Le talent
» de l'écrivain, la richesse de sa langue, la souplesse et la transparence de son
» style, l'ont aidé à gagner la bataille, à tirer d'une condition subalterne la Muse
» qu'il adoptait et qu'il faisait reine. L'humble servante de Clio est devenue la
» rivale de sa maîtresse, une rivale jeune et triomphante. On disait que notre
» siècle était le siècle de l'histoire, peut-être l'appellera-t-on le siècle de la géo-
» graphie. » (Raoul Frary, *la Question du latin*, ch. xv, p. 257.)

divise en plusieurs arêtes parallèles que séparent des cluses recouvertes de forêts et de jungles, où le sâl et d'autres arbres précieux croissent dans l'enchevêtrement des lianes, où les rhinocéros et les éléphants errent par bandes énormes.

Le groupe porte, à l'ouest, le nom de monts *Garro* ou *Hills*, et son plus haut sommet est le *Toura* (1570 m.), qui domine un horizon d'une immense étendue; plus loin, vers le sud, se dresse la cime du *Kaïlas*. Les monts Garro se rattachent, à l'est, aux monts *Khassia* et *Djaïntia*, qui ont la forme de hauts plateaux (1200 à 1500 m.), dont les points culminants sont le *Mopat* et le *Chillong* (1962 m.). Les Khassia Hills s'inclinent en pente douce vers le nord, du côté du Brahmapoutre; au sud et à l'ouest, ils se dressent brusquement au-dessus de la vallée du Barak; pour en escalader les parois abruptes, les indigènes emploient des échelles appliquées contre le rocher, ou fixent des escaliers de bois dans la pierre; « chargés de lourds » fardeaux, et même en état d'ivresse, ils montent et descendent sans » vertige ces périlleux escaliers. » Les Khassia sont couverts d'herbes, mais sans bois de haute futaie. « A la hauteur de 900 mètres, le pin indigène » l'emporte sur toute autre végétation et les bois sont composés presque » exclusivement de cette essence. Les cimes les plus hautes sont couvertes » de magnifiques bosquets, que la superstition a préservés de la hache des » bûcherons. Les arbres caractéristiques de ces coteaux sacrés sont ceux » des zones tempérées, notamment les chênes, les noyers, les magnolias, etc. » Sous leur ombrage croissent de rares orchidées, des rhododendrons, des » cinnamomes sauvages. — Les animaux sauvages de toute espèce abondent, » notamment l'éléphant, le rhinocéros, le tigre, le buffle, le *mithoun* ou » bœuf sauvage, et beaucoup de variétés de daims. Les rivières regorgent » de poissons, entre autres le *mahsir*, qui est excellent pour le sport comme » pour la table. » (*Dictionnaire* Vivien de Saint-Martin.)

Les chaînes des Khassia se prolongent, au nord-est, par un chaos de contreforts boisés et de plateaux herbeux qui vont toujours s'élargissant et s'élevant, sous les noms de *Nagas*, *Singhpo*, *Khanti*, *Palkoï*; l'intérieur n'a pas été exploré, et leur extrémité se rattache aux monts Langtan. Couronnés de hautes cimes, dont l'une, le *Dapla Boum* (4432 m.), a été mesurée par Hermann Schlagintweit, ils sont revêtus de glaciers et de neiges éternelles où s'alimentent les sources de l'*Irraouaddi* qui coule au sud, et celles du *Dihing*, qui descend au nord et se divise en deux bras, dont l'un va rejoindre le Lohit, et l'autre le Brahmapoutre. Au sud-ouest de ces chaînes, sur le versant incliné vers le delta du Gange, dans le pays de Manipour, se forment le *Barak* et la *Sourmah* (320 kilom.), rivières immenses, grossies des nombreux torrents du pays des Louchaïs, qui traversent l'Assam méridional, mêlent leurs eaux par une infinité de petits canaux, et se rattachent au lit du Meghna, à Bhaïrab-Bazar, à travers un dédale de bras vaseux. Avant de s'unir au Gange dans les plaines du Bengale, le Brahmapoutre recueille les torrents himalayens issus des régions inexplorées du Bhoutan oriental, comme le *Soubansiri*, le *Manas*, qui finit près de Goalpara et que les petits vapeurs et les barques indigènes remontent à certaines saisons jusqu'au pied des monts; la *Tista* vagabonde descende des chutes sauvages du Sikkim, à l'est des cimes majestueuses du Donkiah et du Kintchindjinga.

A sa sortie de l'Assam, le Brahmapoutre change de nom; on l'appelle *Djamouna*. Divisé en plusieurs bras qui se croisent en tous sens et enferment des îles souvent très étendues, il s'unit près de Goalanda au bras de la **Padma** ou *Padda*, « Fleur de Lotus », dérivé du Gange, qui vient du nord-ouest, et forme la limite septentrionale du delta gangétique. La Djamouna et la Padma réunies prennent alors un nouveau nom : le **Meghna**, qui est en réalité le bras oriental du Brahmapoutre. En amont de sa jonction avec la Padma, le Meghna s'étale en un vaste lac de 20 kilomètres de largeur qui renferme la grande île de Denkhandi ; au sud de l'île, sur la rive gauche, le *Goumti* ou *Mounchiganga* (200 kilom.), issu des plateaux birmans, qui partage en deux le Tippera, et coule abondant et rapide devant Oudeypour et Thalla.

En avant du grand confluent, le Meghna élargit ses rives et s'ouvre sur un estuaire immense de 40 à 100 kilomètres de largeur ; semé d'îles et d'îlots, entre lesquels se dessinent quatre courants principaux : le *Sandvip* à l'est, le *Hattia* au centre, qui portent les noms des îles ; le *Chahbaypour* et le *Tintalia* à l'ouest. Le Meghna, long de 250 kilomètres environ à partir de Bhairab-Bazar, sépare la province de Dacca, à l'ouest, de la province de Tchittagong, à l'est.

« Au sud de la jonction avec la Padma, le Meghna, parsemé d'îles et de bancs de sable qu'il forme et déforme sans cesse, ressemble plus à un bras de mer qu'à une embouchure fluviale. Son débit moyen n'a pas encore été mesuré, mais il ne doit guère être inférieur à 30 000 mètres cubes par seconde, plus de trois fois le Danube, quinze ou dix-huit fois le Rhône. Si l'on n'avait pris l'habitude de considérer le Gange et le Brahmapoutre comme deux fleuves distincts, le Meghna, lit commun des deux cours d'eau, prendrait le premier rang parmi les courants fluviaux de l'Asie ; il dépasse même le Yang-Tse-Kiang, et n'a de supérieurs dans le monde pour le débit que le fleuve des Amazones, le Congo et le Paraná. C'est par ce canal que roulent les eaux ingouvernables des deux fleuves unis, rasant les îles, en formant de nouvelles, se perçant des graus vers la mer, comblant les anciens passages. C'est aussi par le Meghna que le flot de la mer pénètre le plus avant dans l'intérieur des terres ; tandis que dans l'Hougli le flux marin s'arrête devant la ville de ce nom, il se propage par le Meghna et la Padma bien au delà du delta, jusqu'à Radjmahal (400 kilom.), et même au confluent du Gogra (800 kilom.). A l'embouchure, la différence de niveau entre le flux et le reflux est d'environ 4 mètres. Le phénomène du *bore* ou mascaret, imposant dans le Hougli, l'est encore bien plus dans le Meghna : parfois, dit-on, la vague, haute de 6 mètres, remonte le fleuve avec une vitesse de 25 kilomètres à l'heure. Le choc de l'onde contre la rive s'étend à des kilomètres de distance ; c'est probablement à ce fracas que doit s'attribuer la légende locale relative au « canon de Barisal » dont le vent du soir apporte le bruit aux riverains du Meghna ;

le bombardement qu'on entend de cette ville est celui des flots qui s'écroulent sur le rivage. » (El. Reclus, dans le *Dictionnaire* de Vivien de Saint-Martin, art. *Meghna*.)

B. Plateau central de l'Inde.

A l'est et au sud de la grande plaine de l'Indus et du Gange, s'élèvent les premières terrasses qui bordent le vaste plateau triangulaire de la péninsule. On peut diviser en quatre régions distinctes cet immense territoire qui s'étend sur 20 degrés de latitude, et dont la hauteur moyenne est de 600 à 1 000 mètres.

I. Le plateau des **Vindhyas**, de forme triangulaire, étend ses ramifications entre la *Nerbada* et la *Sóne* au sud-est, le désert de *Tharr* à l'ouest, le *Gange* au nord. Les roches qui le composent sont de formation fort ancienne; elles sont déchiquetées, et renferment dans leurs plis des couches épaisses de charbon et de puissants gisements de métaux. Le plateau verse ses eaux au bassin du Gange, par son grand tributaire, la *Djamna*, et ses affluents. On réserve souvent le nom de Vindhyas à l'arête montagneuse, escarpée et surmontée de hautes falaises, qui domine le cours de la Nerbada. Ce plateau porte aussi le nom de *Malva* et de *Bundelkhand*; il se prolonge au nord-est dans l'angle formé par la Sône et le Gange, sous les désignations de *Bander* et *Kaïmour* ou *Kyrmore*; à l'ouest, dans le pays des *Bhils*, et dans le *Radjpoutana*, par la longue chaîne des **Aravalli**, haute de 1 000 mètres, longue de 500 kilomètres jusqu'aux approches de Delhi : le massif le plus élevé est, au sud, le mont *Abou*, percé de grottes innombrables, lieu de pèlerinage vénéré des Hindous (1 455 m.). Les Aravalli sont comme une immense barrière de granit, d'ardoises et de marbres jetée entre le désert de *Tharr*, sans verdure et sans eau, et la petite et riante vallée du *Tchambal*, affluent de la Djamna. La chaîne est dépourvue de végétation, sauf quelques oasis de verdure, perdues dans les dépressions. Une de ces cavités renferme le lac de *Sambhar* qui a 30 kilom. de tour, qui se dessèche tout à fait pendant la saison chaude, et fournit une quantité de sel, au profit des souverains radjpoutes. Le revenu annuel de ce sel, partagé entre les deux propriétaires du lac, les rajahs de Djeipore et de Joudpore, s'élève à 36 millions. « La masse des Aravali, dit Vivien de Saint-Martin, est principalement
» composée de granits reposant sur des ardoises d'un bleu foncé, massives
» et compactes; ses vallées abondent en quartz colorés et aussi en ardoises
» schisteuses lamellées, présentant toutes les teintes possibles depuis la
» pourpre jusqu'à l'or. Ses gisements de marbre blanc sont d'une richesse
» inépuisable, et à côté se trouvent les marbres noirs ou colorés, les gneiss,
» les syénites. Outre l'or, l'argent, le cuivre, le plomb et l'étain, la chaîne
» renferme en quantité le cristal de roche, l'améthyste, l'escarboucle, le
» grenat et aussi quelques petites émeraudes. Toutes ces richesses gisent
» inexploitées, soigneusement cachées aux Européens par les habitants du
» sol, incapables eux-mêmes d'en tirer parti. »

II. Entre le long sillon tracé par la Nerbada et la Sône, au nord-ouest; — le golfe de Bengale à l'est; — la Godaveri, la Pourna et le Tapti au sud et à l'ouest, s'étend le plateau rectangulaire du **Gondwana** ou *pays des Gond* ou *Gound*. Coupé de gorges profondes et de vallées étroites, couvert

jadis d'épaisses forêts de sal, de tek, de bois de fer et d'ébène, et d'autres essences précieuses que les agriculteurs indigènes et les entrepreneurs de chemins de fer ont peu à peu éclaircies ou même dévastées, peuplé de bêtes féroces, tigres, panthères, léopards, hyènes, chacals, loups, renards, sangliers, bisons, qui pullulent dans les jungles, le Gondwana est empesté par la malaria, et l'insalubrité de son climat n'a pas moins contribué que sa nature rude et sauvage à le préserver des invasions des peuples du nord. C'est la barrière longtemps regardée comme infranchissable entre l'Inde gangétique et l'Inde péninsulaire. — Du golfe de Cambay, entre la Nerbada et le Tapti, part la chaîne des monts **Satpoura** (*Septuple Rangée*, 1 000 m.), dont les roches volcaniques isolées sont creusées de cavités lacustres; à la suite viennent les monts *Kalabhet* et le massif pittoresque et imposant du **Mahadeo** ou mont du *Grand Dieu*, consacré à Siva; son sommet le plus élevé est le *Deogarth* (1 375 m.). « Du bord
» des ruisseaux qui serpentent dans les prairies du sud, on voit se dresser
» au-dessus des arbres touffus les murs rougeâtres de la montagne rayés
» de fissures, où s'accrochent quelques touffes d'herbes, et se terminant au
» sommet par des tours et des tourelles quadrangulaires; de quelques
» endroits, tout le groupe du Mahadeo apparaît comme un édifice de pro-
» portions gigantesques élevé par la main de l'homme. D'énormes cluses
» s'ouvrent dans l'épaisseur des roches, et quelques-unes ont des parois
» tellement abruptes qu'on n'oserait y descendre : ce sont, disent les
» indigènes, des fentes qu'ouvrit le trident de Siva pour y précipiter les
» serpents, anciens maîtres du sol. » (Elisée Reclus, *l'Inde*, p. 437.) Les Anglais ont fondé en 1820, sur un plateau au nord du Mahadeo, à 1 061 mètres d'altitude, une station militaire et un sanitarium, près des sanctuaires célèbres de Patchmari ou des *Cinq Grottes*.

De l'ouest à l'est, on s'élève par degrés sur le plateau de *Mandla* jusqu'à l'arête escarpée du **Maïkal** (600 m.), autrefois revêtu de magnifiques forêts de sal, que les cultivateurs ont incendiées. Il est dominé par le mont *Lapha* (1 060 m.) et à l'est par l'*Amarkantak* (1 350 m.), source de la Nerbada, et borne de séparation des bassins de la Sône et de la Mahanaddi. — A droite de la Sône, dans le Bengale, le talus du plateau des Gond est formé par les monts du *Sirgondja*, du *Palamao*, les *Ghats de Gama*, les monts *Pahari* et de *Radjmahal*, en avant desquels, au sud, s'élèvent les sommets isolés du *Parasnath* (1 345 m.) et du *Baragaï* (1 033 m.). Ces groupes montagneux sont d'origine volcanique; les villes et les bourgades y sont clairsemées, le pays peu fréquenté, les bêtes féroces pullulent dans les jungles; dans certains districts des Parasnath, les cultivateurs vont aux champs, réunis en masse, tout armés, et sèment ou moissonnent au son du tambour.

A l'est, du côté du golfe de Bengale, la bordure du plateau des Gond atteint dans les monts des *Cattak Mehal*, à la cime du *Meghisini* ou *Meghasani*, l'altitude de 1 167 mètres; la chaîne côtière du *Djeïpour*, et la rangée des collines de *Pap-Koundra*, sur la rive gauche de la Godavéri et de son affluent la Pranhita, achèvent l'encadrement de la région des Gond.

Cours d'eau. — 1° **Versant de la mer d'Arabie.** — Formé dans le massif des monts Mahadeo de deux branches, le **Tapti** (700 kilom.; superficie du bassin, 70 000 kilom. carr.) rencontre la *Pourna* à sa sortie des cluses de basalte; dans leurs vallées, anciens bassins lacustres, où le sol noir et profond d'alluvion, le *regar*, offre aux plantations de coton une fertilité inépuisable, ont été tracées les routes de Bombay et de Sourate à Allahabad et à la Godavéri. Le Tapti coule ensuite resserré entre les monts Satpoura et les Ghats, et apporte dans le golfe de Cambay une masse d'eau qui, par les fortes crues, s'est élevée à 25400 mètres cubes par seconde, pour descendre à 6 mètres pendant la sécheresse. Des digues protègent Sourate contre les redoutables caprices du fleuve que les barques seules remontent jusqu'à 300 kilomètres dans l'intérieur.

La **Narbadah**, *Nerbada*, *Narmada* ou *Narbuddah* (1290 kilom.; superf. du bassin, 98 000 kilom.), que l'on considère quelquefois comme la ligne de séparation entre l'Hindoustan et le Dekkan, a sa source dans la principauté de Revah, dans le massif de l'Amarkantak, au nord des monts Maïkal, borne de séparation entre le *Djohila*, affluent du Sône gangétique, l'*Arpa*, affluent du Seonath, tributaire de la Mahanaddi, et la *Narbadah*. C'est la rivière sainte par excellence, plus vénérée que le Gange lui-même. Sur le plateau désert et sauvage s'élèvent les temples habités par les prêtres gardiens des sources divines [1].

« Les galets du lit sont sacrés et les sectateurs de Siva les portent en amulettes. Nul serment ne dépasse en force celui que prête l'Hindou se tenant dans le courant du fleuve, avec une guirlande de fleurs rouges autour du cou et quelques gouttes de l'eau divine dans la main droite. De même que sur les bords du Gange, on rencontre sur ceux de la Narbadah des pèlerins qui se sont donné pour tâche de remonter la vallée le long d'une rive, de l'estuaire au temple de la source, et de redescendre en suivant l'autre rive; ce pèlerinage complet ou *prodakchina*, voyage d'environ 2600 kilomètres, dure ordinairement deux années, à cause des arrêts nombreux qui se font aux sanctuaires de la route. » (Elisée RECLUS, p. 443.)

---

1. « A sa source au pied des montagnes d'Amarkantak, dans l'Inde centrale, la
» Nerbadah n'est qu'une petite fontaine fermée de murs et environnée de temples
» hindous. Elle serpente d'abord dans les herbes d'un étroit vallon bordé de
» forêts de sal. Rapidement grandie par de nombreux ruisseaux, elle tombe en
» une cascade de trente pieds, à cinq kilomètres environ de sa source, puis coule
» vers l'ouest pour aller se perdre, puissante rivière, dans les eaux du golfe
» Arabique, après un cours de douze cents kilomètres.
» La Nerbadah, dit la mythologie locale, est la jeune Mykal-Kanya. Déité ter-
» rible, elle inonda le monde entier le jour de sa naissance. Alors les hommes
» firent des prières et des sacrifices, et le grand Dieu envoya les monts Vindhyas
» et leurs sept fils à la rencontre de la vierge. Mykal-Kanya fut obligée de se
» retirer, laissant derrière elle le Gange et les autres rivières, comme la mer,
» quand elle baisse, laisse des flaques d'eau derrière elle.
» Aussi la sainteté de la Nerbadah est-elle supérieure à celle de toute autre
» rivière, bien que les dieux aient donné la préférence au Gange pour les cinq
» mille années qui commencent la période du Kali-Yug. Dans vingt-huit ans son-
» nera la dernière de ces cinq mille années, et alors, disent les brahmes de la
» contrée, la Nerbadah sera la rivière la plus vénérée et la plus fréquentée par
» les pèlerins de l'Inde. Dès aujourd'hui sa source, à Amarkantak, et divers lieux
» de son cours sont déjà visités par d'innombrables fidèles, venus de tous les
» points de la grande presqu'île. » (J. FORSYTH, *The Highlands of Central*
» *India.*)

La Narbadah, avant de sortir du plateau, forme un lac, serpente à travers des prairies, puis se précipite, par une série de sauts et de rapides, dans les gorges du district de Mandla, passe sinueuse et tourbillonnante au pied des ruines du palais de Ramnagar, se divise entre des rochers et des îles boisées, puis se réunit en un seul lit, s'épanche en un beau lac, arrose Djabalpour, et à 14 kilomètres en aval, large de 90 mètres, fait un bond de 9 mètres dans le fameux défilé dit des *Roches de marbre*.

« Sur un espace de deux kilomètres, la Narbadah circule capricieusement entre deux rangées de collines rocheuses ; tantôt elle s'élargit de manière à former un petit lac qui paraît sans issue; tantôt elle se rétrécit tellement que les singes, dit-on, peuvent la franchir d'un seul bond. En de certains endroits, elle forme un canal encaissé entre deux murs à pic d'une hauteur de 20 à 25 mètres. Tous ces rocs sont en marbre blanc que le temps et les variations atmosphériques ont revêtu de nuances diverses ; ici, les eaux, rongeant les assises inférieures, ont creusé des grottes profondes, aux parois d'une blancheur éblouissante ; les parties exposées au soleil ont pris une belle teinte dorée. Plus loin, on se croirait en présence d'un glacier; le marbre, blanc comme la neige, a des scintillements qui rendent l'illusion complète. Quelquefois, entre les couches qui se dressent presque verticalement, se trouvent des pailles remplies d'un basalte noir comme du jais, ce qui donne lieu aux plus singuliers effets, comme forme et comme couleur. L'image, éclairée par le soleil, se reflète avec une netteté extraordinaire dans une eau presque immobile, transparente et illuminée par un ciel d'azur. » (Edmond COTTEAU, *Promenades dans l'Inde et à Ceylan*, ch. IX, p. 203.)

Qui pourrait jamais oublier les « Roches de Marbre » ? On nomme ainsi le chenal que la Narbadah s'est taillé dans les collines de marbre, près de Jubbulpore, dans l'Inde centrale. En tout pays du monde, ce serait un beau spectacle que de voir une rivière puissante, tout à coup réduite au tiers de sa largeur, et devenue très profonde, bouillonner et bruire entre deux parois de marbre blanc de cent pieds de hauteur. Mais ici, en Orient, dans la terre de la chaleur et de la poussière, rien ne peut rendre le charme inouï de calme et de fraîcheur qui naît de ces eaux bleues, transparentes, profondes et de ces rocs blancs, froids et nus. Le regard ne s'y fatigue jamais, tant il y a de variétés dans les jeux de la lumière et de l'ombre, le long de ces marbres dont des veines volcaniques grises ou noires rehaussent encore la blancheur ; mais les abeilles ne laissent pas toujours le temps d'admirer cette merveille de la nature.

Le défilé des roches de marbre sur la Nerbadah, près de Djabalpour.

Dans la saison froide, les abeilles des Roches de Marbre

semblent inoffensives; mais, de mars à juillet, malheur à qui les irrite! Rien alors ne les distrait de leur victime. Quand je visitai la gorge de la Narbadah, elles venaient précisément de causer la mort de l'ingénieur Boddington, un excellent nageur cependant. Boddington et M. Armstrong faisaient des sondages dans la rivière pour l'étude d'un pont de chemin de fer. Les abeilles, irritées sans doute des coups de feu tirés sur des pigeons par les compagnons de l'ingénieur, fondirent sur le bateau de sondage. Armstrong et Boddington se jetèrent dans la rivière. Armstrong, nageant longtemps sous l'eau, parvint à dépister l'ennemi et à se cacher dans un creux de rocher. Boddington ne fut pas assez heureux pour échapper aux aiguillons ailés. Les abeilles ne le perdirent pas de vue, il s'épuisa, sombra dans le fleuve et fut entraîné par le courant. Il dort aujourd'hui au-dessus du précipice où il s'est englouti, et le marbre couvrant son lit de repos a été coupé dans le rocher qui fut témoin de sa mort. » (J. FORSYTH, *Highlands of Central India*.)

Sortie de ces gorges pittoresques, la Narbadah entre dans une vallée fertile, où les champs de coton et de céréales peuvent donner deux récoltes annuelles, arrose Birmanghat, célèbre par ses foires, passe entre les mines de fer de Tendakhera et les gisements houillers de Mopani, se resserre à la rencontre des monts Vindhyas et Satpouras, multiplie ses cascades et ses tourbillons jusqu'à Makraï, et dans ce parcours reçoit, surtout à gauche, de nombreux torrents, dont le principal est le *Tava*. — De Makraï à la mer, le fleuve trace des courbes répétées à travers la plaine du Goudjerat, dans l'épaisse couche des alluvions; sa largeur varie de 800 à 4 600 mètres; sa rive droite est haute et escarpée, la gauche basse et en talus. La marée se fait sentir dans la Narbadah jusqu'à 90 kilomètres en amont de Bharotch, et les bateaux de 70 tonnes remontent la rivière jusqu'à Talakvara à 150 kilomètres de la mer, quand la mousson est favorable; mais les innombrables chutes et rapides du fleuve, et les irrégularités de son débit opposent à la navigation des obstacles qui paraissent invincibles. Les ingénieurs anglais ont évalué à 70 800 mètres cubes le volume d'eau que la Narbadah verse dans la plaine du Konkan; ce serait le double de la Kistna (35 000), presque le double de la Godavéri (40 000) et de la Mahanaddi (50 000), un peu plus que le Gange et le Brahmapoutre réunis (69 900), autant que le Mé-Kong, le double du Yang-Tsé-Kiang et du Mississipi. A ce compte, la Narbadah serait un des plus puissants fleuves du globe, si les calculs des ingénieurs anglais n'étaient pas généralement considérés comme suspects. (Voy. *Dictionnaire* de VIVIEN DE SAINT-MARTIN, art. *Nerbada*.)

La **Mahi** (550 kilom.; surface du bassin, 40 000 kilom. carr.) a sa source dans le lac *Mchad*, sur le revers septentrional des monts Vindhyas; son cours supérieur, barré par les chaînes des Doungars à gauche, et des monts Baghar à droite, se dirige par une série de coudes et de méandres vers le nord-nord-ouest, puis tourne brusquement au sud-sud-ouest, et descend à la mer à travers les jungles des Bhils jusqu'au fond du golfe de Cambay; la bouche de son estuaire n'a pas moins de 20 kilo-

mètres de largeur. La Mahi est aussi une rivière sacrée : « Elle est la
« Fille de la Terre », la « sueur divine tombée du corps d'Indradyoumma. »
Elle inspire plus de terreur que d'amour. « L'escarpement et la hauteur
» de ses berges, la furie de ses flots, le fracas de ses gouffres et de ses ra-
» pides, et peut-être aussi le renom redoutable des tribus de ses rives
» expliquent le proverbe : On respire quand on a passé le Mahi. » Ses deux
affluents principaux sont : à gauche l'*Anas*, à droite le *Pjakôn*, émissaire
du lac *Debhar*, situé au sud d'Oudaïpour, dans le pays de Mèvar. — La
Sabarmati (325 kilom.), issue de la chaîne la plus méridionale des Aravalli, traverse des plaines brûlées avant d'atteindre Ahmedabad et le long
estuaire qui s'ouvre au nord du golfe de Cambay. — La vaste presqu'île de
Kattyavar et l'île de Katch n'ont pas de cours d'eau importants et réguliers ; la *Sarasvati*, la *Banas* ne sont que des rivières temporaires ; la
Loni ou *Louni*, plus longue (515 kilom.; superficie du bassin, 58 000 kilom.
carr.), originaire du versant occidental des Aravalli, longe à droite les déserts
brûlants du désert de Tharr, ne reçoit d'affluents que du côté gauche, et se
tarit elle-même pendant les sécheresses ; durant quelques mois, ses irrigations fécondent le Marvar ; elle se termine dans le Rann de Katch.

2º **Versant du golfe de Bengale.** — Au nord des plateaux qui
encadrent le bassin inférieur du Gange (rive droite), la *Sabanrika*
(507 kilom.) ou *Soubarnarekha* (ruban d'or) descend des monts du Tchota
Nagpore, et s'achève non loin de la bouche du Hougli : — à l'entrée de
l'Orissa septentrional, à l'ouest du mont *Meghasani* (1 166 m.), on entre
dans la région des fleuves qui, partis de sources différentes, viennent se
confondre en un immense delta de 13 000 kilomètres carrés, entre la pointe
Palmyras et la lagune de Tchilka. — La *Baitarani* (552 kilom.) apporte à la
mer une quantité de boue énorme ; — la *Brahmani* (656 kilom.) n'est pas
moins chargée d'alluvions ; — la **Maha-Naddi**, « grande eau » (830 kilom.;
sup. du bassin, 143 400 kilom. carr.), est une rivière plus formidable : issue,
au sud-est de Raïpour, du versant septentrional des hautes terres qui la
séparent de l'Indravati, de la Pranhita, et des autres affluents de la Godavéri,
elle fait du sud au nord, puis à l'ouest, au nord-ouest et au nord-est un
immense détour pour sortir du cirque de collines à l'issue desquelles elle
se joint à la branche du *Seo* ou *Seonath*, émissaire des torrents descendus du versant oriental des monts Maïkal. Elle se grossit à droite et
à gauche des tributaires des plateaux du Tchota-Nagpore, serpente dans une
plaine fertile, puis rencontre dans son dernier cours des murailles de rochers où elle s'ouvre un passage par d'étroites cluses de rapides en rapides. De Sambalpour à Sonpour, elle descend brusquement au sud, puis
reprend sa direction vers l'est, franchit en amont de Kattak une gorge
profonde et boisée à travers les Ghats, appelée le *pas de Barmoul*, et en
aval de Kattak se divise en plusieurs bras : celui du nord détache de sa
gauche, à Kattak, le *Biroupa*, qui va rejoindre la *Brahmani*, et s'étale lui-
même en flaques, en marais, en marigots secondaires ; — celui du sud ou
Kadjouri détache aussi de Kattak, à droite, le *Koyakhel* qui s'épanche en
plusieurs bras dans le district de Pouri et la lagune de Tchilka, et finit lui-
même à Harispour sous le nom de *Djotdar*. Ce réseau d'émissaires, qui
rayonnent dans toutes les directions et forment des centaines d'îles, ouvre
des communications naturelles ou artificielles dans toute la longueur du
delta, et s'étendra dans la suite de Kattak à Calcutta. Ce delta, formé des
apports de la Mahanaddi et des rivières qui se joignent à elle, constitue
l'Orissa et s'étend sur plus de 13 000 kilomètres carrés. On estime que le

volume de la Mahanaddi, qui descend à 32 mètres cubes par seconde dans la saison sèche, s'élève à 51 000 pendant les crues, et à 68 000, si on y ajoute les 17 000 que roulent ensemble la Brahmani et la Baïtarani. Le delta est exposé à trois fléaux également effroyables, et qui moissonnent les habitants par milliers ; — la sécheresse, l'inondation, les cyclones détruisent tour à tour les récoltes, les bestiaux, les hommes, et laissent après eux la famine, la peste, la désolation. (Voy. p. 58.)

III. Le **plateau du Dekkan** proprement dit s'étend du golfe d'Oman au golfe de Bengale, entre la Narbada et la Godavéri au nord et au sud-est, la grande brèche de Coïmbatour, au sud. Géologiquement, le Dekkan est un énorme piédestal de gneiss recouvert d'épaisses coulées de laves et de basaltes, vomies des cratères d'anciens volcans éteints et disparus. Les pluies, le soleil, les vents décomposent ces laves, les transforment en couches de latérite, et les entraînent, mêlées aux sables et aux graviers, dans les plaines inférieures, que parfois elles stérilisent. Le plateau est incliné du nord-ouest au sud-est, et les Ghâts occidentales qui en forment la bordure parallèle au rivage de la mer d'Oman envoient leurs eaux au golfe de Bengale par cinq fleuves, Godavéri, Krichna, Pennar, Palar et Cavéri. — Les **Ghâts**[1] de l'ouest sont séparées des monts Satpoura, au nord, par la profonde vallée du Tapti; sous le nom de *Sahyadri* (altit. moy., 600 m.), elles bornent la plaine de Goudjerate, et leurs terrasses vont en s'élevant vers le sud-ouest, et atteignent 1 500 mètres près des sources de la Godavéri, au nord de Nasik; de là se détachent à l'orient les chaînes du *Tchandaor*, qui se prolongent au nord d'Aurangabad. Le col de *Tal-Ghât* (560 m.) et celui de *Bhore-Ghât* (545 m.), franchis par les chemins de fer de Bombay à Allahabad, et de Bombay à Madras, sont les principaux passages de la longue muraille des Ghâts qui se rapprochent de plus en plus de la mer, et dominent de leurs falaises abruptes l'étroite zone côtière de la mer des Indes. « Interrompue de distance en distance par des brèches et même de
» larges seuils, les Ghats forment dans leur ensemble une série de crêtes
» parallèles courant de l'est à l'ouest et s'unissant par le rebord occi-
» dental. Au littoral, elles apparaissent comme une saillie continue dont
» les pentes escarpées se prolongent parallèlement à la côte sur un espace
» d'environ 1 300 kilomètres, des bords de la Tapti au cap Comorin. A
» peine une étroite lisière de campagnes ornées, çà et là occupées par des
» marigots, sépare-t-elle les monts de la mer; c'est la région des « Berges »
» ou des *Konkan*. En quelques endroits, des promontoires à parois
» abruptes, s'avançant en dehors de la masse du plateau, baignent leurs
» écueils dans les eaux écumeuses de la mer d'Arabie. Des ports ou des
» criques du rivage, on aperçoit les échancrures des monts bleuâtres par
» lesquelles les voyageurs peuvent atteindre le versant opposé; les terrasses
» verdoyantes, que gravissent en courbes rapides les routes et les chemins
» de fer, apparaissent comme les marches en retrait d'un « escalier »
» monumental; de là le nom de *ghat* donné à ces montagnes. Au-dessus
» des cols, les remparts de laves se terminent par des saillies circulaires,
» forteresses naturelles que les souverains du Dekkan avaient hérissées de

---

1. Le mot *Ghât* signifie, en hindoustani, un défilé ou, mieux, une rampe, puisqu'il s'applique aussi bien aux sentiers qui gravissent les berges d'un fleuve qu'aux routes qui conduisent d'une vallée sur un plateau. (*Dictionnaire* de Vivien de Saint-Martin.)

» de tours et rendues inexpugnables. » (Elisée Reclus, *Inde et Indo-Chine*, p. 26.) La base de cette muraille escarpée est formée de laves volcaniques, épanchées de cratères aujourd'hui disparus. Les sommets les plus imposants de la chaîne, dans la région de Bombay, sont les monts *Pourandhar* (1360 m.), *Singhar* (1265 m.), *Haritchandagarh* (1454 m.). La chaîne se tient à 1000 mètres de hauteur en moyenne jusqu'à Maïsour: elle s'élève à 2000 mètres au plateau de *Koudri-Moukh*, et s'abaisse à 1500 avant de rejoindre le massif des *Nilghiri*. Aucune rivière ne franchit cette longue chaîne de 1300 kilomètres; les torrents qui descendent du versant occidental sont très courts, souvent énormes à l'époque des pluies, et ouverts par de larges estuaires sur le golfe. « La plupart des voyageurs
» européens qui voient l'Inde pour la première fois l'abordent par le
» versant occidental du Ghat. Dans toute la péninsule, nulle région n'est
» plus belle : ils entrent dans un pays d'enchantement. Les montagnes, à
» demi voilées par l'air bleuâtre, limitent l'horizon de leur crête çà et là
» percée de brèches : au-dessous des escarpements arides et des longs
» talus verdoyants, s'étend une campagne plus verte encore, que des pro-
» montoires partagent en conques inégales; des villes, à demi cachées par
» les arbres, percent la verdure. du sommet de leurs tours; et près du
» rivage, toujours blanchi d'écume, des bouquets de palmiers inclinent
» leurs éventails au-dessus des cabanes. La mer est parsemée d'embar-
» cations, tantôt cinglant en convois vers les ports, tantôt s'envolant vers
» tous les points de l'espace. » (Elisée Reclus, *l'Inde et l'Indo-Chine*, p. 454.)

La bordure orientale du Dekkan est formée par les **Ghats** de l'est, terme d'ailleurs inusité sur la côte de Coromandel, et que les géographes appliquent, tantôt à tout le système des montagnes de l'est, tantôt aux chaînes situées entre la Kistna et la Cavéri. Ces Ghats ne forment pas un système continu : elles se succèdent par groupes isolés, séparés par les coupures des rivières; elles ne se montrent pas sous l'aspect tourmenté des monts de l'ouest, et n'ont ni leurs escarpements, ni leur altitude. A droite de la Kistna, la section du *Nilamalaya* ou *Nallamaleh* (Montagnes Noires) s'étend jusqu'au Pennar. Un chaînon, les *Velikondas*, est séparé au sud par le Pennar des *Palkondas;* les autres sont les monts *Elganda*, les collines de *Velhour*, le massif de *Chivaraï* ou *Siva-Radj*, dont un des pics s'élève à 1648 mètres. Ces massifs sont parfois inaccessibles, et leurs cimes se dressent comme autant de forteresses, au milieu des rochers ou de la verdure.

A l'ouest, le massif des **Nilghiri** (**Neilgherries**) ou *Montagnes bleues*, formé de gneiss et de porphyre, est isolé, sauf au nord, où l'un de ses pics, le *Yellamalah*, se rattache à la chaîne des Ghats de Courg. Alentour coulent des rivières ou s'étendent des dépressions marécageuses; le plateau, sillonné de routes, est d'accès facile, et le climat est salubre; les Anglais y ont fondé un sanitarium. La principale cime est le *Dodabetta* ou Grand-Mont (2500 m.). (Voy. la *Lecture*, p. 62.)

IV. Une des plus larges brèches creusées dans les Ghats occidentales est celle de **Pal-Ghat**, ancien détroit large de 38 kilomètres, à une altitude de 1000 mètres. ouvert entre les versants de Malabar et de Coromandel, clef des routes de Madras, de Calicut et du Travancore : par là s'engouffre la mousson du sud-ouest qui apporte les pluies aux plaines de Coïmbatour; là passe le chemin de fer de Calicut au Coromandel, au pied de l'ancien fort bâti par Haïder-Ali, et aujourd'hui transformé en prison. Au sud du

Pal-Ghat, s'étend le dernier groupe des monts qui complètent au sud la chaîne des Ghats de l'occident. Les monts du **Travancore** sont dominés au nord par le massif escarpé, fait de gneiss, de quartz et de porphyre, de l'*Anamalah* ou montagne des éléphants, qui fait face au Nilghiri et lui ressemble par sa flore, sa faune, sa constitution géologique et les sanatoires que les Anglais y ont bâtis : la cime principale est l'*Anamondi* (2 693 m.). A l'est, s'en détache le rameau élevé des *Palni* ou *Varaghiri* (monts des Sanghirs) couverts de pâturages, et dominés par le *Pernamali* (2 400 m.) ; à l'ouest, plusieurs contreforts, dont l'ensemble (*Malya var*, monts nombreux) a donné au pays son nom de Malabar, courent parallèlement à la côte. Enfin la péninsule du Dekkan se termine au nord par la chaîne des monts *Cardamomes* (1 000 à 1 200 m.), couverts de forêts sauvages et redoutés pour leur insalubrité ; la chaîne secondaire des *Ali-ghiri* s'allonge au nord-est et domine les campagnes marécageuses de Madoura, au milieu desquelles se dressent çà et là des monticules isolés « pareils à des meules » de foin éparses à la surface d'une prairie. »

Cours d'eau.

(1° **Versant du golfe d'Oman ou mer Arabique**). — Du golfe de Cambay au cap Comorin, les cours d'eau sont nombreux, mais pour la plupart d'une faible longueur, à l'exception de la *Nerbada* et du *Tapti*. Ceux qui descendent des Ghats occidentales reçoivent peu d'affluents, et traversent une zone étroite de 50 kilomètres en moyenne avant d'arriver à la mer. Presque desséchés pendant la saison sèche, les pluies abondantes les transforment pendant la mousson en rivières énormes qui dévastent leurs rives et emportent parfois des villages entiers ; ils s'ouvrent à la mer par de magnifiques estuaires. Telles sont : la *Pourna* ou rivière de *Nossari*, dont le chenal, bien qu'obstrué de bancs de sable, devient navigable dans cette ville à 10 kilomètres de la mer ; — la *Gandivi*, la *Damanganga*, dont l'estuaire porte la ville portugaise de Damao ; — la rivière de *Bassein*, toutes les quatre traversées par le chemin de fer de Baroda à Bombay ; — l'*Oulas* venu du col de Bhor Ghat, dont la vallée est en partie suivie par la voie ferrée du Grand péninsulaire central, d'Allahabad à Bombay, et qui passe devant Kalyan et finit par un large estuaire semé d'îles dans le détroit de Salsette, au nord de Bombay ; — l'estuaire de *Radjpouri*, ancien port de guerre des souverains du Dekkan ; — le *Seo* avec le port de Deogarth ; — la *Djouari* et le *Ratchol* qui enveloppent l'île marécageuse de Goa et ses forêts de cocotiers parsemées de belles ruines ; le port de Karvar occupe l'embouchure de la *Kalinadi* ; la *Ponani*, issue du versant oriental de l'Anamalah, descend à la mer par la brèche du Pal-Ghat, qui suit les chemin de fer ; — et parmi les innombrables torrents qui s'épanchent dans la mer ou relient entre eux les étangs, lagunes et marigots parallèles à la côte, le plus célèbre est le *Periar* ou *Alvaï* qui finit à Cranganore, au nord des longues lagunes navigables d'Aleppi et de Cochin.

(2° **Versant du golfe de Bengale**). — Le Dekkan déroule au sud-est ses longues plaines où se succèdent, d'une vallée à l'autre, les collines de basalte et les ravins qui portent la trace d'anciennes éruptions volcaniques. Le plus grand fleuve de la péninsule, issu des Ghats de l'occident, est la **Godavéri** (1445 kilom. ; superf. du bassin, 300 000 kilom. carr.), la source principale est située à 40 kilomètres à l'ouest de Nassik, à 80 de la mer

Arabique. Elle se grossit de plusieurs torrents des Ghats, dont le principal est à droite la sinueuse *Mandjéra* (600 kilom.), traverse l'état du Nizam, jusqu'au confluent de la *Pranhita*, magnifique rivière qui lui apporte à gauche le tribut des eaux de la région de Nagpour, et double au moins le volume du fleuve. La Godavéri sépare ensuite dans sa dernière section le Nizam des provinces centrales anglaises; elle reçoit à gauche la rivière *Indravati* (390 kilom.), originaire des plateaux du Kalahandi, au débouché desquels elle se précipite par une cascade de 30 mètres de hauteur, à Koutour, et rejoint la Godavéri par un lit tourmenté, semé de rocs aigus et de rapides qui paralysent la navigation. La *Tal* et la *Tabari* sont ses derniers tributaires importants sur la même rive; puis la Godavéri, par un étroit défilé (250 m.) dans les Ghats orientales, où elle atteint une profondeur de 37 à 60 mètres, suivant les saisons, s'épanche dans un vaste lit semé d'îles, et se divise, en aval de Radjamahendri, à Daolesvaram, en deux branches: l'une, au nord, passe par la ville française de Yanaon; l'autre au sud, appelée la **Goutami**, débouche à Madapolam, et attire sur ses bords sacrés, dans un pèlerinage célébré tous les douze ans, d'innombrables bouddhistes de toutes les régions de l'Inde. La Godavéri est regardée comme le premier grand chemin suivi par les migrations aryennes; son bassin est riche en houille et coton, mais les rapides qui barrent son cours n'ont pu être supprimés par les ingénieurs anglais; la grande digue de Daolesvaram, longue de 3000 mètres, haute de 4, large de 40, a ouvert le delta à la navigation, en même temps qu'elle rendait par les canaux d'irrigation 100 000 hectares de terre à la culture. — Les alluvions de son delta empiètent sans cesse sur l'Océan et couvrent plus de 4 000 kilomètres carrés; elles rejoignent au sud celles de la Kistna : à la place de l'ancien golfe qu'elles ont comblé, s'étend le grand marais de *Kolar* ou *Koleroun*, couvert d'îles boueuses et fertiles, et rattaché à la mer par un canal artificiel, dont une écluse règle le débit.

A 100 kilomètres environ au sud de la Godavéri, finit la **Krichna** ou **Kistna** qui a presque la même étendue et la même direction (1 280 kilom., superf. du bassin : 240 000 kilom.). La source initiale, sur le versant des Ghats orientales, près du sanatorium de Mahablechvar, à 1 370 mètres d'altitude, est à 65 kilomètres de la mer d'Arabie. Captée à son origine, l'eau divine de la Kistna s'échappe « d'un griffon sculpté en mufle de vache », entre les murailles d'un temple où des milliers de pèlerins viennent se désaltérer; elle emporte dans la plaine les nombreux torrents des Ghats, presque desséchés l'été, et roulant d'énormes masses d'eau pendant la mousson; le *Yerla*, le *Ouarna*, l'*Idganga*, le *Ghatparba*, le *Malparba*, tributaires de la rive droite. A son entrée dans l'État du Nizam, la Kistna se précipite sur une longueur de 5 kilomètres par une série de cascades et de rapides, et elle est tout à fait constituée par la rencontre de la *Bhima* (la Formidable) (300 kilom.), dont le cours sinueux, issu des Ghats occidentales, lui apporte à gauche les eaux des districts d'Ahmednagar, de Pouna et de Cholapour ; et de la *Tounga-Bhadra*, affluent de droite, formé par les torrents du plateau de Maïsour, et limitrophe de la présidence de Madras et de l'État du Nizam. La Kistna continue à séparer ces deux États jusqu'à la chaîne de Palanatha, qu'elle franchit par un brusque détour, puis elle projette ses alluvions en un vaste delta qui s'avance en presqu'île dans la mer, et dont les bras s'étendent au nord jusqu'à la dépression du Kolar. — Les deux ports de Masoulipatam et de Nizampatam sont les débouchés maritimes du fleuve. Le cours supérieur de la Kistna n'est navigable que pour des radeaux de bambous et de peaux, le cours inférieur est rattaché à la Godavéri par un canal; un barrage ou *anikat*, construit au débouché des gorges de Bezvara, règle le débit du fleuve et distribue les eaux dans les rigoles d'irrigation sur 100 000 hectares de terrain.

Entre la Kistna et la Cavéri, débouchent sur le littoral de Coromandel des cours d'eau sans importance pour la plupart, à l'exception de ceux qui ont leur origine dans le lointain plateau du Maïsour : tels sont les suivants : le **Pennar**, *Pinakini* ou *Ponniar* (la rivière d'or), 570 kilomètres, que la sécheresse et surtout les saignées pratiquées pour l'irrigation épuisent pendant la saison chaude ; un barrage distribue ses eaux dans un réseau de rigoles à travers le delta, et les amène à Nellore.

Le **Palar** ou rivière de lait (350 kilom.) traverse les Ghats de Vellour, reçoit à droite l'*Ambar*, à gauche le *Gondiatham* et le *Ponné* dont les eaux bien endiguées et distribuées, fécondent la belle vallée de Tchittour ; il passe à Vellour, à Arcot, où ses eaux sont réglées par un barrage, et va se perdre dans la mer par une large bouche de 2 000 mètres au sud de Sadras et des Sept-Pagodes. Quatre ponts de chemins de fer le franchissent, à Malevatti, à Valudjabad, à Tchingalpat, à Kolatour. — L'ancien lit du fleuve, aujourd'hui presque desséché, va finir, sous le nom de Vieux-Palar ou Cortelliar, à 90 kilomètres au nord, dans la région de Madras. — Le **Pennar** du sud (390 kilom.) finit au sud de la ville française de Pondichéry, dans une région de marécages ; — le **Vellar,** né dans le massif de Chivaraï, mêle ses alluvions à celles de la Cavéri et s'achève à Porto-Novo, petit port de cabotage.

La **Cavéri** (760 kilom., superf. du bassin, 83 000 kilom. carr.) a sa source dans les Ghats du pays de Courg, coupe le territoire méridional du Maïsour, où elle arrose Seringapatam, et reçoit sur ses deux rives de nombreux torrents, entre sur le territoire de Madras en aval des splendides cataractes qui enveloppent la grande île rocheuse et boisée de *Sivasamoudram* (la mer de Siva), contourne par des cluses étroites et immenses les contreforts des Nil Ghiri et des Chivaraï qu'elle sépare, et arrose dans son cours inférieur les plaines basses et humides de Trichinopoli et de Tanjour. Son delta, un des plus vastes de l'Inde, couvert d'épaisses couches de limon, est sillonné par des chenaux profonds : le principal, le *Koleroun*, se dirige au nord-est, vers Devikotta ; d'autres, affaiblis par des saignées, aboutissent à Tranquebar, Karikal, Negapatam, ports médiocres qui s'échelonnent du nord au sud sur un littoral rectiligne jusqu'à la pointe Calimere ; le canal navigable de *Buckingham* réunit la Cavéri à la Kistna. Partout où les canaux d'irrigation ont pu être établis, les sables arides se sont transformés en riches cultures. « La digue principale qui arrête les eaux
» de la Cavéri pour les déverser dans les canaux du delta, le jardin de
» l'Inde méridionale, est une œuvre qui date d'au moins quinze siècles
» et qui est encore en si bon état d'entretien qu'on a pu la prendre comme
» modèle pour des travaux analogues, construits plus bas en travers du
» Koleroun. La masse qui vient se heurter aux barrages pendant la saison
» des grandes pluies dépasse quelquefois 13 300 mètres par seconde, tandis
» que le débit moyen n'atteint pas 500 mètres ; les canaux d'arrosement se
» ramifient sur un espace de 334 000 hectares. C'est à cause de ces bienfaits que la Cavéri est vénérée comme l'une des plus saintes rivières,
» presque comme l'égale du Gange : les dévots ne la connaissent que sous
» le nom de *Dakchini Ganga* ou Gange méridional ; d'après une légende locale, elle serait même plus pure que la rivière himalayenne, et celle-ci
» viendrait tous les ans, par des canaux souterrains, renouveler sa vertu

» dans les eaux saintes de la Cavéri : aussi les pèlerins vont-ils en foule
» se baigner dans les sources, aux confluents, sous les cascades de la ri-
» vière vénérée. » (Elisée Reclus, *Inde et Indo-Chine*, p. 530.)

La région lacustre de l'Inde méridionale entre la Cavéri et le cap Comorin est sillonnée par quelques cours d'eau issus des monts Cardamomes ; le
Vaïkiar (200 kilom.) débouche au nord de la presqu'île de Ramnad ; le
Goundar, le *Vaïpar*, et la rivière de *Tinnivelli* sont tributaires du golfe
de Manaar.

Climats.

L'Inde a tous les climats : elle est à la fois une des plus chaudes et
une des plus froides contrées du globe. « Tandis que, dans certaines régions de la péninsule, l'air que l'on respire paraît embrasé, il en est
d'autres où l'homme ne peut séjourner ou qu'il ne saurait même atteindre, à cause du froid et de la raréfaction de l'atmosphère. » Les monts
Himalaya présentent la succession régulière de ces températures diverses :
ses sommets majestueux gardent éternellement leur couronne de neige et
de glace ; ses pentes jouissent du climat tempéré de la France ou de l'Italie,
et les plaines qui s'étendent à ses pieds sont brûlées des ardeurs des tropiques. La limite des neiges persistantes n'y descend pas au-dessous de
4 000 mètres ; de 3 000 à 4 000 mètres d'altitude, sur tous les avant-monts
règne un climat tempéré ; c'est là que les Anglais cherchent l'été un refuge
contre les chaleurs torrides, là qu'ils ont bâti leurs villes de santé, *sanitaria*, comme Simla, Masouri, Darjiling, rendez-vous des hauts fonctionnaires, et dont les forêts de chênes et de hêtres, les vergers pleins de fruits,
les parcs touffus et les frais jardins rappellent la nature salubre de l'occident européen. — Le massif des Nilghiris est un autre asile de fraîcheur
où le tempérament, énervé par les chaleurs excessives de la plaine, se re-
trempe : « là aussi s'élèvent des villes de santé, dont la principale est Outa-
» camound, là aussi règne une température délicieuse plus égale même que
» celle des pentes himalayennes ; on y trouve un véritable printemps éternel
» avec tous les fruits de l'été. Les oiseaux d'Europe, la fauvette, le rossi-
» gnol y gazouillent dans les buissons ; les Anglais y ont même apporté des
» moineaux, qui s'y sont multipliés et pullulent avec leur familiarité hardie
» à l'entour des demeures des hommes. » (Dr Gustave Lebon.)

Hors de ces régions privilégiées, la température varie de 0° à 52° centigrades, d'autant moins égale qu'on s'avance du sud au nord ; et qu'on
s'éloigne de la mer, comme dans le Pandjab, où le climat est extrême et
les écarts de température sont de 26 degrés de janvier à juillet. L'Angleterre a fondé dans la péninsule plus de 250 stations météorologiques ; elles
ont permis d'établir les moyennes exactes des températures. — Voici les
principales moyennes d'été et d'hiver : *Pechaver* 33° et 11° ; *Delhi* 32°
et 12° ; *Agra* 34° et 14° ; *Laknau* 32° et 15° ; *Patna* 36° et 16° ; *Benarès* 35° et 16° ; *Calcutta* 29° et 18° ; *Baroda* 34° et 20° ; *Bombay* 29° et
23° ; *Bangalore* 27° et 20° ; *Pondichéry* 30° et 26° ; *Outakamound* 16°
et 10° ; *Calicut* 29° et 25° ; *Karikal* 31° et 24° ; *Trichinopoli* 32° et 25° ;
Cochin 29° et 25° ; *Madras* 30° et 34° ; *Kandi* 23° et 21° ; *Colombo* 28°
et 25° ; *Pointe-de-Galle* 28° et 26°. — On distingue trois saisons dans
l'Inde : la saison *pluvieuse*, de mai à octobre ; — la saison *froide*, de novembre à la fin de février ; — la saison *chaude*, de mars au commencement
de juin. — La saison froide est la plus favorable au tempérament des Européens.

Les saisons.

« Avant de tomber, les feuilles, au déclin de leur existence, ne se teignent pas des riches couleurs dont elles s'avivent dans les climats froids. Ici, la mort végétale vient avec la même vitesse que la vie. Les développements sont rapides; la désorganisation ne l'est pas moins. Aux approches de la saison froide, la vie ne se retire pas avec lenteur des végétaux ou des parties des végétaux qui ne voient qu'un été; elle les abandonne brusquement : flétries, aussitôt elles tombent, et, bientôt décomposées par le feu du soleil que l'hiver n'éteint pas, elles ont rendu à l'atmosphère les principes dont elles étaient formées.

» Cependant le nombre des arbres qui se dépouillent entre les tropiques est bien petit. Les premières atteintes de l'hiver, qui en flétrissent quelques-uns, en font fleurir une multitude. La terre n'est pas moins verte l'hiver que l'été.

» L'hiver! l'été! et j'ai parlé de l'automne, aussi! Souvenirs de la patrie, de la grande patrie, de l'Europe!... La Grèce, l'Italie, les belles contrées que baigne la plus belle des mers, la Méditerranée, ont un été, un automne, un hiver; elles ont aussi un printemps, et des quatre saisons que leurs poètes ont chantées, c'est la plus délicieuse! Sur la foi d'Anacréon et de Virgile, dans le nord de l'Europe, nous parlons aussi du printemps, il est un temps de l'année que nous appelons de ce nom; et parce que nous avons quelques jours, séparés souvent par d'odieux retours d'hiver, parce que nous avons quelques jours qui ressemblent au printemps de l'Italie, nous avons déclaré que nous avions comme elle un printemps. Ramond a dit « que ce n'était
» qu'une lutte entre l'hiver qui finit et l'été qui commence ».

» Les Indiens distinguent trois saisons dans l'année : la saison chaude, la saison des pluies, la saison froide. La première commence avec le renversement de la mousson, l'équinoxe du printemps, et finit dans le courant du mois de juin. C'est le temps de l'année que les Anglais appellent les *hot winds*.

» Les maisons des Européens ne sont ouvertes alors que pendant la nuit; dès que le soleil se lève, on les ferme aussi exactement qu'on le peut : ici, elles sont grandes, spacieuses. Chacun, dans son appartement, fait faire du vent tout le jour, au-dessus de sa tête, avec cet air frais dont il a empli sa maison dans la nuit. Un serviteur met en branle un énorme et massif écran suspendu au plafond. C'est le *punka*, invention dont la stupide magnificence des Orientaux ne s'était pas avisée, et qu'ils ont adoptée d'après les Européens.

» La pluie est très rare, l'air est très sec dans cette saison des chaleurs; et, quoique l'air avec lequel chacun se fait administrer du matin au soir une tempête, soit à 28 ou 30 degrés de température, il prévient cependant la sueur, ou il l'enlève à mesure qu'elle se forme. Cette tempête souvent s'adoucit en un zéphyr insensible; aussitôt le front se couvre de sueur; si vous êtes occupé à lire, à écrire, vous continuez quelque temps votre besogne, mais distrait, agité par un sentiment de gêne, qui bientôt vous fait poser le livre ou la plume. Vous regardez autour de vous, le punka pend immobile; le *Behra* tient encore le cordon qui le tire; mais c'est qu'il l'a attaché à sa main. Il s'est doucement coulé à terre, accroupi, il sommeille, et vous brûlez. Une énergique interjection le réveille en sursaut, l'homme se lève à l'instant, il tire le punka de toute sa force. Vous éprouvez aussitôt un sentiment d'aise et de fraîcheur. Cependant, pour punir l'homme de sa paresse, il faudrait vous lever, faire quatre pas pour aller jusqu'à lui, autant pour revenir à votre chaise, vous reculez devant la longueur du voyage. Il est vrai que le moindre mouvement, que le moindre effort physique neutralise l'action rafraîchissante du punka, vous perdez en un instant le bénéfice d'un quart d'heure d'exposition à son influence. Ce sage calcul de paresse et de bien-être, d'égoïsme, épargne, chaque année, dans le Bengale, à la caste des Behras, un nombre immense de coups de pied au derrière.

» Au coucher du soleil, on ouvre tout ce qui peut s'ouvrir : c'est le moment où l'on sort en voiture. La température extérieure s'est abaissée de 3 ou 4 degrés quand on rentre pour se mettre à table, à huit heures. L'air traverse la maison; cependant on n'en trouve jamais assez, les punkas ne s'arrêtent point.

» On dort à peu près nu sur les draps, non dessous, les fenêtres ouvertes; mais la moustiquière de gaz tendue autour du lit arrête l'impétuosité du courant d'air qui balaie votre chambre. Sans elle, je me serais alors couvert d'un drap; malgré elle, plusieurs fois, je me réveillai le matin avec un rhume. Le froid, dans l'Inde, produit plus de maladies que l'excès de chaleur; celui-ci n'est qu'incommode, il n'est pas malsain. Les médecins s'accordent à regarder la saison des *hot winds* comme la plus salubre, à la condition qu'on ne s'expose jamais au soleil.

» Je n'ai pas vu une seule fois le ciel parfaitement pur, pendant les *hot winds*, à Calcutta. Habituellement il y a quelques nuages blancs, et l'azur n'est pas d'une couleur intense. Le soleil se lève et se couche toujours parmi des nuages; les nuits n'ont pas l'éclat des nuits d'hiver dans les régions tempérées; Vénus ne se lève pas à l'horizon, mais à quelques degrés au-dessus; c'est comme à la mer entre les tropiques, où je n'ai jamais observé un jour ni une nuit parfaitement purs. Alors qu'au zénith le ciel paraît l'être, vous apercevez à l'horizon comme un rempart de vapeurs obscures.

» La fin de mai amène quelques orages de peu de durée, mais d'une violence extrême. La pluie, pendant une demi-heure, tombe par torrents; le tonnerre fait un épouvantable fracas. Peu à peu la violence de ces météores diminue; mais leur durée augmente. S'il ne pleut pas, le ciel, du moins, se couvre tous les soirs de nuages menaçants, et la foudre, qui gronde sourdement, illumine de traits de feu éblouissants leurs masses obscures, au coucher du soleil. Chaque orage rafraîchit l'air pour quelques heures. Il y a des jours où le soleil ne se montre qu'à travers de pâles éclaircies; le vent varie dans sa direction comme dans sa force; c'est une époque critique dans l'année, les *hot winds* ne soufflent plus que par intervalles; des jours tout entiers de pluie les séparent. Vers la mi-juin, les pluies dominent exclusivement: une nouvelle saison commence.

» L'air est habituellement calme dans cette saison, le ciel toujours couvert; le soleil ne se montre plus que rarement et au travers des nuages. On dit cependant que c'est alors qu'il est le plus dangereux de s'y exposer. Le thermomètre s'est abaissé de quelques degrés; mais la chaleur a pris un caractère nouveau; elle est bien plus oppressive. Les faibles brises qui soufflent alors du sud-ouest, et que l'on admet dans les maisons, ouvertes désormais le jour comme la nuit, n'apportent qu'un air humide qui rafraîchit, sans la dissiper, la sueur dont vous êtes couvert, si vous faites quelque mouvement. La nuit, aucun souffle ne se fait sentir; le thermomètre descend à peine d'un degré, parce que les nuages épais dont le ciel est chargé s'opposent à tout rayonnement de la terre, et l'on éprouve l'illusion qu'elles sont plus chaudes que les jours. Il y a des personnes qui se font éventer dans leur lit au moyen d'un punka pendu sous le baldaquin; il est mis en mouvement par des serviteurs placés dans la chambre voisine; ils en tirent le cordon qui passe

par un trou au travers du mur et de la moustiquière. Les médecins disent que cela est malsain : j'ai vu cependant des personnes tellement affectées par la chaleur, qu'à moins d'être éventées la nuit, elles ne pouvaient dormir. C'est par une exclamation sur l'épouvantable chaleur de la nuit, qu'on s'aborde en cette saison... Le mois de juillet est toujours celui dans lequel il y a le plus de jours pluvieux, et il tombe le plus de pluie. En août, fréquemment, le temps s'est séché pendant un ou deux jours. Une fois, j'ai vu tomber la pluie avec violence pendant dix heures ; tout le monde le remarqua, cela est rare. »
(Victor Jacquemont, *Voyage dans l'Inde*, t. I, p. 229-231. Paris, Didot, 1846, 4 vol. in-4°.)

Les moussons.

« Pendant le mois d'avril et le mois de mai, la chaleur devient de plus en plus accablante, et les indigènes eux-mêmes en souffrent parfois cruellement. Dans le bassin de l'Indus, et sur les côtes du Dekkan, elle est aussi forte qu'en n'importe quelle région du globe. Elle dessèche les grands fleuves et flétrit la végétation. Les yeux se lèvent vers le ciel implacablement pur, et ce ciel lui-même s'altère à la fin comme tout le reste de la nature, il se voile d'un ardent brouillard fait d'une fine et dévorante poussière, à travers laquelle le soleil apparaît comme un disque sinistre de métal rouge et sans rayons. L'impatience gagne alors le cœur de tous, car la délivrance de ce supplice est proche, et on en guette avec anxiété les premiers signes à l'horizon du côté sud. C'est la mousson pluvieuse qui l'apporte. Elle arrive enfin, impétueuse, effrayante et bénie.

» Nul phénomène n'est plus imposant dans son apparition ni plus bienfaisant dans ses effets que celui des moussons.

» Pendant un jour ou deux, on voit se rassembler et comme s'empiler au fond du ciel des masses énormes de nuages, puis elles s'ébranlent et s'avancent avec lenteur, recouvrant la moitié de l'horizon d'un immense voile funèbre, tandis que brillent encore dans l'autre les maisons blanches des villages et les promontoires des rives. Enfin tout s'obscurcit. Alors les éclairs commencent à se succéder sans interruption, accompagnés de coups de tonnerre si déchirants ou si formidables qu'on ne les entend pas sans être ému. En même temps les nuées crèvent et se vident comme des outres trop pleines ; un véritable déluge fond sur la terre, remplit en un instant les lits desséchés des rivières et les transforme en torrents. Le sol, brûlé par une longue sécheresse, boit avidement cette eau bienfaisante. Il semble qu'une vie nouvelle descende avec les flots du ciel, et circule dans les veines du monde en le rajeunissant.

» Cette première violence de l'orage ne tarde pas d'ailleurs à s'apaiser ; les nuages se dissipent et laissent voir l'azur riant et la fraîche végétation qui a surgi tout à coup comme par miracle. Les êtres vivants reprennent leur activité, tout s'est transformé en l'espace de quelques jours. Mais, pendant cinq ou six mois, la mousson sud-ouest, le vent qui, montant de la mer, vient apporter l'humidité nécessaire à l'existence de tous, continuera de souffler, et la pluie tombera plus ou moins abondante et à des intervalles plus ou moins éloignés. C'est la saison pluvieuse.

» Sur les côtes tournées vers le sud-ouest, son apparition est bien telle que nous venons de la décrire. Elle ne se présente pas tout à fait au même moment ni avec les mêmes circonstances dans les autres régions de l'Inde.

» Voici, d'après les théories modernes, l'origine et la marche de ce phénomène :

» Deux vents contraires soufflent sur l'Inde, se partageant également l'année : l'un du nord-est, de novembre à mai, et le second du sud-ouest, pendant les six autres mois. Le premier, arrivant de l'Asie centrale et n'ayant parcouru que des continents, n'apporte pas une goutte de pluie : c'est la mousson sèche, il se confond avec les alizés et ne forme pas, à vrai dire, un phénomène spécial. Le second, qui a traversé la mer des Indes, s'est chargé de vapeurs dont la condensation produit une période d'averses continues : c'est la mousson pluvieuse, la mousson proprement dite, dont la nature n'est pas d'ordre cosmique ainsi que celle des alizés, mais tient à l'inégale répartition des continents et des mers ; et plus particulièrement à l'excessive température de la péninsule indienne pendant les trois mois d'été.

» A la fin de la saison chaude, en effet, les couches d'air qui reposent sur l'Inde, se dilatant de plus en plus en raison de la haute température qu'elles atteignent, commencent à s'élever dans l'atmosphère, et toute la contrée se change en fournaise d'appel. A ce moment, les masses saturées d'humidité qui couvrent la mer des Indes, s'ébranlent et s'avancent pour remplir le vide qui s'est produit, et continuent ce mouvement jusqu'à ce que l'équilibre se soit rétabli dans l'atmosphère si profondément troublée.

» Lorsque les nuages de la mousson du sud-ouest parviennent au-dessus des rivages de l'Inde, ils sont arrêtés par le mur des Ghats, qui les force à se déverser pour la plus grande partie sur son flanc occidental. A force de heurter ces montagnes, les pluies ont fini par les déchiqueter, par les découper en tours et en aiguilles et leur donner l'aspect pittoresque qui leur est spécial.

» Lorsqu'ils ont réussi à franchir ce rempart, les vents sont beaucoup moins chargés d'humidité et déversent une quantité d'eau deux ou trois fois moindre sur le versant oriental des Ghats et sur les plateaux du Dekkan. Impuissants à traverser les Ghats orientales, ils remontent vers le nord-est, sans apporter par conséquent une goutte de pluie à la côte de Coromandel. Pour cette dernière région c'est au contraire la mousson du nord-est qui, après avoir recueilli quelques nuages sur le golfe de Bengale, se charge plus tard de l'arroser, rôle qu'elle remplit du reste de la façon la plus insuffisante. La sécheresse est le fléau de la côte de Coromandel, et nulle part dans l'Inde les étangs artificiels ne sont aussi nécessaires, aussi a-t-on dû les multiplier. Ils couvrent quelquefois une surface aussi grande que celle des terres cultivables qu'ils doivent irriguer.

» Lorsque la mousson du sud-est arrive au-dessus du Bengale, elle a de nouveau traversé la mer, et sa direction se trouve infléchie par les montagnes de la Birmanie et de l'Assam; elle souffle perpendiculairement aux côtes du Sanderban et semble venir directement du sud. Chargée de nouvelles masses de nuages, elle s'engouffre dans la haute vallée du Brahmapoutre, et c'est là, dans les montagnes et à l'extrémité orientale de l'Himalaya, que se produisent les plus formidables chutes d'eau mesurées à la surface du globe. En 1861, on a évalué à 20 mètres la hauteur de pluie tombée à Tcherra Pondji, dans les monts Khasi. Tous les sommets de cette région sont découpés, comme ceux des Ghats, par l'effort des furieuses averses.

» A partir de ce point, la mousson change complètement sa marche, et, ne pouvant franchir l'Himalaya, elle côtoie cette chaîne en se dirigeant vers le nord-ouest. Elle répand encore sur son passage les trésors d'humidité qu'elle apporte avec elle, et vient déverser ses derniers nuages sur le Pandjab où ils sont anxieusement attendus.

» Ce n'est qu'à la fin de juin que cette région voit enfin son ciel s'obscurcir. Pendant plusieurs mois, la mousson parcourt les mêmes chemins, mais avec une impétuosité toujours décroissante. Dans cette grande distribution des eaux, le bassin de l'Indus et la côte d'Orissa sont les provinces les plus mal partagées. Si, par malheur, la quantité de pluie, déjà insuffisante, s'amoindrit encore, ce caprice des éléments prend des conséquences plus terribles que celle d'une épidémie ou d'une invasion ; la famine survient, et les hommes périssent par centaines de milliers. Ce n'est pas sans raison que les Hindous ont voué un culte aux fleuves et aux dieux dont la volonté répand sur la terre les ondes bienfaisantes. « La pluie, est-il dit dans la Ma-
» habharata, nous vient des dieux ; elle nous donne les plantes,
» desquelles dépend le bien-être de l'homme. »

» On peut observer dans le Dekkan méridional les différences d'aspect qui existent entre des régions toutes voisines, mais diversement arrosées. La pluie, en effet, s'y distribue inégalement par suite de l'obstacle causé par des montagnes ou d'autres raisons particulières. Là où elle tombe en abondance, une végétation farouche, indomptable, se développe ; c'est la forêt tropicale dans toute l'ardeur de sa vie débordante. A quelques kilomètres plus loin, de modestes champs s'étendent à peine, parsemés de maigres bambous. Parfois même, sur ce sol basaltique et rebelle, c'est l'aridité complète.

» Les famines résultant des variations accidentelles du régime des pluies, sont le plus terrible fléau des Indes, mais il n'est pas le seul ; il faut y ajouter encore les cyclones, le choléra et les fièvres des marécages. Les cyclones, ces effrayants tourbillons, qui s'avancent en détruisant tout sur leur passage, et qui parfois soulèvent les vagues de la mer et les jettent au loin, sur toute l'étendue d'une contrée, sont produits par de grandes inégalités de densité entre les masses atmosphériques. On les observe surtout à la fin de la saison chaude, sur les côtes de Coromandel, des Circar et d'Orissa. Les ravages qu'ils causent sont épouvantables. En 1789, tout le pays autour de Madapolam, près des bouches de la Godavery, fut submergé, des milliers d'habitants périrent ; un navire, *le Lévrier*, se trouva porté à une lieue dans les terres. Sur la même côte, en 1684, Masulipatam, une ville de moyenne importance, se trouva presque entièrement rasée. Les Sanderban, ces îles de sable que forment les embouchures du Gange, sont aussi particulièrement exposées à ce fléau soudain et terrible, contre lequel il est impossible de se défendre.

» C'est aussi dans les Sanderban, qu'est né le redoutable choléra asiatique, au milieu des lagunes, parmi les miasmes qui s'élèvent du sol humide, dans les inextricables fourrés de plantes vivaces et malsaines. C'est là qu'il règne pour ainsi dire en permanence : dans le reste de l'Inde il sévit irrégulièrement. Quant aux fièvres des jungles, non moins dangereuses que le choléra, elles dominent surtout dans la région inhabitable du Téraï, c'est-à-dire sur la longue bande de terrain marécageux qui s'étend au pied de l'Himalaya. Séjourner dans cette sinistre zone, y pénétrer seulement, c'est aller y chercher la mort; on ne l'y rencontre pas toujours, mais elle y attend sans cesse le voyageur imprudent, et il est bien rare qu'elle ne l'y saisisse pas.

» On ne peut pourtant pas dire que l'Inde, d'une façon générale, soit un pays malsain. Les Européens eux-mêmes peuvent y résider sans danger, surtout s'ils se soumettent à un régime prudent, et s'ils profitent des ressources infinies qu'offre cette magnifique contrée pour changer, suivant les saisons, de séjour, d'air, de température, et modifier complètement par conséquent leurs conditions d'existence. Ils peuvent y séjourner, mais ils ne sauraient s'y perpétuer; et, l'expérience leur ayant prouvé que l'acclimatement est impossible pour eux, ils ont pris le parti d'envoyer leurs enfants en Angleterre pour y être élevés. Ceux qui restent dans l'Inde forment une race chétive, profondément dégénérée, et fatalement destinée à bientôt disparaître. C'est avec raison qu'on a pu dire que « dans l'Inde, la première gé-
» nération de blancs se distingue par sa faiblesse de corps et
» d'esprit, la seconde ne produit plus guère que des rachitiques
» et des idiots; quant à la troisième, on n'en a jamais entendu
» parler[1]. »

---

1. Sur cette terre de promission, « l'homme est courbé, prosterné sous la
» toute-puissance de la nature. C'est un pauvre enfant sur le sein de sa mère,
» faible et dépendante créature, gâté et battu tour à tour, moins nourri qu'enivré
» d'un lait trop fort pour lui. Elle le tient languissant et baigné d'un air humide
» et brûlant, parfumé de puissants aromates. Sa force, sa vie, sa pensée y suc-
» combent. Pour être multiplié à l'excès, et comme dédaigneusement prodigué,
» l'homme n'en est pas plus fort; la puissance de vie et de mort est égale dans
» ces climats. A Bénarès, la terre donne trois moissons par an ; une pluie d'orage
» fait d'une lande une prairie. Le roseau du pays, c'est le bambou, de soixante
» pieds de haut; l'arbre, c'est le figuier indien (le baobab), qui d'une seule racine
» donne une forêt. Sous ces immenses végétaux vivent des monstres. Le tigre
» y veille au bord du fleuve, épiant l'hippopotame qu'il atteint d'un bond de dix

» Climat brûlant, rendant les besoins d'habitation, de vêtements et d'alimentation minimes, sol fertile, produisant presque sans travail la faible somme d'aliments dont l'homme a besoin pour vivre, tels sont, en résumé, les principaux caractères de l'Inde. Dans des conditions semblables, la lutte pour l'existence n'exige pas de grands efforts, et par conséquent l'initiative individuelle, le caractère et l'énergie ne se développent guère. Les races soumises à ce régime sont marquées d'avance pour la servitude. Elles sont inévitablement la proie de tous les conquérants. Toujours prêtes à se résigner, elles ne le sont jamais à agir. » (G. Lebon[1], *les Civilisations de l'Inde*, p. 31-37, 1887, in-4°, ill., Paris, Didot.)

L'Inde a eu longtemps, en Angleterre, une détestable réputation d'insalubrité. Un juge de Calcutta, M. Cunningham, prétend que la mortalité y est deux fois plus grande que dans les Iles Britanniques. Il indique aussi les causes et les remèdes, et affirme qu'on pourrait chaque année empêcher 50 millions de cas de maladie et 5 millions de morts, par des soins de propreté et d'hygiène sévère imposés aux indigènes. Ainsi, à Calcutta, les travaux de canalisation et d'égouts ont fait tomber la mortalité moyenne du choléra de 4 000 à 1 160 ; l'hygiène rigoureusement appliquée dans l'armée a fait descendre la mortalité de 69 pour 1 000 en 1854 ; — à 29,30 en 1865 ; — à 27,48 en 1870 ; — à 18,50 en 1875 ; — à 15,32 en 1876 ; — à 12,71 en 1877 ; et pour les Hindous à 13,38. — La création des *sanitaria* ou *sanatoria*, situés sur les plateaux salubres, à 1 500 ou 2 000 mètres d'altitude, comme ceux de *Simla*, *Darjiling*, *Outacamound*, *Marri*, *Mont-Abou*, *Matheran*, a contribué à l'amélioration de l'état sanitaire parmi les soldats et les employés civils, qui ont le droit chaque année, cinq à six semaines, d'y chercher la fraîcheur et la santé, sans rien perdre de leur solde et de leurs appointements.

» toises ; ou bien un troupeau d'éléphants sauvages vient en fureur à travers la
» forêt, pliant, rompant les arbres à droite et à gauche. Cependant des orages
» épouvantables déplacent des montagnes, et le choléra-morbus moissonne les
» hommes par millions.
» Ainsi, rencontrant partout des forces disproportionnées, l'homme, accablé par
» la nature, n'essaye pas de lutter ; il se livre à elle sans condition. Il prend et
» reprend encore cette coupe enivrante où Çiva verse à pleins bords la mort et
» la vie ; il boit à longs traits, il s'y plonge, il s'y perd ; il y laisse aller son
» être, et il avance, avec une volupté sombre et désespérée, que Dieu est tout,
» que tout est Dieu, qu'il n'est rien lui-même qu'un accident, un phénomène de
» cette unique substance. Ou bien, dans cette patiente et fière immobilité, il
» conteste l'existence à cette nature ennemie, et se venge par la logique de la
» réalité qui l'écrase. » (Michelet.)

1. M. le Dr Gustave Lebon est né à Nogent-le-Rotrou en 1841. — Il fut chargé, en 1884, d'une mission dans l'Inde, pour y étudier l'art et les monuments. Outre le grand ouvrage auquel nous avons emprunté ces pages, il a publié : *l'Homme et les sociétés, leurs origines et leur histoire* (1880, 2 vol. in-8) ; — *la Civilisation des Arabes* (1883, in-4°) ; — *les Premières Civilisations* (1888-89, in-4°). Il a donné au *Tour du Monde* un *Voyage au Népal* (1er sem., 1886) et des *Excursions anthropologiques aux monts Tatras* (2° sem., 1884). — Toutes ces publications sont enrichies de magnifiques illustrations.

Les enfants supportent mal ou plutôt ne supportent pas du tout le climat de l'Inde. Autrefois, avant l'ère de la vapeur, tous les ans, des cargaisons de petits êtres, sous la surveillance de bonnes, louées à cet effet, étaient embarquées à bord des grands voiliers qu'on appelait *Indianese* et qui mettaient six, huit, jusqu'à dix mois pour doubler le Cap et gagner les côtes de la vieille Angleterre. Quand les bébés étaient devenus des jeunes filles de 16 à 18 ans, on pouvait les renvoyer sans danger à leurs parents. — Aussi, à cette époque déjà loin de nous, la femme anglaise se trouvait-elle rarement dans le bungalow du *civilian*, et dans les cantonnements de l'armée de la Compagnie. C'était la vie de garçon qu'on y menait. Tout au plus épousait-on des eurasiennes...

... On a changé tout cela. « L'établissement de services réguliers de ba-
» teaux à vapeur, des paquebots qui dévorent l'espace, les chemins de fer de
» l'Inde qui ont rapproché le cantonnement des stations d'été dans les mon-
» tagnes, où les enfants peuvent vivre, d'autres changements survenus à la
» suite de la grande rébellion, et de la dissolution de la Compagnie des
» Indes, tout cet ensemble de faits nouveaux que le temps amena, le temps
» qui détruit, mais qui restaure aussi, a profondément modifié la vie sociale
» de l'Anglo-Indien et non seulement il l'a modifiée, mais encore il l'a mo-
» ralisée et rendue meilleure qu'elle n'était naguère. » (DE HUBNER, *A travers l'empire britannique*, II, 166.)

Les cyclones.

« La plupart des cyclones soufflent à la fin du printemps et en automne, d'avril en juin et de septembre en novembre, à l'époque où les moussons changent de direction, et surtout quand la mousson du sud-ouest fait place à celle du nord-ouest, c'est-à-dire en automne. Sur quatre-vingt-huit de ces tempêtes dans l'océan Indien, il y en a quarante-neuf en automne, et vingt-neuf seulement au printemps. Et, sur les quarante-neuf, presque toutes éclatent au nord du 15° degré de latitude, dans le golfe du Bengale, tandis que les autres ont pour théâtre les flots d'où sortent les îles Andaman.

» Toute la côte orientale de l'Inde est exposée à la rage de ces ouragans, et de l'île de Ceylan à Chittagong il n'y a guère de lieux du littoral qui n'aient déjà souffert une ou plusieurs fois de leur violence; les endroits les plus maltraités sont les rives basses, surtout quand elles appartiennent à un golfe ou qu'elles sont situées dans un angle du rivage, car les vagues y ont plus de force, l'alliance de l'eau et du vent y est plus terrible.

» Un des premiers cyclones sur lesquels on ait des détails authentiques, celui de 1789, eut lieu à une époque inaccoutumée, au mois de décembre; il fut accompagné de trois vagues gigantesques qui se répandirent sur la côte près de Coringa, dans le voisinage de l'embouchure de la Godavery ; la ville presque entière fut détruite avec ses trente mille habitants, et les vaisseaux à l'ancre dans la baie portés au loin dans les terres. Cette même contrée fut dévastée en 1839 par un cyclone aussi terrible que celui de 1789.

» La côte de Madras et celle de Coromandel reçoivent aussi de temps en temps ces fâcheuses visites ; mais, grâce à la disposition du littoral, la vague d'assaut n'y fait pas de si grands ravages. A Madras, le cyclone semble exercer surtout sa fureur sur les navires, toujours nombreux, qui sont à l'ancre dans la rade, et sur les maisons et bâtiments de la campagne, comme en 1773, en 1783, en 1872. Le 15 octobre 1783, le 1er et le 2 mai 1872, un grand nombre de vaisseaux y périrent corps et biens, ce qui, à ce dernier cyclone, ne serait point arrivé si le chef de port eût été à son poste et eût prévenu les capitaines de gagner sans retard la haute mer...

» L'ouragan qui est venu fondre, le 15 et le 16 octobre 1874, sur les districts de Midnapore et de Burderan, n'a tué presque personne à Burderan, et seulement trois mille individus dans le pays de Midnapore : c'est fort peu pour un cyclone.

» De toutes les côtes de l'Inde, celles où le Gange et l'Hougly versent leurs eaux sont les plus éprouvées par ce genre de fléau, parce que, grâce à leur disposition, le vent et l'eau s'y engouffrent comme dans un sac. Le 31 octobre 1831, une vague s'y étendit jusqu'à 250 kilomètres dans les terres, et rasa trois cents villages avec trente mille personnes. Catastrophe pareille le 7 octobre 1832 et le 21 septembre 1839 ; tout cela à l'embouchure du Gange. A l'embouchure de l'Hougly, le 21 octobre 1833, la vague soulevée fit périr dix mille individus. Le 21 mai de cette même année, près de Coringa, cinquante mille hommes avaient été noyés dans six cents villages ; la mer, ce jour-là, monta, sur cette rive infortunée, à neuf pieds au-dessus de sa plus haute marée connue, et l'on dit que le baromètre baissa tout à coup de deux pouces.

» Au cyclone du 5 octobre 1864, à Calcutta, près de 4000 hectares furent envahis par les eaux, bien que les bords de l'Hougly, ceux de ses affluents et les rivages des îles soient protégés par des digues ayant huit à dix pieds de hauteur. Que pouvaient ces levées, à les supposer assez solides, contre une vague de 27 pieds d'élévation au-dessus du niveau moyen de la mer ? Le flot remonta de Meharpore à Matabangha, et causa la mort de cinquante mille personnes; il en aurait noyé beaucoup plus encore s'il fût survenu pendant la nuit, et eût, comme à Bakargandj, surpris les gens en plein sommeil. D'ailleurs il fit mourir indirectement trente mille autres individus, la pourriture des cadavres non enterrés ayant suscité les fièvres pernicieuses, la variole, le choléra et autres maladies...

» Un mois à peine après ce cataclysme sur l'Hougly, le 5 novembre, la côte de la Kistna, près de Masoulipatam, fut ensevelie sous une vague, et trente-cinq mille hommes périrent : ce littoral, il est vrai, a tout ce qu'il faut pour concentrer un ras de mer et lui donner une grande force de destruction.....

» Trois ans après, le 1er novembre 1867, une nouvelle catastrophe de ce genre fondit sur le district de Calcutta; mais, si elle rasa trente mille cabanes des indigènes, elle ne fit guère périr qu'un millier d'individus.

» Un des plus mémorables de ces désastres est celui du 6 juillet 1822.... Le flot engloutit subitement toutes les embouchures du Gange avec leurs rives; heureusement il s'élança avant qu'il fût tard, quand le cyclone soufflait déjà depuis quelque temps et que les gens étaient sur leur garde : il n'en noya pas moins *cent mille* personnes, autant d'animaux, et causa pour un million de roupies de dégâts.

» Passons au cataclysme épouvantable du 31 octobre 1876. Jusqu'à onze heures du soir rien ne faisait pressentir un danger, et, dès avant minuit, sans le moindre signe précurseur, la catastrophe éclata, surprenant tout le monde à la maison, au lit. Trois vagues couvrirent un pays de 750 000 à 800 000 hectares, sur lequel vivaient un million d'hommes. En quelques minutes, deux cent quinze mille individus sont emportés par le flot, ensevelis par lui; deux cent quinze mille, c'est peu dire : la plupart des fonctionnaires dont on pouvait attendre des renseignements sérieux ont été noyés; mais on sait que telle ville, tel bourg a perdu 70 pour 100 de sa population. De mémoire d'homme, c'est bien le désastre le plus terrible occasionné par l'eau. Trois grandes îles, un très grand nombre d'îlots, et tout le rivage sur une longueur de huit à dix kilomètres, sur une largeur de six à sept, ont été engloutis sous le ras de mer.

» Ces îles sont toutes voisines de la bouche du Meghna, cours d'eau formé par la réunion du Gange et du Brahmapoutre. La plus grande de celles que la mer a recouvertes, Dakhin Chahabazpore, a 240 000 habitants; les deux autres, Hattiah et

Sundney, en ont bien 100 000 à elles deux. Les malheureux insulaires eurent à peine quelques minutes pour parer à leur salut avant l'arrivée de la terrible vague, haute de dix à vingt pieds. Au bout de deux heures, le flot commença à reculer, à redescendre; mais ce fut seulement dans l'après-midi du lendemain que les survivants purent quitter les branches des arbres, les lieux élevés, leurs diverses retraites. C'est un bonheur qu'il y ait des bosquets de palmiers et de cocotiers autour de ces villages. Presque seuls, ceux-là se sont sauvés qui avaient grimpé aux arbres; ceux qui s'étaient réfugiés sur les toits ont été emportés avec ce frêle asile, détachés des maisons par la poussée de l'eau. Tous les animaux périrent, tous les bateaux furent détruits, et, comme les chars et voitures sont inconnus dans ces îles, on manqua absolument de moyens de communication... La ville de Dowluktor fut entièrement détruite... « Partout où » la vague a passé, écrivait la *Gazette officielle*, il n'est resté » qu'un tiers de la population, ou même moins encore, et, dans » les îles, rien qu'un quart... »

» Peu après le cataclysme arriva le choléra, né de la putréfaction des cadavres, et, chose affreuse à penser, il a fait plus de victimes encore que le cyclone, sauf dans les îles d'Hattiah et de Sundney, où cependant près de quarante-deux mille personnes ont été enlevées par lui[1]. » (*Ausland*, 1877, cité par la chronique du *Tour du Monde*.)

---

1. En 1884, un désastre du même genre s'abattit sur Pondichéry et son territoire. Le Parlement vota un crédit d'un demi-million de francs pour venir en aide à la population. L'exposé des motifs présenté à la Chambre par le gouvernement rendait compte des faits dans les termes suivants :
« Notre colonie de l'Inde française vient d'être cruellement éprouvée : une » partie de son territoire a été ravagée par les inondations. Le gouvernement » a reçu, le 22 décembre courant, au sujet de ces inondations, le télégramme » suivant du gouverneur de la colonie :
« Nouvelle inondation plus terrible que celle du mois dernier. — Cultures » perdues. — Ponts enlevés. — Digues étangs rompues. — Villages entiers em» portés, d'autres submergés. — Misère immense. — Plus de 30 000 habitants » sans abri dans le territoire de Pondichéry. — Sans nouvelles de Karikal. — » Implore assistance de la métropole. — Demande un million. — Ouvrez crédit » par télégraphe. »

» Après un si triste événement, les pouvoirs publics de la métropole ont le devoir » de venir en aide à la colonie de l'Inde française et de lui permettre, dans une » mesure aussi large que le comporte l'état de nos finances, de se relever des » désastres causés par les inondations.

» A diverses reprises, du reste, dans des circonstances analogues, la France » n'a pas hésité à secourir ses colonies.

» C'est ainsi, pour citer quelques exemples, qu'un décret du 17 août 1871 et » la loi du 14 septembre suivant ont alloué une somme totale de 1 050 000 francs » aux victimes de l'incendie de la Pointe-à-Pitre; qu'une loi du 21 février 1873

Les Nilghiri. — Les plantations. Le « sanitarium » d'Outacamound.

Dans le cours de son voyage à travers l'Inde, M. Cotteau passa de la côte de Coromandel au littoral de Malabar, de Madras à Beypore et Calicut. En route, il fit une excursion dans les montagnes des Nilgherries. Un chemin de fer spécial se détache à Pothanoor de la grande ligne de Madras, et se prolonge par Mettapollium jusqu'au plateau de Counour; une voie de tramway la prolonge jusqu'à Outacamound, le principal *sanitarium* ou *sanatorium*[1] de la présidence de Madras, situé à 2 200 mètres d'altitude, à 435 kilomètres de la capitale maritime. La plaine qui s'étend au pied des Nilgherries est éblouissante de verdure et de fleurs : « encore plus exubérante
» qu'à Ceylan, elle rappelle plutôt l'isthme de Panama. Les troncs lisses et
» serrés des cocotiers, des aréquiers et des bambous enchevêtrés d'un réseau
» inextricable de lianes, forment au pied des Nilgherries une ceinture de fo-
» rêts impénétrables, repaire favori des éléphants sauvages, des tigres, des
» ours, des hyènes et des sangliers, ainsi que d'une infinité de serpents.
» C'est aussi la terre classique des fièvres paludéennes. L'Européen qui
» passerait une seule nuit sous ses perfides ombrages s'exposerait à une
» mort presque certaine, et, même dans la journée, il n'est pas prudent de
» s'y attarder. » (E. Cotteau.) Au sortir de ces marécages empestés, la route escalade les premières pentes de la montagne. A 2 000 mètres environ, apparaissent les premières plantations de café qui se succèdent sans interruption jusqu'à Counour. « Les éclaircies pratiquées le long de la
» route permettent de juger de l'importance des travaux qui ont été exé-
» cutés dans toute cette région pour défricher la forêt vierge, y créer des
» chemins, amener l'eau, placer des tuyaux de conduite et édifier les bâti-
» ments nécessaires à l'exploitation. Le paysage est grandiose. La vue
» s'étend au loin sur des pentes bien cultivées, assez semblables d'aspect à
» nos vignobles renommés, mais d'un vert beau plus foncé. Les caféiers sont
» plantés en lignes régulières, et le sol est soigneusement sarclé au pied de
» l'arbuste. Mais on ne lui laisse pas prendre le même développement qu'au
» Brésil. On le taille ici de manière qu'il ne s'élève pas à plus d'un mètre
» cinquante centimètres. Le sommet des montagnes a conservé de sombres
» forêts d'où jaillissent comme autant de filets d'argent de jolies chutes
» d'eau, qui, détournées au milieu de leur course par la main des hommes,
» reparaissent à quelques centaines de mètres plus bas et viennent grossir
» le torrent qui gronde sourdement au fond de la vallée. » (E. Cotteau.) Counour est bâti à 1 840 mètres d'altitude ; là, cesse la végétation tropicale ; le climat devient délicieux ; au milieu des jardins fleuris s'élèvent les élégants cottages où plus d'un officier anglais vient prendre sa retraite.

» a accordé une subvention d'un million de francs à la colonie de la Réunion,
» ravagée par le cyclone du 8 janvier; qu'une loi du 31 mai 1879 a alloué à la
» même colonie, pour réparer encore les désastres d'un cyclone, une somme de
» 500 000 francs, et que deux lois du 24 juin 1880 et du 29 juillet 1881 ont con-
» sacré 1 090 000 francs aux victimes de l'insurrection canaque. »

1. On emploie tantôt l'un et tantôt l'autre de ces termes : et on les a traduits en français par le mot *sanatoire*. C'est un barbarisme français ajouté aux barbarismes latins.

La prairie remplace la forêt; les lacs limpides brillent dans les replis du sol. C'est l'Ecosse qui succède à l'Inde, et, aux approches d'Outacamound, bien que le thermomètre marque 12 degrés en plein hiver, le voyageur qui monte de la plaine éprouve une vive sensation de froid.

« Ce matin, à sept heures, par une fraîche température de 10 degrés et un ciel sans nuages, je quitte l'hôtel à pied, pour faire l'ascension du Dodabetta (en langue canara, *la grande montagne*), point culminant du massif des Nilghiri, à 2 672 mètres au-dessus de la mer. Outacamund se trouvant à une altitude de 2 200 mètres, la course que je me propose de faire n'est qu'une simple promenade, d'autant plus que je sais qu'il existe un chemin facile, conduisant jusqu'au sommet. Toutefois, m'étant égaré au milieu du labyrinthe de sentiers qui aboutissent aux villas disséminées sur les flancs de la montagne, j'eus assez de peine à le découvrir.

» Cependant, à dix heures, j'avais atteint le but de mon excursion. Seul et libre, je respirais à pleins poumons un air pur et élastique qui me semblait être l'air natal lui-même; car, en jetant les yeux autour de moi, je reconnaissais une foule de plantes et d'arbustes particuliers à l'Europe, tels que fraisiers, mourons, oseille sauvage, épine-vinette, etc. Le gazon que je foule aux pieds, mêlé d'orpins et de mousses diverses, me rappelle celui des Alpes. Les broussailles qui m'entourent sont composées de touffes de géraniums, d'azalées, de rhododendrons aux fleurs éclatantes, de ronces et de bambous nains. Des bois de chênes verts croissent sur les pentes inférieures. Les tigres, si communs dans les jungles de la plaine, s'aventurent parfois jusque sur ces hauteurs; mais ils n'y sont point à craindre, car il est certain que leur audace diminue à mesure qu'ils s'élèvent, et, dans ces froides régions, il est sans exemple qu'ils aient jamais attaqué l'homme.

» Le panorama que j'ai sous les yeux est splendide; il embrasse tout le massif des Nilghiri (*montagnes bleues*), qui ne sont pas une chaîne de montagnes, ni, comme on l'a dit, une ramification orientale des Ghats, mais bien un groupe isolé couvrant une superficie d'environ 50 myriamètres carrés et affectant la forme d'un trapèze dont le plus grand côté aurait une longueur de 80 kilomètres. Ce singulier massif s'élève abruptement du niveau de la plaine, et forme à une hauteur de 2 000 mètres un immense bassin ondulé présentant l'aspect d'une série de monticules dominés çà et là par quelque grand pic isolé. C'est dans les Nilghiri que se trouvent les sommets les plus élevés de l'Inde, au sud de l'Himalaya.

» Du haut de mon observatoire, la vue plonge au nord par-dessus la crête des montagnes, jusque sur les plateaux lointains du Maïsour ; à l'est, elle s'étend à l'infini sur les plaines brûlantes du district de Coïmbatour, à demi cachées sous un voile de chaudes vapeurs. Du côté du sud, je vois à mes pieds Counour, et ses pentes vertigineuses. Une large ceinture de noires forêts se prolonge au loin et semble interdire de ce côté l'accès de la montagne. Enfin, à l'ouest, l'horizon est bordé par une muraille de pics aigus, dont la base forme un vaste cirque au fond duquel on aperçoit, éparses sur plusieurs collines, les maisons d'Outa-camund, dont la blancheur contraste avec la sombre verdure des plantations de cyprès et de bois d'eucalyptus. Un lac romantique aux contours sinueux, aux eaux d'un beau vert d'émeraude, occupe le fond de la vallée.

» Après avoir joui tout à mon aise de cet incomparable spectacle, je reprends le chemin de l'hôtel, enchanté de ma promenade matinale. Bien que la température soit peu élevée, les rayons du soleil n'en sont pas moins très ardents, et je crois que, même à cette altitude, il serait imprudent de s'y exposer sans précautions. Cette particularité doit être attribuée à la raréfaction de l'air, qui, étant moins dense, laisse passer une plus grande quantité de calorique, et aussi à son extrême transparence, causée par l'intensité de l'action lumineuse dans les régions tropicales.

» Chemin faisant, j'ai l'occasion de voir de près quelques plantations de thé. Ce précieux arbrisseau, dont la taille varie de soixante centimètres à un mètre, appartient à la famille des camelliées. Les feuilles légèrement dentées sont luisantes, d'une belle couleur verte et moins foncées que celles du caféier. Comme ce dernier, avec lequel il offre, du reste, une certaine ressemblance de loin, il fleurit blanc. Sa culture industrielle dans l'Inde remonte à une quarantaine d'années. A la suite de la guerre contre les Birmans en 1816, les Anglais, s'étant emparés de la province d'Assam, au nord-est du Bengale, y découvrirent l'arbuste à thé, qui avait probablement été importé de Chine à une époque reculée. Vers 1837, des planteurs de thé s'établirent sur les pentes de l'Himalaya, et quelques années plus tard aux Nilghiri. Depuis cette époque, et surtout dans ces derniers temps, cette culture a pris un immense développement dans les districts montagneux de l'Inde. L'exportation par mer s'est élevée en 1877 à 13 millions de kilogrammes ; ce chiffre est loin de représenter la production totale ; car il ne comprend ni la consommation qui se fait dans le pays, ni la quantité considérable qui s'écoule par voie de terre dans l'Asie centrale. Grâce à des procédés perfectionnés de culture et de manipulation, les thés de l'Inde sont généralement estimés. Sur le marché de Londres, ils sont cotés un tiers en sus des thés chinois. Ceux des Nilghiri, par leurs aromes et leur goût fin, rivalisent avec les meilleures qualités connues.

» L'arbre à thé se plaît sur les pentes élevées des montagnes ; ce n'est guère qu'à une altitude de 2000 mètres qu'on en rencontre ici les premières plantations. A cette hauteur, le caféier cesse de prospérer. C'est entre 1000 et 1800 mètres qu'il réussit le mieux. Les indigènes le cultivaient déjà, dans le Maïsour, avant la conquête anglaise. Mais jusqu'en 1854 la production, très restreinte, ne donnait lieu qu'à une exportation insignifiante. Depuis lors, elle a fait des progrès rapides et qui ne paraissent pas devoir s'arrêter de sitôt ; car l'étendue des terrains défrichés et convertis en plantations augmente chaque année dans des proportions considérables.

» Une autre culture appelée à un grand avenir est celle du *cinchona* ou quinquina. Cet arbre croît spontanément dans une zone déterminée de l'Amérique du Sud, du 10° nord au 19° sud, sur le versant oriental de la Cordillère. Son écorce contient un principe fébrifuge qu'il était de la dernière utilité de mettre à la portée des classes pauvres, dans un pays où la fièvre, causant à elle seule plus de victimes que toutes les autres maladies, enlève chaque année un million et demi de personnes. En 1860, il fut introduit pour la première fois dans les Nilgherries par les soins du gouvernement. Il y paraît maintenant parfaitement acclimaté. On en compte aujourd'hui plus de deux millions et demi de pieds, dont quelques-uns atteignent déjà une hauteur de dix mètres.

» Le granit qui forme la charpente de ces montagnes est presque partout recouvert d'un sol noir et riche, qui atteint en de certaines places une épaisseur considérable et favorise singulièrement le développement rapide de la végétation.

» Les différentes espèces d'eucalyptus d'Australie, importées vers 1840, se font remarquer par leur beau feuillage d'un vert glauque et surtout par leurs proportions gigantesques. En voyant ces troncs énormes, que trois hommes réunis n'embrassent que difficilement, j'ai peine à croire que ces colosses du règne végétal n'ont pas plus de trente-cinq à quarante ans. Jusqu'à la hauteur de 50 mètres, l'arbre pousse régulièrement de six mètres par an; dans leur pays natal, on en a vu qui s'élevaient jusqu'à 160 mètres. C'est un bois dur et résineux, incorruptible à l'eau, et que les insectes n'attaquent pas. Il est excellent pour les constructions navales et les traverses de chemins de fer. Aussi commence-t-il déjà à faire concurrence au bois de teck. Les haies toutes rouges de roses sauvages qui bordent les routes et les jardins autour d'Outacamund forment une charmante perspective. Dans le verger de l'hôtel, je retrouve la plupart des arbres fruitiers de l'Europe. Quelques-uns sont encore en fleur; d'autres portent déjà de petits fruits gros comme des noisettes. Ce sont des prunes et des poires qui mûriront en avril. Tous nos légumes réussissent parfaitement; on fait, par an, jusqu'à quatre récoltes successives de pommes de terre. Sur un monticule voisin, de vieux arbres au tronc moussu, aux branches noueuses et bizarrement contournées, attirent mon attention par les grappes de fleurs rouges dont ils sont littéralement couverts : ce sont des rhododendrons, qui, dans ce pays, atteignent la taille d'un chêne ordinaire.

» La belle saison commence en mars. Le gouverneur de Madras vient alors s'installer ici pour six mois. La saison pluvieuse est ramenée par la mousson du sud-ouest.

» Outacamund, bien que situé à 11° seulement de l'équateur, jouit d'un climat tempéré. La température moyenne, qui est à Madras de 28°, et à Paris 10° 8, y est de 14°. De plus, elle est remarquablement uniforme, ne variant guère, de l'hiver à l'été, que de 5°. C'est un avantage inappréciable pour les personnes forcées de vivre au milieu de l'atmosphère embrasée des plaines, d'avoir ainsi à leur portée, sous les rayons d'un soleil vertical, le climat des automnes de l'Europe.

» Parmi les divers centres de population groupés à des hauteurs variables sur les Nilghiri, Outacamund occupe à la fois le point le plus central et le plus élevé. C'est aussi la seule agglomération qui mérite le nom de ville. Elle est chef-lieu de district et renferme 10 000 habitants. Les maisons, construites sans alignement ni plan conçu à l'avance, sont disséminées sur les versants de plusieurs collines, chaque propriétaire ayant bâti, selon sa fantaisie, dans le site qui lui paraissait le plus agréable.

Partout de jolies routes circulent entre les vallons ou gravissent les monticules, reliant entre elles de coquettes habitations. Il existe aussi des bazars et un village natifs. De beaux bois d'eucalyptus se mirent dans les eaux tranquilles d'un lac de six kilomètres de tour. Une large chaussée, tracée le long de ses rues, invite à la promenade.

» C'est aujourd'hui jour de marché. Sur un terrain vague, non loin du lac, s'élèvent quelques hangars trop étroits pour la multitude compacte des vendeurs et acheteurs qui refluent aux alentours. Le spectacle est des plus intéressants. Des barbiers assis sur les talons rasent leurs pratiques; des hommes habillés en femme promènent en laisse quelque pauvre diable dont les contorsions ridicules amusent le public; des saltimbanques et des danseuses exercent leur industrie en plein air; une foule de marchands de bimbeloterie à bon marché, de bijoux faux, de bracelets de verre ou de cire dorée, se tiennent accroupis en plein soleil, surveillant leur marchandise étalée par petits tas sur des nattes. Au milieu de tout ce monde, de hideux fakirs au corps nu, enduit de graisse, le visage peint en blanc et la tête affublée d'une perruque, circulent en poussant des cris sauvages; d'autres, exposant à la vénération publique des images de dieux en cuivre, frappent à coups redoublés sur une barre métallique pour annoncer leur présence; ils vont de groupe en groupe, mendiant de sac en sac une pincée de riz, quelques fèves, des pois, des graines, qu'ils jettent pêle-mêle dans une sacoche ouverte. On leur donne généralement de mauvaise grâce et très peu à la fois; cependant, le nombre aidant, la besace ne laisse pas que de s'arrondir.

» A quelque distance de la foule, dans les coins retirés, que font tous ces gens isolés, promenant autour d'eux des regards inquiets et se cachant les uns des autres comme s'ils avaient honte de l'action qu'ils commettent? Ce sont tout simplement des Hindous qui prennent leur repas. D'après leur religion, ils ne doivent, à ce moment, être vus de personne. Saisissant de la main droite (la gauche est réputée comme impure) le riz qu'ils ont préparé eux-mêmes, ils en forment de petites boulettes qu'ils se lancent adroitement dans la bouche afin d'éviter le contact de leurs doigts avec la salive, ce qui, à leurs yeux, constituerait une abominable souillure. Après leur frugal repas, ils iront eux-mêmes puiser l'eau du lac dans le petit vase de cuivre qui ne les quitte jamais; mais ils se garderont bien d'y appliquer les lèvres, et se verseront à boire à distance, à la régalade. La moindre infraction à ces usages est regardée par eux non seulement comme une grossière inconvenance, mais aussi comme un énorme péché, dont on ne peut se laver que par des pénitences et des purifications très compliquées ; et la principale cause du mépris que tout Hindou nourrit pour l'Européen, c'est qu'il voit tous les jours ce dernier enfreindre sans scrupule des règles que lui-même est habitué à respecter dès son enfance, dont il ne voudrait pas s'affranchir, même au péril de sa vie.

» J'eus l'occasion d'observer, au milieu de la foule, un certain nombre de représentants d'une race que l'on chercherait vainement ailleurs que dans les Nilghiri. Ce sont les Todas, peuple sur l'origine duquel on ne sait rien de bien positif, mais passant pour être les derniers descendants des tribus aborigènes qui habitaient le midi de l'Inde aux époques préhistoriques. Ce qu'il y a de certain, c'est qu'ils diffèrent absolument des Hindous. Ce sont des hommes grands et bien faits, à la peau presque blanche, à la physionomie expressive. Ils ne portent aucune coiffure. De longs cheveux noirs leur tombent jusque sur les épaules ; jamais je n'ai vu barbe et cheveux plus fournis. Des paysans russes qui seraient bruns offriraient avec eux certaine ressemblance. Pour vêtement, ils ont une ample couverture grise, rayée de bleu et de rouge, dans les plis de laquelle ils se drapent avec beaucoup de noblesse. Je regrettai une fois de plus mon ignorance dans l'art du dessin, à la vue d'un groupe formé par cinq ou six d'entre eux, qui se tinrent pendant longtemps immobiles, appuyés sur leurs longs bâtons.

» On dit que leurs femmes sont admirablement belles ; mais je me garderai de porter un jugement sur ce point délicat, le petit nombre de celles que j'ai vues étant fort peu séduisantes, d'une malpropreté révoltante, et encore enlaidies par leurs cheveux incultes et hérissés. Les hommes, au contraire, prennent grand soin de leur barbe et de leur magnifique chevelure.

» La langue des Todas est seulement orale et ne ressemble à aucune des autres langues asiatiques. Leur religion, fort simple, consiste dans de vagues adorations au soleil et n'a aucune analogie avec les autres religions de l'Inde. Ils habitent, sur la lisière du bois, des huttes fort sales où l'on ne peut entrer qu'en rampant. Dans les montagnes voisines, il existe plusieurs monuments antiques formés d'énormes pierres brutes, rangées en cercle. Je n'eus l'occasion d'en voir aucun. On attribue leur construction aux Todas, qui, dit-on, s'y réunissent encore aujourd'hui pour y accomplir certaines cérémonies.

» En quittant le marché, je dirige ma promenade du côté du lac. Mais la journée est déjà bien avancée; le temps s'est considérablement rafraîchi, un vent glacial me fait regretter l'oubli de mon pardessus. Transi de froid sous mes légers vêtements, je rentre à l'hôtel, et, me faisant allumer un bon feu dans ma chambre, je passe ma soirée à mettre ma correspondance au courant, tout en me livrant à des réflexions quelque peu mélancoliques sur mon isolement complet à une heure habituellement consacrée aux cérémonies de famille.

» Le domestique indigène qui me sert est *roman catholic*; il est si heureux de trouver en moi un coreligionnaire, qu'en me quittant, ce soir, il m'exprime ses vœux de bonne année. Qui m'eût dit qu'un jour j'en serais réduit à cet humble et unique témoignage de sympathie, et que je verrais naître un nouvel an, perdu au milieu des Nilghiri dans une petite bourgade au nom barbare, dont bien peu d'Européens connaissent l'existence? » (Edmond COTTEAU[1], *Promenade dans l'Inde et à Ceylan*, ch. xiv; Paris, Plon, in-12, 1880.)

---

1. M. COTTEAU (Edmond), frère de M. Gustave Cotteau, naturaliste, membre correspondant de l'Académie des sciences, est né à Chatel-Censoir (Yonne), en 1833. Une passion irrésistible pour les voyages l'entraîna de bonne heure hors de France. Il commença par visiter à plusieurs reprises le bassin de la Méditerranée et les diverses régions de l'Europe. En 1876, il se rend à l'exposition de Philadelphie et parcourt les Etats-Unis et le Canada; en 1877, il fait un voyage circulaire à travers les principaux Etats de l'Amérique du Sud; en 1878-79, il visite les Indes anglaises et Ceylan. En 1881, une première mission scientifique du Ministre de l'instruction publique lui fait entreprendre la traversée de la Sibérie, d'où il revient par le Japon, la Chine, le Tonkin, la Cochinchine, le Cambodge. En 1884-85, chargé d'une seconde mission, il fait le tour du monde par Singapour, Bornéo, les îles de la Sonde, l'Australie, la Tasmanie, la Nouvelle-Calédonie, les Nouvelles-Hébrides, Tahiti, la Californie, le Mexique et les Antilles. En 1887, sa curiosité et son ardeur infatigable le poussent en Caucasie et dans le Turkestan, où il assiste aux cérémonies d'inauguration du chemin de fer transcaspien. M. Cotteau a raconté ses impressions de voyage dans une foule d'articles et de récits publiés dans le *Tour du Monde*, l'*Annuaire* du Club alpin français, la *Revue politique et littéraire*, la *Revue scientifique*, la *Revue ethnographique*, le journal *le Temps*, etc. Ses ouvrages de longue haleine sont: *Promenade dans les deux Amériques* (1880, in-12); — *Promenade dans l'Inde et à Ceylan* (1880, in-12); — *De Paris au Japon à travers la Sibérie* (1883, in-12); — *Un touriste dans l'Extrême-Orient* (1884, in-12); ces deux derniers volumes ont été couronnés par l'Académie française; — *En Océanie* (1887, in-12); — *Caucase et Transcaspienne* (1888, in-12), ouvrage couronné par la Société de géographie commerciale de Paris. Nous avons fréquemment cité, dans nos *Lectures* sur *l'Amérique* et *l'Asie*, ce conteur aimable et sincère, cet observateur judicieux et sûr, pour qui l'univers civilisé n'a plus guère de secrets.

Darjiling et le Kintchindjinga.

Le voyage de Calcutta à Darjiling se faisait jadis en palanquin en 15 à 20 jours; aujourd'hui, il faut moins de 30 heures en chemin de fer. On traverse le Gange sur un bac à vapeur qui s'envase fréquemment à la saison sèche. A Siligouri, le train entre sur le territoire du Sikkim anglais; le chemin de fer devient un tramway composé de la locomotive et de deux voitures, qui monte constamment et rapidement « sur des crêtes coupées » souvent à pic, avec l'abîme béant à votre droite et à votre gauche. » De la station militaire de Djallapour, le train descend à toute vitesse sur Darjiling; il a parcouru 364 milles depuis Calcutta.

« Darjiling, bâti sur un contrefort de l'Himalaya à sept mille pieds d'altitude, à cinq mille au-dessus du fleuve Ranjit, qui sépare le Sikkim anglais du Sikkim chinois ou indépendant, est, pendant la saison chaude, le paradis terrestre du monde officiel et une station sanitaire de l'armée du Bengale. C'est en même temps le point le plus rapproché de la haute chaîne méridionale de l'Himalaya qui soit accessible à des Européens..... Darjiling est planté sur les bords accidentés d'une gorge immense. Vers le sud, les hauteurs que couronne la station militaire lui dérobent la vue de la plaine gangétique. Tout autour, d'autres montagnes s'élèvent jusqu'aux nues. Le Kintchindjinga, quand il lui plaît de se montrer, remplit à lui seul l'horizon septentrional.

» ... Des nuages partout, au-dessus, à côté, au-dessous de moi. Ils vont et viennent, et ce qui me frappe comme une nouveauté, c'est qu'ils se déplacent souvent en ligne perpendiculaire. A mes pieds s'ouvre la gorge, mais une couche d'air opaque la remplit tout entière. Un petit temple bouddhique suspendu aux flancs du talus semble nager sur la surface d'un lac. Mais voilà qu'une colonne droite toute blanche s'élève lentement de l'abîme, enveloppe momentanément le sanctuaire, arrive à ma hauteur, me dépasse et s'étend au-dessus de ma tête en forme de baldaquin. Dès lors rien ne m'empêche plus de plonger dans les profondeurs et de scruter les déchirures du terrain. D'autres fois, des rayons de soleil pénètrent à travers le chaos de nuages et de rocs, et dans ces moments les membres épars de cette agglomération de villas et de jardins qu'on appelle Darjiling, naguère cachés sous une masse confuse de brouillard, se manifestent soudain dans toute leur beauté. Quelle charmante surprise ! Cette ville s'étage sur le sommet d'une sorte de promontoire qui s'avance vers la gorge : elle rampe pour ainsi dire de terrasse en terrasse, et toutes ces terrasses sont suspendues entre le ciel et l'abîme. Des maisons qui occupent les gradins les plus élevés, vous plongez du regard dans la cour de mon hôtel, et, de mes fenêtres, je domine la place publique, ombragée d'arbres, le grand temple hindou, et, dans une autre direction, un établissement sanitaire dont l'architecture rappelle les phalanstères de *Grosvenor Gardens* et d'*Alexandra Hotel*. Et, sur toutes les hauteurs avoisinantes, vous apercevez des maisons et des maisonnettes entourées de jardins. Les sentiers qui les relient serpentent le long des sinuosités de la montagne. Un air de prospérité et de bien-être se peint sur la physionomie de cet endroit privilégié.

» Dans les heures un peu plus avancées de l'après-midi, des chemins se remplissent de cavaliers et d'amazones, de ladies portées dans des *dandies*, et de piétons, car ici l'Anglo-Indien ne dédaigne pas de faire usage de ses jambes. A côté de ce monde élégant se coudoient des Ghourkas, des Lepchas, des Tibétains, qui, tous plus ou moins, ont le type tartare ou chinois. Pas l'ombre d'affinité avec le peu d'Hindous amenés ici par leurs maîtres anglais. Les Ghourkas ou Népalais sont des gens de taille moyenne ou petite, aux épaules carrées, et à la musculature bien développée. » (DE HUBNER, *A travers l'empire britannique*, t. II, 7. 2 vol. in-8°, Paris, Hachette.)

M. de Hubner voulut voir les bords du Ranjit, qui est la frontière du territoire anglais du côté du Tibet. Le torrent est franchi par un pont suspendu, fait de tiges de bambou, sous lequel il roule ses eaux limpides. C'est la seule communication entre les deux grands empires, l'empire du Milieu et l'empire britannique. Pour atteindre le Ranjit, il faut descendre un sentier à pic jusqu'à 5000 pieds de profondeur; le chemin en zigzags traverse des plantations de thé et de quinquina, des forêts épaisses, un dédale de vallées et de gorges sombres. « La chaleur dans ce gouffre m'a » paru insupportable. On y respire un air épais, cet air néfaste aux étran- » gers, mais que les habitants de ces gorges ne peuvent échanger impuné- » ment avec un meilleur climat. Je ne crois pas exagérer en comparant la » température avec celle d'une fournaise. » Le voyageur trouva le pont rompu; mais un petit canot était à l'autre bord; un batelier fit passer M. de Hubner sur la rive tibétaine, et il se hissa jusqu'à Ranjit-bazar, misérable village dont les habitants l'examinèrent avec défiance et étonnement.

Un autre voyageur donne la description suivante des montagnes qui entourent le géant du Sikkim, aux environs de Darjiling :

« En quittant la station de Darjiling, le voyageur qui se

dirige vers la base du massif du Kintchindjinga, rencontre sur son passage un grand nombre de couvents bouddhistes. Les vallées et les gorges se succèdent en formant de nombreux détours et sont séparées par des crêtes élevées. Au fond de ces vallées roulent les rivières et les ruisseaux qui descendent de la chaîne de Singalila, du massif du Kintchindjinga et des pentes voisines. La hauteur des montagnes augmente à mesure qu'on s'approche de la chaîne principale, située au nord. Les premiers contreforts varient entre 1 500 et 2 500 mètres d'altitude ; les plus élevés atteignent 3 et 4 000 mètres. Les vallées resserrées entre ces crêtes sont très profondes ; et celles du sud descendent jusqu'à 800 et même 400 mètres. Les pentes de ces vallées sont très escarpées, résultat des érosions qui apparaissent de toutes parts, dans cette partie de l'Himalaya, si riche en alluvions et en détritus.

» J'avais à parcourir à pied toutes ces crêtes et ces vallées, en traversant les rivières et les ruisseaux, soit sur des ponts suspendus en bambous, soit sur des troncs d'arbres, soit à la nage. La plupart du temps nous devions marcher sous les rayons ardents d'un soleil des tropiques, sans le moindre sentier, souvent à travers d'épais buissons, ou bien suivre des routes qui gravissent les hauteurs en ligne droite. Nous campions sur les sommets ou un peu au-dessous. L'ascension des hauteurs et la descente dans les vallées profondes se succédaient chaque jour. Ordinairement, vers midi, nous descendions dans ces gorges humides et entourées d'épaisses forêts vierges, où la chaleur nous paraissait plus écrasante encore, à cause de la différence de température qui existait entre ces lieux et ceux où nous avions campé.

» Toute habitation humaine est bannie du fond de ces vallées, semblables au Teraï et infectées des miasmes les plus dangereux. Les villages des indigènes du Sikkim sont, pour la plupart, situés sur des terrains au-dessous des crêtes. Les lamas se sont établis sur les sommets même, et c'est au milieu des forêts de ces montagnes aiguës, dentelées, qu'apparaissent parfois les couvents bouddhistes. Ces couvents, comme les *gompas* bouddhistes du Tibet, se rétrécissent vers le haut, et ressemblent tous à des pyramides tronquées. La seule différence entre eux consiste en ce qu'ils sont plus ou moins grands, plus ou moins riches en ornements. Partout la même demi-obscurité dans l'intérieur, qui est divisé par deux rangées de piliers en trois parties : une nef et deux bas côtés ; au fond, l'autel avec les statues de Bouddha, les objets consacrés au culte et les drapeaux ornés de peintures.

» Un sentier mieux entretenu que les autres conduit au sommet, souvent le long d'une arête étroite et contournée. Des amas de pierres portant des inscriptions sacrées, et des rangées de piliers bordent le sentier. Arrivé sur la hauteur, on jouit d'un point de vue splendide sur les crêtes enchevêtrées des monts du Sikkim, et sur les vallées profondes qu'ils enferment. Au nord, au delà de ce premier plan de montagnes, le regard du spectateur se porte vers les sommets neigeux de l'Himalaya. Le premier couvent bouddhiste que nous ayons rencontré est celui de Rinchinpoong. »

Le voyageur fut surpris plusieurs fois par des ouragans d'une violence inouïe, par des trombes diluviennes qui perçaient les tentes et les faisaient craquer.

« Lorsque, la tempête finie, je monte de nouveau sur la cime, je m'arrête émerveillé de la vue du monde de montagnes et de vallées qui se déploie devant moi ! Le paysage n'est pas encore en pleine lumière, le brouillard et les nuages en voilent encore une partie, mais les phénomènes atmosphériques dont je contemple les développements, cet éclairage du soleil couchant, tantôt incertain, tantôt plus intense, me ravissent d'autant plus. Dans le lointain, au nord, s'élève la masse culminante du massif du Kintchindjinga, couronné de son double sommet. Cette montagne, élevée de 8582 mètres, est, pour la hauteur, la troisième du monde entier. La blancheur de la neige et de la glace qui couvrent le flanc de la montagne illumine l'obscurité qui enveloppe encore ce massif.

» Les deux cimes aiguës de *Poundeens* (6766 m.) et de *Noursing* (5875 m.), situées dans la chaîne qui se prolonge jusqu'à la crevasse du grand torrent de Rungit, brillent au soleil couchant. Dans les dépressions de cette chaîne rocheuse descendent des glaciers rapides, des plaines de neige qui, dans les gorges étroites, arrivent jusqu'à la profondeur de 4000 mètres. Ce fond de tableaux s'élève immédiatement au-dessus d'une haute muraille rocheuse, couverte de neige nouvelle, et brillante comme de la poussière de diamant. » (Moritz Déchy, *Annuaire du Club alpin*, 1881.)

II. — Géographie politique

Constitution et gouvernement. — L'acte du 2 août 1858 a substitué à la souveraineté de la *Compagnie des Indes* celle de la *Reine*. Les affaires de l'Inde sont administrées par un ministère spécial, que préside le *Secrétaire d'Etat pour l'Inde*, assisté d'un *Conseil* de 15 membres, nommés par la couronne, et composés en majorité de personnes ayant servi ou résidé dix ans dans l'Inde, et ne l'ayant pas quittée plus de dix ans avant leur nomination. Ces conseillers, nommés pour dix ans, ne peuvent faire partie du parlement. — Dans l'Inde, le pouvoir exécutif est confié à un **gouverneur général** ou **vice-roi**, nommé par la couronne, et subordonné au secrétaire d'Etat pour l'Inde. Ce chef suprême est assisté d'un *Conseil* de 6 membres, et du général en chef de l'armée, tous désignés par la couronne. Ce Conseil règle toutes les affaires de l'Inde, et dirige individuellement les départements des affaires étrangères, des finances, de l'intérieur, des affaires militaires, des travaux publics. On lui adjoint six à douze membres spéciaux pour former le *Conseil législatif* délibérant publiquement sur les lois et les règlements applicables à l'Inde.

L'Inde est divisée en 8 *gouvernements* ou *commissariats*, ayant à leur tête des *gouverneurs* ou *lieutenants*, dont quelques-uns (Madras, Bombay, Bengale) ont un Conseil législatif. Chaque province est partagée en *districts*, sous la direction d'un *magistrat collecteur* ou d'un *commissaire adjoint* responsable, qui parfois remplissent les fonctions de juges.

Administrativement, il y a deux sortes de *territoires* : les territoires *britanniques* et les territoires *indigènes*, vassaux ou alliés, généralement enclavés dans les pays soumis à la loi anglaise. Les traités signés par les Anglais avec les souverains indigènes, varient suivant les Etats ; le *protectorat*, la *tutelle* ou la *vassalité* qui leur est imposée ne les oblige pas aux mêmes conditions ; les uns paient tribut, les autres sont affranchis de toute servitude pécuniaire ; le plus grand nombre sont tenus d'observer les règles suivantes : n'entretenir d'ambassadeur auprès d'aucun Etat étranger, renoncer au droit de paix et de guerre ; remettre à l'Angleterre le soin de leurs relations extérieures ; — accepter dans leur cour un régent ou *résident* anglais, qui vit dans la capitale, sert d'arbitre, et dirige les rapports de l'Etat avec les pays étrangers ; — ne pas élever le nombre de leurs soldats au delà du chiffre déterminé ; — n'accueillir sur leur territoire aucun étranger sans l'autorisation du gouvernement anglais ; — subir certaines lois générales qui ont été imposées à l'Inde entière, comme celles qui interdisent le suicide des veuves et l'infanticide des filles.

Les souverains indigènes peuvent faire des lois, exercer la justice, ordonner des châtiments et des supplices, lever des troupes, battre monnaie, percevoir des impôts. Ils ont le titre d'Altesses royales, et des rangs déterminés dans les cérémonies officielles, dans les *durbars* de l'Inde ; et le gouvernement entretient et récompense leur loyalisme par des décorations, de même qu'il les suspend ou les frappe de déchéance et les dépossède quand ils sont suspects ou convaincus de trahison.

L'HINDOUSTAN.

A. Territoires britanniques.

Gouvernements.	Divisions.	DISTRICTS ET VILLES IMPORTANTES
I. Gouvernement du Bengale. (404541 kilomètres carrés. — 69133619 habitants.)	Province présidentielle ou de Calcutta. (45784 kilomètres carrés. — 8413425 habitants.)	**Calcutta** (685000 hab., 790000 avec le faubourg d'Haoura), « la cité de Kali », située à 128 kilom. de la mer, a été bâtie au XVIIe siècle sur la rive gauche de l'Hougli par des marchands anglais, fortifiée au XVIIIe par Clive; capitale de l'Inde anglaise depuis 1773; immense comptoir situé au carrefour des routes, des voies ferrées et fluviales de la péninsule, et des possessions anglaises de l'Asie; siège de la savante *Société asiatique*, foyer de l'industrie du coton et du jute, un des grands ports de commerce de l'océan Indien et de l'extrême Orient; un pont de bateaux le rattache à *Haoura*, sur la rive droite, grand centre de tissage de jute; *Fort-William* est la citadelle de Calcutta; le vice-roi habite *Belvedere-House*, dans le quartier d'*Alipour*; *Diamond-Harbour* est l'avant-port de la capitale; l'île de *Sagar*, formée par les alluvions du fleuve et repaire de tigres, est à l'entrée de l'Hougli dans les Sanderban. **Khoulna**, au nord de la région des Sanderban, grand centre de marchés et de raffineries de sucre. — KRICHNAGAR (28000 hab.), chef-lieu du district des *Grandes-Rivières*, sur un des bras de l'Hougli, principal marché du delta; centre des missions protestantes et catholiques; *Nadiya* (9000 hab.), sur la rive droite de la Baghirati, ancien chef-lieu, ville sainte, célèbre par ses écoles (*tols*) de sanscrit, de philosophie et de droit, qui attire les étudiants de toutes les régions de l'Inde; *Plassey*, théâtre de la défaite de Sourajah-Daoula par Clive, en 1757. **Mourchidabad** (46000 hab.), ancienne capitale des nababs du Bengale, résidence actuelle du nabab pensionné par l'Angleterre, ville de somptueux palais, ombragée par les arbres et les fourrés de bambous; filatures de soie, fabriques d'ivoires sculptés; la population décroît rapidement, depuis que la ville a perdu ses privilèges officiels; *Barhampour* (27000 hab.), sur la Baghirati, ancien chef-lieu civil et station militaire, renommé pour ses édifices et sa salubrité. — PABNA (16000 hab.), chef-lieu de district, sur un bras du Gange; *Siradjgandy* (19000 hab.), sur la Djamouna, centre du commerce du jute du Bengale de l'est. — RADJCHAHI a pour chef-lieu RAMPOUR-BAOLEAH (23000 hab.), sur la Padma, exportation de soieries, jute, riz, sel, indigo. — DINADJPOUR (13000 h.), marché de grains, centre de pèlerinages musulmans. — RANGPOUR (15000 hab.), sur le Ghaghat et le railway de Calcutta à Dhobri; siège d'une mission wesleyenne. **Darjiling** (4000 hab.), à 500 kilom. de Calcutta, sur les pentes de l'Himalaya, principal sanitarium de l'Inde, situé en face du Kintchindjinga, centre de la culture du thé, relié par une voie ferrée à la capitale (voy. p. 70). — KOUTCH-BÉHAR (10000 hab.), sur un affluent du Brahmapoutre, bourgade composée de huttes et paillottes rangées autour du palais du Rajah.

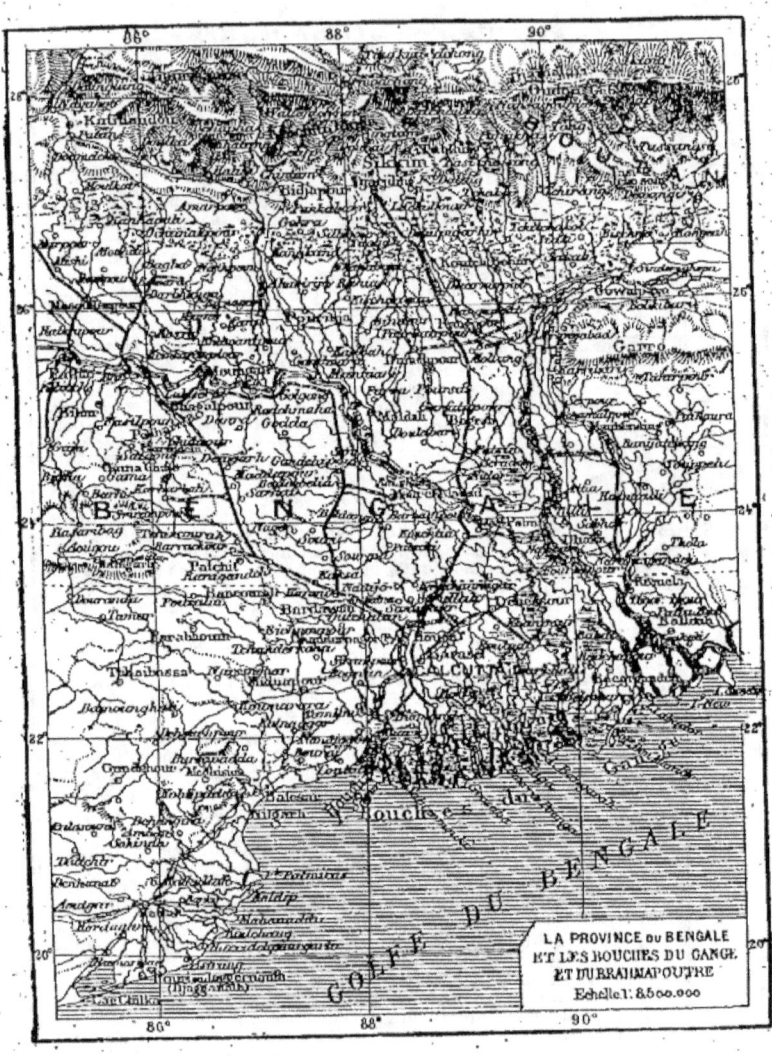

Gouvernements.	Divisions.	DISTRICTS ET VILLES IMPORTANTES
I. Gouvernement du Bengale (*suite*).	Province présidentielle ou de Calcutta.	**Midnapour** (28 000 hab.), centre des missions américaines, manufactures de cuivre et de soie. — HOUGLI ET TCHINSOURAH (35 000 hab.), sur le Gange, en amont de Calcutta; ville de fondation portugaise; export. de riz, fabrique de foulards et de mousseline. — *Haourah* (106 000 hab.), grand faubourg de la rive droite de l'Hougli, en face de Calcutta, est le centre des grandes manufactures du district; il a un collège d'ingénieurs et un jardin botanique. — Ce district contient **Chandernagor,** colonie française et son territoire. **Bardvvan** (33 000 hab.), près des marais malsains de la Damoudah, affluent de l'Hougli, est un ensemble de 73 villages, dépeuplés par les épidémies, et rangés autour du palais et des jardins du Maharajah; *Kalna* (28 000 hab.) est un port du district; *Raniyandj* (20 000 hab.), centre des mines de houille de la Damoudah. — BANKOURA (17 000 hab.), fabrique des toiles de soie et des objets en métal. — BIRBHOUM, chef-lieu *Sooree* (21 000 hab.), au centre d'un pays couvert de forêts, infestées d'animaux féroces et de reptiles. **Dacca** (70 000 hab.), grande cité déchue, envahie par la jungle où sont dispersés les débris de ses temples et de ses palais; autrefois siège des compagnies de commerce, et célèbre par ses merveilleux tissus de soie et ses mousselines; aujourd'hui grand marché agricole; ses deux ports, *Maraïngandj* (11 000 hab.), et *Madangandj* (11 500 hab.), sont situés sur les affluents de la Meghna. — BARISAL (8000 hab.), chef-lieu du district de BAKIRGANDJ, est le siège de missions prospères. — FARIDPOUR (7000 hab.), dans une région entrecoupée de marais et de canaux, grand entrepôt de jute et de riz. — NASIRABAD ou MAÏMANSINH (10500 hab.), marché principal du jute; *Famalpour* (15 000 hab.), station militaire. — KOUMILLAH (13 000 hab.), chef-lieu du TIPOURA, et *Brahmanbaria* ont les mêmes productions de riz et de jute. — CHITTAGONG (21 000 hab.), ancien comptoir portugais, port situé sur l'estuaire d'une rivière à l'extrémité orientale des Sanderban. — Dans l'intérieur, *Ranyamati* est la tête de la ligne de la navigation de la rivière Karnafouli. — SOUDARAN ou NAAKHALI (5000 hab.) est un ancien port envasé par les alluvions de la Meghna à son embouchure.
	Province de Behar.	**Patna** (160 000 hab., anc. *Patalipoutra* ou *Palibothra*, visitée et décrite par le Grec Mégasthénès, ambassadeur de Séleucus Nicator, alors place forte entourée d'une muraille et d'un fossé de 10 lieues de tour et flanquée de 570 tours). Elle est située sur la rive droite du Gange, en face de la rivière Gandak, en aval du Gogra et du Sône, au carrefour de toutes les grandes voies commerciales; célèbre par les ruines de ses palais, elle est un vaste entrepôt des huiles, des céréales, des tabacs de la contrée, et possède une des principales manufactures d'opium de l'Inde; *Bankipour* est le quartier des administrations civiles; *Dinapour* (28 000 hab.), le quartier militaire; *Behar*, au sud (45 000 hab.), anc. capitale, dépeuplée par la famine de 1770, a un musée d'antiquités bouddhistes, et attire dans ses stations sacrées d'innombrables pèlerins. — GAYA (67 000 hab.), cité sacerdotale, sur la rivière *Immaculée*,

Gouvernements.	Divisions.	DISTRICTS ET VILLES IMPORTANTES
I. Gouvernement du Bengale (*suite*).	Province de Behar. (414 406 kilom. carr. — 22 950 000 hab.)	anc. résidence du fondateur bouddhiste, a un temple vénéré; elle s'enrichit aussi par le commerce des sucres; *Daoudnagar* (11 000 hab.), par ses fabriques d'opium. — ARRAH (40 000 hab.), près de la rive droite du Gange, célèbre par son héroïque résistance en 1857 contre les révoltés, fait un grand commerce. — CHAPRA, chef-lieu du district de SARAN (47 000 hab.), produit beaucoup de salpêtres; *Sonpoor*, au confluent de la Gandak, ancienne ville sainte, a des manufactures d'opium et d'indigo. — MOTIHARI (10 000 hab.), chef-lieu du district de CHAMPARAN, fabrique de l'opium; là est le point de départ de la route du Népal; *Bettia* (14 000 hab.) est une ville de commerce, et possède une mission catholique. — MOUZAFFARPOUR (42 000 hab.), sur le Gandak, est une grande station de commerce, dans une position salubre; *Hadjipour* (23 000 hab.), sur le même fleuve, est le siège d'une des plus grandes foires du pays. — DARBHANGA (50 000 hab.), sur le Baghmati, ville de grands bazars et de palais, est parsemée de vastes étangs. — MONGHYR (60 000 hab.), cité vaste et pittoresque sur la rive droite du Gange, que dominent ses palais, ses hôtels et ses forts; elle a des magasins d'armes renommés, des fabriques d'indigo, des tissages, des teintureries, des ateliers de meubles; à l'est sont les eaux thermales et gazeuses de *Sita Khound*. **Bhagalpour** (70 000 hab.), sur la rive droite du Gange, place de commerce très étendue; au sud, *Mandarghiri*, sur un plateau de granit, est fameux par ses innombrables temples. POURNIAH (16 000 hab.), sur la Saoura, est un centre de culture du jute et de l'indigo. — MALDAH (6 000 hab.), au confluent du Kalindri et du Mahananda, port de l'ancienne capitale musulmane ruinée, Pandoua; son commerce déchu s'est porté à *English Bazar* (13 000 hab.), sur la Mahananda. — NAYA-DOUMKA (2 500 hab.) est le chef-lieu du district des Parganas des Sontals; plus au nord, à quelques kilomètres du Gange, s'étendent au loin sur quatre milles de superficie les ruines de la cité de *Rajmahal*.
	Province de Tchota-Nagpour. (72 214 kilom. carr. — 4 714 291 hab.)	**Hazaribagh** (12 000 hab.), sur un plateau entre le Damoudah et le Barakar, cantonnement anglais, pénitencier; aux alentours, plantations de thé; *Karharbari*, *Karanpoure*, *Ramgarth* et les environs exploitent des mines de houille, d'antimoine, de cuivre, de fer, d'étain. — POUROULIA (6 000 hab.), chef-lieu du district de MANBHOUM, riche en céréales, sucre, riz, jute, houille. — PARAHAT (55 000 hab.), chef-lieu du district de SINGBHOUM. (Dans ce district, sont enclavées les principautés indépendantes de KHARSAOUAN et de SARAIKALA.) — RANCHI (12 500 hab.), chef-lieu du district de LOHARDAGA, est la capitale administrative de la province de Tchota-Nagpore. Sept petites principautés, situées entre le Sône et le Mahanadi, peuplées de 442 000 hab., colons hindous ou aborigènes Gonds, Kols, etc., encore adonnés à la vie sauvage, paient aux Anglais un tribut de 467 liv. st.; BONAÏ; GANGPOUR; JASHPOUR; OUDEIPOUR, chef-lieu *Rabkob*, au centre de cultures de coton, ricin, riz, de mines d'or et de houille; KOREA, en grande partie couverte d'épaisses forêts; CHANG-BHAKAR.

Gouvernements.	Divisions.	DISTRICTS ET VILLES IMPORTANTES
I. Gouvernement du Bengale (*suite*).	Province d'Orissa. (627 000 kil. c. — 5 200 000 hab.)	**Cattak** (51 000 hab.), dans une péninsule formée par la Mahanadi, siège du gouvernement d'Orissa et des missions générales baptistes, renommé pour sa vaisselle de métal, ses bracelets, ses filigranes d'or et d'argent. — BALASORE (18 500 hab.), sur le Barabalang, « le grand tortueux », ancien comptoir maritime anglais, et factoreries françaises et danoises du XVIᵉ siècle, siège d'une mission baptiste américaine. — POURI, ou *Djagganath* (22 500 hab.), sur la mer, sanctuaire de Vichnou, dont le temple, peuplé de 6 000 prêtres, est visité chaque année par plus de 100 000 pèlerins (voy. les *Lectures*). *Kanarak* a les ruines d'un magnifique temple sculpté, « la Pagode noire », dédié au Soleil ; *Kandjiri* recèle dans ses collines les caves où sont sculptées des figures de tigres, d'éléphants et de serpents, œuvre des premiers âges bouddhiques. — Les anciennes principautés de *Bangol* et de *Banki*, peuplées de 160 000 hab., ont été annexées récemment par l'Angleterre.

Etats tributaires de la présidence du Bengale.
(455 333 kilom. carr., 9 274 000 hab.)

L'Etat de **Sikkim** (6 589 kilom. carr., 50 000 hab.) est situé dans les hauts massifs himalayens, d'où s'échappe la Tista, et que dominent les cimes puissantes du Kintchindjinga et du Donkiah. Dans les étroites cluses des torrents, sous un climat chaud et très humide, s'étagent de superbes forêts de chênes, châtaigniers, noyers, des fourrés de magnolias et de rhododendrons. La population est d'origine tibétaine. — La capitale du rajah est **Tamloung**, pendant la saison sèche ; des lamaseries nombreuses éparses sur les terrasses et les promontoires de la contrée, la plus célèbre est *Pemiongtchi* ou Pemmiantsi, à 2 200 mètres d'altitude. *Darjeeling*, détaché par les Anglais, dépend physiquement du Sikkim. (Voy. p. 70.)

L'Etat du **Kotch-Behar** (3 385 kilom. carr., 532 500 hab.), au sud-est du Sikkim, tire son nom des populations Kotch, venues de l'Assam ; leur pays est arrosé par de nombreux affluents du Brahmapoutre, mais il est peu riche. Le centre principal est **Kotch-Behar** (10 000 hab.).

L'Etat du **Tippérah-Hills**, ou monts de Tippérah (10 015 kilom. carr., 95 600 hab.), a pour chef-lieu **Agartala** (1 500 hab.), pauvre village groupé autour d'une caserne.

Les sept Etats de **Tchota-Nagpore** (40 000 kilom. carr., 442 000 hab.) sont situés entre le Sône et la Mahanaddi supérieure ; la contrée est sillonnée de hautes collines, bien arrosée et fertile ; elle produit du riz, du tabac, du coton, des graines oléagineuses ; les jungles et les forêts sont peuplées de bêtes féroces ; les Hindous forment à peine une moitié de la population, le reste se compose de tribus Khounds, Kôles, Karwars. — Le **Gangpour**, est surtout agricole ; le **Djachpour** récolte les gommes et les laques de ses forêts ; l'**Oudeïpour** exporte du ricin, du riz, des laques, du cuivre et de l'or trouvé dans ses rivières, le *Mánd*, et l'*Ib* ; le **Sar-**

goudja, le plus vaste de tous, a des restes de temples et de palais qui sont les derniers vestiges d'une très ancienne civilisation.

Les dix-sept principautés d'**Orissa** (40 000 kilom. carr., 1 625 000 hab.) sont situées dans les vallées de la Mahanaddi, de la Brahmani, de la Baïtarani. Les montagnes renferment des gisements de fer, et sont couvertes de belles forêts de bois précieux (sâl, ébène, bambou, rotins, etc.), malheureusement gaspillées par les tribus des jungles; dans les plaines, on récolte toutes les variétés du riz, le blé, les légumes, le chanvre, le tabac, le coton, les graines oléagineuses; la faune est très riche (tigres, éléphants, panthères, ours, sangliers), le gibier, les poissons d'eau douce et d'eau salée abondent; les serpents infestent la contrée. — Les deux principales villes sont : *Khandpara* (5 500 hab.) et *Kantilo* (5 000), qui appartiennent au même État, l'un et l'autre marchés importants sur la rive droite de la Mahanaddi. — Les principautés sont peuplées d'Hindous, de tribus *Khounds*, *Savars*, *Djouang*, dont les mœurs, encore très grossières et sauvages, se sont déjà adoucies.

« Ces tribus vivent dans les bois, couchent sous les arbres et se nour-
» rissent de miel, de résine et autres produits de la jungle; leurs femmes
» n'ont d'autre vêtement que quelques feuilles qu'elles attachent par une
» corde liée autour des reins. Quand un *Domna*, prêtre des Khounds, est
» tué ou blessé par le tigre, animal sacré, sa famille devient hors caste,
» comme appartenant à un membre qui a encouru la colère des dieux ;
» mais le Domna peut rendre sa position sociale à la famille moyennant
» l'enlèvement à son profit, à lui, de tout ce que contenait la hutte de la
» victime. Chacune des tribus de l'Orissa jure en touchant un objet parti-
» culier : le Khound touche le fruit du mahoua ou la terre; le Kôle, du riz
» cuit; le Djouang, une peau de tigre, une fourmilière de fourmis blanches,
» une feuille de bambous; le Domna, de la bouse de vache. » (*Géographie universelle*, *Orissa*; Vivien de Saint-Martin.)

Gouvernements.	Divisions.	DISTRICTS ET VILLES IMPORTANTES
II. Gouvernement de l'Assam. (117 327 kilom. carr. — 4 908 000 hab.)	Bas-Assam.	**Dhoubri**, chef-lieu du district de Goalpara, port et station militaire de la rive droite du Bramapoutra; entrepôt de bois et denrées agricoles; *Goalpara* (5 000 hab.), sur un plateau de la rive gauche du Bramapoutra, vue superbe de l'Himalaya et des monts Garro; production de coton et de sucre. — Khamroup, chef-lieu Goahatti (12 000 hab.), sur la rive gauche du Bramapoutra, grand marché des thés de l'Assam; dans le voisinage sont des sanctuaires et des temples très visités.
	Assam central.	**Darrang**, chef-lieu Tezpour (2 500 hab.), sur la rive droite du Brahmapoutra, escale importante pour la navigation fluviale; aux environs sont des ruines du palais du rajah et des temples de Siva. — Naogong (4 000 hab.), sur un bras méridional du Brahmapoutra, cultures et marché de thé, charbon, pierre à bâtir, coton, riz, dans un district malsain.
	Haut-Assam.	**Lakimpour**, chef-lieu Dibroughar (4 000 hab.), près de la rive gauche du Brahmapoutra, à l'entrée de la grande vallée et des rivières, au sortir de la région des montagnes sauvages couvertes de forêts inexplorées; *Lakimpour* est un

Gouvernements.	Divisions.	DISTRICTS ET VILLES IMPORTANTES
II. Gouvernement de l'Assam (suite).	Haut-Assam.	village à l'ouest; *Jaipour*, au sud-est, a des mines de houille et des sources de pétrole; plus haut *Sadiya*, au point de réunion des trois grands affluents du fleuve, le Dihong, le Dibong, le Lohit, est un poste militaire et le marché des tribus montagnardes. — SIBSAGAR (5500 hab.), à gauche de la vallée du Brahmapoutra, est au centre des ruines grandioses des temples sivaïtes et des villes du royaume Ahom qui s'étendent jusqu'à *Rangpour* et *Garhgaon*; *Golaghat* et *Johrat* sont au centre des cultures du thé.
	Région des montagnes et de la Sourmah.	Le pays des KHASSIAS et DJAÏNTIAS est un district montagneux entre les vallées du Bramapoutra et de la Sourmah, les tribus des Khassias sont encore à demi indépendantes, divisées en petits clans présidés par des chefs électifs. Le chef-lieu du district anglais est **Chillong** (2500 *hab.*), capitale de tout l'Assam depuis 1874, cantonnement et sanitarium, rattaché à Goahatti par une belle route; *Tcherrapoundji*, anc. chef-lieu, est situé au centre des mines de houille, de fer et des carrières de pierre à chaux; *Nong-Klao* a des plantations de cinchona. — SYLHET (18000 hab.), sur la rive droite de la Sourmah, est le siège des établissements européens, un marché de thés; *Chatak*, le port des Khassias sur la rivière. — Le district de Catchar a pour chef-lieu Silchar (4000 hab.), sur le Barak: *Lakhipour* est un marché de thés. — Le district des monts des NAGAS, chef-lieu *Samagouting*, uni par une route à Golaghat; *Kohima* (5000 hab.), quartier et station militaire. L'Etat de **Manipour**, allié et protégé de l'Angleterre dépend de l'Assam; la capitale, MANIPOUR (3500 hab.), résidence du rajah pensionné par les Anglais, est sur un plateau où on cultive le tabac, le poivre, le coton, les légumes.
III. Gouvernement des provinces du nord-ouest (292 789 kil. c. — 42 004 000 hab.)	Districts du sud-est.	**Allahabad** (150 000 hab.), « la cité d'Allah », ou « Prayag », ou *jonction*, au confluent du Gange et de la Djamna, capitale civile et militaire, au point de convergence des routes et des chemins de fer qui se dirigent vers le Bengale, le Pandjab, l'Aoude et le Nepal, ville sacrée et grand marché, collège central d'enseignement supérieur. — KANPORE ou *Cawnpore* (125 000 h.), sur la r. d. du Gange, cité moderne, militaire et commerciale, théâtre des massacres de 1857. Le district de **Djansi**, traversé par la rivière Betna, a pour villes principales *Rampour* (7000 hab.), *Maou* (17000 hab.), *Goursaraï* (6500 hab.), centres agricoles; DJANSI, quartier général et cantonnement anglais, est situé au nord, à l'entrée de l'Etat de Gwalior, et surveille les tribus indépendantes du Bandelkand. — LALITPOUR (9000 hab.), sur un sous-affluent de la Betna, est dans le plus pauvre district de la province, sillonné de torrents et de ravins rocailleux. **Bénarès** (208 000 hab.) ou *Kasi*, bâtie dans une courbe de la r. g. du Gange, est la ville sainte par excellence des Hindous, la métropole des religions, la cité des sanctuaires et des temples bouddhistes, des pagodes brahmanes, des mosquées et des minarets musulmans qui attirent des centaines de mille pèlerins; la ville est aussi le siège de collèges chrétiens et de missions protestantes; elle a des fabriques de châles, bijoux et filigranes; *Ramnagar* (12000 hab.), sur la droite du Gange, en amont de Bénarès, est la résidence du rajah, des riches Hin-

Gouvernements.	Divisions.	DISTRICTS ET VILLES IMPORTANTES
Gouvernement des provinces du nord-ouest (suite).	Districts du sud-est.	dous, ses temples attirent les fidèles. — MIRZAPOUR (67 000 hab.), rive droite du Gange, à mi-chemin de Bénarès et d'Allahabad, jadis le plus grand marché de coton, grains et peaux de l'Inde centrale, aujourd'hui en décadence; *Chanar* (10 000 hab.), prison d'État, lieu de retraite des vétérans européens. — GHAZIPOUR (40 000 hab.), rive gauche du Gange, en aval de Bénarès, a le monopole de fabrication de l'opium. — BALIA (9 000 hab.), sur le Gange. — AZIMGARH (16 000 hab.), centre agricole, marché de sucre et d'indigo. — BASTI (5 500 hab.), sur la Koune, et *Mendhaval* (9 000 hab.), près du lac des Perles, sont les marchés d'échange de fèves, épices et cotonnades entre le Népal et Kanpour. — GARAKPOUR (52 000 hab.), sur le Rapti, centre d'une plaine fertile en coton, riz, orge, indigo, opium, et enrichi par ses filatures, tissages, teintureries, sucreries.
	Districts du nord-ouest.	**Agra** (140 000 hab.), anc. capitale de l'empire d'Akbar, sur la rive droite de la Djamna, près de la jonction des voies ferrées de Bombay, Delhi et Calcutta, quartier militaire et forteresse, a gardé la plupart de ses palais et de ses tours de marbre, de ses tombeaux qui en font encore la perle de l'Hindoustan; la ville a des ateliers de sculpteurs, de mosaïstes et de sertisseurs. — *Fatehpour* (7 000 hab.), le « Windsor » de l'empereur Akbar, la cité de la *Victoire*, est encore remplie de monuments délicats ou majestueux; *Firozabad* (15 000 hab.) a de belles ruines. **Mouttra** ou MATTRA (60 000 hab.), sur la rive droite de la Djamna, la « Modoura » de Ptolémée, la « Methora » d'Arrien et de Pline, ancienne cité sainte du bouddhisme, détruite par les conquérants musulmans, mais rebâtie par les Hindous, plus somptueuse et plus riche; ses temples et ceux de *Brindaban* (21 000 hab.), au nord, de *Mahaban* (7 000 hab.), au sud, consacrés à Krichna, attirent d'innombrables pèlerins. — MAINPOURI (22 000 hab.), dans un district marécageux et fertile, desservi par des voies ferrées et des canaux, fait un grand commerce de coton, de graines, d'indigo, de fer. — FARAKABAD, rive droite du Gange (80 000 hab.), dans la fertile contrée du Doab, centre de commerce pour les céréales et les cotons; le cantonnement anglais est à *Fatehgarh* (14 000 hab.); *Kanoudy* (17 000 hab.), antique cité aryenne couverte de vastes ruines aux alentours. **Etawah** (31 000 hab.), sur la rive gauche de la Djamna, entrepôt des cotons du Doab, a une mission presbytérienne américaine. — ETAH (8 500 hab.), sur le Kali, et le grand canal du Doab; *Kasgandj* (17 000 hab.), grand centre de commerce pour les cotons, les sucres, les graines; *Soron* (11 000 hab.), célèbre par ses mausolées et ses sculptures brahmaniques. — ALIGARH (60 000 hab.), place forte anglaise, avec *Koïl*, ville hindoue, centre commercial des districts cotonniers du haut Doab. — BOULOUNDCHAR ou *Baran* (15 000 hab.), anc. cité bactrienne; *Kourja* (17 000 hab.) et *Sikandarabad* (20 000 hab.), marchés agricoles. **Mirath** ou MIROUT (82 000 hab.), sur la voie ferrée (Trunk-Road), entre le Gange et la Djamna, grand centre militaire anglais établi en 1806, très ancienne ville détruite par les conquérants musulmans; elle a des ruines splendides de mosquées et de temples; le district est un des plus riches du Doab.

Gouvernements.	Divisions.	DISTRICTS ET VILLES IMPORTANTES
Gouvernement des provinces du nord-ouest (*suite*).	Districts et États du nord-ouest.	— Mouzaffarnagar (11 000 hab.), sur le Kalinaddi, centre agricole. — Saharanpour (45 000 hab.), à la tête du canal de la Djamna, a un magnifique jardin botanique où se font les essais de culture du thé et du quinquina. — Dehra-Doun (7 500 hab.), chef-lieu du district, fertile, borné par les monts Sivalik au sud-ouest, et l'Himalaya au nord-est, à l'entrée du Doab ou Mésopotamie gangétique, entre le Gange et la Djamna ; le climat est délicieux, le sol fertile produit l'opium, le riz, le maïs, le coton, le thé ; *Annfield*, colonie agricole protestante ; *Massouri*, située sur l'une des dernières arêtes de l'Himalaya, est le premier sanitarium de l'Inde après Simla, malgré la violence de ses moussons ; *Landaori*, lieu de convalescence pour les soldats, se rattache à Massouri. Le **Garhval**, situé au sud de la chaîne principale de l'Himalaya, renferme les hautes vallées du Gange et de la Djamna, et les pics géants de l'Ibi-Gamin, du Kiddarnath, du Djamnôtri ; il est rattaché au Tibet par le col de l'Ibi-Gamin, ouvert à 6200 m., et franchi en 1855 par les frères Schlagintweit. — Les villages ou bourgades de ce district, qui jouit d'un climat européen, se trouvent au sud ; Paouri est le centre administratif ; *Tehri* est la capitale du Garhval indépendant. Le Garhval anglais (14,245 kilom. carr. — 310 000 hab.) est situé à l'est de la rivière Alaknanda. (Voy. p. 83.) Le district de **Koumaoun** est dans la région himalayenne, tout couvert d'énormes montagnes, dont l'une, le *Nanda-Dévi*, atteint 7841 m. ; au sud, il est limité par les marais pestilentiels du Téraï ; la partie méridionale seule a des terres arables ; on cultive les céréales, le riz, le tabac, les fèves, les épices, le thé ; les plateaux sont revêtus de forêts dans le Bhaver, bois de fer ou tal, cyprès, pins, sapins, etc. — Le chef-lieu est Almora (6 600 hab.), *Naïssi Tal* et *Ranikhet* sont des sanitariums européens militaires et civils ; on compte en outre plus de 4 000 villages.
	Rohilkand.	**Teraï** ou Taraï dans une plaine marécageuse, couverte de jungles, et pestilentielle, a pour chef-lieu Kassipour (13 500 hab.), centre de pèlerinages brahmaniques, station de commerce entre le Tibet et les plaines du Koumaoun. — Bidjnour (1300 hab.), *Chandpour* (12 500 hab.), Dhampour (7 000 hab.), ont des cultures de sucre et des manufactures. — Moradabad (63 000 hab.), sur la rive droite du Ramganga, dans un district bien arrosé et bien cultivé ; *Sambhal* (47 000 hab.), cultures et manufactures de sucre. — Boudaou (34 000 hab.), ancienne forteresse ; *Bilsi* (52 500 hab.), principal marché ; Bareli (105 000 hab.), sur le Ramganga, ville d'industrie et de commerce. — Chahdjahanpour (73 000 hab.), sur le Deoha, fabriques de sucre et de rhum ; *Jalalabad* (7 500 hab.), tête de ligne de la navigation de la Ramganga.

Etats tributaires des provinces du nord-ouest.

L'Etat de **Garhval** (10 826 kilom. carr., 250 000 hab.) occupe la haute région himalayenne qui renferme les sources et les vallées supérieures du Gange et de la Djamna. Au nord, se dressent les pics géants de l'*Ibi Gamin*, du *Kiddarnath*, du *Djamnôtri*; là ne vivent que quelques pâtres et bûcherons; au sud, dans les vallées plus larges, sous un climat européen, autour des villages et des bourgades, on cultive les fruits, les céréales, les graines d'Europe; les forêts de pins et de cèdres sont superbes. — La capitale est la bourgade de **Tehri**, au confluent de la Baghirati et du Bhilong.

L'Etat de **Rampour** (2 447 kilom. carr., 544 000 hab.), situé au pied du Teraï, au centre des plaines fertiles du Rohilkand, est traversé par la grande route de Calcutta à Lahore, non loin de Bareli et Moradabad. — La capitale **Rampour** (25 000 hab.) est un grand marché de laines, et une ville manufacturière, dont les châles et les damas sont renommés dans l'Inde.

Gouvernements.	Divisions.	DISTRICTS ET VILLES PRINCIPALES
IV. Aoude. (62 137 kilom. carr. — 11 220 000 hab.)	Laknau.	**Laknau** ou **Lucknow** (262 000 hab.), sur la Goumti, anc. capitale des nababs d'Aoude, chef-lieu actuel de la province anglaise, bâtie par Akbar et ses successeurs sur les ruines d'une antique cité; ses monuments, ses mosquées, ses parcs et ses jardins en font une des plus belles villes de l'Inde; elle est l'entrepôt d'un pays opulent par ses grains, sucres, tabacs, ses fabriques de mousseline, de brocarts, de bijoux; elle a été, en 1857, le théâtre d'une héroïque résistance de la garnison anglaise contre les cipayes révoltés. — BARABANKI (14 000 hab.), chef-lieu d'un district; *Rudaoli* (12 000 hab.), *Zaidpour* (11 000 hab.), ont des marchés fréquentés et des manufactures de toile. — UNAOU (5500 hab.) est une station importante du railway de Kanpore à Laknau; *Pourwa* (10 000 hab.) a des manufactures de cuir et des tanneries.
	Rai Bareli.	**Rai Bareli** (12 000 hab.), anc. place forte des conquérants musulmans, sur le Sai, et les autres chefs-lieux du district, SULTANPOUR (6000 hab.), et PARTABGARH (12 000 hab.), sont des agglomérations urbaines enrichies par la fertilité de leurs plaines; les ruines de *Manikpour*, au milieu des jungles de la rive gauche du Gange, sont celles des palais de la noblesse d'Akbar et d'Aureng-Zeb.
	Faïzabad.	**Faïzabad** (40 000 hab.), sur la Gogra, navigable pour les steamers, est bâti près du site de l'ancienne Ajodhia, « la ville de Rama », couverte d'immenses ruines de temples et de monastères; la nouvelle *Ajodhia* (8000 hab.), dans ses 96 sanctuaires de Vichnou et de Siva, dans ses 36 mosquées, attire chaque année plus d'un million de pèlerins; GONDA (14 000 hab.); *Baraitch* (22 000 hab.), débouché et marché du Népal.

Gouvernements.	Divisions.	DISTRICTS ET VILLES PRINCIPALES
Aoude (suite).	Sitapour.	**Sitapour** (6000 hab.), chef-lieu civil et station militaire; *Khairabad* (16000 hab.) a 40 mosquées et 90 temples hindous. — HARDOI (7500 hab.), chef-lieu administratif, est moins peuplé que *Chahabad* (18000 hab.) ou *Sandi* (12000 hab.), ville de manufactures de coton et de tapis. — KHENI (7000 hab.), ville malsaine à cause du voisinage du Teraï, possède de nombreux édifices religieux.
V. Gouvernement de Pandjab. (263 726 kilomètres carrés. — 1 761 000 habitants.)	Pechaver.	**Pechaver** (57000 hab.), et avec la garnison (80000 hab.), est situé près du Bara, à 16 kilom. environ du confluent du Swat et du Caboul, à 12 du fort Amroud qui défend l'entrée de la passe de Khaïber; forteresse et camp retranché, la ville est entourée de forêts qui gardent de tous côtés les gorges des montagnes où les routes de la plaine; tels sont les forts *Abazaï* sur le Sivat, *Michni* à la bifurcation du Caboul, *Djamroud* et *Bara* dans les vallées du sud-ouest. D'autres « cantonnements » anglais sont établis à *Nauchara* en aval sur le Caboul; à *Hoti-Mardan*, à *Cherat* qui est aussi un sanitarium. KOHAT (18 200 hab.), forteresse bâtie à l'entrée des montagnes des Afridis. — HAZARA, chef-lieu ABBOTTABAD (1 200 hab.), forteresse située sur la frontière du nord, au passage de la route de Rawalpindi à Srinagar.
	Dera-Djat.	**Dera-Ismaïl-Khan** (19000 hab.), à 6 kilom. de la rive droite de l'Indus, quartier militaire anglais qui surveille la passe de Gomal, route de Kandahar; grand centre de commerce et d'industrie, fabriques de toiles, marché de grains et de sel. *Koulachi* est un centre de commerce sur la Louni; DERA-GHAZI-KHAN (19000 hab.), sur la rive droite de l'Indus, fait un transit considérable entre l'Inde et l'Asie, fabrique des étoffes de soie et de coton, et les produits (sucre, coton, fruits, indigo) d'un sol aussi fertile que malsain; *Rajampour* et *Mangrota* sont des forts ou des quartiers militaires. — BANNOU, chef-lieu Echwardesabad (4000 hab.), à l'entrée de la passe de la Kouram.
	Rawal-Pindi.	**Rawal-Pindi** (60000 hab.), quartier militaire sur le Leh; *Marri* (7000 hab.), malgré ses tremblements de terre fréquents, est le sanitarium des fonctionnaires et des troupes; elle a des vues splendides sur la plaine et sur les monts de Kachmir; *Attok*, en aval du confluent de l'Indus et du Kaboul, est une forteresse bâtie par Akbar, qui surveille le pont de bateaux de l'Indus et le pont du chemin de fer, et occupe une position stratégique et commerciale de premier ordre. — DJILAM (22000 hab.), sur la rivière de ce nom, station et pont du chemin de fer, chef-lieu civil et militaire, siège d'une mission américaine; *Chakwal* (6000 hab.), et *Pind-Dadan-Khan* (17000 hab.), sont des marchés et des centres agricoles. — GOUDJERAT (19000 hab.), non loin du Tchinab, est bâti sur les ruines de deux anciennes cités; CHAHPOUR (5000 hab.), sur le Djilam, est un marché florissant de la région des montagnes du sel.

Lahore. Vue de la mosquée d'Aureng-Zeb (dix-septième siècle) et du Mausolée de Runget-Singh (dix-neuvième siècle), prise du sommet de la forteresse.

L'HINDOUSTAN.

Gouvernements.	Divisions.	DISTRICTS ET VILLES PRINCIPALES
Gouvernement de Pandjab (*suite*)	Moultan.	**Moultan** (69 000 hab.), sur le Ravi, anc. capitale des *Malliens* vaincus par Alexandre, plus tard cité sainte du bouddhisme, ruinée par les conquêtes musulmanes, aujourd'hui place forte, siège des administrations civiles, prison centrale, entrepôt de commerce du Pandjab avec Karatchi. — DJHANG (22 000 hab.), dans un district sablonneux, situé sur le Tchinab. **Montgomery** (3 000 hab.), fondé en 1865, dans une plaine aride et dénudée, station militaire, sans commerce ni industrie. — MOUZAFFARGARH (3 200 hab.) exporte du coton et de l'indigo.
	Amritsar.	**Amritsar** (152 000 hab.), l'anc. *Çakala* sanscrite, la *Sangalla* des auteurs grecs, place fortifiée par Randjit Singh, en 1809, et par les Anglais depuis la conquête, ville de grand commerce, avec des fabriques de soieries et de châles : au sein du lac artificiel *Amritsara* (le lac de l'Immortalité), s'élève le sanctuaire de marbre et d'or des Sikhs. — GOURDASPOUR (4 500 hab.), le chef-lieu d'un district fertile. — SIALKOT (40 000 hab.), ville antique, cantonnement militaire, grande foire annuelle, manufactures de papier et de coton.
	Lahore.	**Lahore** (150 000 hab.), près de la rive gauche de la Ravi, au centre des chemins de fer de Delhi, Moultan et Pechaver, capitale des Grands Mogols, très fortifiée, a conservé parmi ses ruines de superbes palais, des mosquées et des mausolées ; les Anglais y ont fondé des collèges, un musée, une Université, un hôpital, des bazars animés.— FIROZPOUR (40 000 hab.), cantonnement, citadelle, arsenal, sur la rive gauche de la Satledj. — GONDJRAUWALA (25 000 hab.), située à la limite du Doab, à l'entrée d'immenses plaines nues, arides, sans arbres et sans eau, que le dessèchement des canaux a livrées à la stérilité ; *Wasirabad* (17 000 hab.), sur le Tchinab, au passage du fameux pont du chemin de fer, long de 2 800 m., avec 64 arches, est un grand chantier et un entrepôt pour la navigation du Tchinab.
	Djallandar.	**Djallandar** (53 000 hab.), puissant cantonnement militaire sur la grande voie ferrée, chef-lieu, situé dans la riche plaine entre le Rio et la Satledj. — HOCHIARPOUR (22 000 hab.), grand village au centre des cultures de céréales et de lin. — KANGRA (6 000 hab.), anc. chef-lieu, et forteresse entourée de précipices, a cédé son rang administratif à DHARMSALA (3 000 hab.), sanitarium situé sur les plateaux himalayens, dominant les plantations de thé et les vallées tempérées ou brûlantes où croissent le blé, l'orge, le maïs, la canne à sucre et le riz.
	Ambala.	**Ambala** (6 800 hab.), sur le Ghaggar, au pied de l'Himalaya, grand centre militaire anglais, position stratégique de premier ordre entre Lahore, Delhi et Simla, grand marché d'approvisionnements pour les villes et bourgades d'été de l'Himalaya. — LOUDHJANA (45 000 hab.), dans la vallée à gauche de la Satledj, citadelle et cantonnement, grand marché de

Gouvernements.	Divisions.	DISTRICTS ET VILLES PRINCIPALES
Gouvernement de Pandjab (*suite*).	Ambala.	grains, fabriques de cachemires, de châles, cotonnades. — **Simla** (16 000 hab. l'été, 10 000 l'hiver), capitale d'été de l'Hindoustan (à 7 000 pieds d'alt., sur les plateaux de l'Himalaya, résidence du vice-roi et siège des administrations et des familles européennes pendant la saison chaude, avec des écoles, des églises, des hôtels, des banques, etc, etc.; *Kasauli* est un cantonnement militaire et une station de convalescents en pleine montagne.
	Dehli.	**Delhi** (ou Dehli ou Dili) (174 000 hab.) est entourée de ruines sur une étendue de plus de 70 kilom., restes des Delhi de tous les temps (116 kilom. carr. de décombres). La plus ancienne, il y a 3 400 ans, s'appelait *Indraspatha*; la 2ᵉ Delhi date, dit-on, de 2 000 ans; la Delhi moderne ou *Chahdjihanabad*, bâtie au xviiᵉ siècle en demi-cercle sur une haute berge à droite de la Djamna, est au point de concentration des grandes voies de l'Inde (route du Gange inférieur, de l'Indus maritime, des passes de l'Hindou-Kouch). Elle est divisée en 2 quartiers, celui du nord, où aboutit le chemin de fer, le quartier anglais, séparé du quartier indigène par de vastes jardins. La ville a de superbes bazars d'orfèvrerie, châles, étoffes brodées d'or, meubles ciselés et incrustés, etc. Elle a conservé le palais impérial du Grand Mogol, Chah-Djehan, et de belles mosquées; mais les splendeurs de l'art hindou sont éparses dans la plaine au sud de la ville; les mosquées, mausolées, palais, tombeaux, observatoires, minarets, coupoles, forment dans leur ensemble un véritable et merveilleux « musée archéologique national » de l'Inde à tous les âges. Comparées à ces monuments d'une architecture grandiose et délicate, « les bâtisses des Anglais, collèges, musées, hôpitaux, casernes, églises, paraissent œuvres de barbares ». — GOURGAOU (7 000 hab.) et KARNAL dans la vallée à droite de la Djamna ont des cultures de céréales et de coton, et exploitent le fer de leurs mines; *Panipat* (25 000 hab.), anc. chef-lieu de district, sur un canal de la Djamna, ville malsaine, d'une très haute antiquité, théâtre de grandes batailles entre Hindous, Mogols et musulmans, a des industries prospères (étoffes, tapis, perles, coutellerie).
	Hissar.	**Hissar** (15 000 hab.), sur un des bras du canal de Dehli, dans une plaine sablonneuse qui produit des sésames et des céréales; *Bhivani* (3 500 hab.) est le centre commercial entre les Etats du Radjpoutana et du Pandjab; *Hansi* (13 000 hab.), anc. chef-lieu du Hariana au temps de l'aventurier irlandais Georges Thomas qui y fonda une principauté (1783). — ROHTAK (16 000 hab.), chef-lieu d'un district qui alimente les canaux dérivés de la Djamna. — SIRSA (13 000 hab.), grand marché de blé sur le Ghaggar.

Etats tributaires du Pandjab.

L'Etat de **Kachmir et Djammou** (268 427 kilom. carr., 5 348 000 hab.), soumis à un prince descendant des Sikh, lié à l'Angleterre par des pactes d'alliance, comprend, outre la vallée de *Kachmir* et le *Djammou*, les hautes vallées himalayennes du *Kitchvar*, du *Wardovan*, du *Dzanskar*, le pays de *Gilgit*, le *Baltistan*, le *Ladak*, le *Dardistan*, etc. La vallée de Kachmir, autrefois vaste lac, aujourd'hui bassin d'alluvion qui traverse le Djilam avant de s'écouler par la passe de Baramoula dans les plaines du Pandjab, est d'une merveilleuse fertilité, et d'une beauté incomparable. La *Vallée Heureuse*, vantée par les voyageurs européens autant que par les poëtes hindous et persans, est entourée d'une ceinture de montagnes grandioses où se succèdent, de la plaine aux cimes, les jardins riants, les riches cultures, les lacs limpides, les forêts majestueuses, les dômes neigeux et les pics escarpés. — La capitale est **Srinagar** (150 000) sur le Djilam, résidence du représentant de l'Angleterre ; *Djamnou* (42 000) sur le Ravi, affluent du Tchinab, résidence d'hiver du Maharaja, est un entrepôt et un marché important ; *Oudampour*, sur un canal de la Tavi, marché et centre de cultures ; — *Mouzaffarabad*, forteresse bâtie à l'entrée de la gorge de Baramoula, commande la route de Srinagar à Pechaver. (Voy., sur le Kachmir, les *Lectures*.)

Le **Ladak** ou *Tibet moyen* (73 158 kilom. carr., 20 000 hab.), borné au nord par la chaîne du Mouz-Tagh (Kouen-Loun) qui le sépare du Yarkand et du Khotan (Turkestan chinois) ; à l'est par les plateaux du Chan-Tan et du Radok (Tibet chinois) ; au sud par l'Himalaya occidental, se compose de deux vallées parallèles, dirigées dans le sens du sud-est au nord-ouest : la *vallée du Chayok*, affluent de l'Indus (rive droite), et la *vallée de l'Indus*, l'une et l'autre à une altitude de plus de 3 000 mètres. Le Chayok est longé à droite par les monts Karakoroum qu'il contourne au sud par une boucle énorme ; les monts de Leh, hauts de 5 à 6 000 mètres, isolent le Chayok de l'Indus, sur plus de 300 kilomètres de longueur. Le climat du Ladak est extrême ; étés brûlants, hivers rigoureux. Le pays est aride, les plaines dénudées, semées de lacs salés ; on y trouve des yaks, des chevaux, des chèvres et moutons sauvages, des loups et des ours. Les *Ladakis*, ou *Bhot* ou *Tchambas* nomades, sont des Tibétains ; quelques-uns sont Dardis, d'origine aryenne. Agriculteurs opiniâtres, ils font produire au sol, à force de labeur, de l'orge, du blé, des pois et du millet. — La capitale est **Leh** (5 000), ville flanquée de murailles et de tours, elle a un palais de rajah, des couvents de lamas ; elle est le grand marché du Tibet occidental, et un entrepôt de laines et poils de chèvre.

Le **Baltistan** ou *Petit-Tibet*, situé dans la haute vallée de l'Indus, au sud des monts Karakoroum, a pour chef-lieu **Sikardo** ou *Skardo* (1500), groupe de maisons éparses dans la plaine de l'Indus, au centre de cultures d'orge et de blé ; une citadelle la domine ; elle occupe une position stratégique et commerciale importante au confluent du Chigar et en aval du confluent du Chayok.

Le **Dardistan**, le **Gilgit** désignent la vallée de l'Indus et des affluents de droite du Kaboul, au sud du plateau de Pamir, au nœud de jonction des montagnes de l'Hindou-Kouch et de l'Himalaya. — Le **Gilgit** et les autres vallées secondaires renferment un millier de maisons dans leurs forteresses ou bourgades, enceintes de murailles, *Gilgit*, *Tchaprot*, *Saï Gor*. — Le **Kafiristan**, ou pays des *Kâfir* (infidèles), borné au nord par l'Hindou-Kouch, est sillonné par les ramifications de cette chaîne : les sommets sont couverts de neiges et de glaces; les flancs revêtus de belles forêts et de gras pâturages où paissent les moutons et les chèvres, unique richesse des habitants de ces vallées isolées et froides. Les *Kafir* ou *Siahpoch* (Noir-Vêtus) sont de race aryenne. (Voy. l'*Asie*, 1re partie, p. 578.)

Les Etats tributaires de la région de la **Satledj** sont les suivants : **Mandi** (7500) dans une situation pittoresque sur le torrentueux *Bias*, qu'un pont franchit. L'Etat, peuplé de 150 000 habitants, produit des céréales, des cannes à sucre, du tabac, du sel, du fer, des eaux minérales et thermales comme celles de *Djavalamouki* (Flamme-Dieu), qui sont sacrées, et où des pèlerins viennent tous les ans se purifier. — **Souket** a 53 000 habitants; le **Sirmour**, 90 000; le **Bachahr**, 65 000; le **Rilaspour**, 80 000; plusieurs autres comptent ensemble 300 000 habitants.

Les principautés Sikhs du **Sirhind** sont : celle de **Patiala** (1 556 000 hab., 15 246 kilom. carr.), qui possède des mines de plomb, de cuivre, et des carrières de marbre, chef-lieu **Patiala** (53 000), arsenaux, écoles et pénitenciers; — le **Nabha** (262 000 hab., 2 400 kilom. carr.), riche en céréales, tabac, coton, chef-lieu **Nabha** (17 000) à 25 kilomètres de Patiala; — le **Djind** (191 000 hab., 2 351 kilom. carr.), dont la capitale, **Djind**, est un marché important; — le **Kapourtala** (1 605 kilom. carr., 260 000 hab.), enclavé entre les provinces anglaises d'Amritsar et Djallandar, fournit à son rajah un revenu de 4 250 000 francs; le chef-lieu **Kapourtala** est sur un affluent du Bias; — le **Bahawal pour** (39 000 kilom. carr., 500 000 hab.), pays de riches cultures, ayant un revenu de 4 millions et une armée de 15 à 20 000 hommes, a pour chef-lieu **Bahawalpour** (20 000), sur un canal de la Satledj, ville de manufactures et de tissage.

Gouvernements.	Divisions.	DISTRICTS AVEC LES CHEFS-LIEUX ET LES VILLES PRINCIPALES
VI. Gouvernt des provinces centr. (ancienne Gondvana). (320 045 kilom. carr. — 8 201 000 hab.)	Narbadah.	**Nimar**, chef-lieu KHANDONA (14 500 hab.), ville ancienne, sur le chemin de fer de Bombay à Allahabad, a remplacé comme chef-lieu *Bourhampour* (30 000 hab.), sur le Tapti. La citadelle d'*Asirgarh* surveille la grande route du Dekkan à l'Inde supérieure. Le district, couvert de belles forêts de tek, de jungles, et pour un cinquième de cultures de céréales, de coton, de riz, de tabac, d'opium, est un beau pays de chasse; les tigres, loups, ours, léopards, cerfs, abondent; *Singadji* et *Mandhata*, situées dans une île de la Narbadah, où foisonnent les ruines de Siva, ont des foires annuelles. — HOCHANGABAD (12 000 hab.), sur la rive gauche de la Narbadah, marché des produits anglais, fait un commerce de grains et coton. — Au sud, dans les monts Mahadeo, peuplés de fauves, le plateau de *Patchmardi* porte le sanitarium le plus gracieux, le plus verdoyant et le plus sain de l'Inde. — *Narsinhpour* (12 500 hab.), du nom de *Narsinha*, une des incarnations de Vichnou, sur la rive gauche de la Singri, forme, avec *Kandeli*, siège de l'administration anglaise, bâti sur la rive droite, une cité commerçante pour les grains et les cotons; elle est une station du chemin de fer de Bombay; *Birmanghat*, sur la Narbadah, à 22 kilom. du chef-lieu, est célèbre par ses deux foires annuelles. — *Baïtoul* (4 700 hab.), ville de manufactures de poteries, a cédé son rang de chef-lieu de district à BADNOUR (3 000 hab.); ces villes sont situées

L'HINDOUSTAN. 91

Gouvernements.	Divisions.	DISTRICTS AVEC LES CHEFS-LIEUX ET LES VILLES PRINCIPALES
Gouvernement des provinces centrales (*suite*).		sur le plateau fertile et bien cultivé du Satpoura (anc. Gondvana). — TCHINDWARA (10 000 hab.), située dans les monts Satpoura, est une résidence d'été et un sanitarium pour les Anglais de Nagpour.
	Djabalpour.	**Djabalpour** (56 000 hab.), station centrale du chemin de fer de Bombay à Calcutta, et point de croisement des routes qui relient la Mahanaddi, la Narbadah et le Gange, bâtie au milieu des jardins et des bosquets, dans une plaine fertile couverte de villages et de riches cultures qu'alimente un vaste réseau d'étangs et de canaux, et non loin des cluses de marbre où la Narbadah se précipite en cascades; elle a des corderies, des tissages et des fabriques de tapis. — SAGOR (46 000 hab.), port et cantonnement anglais, grand marché. — DAMOH (8500 hab.), débouché important des fers et des bois des monts Vindhyas. — SEONI (10 000 hab.), chef-lieu d'un des districts les plus pittoresques, les plus salubres et les plus fertiles de la chaîne des Satpoura, est une importante place de commerce. — MANDLA (6000 hab.), sur la Narbadah, anc. capitale des rajahs au XVIIe siècle, ville fortifiée, et manufactures de vases de cuivre et de zinc.
	Nagpour.	**Nagpour** (9000 hab.), sur le Nag, un sous-affluent de la Pranhita (bassin de la Godavéri), capitale du gouvernement des *Central-Provinces*, au centre géométrique de l'Inde, rattachée par un embranchement au chemin de fer de Bombay, est une ville d'industrie et de commerce, et possède des temples brahmaniques et des tombeaux des souverains Mahrattes et musulmans; au nord et à l'est, séparé de la ville par un vaste étang et des jardins, est *Sitabaldi*, siège du gouvernement anglais, et plus loin le cantonnement de la garnison du fort; *Kamti* (52 000 hab.) est un centre militaire important, avec des bazars, des entrepôts de denrées et des manufactures de coton. — *Wardha* (4000 hab.), chef-lieu d'un district réputé pour ses bestiaux et ses cotons; *Hinganghat* (10 000 hab.) est le premier marché de coton de l'Inde centrale. — BHANDARA (12 500 hab.), station du chemin de fer de Nagpour, grandes brasseries. — BALAGHAT ou BOURHA (3000 hab.), près de la Vaïnganga, est chef-lieu d'un district montueux et presque inaccessible, sillonné de torrents, couvert de forêts de sal, de tek, de bambous, où abondent les fauves, et habité par de misérables tribus Gonds. — TCHANDA (18 000 hab.), anc. cité, auj. déchue, a une enceinte d'un développement de 5 milles 1/2, avec des forts, une citadelle et des tombeaux des rois Gonds. A *Warora* on exploite d'excellent charbon; à *Wairagarh* on trouve des filons de fer, de l'or dans les torrents, des diamants et des rubis.
		Raïpour (20 000 hab.), sur la voie qui doit rattacher Nagpour à Sambalpour et Calcutta, forteresse, station militaire, siège de missions protestantes, grand marché de grains et cotons. — BILASPOUR (5000 hab.), dans un district encore

Gouvernements.	Divisions.	DISTRICTS AVEC LES CHEFS-LIEUX ET LES VILLES PRINCIPALES
Provinces centrales.	Tchattisgarh.	peu connu, peu peuplé, à demi couvert de montagnes boisées ou de plateaux arides; *Ratanpour* (5500 hab.), anc. chef-lieu, est entouré de ruines de temples et de tombeaux, de lacs et de bosquets. — SAMBALPOUR (11 000 hab.), sur la rive gauche de la Mahanaddi, étape et marché intermédiaire des pèlerins qui vont à Djagganath; mines de diamants aux environs.

Etats tributaires des Provinces Centrales.

Les principautés tributaires rajpoutes qui dépendent du gouvernement des Provinces centrales couvrent une aire de 25 000 kilom. carr. et sont peuplées de 1 050 000 hab. — **Khaïragarh** (150 000 hab.) est située à l'est des monts Meïkal, sur le plateau de Tchattisgarh, bien arrosé par les affluents de la Mahanaddi, et produit des céréales et du coton; le chef-lieu, KHAÏRAGARH, est voisin du chemin de fer de Nagpour. — **Nandgaon** (165 000 hab.) a la même fertilité et les mêmes cultures; la capitale, NANDGAON (6 000 hab.), doit sa prospérité croissante à sa situation sur le chemin de fer de Nagpour. — **Bamrah** (55 000 hab.), enclavée dans le district de Sambhalpour, est bien cultivée; le rajah réside à *Barakol*. — **Patna** (260 000 hab.), pays de plaines ondulées, où croissent le riz, les légumes, les cannes à sucre, les graines oléagineuses, les forêts de sal, de daora et d'ébène, qui sont infestées de tigres, léopards et ours; la capitale, PATNA, est un grand village de 2 200 hab. — **Kalahandi** ou **Karôud** (135 000 hab.), sur le plateau de Tchattisgarh, a des vallées fertiles, mais des hauteurs couvertes de jungles; la plupart des habitants sont des Khounds demi-sauvages. Le rajah réside à DJOUNAGARH (2 000 hab.). — **Bastar** (80 000 hab.) est dans le bassin de l'Indravati, affluent de la Godavéri, pays accidenté et boisé, peuplé d'animaux féroces, de buffles et d'éléphants sauvages. La moitié de la population est composée de tribus khounds non civilisées. Le rajah réside à DJAGDALPOUR, sur l'Indravati (1 000 hab.), assemblage de chaumières entourées d'un mur de défense. — Les autres Etats indigènes tributaires comptent environ 360 000 habitants.

Gouvernements.	Divisions.	DISTRICTS ET VILLES PRINCIPALES
VII. Présidence de Madras.	Rég. du nord marit. et du nord central.	**Gandjam** « le Grenier », chef-lieu BARHAMPOUR (22 000 hab.), « la cité de Brahma », cantonnement anglais, situé au centre d'une plaine stérile et rocailleuse, a des manufactures d'étoffes de soie et de coton, et des bazars fréquentés; *Gopalpour* (3 000 hab.) est son port; TCHIKAKOL (16 000 hab.) a de célèbres fabriques de mousselines; *Aska* (5 000 hab.), des manufactures de sucre; *Kalingapatam* (5 000 hab.), anc. cité déchue dont l'excellent mouillage attire de nouveau les marins; *Gandjam*, port et entrepôt, est une cité abandonnée à cause de son insalubrité. — VIZAGAPATAM (33 000 hab.), « la cité de Visakha, le Mars hindou », est un port bien abrité; son

L'HINDOUSTAN.   93

Gouvernements.	Divisions.	DISTRICTS ET VILLES PRINCIPALES
Présidence de Madras. (382 758 kilom. carr. — 34 507 604 hab.)	Régions du nord maritime et du nord central.	faubourg de *Waltair*, au nord-est, est plus sain, et abrite le cantonnement et les Européens, il a une réputation universelle pour ses ivoires sculptés, ses coffrets d'argent ciselé; *Bimlipatam* (9000 hab.), port de commerce, fait avec la France un échange considérable de sucre, d'indigo, de graines oléagineuses; *Bobbili* (1500 hab.), au centre de la région des Circar, rappelle les exploits de Bussy; *Djaipour* (9500 hab.) est la résidence du rajah de l'Etat de ce nom. — **Godavéri**, chef-lieu COCANADA (18 000 hab.), port de commerce actif qui exporte les tabacs et les cotons de la Godavéri; un canal le rattache à *Radjamantri*, anc. résidence des rois d'Orissa, fabrique de mousselines, usine à sucre; ELLORE (20 000 hab.), anc. capitale des Circar, est un marché pour les cotons. — **Kistna**, chef-lieu MASOULIPATAM (37 000 hab.), à l'embouchure d'un bras de la Kistna, anc. comptoir français, fabrique encore des mouchoirs ou *guinées* aux couleurs éclatantes; mais son port envasé est de plus en plus délaissé; *Gantour* (18 000 hab.) est un marché de cotons et de grains; *Bezwara* (8000 hab.), sur le Kistna, à l'entrée des Ghats, est à la jonction des routes de Calcutta, Madras, Haiderabad. — KARNOUL (25 000 hab.), chef-lieu d'un district montagneux, possède d'épaisses forêts de tek où abondent les tigres, les bêtes fauves et les serpents venimeux; les chaînes du Nilamalaia et des Yellamalaia ont des gisements de fer et de diamants; les vallées produisent les céréales, le tabac, l'indigo, la canne. — BELLARY (52 000 hab.), ville forte, cantonnement, station du chemin de fer de Madras, siège de missions, climat très dangereux. — ANANTAPOUR (5000 hab.) est un ancien quartier général. — Les Etats de **Soundour** ont pour chef-lieu *Ramanamalai*, qui est une station de convalescents; les Etats de *Banagalapali*, peuplés de 30 000 hab. répartis en six bourgades ou villages, occupent les plateaux boisés des Nilamalaïa ou Montagnes Noires. — COUDDAPAH (16 500 hab.), dans une contrée chaude, est riche en cotonniers et mines de diamants.
	Régions de l'est et du centre.	**Nellore** (27 500 hab.), anc. *Sinhapour*, « la ville du Lion », sur la rive droite du Pennar septentrional, unie à Madras par un chemin de fer, une route stratégique et le canal de Buckingham, fort, écoles, missions protestantes et catholiques. — Le district élève un excellent bétail. — **Arkot du Nord**, chef-lieu TCHITTOUR (6000 hab.), rattaché par des chemins de fer à Madras et à Vellore; *Vellore* (38 000 hab.), station, cantonnement et forteresse redoutable; *Arkot* (12 000 hab.), anc. capitale des nababs de Carnatic, demi-ruinée. **Madras** (407 000 hab.), ville maritime de la côte de Coromandel, capitale d'une des trois présidences de l'Inde anglaise, divisée en deux parties par la rivière Kouvam; au nord est la *Ville noire* (Black-Town), quartier des indigènes, du grand commerce, des banques, des magasins, des tribunaux, dominée par le fort St-Georges, où sont établis les bureaux civils et militaires, et par un beau phare qui éclaire l'entrée du port à 25 kilom. au large; au sud s'étendent de grands faubourgs avec des jardins et des villas aristocratiques, et, plus loin, l'ancien bourg portugais de *San-Thomé*, et, à l'ouest, de vastes

Gouvernements.	Divisions.	DISTRICTS ET VILLES PRINCIPALES
Présidence de Madras (suite).	Régions de l'est et du centre.	étangs qui fournissent à Madras l'eau de sa consommation journalière. Deux chemins de fer, trois routes militaires, plusieurs canaux aboutissent à Madras; l'industrie y a fondé des filatures et des tissages; le port nouveau, grâce à ses jetées et ses môles, est plus accessible et mieux abrité, et tient le 3ᵉ rang dans l'Inde. **Tchingalpat** (8000 hab.), ancien quartier anglais pendant la guerre du Maïsour, est situé près de la rivière Palar, et de la cité ruinée de *Sadras*, où sont les grottes sacrées et les temples monolithes dits des *Sept-Pagodes*, taillés dans les falaises granitiques; *Condjeveram* (38000 hab.), « la cité d'Or », est une des villes sacrées de Brahma, remplie de temples, de pagodes et de pyramides sculptées, où affluent les pèlerins. — **Arkot du Sud**, chef-lieu *Cuddalore* (42000 hab.), la ville des « Confluents », au point de jonction des rivières Gouddilam et Paravanour; port peu accessible situé près des ruines de l'anc. fort *St-David*; *Porto-Novo* (70000 hab.), à l'embouchure du Vellar, n'est guère plus actif; près de là, au sud, *Tchodambaram* (16000 hab.) possède le « Sanctuaire d'Or » de Siva, entouré d'une muraille de granit de 1600 mètres de développement. — Ce district avoisine au nord le territoire français de **Pondichéry**; au sud, celui de **Karikal**.
	Régions du sud.	**Tandjore** (43000 hab.), à la jonction des chemins de fer de Madras, de Negapatam et de Tritchinapoli, anc. capitale du royaume de Tchola, possède un beau temple de Siva, une bibliothèque de précieux manuscrits sanscrits, des fabriques de bijoux; *Negapatam* (50000 hab.), port actif, bien que peu accessible, tête de ligne du chemin de fer Sud-Indien; *Tranquebar* (14000 hab.), situé au nord de Karikal, est un port déchu. — TRITCHINAPOLI (77000 hab.), sur la rive droite de la Cavéri, à l'entrée du delta et des canaux d'irrigation qui fertilisent les régions, les vergers, les plantations de tabac, est dominé par un fort construit à la cime d'un rocher; dans une île de la rivière, est la ville et le temple de *Srirangam* ou *Seringham* (12000 hab.), qui fut une citadelle pour les Français dans la grande lutte du xviiiᵉ siècle. **Madoura** (52000 hab.), sur le Vaïga et le chemin de fer de Tritchinapoli à Tinnevelli, la *Madura Pandionis* de Ptolémée, dit-on, anc. capitale des Pandyas, qui envoyèrent deux ambassades à Rome, a conservé sa grande pagode, une des plus grandioses de l'Inde, et le palais du rajah Tiroumala (xviiᵉ siècle); les Anglais ont assaini la ville et réparé ses ruines; *Dindyal* (15000 hab.) et son fort commandent le passage entre Coïmbatour et Madoura; *Rammad* (16000 hab.), dans une presqu'île parsemée d'étangs, est l'anc. capitale du chef de la caste puissante des Maravar, qui gardaient le pont naturel, aujourd'hui rompu, entre le continent et l'île de Rameswaram. — **Tinnevelli** (22000 hab.), et avec *Palamkottaï* (40000 hab.), est située sur la haute Tamraparni, au sud-est des monts Travancore; son port est *Touticorin* (12000 hab.), auquel un chemin de fer la relie, jadis célèbre par ses pêcheries d'huîtres perlières. — COÏMBATOUR (36000 hab.), située sur le versant méridional des Nilghiris, à 452 mèt. d'altitude, dans un district salubre, bien cultivé, riche en coton et tabac.

Gouver-nements.	Di-visions.	DISTRICTS ET VILLES PRINCIPALES
Présidence de Madras (suite).	Régions de l'ouest.	Le district des **Nilghiris** a pour chef-lieu Outakamoud (10000 hab.), sur un affluent de la Cavéri, à 2200 m. d'altitude, principal sanitarium de la présidence de Madras, assemblage de villas et de jardins, entouré de plateaux gazonnés, et de riches cultures. — Salem (50000 hab.), station du chemin de fer, dans une vallée admirablement arrosée et fertile en indigo, coton, tabac, café. (Voy. p. 62.) Le district de **Malabar** a pour chef-lieu Calicut (48000 hab.), « Kolikotta, la forteresse du coq », port situé à 3 kilom. au nord de *Beipour* (6000 hab.), station terminale du chemin de fer; la rade est ouverte, et les navires ancrent au large; on y embarque des huiles, des épices, du poivre, des bois précieux; *Cochin* (14000 hab.), port malsain, jadis opulent sous la domination portugaise, auj. encore actif par ses exportations de bois des Ghats, d'épices, et d'huiles de coco; *Palghat* (32000 hab.), situé dans une brèche entre les Nilghiris et les monts de Travancore, au passage des routes et voies ferrées entre les deux mers; Cannanore (10500 hab.) et *Tellitcheri* (20500 hab.), ports d'un accès difficile, et enfermés à l'est par la chaîne des Ghats, exportent des épices, du café, des bois de tek et de sandal. — Canara Sud a pour chef-lieu Mangalore (30000 hab.), port et cantonnement anglais, situé sur l'estuaire ou *backwater* formé par les embouchures du Bolar et de la Netravati, ville pittoresque et port fréquenté par les barques indigènes; siège d'une mission luthérienne de Bâle et de missions carmélites.

Etats tributaires de la présidence de Madras.
(24529 kilom. carr., 3226000 hab.)

L'Etat de **Poudoucota** (3574 kilom. carr. et 316000 hab.) est une grande plaine très bien cultivée, au sud et à l'ouest, et arrosée par plus de 3000 étangs, dont quelques-uns ont une étendue considérable. Elle est traversée par le Vellar. L'Etat compte 3 subdivisions : *Kolattour, Alangoudi, Tiroumayam*. Dans la seconde est située la capitale, Poudoucota (14000 hab.).

L'Etat de **Travancore** (17430 kilom. carr., 2402000 hab.) est situé à l'ouest de la chaîne des Cardamomes, et s'étend jusqu'au cap Comorin; c'est une contrée accidentée et pittoresque, couverte de forêts, avec des plantations de thé et de café. Le rajah paie un tribut annuel de 81000 liv. sterling; son revenu s'élève à 550000. — Sa capitale est Trivandram (58000 hab.), siège du résident anglais, bâti dans une plaine sablonneuse bordée de marais, à 8 kilomètres de la mer; elle a un magnifique temple de Vichnou, un observatoire, des musées scientifiques et des écoles. Aux environs sont de belles forêts d'aréquiers, cocotiers et palmiers. Ces palmeraies font vivre une population assez dense. « Cent palmiers, écrit M. E. Reclus, suffisent
» pour nourrir et entretenir deux familles en leur fournissant tout ce qui
» est nécessaire au logement, au vêtement, aux jouissances de luxe; les
» natifs énumèrent 301 manières d'utiliser le bois, la fibre, les feuilles, la
» sève ou les fruits du *borassus flabelliformis*. » — *Alleppi* (30000 hab.)

est le principal port de commerce de la côte; *Quilon* (15 000 hab.), très ancien port, mentionné par Ptolémée et par Marco Polo (*Coïlum*), a été un des grands ports d'exportation des épices, poivre, gingembre; une route et une voie ferrée rattachent Quilon à Tinnevelli; *Kolachel* ou *Kolatchal* (5 000 hab.), peut-être la *Kolias* de Strabon, appelée Kolachy-Koleci par Barthélemy Diaz, est le port des exportations de café du sud de Travancore; *Kotar* (7 500 hab.), la *Kottiara metropolis* de Ptolémée, est un port, jadis florissant, auj. abandonné pour Kolatchel.

L'État de **Cochin** (3 525 kilom. carr.; 600 000 hab.) est une région de la côte de Malabar, basse, marécageuse, coupée de lagunes, terre de riz et d'épices, et à l'est, dans la partie haute, riche en forêts et plantations de café. Une communauté chrétienne syriaque, et une communauté juive, établie depuis de longs siècles, se sont maintenues dans le pays. Le rajah paie à l'Angleterre un tribut de 240 000 roupies (600 000 francs). — La capitale est *Ernakolam* (15 000 hab.), sur une lagune, en face de Cochin; le rajah habite *Tripountera* (3 500 hab.); l'anc. capitale, *Tritchour* (11 000 hab.), est le foyer du brahmanisme, avec son temple de Siva, son collège de sanscrit; *Cochin* (14 000 hab.), l'anc. capitale, et le grand emporium portugais créé et fortifié par Gama et Albuquerque, sur l'estuaire d'un marigot, est délaissé par les Européens à cause de son climat malsain.

Gouvernements.	Divisions.	DISTRICTS ET VILLES PRINCIPALES
VIII. Présidence de Bombay. (506 179 kilomètres carrés. — 25 489 000 habitants.)	Dekkan.	**Dharwar** (28 000 hab.), grand marché pour les cotons; *Houbli* (38 000 hab.), factorerie anglaise, marché de coton, manufactures de soieries. — Belgaom (27 000 hab.), ville du plateau des Ghats, à 760 mèt. d'alt., forteresse indienne avec garnison anglaise. — Kaladgi (6 500 hab.), sur le Gatparba, affluent de la Kistna, à la tête d'un district fertile en millet et en coton. — Cholapour (53 000 hab.), ville de manufactures de soie et de coton, entrepôt des marchandises pour Haiderabad. — Satara (25 000 hab.), ville et forteresse fameuse bâtie dans les montagnes, près du confluent de la Kistna et de la Yéna, son nom lui vient des 17 murs et tours qui la flanquaient autrefois; *Mahabalechwar*, à 1 437 mèt. d'alt., au nord-ouest, est le sanitarium le plus fréquenté des Ghats par les fonctionnaires et les Européens de Bombay; *Waï* (11 000 hab.) est près de la source sacrée de la Kistna qui attire les sectateurs de Brahma. — **Pouna** (120 000 hab.), avec *Kirki*, à 563 mèt. d'alt., au confluent de la Mouta et de la Moula, grande cité militaire, quartier général de l'artillerie anglaise, ville d'été entourée de villas européennes et de jardins de plaisance, manufactures de soie, coton, ivoires; bonne position commerciale sur le chemin de fer de l'Inde centrale; près de Pouna, sont les sanctuaires souterrains de *Karli*. — Ahmednagar (33 000 hab.), sur la ligne de Dhond à Allahabad, ville fortifiée, fondée en 1497 par le nizam Ahmed. — Nasik (23 000 hab.), sur la haute Godavéri, non loin du chemin de fer de Bombay à Allahabad (anc. *Nasika*), est la Bénarès de l'Occident indien, des milliers de pèlerins viennent se baigner aux sources de la rivière sacrée et visiter les grottes célèbres de *Pandou-Lena*. — **Kandech**, chef-lieu Doulia (13 000 hab.), sur la Pandjra, affl. g. de la Tapti, chef-lieu d'un district dont les vallées

L'HINDOUSTAN.   97

Gouvernements.	Divisions.	DISTRICTS ET VILLES PRINCIPALES
Présidence de Bombay (suite).	Konkan.	produisent des céréales, du coton, du sésame, et dont les montagnes couvertes de forêts sont peuplées de fauves. **Canara,** chef-lieu Karwar (14 000 hab.), sur l'estuaire de la Kalinadi, ville maritime déchue, anc. factorerie anglaise. — Ratnagiri (11 000 hab.), port fortifié et muni d'un phare, centre de préparation des sardines, port d'embarquement des coulies émigrants pour Maurice et la Réunion. — **Kolaba,** chef-lieu Alibagh (6000 hab.), fort et marché, anc. repaire de corsaires. **Bombay** (773 000 hab.), situé à l'extrémité sud-est d'une île longue de 13 kilom., rattachée au nord par deux voies ferrées à l'île Salsette et à la péninsule, grand cantonnement militaire, grand centre du commerce de toute la mer des Indes, et entrepôt de la route commerciale de l'Europe en Asie par le canal de Suez; sa rade est une des plus spacieuses de l'Asie; elle est la capitale de la présidence, le centre de toutes les administrations; elle exporte des blés, des cotons, de l'opium; elle fabrique des objets en cuivre, et a des teintureries d'étoffes; les îles d'*Elephanta* et de *Salsette* sont fameuses par leurs temples et leurs grottes sculptées. — Tanna (15 000 hab.), dans l'île Salsette, est un port et une station du chemin de fer; un grand nombre de marchands hindous y résident; *Kalyan* (13 000 hab.), sur l'Oulas, est un mauvais port à la jonction des lignes sud-est et nord-est du Grand-Péninsulaire-Indien; près de là sont les belles ruines du temple d'*Ambernath*.
	Goudjerate.	**Sourate** (110 000 hab.), sur la rive gauche de la Tapti et le chemin de fer de Bombay à Lahore, fut le premier port de l'Inde au XVIIe siècle, le grand centre des factoreries européennes, le lieu d'embarquement des pèlerins musulmans, « la porte de la Mecque »; mais l'envasement du port et la concurrence de Bombay, et des fléaux divers amenèrent sa décadence; elle a des filatures de coton, des broderies de soie, d'or et d'argent, des banques opulentes; son port, *Souwali*, est sans importance; *Boulsar* (12 000 hab.) est un port à l'embouchure de l'Auranga. — Bharoutch (37 000 hab.), sur la rive droite de la Narbadah (anc. *Barygaza*), station du chemin de fer, ville d'exportation des cotons de la région. — Kaira (13 000 hab.), ville très ancienne, située à la frontière militaire de l'Inde anglaise, dans une vaste plaine très fertile, très giboyeuse et très peuplée; *Nariad* (25 000 hab.) est un grand marché; *Kapadvandj* (14 000 hab.), une ville de commerce pour les grains, opium et tabac, a une manufacture d'agates et d'onyx. — **Pantch-Mehal,** chef-lieu Godhra (11 000 hab.). — Ahmedabad (118 000 hab.), la deuxième ville de l'Inde occidentale pour la population, célèbre par ses monuments d'architecture hindoue et musulmane, temples, mausolées, palais; par ses tissages, broderies, poteries, papeteries, laques, émaux, bijoux, métaux ciselés, ses dépôts de sel du Rann; des chemins de fer la relient à Delhi, à Bombay, au golfe de Cambay; *Dholka* (21 000 hab.) et *Dhandooka* (10 000 hab.) sont des villes voisines pleines de ruines musulmanes; *Dholera* (13 000 hab.) est un port exportateur de cotons sur le golfe de Cambay.

Gouvernements.	Divisions.	DISTRICTS ET VILLES PRINCIPALES
Présidence de Bombay (suite).	Sind.	**Karatchi** (58 000 hab.), capitale du Sind, et port du Pandjab, à l'est du promontoire formé par les montagnes de Pabb, et du cap Manora, à l'extrémité occidentale du delta de l'Indus, ville toute moderne, de création anglaise, port artificiel, constamment menacé par les alluvions de l'Indus, exporte surtout des céréales et du coton; là est la station terminale du chemin de fer de l'Indus; *Clifton*, au delà de la baie, au sud, est la résidence des Anglais; *Kotri* (8 000 hab.), en amont, est une station de l'Indus; *Tatta* (8 000 hab.), ville très ancienne, décimée par les pestes, est à la tête du delta. — HAIDERABAD (36 000 hab., anc. *Nerankot*, peut-être la *Patala* d'Alexandre) est une ville militaire bien fortifiée, à 6 kilom. à gauche de l'Indus; son port est *Gidou-Bandar*, qui communique par un bac à vapeur avec Kotri. — THAR ET PARKAR, chef-lieu Omarkot (4 000 hab.), sur un canal, à l'entrée du désert. — CHIKARPOUR (40 000 hab.), entrepôt important et marché intermédiaire entre la passe de Bolan et Karatchi, sur le chemin de fer qui relie l'Indus au Baloutchistan; *Sakkar* (13 000 hab.), et *Rohri* (9 000 hab.), à droite et à gauche de l'Indus, sont des centres cotonniers reliés par le chemin de fer; *Larkana* (11 000 hab.), « l'Eden du Sind », sur un des canaux de l'Indus, est un grand marché de grains et cotons, une cité manufacturière. — Le **Haut-Sind** a pour chef-lieu JACOBABAD (11 000 hab.), cité toute militaire de la frontière, fondée par le général Jacob, sur le chemin de fer qui conduit à Kettah.

Etats tributaires de la présidence de Bombay.
(179 379 kilom. carr.; 8 840 000 hab.)

L'Etat de **Kolhapour** (7 200 kilom. carr.; 803 000 hab.) s'étend entre la crête des Ghâts occidentales et la rive droite de la Kistna; montueux et boisé à l'ouest, plat, sans arbres, mais bien arrosé et fertile à l'est, l'Etat tire un revenu de ses minerais de fer, de ses carrières de basalte, et surtout de ses rizières, de ses champs de millet, de canne à sucre, de tabac, de coton, de safran. Les princes de Kolhapour sont les descendants de Sivadji, le fondateur de la puissance mahratte. La capitale, KOLHAPOUR (40 000 hab.), est dans un site pittoresque, elle a des écoles, des missions et des bazars animés.

Les Etats de **Kattivar** ou *Kattiavar* ou *Sourachtra* (57 000 kilom. carr.; 2 500 000 hab.), forment une presqu'île de la côte occidentale, dépendant du Goudjerate, et séparée de l'île de Katch par le golfe de Katch; le pays est plat au nord, et montueux au sud, le long de la côte; le massif granitique du *Ghirnar* atteint 1150 mètres. La vallée du *Bhadar*, qui naît dans les collines de *Mandavi* et se jette dans la mer, au sud-ouest, à *Novi-Bandar*, est particulièrement fertile. Le sol bien arrosé produit du coton, des grains, nourrit des chevaux et des moutons; il recèle des mines de fer peu exploitées. — Le lion, la panthère, l'antilope, le sanglier, le loup, le chacal, le chat sauvage, les rats y sont abondants. — Le Kattivar est divisé en 188 Etats; 96 paient un tribut à l'Angleterre; 70 au Gaïkovar de Baroda ; 13 ne paient aucun tribut; les autres relèvent de différents nababs. — Les anciens désignaient la presqu'île sous le nom de *Saurastrène*. — Les villes principales sont : RADJKOT (12 000 hab.), capitale officielle, centre des garnisons anglaises, collège anglais ; — BHAOUNAGAR (36 000 hab.), ville moderne, port du g. de Cambay, station de chemin de fer; — NAWAGAR (35 000 hab.), port de la côte occidentale, sur le g. de Katch ; — DJOUNAGARH (20 000 hab.), place forte dans les monts Ghirnar; — *Por-Bandar*, *Mangalpour* et *Verawal* sont des havres jadis très actifs de la côte occidentale.

Circonscriptions directement soumises au gouverneur général. — Agences et villes principales.

1º **Adjimir** et **Maïrwara** (6 890 kilom. carr.; 317 000 hab.). Le district d'ADJIMIR ou *Ajmeer*, sur un plateau de 600 mètres d'alt., est fertile et pittoresque; malgré les chaleurs brûlantes, le climat est salubre. Le chef-lieu, ADJIMIR (3 500 hab.), flanqué d'une muraille, a une mosquée fameuse et de belles ruines. — Le district de MAÏRWARA dépend de la chaîne des monts Aravali, au point de partage entre le golfe d'Oman et celui du Bengale; les vallées bien arrosées et cultivées sont habitées par les Maïrs, tribus encore à demi sauvages; le chef-lieu est BIVAR, qui est, comme Adjimir, une station du chemin de fer du Radjpoutana.

2º **Berar** (44 892 kilom. carr.; 2 232 000 hab.). Les deux Berar, oriental et occidental, sont subdivisés en 6 districts. Le sol est fertile, le climat relativement tempéré, grâce à l'altitude du plateau des Satpoura d'où descendent les sources de la Pranhita (affluent de la Godavéri) et de la Pourna (affluent de la Tapti). Le blé et le maïs, le coton du Bérar, sont les meilleurs de l'Inde. — Les districts et villes principales sont : 1º A l'est, ELLITCHPOUR (28 000 hab.), ville murée; les cantonnements anglais sont situés à 7 kilomètres au nord, à *Paratwara* (10 000 hab.); à 23 kilomètres au nord-ouest, sur le mont Melghat, est le sanitarium de *Tchikalda*. — OUMRAVATI ou *Amravati* (24 000 hab.), grand marché pour les cotons, station du chemin de fer de Bombay à Nagpour. — VOÛN (5 000 hab.), station de la route de Nagpour à Haïderabad; le district possède du cuivre et du fer dans la vallée de la Warda. — 2º A l'ouest, AKOLAH (18 000 hab.), et les villes de *Khamgaon* (12 000 hab.); *Shegaon* (12 000 hab.); *Akot* (17 000 hab.), sont de grands marchés de coton. — **Bouldana**, chef-lieu MALKAPOUR (9 000 hab.), station du Grand Péninsulaire, sur le Nalganga, affluent de la Pourna; ville fortifiée; *Deulgaon* (8 000 hab.) et *Pimpalgaon* (15 000 hab.), sont des centres de commerce; *Mekhar* (3 500 hab.), une ville manufacturière en décadence.

3º **Maïssour** (70 126 kilom. carr.; 4 186 000 hab., en 1881). L'Etat de *Maïssour*, *Maïsour* ou *Mysore* forme un énorme parallélogramme appuyé à l'est et à l'ouest sur les chaînes des Ghâts, qui se rejoignent au sud dans le massif des Nilghiris. Le pays est un plateau haut de 700 à 800 mètres, sillonné par des arêtes rocheuses qui atteignent 16 à 1900 mètres; la ligne de faîte, entre la Cavéri et la Kistna, le partage en deux sections presque égales. Çà et là se dressent sur le plateau des pics granitiques isolés, presque inaccessibles, appelés *donrga* ou *droug*, sortes de monolithes gigantesques, dont l'altitude varie de 12 à 1500 m. (le *Mandidroug*, le *Savandroug*, le *Kabaldroug*) et qui ont été les assiettes des forteresses occupées et disputées par les tyrans locaux. La région la plus pittoresque est celle de l'ouest, le *Malnad*, couvert de montagnes rocheuses ou boisées, où les essences précieuses de santal et de cardamome abondent, où pullule le gibier, où les grands fauves, tigres, léopards, panthères, ours, éléphants, bisons, ont leurs repaires redoutables ; là aussi se rencontrent le granit, le kaolin, les serpentines, les pierres précieuses, tourmaline, bérit, grenat, agate, le cuivre, le fer et les cristaux ; la région fertile et peuplée est celle de l'est et du nord, le *Maïsan*, « la plaine », qui renferme les villages et les villes, les plantations de canne à sucre et de coton, de vanille, de quinquina, de cacao, les rizières, les céréales, et graines oléagineuses, les légumes et fruits d'Europe, les bouquets de cocotiers et d'aréquiers ; la terre est bien arrosée par un admirable réseau de canaux, d'étangs et de réservoirs bien aménagés, qu'alimentent les nombreux affluents de la Kistna, de la Cavéri, des deux Pennar et du Palar.

Ce pays, merveilleusement fertile, a pourtant subi, en 1880-81, une sécheresse terrible qui a fait périr presque tout le bétail, anéanti les cultures et détruit par la famine près du quart de la population.

Le Maïssour est divisé en trois provinces et huit districts :

A. Nandidroug, à l'est, comprend trois districts : BANGALORE (140 000 hab.), siège des cantonnements militaires anglais, ville bien bâtie, palais, collèges, jardins de plaisance, bazars, station du chemin de fer sur Madras ; — KOLAR (10 000 hab.), près de la rive droite du Palar, station du chemin de fer, manufactures de couvertures de laine, dites *Kamblis*, cultures du ver à soie. — La citadelle de *Nandidroug*, qui a donné son nom à la province, est située sur un *droug*, ou rocher haut de 1467 m., qui possède un étang et des sources intarissables ; un hôtel y a été construit, et sert de sanitarium aux fonctionnaires anglais de Bangalore, pendant l'été. — TOUMKOUR (11 000 hab.), ville située au pied des montagnes, au milieu des bosquets.

B. Achtagram, au sud, a formé deux districts : HASSAN (6500 hab.), dans une région pittoresque de montagnes boisées où abonde le gibier ; — MAÏSSOUR (60 200 hab.), ancienne capitale du royaume, sur un canal de la Cavéry, rattachée à Madras par un chemin de fer, centre des cantonnements anglais, est situé dans une belle et fertile vallée.

C. Nagar, au nord, est subdivisé en trois districts : CHIMOGA (11 000 hab.), sur le Tounga ; KADOUR (27 000 hab.), anc. ch.-l. de ce nom, remplacé depuis 1865 par TCHIKMAGALOUR (2000 hab.) ; — TCHITALDROUG (5700 hab.), sur un plateau rocheux des plus pittoresques : ce sont les villes les plus commerçantes de cette contrée que la guerre et la sécheresse ont jadis ravagée.

La province de **Courg** ou **Kourg** (4100 kilom. carr. ; 173 000 hab.) est enclavée dans la présidence de Madras. Enveloppée à l'ouest et au sud par les Ghâts occidentales, elle est couverte en grande partie de forêts épaisses de *poun*, ébéniers, arbres à pain, bois de fer, cèdre blanc, bois noir, tek, sandal, etc., repaires d'animaux sauvages. — Les torrents et rivières, encaissés dans des ravins encombrés de rocs et de broussailles, ne laissent sur leurs rives que peu de place aux cultures; mais le sol formé de l'effritement des roches et de la décomposition des végétaux, est d'une inépuisable fécondité; les indigènes, *Kourgs* ou *Kodagous*, forment une des plus belles et des plus fières races de l'Inde, cultivent le riz, le coton, le tabac, le quinquina, la canne à sucre. — L'industrie est presque nulle. — Le pays est divisé en six districts. — MERKARA (8200 hab.), à 1200 m. d'alt., sous un climat frais et humide, dont les Européens s'accommodent, est une place fortifiée par Tippou-Sahib; elle a une école florissante, un grand temple hindou et de beaux mausolées; elle fait un important commerce de café et de quinine.

Etats indigènes demi-indépendants
(783 436 kilom. carr.; 26 750 000 hab.).

Les Etats du **Radjpoutana**, du **Malwa**, de **Goualior**, du **Boundelkhand** et du **Bhagalkand**, désignés dans leur ensemble sous le nom « d'**Agence de l'Inde centrale** », comprennent plus de 80 principautés qui ont conservé une autonomie nominale, mais que gouvernent, au nom des rajahs, les *résidents* anglais. Les princes indigènes ont conservé leurs trônes, la jouissance de la plus grande partie de leurs revenus; mais les Anglais se sont réservé des bandes de territoire, qui forment des enclaves dans les domaines des souverains radjpoutes ou mahrattes, et ont fait passer des routes et des voies ferrées à travers le plateau, pour relier la vallée du Gange à celle de la Narbadah.

Le Radjpoutana occupe la plus grande étendue de l'immense triangle compris entre les monts Satpoura, le cours de la Djamna et les hautes terres, d'où descendent le Sône et la Narbadah. — La chaîne des Aravali, qui se termine au sud par le massif du mont Abou, célèbre par la beauté des sites, la pureté de l'air et les splendeurs architecturales de ses temples djaïna, s'allonge dans l'est des Radjpoutana sur plus de 500 kilomètres, et forme la lisière orientale de l'immense désert de Thar, parsemé de dunes de sable et de mares salées. Sa rivière principale, la *Louni*, qui descend, comme ses affluents, des monts Aravali, ne reçoit pas de tributaires à droite, et reste à sec une partie de l'année. La vallée de la Louni, grâce à la captation des eaux, est la seule région fertile du Marvar.

A. — L'agence de **Marvar** ou *Djodjpour* (134 680 kilom. carr.; 2 075 000 hab.) s'étend sur la vallée de la Louni, où se sont massées les populations d'ailleurs misérables, et souvent décimées par la famine. Le Marvar, *Maroustan* ou *Maroustala*, « Pays de la mort », a pour capitale DJODPOUR (150 000 hab.), résidence du maharajah et du résident anglais; bâtie au XVIe siècle, dans une position pittoresque, qui domine, de sa citadelle, de ses hautes murailles et de ses palais, la vallée de la Louni, couverte de jardins, de cultures et d'étangs; le commerce de la ville est important; — DJAÏSALMIR (8 000 hab.) est situé au sud-ouest du désert de Thar; dans une région stérile et désolée, semée de rares oasis, livrée aux violences des ouragans et à une implacable sécheresse; grâce au voisinage d'un lac, la ville est entourée de jardins et de cultures, et sert d'étape aux caravanes qui viennent du Sindh et du Baloutchistan.

B. — L'agence de **Djaïpour**, *Djeïpour* ou *Jeypore* (101 650 kilom. carr.; 2 300 000 hab.) est une grande plaine, sillonnée au sud de petites collines qui vont se rattacher aux monts Vindhyas; à l'ouest, elle est la prolongation du Thar: mêmes dunes, même désert de sable avec des dépressions salines; à l'est, le pays, arrosé par le *Banganga* et le *Tchambal*, est peuplé et fertile. — La capitale DJAÏPOUR ou *Jeypore* (140000 hab.), fondée en 1728, est une place forte entourée de murs et dominée par une citadelle; avec ses jardins, ses arbres, elle ressemble à une oasis au milieu d'un désert; sa situation en fait un entrepôt commercial de premier ordre entre le Pandjab et Bombay; *Amber*, l'anc. capitale, abandonnée en 1728, remplit des ruines de ses palais et de ses temples les gorges étroites d'une des chaînes des Khalikhi (voy., plus loin, la *Lecture*); — BIKANER (36000 hab.), place forte située au milieu du Thar, dans une région de plaines sablonneuses, où l'eau ne se trouve que dans des puits extrêmement profonds, alimentés par des nappes d'eau souterraines; les autres marchés principaux sont : *Ratangarh* (10000 hab.), *Soujangarh* (10000 hab.).

C. — L'agence d'**Alwar** ou Ulwur (7832 kilom. carr.; 779000 hab.), ou pays des Mevattis, est dans un pays montueux et pittoresque, au sud-ouest de Delhi. Quand on a franchi la frontière du pays de Djaïpour, l'aspect change, et les beaux sites se succèdent.

« Les montagnes, aux cimes curieusement dentelées, forment de vastes cirques dont l'arène, revêtue de riches plantations, est émaillée de gros villages. Comme richesse et fertilité, cette campagne rappelle les plus belles portions du Goudjerate, mais avec une beauté que ne possèdent jamais les plaines. Une vapeur bleuâtre plane au-dessus des champs et raye les flancs de la montagne; on entend les cris des enfants, les chants des paysans et le grincement harmonieux des roues à norias; les gongs des pagodes frappent gaiement l'écho et se joignent au ravissant concert de la nature; l'air frais, piquant, remplit les poumons; tout donne à ce spectacle un attrait irrésistible. » (L. ROUSSELET, *l'Inde des rajahs*, ch. IX, p. 291.)

Le chef-lieu, ALWAN (50000 hab.), est situé sur une colline, à l'entrée d'un cirque de montagnes hérissées de pics aux formes bizarres; elle est entourée d'une muraille continue, et protégée par des forts qui couronnent les sommets; *Rajgarh*, l'anc. capitale, occupe le centre d'un cirque de montagnes impénétrables, dominé par une citadelle escarpée; *Ramgarh* commande un des passages des montagnes sur la route de Delhi.

D. — L'agence des **Etats orientaux** (10250 kilom. carr.; 1060000 hab.) s'étend vers les plaines ondulées de la Djamna; le pays est mal arrosé, le climat très chaud, la sécheresse redoutable; mais des puits profonds, et des canaux, qui fournissent l'eau à une culture bien entendue et vigilante, et les céréales, le coton, la canne à sucre enrichissent les indigènes. — BHARTPOUR (62000 hab.), station de la ligne d'Agrah, anc. place forte démantelée, est un entrepôt de commerce considérable entre le Radjpoutana et les provinces gangétiques; *Digh*, une des plus antiques cités de l'Inde, possède un palais de marbre, bâti vers 1725 par Souradj Mall, qui passe pour la merveille de l'art hindou moderne; — DHOLPOUR (15 000 hab.), près de la rive gauche du *Tchambal*, station du chemin de fer d'Agra à Goualior, est un marché actif; — KARAOULI (28 000 hab.) ou *Keraoli*, sur un affluent de la *Banganga*, est une place fortifiée, flanquée de tours, et encaissée dans une vallée que dominent des rochers pittoresques.

E. — L'agence de **Haraoti** (34 075 kilom. carr.; 1 361 000 hab.), pays des tribus *Haras*, est presque en entier dans le bassin du *Tchambal* et de ses affluents, limité par les monts de Tchittor, au nord, et les monts Mokoundra, au sud. Le sol est fertile et bien cultivé. Il renferme six principautés : TOUK, sur le *Banas*; — TCHAPRA; — KICHANGARH (15 000 hab.), sur le lac de *Gondola*, ville forte délabrée, où les palais réunis sont plus nombreux que les maisons habitables; le sol est pauvre; la principale ressource du pays est l'exploitation du sel; — *Boundi* n'est remarquable que par le palais des rajahs; — KOTAH (5 000 hab.), chef-lieu d'un Etat situé sur le versant septentrional du plateau de Malva, forêts épaisses, jungles peuplées de fauves, plaines cultivées en céréales, coton, opium, tabac, climat chaud et malsain. La capitale renferme de beaux palais. — L'Etat de **Djallawar** a pour chef-lieu DJALRA-PATAN, qui possède un château fort.

F. — L'agence de **Meiwar** ou **Mévar** (40 350 kilom. carr., 1 635 000 hab.) est composée des territoires arrosés par le *Banas*, et le *Mahi*, et formant dans leur ensemble un plateau de partage appuyé aux monts Doungher et Salambar, au sud; aux Aravali, à l'ouest, aux monts de Tchittor, à l'est. — Elle produit du riz, de l'orge, du blé, de l'indigo, du sucre, du tabac ; elle a des minerais de fer, des grenats et des améthystes; des forêts remplies de bois précieux. — Les Radjpouts y forment la caste dominante; les autres indigènes sont surtout les Bhils.

L'agence est divisée en quatre principautés : OUDEÏPOUR (38 000), ville fortifiée près du lac *Petckola* peuplé d'alligators sacrés, et parsemé d'îles riantes où s'élèvent des palais ; Oudeïpour a un grand marché, le beau parc de Goulab, les temples de Djagdès; le palais du rajah passe pour l'un des plus somptueux de l'Inde; à 20 milles au sud-est, se trouve le pittoresque lac Dhebar, dans la chaîne des monts Dounghar ; c'est un des lacs artificiels les plus vastes de l'Inde (20 kilom. de long., 3 de large), à l'extrémité sud s'élève la forteresse de Salambar. — PERTABGARTH, au sud-ouest du *Mévar*, occupe le plateau qui sépare les eaux du *Tchambal* et celles de la *Mahi*. — DOUNGARPOUR (5 000), petite ville située dans un site sauvage des Doungars. — BANSWARA (6 200), ville entourée de murs, dans la région de la *Mahi*.

G. — L'agence de **Serohi** ou **Sirohi** (8 300 kilom. carr., 55 000 hab.) est traversée du nord-ouest au sud-ouest par les monts Aravali, qui séparent les affluents du *Louni* de ceux du *Banas*. Le chef-lieu SEROHI est à droite de la route d'Ahmedabad à Adjimir. Au sud s'élève le plateau d'**Abou** sur lequel est bâti le village qui sert de quartier général, de résidence et de sanitarium aux fonctionnaires anglais. Les sanctuaires djaïnas en font un des lieux de pèlerinage les plus vénérés des Hindous du nord.

Mont-Abou.

Le chemin qui conduit à Mont-Abou se détache de la station Abou-Road :

« A deux milles de la station commence l'ascension entre des rochers noirs, taillés à pic, qui abritent dans leurs gorges, frangées d'arbres et de broussailles, un grand nombre de tigres, de léopards et d'ours. Plus on monte, plus le pays devient sauvage. En regardant vers le nord, vous planez sur la vallée qui sépare les monts Abou de la chaîne principale des Aravalis, et débouche, à l'ouest, dans le grand désert des Radjpouts. Les pluies ont donné des formes bizarres aux rochers le long desquels serpente notre sentier, un peu étroit, un peu rude, mais parfaitement entretenu. Plusieurs fois, de longues files de chameaux, lourdement chargés, entravent la marche de ma caravane. Inutile de dire que cela n'arrive que dans les passages difficiles, sur les bords des précipices où un faux pas de votre cheval suffirait pour mettre fin aux pérégrinations terrestres.

» ...L'air est devenu léger, frais, élastique. Les poumons se dilatent. Mais le soleil, ah! le soleil! Plus il approche du zénith, plus il devient cruel. Enfin, après quatre heures de marche sans quitter la selle, nous arrivâmes aux premières maisons de Mont-Abou. Distance de la station : quinze milles.

» Les maisons sont situées à 4 000 pieds au-dessus du niveau de la mer ; les pics qui les entourent atteignent une élévation de 5 à 6 000 pieds. C'est un petit plateau ou plutôt une vasque grossièrement taillée dans la pierre noire. Les sommets de la montagne en forment la bordure. La résidence de l'agent général, les habitations anglaises, une caserne et une maison de santé destinée aux soldats malades et à leurs familles sont nichées sur des blocs isolés, séparés les uns des autres par de petits précipices. On dirait des cuvettes noires, couvertes d'un drap vert. Les sentiers qui les traversent forment les rues de la ville. Un de ces bassins, appelé *Nouki-Talao*, long d'un demi-mille, est rempli d'eau et forme, avec sa ceinture verdoyante, un fort joli décor. C'est petit et grand à la fois.

» Les indigènes qui habitent ce pays sont des Bhils. Ils n'ont aucune affinité avec les Hindous ; ils sont plus noirs qu'eux, et, contrairement aux habitudes de propreté qui distinguent ces derniers, ils ignorent l'usage extérieur de l'eau. J'en ai vu un grand nombre. J'avoue que leur physionomie autant que leur toilette m'ont paru peu attrayantes ; mais ils gagnent, si on les compare aux aborigènes de l'Australie.

» Le climat si vanté ne m'a pas paru mériter sa réputation. L'air est trop froid, le soleil trop chaud, et les nouveaux arrivés, surtout ceux qui viennent des terres chaudes de la plaine, prennent facilement la fièvre.

» ...Le grand attrait de Mont-Abou, ce sont les célèbres temples djaïnites de Dilvara. A un mille et demi de l'établissement anglais, à un endroit où la vallée que nous suivons se resserre, un énorme quartier de granit étale, sur une plate-forme naturelle, les quatre édifices sacrés, qui, vus à cette distance, semblent se confondre en une seule masse de marbre blanc...

» Les deux principaux de ces temples sont dus à la munificence et à la piété de trois hommes du haut commerce. Le plus ancien (1032) fut bâti aux frais de Simala Sa ; l'autre, deux siècles plus tard, par deux frères également princes marchands (1197-1247). Les deux édifices sont construits entièrement en marbre blanc. Comment a-t-il été possible de transporter ici ces riches et lourds matériaux ? Pour résoudre cette énigme, on a exploré le terrain en tous sens et on n'a pu trouver la moindre trace de route ou de sentier dans ces rochers qui se précipitent presque perpendiculairement dans la plaine[1].

» Vous vous promenez sous les arcades. Les rayons du soleil et les ombres se recherchent, se rencontrent, se fuient ; la lumière se dégrade à l'infini. Des reflets se croisent sur les angles des pilastres octogones, lèchent les lambris, se glissent sous les plafonds des halles, s'éteignent dans les ténèbres du sanctuaire. Au dehors une pluie d'or liquide ruisselle sur les plaques de marbre ciselé, dégoutte en perles lumineuses des corniches des toits, s'insinue dans la chapelle, où toujours le même dieu ou le même saint assis sur ses genoux, les mains entrelacées, donne l'idée de l'ennui plutôt que du repos des bienheureux.

» Les rochers qui entourent les temples, comme toutes les

---

1. M. de Hubner vante la beauté des détails de leur architecture, mais constate l'absence complète du sentiment des proportions, et peu d'harmonie entre les éléments de l'édifice.
« Profusion de statues et de bas-reliefs d'une composition souvent bizarre, rarement repoussante, quelquefois très jolie, toujours compliquée. L'exécution, d'un fini et d'une délicatesse de contours admirables. J'ai vu des figures qui rappellent l'antique. De là l'hypothèse, que je crois inadmissible, d'une école grecque transplantée dans l'Inde par Alexandre, trois cents ans av. J.-C. »

montagnes de Mont-Abou, servent de repaire à un grand nombre de bêtes féroces. Aussi, le tigre forme-t-il un élément important dans la vie des officiers cantonnés ici. La chasse est leur grand passe-temps.

» Le tigre de ces régions alpestres attaque rarement l'homme, mais il fait de grands ravages parmi le bétail. Quand un de ces animaux a dévoré une vache, trop lourd pour quitter le théâtre de ses méfaits, il se retire sous des buissons voisins. Les indigènes qui l'ont vu à l'œuvre en avertissent les officiers. On assemble une vingtaine de Bhils pour faire une battue. Les chasseurs, dans des arbres ou sur des rochers, attendent l'animal, qu'ils tuent sans courir aucun danger. Mais suivre un tigre blessé dans le fourré serait de la dernière imprudence.

» ...Dans une longue promenade à pied, avec les trois jeunes officiers qui tiennent dans leurs mains les destinées de Mont-Abou, j'ai remarqué qu'ils menaient leurs chiens en laisse. Ils me dirent que cette précaution était nécessaire dans une ville où les léopards se promènent en plein jour dans les petits chemins, soigneusement macadamisés, qui tiennent ici lieu de rues. Tout dernièrement, un joli dogue fut saisi par un de ces fauves, à quelques pas de son maître. » (DE HUBNER, *A travers l'empire britannique*, t. II, *passim*, p. 58, 67; Paris, 2 vol. in-8, Hachette.)

H. — L'agence de **l'Inde centrale** (129 358 kilom. carr., 4 813 000 h.) comprend le vaste plateau appuyé au sud aux monts Vindhyas, au sud-ouest aux monts Doungars, au nord-ouest aux monts Aravalis, et descendant au nord vers les plaines de la *Djamna* et de ses affluents de la rive droite (*Tchambal, Purbati, Betva*, etc.). Ce plateau, communément appelé le Malva, a de riches gisements d'argiles et de métaux; il produit en masse le pavot d'où on extrait l'opium, plus estimé encore que celui du Behar. — L'ouest et le sud sont surtout peuplés de sauvages Bhils et de Gonds; ailleurs, les habitants sont le produit des croisements des races hindoues avec les races indigènes antérieures aux Aryens.

Les principautés sont les suivantes : 1° **Goualior**, la plus vaste et la plus puissante des souverainetés indigènes, le foyer de cette dynastie des chefs Scindias, qui, à la tête des confédérations mahrattes, disputa le Pandjab à l'Angleterre. La capitale, GOUALIOR, se compose de trois cités distinctes. L'antique *Goualior* fondée, disent les légendes hindoues, plusieurs siècles avant Jésus-Christ, est assise au sommet d'un roc escarpé, haut de 125 mètres sur une longueur de 4000.

« Le rocher est un bloc de basalte, à cape de grès, placé, comme une sentinelle avancée, à l'entrée d'une vallée dont les crêtes le surplombent. Au-dessus des talus qui forment sa base,

Fort de Goualior.

se dressent des falaises à pic, véritables remparts naturels, sur lesquels viennent s'asseoir les fortifications de la ville, couronnant toutes les sinuosités de la crête. Ces fortifications forment une ligne de 8 kilomètres, autour d'un plateau de 2900 mètres de long. Les nombreux sièges qu'a subis la vieille ville en ont peu à peu chassé les habitants ; aujourd'hui les murailles n'entourent qu'un monceau de décombres, au-dessus desquels se dressent fièrement quelques-uns des plus nobles monuments de l'Inde, miraculeusement échappés à tant de désastres. Mais ce que le temps et les horreurs de la guerre n'ont pu réussir à renverser, va disparaître sous le froid vandalisme des ingénieurs anglais. Les temples et les palais gênaient leurs travaux ; ils les renversent, et les matériaux, soigneusement enlevés, servent à la construction de hideux bungalows et de casernes pour la garnison. » (L. ROUSSELET, *l'Inde des rajahs*, ch. XII, p. 357.)

La capitale actuelle (25000 hab.), fondée au seizième siècle, s'étend au nord et à l'est de la forteresse, resserrée contre les talus des rochers par la rivière *Sabanrika*. Ses rues tortueuses et étroites sont bordées de maisons élégantes, ses bazars et ses fabriques d'étoffes et d'objets de laque sont très animés. La ville est dominée par les forts armés de canons anglais. — Une troisième ville, *la Goualior* indigène, *Goualior-Ka Lachkar*, de création récente, fut d'abord un camp mahratte ; mais les tentes primitives ont été remplacées par des maisons, des bazars, des jardins et le palais habité par le maharajah Scindia. — La ville renferme 200 000 habitants. A 7 kilomètres à l'est, le village de *Morar* a un cantonnement anglais. — **Indore** (15 000), capitale de l'agence de l'Inde centrale, et résidence du représentant anglais, est le chef-lieu du Holkar, et une station de l'embranchement du chemin de fer de Bombay à Allahabad. Près de la ville sont les cantonnements anglais, des manufactures et dépôts de coton et d'opium, et le collège de Radjkoumar où sont élevés les princes hindous. — DEWAS (6000), place forte d'une principauté partagée entre deux rajahs de la même famille, est enclavée dans les territoires du Holkar. — BHOPAL, chef-lieu d'un État musulman, enclavé entre le Scindiah et le Holkar, est situé entre deux vastes pièces d'eau, sur le plateau de Malwah. — De l'agence anglaise de Bhopal relèvent, à titre de vassales, les petites principautés radjpoutes de **Radjgarh, Narsingarh, Kourvaï, Kilchipour, Basoda, Maksoudangarh, Mahomedgarh, Pathari.**

I. — L'agence du **Boundhelkand** ou **Bandelkand** ou **Bundelcund** (27 366 kilom. carr., 1 273 000 hab.), pays de plaines au nord, vers la Djamna, et sillonné de hauteurs, en forme de larges gradins, de l'ouest à l'est, est en grande partie couverte de jungles et de forêts sur les plateaux du midi ; les plantes alimentaires et industrielles sont cultivées avec succès dans les étroites vallées du nord, grâce aux lacs artificiels et à des barrages énormes bien disposés. C'est le pays des Boundélas, considérés par les tribus radjpoutes comme une race impure ; la contrée a été autrefois le refuge des brigands, criminels ou exilés de toutes les castes, qui se sont mêlés aux tribus sauvages aborigènes.

« De notre temps encore, écrit M. Rousselet (p. 387), le Bundelcand est resté la terre classique des bandits ; ce sont ses noires forêts qui ont vu naître la terrible religion des Thugs et abrité les premières hordes de Pindaris ; c'est sur ses plateaux que les bandes indigènes insaisissables ont tenu en échec les forces anglaises pendant toute l'année 1858 ; c'est là que le farouche Nana-Sahib, l'auteur des massacres de Cawnpore, s'est tenu caché pendant des années, et a fini par échapper à toutes les recherches ; c'est là encore qu'apparurent plus récemment les Dacoïts, nouvelle secte d'empoisonneurs et d'assassins. »

Le Boundelkand comprend une trentaine de principautés : la principale ville des Boundèlas est Duttiah, pittoresquement assise au milieu d'une ceinture de lacs et de forêts. Elle est entourée d'une haute muraille de 30 pieds, flanquée de tours rondes ; les rues tortueuses sont propres et bordées de maisons bien bâties, les temples nombreux, et le palais de Birsing-Deo est imposant ; à 10 kilomètres au nord-ouest, sur les collines granitiques de *Sounaghour*, se dressent plus de 80 temples, de tous les styles, gardés par des moines djaïnas, et rendez-vous d'innombrables pèlerins. — *Ourtcha* (18 000), sur le *Belva*, renferme des ruines magnifiques, une grande citadelle, des mausolées et des palais.

J. — L'agence du **Bhagalkand** ou **Bogelcund** (36 900 kilom. carr., 2 270 000 hab.) couvre le plateau qui sépare le Gange des sources de la Narbadah ; elle est limitée à l'ouest par la *Tonsa*, à l'est par le *Mourrar*; elle est traversée, du sud-ouest au sud-est, par les monts Kymores, ou Kaïmour, hauts de 5 à 600 mètres ; le versant septentrional du plateau est très fertile, très peuplé ; le méridional, accidenté, très boisé, très malsain et infesté de bêtes féroces. — Le maharajah a reconnu la suprématie britannique, mais ne paie aucun tribut ; ses revenus s'élèvent à une quinzaine de millions. — La capitale est Rewah (40 000), ville d'aspect misérable qui paraît abandonnée ; le souverain réside surtout à *Govindgarh* (4 000).

K. — Les États du **Nizam** ou **Nizamat** ou **Haïderabad** (233 000 kilom. carr., 10 millions d'hab.) forment la souveraineté musulmane la plus considérable de l'Inde. Les revenus du Nizam s'élèvent à 75 millions de francs environ ; son armée, commandée par des officiers anglais, à 16 000 hommes et 80 canons. Le Nizamat est un vaste plateau haut de 400 à 600 mètres et incliné à l'est vers le golfe de Bengale ; ses eaux s'écoulent par les deux grands fleuves de la Godavéri et de la Kistna. — Le climat est généralement sain (maximum de chaleur $+41°\,39'$, minimum $+11°\,12'$, moyenne annuelle $+27°$). — Le nord du royaume possède des mines de charbon et l'est des minerais de fer. Le sol se prête, là où il n'est pas stérile, ou couvert de jungles, à la culture des gommiers, des cocotiers, des manguiers, des tamariniers, des plantes oléagineuses, des légumes, de la canne à sucre, du riz, de l'indigo, du blé, du maïs, du millet, du coton. — Le *Grand-Péninsulaire* traverse le sud-ouest du royaume, en détache un embranchement qui passe par Haïderabad.

Le Nizamat est divisé administrativement en 6 provinces, subdivisées en 19 districts ou cercles (*circar*).

1° *Au nord-ouest :* **Aurangabad** (50 000), « la ville du trône », fondée au dix-septième siècle par Schah-Djehan, ancienne capitale du Dekkan, est située dans un fond marécageux et insalubre ; elle renferme de hauts minarets, de belles mosquées, de grands caravansérails, et le superbe mausolée de marbre élevé par Aurang-Zeb à sa fille, au milieu de vastes jardins ; elle est entourée de hautes murailles, flanquées de tours qui tombent en ruines. A 4 lieues au nord, un énorme cône de granit, haut de 80 mètres, porte la célèbre forteresse de *Daoulatabad*, « le séjour de la Fortune », dominant la cité de Deogarh aujourd'hui détruite ; les autres chefs-lieux de districts de la province sont PARBHANI et BIRH.

2° *A l'ouest :* BIDAR, ancienne cité, autrefois capitale d'un royaume hindou, est entourée de murs de pierre, garnie de tours et protégée par un fossé. *Malegaon* est le plus grand marché de chevaux du Dekkan ; NAUDAIN et NALDROUG, au nord et à l'ouest de Bidar, sont aussi des places fortes, chefs-lieux de districts fertiles.

3° *Au nord :* INDOUR, MAIDAK, ELGANDAL sont les chefs-lieux des districts agricoles dans le vaste méandre de la Mandjira.

4° *A l'est :* KAMAMET ou *Kammâm*, NALGONDA, NAGARKARNOUL, forment les districts frontières de la rive gauche et de la Kistna.

5° *Au sud-ouest :* GOULBARGA (35 000), forteresse et station du chemin de fer de Bombay à Madras ; CHORAPOUR est la capitale d'un ancien royaume situé dans l'angle que forme la jonction de la Bhima avec la Kistna ; RAÏTCHOUR est à la jonction des lignes de Madras et de Bombay ; LINGSAGAR est le centre des cantonnements de l'armée du Nizam.

6° *Au centre :* Haïderabad (263 000 avec les faubourgs) sur la *Moussa* ou Mouci, affluent général de la Kistna, à 557 mètres d'altitude, dans une vaste plaine, semée de roches granitiques, et par endroits couverte de jungles ; de nombreux réservoirs lacustres y ont été établis.

La ville fondée en 1589 par Mohamed-Kouli-Khan a d'innombrables mosquées, repaires du fanatisme musulman, mais deux beaux monuments seulement, le *Tchahr-Minar*, « les quatre minarets », assis à l'intersection même des quatre voies auxquelles il livre passage par de grandes arches cintrées ; et la *Djemma Masdjid*, ou grande mosquée, construite sur le modèle de celle de la Mecque.

« La plate-forme de la Djemma Masdjid est le lieu le plus favorable pour jouir du panorama de la grande cité. A cette hauteur on domine les toits en terrasse, dont la blancheur uniforme et les lignes régulières, admirablement diversifiées par les cimes légères d'une multitude d'arbres, forment un tableau plein d'élégance et de gaieté. D'ici, les rues étroites et tortueuses sont toutes masquées, le regard ne pénètre que dans les deux larges avenues qui viennent se croiser à vos pieds, et l'œil s'y promène librement avec la foule qui l'anime sans cesse. De toutes parts, on distingue des guichets, des tours, des arcs gothiques, le tout décoré avec profusion de toutes sortes d'ornements, de tourelles, de coupoles, de dômes ronds ou pointus qui semblent un concert d'architecture orientale varié sur tous les tons. Si, descendant de ce pinacle élevé, vous plongez dans les allées latérales, vous vous sentirez bientôt oppressé. Les maisons ont deux, trois et jusqu'à quatre étages ; non seulement les rues sont étroites, mais des arches jetées hardiment d'une maison à l'autre, dans leur largeur, forment souvent une voûte interrompue, qui sert de communication entre les rangées d'habitations opposées. De distance en distance, une muraille est jetée de même en travers de la voie, avec une porte qu'il suffit de fermer pour convertir chaque quartier en une forteresse détachée. On se perd dans des impasses impraticables, réceptacles de la misère et du choléra, sillonnées par leur milieu et dans toute leur longueur par une ornière profonde remplie d'un limon noir et infect dont les exhalaisons sont pestilentielles. » (De Warren.)

Le résident anglais habite un palais somptueux hors de la ville. Les cantonnements anglais sont à 8 kilomètres au nord, à *Sikanderabad*.
Golconde, à 11 kilomètres à l'ouest, est une citadelle qui renferme le trésor du Nizam ; elle occupe, au milieu de roches granitiques, le sommet d'un roc haut de 80 mètres. Au pied de ces noires murailles, sont les ruines de l'ancienne capitale des nizams, aujourd'hui une nécropole, où s'élèvent les mausolées orgueilleux des souverains du Dekkan.

« Le silence s'est fait sur la cité splendide, dont le nom rappelle encore l'idée d'inépuisables richesses. On parle toujours des « diamants de Golconde », en souvenir des pierres précieuses que les souverains du Dekkan avaient entassées jadis dans leur trésor. Lapis-lazuli du Badakchan, rubis de l'Oxus, saphirs du Tibet, diamants de Sambalpour et de Karnoul, perles de Ceylan, brillaient alors sur les vêtements et sur les armes des princes mahométans dont on voit les tombeaux autour du rocher de Golconde. Ces monuments, que le nizam a fait réparer, se ressemblent, sinon par les dimensions des matériaux et par la richesse des ornements, du moins par la forme générale. Tous, occupant le centre d'une terrasse à laquelle on monte par une volée de marches, s'élèvent en une masse quadrangulaire de granit, entourée d'arcades mauresques et portant à ses angles des minarets ; au milieu de l'édifice se dresse une tour carrée ayant aussi ses colonnades et ses flèches, et décorée de stucs éclatants, de faïences multicolores et d'inscriptions en lettres blanches sur fond bleu. » (Elisée Reclus, *l'Inde et l'Indo-Chine*, p. 507.)

L'État de **Manipour** (19 683 kilom. car., 140 000 hab.), formé à l'est et au sud par les territoires birmans, touche au nord aux districts des Nagas de l'Assam et à l'ouest aux tribus du Katchar. Il est sillonné de chaînes parallèles, orientées au sud-sud-ouest, et séparant d'étroites vallées ; les plus hauts sommets atteignent 2 500 mètres. La vallée de Manipour et le lac Logtak sont à 760 mètres ; le *Nam-Kathé*, émissaire du lac, qui est profond et reçoit beaucoup de tributaires, va se jeter dans l'Iraouaddi. — Du côté opposé des montagnes, les eaux du Manipour se réunissent dans le *Barak*, affluent de la Meghna. — Le climat du Manipour est en moyenne l'été + 28°, l'hiver + 18°. La vallée est parfois enveloppée de froids brouillards, et il gèle blanc la nuit, pendant la saison froide. — Les montagnes sont formées, à l'ouest, d'argile rouge et ferrugineux ; au sud-ouest, d'ardoise et de grès ; au centre, de calcaire ; on a trouvé du charbon au nord, et du fer à l'est ; des sources salines sont exploitées à 20 kilomètres au nord-est de la capitale. — La vallée, au sol noirâtre et fertile, produit du riz, du coton, des graines oléagineuses, du poivre, du tabac, des légumes, des bananes, des pommes de terre, et aussi des fruits de qualité inférieure.

La faune des montagnes est riche ; des troupes d'éléphants, des tigres, des léopards, des ours, des chats sauvages les parcourent. On y trouve aussi des rhinocéros, des cerfs, des daims, des singes, des buffles sauvages, des loutres, une grande variété de reptiles, des boas énormes, et une grande abondance de gibiers à plumes. — Les chevaux de la vallée de Manipour sont de petite taille, mais pleins d'ardeur et robustes.

La capitale de l'État, **Manipour** (35 000 hab.), occupe, au pied des collines, sur le Nam-Kathé, un espace immense ; aux alentours, la plaine, bien arrosée par des rivières et des lacs poissonneux, est couverte de villages qui sont comme autant de faubourgs de la capitale. Au centre de la ville est la résidence du rajah, séparée par un rempart et des fossés des quartiers environnants. Une route rattache Manipour à Katchar ; des routes locales unissent entre eux les villages de la vallée. — L'Angleterre pensionne le rajah de Manipour, qui est soumis au protectorat britannique, mais qui reste le propriétaire unique de son territoire, élève des impôts sur ses sujets, exige d'eux, entre 17 et 60 ans, un certain nombre de jours de corvées déterminées, frappe une monnaie à son effigie, et rend la justice par le ministère de deux hautes cours dont il nomme les magistrats. Son armée, composée de 5000 soldats environ, est commandée par des officiers anglais, et doit le service à tout appel.

Les Manipouri se rattachent à la race birmane, mais avec un mélange de tribus Nagas. Ils sont de la secte de Brahma.

« Les Manipouri émigrent comme nos Auvergnats ; ils sont nombreux à Mandalé, capitale de la Birmanie, où on leur confie tous les travaux pénibles, et on les voit sur toutes les routes du sud, poussant devant eux leurs animaux de charge, buffles ou chevaux, et vendant des étoffes et mille petits objets de leur industrie. Tous les magiciens de l'ancienne cour de Mandalé étaient des brahmanes. Le jeu de paume à cheval, maintenant répandu dans l'Inde et en Angleterre sous le nom de jeu de *polo*, était autrefois spécial au Manipour. Les parties importantes se jouent à sept combattants dans chaque camp. En septembre, après les courses en canot, on ouvre la saison du polo par une partie où chaque camp est commandé par un membre de la famille royale. »

Quant aux tribus des montagnes, elles se divisent en *Koukis* et *Nagas*, dont les classes diffèrent par les mœurs, les dialectes et le costume. Ces montagnards sont polythéistes; au-dessus de leurs divinités, dieux favorables ou esprits malfaisants, ils semblent admettre un dieu suprême dont la nature est bienveillante.

Bombay.

« La ville de Bombay occupe la partie méridionale d'une île du même nom, étroite et longue, qu'une digue relie à l'île de Salsette et au continent. Baignée à l'ouest par la mer Arabique, à l'est par les eaux calmes d'un golfe parsemé d'îlots qui, en forme de triangle, pénètre vers le nord assez loin dans l'intérieur des terres, l'île de Bombay projette au sud deux promontoires peu élevés, effilés et de longueur inégale. L'un, celui de l'ouest, Malabar-Hill, domaine du pouvoir, de l'élégance et de la richesse, s'est couvert de jolies maisons, de cottages, de villas plus ou moins ensevelies sous la végétation exubérante des tropiques. Fonctionnaires, juges, consuls, notabilités de la haute finance y ont porté leurs pénates. Quiconque se respecte demeure à Malabar-Hill. Le gouverneur ne vient-il pas régulièrement tous les ans passer un ou deux mois à Malabar-Point? Mais, pour bâtir et demeurer dans cette région privilégiée, le teint blanc est de rigueur. Même les Parsis, les grands richards de Bombay, en sont exclus tant qu'ils vivent. Leurs corps seuls y sont admis pour être dévorés par des vautours dans les *tours du Silence*[1] qui occupent le point culminant de ce paradis terrestre. L'autre promontoire, celui de Colaba, porte sur son extrémité, qui est le point le plus méridional de Bombay, l'observatoire et le phare. Entre ces deux langues de terre ou ces promontoires s'étendent plusieurs quartiers de la ville qui, avec Malabar-Hill et Colaba, encadrent de trois côtés les eaux basses de l'arrière-baie accessible seulement à de petits bateaux : c'est sur la côte orientale de l'île de Bombay que se concentre la vie maritime. Le vaste port, protégé par le fort, s'ouvre sur le golfe en face de l'île d'Éléphanta et du continent. L'animation qui y règne témoigne de l'importance de la métropole du commerce de l'Inde.

» Ce qui charme à Bombay, c'est la variété; variété dans les

---

1. Voy. la *lecture sur les Parsis*.

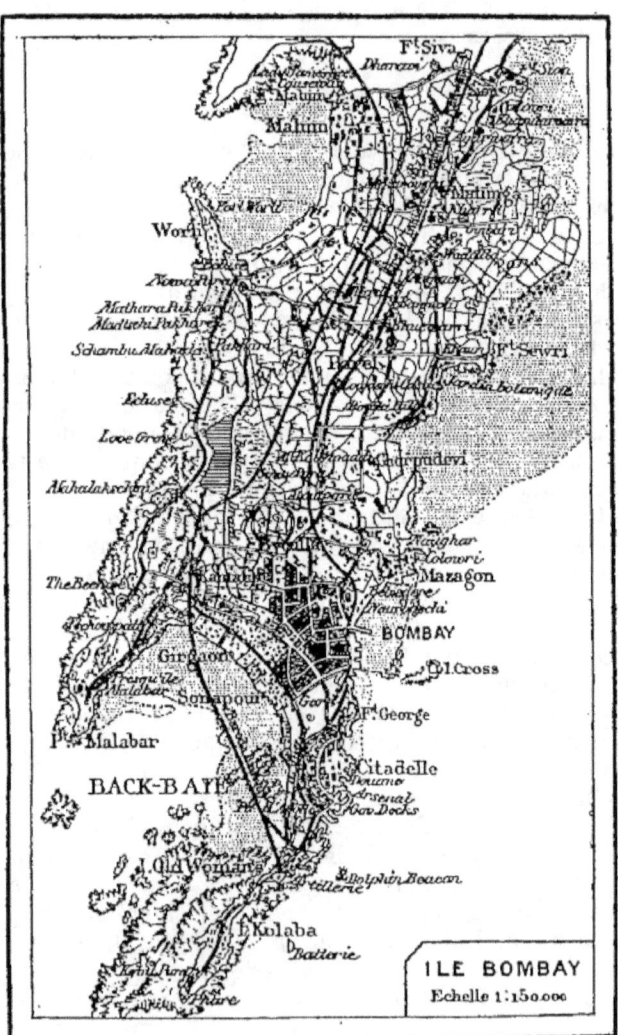

sites, dans la physionomie des rues et dans celle de la population. Prenons pour point de départ le phare de Colaba. Vous remontez le nord entre deux nappes d'eau qui sont l'Océan. Vous gagnez le Bander d'Apollon, et vous pénétrez dans la ville proprement dite...

» ...D'abord l'esplanade avec ses constructions monumentales, le secrétariat où sont installés les bureaux du gouvernement, l'université, l'asile des marins, plus loin, la cathédrale anglicane, qui date du commencement du siècle dernier, l'hôtel de ville et tant d'autres édifices qui témoignent du goût moderne de l'Angleterre.

» Vous vous dirigez vers les quartiers des Parsis et des Hindous, arrêté à chaque instant par les passants ou par des objets curieux, jolis, hideux, de toute façon nouveaux, dont vos regards ont de la peine à se détacher. Encore quelques pas et vous retrouverez l'Europe dans les grandes artères qui mènent vers Bycalla, le faubourg du nord qui donne son nom à un club renommé dans le monde indo-britannique. Ici finit la ville. Le bruit et l'animation cessent brusquement. Pour rentrer à Parell (résidence officielle du représentant de la Reine), j'ai à traverser une prairie immense, un peu solitaire la nuit. Mais n'importe. Dans l'Inde, depuis le cap Comorin jusqu'au pied de l'Himalaya, l'Européen, je ne dis pas l'indigène, muni de son talisman qui est la couleur de sa peau, peut voyager de jour et de nuit en parfaite sécurité.

» Rentrons dans la ville des indigènes. Excepté le quartier des Parsis, qui, comme ses habitants, offre un caractère particulier, elle se distingue peu de toutes les villes de l'Inde. Mais les êtres animés y sont autres. D'abord il y a un grand nombre de femmes, tandis qu'elles sont très clairsemées ailleurs. Ici vous les rencontrez partout. Regardez ce groupe : ce sont des femmes parsis. Vous les reconnaissez aux couleurs éclatantes de leurs robes et de leurs écharpes artistement drapées, à leur taille svelte, élancée, gracieuse, aux regards limpides, aux yeux chargés de paupières allongées, à l'ovale des joues, qui, comme la nuque et les bras nus, rappellent les chefs-d'œuvre de la statuaire grecque. Et quelle animation ! Elles causent, elles gesticulent, elles rient. Oui, elles rient. Rien de plus rare dans l'Inde que de voir sourire ; mais rire, c'est inouï. J'ai bien vu des domestiques hindous contracter leurs lèvres, par déférence pour le maître ; mais c'était une grimace et non un franc sourire.

Ici, dans la bonne compagnie, on ne rit pas plus que chez nous on ne bâille.

» A côté de ce groupe lumineux tout ensoleillé, passent dans l'ombre des maisons, avec une démarche de canéphores, des filles hindoues, vêtues de blanc, portant sur la tête un vase aux contours classiques; vraies déesses qui descendent de l'Olympe déguisées en simples mortelles. Le dervis, ce fléau de la société indigène, avec son aspect sinistre, son regard haineux, ses cheveux hérissés, couvrant sa nudité de quelques oripeaux, se glisse parmi la foule d'hommes affairés de toutes races et de toutes croyances. Cette multitude, tantôt embarrassée par des charrettes attelées de bœufs, tantôt refoulée par les cabriolets élégants de négociants européens, s'agite entre deux rangées de maisons en bois peint ou sculpté, devant des temples petits et grands, qui exhibent sur la façade leurs grotesques idoles. Ces sanctuaires ne se cachent pas derrière des enceintes, mais ouvrent leurs portes sur la rue, et les dévots entrent et sortent sans interruption. » (Baron DE HÜBNER, *A travers l'Empire britannique*, t. II, p. 10-14. Paris, 1886, 2 vol. in-8°, Hachette.)

Les quais de Bénarès.

« Qu'on se figure un fleuve deux fois large comme la Seine à Paris. D'un côté, une plaine cultivée, mais basse et solitaire. De l'autre, sur un parcours de quatre à cinq kilomètres, une succession de *ghauts* ou gigantesques escaliers de marbre hauts de quatre-vingts à cent pieds, flanqués d'élégantes balustrades et de pavillons superposés, le tout surmonté de palais à plusieurs étages et de temples aux pyramides élancées. Mais ce qui fait le principal cachet de ce tableau monumental, c'est la foule qui grouille sur les gradins et barbote dans la rivière entre des flottilles de lourds bateaux amarrés au pied des rampes, tandis que de vieux brahmanes ventrus dorment, prient ou se sèchent à l'ombre de larges parasols en paille. Des blanchisseurs font leur lessive entre une vache qui prend son bain et un fakir déguenillé qui se verse à flots sur la tête, avec un pot de cuivre, l'eau lustrale du grand fleuve. Çà et là les falaises ont cédé sous le poids des édifices. Gradins, pavillons, palais et temples, tout s'est lézardé, penché, écroulé; on dirait les ruines d'une seconde cité à demi engloutie par les eaux. J'atterris successivement à plusieurs *ghauts* pour visiter le temple de la déesse Durga, qui doit à sa pyramide de cuivre doré le nom de temple d'or ; — le temple népaulais, assez pittoresque pavillon dédié à Siva, et surtout fameux par les grotesques obscénités de sa façade, qu'on dirait sculptée par un Arétin de second ordre ; — l'observatoire de Man-Mandir, qui, fondé en 1680 par le rajah Jai-Singh, renferme toute une collection des instruments astronomiques en usage à cette époque, les cadres solaires, des computations du méridien, des cercles équinoxiaux, etc. ; — enfin la mosquée d'Aurengzeb avec ses minarets hauts de 147 pieds sur 8 1/4 de diamètre seulement. Je gravis même l'un d'eux, non sans peine ; car, outre que l'escalier est assez tortueux, des marches sont à la fois fort hautes et fort inclinées. Mais du sommet on a un superbe coup d'œil sur l'ensemble de la ville indigène, qui compte une lieue de long sur un tiers de large, avec une population d'environ 200 000 habitants. A voir la foule qui circule et bourdonne sur ses terrasses, on ne peut trouver, pour dépeindre l'animation du tableau, que l'expression si usée de fourmilière humaine. Le Gange se déroule au loin en un ruban argenté, et, par delà les innombrables pyramides des mosquées quelques carrés blanchâtres disséminés dans la verdure indiquent seuls l'emplacement de la ville anglaise ; on soutient que d'ici, quand la vue est claire, on peut entrevoir, malgré la distance, les cimes neigeuses de l'Himalaya.

» Comme je me rendais à la mosquée, j'avais aperçu de ma barque, en longeant le *Burning ghaut* au quai des Bûchers, un objet blanchâtre, à demi submergé, qui paraissait se mouvoir sous chaque remous du fleuve, à quelques mètres d'une couple de dévots qui faisaient leurs ablutions et d'un batelier qui préparait tranquillement son repas. Mon guide m'apprit que cet objet était tout simplement un cadavre enveloppé de son suaire et plongé dans cette eau sanctifiante en attendant l'heure de la crémation. Autrefois la grande ambition de l'Hindou était de confier son cadavre au cours du Gange, et les steamers qui se rendaient à Calcutta ne pouvaient remonter l'embouchure du fleuve sans croiser, par douzaines, de ces funèbres épaves. C'est seulement depuis peu d'années que le gouvernement anglais est parvenu à proscrire une coutume aussi insalubre et aussi répugnante. Aujourd'hui l'on se contente d'immerger le cadavre quelques instants avant la crémation et de jeter ensuite ses cendres dans le fleuve. Il y a même des braves gens qui arrivent du fond de la péninsule pour ensevelir sous les eaux du Gange les cendres d'un père ou d'un ami, avec la conviction que de la sorte ils leur fournissent l'occasion de renaître dans la peau d'un brahmane, l'être le plus parfait de la hiérarchie hindoue. Quand je repassai devant le ghaut, une demi-heure plus tard, le bûcher était terminé, le cadavre placé au centre et recouvert de fagots, tandis que les deux plus proches parents du défunt s'efforçaient de glisser, sous la pile de bois, des broussailles et des copeaux qu'ils ramassaient parmi les débris des bûchers précédents. Ayant fait arrêter la barque, je les vis mettre le feu au bas du bûcher, d'où s'éleva lentement une colonne de fumée qui finit par entourer le cadavre; tout à coup une flamme apparut, et le bois se mit à pétiller, comme s'il grésillait; mais en ce moment une soudaine bouffée de brise m'apporta des émanations de chair brûlée tellement nauséabondes, que je me hâtai de donner à mes bateliers l'ordre de poursuivre leur route. Il paraît que sur plusieurs points le gouvernement anglais a fait construire des appareils spéciaux pour brûler les cadavres dans toutes les conditions possibles d'hygiène et de convenance, mais jusqu'ici ses tentatives n'ont réussi que près des Hindous trop pauvres pour faire les frais d'une pile de bois. Et pourtant rien de plus pénible et de plus choquant que la coutume primitive du bûcher, surtout chez les Hindous, où c'est un parent, généralement le plus proche, qui peut seul préparer le bûcher, y mettre le feu, l'attiser s'il menace de s'éteindre, et le refaire s'il vient à s'écrouler sur les chairs à demi carbonisées du défunt. Je tiens à cet égard d'un Hindou lui-même des détails vraiment révoltants.

» Ayant renvoyé la barque à l'extrémité des ghauts, je me promenai à pied, pendant plus d'une heure encore, dans les quartiers principaux de la ville. Plus qu'aucune autre cité de l'Inde, Bénarès, avec ses rues en pente, étroites et dallées, bordées de hautes maisons en terrasses, dont les étages saillants se rejoignent sur la tête du passant, m'a beaucoup rappelé le quartier indigène d'Alger, qui se trouve bâti dans des conditions analogues, mais d'un Alger qui, aux scènes pittoresques de la vie arabe, joindrait l'animation extérieure et les nuances éclatantes de l'Orient hindou. Un détail assez étrange, c'est que dans cette ville sainte du brahmanisme, aucun temple n'égale, dans ses proportions isolées, les grandioses monuments de l'Inde méridionale, tels que les sanctuaires de Madura et de Trichinopoly. Peut-être l'explication s'en trouve-t-elle dans le fait que la vallée du Gange a été dévastée par le fanatisme musulman à une époque où l'art hindou n'était plus en état de refaire ses chefs-d'œuvre détruits. Mais on n'en sent pas moins qu'on vit ici dans une atmosphère essentiellement religieuse et brahmanique. Le révérend Scherring a eu la patience de compter dans la ville 1454 temples hindous, outre 278 mosquées! Ce ne sont partout qu'édifices bâtis sur le plan uniforme des temples dédiés à Siva, avec un préau ouvert, sale comme un fumier, entourant le sanctuaire carré où, sous une haute pyramide, l'emblème du dieu reçoit les offrandes des fidèles, — chapelles de moindre dimension, éparses à tous les coins de rue, où quelque brahmane presque centenaire entretient le feu des lampes devant une statuette aux formes grossières, — niches taillées dans les murs, — *lingas*[1] recouverts de fleurs ou de graisse, — dômes surélevés s'élançant des terrasses pour indiquer l'emplacement de quelque oratoire privé, — idoles monstrueuses se chauffant au soleil sur les escaliers des ghauts, — puits et *tanks* aux approches monumentales et aux eaux stagnantes, aussi nauséabondes que sacrées. Partout retentit le son des cloches, des tambours, des cymbales et des gongs; sous tous les porches, des essaims de mendiants et de fakirs vous importunent de leurs sollicitations tout en murmurant des invocations et des prières. Des temples et des boutiques, voilà tout Bénarès, et encore, parmi ces dernières, nombre d'échoppes sont-elles consacrées à la vente d'objets pieux, amulettes, fleurs tressées en guirlande, idoles de zinc et de cuivre, statuettes coloriées en pâte de biscuit, qui rappellent les naïfs *ex-voto* vendus aux abords de nos sanctuaires catholiques et suspendus dans nos principaux lieux de pèlerinage.

» Chaque temple, comme chaque *tank*, a sa légende et sa spécialité. Ce puits est l'œuvre de Vishnou, qui le creusa de ses mains, et l'emplit de sa transpiration; ces empreintes grossières, taillées dans le marbre d'un ghaut, ont été laissées par les pieds du dieu quand il y descendit pour accomplir certains rites. Ici c'est la demeure de la déesse Anupurna qui sauve de la faim et qui est regardée en conséquence comme la patronne des men-

---

1. « *Lingam* ou *linga*. Emblème mystique de Siva. Le lingam est une borne
» cylindrique, arrondie au sommet, placée au centre d'une pierre, entourée
» d'une rigole ovale. Cette pierre est le *yoni*, emblème des pouvoirs générateurs,
» comme le *lingam* est celui des pouvoirs fécondateurs. Les fidèles n'y voient
» que la représentation de Siva et de son épouse Parvati. Ces idoles réunies
» constituent aujourd'hui la base du culte brahmanique moderne. On les trouve
» dans tous les temples, dans toutes les maisons. Les hommes couronnent l'idole
» de fleurs; les femmes l'arrosent d'huile ou simplement d'eau. » (L. ROUSSELET.)

diants. Là c'est un dieu qui guérit certaine nature de maladie ou qui protège les habitants contre les voleurs. Tel réservoir rend les femmes fécondes, tel autre procure la connaissance de l'avenir, la santé du corps, la purification des péchés; de là un grand commerce d'eau sacrée en bouteilles, ce qui du reste se voit encore dans d'autres pays et d'autres religions. Toutes ces traditions sont prises pour argent comptant par les milliers de pèlerins qui affluent journellement dans la cité sainte; maints rajahs, qui habitent au loin dans leurs terres, se sont même bâti ici, sur le Gange, un palais où ils viennent loger de temps à autre, quand ils se sentent la conscience trop lourde, ce qui doit leur arriver assez souvent. L'antique religion des Védas a réellement atteint dans la masse des esprits illettrés les dernières limites de l'idolâtrie, et quiconque n'a pas profondément pénétré dans la nature de l'Hindou a peine à comprendre comment une civilisation aussi relativement avancée peut s'accommoder de superstitions à peine dignes de figurer dans le grossier fétichisme d'une peuplade en enfance.

» Nous avons dit à quel point les Hindous respectaient la vie animale, même chez les tigres et les serpents dont les victimes se comptent chaque année dans l'Inde par centaines de mille. Ici, les animaux ne sont pas seulement respectés, mais honorés, vénérés, adorés comme dans l'antique Egypte. A chaque pas, on rencontre des taureaux sacrés qui vous regardent passer de leur œil pensif, ou de petites génisses blanches qui se frottent aux murailles et lèchent le lait répandu sur le sommet des lingas. Les pigeons et les corneilles nichent en paix sur toutes les saillies des façades. Les chiens et les chèvres se dérangent à peine devant les chameaux qui circulent chargés de ballots dans les rues encombrées. Dans un des faubourgs, j'ai visité le sanctuaire de la déesse Durga, surnommé le Temple des Singes, à raison du nombre considérable de ces quadrumanes qui y vivent dans une paisible abondance. Les routes voisines en sont couvertes et les jardins infestés. Mais on se garderait bien de les molester, par crainte de la vengeance populaire non moins que de la colère divine, et les impudentes créatures en profitent pour redoubler d'assurance et de malice.

» Un des spectacles les plus curieux de Bénarès, et l'on peut dire les plus féeriques de l'Inde, c'est l'illumination du Gange aux grandes fêtes publiques. Il est impossible de décrire ici en détail les cascades de feux multicolores qui ruissellent dans la nuit sur les jardins des ghauts, les hauts palais qui réfléchissent leurs échafaudages de lumière dans l'eau sacrée du fleuve, les minarets dont la cime éblouissante semble rivaliser avec les constellations du ciel, enfin les innombrables pagodes dont les formes fantastiques, reproduites en traits de feu sur l'azur nocturne, font songer à quelque veilleuse de fantaisie démesurément agrandie par les caprices d'un cauchemar. Mais, pour rendre compte de l'effet général, il suffira de rappeler que le Gange est tout bordé par un amphithéâtre irrégulier d'escaliers, de temples et de palais, que cet entassement d'édifices, prolongé sur une étendue de quatre à cinq kilomètres, est alors illuminé de la cime à la base, et que le cours du fleuve s'infléchit ici en un léger croissant, de sorte que du centre et même de chaque extrémité on peut embrasser en un même coup d'œil l'ensemble de ce panorama flamboyant, probablement unique au monde, comme l'est d'ailleurs l'architecture de la ville sacrée. Tout le monde connaît ces pièces montées, imitations de monuments célèbres ou représentations d'édifices imaginaires qui alternent, dans nos grands feux d'artifice, avec les moulins, les chandelles romaines et les bouquets de fusées. Eh bien, c'est une de ces « pièces montées » qu'on a ainsi sous les yeux pendant plusieurs heures, mais avec cette différence qu'ici la pièce montée est une simple illumination de la réalité et qu'elle s'étend en ligne ininterrompue sur plus d'une lieue de longueur. » (GOBLET D'ALVIELLA[1], *Inde et Himalaya*, p. 189. Paris, in-8°, Plon.)

Les Ghats. — « Il faut voir les ghats de grand matin, quand les fidèles
» descendent pour se baigner. Le maharajah a gracieusement mis son em-
» barcation à notre disposition, et, jouissant encore de la fraicheur de la
» première heure qui suit le lever du soleil, nous voguons doucement le
» long de la falaise.
» ... Les ghats, escaliers irréguliers très larges, en partie taillés dans le
» roc, avec des marches très hautes, serpentent entre les corps de bâti-

---

1. M. Eugène Goblet, comte d'Alviella, publiciste belge, est né à Bruxelles, en 1846. Etudiant à Paris et à l'Université de sa ville natale, docteur en droit, avocat au barreau de Bruxelles, conseiller provincial du Brabant, puis député de l'arrondissement de Bruxelles, directeur de la *Revue de Belgique*, M. Goblet d'Alviella fut attaché, en 1872, à la mission belge du général Lacroix, au Sahara, et accompagna dans son voyage aux Indes, en 1876, le prince de Galles. — Il a publié plusieurs ouvrages remarquables, très goûtés; les principaux sont : *Inde et Himalaya*, Paris, in-18, Plon; — *Sahara et Laponie*, Paris, in-18, Plon; — *l'Evolution religieuse contemporaine, chez les Anglais, les Américains et les Hindous*, Bruxelles, 1883, in-8°. (Voy. nos *Lectures sur l'Afrique*, p. 242, 422, Paris, Belin, 5e éd. 1889.)

» ments, s'engagent dans les crevasses du rivage, aboutissent enfin au
» bord du fleuve. A l'heure qu'il est, les ghats et les plages grouillent
» d'êtres humains : hommes, femmes, enfants. Les baigneurs se plongent
» dans le Gange. Vêtues de blanc et de rose, le front ceint d'un voile dont
» les bouts flottent dans l'air, des femmes et des jeunes filles au teint
» basané descendent les gradins pour puiser de l'eau. La provision faite,
» d'un mouvement gracieux, elles posent sur leur tête le vase qui contient
» le précieux liquide, un vase aux formes classiques, luisant au soleil; puis,
» fièrement dressées sur leurs hanches, ces canéphores remontent d'un pas
» léger les raides escaliers, gagnent les hauteurs, s'effacent comme des
» ombres dans le clair-obscur des rues.
   » Cependant les baigneurs se lavent le corps avec leurs mains, plongent
» plusieurs fois et laissent sécher leurs vêtements au soleil. Aucun d'eux
» ne s'en dépouille complètement, et tout se passe avec la plus grande
» décence. Ici toutes les castes se rencontrent. Sortis du fleuve, les hommes
» des classes élevées s'asseient à des places réservées sous d'immenses
» parasols qui forment un des nombreux éléments caractéristiques de cette
» scène si essentiellement hindoue. Sur un des ghats au bord de l'eau, à
» côté des mêmes baigneurs, on brûle des cadavres. Nous en avons vu un
» presque réduit en cendres. Un autre semblait encore intact après que les
» langes qui l'avaient enveloppé étaient déjà devenus la proie des flammes.
» Des coulies, descendant l'escalier au pas gymnastique, en apportèrent un
» troisième, enveloppé d'un drap blanc, fortement ficelé et attaché à la
» bière. La mort et la vie se coudoient et se confondent à ce ghat dit des
» combustions. De nombreuses plaques de pierre posées le long de l'es-
» calier rappellent les veuves qui, avant l'abolition de cette coutume trop
» pieuse, ont accompli ici le *sati*.
   » M. Lumsden appelle mon attention sur un point noir qui approche.
» C'est un énorme vautour posé sur un corps flottant. D'autres oiseaux de
» son espèce lui disputent sa proie. Mais il les chasse avec ses ailes, donne
» plusieurs coups de bec au cadavre, renverse sa tête en arrière et a évi-
» demment grand'peine à engloutir les gros morceaux. C'est avec méthode
» qu'il dévore les restes enflés du pauvre Hindou. Ce groupe hideux passe
» tout près de notre bateau.
   » Mais le soleil commence à se faire sentir. Les baigneurs sont rentrés
» chez eux, les canéphores ont disparu, les bûchers se sont éteints, le
» silence et la solitude règnent sur les ghats. » (DE HUBNER[1], t. II, p. 191.)

Les États du Guicowar.

Les États du **Guicowar** ou *Gaïkovar* (20 720 kilom. car., 2 185 000 hab.) forment un des plus puissants États feudataires de l'empire indo-britannique. Ils s'étendent sur le Goudjerate et le Kattiavar, à l'exception des districts anglais de Surate, Broatch, Kaïra, Pantch Mehal et Ahmedabad. Plusieurs principautés secondaires paient tribut au Gaïkovar; ses revenus s'élèvent à 75 millions environ; il a une armée de 15 000 soldats, et peut lever 50 000 mercenaires. Il ne paie pas tribut à l'Angleterre, mais doit entretenir sur ses terres 6 000 hommes de troupes anglaises. — Le pays est arrosé

---

1. Sur M. de Hubner, voy. nos *Lectures sur l'Amérique*, p. 196. (Paris, Belin, 5ᵉ éd. 1889.)

par les rivières plus ou moins intermittentes qui descendent des monts Aravali, des Doungbar et des Vindhyas vers les golfes de Katch et de Cambaye (la Banas, la *Saravasti*, la *Sabarmati*, la *Mahi*). L'été, les lits très encaissés (*nullah*) des cours d'eau sont à sec et servent de routes ; l'hiver, elles alimentent les norias qui facilitent l'irrigation des terres. — Le climat, brûlant au sud, est plus modéré au nord, mais la température est malsaine et dangereuse pour les Européens après la saison des pluies. — Le sol, fertile et bien cultivé, produit du riz, des céréales diverses, du coton, des cannes à sucre, des légumes ; les tigres, léopards, panthères, lynx, loups, sangliers sont assez communs ; le gibier, très varié et très abondant.

M. L. Rousselet trace de cette campagne le plus gracieux tableau :
« A quelques kilomètres de Broach, le chemin de fer entre dans le royaume
» du Guicowar. L'aspect du pays change subitement. Aux uniformes
» plaines grises succède une riante campagne, à végétation luxuriante,
» avec des champs de maïs, de *bajri* (millet), de canne à sucre et de
» *jowar* (espèce d'orge). Ce district a la réputation d'être le plus fertile
» de l'Inde ; les Hindous l'appellent le jardin du Goudjerate, qui, à son
» tour, est le jardin de l'Hindoustan. De beaux groupes de manguiers, de
» figuiers et de tamarins ajoutent à la beauté du paysage ; les hameaux se
» cachent dans de beaux vergers, et les toits de chaume paraissent à peine
» sous les feuilles de magnifiques cucurbitacées. On entend partout le
» grincement des roues à norias et le chant cadencé des travailleurs
» aiguillonnant les bœufs employés aux citernes ; l'eau coule en mille
» ruisseaux. On ne peut se figurer l'air de gaieté et de contentement qui
» règne chez les habitants de ce sol favorisé ; les hommes conduisent en
» chantant leurs charrues, accompagnés de femmes aux formes élégantes et
» robustes ; les enfants gambadent dans les blés ou éloignent des épis les
» bandes des perroquets et autres voleurs ailés ; debout sur un vieux tronc,
» ils crient à tue-tête et lancent de petites pierres avec leur fronde. »
(*L'Inde des rajahs*, ch. IV, p. 100.)

La capitale du Gaïkovar, **Baroda** (102 000 hab.), sur la Vichvamitra, à 80 kilomètres du golfe de Cambay, est située au milieu d'une vaste plaine fertile, découpée par des ravins (ou *nullah*) profonds de 15 à 20 mètres, que les torrents ont creusés dans le sol friable. La ville, divisée en quatre quartiers par deux larges rues qui se coupent à angles droits, est entourée de faubourgs très populeux. A l'ouest et en dehors de Baroda, sont situés les cantonnements anglais. Le chemin de fer de Bombay à Agra passe à 7 ou 8 kilomètres environ de la ville.

La principauté de **Dharampour** (2200 kilom. carr., 75 000 hab.) est une longue et étroite bande de terre, à l'ouest des Ghats, séparée du littoral par le district de Sourate. Elle est arrosée par les torrents des Ghats, fertile, bien cultivée ; sa capitale, **Dharampour**, gros village de 3 500 habitants, est située entre les rivières de la Par et de l'Ouranga. — La principauté de **Bansda** (840 kilom. carr., 32 000 hab.) est située au nord-est de la précédente ; — celle de **Soutchin** (1160 kilom. carr., 17 200 hab.) est à 14 kilomètres au sud de Sourate. — Ces trois Etats paient tribut à l'Angleterre, et sont soumis au contrôle du représentant anglais de Sourate.

L'Etat de **Naroukot** (370 kilom. carr., 6 500 hab.) se trouve au sud-est du district des Pantch Mehal, à 48 kilomètres est-nord-est de Baroda. Le principal centre est *Jambughoda*.

Les six États du **Révakanta** (12 500 kilom. carr., 505 700 hab.) ont pour chef-lieu **Nandod** (10 700 hab.), à gauche de la Nerbadah, qui a remplacé l'ancienne *Radjpipla*; — **Tchota-Oudeïpour** (3 000 hab.) commande la route escarpée qui va de Baroda à Mhow; — **Barria**, à l'extrémité des monts Vindhyas, est tributaire du Gaïkovar, et sous le protectorat de l'Angleterre. La population est surtout composée de Bhils; — **Lounavara** (10 000 hab.), place forte, près du confluent de la Mahi et du Panam; — **Balasinor** (9 000 hab.), tributaire du Gaïkovar, est près de la rive droite de la Mahi, à 80 kilomètres de Baroda. — **Sounth**, au nord-est de Lounavara, est surtout peuplé de Bhils.

La principauté de **Cambay** ou *Cambaye* (900 kilom. carr., 83 000 hab.), de religion musulmane, relève du Gaïkovar; elle est fertile en céréales, tabac, coton, mais a perdu ses manufactures de soieries et de tissus, jadis si renommées; elle a conservé la taille des agates et des pierres fines. — La capitale, **Cambay** (3 500 hab.), de création moderne, est située sur l'estuaire de la Mahi; l'ancienne Cambay, si active et opulente, est presque entièrement détruite.

Les États du **Mahikanta** (10 360 kilom. car., 447 000 hab.), vassaux du Gaïkovar, forment une confédération de 52 fiefs, groupés en 7 classes; ils sont épars dans les vallées méridionales des monts Dhoungars, entre la Saravati et la Mahi. Le fond de la population est composé de Bhils. — La principale de ces divisions est celle d'**Edàr**, avec un chef-lieu du même nom qui a 10 000 habitants.

La principauté de **Pahlanpour** (20 719 kilom. car., 576 000 hab.), avec les fiefs voisins de **Deesu** et **Radhanpour**, forme une confédération politique, tributaire du Gaïkovar. Le pays produit des céréales et du coton, là où il est arrosé; le climat est brûlant de mai à juin. Le chef-lieu, **Pahlanpour** (17 500 hab.), place forte encaissée dans un cirque de collines des Aravali, est un séjour malsain que ravage la fièvre.

Parmi les États du **Kattiavar** (voy. p. 98), plusieurs districts de la province d'*Amrili* relèvent du Gaïkovar. Un de ces districts est la presqu'île recourbée d'**Okamandel** qui renferme dans une de ses baies au nord la petite île de *Baït* ou *Beït*, considérée par les Hindous comme un lieu consacré par Krichna, et couverte de temples et de sanctuaires où affluent les pèlerins. A 30 kilomètres au sud-ouest est le port de *Dvarka*, autre lieu de pèlerinage, rempli de couvents et d'édifices sacrés, où la légende brahmanique place le dernier séjour de Krichna.

Le grand Sowari du Guicowar.

« Le maharajah, ayant acheté un des plus célèbres diamants du monde, l'*Etoile du Sud*, avait décidé que ce joyau aurait les honneurs d'une entrée triomphale dans sa capitale et serait conduit solennellement au temple pour y être béni par les prêtres. La foule, avide de ces spectacles, s'était assemblée sur le parcours de la procession, et attendait impatiemment.

» Je n'ai jamais eu depuis l'occasion de voir le peuple hindou sous des couleurs plus belles et plus vivantes que ce jour-là. On se serait cru en Europe au moyen âge, tant les costumes et les allures de la foule qui se pressait au bas de notre estrade rappelaient les descriptions de cette époque. Ici des paysans aux énormes turbans de toile s'avancent en se tenant par la main, le nez au vent, les yeux écarquillés, et suivent avec admiration un athlète royal, géant aux allures de spadassin. Leurs femmes, gracieusement drapées dans le sarri de soie du Goujerate, surchargées de pesants ornements d'or et d'argent, s'arrêtent devant des étalages de fakirs demi-nus qui exhibent des idoles et racontent des légendes. Plus loin, des bourgeois de la ville, marchands et écrivains, vêtus de blanc, coiffés de petits turbans de couleur et l'encrier de cuivre pendu à la ceinture, forment un cercle animé ; ils critiquent la nouvelle acquisition du prince, qui ne peut leur valoir que de nouveaux impôts. Des Mahrates aux habits brodés d'or, la rapière au côté, des Baniahs du bazar, de pauvres Dhers demi-nus avec leurs traits farouches, leurs simples colliers de coquillages et leurs arcs et flèches, de gaies bayadères, en pantalons collants, suivies de leurs musiciens, passent et repassent au milieu de la foule du peuple.

» Voici des hérauts d'armes à cheval, avec leurs longues trompettes entourées de draperies ; ils font faire place à leur seigneur ; celui-ci, couvert de velours et de pierreries, le front ceint d'un *sirphej* qui cache à demi sa toque, arrive en caracolant sur un cheval richement caparaçonné ; en passant devant l'estrade, il lève la tête et, nous apercevant, fait un gracieux salut ; c'est quelque jeune noble mahrate qui se rend avec sa suite au palais pour joindre le Sowari. — D'élégants *ratts*, surmontés de légers dômes dorés d'où pendent des rideaux de soie, passent traînés par quatre bœufs blancs, les cornes dorées et la bosse peinte en bleu ; ce sont les équipages des dames de la cour qui vont se poster derrière quelque treillis de marbre pour voir la cérémonie. Les rideaux s'entr'ouvrent de temps à autre, mais d'une manière si discrète que l'on n'aperçoit que deux beaux yeux curieux. De jeunes et jolies esclaves vêtues de rose s'accrochent aux marchepieds des voitures de leurs maîtresses, dont elles prendront peut-être demain la place.

» Les scènes varient à l'infini ; une magnifique girafe sellée, bridée et pompeusement harnachée est conduite à travers les bazars par des serviteurs du roi ; elle excite sur son passage l'admiration de la multitude, qui pousse des exclamations capables d'effrayer un animal moins timide. En l'air plane un brouhaha de cris, de chants, de musique, auprès duquel le bruit d'une fête parisienne serait presque silence. Je ne me lassais pas de contempler ce spectacle si nouveau pour moi, et qui dépassait tout ce que j'avais espéré ; j'étais frappé de l'amour du luxe et des goûts chevaleresques de ce peuple. Ruttanram[1], qui voyait mon admiration, me répétait sans cesse : « Ce n'est rien, Sahib ; » que direz-vous lorsque tout à l'heure notre grand seigneur » passera devant vous entouré de son Sowari ? »

» Elle arriva enfin cette procession si impatiemment attendue ; les soldats du guet firent débarrasser la voie, et le plus profond silence régna parmi le peuple.

» D'abord vinrent les troupes régulières du rajah, commandées par des officiers européens, puis les corps arabes, les escadrons de cavalerie maharate, les purdassis, l'artillerie de campagne, les mousquetaires, les hallebardiers, les canonniers à dromadaire, enfin dix ou douze mille hommes de l'armée guicowarienne : le défilé dura plus d'une heure.

» Derrière ces troupes, on vit s'avancer le porte-étendard royal assis sur un superbe éléphant, peint et couvert de housses brodées, soutenant un drapeau en drap d'or, de plus de douze mètres de haut. Autour de lui se pressent des cavaliers d'élite, chargés dans les combats de la défense de l'étendard. Armés de longues lances et de larges *tarwars* (sabres recourbés), les mains couvertes de gantelets d'acier, ils sont vêtus avec une richesse inouïe. Leur justaucorps de velours cramoisi, leur culottes collantes et leurs souliers pointus font le plus parfait costume de chevalier qu'il soit possible d'imaginer. Les uns portent un petit morion d'acier retenu par le turban et une cotte de mailles sarrasine ; d'autres ont d'épaisses cuirasses en peau de buffle richement brodées. Les pointes de leurs lances sont argentées, et leurs boucliers, en peau de rhinocéros transparente, sont ornés de bosses en or.

» Après eux, vient un vrai orchestre de tambours de toutes formes et de toutes grandeurs, depuis l'immense paire de

---

1. *Ruttanram* était le nom d'un secrétaire du Guicowar qui accompagnait et guidait le voyageur.

grosses caisses portées par les éléphants et les chameaux jusqu'au petit tam-tam ; ces instruments sont plus beaux à voir qu'agréables à entendre. Suivent les nobles et barons du royaume ; chacun d'eux, couvert d'or et de pierreries, monte un magnifique cheval dont la robe se distingue à peine sous les harnais et les brides plaqués d'argent et la riche housse brodée. Ils passent fièrement, lance au poing, faisant cabrer leurs coursiers à la manière mahrate ; autour d'eux se pressent leurs serviteurs, portant leurs bannières et les hérauts qui s'égosillent à proclamer la gloire et la magnificence de leurs maîtres. Ce froissement de riches étoffes, ce cliquetis d'épées et de bijoux, ces beaux jeunes gens sur leurs chevaux bondissants, toutes ces plumes, ces lances, ces banderoles forment un cortège étincelant, auprès duquel pâlissent nos plus grandes cérémonies.

» La noblesse est suivie par les hauts fonctionnaires du royaume, les ministres, les gouverneurs de provinces, les grands prêtres et les principaux courtisans. Chacun de ces grands personnages est monté sur un bel éléphant, dont l'immense couverture de velours à franges d'or traîne jusqu'à terre. Quatre-vingts éléphants défilent ainsi, d'un air grave et majestueux ; on voit que ces intelligents animaux apprécient la richesse de leurs ornements : la plupart ont la trompe et le front peints de dessins fantastiques et portent sur la tête de hautes aigrettes de plumes blanches. Chaque dignitaire est assis les jambes croisées, dans un riche haodah (*siège de gala*) d'argent, et au-dessus de lui s'étale un splendide parasol, dont le degré de richesse indique le rang occupé à la cour. Cette partie de la procession était réellement féerique. Avec quel goût cette cérémonie avait été ordonnée ! Comme tous ces soldats, ces cavaliers, ces éléphants avaient été habilement groupés pour frapper l'esprit de la multitude ! Comme l'attention avait été adroitement entretenue par cette magnificence progressive jusqu'au roi, le point culminant du Sowari !

» Le voilà qui approche, précédé de sa famille, ses filles et ses fils, montés sur de superbes éléphants. Celui sur lequel il siège lui-même est un animal gigantesque. L'haodah, en or massif, présent de la reine d'Angleterre, est tout étincelant de pierreries. Le Guicowar y est assis sur des coussins brodés ; il porte une riche tunique en velours rouge, sur laquelle se détache une profusion de magnifiques bijoux ; son turban porte une aigrette en diamants où étincelle la fameuse *Etoile du Sud*.

Derrière lui se tient le premier ministre, dont le costume égale celui de son maître en richesse. Sur chaque côté de l'éléphant, deux hommes élégamment vêtus sont debout sur des marchepieds; l'un d'eux porte le houkah donné au prince par le vice-roi de l'Inde, et les autres agitent des éventails de plumes de paon. Parmi eux se trouve aussi le héraut du roi, qui de minute en minute déploie un large drap d'or en s'écriant : « *Srimunt Sircar! Khunderao Guicowar! Sena Khâs Khel! Shamshar Bahadour!* » c'est-à-dire : « Voici le roi des rois, Khunderao Guicowar, dont l'armée est invincible et le courage indomptable. » A ces mots, la foule se prosterna jusqu'à ce que l'éléphant fût passé. L'animal, entièrement caché sous des ornements, semblait une montagne d'or étincelante de diamants; des hommes l'entouraient en brûlant des parfums, dont la fumée bleuâtre donnait à la scène quelque chose de mystique. » (L. ROUSSELET[1], *l'Inde des rajahs;* Paris, in-4° illust., Hachette, 1875, ch. IV, p. 104-111.)

Combats d'animaux et chasse à Baroda.

« Le surlendemain de mon arrivée, j'assistai à un combat d'animaux donné dans le cirque de Sa Hautesse (*le Guicowar*) en l'honneur du prince de Galles; c'est là, du reste, une spécialité de Baroda. Qu'on se figure une arène rectangulaire longue de deux à trois cents pieds sur un tiers de large, enfermée par un mur de plusieurs mètres que percent de nombreuses ouvertures

---

1. M. Louis ROUSSELET est né à Perpignan, en 1845. Il a passé six ans (1863-1869) à visiter le Bengale, le Radjpoutana, le pays des Gonds, le Bandelkand, le Népal, le Dekkan et le littoral de la péninsule. En complétant ses études antérieures par ses impressions de voyage, ses observations particulières sur les mœurs, les coutumes, les races, les monuments et la nature des pays qu'il a pu visiter à loisir, sous la protection des résidents anglais, et comme hôte des princes de l'Inde, il a composé un ouvrage d'un intérêt puissant, plein de chaleur, de vie et d'éclat, et qui est devenu classique. Les lecteurs du *Tour du Monde* ont eu la primeur de ce livre, le plus complet qu'on ait publié en France, sur l'Inde, depuis Jacquemont, et qui, à l'agrément du récit, ajoute le charme d'illustrations splendides. — M. Rousselet est un des collaborateurs les plus distingués de la grande œuvre géographique entreprise avec tant d'éclat et de succès par Elisée Reclus (*Nouvelle Géographie universelle*) et par Vivien de Saint-Martin (*Dictionnaire de géographie universelle*) sous les auspices de la librairie Hachette. On lui doit plusieurs autres publications, parmi lesquelles nous citerons : *Le charmeur de serpents*, 1878, in-8°; — *Les royaumes de l'Inde*, 1879, in-8°; — *Nos grandes écoles militaires et civiles*, 1888, in-8°; — *L'exposition universelle de 1889*; 1890, in-8°. Nous adressons ici nos remerciments à M. Rousselet pour la bienveillance aimable avec laquelle il nous a autorisé à puiser dans ses travaux les renseignements précieux et les récits qui enrichissent ce chapitre.

assez larges pour permettre à un homme de s'échapper, mais trop étroites pour livrer passage à un animal de grande taille. En face de l'entrée, une porte barricadée laissait entendre d'étranges rugissements. Par-dessus les murs, sur trois côtés, se pressait toute la population de la ville. Sur le quatrième se dressait le pavillon réservé au guicowar, à sa suite et à ses hôtes.

» A peine avais-je pris ma place que mes regards s'arrêtèrent, pour ne plus s'en détourner de longtemps, sur le tableau qui se dressait en face de nous. Quel coup d'œil ! Tout en bas, le long du mur, sont enchaînés deux éléphants aux longues défenses, aux petits yeux féroces, aux larges oreilles sans cesse en mouvement, comme un *punka* en travail, imprimant à leur corps un balancement continu et ramassant avec leur trompe des poignées de poussière qu'ils font voler dans l'arène. Plus haut, penchée par-dessus le parapet, une file de turbans multicolores s'écrase sous un soleil de feu ; derrière cette ligne, une seconde rangée d'indigènes se tient debout, puis une troisième, une quatrième et ainsi de suite, — les derniers penchés sur des monticules ou sur des échafaudages, entre lesquels on distingue quinze éléphants, rangés en bataille sous un riche harnachement. Enfin, comme fond au tableau, un vert rideau de figuiers et de palmiers repose agréablement la vue, tout en laissant entrevoir par une éclaircie un large étang entouré de jardins avec la silhouette bleuâtre de la colline isolée de Pawanaghr, à demi voilée par une brume délicate. On pourrait se croire reporté dans quelque cité de l'Asie Mineure aux derniers temps des Césars, et l'on se surprend à chercher le proconsul qui va donner l'ordre de jeter les chrétiens aux bêtes.

» Mais les temps sont changés, et ce ne sont plus des chrétiens, ni même des gladiateurs, qu'on amène devant le jeune César de Baroda et son illustre hôte, ce sont de simples lutteurs qui ouvrent les jeux. Six paires d'indigènes, portant un caleçon pour tout vêtement, se *tombent* à la façon de nos propres lutteurs, pendant quinze longues minutes. S'il y avait de la musique, on pourrait se croire au cirque. Mais voici les éléphants lâchés ; les deux monstres se regardent, s'épient et s'élancent l'un contre l'autre ; leurs défenses se nouent, leurs trompes s'entrelacent, leurs corps s'arc-boutent. Tout à coup, l'un d'eux se retourne et prend ignominieusement la fuite. Son adversaire le poursuit, l'atteint de ses redoutables crocs, le pousse en avant et l'accule avec tant de force contre le mur que le vaincu pousse un beuglement de douleur. Immédiatement les gardiens s'élancent et, à l'aide de fusées à jet continu, séparent les deux combattants. Cette douche d'un nouveau genre semble même calmer complètement leur ardeur belliqueuse, car, malgré les excitations de *picadores* armés de longues lances, ils se refusent à rouvrir les hostilités. En désespoir de cause, on leur lance un *lasso* autour d'une patte de derrière et, malgré leur résistance, on les ramène à leur chaîne.

» Un second éléphant est introduit, d'apparence moins colossale, mais plus agile. Par une autre issue entre un cavalier indigène monté sur un petit cheval arabe plein de feu. Il évolue autour de l'éléphant, qui ne tarde pas à répondre au défi en s'élançant sur le téméraire. Celui-ci part au galop, pas assez rapidement toutefois pour que la trompe de son adversaire n'ait le temps d'effleurer la croupe de sa monture. L'éléphant ne tarde pas à reconnaître son infériorité à la course. Il use de ruse, feint de tourner le dos au cavalier qui le harcèle, et revient brusquement sur son ennemi qu'un écart du petit arabe met heureusement hors de portée.

» Voici qu'un bruit de chaînes se fait entendre, et l'on voit apparaître deux gros rhinocéros, affreuses bêtes ventrues, à la peau noire parcheminée, avec une corne sur le front qui ressemble à une verrue durcie; leurs pieds de devant restent enchaînés. Ces animaux sont comptés parmi les plus féroces, en même temps que les plus stupides des jungles; on pouvait donc s'attendre à quelque formidable engagement. Cependant, après s'être quelque temps regardés sans bouger, ils refusent obstinément de s'empoigner. Les bêtes sont quelquefois plus raisonnables que les hommes. A force de les exciter avec des piques et des seaux d'eau que les *picadores* leur jettent sur le corps, on parvient cependant à les lancer l'un contre l'autre. Ils luttent à la façon des béliers, la tête basse, effleurant le sol de leur groin, tête contre tête, corne contre corne. Mais ils ne se font pas grand mal, et, après quelques passes, le combat finit faute de combattants.

» Deux buffles aux cornes recourbées remplacent les rhinocéros. Ceux-là s'empoignent tout de suite, et cette fois sérieusement. Un moment, l'un d'eux a l'air de prendre la fuite, et l'on peut croire que nous allons avoir une deuxième édition de la lutte précédente; mais bientôt il revient et fond sur son adversaire; on entend le bruit des cornes qui s'entre-choquent;

les deux combattants se chargent avec une fureur redoublée ; l'un d'eux est jeté sur le sol, et les cornes de son adversaire lui labourent les flancs. Cependant il se relève et veut continuer la lutte ; mais on les sépare et on les emmène. Deux béliers leur succèdent ; ils s'élancent l'un vers l'autre avec tant de violence et de précision qu'on les croirait mus par un ressort, et le bruit formidable que produit le choc de leurs boîtes osseuses fait comprendre pourquoi l'on avait donné le nom de béliers aux engins destinés à battre en brèche les murailles des anciennes places fortes.

» On a sans doute remarqué, dans cette énumération des animaux successivement mis en présence, que l'importance des espèces allait en décroissant — de l'éléphant au simple bélier — contrairement aux règles de l'art. Ce n'est pas précisément que le spectacle finit *in piscem*, au propre ni au figuré, mais, en revanche, il se termina par l'exhibition de nombreux perroquets et d'un… blaireau, qu'on vint solennellement amener au pied de la tribune, dans le vain espoir d'émerveiller les visiteurs européens de Baroda. Tant il est vrai que nuls — pas même les blaireaux — ne sont prophètes dans leur pays! En résumé, cette fête, qui unissait tous les éléments d'une représentation sans pareille au monde depuis la chute du paganisme, révèle bien les côtés forts et faibles de l'esprit indigène qui sait facilement atteindre à la perfection du détail et même à un certain grandiose de l'ensemble, mais qui manque de méthode et d'harmonie dans l'agencement des matériaux. Il convient d'ajouter qu'on n'avait pas eu le temps nécessaire pour *entraîner* les bêtes destinées à l'arène. Dans les circonstances ordinaires, il est rare, paraît-il, que les fêtes de Baroda se terminent sans effusion de sang.

» Le jour suivant, nous assistâmes, ainsi que tous les Européens de la résidence, à ce qu'on appelle ici une *cheetar hunt* et que je nommerai une chasse au guépard, avec cette explication nécessitée par la pauvreté de notre langue, que le guépard (*felis jubata*), sorte de panthère apprivoisée, y est le chasseur et non le gibier. Dès l'aube, des voitures gracieusement mises à notre disposition par les autorités de Baroda nous emmenaient par une chaussée étroite et sablonneuse au palais de Muckunpoura, résidence d'été de la reine mère. Là nous attendaient une douzaine de *bullock-carts*, chariots à bœufs, de la plus simple description, où nous prîmes place trois par trois.

Quand cet étrange cortège eut gagné la campagne, nous nous divisâmes en deux files, chacune avec deux chariots supplémentaires renfermant nos guépards, les yeux soigneusement bandés. Après un quart d'heure de cahotements à travers des champs labourés, nous aperçûmes, couchés dans les hautes herbes d'une jungle voisine, un troupeau de trois à quatre cents daims qui, nous prenant sans doute pour une bande de pèlerins, se levèrent à peine pour s'écarter au petit trot. Cependant comme nous nous rapprochions davantage encore, ils commencèrent à montrer quelques signes d'inquiétude et à s'éparpiller sur une longue ligne, encore incertains de la direction qu'ils devaient prendre pour se mettre hors de notre route. Toute notre stratégie consista alors à couper cette ligne vers son centre, et, au moment où l'avant-garde, cette fois sérieusement alarmée, se mettait à fuir, nous marchâmes droit sur l'arrière-garde qui s'efforçait isolément de rattraper le gros de l'armée en défilant devant nous par une série de bonds allongés... Parvenu à la distance voulue, le chariot qui marchait en tête s'arrête ; on enlève promptement le bandeau de cuir au guépard qu'on détache et qu'on laisse sauter à terre. L'animal promène son regard sur les daims qui passent devant lui avec toute l'agilité d'une épouvante cette fois bien justifiée ; du regard il choisit sa victime, il s'élance, il la rejoint en quelques bonds, la renverse et la saisit à la gorge. Aussitôt les gardiens s'élancent pour lui faire lâcher prise, après lui avoir attaché son bandeau. On vide les entrailles de la victime, — précaution indispensable sous ce climat pour la conservation du gibier, — et l'on recueille le sang qui s'échappe de sa gorge béante dans une large cuiller qu'on fait ensuite vider par le guépard altéré.

» Quand, au bout de trois heures, nous eûmes regagné le rendez-vous, six beaux daims étaient étendus sur le sol, la gorge ouverte et les entrailles vidées. Bien que je n'aie jamais été grand chasseur, il me semble encore voir ce tableau ; l'imagination du lecteur peut, du reste, aisément se figurer ce que doit être un rendez-vous de chasse dans les plaines de l'Inde, sous un figuier banyan assez large pour abriter de son ombre les chevaux, les chariots, les chameaux et même les éléphants de la partie, avec toute une escorte de piqueurs indigènes, de cipayes écarlates et de cavaliers magnifiquement montés ! » (Le comte GOBLET D'ALVIELLA, *Inde et Himalaya*, ch. II. Paris, Plon, in-12, 1877.)

Un durbar[1].

La grande assemblée ou *durbar* convoquée à Agra en 1866 par le vice-roi des Indes, sir John Lawrence, a été une des plus éclatantes manifestations de l'autorité britannique dans la péninsule. Elle n'a été dépassée que par les cérémonies que présida en 1876 le prince de Galles, pendant le voyage fastueux où il reçut des alliés et vassaux indigènes l'hommage offert à l'héritier présomptif de la souveraine de la Grande-Bretagne, proclamée impératrice des Indes. Le *durbar* de 1866 était la première réunion solennelle tenue par le gouvernement de la métropole depuis l'abolition de la Compagnie des Indes et la terrible insurrection de 1857.

« Les cérémonies du durbar avaient attiré à Agra un grand nombre de curieux, Européens et indigènes, accourus de toutes les provinces de l'Inde. Tout ce monde s'était installé tant bien que mal sous les tentes formant en dehors de la ville un vaste camp. Quoique le climat des provinces du nord-ouest soit à cette époque de l'année presque tempéré, les chaleurs de la journée sont encore assez intenses pour qu'il se produise, au milieu de si grandes agglomérations d'hommes, de dangereuses épidémies. En effet, dès les premiers jours du durbar, le choléra se mit à sévir avec violence, et ce ne fut que grâce aux mesures énergiques de la police anglaise qu'on put maîtriser le fléau. On est du reste ici habitué à vivre avec une telle insouciance du danger, que personne ne se préoccupa de la présence du terrible visiteur, et ce fut seulement une visite au cimetière d'Agra qui m'apprit le nombre de ses victimes.

» Mais le temps n'était qu'aux fêtes et aux plaisirs. Le maharajah Scindia en donna le signal. Ce prince, le plus puissant de l'Hindoustan, avait eu l'idée de donner une fête au Tâdj, et la municipalité d'Agra avait mis le monument à sa disposition. Des invitations furent envoyées aux rajahs et à l'élite de la société européenne ; le résident de Gwalior eut l'amabilité de nous comprendre sur la liste.

» Le 15 au soir, je prenais la route du Tâdj, tout en me demandant si ce n'était pas une profanation de transformer en lieu de plaisir un tombeau, monument d'une des plus grandes gloires de l'Inde. Mais il paraît que les Indo-Musulmans

---

[1]. On donne le nom de *durbar* ou *darbar*, dans le Radjpoutana, aux audiences solennelles données par les rajahs, et aux grandes et fastueuses cérémonies qu'ils président.

134 LECTURES ET ANALYSES DE GÉOGRAPHIE.

Tombeau d'Akbar à Agra.

n'éprouvent pas pour les tombeaux le sentiment que ceux-ci nous inspirent. Nous voyons de tout temps les empereurs les construire de leur vivant, les entourer de jardins attrayants où eux-mêmes viennent se divertir. Après leur mort, ces jardins deviennent le rendez-vous de leurs amis, qui aiment à s'y entretenir des hauts faits du défunt et font assister son esprit à leurs divertissements. L'idée est assurément moins lugubre que la nôtre.

» Nous descendons de voiture dans la première cour, devant la porte monumentale des jardins ; des grenadiers de Scindia forment la haie, et nous passons sous l'immense ogive d'où pendent mille guirlandes de cristal. Du haut du perron, le jardin apparaît comme un gigantesque décor de féerie, les jets d'eau lancent des gerbes lumineuses, les arbres sont couverts de fruits et de fleurs de feu, et d'excellents orchestres remplissent l'air de symphonies. Les grandes allées, dallées de marbre, offrent un coup d'œil éblouissant : maharajahs et rajahs ruisselants de diamants, gouverneurs, diplomates, officiers chamarrés de broderies, ministres indiens, barons rajpouts, grandes dames de la cour de Calcutta, forment une foule dont aucune cérémonie européenne ne peut donner une idée. Je ne veux pas seulement parler de la richesse même des costumes, mais de leur diversité, de leur élégance, de ce tableau enfin de tant de pays et de races représentés par ce qu'ils ont de plus grand.

» Pour un Européen, l'idée d'une fête donnée aux princes présents à Agra par un de leurs compatriotes paraît fort simple ; et cependant c'était un vrai coup d'État. Amener des gens qui toute leur vie n'ont paru en public qu'entourés de leur grandeur et de leur dignité, véritables idoles présentées à l'admiration du peuple ; amener ces princes fiers, jaloux l'un de l'autre, à se promener comme de simples mortels dans un jardin, à se coudoyer, à causer entre eux, on considérait la chose comme impossible : on s'était trompé, et tout alla à merveille.

» Vers dix heures, au bout de la grande allée, apparut soudainement une masse d'un blanc de neige éblouissant, colossale, suspendue en l'air comme une vision céleste ; c'était le Tàdj, qui, plongé jusque-là dans l'obscurité, venait d'être éclairé de plusieurs jets de lumière électrique.

» L'effet était magique. A l'électricité succède une illumination générale ; les tchoubdars, circulant parmi les groupes, nous invitent à nous rendre dans la salle du festin. C'est dans le Jawats du Tâdj, immense salon décoré de mosaïques, qu'est dressé un souper homérique, réunissant toutes les délicatesses de l'Europe et de l'Asie. Bientôt les Européens entourent la salle, les bouchons sautent en bouquets, et la gaîté a libre cours; les Indiens, debout, assistent au banquet sans y prendre part. Dire ce que l'on consomma de champagne ce soir-là me serait difficile, mais je commettrai l'indiscrétion d'avouer que plus d'un vieux guerrier anglais se laissa terrasser par la liqueur française. Scindia, du reste, eut à payer pour ce souper seul une note de vingt mille roupies !

» Après le souper, un feu d'artifice est tiré sur le bord de la Djemna; on sait que la rivière baigne la base même de la terrasse du Tâdj et décrit devant le monument une gracieuse courbe. Une série de fusées, de bombes à étoiles, le tout fort ordinaire, vient se refléter un instant dans la nappe d'eau; mais, dès que tout est rentré dans l'ombre, on voit s'avancer, descendant le fleuve, une nappe de feu, qui couvre bientôt la Djemna ; ce sont des milliers de flotteurs remplis de naphte qu'on lance du pont de Toundlah, après les avoir allumés, et qui couvrent la rivière de flammes; le courant les entraînant, l'illumination se propage rapidement, et de la terrasse on aperçoit à plusieurs kilomètres, en amont et en aval, le fleuve roulant une mer de lave incandescente. Cette étrange illumination dure une demi-heure et va se perdre dans les jungles. Que doivent avoir pensé les tigres en voyant passer ce fleuve de feu ? Vers minuit, les orchestres anglais nous donnent un brillant concert, puis la foule s'écoule peu à peu.

» Le 16 novembre, le vice-roi, entouré de tous les rajahs, passe en revue, sur la grande esplanade d'Agra, l'armée anglaise, forte de vingt mille hommes, sous les ordres du général Mansfield. Après le défilé, les troupes prennent leurs positions et entament une série d'évolutions, de charges simulant un combat, parfaitement exécutées; cette partie du spectacle a dû frapper les princes, surtout la remarquable rapidité du tir des pièces de campagnes système Armstrong à culasse mobile.

» Le 17, grande assemblée de l'Ordre de l'Etoile de l'Inde, présidée par sir John Lawrence, dans laquelle les insignes de l'Ordre doivent être remis à plusieurs souverains et feudataires. La cérémonie a lieu dans le Chamiana, ou tente des durbars, au centre du camp impérial, et tous les grands personnages y assistent; c'est pour ainsi dire une répétition générale du durbar, qui se tiendra dans la même salle. Le Chamiana est très vaste et peut contenir deux ou trois mille personnes ; ses khanats forment un arc recourbé, dont la corde est garnie de légers piliers supportant le velum ; l'air et la lumière entrent par là en abondance. A l'extrémité de la salle se dresse le trône du vice-roi, grand maître de l'Ordre ; c'est un siège doré, soutenu par des lions héraldiques, et placés au sommet d'une estrade recouverte de drap d'or. De chaque côté du trône partent des rangées de fauteuils, à gauche pour les chevaliers et néophytes, à droite pour les spectateurs, rajahs et Anglais. Le vice-roi porte le riche collier, l'étoile, le grand cordon et le manteau de satin lilas du *Star of India*.

» La cérémonie d'investiture est des plus simples. Le nouveau titulaire de l'ordre vient se placer devant le trône du grand maître ; lecture lui est faite de la lettre de la reine ; le vice-roi l'embrasse, lui passe autour du cou le collier et le cordon, et le proclame chevalier. Quelques-uns de ces speech ont trait aux services rendus pendant la révolte et sont l'occasion de reproches indirects aux princes assis en ce moment au durbar et qui ont encouragé sourdement les insurgés.

» Enfin, nous voici arrivés au 20 novembre, jour fixé pour la célébration du durbar impérial. Dès le matin, Agra offre le spectacle d'un véritable tumulte ; tout le monde veut assister à la cérémonie, mais le nombre de princes et nobles indiens, de fonctionnaires anglais ayant siège à l'assemblée est si considérable, que le Chamiana n'a plus qu'une cinquantaine de places libres, et encore suffisent-elles à peine aux journalistes et aux autres visiteurs favorisés. Ma qualité de voyageur français et mes nombreuses relations nous ont fait ranger dans cette dernière catégorie, et nous avons siégé au durbar.

» Dès midi, la grande esplanade, qui s'étend devant le camp, offre un coup d'œil splendide ; ce n'est plus un sowari seulement, comme ceux que j'ai décrits, mais cinquante, soixante se suivant. Chaque rajah, entouré de sa cour, étalant toutes les richesses de sa couronne, vient se ranger sur le point qui lui est assigné pour se rendre de là en pompe au durbar. Des centaines d'éléphants, véritables géants de leur race, rivalisant de luxe dans leur harnachement, les uns parés de haodahs d'or ou d'argent, d'autres d'étendards, d'écrans de parade ; des milliers de cavaliers, Rajpouts, Maharates, Sikhs, Boundélas ; des soldats dans tous les uniformes possibles ; cent mille curieux de toutes les provinces de l'Inde : telle est la foule qui couvre la Maïdane d'Agra. Au milieu de cette Babel, de cette confusion, les policemen anglais à cheval cherchent à établir un semblant d'ordre, et font ranger les sowaris.

» Je traverse avec peine cette multitude et j'atteins la grande allée bordée de troupes qui aboutit au Chamiana. La tente est déjà remplie d'agents diplomatiques, d'officiers anglais, parmi lesquels je retrouve plus d'une personne de connaissance. Vers deux heures, le défilé commence. D'après les règles de l'étiquette, le plus élevé en rang doit arriver le dernier ; ce sont donc les feudataires du Râj britannique qui arrivent les premiers, puis les princes souverains en raison inverse de leur importance. Du perron du Chamiana, j'assiste au défilé, la partie la plus frappante de la cérémonie. Chaque sowari s'engage à son tour dans la grande allée ; les troupes anglaises présentent les armes ; les batteries tirent des salves ; l'éléphant royal s'agenouille à l'entrée du Chamiana, et le maître des cérémonies, prenant le rajah par la main, le conduit à son siège. Les cortèges se succèdent sans interruption avec une magnificence ascendante, depuis le principicule boundéla d'Alipoura jusqu'au haut et puissant seigneur de Gwalior. Enfin tous sont assis, les rois indiens à la droite du trône, leurs nobles et ministres derrière eux ; à gauche, les gouverneurs, généraux, officiers anglais dont les riches uniformes paraissent maigres et ridicules en face du luxe asiatique. Après un instant d'attente, les tchoubdars, vêtus de rouge, armés de longues cannes dorées, annoncent le vice-roi ; l'assemblée se lève, et sir John Lawrence, en grand uniforme, tête nue, traverse lentement la salle et gravit les marches du trône au bruit des canons et des fanfares du *God save the Queen*.

» Sur un signe, tout le monde s'asseoit, et le secrétaire d'État proclame l'ouverture du durbar. Alors commence la longue cérémonie du Nuzzur ; chaque rajah, escorté de son dewan et du premier skakour de ses États, s'avance vers le trône, et, s'inclinant légèrement devant le vice-roi, lui présente une pièce d'or, que celui-ci se contente de toucher. Cette pièce d'or représente une somme assez considérable, variant selon le rang du rajah et qui doit être remise aux autorités anglaises après le durbar.

» Mais pendant cette cérémonie, qui ne dure pas moins d'une heure, passons rapidement en revue les princes qui siègent au durbar.

» Le premier, à la droite du trône, est Scindia, maharajah de Gwalior ; il représente au durbar ces terribles Maharates qui mirent pendant un siècle l'Inde à feu et à sang, renversèrent l'empire royal, et par leurs brigandages préparèrent la conquête britannique : son seul rival en puissance et en fierté est le roi maharate de Baroda. Scindia est vêtu avec une certaine simplicité, quelques diamants sur sa poitrine, une robe de brocart et un turban aux ailes relevées qui lui donne un faux air d'Henri VIII ; ses sourcils toujours froncés donnent à sa physionomie un aspect farouche.

» Immédiatement à la gauche du vice-roi, et le seul rajah de ce côté, se trouve notre ami Ram Sing, maharajah de Jeypore, coiffé d'un turban de pierreries et drapé dans le manteau de l'Étoile de l'Inde. Lui et le maharajah de Joudpore assis à côté de Scindia sont les représentants de la grande race Solaire, descendance du dieu Rana ; ils ne sont inférieurs en noblesse qu'au maharajah d'Oudeypour. Ces deux Rajpouts sont égaux en rang, et c'est pour vider le grave différend de préséance que Jeypore est à gauche et Joudpore à droite.

» Après eux vient la reine Bégaum de Bhopal, le plus important souverain mahométan du Rajasthan ; c'est une femme d'une cinquantaine d'années, au type énergique et masculin ; son costume est presque viril : elle porte des pantalons collants de drap d'or et une veste de satin, ornée de plusieurs ordres. Parmi les nobles de sa suite, assis derrière elle, on remarque la reine douairière, Quodsia Bégaum, et une vieille dame habillée à l'indienne, que le maître des cérémonies appele Madame Elisabeth de Bourbon...!

» Près d'elles se tiennent le maharao rajah de Kokah et le rajah de Kichengarh, tous deux Rajpouts et portant l'antique kangra, ou jupon de mousseline gaufrée.

» Le maharao de Kerowly, le jeune rajah jât de Bhurtpore et le maharao d'Ulwar forment un groupe resplendissant de joyaux ; notre ami Chéodan Sing porte une longue tunique de velours noir sur laquelle ressortent des rivières de diamants. A côté de lui est assis le vieux nawats de Touk, vêtu d'une longue houppelande de soie, sans le moindre ornement. Plus loin est le maharaj rana de Sholepore, beau vieillard aux longs favoris teints en rouge, qui est venu au durbar comme à une bataille, tout bardé de fer. Suit une longue rangée de princes boundélas et rajpouts, tous dans de riches et pittoresques costumes. Enfin, après ces princes, qui sont tous souverains, sont assis six Nurjas, membres de l'ex-famille impériale de Delhi; ces descendants d'Akber, richement vêtus et coiffés de la toque de princes du sang, viennent humblement courber le genou devant le vice-roi anglais, dont ils sont les pensionnaires. Les derniers sont les feudataires directs de la couronne anglaise, zémindars, rajahs, jaghirdars, dont quelques-uns, comme le rajah de Burdwan, possèdent des provinces entières et des revenus énormes.

» A la cérémonie du nuzzur succède celle du khillat, qui en est la contre-partie. Le nuzzur est en effet le don offert au supérieur, tandis que le khillat est le présent fait par le suzerain au vassal, soit d'un titre, soit d'un cadeau. Quatre-vingt-trois khillats sont ainsi distribués dans l'ordre suivi pour le nuzzur; ils consistent en éléphants et chevaux, délivrés après le durbar, et en joyaux, objets d'art, étoffes précieuses, qui sont exposées dans la salle après chaque appel, et remis aux rajahs. Cette cérémonie prend encore plus de temps que la première et finit par fatiguer. Le distribution faite, le vice-roi se lève et prononce en hindoustani un éloquent discours, dans lequel il exhorte les princes indiens à gouverner sagement leurs Etats, à y introduire tous les bénéfices de la civilisation européenne et à se rendre dignes de l'amitié de l'impératrice des Indes. Le secrétaire d'Etat proclame alors la clôture du durbar, et la sortie se fait dans le même ordre que l'entrée.

» Telle fut cette grande solennité, qui fera date dans l'histoire moderne de l'Inde, et qui m'a paru l'un des plus saisissants spectacles qu'un Européen puisse contempler dans notre siècle assez prosaïque.

» Avec le durbar se terminait la partie politique de cette réunion des princes à Agra; mais la série des fêtes dura encore jusqu'à la fin du mois. Le rao d'Ulwia, le prince de Vizianagram se signalèrent par de brillants *entertainments*, et, enfin, comme scène dernière, Ram Sing donna un grand bal, où, pour la première fois depuis que le monde existe, on vit un prince hindou, descendant de Rana, figurer dans un quadrille au bras d'une Européenne. » (L. ROUSSELET, *l'Inde des rajahs*, ch. x. Paris, Hachette, 1875, in-4°.)

Le Kachmir.

L'entrée du paradis de Kachmir est de tous côtés très difficile. Toutes les routes qui partent de l'Inde ont leur point de départ sur la magnifique route militaire du *Great Trunk Road* qui relie Calcutta, Delhi, Lahore et l'Indus. Deux de ces routes partent de *Rawal-Pindi*, l'une par *Abhotabad* et *Mouzafarabad*, l'autre par le poste sanitaire de *Murree*; une troisième part de Djelam, remonte le Pountch, et dessert *Mirpour* et *Pountch*. — Les routes les plus pittoresques et les plus fréquentées des touristes sont celles qui ont leur point de départ à Djammou, mais elles ne sont praticables que sept mois par an. De Djammou, pour gagner Srinagar, on a le choix entre le col de Budil ou celui de Banihâl, ou le passage du Tchinab à Acknour pour aller rejoindre, à Radjaori, la route historique des Grands-Mogols. — La route du col de Budil est la plus courte, mais elle n'est praticable que pour les piétons, et seulement pendant six mois de l'année. La route de Banihâl est la route commerciale ordinaire; elle ressemble fort aux chemins de mulets qui vont de Martigny à Chamonix par la Forclaz et la Tête Noire ou le col de Balme. La route, très accidentée, franchit le Tchinab à Ramban sur un pont de bois, et remonte par des gorges admirablement boisées jusqu'au col de Banihâl : elle est praticable dix mois par an, mais très pénible pour les chevaux, et la plupart des transports se font à dos d'homme ou de buffle. Le col de Banihâl est fréquemment balayé par des ouragans de neige.

Le chemin le plus intéressant qui conduise directement des plaines du Pandjab dans le Kachmir, sans passer par Djammou, est celui des Grands-Mogols par Bhimbar, Radjaori et le Pir-Pandjab. C'est celui que suivait Aureng-Zeb, suivi de ses odalisques et de sa cour, dans ses excursions de plaisir et ses grandes chasses ; Bernier, qui avait été autorisé à le suivre, nous décrit les péripéties de ces dangereux voyages, les chasses au lion et au tigre avec des éléphants cuirassés, la poursuite des antilopes à l'aide de panthères dressées, « charmantes bêtes qui n'avaient que le défaut de se » jeter sur leurs conducteurs quand elles avaient manqué leur coup. » Les étapes étaient marquées par des *sarae* ou campements de pierre ou de brique, où d'innombrables chambres et cellules voûtées offraient un asile à ces hôtes de passage. A Bhimbar, à Radjaori, à Thanna, à Saidabad, à Kahnpour se voient encore les débris imposants de ces *sarae*, qui abritent encore, comme celui de Radjaori, des populations nombreuses.

La route franchit en bac le Tchinab à Acknour, s'élève en lacets dans les escarpements des *Kalithar Hills*, où des brahmanes pieux offrent pendant la saison chaude de l'eau fraîche aux voyageurs altérés, descend dans la vallée du *Tavi-Minawar*, et, à partir de Radjaori, s'enfonce dans le col ou *Pir Ratan*, au milieu de forêts d'arbres verts splendides, peuplés de singes noirs et gris. La route s'engage ensuite sur une rampe plus longue encore et plus escarpée que le col Ratan ; c'est la fameuse gorge du *Pir Pandjab*, à une altitude de 3 500 mètres environ ; c'est le seuil le plus élevé de la route. Le sentier, taillé en corniche autour de rochers à pic, surplombe d'affreux précipices, et la neige l'obstrue presque toute l'année[1].

---

1. La ligne du Pandjab conduit le voyageur de Lahore à Wazirabad, où la locomotive franchit le Tchinab sur un magnifique pont, long de deux milles. « Dans

« La vallée de Kachmir est toujours, comme au dix-septième siècle, le plus beau et le plus grand jardin paysager du monde; un parc de trente lieues de long sur dix à douze de large. Tout y semble calculé avec un art surhumain pour le plaisir des yeux ; cultures, habitations, rivières et lacs parsemés d'îles verdoyantes et fleuries, sillonnés d'embarcations de formes et de dimensions variées, que guident des *hanjis* (bateliers) dont les physionomies intelligentes, les formes sculpturales et le costume s'harmonisent au mieux avec cette nature enchanteresse : ruis-

---

» la saison sèche, le Tchinab est réduit à quelques filets d'eau qu'on pourrait
» presque franchir d'un bond; mais la largeur de son lit et les dimensions de ses
» galets arrachés aux flancs de l'Himalaya, montrent clairement qu'un pont de
» deux tiers de lieue, posé sur 64 arches de 70 pieds, n'est pas de trop pour do-
» miner ses rives tumultueuses à la saison des débâcles. » (GOBLET D'ALVIELLA.)

Wazirabad est le point de départ pour Djammou ou Jummou, où le maharajah de Kachmir a sa résidence d'hiver. La route traverse les cantonnements de Scalkoti, station militaire de la frontière. M. Goblet d'Alviella (*Inde et Himalaya*, p. 257) décrit ainsi l'aspect des environs de Djammou : « De la terrasse qui
» bordait le pavillon du maharajah, on domine à perte de vue les bois verdoyants
» qui descendent en pente douce vers la plaine de l'Inde, laissant les méandres
» de la Tavi reluire au soleil comme un serpent de mercure, tandis qu'au nord
» et à l'est, les crêtes blanchies de l'Himalaya brillent comme les perles d'une
» couronne, à travers les dépressions d'un avant-plan de rocs et de forêts. Il y a
» là une combinaison naturelle de neige, d'eau et de verdure, peut-être unique
» dans l'Inde. C'est un site comme en eût rêvé un sultan des *Mille et une nuits*,
» pour réaliser sur terre le paradis de Mahomet. »

Bernier raconte l'affreux accident qui signala le passage d'Aureng-Zeb, en 1665 : les 15 éléphants qui portaient les 60 femmes du Grand Mogol gravissaient l'un après l'autre l'étroite rampe, quand tout à coup, celui qui marchait en tête eut peur, recula sur le second, et ainsi de suite à la file, jusqu'au dernier; le gynécée tout entier roula dans le précipice qui heureusement n'était pas très profond en cet endroit. Quatre odalisques furent broyées, plusieurs autres blessées; on les arracha comme on put de l'abîme; mais aucun des éléphants n'en sortit : deux jours après, Bernier passant par le sentier put voir ceux qui survivaient encore lever leurs trompes, et implorer du secours.

François Bernier (1620-1688), philosophe, médecin et voyageur français, fut avec Molière, Chapelle et Hesnault un élève de l'illustre Gassendi. Docteur en médecine de la Faculté de Montpellier, il défendit résolument les doctrines de son maître. Passionné pour les voyages, il se mit à visiter d'abord l'Allemagne, la Pologne et l'Italie, puis la Syrie, l'Egypte et l'Inde. A Delhi, il devint le médecin du Grand Mogol, Aureng-Zeb, enseigna à sa cour les découvertes anatomiques d'Harvey et de Pecquet, la philosophie de Gassendi et de Descartes, étudia les systèmes philosophiques et les religions de l'Inde, visita les provinces du Mogol et le Kachmir, et rentra en France après une absence de treize ans. Il fut l'ami des écrivains et des personnages les plus illustres du temps, La Fontaine, Molière, Boileau, Racine, Saint-Evremond, Chapelle, Mme de La Sablière, Ninon de Lenclos. Il composa, avec Boileau, l'*Arrêt burlesque* qui préserva la philosophie de Descartes d'une condamnation ridicule, et fournit à La Fontaine et à Molière des sujets et des indications dont ils surent l'un et l'autre tirer parti. Bernier fut surnommé de son temps le *Mogol*. Son principal ouvrage souvent réimprimé est intitulé : « *Voyages de Bernier, contenant la description du
» Grand Mogol, de l'Indoustan, du royaume de Cachemire*, etc. » (2 ou 4 vol. in-12.)

seaux et canaux innombrables, décrivant de capricieux détours parmi les rizières et les pelouses, et faisant reluire de toutes parts au soleil, comme des rubans moirés d'argent, leurs ondes limpides et rapides.

Village du Kachmir.

» Dans la vallée de Kachmir, comme à Venise, l'eau est le principal et presque le seul moyen de communication. Ainsi s'explique cette multiplicité d'embarcations de formes et de grandeurs diverses, qui circulent incessamment sur les rivières, les canaux et les lacs [1].

» Le plus grand attrait de cette région féerique, c'est l'heureuse disposition du gigantesque amphithéâtre de montagnes qui l'encadre, en formant autour d'elle un ovale allongé. Tout y semble prévu, calculé pour produire le meilleur effet : la transition graduelle du gracieux au grandiose, du grandiose au terrible. Au-dessus des premières ondulations encore couvertes d'habitations et de vergers, où l'on retrouve tous nos arbres à fruits d'Europe, s'élèvent les collines à pâturages, où circulent d'innombrables bestiaux, notamment les chèvres, dont le poil sert à la fabrication de ces *cachemires*, si fameux dans les annales de la mode [2], puis, au-dessus de ces premières hauteurs, la chaîne des hautes collines boisées, dominée à son tour par une et souvent plusieurs enceintes de montagnes plus hautes, au-dessus desquelles surgissent çà et là les sommets appartenant à la région des neiges éternelles.

» ..... L'aspect général de Srinagar [3], la cité des chalets, n'a pas sensiblement changé depuis le dix-septième siècle. Bien que la pierre ne manque pas dans le pays, on continue de préférer,

---

1. « En voici la nomenclature : le *bangla*, la plus grande de toutes, est une véritable maison flottante, à l'usage du souverain et du gouverneur, son représentant. — Le *parinda* est encore un bateau considérable, avec plate-forme et cabine à l'avant, et ne sert aussi que pour des personnes d'importance. Ces grandes embarcations exigent au moins vingt rameurs. Viennent ensuite, par rang de taille, les *baths*, les *dungas*, les *skiraris*, les *bandugirs*. Le *baths* est employé pour le transport des céréales; le *dungas*, pour celui des marchandises moins encombrantes et des passagers. C'est de ce genre de bateau que les touristes font le plus fréquent usage pour les plus grandes excursions, en amont et en aval de Srinagar; on peut y passer très confortablement la nuit. — Les *skivaris* sont des embarcations légères à 6 rameurs, pour les promenades de jour. — Le *bandugir* est le plus petit de tous ces bateaux; on s'en sert pour chasser la sauvagine sur les lacs. Le *touage* à la corde ou à la chaîne, cette ingénieuse invention, d'origine française, est aujourd'hui d'un usage général dans le Kachmir, pour les transports des marchandises et des denrées. »

2. « L'industrie de la sculpture et de l'incrustation est aujourd'hui en pleine décadence. Il y a encore à Srinagar des orfèvres et des peintres sur laque, qui font de fort jolies choses. La teinture et le tissage des fameux châles, si recherchés en Europe, et notamment en France, pendant la première moitié de notre siècle, occupent encore de nombreux ouvriers, quoique l'exportation de cet article ait sensiblement diminué dans ces dernières années. Cette industrie est singulièrement malsaine, les ouvriers sont parqués toute la journée dans des ateliers mal aérés où l'on ne peut tenir debout. Aussi les reconnait-on à leur tournure grêle et à leur face maladive. » (Drew, trad. par Ernouf, p. 156.)

3. Srinagar est l'ancien nom hindou de la capitale du Kachmir ; elle l'a repris depuis la conquête des Sikhs (1819). Au temps de la domination musulmane, on la désignait sous le nom de Kachmir.

KACHMIR
Échelle de 1:1730000

pour les constructions, le bois de cèdre qui abonde sur les pentes voisines, et qui revient à très bon marché, à cause de la facilité du transport par le flottage.

» Le Djilam, large en cet endroit comme la Seine à Paris, coupe la ville en deux parties inégales, reliées ensemble aujourd'hui par sept ponts. La partie la plus considérable, celle qui est située sur la rive droite, confine à un petit lac d'environ cinq lieues de tour.

La description du lac *Dal*, telle que la donne Bernier, est toujours exacte. Le lac Dal est formé des sources d'eaux vives et des ruisseaux qui descendent des monts, et dont le principal est le Scind. « Le lac a cela de
» particulier, qu'il est plein d'îles, qui sont autant de jardins de plaisance
» qui paraissent tout verts au milieu de l'eau, à cause de ces arbres frui-
» tiers et des allées de treilles, et parce qu'ordinairement ils sont entou-
» rés de trembles à larges feuilles disposés de deux en deux pieds, dont
» les plus gros peuvent être embrassés, mais qui sont longs comme des
» mâts de navires, ayant un bouquet de branches seulement tout en haut
» comme des palmiers. Au delà du lac, sur le penchant des montagnes, ce
» ne sont que maisons et jardins de plaisance, le lieu s'étant trouvé admi-
» rable pour cela, parce qu'il est en très bel air, en vue du lac, des îles et
» de la ville, et qu'il est plein de sources et de ruisseaux. » (*Voyage de Cachemire*, t. II, p. 259.)

» Vue du lac ou de la rivière, Srinagar plaît surtout par l'irrégularité capricieuse des maisons du bord de l'eau, tantôt placées en saillie sur pilotis, tantôt en retrait, coquettement dissimulées sous la verdure... Les habitations des plus humbles villages de cette vallée, couvertes en chaume ou en bois, comme celles du Jura, ont un caractère pittoresque. Elles se composent d'un rez-de-chaussée qui sert d'étable l'hiver, et d'un étage supérieur avec balcon et pilastres.

On a comparé Srinagar à Sion, la cité du Valais; l'une et l'autre sont assises au milieu d'un amphithéâtre de montagnes, et flanquées de deux collines isolées dont le sommet est couronné d'édifices. Des deux collines kachmiriennes, *Takht* et *Hari-Parbat*, la première porte une mosquée, la seconde un fort construit à la place de la mosquée qui existait encore du temps de Bernier. « Sur la pente d'Hari-Parbat, *la montagne de verdure*,
» on a bâti de nombreux cottages pour les touristes anglais, au milieu
» d'une véritable forêt d'arbres à fruits, abricotiers, cerisiers, pommiers, etc.,
» qui leur promet une réserve intarissable de puddings. » La plupart des mosquées subsistent; quelques temples hindous ont été reconstruits, et les architectes anglais ont approprié certains édifices aux besoins de l'administration et du gouvernement. Les bazars européens et indigènes, les bureaux annexés à la citadelle n'ont rien d'artistique.

» Il n'en est pas de même des palais de plaisance construits par les empereurs mogols sur les pentes des collines du lac Dal.

Srinagar (vallée de Kachmir).

Ce sont des parcs en terrasse avec pavillons, avenues, canaux, cascades et bassins, installés dans les sites les plus remarquables par la beauté des points de vue et l'abondance des eaux. Il y a *Nasim Bagh*, le jardin des brises; *Nishât Bagh*, le jardin d'allégresse; *Shâlamar Bagh*, le jardin du roi.

» *Nasim Bagh*, le plus ancien des trois, est peut-être celui qui produit le plus grand effet. C'est une série de terrasses reliées entre elles par de vastes escaliers, et plantées de platanes séculaires. L'étage le plus bas de ces terrasses est à une quarantaine de pieds au-dessus du lac. C'est là qu'il faut venir, au lever du soleil, pour bien apprécier l'heureux choix de cet emplacement. On aperçoit distinctement la plus belle partie de la vallée et de son encadrement de montagnes, reproduite avec toutes les nuances de couleurs et de lumières dans les eaux limpides du lac. C'est une des plus heureuses combinaisons de reflets qui aient été rencontrées jamais dans de telles œuvres..... L'état actuel de dégradation et d'abandon de ce « jardin des brises » n'ôte rien à sa majesté, et lui prête peut-être un charme nouveau. Aujourd'hui de profondes lézardes sillonnent les revêtements des terrasses, les degrés ont en partie disparu! Mais jamais les pelouses n'ont été si verdoyantes; les arbres, contemporains de la splendeur des souverains mogols, ont continué de prospérer, et leurs dimensions sont colossales.

» *Nishât Bagh*, le jardin d'allégresse, est un carré oblong, d'une superficie d'environ 5 500 mètres, qui s'étend depuis la berge du lac jusqu'au pied d'une hauteur à pic. Il est divisé en cinq étages de terrasses ornées de fontaines dont les eaux viennent se déverser dans un canal central. Ce parc a conservé ses belles eaux, mais j'y ai cherché en vain les poissons familiers qu'on y voyait encore du temps de Bernier, ceux auxquels la belle Nourmahal, favorite de Jehan-Guir[1], avait fait passer dans les narines des anneaux d'or.

» Le mieux conservé de ces jardins est le *Shâlamar Bagh* situé à la base d'un amphithéâtre de hauteurs boisées, qui s'élèvent graduellement jusqu'à la hauteur de 14 000 pieds, entre la vallée du Djilam et celle du Scind, et sont dominées par la plus belle montagne du Kachmir, le *Gwashbrari* (17 800 pieds), cône sillonné de cannelures azurées, dont chacune renferme un glacier. » (ERNOUF, d'après DREW[2], *Kachmir et Tibet*, 1 vol. in-12, Plon.)

---

1. Jehan-Guir, l'aïeul d'Aureng-Zeb, fut le créateur du *jardin d'allégresse*; le *jardin des brises* fut, dit-on, l'œuvre d'Akbar le Grand; et le *jardin du roi*, celle de *Schah-Jehan*, père d'Aureng-Zeb.
2. M. Drew, ingénieur anglais des mines, collaborateur actif de la grande carte

Bernier, qui le visita au moment de sa plus grande splendeur, en a donné la description suivante : « Le plus beau de tous ces jardins est celui du roi, » qu'on appelle Chahlimar : du lac on y entre par un grand canal bordé de » gazons ; ce canal a plus de 500 pas ordinaires de long, et il est entre » deux larges allées de peupliers, il conduit à un grand cabinet qui est au » milieu du jardin, où commence un autre canal bien plus magnifique qui » va tant soit peu en montant jusqu'à l'extrémité du jardin : ce canal est » pavé de grandes pierres de taille ; son talus est de mêmes pierres que le » pavé, et dans le milieu on voit une longue file de jets d'eau de quinze en » quinze pas ; il y a encore d'espace en espace de grands ronds d'eau » comme des réservoirs, d'où s'élèvent quantité de jets d'eau de plusieurs » sortes de figures, et il se termine à un autre grand cabinet qui est » presque comme le premier. »

« Ces cabinets, qui sont à peu près faits en dômes, situés au milieu du canal et entourés d'eaux, et par conséquent entre ces deux grandes allées de peupliers, ont une galerie qui règne tout autour, et quatre portes à l'opposite les unes des autres, dont il y en a deux qui regardent les allées avec deux ponts pour y passer, l'une d'un côté et l'autre de l'autre : les deux autres regardent sur les canaux opposés ; chaque cabinet est composé d'une grande chambre au milieu de quatre autres moindres chambres qui sont dans les quatre coins : tout est peint et doré par le dedans, tant la grande chambre que les petites, avec des sentences écrites en gros et magnifiques caractères persans ; les quatre portes sont très riches, elles sont faites de grandes pierres avec deux colonnes qui ont été tirées de ces anciens temples d'idoles que Chah-Jehan fit ruiner : on ne sait pas au vrai le prix de ces grandes pierres et colonnes, ni de quelle matière elles sont, mais on voit bien que c'est quelque chose de précieux, plus beau que le marbre et que le porphyre. » (*Voyages de Bernier*, t. II, 9ᵉ lettre.)

Au nord-est, le Djilam s'est ouvert une brèche entre les monts Caj-

---

des Indes (Survey), la plus étendue et la plus vaste qui ait été publiée jusqu'ici, passa, en 1862, du service de l'Angleterre à celui du maharajah de Kachmir. Le gouvernement de la reine l'avait autorisé à se mettre à la disposition de Ranbir-Singh pour étudier les richesses métallurgiques et forestières des territoires de Sa Hautesse. Il passa dix ans dans ses Etats, en qualité d'administrateur des forêts, puis de gouverneur du Ladak ou petit Tibet. M. Ernouf dit que M. Drew fit l'usage le plus honorable et le plus habile de son crédit, auprès de Ranbir-Singh, « en déterminant l'abolition d'anciennes coutumes, comme l'incinération des » veuves, en réalisant ou suggérant d'importantes améliorations économiques, » agricoles et forestières, en soulageant de son mieux les pauvres habitants des » montagnes. Il a même contribué à ouvrir des voies nouvelles et avantageuses » au commerce de l'Inde avec l'Asie centrale, à travers des parages longtemps » inconnus, des déserts et des gorges qui passaient pour infranchissables. »

Nag et Panjal, et se précipite furieusement par une gorge profonde hors de la magnifique vallée où il coule bienfaisant et pacifique. Il descend de 2800 pieds dans un parcours de 80000, de Baramoula à Mouzafarabad, à son entrée dans le Pandjab[1].

M. Guillaume Lejean, qui entra dans la vallée de Kachmir par la passe de Baramoula, exprime en ces termes son admiration :

« De Chikar à Chagourti, pendant trois jours, j'ai voyagé littéralement sous une voûte d'abricotiers, de grenadiers, de cerisiers, de vignes sauvages ; les fruits mûrs jonchaient le sentier sous mes pieds, c'était une vraie entrée du paradis terrestre. Un peu plus haut, la végétation change : aux arbres fruitiers succèdent les sombres sapinières... Enfin j'atteignis le sommet d'une jolie colline boisée qui domine Baramoula. Au tournant du sentier, le fourré s'ouvrit tout à coup. Une plaine de soixante lieues de long se déroulait à mes pieds, verdoyante et vivace, semée de villages et de jardins de plaisance, rayée de larges rivières dont le cours était dessiné par de longues avenues de peupliers : le bleu sombre de l'Hydaspe, redevenu

---

[1]. Les Anglais ont par le traité d'Amritsar (10 mars 1846) conféré au maharajah de Kachmir, Golab Singh, et à ses hoirs mâles à perpétuité le territoire de Jummou ou Kachmir, situé dans les bassins supérieurs de l'Inde, de Djilam et de Tchinab (6830 mètres carrés) ; en échange, le maharajah s'engage à payer à l'Angleterre une indemnité de 85 laks de roupies (21 millions et demi de francs) ; il soumet à l'arbitrage de l'Angleterre toutes ses affaires extérieures et joint ses forces militaires à celles de ses alliés, il se reconnaît vassal et doit offrir chaque année au gouvernement protecteur un cheval, six châles Cachemire, six boucs, et six chèvres de la meilleure race. Aucun prince indigène n'a été l'objet d'une surveillance plus rigoureuse que le maharajah de Kachmir qui, non seulement règne sur une terre opulente, la *Vallée des roses*, mais qui tient les passages et les clefs des routes utiles à la défense de l'Inde. L'indépendance du Kachmir était une simple fiction. Le successeur de Golab-Singh vient d'en faire l'expérience.
Au mois de février 1889, le résident anglais du Kachmir, le colonel Parri-Nisbet, saisit de prétendues lettres du maharajah Pertab-Singh adressées à un de ses confidents habituels, où le maharajah donnait l'ordre d'envoyer en Russie un agent secret pour offrir son alliance au tzar, et de faire assassiner le vice-roi et le premier ministre kachmirien, trop zélé pour l'Angleterre. Le maharajah accusé, « prince juste, ami de la vérité, indulgent et bon, préoccupé du bien-» être de ses sujets autant que de la fidélité qu'il doit à ses engagements, » protesta avec énergie et déclara que les lettres étaient l'œuvre d'un abominable faussaire. Sous la menace de la prison, et peut-être du dernier supplice, le colonel Nisbet l'obligea à signer son abdication, en lui promettant de lui rendre justice après l'enquête. — A Calcutta, le vice-roi déclara les pièces suspectes ; mais il refusa une entrevue à Pertab-Singh, et ratifia sa déchéance ; les pleins pouvoirs du gouvernement ont été confiés provisoirement à un conseil de régence, composé d'Anglais et de notables, sous la haute autorité du résident anglais. Le maharajah garde son rang et sa dignité nominale de chef d'État, mais il est en réalité dépossédé. (Voy., sur cette mystérieuse déchéance, un très intéressant article de Monchoisy ; — *Revue Bleue*, 16 nov. 1889.)

calme et majestueux, faisait encore mieux ressortir les reflets argentés de cinq ou six lacs à demi ensevelis sous les algues et les lotus : tout au fond, estompé par la distance, quelque chose d'un blanc pur et mat, se détachant en lignes fines, nettes et sobres, sur l'azur transparent du ciel, comme les banquises des mers polaires. J'avais sous les yeux la vallée de Cachemire avec sa ceinture de neiges immaculées, l'auguste et incomparable Himalaya. Je n'ai pas l'enthousiasme facile ; mais, devant cette merveille, j'oubliai tout... Je restai quelques minutes sans parler, dans cette sorte d'ivresse des yeux et de la pensée que je n'ai éprouvée ailleurs que deux fois dans ma vie, en face d'Athènes et en face de Venise. » (*Société de géog. de Paris*, conférence ; avril 1867.)

Victor Jacquemont et Mme de Ujfalvy, qui ont visité le Kachmir à cinquante ans d'intervalle (1831-1881), parlent de l'*Heureuse Vallée* sur un ton bien rassis. Leur entrée dans le Kachmir leur a causé une vive déception. Jacquemont y rencontre des plantes qui sont des « colosses », des vignes « gigantesques », des forêts de cèdres, des sapins, des pins, des bouleaux variés ; mais tous ces arbres ne diffèrent pas, pour l'effet général, de ceux de l'Europe. « Le nénuphar fleurit à la surface des eaux » dormantes ; le butome et le trèfle d'eau, dont on peut admirer l'élé- » gance dans les humbles fossés d'Arras ou des villes d'alentour, s'élèvent » au-dessus d'elles, associés aux mêmes espèces de joncs et de roseaux. » Toute cette nature est étrangement européenne. » — Les femmes paraissent à Jacquemont d'une laideur remarquable : il n'a vu nulle part « d'aussi affreuses sorcières ». Les hommes sont insolents, cupides, les plus grands fripons de l'Inde. « Ce pays est un pays de gueux, de coquins, de bandits. » Dans une lettre à Mme Victor de Tracy (*Corresp.*, t. II, LXII), le voyageur résume ainsi ses impressions très défavorables sur le Kachmir :

« Cette vallée de Cachemire, dont la renommée s'étend au loin, ne la mérite peut-être que par les visites fréquentes qu'y fit la cour du Grand Mogol, ordinairement renfermée dans les murs brûlants de Delhi ou d'Agra, dans le pays le plus nu et le plus desséché par un soleil sans nuages. Les lacs sont bien peu de chose quand on les compare avec ceux des Alpes : et, de tous les palais bâtis sur leurs bords par des empereurs mogols, celui de Shalimar, le plus célèbre de tous, est le seul qui reste debout. L'endroit me plut fort, à cause de ses eaux pures et de ses ombrages magnifiques. Mais combien de villas, sur les bords du lac Majeur, surpassent Shalimar en beauté ! La physionomie de ces montagnes est, de même que celle de l'Himalaya, plutôt grandiose que belle : des lignes magnifiques, voilà tout. La nature n'a rien fait pour orner l'intérieur ; c'est une grande bordure qui n'encadre rien. Point de ces détails pittoresques qui rendent les Alpes si attachantes, si longtemps nouvelles. Je suis campé dans un jardin royal, au bord d'un lac transparent. Ce jardin est tout rempli de roses fleuries; mais elles sont petites et peu odorantes. Que de belles plantes j'ai rencontrées, et combien de fois j'ai pensé à votre flore du Bourbonnais.....

.»..... Si j'étais un entrepreneur, un directeur de théâtre ambulant jouant *Macbeth*, je n'aurais pas de peine à trouver mes sorcières, car j'en rencontre tous les jours. Cela peut vous aider à imaginer les femmes de cette partie du monde... Je suis fâché de me trouver si fort en contradiction avec le petit nombre de voyageurs européens qui ont visité ces contrées avant moi. Si les choses n'ont pas horriblement changé depuis que M. Forster les visita, il y a cinquante ans, sans un déguisement, il faut qu'il ait furieusement embelli la vérité, ce qui ne devrait être permis qu'à un poëte... L'Inde n'est plus pour moi le plus pauvre pays du monde; Cachemire surpasse toutes les pauvretés imaginables. »

Sans être aussi sévère dans son jugement que Jacquemont, Mme de Ujfalvy ne cache pas son « désenchantement », quand elle pénètre dans la « merveille du monde ». « Etait-ce donc pour contempler cet amas de mon-
» tagnes déboisées au sud, présentant une désolante uniformité, que nous
» avions fait ce chemin périlleux? Comment ces flancs de terre rouge
» et à peine garnis de verdure peuvent-ils nourrir ces belles chèvres dont
» la laine soyeuse fournit de si beaux châles; j'étais atterrée, et cepen-
» dant nous descendions une montagne boisée où la flore tout euro-
» péenne me rappelait ma chère patrie. Mais je n'étais pas venue pour voir
» l'Europe... » Pourtant, Mme de Ujfalvy vante la beauté des jardins d'Islamabad, la magnificence de leurs allées de platanes et de peupliers; elle a trouvé du charme aux plantations de Srinagar, à ses prairies entrecoupées d'arbres qui forment comme des tapis de différentes couleurs; « le Djilam y déroule ses méandres, qui rappellent les dessins de palmes
» que l'on voit sur les châles. » Mais, si les maisons de la ville sont originales, leurs escaliers, leurs murailles, leurs boiseries menacent ruine, et, sous le pittoresque se cache une effroyable saleté. Les vieilles mosquées, revêtues de briques émaillées, ont disparu; les temples actuels sont garnis de fer-blanc. Le bazar renferme des richesses inouïes d'orfèvrerie, de bois peints et sculptés, de fins tissus et de châles *pachemina*, qui sont de purs chefs-d'œuvre, et se vendent à haut prix. (*Voyage dans l'Himalaya occid.*, ch. VIII et IX.)

Jeypore.

Jeypore ou Djeïpour, capitale de la principauté de Dhoundhar, est une des villes les plus remarquables du Radjpoutana, par ses monuments, par sa situation géographique, par son activité commerciale. Son origine est toute moderne. En 1728, le roi **Sowaé Jey Sing II**, ancien vassal d'Aureng-Zeb, s'affranchit de l'autorité du Grand Mogol, et fonda un royaume indépendant. Il délaissa l'ancienne capitale, Amber, trop à l'étroit dans une des gorges des monts Kali, et fit construire une cité nouvelle, Jeypore, dont il traça lui-même le plan, les fortifications, et dont il édifia les palais. Elle devint, sous ses auspices, le siège des sciences et des arts. Jey Sing était un astronome passionné. Il inventa des instruments nouveaux, d'une précision et d'une délicatesse merveilleuses; il érigea un observatoire et le dota avec magnificence; il écrivit des livres d'astronomie, et fit traduire en sanscrit les principaux ouvrages de mathématiques de l'antiquité et des temps modernes. Il fit partir une ambassade pour Lisbonne, et le roi Jean V lui envoya un savant portugais, Xavier da Silva, avec des livres et des instruments. Les successeurs de Jey Sing n'ont pas su conserver les richesses scientifiques de l'illustre fondateur de Jeypore. L'observatoire est toujours debout, mais les instruments et les manuscrits ont été perdus, dispersés ou dérobés. C'est à Jeypore que le colonel Potier se procura une copie complète des Vedas, dont il fit don, en 1789, au British museum de Londres.

Jey Sing n'est pas moins célèbre comme organisateur et législateur que comme savant. Sa capitale, protégée au nord par une forteresse posée sur un rocher élevé, et à l'est par un contrefort des monts Kali, est entourée de hauts remparts crénelés peints en rouge et flanqués de distance en distance de massives tours rondes. « Les rues, se croisant à angle droit, sont
» larges, aérées et bien orientées. La ville est construite avec une rare
» magnificence : les maisons les plus ordinaires sont en granit recouvert
» d'un stuc poli et brillant, et les habitations des nobles et des riches sont
» revêtues de marbre blanc. Le centre de la voie est dallé, et sur les côtés
» sont deux chaussées, réservées l'une aux piétons, l'autre aux chalands des
» boutiques qui garnissent le rez-de-chaussée des maisons. Nulle ville de
» l'Inde ne peut rivaliser avec Jeypore pour la beauté et la propreté de ses
» rues... » (L. ROUSSELET.)

Avec ses jardins, ses bosquets, ses lacs, Jeypore paraît au voyageur qui vient des terres sablonneuses du nord et de l'ouest, comme une fraîche oasis à l'issue d'un désert. Les vents chauds de l'ouest, *hotwinds*, y déchaînent fréquemment des ouragans de sable qui dessèchent et qui asphyxient : on vante pourtant la salubrité, sinon l'agrément de son climat. La ville est une des grandes étapes du commerce de l'Inde septentrionale, un entrepôt considérable de marchandises entre l'Afghanistan, le Pandjab et le Konkan, entre Bombay, Agra et Delhi. Les mendiants, les jongleurs, acrobates, charmeurs de serpents, les fakirs s'y rencontrent en grand nombre à l'époque de la fête et de la foire célébrées avec éclat au mois d'août, en l'honneur de Ganésa, dieu de la science et de la sagesse.

« La grande foire ou *méta* se tient aux abords du palais royal. Là sont
» réunis les produits du Rajasthan, de l'Hindoustan et aussi de l'Europe.
» A côté des magnifiques châles du Tibet, des écharpes du Bandelcand, des
» *kincoles* brochés de Bénarès et des gazes du Bengale, on trouve les

» *shirtings* de Manchester, les indiennes belges et les *turkeyred* suisses.
» Les armuriers offrent des poignards d'Hérat, des *kriss* gourkas, des
» *kâtars* du Méwar aussi bien que de la coutellerie de Sheffield et de Châtel-
» lerault. Jeypore étale comme principaux produits de son industrie les
» turbans lamés, les idoles de marbre, les fourneaux de cuivre, les chaus-
» sures brodées, les sels de Sambher et les émaux sur or fin. Ces derniers
» constituent une des spécialités de la ville et forment un monopole royal ;
» ils sont exécutés avec une délicatesse et une vivacité de coloris incompa-
» rables ; leur valeur est considérable. Le champ de foire présente un coup
» d'œil des plus pittoresques ; des éléphants couverts de riches draperies,
» des chameaux, des cavaliers forment avec la foule un groupe resplendis-
» sant de couleurs, qu'encadre la longue ligne des palais de marbre, relevée
» par l'éclatante verdure des arbres et des palmiers. » (L. Rousselet, *l'Inde
des rajahs*, ch. viii, p. 275.)

La vallée d'Amber.

« Une route fort belle conduit de Jeypore à Amber, l'ancienne capitale ; on sort de la ville par la porte nord-est, et on se trouve aussitôt au milieu de délicieux jardins, dont les arbres chargés de fleurs forment, au-dessus du chemin, une voûte ombreuse. Les pluies ont jeté sur le sable, sur les rochers, sur les murailles même un manteau d'un vert étincelant ; on se croirait dans un vaste parc où des pelouses seules sépareraient les bosquets.

» Les montagnes de la chaîne des Kalikhô forment ici un arc dont les remparts de Jeypore réunissent les deux bouts ; on a ainsi une vallée abritée de tous côtés contre les invasions du sable et formant un riant contraste avec ce pays brûlé. Une *nullah*, c'est-à-dire un torrent des montagnes, traversait cette vallée et allait se perdre dans la plaine, par un étroit défilé, qui lui livrait passage à l'est. Un des princes de Jeypore eut l'idée d'arrêter la nullah en barrant le défilé, et le torrent prisonnier se transforma en un lac ravissant ; de somptueux palais, de beaux jardins vinrent se grouper sur ses bords, et un autre rajah créa à son tour une magnifique résidence insulaire, au centre du lac. Mais il paraît que l'ingénieur qui avait fait le barrage n'avait pas pris suffisamment ses mesures ; le niveau du lac augmenta d'année en année, si bien que peu à peu il absorba les jardins les plus proches, puis les kiosques, puis les palais ; impossible de savoir où il s'arrêtera. Les propriétaires inondés avaient le remède sous la main : une trouée dans la digue les eût débarrassés du trop-plein d'eau ; soit apathie, soit superstition, ils préférèrent abandonner sa proie à l'élément perfide et allèrent se réfugier sur le ghât opposé. Le coup d'œil qu'offre aujourd'hui ce lac est tout ce qu'il y a de plus pittoresque : les palais à demi ruinés, les salles aux colonnades de marbre à demi remplies d'eau, tout cela entremêlé de cette végétation que l'abandon amène si vite sur les édifices, vient se refléter sur sa surface bleuâtre. Au centre s'élève le château royal, dressant lugubrement ses tours crevassées par les pipâls ; nul n'y a mis les pieds depuis la première inondation ; ses seuls habitants sont d'énormes tortues et des crocodiles.

» Ces derniers sont les vrais propriétaires du lac, et je crois qu'il est impossible, dans aucun pays du monde, d'en voir un aussi grand nombre réuni dans un même lieu. La haute chaussée de pierre qui conduit à Amber coupe un des angles du lac ; on peut, de là, étudier les sauriens tout à son aise. A peine ces aimables animaux entendent-ils des pas ou aperçoivent-ils du monde sur cette route, qu'ils arrivent de tous les côtés et viennent se ranger de chaque côté de la chaussée ; leurs horribles têtes aplaties, triangulaires, se dressent avidement et impudemment au-dessus des lotus, et le passant peut voir tous les yeux dirigés sur lui. Figurez-vous que vous passez à cheval devant une pareille armée ; si votre monture venait à s'effrayer, à faire un faux pas, aussitôt toutes les gueules s'ouvriraient ; en une seconde vous auriez disparu. Des bataillons de pélicans, d'une blancheur digne du proverbe, s'ébattent sur les îlots et reposent agréablement la vue de cet avant-plan sinistre ; des canards passent et repassent à côté des crocodiles aux aguets. Malgré toute son intelligence, Ram-Singh (le rajah) protège encore ces féroces animaux, et il est défendu, sous peine d'une forte amende, de les molester en quoi que ce soit. De peur qu'on ne les effraye ou qu'on ne les blesse par mégarde, on ne peut même chasser sur le lac[1].

---

1. Il en est des singes d'Ahmedabad comme des crocodiles d'Amber.
« Les singes jouent un grand rôle à Ahmedabad. J'en ai vu partout : dans les arbres des mosquées, hors de la ville, le long de la rivière, où ces êtres incommodes viennent s'abreuver, enfin dans les rues les plus fréquentées. Assis sur le toit des maisons, ils vous regardent d'un air moqueur. La nuit dernière, je fus réveillé en sursaut par un bruit infernal. Checco, tout affolé de peur, se précipita dans ma chambre, et, de sa voix sonore de Romain, il se mit à hurler : « A l'assassin ! » Des assassins au milieu du camp ! cela me parut de la dernière invraisemblance. Aussi n'étaient-ce pas des assassins ; c'étaient des singes qui s'amusaient à découvrir le toit. C'est dans leurs mœurs. Il n'est pas dans les mœurs des habitants d'exterminer ces bêtes malfaisantes. C'est tout au plus si vos convictions religieuses vous permettent de les rouer de coups de bâton. » (DE HUBNER, A travers l'Empire britannique, II, 44.)

» Sur la berge opposée est une grande porte en ruines, sous laquelle passe la chaussée et qui donne accès dans la première enceinte d'Amber. De l'autre côté commence un ghât fort raide, qui gravit en droite ligne un col d'une centaine de mètres; au sommet, on passe un autre portail et on est dans Amber. La route serpente quelques instants à travers la forêt, puis, à un tournant, on aperçoit à ses pieds la mystérieuse vallée. Qu'on se représente un cratère profond, dont les talus sont couverts d'une jungle épaisse et sombre; au centre, un cône de verdure servant de piédestal à un palais de marbre, féerique, étincelant, auprès duquel pâlissent les merveilles de Grenade et de Séville; autour de ce cône, une ville abandonnée, silencieuse, dont les moindres maisons sont des palais, et un lac aux eaux noirâtres. Tel est le premier effet d'Amber; mais ce qui est indescriptible, c'est la sensation qu'on éprouve après quelques minutes de contemplation; quelque chose de romantique, de mystérieux s'empare de vous; on se demande si ce n'est pas une simple rêverie des *Mille et une Nuits*, si, nouveau Calender, on ne va pas troubler le silence de cette ville endormie sans faire jaillir quelque effrayant mystère. Le palais surtout a quelque chose de surnaturel; les dômes recouverts de plaques d'or et d'émaux bleus, les tourelles de marbre d'un jaune d'ivoire, les murailles garnies de balcons dorés, c'est bien là le château enchanté de Scherarzad.

Un étang sacré, le Tal Koutora, bordé d'élégants jardins où s'élèvent de petits kiosques de marbre, serre de près le sentier dallé aux pentes rapides qui conduit au château. Des remparts crénelés, flanqués de bastions, et percés de portes massives, dominent la route. Derrière cette formidable muraille suspendue au-dessus du Tal, s'ouvre la vaste cour du palais, entourée de trois côtés par des corps de bâtiments qui servaient jadis de casernes et d'écuries; plus haut, sur un deuxième plateau, les édifices principaux du palais garnissent une haute terrasse qui donne sur la cour. On y accède par un grand escalier, en passant sous une belle porte ornée de fresques de couleurs vives.

» A l'angle de la terrasse se dresse la grande salle du Dewan Khana, un des plus beaux monuments de l'art rajpout. Une double rangée de colonnes, supportant un entablement massif, forme les trois côtés de la salle, qui est recouverte par une haute voûte, d'une grande hardiesse; le quatrième côté donne sur le lac et est fermé par un mur. L'édifice n'est donc, en réalité, qu'un kiosque sur de très grandes proportions; la lumière et l'air y entrent en toute liberté. La salle est dallée de marbre relevé par des incrustations de couleur ; à l'extrémité s'élève une estrade de marbre blanc servant de trône. Les colonnes de la première rangée sont en grès rouge et supportent des chapiteaux d'une grande beauté, sur lesquels sont sculptés des éléphants, soutenant avec leurs trompes l'auvent en pierre qui descend de la corniche. Les colonnes de la seconde rangée sont de beaux monolithes de marbre gris.

» Sur l'autre côté de la terrasse s'étend la partie du palais réservée au roi : au centre de la façade est une porte monumentale, couverte de mosaïques et de peintures fines ; c'est un des chefs-d'œuvre de l'Inde. — Les grillages de marbre qui ferment les fenêtres de la façade sont réputés les plus beaux de l'Inde, taillés dans une dalle qui mesure jusqu'à deux mètres de haut sur un et demi de large ; ils sont exécutés avec une telle délicatesse qu'ils simulent, à une petite distance, de transparents rideaux de mousseline.

» Franchissant cette porte, on va de merveille en merveille ; on pénètre dans une cour entourée de palais étincelants de mosaïques et de sculptures et dont le centre est occupé par un féerique jardin. Quoique abandonnée depuis longtemps, cette résidence royale est encore entretenue avec soin.

» A gauche du jardin s'élève un monumental pavillon, appelé le Jess-Munder, précédé d'une grande vérandah à arceaux mauresques. L'édifice est revêtu de marbre blanc, décoré de quelques bas-reliefs délicats, mais d'un sujet très simple ; l'intérieur est divisé en trois grandes salles, tapissées de la voûte au plancher de mosaïques et d'incrustations. Ces mosaïques, formées de pierres polies, agates, turquoises, de moulages dorés et de morceaux de glaces, se combinent en groupes de fleurs et arabesques ; on ne peut que difficilement se faire une idée de l'effet que produit un de ces appartements, lorsqu'un rayon de soleil, y pénétrant, vient se briser sur ces dorures et faire étinceler comme des diamants les fleurs de cristal enchâssées dans les panneaux. Les voûtes sortent un peu du genre hindou ordinaire et rappellent, par leurs dentelures ruchées, les plus beaux pendentifs mauresques. L'étage supérieur du Jess-Munder n'est composé que d'un kiosque de marbre, coiffé d'un de ces curieux dômes allongés qui rappellent la coque d'une barque : il contient trois jolies pièces, décorées avec une richesse surpassant encore celle des appartements du bas. D'un côté, de grandes fenêtres, fermées par de délicats treillis de marbre, donnent directement sur le précipice et embrassent une vue admirable; de l'autre, on a une belle terrasse, qui s'avance jusque parmi les branches des grenadiers et des orangers du jardin. C'est la plus poétique retraite qu'i soit possible de rêver.

» De l'autre côté du jardin s'étend une longue ligne de palais, tous aussi admirables comme pureté de formes, aussi splendides comme décoration que le Jess-Munder. Dans l'un, les murs sont couverts de panneaux de santal, incrustés d'ivoire et d'argent comme ces coffrets de l'Inde que tout le monde a admirés à nos Expositions; des canaux traversent les salles et viennent aboutir à des bassins dont les parois sont incrustées de gracieuses compositions, auxquelles se mêlent des poissons, des plantes aquatiques, des lotus, des monstres. D'autres sont simplement tendus de marbre blanc, avec des encadrements de lapis-lazuli ou de serpentine verte, ou bien décorés de miniatures représentant des scènes de chasse, des traits de l'histoire nationale ou de la mythologie; chacun, enfin, renferme des choses dignes d'être vues et admirées. Les bains royaux offrent aussi quelque intérêt avec leurs ingénieux appareils de chauffage, leurs meubles de pierre et leurs conduits en bronze.

» Au sud de ces palais et sur une assise de la colline, plus haute de quelques mètres, s'étend le Zénanah royal, qui couvre une superficie égale à celle occupée par tous les édifices du château. Les appartements étaient décorés avec la magnificence qu'on retrouve dans tout cet admirable palais; mais cent cinquante ans d'abandon, et aussi les habitants actuels, n'en ont laissé subsister que peu de traces; on y voit cependant encore des fresques antiques fort curieuses et quelques belles mosaïques.

» Quand je dis les habitants actuels, je veux parler d'une puissante tribu de singes *hanoumân* qui ont établi leur campement dans les salles désertes du Zenanah, et qui règnent aujourd'hui en maîtres dans tout l'ancien harem. Si même les préjugés indiens ne protégeaient pas ces inoffensifs animaux, il serait encore difficile de les déloger d'un poste qu'ils occupent depuis de nombreuses années, et qu'ils seraient capables de défendre vaillamment. Lorsque nous pénétrâmes pour la première fois dans le Zenanah, notre entrée occasionna un violent tumulte; les mères se sauvaient en emportant leurs enfants, et les mâles nous suivaient à distance respectueuse, mais en montrant d'une manière peu rassurante leurs formidables mâchoires.

Le *langour* ou *hanoumân* est le plus grand des singes qui peuplent les forêts de l'Inde; sa taille varie de deux pieds et demi à près de quatre pieds; d'une forme élancée, élégante, il possède une souplesse excessive; sa face, très intelligente, dégarnie de poils, est couverte d'une peau noire et encadrée par de longs favoris blancs; sa fourrure est gris-chinchilla sur le dos, blanche sous le ventre, d'un poil long et soyeux; sa queue nue, à l'exception d'une touffe à l'extrémité, a une longueur égale à celle du corps. Le langour est le singe sacré de l'Inde; ce sont ses tribus qui, sous la conduite d'Hanoumân, roi des singes, aidèrent Rama dans la conquête de l'île de Ceylan, l'antique Lanka. Les Hindous, prenant à la lettre la description du Ramayana, qui compare à des singes les barbares alliés des Aryens, ne voient dans les langours que les descendants des soldats de Rama, et les tiennent en grande vénération.

» Ces étranges habitants du palais d'Amber m'intéressèrent beaucoup durant le séjour que j'y fis en leur voisinage; au bout de quelques jours, toute la tribu nous connaissait et nous approchait sans crainte; des bananes, du pain et du sucre nous avaient rendus populaires. Les personnes qui ont vécu dans le pays où ces singes sont nombreux ont toutes pu remarquer qu'ils vivent toujours en tribus, et sous le gouvernement d'un chef; chaque tribu occupe son champ, ses bois, ses ruines, qu'elle paraît considérer comme son territoire et dont elle défend jalousement l'accès aux maraudeurs étrangers. Les langours, postés sur les créneaux du Zenanah, observent la contrée; une sentinelle voit-elle approcher un étranger, un ennemi, aussitôt elle pousse un cri rauque; et, à ce signal d'alarme, les créneaux se couvrent de défenseurs. Un jour, une panthère traversa le ravin et vint se promener sous les murs du palais; il fallait voir avec quelle fureur, mêlée de terreur comique, les singes insultaient, du haut de leurs remparts, leur terrible ennemi; longtemps après son départ, toute la troupe hurlante resta aux aguets, se livrant à mille contorsions en signe de bravade. Le temps étant toujours beau, nous prenions nos repas sur la terrasse du Jess-Munder; à heure fixe, toute la tribu se rangeait sur le parapet voisin et nous observait avec un plaisir extrême; quel spectacle pour ces singes qu'un Parisien buvant et mangeant! Assises au premier rang, se tenaient les guenons, chacune portant dans ses bras un joli petit singe; derrière, plus farouches, les adultes; et seul, sur le rebord du toit, trônait le vieux roi. Cette galerie était si bouffonne, et les singes observaient une telle immobilité, que j'essayai plusieurs fois d'en faire la photographie; mais, à la vue de l'objectif, qu'ils prenaient pour un nouveau genre de fusil, tous se sauvaient en hurlant. Le langour, animal inoffensif et facile à mettre en fuite, est un terrible adversaire lorsqu'il est blessé ou se sent en danger d'être pris; la force de ses mâchoires est prodigieuse et, jointe à l'agilité avec laquelle il se sert de ses bras, le rend aussi redoutable, une fois furieux, que l'hyène et la panthère.

» Les ruines d'Amber remplissent encore toute la partie nord-est de la vallée. Les bazars et habitations du peuple ne forment plus que des monceaux de décombres, recouverts d'une épaisse végétation, mais les demeures princières des grandes familles Catchwahas ont mieux résisté à l'action du temps... Au milieu des séculaires nûns et manguiers qui remplissent le fond du ravin, on voit se dresser les arcades sévères, les hauts frontons découpés et les longues colonnades des imposants palais d'Amber. Nulle part la nature n'a mis tant de rapidité et de grâce à se marier à la beauté des œuvres de l'homme; laissée à elle-même, elle a couvert les murailles de lianes et de fleurs, planté les cours de jardins ombreux et accroché ses pipals et ses cactus parmi les treillis de marbre des terrasses. En parcourant ses rues silencieuses, dont les dalles disjointes laissent croître de hautes herbes, on éprouve un sentiment de douce mélancolie qu'inspirent peu les ruines, souvent nues et tristes; ici, le soleil, tamisé par les branches des arbres, colore chaudement et sans crudité ce mélange de verdure et de pierres sculptées; on arrive par de mystérieux sentiers de feuillages à de petits étangs, entourés de portiques et aux bords desquels s'ébattent des familles de langours. — Matin et soir, les gongs de bronze des sanctuaires remplissent la vallée de leurs sons. Du haut des remparts du château, les gigantesques *nakaras* royaux leur répondent et saluent avec eux le lever ou le coucher du soleil, l'ancêtre de leur roi. C'est vers le soir surtout que le bruit de ces cloches et de ces tambours a quelque chose d'étrangement poétique. Ces cloches sont le dernier soupir d'Amber; le temps n'est pas éloigné où le scepticisme, ou peut-être une autre religion viendra renverser les mandils de Mahadeo, et faire taire à jamais les échos de la sainte vallée. » (L. ROUSSELET, *l'Inde des rajahs*, ch. VIII. Paris, ill., in-4°, Hachette, 1875.)

III. — GÉOGRAPHIE ÉCONOMIQUE

Productions. — Minéraux. Les gisements de **houille** découverts jusqu'à ce jour se trouvent dans la région comprise entre le Gange au nord, la Godavéry au sud, Calcutta à l'est et la vallée de la Nerbadah à l'ouest. Le centre principal des houillères exploitées est la *vallée de la Damouda*, qui fournit la plus grande partie du combustible extrait (gisements de Ranigandj, Djerria, Ramgarh, Bogaro, etc.). D'autres mines de charbon, peu ou point exploitées, s'étendent dans les monts Satpoura, dans les vallées de la Godavéry, du Pranhita; d'autres dans les monts Khassia, et à Sibsagar (Assam). La superficie des couches de charbon de l'Inde est évaluée à 90 000 kilomètres carrés, sa puissance à 14 milliards de tonnes. Il est de médiocre qualité, excessivement friable, donne 10 à 30 p. 100 de cendres, et ne rend que les trois quarts ou la moitié du travail obtenu avec le même poids de charbon anglais. La quantité extraite est de 5 à 600 000 tonnes par an. — Le **fer** abonde dans l'Inde, sous des formes diverses: filons et gisements d'*hématite* rouge, *fer* de *Salem*, *Madras*, dont les couches ont de 20 à 30 mètres d'épaisseur; de *Tchanda* (provinces centrales), de la vallée de la Nerbadah et du Bandelkand; couches d'*argiles ferrugineuses* mêlées aux terrains carbonifères (vallée de la Damouda); dépôts de *fer* provenant de la désagrégation des roches; le fer est de bonne qualité, mais la concurrence des fers anglais a ruiné les usines métallurgiques qu'on a fondées. — Le **sel** est inépuisable dans les monts de Kalabagh et dans tout le Pandjab. Il y a des dépôts salifères épais de 40 à 60 mètres dans le district du Djilam et à Ouarcha, dans le Chahpour. On extrait le *sel marin* sur les côtes; le lac de Samber, dans le Radjpoutana, est un lac salé. — Le **cuivre** du Koumaoun, du Garhval, du Népal, du Sikkim, de Midnapour, des environs de Madras, etc., donne un minerai précieux, mais encore mal exploité; — le **plomb** ou **galène** se tire des vallées himalayennes du Koulou, du Gahrval, du Sirmour, de Sabatou, près de Simla; — l'**or** est rare et peu productif dans l'Assam, le Tchota Nagpour, dans les eaux du Pandjab; on a découvert une mine fort riche, dit-on, dans le district de Malabar; — l'**argent** se trouve avec le plomb dans le Koulou; — l'**antimoine** ou **sourma**, dans les vallées supérieures de l'Himalaya; — le **cobalt**, à Djeïpour (Radjpoutana); — le **pétrole**, dans le Pandjab et l'Assam.

Les mines de **diamants** légendaires de l'Inde sont depuis longtemps presque épuisées. Celles qu'on appelle improprement de *Golconde*, et qui étaient dans les collines de la Godavéry et du Gandjam, ne fournissent plus que quelques pierres médiocres. Les gisements de Sambalpour (Mahanaddi supérieure) et de Tchota Nagpour sont à peu près abandonnés. On extrait encore de beaux diamants aux environs de Pannah (Bandelkand). Les monts Aravalli recèlent des **améthystes**; le Mévar et le Djeïpour, des **grenats**; la vallée de la Nerbadah, du **cristal** de roche; le Goudjera, des **agates**, des **cornalines** et des **onyx**; le Maïsour, du **jade**. Les pêcheries d'**huîtres perlières** se font dans le golfe de Kambaye et sur les côtes de Travancore; mais les plus fécondes sont celles du golfe de Manaar. — Les matériaux de construction qui ont servi aux temples et aux palais hindous sont les **marbres** du Radjpoutana, les **micas** des monts Dounghars, les **serpentines** du Mévar, les **grès** roses de la vallée du Tchambal et du Bandelkand.

Mines de diamants et de cornalines.

« La ville de Pannah repose sur le terrain adamantifère, qui paraît s'étendre sur tout le revers oriental du plateau de Marwa; l'exploitation des mines commence à l'entrée des faubourgs. Vingt minutes de marche à travers champs, et nous atteignons un petit plateau couvert de monticules de cailloux, parmi lesquels croissent d'énormes bouquets de jasmin, dont les mille grappes de fleurs embaument l'air. Au pied d'une butte un peu plus élevée se tiennent quelques soldats déguenillés; de l'autre côté s'ouvre un large puits, sur le bord duquel est installée une roue à norias, que font marcher quatre bœufs; c'est là la mine de diamants, célèbre dans le monde entier. Le grincement de la roue, quelques coulis nus qui vont et qui viennent, portant sur leur tête des paniers de gravois, constituent toute l'animation de cette importante exploitation; on ne peut s'empêcher d'être vivement désappointé.

» Le corps de la mine consiste en un puits rond, d'un diamètre d'environ 12 à 15 mètres, et d'une profondeur de 20. Le terrain d'alluvion qu'il traverse se divise en couches horizontales superposées, composées de débris de gneiss et de carbonates, d'une épaisseur moyenne de 13 mètres; au-dessous, on trouve le minerai adamantifère, mélange de silex, de quartz déposé au milieu d'une gangue de terre rouge. Pour pratiquer l'exploitation du minerai, on fore les puits sur une partie quelconque du plateau, et on se contente de retirer à bras la partie de minerai qu'on rencontre. Les ouvriers descendent au niveau de la couche par un passage incliné que gardent quelques soldats : à demi plongés dans l'eau, que les godets de la noria ne suffisent pas à épuiser, ils se bornent à remplir des paniers en paille du mélange boueux, qui est porté à l'extérieur pour être examiné. Sous un hangar est placé un système d'auges en pierre dans lesquelles le minerai est soigneusement lavé; le résidu siliceux est étendu sur une table de marbre et livré aux trieurs. Ceux-ci, ayant chacun derrière eux un surveillant, examinent les pierres une à une, faisant retomber dans un panier le rebut et mettant de côté les diamants; ce triage demande une grande habileté, aussi bien de la part de l'ouvrier que de celle du surveillant, car il doit se faire avec une certaine rapidité, et le diamant brut ne se distingue que difficilement des pierres qui l'entourent : silex, quartz, jaspe, hornstone, etc.

» On voit combien ce mode d'exploitation est primitif; on peut affirmer à coup sûr qu'aucun perfectionnement n'y a été introduit depuis la découverte même des mines. La tradition rapporte que c'est en creusant un puits qu'on découvrit dans le sol des diamants d'une grosseur fabuleuse. On s'en est tenu depuis à ce procédé; le puits percé, on enlève tout le minerai, qui se trouve au fond, puis on le comble, et on va recommencer plus loin la même opération. Cette méthode est non seulement très coûteuse, mais elle produit encore ce résultat déplorable que, pour fouiller un mètre cube, on doit en déplacer cent, et on perd tout autour une surface vingt fois plus considérable. En outre, le forage des puits se fait d'une manière très primitive, entraîne une grande perte de temps, et il arrive souvent que le point choisi ne renferme pas la moindre parcelle de diamant. Par suite d'une méthode aussi imparfaite, ces mines, exploitées depuis vingt siècles, sont encore presque vierges, et, le jour où on y pratiquera le travail par galeries, on en obtiendra des résultats merveilleux.

» La couche adamantifère s'étend sur une longueur de plus de trente kilomètres au nord-est de Pannah; les mines les plus importantes sont, outre celles de la capitale : Myra, Etawa, Camariya, Brispour et Baraghari. Elles produisent annuellement une moyenne d'un million et demi à deux millions de francs de diamants; ce qui est minime, si l'on songe que ces diamants sont les plus estimés du monde entier et atteignent dans le pays même une grande valeur. Il est, du reste, excessivement rare qu'il nous en parvienne en Europe; ceux que l'on y connaît sous ce nom sont pour la plupart des pierres du Brésil, auxquelles on fait faire le voyage de l'Inde, d'où elles reviennent avec les enveloppes et les étiquettes indiennes.

» Les diamants de Pannah sont d'une grande pureté et possèdent des feux superbes; leur couleur varie depuis le blanc le plus pur jusqu'au noir, en passant par les nuances intermédiaires, laiteux, rosé, jaune, vert, brun. Leur poids ne dépasse pas en moyenne 5 à 6 carats; on en trouve cependant quelquefois qui atteignent jusqu'à 20 carats; la mine de Myra en a même produit un de 83 carats, qui appartenait à la couronne mogole.

» Malgré tous les désavantages du système d'exploitation usité, on peut estimer le revenu réel des mines au double du revenu officiel. En effet, quelques précautions que l'on prenne, il est presque impossible, dans ce pays où la corruption règne parmi toutes les classes, d'empêcher que le vol ne s'exerce dans les mines sur une grande échelle. Le rajah n'a trouvé qu'un moyen d'y mettre une certaine mesure ; il a établi un revenu approximatif des mines ; si le rendement descend au-dessous du chiffre fixé, il s'empare d'un des chefs supposés des fraudeurs, le fait décapiter et confisque tous ses biens. Grâce à ces petits exemples, il peut être tranquille ; il sait que la fraude existe, mais que sa part sera toujours réservée.

» Le rajah vend directement ses diamants à Allahabad et à Bénarès ; il n'y a que quelques années qu'il a établi des ateliers pour tailler la pierre à Pannah même ; auparavant le diamant se vendait brut. Je ne crois pas qu'il espère rivaliser, comme perfection, avec les tailleurs de diamants de la Hollande ; cependant les pierres qui sortent de ses ateliers ne sont pas à mépriser. Le diamant est taillé et poli sur une roue d'acier horizontale, chargée d'égrisé et d'huile, et mise en mouvement par une pédale ; l'ouvrier tient la pierre au bout d'une espèce de porte-crayon et l'appuie contre la roue de façon à l'user par facettes. Les formes les plus usitées dans le pays sont la rose ou le brillant à large face ; en général, les Indiens font peu de cas des nombreuses facettes estimées en Europe. » (L. ROUSSELET, *l'Inde des rajahs*, ch. XIV, p. 442-3. Paris, 1875, in-4°, ill., Hachette.)

A 100 kilomètres environ au nord de Sourate, le chemin de fer de Bombay à Baroda, qui vient de traverser une immense plaine sans arbres, toute couverte de plantations de cotonniers, atteint le fleuve Nerbadah, à Broach. Pour franchir le puissant cours d'eau, dont la crue est rapide au temps de la mousson, les ingénieurs ont dû construire un long viaduc en fer, haut de 25 mètres au-dessus du niveau moyen des eaux, et composé de soixante-cinq piles à trois étages. Broach est une ville très ancienne, qu'Arrien et Ptolémée mentionnent sous le nom de Barygaza ; les Grecs fréquentaient son port. La ville a conservé une riche mosquée qui renferme des mausolées de marbre blanc, admirablement sculptés et dont l'un est recouvert de lames d'argent.

« Les mines de cornaline de Ratanpour sont à 29 kilomètres à l'est de Broach... Sur la rive gauche de la Nerbadah commence une couche de sable fin, très fatigante pour nos chevaux, et couvrant le pays jusqu'au village de Minawara, à 10 kilomètres de là. A mesure que nous avançons, le sol se parsème d'une quantité d'agates, de couleurs et de dimensions variées, dont le nombre va en augmentant; auprès de Ratanpour, la terre en est littéralement couverte. Les mines, à quelques kilomètres de cette ville, s'étendent au bas d'une colline peu élevée. D'innombrables galeries traversent une couche épaisse de glaise ou de terre à poterie, dans laquelle sont incrustées les cornalines et les agates. Des milliers d'ouvriers y sont occupés. Transportées près de la ville, ces pierres précieuses sont étalées dans les champs et exposées au soleil. On les y laisse huit à dix mois, afin que leur couleur augmente d'intensité. Ensuite elles sont recueillies et cuites dans des pots de terre sur un feu d'excréments de brebis; les autres combustibles, paraîtrait-il, ne valent rien pour cette préparation. Les cornalines changent alors leur couleur noire naturelle pour une teinte d'un rouge vif. Le village renferme plusieurs établissements où ces pierres sont travaillées en boules, pendants et autres objets, que l'on exporte ensuite en Afrique et en Arabie. Ces mines sont restées sous la direction exclusive des indigènes; les machines et les méthodes qu'on y emploie prouvent que les Hindous sont plus laborieux et plus entreprenants qu'on ne veut bien l'admettre d'ordinaire. » (L. ROUSSELET, *l'Inde des rajahs*, ch. IV, p. 100.)

Agriculture.

Les canaux d'irrigation. — Il est des régions dans l'Inde, comme la région orientale du golfe de Bengale et la zone littorale de la mer d'Oman, où la pluie tombe en quantité telle que l'humidité est toujours surabondante; dans d'autres régions, comme le delta de la Mahanaddi et la vallée inférieure du Gange, la pluie annuelle fournit $1^m,50$ à 2^m, et la sécheresse est peu à craindre. Dans l'Inde centrale, dans le bassin central du Gange, sur la côte de Coromandel, elle ne donne que $0^m,80$ à $1^m,50$, et souvent la sécheresse y a causé de grands désastres. Le nord et l'est du Pandjab, jusqu'à Delhi et Agra, la contrée qui s'étend de Nassik au cap Comorin, ne reçoivent que 40 à 80 centimètres et ne peuvent se passer d'irrigations artificielles; enfin l'angle nord-ouest de l'Inde, qui comprend tout le Sindh et la moitié occidentale du Pandjab, sont les régions les plus arides; la chute d'eau n'y atteint pas $0^m,40$, elles exigent impérieusement des canaux et des puits.

De tout temps, des canaux d'irrigation, des lacs, des étangs, des réservoirs, des barrages ont été creusés et soigneusement entretenus dans l'Inde; les Hindous se sont distingués par ces travaux bienfaisants; les musulmans les ont continués et les Anglais ont repris l'œuvre, l'ont améliorée et agrandie. Sans être aussi indispensables à l'Inde qu'ils le sont à la Mésopotamie ou au Turkestan, les canaux rendent les plus grands services à l'agriculture de la péninsule. Les Hindous les considèrent surtout comme un moyen d'irrigation; les Anglais en font en outre le plus souvent un moyen de navigation. Plusieurs de ces canaux concourent à la fois à distribuer l'élément fertilisateur et à transporter les produits dans les marchés lointains. Ils ont été aménagés de façon à préserver les indigènes des famines qui à plusieurs reprises ont décimé la population ; ils protègent les cultures et les villages contre les trop fréquentes alternatives d'inondation et de sécheresse.

« Le trait caractéristique du système est la construction, vers le sommet du delta, d'une digue appelée *anicut*, destinée à élever les eaux à la hauteur nécessaire pour commander le pays, et d'une solidité à défier les assauts des terribles fleuves de l'Inde. L'*anicut* de Dauleswaram, à la bifurcation du Godavéry, est large de 130 pieds à la base, long de plus de 4 kilomètres. L'appareil principal, renforcé à l'intérieur par des masses de sable et de terre, est protégé par un véritable système de travaux d'approche, maçonnerie, plate-forme inclinée, tablier, chargés d'amortir le choc du courant. L'eau, ainsi maintenue au niveau convenable, est distribuée à droite et à gauche en deux principales artères se ramifiant bientôt en un réseau qui se déploie en éventail vers la mer. Le Godavéry livre à la canalisation par seconde environ 86 mètres cubes à l'étiage et 343 en temps de crues. — L'*anicut* de Bezourah, sur la Kistna, n'est guère moins colossal, quoique le volume des eaux n'égale pas celui du Godavéry. Une digue semblable existe sur le Ponnar, près de Nellor.

» Ces ouvrages, dont le premier modèle avait été donné, il y a 1600 ans, sur le Cavéry, par les indigènes, assurent non seulement l'irrigation, mais les moyens d'un trafic local dans l'intérieur du delta et même d'un delta à l'autre. » (VIDAL-LABLACHE[1], les *Voies de communication de l'Inde*; *Revue scientifique*, 7 avril 1877.)

Les principaux canaux sont : les *canaux du Gange*, œuvre magnifique de sir Proby Cautly. Une des branches se détache du Gange, en amont d'Hardwar, aux roches de Sawalak, traverse des torrents, des ravins et la

---

1. Cette substantielle étude à laquelle nous avons emprunté de précieux renseignements a été composée par M. Vidal-Lablache, d'après les *Rapports annuels sur les progrès moraux et matériels de l'Inde*, et les *Rapports* du directeur des Cies de chemins de fer indiens. — M. Vidal-Lablache, né en 1845, ancien professeur à la Faculté des lettres de Nancy, sous-directeur des études à l'École normale supérieure, a publié, outre son savant ouvrage sur *Hérode Atticus* (in-8°), *La Terre*, in-18, 1883; *En France*, in-18, 1886; *Autour de la France*, in-18, 1888, Delagrave. — Dans tous ses livres, qui ont eu un grand succès, aussi bien que dans son enseignement, M. Vidal-Lablache a su montrer, par l'application d'une ingénieuse méthode, par l'heureux choix des faits, l'abondance et la variété des aperçus, que la géographie bien entendue est une science attrayante et suggestive entre toutes, et l'auxiliaire indispensable de l'histoire.

large vallée du Solani par un aqueduc qui repose sur quinze arches. Il aboutit à Cawnpore. Il fut construit de 1848 à 1854; sa longueur est de 982 kilom.; ses branches ont près de 500 kilomètres de développement; il arrose une aire de 275 000 hectares. L'entretien en est fort coûteux. — Une grande branche du canal est celle qui se détache près d'Aligar et aboutit à la Djemna; — des deux canaux de la *Djemna*, creusés de 1823 à 1845, l'un, à l'est (210 kilomètres de long, 1 000 kilomètres de bras), arrose 75 000 hectares; l'autre, à l'ouest (712 kilomètres et 1 200 avec les embranchements), fertilise 140 000 hectares; — un canal se détache de la *Ravi*, en amont de Lahore et arrose le territoire d'Amritsir; — un autre part du *Sone* pour l'irrigation du territoire de Patna; — un canal, parallèle à la mer, se détache de la Mahanaddi, coupe les branches de la Brahmani et de la Baitarani, et va se perdre dans le delta du Gange, reliant Cattak à Calcutta, et suppléant à la rareté des ports de cette côte d'Orissa, inhospitalière et souvent victime de la famine. Des barrages puissants dans les vallées supérieures de la Godavéry et de la Kistna répandent l'eau de ces fleuves à travers les districts par un réseau de canaux. Les canaux alimentés par les fleuves Cavéry et Coléroun portent l'abondance dans le district de Tandjore. Innombrables sont sur tous les points les barrages des indigènes, retenant l'eau des lacs artificiels ou étangs appelés *djhils*. Tels sont les réservoirs d'*Oudeïpour*, *Adjimir*, *Djeïpour*, du *Barva Sagar*, du *Madoura*, du *Bhopal*, du *Nizamat*, etc. Toute la présidence de Madras en est parsemée.

Grand lac d'Oudeïpour (Radjpoutana).

« Tout cela est fait dans des localités où le paysage environnant ajoute les beautés de la nature aux merveilles de la science. Les têtes du canal du Gange à Hardwar, du canal de la Satledje à Rupar, du canal Ravi au Bari Doab à Madhupour sont presque aussi intéressantes pour l'artiste et le touriste que pour l'ingénieur. Sur le premier plan sont des travaux en pierre massive, de nobles arches et piliers ; le canal se déroule clair comme du cristal ; au second plan sont de basses montagnes semblables à de la pourpre dans l'atmosphère d'Orient, tandis que l'horizon finit aux neiges éternelles. Pendant les premiers milles de son parcours, le canal du Gange offre une série d'ouvrages qui sont des triomphes d'habileté technique. Dans tout l'empire, il existe peu de localités plus agréables et plus instructives que le cours du canal du Gange, entre Hardwar, lieu de pèlerinage célèbre, et Burki, siège du collège des ingénieurs et des ateliers qui y sont annexés. » (Sir RICHARD TEMPLE, trad. PÈNE-SIEFERT, *l'Inde britannique*, ch. XIV, p. 275.)

L'Etat, qui construit et entretient les canaux, perçoit une rente des abonnés à l'irrigation. La longueur totale des canaux, d'après Buckley, est de 12750 milles ; on ne connaît pas la longueur totale des voies de distribution ; elle est de 8300 milles dans le nord de l'Inde seulement ; l'aire irriguée dépasse 6310000 acres. Le capital déboursé par l'Etat pour les canaux a été d'environ 20250000 livres sterling ; les rendements nets sont de 6 p. 100. Mais on ne peut évaluer les bienfaits produits par l'irrigation contre la sécheresse et la famine, pour la sécurité des habitants, la faculté des transports, l'instruction des indigènes.

Végétaux. — L'Inde, qui présente les climats les plus divers, fournit également les productions les plus variées ; sa flore comme sa faune, suivant les régions, rappellent l'Europe, l'Afrique et la Malaisie. Le plus important produit du sol est celui des *céréales*, **blé, riz, maïs, millet**, nourriture presque exclusive des habitants, qui sont végétariens par nécessité, par religion, par hygiène. L'Inde produit environ 96 millions d'hectolitres de blé par an : par le chiffre de la production totale, elle occupe le troisième rang dans le monde, après les Etats-Unis et la France et avant la Russie. Le tiers seul du sol est en culture ; la région la plus fertile est le Bengale, qui donne jusqu'à trois récoltes par an. — Outre les céréales, la vallée du Gange produit le **coton**, le **jute**, le **tabac**, l'**opium**, consommé en quantités énormes en Chine ; l'**opium** est aussi cultivé dans le Pandjab et le Rajpoutana ; le **coton**, dans les hautes terres du Dekkan ; le **thé**, dans les plantations de l'Assam ; l'**indigo**, le **bétel**, le **quinquina**, importé de l'Amérique du Sud en 1860, qui s'est largement développé, malgré les frais d'acclimatation, dans les Nilghiri, le Maïsour, le Courg, et à Darjiling. Le **cardamome** se trouve aussi dans ces dernières régions ; la **cochenille** a été introduite dans le Maïssour ; l'**ipécacuanha**, à Soukna, sur la route de Darjiling.

Le **thé** fut découvert à l'état sauvage dans l'Assam, en 1824, par deux négociants anglais, les frères Bruce. Sous le patronage de lord Bentinck, gouverneur de l'Inde, en 1835, des plantations furent faites aux frais du gouvernement anglais, et, l'année suivante, les premières feuilles de l'arbre à thé de l'Assam furent envoyées à Londres. Mais ce thé, qui n'avait subi aucune manipulation, était sans goût et sans arome. On fit venir des Chinois dans l'Assam, et les thés préparés sous leur direction furent très appréciés en Angleterre, dès 1838. La Compagnie de planteurs de l'Assam fut fondée, mais la spéculation s'en mêla, et perdit tout. Toutefois l'exemple de quelques planteurs, qui avaient su se garder de l'agiotage, se montrer économes et vigilants, et réaliser de gros bénéfices, ranima la confiance, et, vers 1862, la culture et le commerce du thé se développèrent dans l'Assam, dans les provinces de Dacca, de Tchittagong, et au Bengale, dans le Koutch Béhar, le Chota-Nagpore, le Koumaon, le Bareily. De hardis planteurs ont fait prospérer le thé dans les monts Nilghiri, dans les monts Maduri. La récolte monta en dix ans de 5 à 45 millions de francs; les thés indiens entrèrent en concurrence avec ceux de Chine sur les marchés européens, et dans les régions de l'Asie centrale et du Tibet. Les Indiens n'ont aucun goût pour l'infusion de thé.

Le café couvre aujourd'hui de vastes plantations depuis le cap Comorin jusqu'aux extrémités septentrionales du Maïsour, notamment dans les montagnes du Travancore, de Cochin, de Tinnevelly, de Maduri, de Coïmbatour, de Salem, du Vynood; certaines plantations occupent 1 000, 2 000 et jusqu'à 10 000 travailleurs. Le *café* est devenu, après le *coton*, la principale marchandise d'exportation de la province de Madras (11 à 12 millions de roupies, ou environ 30 millions de francs).

Le cinchona[1] fut introduit dans l'Inde par le gouvernement anglais, en 1852, sur les instances du docteur Forbes Royle. Les premiers plants, essayés dans le jardin botanique de Calcutta, et à Darjiling, périrent tous. En 1854, le ministre d'Etat pour les Indes chargea MM. Marckam, Spruce et Pritchett d'aller chercher en Amérique les meilleurs plants et semences de cinchona. La mission pénétra courageusement au cœur des forêts de l'Equator, du Huanco et de Caravaya, et rapporta aux Indes cinq cents plants de divers cinchonas, qui furent placés, en 1861, dans les jardins du Nilghiri, et prospérèrent. En 1875, les plantations contenaient déjà plus de 3 millions d'arbres, et l'on envoyait à Londres plus de 100 000 kilogr. d'écorce de quinquina. Les particuliers imitèrent l'exemple du gouvernement. Celui-ci ordonna de nouvelles plantations dans le Bengale et à Ceylan, et le cinchona y réussit à merveille.

Les vastes forêts de l'Inde ont disparu en partie; mais elles couvrent encore un tiers de la surface totale (1 240 000 kilom. carr., rapportant un

---

1. Le *cinchona* est le terme générique par lequel on désigne les arbres divers dont l'écorce donne la quinine, la quinquina, la cinchonine, la cinchonide. C'est Linnée qui donna au puissant fébrifuge ce nom, en l'honneur de la comtesse de Cinchona, femme du vice-roi du Pérou, qui, atteinte en 1637 d'une fièvre dangereuse, fut guérie par la poudre de quinquina dont lui avait fait don le corrégidor de Loxa. En 1640, le comte et la comtesse de Cinchona rapportèrent en Espagne une quantité considérable de cette poudre, qui fut appelée alors *poudre de la comtesse*. Les missionnaires jésuites du Pérou expédièrent aussi en Espagne une forte provision d'écorce de quinquina; le cardinal de Lugo en porta à Rome, où elle prit son nom. Introduite en France par le P. Annat, elle guérit Louis XIV, et s'appela *poudre des Jésuites* ou *poudre du roi*. En Angleterre, on la désigna sous le nom de *poudre de Talbot*. Les missionnaires la firent connaître en Chine à l'empereur Khang-Hi, et gagnèrent par là sa faveur. Les Hollandais l'acclimatèrent à Java. Le nom de cinchona ou quinquina a désormais remplacé tous les autres dans la médecine et la pharmacie modernes. (Voy. le P. L. Saint-Cyr, *Etudes religieuses, philosophiques, historiques*, t. VII, mai 1875.)

L'HINDOUSTAN.   169

Multipliant (Calcutta).

revenu annuel de 17 millions de francs environ). Aujourd'hui, malgré les mesures prises, elles sont toujours par endroits menacées d'un anéantissement complet. La plupart sont la propriété de tribus indépendantes, « qui » les dévastent avec toute l'imprévoyance capricieuse des races sauvages. » Le libre parcours des bestiaux, les droits d'affouage, les incendies partiels, les défrichements inopportuns en ont beaucoup réduit les surfaces » et diminué les ressources. » (VIVIEN DE SAINT-MARTIN, *Dictionnaire de géographie universelle*.) Les essences les plus précieuses et les plus abondantes sont : le *tek*, très recherché pour les constructions navales (Ghats occidentales et Dekkan); le *sâl*, dont le bois fournit de la résine et dont les épais massifs couvrent les pentes subhimalayennes, les Vindhyas, le Gondvana, les Ghats orientales; le *deodar*, dans l'Himalaya; le *poûn*, bois de mâture; l'*ébène*, le *santal*, dans le Maïsour, le *ficus elastica*, arbre à caoutchouc (Assam); le *soundari*, bois de charpente des jungles du delta du Gange; les *pins*, *sapins*, *chênes*, *hêtres*, *trembles*, les *dattiers*, *figuiers*, *bambous*, etc. Le *santal*, par son bois, sa fibre, ses feuilles, sa sève et ses fruits, est utilisé de huit cents manières différentes.

Animaux. — Dans la zone la plus élevée et la plus froide, au-dessous des neiges et des glaces éternelles, vivent les animaux tibétains, *chevreuils*, *chamois*, *chiens sauvages*, *loups*, *ours*; — dans les régions chaudes, boisées et sauvages du Teraï et de l'Assam, et dans toutes les parties de l'Inde, se sont multipliées les espèces féroces : d'abord le *tigre* « mangeur d'hommes » (*man eater*), qui fait fuir ou décime des populations entières; les *loups*, *panthères*, *chacals*, *hyènes*, *rhinocéros*, *crocodiles*; — les *lions*, qui sont de petite taille et sans crinière, ont presque disparu; les *éléphants*, longtemps pourchassés de toutes parts, sont aujourd'hui sous la protection de l'Etat, qui seul les capture pour les apprivoiser et en faire des animaux domestiques. — Les reptiles pullulent dans les marigots, les rivières et les jungles; le plus terrible est la *cobra*, qui fait périr chaque année des milliers de victimes. Les *singes*, regardés comme des animaux divins, sont innombrables. — Les principaux animaux domestiques sont les *chameaux*, les *chevaux*, les *bœufs*, les *buffles*, les *moutons*. — Les *poissons* abondent dans les rivières et viviers des monts Nilghiri. — Les *oiseaux* sont très variés, et d'une éclatante beauté. Plusieurs espèces sont considérées comme sacrées, les *vautours* par exemple, qui font dans les villes l'office de balayeurs et de nettoyeurs.

Les famines dans l'Inde.

La famine, les animaux féroces, les reptiles sont pour les habitants des fléaux redoutables et constants. La densité énorme de la population, l'insuffisance des cultures (les 2/5 de la superficie totale sont incultes), le manque d'eau, la rareté des routes, les difficultés de la navigation sur les cours d'eau, desséchés l'été, torrents à la saison des pluies, la fréquence des mauvaises récoltes expliquent les effroyables famines qui ont ravagé l'Inde, et dont le retour est presque périodique. En 1771, la famine, aggravée encore par les abominables spéculations de la Compagnie des Indes et des fonctionnaires indigènes, enleva cinq millions d'habitants. Depuis cent ans, on n'a pas compté moins de vingt et une famines. En 1866, le pays d'Orissa perdit un million de personnes sur quatre. En 1868, 1 200 000 périrent dans le Pandjab, quatre millions dans les territoires soumis aux princes indigènes. En 1874, en 1877, le Bengale et le Dekkan furent à leur tour la proie du fléau, et quatre autres millions d'habitants succombèrent. C'est vers cette époque qu'intervint enfin le gouvernement anglais. En trois ans, de 1874 à 1877, il dépensa plus de 400 millions en céréales distribuées et en travaux de secours, routes, canaux, chemins de fer, destinés à accélérer la circulation dans les provinces.

Pour donner une idée des horreurs d'une famine dans l'Inde, il suffira de citer quelques détails empruntés aux dépositions faites devant le comité d'enquête sur la famine du Bengale et de la province d'Orissa, en 1866, par le juge *Wanchope* et le révérend *Miller*.

« J'arrivai, dit l'honorable juge, à *Midnapour* le 26 mars 1866, et remarquai aux environs de la ville des natifs émigrés et affamés qui ramassaient des fruits sauvages, et semblaient n'avoir d'autre nourriture que celle qu'ils pouvaient trouver çà et là. Je ne restai que trois semaines à la station, et m'occupai peu de ce qui s'y passait. J'eus à juger de nombreux cas de vol avec effraction, qui avaient été évidemment commis par des gens mourant de faim. La session finie, je revins à Hougly, et ne repartis qu'à la fin de mai pour la province désolée par la famine. A 20 milles au delà de *Midnapour*, les signes caractéristiques d'une famine commencèrent à frapper mes yeux. Les villages semblaient presque déserts, hommes, femmes, enfants n'étaient que des squelettes. Ces horreurs augmentèrent sur toute la route de *Dantoun* à *Balasore*. Jamais mes yeux n'avaient vu pareilles scènes ; toutes les figures portaient l'empreinte du désespoir. Impossible de me rappeler où je rencontrai les premiers morts. A *Balasore*, se trouvaient environ trois cents affamés nourris à la *dhurmsala* (maison de charité). Rien de plus hideux que les environs de la ville : les routes, les champs, étaient couverts de squelettes vivants qui ramassaient du bois pour faire cuire le riz donné par nos agents. Couchés sur les rebords des routes, des centaines de malheureux n'étaient plus que des os recouverts d'un noir parchemin. Avec le temps, presque tous les affamés des environs affluèrent à Balasore, et les choses empirèrent encore. Les morts furent plus nombreux, l'état de ces nouveaux arrivants était tellement grave, qu'il défiait tout secours humain. Le 2 juillet, je quittai Balasore pour retourner à Calcutta. Les pluies avaient rendu les routes impraticables. Les horreurs que je rencontrai sur mon chemin dépassèrent tout ce que j'avais vu jusque-là ; partout, au milieu des boues, gisaient des cadavres et des mourants. »

172   LECTURES ET ANALYSES DE GÉOGRAPHIE.

Le Révérend Miller déposa en ces termes devant la même commission : « Vers la fin de mai, les natifs commencèrent à succomber en nombre assez considérable sous les atteintes de la faim, mais les mois de juin, juillet et août furent les plus fatals. Les natifs mouraient par centaines dans les champs et les endroits retirés, où l'on ne pouvait aller leur porter secours. Si, par chance, on courait les champs, on ne voyait partout que des chacals et des oiseaux de proie acharnés sur des cadavres. S'il fallait évaluer le nombre des morts, je dirais, pour ne rien exagérer, qu'il a disparu un quart de la population dans le district d'Orissa, et un tiers dans celui de Balasore... Ces infortunés supportaient leurs mortelles épreuves avec une singulière résignation. Rien, non, rien de ce que j'ai lu ou entendu, ne saurait donner une idée des horreurs de cette famine. Je n'ai jamais entendu dire que des Hindous eussent touché à la chair des animaux défendus par leurs lois religieuses, chiens, chats ou vaches ; mais il est certain que, quelquefois, ils mangèrent leurs enfants morts. Je tiens d'une personne digne de toute confiance, qu'elle a vu une mère et son fils en train de dévorer le corps d'un enfant. »

Ces grandes calamités paralysent les affaires et se traduisent par de formidables déficits dans le revenu public. — En 1874, la famine a coûté 160 *millions*.

Les reptiles : les Charmeurs.

Les statistiques officielles, qui ignorent ou dissimulent une partie de la vérité, évaluent à 20 000 en moyenne par an le nombre des habitants de l'Inde qui périssent de la morsure des serpents, ou sous la dent des tigres, léopards, panthères, hyènes, loups, éléphants et autres fauves[1]. Les

---

1. Voici une copie des tableaux publiés à ce sujet par le budget des Indes, de 1881 à 1887.

	TUÉS				
	Hommes.	Bestiaux.	Serpents.	Total des primes versées.	
1880	19.150	2.536	212.776	11.664	27.994 fr.
1881	18.670	2.029	254.968	roupies.	28.790
1882	15.519	2.167	322.401	—	28.790
1883	20.067	1.641	412.782	—	53.547
1884	19.629	1.728	380.981	—	68.912
1885	20.142	1.483	410.044	—	60.511
1886	22.134	2.514	417.596	—	60.866
1887	19.740	2.716	562.221	—	90.989

(Sir Joseph Fayrer, *Nineteenth Century*.)

L'HINDOUSTAN. 173

victimes les plus nombreuses sont surtout faites par les reptiles. On compte plus de 200 espèces de serpents, serpents de terre ou d'eau ; 33, dit-on, sont venimeuses. Les plus redoutables sont la *cobra*, le *krait* ou *bongare*, le *kouppour*, la *vipère de Russell*, l'*hamadryade*, le *raj-samp*.

« Tout le monde connaît, de nom au moins, le terrible reptile, appelé la *cobra-capello*, *naja* ou serpent à lunettes, et sait que sa piqûre est tellement venimeuse, que l'on en meurt en moins d'un quart d'heure. Grâce à mes bottes, j'échappai à une morsure mortelle, et, comme j'avais été frappé dans mon jardin, je fis couper toutes les hautes herbes. Les faucheurs trouvèrent une superbe cobra noire, qui fut reconnue au crochet qui lui manquait comme celle qui m'avait assailli. Elle était de belle taille, et mesurait environ $1^m,80$: je pus examiner à mon aise l'excroissance qui garnit les côtés du cou de ces reptiles, et leur donne la faculté, lorsqu'ils sont en colère, d'étendre cette membrane en forme de capuchon elliptique. Sur ce capuchon se dessinent, d'une manière très nette, les lunettes dont ce serpent tire un de ses noms.

» Une autre espèce de serpent, non moins redoutable, abondait aussi auprès de ma maison. C'était le serpent *minute*, un des plus petits, sinon le plus petit des reptiles venimeux ; il atteint, en effet, rarement plus de 15 à 20 centimètres de longueur et 3 à 4 millimètres de diamètre ; ce n'est qu'un ver de terre noir tacheté de jaune. Cependant, sa morsure est si venimeuse, qu'elle tue en 96 secondes environ : ce qui lui a valu le surnom de *minute-snake*. » (L. ROUSSELET, *l'Inde des rajahs*, ch. I, p. 23-24.)

Le gouvernement anglais a adopté des mesures pour la destruction des serpents ; elles varient suivant les provinces. Au Bengale, où les victimes sont plus nombreuses qu'ailleurs, tout individu qui détruit un serpent peut obtenir des colons désignés par l'autorité anglaise un certificat qui constate l'espèce de serpent abattu, et donne droit à une prime.
Dans les provinces du nord-ouest de l'Inde, on a organisé un corps de *kanjars* qui se livrent spécialement à la chasse aux serpents. Ces hommes reçoivent deux roupies par mois et un supplément de 0,30 par chaque serpent abattu en plus de 20 par mois.
Dans le Barmah, le commissaire-chef alloue, une fois par an, une prime qui varie de 10 à 20 roupies aux villages dont les habitants se sont signalés dans la chasse aux serpents.

« Pendant notre séjour au bungalow de Sangor (pays des Gounds), nous recevons la visite de deux *sápwallahs*, charmeurs de serpents, qui font le commerce des reptiles. Ils nous

offrent entre autres espèces rares le *goulâbi* ou serpent des roses, dont la robe est diaprée de teintes de corail, et un autre dont la tête et la queue se ressemblent au point qu'on ne les distingue que difficilement. Ne trouvant pas de cobra-capello dans leur collection, je leur en fais la remarque. « A quoi bon nous en-
» combrer, me répondent-ils, d'un serpent que nous pouvons
» nous procurer dès qu'on nous le demande? En désirez-vous
» un? La cour même de votre bungalow va vous le fournir. »

» Ma curiosité était piquée, et je les ai mis au défi de me trouver un serpent dans un espace de temps aussi court qu'ils paraissaient le supposer. Aussitôt l'un des sâpwallahs se dépouille de ses vêtements, à l'exception du langouti, et, saisissant son *toumril* (flûte des charmeurs), il m'invite à le suivre. Arrivé derrière le bungalow, où s'étend un terrain couvert de ronces et de pierres, il embouche son instrument et lui fait rendre des sons perçants entrecoupés de modulations plus douces : le corps tendu en avant, il scrute chaque herbe, chaque buisson. Au bout d'un instant il m'indique un point du regard, j'y porte les yeux et je vois une tête de serpent sortir de dessous une pierre. Rapide comme l'éclair, le charmeur laisse tomber son instrument, et, saisissant avec une inconcevable adresse le reptile, le balance en l'air, et le saisit par la queue au moment où il retombe à terre. Après examen, il ne trouve qu'une inoffensive couleuvre. Le sâpwallah continue sa recherche : bientôt même mimique, en moins d'une seconde le toumril tombe, le reptile vole en l'air, retombe, et, avec un flegme triomphant, l'Indien me présente par la queue une effrayante cobra noire de plus d'un mètre de long. Le hideux reptile se débat, mais, d'un mouvement rapide, le charmeur lui a saisi le derrière de la tête, et, ouvrant la gueule, me montre ces terribles crochets qui distillent la mort. C'est une preuve qu'il n'y a pas eu supercherie, car les serpents que transportent les charmeurs sont toujours édentés. Prenant alors une petite pince, notre homme arrache avec soin chaque crochet, et met ainsi l'animal hors d'état de nuire. Cependant, soit accident, soit bravade, il s'est piqué légèrement, et le sang coule sur un de ses doigts; sans s'émouvoir, il suce fortement la plaie et y applique une petite pierre noire poreuse qu'il m'offre comme un antidote sûr contre les morsures de cobra. Je lui en achetai un morceau, mais, après analyse, je découvris que cette pierre n'était qu'un os calciné, d'une texture très fine.

» Après cette chasse à la cobra, les sâpwallahs nous font passer en revue tous les tours qu'ils exécutent avec des serpents. Il en est un qui offre une ressemblance frappante avec le miracle de Moïse devant le Pharaon. Le jongleur, ne conservant pour tout vêtement que son langouti, choisit un serpent d'espèce inoffensive et le place ostensiblement dans un panier, qu'il recouvre d'une couverture. Il se relève en agitant les bras en l'air et en chantonnant quelques paroles cabalistiques que son compagnon accompagne sur un tabourin. Soudain, il s'arme d'une baguette flexible, la fait tourner quelques instants autour de sa tête et la lance brusquement à nos pieds, où elle arrive sous la forme d'un serpent. Le tour est si prestement fait, que des gens crédules jureraient que la transformation a été véritable.

» Voici l'explication la plus plausible de ce tour. Le charmeur, faisant semblant de placer le serpent sous la couverture, le glisse dans les plis de son langouti où le reptile, préalablement dressé, s'enroule et reste parfaitement immobile. Il ne s'agit plus alors que d'opérer sous les yeux du spectateur la substitution du serpent à la baguette. D'un seul geste, le jongleur doit rejeter en arrière la baguette que ramasse son compagnon et envoyer en avant le reptile enroulé autour de ses reins. Ceci ne doit pas réclamer une adresse plus surprenante que celle que le sâpwallah déploie dans la chasse à la cobra, où il a à saisir, avec la promptitude de l'éclair, la tête du reptile, offrant une prise de quelques centimètres seulement en dehors de son trou. » (L. ROUSSELET, *l'Inde des rajahs*, ch. XVI, p 493.)

Contre les animaux féroces, dont les ravages ne sont pas moins désolants, l'administration impériale a organisé aussi une défense méthodique et persévérante. Elle a formé un corps de *sikharis* spécialement chargés de la chasse des fauves; elle a, à certaines époques, ordonné des battues sous les ordres de chasseurs intrépides; elle a autorisé les indigènes de certaines régions, sous des garanties déterminées, à conserver des armes et des munitions pour détruire les fauves; des primes importantes, qui pour un tigre s'élèvent, dans le Bengale, de 50 à 500 roupies, ont été distribuées. Un document officiel indien signale les difficultés de toute nature qu'ont à vaincre les autorités locales dans cette œuvre de défense nécessaire: l'indifférence des indigènes, leur mépris de la mort, leur respect pour les tigres mangeurs d'hommes (*man eater*), qu'ils regardent comme des divinités malfaisantes que l'on ne peut offenser sans danger. Il faut lutter aussi contre la mauvaise volonté des chasseurs qui tiennent à conserver la race des tigres, sinon à en améliorer l'espèce... Les tigres tuent chaque année environ un millier d'hommes, et 12 à 13000 animaux domestiques. On a cité une tigresse qui avait tué en un an 127 personnes et arrêté plusieurs semaines la circulation sur une grande route. Le tigre se rencontre presque partout dans l'Inde ; le *mangeur d'hommes* abonde dans les jungles du Teraï, au Népaul, et dans les fourrés des Sanderban. C'est là que les amateurs, dans de grandes battues autorisées par le gouvernement de l'Inde, se donnent le plaisir très dangereux de le traquer. (Voy. *Six mois aux Indes*, par le prince Henri d'Orléans ; Paris, C. Lévy, in-18, 1889.)

Les éléphants.

« Ce n'est ni une légère responsabilité, ni une petite affaire que d'avoir à garder et à entretenir un éléphant pendant un mois ou deux. La ration quotidienne d'un éléphant en marche se compose de vingt à vingt-cinq livres de farine de blé, que l'on pétrit avec de l'eau, en y ajoutant une livre de *ghi* ou beurre clarifié et une demi-livre de gros sel. On en fait des galettes d'une livre chacune, que l'on cuit simplement sur un plateau de fer et que l'on distribue en deux repas à l'animal. Cette ration est absolument indispensable pour que l'éléphant ne dépérisse pas, lorsqu'il a à faire tous les jours de longues marches. Mais, pour qu'elle lui soit réellement donnée, le voyageur doit assister à ses repas ; sans cela, le *mahout* (conducteur) et sa famille ne se font aucun scrupule de prélever dessus leur propre nourriture.

» Ces galettes de farine fournissent à l'éléphant ses repas réguliers, mais cela est loin de lui suffire, et, dans les intervalles, il absorbe une quantité de nourriture très en rapport avec son énorme volume. Cet appoint lui est fourni par les branches de plusieurs arbres, principalement le bûr (*ficus indica*) et le pipol (*ficus religiosa*). On le conduit à la jungle, où il choisit et cueille lui-même les branchages à sa convenance. Il ne les mange pas sur place, mais charge sur son dos la provision nécessaire à la journée et la rapporte au camp. Une fois là, il fait un triage soigneux des branches, rejette les feuilles et le bois et ne mange que l'écorce ; c'est un spectacle curieux de voir avec quelle dextérité il enlève d'un seul coup, avec le doigt qui est au bout de sa trompe, l'écorce entière d'une branche, quelque petite qu'elle soit.

» Dans les nombreux étangs qui avoisinent les villages de l'Inde centrale, on trouve, à partir d'avril, une herbe marécageuse qui croît en abondance et a la grosseur d'une lame de sabre ; les botanistes la nomment *typha elephantina* ; les éléphants la préfèrent aux branchages. Ils sont aussi très friands de cannes à sucre, mais c'est une nourriture trop échauffante pour eux.

» Il faut plusieurs personnes pour prendre convenablement soin d'un éléphant; en général le mahout se fait suivre en voyage par sa femme et par ses enfants. L'animal doit toujours être placé à l'ombre d'un arbre au feuillage épais et sur un terrain sans litière. Une simple corde attachée à une des jambes de derrière et retenue à un piquet suffit pour l'entraver; un animal docile ne cherchera jamais à rompre ce faible lien. Matin et soir, il faut le baigner, et, avant qu'il se mette en marche, lui graisser le front, les oreilles, les pieds et toutes les parties susceptibles de se fendre sous l'influence du soleil.

» On voit souvent les éléphants faire des boules de terre, généralement d'une glaise rouge, puis les avaler. C'est un remède naturel qu'ils emploient instinctivement contre les vers intestinaux auxquels ils sont très sujets, et qui a pour résultat de les purger violemment.

» Je n'ai pas besoin d'insister sur l'étonnante sagacité de ces intelligents animaux. Aussi ne serait-on pas étonné de voir l'éléphant remarquer la coïncidence de la présence du voyageur avec le redoublement de soins dont il est l'objet et lui manifester dès lors le plus vif attachement. On est sûr, chaque fois qu'on s'approche, d'être récompensé par quelque cri amical : il obéit à votre moindre geste, et prend bien soin en marche d'écarter ou de briser les branches qui pourraient vous atteindre. » (L. ROUSSELET, *l'Inde des rajahs*, ch. xv, p. 76.)

Strabon, au livre XV de sa *Géographie*, donne une très curieuse description de l'Inde d'après les documents de Ctésias, Onésicrite, Néarque, Mégasthène, Ératosthène, et réclame l'indulgence du lecteur pour les informations suspectes recueillies sur un pays si reculé. Cette exposition critique, mêlée d'erreurs et de fables, offre le plus vif intérêt à qui veut comparer l'Inde ancienne à l'Inde moderne. Strabon y fournit des renseignements positifs sur les cours d'eau, le climat, les végétaux, les cultures, les animaux, les villes, les habitants, les mœurs, les institutions, l'industrie, le commerce, les routes. Le savant et avisé géographe met en garde son lecteur contre les récits fantastiques, et il en laisse la responsabilité aux auteurs; il ne croit pas aux Indiens qui vivent 200 ans, aux fourmis chercheuses d'or, aux tigres deux fois grands comme des lions, aux serpents volants dont l'urine ou la sueur donne la gale, ni à ceux qui mesurent 80 et 140 coudées de longueur. Ce sont là, dit-il, de *monstrueuses fictions*. « Onésicrite, l'*archi-pilote* de la flotte d'Alexandre, qui rapporte le fait, était avant tout un *archi-menteur*. » (Liv. XV, 28.)

Il accepte, au contraire, comme très vraisemblables, les renseignements suivants sur la chasse aux éléphants.

« On choisit un emplacement découvert de 4 à 5 stades, qu'on entoure ensuite d'un fossé profond, dont on réunit les deux bords par un pont très étroit, destiné à servir d'unique entrée. Cela fait, les chasseurs lâchent dans l'enclos trois ou quatre éléphants femelles des mieux apprivoisées, puis ils vont se cacher eux-mêmes et se tenir à l'affût dans de petites cahutes dont la vue est masquée. Tant que dure le jour, les éléphants sauvages n'approchent point; mais, une fois la nuit venue, ils s'engagent à la file sur le pont et entrent. Les chasseurs ferment tout doucement le passage et ne le rouvrent plus que pour introduire dans l'enclos les plus forts et les plus vaillants de leurs éléphants de combat, qui doivent les aider à vaincre les éléphants sauvages, affaiblis déjà par la faim. Quand ils voient ceux-ci presque épuisés, les plus hardis d'entre les cornacs se laissent couler, sans faire de bruit, sous le ventre de leurs montures, et, s'élançant de là comme d'un fort, ils passent sous le ventre de l'éléphant et lui lient fortement les jambes. Cette opération terminée, les chasseurs font battre par leurs bêtes apprivoisées ceux des éléphants sauvages qui ont été ainsi entravés, jusqu'à ce que ceux-ci tombent par terre, et, quand ils les voient étendus tout de leur long, ils leur passent au cou des lanières de cuir de bœuf dont l'autre bout est solidement attaché au cou des éléphants apprivoisés. De plus, pour éviter que leurs soubresauts ne fassent perdre l'équilibre aux premiers cornacs qui essaieraient de les monter, ils leur font de profondes incisions tout autour du cou, et juste à l'endroit où doivent porter les courroies, pour que, vaincus par des douleurs aiguës, les éléphants cèdent à la pression du lien et se tiennent tranquilles. Entre tous les éléphants qu'ils ont ainsi capturés, ils mettent à part ceux qui se trouvent trop vieux ou trop jeunes pour pouvoir servir, et conduisent les autres dans de vastes écuries où on leur tient les jambes fortement liées ensemble, et le cou attaché à une colonne ou à un poteau très solide, pour achever de les dompter par la faim. Plus tard on les réconforte à l'aide de roseaux très tendres et d'herbes fraîches. Pour les dresser, on emploie, avec les uns la parole, avec les autres une espèce de mélopée accompagnée du tambourin, qui agit sur eux comme un charme.

» Ceux qu'on a de la peine à apprivoiser sont rares, car, de sa nature, l'éléphant est un animal doux et si peu farouche, que la distance qui le sépare des êtres raisonnables est à peine sensible. On en a vu, par exemple, au plus fort d'une bataille, ramasser leurs cornacs qui étaient tombés grièvement blessés, les tirer de la mêlée ou les laisser se tapir entre leurs jambes de devant, et combattre ensuite vaillamment pour les protéger. Il est arrivé aussi plus d'une fois que l'éléphant, dans un accès de fureur, tuait un des hommes chargés de lui apporter la nourriture ou de le dresser; il ressentait alors un tel regret, qu'ils s'abstenait de manger en signe de deuil, et on en a vu qui s'entêtaient jusqu'à se laisser mourir de faim. » (STRABON, *Géographie*, liv. XV, 42; trad. de M. Am. Tardieu, tome III, p. 234, Paris, Hachette, in-12, 1880-90.)

Industrie.

La principale industrie de l'Inde est le filage et le tissage du *coton*. C'est une industrie ancienne; les cotonnades s'appelèrent d'abord en Europe *indiennes*, *calicots* et *madapolam*, des villes de Calicut et Mahadevipallam. Malgré la redoutable concurrence des manufactures anglaises, les cotonnades de l'Inde ont conservé leur clientèle. Il y a 50 filatures environ, surtout à Bombay et dans le district de Bombay ; les autres à Madras, à Nagpour. Les 3/5 de l'exportation consistent dans les fils. — Les manufactures de *soie* sont en décadence, mais la sériciculture est active et progresse dans les districts du nord-ouest du Pandjab. On y trouve de vastes plantations de mûriers qui fournissent par an 140 000 kilogrammes de soie. — Le Kachmir et le Pandjab fabriquent des *châles* dont la réputation est universelle ; le Sind a des *tissus* en poils de chameau ; le Bengale a 4 000 métiers pour le travail du *jute*, des fabriques de *laque*, des *sucreries*, des salaisons de *poissons*. La plupart des grandes villes ont conservé leur supériorité dans les industries artistiques : les *bijoux* d'or et d'argent du Kachmir et de Tritchinapoli, les *couteaux* et *armes* du Pandjab et du Sind, les *bronzes* et les *cuivres* incrustés de Bidar (Nizam), de Bénarès, Madoura, Ahmedabad ; les *poteries vernies* de Lahore, les *ivoires* finement ciselés de Bénarès, Amritsar, Mourchidabad, attestent l'habileté et le goût délicat des indigènes.

Commerce.

(1887-88). — **Importation** (cotonnades, lainages, soieries, soies, métaux, houille, sucres, eaux-de-vie et spiritueux, vins et bières) ; total : 78 880 000 livres sterling ; — **Exportation** (coton, jute, graines oléagineuses, opium (250 millions de francs par an), salpêtre, soie, tabac, tek, laine ; — cotonnades, indigo, peaux et cuirs, jute ouvré, laque, incrustations, huiles, soieries, châles ; — café, riz (225 millions de francs), froment (82 millions de francs) ; sucre, thé (77 millions de francs) ; total 88 millions liv. st. — La plus forte exportation est toujours celle de l'**opium**, dirigé vers la Chine.

La part du commerce indien, qui se fait par le canal de Suez, représente 75 à 80 p. 100 du total. Le chiffre des navires qui fréquentent annuellement les ports de l'Inde est de 12 à 13 000 ; le tonnage, de 6 à 7 millions de tonnes. Le tonnage de l'*Angleterre* représente les 84 centièmes du total. Au deuxième rang vient le pavillon *français*, avec 228 navires et 150 000 tonnes ; puis l'*italien*, avec 132 navires et 140 000 tonnes ; l'*allemand*, avec 120 navires et 110 000 tonnes ; celui des *États-Unis*, avec 85 navires et 107 000 tonnes ; l'*autrichien*, avec 67 navires et 90 000 tonnes ; le *norvégien*, avec 58 navires et 52 000 tonnes.

Voies de communication.

« Il y a trente ans, l'Inde était sans routes, et le voyageur ne pouvait y poursuivre son chemin que sur le dos d'un âne, d'un cheval, d'un dromadaire ou d'un éléphant, ou sur les épaules de noirs porteurs, ou en palanquin, ou sur ses jambes, mais dans des chemins non frayés. Il est vrai que les voies de communication ne sont pas aussi indispensables en Asie qu'en Europe ; la nature tantôt y favorise singulièrement, tantôt y arrête complètement la circulation. La *sécheresse*, pendant neuf mois de l'année, rend tout sentier accessible au piéton ou au cavalier, et lui facilite, en outre, le passage des rivières et des torrents. A la *saison des pluies*, toute locomotion est suspendue, et le système de route le plus perfectionné ne permettra jamais, qu'exceptionnellement, les transports de voyageurs ou de marchandises sous les cataractes du ciel, qui inondent la terre de juin à sep-

Pont de cordage dans le Teraï.

tembre. Les vieux serviteurs de la Compagnie des Indes, en général peu amis du progrès, prenaient facilement leur parti des dépenses et des lenteurs du voyage, seuls inconvénients, du moins pour eux, de cette situation primitive, et ne manquaient pas d'en vanter les avantages. Ainsi l'on faisait valoir que le manque de routes obligeait à tenir prêts les approvisionnements et les moyens de transport nécessaires aux mouvements de troupes dans toutes les directions, et qu'il suffisait de quelques légers préparatifs pour passer du pied de paix au pied de guerre. De là la promptitude extraordinaire avec laquelle l'armée anglo-indienne entra en campagne dans certaines guerres; de là aussi, l'habileté et les ressources extraordinaires du commissariat, toujours tenu en haleine, et pour les troupes qui, dans leurs changements de garnison, menaient la vie des camps pendant des mois, une école de travaux militaires aussi sérieux qu'utiles. L'expérience a fait justice de ces paradoxes, et la construction des routes est aujourd'hui un des sujets qui préoccupent le plus vivement les représentants de l'Angleterre dans l'Inde. » (L. DE VALBEZEN, *Progrès de l'Inde anglaise*; *Revue des Deux-Mondes*, 15 février 1875.)

Routes. — Les premières belles routes de l'Inde datent de l'administration de lord Dalhousie. En 1851, celle de Calcutta à Delhi (*Great Trunk Road*), plus tard prolongée jusqu'à Péchaver, à l'entrée des défilés de l'Afghanistan, fut ouverte à la circulation. Alors le crédit alloué aux routes s'élevait à 120000 liv. st. En 1867-68, il atteignait 1358000 liv. st. — Aujourd'hui l'Inde possède environ 1 million de kilomètres de routes postales; mais 32000 seulement sont macadamisées et entretenues comme celles d'Europe, avec ponts et fossés latéraux. Des routes carrossables ont été établies vers les plateaux afghans, le Kachmir et le Tibet.

Outre les grandes routes qui rattachent *Delhi à Calcutta*, *Bombay à Agra*, *Madras à Bombay*, il y en a de moindres, mais très bien construites, dans toutes les régions de l'empire; les routes himalayennes de *Rawal-Pindi* vers le pays de Hazara; de *Ambala à Simla et Chini*; du *Bengale à Darjiling*, celle du *Sikkim*; celle de *Mirzapour à Jabbalpour*, ou *Nagpour*, à travers les monts Satpoura; celles de *Beypour*, de *Calicut*, de *Cannanor*, de *Karwar*, de *Mahablechwar*, qui franchissent les Ghats occidentales; celle de *Coïmbatour* au sanitarium d'*Outacamound*, etc. — Des *tramways* ont été établis à Bombay et à Calcutta. — Outre les grands travaux de drainage et d'irrigation, on a pris des mesures énergiques contre le fléau des inondations. — L'*endiguement* des fleuves est sous la direction et le contrôle de l'Etat. Les plus puissantes *digues* sont celles qui bordent les rives du Gandak (Behar), de la Mahanaddi, du Brahmani (Orissa), de l'Indus (Pandjab).

Canaux (voy. p. 165). — Ils servent moins au transport des marchandises qu'à l'irrigation des terres; ils ont été néanmoins creusés pour porter des bateaux lourdement chargés. L'ensemble de ces voies de navigation dépasse 21000 kilomètres.

Chemins de fer. — En 1890, 26400 kilomètres étaient ouverts à la circula-

tion; 3 900 en construction ou projetés; dépenses faites, plus de 6 milliards.
— Le transport est loin d'atteindre celui des voies ferrées de l'Europe.
Ainsi, en 1888, il était dans l'Inde de 103 millions de voyageurs et 22 millions de tonnes de marchandises. La même année, en France, sur un territoire sept fois moins étendu, avec une population six fois moindre, il s'élevait à plus de 200 millions de voyageurs et de 100 millions de tonnes.

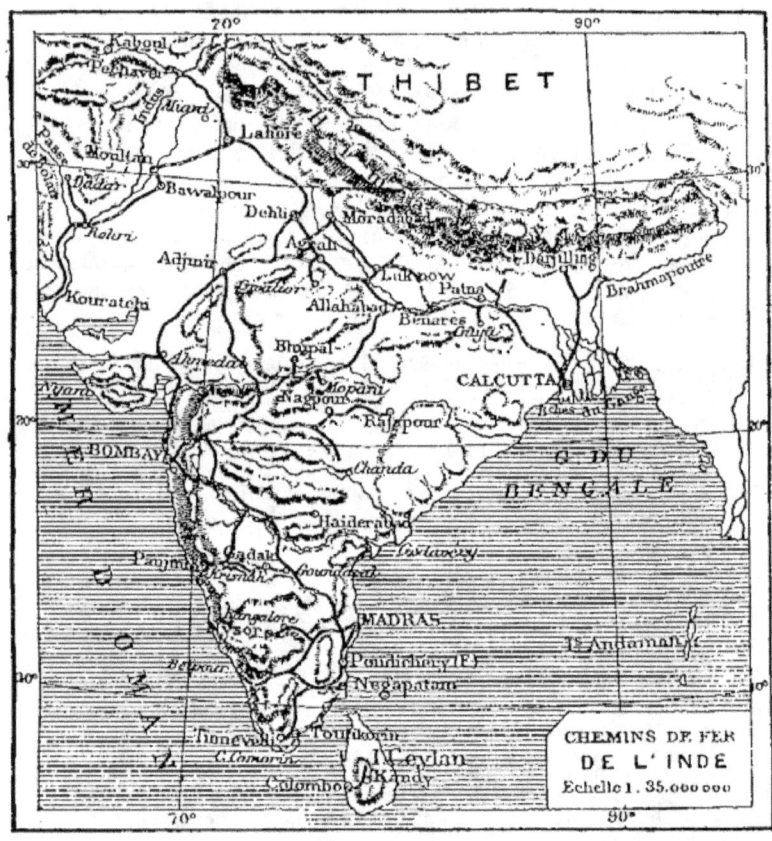

La construction des lignes indiennes a commencé en 1850, sous la direction et les plans du gouverneur général, lord Dalhousie. C'est à cet administrateur éminent, que l'Inde a dû la création des grandes compagnies anglo-indiennes, qui, avec les capitaux anglais, a été, en même temps qu'un instrument nouveau de domination politique, un moyen puissant de préparer le rapprochement, sinon la fusion des classes, et surtout de développer les puissantes ressources économiques de l'Inde. Certaines lignes sont garanties par l'État, et le gouvernement exerce sur elles un contrôle vigilant. Les Compagnies emploient beaucoup d'indigènes comme gardiens des voies, chefs des stations, mécaniciens, chauffeurs et conducteurs; mais la grande majorité des employés, surtout pour les études et les travaux techniques, est composée d'Européens. Les tarifs de transport sont peu élevés, et les voyageurs indigènes, d'abord quelque peu récalcitrants, ont fini par affluer aux stations. Les pèlerins eux-mêmes se servent du chemin de fer, et obligent les Compagnies à créer des trains spéciaux[1].

On devine quels services inappréciables ont rendus déjà les voies ferrées aux Anglais pour leurs expéditions militaires, le ravitaillement de leurs cantonnements, et pour l'approvisionnement des districts en temps de disette ou de famine, ou de crises commerciales. « La souveraineté anglaise a » reçu une nouvelle force, dit M. Davidson; les membres un peu disjoints » de ce corps immense ont été consolidés et reliés entre eux par un réseau » de nerfs d'acier. »

Les principales lignes sont :

1° *Lignes des Compagnies* : **East-Indian**, de *Calcutta à Delhi*, par Bénarès, Allahabad, avec embranchements d'Allahabad à Jubbalpour, et de Burdwan aux houillères de la Dammouda; — **Great-Indian peninsula**, de *Bombay à Jubbalpour*; de *Bombay à Nagpour*; de *Bombay à Raïchour*, à travers les Ghats, dont la traversée a exigé 35 milles de tunnel; — **Madras**, de *Raïchour à Madras*, avec embranchement sur

---

[1]. Miss Mary Carpenter raconte ainsi comment les chemins de fer ont contribué à atténuer en partie l'esprit de caste, et à rompre le réseau étroit des préjugés entre les individus : « Le railway de Bombay à Surate traverse la Nerbadah, large rivière que l'imagination des natifs a déifiée. Les Hindous furent » grandement indignés lorsqu'ils apprirent qu'on allait l'humilier en établissant » un pont par-dessus. Aussi, le jour de l'inauguration, une immense multitude » d'indigènes se réunit sur les rives de la rivière sacrée, pour assister à la vengeance que la divinité tutélaire de la Nerbadah ne manquerait pas de tirer » de cet outrage impie. Ils eurent un instant de satisfaction. Arrivé au milieu du » pont, le train s'arrêta tout à coup. Aux yeux des Hindous, la puissance de la » déesse se manifestait par un miracle; mais aussitôt la machine reprit sa marche » rapide, et, au bout de quelques minutes, parvint triomphalement sur l'autre bord. » Les natifs en prirent très vite leur parti. La Nerbadah ne perdit pas son prestige, seulement ils reconnurent que la locomotive était un être supérieur, et » ils s'empressèrent de lui présenter leurs offrandes, afin de rendre favorable une » divinité si puissante. Les chemins de fer, une fois livrés à la circulation, ce fut » bien autre chose. D'abord, ce mode de communication permet d'accomplir, en » une journée, un voyage qui exigeait auparavant des semaines de fatigue. Il » en résulte déjà des relations plus fréquentes, par conséquent plus bienveillantes, » entre les habitants des diverses provinces; l'ignorance, mère des préjugés, » décroît insensiblement. Ce n'est pas tout : les déplacements étant plus fréquents, » les hommes que la religion séparait se trouvent plus souvent rapprochés.

» Un brahmine se présente à la portière d'un wagon; il recule avec effroi en » apercevant à l'intérieur des personnes de caste inférieure, dont le voisinage » serait une souillure pour lui; il va d'une voiture à l'autre, et rencontre dans » chacune le même inconvénient. Que faire? Monter dans un compartiment de » première classe, où il a toute chance d'être seul? Mais le brahmine n'est pas » riche. L'intérêt de sa bourse l'emporte sur les scrupules de sa conscience. La » première fois, il se résigne avec regret à subir de tels compagnons; une autre » fois, il sera plus facile, bientôt on le verra boire en wagon et manger avec eux. » Si ses coreligionnaires lui en font un reproche, il répondra par une excuse » hypocrite : « *Le wagon est balayé par un vif courant d'air, la souillure n'y* » *résiste pas.* »

Bellary; de *Madras à Beypour*, avec embranchement sur Bangalore; — **Bombay-Baroda-Central-India**, de *Bombay à Ahmedabad et Woudvan;* — **Sind-Pandjab-Delhi**, de *Delhi à Lahore;* de *Lahore à Moultan;* de *Kotri à Karatchi;* — **South-Indian**, de *Negapatam à Erode;* de *Trichinopoli à Toutticorin;* — **Eastern-Royal**, de *Calcutta à Goaloundo;* — **Aoude-and-Rohilcund**, de *Bénarès à Moradabad*, avec embranchements de Cawnpore sur Lucknow, d'Aligar sur Choundowsee.

2° *Lignes d'État :* **Pandjab-Northern**, de *Lahore à Péchaver;* — **Indus-Valley**, de *Moultan à Kotri;* — **Radjapoutana**, d'*Agra et Delhi à Adjmer*, avec embranchement sur *Indore* et *Ahmedabad;* — **Northern-Bengal**, de *Calcutta à Darjiling.* — Lignes de *Nagpour à Raïpour;* de *Bellarès à Karwar;* de *Rangoun à Prôme* (Birmanie).

Télégraphes. — En 1888, les lignes télégraphiques avaient une longueur de 54 500 kilomètres environ. Elles offrent les mêmes garanties précieuses au gouvernement, pour les rébellions, famines ou affaires. Les marchands indiens en usent aujourd'hui autant que les Européens. — Recettes, 763 000 liv. st. — Dépenses, 786 000 liv. st.

Deux lignes de communications télégraphiques rattachent l'Inde à l'Angleterre. L'une, établie par une Compagnie privée, est un câble sous-marin, qui aboutit à Aden, puis à travers la mer Rouge jusqu'en Egypte; l'autre, construite par le gouvernement, et à son usage, longe la côte du Baloutchistan jusqu'à l'entrée du golfe Persique; passe le golfe par un câble sous-marin jusqu'à Bouchir; traverse la Perse par voie aérienne jusqu'à Téhéran, où elle rejoint le réseau européen. L'Inde est en communication télégraphique avec la Chine, l'Australie et l'Afrique australe.

Postes. — Elles sont desservies par 7 300 bureaux qui expédient 245 000 000 de lettres et cartes, et 22 millions de journaux, imprimés et échantillons. Les *dépenses* s'élèvent à 1 375 000 liv. st.; les *recettes*, à 1 215 000 liv. st.

IV. — Notions statistiques

Superficie : 3 822 000 kilom. carr. — **Population totale :** 258 490 000 hab. (68 p. kilom. carr.). — **Races :** La population civile **anglaise** n'est que de 60 000 personnes environ. Les Anglais, qui fournissent un si fort contingent à l'émigration, ne se rendent pas en grand nombre dans un pays où la densité de la population, et par suite l'extrême bon marché de la main-d'œuvre sont propres à décourager le travailleur européen; les *Chinois* eux-mêmes ne peuvent rivaliser avec l'Hindou; les capitalistes seuls ont pu utiliser avec profit les avantages exceptionnels du bas prix des salaires.

Les races.

On peut grouper les populations de l'Inde en quatre grandes familles de races différentes : **Race nègre, race jaune, race touranienne, race aryenne.** Mais ces races fondamentales, par leurs croisements, ont produit une série de races secondaires distinctes, qui sont à tort confondues sous la dénomination générale d'*Hindou*.

On suppose que les premiers habitants de l'Inde étaient noirs : les uns au centre et à l'est, petits de taille, aux cheveux laineux et aux traits écrasés, dont on retrouve le type dans les montagnes du Gondwana; les autres, plus grands, aux cheveux plus lisses, dans le sud et l'ouest, dont les descendants existent encore dans les vallées des Nilghiris. — L'Inde, longtemps protégée contre les invasions par le redoutable ressac des côtes et par le rempart de l'Himalaya, a été envahie par les deux vallées qui contournent l'Himalaya à ses deux extrémités, celle du Kaboul à l'ouest, celle du Brahmapoutra à l'est; les Anglais les appellent la porte *aryenne* et la porte *touranienne*; mais il faut remarquer que c'est par la porte aryenne que sont entrés les envahisseurs de race blanche, et par la porte touranienne les envahisseurs de race jaune.

L'invasion jaune entra la première, se répandit dans la vallée du Gange et sur le littoral du Bengale; ses multitudes, mélangées avec les indigènes nègres et négritos, formèrent les populations dites *protodravidiennes*, où le type nègre dominait encore, puis du mélange des protodravidiens avec les nouveaux envahisseurs jaunes, les populations *dravidiennes* ou *tamoules*, plus éloignées du type primitif. La population de l'Assam a conservé presque intacte la marque de son origine; l'élément jaune a laissé sa trace dans le Bengale et les pays montagneux du nord; et dans l'Inde méridionale (Tamouls et Tiligous) entre la Godavéry et le cap Comorin : l'invasion de la race jaune s'est faite aussi sans violence, mais sans interruption par les hautes vallées de l'Himalaya, du côté du Tibet : les populations d'origine tibétaine occupent le Ladak, le Dardistan, le Bhoutan, le Nepal.

L'invasion des Touraniens, c'est-à-dire des peuples venant du Turkestan, et des Aryens se fit par la porte *aryenne* ou vallée du Kaboul. « Les Tou-
» raniens, dit M. le docteur Lebon, sont les envahisseurs qui ont le plus
» transformé au physique les races de l'Inde, et les Aryens sont ceux qui
» ont laissé parmi elles les traces de civilisation la plus profonde. D'une
» façon générale, on peut dire que les populations de l'Hindoustan tiennent
» des premiers les proportions de leur corps et les traits de leur visage,
» alors qu'ils doivent aux seconds leur langue, leur caractère, leur religion
» et leurs mœurs. » (*Les Civilisations de l'Inde*, p. 83.) — Les Touraniens, venus les premiers, s'établirent dans les vallées de l'Indus et du Gange supérieur, puis dans le Dekkan, refoulant devant eux dans les montagnes les nègres indigènes ou protodravidiens : ces nègres forment aujourd'hui le groupe des *Kôles* et des *Douangs* (bassin supérieur de la Mahanaddi). — Les Aryens vinrent à leur tour, soumirent les conquérants touraniens, et les parquèrent dans une troisième caste, celle des *Vaïsyas*, qui vient après celles des *Brahmanes* et des *Kchatryas*, et avant la caste inférieure des *Soudras*, réservée aux indigènes primitifs. « Ce fut quinze siècles envi-
» ron avant Jésus-Christ, que les Aryens entreprirent la grande expédition
» qui fait le sujet du Ramayana, l'*Iliade* hindoue. Ils pénétrèrent dans le
» Dekkan, sous la conduite de leur chef Rama. Après mille exploits, ils
» arrivèrent à l'extrémité même de la péninsule, et forcèrent jusqu'aux ha-
» bitants de Ceylan à reconnaître leurs lois. Cette expédition des Aryens,
» dans le sud de l'Inde, fut beaucoup plus d'ailleurs une marche militaire
» qu'une invasion, et elle ne laissa guère de traces dans le pays envahi. »

Au quatrième siècle de notre ère, parurent à leur tour les *Rajpouts*, ou « *fils de rois* », guerriers d'origine aryenne, qui fondèrent leur domination de l'Indus aux monts Aravalli (Rajpoutana). — Si les monts Vindhya paraissent être au sud la limite de l'élément aryen, la civilisation, les institutions et croyances aryennes étendent bien plus loin leurs domaines. Les *Jâts*, *Goujars* et *Sikhs* du Pandjab sont, en majorité, d'origine touranienne, comme les populations du Goudjerate et les Mahrattes belliqueux des montagnes des Ghats. Du mélange des dravidiens avec les Aryens et les Touraniens sont issus : les *Bhils* des monts Vindhya ; les *Mhairs* de l'Aravalli ; les *Minars* du haut Gange, les *Ramousis*, les *Dhângs* des Ghats occidentales.

Au onzième siècle commencèrent les invasions musulmanes, des peuples arabes, persans, afghans, mongols, qui modifièrent singulièrement les mœurs, les croyances et la civilisation générale de l'Inde septentrionale, et augmentèrent encore la confusion des races, en créant par le croisement un grand nombre de races secondaires.

I. Inde septentrionale.

Himalaya occidental. — Peuples d'origine tibétaine, doux, obligeants, actifs (Ladak, Balti, Dardistan) ; les Ladakis sont *bouddhistes* ; les Baltis, *musulmans*. Ceux-ci émigrent provisoirement pour amasser un pécule. — Les Dardis sont d'origine aryenne, et musulmans.

Vallée de Kachmir. — Peuples à la peau blanche et fine, d'origine aryenne. Ils sont artistes, industrieux, et pratiquent l'islamisme.

Bas Himalaya. — Tribus nombreuses et plus denses, d'origine radjpoute mêlée d'éléments noirs et tibétains (*Tchibalis*, *Paharis*, *Gaddis*, *Koulous*, *Goujars*), pasteurs et nomades, les uns sectateurs de Mahomet, les autres de Brahma, les autres idolâtres.

Nepal. — Tribus de race très mêlée, formant deux groupes principaux : les *Newars* chez qui domine l'élément tibétain, agriculteurs, ouvriers, artistes, sculpteurs, architectes, de religion musulmane ; les *Gorkhas*, guerriers descendant des conquérants rajpouts, servant en grand nombre dans l'armée anglaise, méprisant les arts de la paix, suivent la religion de Brahma.

Bhoutan et Sikkim. — D'origine tibétaine, de religion bouddhique, les habitants sont gouvernés par leurs lamas ; les habitants du Bhoutan sont plus misérables, émigrent et se mettent au service des Anglais ; ceux du Sikkim ont une nature aimable et un caractère gai ; ils aiment la musique et sont de grands joueurs de flûte.

Assam. — Peuplades barbares et sauvages refoulées dans la haute région du Brahmapoutra, presque inaccessible à cause de son climat mortel, *Abors*, *Michmis*, *Singpos*, *Nagas*, *Garros*, *Khosias* ; ils appartiennent à la famille mongole par leurs traits, la forme de leurs yeux, de leur nez, à la famille malaise par la couleur de leur peau ; ils sont adonnés au fétichisme ; les *Abors* et les *Garros* armés de flèches, de lances et d'épées vont tout nus, ne cultivent pas le sol, et vivent de fruits et de la chair des animaux ; les *Garros* montagnards pratiquent encore les sacrifices humains, mais ils sont loyaux et fidèles à leur parole et ont une grande vénération pour leurs morts ; — les *Nagas* (serpents) forment une horde guerrière ; les *Khosias* parlent un dialecte qui ne se rattache à aucune langue connue ; ils sont cultivateurs, commerçants, sédentaires, bons, honnêtes et gais.

L'HINDOUSTAN.

Vallée du Gange. — Race mixte, formée de Protodravidiens, de Touraniens et d'Aryens : la noblesse et la beauté de la race vont en décroissant à mesure qu'on descend la vallée ; la dernière caste de l'*Aoude*, où domine l'élément aryen, n'a que du mépris pour la première caste du *Bengale* ; les habitants de l'*Aoude* ont les traits réguliers, le visage clair, la taille haute, l'intelligence vive ; ceux du *Béhar*, au teint plus foncé, se distinguent encore par le type physique et les qualités morales ; les *Bengalis* ont la taille petite et le corps grêle, la peau noire, le visage déprimé ; ils sont fourbes, dissimulés et lâches. La dixième partie de la population dans l'Aoude, la septième dans le Béhar, le tiers dans le Bengale, sont rattachés à l'islam ; le reste au brahmanisme.

Dans le massif montagneux du Rajmahal, région encore peu explorée, pauvre et malsaine, entre le Béhar et le Bengale, vivent les sauvages tribus des *Malers*, des *Sontals*, et plus au sud, les *Ouraons*, les *Moundahs*, les *Kôles*. Les *Malers* (Paharis ou Hillmen, hommes des monts) ont des mœurs douces et une réputation de loyauté justifiée ; ils habitent des cases de bambous décorées avec goût ; les *Sontals* sont vifs, bienveillants, hospitaliers, agriculteurs ; leur nombre augmente et leur territoire diminue devant la conquête anglaise ; ils émigrent dans la plaine et s'expatrient pour chercher de l'ouvrage. Ces peuples adorent les astres, les forces de la nature, les bons génies, le soleil.

Région de l'Indus.

1° **Pandjab.** — La religion dominante est l'islamisme. La population est formée d'éléments touraniens et aryens. Les Aryens sont représentés surtout par les *Pathans*, au nord-ouest, près de la porte dite *aryenne*, par les *Arvans* et les *Gakkars* de l'Himalaya. — Les Touraniens sont représentés par les *Jâts*, grands, bien faits, à la chevelure noire et abondante, à la peau foncée, à la physionomie intelligente ; parmi eux se forma, au quinzième siècle, la secte des *Sikhs*, qui devinrent un peuple de guerriers : « admi-
» rable race, type de la grâce et de la force, joignant la noblesse des traits
» à la vivacité de l'expression, à l'harmonie de la taille et de la stature ;
» le guerrier sikh est certainement un des plus beaux échantillons de la race
» humaine. » Jadis les Sikhs se mesurèrent avec les armées des souverains mogols, et les Anglais trouvèrent en eux de redoutables adversaires. Leur chef, Runjet-Singh, roi de Lahore, donnait à l'Afghanistan un roi de son choix. Les Sikhs sont redevenus une secte religieuse, dont la capitale est Amritsir. « Le goût de l'instruction est très développé chez eux ; ils ont
» des associations scientifiques importantes, entre autres celles de Lahore,
» qui comptent dans leur sein des hommes remarquables. Cependant les
» goûts belliqueux, qui ne sont pas éteints chez les Sikhs, en font avec
» les Gorkhas les meilleurs soldats de l'armée anglaise ; ceux qui se sont
» voués à l'agriculture sont les travailleurs les plus patients de la pé-
» ninsule. Tout le sol cultivable de la vallée de l'Indus est entre les mains
» de cette race, qui représente le groupe agricole le plus élevé de l'Inde en-
» tière. » (G. LEBON, p. 118.)

Les *Jâts* de Moultan (*Moultanis*) sont des commerçants connus dans toute l'Inde et dans l'Asie centrale ; ceux du Marwar (*Marwari*) sont des usuriers sans pudeur, haïs et redoutés, qui ruinent les Hindous. « Le Mar-
» wari, écrit un Hindou de Baroda, n'entreprend aucune affaire qui ne lui
» rapportera pas cent pour cent de profit. Il aime les comptes à longue

» échéance ; il prête et prête encore jusqu'à ce qu'un homme soit complè-
» tement en son pouvoir ; quand il ne peut plus rien tirer d'un pauvre
» diable, il le décide à voler. Il dégrade ses victimes aussi bien qu'il les
» ruine, et la moitié des prostituées de Bombay sont les sœurs ou les
» femmes de malheureux, qui commencèrent à connaitre le Marwari en lui
» achetant à crédit une livre de sucre et qui finiront par la ruine de leur
» être physique et moral. Quoique le Marwari soit un sectateur de Vishnou,
» il n'a guère de respect pour ses dieux, et préfère la moindre pièce por-
» tant l'effigie de la reine au plus vénéré d'entre eux. » (Dr LEBON, p. 119.)

On rattache aux Jâts les *Bandjaris* de l'Inde, frères des tziganes d'Europe, tribus nomades, errant de ville en ville, habitant dans ses chariots, familles de colporteurs, chanteurs, danseurs et diseurs de bonne aventure.

2° Sindh et Rajpoutana. — Le Sindh est peuplé en majorité de *Jâts* musulmans et des *Baloutchis*. Le Rajpoutana, dans la partie occidentale occupée par le grand désert du Thar, est peuplé de tribus à demi sauvages ; dans la partie orientale, montueuse, et bien arrosée, vivent des *Jâts* agriculteurs au bord des rivières, des *Rajpouts* aryens guerriers sur les plateaux, des *Bhils* aborigènes dans les massifs les plus élevés et les forêts inaccessibles. — Les *Rajpouts* ont la taille haute et élégante, la peau claire et mate, la chevelure et la barbe noire et abondante. Les *Bhils* sont une des plus anciennes populations de l'Indus, jadis conquise par les Touraniens ; de là leur haine contre les Hindous. Ils sont noirs, laids, petits, mais agiles et forts ; armés de lances, de flèches, d'épées ; ils vivent de chasse et de pêche, et habitent des villages fortifiés (*pals*). Ils adorent les arbres. Au Rajpoutana appartiennent encore les populations des *Mhairs* et des *Minas*, dans les monts Aravalli. Quelques-uns cultivent le sol ou élèvent des troupeaux ; la plupart sont restés pillards et bandits.

Goudjerate. — Dans cette contrée riche, fertile, couverte de villes prospères, sont des races très mêlées : *Mahrattes*, *Rajpoutes*, *Jâts*, *Parris* et tribus aborigènes. Ces tribus, encore sauvages, adorent leurs prêtres (*maharajahs*) qu'ils considèrent comme des incarnations du dieu Vishnou.

Inde centrale et méridionale.

Mahrattes. — Ce nom vient de *Maha Rashtra*, le grand royaume, nom et race fort anciens dans l'Inde ; ces peuples, groupés en fédération de communes indépendantes, suivent le culte de Brahma, et sont divisés en castes. Ils sont environ dix millions, d'origine touranienne ; et occupent le nord-ouest du Dekkan. Des dynasties mahrattes gouvernent les pays situés entre la Jumna et les monts Vindhya. — Leurs ancêtres ont ruiné l'empire mogol au dix-septième siècle. (Voy. la notice historique.)

Dravidiens. — Cette race, disséminée depuis la Godavéry jusqu'au cap Comorin, compte 50 millions d'hommes, tous de religion brahmanique. Le groupe le plus civilisé est le groupe *tamoul*, à l'est et au centre ; puis viennent les *Tiligous* (côte de Coromandel), puis les habitants du *Karnat* (ou Terre Noire), le pays du centre, le plus fertile de tous.

Konkan. — Sur ce littoral, entre le golfe de Cambaye et Goa, vivent des populations très mêlées ; dans les Ghâts se maintiennent quelques tribus de sauvages qui ont l'agilité du singe, vont presque nus, et trouvent dans leurs palmiers tout ce qui est nécessaire à leur nourriture, à leur costume primitif et à leur habitation.

Malabar. — Les *Naïrs* (maîtres) ont la taille élevée, les formes gracieuses, les extrémités fines, le teint brun; ils forment une aristocratie indépendante qui professe le brahmanisme, et domine les *Tirs* de la côte et les *Moplahs*, métis arabes musulmans.

Massif des Nilghiris. — Il est habité par des tribus sauvages divisées en cinq tribus distinctes, *Todas, Badagas, Kotahs, Kouroumbas, Iroulas*. — Les *Todas* (bergers), au nombre de 1 000 environ, forment une exception. Ils sont de haute taille, ont la chevelure et la barbe noires et abondantes, sont gais, doux, pacifiques. Ils habitent des villages élevés, et ne s'occupent que de leurs troupeaux; la vache est pour eux l'animal sacré par excellence; ils adorent aussi les âmes des morts et les arbres. — Les *Badagas* (25 000 environ) sont agriculteurs et bergers, et sédentaires, leurs mœurs ressemblent à celles des Todas, dont ils n'ont pas la belle prestance, le genre de noblesse et le caractère. Ils sont surtout attachés au culte de Brahma. — Les *Kotahs* et *Koumroulas*, descendant des tribus primitives, forment une population chétive, à la peau noire, aux cheveux laineux, à la barbe rude et hérissée; ils exercent des métiers manuels, se font devins, sorciers, magiciens, chanteurs ambulants, terrassiers, pour combattre la misère. « Souffrant presque perpétuellement de la faim, les Kotahs ne se » rassasient vraiment que le premier jour de l'année. Ils mettent alors en » commun toutes les provisions qu'ils ont pu rassembler, et absorbent au- » tant de nourriture que possible pendant 48 heures. » (G. LEBON, p. 152.)

Les *Iroulas* vivent sous les arbres ou dans des trous, au milieu de la jungle empestée; ils sont noirs, maigres, décharnés, très grossiers dans leurs mœurs, et sont placés au dernier degré de l'échelle des races de l'Inde. — Dans leurs bouges infects, ils travaillent l'osier. Ils se nourrissent de racines, de fruits, de baies sauvages.

On peut ranger parmi les autres populations sauvages de l'Inde méridionale, les *Kaders* chasseurs, les *Malsars* agriculteurs, les *Paligars* bergers ou marchands, qui laissent flotter jusqu'aux reins leur épaisse chevelure; ces protodravidiens, d'origine malaise, occupent le massif de l'Anamalah. Plus au sud, dans les monts Alighirris, les *Kanikhars* bâtissent leurs cabanes dans les branches des arbres, pour se mettre à l'abri des fauves; les *Kollers* peuplent les montagnes de Coimbatour et Madoura; — les *Nayadis*, les environs de Calicut et du lac Poulikat; — les *Chanars*, au nombre d'un demi-million, dans la région de Travancore et du cap Comorin, vivent de l'exploitation de leurs palmiers. Tous ces peuples, sauf une centaine de mille *Chanars*, convertis au christianisme, sont fétichistes ou adorent les esprits.

Provinces centrales du Gondwana. — La haute région du Gondwana sépare l'Inde gangétique de l'Inde du Dekkan. Les invasions se sont arrêtées devant cette barrière sans y pénétrer et les antiques races s'y sont maintenues presque intactes. De nos jours seulement, ces plateaux mystérieux ont révélé quelques-uns de leurs secrets; la police anglaise leur impose ses conditions, ses règlements; le chemin de fer de Bombay à Calcutta tourne au nord le pays des Gonds; la ligne de Nagpour s'enfonce au cœur même de ces régions naguère inaccessibles; les mœurs, les coutumes, les croyances du Gondwana, immuables pendant des milliers d'années, vont se modifier ou disparaître. On compte encore un million et demi de Gonds à l'état purement sauvage; ils se sont retranchés dans les régions boisées et insalubres que domine le massif de l'Amarkantak, près des sources de la Nerbadah, de la Godavéry et de ses affluents, la Pranhita et l'Indravati. « Les Hindous de la plaine dépeignent ces régions encore inexplorées » comme des forêts d'arbres gigantesques, sous le feuillage desquels règne » une ombre farouche, et flottent des miasmes de mort; ils ajoutent que » les habitants de ces forêts sont des animaux féroces d'une taille gigan- » tesque et des singes hideux contrefaisant l'apparence humaine. » Les Mahrattes réussirent les premiers, au dix-huitième siècle, à établir leur domination sur une partie des Gonds : au dix-neuvième, les Anglais resserrent la barbarie du Gondwana dans ses repaires les plus cachés.

Les peuples gonds se divisent en trois groupes principaux; *Bhils*, 20000; *Kôles*, 40000, et *Gonds*; la vraie région des Bhils s'étend des monts Aravalli aux monts Satpoura; les Kôles peuplent surtout le Chota-Nagpore, la côte d'Orissa, et même le Bengale. — Les Gonds sont évalués à plusieurs millions.

Les *Bhils* se divisent en clans; les deux grandes divisions sont les *Blancs* et les *Noirs*, suivant le degré de pureté de la race. Ils sont de taille moyenne, robustes, d'une force et d'une agilité surprenantes; ils ont les traits grossiers, et portent des cheveux longs et lisses qui pendent en mèches autour de la tête; ils sont presque nus, et n'ont qu'une bande d'étoffe autour des reins, une corde autour de la tête en forme de turban. « Les jeunes portent » aux bras et aux jambes un tel nombre d'anneaux de bronze qu'ils montent » du poignet au coude et de la cheville aux genoux. » (L. ROUSSELET). Les Bhils passent leur temps à la chasse et à la pêche; ils lancent avec adresse les flèches de jonc armées de fer. Ils sont belliqueux, se battent souvent entre eux, mais réunissent leurs forces contre l'étranger. Ils sont libres, groupés sous des chefs de tribus qui les conduisent au pillage et à la guerre. Une assemblée de vieillards prononce à l'occasion la déchéance des chefs. Les Bhils habitent des *pâls* (villages) fortifiés, situés sur des hauteurs et derrière des fourrés inaccessibles. Leur principale divinité est *Hanoumân*, le singe qui accompagnait le conquérant Rama.

Les *Gonds* ressemblent aux Bhils : mêmes traits, même physionomie, mêmes armes. Mais ils s'adonnent davantage à la culture, et brûlent les forêts de pal, de teck, de figuiers pour étendre la surface du sol à ensemencer. Ils sont plus hospitaliers et plus paisibles, moins belliqueux que les Bhils, dont ils n'ont pas les instincts féroces; ils adorent aussi les démons, les esprits malfaisants : les fléaux, les tigres, les serpents, le choléra, la fièvre, la sécheresse sont pour eux autant de divinités auxquelles ils immolent des animaux et parfois même des victimes humaines, pour fléchir leur colère.

Pays de la Mahanaddi, de l'Orissa, du Bengale. — Les races kolariennes occupent toute la zone comprise entre le littoral d'Orissa et le Goudjerate, le long des monts Vindhya. — On n'a aucune donnée sur les habitants sauvages du massif impénétrable de l'Amarkantak, où les jungles sont pleines de bêtes féroces et les vallées empestées de fièvres; le Chota-Nagpore est occupé par les Kôles qui se rattachent surtout à la race mongolique; « ils ont le visage triangulaire, la barbe rare, les yeux petits et » souvent bridés, quoique horizontaux, les lèvres épaisses, les pommettes

» saillantes et le nez écrasé; leur couleur varie du noir au jaune, leur taille
» est courte, mais trapue et robuste. » Ces Kôles sont des travailleurs infatigables, et propres aux besognes les plus rudes; leur nom a été formé de
celui de *coolie*, qui désigne les portefaix et manouvriers répandus dans les
colonies du Pacifique et les deux Amériques. Les Kôles (*Sontals*, *Malers*,
Khonds d'Orissa) adorent le soleil, la terre, les astres, les esprits des morts,
les bêtes féroces, les fléaux, cyclones, famines, pestes, sécheresses, qu'ils
tentent de conjurer par des exorcismes, et de fléchir par des sacrifices. Les
cérémonies religieuses des Kôles étaient jadis effroyables; ils immolaient
à la divinité des prisonniers, des orphelins, des enfants, et avaient toujours
en réserve quelques-unes de ces *mériahs* ou victimes futures. Sous l'influence anglaise, ces sacrifices sanguinaires deviennent de plus en plus rares,
mais n'ont pas tout à fait disparu.

Les Kôles sont rusés, menteurs, voleurs, et ne se font aucun scrupule
de s'enrichir aux dépens de ceux qui, disent-ils, les ont dépossédés. « Par
» un contraste singulier, dit M. Lebon, ces bandits deviennent, lorsque le
» besoin les pousse à se mettre à la solde des maîtres actuels de l'Inde,
» les meilleurs agents de police, les plus sévères et les plus vigilants
» gardes champêtres que les Anglais puissent se procurer. Il arrive aussi
» qu'ils cumulent; gardiens des champs et des bestiaux le jour, ils les
» pillent et les enlèvent la nuit, accomplissant les deux fonctions avec au-
» tant de zèle, de prudence et d'habileté. D'une franchise absolue, ils
» rendent les témoins inutiles, et avouent sur-le-champ lorsqu'on les in-
» terroge et qu'ils sont coupables.

» Les Kôles sont extrêmement hospitaliers, allant jusqu'à se faire tuer
» pour leur hôte si celui-ci court quelque danger. Ils sont également très
» fiers et d'humeur très indépendante. Forcés de payer l'impôt aux Anglais,
» ils le leur portent régulièrement à la limite de leur territoire, ne souf-
» frant pas que les percepteurs viennent souiller de leur présence l'asile
» de leurs forêts.

» Les populations kolariennes sont fort adonnées à la guerre. Elles
» aiment le combat pour le plaisir qu'il leur donne et aussi parce qu'elles
» le croient agréable aux dieux. On consulte les présages, et d'après eux
» on reconnaît que le ciel commande la lutte et réclame du sang. Aussitôt
» on dépêche des messagers à la tribu voisine et on la défie en champ clos.
» On lutte pendant plusieurs jours, et aussi longtemps que des présages
» contraires n'ont pas indiqué la fin de la lutte. Nulle animosité, nulle
» haine n'éclate entre les guerriers qui partagent souvent la même tente et
» le même repas durant les suspensions d'armes. Les femmes assistent à
» la bataille, applaudissant aux coups heureux, aux exploits brillants,
» recueillant et soignant les blessés, pleurant sur les morts. » (*Civilisations de l'Inde*, p. 173.)

Les religions.

La plupart des religions se rencontrent dans l'Inde. L'unité de croyances
et de dogmes y manque autant que l'unité de races et l'unité de langues.
Le *brahmanisme* ou *hindouïsme*, le *mahométisme*, le *paganisme*, le
bouddhisme, le *christianisme*, la *religion des Sikhs*, le *djaïnisme*, le
parsisme, le *judaïsme* et d'autres sectes, y vivent côte à côte ou confondues. — Le polythéisme y a revêtu les formes les plus diverses, depuis
l'idéalisme le plus raffiné jusqu'à l'idolâtrie la plus grossière; les sectes

s'y renouvellent sans cesse. « De là, la difficulté d'embrasser dans son
» ensemble et dans ses accroissements successifs, cette vaste construction
» religieuse, l'œuvre de plus de trente siècles d'après les supputations
» les plus probables d'une histoire sans chronologie, vrai dédale de bâtisses
» engagées les unes dans les autres, où les premiers explorateurs se sont
» toujours égarés, tant l'histoire officielle en est menteuse, tant il s'y
» trouve de ruines d'un aspect vénérable et qui sont d'hier! » (BARTH, *les
Religions de l'Inde*, p. 2.)

La religion primitive, dont on retrouve les traces dans les hymnes des
Védas, fit place au **brahmanisme**, qui eut son rituel, son organisation
définitive, sa classe de prêtres, les *Brahmanes*. — Le prophète *Çakya-
Mouni*, surnommé par ses fidèles, le *Bouddha*, prêcha et fonda une religion nouvelle, six siècles avant Jésus-Christ; le **bouddhisme** enleva au
brahmanisme des millions d'adhérents. Mais peu à peu le *bouddhisme*
se retira de l'Inde, se propagea dans les pays voisins, Tibet, Chine, Japon,
où il a gardé une place considérable. — Le brahmanisme, renouvelé, reprit
possession de l'Hindoustan, mais donna naissance à une multitude de sectes
qu'on embrasse actuellement sous ce nom de brahmanisme ou sous celui
d'**hindouïsme** : il est, en effet, la religion nationale des Hindous, et se
propage et s'étend chez les tribus aborigènes qui étaient restées païennes.

L'**islamisme** a pénétré dans l'Inde en conquérant, « par la prédication
» du sabre ». Il a suivi les mêmes chemins que les Aryens d'autrefois; c'est
au douzième et au treizième siècle que les invasions musulmanes, à travers
les défilés de l'Afghanistan, ont pénétré sur l'Indus et le Gange, et imposé,
avec leur puissance politique et militaire, les prescriptions du Coran. Aussi
la propagande musulmane eut-elle pour limites les bornes mêmes de la
conquête; quand, au dix-huitième siècle, devant les révoltes féodales, les
attaques des Mahrattes et l'expansion européenne, les Grands-Mogols reculèrent, l'islam se replia et se tint sur la défensive. Les haines sont restées
vivaces entre ces deux fanatismes qui vivent juxtaposés; le gouvernement
anglais ne réussit pas toujours à les contenir. Il joue, entre Mahomet et
Brahma, « le rôle, sinon de modérateur, au moins de *constable*, qui
» impose la paix et la tolérance, comme le pacha turc entre les différentes
» sectes chrétiennes au Saint-Sépulcre de Jérusalem ». (H. GAIDOZ, *Revue
polit. et litt.* 1885.)

Le **christianisme** compte un petit nombre de prosélytes en face des
masses profondes de sectateurs des deux grandes religions précédentes; la
plupart sont les descendants fidèles des convertis catholiques du seizième
et du dix-septième siècle, à l'époque de la domination portugaise. Le **catholicisme** a ses établissements principaux à Calcutta et à Bombay;
mais son action très vitale s'étend aux principales stations civiles et militaires, et même aux districts ruraux de l'empire. Son clergé, organisé hiérarchiquement, a ses archevêques, évêques, vicaires apostoliques et simples
prêtres, qui sont de nationalité française, belge, suisse, portugaise, italienne,
allemande, hollandaise. Il est secondé par des congrégations de sœurs; il
possède des cathédrales, des églises, des couvents. Il admet dans ses collèges renommés de Calcutta et de Bombay des élèves de toutes les religions;
il ouvre ses orphelinats et ses écoles à tous ceux qui se présentent. On
vante, dans l'Inde, le zèle, la piété et la charité de ses religieux et de ses
prêtres, « soit comme ministres parmi leurs fidèles, soit comme pasteurs
» parmi les ignorants, soit comme visiteurs des malades et dispensateurs
» d'aumônes aux misérables ». (Sir RICHARD TEMPLE, *l'Inde britannique*,
p. 180.) — Le **protestantisme** a établi dans l'Inde un vaste réseau de com-

munautés et de missions; l'Eglise officielle et l'Eglise libre d'Ecosse, les *Indépendants*, les *Presbytériens* américains, les *Westleyens*, les *Méthodistes*, les *Baptiseurs*, les missions *allemandes* prêchent, catéchisent, enseignent dans un très grand nombre de villes. On évalue le nombre de ces missions à un millier environ, et leur dépense à 300 000 livres sterling, sans compter les subventions du gouvernement. Ces missionnaires ne s'en tiennent pas, du reste, à leur apostolat et à leur philanthropie : souvent ils servent d'agents et d'éclaireurs au gouvernement, et fournissent des renseignements utiles. Ils étudient et connaissent les dialectes populaires, observent les mœurs et les coutumes des indigènes; plusieurs sont des érudits, des historiens, des économistes, des lexicographes distingués. Les chrétiens indigènes sont surtout répandus dans la présidence de Madras, notamment à Travancore, Cochin, Tinnevelli.

Le parsisme n'a guère d'adeptes qu'à Bombay et à Baroda. Les Parsis sont les grands banquiers et les grands commerçants de l'Inde (voy. p. 203). — Le djaïnisme paraît être une secte dérivée du bouddhisme, ou une religion sœur. — La religion des **Sikhs** s'est formée au quinzième siècle, sous l'influence du *gourou* ou prophète *Nanak;* puritains et belliqueux, les Sikhs forment dans l'Inde une secte isolée, qui rejette le système des castes. Ils ont juré à l'islamisme une haine éternelle depuis le jour où un de leurs *gourou* a été assassiné par les musulmans. Ils sont tous armés; l'Angleterre recrute parmi eux ses meilleurs soldats indigènes. Leur sanctuaire, et le lieu de leurs assemblées annuelles, est Amritsir.

Le gouvernement anglais surveille toutes les religions, mais garde vis-à-vis de chacune une indifférence et une tolérance complètes. Il a pris à sa charge et continue régulièrement d'acquitter les dotations et subventions dont il a recueilli le contrôle. Toutefois il s'est efforcé, avec prudence, de supprimer ou d'adoucir certaines pratiques abominables, qui étaient usitées dans l'Inde, comme l'exposition et l'abandon des nouveau-nés, le *sutti* ou suicide volontaire de la veuve sur le bûcher de son mari.

Statistique des religions de l'Inde (recensement de 1881)

	Sectateurs.		
Brahmanisme ou Hindouisme.	187 937 000	Report...	249 763 000
		Religion des Sikhs.	1 853 000
Mahométisme.	50 120 000	Djaïnisme.	1 221 000
Paganisme.	6 426 000	Parsisme.	85 000
Bouddhisme.	3 418 000	Judaïsme.	12 000
Christianisme.	1 862 000	Sectes diverses.	952 000
A reporter...	249 763 000	Total général...	253 886 000

Langues. — Les principales langues de l'Inde se rattachent à deux groupes principaux : 1° les langues **aryennes**, dérivées du sanscrit, et introduites dans l'Inde par les invasions; à ce groupe appartiennent l'*hindoustani* ou *ourdou*, langue générale des affaires et du bon ton, qui tend à se propager dans l'Inde entière, sans faire disparaître les dialectes locaux; elle est employée dans les rapports officiels entre les Anglais et les indigènes, et dans la presse; le *bengali*, le *mahratti*, le *pandjabi*, le *goudjerati*, l'*ouriya* (Orissa), le *sindhi*, l'*hindi*, l'*assamais*, le *pouchtou* (pays afghans), parlés environ par 218 millions d'hommes; — 2° les langues dravidiennes, qui comprennent le *telougou*, le *tamoul*, le *canarais*, le *malayalam*, le *gondi*, parlés par 45 millions. — A l'ouest de Calcutta, dans le Bengale, on parle le *kol* et le *sonthali* (2 300 000 individus); — à l'est et au nord-est, le *tibétain* a débordé les frontières de l'empire, et on le parle surtout dans la Birmanie britannique. La langue du gouvernement est l'*anglais;* la langue littéraire des Hindous brahmanistes est le *sanscrit;* la langue littéraire des Hindous musulmans est le *persan*. Mais le détail des idiomes usités dans l'Inde est un véritable chaos; les linguistes ont énuméré jusqu'à deux cent quarante langues et deux cent quatre-vingt-neuf patois parlés dans la péninsule; le nombre des alphabets actuels s'élève à cinquante-huit.

Castes. — L'Inde est encore très fortement soumise au régime des *castes;* ni la pénétration des doctrines de l'Islam, ni les lois de la conquête, ni le développement des voies de communication, ni les relations commerciales multipliées de province à province, ni certaines communautés de langue ou de religion n'ont encore fondu les peuples et fait de la péninsule une nation. Cette division infinie des castes est le plus sûr garant de la domination étrangère[1]. — Jadis on divisait la population en quatre grandes castes ou couleurs : **Brahmanes**, d'origine divine, de couleur blanche, chargés de l'exécution, de la conservation et des commentaires (*Brahmanas*) des hymnes sacrés ; — **Kchatriyas** ou *Radjanya*, guerriers, de couleur rouge; — **Vaisyas**, marchands, de couleur jaune; — **Soudras**, laboureurs, de couleur noire. — En réalité, la division des castes est beaucoup moins simple. — En distinguant quatre groupes de populations (brahmanes, cultivateurs, marchands, industriels), on remarque que chacun de ces groupes se subdivise en une quantité de castes distinctes. — Il y a des brahmanes prêtres, d'autres bergers, laboureurs, colons, pêcheurs, portefaix, forgerons; certaines classes de brahmanes considèrent leurs frères comme impurs. — Les associations ou corporations de *marchands* sont innombrables ; on les compte par centaines et par milliers dans les diverses régions. Tout ce qui n'est pas noble, chef militaire (*raypoute*) ou marchand, est rangé dans le groupe des Soudras. Là encore les castes sont innombrables. — Il faut ajouter ceux qui sont hors de toute caste, les êtres impurs, immondes, le « rebut du rebut », qui sont tolérés, et que l'on assimile aux animaux sauvages de la jungle dont ils sont censés partager le gîte; tels sont les *tchandala*, à qui les brahmanes ne reconnaissent pas le droit de vivre en société, de lire les livres saints, de prononcer le nom de Brahma, de s'approcher d'un brahmane à moins de cent pas. — Enfin la nation conquérante, les Anglais, forme la caste dominante, fermée à toutes les autres. — Toutefois les idées d'occident pénètrent lentement dans l'Inde; dans certaines régions, les rigueurs de castes se sont adoucies, les barrières se sont abaissées, la fusion des religions, des classes et des fortunes se prépare; les riches négociants, dit Reclus, répètent que leur caste est dans leur coffre-fort; et les Hindous instruits rappellent les temps antiques célébrés par leurs épopées, alors que *tous étaient brahmanes*[2].

---

1. Voy. J. R. Seeley, l'*Expansion de l'Angleterre*, lecture IV, trad. Baille et Rambaud (Paris, in-18, Colin).
2. « Un Anglais dit : « Les jeunes gens hindous de familles aisées qui ont été élevés » dans nos collèges quittent souvent leur costume et endossent des vêtements » européens. Les babous mahométans en font autant. Seulement ils gardent le fez,

Instruction publique. — En dehors des temples, des cloîtres, des monastères, de l'enceinte des mosquées, de quelques collèges musulmans, de quelques écoles privées, et de l'enseignement donné à domicile, les Hindous n'avaient aucun système d'instruction publique organisé. En 1854, fut publié un premier décret réglant l'enseignement public. Près de deux millions d'écoliers ont fréquenté les 4 000 écoles nouvelles; chiffre faible si on le compare à la population de la péninsule. Le gouvernement les subventionne (800 000 liv. st. par an), mais elles sont surtout entretenues par les municipalités, les corporations, les souscriptions privées. Chaque grand village a son école primaire; l'instruction est donnée, suivant les localités, dans les idiomes qui sont enseignés dans les *écoles normales* d'instituteurs.

Les trois *Universités* de Calcutta, Madras et Bombay, composées de hauts fonctionnaires de l'État et de savants nommés par le gouvernement, examinent les candidats, confèrent les grades, délivrent des diplômes, mais n'ont pas mission d'enseigner. Elles exercent de véritables fonctions politiques, et le gouvernement a la haute main sur elles. — Des écoles publiques ou privées préparent aux examens d'entrée aux Universités; on les appelle *Hautes Écoles*, ou *Collèges affiliés*. — Les *trois collèges médicaux* de Calcutta, Madras, Bombay fournissent à l'Inde des docteurs très estimés. — Il y a des *collèges* et des *écoles de génie civil* presque dans chaque région: ceux de Rourki et de Pouna sont célèbres, et forment d'excellents dessinateurs, arpenteurs, géomètres, contremaîtres. — L'instruction des filles est l'objet de la sollicitude du gouvernement: dans tous les chefs-lieux de l'empire, il y a des *écoles supérieures* de filles que fréquentent les filles de la caste des Brahmanes: les Mahométans refusent d'y envoyer les leurs, mais les Parsis n'hésitent pas. — Protestants et catholiques ont fondé dans les chefs-lieux et les principales villes de l'intérieur, et jusque dans les stations d'été (*sanitaria*) des écoles pour les *enfants des Européens et les métis*. Ces enfants sont aussi admis dans les collèges indigènes, et peuvent se présenter aux examens des Universités. — On compte environ 95 *Collèges* avec 9000 élèves: — 4200 *écoles secondaires* avec 350 000 élèves; — 102 000 *écoles primaires* avec 2 500 000 élèves; — 310 *écoles spéciales* ou *techniques* avec 12 000 élèves. — Les trois *universités* ont 3 600 étudiants inscrits. — Le *budget* de l'instruction publique s'élève par an à 2 200 000 liv. st. La proportion des individus qui fréquentent les écoles représente 11 pour 1000 de la population totale.

» car ils ont toujours un œil au moins fixé sur Constantinople. Mais les uns et les
» autres, en changeant d'habits, désirent être admis dans la société anglaise. Malheureusement nous sommes exclusifs de notre nature et nous ne les admettons
» pas. Comme conséquence, ils passent dans les rangs des mécontents. » — La vérité est que l'habit noir et la cravate blanche ne suffisent pas pour combler l'abîme qui sépare les deux races. La plupart des Anglo-Indiens sont de cet avis, mais tout le monde n'en est pas. » M. de Hübner parle d'un dîner auquel sir Lyall, lieutenant-gouverneur des provinces du N.-O., à Allahabad, invita des personnages considérables de ses provinces, pour s'efforcer de les habituer aux formes et aux habitudes de la vie sociale anglaise. Trois acceptent: deux sont mahométans, l'autre s'est fait protestant. Les quatre autres notables hindous, restés hindous, se font excuser pour le dîner: s'asseoir à la même table que des chrétiens, y pense-t-on? Ils viennent après le repas pour quelques instants. « Quoique les deux races se coudoient depuis plus de cent ans sur les chemins
» de la vie, du champ de bataille au dourbar, et du dourbar au champ de bataille,
» Anglais et Indiens sont embarrassés de se rencontrer dans un salon. » (De Hübner, t. II, p. 177).

Justice. — Le gouvernement anglais n'a jugé ni praticable, ni prudent d'imposer le droit anglais à l'Inde. Une commission supérieure siégeant dans l'Inde, et composée de jurisconsultes anglais, d'administrateurs anglo-indiens, de colons européens, d'indigènes instruits et distingués, a adapté aux besoins de l'Inde les meilleurs principes de la jurisprudence anglaise. Les codes hindous et mahométans sont encore en vigueur pour le mariage, l'hérédité, l'adoption, la transmission de la propriété, les intérêts religieux. Dans les *hautes-cours* des chefs-lieux de présidence, les présidents et une partie des juges sont anglais, les autres indigènes. Les tribunaux qui existent dans la plupart des villes importantes sont de première instance : « Jadis mal famées, dit sir Temple, les professions juridiques croissent en valeur morale et en capacité intellectuelle. »

Armée. — La puissance britannique s'appuie dans l'Inde sur deux armées de composition différente : l'armée *européenne*, qui comprend (officiers et soldats réunis) 11 200 artilleurs, 4 300 cavaliers, 440 hommes du génie, 45 500 fantassins, en tout environ 62 000 hommes ; — l'armée *indigène*, composée de cipayes, comptant 1 800 artilleurs, 18 300 cavaliers, 3 200 sapeurs, 103 700 fantassins, au total environ 128 000 hommes. Le budget de l'Inde entretient cette armée. Il faut y ajouter 147 000 hommes formant la police et la gendarmerie indigènes. L'armée est répartie entre les trois présidences du Bengale, de Bombay, de Madras. Elle se recrute par des volontaires engagés pour une longue période, et qui ont droit à une retraite à l'expiration de leur service. Les officiers anglais font le plus grand éloge de la solidité, de la sobriété, de l'énergie et du sang-froid des troupes indigènes ; mais ils n'ont pas eu l'occasion de les mesurer contre les troupes européennes modernes.

Plusieurs princes alliés ou feudataires ont conservé le privilège d'entretenir des troupes : le *Nizam* a une armée de 44 000 soldats bien exercés et disciplinés ; le *Guicowar* peut mettre en ligne 15 000 hommes de troupes régulières et 500 canons ; le *Scindia de Goualior* commande à 11 000 soldats ; et le *Holkar d'Indore* à 8 000. Le Holkar a créé une fonderie de canons, et le Scindia a introduit dans son État le service militaire obligatoire.

Monnaies ; poids et mesures. — *Or :* double *mohur* = 30 roupies = 23^{gr},328 = 73^{fr},63 ; *mohur* = 15 roupies = 36^{fr},82 ; *dix roupies* = 24^{fr},55 ; *cinq roupies* = 12^{fr},27. Les monnaies d'or n'ont pas cours légal. — *Argent :* Roupie du gouvernement = 11^{gr},664 = 2^{fr},37 ; *Demi-roupie* = 1^{fr},18 ; *Quart de roupie* = 0^{fr},59 ; deux *anas* = 0^{fr},29. — *Cuivre :* pièces de 1 et 2 *pice*. 1 *pice* = 0^{fr},123. *Demi-pice* et le *pie* ou tiers de *pice*.

Une somme de 100 000 roupies s'appelle *lake* ; une somme de 10 000 000 de roupies est un *crore* de roupies.

Bazar maund = 37$^{K gr}$,25 ; le *maund* de factorerie anglaise = 33$^{K gr}$,865. Ils se subdivisent en 40 *seers* à 16 *chittaks*. — Pour l'or et l'argent, le *sicca* = 11^{gr},64, il se divise en 10 *massa*. — Pour les liquides, le *possari* (pot) = 5 seers ou 1/8 de maund. — Pour la superficie, le *khahoon* = 17^{Ha},45^a ; le *cubit* = 1^m,82 ; 4 cubits = 1 fil ou brasse ou un mille anglais.

Budget (1888). — *Recettes :* 78 760 000 livres sterling. — *Dépenses :* 80 708 000 livres sterling. — *Dettes :* 192 millions de livres sterling.

Orissa et Puri; le pèlerinage de Jaggernath.

La région maritime qui s'étend des bouches du Gange au delta de la Kistna, « moitié boue, moitié eau, couverte de lacs et de marais, sil- » lonnée de rivières au cours incertain », a été peuplée à l'origine de tribus non aryennes, que les Aryas, venus du nord, refoulèrent dans les jungles et les montagnes du centre. Les Aryas apportaient avec eux le culte de Brahma, et le répandirent dans toute la contrée. De nouvelles émigrations postérieures opposèrent la religion plus douce de Bouddha aux pratiques de Siva, et lui disputèrent la place. Au seizième siècle, l'invasion musulmane s'efforça d'extirper toutes les croyances contraires à celles de Mahomet. Les temples et les statues furent renversés, les palais indiens ruinés ou convertis en écuries pour les chevaux des conquérants; mais l'islamisme ne put s'imposer aux vaincus. Le culte de Bouddha se transforma, et peu à peu se confondit avec celui de Vichnou, qui se prête à toutes les évolutions nécessaires, ne prétend pas à l'immutabilité, recueille dans ses temples le groupe des divinités indiennes et l'ensemble des systèmes religieux les plus variés, « et confond parmi ses adorateurs des hommes appartenant » aux races les plus diverses et aux civilisations les plus éloignées. » Aux autres cultes, les prêtres de Vichnou ont également emprunté leurs rites, leurs superstitions et leurs cérémonies ignobles ou grotesques.

La province d'Orissa est par excellence la terre sainte de l'Inde; les lieux de pèlerinage y sont plus renommés et plus fréquentés qu'ailleurs, les communautés plus nombreuses; les monastères y pullulent, et ont fait de tous les districts, de tous les villages, de toutes les terres autant de propriétés sacrées. Le foyer de cette adoration du dieu Vichnou est à Puri. La ville, que les brisants de la côte, du côté de la mer, et les marais impraticables du côté de la terre, ont mise à l'abri des invasions, renferme le temple fameux de Jaggernath ou Djagganath, bâti à la fin du douzième siècle, par le roi Assang Bhim Deo, qui y dépensa 12 millions. Loin de le détruire, les musulmans s'en étaient fait une source de revenus, en taxant les pèlerins. Le temple possède d'immenses richesses, les administrateurs recueillent chaque année 1 700 000 francs d'offrandes; 6 000 prêtres, gardiens ou guides sont employés dans son enceinte, et plus de 20 000 religieux habitent les monastères construits dans ses dépendances aux frais du dieu.

« L'enceinte sacrée a la forme d'un carré de 200 mètres de long sur 190 de large; elle est protégée contre les regards profanes par un mur massif de six mètres de haut. Dans l'intérieur sont cent vingt temples dédiés aux diverses formes sous lesquelles les Hindous se sont figuré la divinité; mais la grande pagode est celle de Jaggernath; c'est une tour conique sculptée avec art, de 53 mètres de haut, noircie par le temps et couronnée de la roue mystique de Vichnou. Le temple se compose de quatre chambres communiquant l'une avec l'autre. La première est la salle des offrandes; la deuxième, celle des danseuses et des musiciens; la troisième est la salle d'audience, d'où les pèlerins contemplent le dieu; la quatrième enfin est le sanctuaire surmonté de la tour conique : c'est là qu'est Jaggernath avec son frère Balabhadra et sa sœur Subhradra, ornés de bijoux. Ce sont des blocs de bois grossièrement taillés et représentant un buste humain ; ils sont couverts de vêtements d'or ; mais n'ont ni pieds ni bras, parce que, disent les prêtres, le maître du monde n'en a pas besoin pour exécuter ses desseins. Les offrandes consistent en fleurs, en fruits, en produits de toute espèce, destinés à la nourriture du dieu pendant ses repas ; les portes sont fermées, et les pèlerins relégués dans les premières salles où ils récitent leurs prières. Vingt-quatre fêtes, dont la principale est celle du char, pendant laquelle on promène la dent de Bouddha, ont lieu chaque année, et attirent de toutes les parties de l'Inde des multitudes de pèlerins.

» ..... Nulle part cet amour du pèlerinage ne se manifeste au même degré que dans l'Inde. Jour et nuit, des troupes de dévots arrivent à Puri, et campent dans les villages à plus de 300 milles en avant, sur les routes conduisant à Orissa. Ils forment des bandes de deux cents à trois cents qui, aux approches des grandes fêtes, se suivent de si près qu'elles vont presque jusqu'à se confondre. Ils marchent en ordre, conduits par leurs chefs spirituels. Les neuf dixièmes sont des femmes et quatre-vingt-quinze sur cent sont à pied. On y voit des dévots de plusieurs sortes, les uns couverts de cendres, d'autres presque nus ; quelques-uns ont des cheveux nattés teints en jaune, d'autres ont le front rayé de rouge et de blanc, un collier autour du cou et un fort bâton dans la main. Çà et là, des voitures couvertes, traînées par les grands buffles de l'Inde supérieure ou par la race plus petite du Bengale, roulent lentement en faisant craquer leurs roues de bois. Celles des provinces du nord, comme le veut la loi musulmane, sont strictement fermées et cachent les femmes à tous les yeux. Les Bengalies au contraire font du pèlerinage un plaisir et regardent curieusement ce qui se passe au dehors. Ici, c'est une dame de quelque village des environs de Dehli, qui, vêtue d'une robe voyante, trotte sur son poney, suivie de son mari et d'une servante qui porte dans un panier de l'eau du Gange. Plus loin, c'est une suite de palanquins renfermant un banquier de Calcutta avec ses femmes, et dont les nombreux porteurs font entendre dans la nuit un chant monotone. Le plus beau cortège est celui d'un rajah du nord avec sa caravane d'éléphants, de chameaux, de chevaux, d'hommes d'épée, dans sa chaise à porteurs, au milieu de la confusion et du bruit dans lesquels se complaît toute royauté indienne. Cette grande armée spirituelle qui s'avance pendant des centaines et des milliers de kilomètres sur les routes brûlantes, traversant des rivières sans ponts, passant dans les jungles et les marais, se recrute aussi régulièrement qu'une armée ordinaire. Des émissaires spéciaux attachés au temple, au nombre de trois mille, vont dans les provinces faire la chasse aux pèlerins, en prêchant la croisade contre le péché. Chacun d'eux conduit sa troupe, et reçoit des émoluments en proportion du nombre des fidèles qu'il amène à Puri.

» L'arrivée d'un racoleur de pèlerins est un événement dans la vie monotone d'un village indien. On ne peut s'y méprendre : sa tête à moitié chauve, sa tunique d'une étoffe grossière, sa coiffure sur les oreilles, son sac sur le dos, la feuille narcotique qu'il mâche en marchant, dénotent à tous un envoyé de Jaggernath. Il ne fait pas d'exhortations publiques, mais attend que les hommes soient aux champs pour aller trouver les femmes, dont il cherche à frapper l'esprit en faisant appel tantôt à la crainte, tantôt à l'espérance. Il n'a pas de peine à se faire écouter; car les femmes âgées désirent toutes voir face à face le dieu qui remet les péchés; leur ambition est de laisser leurs os dans l'enceinte du temple : des motifs plus mondains agissent sur les plus jeunes, qui trouvent dans le voyage une distraction à leur vie monotone... Les hommes sont moins faciles à persuader, et n'entrent guère que pour un dixième dans le chiffre des pèlerins.

La première partie du voyage est assez agréable : la nouveauté du paysage, des races, des langages et des coutumes intéresse les voyageurs. Beaucoup d'entre eux se servent du chemin de fer pendant une partie du trajet; les pèlerins du nord font ainsi 1 000 ou 1 400 milles; mais en général il reste de 300 à 600 milles à parcourir à pied, et, longtemps avant d'avoir atteint le but, leur force est épuisée. Les vigoureuses femmes de l'Hindoustan chantent jusqu'à ce qu'elles tombent; celles du Bengale se traînent piteusement en poussant d'un moment à l'autre un sanglot. Le guide les encourage à faire chaque jour leur étape, afin d'arriver à temps pour les fêtes. Beaucoup néanmoins restent en route, les autres n'atteignent le but qu'estropiées, les pieds sanglants et enveloppés de chiffons.

» A la vue de la cité sainte, tout est oublié. Les pèlerins se précipitent en criant sur le vieux pont construit par les Mahrattes, et se jettent avec transport dans les eaux sacrés du lac.

A chaque instant, ce sont pour eux de nouveaux spectacles. En passant à la porte du Lion, un homme de la caste des balayeurs les frappe de son balai pour leur enlever leurs péchés, et les forcer de promettre, sous peine de perdre tout le bénéfice du voyage, de ne raconter ni les événements de la route, ni les secrets du sanctuaire. Dans les premiers jours de l'excitation, rien ne peut arrêter la libéralité des pèlerins envers leur guide; mais bientôt, en songeant au retour, leur munificence se ralentit, et les attentions dont ils sont l'objet diminuent en proportion. Chaque jour, ils se baignent dans un des lacs sacrés, construits artificiellement avec des murs en maçonnerie; l'un d'eux peut contenir jusqu'à cinq mille baigneurs, et les bords en sont couverts de personnes qui attendent leur tour d'y entrer.

» ... La maladie et la mort font des ravages épouvantables parmi les voyageurs. Pendant leur séjour à Puri, ils sont mal logés et mal nourris. La nourriture est exclusivement préparée par les cuisines du temple, elle consiste surtout dans du riz, et elle est présentée à Jaggernath pour être sanctifiée avant d'être donnée aux fidèles; quand elle attend vingt-quatre heures, elle fermente et devient très malsaine. Dans cet état de putréfaction, elle est abandonnée aux mendiants qui errent par centaines autour du sanctuaire. La mauvaise alimentation n'est pas la seule cause des maladies : Puri est situé au bord de la mer, sur des sables marécageux; les maisons sont construites sur des plates-formes de boue, au centre desquelles sont des égouts pour les ordures; il s'en dégage, par des chaleurs de 40 à 50 degrés, des émanations dont on n'a aucune idée dans les pays tempérés. Les maisons se composent de deux ou trois cellules sans fenêtres ni ventilation d'aucune sorte, dans lesquelles les pèlerins sont entassés d'une façon révoltante pour l'humanité. Chacun d'eux n'a que la place strictement nécessaire pour se coucher, et quelquefois moins; ils ne peuvent alors s'étendre qu'à tour de rôle. L'infection de ces maisons est incroyable et les scènes qui s'y passent défient toute description. Aussi n'est-il pas étonnant que de pareilles cavernes deviennent des foyers d'épidémie cholérique. Le nombre des maisons est d'environ six mille, et celui des pèlerins, qui est de trois cent mille par an, est souvent de quatre-vingt-dix mille à la fois, ce qui fait en moyenne quinze à dix-huit personnes par maison.

» Pendant la saison sèche, beaucoup de pèlerins couchent dans la rue, réunis par troupes, enveloppés de la tête aux pieds de vêtements de coton blanc qu'ils portent pendant le jour. La rosée du matin est, il est vrai, très pernicieuse, mais passer la nuit en plein air est le moyen d'échapper à la rapacité des logeurs. Par contre, la fête du char, la plus grande de l'année, tombe au commencement de la saison des pluies. En quelques heures, les rues deviennent des torrents ou des mares qui tiennent en suspension les ordures accumulées pendant les chaleurs. Les malheureux pèlerins sont alors forcés de rester enfermés dans les maisons, où le choléra vient invariablement exercer ses ravages, où les vivants et les malades restent couchés côte à côte sur un plancher de boue et sous un toit de feuilles. Si misérable que soit aujourd'hui le sort des pèlerins, il l'était bien plus encore avant que le gouvernement eût pris certaines mesures de police pour améliorer leur situation. Il y a des descriptions des rues de Puri, datant d'un certain nombre d'années, qu'on ne peut lire sans avoir le frisson. « Les champs » autour de la ville étaient couverts de cadavres dévorés par les » vautours et par les chiens sauvages ; dans les rues, des mil- » liers de corps de femmes presque nus étaient entraînés par les » pluies ; d'autres, collées contre les murs des maisons, atten- » daient sans se plaindre leur dernier moment. »

» Mais c'est au retour que l'état des voyageurs est le plus affreux. Dépouillés par les prêtres, dont la rapacité est proverbiale, ils plient sous une charge de nourriture sacrée, qu'ils rapportent chez eux, dans des linges souillés ou dans des pots de terre ; ils tiennent en outre une ombrelle en feuille de palmier et un faisceau de bâtons sous les coups desquels ils ont fait pénitence à la porte du Lion. Comme la fête du char coïncide avec le commencement des pluies, ils ont à traverser le réseau gonflé des rivières du Delta ; ceux mêmes qui ont assez d'argent pour payer les bacs attendent parfois plusieurs jours sous la pluie qu'un bateau vienne les prendre. Un voyageur anglais a compté, près d'une rivière, près de quarante cadavres corrompus et dévorés par les fourmis. Lorsque les pèlerins ont dépensé le peu d'argent qui leur reste, ils n'ont plus qu'à mourir. Quand ils traversent des villages, ils obstruent les rues et couchent à la pluie sans abri, sous des arbres, se berçant pendant la nuit d'un chant monotone et plaintif, attendant le jour pour continuer leur pénible voyage ; ceux qui ne peuvent se relever sont abandonnés et meurent sur la route. Chaque jour, la troupe laisse ainsi derrière elle quelqu'un des siens : les plus heureux atteignent une station anglaise, où on les recueille dans des hôpitaux spéciaux. Quelquefois des bandes de voleurs enlèvent des femmes pour les revendre aux musulmans de l'ouest. Parmi celles qui parviennent à rentrer dans leurs foyers, la plupart ont contracté des maladies incurables dont elles souffriront toute leur vie. On n'évalue pas à moins de trente mille le nombre des visiteurs qui périssent ainsi chaque année. » (Comte A. Mahé de La Bourdonnais[1], *Revue de Géographie*, juillet 1886.)

Le gouvernement anglais de l'Inde s'est ému du spectacle de pareilles misères. Ne pouvant, sans violer la liberté religieuse et sans courir le risque d'une insurrection, interdire les pèlerinages, il a tenté, du moins, d'en atténuer les périls, et même d'en obtenir l'abandon du libre consentement des croyants. Une circulaire du vice-roi, en 1867, adressée dans ce sens aux officiers du Bengale, n'a pu fléchir le fanatisme des indigènes. Le gouvernement a dû se contenter d'établir des quarantaines, de fonder des hôpitaux pour recueillir et soigner les pèlerins, de combattre et de prévenir les épidémies par une surveillance étroite et une série de mesures administratives, enfin de fermer aux pèlerins l'entrée de certaines villes. Ainsi Cattack, capitale d'Orissa, a pu être préservée du fléau, qui, jadis, la décimait. On a le droit d'attendre plus encore du gouvernement qui tient l'Inde sous sa domination, et qui en a fait un des piliers de sa puissance, une des sources les plus sûres et les plus inépuisables de sa fortune industrielle et coloniale. Puisqu'il est impossible de forcer les prêtres de Jaggernath à verser entre les mains de l'État, pour le service des travaux publics indispensables, la plus faible part des immenses trésors enfouis dans les sanctuaires de Puri, l'Angleterre est tenue d'entreprendre, à tout prix et sans hésiter, l'œuvre d'assainissement et de désinfection nécessaire, autour des temples de Vichnou. « Il faudra bien, dit M. de La Bourdonnais, qu'il se résigne à faire
» ces sacrifices, l'Europe entière est d'ailleurs intéressée dans la question,
» et elle est en droit d'exiger qu'on prenne des mesures pour empêcher
» le choléra de sortir des lieux où il est endémique et d'envahir le monde.
» On ne peut admettre que l'incurie des pèlerins compromette des exis-
» tences plus précieuses que la leur, et devienne un danger pour tous les
» autres peuples. »

« Les habitants d'Orissa n'ont pas seulement à craindre les inondations
» des fleuves, ils ont également à redouter celles de la mer, que les cy-
» clones poussent parfois à l'assaut des campagnes et qui recouvrent alors
» les rizières d'une couche de sel. Les sécheresses sont aussi l'un des
» fléaux de l'agriculture. Si la Mahanaddi n'offre parfois que de maigres
» filets d'eau se ridant sur un lit de pierres, les autres rivières tarissent
» complètement; çà et là seulement des flaques rappellent le passage des
» courants énormes qui emplissaient le lit fluvial quelques mois auparavant.

---

1. M. Mahé de La Bourdonnais, qui a passé six ans dans l'Inde et deux ans dans le royaume de Siam, et en Birmanie, a écrit cette intéressante description du temple de Jaggernath après l'avoir visité. M. de La Bourdonnais est un descendant de l'illustre gouverneur de l'île de France, mort en 1753.

» Ainsi les paysans du delta sont toujours entre deux dangers. Que les
» pluies annuelles n'aient pas l'abondance voulue, les récoltes sont brûlées
» avant d'avoir atteint la maturité. Que la mousson apporte, au contraire,
» une trop grande quantité d'eau, tous les champs se trouvent inondés.
» Les fleuves, gonflés par les pluies et retenus à leurs embouchures par
» le vent du large, et débordant par-dessus les bourrelets de leurs rives,
» s'unissent aux lacs, et toute la région du littoral est sous les eaux. Les
» habitants des villages les plus exposés s'attendent si bien à ce mal-
» heur, qu'ils ont la précaution d'attacher des bateaux à leurs maisons
» pour être toujours prêts à la fuite; mais où se réfugier, quand la tem-
» pête bat les flots débordés et qu'on n'aperçoit la terre qu'à l'horizon
» lointain, là où se dressent les montagnes! Il faut rester sur le toit de sa
» demeure, secouée par la vague, ou camper sur un radeau de bambous, ou
» grimper aux multipliants couverts de serpents qui s'enroulent autour
» des branches. D'innombrables cadavres, au-dessus desquels tournoient
» les vautours, flottent par groupes au milieu des eaux. Quand, après des
» semaines d'inondation, les berges émergent enfin, et que les mares crou-
» pissantes s'évaporent au soleil, les malheureux qu'épargna le désastre
» n'ont plus ni récoltes ni bétail, et succombent en foule à la fièvre et à
» la faim. En 1866, le quart de la population venait de succomber à la
» famine causée par la sécheresse, lorsque l'inondation couvrit une surface
» de 275 000 hectares et submergea les villages de plus de 1 200 000 indi-
» vidus. A la première famine en succéda une seconde. » (Elisée RECLUS,
l'Inde et l'Indo-Chine, p. 419.)

Les Parsis de Bombay[1].

Les Parsis sont les derniers sectateurs de Zoroastre, qui vivait 1000 ans avant Moïse, et dont la doctrine se répandit de la Bactriane à travers l'Iran tout entier. On en compte environ 100 000 dans l'Inde; la ville de Bombay à elle seule en renferme 50 000; les autres résident à Surate, à Barotch, à Navsari, la ville sacerdotale des disciples de Zoroastre, et dans diverses villes du Goudjerate. On leur donne aussi le nom de Mages ou Magdéens, mot dérivé de Ahara Magda, le dieu de Zoroastre. Le terme de Parsi a pour origine le nom de la province persane de Pars ou Fars, qui renfermait l'an-cienne capitale de l'empire, Persépolis. Quant à l'appellation de Guèbre, elle est une qualification injurieuse que les Musulmans employaient pour les humilier.

La période héroïque de l'histoire des Parsis est l'époque de Cyrus le Grand, de Cambyse, de Darius, de Xerxès, et de leurs successeurs au temps des luttes contre la Grèce et l'empire romain. Une longue paix, une prospé-rité sans troubles, énervèrent le peuple; au septième siècle, ils furent inca-pables d'arrêter l'invasion du calife Omar; le dernier descendant des Sassa-nides, Yesdéjerd III, vaincu à Cadésia (636), par les Arabes, s'enfuit jusqu'à Merv, et y fut égorgé. Les califes de Bagdad étendirent leur domination

---

1. Nous empruntons les éléments de cette lecture à la très instructive analyse que M. Edmond Plauchut a faite du curieux ouvrage d'un savant parse de Bom-bay, M. Dosabhai Framji-Karaka. Cette histoire des Mages, écrite en anglais par un disciple de Zoroastre, a été publiée à Londres sous ce titre : *History of the Parsis including their manners, customs, religion and present situation.*

sur la Perse tout entière, transformèrent les temples du Feu en mosquées d'Allah, et offrirent aux Mages le choix entre l'abjuration et la mort. Ceux-ci se convertirent en masse à l'islamisme. Tous pourtant ne trahirent pas le culte des ancêtres. Les fidèles de Zoroastre, cachés dans les montagnes du Khorassan, y vécurent oubliés durant un siècle, pratiquant en silence leur religion. Mais à la fin ils furent dénoncés. Pour échapper aux persécutions, ils émigrèrent d'abord dans l'île d'Ormuz, puis dans la province du Pandjab, jadis soumise à la domination persane, et enfin dans l'îlot de Diu et sur le territoire de Sanjan. Ils s'y multiplièrent dans les siècles suivants, et se répandirent dans les villes maritimes de l'Inde, à Kambaye, à Surate, à Bombay. Leur arrivée dans cette ville au dix-huitième siècle coïncide presque avec le mariage de Charles II et de la princesse Catherine de Bragance qui apportait en dot au roi d'Angleterre l'île indienne.

« Désormais abrités contre les persécutions par la forte protection des
» Anglais, les Parsis s'organisèrent en communauté, et, comme les Hindous,
» ils créèrent un *panchayet*[1], dont la juridiction s'étendit sur leurs com-
» patriotes établis à Baroteh, à Sourate, et dans d'autres localités du Goudje-
» rate. Ceux de Navsari, la ville sainte des sectateurs de Zoroastre, —
» comme Rome l'est des catholiques, — restèrent indépendants de toute
» juridiction, et tels ils sont restés encore aujourd'hui. »

Le Panchayet s'efforça de rappeler les Parsis au respect et à l'application des lois de Zoroastre; il condamna la bigamie, les superstitions et les coutumes empruntées aux législations et aux mœurs des Hindous et des musulmans; il rédigea un code conforme à celui des Anglais en tout ce qui n'était pas contraire à la religion de Zoroastre. Ce code a été définitivement achevé en 1865; deux juges suprêmes de la cour d'Angleterre avaient joint leurs lumières à celles des notables Parsis pour en préparer la rédaction.

Les descendants des Mages sont des hommes d'affaires consommés. Quelques-uns ont réussi à amasser des fortunes comparables à celles des Vanderbilt ou des Rothschild. Dès le dix-septième siècle, ils trafiquaient avec les étrangers dans l'Inde, et ils étaient renommés pour leur habileté et leur probité commerciales[2]. Les Anglais s'en servirent comme de courtiers

---

1. « Un panchayet, aux Indes, est à la fois un aréopage, une assemblée de no-
» tables, et même un conseil municipal dont les membres sont élus par les mem-
» bres d'une même secte. Il applique des peines plus morales que physiques à
» ceux qui ne lui obéissent pas. Un parse se refuse-t-il à subir la sentence pronon-
» cée contre lui, il est excommunié et ses coreligionnaires le traitent en sacrilège.
» Il n'est plus invité aux fêtes, aux cérémonies religieuses. L'entrée des temples
» lui est interdite, et il meurt sans être en état de grâce, son corps est livré sans
» façon aux vautours qui le dévorent, c'est-à-dire qu'il est porté au cimetière
» ou à la *Tour du Silence* sans escorte aucune. » (Edm. PLAUCHUT.)

2. « Lorsque la navigation à vapeur, écrit M. Plauchut, se substitua à la navi-
» gation à voile, les Parses virent décroître leur commerce, non certes, parce
» qu'ils manquaient de ressources pour adapter à leurs bateaux la nouvelle mé-
» thode, mais parce qu'attachés à leurs anciennes constructions, ils éprouvaient
» de la répugnance à délaisser les principaux moteurs de leur prospérité. L'eau
» et le feu, deux grands éléments vénérés par eux, jouent le principal rôle dans
» la marine actuelle. N'est-ce pas là le motif secret de leur répugnance à em-
» ployer la vapeur? Ce sont des maisons israélites qui les ont remplacés aujour-
» d'hui dans les grandes transactions qui se font encore entre les Indes anglaises
» et la Chine. Quoi qu'il en soit, c'est grâce à eux que Bombay est et restera la
» seconde ville du nouvel empire britannique. »

et d'intermédiaires, les associèrent à leurs entreprises, et, par d'adroits ménagements, s'en firent des auxiliaires dévoués contre la concurrence portugaise et hollandaise. Les Parsis que le commerce n'attirait pas se livrèrent à l'industrie et à l'agriculture, devinrent des ouvriers adroits et renommés ; les toiles, les étoffes de soie et de coton, les tissus et broderies de luxe, les poteries fines et les autres produits de leurs manufactures et ateliers de Bombay, de Surate et de Barotch, furent les plus recherchés de l'Inde. Dès 1735, les Parsis de Bombay avaient le monopole de tous les chantiers de constructions navales de la grande ville. Banquiers, percepteurs, agents d'affaires, entrepreneurs de travaux, armateurs, ils étendirent leurs relations et leur activité à toutes les côtes de l'Hindoustan, à l'archipel néerlandais, aux ports du Céleste Empire, à Hong-Kong, à Aden, et jusqu'aux îles Maurice et de la Réunion. Leur magnificence et leur charité sont devenues légendaires. L'un d'eux, Jamshedje Jijibai, a dépensé des millions en œuvres de bienfaisance ; il a construit à ses frais vingt-deux collèges de garçons et de filles, fondé des bourses, ouvert des hôpitaux et des hospices, établi des cimetières, distribué d'abondantes aumônes à ses coreligionnaires pauvres, aux Afghans, aux Irlandais et Ecossais ruinés par la guerre ou en proie à la famine ; en 1856, le préfet de la Seine reçut de lui un don de 12 500 francs pour être distribué aux victimes des inondations de la Loire. La reine d'Angleterre, pour reconnaître ces libéralités, créa le généreux Parsi chevalier, puis baronnet. Une statue lui a été érigée à Bombay, devant le somptueux palais, de style gothique, qu'il avait fait construire dans le quartier de Mazagon, et qu'il donna à sa mort pour être transformé en hôpital[1].

Les Parsis font donner à leurs enfants une éducation et une instruction très soignées. Outre les institutions spéciales créées par le Panchayet et aux frais des généreux donateurs, leurs fils fréquentent les écoles catholiques et les autres établissements particuliers de Bombay ; un grand nombre prennent leur diplôme de bachelier, et deviennent juges, professeurs, ingénieurs, avocats, médecins, journalistes, imprimeurs. Quelques femmes Parsis suivent les cours de médecine de la faculté de Bombay, et subissent les examens du doctorat. — On n'a jamais vu de Parsi laboureur, groom, coiffeur ou barbier ; ils préfèrent les spéculations à l'agriculture, fuient le métier des armes ; aucun n'est entré comme engagé volontaire dans l'armée des Indes.

La langue ordinaire des Parsis est le *goujerati*, qu'ils ont substitué au persan ; mais aujourd'hui presque tous parlent l'anglais, qui tend de plus en plus à devenir leur idiome national.

« Le costume n'a plus rien chez les hommes de la splendeur d'autrefois. Il consiste simplement de nos jours en une longue chemise de mousseline blanche appelée *sudra* et ajustée au corps par une ceinture ; en un *kusti* ou gilet d'étoffe légère avec manches, larges pantalons de soie et des pantoufles. Quand un Parse sort de chez lui pour assister à une cérémonie, il met par-dessus la *sudra* une longue tunique en cotonnade, assez sem-

---

[1]. Voy. L. Rousselet, *l'Inde des rajahs*, ch. I, p. 25.

blable à une robe de chambre. Elle adhère au corps par une longue ceinture appelée *pichori*, faite de toile. Pour coiffure, il a le *topi*, hideux chapeau à deux pointes et en forme de mitre; ses doigts, surchargés de bagues, brillent du feu de tous les diamants qu'il a pu y mettre. Les femmes sont généralement bien formées, d'une belle complexion et d'une douce apparence. Elles paraîtraient plus belles si elles étaient autorisées à laisser voir leurs cheveux qui sont magnifiques. Mais ils doivent rester cachés nuit et jour sous une blanche étoffe. Comme les hommes, les femmes portent la chemise de coton, le pantalon de soie et une sorte de camisole serrée à la taille ; sur le tout, elles jettent le saïr ou longue robe de soie ou de satin, à couleur claire, entièrement bordée d'un épais ruban en or ou doré.

» La vie d'un Mage est éclectique; il vit aussi bien à la façon européenne qu'à la façon persane, et même comme les Hindous. Mais ce sont les modes anglaises surtout qu'il adopte... Ayant su que les Anglais avaient bâti à Calcutta des palais, ils se sont mis à construire à Bombay des maisons de ville et de campagne fort belles. L'intérieur en est richement décoré de tableaux et de meubles élégants; mais, ce qu'on y remarque le plus et ce qu'on y trouve à profusion, c'est un nombre infini de lampes et de chandeliers : c'est encore un hommage à la lumière.

» ... Autrefois, les Parses prenaient leurs repas comme les Hindous, et presque comme tous les peuples d'Océanie, accroupis sur le sol ou sur des nattes, cherchant et prenant avec leurs doigts leur nourriture dans un plat de cuivre. Aujourd'hui, les riches mangent à l'européenne, ou à peu près; les pauvres ont continué à s'accroupir et à prendre avec la main le riz fumant et servi simplement sur une feuille de bananier... Jusqu'à une époque très rapprochée de nous, les hommes n'admettaient pas les femmes à leur table... Un changement s'est produit, car les repas se prennent en commun. Inutile d'ajouter que les Parses ne fument jamais ni tabac, ni opium. Ce serait associer le feu qui est pur, à la bouche, considérée comme chose impure...

» La mort d'un Parse donne lieu aux cérémonies suivantes. Lorsque l'un d'eux est à toute extrémité, son corps est lavé, puis revêtu de vêtements neufs. Le prêtre assiste à cette opération, et, pour donner quelque consolation au moribond, il récite à son chevet cette prière, extraite du Zend-Avesta : « Puisse le Très-Haut vous pardonner les offenses commises contre sa volonté, les commandements et les lois de la vraie religion de

Zoroastre ! Puisse le Seigneur vous donner une bonne place dans le monde où vous allez entrer et avoir pitié de vous ! » Le Parse mort, on croise ses mains sur sa poitrine, ses pieds sont rapprochés ou même parfois liés ensemble. On l'étend sur une pierre, et les parents et amis l'entourent. Jusqu'à l'heure des funérailles, l'officiant ne cesse de brûler des bois de senteur sur un brasier placé à côté du cadavre. Celui-ci est ensuite porté sur une civière au cimetière, le *dockma*, ou la Tour du Silence, et déposé sur une large dalle. On découvre le visage pour que ses parents et amis puissent le contempler une dernière fois. Ceci fait, on abandonne le corps aux vautours, qui, très rapidement, en dévorent la chair[1].

» ... La Tour du Silence a la forme d'un immense réservoir à gaz découvert par le haut. Les murailles circulaires sont construites en pierres dures, peintes extérieurement à la chaux. Elles ont, à Bombay, trente pieds d'élévation. Dans l'intérieur du sinistre monument, se trouve une plate-forme de trois cents pieds de circonférence formée de trois rangées de dalles granitiques sur lesquelles les corps sont déposés, nus, la face tournée vers le ciel. Comme il y a la même quantité de dalles dans chaque rangée concentrique, elles diminuent forcément de grandeur en convergeant vers le milieu de l'édifice. Sur les plus grandes sont déposés les cadavres des hommes, sur les suivantes ceux des femmes, et les plus petites reçoivent les corps des enfants. Dans chaque rangée, le granit a été creusé de façon à former de petits canaux qui reçoivent les matières liquides des morts : elles découlent dans une sorte de puits placé au centre de la tour. Lorsque les vautours ont achevé leur œuvre, ce qui s'accomplit en une heure, les ossements, rapidement desséchés par le soleil des tropiques, sont jetés pêle-mêle dans le puits central. Là, ils se transforment en poussière ; riches ou pauvres y sont confondus dans une égalité parfaite. Il est, dans les œuvres de Zoroastre, un verset ainsi conçu : « Que la terre, notre mère, ne soit jamais souillée ! » Les Parses, pour éviter cette souillure, livrent leur corps aux vautours, puis remplissent

---

1. « N'oublions pas de mentionner un bien singulier usage. Avant d'enlever le
» défunt de la maison mortuaire, la face est découverte deux ou trois fois en
» présence d'un chien. Les chiens, — ceux du moins qui ont au-dessus des yeux
» deux taches de feu, — sont considérés comme des animaux sacrés. On croit
» qu'ils conduisent les âmes au ciel et que leurs prunelles doubles ont le don
» d'éloigner les mauvais esprits. » (PLAUCHUT.)

de chaux vive et de grès filtrants le puits horrible, ainsi que les petits canaux conducteurs... Rien n'égale l'horreur qu'éprouvent les Parses pour un cadavre. Un contact avec un corps mort est une souillure qui ne peut se laver. Reste le côté hygiénique, et les Parses croient en cela avoir un système meilleur que le nôtre. La crémation leur conviendrait assez, mais le feu, d'après la loi du prophète, leur interdit de l'employer à brûler une chose impure. » (Edmond PLAUCHUT, *les Descendants des Mages à Bombay*; *Revue des Deux-Mondes*, 15 mars 1887.)

Les grottes de Karlee et d'Elephanta[1].

« Les grottes de Karlee ont pris leur nom du village de Karlee, situé à 2 milles au sud de leur emplacement. C'était, avant l'établissement du chemin de fer, une station de la route de Poona par le Bhore-Ghaut, avec poste militaire et bungalow[2] pour les voyageurs. On s'arrêtait à cet endroit pour aller aux grottes, bien qu'il y eût des villages plus rapprochés d'elles, mais n'offrant pas les ressources de Karlee, Karla, Karlen, — tous ces noms se donnent indifféremment. C'est aujourd'hui, soit à Khandalla, soit à Lanowlee, deux stations du *Great indian peninsular railway*, qu'il faut s'arrêter pour faire cette petite excursion.

» Lanowlee est le point culminant du passage par le Bhore-Ghaut, à 652 mètres au-dessus du niveau de la mer, et à l'entrée du grand plateau du Dekkan. Il y a de grands ateliers dépendant du chemin de fer, et un petit bungalow, sous le nom de *British-Hôtel*, tenu par un Parsi, au milieu de flaques d'eau, de roches recouvertes d'une mousse verdâtre. Pendant cette saison, il règne à cette hauteur une humidité constante et excessive : nous sommes entourés de montagnes dont les sommets sont chargés de lourdes vapeurs; les toits du *British-Hôtel*, de ses dépendances, des vastes ateliers du chemin de fer, sont cou-

---

1. L'île d'*Elephanta* ou *Garapouri* (cité des Cavernes) est située dans l'archipel de Bombay, entre la grande cité hindoue et le littoral de Konkan.
2. Le gouvernement anglais a établi dans les Indes des stations dites *bungalows*, sortes d'auberge à un étage, surmontées d'un toit épais et entourées d'une véranda. On trouve à l'intérieur un lit, c'est-à-dire une planche portée par quatre piquets. Le voyageur prévoyant y étend son *bedding*, appareil composé de couvertures rembourrées, qui peuvent, en se déroulant, tenir lieu de matelas et d'oreiller, et qu'il a soin de porter partout avec lui. Un Hindou, établi à demeure, fait la cuisine. Après un séjour de 14 heures, le voyageur doit partir, et céder la place à un autre.

verts d'une abondante végétation parasite, qui cache les tuiles : on pourrait faucher ces prairies aériennes...

» Nous gagnons, à travers des tourbières tremblantes et bien des mauvais pas, la grande route bordée d'arbres, que nous suivons pendant 3 milles, au moins, dans la direction du nord. Quand nous la quittons pour traverser, sans aucun chemin tracé, une plaine couverte de rivières, de marécages, les roches affleurant le sol, au milieu de flaques d'eau, cela devient tout à fait fatigant et périlleux même. Nos deux guides indigènes, qui ne sont pas surchargés de vêtements, se dirigent à vue de pays, à travers cette plaine, sous la pluie et le soleil, enfonçant, se relevant, courant, sautant avec leurs grandes jambes grêles et nues ; nous les suivons de loin, non sans grand émoi des chevaux. Au pied de la colline boisée, où les grottes sont taillées dans la roche, à 600 pieds au-dessus de la plaine, nous laissons nos montures à la garde de l'un des deux guides, tandis que l'autre nous fait gravir un chemin de chèvres, à travers de puissantes broussailles, et au long des parois suintantes et presque verticales de la masse rocheuse.

» Ce qui se présente d'abord à la vue, c'est un fouillis désordonné d'arbres, de buissons, de plantes grimpantes sur de grands pans de roche taillée, des ouvertures profondes et variées, découpées dans la pierre, et des piliers entamés sur des murs ébréchés. A gauche, en avançant, un abri rustique et délabré, à moitié taillé dans la roche, sert d'habitation à quelques indigènes : un pilier massif et isolé, à quelques pas de là, supporte sur son chapiteau élevé un groupe fruste de lions méconnaissables ; puis, dans le fond, une immense ouverture demi-circulaire et obscure s'ouvre au-dessus d'un mur transversal, orné d'immenses sculptures, en haut-relief, et percé d'une porte, aujourd'hui rétrécie sur la largeur et la hauteur par de la maçonnerie moderne. C'est l'entrée du temple — de la *Chaitya*, comme disent les savants anglais.

» Nous ne sommes plus ici en présence d'un monument ordinaire, construit par approches et assises, avec des matériaux détachés. Tout a été creusé, fouillé, entaillé, sculpté dans le massif de la roche vive. Ainsi, le mur transversal qui ferme, à moitié hauteur, l'entrée du temple, est un panneau de roche, faisant partie de la masse générale, coupé verticalement, en dedans et en dehors de la *Chaitya*. Ce mur, avec les figures saillantes dont il est orné du côté extérieur, est, à proprement dire, la façade du temple ; il se prolonge en paroi verticale de chaque côté, et au-dessous de la grande ouverture demi-circulaire, montrant dans tout son développement des séries et des compartiments réguliers de sculptures du plus grand intérêt, et des inscriptions en caractère pali. A sept ou huit pas en avant de cette façade, un autre mur monolithe s'élève et s'étend parallèlement, percé de grandes baies en haut et en bas, et forme ainsi, avec la façade, un vaste porche ou vestibule, couvert, allongé et à angles droits. Trois portes étaient primitivement ouvertes dans la façade : celle du milieu, qui est encore la seule entrée de la nef principale, et deux portes latérales de même forme, mais de moindres dimensions, qui donnaient accès aux bas côtés du temple ; elles ont été grossièrement murées.

» Quand on pénètre dans la *Chaitya*, on croirait entrer dans une ancienne église chrétienne : une profonde nef s'ouvre devant vous, ne recevant le jour, à travers le vestibule, que par la porte aujourd'hui rétrécie, et par la baie demi-circulaire au-dessus du mur qui forme, en hauteur, la moitié de la façade. La nef est séparée des deux ailes par quinze colonnes de chaque côté, avec gradins et base renflée, chapiteaux côtelés et arrondis, surmontés de hauts sailloirs carrés, à gradins renversés, supportant de curieux groupes enlacés d'éléphants et de figures humaines. Ces bizarres sculptures montent jusqu'à la naissance de la voûte obscure, qui, par une singularité dont je ne comprends pas le but, est garnie de cintres et côtes assez rapprochées, en madriers méplats de bois de teck. La grande ouverture au-dessus de la porte principale était aussi garnie de pareils madriers : ce qui en reste ressemble fort au cintrage en charpente d'une voûte ou d'une arche de pont en construction. Cette inexplicable garniture en bois de la voûte de l'immense grotte est, dit-on, contemporaine de la Chaitya ; cela prouverait l'incorruptibilité de ce bois, dont la marine anglaise dans l'Inde sait, depuis longtemps, mettre à profit les précieuses qualités.

» La grande nef se termine par une abside, fermée par sept piliers octogones, unis sans bases et sans chapiteaux. Cette abside est masquée presque complètement par un vaste tambour, couvert d'un dôme, supportant à son sommet un singulier ornement à base carrée, et allant former, en s'élargissant par six ou sept gradins renversés, une petite plate-forme carrée et horizontale, au-dessus de laquelle s'élève un vaste parasol en bois, disparaissant dans l'obscurité de la voûte.

» Cette masse singulière, non construite, mais taillée à même la roche vive, est une *Dahgopa*, nom donné à ces sortes de mo-

Temple indien.

numents par les archéologues anglais. La Dahgopa était destinée à recevoir quelque relique sacrée qu'on renfermait et cachait dans son intérieur. Elle occupe dans la grotte de Karlee la place principale, comme le maître-autel dans nos églises catholiques. La Chaitya et tout son cortège de colonnes et de sculptures semblent n'avoir été créés et taillés que pour l'abriter et lui faire honneur ; c'est directement sur son dôme que vient tomber le jour qui passe à travers le vestibule et la grande ouverture semi-circulaire, au-dessus de la porte centrale. Les colonnes de la nef sont assez rapprochées sur chaque ligne ; il ne reste par derrière, entre chacune d'elles et la paroi verticale de la grotte, qu'un couloir, ou aile étroite et obscure, dont la porte, sur le vestibule, a été murée grossièrement. »

Ce temple date d'environ 2200 ans. Les sectes bouddhistes l'avaient taillé dans la montagne : mais Bouddha en a été chassé, et le sanctuaire est aujourd'hui consacré à Siva. Une troupe d'indigènes y réside, et y fait de la musique les jours de fête ; les feux des broussailles qu'ils allument pour leurs usages domestiques, et les mèches fumeuses, emmanchées de longs bambous, dont on se sert en ces lieux sombres pour montrer aux visiteurs les groupes sculptés, ont partout souillé et noirci la grotte merveilleuse.

« La partie la plus remarquable, la plus ornementée et la plus en vue de ce temple, c'est, sous le vestibule, la façade même, où sont taillées les trois entrées et la grande baie semi-circulaire, occupant le milieu de la paroi verticale. A droite et à gauche de la porte du milieu, les panneaux qui la séparent des deux portes murées latérales sont curieusement sculptés, en haut-relief, et offrent chacun trois compartiments symétriques, six pour le tout. Les deux compartiments du milieu représentent Bouddha, assis sur un trône, dans celui de droite, et recevant la couronne céleste ; debout, dans celui de gauche. Les quatre autres compartiments représentent chacun un groupe d'un homme et d'une femme, en pied et de face, presque nus, avec des poses différentes, des coiffures compliquées et des ornements au front, aux oreilles, aux bras et aux jambes.

» Dans l'intérieur du porche, trois gigantesques éléphants, debout et de face, supportant sur leur dos plusieurs étages de compartiments sculptés, s'élevant jusqu'au plafond du porche, représentant des Bouddhas assis, des entrées de Chaityas des groupes d'homme et de femme. Toutes ces figures ont gravement souffert des injures des hommes, plutôt que du temps, bien qu'elles remontent à plus de deux mille ans. Les éléphants, surtout, ont perdu leurs trompes et une partie de leurs vastes oreilles ; dans les groupes, bien des bras et bien des jambes sont brisés, mais ces mutilations ne font point perdre aux principales de ces sculptures le grand caractère et la fière tournure qui les animent; elles ne semblent pas toutes contemporaines, et ce sont les plus anciennes qui sont les plus parfaites. Tous les Bouddhas représentés sous ce porche portent la chevelure frisée en petits anneaux étagés; ils ressemblent exactement aux statues de ce même personnage que j'ai vues dans le musée de Batavia, et qui proviennent des anciens temples de Java. Cette frisure a beaucoup intrigué certains savants, qui ont voulu faire de l'Hindou Çakia Mouni un nègre crépu de l'Afrique. La chevelure bouclée est un des trente-deux caractères de la beauté, chez les Hindous, de même que la tête ronde, le front haut, les yeux noirs, les sourcils élevés, etc., etc., etc.

» Ce temple si curieux était desservi, dès son origine, par des moines bouddhistes, habitant plusieurs viharas, ou monastères creusés tout auprès, dans les flancs de la même roche, très irrégulièrement, et à des hauteurs différentes, et se composant d'une salle dont l'ouverture, sur la campagne, était soutenue par des piliers massifs, et sur les autres côtés de laquelle étaient creusées des niches oblongues où couchaient les solitaires. Tout le flanc gauche de la colline, en regardant la chaitya, présente les ouvertures béantes et irrégulières de ces viharas. Des pans entiers de la masse rocheuse se sont détachés et écroulés, emportant avec eux des portions de ces grottes, ainsi que les galeries et les escaliers qui les faisaient communiquer entre elles. La végétation, la plus emmêlée et la plus vigoureuse, d'arbres et de plantes grimpantes, couvre ces roches abruptes; l'eau y coule partout en filets et va se rassembler, fraîche et limpide, dans des bassins creusés dans quelques-unes de ces grottes, pour servir aux ablutions et aux usages domestiques des indigènes qui habitent ces lieux et des nombreux pèlerins qui les fréquentent pendant les fêtes religieuses.

» La décoration naturelle, qui entoure l'ouverture principale de ces temples souterrains, est d'une grande beauté. Des plantes vigoureuses, des lianes tombent et pendent en festons garnis de fleurs sur le front de la large ouverture, taillée au ciseau dans la paroi verticale de la masse rocheuse. On aperçoit à droite et à gauche les enfoncements et compartiments divers de cette immense grotte dont le plafond, uni et horizontal, est supporté par des colonnes carrées jusqu'à moitié de leur hauteur, et terminées par des fûts arrondis et cannelés d'un très beau travail. Les sculptures diverses des parois latérales sont fort dégradées;

elles sont généralement d'un dessin grandiose. L'eau, qui dans cette saison pluvieuse tombe en abondance du plafond de ces temples par les fissures de la roche, courbe le sol de ces grottes et en rend la visite glissante et pénible. Le plan général de ces excavations célèbres comprend trois grandes divisions, ou temples distincts, communiquant latéralement entre eux, et sans symétrie bien marquée. Ces grottes sont d'un aspect plus saisissant que celles de Karlee, quoique d'un travail moins hardi, et d'une époque bien plus moderne; mais les singulières sculptures de la mythologie hindoue y sont prodiguées dans de colossales proportions. La Trimourti, ou Trinité, y trône sous ses trois aspects Brahma, Wishnou et Siva — le créateur, le conservateur et le rénovateur par la destruction. Une des trois grandes divisions est consacrée au principe créateur, qu'on y honore sous la forme d'un lingam, ou pierre conique, enfermée dans un édicule, à quatre faces et à quatre portes, selon la direction des quatre points cardinaux. Il faudrait un mémoire, illustré de gravures, pour détailler convenablement les singularités sculpturales de ces excavations, qui ont été si souvent visitées et décrites; ce qui m'a surtout frappé, ce sont moins les grandes sculptures, leurs dimensions et leur originalité, que la distribution intérieure et mystérieuse de ces temples, et surtout la pittoresque et merveilleuse décoration naturelle qui entoure ces ruines. Malheureusement, c'est le mot *ruine* qu'il faut appliquer maintenant à ces puissantes excavations, qui semblaient par leur nature et leur position plus à l'abri des injures du temps que les autres monuments, élevés par la main des hommes. Sans doute, de regrettables dégradations ont été commises dans ces temples par le fanatisme des musulmans et des Portugais[1]. Rien de semblable n'est plus à craindre maintenant pour ce qui reste de ces prodigieux témoignages de la puissance humaine, inspirée par la foi religieuse, mais la destruction imminente et rapide arrivera par la force naturelle. Les infiltrations abondantes et continuelles, à travers cette roche craquelée; les racines de la vigoureuse végétation qui couvre et enserre ces souterrains, travaillent incessamment à fendre, disjoindre, faire

---

1. « Les Portugais se distinguèrent ici par un honteux vandalisme, mutilant » les statues, renversant les colonnes, et, d'après leur propre récit, effaçant les » inscriptions : ce dernier acte est des plus regrettables, parce qu'il nous laisse » dans l'incertitude sur l'époque où cette œuvre remarquable fut exécutée. » (L Rousselet, *l'Inde des rajahs*, ch. i.)

éclater et ébouler les plafonds et les parois; les sculptures et les colonnes s'effritent par l'effet de l'humidité constante; chaque année amène une dégradation sensible.

» Bien que postérieures de treize à quatorze siècles aux excavations de Karlee, les grottes d'Éléphanta, qui ne remontent qu'au dixième siècle de notre ère, sont moins bien conservées. Ici la masse de la roche est moins grande et moins compacte qu'à Karlee, le sol extérieur est plus rapproché des voûtes, et surtout l'influence érosive de l'air de la mer sous ce climat torride est toute-puissante. Un éléphant colossal, taillé extérieurement dans la roche — le parrain sans doute de cette île — que tous les voyageurs du siècle dernier signalèrent comme un monument remarquable, n'est plus aujourd'hui qu'un informe monceau de fragments de roche. » (F. DEVAY, *Journal d'un voyage dans l'Inde anglaise*, t. II, ch. XXXIV, Paris, 1867. 2 vol. in-8°, Didot.)

Le Taj-Mahal[1].

Le Taj-Mahal a été érigé par les soins de l'empereur Mogol Shah-Djehan, en l'honneur de son épouse bien-aimée, Taj-Beebi ou Noor-Djehan « lumière du monde ».

« Le Taj-Mahal occupe, avec les constructions et les jardins qui l'accompagnent, un terrain considérable sur le bord de la Jumna, à l'est du fort d'Agra. On arrive d'abord sur une vaste place entourée de bâtiments en grès rouge, qui servaient autrefois de logements à de nombreux serviteurs, et de caravansérails aux visiteurs et aux pèlerins. Les tombes des grands personnages sont presque toujours, chez les musulmans, accompagnées de fondations pieuses, ayant des revenus fixes et des dépendances plus ou moins considérables.

---

1. « Après un grand concours de tous les architectes de l'Orient, le projet d'Isa » Mahomed (*Jésus-Mahomet*) fut adopté. Commencé en 1630, le mausolée ne fut » terminé qu'en 1647, et, pendant ces dix-sept ans, vingt mille ouvriers y furent » employés. Le gros œuvre nécessita 140 000 charretées de grès rose et de marbre » du Rajpoutana, et chaque province de l'Empire contribua à son ornement par » l'envoi de pierres précieuses dont on retrouve la liste dans un manuscrit du » temps. Le jaspe vient du Pandjâb, les cornalines de Broach, les turquoises du » Tibet, les agates de l'Yémen, le lapis-lazuli de Ceylan, le corail d'Arabie, les » grenats du Bundelcund, les diamants de Pannah, le cristal de roche du Malwa, » l'onyx de Perse, les calcédoines d'Asie Mineure, les saphirs de Colombo, les » conglomérats de Jessalnir, de Gwalior et de Sipri. Malgré ces contributions et » le travail forcé des ouvriers, le coût total de cette œuvre gigantesque fut d'en- » viron soixante millions de francs. » (L. ROUSSELET, *l'Inde des rajahs*, ch. X, p. 314.)

» Le centre de la façade principale des bâtiments de cette place est un pavillon carré, avec une porte monumentale, à ogive enfoncée, décorée d'ornements et d'inscriptions en longues lettres arabes de marbre blanc : c'est la majestueuse entrée d'un jardin carré, divisé en compartiments réguliers par des allées pavées de marbre, avec des bassins et jets d'eau, parterres de fleurs, massifs d'arbustes et arbres variés. Il y a surtout de sombres cyprès à pyramide élancée, où de nombreuses perruches prennent leurs ébats discordants, et où roucoulent les colombes. Ce jardin est limité de trois côtés par de hauts murs en grès rouge, avec portiques dans l'intérieur. L'allée, partant de la grande porte monumentale déjà décrite, est coupée par le milieu, et à angle droit, par une grande allée aboutissant, à chaque extrémité, à une porte-pavillon ; et le quatrième côté, faisant face à l'entrée principale, est limité par le mur de soutènement d'une vaste terrasse carrée.

» Quand on a franchi les marches qui donnent accès à ce terre-plein, on se trouve au pied du merveilleux monument que les yeux n'ont point quitté depuis l'entrée dans le jardin, qui lui sert de vestibule. Cette terrasse a deux côtés libres: celui par lequel on arrive en venant du jardin, et le côté opposé, dominant la Jumna, qui coule à 4 ou 5 mètres en contre-bas, au pied d'un mur de soutènement, terminé par une balustrade à jour et à hauteur d'appui. Les deux autres côtés parallèles du terre-plein carré sont occupés par des constructions parfaitement symétriques, en grès rouge, du style le plus gracieux, couronnées par diverses coupoles de marbre blanc et terminées à chacune des quatre extrémités par de légers kiosques à jour : deux sur la Jumna, deux sur le jardin.

» C'est au milieu du merveilleux décor de cette vaste terrasse que s'élève, sur une seconde plate-forme carrée, toute en marbre blanc, le Taj-Mahal, octogone irrégulier, ayant quatre grandes faces pareilles, et quatre petits côtés également semblables entre eux. Une coupole allongée, finissant en pointe par un ornement de bronze que termine un croissant doré, couronne noblement l'édifice. De chacun des angles de la plate-forme s'élance un élégant minaret de marbre blanc, d'environ 60 mètres, à trois étages, avec balcons circulaires et un clocheton terminal.

» Chacune des quatre faces principales du Taj se compose d'une vaste arcade en renfoncement, à ogive sarrasine, avec porte surmontée d'une fenêtre ogivale; à droite et à gauche, dans le même plan, deux cascades plus petites et superposées, avec portes en bas et fenêtres au-dessus. Les quatre petits côtés de l'octogone ont également deux petites arcades ogivales en renfoncement et superposées, semblables à celles qui accompagnent les quatre arcades principales.

» Toute cette construction est en marbre blanc, de l'appareil le plus fini et le plus délicat. Il pouvait en résulter une certaine monotonie de ton, qui a été heureusement rompue par les dessins en marbre de couleur et les innombrables inscriptions décoratives en lettres arabes, qui courent sur toutes les parties de l'édifice, formant encadrement aux grands arcs, aux portes, aux fenêtres, et montrant sur toutes les parties extérieures et intérieures de la construction leurs arabesques coloriées, merveilleusement incrustées dans le marbre blanc. Tout le Coran est, dit-on, ainsi transcrit sur les parois du monument; on peut le croire sans peine, tant les inscriptions arabes décoratives y sont multipliées.

» Quand on entre sous cette vaste et blanche coupole, où ne pénètre qu'une lumière indirecte et mystérieuse, on se sent pris d'une douce émotion. Aucun ornement hors de propos, aucune surcharge dissidente, ne vient distraire et égarer la vue. La noblesse et la pureté du dessin, la beauté des matériaux, le fini de l'exécution, l'harmonie parfaite de tout l'ensemble, élèvent l'âme et l'absorbent dans la pensée religieuse et mélancolique que cet édifice consacre.

» Un écho d'une douceur et d'une pureté infinie habite sous cette coupole; un son, un chant quelconque s'y répète longuement; il flotte et s'élève en molles et décroissantes ondulations, qui vont se perdre et s'éteindre dans les profondeurs aériennes de la voûte. C'est un des charmes de ce lieu, et on se plaît à se figurer l'effet angélique que produirait ici une voix de femme ou un instrument passionné, exécutant sous cette coupole harmonieuse un *lied* d'Europe ou d'Asie.

» Une cloison octogone de 2 à 3 mètres de haut, toute en marbre blanc, avec portes, soubassement, corniche et légers pilastres encadrant de minces panneaux d'un seul morceau, merveilleusement découpés en guipures à jour, le tout constellé de fleurs et d'ornements en mosaïques de pierres précieuses, forme, dans l'immense salle que couvre la coupole, une enceinte intérieure dans laquelle sont placés deux tombeaux. Celui qui occupe le point central, juste dans l'axe vertical de l'édifice, est consacré à Noor-Jehan; l'autre, à son mari, l'empereur Shah-Jehan, à gauche et au long du premier. Rien de plus richement simple que ces deux cénotaphes, composés, chacun, d'une grande dalle de marbre blanc, servant de base et de gradin, et supportant en retraite sur les quatre côtés, un bloc taillé en forme de cercueil surbaissé, couvert d'inscriptions en caractères arabes, finement ciselés dans le marbre, entrelacés de fleurs en mosaïque, d'un charmant travail, où le lapis-lazuli, l'agate, le jaspe, la cornaline et l'onyx imitent la nature et forment une broderie d'un doux éclat, sur les fonds blancs de ce marbre si pur.

» Ces merveilleux tombeaux, composés de blocs massifs, ne sont là que pour l'apparat. C'est dans une chambre souterraine que reposent les restes mortels des deux époux. On descend par un couloir rapide dans ce vaste caveau, qu'aucun ornement ne décore, et que le jour indirect éclaire facilement. Les deux sarcophages occupent sous cette voûte une place exactement correspondante à celle des blocs de marbre que je viens de décrire. Ils sont entièrement recouverts d'étoffes de soie; et la piété des nombreux musulmans qui viennent chaque jour se prosterner devant ces tombes révérées y répand des fleurs et les essences odorantes du sandal, de la rose et du jasmin.

» Nous prolongeâmes longtemps notre visite au Taj-Mahal; aucune des parties de ce merveilleux ensemble de constructions et de jardins ne nous échappa. Du haut d'un des minarets, l'horizon devient immense et embrasse la campagne environnante, le vaste palais-forteresse d'Agra, la ville, les coupoles des mosquées et les sinuosités de la rivière qui coule au pied du Taj.

En face, sur la rive opposée, on aperçoit les substructions d'une immense terrasse. On rapporte que Shah-Jehan, après avoir élevé à son épouse bien-aimée cette splendide sépulture, selon la promesse faite à son heure dernière, avait eu l'intention de faire construire, en face, sur l'autre rive de la Jumna, un semblable mausolée pour lui-même. Un pont en marbre blanc, avec balustrade d'argent massif, eût joint les deux monuments. Il ne lui fut pas donné d'accomplir ce projet de fastueuse vanité. La révolte de ses fils, son détrônement par Aurengzeb, l'un d'eux, et sa mort en 1665, après dix ans de captivité dans la forteresse d'Agra, s'opposèrent à l'exécution du monument de son orgueil; celui de sa tendresse envers son épouse est debout, et il témoigne hautement avec quelle profusion le travail humain et les trésors de toutes sortes étaient prodigués par ces despotes d'Asie.

» Le Taj-Mahal n'a pas souffert des injures du temps, grâce à l'excellence des matériaux et à la perfection de l'exécution. Les deux cent trente années écoulées depuis son érection n'ont altéré ni l'éclat des marbres, ni les innombrables merveilles du ciseau. Toutes les dégradations de détail viennent de la main des hommes. Les invasions et les troubles divers, dont le pays a souffert depuis deux siècles, ont laissé une déplorable trace sur tous les monuments d'Agra après le pillage et l'enlèvement des métaux précieux dont les portes, les balustres et divers ornements étaient formés; la convoitise de ces soldatesques avides s'exerça sur les incrustations de pierres fines qui décoraient les deux tombes et leur enceinte. Il serait difficile de trouver aujourd'hui une seule fleur, un seul ornement intacts. La pointe des poignards, des sabres, des baïonnettes, a percé et enlevé en éclats des fragments de ces charmantes et délicates mosaïques. J'ai bien peur qu'au moment où la civilisation, centuplant par les chemins de fer l'ancienne circulation dans l'intérieur de l'Inde, apporte journellement à Agra des flots de visiteurs, ce ne soit là, pour le Taj-Mahal, l'occasion de dégradations irréparables. » (F. Devay, *Journal d'un voyage dans l'Inde anglaise*, t. Ier, ch. vi, Paris, 1867, Didot, 2 vol. in-8°.)

CEYLAN

1° RÉSUMÉ GÉOGRAPHIQUE

Situation; littoral. — L'île de **Ceylan** ou **Ceylon** (de *Sinhala*, île des Lions, surnommée *Tamraparni* « brillante comme le cuivre », l'ancienne *Taprobane*, l'*île des Trésors*, la *terre des Rubis*, *Lanka*, « la resplendissante »), n'est séparée de la péninsule méridionale de l'Inde que par un détroit divisé en deux parties par une digue naturelle longue de 115 kilomètres, qui rattache l'île au continent. Cette digue ou chaussée est formée de deux longues îles, *Ramiseram* à l'ouest, *Manaar* à l'est, entre lesquelles un cordon de dunes, rompu par des brèches, ouvre à la navigation des passages peu profonds. On désigne l'ensemble de ces bancs sablonneux, longs d'environ 40 kilomètres, sous le nom de *pont d'Adam* ou *de Rama*. Au sud du pont, le détroit très élargi prend le nom de golfe de *Manaar*; au nord, entre la pointe indienne de Calimere et l'archipel d'îlots groupés à l'extrémité septentrionale de Ceylan, s'étend le détroit de *Palk*.

— Les côtes du nord et du nord-ouest sont plates, et les torrents de l'intérieur, barrés par les alluvions qu'ils apportent, y ont formé des lagunes et des marigots. Ailleurs, les rivages sont élevés, rocheux, semés de récifs madréporiques. Les baies et les criques sont nombreuses, mais peu accessibles; l'île n'a qu'une belle rade, spacieuse, profonde et sûre, celle de *Trincomali*, au nord-est. Le port de *Pointe-de-Galle*, le plus fréquenté à cause de sa position méridionale, est incommode et même dangereux; la rade de *Colombo*, à l'ouest, est petite et peu profonde.

Montagnes et plaines. — L'île de Ceylan, dont la pointe septentrionale est formée de coraux décomposés, se partage en deux régions distinctes : une grande plaine basse au nord, en partie couverte d'immenses forêts, et çà et là accidentée de collines ou de chaînons isolés; un massif montagneux au centre et au sud, découpé par des vallées, dont les cours d'eau descendent à tous les rivages des alentours; les débris des roches, peu à peu désagrégées et entraînées par les torrents, ont fécondé le sol des plaines. Au centre du massif, fait surtout de granit et de gneiss, s'élève le **Pedrotallagalla** (2524 m.), cime culminante de l'île; mais, à 40 kilomètres à l'ouest, le **pic d'Adam**, moins élevé (2254 m.), est bien plus célèbre. Les annales cingalaises célèbrent le pic d'Adam sous le nom de *Samanala*, forteresse du dieu tutélaire Saman; les livres bouddhiques la mentionnent comme « *la montagne brillante* », « *la montagne des dieux* », et encore *Çripada*, « *l'empreinte du pied sacré* »; sur le bloc sacré qui en couronne le sommet, se voit une entaille grossièrement sculptée; c'est, disent les prêtres, la marque profonde laissée par le pied de Bouddha; un temple y attire les fidèles par milliers chaque printemps. C'est aussi du sommet de la montagne sainte qu'Adam, suivant une autre légende, contemplait les paysages splendides de l'île fortunée tout entière.

Cours d'eau. — L'île est très bien arrosée par une multitude de *gangas* et d'*oyas*, dont les sources se cachent au cœur du massif central. Mais la chaleur est telle et l'évaporation si active que, l'été, plusieurs des torrents sont taris avant de rejoindre la mer. La plus puissante rivière, la **Mahavelli-Ganga** (216 kilom.), coule au nord-est, et une des branches de son vaste delta débouche dans la baie de Trincomalé; une autre, la *Kalam-Ganga*, finit à l'ouest, dans la baie de Colombo; la Mahavelli est navigable jusqu'au cœur des montagnes.

Climat. — Malgré la proximité de l'équateur, Ceylan doit à sa situation insulaire, à son relief central, à l'abondance des eaux intérieures, un climat plus tempéré et plus constant que celui de l'Inde. A Colombo, la moyenne annuelle de la température dépasse rarement 26 degrés; la neige est inconnue. Les vents dominants soufflent du nord-est, d'octobre à mai; de mai à octobre, règne la mousson du sud-ouest. Les pluies diluviennes se produisent au changement des moussons, en avril et en mai, en octobre et en novembre. — Le climat de l'est ressemble davantage à celui de Madras; le climat du nord est remarquable par sa sécheresse. Les Européens qui peuvent vivre sans danger dans les plateaux du centre succombent à la fièvre qu'engendrent sur les côtes les marigots et les marais devenus stagnants, depuis que les canaux ont été abandonnés.

Productions; cultures. — Les **minéraux** abondent à Ceylan : *fer, plomb, or, argent, cuivre, sel, manganèse, anthracite, kaolin*; mais l'île a dû de tout temps sa célébrité à ses **pierres précieuses**, moins exploitées aujourd'hui qu'autrefois : *rubis, saphirs, grenats*. Les pêcheries de **perles** du golfe de Manaar sont aussi en décadence. Elles donnent des bénéfices très variables, suivant les périodes; de 1833 à 1854, la pêche a été interdite. En 1855, on prit 7 millions d'**huîtres perlières**; en 1863, deux millions; en 1895, 35 millions, valant un demi-million de francs.

« C'est sur la côte de Djaffna que se trouvent les pêcheries de perles. Sur un espace de plusieurs milles, la rive est exhaussée par d'immenses amas d'écailles d'huîtres roulées par la mer. Chaque année, vers le mois de février, les pêcheurs de perles, qui se recrutent principalement parmi les Malabars et les Arabes, se réunissent au petit port d'Aripo, et de là se dispersent au milieu des bancs d'huîtres, où ils se livrent à leur industrie sous la surveillance des fonctionnaires anglais. Le mode de pêche est des plus simples. Le pêcheur saisit une corde à l'extrémité de laquelle est fixée une grosse pierre, il plonge rapidement, laboure avec son panier le fond de la mer pour détacher les huîtres; puis, dès que la respiration est sur le point de lui manquer, il agite la corde, que ses camarades hissent au plus vite, et qui le ramène à la surface. Quelques auteurs ont raconté des merveilles sur les poumons des pêcheurs de Ceylan; les uns ont affirmé que les Malabars restaient deux minutes, d'autres cinq à six minutes sous l'eau; un écrivain portugais a pieusement déclaré « *qu'ils s'y tenaient l'espace de deux credo* ». Sir J. Emerson Tennent, dont le témoignage nous semble plus digne de foi, dit simplement qu'il n'a vu aucun plongeur rester une minute entière; la moyenne était de 56 secondes. Métier pénible, qui exige des hommes bien exercés. On pourrait craindre les requins, mais les Tamils prennent leurs précautions contre ces terribles ennemis. Avant la pêche, les plongeurs vont trouver le charmeur de requin (c'est un fonctionnaire très sérieux et respecté); la charge était, en 1847, remplie par un catholique; ils le prient d'exorciser le monstre, et, cela fait, ils se lancent intrépidement au fond de l'eau. Les accidents sont du reste fort rares, bien que ces parages soient infestés des requins; probablement ces animaux, effrayés par le bruit que produit la flottille des bateaux, s'éloignent des lieux de pêche, et l'on a de plus remarqué qu'ils n'aiment pas les peaux noires. En tout cas, les Malabars demeurent très convaincus de l'utilité des exorcismes.

» La récolte des perles était autrefois très productive; elle a décliné depuis un siècle, et il y a même eu des séries d'années où elle a été tout à fait nulle. Comme on croyait que les huîtres n'avaient point la propriété de se déplacer, la dépopulation des bancs a été longtemps attribuée soit aux excès déréglés de la pêche, soit à l'influence des courants dans le détroit de Mannaar, mais des expériences ont démontré que l'huître à perles peut se transporter d'un point à un autre, et qu'elle est souvent amenée à faire usage de cette faculté de locomotion. Dès lors on a pensé à créer des bancs d'huîtres artificiels, en étudiant les fonds où les procédés de la pisciculture, éclairés par les observations de la science, paraîtraient applicables. On pourra semer des huîtres, mais il n'est pas sûr que l'on récolte des perles. » (C. LAVOLLÉE, *Revue des Deux-Mondes* du 2 mars 1860, *Ceylon*, d'après Emerson Tennent.)

Parmi les végétaux de l'île, le plus précieux et le plus recherché est le **laurier cinnamome**, dont l'écorce fournit la *cannelle*. La culture du café s'est merveilleusement développée sur la pente des monts depuis 1864 ; on y ajoute le **quinquina** et le **thé**. Les autres cultures sont le *riz*, qui est l'aliment principal des habitants, le *froment*, le *poivre*, le *tabac*; le *cocotier* contribue aussi à orner l'île et à nourrir la population. — Des **animaux** de Ceylan, le plus beau est toujours l'*éléphant;* mais le nombre en a singulièrement diminué, à la suite des chasses destructives. On trouve dans l'île presque toute la faune de l'Inde, moins toutefois le *tigre royal* et le *cheval*.

NOTIONS HISTORIQUES

Les Cingalais primitifs étaient probablement de même race que les aborigènes de l'Inde méridionale; mais les invasions successives des Aryens ont fait des Cingalais modernes une race mixte. L'île de Ceylan, désignée dans le Ramayana, sous le nom de *Lanka*, fut conquise et organisée peu de temps après la mort du Bouddha Çakyamouni, par un guerrier venu du nord, *Vidjaya*, « le victorieux », et par ses successeurs immédiats qui refoulèrent peu à peu les aborigènes dans les districts montagneux de l'intérieur. Ces traditions légendaires sont mentionnées dans le *Mahavanso* ou grande généalogie, chronique et poème, où le merveilleux tient sans doute une large place[1]. Mais il reste encore visibles des travaux glorieux accomplis par Vidjaya, et surtout par son successeur *Phakrama*, et la suite nombreuse des souverains qui pendant plus de huit siècles représentèrent cette première dynastie conquérante et civilisatrice. Le *Mahavanso* vante les vertus et l'activité de Phakrama qui

---

1. Ce *Mahavanso* est une histoire fabuleuse qui remonte au sixième siècle avant l'ère chrétienne : elle a été traduite pour la première fois et publiée en 1836, avec un résumé composé d'après les annales locales par un fonctionnaire de la Compagnie anglaise des Indes, M. GEORGES TURNOUR (*An Epitome of the history of Ceylon, compiled from native annals; and the first twenty chapters of the Mahavanso*, in-8°, 1836). Plus tard, un savant allemand, M. CHR. LASSEN, publia successivement une étude sur la *Taprobane* connue des anciens, et une histoire critique de Ceylan, d'après les sources (*De insula Taprobane veteribus cognita*, Bonn, in-4°, 1842; — *Indische Alterthumskunde*, t. I à IV, 1847). — Enfin, en 1859, parurent à Londres les deux volumes d'un ouvrage capital sur Ceylan. L'auteur, sir JAMES EMERSON TENNENT, dans sa monographie très complète de l'île à toutes les époques, a su mettre à profit sa parfaite connaissance du pays, où il avait longtemps séjourné en qualité d'administrateur. Il a tenté notamment dans une carte curieuse la restitution de la géographie de l'île sous les cinquante-quatre souverains, qui ont succédé à Vidjaya. Pour les autres travaux sur l'île, ceux de Davy, Forbes, Ransonnet, etc., voy. la *Bibliographie*.

fonda des colonies agricoles, construisit des temples et des monastères, ouvrit des hospices où il venait lui-même assister les malades et enseigner la médecine, agrandit et orna sa capitale, *Pollanouara*, qui devint la cité la plus splendide de l'Orient, fit creuser plus de deux mille lacs-réservoirs et autant de canaux d'irrigation, dont le sol de l'île garde le souvenir. Entre Kandy et la côte orientale, on rencontre les imposantes ruines d'un temple, qui sont en partie détruites, mais dont les murs ont encore 30 mètres de haut. Ce temple appartenait à l'antique cité de *Bintenne*. Près de là sont les débris du vaste lac artificiel de *Horra-Borra*, dont les revêtements extérieurs, construits en maçonnerie, avaient une hauteur de 20 mètres. Au nord de Trincomalé, dans l'ancien royaume de Djaffna, on peut voir les restes de l'étang de *Radivil*, que sir *Tennent* proclame le plus merveilleux des ouvrages hydrauliques. « Cette construction représente le travail de dix mille ouvriers employés pendant cinq ans, et une dépense de plus de 30 millions de francs. La maçonnerie des bords tombe en poussière ; le lit de l'étang est recouvert par des jungles et forêts séculaires. Çà et là d'épaisses mares d'eau à la surface noircie par les écailles des crocodiles. Le pays environnant est désert ; la *malaria* a chassé la population. »

Quand le pouvoir eut échappé aux descendants directs de Vidjaya, des dynasties diverses se succédèrent à Ceylan ; elles comptèrent cent dix rois dont le dernier fut *Rajah Singha*, déposé en 1815. Les annales de l'île sont remplies de récits d'usurpations sanglantes, de guerres civiles, de persécutions atroces, d'exécutions cruelles. Les princes malabars en vinrent à remplacer les princes cingalais. Quand les Européens, au seizième siècle, abordèrent à Ceylan, l'île, divisée et épuisée, était une proie réservée à de nouveaux conquérants. Les Chinois l'avaient mise au pillage, les Arabes accaparaient tout le commerce. Quand les Portugais se présentèrent, les Arabes forcèrent le roi de Ceylan à leur concéder une factorerie à Colombo, dans l'espérance de garder leurs positions à Pointe-de-Galle. Mais les Portugais, maîtres de Colombo, ne tardèrent pas à étendre leur domination à l'île entière. Pendant tout un siècle, ils luttèrent contre le souverain de Ceylan et les chefs de l'intérieur ; moines et soldats rivalisaient d'ardeur, les religieux plus tenaces que les militaires et les commerçants. En 1577, le dernier représentant de la dynastie cingalaise mourut à Colombo, léguant ses États ou plutôt ses droits souverains à Philippe II[1]. L'île se soumit à l'autorité portugaise : seul l'État de Kandy, défendu par ses forêts et ses montagnes, resta longtemps le foyer de la nationalité cingalaise.

Sous les Portugais, Colombo devint le quartier général du commerce et des missions. Grâce à un monopole rigoureux, les Portugais réalisèrent des bénéfices énormes : la cannelle, l'ivoire, les perles de Ceylan étaient vendues dans toutes les parties du monde ; les relations étaient très actives avec l'Inde, la Chine, la Perse et l'Europe. Les missionnaires catholiques, dirigés par François Xavier, se livraient à une propagande infatigable ; leurs milices, envoyées des monastères de Goa, catéchisaient, convertissaient, baptisaient en masse les indigènes, même les princes. On bâtissait des églises avec les pierres des temples bouddhiques : la fameuse dent de

---

1. On sait que le royaume de Portugal, violemment annexé par Philippe II en 1580, était devenu une province espagnole.

Bouddha, la relique la plus précieuse des sanctuaires de Djaffna, tomba aux mains des conquérants.

Cette prospérité ne fut pas de longue durée. Déjà au début même du dix-septième siècle, des rivaux dangereux avaient paru sur les côtes de Ceylan. Persécutés par Philippe II, les Hollandais se vengeaient en dépouillant l'Espagne de ses possessions maritimes. La *Compagnie des pays lointains*, fondée en 1595 par les cités de la Néerlande émancipée, envoya une ambassade au roi indépendant de Kandy, VIMALA DHARMA. Ce prince accueillit avec faveur les députés, et signa avec eux une alliance offensive et défensive. Une lutte acharnée commença entre les deux nations européennes qui se disputaient l'empire commercial des mers indiennes. Les catholiques, Espagnols et Portugais, furent vaincus. Une courte trêve, accordée en 1641 par les Hollandais, à la nouvelle de l'affranchissement du Portugal, et de la restauration de la dynastie de Bragance à Lisbonne, retarda peu la ruine de la domination portugaise. *Gérard Hoek* s'empara de Colombo en 1656, et de Djaffna en 1658 ; l'île changeait de maîtres, et le monopole de mains ; Ceylan enrichit les marchands d'Amsterdam après les armateurs de Porto. Cette nouvelle tyrannie dura cent trente ans.

La décadence de la république des Provinces-Unies en Europe et la puissance croissante de l'Angleterre préparaient une dernière révolution. En 1795, quand la Hollande, vaincue par la France et soumise à sa loi, était incapable de défendre ses possessions extérieures, les Anglais occupèrent presque sans résistance tous les ports de l'île. La Compagnie hollandaise fut dépossédée, et, le 16 février 1796, le gouverneur *Van Engelbeck* remit aux vainqueurs la capitale, Colombo : les traités de 1802 et 1815 ratifièrent cet abandon définitif.

Dans sa résidence de Kandy, le souverain *Radjadhi*, qui s'intitulait fièrement empereur de Ceylan, avait d'abord salué les Anglais comme des libérateurs. Cette confiance naïve lui fut vite arrachée. Toutefois les Anglais ne détruisirent pas d'abord cette souveraineté de Kandy, plus nominale que réelle. Le dernier roi indigène de Ceylan, SRI VIKRAMA RADJAH SINGHA, fut déposé en 1815, et interné dans la forteresse de Vellour, au Carnatic, où il finit ses jours en 1832. L'année suivante, les Anglais établirent leur domination sur l'île tout entière.

Superficie : situation astronomique. — L'île de Ceylan est située entre 77° 34' et 79° 40' long. E. et entre 5° 56' et 9° 48' lat. N. — Sa plus grande largeur est de 190 kilomètres ; sa longueur, du nord au sud, 360 kilomètres ; le pourtour, 1 060 kilomètres ; la superficie, 64 000 kilomètres carrés ; dans l'ensemble, elle représente environ douze départements français.

Divisions politiques. — Les Anglais ont partagé l'île en six *provinces*, subdivisées en dix-huit *dictricts*, et les districts en cantons (*corals*).

I. *A l'ouest :* **Colombo** (112 000 hab.), sur la côte où débouche la Kalani-Ganga, situation mal choisie à l'origine pour devenir le siège du gouvernement et la capitale de l'île. Le pays environnant est moins fertile que les autres régions, la côte basse et mal abritée, la rade incommode, les moussons violentes. Les Portugais et les Hollandais ont maintenu la capitale en ce point, à cause des plantations de cannelle. Les Anglais ont amélioré le port, et les transatlantiques y mouillent aujourd'hui. Près de 4 000 navires d'un million de tonnes environ fréquentent la rade chaque année ; le commerce s'élève à 300 millions. — La ville a conservé des fortifications élevées par les Hollandais. Les Anglais habitent en général hors de la ville, soit dans le délicieux faubourg de Colpetty, soit à l'abri des cocotiers qui dominent la côte, ou dans les plantations de cinnamome. Mais cette culture de la cannelle, peu à peu délaissée, est remplacée par les plantations de caféiers et de palmiers. — *Negombo*, à 33 kilomètres au nord de Colombo, est un port encore florissant, qui a remplacé la culture du cannelier par celle du cocotier.

II. *Au centre :* **Kandy** (20 000 hab.), à 446 mètres d'altitude, sur la Mahavelli-Ganga, station terminale du chemin de fer de Colombo, fut au dix-septième siècle la capitale de l'île. Elle est située au bord d'un lac dominé par des collines couvertes de villas délicieuses, au sein d'une végétation luxuriante. Les Portugais et les Hollandais ont détruit tous les monuments religieux. Kandy est la résidence d'été des fonctionnaires anglais. A 7 kilomètres au nord-ouest, est le merveilleux jardin botanique de *Peradénia* (voy. p. 237). — *Matalé* (3 500 hab.), à 26 kilomètres au nord (ancienne capitale de l'île au troisième siècle avant J.-C., sous le nom de *Mohatalava*), est dans une opulente vallée, au centre des plantations de café; l'aristocratie kandyenne y réside : elle a des industries artistiques célèbres, armes, bijoux, coffrets, ustensiles laqués, sculptures sur ivoire. — *Nouvera-Ellia* (1 700 hab.), à 1 900 mètres d'altitude, à 36 kilomètres sud-sud-ouest de Kandy, « la royale cité de lumière », fut jadis le dernier asile des rois indigènes dépossédés; elle est aujourd'hui le principal *sanitarium* de l'île; hôtels, villages, chalets se multiplient sur cette montagne boisée, où le climat est délicieux et le printemps perpétuel. — A 40 kilomètres à l'est de Kandy, *Bintenne* ou *Allout-Névéra* est une des plus antiques cités de l'Inde; est elle située au centre de plaines aujourd'hui presque désertes; les ruines de la vieille capitale cinghalaise sont voisines de la ville actuelle.

III. *Au sud :* **Pointe de Galle** ou **Gâlle** (52 000 hab.) a un port peu spacieux et d'un accès incommode; mais elle occupe une excellente position comme point de relâche entre les mers d'Oman et de Bengale; rivale de Colombo, elle n'a pas encore obtenu d'être reliée à la capitale par un chemin de fer. Les paquebots la délaissent pour Colombo. Une belle route, plantée de cocotiers, relie Colombo, Galle et Matoura. — *Matoura* (18 000 hab.), à l'embouchure du Nilvella, à la pointe de l'île, est une ville très ancienne que les Hollandais ont rebâtie et fortifiée; — *Hamboutotta* est un petit port du sud-est, près de salines importantes.

IV. *Au nord :* **Djaffna** ou **Djaffnapatam**, la « ville du joueur de lyre » (38 000 hab.), est située dans la presqu'île madréporique, de forme tourmentée, qu'un isthme artificiel rattache à Ceylan; son port, très actif, est défendu par une vaste forteresse de construction hollandaise, et la ville se perd dans une forêt de cocotiers et de palmiers; les grands navires mouillent au large, à la pointe Pedro, au nord, ou à l'îlot de Leyden, au sud-ouest. — *Manár* ou *Manaar*, située au sud-est de l'île de ce nom, devait jadis son importance aux pêcheries de perles du golfe. En face est le mouillage de *Mantotte*, sur l'île. — *Aripo*, au sud, est le centre des pêcheries de perles, le rendez-vous des pêcheurs tamouls et malabars, l'entrepôt obligatoire des produits de la pêche, dont le gouvernement exerce le monopole, et qui est souvent interrompu par l'épuisement des coquillages perliers. — Au centre se trouvent les immenses ruines des grandes cités cinghalaises de l'antiquité : *Anaradjapoura* et *Pollanaroua*, aujourd'hui

villages presque sans habitants, jadis métropoles plusieurs fois grandes comme Paris et Londres, à cause des jardins, des lacs, et des bois enfermés dans leur enceinte. — *Anaradjapoura* (citée par Ptolémée sous le nom d'*Anurogrammon*) a été détruite par un conquérant tamoul du treizième siècle; ce vandale brûla les temples, renversa les palais, les statues et les tombeaux. Il fit de la capitale, qui avait plus de 1800 ans d'existence, un monceau de débris et de poussières argileuses. « Aujourd'hui, dit un voya-
» geur, ce vaste emplacement est occupé par une forêt et des ruines, mais
» la grandeur de la ville paraît encore dans ses débris. On y voit une grande
» quantité de colonnes carrées hautes de douze à quinze pieds, et toutes
» d'un seul fût : sur une seule face de la ville, il en reste environ 1600
» debout. Près d'elles le sol est jonché de pierres quadrangulaires, bien
» travaillées et ornées de sculptures. On remarque aussi à Anaradjapoura
» trois monticules de briques (*stouya* ou *stoupa*) formant un cône et s'éle-
» vant à la hauteur d'environ 200 pieds, avec près d'un mille de circonfé-
» rence à leur base; on les éleva pour y placer les reliques de Bouddha.
» Tout cela est dans un état de parfaite conservation. »

C'est vers l'année 769, que le roi de Ceylan transporta sa capitale politique à *Pollanaroua*. Moins vaste qu'Anaradjapoura, la nouvelle cité avait encore 50 kilomètres de long sur 6 kilomètres de large. Le village actuel bâti près des ruines s'appelle *Toparé*. M. Elisée Reclus donne de ce site la description suivante (p. 603) : « Les groupes d'édifice de Pollanaroua sont
» les plus beaux que possède Ceylan et ceux auxquels la nature environ-
» nante prête le plus de charmes; les arbres, envahissant les cours et les
» façades des palais, ont saisi statues et colonnades et les tordent dans les
» replis de leurs racines; de gigantesques Bouddhas apparaissent à l'extré-
» mité des avenues, dressant leurs têtes au-dessus des rameaux croisés;
» çà et là des stoupas, presque entièrement cachées par la végétation, ne
» montrent que les colonnades et les escaliers de leur base. Les construc-
» tions de Pollanaroua, comme celles d'Anaradjapoura, représentent une
» somme de travail qui n'est peut-être pas dépassée par les pyramides
» d'Egypte. Une seule de ces stoupas d'Anaradjapoura fournirait assez de
» briques pour élever 8 000 maisons ordinaires, ou pour construire une mu-
» raille épaisse d'un mètre, haute de trois, allant de Paris à la Manche. »

V. *Au nord-ouest* : **Kourounegala** ou **Kornegalle** (3 700 hab.), à l'entrée d'une vallée du nord-ouest, fut au quatorzième siècle la capitale et la résidence des rois de Ceylan; on y voit encore les ruines de leurs palais : la ville actuelle est peu étendue, et abritée par un énorme rocher de gneiss aux formes fantastiques : sur l'une des plates-formes du roc se trouve l'empreinte du pied de Bouddha, et le sanctuaire qui attire chaque année des milliers de pèlerins. — *Patlam* ou *Pullan* est un petit port du golfe de Calpentyn.

VI. *A l'est* : **Batticaloa** est un port et un fort de création portugaise situé dans l'île de *Pouliantivé*, à l'entrée d'un vaste marigot de la côte orientale; — *Trincomali* (10 000 hab.) est un excellent port naturel, très abrité et spacieux : Portugais, Hollandais, Anglais, l'ont successivement fortifié : mais si les sites environnants, grâce aux collines boisées, aux promontoires pittoresques, aux bizarres découpures de la baie, offrent des spectacles variés, les contrées voisines sont peu productives et sans routes. Les vaisseaux s'y montrent en petit nombre.

Constitution; administration. — Ceylan n'a jamais été sous l'autorité de la Compagnie des Indes. La Couronne d'Angleterre l'administrait directement dès le commencement de l'occupation. L'île est sous les ordres d'un *gouverneur* assisté de deux *conseils, législatif* et *exécutif*, dont il est le président. Chaque province est administrée par un *lieutenant* du gouverneur, qui a sous ses ordres les agents locaux, européens ou indigènes. L'exercice de la justice est soumis à une hiérarchie analogue. Une cour suprême siège à Colombo. — L'Eglise officielle *anglicane* est représentée par un évêque, un archidiacre et douze chapelains; l'*église d'Écosse* et les *presbytériens hollandais*, par des prélats et des pasteurs. — L'armée anglaise se compose d'environ 1 200 hommes de troupes impériales, et d'un petit corps colonial. Les principales garnisons sont à Colombo, Galle et Djaffna.

Population. — **Races.** — En 1887, la population s'élevait à 2 862 990 habitants (43 par kilom. carr.). En 1871, elle était de 2 405 500. Les deux tiers sont composés de *Cinghalais* d'origine aryenne; on compte environ 530 000 *Tamouls* (ou *Tamils* ou *Damilos*), immigrants venus du Carnatic ou de la côte de Coromandel, et établis surtout dans les districts du nord. Les *Maures* sont au nombre de 160 000, répandus dans les ports marchands et les localités industrielles. Les aborigènes à demi sauvages, désignés sous le nom de *Veddahs*, et restés insensibles aux idées aryennes, ne sont plus guère que 6 000 environ. Les autres habitants sont des Portugais, des Hollandais, des Anglais, des Chinois, des Javanais, etc. Une race de *métis* ou *Burghers* s'est formée du mélange des indigènes et des Européens. La principale langue des Cinghalais est le *pâli*, une des formes populaires du sanscrit : les Malabars parlent le *tamoul*. Sir Tennent dit que les tribus de l'intérieur de Ceylan pratiquent encore la polyandrie.

Industrie. — **Commerce.** — L'industrie de Ceylan produit des objets délicats en joaillerie, des bijoux, des armes de prix, des travaux de laque et d'ivoire; des tissus de diverses espèces; mais la plupart de ces ouvrages sont destinés à la consommation et aux besoins locaux. Elle exporte surtout les produits naturels du sol. Les *importations* s'élèvent (en 1886) à 3 789 000 liv. sterl. (étoffes de *coton, bière, vin, articles en acier* de fabrique anglaise, *livres*, etc.); — les *exportations*, à 2 763 000 liv. sterl. (*café, cannelle, huile de palme, tabac, pierres fines, métaux*, etc.).

Le mouvement de la **navigation** est de 3 923 000 tonneaux.

Voies de communication. — Les Anglais ont rattaché *Colombo à Kandy* par une belle route carrossable; *Kandy à Trincomali, à Djaffna, Aripo*, etc., par d'autres routes bien entretenues. Un bon chemin qui a 1 240 kilomètres de développement fait le tour de l'île. Enfin un *chemin de fer* a été construit de *Colombo à Kandy*, un autre rattache *Colombo à Caltoura* (293 kilom.).

Budget. — Les *recettes* s'élèvent (1886) à 1 004 liv. sterl.; — les *dépenses*, à 1 030 liv. sterl. — Les grands travaux publics rendent encore onéreuse la possession de l'île : la dette de Ceylan s'élève à 2 263 000 liv. sterl. (56 575 000 francs).

Le pic d'Adam.

« Pointu comme un pain de sucre, le pic d'Adam dresse son cône rocheux à l'angle sud-ouest de la région montagneuse centrale, et domine de haut toutes les cimes voisines. Il couronne en quelque sorte, comme une tour, une vaste région montagneuse semblable à une massive forteresse de granit qui occupe toute la partie méridionale de l'île. Par un temps clair, le pic s'aperçoit de très loin ; c'est lui qui, à bien des milles de distance, annonce au marin l'approche désirée de l'île merveilleuse à l'éternelle verdure. Souvent un nuage, unique dans le ciel, vient se poser comme un chapeau sur cette pointe solitaire, et rappelle un volcan avec sa colonne de fumée ou le Vésuve avec son panache.

» ... Lorsque Bouddha descendit sur la terre au sein d'une effroyable tempête, c'est sur l'île verdoyante qu'il prit pied, parmi le tonnerre et les éclairs, et il mit en fuite la troupe farouche des mauvais esprits, qui jusque-là avaient régné sur *Lanka-Diva*, l'île sacrée, et il établit son séjour dans ce paradis terrestre. C'est là qu'il proclama son évangile du Nirvâna, et qu'il enseigna aux hommes à chercher le bonheur dans le renoncement, à vivre sans désir pour mourir sans crainte... En remontant au ciel, Bouddha laissa, comme souvenir de son passage, non seulement une poignée de cheveux, mais aussi, à la prière spéciale du roi, l'empreinte de son pied. Cette empreinte sacrée, la miraculeuse *sripada*, se trouve au point précis où le pied de Bouddha s'est, pour la dernière fois, appuyé sur la terre, à la pointe rocheuse la plus élevée du Samanala[1].

---

1. Une autre relique de Bouddha, plus précieuse encore aux yeux des fidèles, est la fameuse dent qui est déposée dans le sanctuaire de Kandy, sous la garde d'une sentinelle anglaise. Bien des légendes circulent sur le passé de cette molaire vénérable, pour la possession de laquelle des rois se sont livré de furieuses batailles. L'authenticité en est fort douteuse, surtout si l'on ajoute foi aux annales portugaises. Elles apprennent qu'au seizième siècle l'archevêque de Goa la fit broyer dans un mortier en présence du vice-roi et de toute la cour, et jeta la poussière au vent de la mer. Mais, tant que vivra le bouddhisme, il y aura quelque part une dent de Bouddha.

M. Russel raconte ainsi la visite que le prince de Galles fit, en 1876, à la dent sacrée : « Le *Vihara* ou petit sanctuaire, où l'on garde la dent, communique
» avec le temple par une porte et un escalier assez étroits ; la salle elle-même,
» tendue de draperies où se lisaient de curieuses devises, était imprégnée d'un
» parfum affadissant qui rend l'atmosphère presque suffocante. Le *caranda*,

» Depuis ce temps, et par conséquent depuis plus de deux mille ans, cet endroit sanctifié est devenu un but de pèlerinage, vers lequel tout le monde bouddhiste accourt en foule de toutes les parties de l'Orient. Mais, avant d'y arriver, les pèlerins ont à se frayer péniblement un passage à travers d'épaisses forêts primitives, riches en éléphants, en ours, en léopards et en bêtes sauvages de tout genre; ils ont à traverser des ruisseaux et des torrents qui tombent en cascades bruyantes dans les précipices terribles; ils ont à gravir des murailles de rochers à pic, qui ne semblent accessibles qu'aux oiseaux de l'air. Du reste, plus les fatigues et les périls sont grands, plus s'accroît le mérite du croyant. »

Depuis plus de 800 ans, des voies d'accès ont été établies vers la sainte montagne, et des auberges gratuites diposées pour les pèlerins; une route commode remplaça ensuite les sentiers, avec des ponts solides pour franchir les torrents les plus impétueux; au sommet du pic fut bâti un temple, et les prêtres y placèrent un bassin pour recevoir les offrandes des pèlerins généreux. Mais l'*empreinte sacrée* n'est pas vénérée seulement par les Bouddhistes; les sectateurs du brahmanisme l'attribuent au dieu *Siva*, et elle est de même l'objet de leur culte. La légende arabe affirme de son côté que l'empreinte est celle du pied d'*Adam*, le père commun de toute l'humanité. « Lorsque, après la chute, il fut chassé du paradis, un ange
» l'emporta sous son bras, et le déposa au sommet du pic, qui porte encore
» aujourd'hui son nom. » Certains pèlerins chinois y reconnaissent la trace d'*Iwan-Koo*, le premier homme; les Portugais y voyaient celle de saint Thomas, qui vint prêcher l'évangile à Ceylan. Un poète persan raconte, dans une épopée, qu'Alexandre le Grand fit un voyage à Serendib (nom arabe de Ceylan), gravit le plus haut sommet de cette île, qu'il regardait

---

» coffret d'or en forme de cloche qui renferme la relique, se trouve placée sur
» une table d'argent. Ce reliquaire est tout étincelant d'émeraudes, de diamants
» et de perles d'un grand prix; sur le croissant qui le termine, il porte même
» une pierre qu'on dit d'une énorme valeur. Le travail de la ciselure y est d'une
» finesse que seule la photographie pourrait reproduire... Un prêtre, ayant apporté
» les clefs, fit jouer un ressort, et le coffret, s'entr'ouvrant, laissa voir à l'intérieur
» un second reliquaire d'or, enchâssé comme le précédent. Ouvert à son tour,
» ce second en laissa voir un troisième, et ainsi de suite, si je ne me trompe,
» jusqu'au cinquième, qui exhiba enfin la dent de Bouddha reposant sur une
» feuille de lotus en or. Nulle main ne peut toucher ce Saint des saints. Il y avait
» dans l physionomie des prêtres une expression de vénération qu'ils n'auraient
» pu feindre. Le plus âgé, un vénérable vieillard, en besicles, qui tremblait
» d'émotion, prit d'une main la feuille de lotus, et de l'autre, ayant reçu d'un de
» ses collègues un petit morceau d'étoffe, en enveloppa la dent pour la montrer
» au prince. Evidemment, il y avait peu de chose à voir, et, en l'absence de
» foi, rien à admirer; aussi le prince, ayant dûment regardé, se retira-t-il avec
» tous ceux que leur devoir ne retenait pas dans le sanctuaire. Mais il est fort
» curieux de penser qu'un pareil objet puisse être tenu en vénération par tant
» de millions d'hommes, quelques-uns sans aucun doute vertueux et savants, ré-
» pandus dans tout l'Orient et formant la population de grands empires en pos-
» session d'une certaine civilisation. »

comme l'extrémité du monde, et y imprima le vestige de son pied puissant. La légende persane est encore aujourd'hui très répandue.

La légende d'Adam l'a emporté sur les autres, puisque la montagne porte son nom. On retrouve fréquemment ce nom dans l'île, le *pont d'Adam* réunissait jadis Ceylan au continent : les riches plaines du centre sont le *jardin d'Adam* : la banane est le *fruit d'Adam;* les pierres précieuses de l'île sont les *larmes d'Adam;* on montre dans une caverne de la montagne la *maison d'Adam,* dans les fleurs de rhododendrons qui la décorent les *roses d'Adam,* dans l'étang limpide qui est au pied du mont le *bain d'Adam.*

L'ascension du pic d'Adam ne se fait que rarement. Elle exige beaucoup de préparatifs et de dépenses; elle présente de sérieuses difficultés. La première dont nous ayons une relation complète est celle du savant Ibn-Batouta en 1340. Le roi de Colombo le fit conduire en palanquin jusqu'au pied de la montagne, avec une escorte de gardes du corps, de porteurs de vivres, de prêtres et de guides. Le voyageur avait à choisir entre les deux sentiers de *Papa* et de *Maman,* ainsi appelés en l'honneur d'Adam et d'Ève. Il prit le premier, beaucoup plus escarpé, pour faire l'ascension; il eut à traverser de vastes forêts, peuplées de grands singes noirs, et des ravins où pullulaient des myriades de sangsues, aux morsures desquelles de nombreux pèlerins succombaient. Pour escalader les murailles verticales des cimes, il s'accrochait à de longues chaînes fixées aux rochers, reposait ses pieds sur des degrés taillés dans la pierre. Le docteur arabe suivit, pour descendre du pic, le sentier de *Maman,* beaucoup moins périlleux: il y rencontra des lacs, des gisements de pierres précieuses, et le fameux arbre du paradis, l'arbre de vie qui ne perd jamais une feuille. « Si l'une de ces » feuilles tombait, celui qui la mangerait redeviendrait tout à fait jeune. » Aussi l'arbre est-il toujours entouré d'une troupe de pèlerins, attendant » en vain la chute d'une feuille. »

Quelques années plus tard, un professeur de Bologne, un cordelier florentin, Jean de Marignola, envoyé par le pape Benoît XII en mission dans l'Inde et la Chine, fit aussi un pèlerinage à la montagne sainte.

Au dix-neuvième siècle, un assez grand nombre de touristes, de naturalistes, de géographes et de savants européens ont gravi le sommet du pic d'Adam. Naguère encore, il fallait beaucoup de temps, d'argent et d'énergie pour traverser les forêts vierges, les précipices, les rochers à pic, les torrents et les cascades. Mais aujourd'hui, aux forêts défrichées ont succédé les plantations de caféiers, de thé, de quinquina : des *bungalows* s'offrent partout aux voyageurs. Des routes, des ponts ont été construits. Un embranchement du chemin de fer de Colombo à Kandy conduit de Péradénia à Gampola et à Nawala-Pitya. De Nawala, un omnibus régulier vous amène en quatre ou cinq heures à Dickaya, à la base de la pyramide du pic.

« On est dédommagé de toutes les fatigues de cette ascension pénible par le plaisir de voir se succéder rapidement les différentes zones de végétation qui s'étagent l'une au-dessus de l'autre. La côte sud-ouest de Ceylan est comme une vaste terre chaude dont les productions magnifiques n'ont pas d'égales sur aucun autre point du globe. On y trouve réunis, avec un éclat incomparable, les plus nobles et les plus gigantesques de tous les végétaux, les palmiers, les bambous et les bananiers. Presque toutes les habitations cingalaises parsemées dans ce pays de cocotiers sont entourées d'un bouquet de splendides arbres des tropiques. Le fier cocotier y rivalise avec l'arbre élancé; l'arbre à pain, qui rappelle le chêne, avec l'élégant papayer. Le poivrier et la vigne indienne grimpent à l'envi autour des troncs et retombent des branches en formant des festons et des couronnes gracieuses. Plus bas les feuilles gigantesques des caladium et des bananiers, les feuilles palmées des cassaves forment d'admirables clôtures à des jardins idylliques où les fleurs les plus éclatantes s'étalent à côté des plantes cultivées les plus précieuses.

» Dès qu'on a laissé ce paradis terrestre pour s'élever sur les premières pentes de la région montagneuse, d'autres cultures succèdent aux précédentes. On voit des vallées riches en eaux courantes, étagées en terrasses et couvertes d'un délicat tapis de velours, dont la verdure dépasse en éclat celle des plus belles pelouses anglaises. C'est le jeune riz, le *paddy*, qui donne à ces champs cultivés cette parure printanière. Tout auprès, dans les endroits non arrosés, s'étendent des vergers où croissent les orangers et les goyaviers, avec le palmier saccharifère, le *kittul* et le palmier au parasol gigantesque, le *talipot*.

» A quelques centaines de pieds plus haut, on laisse cette seconde zone de palmiers et la partie inférieure de la région montagneuse pour entrer dans les solennelles profondeurs de la forêt vierge, qui l'emporte sur les plus belles forêts de nos contrées tempérées, autant que celles-ci l'emportent sur les tristes bois de pins ou de bouleaux des pays du nord. Là, on marche et l'on monte pendant des heures et des heures dans une sorte de temple naturel, dont la haute colonnade est formée par des troncs qui s'élèvent droits et lisses jusqu'à 80 et 100 pieds; c'est seulement à cette hauteur que les branches commencent et s'étalent en un dôme de verdure sombre. Ce toit ombreux est si épais et si impénétrable que le puissant soleil des tropiques parvient à peine à faire pénétrer çà et là quelques faibles rayons de lumière dans la demi-obscurité qui remplit de fraîcheur les portiques du temple. Ces forêts sont formées par diverses espèces de rubiacées, réunies à des figuiers, des ébéniers, des sandaliers et d'autres arbres forestiers. Les fleurs étranges et splendides des orchidées décorent leurs troncs. Les pandarus, les freycinetias, les purtadas et d'autres plantes grimpantes s'enroulent autour des grands arbres, montent hardiment, et, en reliant un arbre à l'autre par des arceaux élégants, fournissent des tremplins aux bandes de singes et d'écureuils qui y déploient leurs talents gymnastiques. De beaux pigeons aux reflets métalliques d'un vert d'or, des perroquets, des apivores volent en troupes, bien haut au niveau des cimes, tandis que de grands alcyons verts et bleus s'efforcent de saisir des poissons dans le ruisseau qui bruit. Nous voyons un grand nombre de filaments verts pendre des branches, mêlés au brun des racines aériennes des plantes grimpantes; mais, quand nous voulons les saisir, ils nous glissent entre les doigts : ce sont de petits serpents d'arbres qui se suspendent aux rameaux avec leur queue mince et flexible. Les petites grenouilles des bois qui se cachent dans le calice blanc des grands lis et dont le cri est semblable au son d'une clochette d'argent sont aussi d'un beau vert. Beaucoup d'autres animaux, dans ces forêts de l'île à l'éternelle verdure, ont pris de même la couleur qui y domine, conformément à la loi de Darwin. »

Cette immense forêt s'élève jusqu'à 5000 pieds sur les pentes rapides du pic d'Adam, au sud et à l'ouest; ailleurs, sauf dans les ravins inabordables, elle a été détruite par le fer ou la flamme, pour se transformer en une plantation de caféiers. Plus haut encore, au delà de 5000 pieds, et jusqu'à la cime des massifs et des pics, la forêt se prolonge, mais les arbres ne sont plus les mêmes : aux palmiers, aux bananiers, aux bambous ont succédé les myrtes et les lauriers aux troncs noueux, entourés d'une épaisse mousse jaune, les magnolias hindous, les rhododendrons, et le *strabilanthus*, qui fournit aux éléphants leur nourriture de prédilection; ces pachydermes géants viennent le chercher jusqu'au sommet du pic. Les léopards et les ours pullulent dans ces forêts; de grands singes gris s'ébattent dans les branches; et, dans les fougères et les mousses, les sauterelles et les sangsues ne laissent pas le voyageur jouir paisiblement de ces merveilleux spectacles.

« Rien ne peut dépasser le charme romantique de ces forêts vierges des
» montagnes de Ceylan. Tantôt ils se précipitent des torrents, avec une force
» indomptée, en grondant et en écumant, du haut d'une muraille verticale
» de rochers; tantôt, réduits à une allure plus modérée, ils bondissent
» brusquement au-dessus des blocs qui parsèment leur lit de granit; tantôt,
» arrêtés par un mur qui barre leur cours, ils étalent leurs eaux claires en
» un lac où le ciel reflète ses nuages mouvants. De tous côtés ces ondes
» pures sont entourées d'un gracieux cadre de verdure, dont le charme
» ne peut être rendu ni par la plume ni par le pinceau. »

Un autre charme de ces forêts est dans la profusion des lianes et des plantes grimpantes qui couvrent le tronc et les rameaux des arbres, ou qui pendent des branches, « semblables aux girandoles d'un lustre », ou serpentent d'un arbre à l'autre, s'enchevêtrant dans un inextricable réseau, et formant au-dessus de la tête du voyageur un épais toit de verdure qui ne laisse passer aucun rayon de soleil et entretient une fraîche obscurité.

« Au milieu de cette allée charmante et toujours verte, nous avons rencontré une troupe de pèlerins, composée d'environ trente Tamiles ou Malabares noirs, gens à moitié sauvages, de cette intéressante race dravidienne à laquelle appartiennent probablement les premiers habitants de l'Inde. Depuis plus de mille ans, ils sont descendus du continent dans l'île et en ont conquis de vive force près de la moitié. Aujourd'hui ils forment la masse principale des travailleurs dans les plantations de café, et ils l'emportent dans les pacifiques combats du travail, sur les Cingalais, mous et sans énergie. Les pèlerins tamiles se rangèrent, pour nous laisser passer, sur un des côtés de l'étroit et raide sentier, et nous pûmes ainsi admirer de tout près la beauté de leurs corps maigres et pourtant vigoureux ; d'autant mieux que le costume de la plupart se réduisait à un turban blanc sur la tête et à un pagne rouge autour des reins. Tous les âges étaient représentés dans la troupe, depuis le jeune garçon et la fillette gracieuse jusqu'au vieillard tremblant et à la matrone aux traits flétris ; plusieurs des femmes, dans la force de l'âge, avaient à la mamelle un nourrisson, ou à cheval sur leur dos un enfant d'un an. En effet, chez ces Tamiles qui appartiennent à la foi brahmanique, comme chez les Cingalais bouddhistes, l'on considère comme très méritoire et très agréable à Dieu d'accomplir dès l'âge le plus tendre le pèlerinage à la sainte montagne ; les pieux pèlerins croient s'assurer par là, non seulement une bonne santé et une longue vie, mais une protection contre les mauvais esprits et le pardon de leurs péchés.

» Un intéressant spectacle d'un autre genre nous surprit un quart d'heure plus tard, lorsque, après avoir traversé un ruisseau, séduits par la beauté de quelques balsamines, nous fîmes un petit détour le long du cours d'eau. A un tournant, nous nous trouvâmes soudainement en face d'un bassin ravissant, entouré de hautes forêts et fantastiquement orné de guirlandes hardies. Une troupe de grands singes gris des montagnes (*Presbytis Ursinus*), dont nous avions déjà entendu les voix perçantes un instant auparavant, et qui s'y livrait à ses ébats, fut si effrayée de notre arrivée inattendue qu'elle s'enfuit en toute hâte du côté opposé. Ces adroits acrobates se servaient des lianes tombantes comme de cordes de gymnastique et passaient d'arbre en arbre avec une agilité merveilleuse.

» Un peu plus tard, après être sortis du fourré ombreux, nous nous trouvâmes en face d'une haute muraille de rochers, vers le haut de laquelle conduisait un long escalier avec des degrés taillés : au-dessus, nous apercevions, sur une sorte de plate-forme, beaucoup d'*ambalams* ou d'auberges de pèlerins. Nous avions déjà passé devant plusieurs de ces auberges. Mais ce groupe était plus considérable et constituait la dernière grande station sur le versant nord du pic. Beaucoup de pèlerins sont si fatigués des efforts qu'il leur a fallu pour gravir le sentier raide et pierreux, qu'ils s'arrêtent à cet endroit pour passer la nuit. Pourtant il n'y a, de là jusqu'au sommet, qu'une grande heure de marche, à la vérité très pénible. D'autres n'y séjournent que quelques heures et se restaurent avec ce qu'on y vend, des fruits ou bien du curry et du riz qu'ils font cuire eux-mêmes sur un feu en plein air; un feu de ce genre flambait précisément sous de grands arbres, au-dessus de la muraille de rochers; une troupe de Cingalais au teint basané était groupée tout autour dans des attitudes pittoresques.

» Après un court repos dans cet *ambalam*, nous partîmes, rafraîchis par le jus savoureux de quelques bananes, pour accomplir la dernière et la plus rude étape de notre pèlerinage. Là, en effet, commence la partie la plus fameuse et la plus redoutée, l'ascension de la pyramide. Sur une vaste étendue, des marches d'escaliers sont taillées dans le rocher nu, raide et souvent à pic. A côté se trouvent de solides chaînes de fer, auxquelles il faut se tenir fortement quand on monte. Plusieurs de ces chaînes, offrandes de pieux pèlerins, sont vieilles d'au moins mille ans; seulement on remplace de temps à autre les anneaux rongés par la rouille. De gros piquets de fer, bien enfoncés dans le rocher de gneiss, soutiennent de distance en distance ces chaînes qui oscillent et se choquent bruyamment contre le rocher.

» Pour les ascensionnistes sujets au vertige, ce sentier, malgré ces chaînes, n'est pas une route commode. Nous n'en devons admirer que davantage l'adresse de la noire femme tamile, qui, déjà chargée de ses enfants et de son nourrisson, se pose de plus sur la tête un panier de vivres, qu'elle balance en avant et en arrière, et qui se soutient seulement avec les orteils mobiles de ses pieds nus comme si elle avait quatre mains. Bien que cette échelle, comme celle du paradis, soit difficile à gravir et paraisse très dangereuse, elle ne l'est toutefois qu'à un petit nombre d'endroits. En effet, si l'on glisse sur les marches polies, ou si on laisse échapper la chaîne de ses mains, ce qui n'est pas rare, l'on ne tombe pas dans un profond précipice, mais sur un lit de verdure fort doux, où l'on risque tout au plus de se heurter désagréablement à quelques branches proéminentes. L'abondance merveilleuse de la végétation tropicale est si grande, les masses de feuillage entrelacées sont si épaisses, que les coussins flottants des hautes couronnes des arbres arrivent jusqu'aux pieds du voyageur, et, s'il fait un faux pas, le reçoivent sur un lit moelleux.

» Enfin cette dernière épreuve fut heureusement surmontée. Après avoir gravi le dernier escalier garni de chaînes, nous pûmes voir, immédiatement au-dessus de nos têtes, la pointe nue et rocheuse de la montagne miraculeuse, et sur ce sommet le célèbre temple de Bouddha, but final de notre fatigant pèlerinage. Encore quelques degrés raides, et nous nous trouvâmes à l'entrée du sanctuaire vénéré. Nous y fûmes accueillis avec empressement par les vieux prêtres bouddhistes à barbe blanche, qui veillent à la garde de ce sanctuaire et reçoivent en échange les offrandes des pèlerins. Ils ne restent sur ces hauteurs que pendant quatre ou cinq mois, depuis janvier jusqu'en avril ou en mai. Le reste de l'année, le Samanala est inabordable à cause de l'abondance et de la continuité des pluies.

» La cime la plus élevée du pic d'Adam répond tout à fait à l'idée que les petits enfants se font des sommets de montagnes; ils se les figurent d'ordinaire pointus comme un pain de sucre, et ils ne comprennent pas bien comment il peut s'y trouver une maison. En fait, le rocher de gneiss qui termine le Samanala est si aigu qu'il s'y trouve tout juste assez de place pour le petit sanctuaire, posé comme un baldaquin au-dessus de l'empreinte du pied sacré. Et même au bas de ce rocher, à vingt pieds au-dessous, l'espace est si restreint qu'il est entièrement occupé par l'étroit escalier qui conduit plus haut, et par deux petites maisons de prêtres, deux huttes exiguës à un seul étage, bâties à côté l'une de l'autre. Cet étroit espace est entouré d'un mur bas, en pierres blanches, avec deux portes, l'une au nord, l'autre au sud. Son bel ornement consiste dans les magnifiques rhododendrons arborescents, qui sont à nos roses des Alpes ce que les bambous des tropiques sont aux minces chaumes de nos champs. Chaque branche de ces arbres noueux, hauts de trente à cinquante pieds, porte un gros bouquet resplendissant, une touffe puissante de feuilles d'un vert sombre, au milieu duquel reluisent vingt ou trente roses magnifiques d'un beau rouge écarlate. »

La *sripada* ou empreinte sacrée, objet de vénération de millions de pèlerins depuis plus de 2 000 ans, est une cavité oblongue creusée à la surface du rocher, longue de cinq pieds, large de deux et demi. Elle ne ressemble en rien à l'empreinte d'un pied humain. « Les prêtres bouddhistes ont » depuis longtemps suppléé aux contours effacés de l'empreinte, au moyen » d'un relief en plâtre, qui, à un bout, forme comme un pic qui a quatre » dents pour figurer les intervalles entre les cinq doigts. » L'exécution en est fort imparfaite, mais suffit à la robuste croyance des pèlerins : Cingalais bouddhistes, Tamils brahmanistes, Arabes mahométans, les uns pour adorer Bouddha, les autres Siva, les autres en souvenir de notre premier père Adam, accomplissent dans le sanctuaire leurs dévotions, et aucun acte d'intolérance ne vient troubler cette touchante fraternité dans la manifestation de leur foi.

« Les actes de dévotion des pèlerins étaient d'ailleurs assez simples et assez réservés : ils s'inclinaient profondément et faisaient leurs prières devant la sripada ; ils jonchaient le sol de fleurs ; ils faisaient brûler des aromates ; ils allumaient des cierges et faisaient tinter de petites cloches ; enfin ils offraient aux prêtres quelques présents, consistant en riz, en bétel, en aliments divers et en monnaies d'argent ou de cuivre. L'offrande de vieux morceaux de vêtements longtemps portés est considérée (chose assez étonnante) comme un sacrifice des plus méritoires, et on voit beaucoup de ces loques pendues aux rampes des escaliers. De la bouche de ceux qui prient, s'échappe le cri souvent répété de *Sadu! Sadu!* (Saint ! Saint ! Amen ! Amen !) La plupart des pèlerins ne restent que très peu de temps au sommet et s'empressent de redescendre, aussitôt qu'ils ont fini leurs dévotions.

» Le panorama grandiose et l'horizon sans limites qu'on découvre du haut de ce pic isolé étaient pour nous un spectacle beaucoup plus intéressant et plus émouvant que ces exercices de piété.

» D'un seul regard nous embrassions la plus grande partie de l'île toujours verte, qui, à plusieurs titres, est une des plus belles et des plus merveilleuses du monde. Du reste, ce qu'il y avait de plus grandiose dans ce panorama, c'était précisément cette idée même et le souvenir des tableaux nobles et frappants que nous avaient présentés nos courses dans ce paradis terrestre.

» La valeur pittoresque de ce remarquable panorama n'est d'ailleurs pas aussi grande que l'ont dit beaucoup de voyageurs. Aussi loin que la vue peut s'étendre, vers les quatre points cardinaux, l'on n'aperçoit rien que des montagnes revêtues de forêts vertes, des chaînes étagées derrière des chaînes, des vallées rangées à côté d'autres vallées. La végétation de Ceylan est si puissante qu'elle efface et cache tout le reste. Tout au plus peut-on, à des teintes plus claires ou plus sombres de ce manteau d'éternelle verdure, reconnaître s'il est formé par des cultures plus riches ou des forêts plus épaisses. Même dans les fertiles vallées cultivées du Saffragam, au sud du pic d'Adam, immédiatement au-dessous de nous, les nombreux villages et les plantations sont complètement cachés par les larges couronnes des palmiers, des manguiers, des arbres à pain. Dans les riches districts à caféiers du nord de l'île nous ne pouvions distinguer ni les maisons ni les *bungalows*. Les seules oppositions qui interrompent cette verdure monotone viennent des brillants fils d'argent des fleuves et des ruisseaux, et des grandes étendues d'eau, qui, dans le lointain, miroitent au soleil : les lacs salés d'Hambangtotte au sud-est, et l'océan Indien à l'ouest.

» C'est peut-être justement l'uniformité de verdure, la douce ondulation des croupes arrondies des montagnes, l'indigence des formes pittoresques, l'absence de contrastes heurtés, qui donnent au panorama de Samanala sa grandeur simple et sa noblesse. L'air merveilleusement pur et vivifiant des hauteurs, la majestueuse coupole bleu foncé du ciel de l'Inde, le calme et le silence qui règnent partout ne contribuent pas moins à donner cette impression de paix paradisiaque et de vie innocente qui caractérise à un si haut degré l'île merveilleuse. On comprend en ces lieux comment cette cime isolée a pu devenir pour des religions si différentes un centre commun pour adorer la divinité. » (E. HÆCKEL, *le Pic d'Adam à Ceylan; Revue scientifique,* 23 février 1884.)

Péradénia ; un paradis botanique.

Péradénia est une petite localité située à quelques kilomètres de Kandy, ancienne capitale de Ceylan, et la première ville de l'île par la beauté pittoresque de ses sites et le charme de son climat. Le gouvernement anglais y fonda en 1819 un jardin botanique qui, grâce aux soins et au zèle de ses directeurs, est devenu un véritable musée de merveilles végétales.

« Durant les deux premières heures du trajet de Colombo à Péradénia, la voie parcourt des terrains plats, en grande partie occupés soit par des jungles marécageuses, soit par des rivières ou des prairies presque noyées, où paissent, à moitié dans l'eau, de nombreux troupeaux de zèbres noirs. De gracieux hérons blancs font la chasse aux insectes qui s'acharnent sur les animaux. Plus loin la voie se rapproche de plus en plus de la montagne, et à la station de Rambukkana la montée commence. Le trajet d'une heure entre Rambukkana et la station voisine de Kadugannawa est, au point de vue pittoresque, l'un des plus beaux que je connaisse. Dans une vaste et profonde vallée, encaissée de toutes parts, la voie monte, décrivant des lacets sinueux sur le versant septentrional de montagnes rocheuses fort abruptes. L'œil est d'abord fasciné par la variété des tableaux du premier plan; de puissants blocs de gneiss gris surgissent du sein de luxuriantes et épaisses masses de verdure, qui tapissent ces gorges étroites; des lianes aux formes ravissantes se suspendent aux cimes des arbres les plus élancés; de charmantes petites cascades se précipitent des hauteurs, et non loin de la voie ferrée on entrevoit parfois la belle route carrossable, si fréquentée autrefois, aujourd'hui délaissée, que le gouvernement anglais avait fait tracer entre Colombo et Kandy, et qui contribua beaucoup à consolider sa domination sur cette dernière ville.

» Plus loin le regard plonge tantôt dans la belle et vaste vallée verdoyante, qui se déroule toujours plus largement au-dessous de la voie; tantôt il s'élève vers les hautes chaînes des monts bleuâtres qui se dressent, fiers et rigides, formant vers le sud le mur de la vallée. Quoique généralement les formes affectées par ces montagnes soient assez monotones et peu pittoresques (ce sont pour la plupart des cimes aplaties de granit et de gneiss), pourtant quelques sommets isolés tranchent sur le reste, ainsi, par exemple, le plateau tronqué que l'on désigne sous le nom de « rocher de la Bible » (*Bible-Rock*). Un autre rocher, le « *Sensation-Rock* », présente des points de vue vraiment admirables et surprenants. Là la voie, après avoir traversé plusieurs tunnels, serpente entre des rochers suspendus rasant le bord même d'un précipice, dont la profondeur verdoyante mesure verticalement 1 200 à 1 400 pieds. Des chutes d'eau mugissantes tombent avec fracas du haut de la muraille rocheuse, s'engouffrent à gauche sous le pont du chemin de fer et après quantité de bonds prodigieux vont, à droite, avant de toucher le fond de l'abîme se dissoudre en cascades diaphanes, où les rayons du soleil forment en se jouant de brillants arcs-en-ciel.

» La riche et verdoyante vallée qui est là, bien loin sous nos pieds, est couverte en partie de jungles, en partie de terrains cultivés, où l'œil distingue des cabanes, des rivières et des jardins taillés en terrasses. Au-dessus des fourrés s'élancent partout les formes gigantesques du magnifique palmier-talipot, roi des palmiers de Ceylan. Son tronc blanc et droit, pareil à une svelte colonne de marbre, a plus de 100 pieds de haut. Chacune des feuilles flabelliformes de son admirable panache couvre un demi-cercle de 12 à 16 pieds de diamètre, autrement dit une étendue de 150 à 200 pieds carrés. De même que toutes les autres parties de l'arbre, ces feuilles servent à mille usages, en particulier à fabriquer des toits et des auvents. Autrefois, chez les Cingalais, elles remplaçaient exclusivement le papier, et aujourd'hui encore elles servent souvent à cet usage. Les vieux manuscrits que l'on trouve dans les couvents bouddhiques sont tous gravés, à l'aide de poinçons métalliques, sur un papier que l'on nomme « ola », c'est-à-dire sur des feuilles de talipot cuites, séchées et découpées en bandes étroites. Le superbe palmier-talipot ne fleurit qu'une seule fois, d'ordinaire entre la cinquantième et la quatre-vingtième année de son existence. Le majestueux panache pyramidal de fleurs s'épanouissant au sommet, directement au-dessus de la touffe de feuilles, atteint une hauteur de 30 à 40 pieds et se compose de millions de petites fleurettes jaunâtres ; dès que le fruit est mûr, l'arbre meurt. Le hasard voulut qu'en ce moment un certain nombre de ces palmiers fussent en fleurs. J'en comptai bien jusqu'à soixante entre Rambukkana et Kadugannawa et plus d'une centaine le long de tout le parcours. De Colombo on organisait tout exprès des excursions pour aller jouir de ce spectacle aussi rare que merveilleux.

. . . .

» Une magnifique allée de vieux arbres à *caoutchouc* conduit à l'entrée du jardin. Cet arbre indien, dont le suc laiteux et épais fournit le caoutchouc, est, on le sait, une des plantes d'appartements les plus répandues chez nous dans le nord. Ses grosses feuilles ovales, semblables à du cuir, d'un beau vert lustré, réjouissent la vue. Mais tandis que dans notre pays, un ficus, dont le tronc gros comme le doigt atteint le plafond de la chambre et qui porte une cinquantaine de feuilles sur ses quelques branches, est une véritable merveille, ici, dans sa chaude patrie, il devient un arbre gigantesque, pouvant rivaliser avec nos chênes les plus majestueux. Un dôme énorme, de plusieurs milliers de feuilles, couvre de ses branches puissantes, horizontalement étendues et longues de 40 à 50 pieds, un espace où pourrait s'élever un vaste palais, tandis que, partant de la base du tronc volumineux, le faisceau de racines atteint parfois 100 à 200 pieds de diamètre, c'est-à-dire bien plus que ne le comporte la hauteur entière de l'arbre. Ce formidable faisceau se compose principalement de vingt à trente racines-mères qui, partant d'autant de nervures de la partie inférieure du tronc, rampent et s'enchevêtrent sur le sol comme de gigantesques serpents. Aussi, les indigènes ont-ils surnommé le *Ficus elasticus* « l'arbre serpent » et les poètes le comparent souvent au Laocoon enlacé par les reptiles. Il n'est pas rare non plus de voir les racines s'élever au-dessus du sol comme des planches solides, verticalement fichées, et constituer ainsi de puissants piliers protecteurs, grâce auxquels le tronc gigantesque peut braver les tempêtes. Les interstices entre les racines forment de petits réduits, des cachettes, où un homme debout peut fort bien se placer. Ici d'ailleurs, quantité de grands arbres, appartenant à diverses familles, projettent de ces racines en forme de piliers.

» A peine avais-je eu le temps d'exprimer l'admiration ressentie à la vue de cette allée superbe « d'arbres serpents », qu'un autre spectacle merveilleux attira mes regards. A la porte même du jardin, comme pour souhaiter la bienvenue aux promeneurs, se dressait un gigantesque bouquet de palmiers, indigènes et exotiques, spécimens de cette famille, qui est la véritable parure des régions tropicales. Des plantes grimpantes, aux fleurs exubérantes, couronnaient leurs élégantes cimes, et autour de leurs troncs se pressaient quantité de charmantes fougères parasites. Un autre bouquet de palmiers, tout semblable au premier, mais encore plus riche et plus beau, également enguirlandé de fleurs luxuriantes, occupait l'autre bout de l'avenue. La route carrossable, que nous suivions, se divisait en deux chemins, dont l'un, montant à gauche en pente douce, menait vers la maison du directeur située sur une petite éminence. Cette résidence fort enviable se compose, de même que la plupart des villas de Ceylan, d'un édifice bas, à un étage, entouré d'une vérandah aérée, dont le toit en saillie est soutenu par une rangée de blanches colonnes. Colonnes et toit sont ornés d'une profusion des plus belles plantes grimpantes; d'orchidées aux fleurs volumineuses, de vanilles au parfum exquis, de gracieux fuchsias et de quantité d'autres fleurs aux mille couleurs éclatantes. Dans les parterres disposés autour de la maison s'épanouissent les plantes de choix, toutes en fleurs, ainsi que de ravissantes fougères, et au-dessus, les magnifiques arbres de l'Inde étendant le dôme impénétrable de leurs feuilles. Tout un monde de papillons à la riche robe diaprée, de scarabées, de lézards, d'oiseaux, donne la vie et le mouvement à ce tableau ravissant. Mais rien n'est charmant comme les petits et gracieux écureuils à trois raies qui abondent dans les jardins de Ceylan et sont tout à fait apprivoisés.

. . . .

» Loin de ressembler à la plupart de nos jardins botaniques, où, pour faciliter l'étude, les plantes sont régulièrement alignées en carrés, comme des soldats en rangs, celui de Péradénia, embrassant une étendue de plus de 150 hectares, a l'air d'un parc et vise bien plus à produire une vue d'ensemble caractéristique et pittoresque qu'à servir à un but d'enseignement systématique. Les principaux groupes d'arbres et les familles végétales parentes sont pittoresquement éparpillés sur de belles pelouses de gazon, vers lesquelles conduisent de larges allées carrossables. C'est dans une partie reculée du jardin que se trouvent les quelques plates-bandes d'horticulture fort intéressantes et le jardin botanique proprement dit. Presque toutes les plantes de ce genre, appartenant à la zone tropicale des deux hémisphères, y sont représentées, et les semences, les fruits et les boutures de quantité d'entre elles sont distribués aux horticulteurs et aux jardiniers de l'île. Aussi, depuis plusieurs années, le jardin de Péradénia a-t-il acquis une importance pratique notable, et rendu de grands services comme jardin d'acclimatation aussi bien que comme établissement scientifique.

» Mais les conditions climatériques et topographiques si extraordinaires du milieu semblent prédestiner le jardin de Péradénia à un rôle plus large encore, à la mission toute scientifique d'une *station botanique*.

» Si parmi les innombrables merveilles botaniques de Péradénia, je voulais énumérer quelques-unes des plus importantes, c'est certainement par le célèbre *bambou-géant*, objet de l'admiration de tous les visiteurs que je devrais commencer. De loin, déjà, dès que nous eûmes pris à droite de la porte d'entrée, dans la direction du fleuve, dont nous suivîmes quelque temps les rives ravissantes, de gigantesques buissons verts de plus de 100 pieds de haut, et d'autant de large, avaient frappé notre vue. Pareilles au panache ondoyant d'un géant, leurs têtes superbes, élevées bien haut au-dessus de l'eau, s'inclinaient légèrement, versant l'ombre et la fraîcheur sur le fleuve et sur la route qui le côtoyait. En nous approchant, nous pûmes constater que chaque buisson était composé de quantité de troncs élancés et cylindriques (il y en avait parfois de soixante à quatre-vingts), d'un à deux pieds d'épaisseur. Etroitement serrés à leur base les uns contre les autres et produits, comme les stolonifères, par les racines communes d'un tronc rampant, ils s'élancent en touffes distinctes, avec leurs branches latérales si délicates et si flexibles, couverts d'une profusion de charmantes feuilles vertes. Et songer que ces arbres gigantesques ne sont que des graminées! La tige creuse du roseau est à nœuds, comme le chaume de toutes les graminées, mais la graine de la feuille, qui chez nos délicates graminées n'est qu'une membrane petite et mince, située à la base de la feuille, est devenue chez le bambou-géant une solide lame concave et ligneuse, capable, sans aucune préparation, de servir de bonne cuirasse à une robuste poitrine d'homme. Un enfant de trois ans pourrait se cacher dans une de ces conques. Le bambou est, on le sait, une des plantes les plus utiles de la zone tropicale; il serait facile d'écrire tout un livre sur les manières variées, dont les indigènes utilisent les diverses parties de cette gigantesque graminée arborescente. On pourrait en dire autant du palmier.

. . . .

» Mais il paraît qu'il n'est pas donné à l'homme d'errer impunément sous les palmiers. Pendant que, ravi, j'étais là, à flâner sur la rive du fleuve, dans l'herbe haute, à l'ombre des cimes majestueuses des palmiers, tout occupé à examiner de près les bizarres entrelacements d'un palmier grimpant, je me sentis soudainement piqué à la jambe. En examinant la chose de près, je vis deux petites sangsues, solidement attachées à ma peau; elles ne tardèrent pas à être rejointes par une douzaine de leurs alertes camarades, qui avec une agilité étonnante grimpèrent, comme des chenilles arpenteuses, le long de mes bottines. Je venais de faire connaissance avec la fameuse sangsue terrestre de Ceylan, un des fléaux les plus redoutables, parmi tous ceux dont cette île ravissante est infestée et dont plus tard j'eus beaucoup à souffrir. La sangsue de Ceylan est une des

plus petites, mais aussi des plus désagréables du genre. Excepté sur la côte et sur les hautes régions des montagnes, ces animaux sont répandus par milliards dans tous les fourrés et tous les bois de l'île, dans certains endroits, en particulier sur les bords des fleuves, dans les jungles marécageuses des collines et des montagnes peu élevées : impossible de faire un pas sans être assailli par elles. Non seulement elles rampent partout sur le sol, à la recherche d'une proie, mais encore elles grimpent sur les buissons et les arbres, d'où fréquemment elles se laissent choir sur la tête et le cou du passant, en sorte que, si d'ordinaire elles s'attachent surtout aux jambes, elles peuvent tout aussi bien atteindre leur proie d'un bond ! Une fois repues, elles sont bien de la grosseur d'une de nos petites sangsues médicinales ; mais, à jeun, elles ont à peine un demi-pouce de long, sont minces comme un fil et percent avec une grande facilité le tissu des bas. Parfois on sent immédiatement leur morsure ; d'autres fois, non. Ainsi un soir que je me trouvais à une réunion, je ne remarquai leur présence qu'en voyant des filets de sang rouge rayer mon pantalon blanc. . . . .
. . . .

» Il y a dans le jardin de Péradénia, de même d'ailleurs que dans toutes les parties de l'île abondamment arrosées, bien d'autres fléaux encore. Ce sont les nuées de moustiques et de mouches à dard. Aussi les moustiquaires autour des lits sont-ils partout de rigueur. Mais plus dangereux mille fois que ces insectes ennuyeux sont les scorpions venimeux et les mille-pieds, dont je collectionnai plus d'un magnifique spécimen. Les premiers ont un demi-pied de longueur, les autres jusqu'à un pied tout entier !

» Le jardin des Fougères constitue certainement une des plus belles parties du parc de Péradénia. A l'ombre d'arbres élevés, au superbe dôme de verdure, sur les bords frais d'un ruisseau gazouillant, se presse tout un monde de fougères, petites et grandes, délicates et massives, herbacées et arborescentes, de fougères comme on n'en saurait rêver de plus ravissantes, de plus gracieuses ! La structure élégante, que nous admirons dans le charmant éventail penné des fougères de nos climats, se reproduit ici dans une infinie variété d'espèces les plus diverses, à commencer par les plus simples et à finir par les plus complexes. Tandis que telles fougères naines, d'une délicatesse si charmante, pourraient être prises pour des mousses mignonnes, les gigantesques fougères arborescentes, dont les troncs noirs élancés sont couronnés d'un splendide panache de feuilles, atteignent à la taille du plus fier palmier.

» De même que les fougères, les palmiers-fougères ou *Cycadæ*, les charmantes *Sellaginellæ* et les *Cycopodes* sont dignement représentés à Péradénia par un choix très riche d'espèces intéressantes, depuis les plus mignonnes, rappelant les mousses par la fragilité délicate de leur structure, jusqu'aux robustes espèces géantes, arborescentes, faisant songer aux lycopodes disparus de la période houillère. En général, plus d'un groupe végétal de cette partie du jardin évoque devant moi l'image de cette flore fossile, si admirablement dépeinte par le génie d'Unger dans ses tableaux du monde primitif. C'est vraiment ici que le botaniste peut contempler à l'aise les principaux représentants des familles les plus caractéristiques de la flore tropicale. . . . .

» Un des plus vieux banians, dont la majestueuse couronne reposait sur d'innombrables piliers, présentait un spectacle des plus étranges. Dépouillées en grande partie du riche ornement de leur feuillage, ses branches dénudées semblaient ployer sous le poids de grands fruits jaunâtres. Mais quel fut mon étonnement quand, en m'approchant, je vis un de ces fruits se détacher et s'envoler en battant des ailes. C'étaient de gigantesques chauves-souris (*Pteropus*) appartenant à ce groupe curieux de chauves-souris frugivores, exclusivement propre à la zone tropicale du vieux monde (Asie, Afrique). Quelques coups de fusil, bien visés, abattirent une demi-douzaine de ces animaux et firent envoler avec des glapissements aigus le reste de l'essaim, composé d'une centaine d'individus pour le moins. Les chauves-souris blessées se défendirent de leur mieux à coups de dents et de griffes, et ce ne fut pas sans quelque peine que j'en vins à bout avec mon couteau de chasse. Sous le rapport de la grandeur, de la couleur et de la forme, en particulier de celle de la tête, le corps de ces chiens ou renards volants présente une grande analogie avec le renard; mais, comme chez toutes les chauves-souris, leurs membres sont reliés par une grande membrane, qui leur permet de voler avec autant d'adresse que de rapidité. Leur vol, très différent de celui de nos chauves-souris, rappelle celui de la corneille. Le *Pteropus* se nourrit de fruits, ce qui fait de lui un animal fort nuisible; il est en particulier friand du suc sucré des palmiers, et souvent, dans les récipients qu'ils fixent au tronc des palmiers pour en recueillir le suc, les Cingalais trouvent des chauves-souris de cette espèce en état d'ivresse.

» Mais il était dit que ce jour-là je ferais une autre connaissance zoologique intéressante, quoique d'un genre fort dangereux. Dans l'après-midi, pendant que tombait une violente averse et que j'étais occupé à mettre dans l'alcool un énorme mille-pieds noir, voilà qu'un grand serpent à lunettes, le redouté *Cobradi capello* (*naja tripudians*), pénétrant par la porte du jardin restée ouverte, se glissa dans ma chambre. Je ne le voyais point, quoiqu'il ne fût qu'à un pied de distance, et mon attention fut éveillée seulement par mon domestique qui se précipita dans ma chambre en criant : « Cobra! Cobra! » Avec son aide, je me rendis facilement maître de la bête venimeuse, d'une taille fort respectable — elle mesurait plus d'un mètre de long — et je la logeai dans un bocal d'alcool où se trouvait déjà auparavant un amphibie semblable au serpent, le remarquable et curieux fouisseur aveugle (*Cæcilia*). »

(Ernest Hæckel, *Lettres d'un voyageur dans l'Inde*, trad. de l'allemand, par Letourneau, chap. VI; Paris, Reinwald, 1883, in-8°.)

Le corral dans l'île de Ceylan.

La chasse aux éléphants est une véritable fête nationale qui a lieu tous les deux ans, à époque fixe, après la récolte du riz. Riches et pauvres, prêtres, fonctionnaires et paysans y assistent avec un égal plaisir. Les chasseurs qu'on emploie en cette circonstance sont les Panikis, indigènes particulièrement exercés à cette chasse difficile, qui exige autant de ruse que d'intrépidité.

« Le « corral » ou « kraal », terme dont on se sert pour distinguer l'ensemble des opérations, est par lui-même un immense amphithéâtre destiné à emprisonner les éléphants sauvages, attirés, ou plutôt poussés là par les manœuvres des chasseurs. On a soin d'y laisser de loin en loin quelques gros arbres pour y attacher les animaux captifs. Quant aux petits arbres, aux broussailles et aux taillis, on les arrache afin de déblayer le sol, excepté aux environs du jungle, où les fourrés sont nécessaires pour masquer l'entrée de l'enceinte.

» A quelque distance du corral, sous un couvert de feuillage, s'élève un bâtiment, à un seul étage mais très vaste, construit en entier de bambous et de feuilles de palmier et portant le nom d'« *Hôtel du Spectateur* ». On trouve là de grandes salles à manger, des chambres à coucher et des provisions de vivres pour plus d'un mois. Le plancher, tapissé d'un gazon fin, d'où s'exhale le parfum balsamique des savanes de Colombo, invite à un doux sommeil tous ceux dont les rêves ne sont pas traversés par des images de vampires et de moustiques, de serpents et d'araignées monstrueuses. Un cellier bien garni, une salle de bains, complètent le confortable de ce bungalow improvisé. La salle de bains n'y est pas, comme dans d'autres établissements de ce genre, une dénomination fantastique, mais bien une belle et bonne réalité, attendu que le voisinage de l'eau est une des conditions essentielles du choix d'un emplacement pour les éléphants.

» Aussitôt que le corral est construit, les batteurs d'estrade entament la campagne. Il leur faut quelquefois décrire un cercle de plusieurs milles pour y englober deux ou plusieurs troupeaux d'éléphants. Les Panikis ont à faire preuve là de beaucoup d'adresse et de patience, car, à la plus légère alerte, voilà tout à coup les éléphants hors de voie, et jamais les animaux ne reviennent à l'endroit où ils ont pris l'alarme. D'un autre côté, il faut pourtant que les chasseurs sachent imprimer un mouvement de marche au troupeau, en le poussant tout doucement dans la direction du corral. On comprend donc avec quelle mesure, avec quel tact ils doivent régler leur action progressive. D'abord il est nécessaire qu'ils se placent sous le vent et qu'ils entretiennent à leurs pieds une éponge humide; sans cela, l'odorat subtil des éléphants aurait bientôt flairé leur présence, ce qui jetterait dans le troupeau une panique irréparable.

» Ces précautions prises, les rabatteurs chuchotent tout bas ou sifflotent entre leurs dents par intervalles, en se cachant bien et en se tenant à une distance prudente. A ce bruit lointain, les éléphants se rapprochent les uns des autres, dressent leur trompe et leurs oreilles du côté d'où le son est parti, jusqu'à ce que, rassurés par le calme profond qui y succède, ils baissent leurs trompes et semblent reconnaître entre eux que leur alarme était mal fondée; alors ils se remettent tranquillement, les uns à brouter les feuilles des arbres, les autres à s'éventer avec les branches, ou à s'ébattre dans la poussière; cependant tous s'éloignent insensiblement et par instinct de l'endroit suspect.

» Les chasseurs répètent la même manœuvre pendant plusieurs jours et plusieurs nuits de suite, jusqu'à ce que la troupe des éléphants soit arrivée par degrés sur les confins du sentier qui mène au corral. Il s'en faut de beaucoup cependant que la tâche des chasseurs soit alors terminée; le chemin est bordé de troncs d'arbres dépouillés de leur écorce; le sol est jonché de feuilles et de branchages qui masquent le but du voyage; c'est bien; mais, que le vent tourne et vous oblige à déplacer votre embuscade, qu'une circonstance fortuite, on ne sait laquelle, jette le désordre parmi les éléphants ou vienne contrarier leur marche, et toutes vos peines seront perdues; vous n'avez plus alors qu'à attendre que l'ordre soit rétabli d'une manière ou d'une autre. Il est rare cependant que le vent change à cette époque de l'année, et en général les mesures des chasseurs sont trop bien prises pour être déjouées par des circonstances imprévues.

» Pendant toute la campagne, les hommes se relayent régulièrement et vont prendre leurs repas à tour de rôle. Des communications journalières sont établies entre eux et une seconde ligne de chasseurs, postés assez loin pour n'avoir pas besoin ni de la même vigilance ni des mêmes précautions contre des émanations traîtresses. Cette seconde ligne est choisie moins minutieusement que la première; ses fonctions subordonnées entraînent une responsabilité moindre. Il arrive quelquefois qu'en dépit de toutes les précautions une alarme prématurée s'empare d'une troupe d'éléphants sauvages. Dans ces cas-là on a recours à des mesures extrêmes. Une fusée de signal avertit la seconde ligne, qui, immédiatement, se déploie à droite et à gauche, se forme en cercle avec la première et allume de grands feux dans les intervalles libres, de manière que toute la circonférence ne représente plus qu'une vaste ceinture de flammes. Les éléphants se précipitent aveuglément sur un point du cercle. Là le feu les arrête tout court, frappés de terreur et tremblant de tous leurs membres. En même temps les chasseurs s'élancent de leurs embuscades, poussant des cris aigus, agitant des drapeaux rouges, et tirant des coups de pistolet. Les bêtes affolées se retournent et courent du côté opposé où les attendent les mêmes feux, les mêmes cris et les mêmes frayeurs, jusqu'à ce que pourchassées de toutes parts, haletantes, épuisées, elles se rassemblent en une seule masse, serrées les unes contre les autres, en proie à la plus violente agitation, et entrelaçant leurs trompes, comme pour se demander un mutuel secours et s'interroger sur une détresse dont elles ne peuvent se rendre compte.

» Lorsque la chasse tourne ainsi, c'est rarement à l'avantage du chasseur. Quelquefois les éléphants, rendus furieux par le désespoir, se jettent sur les barrières. S'ouvrant un chemin à travers les flammes et les épouvantails, ils disparaissent dans les profondeurs de la forêt. Et quand même on éviterait cette extrémité, l'expédition troublée n'aboutit d'ordinaire qu'à une déception. Aussi n'espérez pas qu'après une telle impression de terreur, l'éléphant, démoralisé, puisse jamais reprendre confiance. Ce n'est donc plus qu'en employant la force qu'il est possible de le faire avancer.

» Il en est tout autrement lorsque la chasse suit son cours régulier. Le troupeau s'achemine tout doucement vers le corral; chaque jour il fait quelques pas de plus. Les rabatteurs mettent une précision surprenante à calculer le moment de l'arrivée, et les autorités en sont informées à point nommé.

» Enfin un bruit lointain de broussailles foulées aux pieds et de branches brisées annonce à la foule haletante l'approche des éléphants : tous les regards se tournent avidement vers l'entrée du corral. Le conducteur de la bande paraît sur le seuil de l'enceinte; il promène autour de lui des regards curieux et défiants, en penchant la tête à droite et à gauche d'un air anxieux; mais, ne voyant rien qui justifie ses soupçons, il franchit la passe fatale et entre dans le corral; les autres le suivent, et bientôt la bande entière se déploie dans l'arène. Le passage du dernier éléphant donne le signal des hostilités. Les chasseurs à l'affût sortent de leurs cachettes, retirent les branchages qui masquaient les poteaux, et laissent retomber en même temps deux poutres massives qui referment complètement l'entrée. Le bruit de ces manœuvres et l'apparition subite des chasseurs impriment une profonde terreur aux éléphants, qui restent quelque temps comme cloués sur place et paralysés. Rappelés bientôt par les clameurs au sentiment de leur situation, ils se précipitent tous vers l'autre côté de l'enceinte, poussant des beuglements plaintifs; mais là aussi ils trouvent en face d'eux des Indiens, qui, s'élançant de leurs embuscades avec des cris et des gestes menaçants, les chassent de poteau en poteau, jusqu'à ce que les pauvres bêtes, désespérant de s'échapper et aveuglées par des flots de larmes, cherchent un refuge au centre de l'arène et se pressent en une masse compacte. Cette courte trêve est le moment que l'on choisit pour faire entrer en ligne de nouveaux auxiliaires ; on ouvre les barrières les plus éloignées de l'entrée et on les referme vivement derrière une troupe d'éléphants apprivoisés, dont l'assistance est tout à fait indispensable, car sans eux il serait impossible de dompter ou même de calmer les éléphants sauvages.

» ..... On n'employa cette fois que deux éléphants domestiques pour apprivoiser la troupe sauvage. Au signal donné, ces deux animaux, introduits dans l'enceinte, s'avancèrent côte à côte, lentement, sans faire de bruit, avec un air de parfaite indifférence. Chacun d'eux portait sur son cou son cornac ou mahout, et un serviteur muni de courroies et de cordages. Entre les deux masses mouvantes et complètement masqué par elles, marchait le chef des Panikis, dompteur renommé qui, malgré ses soixante et dix ans, brûlait de renouveler ses anciens triomphes. Le plus jeune des deux éléphants apprivoisés, un beau mâle de cinquante ans, avait si souvent réussi à attirer dans le piège ses sauvages congénères, qu'on lui avait donné le surnom de « Sirène ». L'autre, âgé de cent ans, était un ancien captif des Hollandais, premiers occupants de l'île. Transmis en héritage au gouvernement anglais en 1802, il était resté comme un auxiliaire précieux. Son vrai nom, consigné sur le registre, était « Siribeddi » ; mais depuis longtemps on l'avait remplacé par celui du « Vieil Hollandais ».

» Tout en s'approchant des éléphants sauvages, Sirène affecta de n'avoir aucune envie de faire connaissance avec eux. Tantôt il errait nonchalamment, et comme au hasard, tantôt il s'arrêtait comme pour cueillir une touffe d'herbes, ou pour s'éventer avec une branche de palmier ; puis il exhalait de son gosier quelques sons plaintifs, sorte de réponse, fallacieusement sympathique, aux gémissements de la tribu captive. A la fin, quand il se fut avancé vers elle, presque insensiblement, jusqu'à la distance de trente pas, le conducteur de la troupe vint comme pour le reconnaître, l'effleura de sa trompe, et se retourna vers ses compagnons.

» Sirène le suivit tout doucement, croisa amicalement sa trompe avec celle du nouveau camarade, et lui caressa les flancs en se pressant contre lui. Ce manège permit au vieux dompteur de se glisser sans être vu sous le ventre de l'animal sauvage, et de couler rapidement un « lasso » autour d'une de ses jambes de derrière. Sirène, pendant ce temps, redoublait de prévenances traîtresses ; mais, malgré cette distraction, l'éléphant comprit le danger, se débarrassa violemment du « lasso » et culbuta le dompteur, qui aurait payé cher sa témérité, si l'adroit Sirène, en le protégeant avec sa trompe, ne lui eût donné le temps de se réfugier derrière le « Vieil Hollandais », posté heureusement à quelques pas de là.

» Cette première attaque ayant échoué, on en tenta une seconde sur le plus gros éléphant de la troupe, autour duquel s'étaient groupés les huit autres. Les deux animaux apprivoisés, agissant de concert, se dirigèrent droit sur lui, le séparèrent de ses autres compagnons, et le maintinrent entre eux en lui pressant le flanc des deux côtés. Ainsi gardé, le géant ne fit aucune résistance, quoique de temps en temps il manifestât son impatience, en levant alternativement ses quatre pieds, et en poussant de faibles gémissements. Pendant ce temps-là, le dompteur aux aguets, profitant des mouvements de l'animal, passa adroitement un nœud coulant autour d'une de ses jambes de derrière, tira sur le nœud et s'enfuit. Les deux éléphants privés quittèrent alors leur compagnon, Sirène prit la corde avec sa trompe, et la tendit de toute sa longueur, tandis que le Hollandais, se tenant constamment entre le prisonnier et ses compagnons, interceptait toute communication de l'un aux autres.

» Restait la grande difficulté. Il fallait s'assurer la conquête de l'éléphant sauvage en l'attachant solidement à un arbre. Mais comment l'amener jusque-là? L'animal, qui entrevoyait enfin le danger de sa situation, refusait obstinément de faire un seul pas. Peu à peu cependant, et en dépit de sa rage croissante, ses deux faux amis réussirent à le faire avancer. Il atteignit l'arbre, et la corde fut passée autour du tronc. Le nœud fut fait par Sirène lui-même, sans l'assistance du vieux dompteur; le Hollandais prêta son aide pour l'assujettir. Pendant que son compagnon tournait autour de l'arbre, il posa le pied sur la corde pour en maintenir la tension. La même manœuvre se reproduisit à plusieurs reprises, et l'éléphant sauvage, entraîné par degrés contre l'arbre, se trouva garrotté, sans que le moindre relâchement du lien lui eût une seule fois donné la tentation de s'échapper. C'en était fait : les deux séducteurs avaient consommé leur trahison, et leur frère captif, éclairé enfin sur leur compte, déplorait trop tard sa confiance si mal placée. En vain ils lui tendaient leurs trompes, en vain ils se pressaient contre leur victime, celle-ci repoussait maintenant toutes leurs avances, reculait, secouait ses oreilles d'une manière menaçante, et s'évertuait à leur faire voir tout le mépris qu'ils lui inspiraient. Ils réussirent cependant à le faire tenir assez tranquille pour que le vieux dompteur, à l'abri sous leurs ventres, pût garrotter, l'une après l'autre, les trois autres jambes du captif. On se sert à cet effet de cordages enduits d'une préparation d'axonge qui prévient la meurtrissure des chairs et l'inflammation.

» Une fois le prisonnier bien attaché, les deux traîtres l'abandonnèrent sans cérémonie et se promenèrent en triomphe, la queue au vent et l'air moqueur, ajoutant l'ironie à la trahison, comme le renard de la fable, et justifiant trop bien leur éducation d'éléphant civilisé.

» Cette conquête achevée, on en revint au conducteur de la bande, dont la soumission devait entraîner celle de tous les autres. La tâche était des plus difficiles; elle fut menée à bien par la persévérance intelligente des deux auxiliaires du vieux dompteur. Leur victime, devenue furieuse, brisait les arbres comme des lattes, trépignait à faire trembler le sol; le jungle retentissait de ses formidables beuglements, auxquels dans le lointain répondait le rugissement du tigre, écho sauvage qui frappait de terreur les chevaux frissonnants, et troublait malgré eux les spectateurs.

» Mais, malgré une si puissante résistance, la lutte fut de courte durée; désespérant de son salut et cédant à sa destinée, la malheureuse bête, muette et accablée, plia les genoux devant les ravisseurs de sa liberté; sa tête retomba sur le sol, et il n'offrit plus que l'image de l'épuisement et de la désolation. Quant au *gundah*, ou solitaire, sa capture eut lieu sans difficulté. Il regardait avec indifférence tout ce qui se passait autour lui; et il ne semblait même pas avoir conscience de lui-même. Il s'abandonna docilement à ses persécuteurs, levant ses pieds au gré du porteur du lasso, comme un cheval dressé livre les siens au maréchal-ferrant. On eût dit un être dégoûté de la vie, résigné à tout, acceptant un changement quelconque comme une amélioration de son sort. Une heure après qu'il eut été pris, on le vit s'appuyer contre son arbre, pose qui, au dire des chasseurs, est un symptôme de mort prochaine. Bientôt après il se coucha par terre, allongea sa trompe devant lui sur le sol, et parut s'endormir. Mais ce sommeil était celui qui n'a pas de réveil. Un essaim de mouches noires avertit le public que le pauvre solitaire était mort et son corps fut emporté hors de l'enceinte par un attelage de mules.

» Les deux jeunes éléphants avaient d'abord été abandonnés à eux-mêmes. Ils restèrent au milieu du troupeau tant que leurs mères furent laissées en liberté ; mais, quand on les eut prises pour les attacher aux arbres, nos deux éléphanteaux, pareils à de gros agneaux bondissants, se mirent à gambader autour d'elles, et à se presser contre leurs flancs de manière à gêner les opérations des dompteurs. Leurs démonstrations étaient des plus amicales ; mais comme leurs caresses mêmes heurtaient et embarrassaient tout le monde, bêtes et gens, on prit le parti de les attacher à leur tour en dépit de leurs regards piteux et de leurs lamentations comiques.

» Une fois convaincu que toute résistance est inutile, l'éléphant captif n'est pas longtemps réfractaire à l'éducation. Trois mois d'un dressage habile suffisent d'ordinaire pour dompter les éléphants les plus sauvages. Après les deux ou trois premiers jours ils commencent à prendre leur nourriture sans répugnance. On leur donne ensuite pour compagnons des éléphants apprivoisés. Deux valets se tiennent constamment près d'eux, leur caressant les oreilles et le dos, leur parlant d'une voix douce. Pendant quelque temps les éléphants continuent à se montrer sombres et moroses, puis ils deviennent colères par accès, et lancent leur trompe à droite et à gauche en poussant des cris aigus. Mais leurs gardiens sont là, toujours prêts à parer leurs attaques avec le fer de leurs lances, et bientôt les trompes menaçantes sont déchirées et blessées, au point de ne plus pouvoir servir d'armes offensives. C'est ainsi que les éléphants sauvages apprennent peu à peu à redouter la puissance de leurs vainqueurs ; dès lors un camarade apprivoisé suffit pour achever leur éducation. En cas de nouvelle rébellion, la vue seule de la lance du cornac les ramène à l'obéissance, et quelquefois, dès le second mois de leur dressage, on les force à se coucher dans l'eau, ce qui est le signe infaillible de leur soumission sans retour. » (N. F., *Revue britannique*, sept. 1874, d'après *The Gentlemen's Magazine*, et l'ouvrage de sir Emerson Tennent sur *l'île de Ceylan*.)

Les éléphants ne s'attaquent jamais aux autres animaux, sauf pour se défendre ; leurs mœurs sont douces, et ils entretiennent même avec certains oiseaux des rapports d'intimité, fondés sur un échange de bons services. « L'oiseau débarrasse l'éléphant de la vermine qui le tourmente, et dont il
» se nourrit lui-même. On voit, par exemple, le bec acéré de l'*ardeola bre-*
» *balcus* fouiller les vastes replis du cuir de l'énorme pachyderme, pour
» en retirer de temps à autre un moustique acharné, ou une sangsue qui

» s'est attachée à l'animal pendant qu'il se baignait. » L'éléphant se rencontre parfois à des altitudes de 2000 mètres, plus souvent que dans les jungles. Il ne redoute ni le froid, ni le vent, mais bien les rayons du soleil ; il recherche les fourrés impénétrables pour s'y reposer le jour, il circule par les nuits les plus sombres ; il se plaît dans les régions où l'eau est abondante.

« Si par hasard, écrit sir Emerson Tennent, un voyageur découvre une
» troupe d'éléphants sauvages, il les surprend toujours paissant ou se repo-
» sant par groupes à l'ombre des arbres. Leur seul aspect détruit tous les sots
» bruits que l'on a fait courir sur leur férocité et leur humeur vindicative.
» Ils se tiennent paisiblement sous le couvert d'une forêt épaisse ; les uns
» cueillent avec leur trompe les feuilles et les graines des taillis, les autres
» éventent leurs flancs avec de larges branches qu'ils ont arrachées des
» arbres. Quelques-uns sommeillent légèrement ou sont profondément en-
» dormis, tandis qu'un vétéran, posté en sentinelle, semble veiller pour ses
» compagnons ; debout, attentif, sans quitter la place, il penche doucement
» sa tête à droite et à gauche ; c'est le symbole vivant du calme dans la
» force. Plus loin, les jeunes éléphants, groupes innocents et folâtres,
» prennent joyeusement leurs ébats. Mais le voyageur qui veut jouir long-
» temps de ce spectacle doit retenir sa respiration et se placer sous le vent ;
» car, s'il arrive que les organes subtils de la sentinelle perçoivent les éma-
» nations de l'homme, en un instant toute la bande a disparu dans la
» forêt. »

Le continent le plus riche en éléphants est toujours l'Afrique. C'est elle qui fournit au commerce la plus grande masse d'ivoire consommée sur le globe. Khartoum, Obéid, Massaouah, Berbera, Zanzibar, sont les marchés les plus importants de cette exportation. Mais peu à peu l'éléphant disparaît des contrées fréquentées par les chasseurs, et se réfugie dans les forêts vierges de l'intérieur. L'homme l'y poursuit sans trêve ni relâche, et le jour viendra où la race de ces intelligents et puissants animaux aura disparu tout entière[1].

ÉTATS INDÉPENDANTS DE L'HIMALAYA

A. Népal.

I. — Géographie physique

Situation. Etendue. — Le **Népal** (*Nepaul, Nipal, Nepala*), situé entre 26° 75′ — 30° 17′ lat. N., et 77° 46′ — 85° 54′ long. E., a pour limites politiques, au nord, le *Tibet chinois* ; à l'est le *Sikkim* et le *Bengale* ; au sud, le *Behar*, le *Bénarès* et l'*Oude* ; au sud-ouest, le *Rohilkand* ; à l'ouest, le *Koumaon*. — On ne s'accorde ni sur la superficie, ni sur la **population** ; 140 000 kilomètres carrés, suivant Wright ; 147 000, suivant Reclus ; 157 000, suivant Rousselet. — Les Anglais évaluent la population à

---

1. Comparer le récit de M. de Compiègne sur la *Chasse aux éléphants* au Congo, dans nos *Lectures géographiques* sur l'Afrique, p. 769. (Paris, Belin, 5ᵉ éd., 1889.)

2 millions d'habitants; Reclus, à 3; les Népalais, au moins à 5 millions et demi.

Le Népal est situé dans une des régions les plus pittoresques et les plus grandioses du monde. L'énorme barrière de l'Himalaya l'entoure d'une défense qui n'a permis ni aux Chinois, ni aux Anglais de s'en emparer. Il est le seul territoire qui ait échappé aux invasions. — L'entrée en est interdite aux Européens, à l'exception de l'ambassadeur britannique. Le roi ou empereur du Népal n'accorde qu'avec la plus grande difficulté l'autorisation de le visiter. Jacquemont ne put l'obtenir; l'Allemand Schlagintweit, grâce à de puissantes influences, fut plus heureux; le Dr Gustave Lebon, chargé d'une mission officielle d'études archéologiques, réussit, en 1885, avec le concours du vice-roi de l'Inde, à pénétrer dans le pays mystérieux. Il partit de *Motihari*, dernière ville anglaise de l'Inde, habitée par de riches planteurs d'indigo : il avait pour escorte, comme porteurs, une quarantaine « d'affreux gredins », qui l'abandonnèrent plusieurs fois dans les circonstances les plus périlleuses. De *Motihari* à *Khatmandou*, capitale du Népal, la distance est de 163 kilomètres. On la franchit en palanquin, ou dans un hamac, nommé *dandy*, porté par quatre hommes.

Relief du sol; cours d'eau. — Le Népal se divise en trois régions étagées du sud au nord : les *terres basses*, à 1000 mètres et au-dessous, comprenant le redoutable *Teraï*, foyer des miasmes et de la malaria, le *Bhaver*, région des forêts de sâl, et les *Dhouns*; — les *hautes vallées centrales*, dont la principale est celle de Khatmandou, ancien lac desséché, dont le sol d'alluvion est formé des débris des roches environnantes (entre 1200 et 3000 m.); — la *région des grandes montagnes*, qui se partage entre le versant indien et le versant tibétain; elle renferme une partie des chaînes colossales et les hautes cimes de l'Himalaya (le *Naraiana*, 7758 m., et son pic géant, le *Dhavalaghiri* ou mont Blanc (8176 m.); l'*Akou* (7140); le *Dayabang* (7242 m.); le *Gaourisankar* (8840 m.), le pic suprême du monde, dont on aperçoit de tous les points de la vallée du Népal la masse formidable qu'aucun pied humain n'a jamais franchie; le *Djanou* (7712 m.), qui se rattache au massif du Kintchindjinga, et le *Singalila*, chaîne frontière du Népal et du Bengale.

De ces hautes montagnes, par des entailles, descendent des torrents au fond d'abîmes si profonds qu'on ne peut les utiliser pour des sentiers; à l'ouest le col de *Nialo* conduit au lac Manasaraouar; le col de *Potou* au monastère de Tadoum (Tibet) par les gorges de la *Sveti* et du *Gandak*. Le Dr Lebon suivit, pour descendre la vallée du Népal, les passes de Sisaghiri et *Chandragiri*. « Il faut passer plusieurs fois, écrit-il, sur des
» sentiers larges de quelques centimètres, taillés sur les flancs de la mon-
» tagne et dominant un abîme au fond duquel on entend mugir un torrent.
» La vue splendide qu'on a de ces hauteurs défie toute description. Les
» cimes nuageuses de l'Himalaya, que domine la masse géante du Gaouri-
» sankar, forment autour de vous une couronne de neige, tandis qu'à vos
» pieds s'étendent des forêts et des vallées verdoyantes. Auprès d'un tel
» spectacle les plus beaux sites de la Suisse, ou les régions grandioses des
» monts Tatras ne me semblaient plus qu'un pâle décor. » La route de Khatmandou au lac *Palgou* passe au col de *Girong*, à plus de 4000 mètres au-dessus du torrent de la *Gandi*; — le col de *Thoung-la, Kouti* ou *Nilam-Djong* (4526 m.) est la brèche que suivent les marchands, après avoir remonté les formidables cluses de la Bhotia Koçi. Ces cluses sont franchies en aval de Tchoksam par un pont d'une vingtaine de mètres. « Le

» sentier de la montagne se compose de 775 marches de pierre, larges de
» 25 à 45 centimètres, et reposant sur des barres de fer enfoncées dans le
» roc; le torrent gronde à 450 mètres au-dessous de cet escalier. Il est
» rare que brebis et chèvres osent suivre l'homme sur de pareils degrés. »
(*Dictionnaire de Vivien*, d'après Montgomeri, *J. off. Roy. Géogr. soc.*,
t. XIII, 1875.)

Les eaux qui sillonnent le Népal sur le versant indien se réunissent en trois bassins : à l'ouest, le *Gogra* emporte les eaux de la *Kaliganga*, de la *Kournali*, de la *Rapti*; — le *Gandak*, formé de sept branches (les *Sapta Gandaki* du Népal), la plupart issues des chaînes trans-himalayennes, et dont les deux principales sont le *Sveti* et le *Trissoul*; — la *Koçi*, elle aussi formée de sept branches, dont les deux grandes, la *Bhotia Koçi* et l'*Aroun*, sont trans-himalayennes.

II. — Géographie politique

Les villes. — Le Népal est subdivisé en 9 provinces, d'étendue très inégale. Les villes principales sont :

Khatmandou (60 000 hab.), capitale actuelle du royaume, près du confluent de la Vichnoumati et de la Baghmati, fondée, dit-on, au huitième siècle, est la ville du monde qui possède le plus d'édifices religieux. On y compte environ 600 temples, pagodes ou sanctuaires, de toutes dimensions, entourés de vérandas, en terre, en bois, en briques, rarement en pierre, consacrés au culte de Brahma ou de Bouddha, et dont l'architecture est du type chinois, tibétain, hindou ou même européen. Le Dr Lebon fait remonter l'origine des plus anciens au deuxième siècle de l'ère chrétienne. « Beaucoup
» de ces temples, dit le docteur anglais Wright, ont un aspect des plus
» répulsifs, occasionné par la coutume que l'on a d'en asperger le seuil
» avec le sang des victimes qui y sont sacrifiées, coqs, canards, chèvres et
» buffles. Les rues de Khatmandou sont très étroites, de véritables ruelles
» en réalité, et l'ensemble de la ville est très sale. » — Les maisons sont en bois ou en briques, assez mal bâties et mal tenues; elles ont souvent plusieurs étages, des toits couverts de tuiles; les façades et les fenêtres sont parfois ornées de sculptures, de treillis et de moucharabis. « Quelques
» intérieurs riches, dit le Dr Lebon, sont meublés à l'européenne; mais les
» meubles, amenés à grands frais de l'Inde anglaise, y sont disposés dans
» le désordre le plus étrange. La plupart du temps les propriétaires en
» ignorent la véritable destination; on a vu, dit-on, des Népalais se coucher
» sur des pianos, qu'ils prenaient pour des canapés munis de boîtes à
» musique. »

Patan (40 000 hab.), au sud-est de Khatmandou, ancienne capitale, fondée vers 300 av. J.-C., est une ville qui tombe en ruine; mais elle présente un spectacle unique au monde par l'ensemble de ses monuments, de ses anciens monastères transformés en boutiques, de ses temples sculptés, de ses piliers surmontés de statuettes ou d'ornements fantastiques. « Ces palais d'un rouge intense, dont les toits de brique et de cuivre sont
» supportés par des milliers de dieux et de déesses revêtus des plus écla-
» tantes couleurs, et dont les portes en bronze, gardées par des monstres
» de pierre, resplendissent dans une lumière éclatante, échappent à toute
» reproduction. » (Dr Lebon.) — Les autres villes sont *Bhatgaon*, dans la vallée du Népal, qui renferme aussi près de 250 temples; *Khatang*, à

160 kilomètres à l'est de Khatmandou ; — *Gorkha*, à 85 kilomètres à l'ouest ; *Djemla*, à 350 kilomètres au nord-ouest, dans la haute vallée de la Kournali.

Les races. — Les tribus du Népal sont d'origines très diverses ; les unes sont tibétaines, les autres touraniennes, les autres aryennes, ou proviennent d'un mélange des indigènes avec les immigrants. La masse de la population se répartit entre deux groupes distincts : 1° les *Newars*, qui représentent la plus ancienne race, chez lesquels domine l'élément tibétain : ils sont pacifiques, agriculteurs, industriels, artistes ; ils savent sculpter le bois et le bronze. Ils sont aux deux tiers bouddhistes, très superstitieux et assez dénués de moralité. « Il est rare qu'un Hindou dise la vérité ; un Népalais » ne la dit jamais. » Ils sont très jaloux de leur indépendance. — 2° Les *Khas, Khassias, Gorkhas* ou *Gourkhas* sont exclusivement des guerriers ; ils méprisent les arts de la paix et sont en tout l'opposé des Newars qu'ils détestent. Ils sont divisés en clans et groupes de clans. Ils se disent descendants des Rajpoutes de l'Inde. L'Angleterre en a enrôlé un grand nombre dans son armée de l'Inde ; ils sont renommés par leur vigueur, leur adresse, leur courage. Les autres tribus agricoles sont restées tibétaines par les traits, les mœurs, la langue, la religion. Les unes (*Limbou, Kiranti, Yakha*) ressemblent aux populations kolariennes d'Orissa ; d'autres, plus abjectes et plus sauvages, vivent dans les bois et les forêts de l'ouest, ou dans les marais pestilentiels du Teraï, ne paient aucun impôt, et ne reconnaissent aucun maître.

Le gouvernement. — C'est au quatorzième siècle que la première invasion *rajpoute* eut lieu dans le Népal. La population *gorkha*, issue de ces envahisseurs, détruisit au dix-huitième siècle les trois royaumes, occupés par des dynasties de rajahs *newars*, d'origine mongolique, dont les trois capitales étaient Bhatgaon, Patan et Khatmandou. Les Gorkhas firent l'unité du Népal à coups de sabre.

Ils furent à leur tour souvent en lutte avec les Chinois et les Anglais, mais ne se laissèrent pas dompter. En 1814, ils écrasèrent une armée anglaise. En 1816, menacés de voir leur capitale, Khatmandou, investie par 40 000 cipayes, ils consentirent à signer un traité qui les obligeait à subir la présence d'un agent anglais à Khatmandou. Cet agent ne peut avoir avec lui qu'un compagnon, un médecin ; il est sans cesse escorté de cipayes népalais qui le surveillent autant qu'ils le protègent. « Le ministre anglais, » écrit le Dr Wright, ancien chirurgien de l'ambassade à Khatmandou, n'a » absolument aucun droit d'immixtion dans le gouvernement de la contrée. » En fait, ses attributions sont simplement celles d'un consul anglais dans » une ville européenne. » Les Népalais ont des étrangers une grande défiance, qui paraît assez justifiée par l'histoire de l'Inde ; ils disent : « Avec » les marchands anglais viennent les mousquets ; avec la Bible viennent » les baïonnettes. »

Le gouvernement est de nom une monarchie absolue ; mais le maharajah délègue l'exercice total du pouvoir à une sorte de premier ministre ou de maire du palais qui a droit de vie et de mort sur les sujets. Il est assisté d'un conseil composé des principaux chefs. Les premiers ministres sont souvent assassinés par des compétiteurs[1].

---

1. M. le Dr Lébon cite une exception : le terrible Jung Bahadour, mort il y a quelques années seulement, resta plus de trente ans le premier ministre tout-

258   LECTURES ET ANALYSES DE GÉOGRAPHIE.

Les revenus de l'Etat s'élèvent environ à 25 millions ; ils sont le produit des redevances payées par les tenanciers et propriétaires Newars, des douanes, des mines, des monopoles. — L'armée, en temps de guerre, comprend 17 000 hommes de troupes régulières, et 13 000 irréguliers ; en temps de paix, on l'emploie aux travaux publics (routes, ponts, etc.). Elle est soldée en portions de terre distribuées pour un temps déterminé. Les meilleurs soldats sont ceux qui ont servi dans les régiments anglais de l'Inde.

III. — Géographie économique

Climat. — Grâce au voisinage relatif de la mer, les régions himalayennes du Népal ont des champs de neige à une altitude de 1000 mètres, inférieure à celle des régions occidentales. Mais on ne connaît encore sur les massifs et les glaciers népalais que les renseignements vagues recueillis par les pandits hindous, envoyés sous les auspices du gouvernement anglais[1]. La vallée de Khatmandou est mieux connue. Cette dépression lacustre, que M. Lebon compare au fond d'une vaste cuvette, longue de 30 kilomètres, large de 20, est à 1 300 mètres d'altitude, entre 27° et 28° de latitude ; la moyenne de la température estivale varie entre 27° et 30°.

---

puissant du Népal, et transmit à ses fils son pouvoir et ses richesses. Ce despote était d'une intelligence supérieure, et d'une implacable cruauté. « Il connaissait
» les choses de l'Occident, avait visité Londres et Paris, et introduisit dans son
» peuple de sages réformes. Doué d'une force remarquable, il pouvait faire à
» cheval 165 kilom. en 16 heures. Il coupait en deux une panthère d'un coup de
» sabre, et débarrassait lui-même de leur tête, sans phrases inutiles, les sei-
» gneurs qui conspiraient contre la sûreté de l'Etat. Il n'avait plus d'ennemis,
» les ayant tous exterminés. Les emplois publics importants étaient occupés par
» des membres de sa famille, suffisamment nombreuse d'ailleurs, puisqu'il avait
» plus de cent fils. »

1. **Les pandits.** — Dès le dix septième siècle, les Anglais ont commencé l'exploration scientifique de la péninsule. En 1781, un officier de l'armée des Indes, *James Rennel*, publiait d'après ses observations et les itinéraires des colonels et capitaines un Atlas du Bengale, et en 1788 une carte générale de l'Inde. Après lui, le colonel *Lambton* travailla 25 ans à la triangulation de la péninsule ; puis *Georges Everest*, *Andrew Waugh*, le colonel *Walker* se succédèrent dans les fonctions pénibles et glorieuses de *Surveyor general of India*. Ces opérations géodésiques étaient complétées par des explorations topographiques que poursuivaient dans les plateaux du centre ou dans les hautes vallées de l'Himalaya le colonel *Crawford*, les capitaines *Webb*, *Johnson*, *Franklin*, *Dangerfield* et toute une légion d'officiers et d'ingénieurs sous leurs ordres.

Restait à faire connaître les massifs himalayens et à pénétrer par leurs cols réputés infranchissables dans les vallées tibétaines. *Herbert*, *Strachey*, *Cunningham*, *Saunders*, ne s'entendaient pas sur la forme et les divisions de l'Himalaya. Le colonel *Montgomerie*, chargé de la direction du levé trigonométrique du Ladak et du Kachmir, eut l'idée de lancer des savants indigènes à la découverte des régions situées hors des limites de la domination britannique. En 1865, deux *pandits* ou lettrés hindous furent envoyés au Tibet pour reconnaître la route du lac Manasarouar à Lhassa. L'un d'eux, *Naïn-Sing*, originaire du Bhoutan, ancien compagnon de voyage des frères Schlagintweit, ancien directeur d'école, avait été un des collaborateurs du *Trigonometrical Survey*. Ces deux pandits traversèrent le Népal, et arrivés sur le Dzang-Bô, ils se joignirent à une caravane partie du Kachmir et s'introduisirent à Lhassa. Ils y séjournèrent trois mois, furent reçus par le Dalaï lama, et rentrèrent dans l'Inde, rapportant de très précieux

« En raison de son altitude et des montagnes qui l'abritent, la vallée jouit d'un climat tempéré excellent, et possède une végétation fort belle. La douceur de la température, la beauté des sites, l'aspect pittoresque des cités, font du Népal une des régions les plus séduisantes de l'Inde. On n'y observe pas ces écarts de température, ces alternatives de chaleur, de pluie et de sécheresse qui rendent le séjour des autres pays de l'Inde si pénible aux Européens. L'été n'est pas bien chaud, et l'hiver n'est jamais très froid. Au mois de janvier, quoique campant sous la tente, je n'ai un peu souffert du froid que pendant la nuit. » (Dr Gustave LEBON, *Voyage au Népal*; *Tour du Monde*, 1886.)

Productions. — On a reconnu dans le Népal l'existence de pierres et de minéraux abondants et variés. On y exploite le *cuivre* à tranchées ouvertes; le *fer* s'y voit à fleur du sol; le *soufre*, le *jaspe*, le *marbre*, le *cristal de roche*, l'*ardoise*, le *calcaire* y sont communs, mais non exploités; les maisons, et presque tous les monuments et les temples sont en briques et en bois.

« Grâce à la douceur de son climat, le Népal est couvert de végétation pendant toute l'année. J'y ai vu certaines variétés de roses fleuries en janvier. Les orchidées, les bégonias, les rhododendrons s'épanouissent de tous côtés. Des forêts de conifères occupent les parties moyennes des montagnes. Les habitants y cultivent le blé, l'orge, le riz, le plantain, la moutarde, l'ail, le safran, l'ananas, le gingembre, les pommes de terre, la canne à sucre, etc. Les arbres à fruits, et notamment le citronnier, le

---

renseignements sur la cité sainte, ses monastères, ses temples, ses bazars, ses marchés et les ressources de l'agriculture et de l'industrie du pays.
En 1871, un Tibétain et quatre indigènes, partis de Chigatzé dans la vallée du Brahmapoutra, franchirent à 500 mètres la passe de Kalambala, et arrivèrent aux bords glacés du lac Tengri, où ils furent sur le point de mourir de froid. Près du lac une bande de voleurs les dépouilla. — En 1874, sous le déguisement d'un pèlerin lama, *Naïn-Sing* reprit la route du Tibet par le lac Pangoug, et les plateaux herbeux des Kampos, à 4590 mètres d'altitude, peuplés d'antilopes, de yaks et de moutons énormes. Le pandit découvrit des lacs inconnus, des cols et des lieux de rendez-vous des marchands de l'Assam. Il revint à Calcutta par l'Assam. Il reçut du gouvernement de l'Inde une pension et le don d'un village en récompense de ses services, et les sociétés de géographie de Londres et de Paris lui décernèrent une médaille d'or. D'autres pandits furent envoyés dans l'Hindou-Kousch, à Kachgar, et sur le Pamir. Mais les plus remarquables voyages des pandits furent exécutés dans l'Himalaya. De 1878 à 1882, le pandit *Krishna* fit 4500 kilomètres dans le Tibet oriental, dont 2700 en pays neuf. Une carte importante fut publiée d'après les notes de ce voyage. La Société de Géographie de Paris décerna une médaille d'or au pandit Krishna comme elle avait fait en 1870 à Naïn-Sing. Enfin, en 1885-86, un autre pandit, appelé la *Lama*, a corrigé les erreurs relatives au lac Palté et aux territoires situés entre le Sikkim et Lhassa.

pommier, l'abricotier, le pêcher, l'oranger, y abondent et forment d'épais fourrés, enveloppant les villages de verdure et de parfums.

» La faune du Népal est aussi riche que sa flore, mais elle est riche surtout en animaux malfaisants. Aucune région de l'Inde ne possède un tel nombre de bêtes féroces. Les léopards, les tigres, les rhinocéros et les serpents sont très nombreux. Les premiers infestent les jungles de toutes les montagnes, et n'hésitent pas à attaquer l'homme, mais leurs ravages portent aussi sur les bestiaux. Les Népalais ne les craignent guère d'ailleurs. Quand ils les rencontrent en plein jour, ils attaquent ces bêtes redoutables avec un simple couteau de chasse. Les éléphants vivent en foule au pied de l'Himalaya, dans le Teraï. C'est principalement de cette région que viennent aujourd'hui ceux qu'on emploie dans le reste de l'Inde. Le bétail est rare dans le Népal, à cause de l'absence de pâturages, qu'on ne rencontre guère qu'au pied des montagnes. Buffles, moutons, chèvres sont importés du Tibet. Les volailles sont, au contraire, nombreuses. On les nourrit en les laissant errer le jour dans des champs de riz, puis on les rentre vers le soir. » (Dr Lebon.)

L'**industrie** est peu importante : pourtant les Newars et les Bhotias fabriquent des étoffes de coton et de laine, des ornements d'or et d'argent, du papier, des idoles de bronze, des armes. Les Newars sont d'habiles ciseleurs du bois, du fer, du cuivre, d'habiles doreurs, d'adroits charpentiers. Les gains et salaires sont misérables ; un artiste gagne exceptionnellement 15 sous par jour, il peut se nourrir avec 20 centimes.

Le **commerce** est gêné par la difficulté des routes et par les douanes. Les Népalais exportent au Tibet des *métaux*, des *ustensiles*, des *étoffes*, *épices*, *tabac*, *noix d'arec* ; — dans l'Inde, des *riz*, *céréales*, *graines*, *opium*, *borax*, *musc*, *parfums* ; ils importent du Tibet des *laines grossières*, du *sel*, du *musc*, de l'*arsenic*, des *drogues médicinales* ; — et d'Europe ou de l'Inde, des *cotonnades*, *lainages*, *flanelles*, *soieries*, *laques*, *huiles*, *sucres*, *moutons*, *chèvres*, *poudre de chasse*, *fusils*. — Avec l'Inde ce commerce s'élève environ à 60 millions de francs.

B. Bhoutan.

Le **Bhoutan** (Bhotan, Bootan, extrémité du Bhôt ou Tibet) est situé tout entier sur le versant nord-est de l'Himalaya, entre l'Assam, au sud ; le Sikkim, qui le sépare du Népal, à l'ouest ; le territoire inexploré de tribus sauvages, à l'est. — Sa longueur est de 360 kilomètres de l'est à l'ouest, sa largeur de 100 à 120 ; — la superficie est de 40 000 kilomètres carrés ; la population s'élève à 150 000 habitants (soit 4 par kilom. carr.).

Le Bhoutan est encore peu connu ; ses vallées s'étagent le long des énormes escarpements de l'Himalaya; il renferme des pics géants, qui n'ont pas été tous mesurés, ni même dénommés; les deux plus fameux sont, à l'ouest: le *Tchamalari* et le *Tchora* (7300 et 6925 m.). Au pied des derniers gradins s'étend une plaine couverte de jungles. Les ravins profonds que les torrents ont creusés dans le rempart des monts ouvrent les chemins entre le haut pays et la plaine; de là le nom de *Dvaras*, portes, et par corruption *Douars* ou *Dvars*, qu'on a donné aux vallées inférieures, dont les Anglais se sont rendus maîtres en 1865. — Les deux principaux torrents qui en débouchent sont le *Monas* et le *Gaddavar*, affluents du Brahmapoutre.

Les *Bhoutias*, qui constituent l'élément principal de la population, sont d'origine tibétaine; ils sont divisés en tribus (*Lho* ou *Lhopos*, *Metchis*, *Dimal*). Ils sont de petite taille, robustes, mais souvent goitreux. Leur état est misérable; ils ne peuvent pas posséder le sol, et les gouverneurs ne leur laissent de la récolte que ce qu'il faut pour les empêcher de mourir de faim. Ils émigrent en grand nombre dans le Sikkim britannique.

A la tête du gouvernement est le grand Lama, le « Roi de la Loi », souverain spirituel qui est assisté d'un autre rajah, le *deb*, nommé comme le lama par le conseil des ministres; au-dessous d'eux sont les *penlo* ou gouverneurs des provinces, et les *lamas-radjahs* ou prêtres-rois, qui sont maîtres dans leurs domaines.

La capitale est **Tasisoudon**, au milieu des montagnes, sur le Tchin-Tchou. Le rajah temporel réside l'hiver à *Pounakka*, dans une vallée où fleurissent les manguiers et les orangers. — Un autre chef-lieu de la province de l'est n'est qu'un grand hameau, **Tongso**. — Çà et là, dans les vallées, les grands monastères, comme celui de *Tchoua-Djong*, prélèvent des droits sur les caravanes qui se rendent en Assam. — Le poste militaire anglais de *Devangiri* surveille les Bhoutanais orientaux; — la forteresse de *Buxa* surveille les populations de l'occident.

Rigoureux dans les hautes vallées, tempéré dans le centre, brûlant et malsain dans les régions basses, le climat se prête à la culture du *riz*, de l'*orge*. — Dans les jungles vivent l'*éléphant*, le *buffle*, le *rhinocéros*, le *tigre*, le *singe*. — Les animaux domestiques sont le *cheval*, le *bœuf* et le *porc*. — En échange de ses *graines*, de ses *noix*, *oranges*, de ses *chevaux*, de son *papier* fait d'écorce d'arbre, le Bhoutan achète au Bengale des *étoffes*, des *épices*, des *ustensiles*, etc.

POSSESSIONS EUROPÉENNES

I. Inde française.

1° Situation géographique; configuration, étendue. — Population. — Les traités de 1814 et 1815 ont laissé à la France des fragments de territoires isolés, épars sur les deux territoires de la péninsule, misérables restes des vastes possessions conquises au dix-huitième siècle. La *superficie* totale est de 508 kilom. carr. (ou 50 800 hect.); la *population*, de 280 000 habitants ainsi répartis: 930 Français d'Europe; 1760 descendants d'Européens français; 70 Anglais ou descendants d'Anglais; 277 000 indigènes.

Les établissements français sont les suivants:

15.

1° Côte de **Coromandel** : *Pondichéry* et son territoire ; *Karikal* ;
2° Côte d'**Orissa** : *Yanaon* et les villages dépendants ; la loge de *Mazulipatam* ;
3° Côte de **Malabar** : *Mahé* et son territoire ; la loge de *Calicut* ;
4° Dans le **Goudjerate** : la factorerie de *Surate* ;
5° Au **Bengale** : *Chandernagor* et son territoire ; les loges de *Cosimbazar, Jangdia, Dacca, Balassore, Patna*.

Pondichéry. — Le territoire de Pondichéry est compris dans la présidence de Madras. Il est sillonné par plusieurs cours d'eau, dont les plus importants sont le *Pennar* ou *Ponéar* et le *Gingy* ou rivière d'Ariancoupom ; ils ne sont navigables, jusqu'à 25 kilomètres de l'embouchure, que 4 mois par an, pour les bateaux à fond plat. Plusieurs canaux de dérivation, des étangs, des barrages, des réservoirs, des puits artésiens contribuent à l'irrigation du sol. Le sous-sol est formé de couches de sables, de marnes diverses, alternant avec des couches d'argile.

Le climat est généralement salubre : pendant la *saison sèche*, de janvier à octobre, la température moyenne est de 31° à 42° centigrades le jour, et de 27° à 29° la nuit ; pendant l'*hivernage*, d'octobre à janvier, 25° à 32° le jour ; 13° à 20° la nuit. Les pluies sont rares : elles tombent en juillet et août, en octobre, décembre et janvier ; elles ne sont ni régulières, ni périodiques ; un an se passe parfois sans pluie. La *mousson* souffle du nord-est du 15 octobre au 15 avril ; celle du sud-ouest, du 15 avril au 15 octobre. Les renversements de moussons amènent de gros temps et des orages.

Le territoire de Pondichéry (29 145 hect., 144 500 hab.) se divise en 4 communes : *Pondichéry* (42 000 hab.), *Oulgaret* (43 000 hab.), *Villenour* (35 000 hab.), *Bahour* (24 500 hab.), contenant 93 *aldées* ou grands villages, 144 villages secondaires.

Pondichéry ou *Pondicherry* (*Pondou-Tcherri* ou *Poul-Tcherri*, nouveau village) a été fondé par François Martin à la fin du dix-septième siècle : son territoire et ses villages sont dispersés entre les *aldées* ou villages anglais, qui les isolent et les surveillent. Située à 143 kilomètres sud-ouest de Madras, la ville est divisée en deux parties : la ville blanche et la ville indienne, séparées par un canal. La ville blanche, au bord de la mer, est propre et régulièrement bâtie ; les maisons, peintes ou crépies de nuances diverses, sont entourées de jardins, de parterres ou de vergers ; les faubourgs et les villages des alentours sont perdus dans les fourrés de cocotiers, d'acacias, de tamariniers. Les lignes de douanes gênent le commerce de la ville ; le port, moins exposé aux cyclones que celui de Madras, est muni d'une jetée en fer, qui sert au transport des marchandises ; un phare en éclaire l'accès depuis 1835 ; un chemin de fer rattache, depuis 1879, Pondichéry à la voie ferrée de Madras.

Le territoire de **Karikal** (16 184 hect., 93 000 hab.) se compose de trois communes : *Karikal* (35 600 hab.), la *Grande-Aldée* (23 810 hab.), *Nédouncadou* (33 500 hab.). Le sol, très fertile, est arrosé par les marigots du delta de la Cavéri, dont les crues périodiques fécondent la plaine de ses alluvions. Quatorze canaux et leurs ramifications complètent les irrigations. — *Karikal* est située à 114 kilomètres au sud de Pondichéry, à 9 kilomètres environ de l'embouchure de l'*Arselar*, un des bras de la Cavéri. Jadis entourée de murs, elle est démantelée. Son industrie de guinées et mousselines est encore active ; son port florissant exporte du riz, et importe les bois et articles manufacturés d'Europe.

Vue de Pondichéry.

Le territoire de **Yanaon** (1 429 hect., 4 470 hab.), situé dans la province de Golconde, à 780 kilomètres au nord-nord-est de Pondichéry, se compose d'une étroite bande de terre bornée au sud par la *Godavéri*, au nord et à l'est par une dérivation de la même rivière, la *Coringuy*. Le comptoir de *Yanaon* est situé au point de séparation des deux bras, à 11 kilomètres de l'embouchure de la Godavéry: c'est par la Coringuy, accessible aux navires de 200 tonneaux, qu'il communique avec la mer; la Godavéry, sujette à des débordements rapides qui portent son débit de 60 à 40 000 mètres cubes par seconde, est encombrée de bancs de sable. Le pays est chaud, humide, malsain, parfois ravagé par les typhons. La température varie de 20° à 26° de novembre à janvier; de 27° à 36° de février à avril; de 36° à 42° de mai à juin; de 28° à 34° de juillet à octobre.

Entre Yanaon et Pondichéry, à 30 lieues de la première, à 110 de la seconde, se trouve *Mazulipatam*. La France possède encore dans cette ville une loge pour le commerce, et à 3 kilomètres au nord-ouest, l'aldée de *Francipett*, et deux terrains peuplés de 200 Indiens. La France a vendu à l'Angleterre, en 1853, moyennant un impôt annuel de 3 500 roupies (8 500 francs), le droit de vente et de fabrication de spiritueux dans la loge.

Le territoire de **Chandernagor** (940 hect., 33 000 h.), situé dans la province du Bengale, jouit d'un climat plus frais que celui des pays voisins, à cause des étangs et des bois qui l'entourent: mais la température est très variable: en février elle descend à 8° ou 7°; en mai elle s'élève à 43° en moyenne; d'octobre à mars elle est de 22°. — *Chandernagor* (*Tchandranagara*, « la ville de la Lune », *Tchondan-Nagar*, « la ville du bois de Santal »), est situé à 7 lieues au nord de Calcutta, sur la rive droite de l'*Hougli*, dans une magnifique anse, peu à peu comblée par les alluvions et les boues.

La profondeur de l'Hougli, qui est de 3 à 10 mètres à Calcutta, n'est plus que de 3 devant le port de Chandernagor, dont Dupleix avait fait au dix-septième siècle la métropole du Bengale. La ville garde son aspect monumental et son air de majesté. L'industrie et le commerce sont paralysés par les conventions et par les douanes anglaises.

Dans les villes de *Patna*, *Dacca*, *Balassore*, *Jangdia*, la France possède des loges avec un petit territoire dont les indigènes sont placés sous son protectorat.

Le territoire de **Mahé** (5 909 hect., 8 280 hab.) est situé sur la côte de Malabar, à 104 lieues à l'ouest de Pondichéry. Le climat est sain; la température assez régulière: de 22° à 26° de janvier à avril; de 25° à 30° d'avril à septembre; de 23° à 27° d'octobre à décembre. Les pluies sont continues en juin, et deviennent torrentielles en juillet et août, et ne cessent qu'en octobre. Le territoire comprend, avec Mahé, 4 *aldées* ou villages hindous, *Chalakara*, *Chambara*, *Palour*, *Pandaquel*.

Mahé (Maïhi ou Mahi), appelé Mahé du nom de Mahé de la Bourdonnais qui s'en empara en 1726, est situé sur la rive gauche et près de l'embouchure d'une rivière vaseuse, navigable jusqu'à 12 kilomètres de la mer pour les bateaux de 60 à 70 tonneaux. La ville est entourée de collines verdoyantes; les maisons perdues dans des bosquets de cocotiers. On a dit que Mahé était moins une ville, qu'un « jardin touffu où l'on a construit des maisons ». Elle communique avec Beïpour par la grande route côtière. L'industrie du tissage est en décadence; le commerce, peu important, s'exerce sur le café, le riz, le poivre, l'huile de coco; la barre d'entrée qui ferme la rivière oblige les navires à mouiller au large. Le gouvernement français a établi à Mahé, pendant la guerre de Chine (1884-85), un dépôt de charbon, où nos navires de guerre trouvèrent le combustible que les ports anglais, au nom de la neutralité, leur refusaient. Il serait aisé de

Mausolée à Chandernagor.

faire de Mahé un excellent port. Une route conduit de Mahé aux aldées qui appartiennent à la France.

A 13 lieues au sud-est de Mahé, dans la ville de *Calicut*, la France a conservé une loge ; et, à 55 lieues au nord de Bombay, la factorerie de *Surate*.

2° **Cultures, productions.** — Le sol de Pondichéry, formé presque en entier d'alluvions, produit du *riz* (4 à 5 millions de kilogr.) ; des *menus grains* (3 millions et demi) ; des *légumes*, du *bétel*, du *tabac*, de l'*indigo*, des *cannes à sucre*, un peu de *coton* et des *arachides* (50 à 60 millions de kilogr.). On a fait au parc colonial des essais de cultures de *vigne* et de *vanille*. — A Karikal, les cultures ordinaires sont le *riz*, les *grains*, les *fruits potagers*, le *bétel* et l'*indigo*. — A Chandernagor, le territoire est si restreint que les maisons, les jardins et les étangs l'occupent tout entier. On essaye d'y améliorer la *pisciculture*. Les cultures de Mahé et de Yanaon sont les mêmes que celles de Chandernagor. On a découvert, en 1882, en forant un puits artésien, des gisements de *lignite* à Arranganour et à Javalacoupom, près de Bahour (Pondichéry).

3° **Industrie.** — Pondichéry est la seule de nos colonies qui possède quelques industries. A Savana, une filature à vapeur considérable fabrique les cotonnades bleues, appelées *guinées*. Elle emploie 1700 ouvriers dans ses ateliers, et près de 4 000 tisserands ou teinturiers au dehors. Mais la concurrence des cotonnades de Manchester et de Winterthur a ruiné les autres filatures et métiers. Pondichéry a des *teintureries*, des *tanneries*, des *fours à briques*, et de petites *huileries*, dont les produits sont consommés sur place.

Les travailleurs indigènes sont nombreux dans tous les corps de métiers, et les travaux des champs sont plus recherchés. Les ouvriers sont organisés en corporations ou castes ; ils sont sobres, laborieux, patients et reçoivent de très minces salaires : en moyenne 1^{fr},20 à 1^{fr},50 par jour pour les ouvriers de premier ordre ; 0^{fr},40 à 0^{fr},50 pour les aides ou manœuvres.

L'immigration européenne est nulle. Le climat est un obstacle redoutable pour l'ouvrier européen ; les bas salaires et la concurrence indigène en sont un autre.

4° **Commerce.** — Les vapeurs de la *British India Company* qui font le service de la côte établissent entre nos colonies des communications régulières. — Les paquebots des *Messageries maritimes* assurent les relations entre Pondichéry, Chandernagor et Marseille. — De nombreux navires à vapeur, surtout anglais, circulent entre l'Europe et Pondichéry, où ils viennent prendre des cargaisons d'arachides. Des voiliers à émigrants vont de Pondichéry à la Guyane et aux Antilles. D'autres voiliers de Maurice ou de la Réunion, à destination de Calcutta ou Cocanada, font escale à Pondichéry et à Karikal. Les paquebots des *Messageries* ont un service régulier de Pondichéry aux Seychelles et à la Réunion. Des vapeurs anglais et les bateaux des *Messageries maritimes* (via Colombo), en partance pour la Cochinchine et la Chine, relient Pondichéry à Pinang et à Singapore. — Enfin le chemin de fer met plus ou moins directement Pondichéry en communication avec Karikal et Mahé et les autres cités de l'Inde anglaise. — Un télégraphe sous-marin relié nos colonies à la France.

Le *commerce* général de l'Inde anglaise s'élève (1887) à l'*importation* à 5 900 000 francs; à l'*exportation* à 21 500 000 francs. Les navires (entrés et sortis) sont au nombre de 1086. Sur ces chiffres Pondichéry figure: 1° aux *importations* de France pour 508 000 francs, à celles de nos colonies pour 380 000 francs; — à celles de l'étranger pour 4 100 000 francs; 2° aux *exportations* en France, pour 10 500 000 francs; — à celles de l'étranger pour 8 millions. Son port reçoit 346 navires, jaugeant 349 000 tonnes (1887).

Les **postes** ont 5 bureaux et expédient ou reçoivent 77 000 lettres, imprimés ou paquets. Les recettes postales s'élèvent à 8 500 francs; les dépenses, à 11 600 francs.

La seule **monnaie** ayant cours, dans nos établissements français de l'Inde, est la *roupie d'argent* et ses subdivisions en *annas* et en *pies*. La roupie vaut 16 annas, et l'anna, 12 pies. La roupie a une valeur flottante, suivant l'abondance ou la pénurie du métal, et les variations du marché monétaire de Londres; tantôt 2^{fr},50 et tantôt 2^{fr},05.

Le **budget** de l'Inde française est: pour les *recettes*, 2 221 000 francs; pour les *dépenses*, somme égale. La dépense de la métropole est de 540 000 francs. — La *dette* de la colonie s'élève à 509 000 francs.

II. Inde portugaise.

Les Portugais n'ont conservé de leurs possessions dans l'Inde que trois territoires sans importance et sans étendue: *Goa, Diu, Damao.*

1° Le territoire de **Goa** a une superficie de 3 270 kilom. carr.: sa population (1881) est de 420 000 habitants (128 par kilom. carr.). Il s'étend sur la côte de Konkan ou des Berges, sur une longueur de 160 kilom., et s'avance jusqu'à la crête des Ghâts à 50 kilom. environ à l'intérieur. Il est enclavé dans la province de Bombay. Marécageux et insalubre sur le littoral, le sol s'élève dans les plateaux tout couverts de belles forêts et sillonnés de torrents. Les habitants cultivent le *riz* et le *cocotier*. Population paisible et laborieuse, ils sont composés surtout de métis ou d'indigènes convertis au catholicisme.

La capitale, **Goa** (Nova de Goa ou Pandjim), est située dans une île, à 950 kilomètres de Bombay. Peuplée de 15 000 habitants, ville déchue, sans industrie ni commerce, insalubre, elle garde cependant les monuments, les statues, les églises qui sont les derniers restes de la capitale d'un puissant empire, et le séminaire qui fournit presque tous les prêtres catholiques de l'Inde méridionale. « *Pandjim*, ou *Goa-Nova*, étale ses » murs le long du fleuve *Mandavi*, bordé d'épaisses forêts de cocotiers; » le palais du gouverneur, formé d'un assemblage irrégulier de *casas* ajou- » tées les unes aux autres depuis quatre siècles, renferme tous les portraits » des vice-rois depuis 1505 jusqu'à nos jours, collection en partie rongée » par l'humidité, mais unique pour l'histoire coloniale et l'histoire de l'art » et des costumes. »

A 6 ou 7 milles en amont de Pandjim, est *Goa-Velha*. La vieille et fière cité a presque disparu. Ruines partout, sauf les églises qui sont restées debout. Les murailles et les portes de la ville, les maisons et palais se sont écroulés. « La forêt et le maquis ont envahi la place principale. Une » végétation impénétrable recouvre les ruines des maisons. Des touffes

» d'herbes et de broussailles ont remplacé les pavés. Un silence profond
» règne sur la vieille Goa. Matin et soir, il est vrai, les cloches invitent
» les fidèles à la prière. Mais ces sons se perdent dans l'espace. Personne
» ne répond à l'appel. La vie s'est retirée. Il ne reste que quelques prê-
» tres, une religieuse, beaucoup de panthères et d'innombrables ser-
» pents. » (De Hubner, t. II, p. 26.)

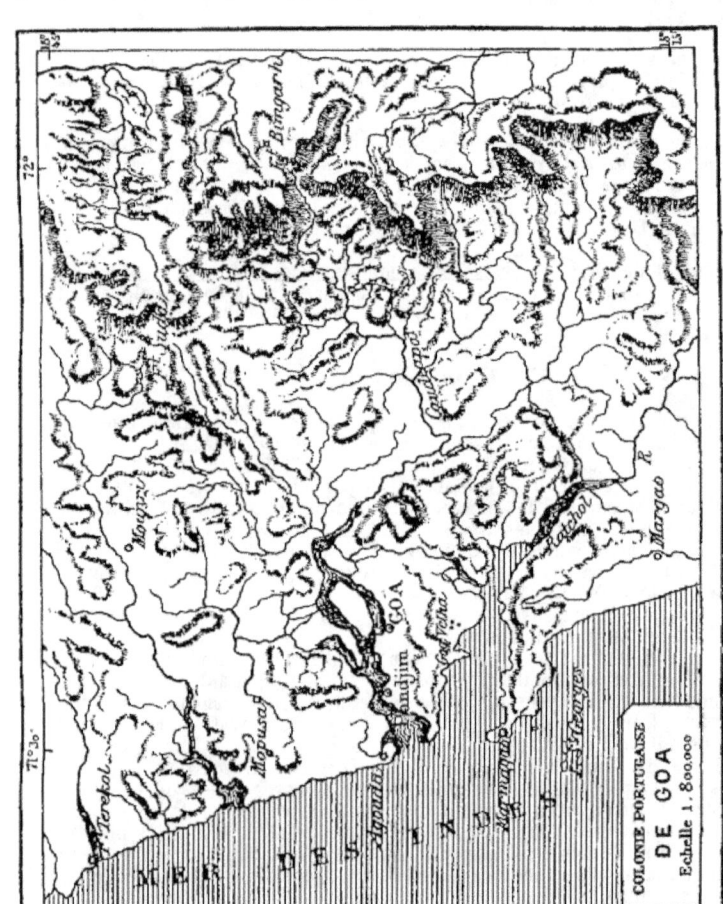

2° Le territoire de **Damân** ou *Damão* (80 kilom. carr., 50 000 hab.: 625 par kilom. carr.) est enclavé dans la province anglaise de Bombay. La ville de *Daman*, située à 162 kilomètres au nord de Bombay, à laquelle la rattache le chemin de fer, a un bon port à l'embouchure de la Damânganga ; les quartiers fortifiés de la ville s'étendent des deux côtés de l'estuaire.

3° **Diu** (ou *Diou*), dans une île, à l'extrémité méridionale de la péninsule de Goudjerate (Kattiavar), est séparée par un étroit bras de mer de la côte. L'île a 30 kilomètres carrés ; la population est de 12 600 habitants (84 par kilom. carr.). La ville est protégée par une énorme forteresse au nord-est ; à l'ouest sont les quartiers de Praça qui abritent les Européens et les indigènes. La ville est aujourd'hui déchue, abandonnée et le commerce presque nul.

Les recettes budgétaires l'emportent sur les dépenses. Les colonies ont 54 kilomètres de chemins de fer, 50 de lignes télégraphiques. — Les 23 bureaux de *poste* échangent plus d'un million de lettres et imprimés.

Mahé (France).

« Un petit pays tranquille, sous une voûte de palmes. La voûte est ininterrompue, jetée en velum sans fin au-dessus des gens et des choses. Les palmes géantes laissent à peine des trouées sur le ciel, où des rayons descendent ; elles s'enchevêtrent et se froissent, les unes déployées comme d'admirables plumes d'amazone, les autres arrangées en bouquets frisés comme des panaches, ou bien penchées, retombantes. Et cette voûte se tient très haut en l'air, supportée légèrement par de longues tiges frêles, qui ont des flexibilités de roseau ; on circule dessous, dans une ombre qui est éternelle, dans une transparente nuit verte.

» Le soir, vers cinq heures, je débarque là sur le sable, à l'embouchure d'une mince rivière qui fait comme une coupée, comme une baie sinueuse dans l'épaisseur de ces arbres. Je reviens de loin, — de l'extrême Asie, — ayant presque oublié ce charme, cette splendeur de l'Inde ; alors c'est un enchantement de retrouver tout cela, qui est unique et incomparable. Le soleil, déjà bas, illumine en couleur cette rivière par laquelle j'arrive ; les palmes qu'il touche sont dorées, dorées étonnamment, et l'air est comme rempli d'or en poussière. Sur les berges des deux rives, aux pieds de ces palmiers qui font d'immenses rideaux verts, des groupes d'Indiens regardent mon canot accoster ; ils sont parés superbement comme des dieux, drapés dans des voiles blancs, rouges ou orangés ; eux, et leurs arbres, et leur pays, et leur ciel, tout ensemble est baigné dans une lumière d'apothéose.

» Une maison à véranda, bien blanche avec des contrevents

verts, est là campée au bord de l'eau, sur un rocher qui fait promontoire; maison assez belle, très ancienne, datant de la Compagnie des Indes : c'est le Gouvernement de cette colonie ombreuse.

» Quelques pas sur le sable, et j'entre dans un jardin bas, dépendant de cette résidence, au-dessus duquel, comme partout, la voûte de verdure est tendue. Sous cette ombre délicieuse, on dirait le jardinet d'une fée : fleurs inconnues, feuillages aussi éclatants que des fleurs, violets, rouges, mouchetés de blanc et de jaune, comme peints à plaisir. Les petites allées droites, à la mode d'autrefois, les banquettes de pierre verdie par la mousse, ont un air vieillot, abandonné, comme dans ces domaines de campagne dont les maîtres sont morts et où l'on ne va plus.

» Le jardin franchi, le portail refermé, voici devant moi quelque chose comme une rue, qui fait péniblement sa percée dans les palmes; on croirait voir un de nos villages du midi de la France, très vieux et un peu désert, qu'on aurait transplanté là, et qui y serait écrasé par la puissante sève tropicale. Les palmiers superbes mettent tout dans l'ombre; mais ils sont encore invraisemblablement dorés à leur cime par le soleil couchant; et comme elles sont basses, les maisonnettes, auprès de leurs longues tiges élancées!... Il y a une petite mairie avec le drapeau tricolore, des cipayes bronzés, en veste rouge, montant la garde à la porte; il y a un petit hôtel drôle, pour je ne sais quels voyageurs, une petite maison d'école, de petites boutiques où des Indiens vendent des bananes et des épices. Après, il n'y a plus rien; cela est prolongé par des avenues d'arbres, cela se perd dans des profondeurs vertes. La terre est rouge comme de la sanguine, faisant paraître plus éclatante et surnaturelle la couleur des feuillages. En haut, les échappées du ciel, aperçues çà et là, dans les intervalles des palmes, sont étincelantes de lumière, paraissent d'une extrême profondeur. Et entre ces arbres flexibles, qui balancent au-dessus des chemins leurs grands bouquets de plumes, des nuées de gerfauts passent et repassent en jetant des cris rauques.

» Une voix exubérante et magnifique est dans la nature, dans les bêtes et les plantes; mais la petite ville enfouie là-dessous semble morte.

» Les gens qu'on rencontre dans ces chemins d'ombre sont tous beaux, calmes, nobles, avec de grands yeux de velours, de ces yeux de l'Inde au mystérieux charme noir. Le torse à demi

nu, ils sont drapés à l'antique dans leurs mousselines blanches ou rouges. Les femmes, aux allures de déesse, montrant d'admirables gorges fauves qui semblent des copies en bronze, presque exagérées, des marbres grecs. Les hommes, la poitrine bombée et la taille mince comme elles ; seulement, les épaules plus larges ; la barbe d'un noir bleu, frisée à l'antique. Ils disent bonjour en français, comme les paysans de chez nous, ayant l'air fier d'être restés des nôtres ; on voit qu'ils ont envie de s'arrêter et de causer ; ceux qui savent un peu notre langue sourient et engagent la conversation sur la guerre, sur les affaires de Chine, disant : nos matelots, nos soldats... C'est inattendu et étrange. Oui, on est bien en France, ici. Alors je me rappelle, une fois, au tribunal de Saïgon, un de ces Indiens accusé de je ne sais plus quel méfait, répondant à un magistrat corse qui le traite de sauvage : « Nous étions Français deux cents
» ans avant vous... »

» On rencontre aussi des espèces de chars couverts, chacun traîné par deux bœufs blancs à bosse de chameau, à longue figure atone et bizarre. Ce sont les seuls attelages de cette région ; ils mènent à Tellichéry ou à Cannanore, les villes de l'Inde anglaise les plus voisines.

» Il y a une quantité de larges routes qui se croisent, sous le couvert des palmes, comme feraient les rues d'une ville. Presque toutes sont encaissées dans la terre, d'autant plus humides et ombreuses ; les deux talus qui les bordent tapissés d'exquises fougères, d'exquises mousses. Dans la futaie touffue, on retrouve les vestiges des murailles qui entouraient la ville de Mahé, du temps où elle était grande ; les ruines de ses portes, dans le style Louis XIV, les ruines de ses ponts-levis. En effet, tout est vieux dans cette colonie aujourd'hui presque déserte ; elle a un passé, comme nos villes d'Occident, et ces souvenirs du grand siècle, qui dorment sous de magnifiques suaires de verdure, lui donnent une mélancolie à part.

» Les passants sont de différentes castes et de différentes couleurs ; les uns bistres seulement, le blanc de leurs grands yeux teinté de bleuâtre ; d'autres presque noirs, l'air sauvage, mais beaux, eux aussi, de l'incomparable beauté indienne. En voici même quelques-uns (des notables du pays sans doute) qui portent le costume européen et qui ralentissent leur marche quand nous nous croisons, comme des enfants pour se faire regarder. Cela leur va bien mal, et c'est dommage ; les femmes surtout, avec leurs toilettes, seraient très ridicules, sans ces regards qu'elles ont, qui arrêtent toute envie de sourire et que l'on cueille au passage comme de mystérieuses fleurs de ténèbres.

» Sous bois, éparses au hasard, sont les cases indigènes entourées de bananiers, de lantanas fleuris, d'hibiscus rouges, de toute une végétation qui fait jardin enchanté, à l'ombre, au-dessous de l'éternelle voûte des palmes vertes. Maisonnettes dont les murs sont blancs, les fenêtres sans vitres, grillées de larges barreaux; au dedans, on y voit à peine, à cause de l'épaisseur des feuillages; c'est nu et presque vide. Mais il y a toujours, sur une table, un encrier de nacre et des papiers; là s'écrivent, comme choses banales et courantes, ces vieux mots de l'Inde, qui remontent aux commencements du monde et que nos savants étudient pour y chercher les origines de nos langues d'Occident.

» ... Le jour s'en va, la lumière baisse à vue d'œil. Encore un peu d'or, qui traîne çà et là, sur les cimes des palmiers, et puis ces derniers reflets s'éteignent; la « nuit verte » s'assombrit partout et une sorte de tristesse arrive dans ces avenues d'arbres qui se font plus solitaires. Près de moi passe une fille aux joues légèrement bronzées, vêtue d'une robe bleue européenne. Avec sa toilette démodée, sa taille svelte et ses cheveux en boucles noires, elle me donne l'impression d'une de ces jeunes créoles des romans d'autrefois — quelque « Virginie » ou quelque « Cora » — et je la suis des yeux avec un intérêt mélancolique. Ce n'était sans doute qu'une très pauvre fille indienne, car elle entre sous bois, se glisse comme chez elle dans une cabane enfouie parmi les branches, et disparaît là, dans le silence et l'obscurité de ce gîte isolé...

» Ensuite c'est un homme qui me croise, en me frôlant presque, avec la légèreté silencieuse d'un fauve, dans le chemin de moins en moins éclairé. Il est d'une autre caste, celui-ci, d'une race plus primitive : presque nu, avec des couteaux dans sa ceinture, la peau très foncée, la poitrine couverte d'une fourrure aussi drue que le poil d'un ours. Il s'arrête à un palmier immense, plus long et plus droit qu'un mât de navire, et se met à y monter des mains et des pieds, très vite, comme ayant quelque affaire pressée à terminer là-haut avant la nuit. Bien étrangement près du singe celui-ci!... Je le perds de vue dans la voûte des palmes, qui est déjà toute noire...

» Au dernier crépuscule, quand je reviens à la rivière pour

me rembarquer dans mon canot, des enfants à longs cheveux, la taille prise dans des pagnes très serrés, m'entourent pour me vendre des éventails de vétiver, des oranges, des bouquets que je ne vois plus très bien, mais qui sentent la tubéreuse et autre chose de capiteux et d'exquis. En quelques coups d'aviron, nous avons franchi la barre de ce fleuve en miniature. Alors la mer s'étend devant nous comme une solitude de nacre verte, d'une nacre à reflets très changeants, et qui serait lumineuse par elle-même.

» Les bouquets que ces petits m'ont vendus sentent plus fort dans l'obscurité, à mesure que la terre s'éloigne avec ses autres exhalaisons troublantes ; nous devons laisser derrière nous sur l'eau, en traînée suave, cette odeur de tubéreuse.

» L'horizon, rouge à la base, puis violet, puis vert, puis couleur d'acier, couleur de paon, est nuancé par bandes comme un arc-en-ciel. Les étoiles brillent tellement, qu'on les dirait, ce soir, rapprochées de la terre, et, du point où s'est couché le soleil, partent encore de grandes gerbes de rayons, très nets, très accusés, qui traversent toute la voûte immense comme des zodiaques roux tracés dans une sphère bleu sombre. Voici qu'il fait nuit, et cependant c'est partout comme une illumination magique, comme une fête de lumière. » (Pierre LOTI[1], *Propos d'exil*.)

Notice historique

L'Inde ancienne. — Aucune contrée n'a été le théâtre de luttes plus formidables, le foyer de révolutions plus destructives, l'enjeu de convoitises plus acharnées que la vaste et opulente péninsule de l'Inde. Les races les plus diverses s'y sont heurtées et refoulées, avant de subir le joug d'une domination commune sous lequel elles vivent aujourd'hui juxtaposées, mais non confondues ; trois grandes religions, celles de Bouddha, de Brahma, de Mahomet, s'y partagent la foi des populations, et y comptent des sectateurs en nombre inégal sans doute, mais également fanatiques et esclaves de leurs divinités ; des conquérants touraniens et aryens, musulmans, mogols et européens y ont tour à tour, sur les ruines des cités anciennes, fondé des cités nouvelles, et importé d'autres régimes politiques et sociaux.

Les populations autochtones de l'Inde, dont on croit retrouver les ves-

---

1. Pierre Loti est le pseudonyme de M. le lieutenant de marine Julien Viaud, le brillant écrivain, le psychologue délicat et raffiné auquel nous devons *le Mariage de Loti*, *Pêcheurs d'Islande*, *Mon frère Yves*, *Aziyadé*, etc., et plus récemment un merveilleux recueil d'impressions de voyages, *Au Maroc*. (Paris, in-12, 1890.) — M. Viaud est né à Rochefort, en 1850.

tiges dans les tribus sauvages des *Gonds*, des *Dasyous* et des *Veddas* qui habitent les forêts des monts Vindhyas, du Dekkan et de Ceylan, furent probablement subjuguées par des envahisseurs, **touraniens** descendus à travers les brèches de l'Hindou-Kousch. On rattache à ces Kouschites du Tibet et de la Bactriane, qui n'ont pas laissé de souvenir historique de leur invasion, les tribus guerrières des *Sikhs* du l'andjab, les *Djats* du Radjpoutana, les *Bhils* des Vindhyas, les *Sontals*, les *Tamouls* du Dekkan.

La grande invasion des **Aryas**, qui leur succédèrent, est mieux fixée par l'histoire. Elle commença, dit-on, 2500 ans avant Jésus-Christ, et un des hymnes du Rig-Véda, le plus ancien document relatif aux établissements des Aryas dans l'Inde, indique, par l'énumération des cours d'eau, l'itinéraire que suivirent ces envahisseurs, en pénétrant dans l'Inde par le défilé de Khaïber, la vallée de Kaboul et la plaine du Pandjab qu'ils appelèrent *Septa-Sindhou*, « pays des Sept-Rivières ». La nation aryenne s'étendit jusqu'au delta du Gange; c'est dans cette région merveilleusement fertile que les Aryens adoucirent leurs mœurs, et de nomades devinrent sédentaires; c'est là qu'ils reçurent des prêtres brahmanes l'organisation religieuse et sociale qui s'est perpétuée jusqu'à nos jours, « là que se fondirent les deux dynasties collatérales de Sourya et de Tchandra (la dynastie *solaire* et la dynastie *lunaire*), dont les exploits font le sujet principal des deux grands poèmes de la littérature sanscrite, le *Râmâyana* et le *Mâhâbharata* ». Ces dynasties aryennes créèrent de nombreux États, tantôt indépendants, tantôt rattachés les uns aux autres par les liens de la vassalité. Ils avaient des capitales riches et puissantes, comme *Ayodhija* (Aoude), résidence des princes de la dynastie solaire, *Prâtichthâna*, au confluent du Gange et de la Djamouna, et *Hâstinapoura*, sur la rive droite du Gange supérieur, qui furent tour à tour le séjour des princes de la dynastie lunaire. De toutes ces métropoles de l'Inde antique, aujourd'hui disparues, la dernière qui ait jeté un vif éclat fut *Patalipoutra* ou *Palibothra*. Elle avait été fondée par *Kalaçoka*, qui régna de 453 à 425 avant Jésus-Christ, au confluent du Gange et de l'Erannoboas (probablement le Sône actuel), à peu de distance du site de la ville moderne de Patna. Le Grec **Mégasthènes**, ambassadeur du roi de Syrie, *Séleucus Nicator*, auprès de *Tchandragoupta* ou *Sandracottus*, souverain du Pandjab (vers 305), visita le pays et la capitale, et laissa de Palibothra une magnifique description[1]. (Voir p. 277.)

La région du Kophès (Kaboul) était la seule voie de communication directe et facile entre l'Asie occidentale et l'Inde. Aussi les entreprises des rois de l'Assyrie et de la Perse, qui rêvaient le conquête de l'Inde, se sont-elles portées de ce côté. Sans parler des traditions légendaires de Sémiramis et de Cyrus, on sait que *Darius Hystaspes*, avant de tenter une expédition dans les contrées du Kophès et du Sind, les fit explorer par un Grec d'Asie, **Scylax de Karyanda** (509 av. J.-C.). Le journal de Scylax est perdu; mais les anciens auteurs grecs ont pu le consulter: *Hécatée de Milet* (550-475), dans son *Périple du monde*, dont nous n'avons que des fragments; *Hérodote* (484-408), dans son *Histoire universelle*, en ont sauvé quelques débris. Ces extraits, aussi bien que

---

[1]. La relation de Mégasthènes, intitulée *les Indiques*, est perdue. Mais des fragments étendus ont été conservés et transmis jusqu'à nous par les compilateurs et les géographes grecs et latins, Arrien, Strabon, Pline, Diodore.

ceux de *Ctésias*, qui écrit vers 400 ans avant Jésus-Christ, fournissent peu de renseignements géographiques; ils se rapportent surtout aux mœurs, à la population, aux traditions merveilleuses. Près de deux siècles après Scylax, les amiraux d'Alexandre recommençaient l'exploration du Sind et de la mer Erythrée[1].

L'Inde au temps d'Alexandre. — Alexandre pénétra sur l'Indus par les gorges du Kophès. Il venait de conquérir l'Arachosie; il franchit les passes du *Paropamise* (Hindou-Kousch), passa par *Ortospanum*, qu'on identifie avec la Caboul moderne, et fonda sur un affluent septentrional du Kophès, au point de séparation des hautes vallées de l'Oxus et du Kophès, à 50 milles romains d'Ortospanum, une Alexandrie, *Alexandrie du Caucase* ou *des Paropamisades* (vers 330). De là, le conquérant se rendit à *Nicée*, ville dont l'emplacement a été indiqué à cinq ou six lieues au sud-est, puis il revint sur le Kophès. Son armée fut divisée en deux corps : l'un, sous Perdiccas et Héphestion, marcha vers l'Indus, par la rive méridionale du Kophès; l'autre, sous la conduite d'Alexandre, traversa la région des montagnes située entre les Paropamises et le Kophès, franchit le Gobrias (*Ghoûrband*), le Choas (*Mandraour*), le Choaspes (*Khonar*), le Soastus (*Svat*), torrents descendus des gorges de l'Hindou-Kousch, à travers les pays des Hippasiens, des Gouréens, des Assakènes, désignés aujourd'hui sous le nom d'Afghans ou Pouchtou. Alexandre s'empara des forteresses de Massaga et de Peucelaotis, et de la citadelle escarpée d'Aornos, bâtie sur la plate-forme d'un rocher formidable au-dessus de l'Indus, en amont de la moderne Attok, à l'issue de cluses profondes d'où le fleuve s'échappe en tourbillonnant. Les géographes anciens plaçaient dans ces gorges les sources de l'Indus.

---

1. « Parmi les auteurs qui appartiennent à la catégorie des sources classiques
» relatives à l'Inde, **Ptolémée** demande une attention particulière. Lui seul a
» un caractère de généralité, d'ordre et de liaison, qui manque à tous les autres.
» Les historiens des marches d'Alexandre ne dépassent pas le bassin de l'Indus,
» le périple de la mer Erythrée décrit seulement le pourtour maritime; *Strabon*
» (né vers 60 av. J.-C.), copiste d'*Eratosthène*, n'a tiré de son auteur que les généralités,
» et ses notions sont nulles pour le sud de l'Inde; *Pline* (23-29 ap. J.-C.),
» à qui on peut appliquer également cette dernière remarque, bien qu'il ait
» puisé à des sources plus nombreuses, ne donne guère que des séries de noms
» qui rappellent les listes pouraniques. *Ptolémée* seul (deuxième siècle ap. J.-C.),
» outre que sa nomenclature est plus riche qu'aucune des autres, procède d'après
» un plan rationnel. Après avoir indiqué les limites générales de l'Inde, il suit
» le pourtour entier de la péninsule, depuis les bouches de l'Indus jusqu'au delta
» du Gange, énumérant tous les accidents maritimes de cet immense périple,
» golfes, baies, embouchures des rivières, ports et villes de commerce, puis il
» nomme les grandes chaînes de montagnes de l'intérieur, au nombre de sept,
» et fait connaître les rivières qui sortent de chacune de ces chaînes, nommant
» ces rivières d'après l'ordre où elles débouchent à la côte, en partant de l'Indus
» pour revenir au Gange. Vient ensuite, en recommençant toujours dans le même
» ordre, une liste considérable de territoires et de peuples classés par bassins de
» rivières, avec les villes de chaque territoire ou de chaque peuple, et finalement
» la mention des petites îles voisines des côtes à l'ouest et au sud-est. Puis il
» poursuit sur un plan analogue la description de ce qu'il nomme l'Inde au delà
» du Gange, dans laquelle sont compris la partie gauche du bassin, entre le fleuve
» et l'Himalaya, ainsi que l'Assam actuel et le bassin inférieur du Brahma-
» poutra, et il termine par la grande île Taprobane (Ceylan), à laquelle il consacre
» un chapitre particulier. » (Vivien de Saint-Martin, *Etude sur la géographie grecque et latine de l'Inde*.) — Voy. Sainte-Croix, *Examen critique des anciens historiens d'Alexandre* (in-8°, 1810).

De *Dyrta*, l'armée descendit l'Indus sur des barques, et le franchit près du confluent du Kophès. Alexandre avait devant lui la région qui sépare l'Hydaspes (*Djilam*) et l'Indus ; au centre était bâtie la grande cité, capitale du royaume, *Taxila*, dont l'emplacement, difficile à fixer, paraît avoir été dans le voisinage de Hassan-Abdal, aujourd'hui encore renommé par l'abondance des eaux, la fertilité du sol et les agréments du site. C'est là que fut livrée au roi Porus la bataille de l'Hydaspes; et que le vainqueur fonda sur les deux rives opposées du fleuve les deux villes de *Nicée* et de *Bucéphalie*, depuis longtemps détruites. La marche d'Alexandre l'amena des bords de l'Hydaspes à l'Acesines (*Tchinab*), puis à l'Hydraotes (*Ravi*). Derrière cette rivière, une confédération de Kathéens, de Malliens et d'Oxydraques était réunie sous les murs de *Sangala*, dans un site voisin de la ville actuelle d'Amritsar. Les coalisés furent dispersés, la ville prise ; dans un des combats, Alexandre fut grièvement blessé. De là, il marcha sur la capitale de Sopithès, aujourd'hui *Radjaghiri;* mais, sur le point d'atteindre l'Hyphasis (*Vipaça* ou *Beyah*), son armée refusa de franchir la rivière, et de suivre le conquérant dans les contrées du Gange. Alexandre fit élever douze autels monumentaux et revint sur ses pas jusqu'à l'Hydaspes.

Une flottille de 2 000 bateaux transporta une partie des troupes macédoniennes par les rivières de la Pentapotamie jusqu'à l'Indus ; le reste de l'armée suivait les rives. Cette descente à travers les populations connues aujourd'hui sous le nom de Radjpouts ne fut qu'un perpétuel combat. Arrien, Diodore, Strabon, Quinte-Curce mentionnent parmi ces tribus les *Sibœ*, et surtout les *Malliens* et les *Oxydraques* entre l'Hydaspe et l'Acésine. « Défendues par les déserts qui les couvrent et par la nature même de
» leurs steppes incultes, que protègent des places fermées semblables à
» des forteresses ; menant la vie à demi errante des tribus pastorales ;
» vivant du produit de leurs rapines autant que du produit de leurs trou-
» peaux ; ne reconnaissant, dans leur indépendance ombrageuse, d'autorité
» que celle de leurs propres chefs, pareils aux cheikhs des tribus arabes ;
» réparties en tribus distinctes et habituellement hostiles, mais pouvant,
» dans un commun danger, se réunir en fédérations formidables, ces popu-
» lations du bas Pandjab opposent à l'invasion une résistance vigoureuse
» et quelquefois désespérée... Parmi ces peuplades obscures, le vainqueur
» de Porus trouva des dangers dignes de son courage aventureux. On vit
» des tribus entières, après avoir perdu l'élite de leurs guerriers, se ren-
» fermer dans leur ville avec les vieillards, les enfants et les femmes, et
» s'y ensevelir au milieu des flammes : héroïsme sauvage qui se renouvela
» plus d'une fois dans la lutte de trois siècles que plus tard les Radjpouts
» soutinrent contre les invasions musulmanes. La bravoure et le désespoir
» durent pourtant céder devant la valeur mieux disciplinée des vieilles
» bandes macédoniennes : tous les peuples, au nombre de sept, qui habi-
» taient depuis les bords de l'Hydaspe jusqu'au confluent de l'Acésine et
» de l'Indus firent leur soumission, reconnaissant dans leur vainqueur un
» prince issu des dieux. » (Vivien de Saint-Martin, *Etude sur la géographie grecque et latine de l'Inde*, 1858, in-4°, p. 113.)

Avant de s'éloigner du territoire des Malliens, Alexandre fit élever sur la rive orientale de l'Indus, près du confluent de l'Acésine, des chantiers de constructions navales et une ville, Alexandrie des Malliens, qui devait être un centre commercial entre le Pandjab et la mer des Indes. On a cru retrouver l'emplacement exact de cette ville, vis-à-vis de Mittankot, à Tchatchpour, qui portait autrefois le nom d'*Askalanda* (cité d'Alexandre).

Alexandre ne mit pas moins de six mois à atteindre Patala, située à l'origine du delta de l'Indus. Une partie des troupes s'était embarquée sur le fleuve, l'autre descendit la rive gauche. Une autre Alexandrie fut bâtie dans le pays des *Sogdes*, dans le voisinage de la ville d'*Arôr*, aujourd'hui détruite, peut-être à Rori, village situé en face de l'île rocheuse de Bakkar. Un bras du fleuve, maintenant desséché, baignait et fécondait la plaine d'Arôr, aujourd'hui aride et déserte. Le conquérant se détourna de sa route pour faire la guerre au royaume de *Musicanus* ou des *Musicani* (Mouchika), un des plus riches et des plus florissants territoires du Sindh, et au pays de *Sambus*, plus rapproché du delta. Il s'empara de leurs capitales, éleva des forts pour les surveiller, et reprit le chemin de l'Indus.

Patala était située à la bifurcation du fleuve; la plupart des géographes modernes ont cru retrouver à Tattah le site de cette antique cité. D'autres le placent à Mattâri, à quatre lieues en amont d'Haïderabad [1].

À Patala, Alexandre fit construire un port et ouvrir des chantiers maritimes, et la flotte y séjourna quelque temps. Le conquérant explora en personne les deux bras les plus éloignés du delta qui enfermaient la Patalène; à l'occident, il reconnut plusieurs îles, et parmi elles *Krokala*, aujourd'hui Karratchi, et atteignit la mer par la branche, aujourd'hui desséchée, qui aboutissait à la crique de *Garrah*. À l'orient, il découvrit un vaste lac, en explora les rives, y fit creuser des puits de distance en distance et commencer un port et des chantiers. Ce bras oriental, la *Kori* actuelle, débouchait dans l'océan Indien par un large estuaire. Mais la flotte macédonienne descendit à la mer par le bras de l'occident, sous le commandement de Néarque, et fit voile vers le golfe Persique, tandis qu'Alexandre et l'armée allaient regagner la Perse par le pays des *Arabitæ*, des *Oritæ* et le désert de *Gédrosie* (326-325 av. J.-C.).

La mort d'Alexandre rompit l'unité factice de son empire. Dans le partage de ses dépouilles, le roi de Syrie, **Séleucus Nicator**, se fit adjuger l'Inde et la Bactriane. Mais en même temps une révolution politique éclatait dans le nord de l'Inde. Porus, qui avait reçu d'Alexandre la souveraineté des *Cinq-Fleuves*, périssait assassiné; et un aventurier indigène, hostile aux rois aryens, *Tchandra Goupta* ou *Sandracottus*, réussissait à grouper les tribus, et à fonder un royaume du Gange à l'Indus. Séleucus déclara la guerre à son rival, et s'avança jusqu'à la Djamouna. Les géographes grecs nous apprennent qu'un traité d'alliance et d'amitié fut conclu entre les deux rois; l'Indien donnait au Grec sa fille en mariage avec un présent nuptial de 500 éléphants; Séleucus à son tour cédait à Tchandra les anciens États de Porus, Paropamisades, Arachosie, Gédrosie, c'est-à-dire Afghanistan et Baloutchistan actuels. Son ambassadeur, *Mégasthénès*, fit dans la capitale de Tchandra, à Palibothra, un assez long séjour dont la relation précieuse nous a été en partie transmise [2] (vers 300 av. J.-C.).

---

1. « Cette diversité d'opinions tient aux changements considérables que le Sindh a éprouvés dans cette partie de son cours, où, un pays plus plat et un sol moins ferme offrant moins de résistance aux débordements annuels, les différentes branches du delta et les artères transversales qui communiquent de l'une à l'autre se déplacent et se reforment incessamment. » (VIVIEN DE SAINT-MARTIN; p. 170.)

2. Palibothra avait une forme rectangulaire. Un fossé profond de 30 coudées, large de 600 pieds en formait la ceinture; en arrière de ce fossé, s'élevait un rempart en palissades, percé de meurtrières, avec 64 portes, et garni de 570 tours, construites en bois. La ville elle-même, très peuplée, capitale poli-

Les successeurs de Séleucus conquirent le pays du Gange jusqu'à *Pataca* (Haïderabad). C'est peut-être à cette période de l'occupation grecque qu'il faut rapporter l'influence de l'art grec qui se fait sentir dans certaines sculptures délicates des temples du Mont-Abou.

Vers le deuxième siècle avant Jésus-Christ, d'autres peuples étrangers commencèrent à envahir l'Inde par le Pandjab. Ce furent les *Sakas* ou *Scythes* et *Gètes*, dont les Djats actuels sont regardés comme les descendants.

Pendant plus de sept siècles, les dynasties aryennes et touraniennes se disputèrent l'Inde septentrionale, et se battirent en même temps contre les tribus aborigènes toujours prêtes à la révolte contre leurs maîtres étrangers. La fin de cette période est marquée à la fois par l'invasion musulmane, et la décadence du bouddhisme, que va remplacer dans les croyances de l'Inde le brahmanisme réformé ou dégénéré.

L'Inde musulmane et mogole.

L'Inde musulmane. — Les musulmans arabes parurent pour la première fois sur l'Indus au huitième siècle; mais, jusqu'au onzième, leurs invasions ne furent que partielles et temporaires. Les princes rajpouts, maîtres du Pandjab, les souverains de la dynastie du Pâl, qui régnaient sur Behar et le Bengale, leur opposèrent une vigoureuse résistance. Nous avons dit ailleurs (*Asie*, t. I, p. 567) comment **Mahmoud le Ghaznévide** avait fondé dans le Pandjab la première dynastie musulmane. Elle fut renversée en 1189 par la famille afghane de *Ghour*, qui étendit sa domination jusqu'au Behar et au Bengale maritime. — Un lieutenant de **Mohammed de Ghour**, **Koutab-oud-Din**, ancien esclave turc, se rendit indépendant à la mort de son maître, détrôna les Ghourides, et établit une nouvelle dynastie musulmane, dite des *Rois Esclaves*, dont la capitale fut Delhi (1206-1290). Les révoltes continuelles des indigènes, les insurrections des Rajpouts et gouverneurs musulmans remplissent cette période. — L'Inde fut encore livrée à des révolutions et à des luttes sanglantes sous la dynastie des *Khildjites*, dont l'un des princes, **Ala-oud-Din** (1294-1315), à la tête d'une armée composée de mercenaires mogols, conquit l'Inde méridionale. — La dynastie des *Toglak* (1320-1414), malgré des crises terribles, a laissé des traces plus glorieuses et plus fécondes: Mohamed-Toglak échoua, il est vrai, dans ses entreprises guerrières contre la Chine et la Perse, mais il réprima les révoltes de ses satrapes dans les provinces (1324-1351); son fils, **Firouz** (1317-1388), se distingua par ses grands travaux d'utilité publique; c'est lui qui fit creuser le grand canal réunissant la Djemna au Ghaggar et au Satledj. Sous son

---

tique et centre du commerce, était tout entière construite en bois; le palais du souverain, très vaste, et entouré de magnifiques jardins, s'élevait sur une haute plate-forme disposée en terrasse; tous les bâtiments, les portiques, les colonnes, les portes, tout était de bois. — Les vaisseaux remontaient le Gange jusqu'à Patalipoutra; les flottes de commerce partaient de ce port vers les rivages du *Dakchinapatha* (Dekkan) aux bouches de l'*Airavata* (Irraouaddi), dans le pays de *Jakkapoura* « pays de l'argent » (Barmanie), abordaient à *Vaiçali* (Arakan) et aux comptoirs de la *Chersonèse d'Or* (Malacca). Kalaçoka avait fait construire une route de transports qui reliait la capitale aux rives de l'Indus, et à la frontière persique; d'autres routes sillonnaient l'empire et mettaient Patalipoutra en communication avec les provinces.

successeur, **Mahmoud-Toglak** (1388-1414), le Grand Mogol *Timour* envahit l'Inde, ravagea le Pandjab, livra Delhi au pillage, anéantit l'armée du sultan afghan, égorgea des milliers de captifs, et accumula les ruines sur son passage (1398-99). — Deux autres dynasties afghanes, celles des *Sayid* et des *Lodi* (1414-1526), se succédèrent encore avant la conquête définitive de l'Inde par les princes mogols.

L'Inde mogole. — Le petit-fils de Timour, le Mogol **Bâber**, maître de Samarkand et de Kaboul, envahit l'Inde à plusieurs reprises de 1508 à 1525. La défaite du sultan Ibrahim à Panipat (1526) lui ouvrit les portes de Delhi et d'Agra. (Voy. nos *Lectures sur l'Asie*, tome I, p. 569.) Il fit de cette dernière ville sa résidence favorite. — Son fils, **Houmayoun** (1530-1556), un instant détrôné et chassé de l'Inde par le gouverneur du Bengale, *Chehr-Schah*, y rentra en vainqueur, grâce à la vaillance et à l'intrépidité de son jeune fils Akbar, à la grande bataille de Sirhind.

Akbar (1542-1605) était né dans l'exil, il avait passé toute son enfance et sa jeunesse dans le désert sous la tente, ou sur les remparts de villes assiégées, ou dans la mêlée des combats, exposé aux périls de la guerre et aux embûches de son entourage. Il fut proclamé sultan à treize ans, sous la tutelle d'un gouverneur habile et ambitieux, *Baïram-Khan*. Le grand vizir *Himmou*, qui commandait les troupes afghanes au nom d'*Adil-Schah*, un des prétendants au trône de Delhi, fut écrasé à Panipat, malgré son courage et sa science militaire. Il fut pris, et on l'amena sous la tente d'Akbar. Baïram-Khan réservait à l'empereur l'honneur de trancher de sa main la tête du captif ; Akbar s'y refusa. Baïram saisit son cimeterre, et abattit le rebelle au pied de son maître en disant qu'une « compassion serait la ruine de l'empire ». Adil-Schah périt quelque temps après son vizir ; les autres prétendants furent réduits à se soumettre, et, en quatre ans, le pouvoir de la dynastie mogole fut partout rétabli et affermi. Baïram-Khan, par ses qualités d'homme d'Etat, de général et d'organisateur, eut le principal mérite de cette restauration glorieuse. Mais son orgueil le perdit. Akbar l'avait comblé d'honneurs, il était premier ministre de l'empire, généralissime, *seigneur-père*. Toutes ses volontés étaient exécutées, comme celles de l'empereur ; il destituait, emprisonnait, exilait, suivant son bon plaisir : Akbar se lassa de cette tutelle insolente. Il annonça par un édit qu'il entendait désormais gouverner par lui-même, et il enjoignit à tous les officiers de l'empire de n'obéir désormais qu'à ses ordres. Il invita son vizir à se retirer de la vie politique et à chercher dans un pèlerinage à la Mecque l'oubli des peines et des fatigues de sa carrière publique. Baïram-Khan, furieux, leva des troupes et envahit le Pandjab. Mais Akbar réprima la révolte, réduisit le rebelle à implorer son pardon, et se contenta, en guise de châtiment, de l'envoyer prier au tombeau du prophète. Baïram fut assassiné au moment où il allait s'embarquer sur la côte du Goudjerate.

Akbar, à peine âgé de dix-huit ans, fit preuve dans son gouvernement d'une sagesse et d'une fermeté extraordinaires. Il réprima ou prévint les révoltes intérieures, soumit l'Hindoustan central et le Bengale jusqu'à la mer, étendit sa domination sur l'Indus et les plateaux afghans, sur la péninsule depuis le Kachmir jusqu'à la Nerbadah.

La pensée dominante d'Akbar et le chef-d'œuvre de sa politique furent de rapprocher et d'unir dans des sentiments de mutuelle tolérance et dans la fusion d'intérêts communs les Musulmans et les Hindous. Il admit ces derniers au commandement de ses armées, au gouvernement de ses provinces, concurremment avec les musulmans. Il organisa une administration et une justice régulières, fit dresser le cadastre général de l'empire, et établit un nouveau système d'impôt foncier. Choqué par le fanatisme des oulémas, il songeait à abandonner l'islam et à fonder une religion nouvelle ; il reçut à sa cour des missionnaires jésuites de Goa, qu'il combla de bienfaits, il eut des conférences avec des Guèbres, fit traduire en persan les livres sacrés des différents peuples, et prit le titre de chef spirituel de cette nouvelle « foi divine », qui rejetait Mahomet, et admettait la souveraineté d'un dieu juste et bon[1].

L'œuvre absorbante de la fondation et de l'affermissement de l'empire mogol n'empêchèrent pas Akbar d'encourager la philosophie, les lettres et les arts. *Aboul-Fazl*, qui a laissé plusieurs ouvrages sur l'administration et les règlements de l'empire mogol, une chronique de Timour, et une relation du règne d'Akbar, était le ministre, l'ami et l'historiographe du sultan; son frère, le poète *Aboul-Faiz*, partageait avec lui la faveur et l'amitié du souverain. Des chagrins domestiques hâtèrent la fin d'Akbar. Deux de ses fils moururent encore jeunes, épuisés par les débauches; le troisième, *Schin*, se révolta contre son père. Akbar mourut en 1605 à Agra; son fils lui fit ériger, près de la ville de Sikandra, un splendide tombeau.

Sélim régna sous le nom de **Djehanghir**, « *conquérant du monde* » (1605-1627). Son règne fut occupé à la répression des révoltes des Rajpoutes, et de son propre fils *Schah-Djehan*. C'est lui qui reçut à sa cour le premier ambassadeur anglais, sir *Thomas Roe* (1615).

Schah-Djehan (1628-1631) entreprit la conquête du Dekkan, et imposa des tributs aux rois de Bidjapour et de Golconde; mais les Persans lui enlevèrent ses provinces afghanes. Ami et protecteur des arts, Schah-Djehan fit élever les admirables monuments du *Tadj* d'Agra et des palais impériaux d'Agra et de Delhi. Il rétablit dans cette dernière ville le siège de l'empire, et construisit, à côté de l'ancienne cité, une capitale nouvelle, *Schahdjehanabad*.

Après lui **Aureng-Zeb** (1618-1707) enleva le pouvoir à son père par une usurpation, à ses frères par un crime. Étant prince royal, il dissimula son ambition sous des dehors mystiques, une piété fervente, un mépris des choses de ce monde, une humilité et une douceur profondes. Dès l'âge de quinze ans, son père lui confia l'administration du Dekkan. Il s'y prépara longuement à la révolte, et, en 1658, saisit l'occasion d'une grave maladie de Schah-Djehan pour lui déclarer la guerre, battre son armée, envahir son palais et le mettre en prison. Il se débarrassa de ses trois frères par le poignard ou la prison, et resta seul maître. Son général, *Mir-Djamla*, fit en son nom la conquête de l'Assam ; lui-même marcha contre les Afghans qui avaient vaincu ses troupes. Son plus redoutable ennemi

---

1. Plus tard, quand les princes rajpouts se plaignirent à l'empereur Aureng-Zeb de l'impôt de la capitation (*djezzia*) que le sultan Akbar avait aboli, et que son arrière-petit-fils rétablissait, ils lui écrivaient : « Votre royal ancêtre Moham-
» med-Djallad-oud-din-Akbar a conduit les affaires de cet empire pendant plus
» de cinquante ans avec fermeté, sûreté et justice, veillant sur la tranquillité et
» le bonheur de toutes les classes de ses sujets, qu'ils fussent sectateurs de Jésus
» ou de Moïse, de David ou de Mohammed, qu'ils fussent de la croyance brahma-
» nique ou de celle qui nie l'éternité de la matière, ou de celle enfin qui attribue
» l'existence du monde au hasard. Tous jouirent, au même degré, de sa pro-
» tection et de sa faveur, et de là est venu que ses peuples, dans leur reconnais-
» sance pour cette protection paternelle, lui ont décerné le titre de *Tuteur de
» l'humanité*. »

fut le fondateur de la puissance mahratte, l'aventurier **Sivadji** ou *Sividjaï*. Ce chef de condottières, qui fut un administrateur et un capitaine de premier ordre, avait ravagé le Bidjapour et lancé ses pillards sur les terres impériales. Aureng-Zeb envoya contre lui des forces énormes. Sivadji demanda à traiter. Invité à se rendre à la cour, où on lui promettait des honneurs éclatants, il y vint sans défiance et fut gardé prisonnier. Il s'évada, rejoignit son armée et n'attendit plus rien que de son énergie. Vainqueur des Mogols en 1672, il imposa ses conditions à l'empereur. Son fils *Simbadji* dirigea après lui (1680) l'insurrection des Mahrattes. Pris en 1686, il périt d'un affreux supplice, mais les Mahrattes ne se soumirent pas. Pendant près de deux siècles, ils seront dans l'Inde les plus redoutables adversaires des Grands Mogols et des conquérants anglais.

Aureng-Zeb, par ses lois fiscales (rétablissement de l'impôt du *djezzia*), par ses persécutions et son fanatisme, s'aliéna les princes rajpouts qu'il aurait dû ménager comme les appuis les plus solides de son trône. On le vit, par zèle pour l'islam, détruire des pagodes pour construire des mosquées, insulter aux rites du culte hindou, exercer des violences contre les princes et les prêtres. Il ne put extirper de l'Inde le culte de Brahma, et il exaspéra les haines de ses sujets. Mahrattes et Rajpoutes unirent désormais leurs armes et furent regardés par les indigènes comme les libérateurs de l'Inde.

Un fils d'Aureng-Zeb se joignit aux rebelles. L'empereur, malgré son activité et son énergie, qui ne l'abandonnèrent pas même dans l'extrême vieillesse, ne put les dompter : il mourut à quatre-vingt-neuf ans en pleine lutte. Ses qualités d'organisateur et d'homme d'État, son amour éclairé des lettres et des arts, ses talents militaires, la simplicité de ses goûts, la pureté de ses mœurs, l'étendue de ses connaissances l'ont fait regarder par les historiens musulmans comme le plus grand des empereurs mogols ; Bernier et Jacquemont ne sont pas d'un autre avis. Mais son intolérance religieuse, ses violences et ses perfidies brisèrent l'unité politique et sociale de la confédération que rêvait Akbar et dont il avait jeté les bases.

Après Aureng-Zeb, l'empire mogol entre dans une période de décadence qui ne cessera plus. L'intérêt de l'histoire de l'Inde n'est plus désormais du côté de ces souverains fastueux, mais impuissants, qui vont devenir vassaux à leur tour. C'est la conquête de l'Inde par les envahisseurs européens, c'est la défense de l'Inde par les rajahs indigènes et les tribus mahrattes dont nous avons maintenant à résumer les grands épisodes.

Les Européens dans l'Inde : Portugais, Anglais, Hollandais.

Les Portugais furent les premiers Européens qui fondèrent sur le littoral de l'Inde des établissements durables. **Vasco de Gama** débarqua à Calicut en 1497 ; **Alvarès Cabral** imposa des traités aux princes du littoral du Malabar ; **Albuquerque** fit de Goa le chef-lieu de la puissance portugaise dans les mers de l'Inde. En 1530, les Portugais dominaient d'Ormuz à Ceylan, à Malacca et aux Moluques ; la Chine et le Japon ouvraient les ports à leurs navires, et les autres pavillons ne se montraient sur ces rivages qu'avec leur permission.

Ces succès éclatants excitèrent l'envie des autres nations commerçantes. En 1503, des marchands de Rouen expédièrent pour la mer des Indes un navire qui fit naufrage au cap de Bonne-Espérance. Onze fois dans le cours du seizième siècle, les Anglais tentèrent de découvrir par le nord-ouest un nouveau chemin vers l'Inde : en 1577-78, **Francis Drake** débarqua aux Moluques et à Java et fit le tour du monde ; plus tard **Thomas Cavendish** recommença le voyage avec le même bonheur, et visita les îles Philippines : la capture de vaisseaux portugais chargés d'épices, de calicot, de soie, de perles, d'ébène, de porcelaine, etc., enflamma l'imagination et l'avidité des Anglais. En 1599, une association fut formée à Londres pour le trafic en Orient, au capital de 80 000 livres sterling : elle reçut de la reine Élisabeth une charte et des privilèges ; elle profita des tentatives antérieures et des informations recueillies par des marchands anglais, comme ce *Ralph Fitch* qui avait séjourné plusieurs années à la cour d'Akbar; comme ce *Mildenhall* qui offrit au Grand Mogol des lettres de sa souveraine et un magnifique don de vingt-neuf chevaux, et obtint, à force d'habileté et de persévérance, les firmans qui autorisaient ses compatriotes à commercer librement dans les villes et les ports de l'Inde. L'association prit le nom de *Compagnie des marchands de Londres faisant le trafic aux Indes orientales*. Elle avait le monopole exclusif du commerce de tous les pays au delà du Cap ; l'exemption des droits de douanes pour l'importation des marchandises de l'Inde, la faculté d'exporter des sommes importantes en or et en argent ; elle était administrée par un comité de vingt-cinq membres nommés annuellement à la majorité des voix par les actionnaires. La Compagnie devait garder son monopole pendant quinze ans ; le gouvernement promettait de le renouveler, et se réservait le droit de l'abolir, suivant les circonstances. Le monopole dura deux cent cinquante-sept ans.

Pendant quatorze ans, la Compagnie dirigea exclusivement ses vaisseaux vers les îles de l'océan Indien, Sumatra, Java, les Moluques. En 1613, **Thomas Best**, porteur de présents du roi Jacques pour le Grand Mogol, se rendit à Agra, et obtint un traité de commerce en faveur des marchands anglais. Les premières opérations de la Compagnie, malgré leur irrégularité, avaient produit des bénéfices de 87 à 171 pour 100. Le roi Jacques, encouragé par l'accueil fait à Thomas Best, envoya à la cour du Grand Mogol un ambassadeur, avec une lettre et de nouveaux présents ; il se nommait sir **Thomas Roë**. Le Grand Mogol le reçut gracieusement, le combla d'honneurs et lui accorda de nouveaux privilèges pour les négociants anglais. « Si parmi mes sujets, lisait-on dans la lettre écrite à Jacques, il
» s'en trouvait quelques-uns, sans crainte de Dieu et rebelles à leur roi,
» qui tentassent de faire quelque brèche à cette ligue d'amitié, j'enverrais
» contre eux mon fils, le sultan Khourin, soldat éprouvé dans la guerre,
» pour les tailler en pièces, afin qu'aucun obstacle ne puisse empêcher
» à l'avenir la continuation et l'accroissement de notre affection mutuelle. »
Sir Thomas Roë obtint pour la Compagnie l'autorisation de construire son premier comptoir à Hougly, qui était alors un des plus grands marchés du Bengale. Il conseilla en même temps à ses compatriotes de ne pas bâtir de forts, de ne pas entretenir de soldats, de ne pas se servir de l'épée. La Compagnie anglaise multiplia ses envois ; elle porta à 1 600 000 livres sterling son capital social ; elle avait déjà trente-huit vaisseaux. Mais les rivalités étrangères gênèrent son développement.

A la fin du seizième siècle, les Hollandais avaient fondé à Amsterdam une association de commerce sous le nom de *Compagnie des pays lointains;* un habile négociant, **Pierre Hotman**, qui avait parcouru les mers de l'Inde, conduisit heureusement leurs premiers navires aux îles de la Sonde, et fonda un comptoir à Java pour le commerce du poivre. Dans toutes les villes de Hollande se fondèrent des ligues marchandes qui se ruinèrent par la concurrence. Les Etats Généraux réunirent toutes ces sociétés en une seule, la *Compagnie des Grandes Indes*, au capital de 6 500 000 florins. Elle reçut le privilège de faire la paix et la guerre avec les princes de l'Orient, de bâtir des forteresses, d'entretenir des garnisons, de nommer des officiers de justice et de police. L'amiral *Warwick* commanda la première escadre qui lutta avec succès contre les Portugais, bâtit un fort à Java, et signa des traités avec plusieurs princes du Bengale. Quelquefois battus, jamais découragés, « les Hollandais ne visaient point à la gloire, mais au » profit; ils ne combattaient pas pour s'illustrer, mais pour la liberté de » vendre et d'acheter. » Ils ne purent forcer les portes de la Chine; mais ils occupèrent pendant plusieurs années les *îles des Pêcheurs* et s'établirent dans l'île de Formose, d'où ils furent exclus en 1683. Les Moluques devinrent alors le centre de leur puissance en Orient, et le grand entrepôt de leur commerce; ils en chassèrent les Portugais, et le commerce des épices passa entre leurs mains.

Alors commencent entre les Portugais, les Hollandais et les Anglais des luttes sans fin. Ceux-ci tentent de s'introduire dans les îles à épices; les Hollandais les font prisonniers et les mettent à la torture. Ils ne consentent à payer des indemnités qu'en 1654, après la paix humiliante dont Cromwell dicta les conditions. Mais ils se vengent sur les Portugais, enlèvent Ceylan et bloquent le port de Goa (1656). Quelques années après, le Portugal cédait au roi d'Angleterre l'île de Bombay, comme dot de l'infante Catherine de Bragance (1662); Charles II en fit don à la Compagnie. Une querelle, engagée entre les indigènes et les soldats anglais, faillit amener la ruine de ces établissements naissants. Le Grand Mogol *Aureng-Zeb* intervint entre le nabab du Bengale et les étrangers, mit la main sur les factoreries, et fit promener dans Bombay les facteurs avec des chaînes aux pieds et des anneaux de fer au cou. Deux Anglais vinrent s'agenouiller à Delhi devant l'empereur, les mains liées, et les reins ceints d'une corde, et demandèrent grâce (1688). Aureng-Zeb pardonna, et restitua les comptoirs et les privilèges. Son petit-fils vendit même à la Compagnie trois villages avec leurs dépendances sur les bords de l'Hougly : l'un d'eux était Calcutta : il devint le quartier général des opérations de la Compagnie.

L'intervention française.

Dans cette lutte maritime, dont les côtes de l'Inde étaient le théâtre et l'enjeu, la France n'intervint avec suite qu'au dix-septième siècle, quand déjà les Portugais, les Hollandais et les Anglais avaient fondé leurs premiers établissements. Quelques tentatives privées d'armateurs et de marchands, au seizième siècle, avaient échoué; l'Afrique occidentale et l'Amérique du Nord attirèrent de préférence nos navigateurs et nos colons. — Sous Henri IV et sous Louis XIII, une compagnie privilégiée obtint le monopole du commerce dans la mer des Indes. Mais elle se consuma en efforts stériles pour la colonisation de Madagascar[1].

---

1. Nous avons déjà signalé dans nos *Lectures sur l'Afrique*, p. 823 (5ᵉ édit., Paris, 1889, in-8°, Belin), l'étude substantielle et pénétrante de M. Guët sur les *Origines de Bourbon et de la colonisation française à Madagascar*. (Paris, in-8°,

Les prédécesseurs de Dupleix. — Colbert, jaloux des succès des rivaux de la France, fonda sous les auspices du roi une nouvelle *Compagnie des Indes*, et la dota richement. Ses entreprises du début furent encore dirigées sur Madagascar, et échouèrent. Enfin, en 1666, une nouvelle expédition fit voile vers les ports de l'Inde. Elle était sous les ordres de **François Caron,** né en Hollande de parents français, qui avait servi longtemps la Compagnie hollandaise des Indes, d'abord en qualité de second cuisinier à bord d'un navire de guerre, puis à titre de commis aux vivres et enfin de directeur du commerce. Un froissement d'amour-propre l'avait amené à rompre avec les Hollandais, et il avait offert ses services à Colbert. Celui-ci s'empressa de l'accueillir; Caron fut nommé directeur général du commerce français dans l'Inde. Il avait, pour l'assister dans ses entreprises, un Persan nommé *Marcara*, aussi expérimenté que lui-même sur les choses de l'Inde, et familier avec les langues de l'Orient. Caron aborda à Cochin, fonda à Surate la première factorerie française (1668), et l'année suivante, celle de Masulipatam. Mais les deux agents ne purent s'entendre : Marcara, injustement accusé auprès de Colbert, s'embarqua pour Bantam. Caron obtint du ministre l'envoi d'une escadre pour enlever Ceylan aux Hollandais : l'amiral **de La Haye,** ancien gouverneur de Madagascar, la commandait. Il échoua devant Pointe-de-Galles (1672), mais Trincomali et San-Thomé furent prises. La première de ces places fut presque aussitôt reconquise par les Hollandais. On mit cet échec au compte de Caron, et la Compagnie des Indes demanda son rappel. Le navire qui le ramenait en France avec toutes ses richesses fut englouti en entrant dans le port de Lisbonne (1673).

François Martin. — Irrités et effrayés par les entreprises de la France, les Hollandais firent croire au rajah de Golconde que son honneur et sa sécurité exigeaient l'expulsion de ces étrangers insolents et avides. Il unit ses forces à la flotte hollandaise; et les Français bloqués dans San-Thomé, malgré une résistance héroïque, durent capituler : on leur accorda les honneurs de la guerre. De La Haye revint à Surate; mais un détachement de soixante hommes de la garnison, sous les ordres de **François Martin,** se retira dans une concession située au nord de la rivière Coleroun, que la Compagnie venait d'acquérir.

Martin avait commencé, lui aussi, sa carrière au service de la Hollande; mais depuis longtemps il était passé au service de la Compagnie française. Son énergie, sa discrétion, son habileté, son dévouement le signalèrent tout de suite à l'attention de Caron : il prit une part glorieuse aux expéditions de La Haye. Grâce à ses bonnes relations avec le gouverneur et les indigènes, Martin établit une factorerie au village de *Pouditcherri* : le village hindou s'agrandit, se peupla, se transforma sous sa direction en une ville européenne : on l'appela Pondichéry. Le port était commode, abrité contre les moussons, le climat salubre; la Compagnie en approvisionna les magasins, et Martin obtint du chef indigène, son ami, l'autorisation d'entretenir trois cents soldats indiens pour la défense de la ville nouvelle. Munie d'une garnison et d'une citadelle, Pondichéry vécut prospère et paisible quelques années. Mais les montagnards mahrattes, commandés par le redoutable

---

Bayle, 1888.) Nous ne saurions trop recommander à l'attention de quiconque voudra connaître à fond l'histoire héroïque de la France dans la mer des Indes cet ouvrage écrit par un défenseur éclairé et résolu de l'œuvre coloniale.

Sivadji[1], se jetèrent sur le Carnatic et investirent Pondichéry. Martin ne pouvait se défendre avec ses trois cents soldats manufacturiers. Il offrit à Sivadji des présents et des indemnités. Le chef des Mahrattes accepta : le danger fut écarté. Martin continua à bâtir des maisons, des magasins, des ouvrages de défense. Mais, en 1693, un orage plus terrible vint fondre sur la colonie. Une flotte hollandaise de vingt vaisseaux assiégea Pondichéry. Martin ne reçut aucun secours de la Compagnie à demi ruinée; on lui reprochait de se livrer à des entreprises chimériques. Il se défendit de son mieux; il n'avait à opposer que trente ou quarante Européens et trois cents Hindous à quinze cents soldats et à deux mille marins européens. Après douze jours de lutte, il se résigna à capituler. La garnison sortit de Pondichéry avec les honneurs de la guerre, et la colonie fut livrée à la Compagnie hollandaise des Indes orientales. Les projets de colonisation française dans l'Inde paraissaient à jamais perdus. Mais Martin, par son énergie, son désintéressement, sa douceur envers les indigènes, laissait le souvenir et le nom de la France respectés et honorés dans l'Inde. Nos factoreries de Surate, de Masulipatam, de Balasore n'étaient pas abandonnées, et un édit d'Aureng-Zeb venait de nous céder le village de Chandernagor sur l'Hougli (1688).

Le traité de Ryswick nous rendit Pondichéry, avec les fortifications que les Hollandais y avaient élevées, pour en faire la première forteresse de l'Hindoustan. Martin était alors en France; les directeurs de la Compagnie et le ministre de la marine l'avaient reçu avec les plus grands honneurs, et le roi l'avait fait chevalier de l'ordre de Saint-Lazare. Il fut désigné pour commander la place de Pondichéry, et partit avec une escadre portant des troupes régulières, des ingénieurs, des munitions de guerre, des canons et d'importants approvisionnements et matériaux. Martin se mit à l'œuvre; il agrandit encore les fortifications, construisit des magasins, des boutiques et des maisons, renoua les relations pacifiques avec les indigènes, les attira dans la ville par sa douceur et sa loyauté. Le conseil supérieur des Indes fut transféré de Surate à Pondichéry, Martin en fut nommé président et eut la direction des affaires de l'Inde. Quand il mourut, en 1706, pauvre et honoré, il laissait une cité florissante, peuplée de 40 000 habitants, dotée de règlements sages, et capable de supplanter les établissements rivaux. Grâce à lui, les Français avaient aux yeux des indigènes une réputation de droiture et de bonne foi qui inspiraient la sympathie aux princes indigènes et la confiance aux Hindous.

Les successeurs de Martin (1706-1735). — Malheureusement la Compagnie française des Indes, mal dirigée, était à la veille de la faillite.

---

1. Sivadji était fils d'un soldat de fortune au service du roi de Bidjapour. Il commandait un district du Carnatic. C'était l'époque où Aureng-Zeb faisait jeter son père en prison, et assassiner ses frères pour rester seul maître du trône de Delhi. Toutes les provinces étaient en révolte : Sivadji appela à lui des bandes d'aventuriers, pasteurs ou agriculteurs retranchés dans les montagnes où ils avaient su conserver leur indépendance. Les plus nombreux vinrent des plateaux qui s'étendent entre le Goudjerate et le Canara; on leur donnait le nom de MAHRATTES, ou habitants du Maharachtra, district du Dekkan septentrional. Ce nom devint celui de la confédération tout entière réunie sous les ordres de Sivadji; ces bandes étaient liées par la communauté de race, de croyances, de mœurs; braves et rusés, orgueilleux et avides, ils détestaient les étrangers, et firent aux musulmans d'abord, aux Anglais dans la suite, une guerre implacable, guerre de religion, d'indépendance et de pillage.

Ses finances étaient épuisées, elle en était réduite, ne pouvant continuer ses opérations de commerce, à vendre des licences aux commerçants libres. Huit ans après la mort de Martin (1714), le monopole de cinquante ans accordé par Louis XIV expirait. La Compagnie, qui ne vivait plus que d'expédients, n'en sollicita pas moins le renouvellement d'un privilège qu'elle était impuissante à exercer pour son propre compte.

Elle en obtint la prorogation pour dix ans. A Pondichéry, les premiers successeurs de Martin, **Hébert** et **Dulivier**, à peu près délaissés par la Compagnie, n'avaient pu que prolonger l'existence de la colonie, sans l'améliorer. Law sauva une situation désespérée en créant la *Compagnie des Indes*, qui absorba les privilèges de toutes les autres Compagnies maritimes françaises, en payant leurs dettes et en prenant la charge de leurs engagements[1]. Parmi les monopoles que l'édit du Régent conférait à la nouvelle société se trouvait la ferme des tabacs. On sait quel fut le sort du *Système*. La Compagnie des Indes avait ressenti l'effet immédiat des spéculations à outrance et de l'agiotage de la capitale : trois vaisseaux richement chargés de marchandises européennes, d'or et d'argent, avaient été expédiés en 1720 à Pondichéry. Le gouverneur **Le Noir** (1720-23), qui était un honnête homme en même temps qu'un marchand avisé, employa une partie de ces richesses à acquitter les dettes de la Compagnie. Le crédit de la France se releva, et c'est à la confiance seule des indigènes que la place de Pondichéry dut de ne pas être entraînée dans le naufrage du Système pendant les années qui suivirent. Les Compagnies rivales se moquaient en effet de cette association de spéculateurs français qui avaient, « sur la foi de promesses trompeuses », ouvert des marchés et des magasins, et vendu à l'avance des cargaisons qui n'arrivaient plus. Le Noir, dont la bonne foi était hors d'atteinte, obtint des sursis, et la colonie fut encore une fois sauvée.

La *Compagnie des Indes* devint en effet, en 1723, une institution particulière au capital de 112 millions. Depuis ce moment, la circulation des navires et des marchandises entre l'Inde française et la métropole ne fut plus suspendue. Les longues années de paix qui signalèrent le ministère du cardinal Fleury assurèrent à la Compagnie des progrès rapides et de beaux bénéfices. Le Noir, et après lui **Beauvallier de Courchant** (1723-1726), puis **Le Noir**, qui fut rappelé dans ses anciennes fonctions (1726-1735), contribuèrent à cet heureux développement. Beauvallier prit Mahé au rajah de Bargaret, à la côte de Malabar; Le Noir fit continuer le mur d'enceinte de Pondichéry, que Dupleix devait achever plus tard; il embellit la ville d'un jardin public, y fit planter de belles avenues, construisit un palais pour la résidence des princes étrangers et des ambassadeurs, fonda des collèges, des établissements de missions. Un large fossé sépara la ville européenne de la ville indigène. Le Noir régla avec soin les institutions politiques et administratives de la colonie, et établit une étiquette dont le luxe même devait, aux yeux des indigènes, rehausser le prestige de la Compagnie et de la France. Enfin c'est à lui que furent dues les premières cultures et les premières manufactures de coton établies dans le pays.

Benoît Dumas. — Ces éléments de prospérité, développés par une habile administration, furent remis à des mains sûres. En 1735, le gouver-

---

[1]. L'édit du Régent disait : « La Compagnie des Indes s'est affranchie de ses
» engagements les plus légitimes. Nous avons reçu des Indiens des plaintes réité-
» rées de ce que la Compagnie ne veut payer ni intérêt, ni capital, et depuis
» seize ans elle n'a pas envoyé un vaisseau à Surate. »

neur des îles de France et de Bourbon, **Benoît Dumas,** fut nommé gouverneur général des possessions françaises dans l'Inde. Dumas était arrivé dans l'Inde à dix-sept ans, en 1713; il avait donné à la Compagnie de telles preuves de capacité et de sagesse, qu'il devint bientôt membre du Conseil supérieur, puis avocat général de la Compagnie. On l'avait nommé ensuite membre du gouvernement supérieur des îles Mascareignes, puis directeur général de la Compagnie, président du Conseil supérieur, et gouverneur des îles. « Dumas était un homme adroit, calculateur, prudent, nullement en-
» clin à risquer beaucoup sans avoir en vue un résultat très tangible, brave,
» résolu, jaloux de l'honneur de la France, parfaitement au fait des mœurs
» du pays, fidèle aux traditions de François Martin, aimant la paix et dési-
» reux par-dessus tout d'étendre par des moyens pacifiques le territoire
» français dans l'Inde. » (Colonel MALLESON, *Histoire des Français dans l'Inde,* p. 61.)

L'habileté de Martin fit entrer la politique française dans une voie nouvelle. Depuis la mort d'*Aureng-Zeb* (1707) et surtout depuis celle de son fils et successeur SHAH-ALAUM (1712), l'Inde était en proie à la fureur des guerres civiles et à la rapacité des envahisseurs. Le Grand Mogol disputait son trône et sa capitale à ses frères ou à ses lieutenants, aux souverains de la Perse, aux bandes afghanes, aux tribus rebelles et pillardes des Sikhs, des Mahrattes, des Jaüts. — NADIR-SHAH, usurpateur du trône des Sofis dépossédés, allait ravager l'Inde occidentale et mettre à sac la capitale, Delhi; le vice-roi du Dekkan refusait d'obéir; les vingt-deux gouverneurs des provinces ou *soubabs,* leurs lieutenants, les *nababs,* et tous les autres fonctionnaires d'une hiérarchie compliquée, s'émancipaient les uns après les autres; à peine reconnaissaient-ils encore au Grand Mogol un droit d'investiture, que celui-ci leur vendait le plus cher possible. La division des castes, la différence des religions, avaient hâté la dissolution de l'empire mogol. Au moment où brahmanistes et musulmans étaient aux prises, où l'anarchie régnait dans les provinces et à la cour de Delhi, les Anglais et les Français prenaient pied en même temps dans le Carnatic et au Bengale.

Le nabab du Carnatic, *Dost-Ali,* attiré vers la colonie de Pondichéry par intérêt autant que par sympathie, se lia d'une amitié fort étroite avec Dumas et plusieurs colons européens de la ville. Il accorda à Dumas la permission de frapper des monnaies au chiffre du Grand Mogol, et ce privilège fut l'occasion d'un commerce lucratif de lingots d'or et d'argent. Dumas obtint aussi du rajah de Tandjore la concession de la ville et du territoire de Karikal (1739), en échange d'une somme d'argent, d'approvisionnements militaires, et comme salaire d'une campagne faite en commun contre les Mahrattes qui s'étaient emparés du Tandjore... Ces acquisitions et ces alliances faillirent amener la ruine de la colonie.

La confédération des bandits mahrattes, établie jadis par Sivadji, avait alors pour chef *Raghogi-Bhonsla.* Jaloux des conquêtes des musulmans au sud de l'Inde, et attiré par les richesses du Carnatic, le chef mahratte, avec cinquante mille cavaliers, pénétra sur les terres de Dost-Ali, le surprit grâce à un traître et détruisit son armée. Dost-Ali fut tué dans la mêlée. Son gendre, *Chunda-Sahib,* confia sa femme et ses enfants à Dumas : la veuve de Dost-Ali et sa famille cherchèrent de même un refuge derrière les murs de Pondichéry. Dumas et le conseil colonial n'hésitèrent pas à ouvrir un asile à ces proscrits qui se fiaient ainsi à la protection de la France, avec leurs bagages, leurs bijoux et leurs richesses. On les accueillit avec les plus grands honneurs. Dumas se mit activement en mesure de faire face aux attaques des Mahrattes qui marchaient sur Pondichéry. Il pourvut à tout, consolida et agrandit les fortifications, accumula des provisions pour un siège, et accueillit en foule les indigènes en quête d'un abri. — Les Mahrattes sommèrent Dumas de payer tribut et de livrer la femme et le fils de Chunda-Sahib avec leurs trésors. Dumas répondit que les Français périraient tous plutôt que de commettre une pareille lâcheté[1].

C'est alors qu'il eut l'idée de former un corps auxiliaire de cinq à six mille musulmans armés et disciplinés à l'européenne, qui feraient le service journalier de la garnison et combattraient à côté d'elle. C'est là l'origine des armées de *cipayes*, que l'Angleterre forma plus tard sur le même modèle, et qui sont aujourd'hui encore les gardiens les plus sûrs de la domination européenne dans l'Inde.

Raghogi vainquit le frère de Chunda devant Tritchinapoli, assiégea et prit la ville après trois mois d'un siège héroïque. Chunda obtint à peine d'avoir la vie sauve. Raghogi adressa à Dumas de nouvelles sommations menaçantes. La même réponse y fut faite. Le redoutable chef des Mahrattes envoya un de ses officiers supérieurs à Pondichéry avec un dernier ultimatum. Dumas le reçut avec la plus grande courtoisie, lui montra les vivres qu'il avait emmagasinés, les canons braqués sur les remparts, la garnison résolue à se défendre, et ajouta d'un ton ferme que Pondichéry ne serait pas évacué tant qu'il y resterait un Français vivant; le territoire occupé par les Français ne cachait ni mines d'or, ni mines d'argent, mais il était riche en fer, et ses habitants sauraient s'en servir contre leurs ennemis.

L'officier mahratte fut frappé par ces déclarations énergiques. Dumas, en le congédiant, lui fit don de dix bouteilles d'une « liqueur de Nancy » qui fut très appréciée de son général et de la femme de celui-ci. Elle trouva même le *cordial* si parfait, qu'elle en réclama d'autre, à tout prix. Raghogi dut céder aux exigences impérieuses de sa femme. Il oublia son ultimatum, reprit les négociations avec Dumas, parla de paix, sans parler de tribut et d'abandon des captifs; Dumas offrit trente autres bouteilles de *cordial*, et Raghogi se retira sans autre démonstration vers la côte occidentale.

Les princes de l'Inde accablèrent d'honneurs, de présents et de félicitations le gouverneur de Pondichéry. A leurs yeux et aux yeux des Hindous, il passa pour un héros. Le nabab du Dekkan lui offrit un habit d'honneur; le fils de Dost-Ali, *Sufder*, l'armure enrichie d'or et de pierres précieuses de son père, avec des éléphants, des chevaux, des épées et des armes splendides; l'empereur du Delhi lui conféra le rang et le titre de nabab, avec le commandement de quatre mille cinq cents hommes, dont deux mille

---

1. Voici quelques extraits de cette fière réponse de Dumas à Raghogi-Bhonsla :
« Vous me dites que nous devons depuis quarante ans, un tribut à votre roi. La
» nation française n'a jamais été soumise à un aucun tribut : il m'en coûterait la
» tête si le roi de France, mon maître, était informé que j'eusse consenti à payer
» un tribut à qui que ce soit..... Vous m'avez écrit de livrer à vos cavaliers la
» femme de Chunda-Sahib, son fils et les richesses qu'elle a apportées ici. Vous
» qui êtes noble, généreux, plein de bravoure, que penseriez-vous de moi, si
» j'étais capable d'une pareille bassesse? la femme de Chunda-Sahib est dans
» Pondichéry sous la protection du roi de France, mon maître, et tous les
» Français qui sont dans l'Inde mourraient plutôt que de vous la livrer..... Vous
» me menacez, en finissant, que, si je ne cède pas à vos demandes, vous amè-
» nerez vous-même vos armées ici. Je me prépare de toutes mes forces à vous
» bien recevoir, à bien mériter votre estime en vous montrant que j'ai l'hon-
» neur de commander à la nation la plus brave du monde qui sait se défendre
» avec intrépidité contre ceux qui l'attaquent injustement. »

formeraient sa garde personnelle en temps de paix, et seraient entretenus aux frais de l'empire. Dumas obtint que ce précieux titre de nabab, et ce commandement fussent transmissibles à son successeur. Les petits princes voisins de nos possessions, les rajahs de Bargaret, de Travancor, de Bedror nous accordaient des traités avantageux qui augmentaient nos revenus et nos territoires.

Tels furent les éclatants résultats de l'administration ferme, éclairée et probe de Benoît Dumas. Quelques mois après, ce grand homme demandait lui-même à rentrer en France, laissant à son successeur des possessions affermies, des sujets dévoués, des alliés fidèles, une politique toute tracée et des exemples féconds. Ce successeur fut Dupleix.

L'œuvre de Dupleix.

Joseph-François **Dupleix** était né à Landrecies en 1697. De bonne heure il aima avec passion les lettres, la musique, les sciences exactes ; il détestait le commerce et les affaires. Son père, riche fermier général et membre-directeur de la Compagnie des Indes, se moqua de ses rêves, et, pour guérir son imagination qui lui semblait maladive, il l'embarqua pour l'Inde, sur un navire de la Compagnie. Dupleix fit plusieurs voyages dans l'Inde et en Amérique, apprit le commerce et la marine, délaissa un peu ses beaux projets d'autrefois, et devint, à vingt-trois ans, grâce au crédit de son père, premier conseiller et commissaire militaire du Conseil supérieur à Pondichéry. C'était en 1720. Dupleix se préoccupa aussitôt d'étendre le commerce et les relations de la Compagnie avec les villes de l'intérieur, et de faire de Pondichéry le port de transit de l'Inde méridionale. Il réalisa de grands bénéfices, et son exemple fut suivi. Mais les directeurs de Paris, qui exerçaient un contrôle rigoureux sur leurs agents, comprirent mal ses vues : Dupleix refusa d'obéir à leurs ordres, et fut suspendu de ses fonctions. Il ne quitta pas l'Inde, rédigea un mémoire pour justifier ses actes, et, après quatre ans de lutte, se fit réintégrer dans sa charge (1730). Les directeurs lui rendirent leur confiance et le nommèrent intendant du poste de Chandernagor. Ce comptoir, fondé en 1676, et fortifié en 1688, était dans un état de détresse et de délabrement extrême. Ses succursales, Kassim-Bazar, Jougdia, Dacca, Balasore, Patna, étaient ruinées. Les quais de Chandernagor étaient déserts, ses rues envahies par les broussailles. La prospérité d'autrefois était passée dans les entrepôts anglais de Calcutta. Dupleix se mit résolument à l'œuvre. Il acheta et affréta des navires, approvisionna les magasins, rétablit la circulation commerciale entre le fort et les villes indigènes, se fit armateur, marchand, banquier ; en quatre ans, Chandernagor était transformé ; d'une factorerie désolée il avait fait une cité vivante, un entrepôt florissant : quarante navires et bientôt soixante-douze y apportaient ou en exportaient les marchandises de Surate, Moka, Bassora, de la Chine et du Japon, celles du Bengale et des lointaines régions du Tibet. Dupleix et ses associés réalisèrent dans ces opérations hardies des bénéfices énormes ; mais la fortune de la colonie grandit avec celle de son intendant : on l'en récompensa en lui donnant la succession de Dumas (octobre 1741).

Dupleix venait d'épouser la veuve d'un conseiller de la Compagnie des Indes, M. Vincent. Née dans l'Inde, fille d'un Français, M. Albert, et d'une Portugaise de la famille de Castro, Mme Dupleix, belle, intelligente, instruite, connaissant à fond les dialectes de l'Inde, les préjugés et les coutumes des Hindous, fut l'auxiliaire dévouée et l'inspiratrice heureuse des projets de son mari : elle partagea sa bonne et sa mauvaise fortune. Dupleix prit le titre de nabab que le Grand Mogol avait octroyé à Dumas, et qui était transmissible à ses successeurs ; il se fit rendre tous les honneurs attachés à ce titre, afficha un luxe et établit une étiquette qui excitèrent les railleries des Français, le respect et l'admiration des indigènes. Il entreprit un fastueux voyage pour se faire reconnaître comme nabab de Chandernagor. Il savait combien il importait de frapper et d'éblouir l'imagination des Orientaux pour les dominer.

La Compagnie ne tarda pas à lui apprendre que la guerre était sur le point d'éclater entre la France et l'Angleterre, et lui ordonna de réduire les dépenses, et de suspendre les travaux de fortification. Dupleix eut le courage de désobéir : il fit élever du côté de la mer un rempart, creuser un fossé large et profond, et contribua largement de sa bourse et de son crédit à la défense de la place. Les directeurs de la Compagnie le félicitèrent de sa prévoyance. Quand la guerre fut déclarée, Dupleix n'avait reçu aucun secours de la métropole. Une escadre anglaise, sous le commodore *Barnett*, croisait dans les eaux de Madras, et le gouverneur de la colonie de Madras, *Morse*, donnait l'ordre d'attaquer Pondichéry. Dupleix conjura le danger en obtenant du nabab du Carnatic, *Anaverdikan*, un arbitrage qui interdit toute agression des Anglais contre Pondichéry. Dupleix gagnait du temps. Il adressa au ministre et au Conseil des appels pressants : enfin il apprit que Louis XV lui octroyait des lettres de noblesse et la croix de Saint-Louis, et que l'escadre de La Bourdonnais faisait voile vers Pondichéry.

Mahé de la Bourdonnais, gouverneur de l'île de France, s'était fait une réputation brillante d'homme de guerre et d'organisateur. C'est grâce à son habileté et à son courage que l'escadre de *M. de Pardaillan* avait enlevé en 1725, sur la côte de Malabar, la ville de Mahé, à laquelle on avait donné son nom. A l'île de France, il avait tout créé : cultures du café, de la canne à sucre, manufactures, moulins, canaux, aqueducs, magasins, arsenaux, quais, bassins à flot, navires, etc. La Bourdonnais battit les Anglais et vint croiser dans les eaux de Pondichéry. Dupleix le lança, non sans résistance, à l'assaut de Madras. La ville fut enlevée brillamment ; le gouverneur capitula sans condition. Mais alors éclata la rivalité entre La Bourdonnais et Dupleix : le premier ne voyait dans Madras qu'une place à piller et à détruire, ou une colonie à rançonner ; sa politique était celle d'un flibustier, à qui l'avenir colonial de la France dans l'Inde était indifférent. Le second, au contraire, voulait en faire une colonie française et la faire servir à ses projets d'intervention et d'agrandissement futurs. Les pouvoirs de l'amiral et du gouverneur étaient mal définis : La Bourdonnais affirmait qu'il était le maître absolu de ses opérations et de ses prises, Dupleix n'admettait pas qu'il y eût sur le sol indien d'autres souverains que lui-même et le Conseil. Dans les discussions violentes qui s'engagèrent sur le sort de Madras, La Bourdonnais s'emporta jusqu'à menacer le major général *Bury*, et parla de faire prendre les armes à ses troupes contre Dupleix. Celui-ci tint bon, cassa la capitulation de Madras et le projet de rançon fixé par La Bourdonnais à onze cent mille pagodes (environ 10 500 000 francs). Un ouragan qui se déchaîna sur la rade de Madras anéantit presque l'escadre française : La Bourdonnais en rallia les débris, et, désormais impuissant, regagna l'île de France avec quelques vaisseaux chargés de butin.

Cette campagne commencée avec tant d'éclat allait s'achever pour lui dans la disgrâce et dans le déshonneur [1].

À Pondichéry, Dupleix, au milieu de périls effroyables, réussit à sauver sa ville, à garder Madras, et à préparer la création d'un empire français dans l'Inde. Le nabab du Carnatic, *Anaverdikan*, irrité de n'être pas mis en possession de Madras, malgré les promesses de Dupleix, s'allia aux Anglais et envoya contre Pondichéry une armée de dix mille hommes. Elle fut mise en déroute par un millier d'Européens et de cipayes que commandait Paradis, le plus intrépide et le plus brave lieutenant de Dupleix. L'amiral anglais Boscawen réussit à débloquer le fort Saint-David que Paradis assiégeait, mais il ne put s'emparer de Pondichéry qui résista à toutes leurs attaques : dans une sortie, le vaillant Paradis fut tué.

Tandis que Dupleix, laissé sans secours, sauvait la colonie, le gouvernement de Louis XV signait le traité d'Aix-la-Chapelle ; un des articles rendait Madras à l'Angleterre en échange de Louisbourg.

Cet acte impolitique affligea Dupleix sans le décourager. Il saisit la première occasion d'intervenir dans les affaires des princes de l'Inde, et d'imposer au Carnatic et au Dekkan la domination de la France. Nous ne suivrons pas dans ses détails cette politique habile et souple, qui obtint longtemps les plus beaux succès, et n'échoua à la fin que par le mauvais vouloir de la Compagnie et le lâche abandon du gouvernement central. Le vice-roi du Dekkan, *Nizam-el-Molouk*, venait de mourir, et la nababie du Carnatic se trouvait en même temps vacante. Deux compétiteurs, **Naser-Sing** et **Mouzafer-Sing**, fils et petit-fils du Nizam, se disputaient le Dekkan ; le vieil allié de la France, **Chunda-Sahib**, voulait enlever à **Anaverdy-Khan** la possession du Carnatic. Mouzafer et Chunda s'allièrent et recherchèrent l'appui de la France. Dupleix passa outre aux répugnances de la Compagnie, et n'hésita pas à intervenir. Il mit au service des deux princes des ingénieurs, des officiers, des soldats, leur fournit des fusils et des canons. Le comte d'Autheuil, officier déjà vieux, dont les talents étaient médiocres, mais la bravoure entraînante, les commandait ; il avait pour lieutenant le marquis de **Bussy**, qui était un autre Dupleix. A la première rencontre, Anaverdy-Khan fut vaincu et tué. Chunda devint nabab de Carnatic, et Mouzafer se proclama nabab du Dekkan. Le Grand Mogol ratifia ces choix, Mouzafer vint en grande pompe à Pondichéry

---

1. La Bourdonnais, qui s'était rendu à la Martinique à bord d'un vaisseau hollandais, reçut l'ordre de rentrer en France. Le navire fut pris par la croisière anglaise ; La Bourdonnais, conduit en Angleterre, y fut comblé d'honneurs par la cour, les directeurs de la Compagnie des Indes, et le public. Ces manifestations de chaude sympathie achevèrent de le compromettre. Il obtint de se rendre en France pour se justifier. On l'accusait de désobéissance, de concussions, de trahison. Il fut mis à la Bastille, et y resta trois ans au secret. Il en était réduit à écrire sa défense sur des mouchoirs empesés, en se servant d'une plume façonnée avec une pièce de cuivre, et trempée dans du marc de café. L'opinion publique et surtout les écrivains de l'opposition s'apitoyèrent sur son sort. Voltaire dit qu'on le nommait « le vengeur de la France et la victime de l'envie ». Après un long procès, pendant lequel le maître des requêtes, Dufour de Villeneuve, fit subir trente-six interrogatoires à La Bourdonnais, et passa, dit Barbier, deux mille heures à la Bastille pour l'instruction, le vainqueur de Madras fut acquitté. Il mourut quelques mois après. (Voy. le *Journal* de Barbier, et les *Mémoires* de Luynes.) — M. le colonel Malleson (ch. IV) a prouvé que, dans le projet de capitulation de Madras, et la rançon imposée à la ville, l'honneur du négociateur n'est pas resté sans tache.

s'incliner devant Dupleix : dans son enthousiasme, il disait qu'avec cinq cents Français, il irait affronter le Grand Mogol à Delhi.

Mouzafer n'était maître que d'une partie du Dekkan ; Naser tenait l'autre et y rassemblait une formidable armée. Tandis que les deux alliés, peu dociles aux conseils de Dupleix, perdaient le temps à rançonner les rajahs du sud, Naser marchait contre eux avec trois cent mille hommes, huit cents canons et treize cents éléphants. Mouzafer et Chunda épouvantés s'enfuirent à Pondichéry, leur armée se dispersa. Dupleix rétablit l'ordre parmi ces fuyards, fit arrêter ou révoquer les officiers les plus compromis, et engagea des négociations avec Naser qui était maître d'Arcote, et faisait main-basse sur nos factoreries, avec l'appui des Anglais et de **Mohammed-Ali**, fils d'Anaverdy-Khan. D'Autheuil vainquit Mohammed-Ali ; Bussy enleva avec un admirable courage la forteresse de Gingi qui était presque inaccessible et passait pour imprenable ; enfin le commandant de *La Touche*, secondé par les chefs de l'armée de Naser que les agents de Dupleix avaient secrètement provoqués à la révolte, attaqua à l'improviste le camp du nabab, qui fut massacré. On proclama Mouzafer nabab du Dekkan ; il fit à Pondichéry une entrée triomphale, ayant à ses côtés dans le même palanquin le gouverneur français à qui il rendait hommage comme à son suzerain. Dans un grand durbar où tous les princes et nobles du Dekkan et du Carnatic vinrent s'incliner devant Mouzafer et son puissant protecteur, le nabab nomma Dupleix souverain de tout le pays situé entre la Kistna et le cap Comorin, lui fit don de la forteresse de Valdaour, de domaines immenses et d'une rente de 100 000 roupies. La possession des districts de Mazulipatam, de Yanaon, de Karikal avec des territoires plus étendus fut assurée à la Compagnie. Mouzafer s'engagea solennellement à ne rien faire sans prendre l'avis de Dupleix. Le tout-puissant gouverneur français étonna les Hindous par sa générosité et son désintéressement. Il fit venir auprès de lui Chunda, le présenta au nabab, et renonça en sa faveur au Carnatic, dont il le fit investir. Il refusa pour lui-même les immenses trésors, joyaux et objets précieux trouvés dans le camp de Naser, et que le nabab avait remis entre ses mains[1]. Ce riche butin fut partagé entre Mouzafer et les nababs ses vassaux. Le nabab fit don de 500 000 roupies aux troupes qui avaient vaincu son rival, et restitua à la Compagnie les avances qu'elle avait faites pendant la guerre. On décida que sur l'emplacement du dernier champ de bataille on érigerait une colonne commémorative, et une ville sous le nom de *Dupleix-Futtey-Abad*. En rentrant dans le Dekkan, Mouzafer voulut emmener avec lui un corps auxiliaire de trois cents Français et trois mille cipayes réguliers. Bussy les commandait, Bussy que sa vaillance, son énergie, son sang-froid, sa science militaire et sa parfaite connaissance de l'Inde rendaient merveilleusement propre à ces hautes et délicates fonctions.

Ces succès étaient malheureusement aussi fragiles que brillants. Mouzafer ne revit pas sa capitale. Sur les terres du nabab de Kouddapah, un complot tramé entre les nababs jaloux et mécontents amena une révolte dans le camp ; Mouzafer fut tué. Bussy fit preuve d'une habileté et d'une fermeté merveilleuses. Sans laisser aux conjurés le temps de délibérer, il sut leur persuader de proclamer non le fils de Mouzafer qui

---

1. Il est intéressant de comparer cette conduite admirablement désintéressée du grand Français avec les complaisances de Clive et l'avidité sans mesure et sans honte de Warren Hastings. (Voy. *infra*.)

était un enfant, mais son frère *Salabat*. On le tira de prison et on le nomma vice-roi d'un État de trente-cinq millions de sujets. Comme don de joyeux avènement Salabat renouvela les privilèges accordés à la France, et agrandit par de nouvelles concessions les territoires de la Compagnie. Le pays d'Orissa fut ajouté à nos possessions de la côte de Coromandel. Dupleix étendait son influence sur 200 lieues de côtes ; le Dekkan et le Carnatic étaient soumis à la suprématie morale de la France ; Mohammed-Ali avait posé les armes ; les Anglais étaient réduits à « bouder » à Madras et au port Saint-David (1751). La fortune de Dupleix était à son apogée : il avait fait triompher le grand principe de sa politique coloniale, qui était d'exercer sur l'Inde un arbitrage souverain, et de gouverner sous le nom et par l'intermédiaire des princes indigènes. Mais les années d'épreuves allaient venir.

Dupleix fit les plus grands efforts pour maintenir la paix. Au contraire Mohammed-Ali, malgré ses promesses, refusa de rendre Tritchinapoli. Il savait que Bussy était dans le Dekkan avec la meilleure partie des troupes françaises, et il avait, à force d'instances, arraché aux Anglais de Madras une promesse de secours. Ceux-ci avaient gardé, pendant les derniers événements, une expectative prudente : mais ils étaient jaloux de Dupleix, dont ils commençaient à deviner les plans ambitieux. La Compagnie anglaise se décida à soutenir Mohammed-Ali contre la France. Elle lui envoya quelques centaines d'Européens, de cipayes avec des canons sous les ordres de *Cope* et de *Gingen*. Celui-ci avait pour lieutenant **Robert Clive**.

Lutte des Français et des Anglais dans l'Inde.

Clive a été le véritable fondateur de l'empire anglais dans l'Inde. A dix-huit ans, sa famille, pour se débarrasser de ce mauvais garnement, l'avait embarqué pour Madras (1744). On espérait qu'il ferait fortune ou qu'il mourrait de la fièvre jaune. Il débuta comme écrivain dans les bureaux de la Compagnie. Il souffrit cruellement du climat et de l'isolement, de la pauvreté surtout, s'étiola entre les registres, et eut de tels accès de spleen, qu'il tenta deux fois de se tuer. Deux fois le pistolet fit long feu. Clive en conclut qu'il était appelé à une haute destinée. Au fort Saint-David, dans la lutte contre La Bourdonnais, il se fit soldat, fut nommé enseigne, et acquit par sa bravoure une réputation qui le signala au major Lawrence. Quand l'Angleterre s'engagea en faveur de Mohammed-Ali, Clive reprit le fusil, et son génie audacieux, son intrépidité aventureuse se révélèrent avec éclat. Il conçut le projet hardi d'attaquer Arcote, capitale du Carnatic, occupée par une garnison française ; il la surprit et s'y installa. Dupleix s'empressa de réparer cet échec. Il remplaça *d'Autheuil*, vieilli et goutteux, par le capitaine *Law*, neveu du financier écossais ; mais il n'en fut pas mieux servi. Les troupes de Law, unies à celles de *Rajah-Sahib*, fils de Chunda, investirent Arcote. Clive fit une défense héroïque avec une poignée d'hommes, força l'ennemi à lever le siège, et le vainquit à Arami. L'armée anglaise, sous les ordres de Lawrence et de Clive, marcha sur Tritchinapoli. Malgré les efforts et les conseils de Dupleix, l'incapable Law laissa prendre la ville et s'enferma dans l'île de Seringham, formée par les bras du Cavéry. Dupleix envoya des renforts sous d'Autheuil. Clive lui livra un combat acharné, où il fut lui-même blessé, et manqua vingt fois d'être pris. D'Autheuil se rendit avec ses troupes, et Law, bloqué dans son île, capitula, livrant ses canons, ses armes, ses munitions au vainqueur.

L'œuvre de Dupleix paraissait perdue : l'armée française était prisonnière de guerre, les Anglais arbitres du Carnatic. Dupleix, dans cette malheureuse campagne, s'était montré plus énergique et plus vigilant que jamais; mais ses habiles plans de campagnes confiés, en l'absence de Bussy, à des lieutenants incapables, échouaient dans l'exécution : ce fut là son infériorité vis-à-vis de Clive, qui était à la fois le bras et la tête. Dupleix n'eut pas de défaillance; sa femme, *Joanna Begaum*, la princesse Jeanne, comme disaient les indigènes, le seconda, l'encouragea, le consola. Il avait des représentants indigènes dans les cours des rajahs ; par ses intrigues secrètes, il les poussa à la révolte. Il traita avec les Mahrattes, naguère alliés de Mohammed-Ali, se fit une armée avec les renforts venus de France, mit à sa tête son neveu, *de Kerjean*, et infligea aux Anglais une défaite devant Gingi. Le major Lawrence répara cet échec, et fit Kerjean prisonnier ; mais le prestige de Dupleix s'était relevé. Clive malade s'embarqua alors pour l'Angleterre, et les nouvelles les plus rassurantes arrivaient du Dekkan, où *Bussy* parlait et agissait en maître.

Le vaillant officier avait fait son entrée triomphale à Aurengabad en juin 1751. Il installa ses troupes dans une forteresse qui commandait la ville et les mettait à l'abri de toute surprise ; il leur imposa une discipline rigoureuse, qui excita l'admiration et la confiance des indigènes. Au palais, Bussy se montrait respectueux et docile en apparence, ayant l'air d'obéir tandis qu'il donnait des ordres, avec un tact égal à sa fermeté. C'est lui qui dirigeait en secret les relations extérieures du nabab, qui lui faisait choisir pour ministres des hommes dévoués à ses vues, qui était l'âme du gouvernement. Salabat avait un frère aîné, **Gazi-Oudin**, qui convoitait son trône. Ce prétendant s'allia avec le *Peshwa* des Mahrattes, *Balladgi*, chef de ces redoutables cavaliers devenus la terreur de l'Hindoustan. Les deux armées, fortes de deux cent cinquante mille hommes, s'avancèrent sur Aurengabad. Bussy, sans s'émouvoir, proposa à Salabat de marcher sur Pounah, capitale des Mahrattes. Balladgi, qui faisait la guerre par intérêt, et non par politique ni affection pour Gazi-Oudin, abandonna son allié, et courut défendre sa capitale. Les Mahrattes furent deux fois écrasés, et Bussy fut regardé comme un héros. Il accorda la paix aux vaincus, les hostilités cessèrent. Gazy-Oudin périt empoisonné dans son palais à la suite d'un complot. Bussy, gravement malade, dut se retirer un instant à Mazulipatam.

En son absence, le premier ministre du nabab organisa une conspiration pour chasser les Français. Des plaintes venues des officiers de l'armée, dont la solde n'était plus payée, et une lettre interceptée par Dupleix, où le complot était dévoilé, révélèrent à temps le secret à Bussy. Il n'était pas encore rétabli, mais il se hâta d'accourir, réunit l'armée, y rétablit la discipline, paya la solde arriérée, et fit céder à la France par le nabab et son ministre perfide quatre provinces des *Circars* du nord, dont le revenu s'élevait à dix millions. Puis il força sans violence le ministre du nabab à donner sa démission, le remplaça par une de ses créatures, et revint à Mazulipatam achever sa guérison (août 1754). Mais il y arrivait à peine, qu'il apprenait la déplorable nouvelle de la disgrâce de Dupleix.

Malgré ses échecs dans le Carnatic, Dupleix n'avait pas faibli. Il comptait sur Bussy, sur les Mahrattes, ses alliés, commandés par *Morari-Rao*, sur un renfort de sept cents hommes que lui amenait de l'île de France le commandant *de La Touche*. Ce secours n'arriva pas ; le navire, *le Prince*, où La

Touche s'était embarqué, fut brûlé en mer avec presque tous les passagers. Le gouverneur anglais de Madras, *Saunders*, et ses officiers, *Lawrence* et *Dalton*, empêchèrent les troupes françaises et mahrattes de reprendre Tritchinapoli ; les lieutenants de Dupleix, *Astruc, Brennier, Mainville*, furent battus ou repoussés en plusieurs rencontres, autour de la ville et sur le Cavéry : à leur hardiesse téméraire, à leur fougue impétueuse, les Anglais opposèrent une opiniâtreté, une vigueur, une habileté et une souplesse victorieuses. L'admirable sang-froid de Lawrence dans cette campagne l'a fait comparer par les historiens anglais à Wellington lui-même. Dupleix consentit à ouvrir des conférences pour la paix à Sadras ; mais les glorieuses nouvelles qui lui arrivaient du Dekkan ne lui permirent pas d'accepter les conditions exorbitantes des commissaires anglais. Les conférences furent vite rompues, les hostilités recommencèrent, avec quelques succès des Français. C'est alors que Dupleix fut rappelé.

La disgrâce de Dupleix. — A Versailles, ses succès éclatants avaient d'abord ébloui tout le monde ; mais bientôt ses projets grandioses avaient inquiété, puis effrayé un gouvernement travaillé par les discordes, et plus préoccupé des intrigues de cour, des querelles du jansénisme et des menaces de guerre européenne, que de l'honneur de la France dans les Indes. On ne comprenait pas les plans de Dupleix ; le gouverneur général élevé au rang de nabab, et rêvant de faire du descendant de Louis XIV le suzerain du Grand Mogol, passait aux yeux de certains courtisans pour un extravagant ou un halluciné ; un trop sage ministre qualifiait ses desseins de *chimères* et de *visions*. D'autre part, les directeurs et les conseillers de la Compagnie se lassaient d'une lutte qui rapportait plus de gloire que d'écus et les tenait dans un perpétuel souci ; les actionnaires se plaignaient de la diminution des dividendes ; les amis de La Bourdonnais renouvelaient contre le gouverneur de l'Inde leurs accusations calomnieuses. Quand on apprit à Versailles la rupture des conférences de Sadras, on se décida à sacrifier Dupleix à la paix. Les Anglais avaient déclaré qu'ils ne traiteraient que si l'on changeait les deux négociateurs, et de nouvelles forces, sous l'amiral *Watson*, avaient été ostensiblement expédiées dans les Indes orientales. Louis XV désigna l'un des directeurs, **Godeheu**, jadis membre du conseil de Chandernagor, pour remplacer Dupleix, en qualité de commissaire, pour conclure la paix et vérifier les comptes de son prédécesseur. La Compagnie française le nomma en même temps gouverneur général de ses établissements. Quant aux Anglais, ils se gardèrent bien de destituer Saunders.

Godeheu avait été jadis le subordonné de Dupleix : il en avait reçu mille preuves d'affection et d'intérêt ; Dupleix avait été le principal artisan de sa fortune, et avait même eu l'occasion de lui sauver la vie. Le gouverneur, ignorant les ordres dont il était porteur, lui fit, à son débarquement à Pondichéry, une réception splendide. Godeheu, dans la crainte d'une révolte à main armée, avait dissimulé jusqu'au dernier moment le but de sa mission : il informa sèchement Dupleix de sa disgrâce, et lut à la Chambre du Conseil les instructions du roi qui ordonnaient la démission et le départ de Dupleix. Celui-ci, au milieu du silence général, sans faire entendre aucune protestation, dit simplement : *Vive le Roi!* remit à Godeheu le commandement, et, dix semaines après, suivi de sa famille, il dit adieu à l'Inde. Godeheu, dont la lâcheté et l'envie égalaient la bassesse, ne réussit pas, malgré ses investigations, à découvrir la moindre irrégularité dans ses comptes. N'ayant pu le déshonorer, il s'efforça du moins de le ruiner. L'examen des comptes de la Compagnie démontrait qu'il était dû à Dupleix de six à sept millions :

il avait fait aux alliés de la France des avances pour les dépenses de la guerre, évaluées à une somme au moins égale. Godeheu refusa d'en fournir le certificat : il alléguait que ces sommes étaient au compte de la Compagnie ou de l'Etat. La Compagnie avait souscrit, au moment du départ de Dupleix, un billet de 422600 livres; Godeheu défendit de le payer. Il hâta le départ du gouverneur, et ne lui laissa ni le temps, ni le moyen d'acquitter ses dettes.

A son arrivée à Lorient, Dupleix fut accueilli avec des marques de vénération touchantes. On s'étouffait sur son passage, le contrôleur général l'accueillit avec faveur; la marquise de Pompadour témoignait à Mme Dupleix des égards flatteurs : le gouverneur disgracié et la princesse Jeanne furent les héros à la mode. Mais, quand Dupleix présenta ses comptes aux directeurs de la Compagnie, ils refusèrent de les reconnaître, sous prétexte qu'ils n'avaient pas été vérifiés à Pondichéry, à cause du refus de Godeheu. Dupleix intenta un procès à la Compagnie. « Le débat s'agrandit bientôt; » tout en conservant la forme judiciaire, il devint au fond politique. On » déchaîna contre Dupleix les libellistes les plus venimeux. On attaqua » avec fureur son administration; on tourna ses plans en ridicule; on » l'insulta; on lui reprocha comme un crime personnel la capitulation » de Law; on appela sa constance de l'entêtement, sa fermeté de l'aveu- » glement. On le représenta comme le plus avide des traitants, et par une » étrange inconséquence, on lui reprocha ses dépenses. On trouva co- » mique[1] la prétention de dominer l'Inde; on le traita de rebelle; on » l'accusa presque de trahison. » (Tibulle HAMONT, *Dupleix*, p. 342.)

Dupleix se défendit neuf ans avec une énergie et une éloquence infatigables, dépensant dans cette lutte acharnée où son honneur était en jeu, plus encore que sa fortune, sa santé et ses dernières ressources. Il tomba dans la gêne; on vendit sa maison; on logea chez lui des garnisaires pour le non-paiement de la capitation; on allait faire vendre ses meubles quand il mourut, en 1763. Le commissaire du Châtelet procéda à l'inventaire du mobilier en présence du cadavre de Dupleix[2].

---

1. « On se moqua de ses projets avortés, on ne crut pas même à leur réalité; » on en fit des opéras-comiques et des contes moraux. Le chevalier de Bouf- » flers, l'homme à la mode, s'était agréablement raillé de tous ses rêves de » grandeur asiatique; il avait fait d'une petite laitière une reine de Golconde : » désabusée du trône, la laitière avait repris le chemin de sa chaumière pour y » vivre gaiement et sans souci. La France de Louis XV ressemblait en effet à » cette héroïne : un instant reine des Indes, elle avait mieux aimé retourner à » ses petits soupers et à ses légères amours. » (A. DE SAINT-PRIEST, *Etudes diplomatiques*, t. II, p. 206.)

2. La dernière réplique de Dupleix à la Compagnie, écrite quelques jours avant sa mort, contenait ces lignes : « J'ai sacrifié ma jeunesse, ma fortune, ma vie, » pour enrichir ma nation en Asie. D'infortunés amis, de trop faibles parents con- » sacrèrent leurs biens au succès de mes projets. Ils sont maintenant dans la mi- » sère et le besoin. Je me suis soumis à toutes les formes judiciaires, j'ai demandé » comme le dernier des créanciers ce qui m'est dû. Mes services sont traités de » fables; ma demande est dénoncée comme ridicule; je suis traité comme l'être » le plus vil du genre humain. Je suis dans la plus déplorable indigence; la » petite propriété qui me restait vient d'être saisie. Je suis contraint de demander » une sentence de délai pour éviter d'être traîné en prison. » — Lefèvre, dans son *Eloge de Dupleix*, dit qu'après vingt ans de soins et de travaux, M. Dupleix de Buquencourt, conseiller d'Etat, et neveu de Dupleix, obtint la liquidation d'une partie de ce qui était dû à la succession. Mais la révolution priva de cette fortune la marquise de Valory, fille et unique héritière du grand homme.

Ainsi se termina l'existence de ce grand homme qui réunit en lui le plus merveilleux assemblage de qualités propres à l'administrateur, au diplomate, à l'homme d'Etat. D'une probité incorruptible, d'un désintéressement et d'une loyauté inattaquables, d'une noblesse et d'une égalité d'âme parfaites, les succès ne l'enivraient pas plus que l'adversité ne pouvait l'abattre. Calme et intrépide sur le champ de bataille, il ne lui manqua peut-être, pour achever son œuvre à lui tout seul, que d'être un grand capitaine et de savoir conduire une armée. Mais il avait créé de toutes pièces l'organisation applicable à l'Inde, et les historiens anglais impartiaux ont ratifié le jugement qu'un écrivain français a porté sur lui : « On admire beaucoup et l'on
» cite l'Angleterre pour avoir résolu ce grand problème de gouverner à
» 4000 lieues de distance, avec quelques centaines d'employés civils et
» quelques milliers d'employés militaires, ces immenses possessions de
» l'Inde. S'il y a quelque nouveauté, quelque hardiesse et quelque génie
» politique dans cette idée, il faut reconnaître que l'honneur en revient à
» Dupleix, et que l'Angleterre qui en recueille aujourd'hui le profit et la
» gloire n'a eu qu'à suivre les voies que le génie de la France lui avait
» ouvertes[1]. »

Le traité de Godeheu. — Avant de quitter Pondichéry, Dupleix avait laissé à son successeur des instructions précises et de sages avis sur les opérations qu'il avait entreprises, et qu'il importait de poursuivre pour l'honneur et le succès des armes françaises. Il lui conseillait de maintenir *Bussy* à la cour du soubab, *Moracin* dans les districts cédés, et *Mainville* à la tête de l'armée de Tritchinapoli. Godeheu resta d'abord inactif. Puis il restitua à Saunders les prisonniers, cessa de fournir à l'armée des subsides, des provisions et des renforts, et remplaça Mainville par un général médiocre et irrésolu, qui refusa tout combat, n'empêcha pas les Anglais de ravitailler Tritchinapoli, et abandonna tous les postes conquis. Les princes hindous, amis de la France, le soubab Salabat, le Mahratte Morari-Rao, les Maïsouriens, furent aussi découragés que surpris par l'inexplicable disgrâce de Dupleix; nos ennemis s'en réjouissaient ouvertement; la France perdait son prestige et devenait la risée des Anglais et de leurs créatures.

Godeheu ne s'en tint pas là. Poussé par le désir de faire la paix à tout prix, et aveuglé par sa jalousie contre Dupleix, il entama avec le gouverneur de Madras d'actives négociations, signa une trêve de trois mois et, deux mois plus tard, un traité de paix définitif. Godeheu abandonnait les conquêtes de Dupleix, trahissait nos alliés indigènes, renonçait aux dignités et gouvernements que le soubab du Carnatic avait conférés à son prédécesseur, et s'engageait en même temps que Saunders à ne plus intervenir dans les affaires des princes du pays, à ne plus bâtir de forts. Honteux pour la France, et surtout pour Godeheu dont il porte le nom, ce traité valait mieux pour l'Angleterre que dix victoires : il lui livrait l'Inde. Le coup fait, et le déshonneur consommé, Godeheu s'embarqua pour l'Europe. Six mois lui avaient suffi pour détruire la grande œuvre de Dupleix. « Son départ fut
» salué par la colonie comme un bienfait public. » (1755.)

Le gouverneur anglais Saunders profita à merveille de ces criminels

---

M. Edouard Petit, dans son étude sur *François Dupleix* (Paris, Degorce-Cadot), a cité en note ce renseignement intéressant et peu connu.
1. Xavier Reymond, cité par le colonel anglais Malleson, ch. x.

abandons. Ferme autant que patient et rusé, il fit à propos courir sur nous les bruits les plus calomnieux, humiliant l'orgueil de la France, exaltant la fortune de l'Angleterre, semant contre nous la défiance et la haine. Les Anglais le considèrent avec raison comme un des fondateurs de leur empire indien. Le successeur de Godeheu, DUVAL DE LEYRIT, ancien directeur général de Chandernagor, laborieux et bien intentionné, n'avait ni la finesse, ni la décision nécessaires. Il n'abandonna pas la lutte; il n'adopta pas le principe de non-intervention de Godeheu; mais sous celui d'Autheuil, continua à se faire battre par les Anglais. — Son successeur, SAUBINET, qui lui était bien supérieur par les talents militaires et l'énergie personnelle, préserva les places du Carnatic en attendant l'escadre qui amenait des renforts de France (1756).

La brusque disgrâce de Dupleix, le traité de Godeheu qui abandonnait les protégés de la France, jetèrent Bussy dans des embarras terribles. Le soubab du Dekkan, qui vénérait Dupleix et l'appelait son *oncle*, ne pouvait comprendre la politique étonnante du roi de France. Malgré les protestations et les preuves de fidélité de Bussy, Salabat ajouta foi aux perfides calomnies de son premier ministre, *Shah-Nawaz-Khan*, qui sollicita l'alliance des Anglais, complota l'assassinat de Bussy, et obtint sa destitution. Bussy montra dans cette crise un merveilleux sang-froid. Il aurait pu lutter à main armée contre le soubab qu'il avait rétabli; il aima mieux se soumettre, et, avec ses troupes, il se retira et se retrancha à Haïderabad. Appuyé par les renforts que Leyrit et Moracin lui envoyèrent de la côte, il tint en respect les troupes de Shah-Nawaz, et bientôt Salabat le rappelait à la cour, et le réinstallait solennellement dans tous ses titres, dignités et honneurs. Bussy se hâta de reconquérir les Circars; il se préparait à envoyer un détachement au secours de Chandernagor, quand il apprit la reddition du port (1757). Il employa tous ses soins à fortifier le pouvoir du soubab, à déconcerter les intrigues de son entourage qui lui opposait un compétiteur ennemi de la France. Son tact, son habileté, sa modération avaient eu un plein succès, et son pouvoir était plus affermi que jamais dans le Dekkan au mois de juin 1758. C'est alors qu'il reçut du *comte de Lally*, le nouveau gouverneur de l'Inde, l'ordre de partir immédiatement pour Arcote; il devait laisser le commandement des troupes à de *Conflans*, et amener avec lui Moracin. Ce fut un coup de foudre pour Bussy, dont l'œuvre allait être anéantie, et pour Salabat, dont la fortune reposait sur l'officier de génie qui le quittait pour jamais.

La dernière lutte : Lally-Tollendal[1]. — Thomas-Arthur, comte

---

[1]. Fils d'un exilé irlandais, il était né à Romans en 1700. Encore adolescent, il fit ses premières armes sous les ordres de son père en Espagne; à dix-neuf ans, il obtenait une compagnie dans un régiment de la brigade irlandaise; en 1734, il se distinguait aux sièges de Kehl et de Philipsbourg, et était chargé, après la guerre, par le cardinal Fleury d'une mission diplomatique secrète auprès de la tzarine Elisabeth. A Fontenoy, en 1745, il contribuait par sa valeur brillante à la victoire, et le roi le nommait colonel sur le champ de bataille; et, de là, il allait combattre en Ecosse aux côtés du prétendant Charles-Edouard, pour la restauration des Stuarts. Après l'échec de Culloden, il rentrait en France, assistait à la bataille de Laufeld et au siège de Berg-op-Zom, et recevait pour prix de ses services le grade de maréchal de camp. Quand, las enfin de faire à l'Angleterre des concessions humiliantes, Louis XV dut se résigner à la guerre, c'est à Lally qu'on songea pour le commandement des opérations dans l'Inde.

de **Lally**, et baron de Tollendal, s'était acquis une réputation militaire incomparable par ses services dans les guerres antérieures. Il professait, en qualité de proscrit et de catholique fidèle à la dynastie des Stuarts, une haine implacable contre les Anglais. Il répétait sans cesse qu'il y avait trois partis à prendre : « Reconduire Charles-Edouard en Angleterre; chasser les Anglais du Canada et leur reprendre l'Hindoustan. » On lui confia cette dernière mission. Le gouvernement ne pouvait faire un choix plus malheureux. Pour réparer les fautes de Godeheu et reprendre l'œuvre de Dupleix, il fallait un autre Dupleix. Lally était la bravoure, l'énergie et la droiture même : mais il ignorait tout de l'Inde, les rivalités des princes, les intrigues des cours, la distinction des castes, les jalousies des Européens, l'avarice de la Compagnie. « Plus d'Anglais dans la péninsule, » pour lui, ces quatre mots répondaient à tout : il bornait sa tâche à une banale et brutale conquête.

Il quitta Brest le 2 mai 1757 avec une petite escadre, que commandait le comte d'*Aché*, « le plus mou, le plus faible, le plus énervé des hommes ». Une partie de ses troupes, sous le chevalier de *Soupire* avait mis à la voile quatre mois avant lui. Parmi ses officiers on comptait d'*Estaing*, *Crillon*, *Montmorency*, *Conflans*, *La Fare*, *Breteuil*, tous dignes des grands noms qu'ils portaient; les soldats étaient loin de valoir les chefs : quelques volontaires braves et disposés à obéir au milieu de repris de justice, de vauriens indisciplinés et pillards, capables de tous les crimes.

Lally n'aborda à Pondichéry qu'au mois d'avril 1758. En France, les directeurs de la Compagnie l'avaient engagé à se défier des anciens agents de Dupleix; Lally, dont le caractère était violent et ombrageux, les tenait d'avance pour des fripons. Dès son arrivée, il se hâte d'agir. Il avait reçu du roi les pouvoirs les plus étendus. Tout le monde dans la péninsule devait lui obéir. Il conduit ses troupes contre la place de Cuddalore, et s'en empare; il attaque le fort Saint-David, où Dupleix avait échoué, et le prend d'assaut; il en fait sauter les remparts et raser les maisons. Il pousse d'Estaing sur Devicotta, et se prépare à marcher sur Madras. Mais d'Aché lui refuse le concours de la flotte, alléguant le manque de provisions et le mauvais état de santé de ses équipages, et il s'éloigne de Pondichéry.

Lally, privé de ressources, se laissa détourner de Madras sur Tanjore, qu'il voulait rançonner. Les troupes, sans provisions, sans argent, avec des munitions insuffisantes, éprouvèrent de terribles souffrances. Lally, irrité, mit tous ces déboires au compte de la trahison. Il frappa de réquisition les rajahs, qu'il traitait avec mépris et appelait de *misérables* nègres; il pilla les temples de Brahma sur sa route, chassa les prêtres à coups de mousquet, renversa les pagodes, fit du pays un désert. N'ayant ni chevaux, ni bœufs pour ses transports, on rapporte qu'il attela pêle-mêle à ses chariots et à ses canons brahmanes et parias, « comme si le gouverneur de Paris » se fût avisé d'atteler un duc et pair avec le valet du bourreau pour les » employer à la démolition de Notre-Dame! » Ces actes furieux excitaient la terreur et la haine des indigènes[1].

Une défaite maritime de d'Aché obligea Lally à lever le siège de Tanjore,

---

« Dans cet Hindoustan, qui semblait un musée d'objets précieux et fragiles, où
» Dupleix et sa femme avaient pu tout ménager, ne touchant à rien qu'avec des
» mains adroites et agiles de prestidigitateurs, l'Irlandais Lally semblait un tau-
» reau lâché, que d'invisibles piqûres, d'insaisissables perfidies rendaient furieux,
» et qui donnait de la corne et du sabot au hasard. La casse fut énorme. »
(A. Rambaud, *Revue Bleue*, 8 juin 1889.)

et à regagner Pondichéry, avec une armée décimée et démoralisée. Il voulut y réunir toutes ses forces pour une expédition contre Madras. Il envoya donc à Bussy l'ordre de quitter le Dekkan, et de le rejoindre, se souciant peu, écrivait-il, « qu'un cadet dispute le Dekkan à son aîné, et que tels ou tels rajahs s'y disputent telles ou telles nababies ». Il n'admettait pas d'ailleurs que Bussy eût gagné, avec une magnifique renommée, une fortune opulente, et il le prenait au fond pour un de ces intrigants comme il en voyait dans tous les agents de Pondichéry. Les officiers de Lally se firent de Bussy une tout autre opinion dès qu'ils purent l'apprécier de près ; mais Lally et Bussy, en apparence pleins de respect et d'égards l'un pour l'autre, étaient sourdement divisés, et cette antipathie aggrava le péril.

A la fin de l'année 1758, le gouverneur général mit le siège devant Madras, après avoir enlevé le fort Saint-Georges et la ville noire, où les maraudeurs, qui suivaient l'armée, se livrèrent impunément à un pillage effréné. La ville européenne et la citadelle résistèrent à toutes les attaques, malgré les efforts héroïques de Lally. Les ingénieurs et officiers d'artillerie refusèrent de tenter un assaut, et de pénétrer par les brèches. L'arrivée de la flotte anglaise devant Pondichéry força Lally à la retraite ; il expédia par mer ses blessés à San-Thomé, enterra ses boulets, encloua ses canons, et partit avec ses troupes et ses bagages, le front haut, et la rage au cœur. Il était, lui aussi, victime des conseillers de Pondichéry et de toutes les créatures de la Compagnie, qui ne pouvaient s'accommoder d'un patriotisme si impétueux et d'une probité si farouche.

En même temps on apprenait que le Dekkan était à jamais perdu pour nous. Le successeur de Bussy, *Conflans*, se fit battre près de Rajamoundri par le colonel anglais *Forde*, et, bloqué dans Mazulipatam où il avait cherché un refuge, il y capitula avec toute son armée. Le soubab du Dekkan, Salabat, se hâta de conclure avec Forde un traité par lequel il renonçait à jamais à l'alliance française, s'engageait à ne plus admettre un *soldat français* dans ses États, et cédait aux Anglais un vaste territoire. A Pondichéry, Lally, épuisé par la fatigue et le chagrin, tomba malade. L'armée établie à Vandisvah, à quelques milles d'Arcote, ne pouvait tenter aucune nouvelle entreprise sans l'arrivée des renforts et des ressources que d'Aché devait amener de l'île de France. Il arriva enfin, mais se contenta de débarquer les secours en argent qu'il apportait : malgré les remontrances et les supplications de Lally et de ses officiers, et celles du Conseil, il repartit pour l'île de France. Les soldats, qui étaient démoralisés, et qui ne touchaient pas de solde depuis dix mois, se soulevèrent, et furent difficilement apaisés. Quelques jours après, Lally en personne était vaincu à Vandisvah, et Bussy fait prisonnier.

Il fallut alors se défendre dans Pondichéry même contre l'armée d'invasion. Lally fit des efforts désespérés ; mais les Anglais bloquèrent étroitement la ville ; tout espoir de salut fut perdu. « Les ennemis qu'il trouvait dans » Pondichéry étaient pires que ceux qu'il avait à combattre au dehors. Il » rencontrait l'égoïsme partout, le patriotisme nulle part. Les habitants se » refusaient même à endosser l'uniforme militaire quand il ne s'agissait que » d'en faire parade devant l'ennemi. La sédition, la cabale, l'intrigue s'agi» taient de tous côtés ; chacun traversait ses desseins, et, contrecarrant en » secret ses ordres, ne s'occupait plus que de s'approprier les épaves du » naufrage. » (MALLESON.) Pondichéry dut se rendre sans conditions au colonel Coote. Lorsque Lally quitta la ville, entouré d'une escorte anglaise, une populace furieuse l'insulta ; son intendant Dubois, vieillard de soixante-dix ans, presque aveugle, qui emportait les principaux documents prouvant la trahison des ennemis du gouverneur, fut assassiné au moment où il tentait de le rejoindre : ses papiers furent volés. Lally obtint des Anglais la permission de se rendre à Paris pour se justifier. Il accusa Leyrit et les membres du Conseil. Mais tous ceux dont il incriminait à tort ou à raison la conduite se liguèrent contre lui : Bussy et d'Aché, Leyrit et Moracin, les conseillers de Pondichéry et un jésuite, le P. Lavaur, qui avait été le confident du gouverneur, et avait noué contre lui des intrigues dans l'Inde. Le duc de Choiseul conseillait à Lally de s'enfuir ; Lally, sûr de son innocence, se présenta devant les juges. Après une interminable et révoltante procédure, il fut condamné à mort, et décapité sur la place de Grève en 1766[1]. Trois ans plus tôt, le traité de Paris nous avait enlevé l'Inde.

L'œuvre de Clive (1743-1770).

Conquête du Bengale. — Le gouvernement et la Compagnie française avaient tour à tour abandonné Dupleix, Bussy, Lally ; l'Angleterre et la Compagnie anglaise agirent au contraire de concert, et cette union persévérante, secondée par un homme de génie, **Clive**, et par des gouverneurs et capitaines plus énergiques et moins divisés que les auxiliaires des chefs français, leur donna la domination de l'Inde. Ils s'approprièrent les projets de Dupleix et n'imaginèrent pas de politique nouvelle.

Robert Clive, né en 1725, était doué d'une volonté de fer ; son intrépidité allait jusqu'à la folie ; un de ses oncles disait que « le goût des batailles le possédait hors de toute mesure ». Il était en même temps avisé, habile, et de bonne heure il se montra capable de calcul[2].

---

1. Lally était entré à la Bastille le 5 novembre 1762 ; la procédure, commencée en juillet 1763, dura trois ans. La grande Chambre du parlement fut chargée du procès ; le président Maupeou la présidait, le magistrat chargé de l'instruction était Pasquier. Il montra une partialité cynique. Lally sollicita en vain un avocat : trois fois on le lui refusa. On ne lui laissa pas les moyens de préparer sa défense ; on ne voulut pas lire les pièces qui démontraient son innocence ni entendre les témoins qui parlaient en faveur de l'accusé. M. Tibulle Hamont a retrouvé aux Archives nationales des traces irrécusables de ces infamies judiciaires. Le P. Lavaur avait rédigé deux journaux : l'un officiel, où Lally était comblé de louanges ; l'autre secret, où il était accusé de tous les crimes. C'est ce mémoire défavorable qui servit de base au rapport de Pasquier. Ce magistrat accueillait tous les mensonges, tous les faux témoignages contre Lally. Son ignorance touchait au grotesque : il demandait compte à Lally de 10000 *cipayes*, et d'un *wakil* qu'il s'était appropriés ; prenant *cipaye* et *wakil* (ambassadeur indou) pour des valeurs monétaires. — Quand Lally se vit condamné, le vieux soldat déshonoré protesta avec indignation, et s'enfonça un compas dans la poitrine ; dans la crainte qu'il ne mourût de sa blessure, les juges firent avancer de six heures l'exécution. Dans sa prison, un geôlier le terrassa et lui vola sa montre ; on le mena à la place de Grève sur la charrette des assassins ; on le garrotta et on le bâillonna avant de le livrer au bourreau. Douze ans après, le fils de Lally, avec l'appui de Voltaire, obtint de Louis XVI la revision de ce procès abominable. La sentence des juges fut cassée par arrêt du Conseil (21 mai 1778). Le parlement de Rouen fut chargé de l'affaire, et confirma la sentence des juges de Paris (1783). Le Conseil cassa le jugement, et déféra la cause au parlement de Dijon : là encore les magistrats refusèrent la réparation. Il fallut quatre arrêts du Conseil pour réhabiliter la mémoire de Lally. (Voy. l'ouvrage de M. Tibulle HAMONT.)

2. « Les vieillards des environs de Market-Drayton se rappellent encore avoir
» entendu raconter à leurs parents comment Bob Clive avait escaladé le clocher,

On a vu plus haut ses débuts dans les bureaux et dans l'armée, sous les ordres du major Lawrence. Il avait enlevé Arcote, capitale du Carnatic, battu Rajah-Sahib, et rasé la colonne triomphale et la ville de Fateyhabad, élevées à la gloire de Dupleix. Il s'empara encore avec cinq cents cipayes des forts de Covelong et de Chingleput, occupés par des garnisons françaises, et, malade de fatigue et d'épuisement, rentra en Angleterre (1752). Le jeune héros, à peine âgé de vingt-sept ans, y fut admiré de tous. Son père ne pouvait reconnaître Bobby dans le général Clive; il finit par avouer que le *nigaud* n'était pas sans mérite. Il rapportait de l'Hindoustan une fortune, provenant de ses prises; en deux ans, il dépensa tout dans un train de vie fastueux. Son élection à la Chambre des Communes lui avait coûté une somme énorme. Son élection fut cassée, malgré l'appui de Fox et de lord Sandwich. Clive, déçu et appauvri, repartit pour l'Inde avec le grade de lieutenant-colonel dans l'armée anglaise (1755).

Dupleix n'était plus dans la péninsule. Le retour de Clive fut marqué par un exploit fructueux. De concert avec l'amiral Watson, il brûla la flottille du pirate *Angréa* qui était la terreur du golfe Arabique, lui prit sa citadelle de Gheriah, et les vainqueurs se partagèrent 150 000 liv. sterling. Bientôt il fut appelé du fort Saint-David dans le Bengale, où sa présence paraissait nécessaire. Les Hollandais possédaient dans le delta du Gange la factorerie de Chinsurah, les Français celle de Chandernagor, les Anglais celle de Williams. La province de Bengale, gouvernée par le vice-roi *Anaverdy-Khan* jusqu'en 1756, était alors sous le joug du plus abominable des despotes orientaux, SOURAJAH-DOWLAH : d'une intelligence médiocre, d'un esprit perverti, ivrogne et débauché, entouré de bouffons, de courtisans et d'esclaves, un de ses plaisirs les plus vifs était de torturer des êtres vivants; tantôt des animaux ou des oiseaux, tantôt des hommes. Il témoignait aux Anglais une haine profonde, et saisit la première occasion de les attaquer. Un riche indigène, qu'il voulait dépouiller, avait cherché un refuge à Calcutta, dans le fort William; malgré les sommations, Sourajah ne put se le faire livrer; il bloqua le fort : les agents de la Compagnie, qui étaient des négociants habiles, mais de piètres soldats, s'enfuirent; le gouverneur et le commandant perdirent la tête, et évacuèrent le fort. Les Anglais, faits prisonniers, au nombre de cent quarante-six, furent, sur l'ordre du rajah, poussés, l'épée dans les reins, dans un étroit cachot de 20 pieds carrés. Entassés les uns sur les autres, sous ce climat brûlant, ces malheureux périrent presque tous. Le lendemain, quand on eut ouvert un passage aux survivants à travers la masse des cadavres, « vingt-trois spectres, que leurs » mères elles-mêmes n'auraient pu reconnaître, sortirent l'un après l'autre » en chancelant de ce charnier ». Les infortunés furent traités avec une horrible cruauté; on les enchaîna, on les nourrit de pain et d'eau; la seule Anglaise qui eût survécu fut envoyée à Mourchidabad, dans le harem du prince. Sourajah annonça pompeusement sa conquête au Grand Mogol, mit une garnison dans Calcutta, et en interdit l'approche aux Anglais.

A Madras, on fut consterné. Sans tarder, l'amiral Watson et Clive, avec

---

» et avec quelle terreur les habitants l'avaient vu assis sur une gouttière de
» pierre tout au haut de l'église. Ils racontent aussi comment il avait organisé
» tous les garçons oisifs de la ville pour en former une espèce d'armée du pil-
» lage, et pour obliger les marchands à lui payer un tribut de sous et de pommes,
» tandis qu'en retour il leur garantissait la sûreté de leurs vitres. » (MACAULAY,
Lord Clive, trad. de G. Guizot.)

neuf cents fantassins anglais et quinze cents cipayes, partirent pour Hougli. Clive enleva avec sa vigueur habituelle Calcutta et le fort, et saccagea Hougli. Sourajah-Dowlah, étonné et inquiété par cette brusque attaque, offrit de traiter et de faire des concessions. Malgré l'opposition de Clive, le comité de la Compagnie, pressé de rentrer en possession de ses factoreries et de recevoir des indemnités, accepta un arrangement.

Le caractère de Clive ne resta pas toujours sans tache. Macaulay dit qu'il ne cessa pas d'être probe et équitable avec les Anglais, mais qu'il se montra peu scrupuleux avec les Hindous. Il avait deux morales, l'européenne et l'asiatique; il appliquait aux Hindous la seconde, comme il convenait à la latitude et à leur propre perfidie. C'est ainsi qu'avec le concours de plusieurs traîtres, le ministre des finances et le commandant des troupes de Sourajah, nommé *Meer-Jaffier*, un négociant bengali, *Omichund*, et un riche banquier de l'Inde, un complot fut préparé contre le rajah du Bengale. Clive l'endormit par de feintes négociations, et, avec ses troupes bien commandées et disciplinées, l'attaqua et mit son armée en déroute à Plassey (1757). Tous les canons, tous les bagages, d'immenses trésors tombèrent aux mains des vainqueurs. Sourajah s'enfuit avec un coffret plein de bijoux, et fut bientôt arrêté et mis à mort par son successeur, Meer-Jaffier, que les Anglais avaient mis à sa place.

Alors commença la curée. On envoya par eau de Mourchidabad au fort William une flotte de cent bateaux chargés d'or, d'argent et de pierreries. Il y avait pour 800 000 liv. sterl. d'argent monnayé. Tous les employés de la Compagnie s'enrichirent. Clive pouvait puiser à pleines mains dans les trésors du Bengale. Il marchait entre des monceaux d'or et d'argent surmontés de rubis et de diamants; son biographe, tout en le blâmant d'avoir cédé à la tentation, le loue de s'être montré modéré, et fait cette remarque subtile, qu'il n'agissait pas comme le serviteur de l'État, mais comme l'agent de la Compagnie : Clive se contenta de prendre pour lui 300 000 livres environ (6 à 7 millions de francs). La Compagnie le nomma, en récompense, gouverneur général du Bengale. Son pouvoir fut illimité. Meer-Jaffier était comme un esclave à ses pieds. Clive repoussa les Français dans le Carnatic, écrasa une armée du Grand Mogol devant Patna, et dispersa une flotte hollandaise qui avait envahi les eaux de l'Hougli.

Quelques mois après, il rentrait triomphalement à Londres. George III l'éleva à la pairie d'Irlande, Pitt fit son éloge au Parlement et proclama l'ancien commis le premier général de l'Angleterre. Clive possédait une fortune énorme pour le temps; ses revenus dépassaient déjà 40 000 liv. sterl. (plus d'un million). Il en fit un usage honorable, dota ses sœurs, secourut largement ses amis et ses parents, pensionna ses anciens camarades ou chefs pauvres. Il séjourna cinq ans en Angleterre, et entra en 1761 à la Chambre des Communes, où il se fit peu remarquer. Les affaires de l'Inde le préoccupaient plus que celles du continent; les circonstances allaient pour la troisième fois le ramener dans la péninsule.

Les agents de la Compagnie des Indes, pressés de s'enrichir, se livraient impunément à des extorsions effrénées. Ils renversaient et relevaient les nababs, mettaient le pouvoir royal aux enchères, établissaient à leur profit le monopole du commerce intérieur, insultaient les tribunaux, la police et les autorités fiscales, et se faisaient protéger par une armée d'indigènes qui était à leur solde, et qui portait dans les provinces la désolation et la terreur. « Tous les serviteurs d'un agent anglais étaient armés de tout le pouvoir » de leur maître, et leur maître était armé de tout le pouvoir de la Com- » pagnie. On amassait ainsi rapidement, à Calcutta, des fortunes énormes,

» pendant que trente millions de créatures humaines se trouvaient réduites
» aux dernières extrémités de la souffrance. » (MACAULAY.)

Clive accepta des Directeurs la mission de mettre un terme à ces excès. Nommé gouverneur et commandant en chef de toutes les possessions anglaises dans le Bengale, il partit pour Calcutta. Il écrivit à son arrivée que « le nom anglais était tombé bas », et qu'il « versait des larmes sur la » gloire de la nation anglaise, qu'il croyait disparue et perdue sans re- » tour ». Il lutta néanmoins avec énergie contre les abus : il défendit aux employés civils de recevoir aucun présent des indigènes et leur interdit le commerce particulier; il destitua les agents factieux et ceux qui étaient le plus compromis, mais il augmenta les traitements des fonctionnaires pour leur ôter l'occasion de se plaindre. Il traita l'armée avec la même rigueur et cassa des officiers qui avaient conspiré contre lui; il remit à la Compagnie, au bénéfice des soldats et de leurs chefs hors de service, les sommes considérables que le nabab Meer-Jaffier lui avait léguées par son testament. Après dix-huit mois de séjour au Bengale, Clive malade regagna l'Europe (1767).

En Angleterre, sa fortune et sa renommée avaient excité la haine et l'envie. Les aventuriers dont il avait dévoilé les infamies le poursuivirent de leurs attaques. On détestait ces *nababs* anglais, d'une basse extraction, qui avaient acquis des fortunes princières, les étalaient insolemment, les dépensaient en folies, et répandaient partout la corruption. La presse, les chansons, le théâtre, le roman les mettaient en scène et les chargeaient de ridicule et d'opprobre. Clive fut bientôt regardé comme le plus opulent de ces nababs. La magnificence de ses palais, le luxe de ses équipages, la splendeur de ses festins excitèrent contre lui l'opinion. On lui imputa tous les abus, on le représenta comme l'incarnation de tous les vices, le complice de tous les crimes. La nouvelle d'une famine atroce qui désola l'Inde en 1770, à la suite d'une sécheresse persistante, redoubla les colères. Clive n'était plus dans l'Inde, on ne l'en accusa pas moins d'être l'organisateur du monopole et des accaparements qui faisaient mourir de faim des milliers d'hommes sur une terre merveilleusement féconde[1]. Le Parlement s'émut : les ministres durent accepter une discussion sur les affaires de l'Inde. Clive se défendit avec éloquence, mais ne put empêcher la nomination d'une commission d'enquête. On releva contre lui la fraude employée pour tromper Omichuud, l'acceptation de dons énormes; le rapport proclama ses grands services, mais le blâma d'avoir acquis illégalement, au déshonneur et au détriment de l'État, une somme de six millions de francs.

Clive tomba dans une tristesse profonde; une maladie de foie contractée sous le climat de l'Inde ajouta de nouvelles souffrances à ses tortures mo-

---

1. « Des femmes jeunes et délicates, qui n'avaient jamais levé leur voile devant
» le public, sortaient du fond des appartements où la jalousie orientale veillait
» naguère sur leur beauté, et se prosternaient aux pieds des passants en implorant
» à grands cris une poignée de riz pour leurs enfants. L'Hougly roulait tous les
» jours des milliers de cadavres devant les portiques et les jardins des conqué-
» rants anglais. Les rues même de Calcutta étaient encombrées de morts et de
» mourants. Faibles et décharnés, ceux qui survivaient n'avaient pas la force de
» porter les corps de leurs parents au bûcher funeste ou au fleuve sacré; ils ne
» pouvaient pas même écarter les chacals et les vautours, qui, en plein jour, se
» nourrissaient des restes humains. On ne put vérifier exactement le nombre des
» morts, mais on les comptait par millions. » (MACAULAY.)

rales. Il fit de l'opium un usage immodéré; et, en 1774, il se tua de sa propre main. Le vainqueur de Plassey, inférieur à Dupleix en grandeur morale, mourait impopulaire et presque déshonoré, après avoir donné l'Inde à sa patrie.

L'enquête ordonnée par le Parlement fut suivie d'une revision des règlements de la Compagnie des Indes dont le privilège expirait. La nouvelle charte dite *Bill régulateur* établissait à la tête de la Compagnie un *Gouverneur général*, assisté d'un *Conseil supérieur* de quatre membres, chargé de la direction suprême des affaires. Madras et Bombay étaient érigées en *présidences*, avec un gouverneur particulier subordonné au gouverneur de Calcutta pour toutes les questions de paix ou de guerre. Le gouverneur général était le véritable souverain de l'Inde. Chef suprême de l'État, généralissime sur terre et sur mer, arbitre de la paix, de la guerre, des alliances et du commerce, ayant le droit de nommer les fonctionnaires et de les suspendre, de faire des lois ou de les abolir, toutes ses décisions étaient exécutoires dans l'Inde entière : ce pouvoir formidable n'était tempéré que par les résolutions de la Cour des Directeurs, et celles du gouvernement anglais, au contrôle duquel elles étaient soumises.

L'administration de Warren Hastings (1772-1785).

Le premier qui fut investi de ce pouvoir despotique fut **Warren Hastings**. Il était né en 1732, d'une ancienne et illustre famille que la guerre civile avait ruinée. Il n'avait que dix-sept ans quand son tuteur l'expédia dans l'Inde, en qualité de comptable, dans les bureaux de la Compagnie des Indes. Envoyé de Calcutta au comptoir de Cossimbazar, il fut un instant le prisonnier de Sourajah-Dowlah, et réussit à s'évader. Volontaire dans l'armée sous les ordres de Clive, il se fit remarquer du général, qui le délégua à la cour de Mourchidabad auprès de Meer-Jaffier, en qualité de représentant de la Compagnie. Ce premier séjour dans l'Inde, qui dura jusqu'en 1761, ne paraît pas avoir enrichi Warren Hastings. On a dit que déjà il n'était pas scrupuleux dans les affaires d'argent, mais qu'il n'était ni avare ni rapace. « Il était trop éclairé pour regarder un grand empire uniquement » au point de vue auquel un pirate considère un galion... C'était un homme » sans scrupules, peut-être sans principes, mais c'était un homme d'État, » et non un flibustier. » (MACAULAY.)

Après quatre ans passés en Angleterre dans la société des gens de lettres et des philosophes, Warren Hastings fut renvoyé dans l'Inde avec le titre de gouverneur général. Les dividendes de la Compagnie avaient baissé; elle en rendit responsable le nabab *Reza*. Hastings, assisté d'un Hindou de grande naissance, riche, puissant et capable de toutes les scélératesses, le grand brahmine *Nuncomar*, le renversa du trône sans aucun motif avouable et mit à sa place, au lieu de Nuncomar qui était un allié dangereux, un fils de Meer-Jaffier, âgé de sept ans, qui fut un instrument aux mains du gouverneur et de la Compagnie. Hastings exerça ostensiblement le pouvoir absolu, et ne s'en servit que pour enrichir la Compagnie. On ne lui demandait que d'envoyer en Angleterre le plus d'argent possible : quant aux moyens à employer, on le laissait libre. Hastings commença par réduire de moitié la pension du nabab du Bengale; il cessa de payer le tribut au Grand Mogol; il vendit au nabab l'alliance de l'Angleterre contre les tribus prospères des Rohillas, et l'on vit le colonel *Champion*, après la défaite des

Rohillas, assister à toutes les horreurs du pillage, de l'incendie et du massacre au milieu des populations désarmées et terrorisées. Cette infamie, froidement commise, avait rapporté plus d'un million de livres sterling, et augmenté de 450000 livres les revenus annuels de la Compagnie.

Impey et Nuncomar. — L'*Act* ou *Bill régulateur*, voté par le Parlement en 1773, sous le ministère de lord North, avait établi à Calcutta une *Cour suprême de justice*, composée d'un juge principal et de trois juges inférieurs; elle était absolument indépendante du gouverneur général et du conseil, et investie d'une juridiction criminelle et civile illimitée.

Warren Hastings désapprouvait la nouvelle forme du gouvernement et ne pouvait admettre de contrôle et de tutelle. La majorité des conseillers, et parmi eux surtout Philippe Francis, le redoutable pamphlétaire, auteur des *Lettres de Junius*, était décidée à ne pas subir la tyrannie du gouverneur. Ils se mirent avec acharnement à critiquer ses actes passés, multiplièrent les enquêtes, bouleversèrent les règlements, et accueillirent avec empressement les accusations fondées ou mensongères contre Hastings. Nuncomar, qui ne pardonnait pas à celui-ci de l'avoir écarté du pouvoir, fournit au conseil une liasse de mémoires et documents, dont la plupart étaient falsifiés, et qui dévoilaient les concussions et les abus de pouvoir du gouverneur. Hastings, flétri par le Conseil, et par l'opinion, semblait perdu. Mais il avait pour lui la cour de justice de Calcutta. Le grand juge, **Elie Impey**, fit arrêter Nuncomar pour faits de félonie et de faux, le traduisit devant un jury composé d'Anglais, qui, après un long et scandaleux procès, le déclara coupable, et le condamna à mort. Francis et les conseillers accusèrent les juges du crime d'assassinat; les Hindous réclamèrent en vain un sursis, et déclarèrent que, d'après leurs anciennes lois nationales, un brahmine ne pouvait être condamné à mort; le juge Impey fut implacable, et Nuncomar fut hissé à la potence, au milieu des prêtres et des Hindous consternés.

Cette exécution barbare rendit à Hastings sa puissance. Les indigènes tremblèrent devant lui; les accusateurs de la veille l'exaltèrent ou se turent. A Londres, lord North voulut le destituer; mais, dans une assemblée d'actionnaires, une forte majorité se prononça en sa faveur. En même temps deux des conseillers de Calcutta mouraient. Hastings, redevenu maître absolu, annula les décisions du Conseil, destitua ses créatures, changea le système d'impôts et prépara des plans de conquête et de domination. Toutes les poursuites contre lui furent abandonnées; il fut réélu pour cinq ans, à l'expiration de son mandat, et l'harmonie rentra, en apparence au moins, dans le conseil de Calcutta.

Le triomphe d'Hastings laissa croire aux agents de la Compagnie et au grand juge Impey qu'ils pouvaient impunément se livrer à leurs convoitises furieuses; au nom de la loi anglaise, que les populations de l'Inde ne connaissaient pas, on confisqua les biens, on arrêta, on emprisonna, on livra aux tortures et à tous les outrages les familles les plus distinguées du Bengale, du Behar, de l'Orissa; on massacra dans leur maison les Musulmans et les Bengalis qui, exaspérés par les infamies des juges et les violences abominables de leurs recors, défendaient, l'épée à la main, les appartements sacrés de leurs femmes. La terreur régnait partout; jamais invasion de Mahrattes n'avait répandu dans les provinces un pareil effroi. Elie Impey se porta aux excès les plus insensés. « Aucun autre juge de cette » espèce, écrit Macaulay, n'a plus déshonoré l'hermine d'Angleterre, depuis » que Jefferies s'enivra à en mourir dans la tour de Londres. » Hastings dut intervenir et mettre un frein à la rapacité sanglante de ces juges échoutés. Il ne le fit pas par humanité ou par justice, mais pour sauver la population de la ruine, le gouvernement des menaces de révolte, et son propre pouvoir d'une rivalité qui aurait pu l'amoindrir ou l'absorber. Il ajouta 8 000 liv. sterling aux 8 000 qui formaient le traitement d'Impey, et le grand juge « resta riche, tranquille et déshonoré ». Francis protesta contre ce honteux marché, et provoqua en duel le gouverneur, qui le perça d'une balle[1].

Le rajah de Bénarès. — L'administration d'Hastings suivit les procédés à la turque des tribunaux d'Impey. La lutte contre les Mahrattes et contre Haïder-Ali exigeait des sommes énormes; Hastings sut les trouver. On vantait partout l'opulence de la cité sainte de Bénarès, les splendeurs de ses palais, les trésors de ses seigneurs et du rajah, qui s'était placé sous la vassalité de l'Angleterre, et payait à la Compagnie un tribut annuel. Hastings décida que le tribut exigé de *Cheyte-Sing* n'était pas fixe, et que ce nabab n'était qu'un fantôme de souverain, un sujet taillable, suivant les besoins de la Compagnie suzeraine. Il était coupable en outre d'avoir autrefois fait la cour aux conseillers ennemis du gouverneur. Deux années de suite, en 1778 et en 1779, Cheyte-Sing fut forcé de payer, en dehors du tribut habituel, une contribution extraordinaire de 50 000 liv. sterling. En 1780, même sommation. Le rajah demanda grâce, il offrit en secret à Hastings un cadeau de 20 000 livres. Le gouverneur prit l'argent et exigea le tribut : Cheyte-Sing dut même payer 100 000 livres de plus, comme amende pour le retard.

La guerre continuait dans l'Inde méridionale : Hastings somma le rajah d'entretenir un corps de cavalerie pour le service du gouvernement anglais. Celui-ci esquiva l'ordre. Hastings résolut alors, dit-il lui-même, « de tirer » de son crime des ressources pour les embarras de la Compagnie, de lui » faire amplement payer son pardon, ou d'exiger une sévère vengeance de » ses fautes passées ». Cheyte-Sing, épouvanté par les menaces du gouverneur, offrit 200 000 liv. sterling; Hastings en exigea 500 000, et se rendit à Bénarès. Le rajah vint au-devant de lui avec ses gardes, lui donna mille preuves de soumission, demanda pardon; le gouverneur accueillit avec hauteur ces témoignages d'humilité, et présenta des conditions écrites. Le rajah essaya de se justifier : l'Anglais rompit brusquement les négociations par un coup de force. Cheyte-Sing fut arrêté et gardé à vue dans son palais. La population de Bénarès ne se résigna pas à cet attentat. Le rajah était aimé pour sa douceur et sa modération; les cipayes et les officiers furent massacrés, Cheyte-Sing s'échappa; mais, au lieu d'organiser une insurrection, il envoya ses excuses à Hastings. Celui-ci, d'abord étroitement bloqué dans un palais, garda son énergie calme, réussit à avertir les officiers de Calcutta, et l'armée anglaise commandée par *Popham* mit en déroute les bandes indisciplinées du rajah. Cheyte-Sing s'enfuit; on lui donna un successeur pour la forme; la ville et son territoire furent annexés aux possessions anglaises, et le revenu de la Compagnie s'accrut de 200 000 livres sterling (cinq millions de francs).

---

1. La blessure était grave, mais non mortelle; Francis vécut assez pour assister plus tard au procès d'Hastings et apporter à ses juges l'éloquente déposition d'un témoin qui était sans doute rude et emporté, mais généreux et probe dans ses haines.

La spoliation des Bégoums. — Hastings n'en était pas moins déçu; il espérait trouver un million de livres dans le trésor du rajah : le quart à peine de cette somme, dit-on, y fut saisi et partagé entre les officiers et les soldats comme tribut de victoire. Hastings inventa une autre combinaison plus criminelle encore. Le rajah d'Oude, *Asaph-ul-Dowlah*, fils et successeur de Soujah, était le plus vicieux et le plus faible de ces princes orientaux, déchus, prisonniers et bailleurs de fonds de la Compagnie. Contre ses voisins remuants et ses sujets opprimés, Asaph-ul-Dowlah s'appuyait sur une brigade de cipayes anglais qu'il entretenait à ses frais. Hastings projeta de le rançonner et partit pour Laknau. En route, il rencontra le nabab qui accourait au-devant de lui; et l'entrevue eut lieu dans la forteresse de Chounar. Le nabab supplia le gouverneur de lui remettre une partie de ses dettes : Hastings exigea un don extraordinaire en argent. On était loin de s'entendre. A la fin, l'accord fut signé : l'Anglais et l'Hindou s'unirent pour dépouiller ensemble les Begoums ou princesses d'Oude, dont l'une était la grand'mère et l'autre la mère du nabab.

Elles habitaient un palais splendide à Faizabad; elles touchaient le revenu d'immenses domaines, et on évaluait à trois millions de livres sterling (75 millions de francs) le trésor de Soujah-Dowlah qui était entre leurs mains. Hastings les accusa de complicité dans l'insurrection de Bénarès. L'accusation était sans fondement; les princesses n'eurent pas le droit de se défendre : à Chounar, le nabab et le gouverneur général avaient décidé simplement qu'elles seraient dépouillées de leurs domaines et de leurs trésors au bénéfice de la Compagnie. Quand on en vint à l'exécution de cette convention perverse, le nabab, si dénaturé et si lâche qu'il fût, eut des remords; et, devant les lamentations des Begoums, le résident anglais de Laknau recula. Mais Hastings donna au résident les ordres les plus sévères : la confiscation des terres fut décrétée. Quant au trésor, il fut plus difficile à découvrir. Les princesses furent confinées dans leur appartement, où on les laissa souffrir de la faim; des soldats fouillèrent le palais, et les deux vieux eunuques, serviteurs et confidents des princesses, furent mis aux fers, et livrés à toutes les tortures imaginables. Ces odieuses cruautés ne cessèrent que lorsque les Begoums eurent livré au bandit qui gouvernait l'Inde anglaise une nouvelle somme de 1 200 000 livres.

Au moment où la guerre d'Amérique allait finir, les commissions du Parlement examinèrent de plus près les affaires de l'Inde. Les rapports de Burke et de Dundas flétrissaient les actes du juge Impey et du gouverneur général. Impey fut rappelé; mais Hastings fut maintenu dans ses fonctions despotiques jusqu'en 1785. Ses amis firent habilement valoir pour sa défense que, sur tous les points du monde où elle venait de lutter, l'Angleterre avait subi des échecs, sauf dans l'Inde. Ils rappelèrent l'état précaire de la Compagnie, la mauvaise administration des *zemindars* ou fermiers, les audacieux pillages des *Kalla-Bantrous*, bandes de voleurs qui désolaient le Bengale, les succès d'Haïder-Ali et des Mahrattes, au moment où Warren Hastings remplaçait Cartier à la présidence du Bengale; ils montrèrent par quelles mesures décisives il avait corrigé ces abus, rendu à la Compagnie sa prospérité, à l'Angleterre sa domination, comment par ses soins Pondichéry avait été occupé, Calcutta protégé contre les attaques, les Mahrattes engagés dans une alliance, et le sultan de Maïsour vaincu et refoulé.

Le procès d'Hastings. — Les éloges dont ses amis le comblaient le perdirent. Malgré la faveur du roi et de la reine, qui le reçurent avec distinction à son retour, malgré les remerciements votés à l'unanimité par les directeurs, l'opposition se prononça contre lui avec violence. Philippe Francis, Edmond Burke, Fox, Sheridan se portèrent comme ses accusateurs devant la Chambre des Communes, au nom de la justice, de l'humanité et de l'honneur. La haute cour du Parlement eut à se prononcer sur la guerre contre les Rohillas, sur les violences contre Cheyte-Sing, sur la spoliation des Begoums. Hastings se défendit longuement et parla de ses services, qui effaçaient toutes ses fautes. L'accusation fut soutenue avec une éloquence admirable par les orateurs les plus puissants et les plus honorés de l'Angleterre[1]. Le procès dura huit ans, interrompu par les vacances de l'Assemblée, par les dissolutions, par les obstructions que tentaient les amis du coupable. Quand enfin on vota la sentence définitive, la plupart des juges du début avaient disparu; la grande et sainte indignation des premières séances s'était adoucie ou évanouie. Vingt-neuf pairs seulement votèrent : sur deux chefs d'accusation, *six juges* seulement déclarèrent Hastings coupable; sur tous les autres, il fut acquitté *à l'unanimité* et mis solennellement hors de cause.

Ce long procès l'avait, dit-on, ruiné par les dépenses légales, par les frais de procédure et de défense, par les sommes distribuées aux journalistes et aux pamphlétaires. Ses amis lui assurèrent une rente de 4000 liv. sterling, la Compagnie lui accorda de larges secours et lui prêta 50 000 livres. Il passa les vingt-quatre dernières années de sa vie dans son magnifique domaine de Daylesford, « à embellir son parc, à monter de beaux chevaux » arabes, à engraisser des bestiaux pour les concours, et à tenter d'élever » des animaux et des plantes de l'Inde en Angleterre. La littérature dispu- » tait son attention aux serres et à la ménagerie; sa première occupation, » chaque matin, était de composer une pièce de vers. » En 1813, quand on renouvela la charte de la Compagnie des Indes orientales, il fut mandé à la barre du Parlement, pour donner son avis. On le reçut avec les marques du plus grand respect. L'Université d'Oxford lui conféra le grade de docteur en droit, et les étudiants l'applaudirent avec enthousiasme. Le prince régent lui donna un siège dans le Conseil privé; ses amis réclamaient pour lui la pairie, mais elle ne lui fut pas accordée. Il mourut en 1818, dans sa quatre-vingt-sixième année, et, par une contradiction étrange, populaire et comblé d'honneurs, après avoir été justement flétri[2].

---

1. Macaulay, qui a jugé la vie publique et la vie privée de Warren Hastings avec une sévérité où l'impartialité de l'historien est tempérée par les complaisances du patriote, finit par regretter qu'on ne lui ait pas donné comme sépulture un des caveaux de l'abbaye de Westminster. Il le compare à Cosme de Médicis, qu'il imita, et à Richelieu, dont il dépassa, dit-il, la capacité. L'oppresseur du Bengale est absous une seconde fois par le grand historien.— On a vu en quel état de misérable abandon et de déshonorante détresse le gouvernement de Louis XV et la Compagnie française avaient laissé mourir notre grand Dupleix, dont la probité, l'humanité et la bonne foi égalaient le génie.
2. Le procès s'ouvrit le 13 février 1788, dans la grande salle de Guillaume le Roux, en présence d'un auditoire où se pressaient les princes et princesses, les pairs, les lords, les barons, les amiraux, généraux, ambassadeurs, hommes d'État, écrivains et artistes, toute la fleur de l'aristocratie et de la société du temps, et au premier rang l'héritier du trône. Quel acte d'accusation que celui où Fox, Burke et Sheridan avaient collaboré, et qu'ils développèrent dans leurs réquisitoires! Burke surtout eut un succès incomparable. « Les femmes assises dans les » galeries, écrit Macaulay, peu habituées à un tel déploiement d'éloquence, agi- » tées par la solennité de l'occasion, et disposées peut-être à étaler un peu leur » sensibilité, étaient dans un état d'émotion impossible à contenir... On entendait

La lutte contre les sultans de Maïsour.

Les Mahrattes. — En quittant l'Inde, Warren Hastings laissait bien affaiblis les deux adversaires les plus dangereux de l'Angleterre : les MAHRATTES et HAÏDER-ALI. Les principautés mahrattes, disséminées dans le Berar, le Goudjerate, le Malwa, le pays de Tanjore, étaient nominalement rattachées à un pouvoir central, exercé par le rajah de Pounah et son *peschwa*, ou maire du palais. Cette féodalité guerrière d'anciens pillards devenus conquérants, autrefois alliée de la France, avait continué la guerre avec l'Angleterre ; et, en 1777, un agent français, *Saint-Lubin*, avait été reçu avec quelque faveur à la cour de Pounah. Hastings avait réussi à semer la discorde entre les princes mahrattes, et à soutenir l'un des compétiteurs, MOUDAJI-BHONSLA, chef du Berar. Bombay était exposé à un débarquement des Français ; il y envoya un corps d'expédition. Le colonel *Leslie* qui le commandait négocia au lieu de combattre ; son successeur, le colonel *Goddart*, coupa court aux intrigues orientales, prit Ahmedabad, et vainquit en plusieurs rencontres les chefs mahrattes Scindia et Holkar. Un de ses collègues, *Popham*, emporta d'assaut la forteresse de Goualior, réputée imprenable.

Haïder-Ali. — Au sud, **Haïder-Ali** avait fondé un grand empire. Fils d'un lieutenant général du soubab du Dekkan, Nizam-al-Molouk, il se fit connaître tard : il avait trente-trois ans quand il combattit contre les Mahrattes, comme allié de la France, en 1750. Il visita Pondichéry, y admira les produits de l'industrie européenne, et y noua des relations d'amitié avec Dupleix. En 1754, il se battit pour la France à Tritchinapoli. Deux ans après, il hérita des charges et des fiefs de son frère, maître du Bangalore. Il recommença alors contre les Mahrattes une lutte acharnée. D'abord vaincu, il voulut chercher un refuge dans la forteresse de Seringapatam, capitale du Maïsour. Mais le *dewah*, ou premier ministre, fit tirer sur ses troupes, et le mit aux fers. Haïder s'échappa, regagna Bangalore, rallia son armée, battit plusieurs fois les Mahrattes, et envoya un secours de sept mille soldats à Lally (1761). Quand Pondichéry succomba, trois cents cavaliers français et d'habiles armuriers passèrent à son service. Grâce à ce précieux renfort, Haïder-Ali, ayant signé une trêve avec les Mahrattes, groupa autour de lui les chefs du Maïsour, renversa le dewah, et fut proclamé à sa place. Maire du palais sous un rajah fainéant, il remit l'ordre dans les finances, châtia les chefs rebelles, reprit aux Mahrattes les pro-

---

» des cris et des sanglots, et il fallut emporter mistress Sheridan en proie à une
» attaque de nerfs. Enfin, l'orateur arriva à la péroraison, il éleva la voix de
» façon à faire résonner les vieilles voûtes de chêne d'Irlande : « C'est pourquoi,
» dit-il, la Chambre des Communes de la Grande-Bretagne m'a ordonné, en toute
» assurance, de mettre Warren Hastings en accusation pour crimes et délits
» graves. Je le mets en accusation au nom de la Chambre des Communes, dont
» il a trompé la confiance. Je le mets en accusation au nom de la nation anglaise,
» dont il a souillé l'antique honneur. Je le mets en accusation au nom du peuple
» hindou, dont il a foulé aux pieds les droits, et dont il a converti la patrie en
» un désert. Enfin, au nom de la nature elle-même, au nom des deux sexes, au
» nom de tous les temps, au nom de tous les rangs, je mets en accusation l'en-
» nemi commun et l'oppresseur de tous! »

vinces usurpées, imposa sa souveraineté au rajah de Canara (1763) et bientôt, à la suite d'un complot, annexa ce royaume au Maïsour. Il fit reconnaître ses conquêtes par les Portugais de Goa, étendit son protectorat sur les commerçants musulmans ou *mapelets* des côtes du Malabar, fit construire une flotte qui conquit les îles Maldives (1764), et châtia d'une façon terrible les princes indigènes ou *naïres* du Malabar qui avaient ordonné le massacre des mapelets, leurs créanciers, pour en finir avec des réclamations tracassières. Les débris de l'armée des naïres se réfugièrent sur le territoire de Travancore : Haïder-Ali se préparait à les poursuivre, quand il apprit que les Anglais préparaient contre lui une coalition.

Le soubab du Dekkan, *Nizam-Ali*, le peschwah des Mahrattes, le gouverneur de Sirra marchèrent contre la capitale du Maïsour, Seringapatam. Incapable de tenir tête aux deux cent cinquante mille combattants, Haïder-Ali s'enferma dans la place, avec tous les Maïsouriens qui voulurent s'y réfugier, et fit ravager le pays à trente lieues à la ronde. Les Mahrattes et le Nizam reculèrent et signèrent la paix. Haïder-Ali fit ensuite une guerre heureuse contre le nabab d'Arcote, allié des Anglais, et vainquit le général *Smith* (1767). Secondé par son fils **Tippou-Sahib**, il chassa les troupes anglaises de Mangalore, sur la côte de Malabar, et de Bangalore, sur la côte de Coromandel (1768-69), signa un traité d'alliance avec la Compagnie des Indes, et se fit céder des territoires et payer un tribut annuel par le nabab d'Arcote.

La trêve signée avec les Mahrattes dura peu. Ils envahirent le Maïsour en 1769, et exigèrent des contributions de guerre. L'armée d'Haïder-Ali fut écrasée sous le nombre. La Compagnie des Indes, dont il sollicita l'appui, se contenta de lui offrir sa médiation. Mais les divisions des Mahrattes le sauvèrent. Il les poursuivit dans le Carnatic et les mit en déroute. Son armée forte de quatre-vingt-dix mille hommes, munie de cent pièces de canon, appuyée par une cavalerie excellente, organisée à l'européenne, et dirigée par des officiers français d'une science et d'une expérience consommées, ravagea les plaines du Carnatic, incendiant les villages, forçant les places, massacrant les garnisons qui ne se rendaient pas. Le détachement du général *Baillie* fut détruit à Conjeveram; le général *Munro* s'enfuit, abandonnant son artillerie et ses bagages; l'énergie seule des officiers français, parmi lesquels était Lally, le neveu de l'ancien gouverneur général, préserva les vaincus d'une extermination générale.

Le génie et la vigueur de Warren Hastings sauvèrent la domination anglaise dans le sud. Il expédia en toute hâte des renforts à Madras, et à leur tête il mit le général *Coote*, le vainqueur de Vandisvah. Malgré son grand âge, Coote était toujours bouillant d'ardeur, opiniâtre et habile; à Porto-Novo, Haïder-Ali fut vaincu, ses troupes dispersées (1780); les Anglais prirent Negapatam et les autres comptoirs anglais de la côte de Coromandel; Trincomali, dans l'île de Ceylan, tomba aussi entre leurs mains.

Hastings redoubla d'efforts. On était en pleine guerre d'Amérique; avec une armée plus nombreuse encore, Haïder-Ali reparut dans le Carnatic; la prise de Pondichéry par les Anglais décida le gouvernement français à envoyer une escadre dans l'Inde : le bailli de *Suffren* la commandait (1781). Elle tint tête aux amiraux anglais *Johnston* et *Hughes*, et combina ses attaques avec celles d'Haïder-Ali et de Tippou-Sahib. Mais, malgré ses succès, elle ne put empêcher Coote de triompher à Cuddalore. La mort d'Haïder acheva la victoire des Anglais. Le vieux nabab musulman, qui succombait à quatre-vingts ans, avait été, par sa bravoure, sa diplomatie tortueuse, ses talents d'organisateur et de stratégiste, le plus redoutable ennemi de la puissance anglaise après Dupleix. Il laissait dans son fils Tippou-Sahib un représentant de ses ambitions et de ses haines (1782).

Tippou-Sahib. — Tippou-Sahib avait alors trente-trois ans. Il luttait avec succès dans le Malabar contre le colonel *Humbertson*, quand la mort de son père le ramena à Seringapatam. Il était déjà célèbre et populaire dans le Maïsour. Le rêve de sa vie fut d'expulser les Anglais de l'Inde. Forcé d'abandonner le Carnatic, il se vengea sur l'armée du général *Matews*, qui capitula dans Bednore, et fut traîtreusement massacrée avec son chef (1783). La paix ne fut signée que l'année suivante, devant Mangalore qu'on lui restitua.

Tippou prit alors le titre de sultan. Sa cour somptueuse était pleine d'officiers français qui étaient admis à ses fêtes, et qui l'aidaient de leur expérience et de leurs lumières dans l'organisation de son armée et l'administration de ses États. Il pouvait mettre en ligne cent cinquante mille soldats; il avait deux mille canons, sept cents éléphants; ses arsenaux regorgeaient d'armes, de munitions et d'approvisionnements; son trésor en monnaies, joyaux, pierres précieuses, diamants était évalué à deux milliards. Il fonda des manufactures, encouragea l'agriculture, favorisa les savants et les artistes, imposa le Coran aux Hindous, même par la violence; les soldats servaient au besoin de missionnaires et de convertisseurs. Ce rude despote n'aimait pas la paix. Il avait pris pour emblème le tigre; il avait l'habitude de dire : « Mieux vaut vivre deux jours comme un tigre que deux cents ans comme un mouton. » Les Anglais en firent maintes fois l'épreuve.

En 1787, Tippou-Sahib envoya en France une ambassade chargée de conclure une alliance offensive et défensive, et de demander des secours à Louis XVI. Le roi donna audience aux ambassadeurs; ils furent bien accueillis, et devinrent l'objet de la curiosité générale; on renouvela avec eux l'ancienne alliance, mais on refusa de rouvrir les hostilités. Les ambassadeurs furent disgraciés à leur retour, et peu après assassinés, peut-être par ordre du sultan irrité de leur échec.

Tippou se prépara seul à la guerre. A Warren Hastings avait succédé lord **Cornwallis** (1786). Le nouveau gouverneur général avait en même temps le commandement en chef des armées. Il abolit les mesures arbitraires de son prédécesseur, et réforma radicalement l'administration des finances et de la justice. Il inaugura une politique de temporisation, secourant les princes indigènes ses alliés, sans entrer dans leurs ligues. Tippou le provoqua en envahissant l'État de Travancore (1790). L'armée anglaise de Madras et de Bombay, les Mahrattes et les soldats du Nizam réunis sous les ordres du général *Meadows* s'avancèrent en plusieurs colonnes dans le Maïsour. Tippou, avec une audace et une impétuosité irrésistibles, fondit sur le corps du colonel *Floyd*, l'écrasa, coupa les lignes ennemies, occupa plusieurs villes, menaça Madras, et vint renouer son alliance avec le gouverneur français sous les murs de Pondichéry (1791).

Lord Cornwallis prit alors en personne la direction de la guerre. Au lieu de disséminer ses forces, il les groupa, et, pénétrant dans le Maïsour par les gorges d'Ambour, marcha droit sur la capitale. Cette nouvelle tactique réussit : Cornwallis enleva Bangalore après de furieux assauts. A l'exemple de son père, Tippou-Sahib fit le désert devant les Anglais. Une première tentative de siège échoua; le manque de vivres, de fourrages, de moyens de transport, les pertes énormes subies, la mauvaise saison forcèrent le général en chef d'évacuer le Maïsour. A l'automne, il reparut avec des renforts et des approvisionnements immenses, et fit à Tippou une guerre de sièges et d'escarmouches qui décimèrent son armée et le réduisirent à s'enfermer dans sa capitale. Seringapatam était protégée par une forte citadelle, par un double système de redoutes avec fossés, glacis et chemins couverts, et par une ceinture de quatre cents pièces d'artillerie. Lord Cornwallis dirigea ses attaques sur les points les plus vulnérables de cette enceinte trop vaste pour être partout bien défendue. Il enleva la première ligne des forts, et, quand il eut été rejoint par le général Abercromby avec des troupes fraîches, il prépara l'assaut de la citadelle. Tippou demanda la paix : les négociations traînèrent en longueur ; enfin le sultan se résigna, et, par la convention du 16 mars 1792, il s'engagea à abandonner aux alliés la moitié de son territoire, à leur payer une indemnité de soixante-dix millions de francs, et à leur remettre ses deux derniers fils en otage.

Ce traité désastreux accrut encore sa haine contre l'Angleterre. Il se souvint d'avoir entendu dire à Haïder-Ali qu'on ne triomphait des Européens qu'en les mettant aux prises les uns avec les autres. Il tourna encore une fois les yeux vers la France. Nos défaites dans la péninsule et la ruine de nos établissements avaient dispersé partout les Français, anciens compagnons d'armes et auxiliaires de Dupleix, de Bussy, de Lally. « Dénués de » tout appui extérieur, sans autre ressource que leur épée, mais braves, » hardis, entendant la guerre, d'humeur joyeuse et de mœurs faciles, ces » aventuriers se rendirent sur plusieurs points utiles, indispensables à ceux » qui les employèrent. » (B. DE PENHOËN, IV, 294.) Tel fut DE BOIGNE, ce Savoyard passé de bonne heure au service de la France, combattant pour la Russie contre les Turcs, fait prisonnier et vendu comme esclave à Constantinople, passant en Grèce et dans l'Inde après son évasion, protégé de Warren Hastings, enfin organisateur et généralissime des troupes de Madajee-Scindiah, vainqueur du chef mahratte Holkar, gouverneur et administrateur des terres conquises[1]. Tel fut PERRON, arrivé dans l'Inde avec un emploi inférieur dans l'escadre de Suffren, qui, d'officier comptable et de chef de bataillon au service de Scindiah, s'éleva au rang de généralissime, fut chargé de remplacer de Boigne, fit capituler la citadelle de Delhi, releva les forteresses et concentra entre ses mains toute l'autorité civile et militaire ; — tel encore Michel RAYMOND, né dans les environs d'Auch, qui de commerçant se fit soldat, s'enrôla au service de Tippou, fut aide de camp de Bussy (1786), entra au service du Nizam, disciplina ses troupes, organisa son artillerie, repoussa les attaques des Mahrattes, réprima la révolte des deux fils du Nizam, soutenus par l'Angleterre, et périt empoisonné par le premier ministre jaloux. — Tippou-Sahib attira à sa cour un grand nombre de ces aventuriers français, et les combla de ses faveurs. Un horloger, qui savait à peine lire et écrire, fut son secrétaire et son conseiller dans ses relations avec la France ; un corsaire nommé RIPAULT, que le hasard avait jeté sur la côte de Malabar, vint l'entretenir des événements de la Révolution française et lui promettre l'amitié et les secours de la République. Ripault fonda à Seringapatam un club de Jacobins ; dans la première séance, on brûla les attributs de la royauté et on arbora le drapeau tricolore ; on planta un arbre de la liberté, on chanta l'hymne : *Amour sacré de la patrie ;* on

---

1. Le comte de Boigne rentra en Europe après la mort de Scindiah (1796). Il résida d'abord en Angleterre où il épousa la jeune marquise d'Osmond, puis vint s'établir près de Chambéry, sa ville natale. Il employa son immense fortune à doter Chambéry de monuments, d'hospices, d'écoles, d'ateliers, et d'un théâtre. Il mourut en 1830.

jura devant Ripault « haine aux rois, excepté à Tippou, sultan, le victo-
» rieux, l'allié de la République française ». Le sultan fit tirer deux mille
trois cents coups de canon, et cette journée mémorable se termina par un
bal, Ripault se donnait les titres d'ambassadeur et de législateur; il rédigea
un code de lois et des traités d'alliance. Tippou et son conseil délibérèrent
gravement sur ces beaux projets. On décida d'envoyer une ambassade au
gouverneur de l'île de France, et une autre à la République française. On
leur donna l'horloger comme interprète. Les ambassadeurs et leur étrange
introducteur ne quittèrent pas la mer des Indes, et ne ramenèrent avec eux
qu'une poignée d'officiers, de soldats et d'ouvriers. Tippou leur fit bon
accueil : on lui laissa croire qu'ils ne formaient qu'un secours d'avant-garde.

On avait fait grand bruit de ces équipées : l'Angleterre s'en émut. Le nouveau gouverneur général, lord **Wellesley**, déclara la guerre au sultan de
Maïsour (1799). La situation était devenue grave pour l'Angleterre. Trompés
par lord Cornwallis qui avait gagné leur appui en leur promettant les dépouilles de Tippou, les Mahrattes et le Nizam s'étaient peu à peu détachés
de l'alliance anglaise, et rapprochés de l'alliance française. À la cour de
Scindiah, Boigne et Perron; à la cour du Nizam, Raymond, avaient formé
des troupes à l'européenne, et relevé l'influence française. La paix de
Campo-Formio laissait à la disposition du Directoire de grandes forces militaires : Bonaparte tentait de reconquérir l'Égypte; il écrivait au shérif de
la Mecque, et le priait de transmettre à son « ami » Tippou-Sahib une
lettre où il lui annonçait son désir de « l'affranchir du joug de fer de
» l'Angleterre », et l'invitait à envoyer à Suez ou au Caire une personne
intelligente et revêtue de sa confiance, qui pût s'entretenir avec lui.

La conquête du Maïsour. — Lord Wellesley agit avec habileté et
vigueur : il obtint du Nizam l'expulsion des Français de sa capitale, et envoya deux corps d'armée dans le Maïsour, sous Harris et Stuart. Ils devaient
se joindre sous les murs de Seringapatam. Tippou-Sahib ne put les arrêter.
Après un mois de siège et d'assaut, les Anglais pénétrèrent dans la capitale
par les brèches. Un combat acharné s'engagea : Tippou se défendit avec
rage; blessé d'une balle au côté droit, il tomba de cheval au milieu des
cadavres; un soldat anglais voulut lui arracher son baudrier, où les diamants
étincelaient; le sultan, dans un effort suprême, frappa le soldat d'un coup
de sabre; celui-ci, furieux, appuya son mousquet sur la tempe de Tippou,
et lui fit sauter la cervelle. Le sultan fut enseveli avec honneur dans le
mausolée de son père; ses États furent démembrés entre la Compagnie des
Indes qui s'adjugea la plus grosse part, le Nizam et les Mahrattes qui reçurent des territoires à titre d'alliés et de vassaux. Un débris du Maïsour fut
constitué en État indépendant au profit d'un descendant des anciens rajahs
qui était un enfant; on relégua les fils et la famille de Tippou-Sahib dans
la forteresse de Vellore, avec une forte pension pour leur entretien. On a
évalué à 1 758 000 pagodes le revenu des territoires que les Anglais venaient de conquérir.

Ainsi l'Angleterre avait écarté, vaincu ou dompté l'un après l'autre ses
ennemis les plus redoutables : Dupleix et Bussy, Tippou, le Nizam, le Carnatic, les rajahs du Bengale et d'Oude. Elle n'avait plus en face d'elle que
la confédération mahratte, qui était divisée entre Holkar et Scindiah. Le
vainqueur du Maïsour, **Richard Wellesley** (1798-1805), secondé par
son frère, réussit à imposer le protectorat anglais sous le nom de *système
subsidiaire*, et sous la forme d'une garnison entretenue et soldée aux
frais des indigènes, au rajah de Guicowar, au peshwah de Pounah, et,

après de terribles luttes, aux princes insurgés de Goualior, d'Indor, de Nagpour. Il s'entoura d'une pompe orientale, favorisa les opérations du commerce, et doubla par une surveillance rigoureuse et la stricte observation des lois le revenu de la Compagnie des Indes. — Sous le second gouvernement de lord **Cornwallis** (1805-1807), et sous son successeur, lord **Minto** (1807-1812), l'Angleterre continua d'établir pacifiquement sa domination dans la péninsule.

Lord **Hastings** (1812-1822), qui s'était fait connaître dans la guerre d'Amérique, rouvrit les hostilités malgré l'opposition de la Compagnie. Les tribus des Gourkhas, qui avaient envahi les hautes vallées du Gange et du Satledje, furent refoulées et soumises; les *Pindarris*, hordes de routiers, véritables *grandes compagnies*, qui désolaient l'Inde occidentale par leurs brigandages et trouvaient dans les Mahrattes une neutralité suspecte et parfois une complicité ouverte, furent écrasés par les armées anglaises, et, du même coup, le principal chef des Mahrattes, Scindiah, céda des territoires et paya les frais de la guerre. La Compagnie y gagna 10 000 lieues carrées et six millions de sujets.

Première invasion de la Birmanie. — Bientôt l'Angleterre étendit ses conquêtes hors des limites de la péninsule. Déjà, vers 1750, la Compagnie avait acquis du roi de Birmanie, *Alompra*, l'île de Négrais; et, en 1782, le gouverneur général, sir JOHN SHORE, avait établi un résident anglais à Rangoun. Il fut renvoyé dans la suite; et ce fut une des premières causes de guerre entre Anglais et Birmans. En 1824, l'armée birmane fut vaincue à Chittagong; les troupes anglaises remontèrent l'Irraouaddi et dictèrent la paix au souverain dans sa capitale Ava. Il dut céder à la Compagnie deux cents lieues de côtes, 50 millions de francs de contribution de guerre. (Voy. Notice historique sur la *Birmanie*, au chap. suivant.)

Sous l'administration bienfaisante de lord **Bentinck** (1827-1836), l'Inde coula des jours paisibles. Ce gouverneur philanthrope se tint sur la défensive et donna exclusivement ses soins à l'amélioration des services intérieurs. C'est lui qui interdit la coutume barbare des *sutties*, qui obligeait les veuves hindoues à se laisser brûler vives sur le bûcher de leurs maris.

Guerre en Afghanistan. Annexion du Sind. — Nous avons exposé ailleurs (*Asie*, 1re partie, p. 572) comment les Anglais et les Russes s'étaient trouvés en présence dans l'Asie centrale, et quels avaient été les résultats des expéditions dirigées contre l'Afghanistan par lord **Auckland** et son successeur lord **Ellenborough**. L'Angleterre voulut réparer ses pertes, relever sa fortune et préserver ses frontières par l'annexion des Etats du Sind. Les *amirs*, chefs féodaux du Sind, avaient signé avec elle des traités qu'ils avaient religieusement observés. Quand l'armée anglaise avait été écrasée dans les défilés afghans, un simple mouvement des amirs eût suffi pour en anéantir les restes au passage. Ils n'avaient pas bougé; mais, à Calcutta, on avait tremblé de crainte. Les amirs expièrent cette heure d'anxiété. Lord Ellenborough exigea d'eux des tributs énormes, des cessions de territoires, l'adoption des monnaies de la Compagnie, et pour les steamers anglais le droit d'affouage dans les forêts domaniales. Il déposa le chef de la confédération, et envoya sir *Charles Napier* avec une armée porter aux amirs ses sommations aussi iniques qu'insolentes. Le peuple se souleva; mais les combats sanglants de *Miami* et de *Dubba* donnèrent la victoire à l'Angleterre. Les principaux chefs du Sind furent déportés au centre de l'Hindoustan, le Sind annexé aux domaines de la Compagnie. Les vainqueurs se partagèrent 12 500 000 francs de prises, et leur général, comblé d'honneurs, se réserva dans le butin une allocation de 4 750 000 francs. A Calcutta et à Londres, on protesta, il est vrai, dans le Parlement et la presse contre une conquête qui était aussi onéreuse qu'injuste; on blâma la politique d'annexion, mais on eut soin de conserver le pays annexé.

L'empire de Runjet-Singh. — Après le Sind, le Pandjab. L'ouest de l'Inde, longtemps livré à l'anarchie féodale, avait trouvé enfin sous la domination d'un conquérant un semblant d'unité. Les douze associations à la fois religieuses et militaires des Sikhs, d'abord indépendantes, s'étaient réunies en une confédération puissante sous le commandement d'un de leurs *sirdars*, Runjet-Singh. Cet audacieux chef de bandes, par des guerres incessantes, avait étendu son commandement sur tous les territoires au nord du Satledje. Il avait, lui aussi, confié à des officiers et instructeurs européens, qu'il attirait dans ses Etats et comblait de ses faveurs, le soin de discipliner ses troupes; ses deux auxiliaires les plus illustres furent *Ventura* et le général *Allard*, ancien aide de camp du maréchal Brune. Il avait fait de ces hordes désordonnées une armée de soixante-dix mille cavaliers et fantassins, munie de quatre cents canons, redoutable par sa docilité et sa cohésion. Le souverain du Pandjab avait conquis Moultan et Kachmir, et fait aux Afghans des guerres heureuses. Ce *maharajah* ou Roi des rois, surnommé le *Vieux Lion des cinq fleuves*, régnait sur un empire de vingt millions d'âmes, où jamais une révolte n'éclata. « Il n'y a en Asie, écrivait Jacque-
» mont, auprès de la puissance anglaise que celle de Runjet-Singh qui soit
» restée debout. » Il ne subit qu'une défaite à la fin de sa vie, en Afghanistan. Il avait signé avec les Anglais ses voisins des traités de paix qui ne furent jamais rompus. Les deux puissances se surveillaient de près; leur amitié, tempérée par une égale défiance, était maintenue de part et d'autre par des craintes réciproques. Les ambassadeurs anglais à la cour de Lahore étaient comblés d'honneurs et de présents; mais Runjet les considérait comme des espions, et entretenait avec soin dans ses provinces la haine de l'Angleterre. Il mourut en 1839.

Son fils et successeur, Kourrouck-Singh, était, disent les historiens de l'Inde, un véritable idiot. Les Sikhs le firent périr après quelques mois de règne. — Néo-Néal, proclamé après lui, bien que très jeune, montra le caractère de son aïeul : mais, pendant les cérémonies des funérailles de son père, il périt *accidentellement*, écrasé par une poutre qui lui tomba sur la tête. C'était le dernier héritier direct de Runjeet. Les Sikhs élevèrent au trône un fils adoptif d'une veuve du maharajah, et l'assassinèrent trois ans plus tard. Enfin l'empire de Runjeet échut à un enfant de six ans. Au milieu de ces troubles, la plupart des officiers européens quittèrent le pays, où leur vie était sans cesse menacée; l'armée s'affranchit du joug de la discipline, redevint la terreur du pays. Pour se débarrasser de ces bandes de pillards et de meurtriers, la régence de Lahore leur fit franchir le Satledje, et elles portèrent la dévastation sur les territoires soumis au protectorat de la Compagnie des Indes.

Le gouverneur général, lord **Hardinge** (1844-48), les rejeta dans le Pandjab après de furieux combats qui décimèrent ses troupes et coûtèrent des sommes énormes à la Compagnie. Hardinge n'annexa pas le Pandjab; les Sikhs étaient vaincus, mais non domptés; leur armée comptait encore quarante mille combattants et plus de deux cents canons. Il plaça le territoire sous le *régime subsidiaire;* on établit à Lahore auprès du jeune maharajah un *résident* anglais, et un camp de dix mille Anglo-Hindous;

les régiments sikhs furent employés, sous des chefs d'une fidélité et d'une énergie éprouvées, à faire la police du pays. On détacha du Pandjab le Kachmir, qui fut concédé à GOULAB-SINGH, sous la suzeraineté de l'Angleterre. Le colonel *Lawrence*, investi des délicates fonctions de résident à Lahore, obtint un succès complet, à force de tact, de modération et d'habileté ; le pays semblait calme et soumis ; Hardinge réduisit l'armée indienne de cinquante mille hommes et les dépenses de 50 millions. La Compagnie put employer les fonds libres à des canaux d'irrigation, comme celui du Doab, et à de grands travaux d'utilité générale.

L'annexion du Pandjab (1848). — Tout à coup une insurrection générale éclata dans les vallées des Cinq-Fleuves. Le signal était parti de Moultan ; il avait pour origine ou prétexte la destitution d'un chef indigène suspect d'intrigues contre les Anglais. Des officiers européens furent massacrés dans une émeute ; le chef destitué, *Moulraj*, l'instigateur du soulèvement, fit appel aux sentiments d'indépendance des Sikhs, et fut bientôt à la tête d'une armée. L'insurrection s'étendit du Gange à l'Indus. La plupart des résidents anglais montrèrent dans cette crise périlleuse une admirable énergie. Ils semèrent la division parmi leurs ennemis, opposant les Djats aux Sikhs, Mahomet à Brahma, négociant ou combattant de leur mieux jusqu'à l'arrivée des secours du Bengale. Enfin lord **Gough** entra en campagne avec vingt-cinq mille hommes et cent canons. Malgré leur bravoure et leur résistance méthodique, les Sikhs furent battus à Chillianwalla (décembre 1848) ; Moultan capitula et Moulraj fut fait prisonnier. Les Sikhs continuèrent une lutte inégale ; mais, au mois de février 1849, « quand, sur le champ de bataille de Goujrat, la supériorité
» numérique des baïonnettes et de l'artillerie européenne amena l'heure
» de la défaite dernière, ils succombèrent comme ils avaient vécu, en soldats,
» sans entacher d'aucune faiblesse la cause du *Khalza* qui périssait avec
» eux. » (DE LANOYE.) Un mois après (mars 1849), le nouveau gouverneur général, lord **Dalhousie** (1848-1856), annonça dans une proclamation que le royaume du Pandjab n'existait plus ; il devenait partie intégrante de l'empire anglo-indien. Le jeune maharajah *Dhulpi-Singh* fut interné à Patna ; sa mère réussit à s'évader et se réfugia à Katmandou, dans le Népal ; les chefs de l'insurrection furent incarcérés dans la citadelle d'Allamabad et les donjons du fort William. Des soldats rebelles, on fit deux catégories : les plus mutins furent dispersés dans les forteresses de l'Hindoustan ; les autres, transformés en gendarmes, firent la police urbaine ou rurale au profit des conquérants ; le reste de la population se résigna à retourner aux champs, à labourer, semer et récolter sous la protection et la loi du vainqueur[1].

Lord Dalhousie suivit une politique d'annexion à outrance. Avec le Pandjab, il réunit le royaume d'Oude aux territoires de la Compagnie, et cette conquête ne fut pas étrangère peut-être à la grande révolte de 1857. Son administration est néanmoins une des plus fécondes et des plus bienfaisantes qui aient honoré l'Angleterre. Il avait été président du bureau du commerce sous Robert Peel ; il enleva à l'armée le soin des travaux publics et fit de ce service un département spécial à qui on alloua bientôt des crédits annuels toujours grandissants, et qui en 1868 dépassèrent quatre-vingts millions de francs. Les anciennes routes furent réparées et d'autres construites,

---

1. *Annuaire des Deux-Mondes*, 1850 ; — DE LANOYE, *l'Inde contemporaine*.

les canaux furent continués, et la grande œuvre des chemins indiens inaugurée.

L'insurrection des cipayes (1857). — L'Angleterre avait alors trois ennemis à craindre autour de ses frontières : la Perse, qui convoitait les terres de l'Indus; la Chine, qui voyait avec inquiétude le développement de la puissance britannique; la Russie, jalouse et irritée contre la rivale qui lui fermait au levant et à l'orient les mers du sud. On a cru retrouver dans l'effroyable insurrection de 1857 les preuves presque certaines du fanatisme, de la haine et de la corruption exercés par les États limitrophes. Les spoliations de l'Angleterre, les tributs énormes qu'elle prélevait sur les vaincus, l'exil ou la mort violente de tant de rajahs et de tant de princes, le souvenir de la liberté dans le pillage et aussi celui de l'indépendance sous les dynasties indigènes, suffiraient à expliquer les vraies causes du mouvement qui éclata. Certains symptômes faisaient prévoir le mal : des agents nombreux et actifs parcouraient les villages et distribuaient des symboles mystérieux d'union et de vengeance; au peuple des gâteaux de farine, aux soldats des fleurs de lotus bleu. L'opposition et la presse jetaient le cri d'alarme. Le conseil suprême de l'Inde dédaigna ces avertissements; le gouverneur général, lord **Canning**, récemment arrivé dans la péninsule (1856), partagea d'abord cet aveuglement. C'est alors que la métropole ordonna de distribuer à l'armée des cipayes, à la place du vieux mousquet, la carabine Minié, dont la cartouche était graissée extérieurement d'une composition d'huile, de cire et de suif (janvier 1857). Peu à peu le bruit se répandit que ce suif provenait d'un bœuf ou d'un porc, et les sectateurs de Manou et de Mahomet furent scandalisés du sacrilège dont un gouvernement détesté les faisait les complices. Emu par les protestations et les appels à la révolte, le gouverneur général donna l'ordre de cesser la distribution des cartouches graissées; le régiment le plus compromis fut désarmé. Quelques jours après, un officier anglais fut tué à Barrakpour, dans les rangs de ses soldats. Lord Canning se rendit à Barrakpour (mai 1857) avec une troupe européenne amenée du Pégou en toute hâte, désarma le 34° régiment d'infanterie indigène révolté, le licencia et renvoya imprudemment les soldats dans l'Oude et le Rohilcand, leur pays d'origine, où ils furent des recrues toutes prêtes pour l'insurrection.

Nana-Sahib. — Elle éclata brusquement et partout à la fois dans la seconde quinzaine de mai. Les officiers furent égorgés dans les garnisons, les colons et leurs familles massacrés dans leurs terres; dans les villes, à Mirout, à Delhi, à Bénarès, à Allahabad, à Laknau, les *Féringhi* furent traqués et assassinés; leurs maisons dévastées et incendiées. Des bandes de *dacoïts* et de *thugs*, étrangleurs, assassins et pillards, firent main basse sur l'argent et les trésors des particuliers, des banques et des caisses publiques. L'épisode le plus effroyable de cette insurrection fut le massacre de Cawnpore, préparé et dirigé par Nana-Sahib (le petit Seigneur). C'était le fils d'un capitaine ou *soubadar* au service du dernier vice-roi ou *peschwah* de Pounah. Il avait rêvé de devenir peschwah, s'était fait passer pour le fils adoptif du dernier vice-roi, dont il avait spolié la veuve et les enfants à l'aide d'un faux testament; il avait demandé aux Anglais de le reconnaître officiellement en cette qualité. Lord Dalhousie avait répondu par une fin de non-recevoir absolue. Nana-Sahib avait voué aux Anglais une implacable rancune. Quand la révolte éclata, il offrit ses services au général *Wheeler*, et lui envoya de Bithour, où il avait sa résidence et dont il s'intitulait le rajah, un détachement pris parmi les Mahrattes qui composaient sa garde. Wheeler se laissa prendre à ce témoignage de fidélité. Les Mahrattes de Nana-Sahib s'associèrent aux cipayes dans le pillage et les massacres; bientôt le rajah de Bithour vint se mettre lui-même à la tête des insurgés, et les conduisit sur Cawnpore. Arrivé devant la ville, il écrivit à Wheeler une lettre de défi, et commença ses massacres. Il faisait sabrer ou fusiller en masse tous les fugitifs, sans distinction d'âge ni de sexe. Il envoya à Wheeler un de ses agents, *Azimoullah*, pour lui signifier ses conditions. Le capitaine *Moore*, qui remplaçait Wheeler malade, résista pendant quinze jours; mais, manquant de munitions et de vivres, incapable de tenir plus longtemps dans une enceinte encombrée de malades et de blessés, il se résigna à la capitulation. Trente barques reçurent les assiégés que Nana-Sahib avait juré de faire conduire à Allahabad. Les bateliers hindous les poussèrent sur le Gange, et sautèrent sur le rivage, où se déployait l'armée de Nana-Sahib. A un signal du rajah, une terrible fusillade éclata, et deux pièces de canon lancèrent leurs boulets sur les proscrits. Les uns tombaient sous les balles, les autres blessés se noyaient dans le fleuve; ceux qui essayaient de regagner la rive à la nage étaient tués sans merci. Une des barques avait pu s'avancer jusqu'au milieu du fleuve : elle fut ressaisie et ramenée au bord; Nana-Sahib fit fusiller tous les hommes qu'elle contenait; les femmes et les enfants furent enfermés dans une étroite maison où d'autres prisonnières étaient déjà confinées. Ce drame atroce eut lieu le 26 juin : le 7 juillet, Nana-Sahib apprit que le général *Havelock* venait de quitter Allahabad. Il marcha à sa rencontre, se fit battre trois fois à Futtihpore, à Cawnpore, à Bithour. Avant d'évacuer Cawnpore, il donna l'ordre d'égorger les cent quatre-vingts femmes avec les enfants qu'il avait gardés, et fit sauter le magasin militaire.

Dans l'Oude, la résistance fut plus longue et plus acharnée. Les grands seigneurs féodaux ne pouvaient se plier au joug de l'Angleterre. Havelock, malgré le choléra qui décimait ses troupes, vainquit deux fois encore Nana-Sahib, et, grâce aux renforts que lui amenait sir *James Outram*, put délivrer les défenseurs de Lucknow bloqués depuis trois mois. Il mourut en novembre. — Son successeur, sir *Colin Campbell*, continua avec le rajah une lutte sans trêve : la ruse et la perfidie d'un insaisissable ennemi triomphèrent longtemps de l'ardeur, de la ténacité et de la stratégie britanniques. Les troupes anglaises, où combattaient à côté des Européens des Ghourkas, des Sikhs, des Afghans et des Mahrattes restés fidèles, vainquirent les insurgés à Bareily, et les rejetèrent enfin au delà de la Gogra, dans les montagnes du Népal.

A Delhi, les généraux *Barnard* et *Wilson*, menacés avec une armée de quatre mille hommes par une population de deux cent cinquante mille habitants et de trente mille cipayes révoltés, furent sauvés grâce à l'intervention prompte et à l'action énergique des soldats du Pandjab sous *John Lawrence, Montgomery* et *Nicholson*. Les cipayes furent désarmés, pendus, fusillés, canonnés en masse. Nicholson vainquit les rebelles à Nujuffghur, et fut tué à l'assaut de Delhi. Wilson prit la ville, et jeta en prison le dernier descendant du Grand Mogol; Hodson tua de sa main son fils et ses deux neveux (septembre 1857)[1].

---

1. « Un des épisodes les plus dramatiques de cette lutte sanglante eut pour
» théâtre la plaine où s'élève, au milieu de ruines de mosquées, de portiques et
» de tombeaux, le magnifique mausolée de marbre rouge et blanc de l'empereur

Le correspondant du *Times*, M. W. Russel, qui suivait l'armée, a écrit que l'expiation égala, si horribles qu'ils fussent, les crimes commis. La légende avait amplifié encore les hideuses tueries de Cawnpore ; les vainqueurs se montrèrent féroces dans la vengeance. « On peut estimer au
» centuple, dit M. E. Forgues, le nombre des malheureux Hindous qui ont
» souffert la torture et subi les plus ignominieux supplices pour expier des
» forfaits dont ils étaient innocents. » L'insurrection de 1857 fut partielle, et les sanglantes représailles de l'Angleterre rétablirent sa domination. Cette crise, avait été comme le châtiment d'un régime d'expropriation et de tyrannie séculaires, que la rapacité de la Compagnie et l'inhumanité de Warren Hastings avaient fait abhorrer par des crimes non moins odieux, mais moins retentissants. Elle fut aussi pour l'Angleterre un grave avertissement.

Abolition de la Compagnie des Indes. — La situation de l'Inde fut profondément modifiée. Déjà, en 1833, les rapports de la Compagnie des Indes avec le gouvernement avaient subi une réforme sérieuse. L'État avait racheté l'actif de la Compagnie en assurant aux actionnaires un revenu de dix pour cent. La Compagnie n'était donc plus qu'une association commerciale intermédiaire entre les particuliers et le gouvernement. Les affaires de l'Inde étaient dirigées de Londres par une Cour de directeurs, assistée d'un *Bureau de contrôle* choisi par les ministres. — En 1858, un bill du Parlement abolit la Compagnie des Indes, et abandonna à la couronne seule l'administration directe de cette colonie. On créa un *ministère de l'Inde*, assisté d'un *conseil* de quinze membres ; la plupart de ses fonctionnaires étaient élus par le ministre, les indigènes furent admis aux emplois publics ; on n'exigea d'eux qu'un brevet de compétence délivré par un jury, à la suite d'examens publics en langue anglaise. Le gouverneur général reçut le titre de *vice-roi*, et la reine ajouta aux siens celui d'*Impératrice des Indes*.

Musulmans et Hindous paraissent aujourd'hui pacifiques et dociles sous la loi de l'Angleterre. Elle se fait toujours payer chèrement ses services, mais ses ingénieurs, ses commerçants et ses administrateurs de tout rang rattachent la colonie à la métropole par des liens plus puissants que ceux de la conquête. Dans les nombreux *durbars* tenus par le vice-roi en présence des rajahs et princes vassaux, la puissance de l'Angleterre a été partout honorée : la plus éclatante de ces cérémonies fut celle que présida en 1876

» Humayoun, père d'Akbar le Grand. La ville de Delhi venait d'être enlevée aux
» insurgés : le vieil empereur mogol était prisonnier des Anglais, mais son fils
» Abou-Bekr et ses deux cousins avec cinq ou six mille partisans dévoués s'étaient
» retranchés dans le mausolée et ses dépendances. La présence de ces rebelles
» faisait peser sur toute l'armée victorieuse, mais épuisée, un péril permanent.
» Le major Hodson, à la tête d'une centaine d'hommes d'élite, se présenta résolument devant les princes révoltés, et les somma de déposer les armes et de
» se rendre sans conditions. L'attitude hardie du commandant anglais en imposa
» à la foule, les armes furent remises, et les princes se livrèrent. Hodson les fit
» monter dans une charrette traînée par des bœufs, et conduire à Delhi, sous la
» garde d'une escorte bien armée. La foule, qui suivait de loin les princes captifs,
» allait grossissant aux approches de la ville, bientôt elle devint hostile et frémissante. Hodson prit alors une résolution énergique : il commanda la halte, saisit son revolver, s'approcha du chariot, et, à bout portant, tua de sa main les
» trois princes. Cette exécution sommaire terrifia la foule : personne n'osa protester, et Hodson entra dans Delhi avec les trois cadavres qu'il fit exposer publiquement au centre de la ville. » (F. DEVAY, *Voyage dans l'Inde anglaise*.)

le prince de Galles, héritier présomptif de la couronne, pendant son voyage à travers les Etats de la péninsule. Le gouvernement de l'Angleterre est, par la race, la religion, la langue, les habitudes, tout à fait étranger à l'Inde. Mais la différence et les rivalités des races et des religions qui s'opposent dans l'Inde à toute unité morale, à toute idée de nationalité; les bienfaits matériels répandus dans le pays par la domination anglaise, qui a supprimé le brigandage, établi l'ordre et une justice régulière, protégé le travail, et assuré la paix intérieure; le respect profond des croyances, qui est un des principes fondamentaux de l'administration anglaise, la direction suprême des intérêts politiques remis aux mains de ses résidents; enfin et surtout l'organisation d'une armée puissante et fidèle, composée aux deux tiers de soldats indigènes, instruits et commandés par des officiers anglais d'élite, tels sont les éléments principaux de vitalité et de stabilité de l'Angleterre dans la péninsule, le secret de sa force et la garantie de son avenir contre les périls intérieurs et extérieurs qui pourraient de nouveau menacer l'existence de son empire colonial.

3° BIBLIOGRAPHIE. — CARTOGRAPHIE

A. — Travaux historiques.

Alleaume (Ch.). *Le journal du voyage de Godeheu; perte de l'Inde sous Louis XV.* — (Rev. marit. et col., fév. 1875.)

Barchou de Penhoen. *Histoire de l'Inde anglaise.* — (Paris, 1850, 6 vol. in-8°.) — *L'Inde sous la domination anglaise.* — (1859, 2 vol.)

Bernier. *Voyages contenant la description des Etats du Grand Mogol, de l'Hindoustan, du royaume de Kachemire.* — (Amsterdam, 1699, 2 vol.)

Castonnet des Fosses. *L'Inde française avant Dupleix.* — (Paris, 1888, in-8°.)

Collin de Bar. *Histoire de l'Inde.* — (Paris, 1814, in-4°.)

Dubois de Jancigny. *Inde.* (Collection de l'*Univers pitt.*, Paris, 1845, in-8°.)

Dufresne de Francheville. *Histoire de la Compagnie des Indes.* — (Paris, 1738, in-4°.)

Forgues (Ed.). *La Révolte des cipayes.* — (1861, in-18.) — (*Revue des Deux-Mondes*, 1858, 1859, 1860.)

Hamont (T.). *Dupleix, essai d'un empire français dans l'Inde au dix-huitième siècle.* — (Paris, 1881, in-8°.)

Hamont (T.). *La Fin d'un empire français aux Indes sous Louis XV; Lally-Tollendal, d'après des docum. inéd.* — (Paris, 1888, in-8°.)

Joret. — *Tavernier.* — (1888, in-8°.)

Julien (H.). *Histoire de la vie de Hiouen-Thsang et de ses voyages dans l'Inde. 629-645, trad. du chinois.* — (Paris, 1853, in-8°.)

La Croze. *Hist. du christianisme des Indes.* — (La Haye, 1734, in-8°.)

Lanoye (F. de). *L'Inde contemporaine.* — (Paris, 1858, in-18.)

Lescure. *Précis historique sur les établissements français dans l'Inde.* — (Pondichéry, 1865, in-8°.)

Maffée (Le P.). *Histoire des Indes orient. et occident.* — (Paris, 1660, in-4°.)

Maitre de la Tour. *Hist. d'Ayder Ali Khan.* — (Paris, 1789, 2 vol. in-12.)

Martin. *Hist. gén. de l'Inde.* — (Paris, 1828, 7 vol. in-8°.)

Michaud. *Hist. de l'empire de Mysore.* — (Paris, 1801, 2 vol. in-8°.)

Ott (A.). *Hist. de l'Inde et de la Chine.* — (Paris, 1876, in-12.)

Parquet (Mme du). *Lord Minto aux Indes.* — (Rev. des Deux-Mondes, 1880.)

Pauliat (L.). *Louis XIV et la Compagnie des Indes.* — (Paris, 1886, in-8°.)

Petit (Ed.). *François Dupleix.* — (Paris, in-18.)

Raynal. *Hist. philos. et polit. des établissements et du commerce des Européens dans les deux Indes.* — (Paris, 1778, 6 vol. in-16.)

Renyaud. *Fragments arabes et persans relatifs à l'Inde ancienne.* — (Paris,

1844, in-8º.) — *Mémoires géog., hist. et scient. sur l'Inde antérieurement au milieu du onzième siècle de l'ère chrétienne*, d'apr. les écrivains arabes, persans et chinois. — (Paris, 1849, in-4º.)

Rouchu de Rennefort. *Hist. des Indes orientales.* — (Paris, 1688, in-4º.)

Sachot (O.). *Les Français dans l'Inde. Le major général Cl. Martin.* — (Paris, 1870, in-8º.)

Soltykoff. *Lettres de l'Inde.* — (Paris, 1848, in-8º.)

Tavernier. *Voyages en Perse et dans les Indes.* — (Paris, 1677-1679, 3 vol. in-4º.)

Vivien de Saint-Martin. *Etude sur la géographie grecque et latine de l'Inde, et en particulier sur l'Inde de Ptolémée, dans ses rapports avec la géographie sanscrite.* — (Paris, 1858, in-4º.) — *L'Asie centrale et l'Inde au septième siècle de notre ère.* — (Paris, 1860, in-8º.)

Bell (Evans). *The empire in India.* — (Londres, 1854, in-8º.)

Bolts. *Etat civil, politique et commerçant du Bengale, ou hist. des conquêtes et de l'administration de la Compagnie anglaise dans ce pays.* — (La Haye, 1775, 2 vol. in-8º.)

Cunningham (A.). *The ancient geography of India.* — (Londres, 1871, in-8º.)

Dow (H.). *The history of Indostan from the death of Akbar to the complete settlement of the Empire under Aurung-Zebe.* — (Londres, 1772, 3 vol. in-12.)

Elliott (H.-M.). *The history of India, as told by its own historians.* — (Londres, 1867-78, 6 vol. in-8º.)

Elphinstone. *History of India.* — (1841, 2 vol. in-8º.)

Grand Duff. *History of the Marattas.*

Griffin (L.). *The Rajas of the Punjab. The History of the Mandi state.* — (Londres, 1873.)

Harding (lieut-col). *The war in India.* — (Londres, 1846, in-8º.)

Ludlow (J.-M.). *British India, its Races and its History.* — (Cambridge, 1858, 2 vol. in-8º.)

Macaulay. *Essais historiques et biographiques*, trad. Guizot. — (1re série, Paris, 1862, in-8º.)

Malleson (lieut-col). *History of the French in India*, trad. par Mme S. Le Page. — (Paris, 1873, in-8º.)

Marshman. *The History of India, from the earliest period to the close of Lord Dalhousie's administration.* — (Londres, 1868, 3 vol. in-8º.)

Mill. *History of British India.* — (8 vol. in-8º, 1841.)

Montgomery Martin. *The History, antiquities, topography and statistics of Eastern India.* — (Londres, 1838, 3 vol. in-8º.)

Napier (major-gén). *The conquest of Scinde.* — (Londres, 1845, in-8º.)

Robertson (W.). *Recherches hist. sur les connaissances que les anciens avaient de l'Inde*, tr. fr. — (Paris, 1792, in-16.)

Schlegel (von). *Indische Bibliothek.* — (Bonn, 1823-30, 2 vol. in-8º.)

Taylor. *Ancient and modern India.* — (Londres, 1851, in-8º.)

Thornton. *Hist. of British India.* — (1841-43, 3 vol.)

Ward. *A view of the History, Literature and Mythology of the Hindoos.* — (Londres, 1822, 3 vol. in-8º.)

Wheeler. *History of India from the earliest ages.* — (Londres, 1869, in-8º.)

Wilks (de). *Historical Sketches of the South of India.* — (Londres, 1810, 3 vol.)

Wilson. *Mackensie collection* (documents sur l'Inde méridionale). — (Calcutta, 1828, 2 vol. in-8º.) — *The History of British India, 1805-1835.* — (Londres, 1845, 3 vol. in-8º.)

Travaux géographiques

Andree. *India and her neighbours.* — (Londres, 1878, in-8º.)

Atkinson (E.-T.). *Statistical, descriptive and historical account of the N.-W. provinces of India.* — (Allahabad, 1878, 4 vol. in-8º.)

L'HINDOUSTAN.

BACKER (L. DE). *L'archipel indien. Origines, langues, littératures, religions, morale.* — (Paris, Didot, 1874, in-8°.)
BAKER (Samuel W.). *Eight years' wanderings in Ceylan,* illust. — (Londres, 1854, in-8°.)
BALL (W.). *Jungle life in India.* — (Londres, 1880, in-8°.)
BANESS (J.-F.). *Index geographicus Indicus.* — (Londres, 1881, in-8°.)
BARTH. *The religions of India.* — (London, 1882, in-8°. Tr. fr., Paris, Fischbacher.)
BARTHÉLEMY Saint-Hilaire. *L'Inde anglaise, son état actuel, son avenir.* — (Paris, 1887, in-8°. *Journal des savants*, 1887.)
BEHRAMJI IN-MALABARI. *Gujarat and the Gujaratis, Pictures of men and Manners taken from life.* — (Londres, 1885.)
BELL. *The Maldive Islands, an account of the physical features, climate, history, inhabitants, productions and trade.* — (Colombo, 1883, in-f°, avec cartes.)
BELLEW. *Kashmir and Kashghar.* — (London, 1875.)
BÉRARD (DE). *Voyage dans le nord de l'Inde. Excursion à Attok. Voyage à Murry.* — (*Tour du Monde,* 2° sem. 1880.)
BERGHAUS. *Assam. Memoirs ou Asia.* — (Gotha, 1834, in-4° av. carte.)
BIRDWOOD. *The industrial arts of India.* — (Londres, 1880, in-8°.)
BOHAN (H.). *Voyages dans les Indes orientales.* — (Paris, 1866, in-8°.)
BRADDON (E.). *Life in India.* — (Londres, 1872, in-8°.)
BRADSHAW. *Handbook to the Madras Presidency.* — (Londres, 1864.)
BRÉHAT (H. DE). *Souvenirs de l'Inde anglaise.* — (Paris, 1876, in-12.)
BRINCKMANN (A.). *The rifle in Cashmere a narrative of shooting expeditions.* — (Londres, 1862.)
BUCHANAN (Dr). *Account of Assam.* — (Londres, 1820, in-8°.) — *Account of Nepal.* — (Edimbourg, 1819, in-4°.) — *A journey from the Madras through the countries of Mysore, Canara and Malabar.* — (Londres, 1807, 2 vol. in-4°.)
BURGESS AND FERGUSSON. *The cave temples of India.* — (Londres, 1880, in-8°.)
BURTON (R.). *Sind revisited with notices of the Anglo Indian army; railroods; past, present, and future, etc.* — (London, 1877, 2 vol. in-8°.)
CAMPBELL (coll Walter). *My indian Journal, containing descriptions of the field sports of India, and Notes on the natural history and habits of the wild animals of the country, etc.* — (Londres, 1864, in-8° illustr.)
CARPENTER (M.). *Six months in India.* — (Londres, 1868, 2 vol. in-8°.)
CARRINGTON (Rob.). *List of light houses and light vessels in British India, including the Red sea and Coast of Arabia.* — (Calcutta, 1881, in-8°.)
CHAROLAIS (L. DE). *L'Inde française : deux années sur la côte du Coromandel.* — (Paris, 1877, in-18.)
CHESNEY. *Indian polity : a view of the system of administration in India.* — (London, 1868, in-8°.)
CHUNDER (B.). *Travels of a Hindoo to various parts of Bengal and Upper India.* — (London, 1869, 2 vol. in-8°.)
CLEGHORN (Dr). *The forest and gardens of the South of India.* — (Londres, 1862, in-8°.)
CORDINER (J.). *Description of Ceylan.* — (London, 1807, 2 vol. in-4°.)
COTTEAU (E.). *Promenades dans l'Inde et à Ceylan.* — (Paris, 1880, in-18.)
COTTON. *Colonies and Dependencies India.* — (London, 1883.)
COVINO. *Un viaggio alle Indie.* — (Turin, 1878, in-8°.)
CRINDLE (M.-C.). *Ancient India as described by Megasthenas and Arrian.* — (Londres, 1878, in-8°.)
CUNNINGHAM (A.). *The ancien geography of India.* — (Londres, 1871, gr. in-8° avec cartes.)
CUST. *A Sketch of the modern languages of the East India.* — (London, 1873.)
DALTON. *Descriptive ethnology of Bengal,* illustr. — (Calcutta, 1873.)
DALTON HOOKER (Jos.). *Notes of a naturalist in Bengal.* — (Londres, 1854, 2 vol. in-8°.)
DAVY (J.). *An Account of the interior of Ceylan.* — (London, 1821, in-4°.
DEVAY (F.). *Journal d'un voyage dans l'Inde anglaise, à Java, etc., à Ceylan.* — (Paris, Didot, 1867, 2 vol. in-8°.)
DREW (Fr.). *The Jummoo and Kashmir Territories.* — (London, 1875, in-8°, avec cartes et vues.)

DUFFERIN ET D'AVA (Marquise DE). *Quatre ans de séjour dans l'Inde.* — (Paris, 1890, 2 vol. in-12.)

DUNCAN. *Geography of India (descriptive, économique, sociale).* — (Madras, 1808, in-12.)

DURET (Th.). *Voyage en Asie, Japon, Chine, Mongolie, Java, Inde.* — (Paris, M. Lévy, 1874. in-18.)

ELLIOT (H.). *Memoirs on the history, folk-lore, and distribution of the races of the North Western provinces of India.* — (Londres, 1869, in-8°.)

ELLIOT (R.). *The experiences of a planter in the jungles of Mysore.* — (Lond., 1871, 2 vol. in-8°.)

ENAULT (L.). *L'Inde pittoresque.* — (Paris, 1860, in-8°.)

ERSKIN. *Handbook of the Madras Presidency.* — (Coll. Murray, Londres, 1880.)

ESQUER. *Essai sur les castes dans l'Inde.* — (Pondichéry, 1870, in-8°.)

FERGUSSON. *Handbook for Ceylon.* — (In-8°.

FERGUSSON (H.-M. and J.). *Summary of information regarding Ceylon its natural features, climate, population, religion, etc.* — (Colombo, 1880, in-8°.)

FITCHE (A.). *Burmah past and present.* — (London, 1888.)

FONSECA (J.-M. DA) *An historical and archaelogical sketch of the city of Goa.* — (Bombay, 1878, in-8° avec cartes.)

FORBES (major). *Eleven years in Ceylan.* — (Londres, 1841, 2 vol. in-8°.)

FORSYTH (cap¹). *Bengal staff corps. The Highlands of central Asia; notes on their forets and wild tribus, etc.* — (Londres, 1871, in-8°.)

FRAS (D^r). *Etudes sur Chandernagor.* — (Paris, 1886, in-8°.)

FREIH VON HÜGAL. *Kashmir und das Reich der Sick.* — (Stuttgart, 1844, 4 vol. in-8°.)

GARRETT (J.). *A classical Dictionnary of India, Illustrative of the Mythology, Philosophy, Literature, Antiquities, Arts, Manners, Customs, etc., of the Hindus.* — (Londres, 1872, in-8°.)

GIBERT (Eug.). *L'Inde française en 1880.* — (Paris, 1881, in-8°.)

GOBINEAU (D^r). *Etudes de l'établissement de Karikal, topographie, climat.* — (Paris, 1857, in-8°, avec carte.)

GOBLET D'ALVIELLA. *Inde et Himalaya.* — (Paris, Plon, 1880, 2° éd.) — *La mission de l'Angleterre dans l'Inde.* — *Le voyage du prince de Galles dans l'Inde.* — (Revue des Deux-Mondes. 1876-77.)

GRANT (Ch.). *Gazetteer of Central Provinces of India.* — (Nagpore, 1867-68, in-8° avec carte.)

GRAUL (R.). *Reise in Indien.* — (Leipzig, 1854-56, 3 vol. in-8°.)

GRIFFITH (W.). *Journal of travels in Assam, Burma, etc.* — (Calcutta, 1817, in-8°.)

GUBERNATIS (DE). *Peregrinazioni Indiane.* — (Florence, 1887, in-8°.)

HAECKEL (G.). *Lettres d'un voyageur dans l'Inde.* Tr. de l'all. par Letourneau. — (Paris, 1883, in-8°.)

HARCOURT (cap¹). *Bengal staff corps. On the Himalaya walley, Kooloo, Lahoul, and Spiti.* — (Londres, 1872, in-8°.)

HATTON (J.). *The New Ceylan Being a Sketch of British North Borneo or Sabah.* — (London, 1881, in-8°.)

HAUG (M.). *Essays on the sacred language, writings, and religion of the Parsees.* — (Bombay, 1862, in-8°.)

HELFER. *Reisen in Vorderasien und Indien.* — (Leipzig, 1873. 2 vol. in-8°.)

HENDERSON and HUME. *Lahore to Yarkand.* — (Londres, 1873, in-8°.)

HODGSON. *Aborigènes of India.* — (Calcutta, 1876, in-8°.)

HODGSON. *Essay on the Kouh, Bodo and Dhimal tribes.* — (Calcutta, 1847.)

HOOLE. *Missions in Madras, Mysore and the south of India.* — (Londres, 1844.)

HORSBURGH (J.). *Instructions nautiques sur les mers de l'Inde.* Trad. de MM. Le Prédour, Darondeau et Reille. — (Paris, 1862, in-4°.)

HOUGTON (B.). *Essays on the languages, literature and religions of Nepal and Tibet.* — (Londres, 1874.)

HUBNER (baron DE). *A travers l'empire britannique, 1883-84.* — (Paris, 1886, Hachette, 2 vol. in-18.)

HULL (E.). *The European in India, or Anglo-Indian's Vade-Mecum.* — (Londres, 1871, in-8°.)

HUNTER (W.). *The indian Musulman.* — (Londres, 1872, in-8°.)
HUNTER (W.). *Annals of rural Bengal.* — (Lond., 1872, in-8°.) — *Orissa.* — (Lond., 1872, 2 vol. in-8° av. cartes.) — *The indians Musulmans.* — (Lond., 1872, in-8°.)
HUNTER (W.). *The Imperial Gazetteer of India.* — (London, 1881, 9 vol. in-8°.)
JACQUEMONT. *Correspondance.* — (Paris, 1834, 2 vol. in-8°.) — *Voyage dans l'Inde.* — (Paris, 1832-43, 6 vol. in-4°.)
JOHNSON (W.-J.). *The oriental races and tribus, residents and visitors of Bombay.* — (Lond., 1866, 2 vol. in-f°.)
JOUAN (H.). *Notes de voyages à Aden, Pointe de Galles, Singapore, Tche-Fou.* — (Cherbourg, 1870, in-8°.)
KAYE (J.-W.). *Lives of indian officiers, illustrative of the history of the civil and military services of India.* — (London, 2 vol. in-8°.)
LAMBERT (C.). *A trip to Cashmeere and Ladak.* — (London, 1877, in-8°.)
LEGRAND. *Les routes de l'Inde.* — (Paris, 1880, in-8°.)
LE GRAND JACOB. *Western India before et during the mutinies. Pictures drawn from life.* — (Lond., 1871, in-8°.)
LEITNER (G.-W.). *Resulte of a tour in Dardistan.* — (Lahore, 1870, 4 vol. in-4°.) — *On the races and languages of Eastern Turkestan.* — (Journal of the Ethnology Soc. of London, avril 1870.)
LESCURE (N.-M.). *Précis historique sur les établissements français dans l'Inde.* — (Pondichéry, 1865, in-8°.)
LEWIS RICE. *Gazetteer of Mysore and Coorg.* — (Bangalore, 1878, 2 vol. in-8°.)
LOTT (H.) et HUGHES (W.). *A manual of the geography of India.* — (Londres, 1863, in-8°.)
LOURER. *L'Himalaya, ses productions naturelles, culture du thé.* — (Paris, 1868, in-8°.)
LYALL. *Études sur les mœurs religieuses et sociales de l'Extrême-Orient.* Tr. française. — (Paris, 1885, in-8°.)
MAC-COSH. *Topography of Assam.* — (Calcutta, 1837, in-8°.)
MACKENZIE. *Six years in India.* — (Londres, 1857, in-8°.)
MALCOLM. *A memoir of central India including Malwa.* — (Londres, 1824, 2 vol.)
MARKHAM (Ch. R.). *Statement exhibiting the moral and material progress and condition of India.* — (Annuaire officiel, in-f°, Londres.)
MARKHAM (Fr.). *Shooting in the Himalayas.* — (Londres, 1854, in-8°.)
MATHESON. *England to Delhi.* — (Londres, 1870, in-8°.)
MAURER (Fr.). *Die Nikobaren.* — (Berlin, 1867, in-8°, cartes.)
MEADOWS (Col.). *Architecture in Dharwar and Mysore*, av. photogr. — (Londres, 1866, in-4°.)
MICHEL (E.). *Le tour du monde en 240 jours, Canada, Etats-Unis, Japon, Hindoustan.* — (Paris, Josse, 1882-83, 2 vol. in-8°.)
MITCHELL. *In India, Sketches of Lifes and Travel.* — (Londres, 1876, in-8°.)
MOORCROFT. *Travels in the Himalayan provinces of Hindoustan and the Panjab and Kashmir.* — (London, 1842, 2 vol. in-8°.)
MOUAT (F.-J.). *Adventures and researches among the Andaman Islanders.* — (London, 1863, in-8° illust.)
MULLER (Fr.). *Les Indes orientales. Catalogue des livres sur les possessions néerlandaises aux Indes, avec des divisions sur les Indes anglaises, la Chine, le Japon, Perse, Sibérie, Afrique, etc.* — (Amsterdam, 1882, in-8°.)
OLDFIELD. *Sketches from Nepal, historical and descriptive.* — (Londres, 1881, 2 vol. in-8°.)
OLDHAM (W.). *North Western Provinces.* — (Allahabad, 1870, in-f°, cartes.)
PERCIVAL (R.). *An Account of the island of Ceylan.* — (London, 1803, in-4°.)
PONTEVES-SABRAN (J. DE). *L'Inde à fond de train.* — (Paris, 1866, in-4°.)
POSTEL (Raoul). *Par terre et sur mer de Marseille à Singapore.* — (Paris, in-8°.)
PRINSEP (V.-C.). *Imperial India.* — (Londres, 1878, in-8°.)
QUENNEFER (DE). *Souvenirs de Pondichéry.* — (Lyon, 1882, in-8°.)
RADIGUET (L.). *L'Inde au point de vue des productions naturelles.* — (Paris, 1886, in-8.)
RAJENDRALATA MITRA. — *The antiquities of Orissa.* — (Londres, 1875, in-f° av. cartes et planches.)

Ransonnet (de). *Sketches of the inhabitants, animal life and vegetation in the lowlands and high mountains of Ceylan.* — (Londres, 1867, in-f°.)

Reclus (Elisée). *L'Inde et l'Indo-Chine; Nouvelle Géographie univ.* — (Paris, 1883, in-8°.)

Remy (J.). *Pèlerinage d'un curieux au monastère bouddhique de Pemmiantsi.* — (Châlons-sur-Marne, 1880, in-8°.)

Robinson (W.). *Descriptives account of Assam.* — (Calcutta, 1841, in-8° avec cartes.)

Rousselet (Th.). *L'Inde des rajahs.* (Paris, 1874, in-4° ill. — *Tour du Monde*, 1872-73.) — *Tableau des races de l'Inde septentrionale et de l'Himalaya.* — (Revue d'anthropologie, 1875-78.) — *Les royaumes de l'Inde.* — (Paris, 1878, in-8°.)

Russell (W.-H.). *The prince of Wales stour; a diary in India.* — (Londres, 1877, in-8°.)

Sachot (Oct.). *L'île de Ceylan et ses curiosités naturelles.* — (Paris, 1879, in-18 ill.)

Saint-Cyr (Le P.). *Le café, le thé, le quinquina aux Indes anglaises.* — (Paris, 1875, in-8°.)

Sarot (E.). *Un tour dans l'Inde.* — (Paris, 1801.)

Saunders. *A sketch of the Mountains and river basins of India.* — (London, 1870.)

Schlagintweit (H. von). *Reisen in India und Hochiasen.* — (Iéna, 1869-70, 2 vol. in-8° avec cartes et fig.)

Seeley. *L'expansion de l'Angleterre.* Tr. française. — (Paris, Colin, 1885.)

Sherring (Rév.). *The sacred city of the Hindus; an account of Benares in ancient and modern times.* — (Londres, 1868, in-8°.)

Siegfried (G.). *Seize mois autour du monde, et particulièrement aux Indes, en Chine et au Japon.* — (Paris, 1869, in-18 av. carte.)

Skeen (H.). *Le Pic d'Adam.* — (Londres, 1871, in-4° av. cartes.)

Small (Rév. G.). *Handbook of sanscrit literature, with Appendices descriptives of the Mythology castes, and religious sects of the Hindus.* — (London, 1867, in-8°.)

Smith (G.). *The Geography of British India political and physical with maps.* — (London, 1882, in-8°.)

Temple (Sir Richard). *L'Inde britannique.* Tr. française de M. Pène-Siefert. — (Paris, 1889, in-18.)

Tennent (Sir James Emerson). *Ceylon, an account of the island, physical, historical, and topographical, with notices of its natural history, antiquities and productions.* — (London, 1859, 1 vol. in-8° avec cartes et gravures.)

Thenon (A.). *A travers l'Inde.* — (Paris, 1872, in-8°.)

Tod (J.). *Annals and antiquities of Rajast han.* — (Madras, 1873, in-8°.)

Torrens. *Travels in Ladak, Tartary and Kashmir.* — (Londres, 1862, in-8°.) — *Our empire in Asia.* — (Lond., 1872, in-8°.)

Trumpp (E.). *Die religion der Sikhs.* — (Leipzig, 1881.)

Turner (Samuel). *An Account of an embassy to the Thibet, containing a narrative of a Journey through Bootan.* — (Londres, 1800, in-4°. Tr. française en 2 vol., 1801.)

Ujfalvy (de). *Le pays de Thule.* — (Paris, 1874, in-8°.)

Ujfalvy-Bourdon (Mme de). *Voyage d'une Parisienne dans l'Himalaya occidental (Koulou, Cachemire, Baltistan, Dras).* — (In-4° et in-18. — *T. du Monde*, 1883.)

Valbezen (de). *Les Anglais et l'Inde.* — (Paris, 1875, 2 vol. in-8°. — *Revue des Deux-Mondes*, février 1875.)

Vigne (G.-T.). *Travels in Kashmir, Ladakh, Iskardo.* — (London, 1844, 2 vol.)

Vinson (J.). *Les castes du sud de l'Inde.* — (Nancy, 1868, in-8°. Extrait de la *Revue orientale*.)

Watson et Kaye. *The people of India illustr.* (Etude des castes et des tribus de l'Inde.) — (Londres, 1870, 8 vol. in-4°.)

Wheeler (T.). *India under British Rule.* — (Londres, in-8°, 1885.)

— *Annuaire des établissements français de l'Inde.* — (Pondichéry, 1872, in-18, Challamel.)

XX. *A Sketch of Assam.* — (London, 1847, in-8°.)

X. *Ceylon*, by an officer late the Ceylon Rifles. — (Londres, 1876, 2 vol. in-8°.)
Annuaire des colonies, publ. annuelle officielle.
— *Notices coloniales*, publ. en 1885, à l'occasion de l'Expos. univ. d'Anvers.
— (Paris, impr. nationale, 3 vol. in-8° avec cartes.)
— *Notices coloniales*, publ. par la Commission d'Expos. coloniale à l'Expos. univ. de 1889. 6 vol. in-8°, ill. avec cartes.

ADYE (John). *Les troupes indigènes des Indes*. — (Rev. brit., mai 1880.)
BLANFORD (W.). *Account of a visit to the eastern and northern frontiers of independant Sikkim*. — (Journal of the Asiatic society of Bengal, 1871, 2° partie, avec carte.)
BONNIÈRES (R. DE). *Souvenirs de voyage; Ceylan, Lahore*. — (Rev. polit. et litt., 1886.)
BROOKE (col¹). *The mines of khetree in Rajpootana*. — (Journal of Asiatic society of Bengal, 1864.)
BURGESS (J.). *Index of the towns villages, in the Puna Zilla of the Bombay Presidency*. — (Transactions of the Bombay, Bombay, 1871.)
CHANOT (Dʳ). *Notes sur Mahé*. — (Arch. de médecine navale, juillet 1872.)
DAVIS (S.). *Remarks on the religions and social institutions of the Boutcas*. — (Transact. of the Roy. Soc. Asiat., 1830, vol. II.)
DENIS (F.). *Les îles Andamans*. — (Tour du Monde, 1ᵉʳ sem. 1860.)
DUTREUIL DE RHINS. *Routes entre la Chine et l'Inde*. — (Bull. de la Soc. de géog., 1ᵉʳ sem. 1881.)
FORGUES (E.). *L'Inde et les Anglais*. — (Nouvelle Revue, 15 octobre 1886.)
GAIDOZ. *L'Inde anglaise*. — (Rev. polit. et litt., 1885.)
GÉNIN (E.). *Voyage dans l'Hindoustan par Thiriot de Commercy*. (Docum. in. de la Biblioth. de Nancy.) — *Bull. Soc. acad. Indo-chinoise*, 1881. — (Paris, in-8°, Challamel.)
GRANDIDIER (A.). *Voyage dans les provinces méridionales de l'Inde. — Voyage à Ceylan*. — (Tour du Monde, 1869.)
GRANDPRÉ (DE). *Voyage dans l'Inde et au Bengale*. — (In-8°.)
GRISARD et VANDENBERGHE. *Les plantes utiles de l'Inde*. — (Bull. de la Soc. de géogr. comm., 1888.)
GUIMET (E.). *Huit jours aux Indes*. — (Tour du Monde, 1888.)
HASSELMEYER. *The Hill tribet of the northern frontier of Assam*. — (Journal of the Asiatic Society of Bengal, 1868, t. II.)
JANSSEN (Mᵐᵉ). *Souvenir d'un voyage aux Neilgherries. Les Todas*. — (Tour du Monde, 1882.)
LE BON (Dʳ G.). *Voyage au Nepal*. — (Tour du Monde, 1886.)
LEJEAN (G.). *Le Pandjab et le Cachemire*. — (Tour du Monde, 1866-1868.)
MANGIN (A.). *Les crocodiles du Gange*. — (Correspondant, 25 août 1867.)
MARKHAUS. *Travels in Great Tibet*. — (Proceed. of Roy. geogr. soc., 1875.)
MAUNY (Alph.). *Les populations primitives du nord de l'Hindoustan*. — (Bull. de la Soc. de géog., 1854, t. I.)
ORCET (G. D'). *La route des Indes. — L'armée des Indes*. — (Rev. brit., novembre 1879, avril 1885.)
PARISH (Ch.). *The Andaman island*. — (Proceed. of the Royal geogr. Soc., vol. VI, 1862.)
PÈNE-SIEFERT. *De l'Inde française et de son utilisation*. — (Rev. de géog., 1885.)
RÉVILLE (A.). *Les Sikhs*. — (Rev. polit. et litt., 2° sem. 1883.)
RITTER (C.). *Asam, das Land des Brahmapoutra*. — (Erdkunde, t. IV, Berlin, 1854.)
SHAW. *A prince of Kaschgar on the geography of Eastern Turkestan*. — (Proceed. of the Royal geogr. Soc., 1876, t. XX.)
SOWERBY (W.). *Some account of the navigation of the Nerbudda or Nurmada Reuir*. — (Transact. of the Bombay geogr. Soc., XIX, 1871.)
TOLBART. *On the portuguese settlements in India*. — (Proceed. of the Asiatic Soc. of Bengal, 1874.)

VIDAL-LABLACHE. *Les voies de communication de l'Inde.* — (*Rev. scient.*, 7 avril-14 juillet 1877.) — *Population de l'Inde.* (*Bull. de la Soc. de géogr.*, 1877.)
VILLERS (E. DE). *Les fêtes, le théâtre en plein air, le carnaval dans l'Inde.* — (*Rev. brit.*, février 1868.)
WOODTHORPE. *Notes on the wild tribes inhabiting the so called Naga hills.* — (*Journal anthrop. inst.*, Londres, 1882. — Trad. dans la *Revue d'anthrop.*, Paris, 1883.)

BERGHAUS (A.). *Asia atlas*, n° 9. *Assam, Bhotan.* — (Gotha, in-4°.)
DAVEY et LYALL. *French settlement of Chandernagor.* — (Calcutta, 1873, carte en 4 feuilles.)
MAGER (Henri). *Atlas colonial avec notices.* — (Paris, Bayle, in-4°.)
MARKHAM (R.). *A memoirs on the indian surveys.* — (Londres, 1870, in-4°.) — (V. Vivien, 1870, p. 25.)
MONTGOMERIE. *On the progress of Kashmir series of the Trigonometr. survey of India.* — (*Journal de la Soc. asiat. du Bengale*, 1861, n° 2.)
MONTGOMERIE (major). *General report on the operations of the Great Trigonometrical survey of India* (in 1870-1871). — (Dehra-Doon, 1871, in-4°.)
PURDON (W.). *On the trigonometr. survey and physical configuration of the Valley of Kashmir.* — (*Journal de la Soc. de géogr. de Londres*, 1861, t. 31.)
SURVEYOR GENERAL'S OFFICE, CALCUTTA. *Plan of the town of Calcutta.* — (1 feuille.)
THUILLIER (col¹). *Punjab maps.* — (Calcutta, 1866-72, au 1/507000.)
WALKER (J.). *Map of India.* — (Londres, 1871, 6 feuilles au 1/2000000.)
WALKER (col¹). *Great trigonometrical survey of India.* — (Dehra-Doon, 1869, in-f°.)
WILCOX. *Memoirs of a survey of Assam.* — (*Mem. of the Asiat. Soc. of Bengal.*)
— *Triangulation de l'Inde anglaise.* — (*Bull. de la Soc. de géogr.*, août 1873.)
— *Indian Atlas.* — (127 feuilles au 1/253440. Public. officielle.)
BLACK. *New map of India with the canals, Roads and military stations.* — (Edimbourg, 1857.)
LINDE (E.). *Map of teaproducing tracts in India.* — (3 feuilles au 1/200000, Calcutta, 1879.)
— *Carte de l'île de Ceylan.* — (2 feuilles, 1866. Dépôt de la marine.)
— *A catalogue of maps of the British possessions in India and other parts of Asia.* — (Public. offic., Londres, 1870, in-8°.)
— *Carte du territoire de Pondichéry.* — (Paris, 1886.)
— *Croquis du mouillage de Pondichéry.* — (Dépôt de la marine, n° 3724, Paris, 1879.)

CHAPITRE II

L'INDO-CHINE

1° RÉSUMÉ GÉOGRAPHIQUE

Situation; limites; étendue. — La péninsule indo-chinoise ou transgangétique n'a ni l'étendue, ni la population, ni l'aspect général de la presqu'île cis-gangétique. Mais si l'Hindoustan l'emporte par la puissance et la majesté du relief, par la belle disposition des vallées, des plaines et des plateaux, par la densité des habitants, par la diversité et la force des races, et l'intérêt du passé historique, l'Indo-Chine ne le cède point à la grande région voisine pour la fertilité du sol, les avantages et la salubrité du climat, l'abondance des eaux courantes et des pluies, les ressources minérales, les facilités d'accès continentales ou maritimes. La structure de la péninsule indo-chinoise explique la lenteur de son développement moral et économique jusqu'à nos jours. Les montagnes et les fleuves, au lieu de suivre la direction des latitudes, comme dans l'Inde, et de permettre aux populations la libre circulation de l'ouest à l'est, sans changer presque de ciel, de climat et d'habitudes, sont parallèles aux méridiens. Les remparts de montagnes qui séparent et encaissent les cours d'eau dans d'étroites vallées ont rendu longtemps impraticables les communications de tribus à tribus, et paralysé l'expansion des races, le mouvement des idées, l'échange des produits. Aucune grande nation n'a pu se former, aucune unité politique se constituer sur ce sol morcelé, que la nature a semé d'obstacles naguère invincibles. M. Elisée Reclus remarque qu'une seule région indo-chinoise a pu devenir le foyer d'un peuple : c'est la plaine du Cambodge, qui s'étend autour du Tonlé-Sap, entre les fleuves Ménam et Mékong, au sein de laquelle s'est développée autrefois la civilisation khmer, dont les monuments restés debout égalent en grandeur les plus belles créations de l'art hindou. L'entrée des Européens dans la péninsule, par les voies pacifiques ou conquérantes, la création de ports de commerce, l'exploration scientifique des pays du centre, l'ouverture de routes entre les vallées et les océans et à travers des frontières jusque-là fermées au monde, la concurrence économique des deux grandes nations, la France et l'Angleterre, qui rivalisent de zèle pour y fonder leur prépondérance, assurent désormais à l'Indo-Chine une place considérable dans les intérêts internationaux et dans l'activité de l'Extrême-Orient.

La péninsule indo-chinoise s'étend du 90° au 107° degré de longitude est et du 28° au 1°30′ de latitude nord. — Elle a un développement de 2 200 kilomètres depuis le delta du Mékong jusqu'à la frontière de l'Assam, et de 2500 kilomètres de Singapour à la frontière du Yun-nan : soit environ 2 175 243 kilomètres carrés. — La population s'élève à 34 millions d'habitants (16 par kilom. car.).

La presqu'île se divise physiquement en régions plus ou moins déterminées, comme elle relève de gouvernements ou de régimes politiques différents. — L'Angleterre, à la suite de conquêtes récentes, a étendu sa domination sur la *Birmanie* tout entière que sillonnent l'*Irraouaddi* et la *Salouen;* — le royaume de *Siam* garde son indépendance sur le bassin de la *Ménam* et du *Mékong* central; — la France règne aujourd'hui directement ou indirectement sur la *Cochinchine*, le *Cambodge*, l'*Annam* et le *TongKing;* c'est-à-dire sur le *Mékong inférieur,* sur le *Fleuve Rouge* et le vaste littoral qui s'étend de l'un à l'autre; — des Etats divers, des colonies isolées soumises pour la plupart à la loi de l'Angleterre, occupent la longue bande péninsulaire étroite et effilée, qui plonge au sud entre la mer des Indes et la mer de Chine, jusqu'aux approches de l'équateur, en face de l'île néerlandaise de Sumatra.

Nous décrirons séparément chacune de ces régions.

A. La Birmanie.

I. — GÉOGRAPHIE PHYSIQUE

Limites. — Après les deux guerres de 1822 et de 1852, la **Birmanie** ou **Barmah** se divisait en deux parties: au sud, le *Barmah* anglais, dont les ingénieurs anglais avaient tracé la frontière sous 19° 29' de latitude nord, depuis les monts d'Arakan jusqu'à la Salouen. Après l'expulsion du roi Thibô en 1885, l'Angleterre a fait du Barmah tout entier une possession britannique. Prise dans son ensemble, la Birmanie est limitée à l'ouest par les petits territoires de *Manipour*, de *Tipperah* et des *Nagas* qui la séparent du Bengale; — au nord-ouest, par l'*Assam;* — au nord, par les territoires des tribus insoumises qui habitent les hautes vallées du bassin de l'Irraouaddi au sud-est des monts *Patkoi* et *Langtan*. — Au nord-est, elle est limitrophe du Yun-nan chinois, dont elle contourne le territoire méridional, puis elle pousse une vaste enclave dans le bassin du Mékong supérieur, entre le Yun-nan et le royaume de Siam, jusqu'aux frontières du Tongking; — à l'est, la Salouen, et la longue arête montagneuse qui forme la ligne de partage entre les eaux du golfe du Bengale et celles du golfe de Siam, la séparent du pays siamois jusqu'à l'embouchure de la rivière *Paktchan*. — Elle s'étend du 10° parallèle jusqu'au 27° degré de latitude nord, et du 91° au 103° méridien à l'est de Paris.

Relief du sol. — Des massifs montagneux, d'où descendent, au sud-ouest, le Barak et les tributaires de la Meghna, se détachent des contreforts méridionaux parallèles au rivage, séparant les uns des autres les fleuves birmans: *Kouladan, Irraouaddi, Sittang, Salouen*. — La *Montagne Bleue* (*Malsclaï-Mon*), au nord-est de Tchittagong, a environ 2200 mètres; mais les chaînes s'abaissent dans la zone maritime, et descendent à 800 et même à 362 mètres, altitude du *Sitakound*, colline fréquentée par les pèlerins bouddhistes. Au delà de la rivière d'Akyab, la longue arête des *Yoma* ou *épine dorsale* de l'Arakan, composée de grès et de calcaires, s'élève jusqu'à 1500 mètres; l'armée anglaise la franchit en 1853 au col d'*Aeng* (1421 m.), dont elle enleva les fortifications. La chaîne d'Arakan paraît se terminer par le cap *Negrais;* mais, au delà d'une dépression sous-marine profonde au plus de 275 mètres entre des abîmes de plus de 2000 mètres, elle se prolonge dans les îles *Préparis* et des *Cocos,* et dans les vastes archipels des *Andaman* et des *Nicobar*.

A l'est de l'Irraouaddi, le *Pégou-Yoma*, haut en moyenne de 600 à 900 mètres, sépare le bassin du grand fleuve birman de la Sittang ; au sud-est de Pagan s'élève le *Pouppa-Doung*, ancien volcan éteint ; la chaîne des Arakans est bordée de sources salines, de gîtes pétrolifères et de dépôts de naphtes. — Mais cette arête se redresse vers le nord en masses imposantes sous le nom de *Chan-Yoma*, à une altitude de 3 200 mètres environ ; au sud de Nattik, dans le pays des Karen, le *Mont des Esprits* (Nattoung) a 2 400 mètres. Entre le bassin de la *Salouen* et les vallées de la *Sittang* et de la *Myitghi*, rivière d'Ava, qui coulent en sens opposé, un contrefort des Chan-Yoma, la chaîne des *Poung-Loung*, couverte de magnifiques forêts, atteint, au *Tsa-ka-La*, la hauteur de 1220 mètres, près de Chouéghyin. Plusieurs cols la traversent. Au sud les Chan-Yoma se prolongent sur la rive de la Salouen, et se prolongent sur la rive opposée jusqu'aux *Kokarit*.

Cours d'eau. — L'**Irraouaddi** (*Iraouadi*, *Iravadi*, *Aïravati*) n'est pas encore connu dans tout son parcours, évalué à 2 000 kilomètres. Les géographes ne sont pas d'accord sur ses véritables origines. Les uns, d'après les documents chinois, soutiennent qu'il est la continuation du Yaro-Dzang-Bo ou de ses affluents ; telle est l'opinion de d'Anville, de Buchanan, Dalrymple, Klaproth, Gordon, etc., qui fut combattue dès 1825 par le major Rennell. — Plus récemment, d'autres géographes, comme M. Walker, ancien « surveyor » général de l'Inde, d'après les voyages des officiers anglais Neufville et Wilcox, de l'abbé Krick, et des pandits hindous, ont donné le *Lou-Kiang* ou *Nou-Kiang* comme tête principale à l'Irraouaddi. M. Dutreuil de Rhins identifie le fleuve avec le *Ken-Pou* ou *Gak-Bo*, qui vient des monts neigeux du Tibet, et dont l'apport peut seul expliquer l'énorme volume d'eau de l'Irraouaddi en amont de Bhamo, où il roule, à la saison sèche, en février, 1600 mètres cubes d'eau, et en temps de crue, en octobre, jusqu'à 28 000 mètres cubes d'eau par seconde. Une pareille masse liquide ne pourrait être produite que par des pluies extraordinaires ; or, les pluies sont relativement médiocres dans cette région, les monts qui s'élèvent au nord et à l'est du Brahmapoutre, du Dibong et du Lohit interceptant les nuées et arrêtant le grand courant pluvieux que roule la mousson du sud-ouest[1].

Selon toute vraisemblance, les sources du fleuve sont cachées dans les montagnes inexplorées des Kham, où vivent des peuples indépendants. Par le 28º degré de latitude, l'Irraouaddi, parallèle aux autres fleuves indo-chinois, coule vers le sud, à travers une vallée sauvage du pays des Khamti ; vers le 26º, il reçoit un affluent, et les montagnards Kakyen désignent les deux branches sous les noms de *Petite Rivière*, à l'est, et de *Grande Rivière*, à l'ouest ; vers le 25º degré, arrive à droite le *Mogoung* ou *Nam-Khong* (180 kilom.), plus connu des Birmans, et qu'un bateau à

---

(1) M. Dutreuil de Rhins, dans un très savant *Mémoire sur le Tibet oriental* (*Bulletin de la Société de géographie de Paris*, 1886-1887), a discuté avec une précision et une rigueur lumineuses toutes les opinions sur ce problème délicat et qui ne restera pas longtemps peut-être sans solution. Il a réfuté les objections de Walker, et maintenu après une polémique assez vive son opinion savamment déduite qui identifie le *Nou-Kiang* au Salouen, et le *Ken-Pou*, originaire du Tibet, à l'Irraouaddi. (Voy. *Bulletin de la Société de géographie*, 3º trim. 1888.) Le mémoire de M. Dutreuil de Rhins est accompagné de quatre cartes particlles et d'une grande carte générale de reconstitution du Tibet oriental.

vapeur ne peut remonter. Là sont exploitées par les Chinois et les Shans des mines de jade. Avant d'atteindre Bhamo, à 100 kilomètres au sud, le fleuve pénètre dans une étroite cluse (*Kyoukdwen*) dont les parois se rapprochent parfois à 50 mètres, et où l'eau tourbillonne sur des fonds de 75 mètres, avec une vitesse de 25 kilomètres à l'heure. A Bhamo, principal centre de marché entre la Birmanie et la Chine, le fleuve reçoit à gauche le *Nam-Taping*.— C'est par la vallée transversale du Taping, originaire du Yun-nan, que les voyageurs Cooper, Margary, Gill, Colqhoun sont allés de Bhamo à Tali ; c'est à Manwyne, ou Manouïn, place forte chinoise de la rive droite du Taping, que Margary fut assassiné. Cette ville marque le point où s'arrête aujourd'hui la navigation fluviale.— Plus bas, l'Irraouaddi s'engage dans une deuxième cluse entre des roches qui surplombent le courant ; il reçoit, à gauche, plusieurs tributaires avant de passer devant Mandalay, capitale actuelle de la Birmanie ; au delà commence un troisième défilé dans les méandres duquel le fleuve roule ses eaux rapides. Plus bas, à l'entrée de l'ancienne cité royale d'Ava en ruine, le fleuve se grossit d'un affluent de gauche, et plus loin, à droite, le *Kyen-Douen*, ou *Kindwin*, originaire des monts Patkoï, au pays des Kakyen, coulant dans des montagnes sauvages, lui apporte les eaux de son grand tributaire, le *Nam-Kathé*, rivière du Manipour, émissaire des torrents des monts de Tchittagong et d'Arakan. Le Kyen-Douen est navigable depuis Kendat, à 160 kilomètres du confluent. La jonction des cours d'eau se fait par un delta de 35 kilomètres de large. — Là commence l'élargissement de l'Irraouaddi, et l'enchevêtrement des bras et des îles de son cours. Il tourne les contreforts de l'Arakan-Yoma, où il se resserre, et, devant Prome, il longe la base d'un rocher qui le domine de plus de 100 mètres. Désormais fleuve de plaines et de marécages, il se divise, forme et déforme ses îles, change incessamment ses rives, comble les bas-fonds de ses alluvions ou creuse de nouveaux lits. L'un d'eux, desséché, est suivi par le chemin de fer. Le delta, large de 200 kilomètres, s'étend de la bouche de Bassein à celle de Rangoun (46 000 kilom. car.), tantôt roulant aux plus basses eaux 1 300 à 2 000 mètres cubes par seconde, et aux plus hautes 18 à 20 fois plus. Les Anglais, maîtres du fleuve, ont endigué la tête du delta, pour rendre certains bras plus accessibles. Les branches de Rangoun et de Bassein sont navigables en tout temps pour les paquebots. De petits vapeurs remontent en cinq jours jusqu'à Mandalay, et jusqu'à Bhamo en neuf (1 100 kilom.). C'est dans la vallée de l'Irraouaddi qu'aboutissent les routes chinoises, et que s'est développée l'histoire civile et religieuse de la Birmanie ; c'est là que les Anglais projettent de s'ouvrir une route vers la Chine méridionale.

A l'est de l'Irraouaddi, derrière le rideau des montagnes du Pegou-Yoma, hautes en moyenne de 600 à 900 mètres, et presque partout faciles à franchir, coule le *Sittang*, *Tsitoung* ou *Palouen* (560 kilom.), tributaire du golfe de Martaban. « L'eau de marée, qui s'engouffre dans l'entonnoir de l'estuaire et qui remonte le fleuve en toute saison à plus de 100 kilomètres de distance, forme un mascaret redouté des marins. » (E. Reclus.) Pendant la saison des pluies, le Sittang communique, à travers des terres basses et des marigots, à l'ouest, avec l'Irraouaddi ; à l'est, avec l'embouchure de la Salouen, dont les monts Poung-Loung la séparent.

La **Salouen**, dont les sources sont encore inconnues et la longueur indéterminée, descend des hauts plateaux du Tibet oriental, sous les noms de *Nou-Kiang*, *Lou-Kiang*, *Loutze-Kiang*, parallèlement au fleuve

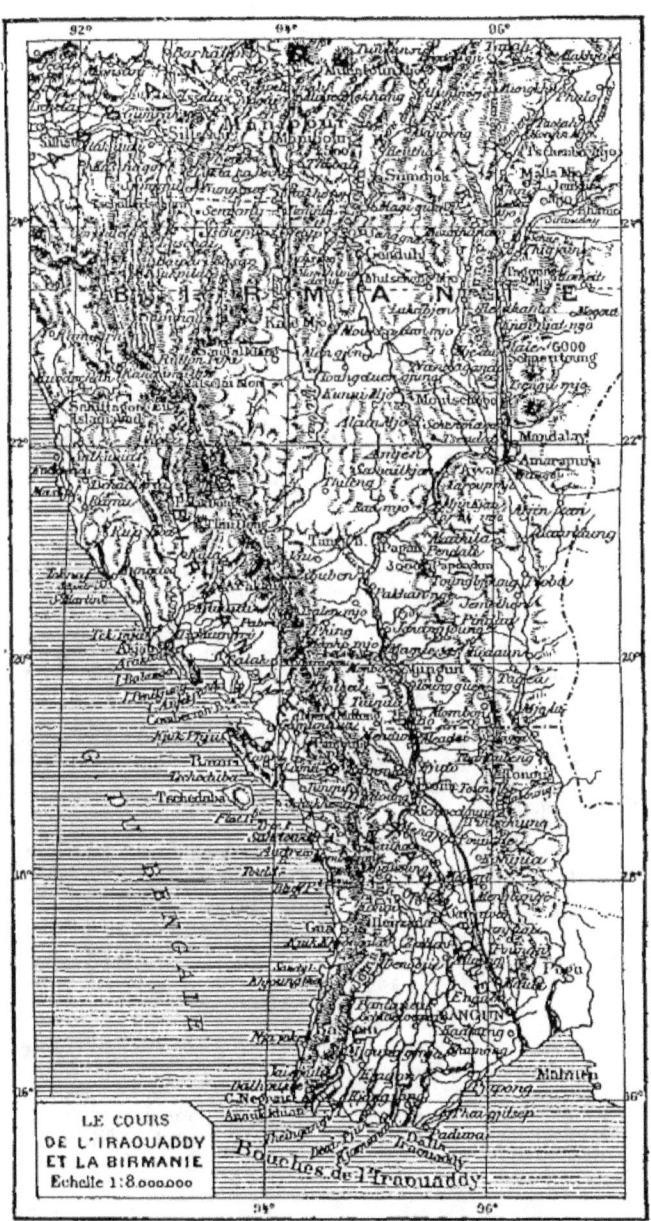

LE COURS DE L'IRAOUADDY ET LA BIRMANIE
Echelle 1:8 000 000

Mékong. Elle se fraye un chemin par une de ces allées étroites « ouvertes comme des sillons creusés par une gigantesque charrue ». Les longues arêtes des monts qui encaissent son cours se rapprochent par endroits à 50 mètres; des pointes rocheuses barrent les eaux et forment des rapides que les barques ne franchissent pas. Dans la région, toute sillonnée de contreforts et de fissures, où coulent les affluents de l'Irraouaddi et ceux de la Salouen, certains pics des montagnes des Shans atteignent jusqu'à 3000 mètres de hauteur. Sur un de ces affluents de l'Irraouaddi, à 1714 mètres d'altitude, est située la place forte de **Momein** ou Tang-Yueh, considérée par les géographes anglais comme la porte sud-occidentale de la Chine, par où ils se proposent de faire passer le futur chemin de fer de Mandalay au Yun-nan. — La Salouen traverse toute la région orientale de la Birmanie, occupée par les tribus laotiennes, les Karen et les Taï, et sépare, dans son cours inférieur, qui est souvent interrompu par les rapides, le Siam du Pégou; son delta s'épanche dans le Tenasserim et reçoit à gauche la rivière *Attaran* qui vient à sa rencontre, et coule du sud au nord à travers une longue vallée de 150 kilomètres, couverte de forêts de tek. Les eaux vaseuses de la Salouen entourent la grande île *Bhilou-Gaïouon*; à l'ouest coule le *Bras de Martaban*, ancienne capitale déchue; à l'est, le *Bras de Moulmein*, le chef-lieu actuel du Tenasserim. Le fleuve, flottable dans son cours central, n'est navigable que sur 100 kilomètres, à partir de ses embouchures, qui sont d'ailleurs semées de bancs redoutables. Il verse, en temps de crue, 18 à 20000 mètres cubes à la mer.

Au sud de Moulmein, la péninsule de Malacca, par ses montagnes et sa formation géologique, est le prolongement des régions birmano-siamoises. Les rivières du Tenasserim jusqu'au 10º degré de latitude nord se développent avec une régularité parfaite dans le sens du littoral et des arêtes montagneuses, du nord au sud. Entre les plissements du relief, elles serpentent longuement, à une faible distance de la mer, où elles vont se perdre dans des cluses. — Ainsi la **Tavoï** (200 kilom.) coule en sens opposé à l'Attaran, et découpe entre elle et la mer une longue presqu'île montagneuse, qui domine le golfe profond, les îles et le port de Tavoï; — le **Tenasserim** (500 kilom.), sous le nom de *Bean*, coule au nord-ouest jusqu'à la hauteur de Tavoï, puis tourne brusquement à l'est et au sud par une brèche, creusée entre deux yoma, et, par une nouvelle cluse reprend la direction du nord-ouest, passe par Tenasserim, où il se grossit à droite du *Nga-Ouan*, grande rivière descendue du sud à sa rencontre. Le Tenasserim enveloppe, entre les bras d'un vaste delta, un archipel à base de granit ou de porphyre; une des îles porte la ville de *Mergui*, qui a donné son nom à l'archipel. — Au nord de la rivière de Tenasserim, la plaine côtière est arrosée par de nombreux torrents : le principal est le *Palouk*, coupé de chutes et de rapides. Au sud de Mergui, la rivière *Linya* ou *Legnya* ou *Lainya*, partie du sud, gagne au nord-ouest le golfe de Bengale; tandis qu'à l'opposé, le *Paktchan*, qui sert de frontière entre la Birmanie et le Siam, va finir dans la mer par un long estuaire en face de l'île *Victoria*, à travers une région riche en mines d'or et d'étain.

Isthme de Kra. — Les Siamois ont donné le nom de chaîne des *Trois cents Pics* à la cordillère septentrionale de la péninsule. Elle se prolonge en se divisant jusqu'à l'extrémité de la région malaise; mais les arêtes sont souvent rompues et isolées par des brèches profondes et larges. La première de ces brèches, au sud de la frontière birmane, est traversée par le *Paktchan* ou rivière de *Kra*, à l'orient, et par le *Tchoumpong* qui vient du sud et finit dans la presqu'île marécageuse de Paknam. Il n'y a que 70 kilomètres entre l'embouchure du Paktchan et le cap *Préhang*, et

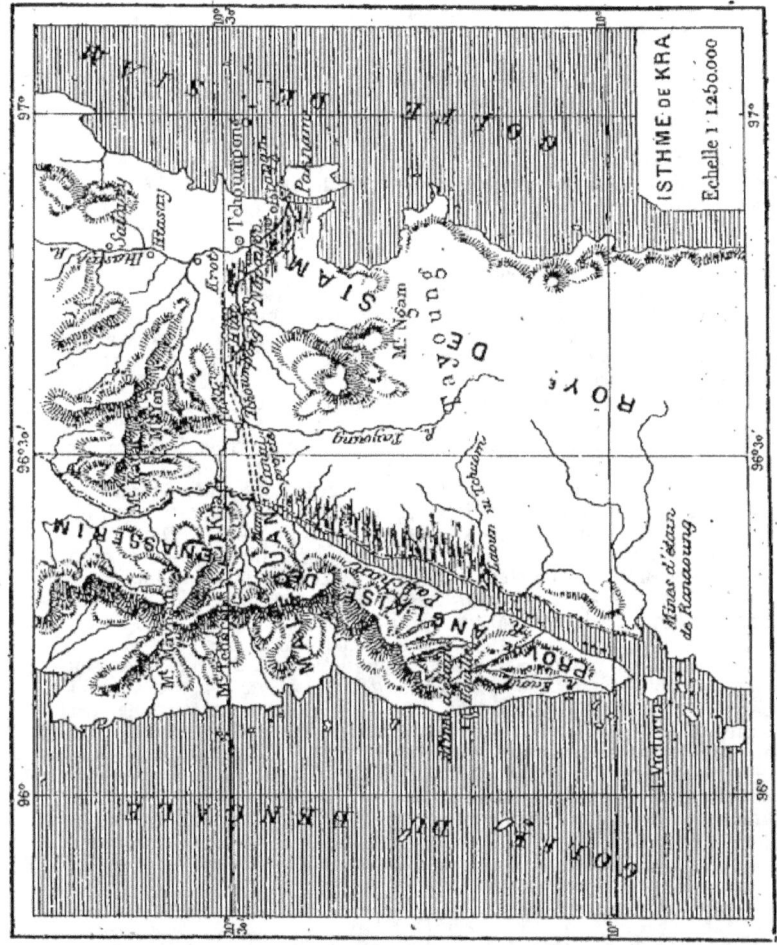

42 seulement entre la ville de Kra et l'embouchure du Tchoumpong. L'isthme qui sépare les deux cours d'eau a 12 kilomètres de largeur et une altitude de 25 à 30 mètres. — L'estuaire du Paktchan, d'après les études de M. Deloncle, a 13 kilomètres de largeur; il est accessible par un chenal très profond; il possède d'excellents mouillages sur une longueur de 20 kilo-

mètres. D'après M. Harmand, le rivage siamois de l'est est moins favorable, la seule crique accessible aux grands navires, à l'embouchure du Tchoumpong, est celle de Tayang; encore est-elle semée de bancs dangereux et ouverte à la mousson du nord-est. Le climat de l'isthme est brûlant; malsain et pernicieux dans les terrains bas et les vallées forestières, où la fièvre, les bronchites, la dysenterie sont redoutables; salubre au contraire dans les montagnes du nord et du centre. L'isthme est riche en forêts de tek, sandal, camphrier, ébène, acajou, palmier, etc.; le sol se prête à la culture du riz, du coton, du tabac, de la canne à sucre et des arbres fruitiers; mais les villages sont rares, et la population clairsemée (20 000 âmes environ). *Kra* ne compte que quelques centaines d'habitants.

Birmans et Siamois suivent de préférence cette route pour se rendre d'une mer à l'autre. Aussi a-t-on maintes fois formé le projet de creuser à travers l'isthme de Kra un canal de grande navigation. Le trajet de Calcutta à Canton serait abrégé de 1100 kilomètres; celui de Mergui à Bangkok, de 2200. Les bâtiments naviguant de l'Inde à la Chine éviteraient le passage par le détroit de Malacca à Singapour. Après Tremenhere et Schombourg, des Français ont proposé les tracés suivants : M. Deloncle et M. Dru tracent un projet de canal qui se détacherait de la rivière de *Paktchan*, en aval des rapides, et atteindrait à Tasan le *Tchoumpong* supérieur ou *Tayoung*; le canal aurait 53 kilomètres, dont 12 en tranchée. M. Mahé de la Bourdonnais combat ce projet à cause des crues du Tayoung et des rivières nombreuses qui y débouchent et l'encombrent, et propose de tracer le canal depuis Kra jusqu'à la mer à travers les terrains d'alluvion au sud du Tayoung, parallèlement à son cours. Tous ces canaux auraient à peu près la même longueur totale, de 100 à 111 kilomètres[1].

Littoral; îles. — Le littoral de la Birmanie et la zone voisine formaient naguère l'unique portion du territoire occupée par les Anglais. Le développement est au moins de 1900 kilomètres, la profondeur de 70 à 200; il se divise en trois provinces, *Arakan, Pégou, Tenasserim*; — son point de départ, au sud de la province indienne de Tchittagong et de l'île Maskal, est le cap *Elephant (Elephant Point)* par 21° 10′ de latitude nord, un peu au-dessus de la rivière *Naf.* — Exposées aux moussons du sud-ouest, les côtes de l'Arakan reçoivent des pluies abondantes; les rivières sont fréquentes et roulent une énorme quantité d'eau. Souvent elles sont réunies ensemble par des réseaux de *marigots* ou *arroyos* naturels; mais la barre et les récifs en rendent l'accès difficile ou impraticable. Les îles qui bordent la côte au sud d'Akyab ont des bouches volcaniques qui vomissent des boues argileuses brûlantes et des gaz inflammables, et par endroits des sources de pétrole et d'eaux salées. Les deux plus importantes de ces îles sont **Ramri** et **Tchedouba**, séparées par un canal de 15 à 20 kilomètres. — Ramri (2095 kilom. car. ; 82 000 hab.) ferme au sud la baie de Combermere, encombrée d'écueils redoutés; elle renferme plus de trente volcans de boue. Ramri est desservie tous les mois par les steamers de

---

1. Voy. Malte-Brun, *Isthme de Kra*, Annales des voyages, t. LXIII. — Deloncle, *L'isthme de Kra*, Revue de géographie, t. X et XI, 1882, avec cartes. — Dru, *Les divers tracés à travers l'isthme de Krau*, Exploration, t. XIII, 1882. — Harmand, *C. R. de la Société de géographie de Paris*, 1882. — Mahé de la Bourdonnais, *La route française du Tonkin*, Paris, 1883, in-8°, avec carte. — Loftus, *Notes of a Journey a cross the Isthmus of Kra*, Singapour, 1883. — Fergusson, *Royal Asiatic society*, 1867.

L'INDO-CHINE.

Calcutta et Rangoun. — Au delà du cap Negrais, à l'est du vaste delta de l'Irraouaddi, s'ouvre entre le territoire de Pégou et le Tenasserim, le profond golfe de Martaban, de forme triangulaire, où viennent aboutir les bras orientaux de l'Irraouaddi, le Sittang, le Bilin, la Salouen, et les rivières de Martaban et de Moulmein, dont les embouchures forment des îlots nombreux (*Baregou, Double, Kalegouk*). — A 16 ou 20 kilomètres de la côte accidentée que sillonne du nord au sud la rivière de Tavoï, s'étendent sur plus de 70 kilomètres de longueur les trois groupes des petites îles *Moscos*, qu'on rattache parfois à l'immense archipel de **Mergui**. Ce groupe, qui s'étend sur plus de 500 kilomètres du nord au sud, à 50 ou 100 kilomètres du littoral du Tenasserim, comprend plus de deux cents îles ou îlots très élevés, couverts de broussailles impénétrables, habités par un millier de *Selongs* environ, pêcheurs demi-sauvages, qui vivent, suivant la saison, sous des ajoupas, ou dans leurs barques et sur les grèves, et fuient les navires. L'archipel a pour îles principales *Sullivan* ou *Lampi* (190 kilom. car.) et *Saint-Mathew* (250 kilom. car.). C'est un repaire de serpents, de tigres et de rhinocéros.

Seelungs.

« On ne trouve plus les Seelungs (ou Selongs) que dans les îles de l'archipel Mergui. Placés au dernier degré de l'échelle de la civilisation, ils vivent presque continuellement dans leurs embarcations. Durant la saison de l'hivernage, on les voit, au nombre de plus de trois cents, réunis dans un camp sur le rivage; mais la mobilité de leur caractère, le sentiment de crainte si bien invétéré depuis tant de générations qu'il est aujourd'hui irraisonné, les porte à ne pas demeurer plus d'une huitaine de jours dans le même endroit. Aussi ne faut-il pas s'étonner que leurs habitations soient on ne peut plus primitives. Ces huttes temporaires sont faites de quelques pieux coupés dans les bois, qui garnissent toutes ces îles d'un fouillis presque inextricable; les nattes en feuilles de palmier, qu'ils roulent et emportent avec eux, leur servent de toits et de murailles. Souvent aussi, le pont mobile de leurs légères embarcations est monté sur quelques piquets, et c'est là-dessus qu'ils passent la nuit, ayant pour muraille les branches des arbres voisins, et pour toit la voûte étoilée du ciel.

» Leurs embarcations sont aussi simples que leurs demeures terrestres. Un tronc d'arbre de 18 à 30 pieds de long en fait tous les frais. On place dessus un feu doux et on le creuse progressivement, en ayant soin de le maintenir ouvert au moyen de traverses. Une partie du bateau est recouverte d'un faux pont en feuilles de palmier, et les cordages sont en rotin. Rien de plus simple, n'est-ce pas, rien qui dénote un puissant effort d'imagination! Eh bien! ces embarcations, dont rougirait le dernier des canotiers d'Argenteuil, sont admirablement adaptées aux besoins des Seelungs et aux parages où ils naviguent. Très rapides, très légères, elles fuient devant la plus petite brise, leur peu de largeur et de tirant d'eau leur permet de circuler à travers les canaux et les hauts fonds qui séparent les petites îles de l'archipel Mergui.

» Le fond de la nourriture de ce peuple sans besoins est le riz qu'il reçoit des Chinois et des Malais, en échange de coquillages marins, ou de nattes. Si les Seelungs manquent de riz, la mer est là qui leur fournit en abondance des poissons et des herbes; à terre, ils trouvent des fruits, quelques cochons redevenus sauvages, des baies et même des feuilles, car ils ne sont pas difficiles sur leur nourriture.

» Les éléments de commerce ne manquent pas; ce sont, outre les coquillages, les tripangs ou biches de mer, les poissons, les tortues dont les œufs sont très appréciés des gourmets birmans, les bois de sapan, les nattes que confectionnent les femmes pendant la saison pluvieuse, alors que la pêche est impraticable, et la cire d'abeilles.

» Qu'une chasse aux abeilles ait réussi sans le secours du sorcier ou *potee*, cela ne s'est jamais vu! Avant de partir, ce dernier se fait apporter une chandelle de cire; il l'allume et commence gravement devant elle une incantation, suppliant les esprits des forêts et des montagnes de guider les chasseurs, puis il s'interrompt, avale pontificalement, sous couleur d'eau de miel, un bel et bon arack et recommence. Les esprits ont, paraît-il, la détestable habitude de ne pas se rendre tout de suite aux objurgations du *potee*, ce qui lui permet d'accomplir un certain nombre de fois une cérémonie à laquelle il semble prendre plaisir. On part, et, si le gosier du *potee* a été convenablement arrosé, on ne tarde pas à découvrir quelques rayons suspendus à deux ou trois pieds au-dessus du sol. On allume au-dessous un feu de bois vert; puis, lorsque les abeilles sont parties, on se hâte de mettre en sûreté les rayons. » (MAHÉ DE LA BOURDONNAIS, *Un Français en Birmanie*, ch. III, p. 48; 3° éd.; Paris, Plon, 1886.)

Iles Andaman et Nicobar. — Un banc sous-marin rattache au cap Negrais et à la chaîne de l'Arakan-Yoma les îlots rocheux et bas des *Preparis* et des *Cocos*, et tout le plateau qui sert de piédestal aux archipels *Andaman* et *Nicobar*. Ils sont parallèles à la presqu'île indo-chinoise, comme Sumatra, qui semble les prolonger, est parallèle à la péninsule de Malacca. — Ces îles appartiennent à l'Angleterre.

Le premier groupe, au nord, les **Andaman**, que mentionnent les géographes arabes et après eux Marco Polo, sans les bien connaître, ont été pour la première fois sérieusement explorées par le lieutenant *Blair*, chargé d'y fonder un établissement (1789). Blair fit choix du Port *Chatham*, dans l'île du sud de la Grande Andaman; en 1792, la colonie fut transportée à *Port-Cornwallis*, dans l'île du nord, et abandonnée en 1796 à cause de son insalubrité. Blair leva la première carte hydrographique de l'archipel. Le colonel *Symes* publia en 1794 une relation sur les Andaman; en 1840, le naturaliste *Helfer* y fut tué par un indigène. L'Angleterre chargea en 1857 le docteur *Mouat* de fonder à Port-Cornwallis un pénitencier à l'usage des cipayes révoltés. Mais on fit choix de l'île *Ross*, à l'entrée du Port Blair, de l'île du *Sud*, et de l'île de la *Vipère*, pour y enfermer les condamnés de l'Inde. Les déportés libres se livrent à la pêche et à la culture; les condamnés aux travaux forcés construisent les édifices, ouvrent ou réparent les routes, défrichent les jungles.

Le groupe des Andaman se développe sur une longueur de 3 350 kilomètres du nord au sud, entre 10° 23′ et 13° 34′ latitude nord. Les principales îles sont au nombre de 4; les îlots se comptent par centaines. La *Grande Andaman*, au nord, a 230 kilomètres de longueur et 28 à 30 de largeur; elle se divise en trois sections, séparées par des chenaux étroits; la *Petite Andaman*, au sud, est longue de 48 kilomètres sur 28 de largeur; à l'est, elle est flanquée de deux îles, *Narcondam* et *Barren-Island* (île aride), qui sont l'une et l'autre des volcans éteints. — La Grande Andaman est sillonnée par une chaîne de collines dont la crête la plus élevée, le *Saddle-Peak* (mont de la Selle), a 900 mètres. Ces collines sont revêtues jusqu'au faîte d'une végétation inextricable; dans ces luxuriantes forêts s'élèvent le *bambou*, le *rattan*, le *palmier*, le *muscadier*, le *tek*, le *bois de fer*, le *cotonnier sauvage*. Le cocotier ne se trouve que dans les plantations artificielles des rivages. Si la végétation rappelle la flore de l'Indo-Chine et celle de Sumatra, la faune est pauvre : les espèces principales sont le *chien sauvage* de petite taille, les *migs*, les *rats*, les *serpents*, les *écureuils* et les *ichneumons* ou *mangoustes* qui dévastent les plantations. Les *poissons* abondent sur les côtes, et forment, avec les *coquillages*, la nourriture ordinaire des habitants. **Port-Cornwallis**, situé sur la côte occidentale de la partie nord de la Grande Andaman, est un magnifique bassin bien abrité, à 300 kilomètres du cap Negrais, à 600 de Tenasserim. Son insalubrité a fait abandonner l'ancienne colonie pénale. — **Port-Blair**, situé sur la côte orientale de la Grande Andaman (section du sud), à 1 425 kilomètres de Madras et à 1 345 de Calcutta, est une des plus vastes rades du globe, le lieu de rassemblement désigné pour la flotte anglaise dans le golfe de Bengale. L'île *Ross*, à l'entrée de la baie, est la résidence du gouverneur, de la garnison, des bureaux; l'île *Chatham* renferme l'hôpital et des scieries; la principale prison est dans l'île de la *Vipère*. L'établissement pénitentiaire de Port-Blair, le plus vaste du monde, renferme environ 12 000 condamnés, Hindous, Musulmans et Bouddhistes.

Les habitants, *Andamènes*, *Andamites*, *Andamanites* ou *Mincopi*, se rattachent aux negritos d'origine malaise; ils sont très peu nombreux : leurs neuf tribus comptent à peine, dit-on, 9 000 habitants; ils ne ressemblent pas aux nègres d'Afrique; ils sont de petite taille, ils n'ont pas les cheveux crépus; ils s'épilent ou se rasent avec soin; ils se tatouent le corps. Ils sont peu vêtus dans les régions du littoral; dans la jungle, ils vont nus.

« Mais quoique nus, les Andamènes, dit M. Elisée Reclus, ont un grand soin
» de leur corps. Aux ornements du tatouage ils ajoutent la peinture; le
» soir, ils s'enduisent le corps d'ocre rougeâtre qu'ils retirent des sources
» thermales ; ils emploient aussi pour s'embellir une boue de couleur
» olivâtre qu'ils mêlent avec des substances grasses, telles que l'huile de
» tortue : c'est ainsi qu'ils se défendent contre les attaques des moustiques
» et autres insectes tourmenteurs ; les emplâtres de fange servent aussi aux
» traitements des maladies. De même que certains sauvages de l'Australie,
» les Mincopi témoignent de leur deuil en se badigeonnant le visage de
» marques symboliques, et peignent également la figure des morts en signe
» de respect. Quand les chairs du cadavre se sont corrompues, les osse-
» ments sont extraits de la fosse et gardés en souvenir du mort. D'ordi-
» naire la veuve porte en sautoir le crâne du mari, et s'en sert comme
» d'une boîte pour mettre ses objets les plus précieux. »

Les Andamènes sont nomades : ils campent sous des cabanes grossières de
feuilles de palmier, ou à l'abri des arbres ou dans les fentes des rochers,
et changent de site, suivant leur caprice. Ils sont d'une adresse merveilleuse
soit à la chasse, soit à la pêche, et des bateliers aussi habiles qu'intrépides. Il paraît qu'on leur a fait à tort une réputation d'anthropophages ;
mais ils sont vindicatifs. « Enfants obéissant à l'impulsion du moment, ils
» se livrent à des violences soudaines, mais un rien les calme : une bonne
» parole sépare deux combattants qui voulaient s'entre-tuer, et qui bientôt
» après se jettent dans les bras l'un de l'autre. Il n'est pas d'hommes qui
» aient la fibre lacrymale plus active que les Andamènes. Lorsque deux
» tribus se rencontrent, les femmes commencent à pleurer de joie ; et
» bientôt les hommes pleurent aussi ; quelquefois les lamentations conti-
» nuent pendant des journées entières, les danses et les chants ne viennent
» qu'après les scènes de larmes ; mais que l'un des pleureurs éprouve une
» petite contrariété, et la dispute éclate... Strictement monogames, les An-
» damènes sont en général très bienveillants pour leurs femmes, et témoi-
» gnent à leurs enfants une tendresse sans bornes : dès que l'accouchement
» a eu lieu, — devant les familles assemblées, ainsi que le veut la coutume,
» — le nouveau-né passe de main en main, et c'est à qui le couvrira de
» caresses. » (El. RECLUS, *Inde et Indo-Chine*, p. 739.)

L'archipel des **Nicobar**, à 200 kilomètres nord-ouest de la pointe de
Sumatra, sur une étendue d'environ 280 kilomètres du sud-sud-est au
nord-nord-ouest, se compose de 19 îles, ayant une superficie totale de
1 900 kilomètres carrés, et une population d'environ 6 000 habitants. Ces
îles, reconnues dès le quinzième siècle par les navigateurs arabes, au seizième par les Portugais, visitées par des missionnaires jésuites et des Frères
Moraves qui tentèrent au dix-huitième siècle d'y fonder des établissements, occupées successivement par les Danois en 1755, par les Autrichiens
en 1798, par les Anglais en 1807, restituées en 1815 aux Danois, furent définitivement annexées à l'empire indien en 1865 et placées sous l'autorité
du gouverneur des Andaman. Toutes les tentatives faites pour les coloni-
ser sont demeurées infructueuses, à cause de l'insalubrité du climat. La
malaria des forêts et des jungles est redoutable ; les rayons du soleil ne pénètrent jamais à travers l'épaisseur des massifs. La pluie est abondante
surtout pendant les mois de mai, juin et juillet, où éclatent les grands
orages de la mousson du sud-ouest.

L'archipel se compose de trois groupes ; les principales sont au nord :
Car-Nicobar, bloc massif de 12 kilomètres en longueur et en largeur ; au

centre : *Nankaori* (10 kilom. sur 5), où les Frères Moraves avaient fondé une mission, et où les Danois, les Autrichiens et les Anglais avaient établi des garnisons ; *Camorta* (26 kilom. sur 14), qui possède le havre le plus commode et le plus fréquenté de l'archipel ; au sud : *Petite-Nicobar*, de forme triangulaire, *Grande-Nicobar* (50 kilom. sur 18) où s'élève la plus haute cime de l'archipel (720 m.), où coule la plus grande rivière, la *Galathée*. Toutes les îles sont couvertes d'une végétation superbe ; sur les rivages s'étendent des grèves de coraux et des franges de récifs ; plus loin du sable et du calcaire, des argiles rouges. — Au premier rang des végétaux il faut mettre les *cocotiers*, qui fournissent par an plus de dix millions de noix, dont la moitié est exportée ; le *palmier*, le *figuier*, le *poivrier-bétel*, le *manguier*, le *pandanus*, dont le fruit réduit en bouillie sert de pain, l'*igname*. Les navires anglais et malais qui exportent ces fruits introduisent dans les îles, en échange, des ustensiles, des tissus, du tabac, des défroques européennes, habits, chaussures ou coiffures. En 1858, l'équipage de la frégate autrichienne échangeait un chapeau noir à haute forme contre seize cents noix de coco. — La faune est pauvre : on trouve dans les forêts de l'île de Camorta le *buffle*, le *sanglier*, espèces qu'y acclimatèrent les Danois ; dans la Grande-Nicobar vivent des *cerfs* et des *chiens sauvages* ; partout des *écureuils volants*, des *singes*, des *rats* en quantité, des *serpents*, des *scorpions*, des *fourmis blanches*, etc. Parmi les oiseaux, l'*hirondelle salangane* bâtit dans les rochers son nid gélatineux. Au pied des arbres gîte un énorme crustacé, le *brigus latro*, qui, dit-on, grimpe au tronc des palmiers pour y couper les noix qu'il mange.

Les **Nicobariens** ou *Bajou* ne sont pas des negritos ; ils se rapprochent plus de la race mongolique que de la race malaise. Ils sont de plus grande taille que les Mincopi des Andaman, et ne sont pas aussi noirs. Ils habitent de petits villages composés de quinze à vingt huttes de bambous, couvertes de feuilles de palmier, juchées sur des pieux à trois mètres du sol. On y entre par une trappe inférieure, et l'échelle qui y donne accès est retirée le soir. Les Nicobariens ne se tatouent pas ; ils se frottent le corps d'huile de coco contre la piqûre des moustiques. Ils sont vêtus d'un langouti passé autour des reins ; ils se nourrissent de volailles, de poissons, de tortues, de noix de coco, d'ignames, de pain de pandanus et de viande de porc. Ils sont vanniers adroits, potiers habiles, excellents nageurs et marins audacieux. Ils parlent ou entendent le malais, le birman, le portugais et l'anglais, langues ou sabir des marchands qui abordent dans leurs îles. Les Nicobariens croient aux mauvais esprits, et leurs sorciers sont sans cesse occupés à les chasser des îles. Ils ne pratiquent pas la polygamie, mais leurs unions sont aisément rompues. « Quand le mari meurt, » la femme est tenue à de grandes démonstrations de tristesse : il est » convenable qu'elle se coupe la phalange d'un doigt, mais plusieurs » remplacent cette opération par une large entaille dans un pilier de leur » cabane. » Outre les Bajou, le naturaliste Rœpstorff a découvert dans les jungles intérieures de la Grande-Nicobar les *Choabeng*, qui ont le teint plus clair que les Bajou et paraissent d'origine mongole ; sur les côtes, la population est mêlée de Malais, d'Hindous et de nègres. Le nombre des habitants diminue : les étrangers ont introduit dans l'archipel, avec la liqueur d'arack, le vice d'ivrognerie qui décime la population.

II. — Géographie politique

Notice historique.

La vallée de l'Irraouaddi paraît avoir été autrefois partagée entre des royaumes bouddhistes indépendants qui se disputèrent la suprématie. Les capitales de ces petits Etats furent souvent changées; une des plus anciennes fut *Tayoung*, aujourd'hui détruite, située au nord d'Ava; — puis *Prome* (la Place bénie), ensuite Pagan, vers le deuxième siècle ap. J.-C., *Panya*, et enfin, en 1364, *Ava*, qui fut pendant quatre siècles le siège du royaume birman. — *Marco Polo*, à la fin du treizième siècle, fournit à l'Europe les premières notions du pays de *Myen*, d'après les voyageurs chinois; son émule et compatriote, *Nicolo Conti*, pénétra le premier dans le royaume d'Ava, et l'on a conservé une description d'Ava extraite de son journal de voyages. Après lui, d'autres Italiens visitèrent le Pégou, et, au seizième siècle, les Portugais nouèrent avec les pays birmans des relations qui ne devaient plus cesser. Leurs missionnaires et leurs savants donnèrent sur la Birmanie des informations précises. — Le royaume présentait le spectacle d'un Etat bien organisé, florissant et robuste. — C'était au temps d'Elisabeth. Un voyageur anglais, *Ralph Fitch*, le premier de sa nation qui ait pénétré en Birmanie, visita la cité de Pégou, qui lui parut belle et populeuse, défendue par de solides murailles et des fossés où nageaient des crocodiles affamés. Fitch remarque qu'on y fumait de l'opium, et ses compatriotes en concluent aujourd'hui qu'on ne peut les accuser d'avoir introduit cette drogue malfaisante dans le pays. Ils s'en consolent d'ailleurs en gardant les traditions de l'histoire, et en additionnant les profits.

Les Alompra. — Au seizième siècle, les Birmans, à la suite de guerres heureuses, firent la conquête du Pégou, situé dans la région inférieure de l'Irraouaddi. Mais, au commencement du dix-huitième siècle, les Pégouans révoltés soumirent à leur tour la Birmanie, chassèrent les marchands européens de leurs comptoirs, prirent la capitale, Ava, emmenèrent le roi enchaîné, et le jetèrent dans le fleuve, après l'avoir cousu dans un sac rouge, comme une odalisque infidèle. Leur domination dura un demi-siècle. — Vers 1750, un simple aventurier, gouverneur d'un district du nord, **Alompra**, résolut de venger sa patrie opprimée. A la tête d'une troupe de Birmans dévoués, il s'empara d'Ava, massacra la garnison pégouane, bloqua et incendia Pégou, résidence du roi conquérant. Il se fit proclamer roi, et notifia son avènement au roi d'Angleterre par une lettre écrite sur une feuille d'or enrichie de rubis. Une guerre acharnée commença, et dura neuf ans. Alompra partout victorieux soumit le pays jusqu'à la mer, fonda le port de Rangoun, et ajouta à ses possessions le Martaban et le Tenasserim. Irrité par les trahisons ou la duplicité des chefs des factoreries françaises et anglaises de Syriam et du cap Négrais, toujours disposés, durant la lutte, à se ranger du côté du plus fort, Alompra en fit mettre à mort quelques-uns, et expulsa les autres. Il mourut en 1760. Les princes de la nouvelle dynastie birmane d'Alompra ont régné jusqu'en 1886. — Le fils aîné d'Alompra établit un instant sa résidence à *Sagaïn*, puis se réinstalla à *Ava*. — Un autre fonda en 1783, sur la rive gauche de l'Irraouaddi, à 17 kilomètres au nord-est d'Ava, une capitale nouvelle, *Amarapoura*, la « ville de l'immortalité ». Ces deux villes furent tour à tour au dix-neuvième siècle le siège de la royauté birmane, jusqu'à la fondation de *Mandalay*, en 1855. — Le fondateur d'Amarapoura ajouta l'Arakan à son royaume.

Les violences d'Alompra n'avaient pas découragé l'Angleterre. En 1782, le souverain d'Ava vit arriver à sa cour un ambassadeur envoyé par sir John Shore, gouverneur général de l'Inde. C'était le capitaine *Symes*. Il fut honoré d'une décoration, et obtint pour ses compatriotes l'autorisation de fonder un établissement à Rangoun. Les Anglais ne devaient plus en sortir. En vain les mauvais traitements des Birmans contraignirent-ils le résident *Hiram Fox*, en 1797, à retourner à Calcutta; en vain *Symes* lui-même, envoyé de nouveau de Birmanie, en 1802, ne put-il même pas obtenir une audience du souverain. Le gouvernement anglais attendit les événements et les provocations.

Premières guerres de l'Angleterre. — Les querelles entre Birmans et Anglais furent dès lors incessantes. Excité peut-être par les agents français, irrité surtout de voir que l'Inde anglaise s'ouvrait comme une terre d'asile à tous les proscrits du royaume, le roi interdit aux Anglais le séjour dans la capitale. L'armée birmane, composée de soldats aguerris et fanfarons, parce qu'ils étaient habitués à vaincre les Chinois, demandait à ses chefs de les conduire à la conquête de l'Angleterre. On se contenta de l'invasion du Bengale et de l'Assam : les Anglais furent battus en plusieurs rencontres. Ces défaites jetèrent la panique dans Calcutta. Mais de nouvelles levées de cipayes et des renforts européens prirent une terrible revanche. Les Birmans mis en déroute se replièrent sur Ava : les vainqueurs les poursuivirent jusqu'aux approches de la capitale. Le roi, **Pagan-Min**, épouvanté, demanda à traiter. Il fit évacuer les places indiennes occupées par ses garnisons; il abandonna Arakan, Tenassérim, Martaban; il offrit de remettre Manipour sous le protectorat de la Compagnie des Indes. Ces concessions étaient avantageuses : l'Angleterre les accepta, en se réservant d'exiger davantage, quand elle aurait réparé ses pertes. Cette campagne, commencée pendant la saison la plus favorable, avait décimé ses régiments. Cinq soldats sur cent avaient péri sur le champ de bataille ; mais la fatigue, la fièvre en avaient tué douze fois plus.

De leur côté, les Birmans essayèrent de reconquérir le territoire perdu. Mais en moins d'un an, partout vaincus, ils perdirent Moulmein, Bassein, Prome. Toute la province du Pégou passait aux mains de la Compagnie des Indes. Le vice-roi des Indes, lord *Dalhousie*, dédaigna de traiter avec les vaincus. Il fit savoir au roi qu'il cessait la lutte, et qu'il décidait de garder tous les territoires maritimes comme rançon des défaites birmanes. La Compagnie des Indes était déjà maîtresse de Martaban et du Tenassérim ; en y joignant le Pégou et le Martaban, elle tenait toutes les côtes de la Birmanie. « Le roi et son royaume restèrent comme en cage, sans une ville, sans un port, sans un débouché sur la mer. »

Tant que la Compagnie des Indes présida aux destinées de la péninsule, ce domaine maritime suffit à ses ambitions commerciales; mais le jour vint où elle abdiqua ses pouvoirs aux mains de l'État. La France, en même temps, allait prendre position en Cochinchine, et pousser ses entreprises jusqu'au Tongking. Alors on décida dans les Conseils de la reine que la Birmanie tout entière serait réduite en province britannique : ainsi l'ordonnaient l'intérêt supérieur de l'empire, la morale et l'humanité.

Min-Doung et Kanoung-Min. — Pagan-Min, qui venait de livrer si honteusement à l'Angleterre les clefs de son territoire, était le plus cruel et le plus extravagant des despotes. Les ministres et les grands renversèrent ce fou furieux, le mirent en prison, et proclamèrent à sa place son frère **Min-Doun**. C'était un bouddhiste fervent, qui avait fui depuis longtemps une cour agitée et corrompue, et était venu chercher dans l'obscurité calme d'un couvent, au milieu des prêtres et des pèlerins, une retraite pieuse où il partageait son temps entre les exercices religieux et les méditations sans fin sur la doctrine du Nirvana. Habitué à une vie simple, frugale et chaste, esprit ouvert et éclairé, plein de douceur et de bienveillance, le nouveau roi ne ressemblait guère à ses prédécesseurs. Mais il manquait de fermeté et de décision; il aimait peu à agir, il resta sur le trône plongé dans une indolence contemplative, il se fia aux parents et aux conseillers qui l'entouraient, il subit leur domination, se plia à leurs caprices, et ce roi fainéant laissa les maires du palais exercer impunément la plus insupportable tyrannie sur ses sujets. Lui-même, sans doute pour obéir aux traditions du palais royal, modifia quelque peu son genre de vie. Il pratiqua librement et largement la polygamie; il eut, disent les annales birmanes, cinquante-trois femmes légitimes, sans compter les concubines, et il laissa quarante-huit garçons et soixante-deux filles légitimes.

Le pouvoir était passé surtout aux mains de son frère *Kanoung-Min*, le prince de la couronne, son successeur désigné, et qu'une postérité si touffue inquiétait pour l'avenir. C'est lui qui avait fait inaugurer le nouveau règne par le transfert de la capitale à Mandalay, et par l'abandon du palais et de la forteresse d'Amarapoura, souillés par tant de révolutions sanglantes et d'abominables crimes. Il avait des idées larges, un esprit cultivé; il admirait la civilisation et les sciences de l'Europe occidentale, et il envoya en Europe plusieurs fils des plus illustres familles pour s'y instruire: nos écoles de Saint-Cyr, des Arts et Métiers et Centrale en comptèrent plusieurs dans leurs rangs. L'enthousiasme de ces jeunes gens pour les choses de l'Occident se manifesta avec éclat dès leur retour: le prince-régent, loin de le décourager, songea à conclure des traités avec les Européens, et de préférence avec les Anglais. Il professait cette opinion un peu naïve, qu'une pareille alliance était le seul moyen de recouvrer un jour la province de Pégou, qu'on avait perdue.

Le vieux parti birman n'avait pas cette confiance robuste dans le désintéressement des étrangers en général et des Anglais en particulier. Il fit comprendre à Min-Doun que les maîtres de la Birmanie maritime convoitaient la Birmanie centrale; il rappela les expéditions et les mutilations de 1824 et de 1854, les procédés invariables des gouverneurs de l'Inde depuis Warren Hastings jusqu'à lord Dalhousie; il fit voir au bon souverain, non sans de sérieuses apparences de raison, que son frère, secrètement appuyé par l'Angleterre, ne tarderait pas sans doute à le reléguer dans son ancien couvent où il aurait le loisir de méditer sur la transmigration des existences avant l'anéantissement final. Min-Doun se laissa peut-être convaincre; mais il n'alla pas jusqu'à ordonner le châtiment du prétendu traître qui violait les coutumes nationales et préparait l'asservissement du royaume.

Au mois d'août 1866, comme les grands officiers de la couronne étaient réunis sous la présidence du régent, dans la salle du Conseil, bâtie au milieu du merveilleux jardin du palais d'été du roi, deux des fils de Min-Doun se présentèrent, accompagnés de trente soldats armés: le régent, un des ministres, et deux autres princes royaux, fils de la huitième reine, furent égorgés sur place. Le roi parut consterné de ce guet-apens, et les meurtriers, dit une autre version, le cherchèrent partout dans le palais sans pouvoir l'atteindre. Il se retira à Mandalay, où il fut hors de danger. Les troubles durèrent toute une semaine, la plupart des Européens s'enfuirent à Rangoun à bord d'un navire anglais sur l'Irraouaddi. Les rebelles, vaincus et poursuivis à leur tour, suivirent le même chemin ; le bateau qui les portait fut arrêté dans les eaux anglaises, et on les interna à Rangoun. L'un des princes conjurés, *Min-Gou-Min*, a raconté avec quelque vraisemblance qu'on ne voulait pas ôter la vie, mais seulement la couronne au pieux souverain ; et il en donnait cette preuve que, dans sa captivité, l'excellent Min-Doun ne cessait de lui envoyer des lettres paternelles, des présents, avec des livres sacrés et des images de Gautama, le grand Bouddha de la Birmanie. A Rangoun, les deux fils de Min-Doun captifs recevaient chez eux fréquemment des visites suspectes, la population leur témoignait très ouvertement des sympathies marquées. Le gouverneur anglais, colonel Phayre, les déporta tous les deux à Port-Blair, dans les îles Andaman, et plus tard les fit interner dans une prison de Bénarès.

A Mandalay, Min-Doun, toujours incertain et apathique, ne savait ni désigner son futur successeur, et épargner à la Birmanie le péril redoutable de nouvelles compétitions sanglantes, ni rechercher avec fermeté en Europe l'appui d'un allié capable de le protéger contre les menaces d'ambitions absorbantes. C'était l'époque où les missions scientifiques de M. de Lagrée sur le Mékong, de Margary sur le fleuve Bleu et dans le Yun-nan, de Dupuis sur le fleuve Rouge éveillaient l'attention des Birmans et les inquiétudes ou les convoitises de l'Angleterre. Il est juste pourtant de rappeler que Min-Doun envoya une ambassade à Paris ; on hésita, on se montra indifférent ou sceptique : on était au lendemain de la guerre : l'affaire fut *classée*. — A Rome, on accepta l'offre sans retard ; une convention fut signée, un consul italien fut installé à Mandalay. Min-Doun ne tarda pas à retomber dans les torpeurs de sa dévotion : il oublia de jour en jour le monde extérieur, si ce n'est pour surveiller la construction d'un immense monastère où il voulait se retirer et préparer son tombeau, et pour démontrer la supériorité de la morale bouddhiste aux étrangers de distinction qui voyageaient en Asie et passaient à sa cour. Ces entrevues étaient fatigantes, et ceux qui en avaient une fois tâté ne s'y laissaient pas reprendre. Un voyageur raconte qu'un docteur suisse, qui s'était fixé près de Min-Doun pour étudier à fond le bouddhisme, faillit être la victime du régime ascétique qu'il suivait et qu'il imposait à ses interlocuteurs. Il n'en réchappa qu'en allant dans les bois dénicher des œufs que lui-même faisait cuire et mangeait en cachette[1].

Min-Doun mourut en 1878. Pendant les derniers jours de sa maladie, le palais royal fut le théâtre d'un audacieux attentat. Les reines, qui étaient nombreuses, épiaient avec soin le dernier soupir de Sa Majesté pour disputer le pouvoir à leurs rivales en faveur de leur progéniture, légitime ou non. La troisième reine fut plus habile et plus hardie que les autres. Elle n'avait qu'une fille ; elle savait que le roi moribond avait une affection toute particulière pour le fils de la neuvième reine, *Thibo*, et qu'il paraissait désigné pour la couronne. Elle maria sa fille à Thibo, gagna les ministres, et, à l'heure où Min-Doun expirait, tous les fils et filles de la famille royale

---

1. E. Plauchut, *Revue des Deux-Mondes*, 1er juillet 1889.

furent saisis et jetés en prison. Deux seulement échappèrent, sauvés par les nourrices qui les allaitaient. **Thibo** fut roi.

Le roi Thibo. — Les débuts furent merveilleux. Le jeune prince, intelligent et gracieux, spirituel, ouvert, renoua et resserra les relations avec l'Europe. Il prépara des réformes, s'entoura de Birmans qui connaissaient l'Occident, et d'étrangers qui lui prodiguaient les meilleurs avis. Un Français, M. *de Thevelec*, fut chargé d'intruire et d'organiser les troupes birmanes; un autre, M. *d'Avera*, enseignait au palais les principes de droit public et administratif en usage dans les États constitutionnels. On parla de créer à Paris des compagnies pour exploiter les forêts et les mines. Les finances étaient gérées avec ordre; la justice mieux rendue; le roi régnait, les ministres gouvernaient, c'était l'âge d'or d'une monarchie parlementaire!

Cet idéal dura soixante jours! Puis on eut le gouvernement de Néron. Brusquement le roi devint sombre et taciturne; il se livra à de honteuses débauches, n'écouta plus que les conseils du vieux parti birman hostile aux étrangers, et les instigations plus atroces encore de la veuve de Min-Doun, qui le poussait à massacrer d'un seul coup tous les princes prisonniers. Thibo hésitait, et cherchait dans l'ivresse l'oubli de ses obsessions. La reine mère passa outre, et ordonna aux ministres, qui tremblaient devant elle, l'exécution de l'effroyable crime. Une nuit, pendant que des charlatans et des bateleurs amusaient la foule, on fit venir dans la prison des princes une bande de condamnés à mort qu'on avait enivrés, et, en échange de la grâce promise, ils assassinèrent pêle-mêle à coups de hache ou de massue, ou en les étranglant, ou en leur broyant la tête contre les murs de leurs cachots, les prisonniers des deux sexes. On ne saura jamais le nombre de ceux qui périrent.

Le résident anglais habitait une maison située à peu de distance du palais : il avait été, dit-on, avisé par ses espions de cette boucherie; il ne crut pas devoir intervenir. L'œuvre achevée, il se contenta de dire qu'il abaisserait son pavillon si d'autres massacres avaient lieu. Le consul d'Italie fit des remontrances plus énergiques : on n'en tint pas compte; quelques jours après, d'autres victimes furent encore sacrifiées. Thibo s'excusa plus tard en disant que c'était une coutume traditionnelle dans son pays : *de more majorum*.

L'exemple des mœurs infâmes donné par le souverain descendit vite dans le peuple. Le gouvernement augmenta les impôts, créa des loteries, construisit des maisons de jeux et de plaisir, enrôla et subventionna des troupes de musiciens et de danseurs pour y attirer la foule. Le travail des champs fut peu à peu délaissé; les paysans accouraient dans la capitale, jouaient leurs domaines, leurs femmes et leurs enfants, et, quand ils avaient tout perdu, ils se faisaient *dacoïts*, c'est-à-dire pillards, détrousseurs et assassins.

La dernière annexion anglaise. — L'Angleterre guettait sa proie. Le vice-roi de l'Inde, lord *Dufferin*, avait concentré sur la frontière des régiments d'infanterie et d'artillerie, des munitions et des vivres, et attendait une occasion, disposé au besoin à la provoquer, si le délai n'était pas assez prompt. Elle survint en 1883.

Les tribus indépendantes des Shans venaient de se soulever. Thibo, inquiet de la présence menaçante des troupes anglaises sur ses frontières, envoya à Paris une ambassade pour solliciter notre alliance. Elle observa au président de la République française que les rapports entre les deux nations n'étaient plus rares ni difficiles comme autrefois; que des officiers et des négociants français habitaient la Birmanie et y faisaient fortune. Un traité de commerce fut signé : il nous autorisait à introduire en Birmanie des armes par notre frontière du Tougking. Cette clause, dit plaisamment M. Plauchut, mit le feu aux poudres.

Le gouverneur de l'Inde somma Thibo de recevoir à Mandalay un résident anglais qui contrôlerait tous ses actes. Quatre jours lui étaient accordés pour faire connaître sa réponse. Il réclama un délai pour s'expliquer. Aussitôt les troupes anglaises marchèrent sur Ava. La reine mère et les sœurs du roi voulaient qu'on se défendît à outrance; les ministres proposaient un arrangement. « C'est à vous et non à nous de porter des vêtements de femme, » s'écrièrent-elles indignées. Quelques semaines après (1er janvier 1880), lord Dufferin supprimait la Birmanie et la confisquait au profit de l'Angleterre. « Par commandement de la reine impératrice, il » est notifié que les territoires gouvernés jusqu'à ce jour par le roi Thibo » ont cessé de lui appartenir, et qu'ils seront administrés tout le temps qu'il » plaira à Sa Majesté, par des officiers qui seront désignés à cet effet par » le vice-roi et gouverneur de l'Inde. »

Le consul de France, M. *de Bouteiller*, arrivait à Mandalay à ce moment. Il apprit en même temps l'annexion de la Birmanie et l'exil du roi Thibo. Cet insensé ne connut l'invasion de l'armée anglaise que lorsque le colonel *Sladen*, pénétrant dans le palais avec ses soldats, vint brutalement le sommer de mettre à la discrétion de l'Angleterre sa personne, son royaume, son peuple et ses trésors. Le roi, absolument ahuri, demanda grâce, se plaignit de la lâcheté de ses ministres, et obtint vingt-quatre heures de répit. On fit évacuer le palais par les gardes; des sentinelles anglaises gardèrent toutes les issues; on autorisa seulement les servantes indigènes attachées au service de la mère et des femmes du roi à empaqueter les hardes. Ces esclaves fidèles en profitèrent pour mettre le palais au pillage ; il fallut les garder à leur tour, et, le lendemain, les sentinelles firent main basse sur les objets qui leur plurent.

Dès le matin du 29 novembre, le colonel *Prendergast*, avec une compagnie de soldats, fit entourer le pavillon où résidait Thibo. La reine mère, les femmes du roi, parées de leurs diamants, et poussant des lamentations, se tenaient agenouillées aux pieds du souverain déchu; les officiers anglais debout, sabre au poing, les soldats armés, assistaient farouches à cette scène d'adieux. Au bout de dix minutes, le colonel *Sladen* signifia à Thibo l'ordre de marcher. Le cortège royal, composé du roi, de sa mère, de deux de ses femmes, de quelques serviteurs et du chef des eunuques, et flanqué des soldats anglais, fut embarqué à bord d'un steamer, qui descendit à toute vapeur le fleuve et transporta à Rangoun le dernier roi de Birmanie dépossédé.

Le butin de l'Angleterre fut énorme. En annexant le royaume, suivant l'usage, elle dépouilla le roi. Le bateau à vapeur emportait avec la dynastie plusieurs sacs de rubis, de saphirs et de diamants, cinq berceaux d'or massif, une statue d'or incrustée de pierres précieuses, un nombre infini de coupes en or et de toutes les grandeurs et de toutes les formes, plusieurs sacs de roupies, c'est-à-dire plusieurs millions de francs. Ces trésors payaient d'avance les frais de la guerre que l'Angleterre allait faire aux Birmans révoltés contre leurs nouveaux maîtres, et qui dure encore. En attendant, les hommes d'État reculaient les limites de l'empire jusqu'aux portes du Yunnan, et dans le Royaume-Uni, commerçants, fabricants de coton, marchands d'opium, entrepreneurs de constructions navales, distillateurs, capitalistes, journalistes et méthodistes saluaient cette nouvelle victoire, longuement et savamment ménagée, de la civilisation britannique[1].

1. Depuis 1866, date de la révolution de palais où le frère de Min-Doun avait été assassiné par les conjurés, le prince *Min-Gou-Min*, fils de Min-Doun et de la septième reine, attendait dans l'exil l'occasion de remonter sur le trône de ses pères. Il avait cherché un asile sur un territoire français, et vivait à Chandernagor, sous la protection des lois de la France, mais surveillé de près par les autorités anglaises, qui entretenaient une demi-douzaine de détectives autour de sa maison. Quand il apprit le renversement et la déportation de Thibo, il résolut de se mettre à la tête des partisans de la dynastie d'Alompra, de faire aux vainqueurs une guerre sans trêve, une guerre de *dacoït*, comme l'appellent les Anglais, c'est-à-dire de brigands. Min-Gou-Min s'avisa, pour quitter le sol français à l'insu des gardiens et de la police, d'un stratagème ingénieux. Il s'enferma dans une malle en bois de dimension ordinaire, où il se tint accroupi ; une étroite ouverture pratiquée sur l'un des côtés lui permettait de respirer. Deux amis dévoués, un Français, M. Lermitte, et un riche négociant indien, chargèrent avec précaution le colis sur une voiture, et se rendirent à Calcutta, où ils devaient s'embarquer à bord du *Tibre*, le steamer des Messageries maritimes qui fait le service de la côte de Coromandel à Ceylan. « La souffrance physique eût été intolérable pour tout autre que pour cet homme qui allait se mettre à la tête de » ses amis, peut-être conquérir un trône et restituer son indépendance à son » pays. Il la supportait avec le courage que donnent les grandes espérances, » quand tout à coup il s'effara. Une pensée poignante était entrée dans son » esprit..., c'était le soupçon que M. Lermitte et le négociant indien pouvaient » être tentés, en arrivant à Calcutta, de livrer aux autorités anglaises le colis » vivant placé sur leur voiture. Une récompense de 4000 roupies avait été pro» mise. » (MONCHOISY.) Min-Gou-Min cria à ses compagnons d'arrêter la voiture, d'ouvrir la caisse, de le laisser partir tout seul. Ils refusèrent dans la crainte qu'il ne se fît prendre. Le captif furieux, dans un effort désespéré, fit sauter le couvercle de sa boîte, se jeta sur la chaussée, et les pieds ensanglantés, à demi paralysé, il se dirigea vers le quai, en boitant, et finit par découvrir au milieu de la forêt de mâts le pavillon tricolore qui flottait sur le *Tibre*. Il suivit la jetée, passa devant les gardes de police, qui ne le reconnurent pas, et gravit l'échelle du paquebot. Il retrouva sur le pont ses compagnons de voiture stupéfaits, et leur fit ses excuses. Le navire partit, fit escale à Madras et à Pondichéry, et aborda à Colombo. Là le commandant, M. Clément Thomas, montra au prétendant une dépêche télégraphique du gouverneur de l'Inde française, lui enjoignant de garder Min-Gou-Min à son bord et de le ramener à Pondichéry. Le prince comprit qu'il fallait choisir entre l'hospitalité française et la détention sur le territoire anglais : car son évasion était maintenant connue. Il se rendit aux raisons du commandant et se laissa ramener à Pondichéry, où il continua de résider, assistant aux bals et aux dîners du gouverneur, où il s'entretenait familièrement avec le consul de Sa Majesté britannique, et occupant ses loisirs dans des promenades en voiture, à découvert, tout en se gardant soigneusement de franchir la frontière anglaise. (V. sur cet épisode, dans la *Revue Bleue* du 22 juin 1889, sous ce titre : *Un prétendant au trône de Birmanie*, le très intéressant et spirituel article de *Monchoisy*, auquel nous avons emprunté ces détails. — Ce pseudonyme de *Monchoisy* est celui de M. *Mathivet*, qui est directeur de l'intérieur de notre colonie de Pondichéry.)

BIRMANIE. 349

Birmanie méridionale ou britannique.

L'ancienne Birmanie britannique, placée sous l'autorité du gouverneur général de l'Inde, comprenait trois divisions et dix-sept districts, et s'étendait sur 230 000 kilom. carrés, peuplés de 2 750 000 habitants.

Gouvernements.	DISTRICTS ET VILLES PRINCIPALES
Arrakan. 37 631 k. car. — 485 000 h.	**Akyab** ou *Tsettoué* (20 000 hab.), à l'embouchure du Kouladan, ville commerçante et port bien situé au débouché des marigots du delta et des routes de l'intérieur; elle exporte le riz et le pétrole de la région; elle a été construite depuis 1827 par les Anglais, et a remplacé l'insalubre *Arrakan* ou *Mrohoung*, qui se trouve à 80 kilom. au nord-est; — *Ramri* (9500 hab.), dans l'île du même nom, sur la rivière Tan, et KYOUK-HPYON (3700 hab.), capitale actuelle de l'archipel Ramri, sont les centres d'exploitation du fer, du pétrole de ces îles où jaillissent des volcans de boue; ils exportent aussi des bois, de l'huile de sésame et du sucre de canne; — *Sandoway*, sur la côte, est sans importance.
Pégou. (70 700 kilom. car. — 1 670 000 hab.)	Le premier port anglais de la frontière fut jadis *Myedaï*, sur la rive gauche de l'Irraouaddi, puis plus bas, à droite, *Thayet-Mayo* (la cité du Manguier), en face de laquelle est *Allan-Myo*, le sanatoire relié à Promé et à Rangoun par chemin de fer. **Prome** (27 000 h.), à 240 kilom. nord et ouest de Rangoun, rive gauche de l'Irraouaddi, station du chemin de fer de Rangoun à Allan-Myo, rebâtie à neuf depuis l'incendie de 1862, est entourée de collines fertiles, de plantations et de vergers; elle est la tête du delta du fleuve, au point de vue du commerce du tabac, du riz, du tek, du sel qui abonde dans les environs; la pagode de *Choué-san-daô* est une des plus vénérées du pays. **Hensada** (15 500 hab.), sur la rive droite du fleuve, entourée de cultures et de forêts de tek, a des digues qui règlent le cours de l'Irraouaddi. **Bassein** (23 000 h.), sur la branche occidentale de l'Irraouaddi, à 105 kilom. de la mer, est un très ancien port fluvial pour le commerce du riz; le lac voisin de la ville est extrêmement poissonneux. **Dalhousie**, à l'embouchure du Nawoun, à l'est du cap Negrais, exporte du riz, et la salubrité de son climat la fait rechercher comme un lieu de villégiature. **Rangoun** (*Ran-Koun* ou *Hauthawaddy*), 135 000 hab., avec le faubourg de *Dala*, situé en face sur la rive droite du Hlaing, bras de l'Irraouaddi, à 40 kilom. de la mer, tête de ligne et des chemins de fer et des routes des vallées de l'Irraouaddi et du Sittang; les cantonnements militaires anglais sont au nord, les docks du commerce à Dala; la ville a une grande pagode fortifiée; les Anglais y ont bâti des banques, des hospices, des prisons, des églises, des collèges, et autres établissements; le port est le second de l'Indo-Chine, après Singapour; il est fréquenté par 2 000 navires environ jaugeant 1 500 000 tonnes. **Pégou** (5 900 hab.), très ancienne cité, autrefois métropole politique et commerciale des Talaïng, aujourd'hui déchue. Elle a été souvent détruite par les incendies. La ville actuelle date de la fin du dernier siècle; elle est une station du chemin de fer de Rangoun à Toungou.

20

Gouver-nements.	DISTRICTS ET VILLES PRINCIPALES
Tenasserim. (121 026 kilom. car. — 600 000 hab.)	**Toungou** (12 500 hab.), dans la vallée du Sittang, sur la route de Mandalay à Rangoun, dans une région fertile et bien arrosée, peuplée de Karen et de Chans, mais ravagée par les dernières guerres ; — Choué-Gyin (15 000 hab.), sur la rive gauche du Sittang, exploite les forêts de tek ; — Amherst (9500 hab.), fondée par les Anglais en 1825, a un port sûr et profond, mais d'accès difficile ; elle est la résidence d'été des négociants de Maulmeïn. **Maulmein** ou *Moulmein* (50 000 hab.), sur la rive gauche de la Salouen, en face de l'île Belon, cité industrielle et port de commerce, a des chantiers de construction navale ; — Tavoï, bâtie sur la rive gauche de la Tavoï, à 12 kilom. de la mer, en est séparée par une ligne de collines. Elle est située dans une vallée basse, souvent inondée et malsaine ; ses immenses plantations de riz forment aux environs un tapis vert merveilleux ; l'accès du port est difficile ;—Mergui (11 000 h.), dans une île de la bouche principale du Tenasserim, à 3 kilom. de la mer, est une ville de construction moderne ; son port profond et sûr est desservi par les paquebots anglais, et le mouvement des échanges atteint environ 3 millions de francs (riz, tek, aréquier, poissons, thés, sucres, soieries, etc.).

Haute Birmanie.

La **Birmanie**, jadis indépendante, ou *royaume d'Ava*, s'étendait sur 457 000 kilom. car., avec une population de 4 millions environ. Elle se divisait en vice-royautés ou provinces dont le nombre et les chefs-lieux variaient sans cesse. Les principales villes ou agglomérations sont : dans la *Haute Birmanie*, près de la frontière, Mogoung, sur un affluent de l'Irraouaddi, centre d'exploitation des mines de jade et d'ambre ; — **Bhamo**, sur la rive gauche de l'Irraouaddi, près de la jonction du Taping, entrepôt commercial, marché et port avancé de la Birmanie du côté de la Chine méridionale : les bateaux à vapeur remontent jusqu'à cet endroit, à 1200 kilom. de la mer, et la vallée du Taping est la route qu'ont suivie de tout temps les trafiquants du Yun-nan et de la Birmanie. Cette route historique est celle qui rallie presque tous les suffrages anglais pour la construction de la voie ferrée de pénétration dans la Chine méridionale. — En aval de Bhamo, *Kountoung* est un entrepôt de commerce ; — ensuite s'échelonnent le long du fleuve des pagodes, des couvents et des sanctuaires ; *Tagoung* et *Vieux-Pagan* sont des cités ruinées, anciennes capitales de royaumes disparus. C'est autour du grand coude de l'Irraouaddi, à 5 ou 600 kilom. de Rangoun, dans la région où le fleuve reçoit de tous côtés les affluents qui font brèche dans les monts et ouvrent des communications naturelles, que la Birmanie a eu ses capitales successives : *Panya* et *Sagaïn* au quatorzième siècle, puis *Ava*, en face de Sagaïn, sur la rive gauche du fleuve, de 1364 à 1783, puis *Amarapoura*, à 17 kilom. au nord-est d'Ava, enfin vers 1860, *Mandalay*, à 16 kilom. au nord de la précédente. — **Ava** (ou *Aenva*, étang de pêcheurs), et en style officiel *Ratnapoura*, « la ville des pierres précieuses », en aval des autres, au bord d'un fleuve, est une immense ruine déserte, entourée de murs, envahie par les arbres et la verdure ; elle abrite quelques religieux dans ses couvents lé-

zardés; « les vaches broutent l'herbe entre les pierres descellées et des-
» cendent les escaliers royaux pour s'abreuver au flot rapide qui baigne
» les marches inégales. » — **Amarapoura**, « la ville de l'Immortalité »,
plus éloignée du fleuve, forme un carré parfait, entouré d'étangs, de canaux
et de rizières ; — **Mandalay** (100 000 hab.), la capitale actuelle, à 4 kilom.
à l'est du fleuve, est carrée, défendue par une enceinte de briques, percée
de ports, et flanquée de tours en bois, aux toits dorés. Le mur a 8 mètres
de hauteur, 1 mètre d'épaisseur, et il est protégé par un fossé plein d'eau,
large de 30 mètres. Les murs de la ville se coupent à angles droits. Au
centre, la cité royale, entourée d'une haute palissade de 6 mètres en bois
de tek, renferme les palais et les édifices royaux. En dehors est la cité
commerçante, et plus au sud les faubourgs. Des entrepôts, des chantiers,
des magasins s'étendent jusqu'à l'Irraouaddi, dans le quartier étranger ; là
se rencontrent des Hindous, des Chinois, des Arméniens, des Anglais, des
Italiens, des Français, des Grecs. La ville a des métiers de soie prospères,
des ateliers d'orfèvrerie, de bois sculptés, d'ivoire ciselé, des coutelleries,
des fonderies de cloches et des fabriques de feuilles et de lames d'or à
l'usage des sanctuaires et des temples. A quelques kilomètres en amont de
la capitale, sur la rive droite du fleuve, est la splendide pagode *Mengoun*,
restée inachevée et fort endommagée par un tremblement de terre. — *Mji-
Kyan* (15 000 h.), à 96 kilom. en aval de Mandalay, en face du confluent
coupé d'îles du fleuve *Kyen-dwen* que les barques remontent jusqu'à
Kendat, est une ville active et commerçante, au centre des cultures de riz.
— *Pagan*, sur un promontoire de la rive gauche du fleuve, est une ancienne ville dont les ruines occupent plus de 13 kilom. car. de surface.
« Elles comprennent, d'après Yule, près d'un millier de pagodes en bon
» état de conservation : *Innombrables comme les temples de Pagan*, est
» un proverbe commun en Birmanie. La tradition dit qu'ils étaient jadis
» au nombre de 9 999, sans doute un chiffre mystique sans rapport avec
» la réalité ; mais il est certain que nulle ville au monde n'en possède
» autant : en 1284, un roi barman, assiégé par les Chinois, démolit
» 6 000 temples pour consolider les fortifications. La multitude des édifices
» sacrés, à statues, à colonnades, à terrasses, à tourelles, à coupoles en
» cloche, en bouton, en œuf ou en citrouille, fatigue la vue et l'imagi-
» nation ; le visiteur n'a ni le temps, ni la force de contempler tout ce
» chaos de ruines. » (ELISÉE RECLUS, p. 795.) Des ermites, des pêcheurs,
des fabricants de laques habitent çà et là dans ces ruines. — Au sud, le
long du fleuve, à gauche, *Yenan-Gyong* est fameuse par ses sources de
pétrole ; à droite, *Menhla* est un ancien poste de la frontière du Barmah
indépendant.

A l'extrémité orientale du royaume, dans cette longue et étroite zone de
terre qui va de la Salouen au delà du Mé-Kong, et qui dépend à la fois de
la Birmanie et de la Chine pour la suzeraineté, se trouve l'État et la ville
de **Xieng-Hong**, marché temporaire plutôt que cité réelle, sur la rive
droite du Mé-Kong. — A l'ouest du fleuve, **Xien-Tong**, revendiquée par
les Siamois, est une ville immense développée sur plusieurs collines, ayant
12 kilom. de tour.

III. — GÉOGRAPHIE ÉCONOMIQUE

Minéraux. — La poudre d'*or* se trouve dans le sable des rivières ; l'or
brille en lames et en feuilles sur les toits, sur les murs, les colonnes et
les statues des temples et des palais ; le *cuivre* se trouve dans le Laos,

352 LECTURES ET ANALYSES DE GÉOGRAPHIE.

Palais royal de Mandalay.

l'*étain* dans le Tenasserim, le *sel* à Promé, le *naphte* et le *pétrole* au sud de Pagan et dans les îles; les *pierres précieuses* à Mogoung, sur l'Oron. (Voy. la lecture plus loin.)

Végétaux. — La dixième partie des terres cultivées en Birmanie est réservée aux plantations de **riz**. Le riz est excellent et abondant dans les terrains marécageux, riverains des cours d'eau, et facilement inondables pendant la saison des pluies, notamment dans les terres alluviales du delta de l'Irraouaddi. Les Birmans, naturellement indolents, installaient sur place, dans le champ même, une aire où deux bœufs mettaient en mouvement des rouleaux pour séparer le grain de l'épi; parfois les bœufs et les rouleaux étaient remplacés par des fléaux à bras. Les Anglais ont introduit dans le pays le travail mécanique; des moulins à vapeur ont été établis à Akyab, Moulmein, Bassein, Rangoun; ils sont munis de puissantes machines à vapeur, et éclairés par des lampes électriques.

Quant aux plantations de montagne (*toung-ya*), elles se font d'après un procédé de destruction sauvage : « Le paysan choisit sur une colline un
» emplacement bien garni d'arbres et de bambous qu'il abat et qu'il brûle,
» au risque de mettre le feu à la forêt entière, afin d'en mêler à la terre les
» cendres fertilisantes. Aussitôt après la première pluie, la terre est remuée,
» et l'on sème à la volée le riz, le coton ou le sésame, si l'on préfère ces
» dernières cultures. Il n'y a plus maintenant qu'à nettoyer le terrain de
» ses mauvaises herbes et à attendre le moment de la récolte. C'est en
» septembre pour le riz de montagne, en octobre pour le sésame, de dé-
» cembre à avril pour le coton. La récolte finie, le cultivateur plie bagage,
» va défricher plus loin un nouveau coin de forêt et ne revient à celui qu'il
» a quitté que cinq ans plus tard, c'est-à-dire lorsque la végétation est
» dense et vigoureuse pour fournir assez de cendres fertilisantes. » (MAHÉ DE LA BOURDONNAIS, *Un Français en Birmanie*, p. 145.)

Le *sésame* est une culture de plaines et de collines, et produit une huile abondante; — la *canne à sucre* diminue dans les districts de Promé et de Henzada, s'étend dans ceux d'Amherst et de Shwegyeng; elle est exploitée par des procédés encore peu perfectionnés. — En 1862, on a introduit le *thé* dans l'Akyab; en 1876, le *café*; — les cultures de *coton* ont été améliorées par les espèces importées du Brésil, de la Caroline et de l'Egypte; — le *tabac* est répandu partout, celui de l'Arakan est particulièrement recherché sur les marchés de l'Hindoustan; mais la fabrication en est encore trop imparfaite[1]; l'*indigo* est une des cultures principales du Henzada. Le bois de *tek* se trouve en abondance dans les régions septentrionale et centrale; son bois, qui n'est endommagé ni par la chaleur, ni par l'eau, ni par les vers, est le meilleur pour les constructions navales; l'*aréquier* y croît à côté du *cocotier*, du *manguier*, du *bananier*. Les indigènes mâchent tous la feuille de bétel, dans laquelle ils enveloppent un morceau de la noix de l'aréquier. — La production du *cachou* est très abondante dans les forêts du pays, et se développe chaque jour davantage. — « L'arbre à

---

1. La feuille, qui ne subit aucune préparation chimique, se roule en cigares d'un pied de long. Tout le monde fume, depuis l'enfant qui commence à marcher jusqu'au vieillard qui se traîne. Rien de plus comique que de voir un petit être ayant à l'oreille, — l'oreille est son porte-cigare habituel comme elle est le porte-monnaie du Tagale, — une énorme cigarette.

» cachou (*acacia catechu*) se rencontre dans les vastes forêts répandues
» dans toute l'étendue de la Birmanie. Il est rouge foncé à l'intérieur; son
» bois, coupé en petits morceaux que l'on fait bouillir dans de l'eau, se
» réduit en une pâte qui constitue ce que l'on appelle le cachou (en bir-
» man, *sha*). Ce produit est généralement fabriqué par les habitants des
» villages situés sur les lisières des forêts, et aussi par les Birmans qui ne
» sont pas adonnés aux travaux agricoles ou qui, n'étant pas assez riches
» pour s'acheter des bœufs ou des buffles, ne peuvent pas cultiver leurs
» terres. La fabrication du cachou est très simple; elle n'exige que trois
» conditions, de bons bras, une hache pour couper le bois, et un récipient;
» les Birmans, dès la fin de la saison des pluies, c'est-à-dire en octobre,
» se rendent dans les forêts, et contractent leurs engagements pour la durée
» de la saison. Ils viennent par bandes de trois ou six, vivant dans le
» voisinage de la forêt avec leurs familles, employées comme eux à la fa-
» brication du cachou. On choisit de préférence les endroits où l'on ren-
» contre une réunion d'arbres de forte et robuste apparence. On creuse en-
» suite dans la terre des trous de petite dimension pour y placer les réci-
» pients et pour éviter tout choc ou tout accident pendant la durée de la
» préparation. On procède alors à l'abattage des arbres, qui sont émondés,
» ébranchés, écorcés jusqu'à ce qu'on ait atteint le cœur de l'arbre. Dès
» qu'on a réuni une grande quantité de ces morceaux de bois, coupés en
» petites parcelles, on les fait bouillir dans des bassins remplis d'eau.
» Lorsque le cachou a atteint le degré de solidité ou de consistance voulue,
» on le recueille sur une natte pour être exposé à l'air et soumis à l'éva-
» poration. La couleur du cachou varie d'après l'âge ou la qualité de l'arbre
» et d'après la durée de la cuisson. Il est rouge, rouge foncé ou noir. Le
» cachou rouge clair et le cachou rouge sont considérés comme les meilleurs
» et mis en petites tablettes. Ce sont ceux auxquels on accorde le plus de
» soin et le plus d'attention, parce qu'ils constituent, au même titre que le
» bétel et la noix d'arec, un condiment très recherché par les Birmans. Le
» cachou rouge foncé et le noir sont manufacturés spécialement en vue des
» marchés d'Europe et d'Amérique, et c'est celui dont s'occupent spéciale-
» ment les négociants de Rangoun. » (DE PINA, vice-consul de France à
Mandalay. *Bulletin consulaire*, février 1889.)

Animaux. — La faune birmane est riche en gibier et grands animaux
sauvages : l'*éléphant* sauvage se rencontre en troupes nombreuses, le *sanglier*, le *tigre*, le *buffle*, le *daim*, le *léopard*, le *chat* sauvage abondent
dans les jungles, le *rhinocéros* et le *crocodile* dans les deltas. Les animaux domestiques sont le *bœuf* et le *buffle*, le *cheval*. — Le poisson est
très abondant, surtout dans l'archipel Mergui, et aux environs de Bassein.
Il est la principale nourriture des Birmans, qui en font une pâte de conserve desséchée et fortement salée, mais très puante. Sur les bancs de
sable des îles et des côtes, on ramasse par centaines de mille les œufs de
tortue. On évalue à 25 millions de francs le produit annuel de la pêche.

Industrie. — Le Birman élève le *ver à soie* dans sa hutte, détache le
cocon, divise la soie et fait frire dans l'huile les chrysalides, qu'il mange.
Puis il file la soie et la tisse ; dans chaque cabane, dans chaque paillotte
on trouve un métier. Les soies ordinaires servent à la confection des vêtements des indigènes ; les soies de luxe sont importées de Chine ou d'Angleterre. La Birmanie a au contraire une spécialité de *laques* très estimées
qui rivalise avec celles de la Chine et du Japon. « C'est du *thisee* que coule

» la laque de Birmanie. Le thi see pousse partout, et l'on n'a jamais songé,
» tant il est abondant, à en créer des pépinières, comme on a fait au Japon
» pour l'*urushi* depuis des centaines d'années. Rien de beau comme cet
» arbre en fleur ; imaginez un énorme bouquet d'un blanc de crème qui
» répand un parfum assez analogue à celui de la pomme. Le mode de
» récolte de la laque est assez semblable à celui que l'on emploie pour la
» résine, on fait simplement des incisions dans l'écorce et l'on recueille
» dans des vases de bambou le liquide qui en découle. Pour que cette gomme
» ne sèche pas trop vite, on la recouvre d'eau ; mais la meilleure est tou-
» jours celle qu'on emploie toute fraîche.
» Les articles le plus ordinairement laqués sont les coupes à boire et
» les boîtes à bétel, ces dernières composées de deux cylindres s'em-
» boîtant exactement l'un dans l'autre et qui renferment tous les ingré-
» dients nécessaires à cette dégoûtante pratique de chiquer si commune
» dans toute la contrée. On fait aussi pour les dames des boîtes de toilettes
» très soigneusement décorées avec un goût et une délicatesse véritable-
» ment merveilleux. Puis, ce sont des coffrets de bois de tek où les actrices
» renferment les parfums, huiles, cosmétiques, faux cheveux et autres arti-
» cles qu'elles ne sont pas seules à employer. Citons encore ces récipients
» qui servent à porter des offrandes aux monastères et aux pagodes, ordi-
» nairement taillés sur le patron de ces dernières, avec cinq ou sept toits
» superposés, ils ont souvent la hauteur d'un homme. N'oublions pas non
» plus ces plateaux de toutes tailles et de toutes formes qui sont illustrés
» des dessins les plus fantastiques. » (Mahé de la Bourdonnais, p. 163.)

L'industrie indigène fabrique en masse les *nattes*, les brins de bambou
et les écorces de *theng*, des *cloches* et des *gongs*, instruments très demandés
pour l'usage des pagodes, ainsi que des statues de Bouddha. Une autre
industrie d'art est celle des *couteaux, sabres, coutelas*; des *tasses* cise-
lées, des *bracelets, chaînes, boucles d'oreilles*.

Voies de communication. — Nous avons dit plus haut l'utilité de
l'Irraouaddi et de ses affluents pour les communications fluviales. Contre
les inondations périodiques qui ravageaient les districts les plus riches de
la Birmanie, comme le delta de l'Irraouaddi, les districts d'Amherst et de
Shwe-gyeng, des travaux de protection ont été entrepris. Une digue a préservé les terrains cultivés du Henzada ; d'autres protègent la rive droite de
l'Irraouaddi ; des éperons disposés par intervalles rompent la violence du
courant. Un canal, long de 90 milles, relie l'Irraouaddi et le Sittang, et
sert à la fois de voie de communication et d'émissaire pour le trop-plein
des eaux. L'œuvre de salut ne sera assurée que par le jour où l'étude hydrographique des cours d'eau aura pu être faite en détail jusqu'aux sources,
et où un service télégraphique bien organisé préviendra les riverains des
vallées inférieures des chutes d'eau, et de la hauteur des crues d'amont.

La route de terre la plus fréquentée est celle de *Rangoun* à *Bhamo*, et
de cette ville par le Tapeng à Tali-fou et Yun-nan ; le voyage dure 34 jours
de Bhamo à Yun-nan.

Chemins de fer. — Une ligne, ouverte en 1877, va de Rangoun à Promé,
(163 milles); une autre remonte la vallée du Sittang, de Rangoun à Toung-
Ngou.

Les **communications maritimes** de la Birmanie avec Calcutta,

Madras, Pinang, Singapour, ainsi que celles des différents ports de la province entre eux, sont établies régulièrement par les steamers de la *British India Company*; avec les îles Andaman et Port-Blair, par l'*Asiatic Steam Navigation Company*. La malle d'Europe, via Brindisi-Bombay, arrive à Rangoun une fois par semaine; le trajet du steamer postal a lieu de Calcutta en 72 heures. Chaque service est subventionné. — Une ligne de steamers mensuelle a été établie entre l'Angleterre et Rangoun, pour les passagers et marchandises.

Des **lignes télégraphiques** relient Promé à Mye-Dai, depuis 1855; Rangoun à Henzada, depuis 1856; Rangoun à Calcutta, depuis 1861; Tavoï et Moulmein à Bang-Kok.

Commerce. — En 1885, le commerce total de la Birmanie anglaise s'élevait à 602 500 000 francs. — **Importation**, 240 millions (tissus de coton et soie, venant d'Angleterre et de Lyon, tissus de laines et draps, confections, conserves, tabac, épices, sacs de jute, huile, mercerie, sucre, charbon, fer, métaux, poteries, spiritueux, bières, etc. — **Exportation**, 239 millions (riz décortiqué, 80 p. 100 du total; bois de tek, cachou, coton brut, peaux, jade, pétrole, épices). Rangoun est le véritable grenier à riz du monde. (Vossion, *Bull. consulaire*, 1886.)

Les caravanes du haut pays comptaient, en 1887, 5 700 marchands, et plus de 13 000 bœufs, apportant du riz, du cachou, des peaux, des cornes, des huiles, des sels, des bois, de l'ivoire, de la cire, du bétel, des laques, etc., pour une somme d'environ un million de roupies. (De Pina, *Bull. consulaire*, 1889.)

IV. — Notions statistiques

Superficie totale : 686 350 kilomètres carrés. — **Population** : 6 748 000 habitants. — **Races** : 1° La plus civilisée est celle des **Birmans** proprement dits, ou *Myama*, qui se disent originaires de l'Inde gangétique, à laquelle ils se rattachent peu par la physionomie, et mieux par le dialecte. Les Birmans sont de petite taille, agiles, robustes, sains; les enfants sont nombreux; la vie est facile, grâce à la fertilité du sol et à l'industrie des habitants. Les Birmans recherchent les costumes riches et voyants; ils aiment à se tatouer. Ils considèrent la femme comme l'égale de l'homme. Ils sont d'un naturel gai et généreux, portés à la joie et aux plaisirs, hospitaliers et courtois : ils ne sont pas vindicatifs et ne se divisent pas en castes; ils prient Bouddha de « les protéger contre les cinq ennemis : le feu, l'eau, les brigands, les méchants et les gouverneurs. » — Les **Mon** et **Talaing** habitent le littoral; descendants des anciens Pégouans, jadis opprimés par les Birmans, ils ont accueilli sans déplaisir la domination anglaise; ils sont pour la plupart agriculteurs, et obéissent docilement à leurs prêtres bouddhistes, et aux fonctionnaires et marchands européens. — Les **Karen** habitent les montagnes entre la Salouen et le Sittang; on évalue leur nombre total à un million, dont la moitié vit sur le territoire britannique. Ils sont divisés en tribus, et forment des communautés isolées et indépendantes; on les distingue en *blancs*, *noirs*, *rouges*, d'après la couleur de leurs vêtements, car ils ont la peau d'une nuance jaunâtre. Ils sont très superstitieux, adorent des fétiches, mais plusieurs ont été convertis au christianisme. Malgré leur apparente sauvagerie, ils sont honnêtes, intelligents, laborieux, et point hostiles aux étrangers. — Les **Chan** ou **Shans**, d'origine siamoise, se rencontrent sur le Sittang. — Les **Kakyen**, beaucoup plus nombreux, sont des montagnards turbulents et belliqueux, prompts à user du coutelas et de la lance. Ils portent les cheveux hérissés, aiment à se parer d'ornements d'or, d'argent et de corail ; ils sont peu agriculteurs, mais forgerons habiles. Très superstitieux, ils pratiquent le culte des esprits. — Les **Khamti**, établis dans les monts Patkoï, sont pacifiques et commerçants, et cependant ils s'engagent volontiers dans l'armée birmane. Ils sont bouddhistes, et se confondent de plus en plus avec les Birmans civilisés.

Langue. — Les dialectes birmans appartiennent à la classe monosyllabique ; la prononciation birmane, surtout à cause de l'usage constant du bétel, fait subir aux mots de telles altérations, qu'on ne les reconnaît plus. On mâche le birman, on ne le parle pas. — **Religion : Etat social.** Le culte le plus répandu est le **bouddhisme**, mais le culte des esprits domine dans les tribus peu civilisées du centre. Les Birmans admettent deux sortes d'esclaves : les débiteurs insolvables, et les esclaves légués ou achetés. Sans admettre de castes fermées, ils regardent comme hors de la société, les gens voués aux professions immondes, ceux qui brûlent les morts, les esclaves des pagodes, les lépreux, les geôliers, les bourreaux. — **L'instruction** est donnée exclusivement dans les couvents bouddhistes, par les talapoins ; chaque monastère est une école où les jeunes Birmans apprennent à déchiffrer les livres sacrés. Le gouvernement anglais surveille ces écoles ; il en a fondé de laïques, qui attirent de plus en plus les élèves des deux sexes. — **Poids et mesures.** Le *séhou* = 1 millimètre ; le *taong* = 6 décimètres ; le *lan* = 2^m,40 ; le *kosa* ou mille = 1 680 mètres ; le *taing* ou lieue = 4 200 mètres ; le *viç* = 1^{Kgr},655 ; le *kyat* = 16 grammes ; le *sarot* (pour le riz) = 3 kilogrammes environ. Toutes ces mesures sont approximatives.

Armée. — Au temps du roi Thibo, le royaume disposait de 12 000 hommes d'infanterie régulière, divisée en régiments de deux bataillons à 500 hommes. Mais la cavalerie et l'artillerie lui manquaient.

2° EXTRAITS ET LECTURES

Rangoun.

« Je vais, seul, faire une première inspection de cette ville naissante qui s'accroît immensément. Partout des constructions nouvelles ; les rues sont larges, trop larges même, et se coupent à angles droits ; l'un des principaux croisements forme une grande place au milieu de laquelle, sur une plate-forme de deux à trois mètres de hauteur, s'élève, à plus de vingt mètres, un colossal dôme s'élevant en pointe aiguë, terminé par une espèce de mitre ronde, en métal doré, d'où pendent des chaînes avec clochettes.

Je parcourais à grands pas, avec une curiosité avide, ces larges rues poussiéreuses où circulait une population d'un type nouveau pour moi, moins beau et moins élevé que celui des Hindous. Je continuais à suivre la rue principale, sur laquelle s'ouvre, à droite et à gauche, tout un quartier chinois ; le rez-de-chaussée des maisons, fort basses, mais assez bien bâties, est occupé par des boutiques, dont la façade est bariolée de papiers jaune orange, couverts de caractères chinois.

» La marée s'élève à une grande hauteur à Rangoun, et surtout en ce moment de nouvelle lune : quand je veux sortir le matin de bonne heure, le *wharf* se trouve à 2 mètres au moins en contre-bas du sabord ouvert : il n'y a pas d'échelle, car la machine embarque des monceaux de sacs de riz qui couvrent le quai ; je m'élance sur une pile de sacs, et je suis bientôt à terre, me dirigeant vers un marché aux comestibles que j'avais remarqué hier soir. C'est un édifice couvert et non complètement achevé. Il y avait foule de vendeurs et d'acheteurs indigènes ou chinois, au milieu d'un brouhaha étourdissant et des senteurs les plus hétérogènes, où dominait le parfum du poisson frais, frit, séché, avarié, etc. Je vois des tas de fruits et de légumes nouveaux, au milieu de petites figurines grotesques en sucreries coloriées ; des masses tremblotantes de gelées noires, brunes ou jaunes, lisses et luisantes, qui se débitent au détail, par tranches assez consistantes : on prépare et on consomme sur place.

» Sur la rive de l'Irrawady, au-dessus du débarcadère, de nombreuses barques chargent et déchargent des montagnes de riz. Je retourne au bateau pour le déjeuner ; la marée avait baissé considérablement pendant ma longue promenade, et je pus rentrer à bord presque de plain-pied avec le *wharf*; l'eau, en se retirant, laisse un dépôt abondant de vase jaunâtre.

» Il y avait sur le quai, près de notre bateau, deux voitures d'assez belle apparence, stationnant depuis le matin et attendant la pratique ; j'en pris une, après avoir fait expliquer au cocher birman, par un indigène qui parlait l'anglais, la promenade que je voulais faire. La voiture était pareille aux *gharries* de Calcutta, mais beaucoup plus propre ; elle portait un numéro très apparent, et, dans l'intérieur, un tarif imprimé en anglais, indiquant le prix à la course ou à l'heure. Le pittoresque s'en va grand train ! J'avais rêvé un éléphant, je trouvais un fiacre !

» Je montrai l'heure à ma montre au cocher, qui avait une bonne et jeune figure, bien joviale, et qui me répéta bon nombre de fois « yes, sir, » et nous partîmes au galop de son petit cheval à tous crins. Les routes sont bonnes, malgré la poussière; on voit que les Anglais sont là. Je fus bien vite rendu au bas de la colline, au sommet de laquelle s'élève la grande pagode, l'une des plus célèbres de la Birmanie. Je quittai la voiture et m'engageai sous un long portique, suivant en ligne directe, par des rampes douces et régulières coupées de paliers successifs, la pente de la colline jusqu'à une première plate-forme immense. Cet escalier-portique est couvert de toits à bords retroussés, soutenus par des colonnes de bois ou de briques recrépies. A chaque palier, un nouveau toit s'étage en saillie sur le précédent, dont le faîtage ne suit pas une pente parallèle à celle de la portion d'escalier qu'il recouvre. Les colonnes des quatre ou cinq premiers étages sont dorées sur toute leur hauteur. Toutes les autres, jusqu'à la deuxième et dernière plate-forme, sont peintes en rouge obscur. Les marches sont en mauvais matériaux, briques sur champ ou petites pierres noires, le tout mal appareillé et en médiocre état. L'escalier continue sa même direction en ligne droite à travers la première plate-forme; il monte, par une même suite de degrés et de paliers, jusqu'à la deuxième plate-forme, où s'élève la colossale pagode, et se termine par un pavillon carré, espèce de porche ornementé à la chinoise, avec force dorures, bois peint découpé, figurines bizarres, lanternes, etc., de plain-pied avec la vaste terrasse à laquelle il donne accès. Quelques femmes affreuses, sordidement enveloppées, vendent, dans ce pavillon, ouvert des quatre côtés, des fleurs, de petits papiers, des sucreries peu appétissantes.

» En sortant de là, on se trouve au pied de la pagode, occupant le centre d'une terrasse carrée de 3 hectares environ de superficie, solidement soutenue sur chacun des côtés par une escarpe en briques qui descend jusqu'à la première plate-forme, et qui est coupée sur le milieu des quatre faces par les quatre grands escaliers montant vers le temple, dont le plus riche et le plus fréquenté est celui que je venais de suivre. La terrasse supérieure et la première plate-forme étaient, avant l'occupation anglaise, garnies de canons, soit pour des salves dans les fêtes religieuses, soit pour la défense de la ville et du fleuve, qu'on domine de ces positions élevées.

La base ou socle de cette immense et singulière pagode est un quadrangulaire massif de 3 à 4 mètres de hauteur, dont les côtés, de 70 mètres environ, sont parallèles à ceux de la terrasse.

Au milieu de chacune des faces, et dans le même axe que chacun des grands escaliers, une chapelle, un temple plutôt, avance en forte saillie, sur le terre-plein, son vestibule ouvert; tandis que l'autre extrémité s'enfonce dans le massif. Par cette disposition, l'uniformité des longues façades de la base est rompue; et chacun des quatre angles avance, entre deux vestibules, son arête verticale, dont le sommet supporte une colossale statue d'animal, à figure humaine, un sphinx, la face tournée vers l'extérieur, et dans l'axe de l'angle. Comme escorte à ces sphinx, six dragons fantastiques, disposés en ordre aigu, trois de chaque côté, sur les murs en retour d'équerre, remplissent l'espace entre chaque angle et chaque temple. Cette décoration symétrique, de quatre sphinx et de vingt-quatre dragons, est du plus saisissant effet. Derrière ces figures, et en retraite ascendante, rétrécissant le carré, s'élèvent trente-deux clochetons allongés, neuf pour chaque face, ceux des angles servant pour deux côtés. Dans chacune des quatre rangées, le clocheton du milieu, placé au-dessus de chacun des quatre temples, est plus haut et plus orné que les autres; sa pointe se termine par une mitre ronde en métal, dorée et découpée à jour.

» C'est sur cette immense base carrée, si fantastiquement décorée, que s'élève, au-dessus d'une série montante de degrés rentrants et entre-croisés, le gigantesque dôme doré, en forme de poire très allongée, lançant à une hauteur prodigieuse sa pointe effilée, qui supporte, comme en équilibre, une grande mitre, ou tiare ronde, dorée, découpée à jour, frangée de chaînes et de clochettes. Voilà pour l'extérieur.

» Entrons maintenant dans un des quatre temples, placés symétriquement en face le débouché de chaque grand escalier. Dès le seuil du vestibule, l'œil embrasse tout l'intérieur. Le jour, qui n'y pénètre que par l'entrée, n'ayant ni porte, ni fenêtre quelconque, éclaire d'une lumière diffuse les bizarres magnificences du sanctuaire, dont les dimensions n'excèdent pas 25 mètres en profondeur, 15 en largeur et 6 en hauteur. Six gigantesques statues de Bouddha, trois de chaque côté, sont adossées aux murs latéraux. Ces statues de marbre blanc sont entièrement dorées, sauf la face et les mains. Le Bouddha est représenté assis, dans l'attitude de roideur et d'impassibilité qui est de convention religieuse dans toutes les figures sculptées de cette incarnation divine; les jambes nues croisées au niveau du siège; la main droite étendue sur le genou droit, la gauche ouverte, la paume en dessus, et placée devant le corps ; la face, dont les yeux sont baissés, exprime cette placide sérénité, qui est le suprême attribut de la béatitude éternelle. Chacun de ces colosses est flanqué de deux petites statues en pied, entièrement dorées ; au fond du sanctuaire, tout luisant d'or, dans trois niches profondes sont placées trois statues de Bouddha, en même attitude que celles déjà décrites ; et, à 2 ou 3 mètres en avant, deux statues en pied, entièrement dorées, plus grandes que nature, ayant la même expression impassible, sont placées chacune sur un piédestal. Tout est luisant et éclatant dans ces temples ; car nulle part le mensonge de la dorure n'a été plus prodigué. Ils sont tous les quatre de mêmes dimensions et d'une même décoration générale, à peu près. Dans chacun d'eux, je vis quelques Birmans accroupis sur leurs talons, marmottant leurs prières en se dandinant.

» L'immense terre-plein au milieu duquel s'élève la grande pagode que je viens d'essayer de décrire est couvert, en outre, d'une grande quantité de petites pagodes, ou pavillons, une trentaine environ, abritant des statues dorées de Bouddha ; deux de ces pavillons couvrent et supportent deux grandes cloches, chargées d'inscriptions birmanes ; on voit, de place en place, quelques grands mâts en bois curieusement travaillés, peints en rouge, ornés de petites glaces ; quelques dragons faisant d'horribles grimaces sont postés comme au hasard. J'errai longtemps au milieu de toutes ces splendides bizarreries et des magnificences un peu ternies d'un culte en décadence. Il est vrai de dire que Rangoun n'est plus la capitale du royaume ou de l'empire birman. Devant l'occupation étrangère, le souverain actuel a transféré sa capitale dans l'intérieur du pays ; et le luxe de son trône ne se reflète plus, comme autrefois, sur les temples de Rangoun. Les matériaux employés à ces édifices ne peuvent en assurer la durée, et, l'abandon aidant, la ruine arrivera vite ; elle commence déjà.

» Du haut de cette terrasse, la vue embrasse un horizon immense. L'Irraouaddy, dans toute son ampleur, étend sur la gauche, en aval de la ville, sa nappe jaunâtre, et s'enfonce sur la droite, sous les masses verdoyantes d'une végétation qui ne s'arrête jamais. La campagne est couverte d'arbres et de champs en culture, près de la ville. Sur la terrasse même où je me trouve, il y a quelques arbres d'une magnificence inconnue dans nos climats.

» J'avais passé plus d'une heure au milieu de ce merveilleux spectacle de la nature et de l'art religieux, j'étais fatigué d'attention ; la chaleur était odieusement pesante, pas un souffle d'air. Je regagnai ma voiture, qui m'attendait au pied du grand escalier, que je descendis avec une lenteur mesurée, pour ne pas accroître la transpiration, le supplice des Européens dans ce pays. Mon cocher, en me revoyant, me fit un signe qui voulait dire : C'est beau, n'est-ce pas ? Je lui répondis plusieurs fois : *yes, yes*; c'est ainsi que nous dialoguions. Il me fit un autre signe d'intelligence ; et je vis, après être monté, qu'il prenait une autre route que celle par laquelle j'étais venu. Il me conduisit, de son chef, dans un nouveau jardin public, tout fraîchement dessiné dans le goût anglais, où dans quelques années, grâce à l'énergie de la végétation sous ce climat, la flore du pays brillera dans tout son éclat. » (Fr. DEVAY, *Journal d'un voyage dans l'Inde anglaise, à Java, dans l'archipel des Moluques, sur les côtes méridionales de la Chine, à Ceylan*; Paris, 2 vol. in-8°, 1867 ; t. Ier, ch. x.)

L'Irraouaddi et la navigation.

« Le fleuve Irraouaddi est la seule voie de communication qui existe entre Mandalay et Bhamô. La distance qui sépare ces deux villes ne dépasse pas 220 milles ; et cependant il ne faut pas moins de sept ou huit jours pour monter à Bhamô, et de quatre ou cinq pour descendre à Mandalay, dans des conditions ordinaires. C'est que le cours sinueux de l'Irraouaddi, ses courants assez rapides, ses rochers, ses îlots, ses bas-fonds nombreux et très variables rendent la navigation très difficile et possible seulement en plein jour.

» Bien que calant peu et dirigés par des pilotes expérimentés, les bateaux qui naviguent sur l'Irraouaddi doivent s'astreindre à mille précautions qui ralentissent sensiblement leur marche. A chaque seconde il faut jeter la sonde, puis souvent stopper et mouiller pour aller dans des embarcations légères reconnaître le changement que le courant, en quelques heures seulement, a fait subir au chenal ; encore n'en arrive-t-il pas moins de temps à autre que des bateaux s'échouent et sont obligés, pendant plusieurs jours, de virer au cabestan pour se frayer un passage au travers des bancs sablonneux qui leur barrent la route, ou bien d'attendre parfois pendant plusieurs semaines qu'une crue survienne et les remette à flot.

» A l'époque des basses eaux, c'est-à-dire pendant la saison d'hiver, ces accidents sont beaucoup plus fréquents. Sur certains points même, la navigation est interrompue pour les navires d'un gros tonnage. A Bhamô, par exemple, où leur mouillage habituel se trouve au centre de la ville, ils doivent, pendant toute cette saison, s'arrêter à 3 milles en aval, à la grande incommodité des voyageurs, qui ne trouvent à leur disposition aucun moyen de transport et sont contraints de franchir à pied cette distance.

» L'*Irrawaddy flotilla Company*, qui a pour ainsi dire le monopole de la navigation à vapeur sur le fleuve et sur ses affluents, depuis Rangoon jusqu'à Bhamô, a adopté pour la construction de sa flotte un type de steamers à aubes et à très faible tirant d'eau (5 pieds au maximum) qui atténue ces difficultés, mais ne les fait pas disparaître complètement. La flotte de l'*Irrawaddy Company* est très nombreuse et a rendu de grands services pendant la campagne anglo-birmane de 1885. Sans elle, le gouvernement de l'Inde n'aurait pu réunir qu'à grands frais et après de longs délais le matériel flottant nécessaire au transport du corps expéditionnaire. Elle comprend : 45 *steamers* pouvant, pour la plupart, porter 300 tonnes de marchandises et des passagers de cabine et de pont ; 20 *launches* (petits bateaux à vapeur), et 100 *flats*, larges bateaux à deux ponts couverts, jaugeant en moyenne 150 tonnes, mais dépourvus par euxmêmes de tout moyen de locomotion.

» La plus grande partie de la flotte a été construite à Glasgow et envoyée par pièces à Rangoon, où le remontage en a été effectué dans les chantiers de la Compagnie. Si considérable que soit la flottille de l'*Irrawaddy Company*, elle suffit à peine aux exigences de tous les services établis entre Bhamô et Mandalay, au nord ; Mesengyan et le Chindwin, à l'ouest ; et beaucoup d'autres points commerçants, sur les nombreux bras de l'Irraouaddi, dans la basse Birmanie.

» Les communications entre Mandalay et Bhamô ne sont pas très fréquentes ; un seul départ a lieu par semaine. Chaque steamer, il est vrai, est flanqué de deux *flats* qui représentent, en s'ajoutant à lui, un tonnage approximatif de 900 tonnes, ce qui suffit, et bien au delà, surtout au retour de Bhamô, aux besoins du trafic. Le nombre des passagers de pont est toujours assez élevé et contribue, sans aucun doute, à grossir les bénéfices que réalise chaque année l'*Irrawaddy flotilla*. On les voit par centaines, répartis sur le pont des flats qui encadrent le steamer et qui communiquent avec lui au moyen de passerelles. Là une liberté entière est laissée à ces passagers, et le spectacle qu'ils présentent est assez curieux. Tous, Birmans, Shans, Mongols, Chinois, Indiens, avec leurs costumes variés, conservent à bord les habitudes qui leur sont propres. Ils s'installent à leur guise, se groupent et s'isolent en se construisant des huttes ou en se dressant des tentes avec des bambous, des nattes, des étoffes, allument des feux sur le pont pour la préparation de leurs aliments, et, dans ce pêle-mêle qui ne laisse à chacun d'eux qu'un espace fort étroit, vivent à l'aise et sans se départir de leur insouciance accoutumée.

» Les ponts de l'un des deux flats sont, en grande partie, occupés par des marchands de Mandalay, birmans et chinois, qui y ont installé un véritable bazar. Sur les quelques mètres carrés qu'ils obtiennent en location, ils étalent leurs marchandises (des soieries, des cotonnades, des ustensiles et articles de toutes sortes, des comestibles, etc.), et, à chaque arrêt du bateau, les riverains de l'Irraouaddi viennent s'approvisionner des choses dont ils ont besoin. Ces marchands écoulent ensuite à Bhamô ce qu'ils n'ont pas vendu pendant la route et reviennent à Mandalay pour en repartir quelques jours après.

» Il y a plusieurs années que ces *bazars flottants* existent entre Mandalay et Bhamô, et les acheteurs n'ont pas cessé d'être assez nombreux. Leur utilité est venue de ce que, dans l'état d'insécurité où se trouvait le pays, les marchands n'osaient s'établir dans les localités privées de toute protection et où ils eussent infailliblement été victimes de brigandage; mais, par cette raison même, leur avenir semble assez limité, l'insécurité tendant à disparaître. Les Anglais ont, en effet, établi des postes militaires dans la plupart des bourgs situés sur les deux rives du fleuve; ils y ont élevé des blockhaus, des retranchements, et défient toutes les attaques qui pourraient être tentées contre eux. Il est à croire, en outre, que les habitants des villages qui restent exposés aux coups de main des dacoïts viendront, dans un certain rayon, grossir la population de ceux qui sont protégés par une garnison. Alors, les besoins étant plus nombreux, et tout danger se trouvant écarté, il deviendra nécessaire et possible d'emmagasiner et de vendre sur place les marchandises demandées jusqu'à ce jour aux bazars flottants ; et quelques-unes de ces localités, actuellement étrangères à tout négoce, deviendront probablement des marchés d'une certaine importance pour le commerce local.

» Les paquebots de l'*Irrawaddy flotilla* ne font pas moins de seize arrêts, de plusieurs heures chacun, entre Mandalay et Bhamô ; comme il en résulte une augmentation considérable de la durée du trajet, on a décidé l'ouverture très prochaine d'un service d'*express* pour le transport des voyageurs, ce qui réduira le voyage de deux ou trois jours aussi bien à l'aller qu'au retour.

» L'Irraouaddi est sillonné encore par un grand nombre de barques birmanes naviguant à la voile et à l'aviron et dont quelques-unes jaugent de 20 à 30 tonnes. Dans la saison d'été, alors que le vent du sud favorise leur retour, il en est qui descendent de Bhamô à Mandalay et même jusqu'à Rangoon. Ces barques, qui ne sont pas pontées, ne transportent généralement que des produits indigènes de peu de valeur, du riz, des fruits, des légumes, de l'huile de sésame, des bois, etc. Elles ne constituent donc pas une concurrence sérieuse pour l'*Irrawaddy flotilla Company*, qui reste, on peut le dire, maîtresse absolue des transports depuis Rangoon jusqu'à Bhamô ; aussi son fret est-il des plus élevés, à tel point même qu'il occasionne un renchérissement notable de tous les articles importés de Rangoon dans les localités du nord.

» L'aspect de l'Irraouaddi est des plus pittoresques. Tantôt il serpente entre des montagnes boisées ou des roches à pic, quelquefois hautes de 600 à 700 pieds ; tantôt il coule à travers des plaines d'une vaste étendue qu'il couvre de ses eaux pendant la saison pluvieuse. Les rives et les nombreux îlots, qui sont mis à découvert lorsque son niveau s'abaisse, sont propres à différentes cultures, mais sont cependant peu cultivés, les riverains du fleuve, assez peu nombreux d'ailleurs, ayant à redouter des crues soudaines et très fortes.

» On a parlé plus haut des difficultés de tout genre qui entravent la navigation sur l'Irraouaddi ; il est bien évident qu'il est impossible de les aplanir tout à fait. On peut toutefois tenter d'y remédier dans une certaine mesure, et c'est ce que, dit-on, l'administration anglaise aurait projeté de faire. On débarrasserait prochainement le lit du fleuve des rochers les plus dangereux pour la navigation, et l'on exécuterait sur différents points des travaux identiquement semblables à ceux qui, dans ces derniers temps, ont été effectués à Mandalay, pour mettre la ville à l'abri des inondations dont elle a tant souffert. » (H. DE BOUTEILLER, vice-consul de France à Mandalay ; *Bulletin consulaire*, février 1888.)

Bhamô est une petite ville de 2000 habitants à peine, située sur la rive gauche de l'Irraouaddi, à 2 ou 3 milles en aval du confluent du Ta-ping, dont la source est située près de Momein, non loin de la frontière chinoise. Elle se compose d'une rue de près de 2 kilomètres qui longe le fleuve, et de quelques ruelles transversales ; point d'hôtel ni d'auberge pour les voyageurs. La population de la bourgade augmente pendant la belle saison, lorsque arrivent les caravanes de Chinois, de Shans, de Kakyens, qui se rendent à Bhamô, pour vendre ou échanger des denrées alimentaires, des tissus et autres objets fournis par l'industrie et le sol du pays.

Bhamô est un entrepôt et un marché pour les populations situées entre l'Assam, le Tibet et la Chine ; mais les Kakyens ou Katchyens et les Shans, qui habitent ces régions, sont des consommateurs trop pauvres pour accroître le développement commercial de la ville. Le commerce de Bhamô se fait par la voie fluviale et les caravanes. Par eau, on évalue à 500 000 roupies par mois les marchandises transportées à Bhamô par les steamers de *Irrawaddy Company*, et à 150 000 celles qui descendent sur Rangoun : la circulation dure six mois environ ; le reste du temps, les pluies diluviennes inondent la région et rendent les chemins impraticables. On importe à Bhamô des articles européens expédiés de Rangoun : draps, tissus, soieries, cotonnades, coutelleries, faïences, verroteries, conserves alimentaires, le tout de qualité médiocre, à bon marché, et de fabrication anglaise ou allemande. De Bhamô, on exporte à Rangoun l'opium, le jade, le caoutchouc, les rotins, les résines, les vernis, la cire, l'ivoire, les écorces pour teintures, les fibres végétales pour cordages, les thés, les cornes et peaux de bœuf, etc. Par la voie de terre, les caravanes apportent les mêmes objets que ceux qui sont exportés de Rangoun, mais ils sont de fabrication chinoise, et ils sont plus variés ; ils comprennent en effet, outre les tissus et les conserves, des ustensiles de ménage, de l'opium, des épices, des graines, des jambons, des pommes de terre, noix, figues sèches, etc. Les plus importantes de ces caravanes viennent de la Chine, et, dans la crainte d'être attaquées et pillées par les Kakyens, elles traitent avec eux, et font des bandits de la montagne leur escorte à l'aller et au retour.

« Toute la région que les caravanes ont à traverser pour gagner Bhamô est très montagneuse, aussi leur marche est-elle entourée de grandes difficultés. Les chemins sont à peine frayés, et, pendant la plus grande partie du voyage, elles sont obligées de suivre d'imperceptibles sentiers qui serpentent sur les flancs de montagnes très élevées et très escarpées. A ces difficultés s'ajoutent encore pour elles la crainte d'être attaquées par les bandes de pillards qui sont si nombreuses dans ces parages, et l'obligation d'éclairer leur marche. Elles n'avancent donc que très lentement et s'arrêtent toujours à Bhamô pendant plusieurs semaines, pour laisser aux bêtes de somme le temps de se remettre des fatigues d'un tel voyage. Les caravanes se composent ordinairement de cinq cents ou six cents chevaux et mules. Les plus considérables en possèdent jusqu'à mille et douze cents. Chaque bête de somme porte une charge de 130 à 150 livres. On compte un conducteur par trois bêtes; les caravanes comprennent donc toujours plusieurs centaines d'hommes, auxquels se mêlent quelques femmes, dans les caravanes shanes.

» La plupart des caravanes chinoises se forment ou se complètent du moins à Momein, ville commerçante chinoise, située dans les monts Katchyens, à 130 milles environ au nord-est de Bhamô. Elles descendent habituellement à Bhamô par la vallée de la rivière Taping, dont elles suivent les rives pendant presque tout leur trajet.

» Autour de Momein, dans un rayon qui n'est pas très considérable, se trouvent un grand nombre de villages et de villes chinoises, dont les plus importantes sont : au nord-est de Momein, Tali-fou, très peuplée et très commerçante, puis Yunnan-fou, au sud-est de Tali-fou. Yunnan-fou est considéré comme un des plus grands marchés de la Chine, directement à l'est de Momein, et, à demi-distance de cette ville à Tali-fou, se trouve encore Yunchan, dont le marché est également très animé. Dans tous ces grands centres, le trafic embrasse une infinité de choses, l'or, l'argent, le cuivre, le fer, le plomb, des produits naturels et des articles manufacturés de toutes sortes. Enfin des routes suffisamment praticables mettent en communication tous ces centres; néanmoins les transports se font à dos de mulet, par caravanes, les véhicules n'étant point en usage dans cette province chinoise. » (H. DE BOUTEILLER, *ibid.*)

Moulmeïn : un chantier de bois de tek.

C'est à Moulmeïn que furent construits, en bois de tek, les premiers bâtiments qui firent, avec la Chine, le commerce de l'opium. Mais, quand les Anglais furent maîtres de Rangoun, et que le fer et l'acier furent peu à peu substitués au bois dans les constructions navales, l'industrie de Moulmeïn déclina. Les industriels transformèrent alors leurs chantiers en scieries mécaniques et en moulins à vapeur pour le riz. L'exportation du bois de tek et du riz procure encore de belles fortunes aux capitalistes.

« La ville avec ses petites collines boisées, ses nombreuses pagodes qui font des taches blanches sur le vert sombre des mangotiers, et le vert clair de l'arbre à pagode et dont l'or étincelle sous les rayons du soleil, est fort pittoresque. Ajoutez-y que la plupart des maisons, sauf sur le bord de la Salouen, sont entourées de champs et de jardins, ce qui leur donne le cadre le plus riant qu'on puisse imaginer. Aussi, du sommet des collines au centre de la ville, a-t-on l'une des perspectives les plus agréables de la Birmanie; l'horizon se ferme avec la mer et ses îlots verdoyants, tandis que, de l'autre côté du fleuve, on aperçoit les masures et les paillottes de ce qui fut Martaban, jadis capitale du royaume, aujourd'hui pauvre village qui ne vit plus que de souvenirs.

» La Salouen et ses tributaires forment une presqu'île entrecoupée de collines toujours vertes. Les chemins de la ville, bordés de haies de bambous aux feuilles aiguës, qui, frappées par le soleil, feraient croire à une forêt de petites lances d'émeraude, les sinuosités pittoresques des rivières, et surtout les bords de l'Attaran, aux rochers agrestes dominés par des temples qui paraissent inaccessibles, ont mérité à tout ce canton le surnom de *jardin* de la Birmanie. Un jardin, oui certes, mais un jardin où l'on ne respire que des effluves balsamiques et vivifiantes, un jardin dont l'air est si pur qu'on a songé à y établir un *sanatorium* pour les troupes et les résidents étrangers. » (MAHÉ DE LA BOURDONNAIS, *Un Français en Birmanie*, ch. v, p. 74.)

« Nous suivons une belle route, parallèle au fleuve, abritée par de beaux arbres; des deux côtés les habitations nouvelles en bois de tek s'élèvent, presque sans lacunes, sur 2 ou 3 kilomètres, dans des enclos séparés, la façade des maisons bordant la route. Elles sont presque toutes occupées par des Chinois, exerçant un métier quelconque. Leur propreté, la régularité de la construction, la belle couleur du bois, leur donnent tout à fait bon air. Cette route, très habitée et très fréquentée, qui conduit aux principaux chantiers, deviendra plus tard une des rues de Moulmein, car cette jeune ville paraît prendre un développement rapide, et de fréquents ruisseaux, d'une eau abondante et rapide, descendent des collines voisines, et vont se jeter dans le Salouen, en traversant perpendiculairement la route sous des ponceaux.

» Notre cocher nous mène au chantier le plus important, occupant un immense enclos sur le bord du fleuve. Les bois de tek arrivent de l'intérieur du pays par eau, en billes énormes et en grume. Une machine à vapeur met en mouvement, sous un grand hangar, des scies verticales ou circulaires, pour équarrir les grosses pièces, et les débiter en madriers ou en planches. Cette usine est organisée comme le sont partout ses pareilles ; mais, ce qu'on ne trouve pas ailleurs, ce sont les puissants et intelligents serviteurs qui coopèrent au travail de ce chantier. A notre arrivée, deux éléphants étaient à la besogne : trois autres, sous un abri voisin, fourrageaient un énorme tas de feuillage amoncelé devant eux ; c'était un relais au repos. Ces animaux, dirigés par leur mahout assis sur leur cou, ont pour fonction de porter les pièces de bois, de les ranger et de les empiler. Les grosses pièces de bois en grume sont traînées par eux avec des chaînes, comme le pourraient faire des chevaux ou des bœufs ; mais, une fois la pièce arrivée où elle doit être rangée, c'est l'éléphant qui la pousse ou la soulève avec sa trompe, et la fait parvenir à la place qu'elle doit occuper. Quant aux pièces à équarrir ou à débiter, après les avoir menées sur le chariot mécanique qui doit les entraîner vers les scies dévorantes, l'éléphant les prend au sortir de la machine, les transporte et les empile.

» Les bois débités, les madriers, les planches sont, selon leur poids, pris isolément, ou plusieurs à la fois. Pour saisir son fardeau, l'éléphant se baisse et passe dessous ses défenses, rendues plates par ce travail ; avec sa trompe il l'enserre et le maintient, puis, le soulevant presque perpendiculairement au-dessus de sa tête, il le porte ainsi élevé, et le met en place avec une adresse, une aisance merveilleuses, avec un calme et un sang-froid imperturbables. Quand la pile est trop élevée, ou la charge trop lourde pour être mise de volée, l'animal dresse debout contre la pile, la pièce qu'il a portée, puis, la prenant par le bas avec sa trompe, il la soulève à la hauteur voulue, il la pousse ensuite jusqu'au niveau convenable, et la range avec soin, et avec une régularité parfaite. Tout ce travail si mesuré, si intelligent, s'exécute sans gestes, ni cris, ni sévices de la part du mahout, qui, perché sur le cou de l'énorme bête, n'a d'autre moyen d'action et de direction, que la pression de son talon sur le derrière de l'oreille de son docile esclave. Vingt chevaux feraient à peine le travail de force que deux éléphants peuvent faire ; et que de brutalités en gestes et en cris seraient dépensées pour les y contraindre ! Quant au travail intelligent, l'éléphant seul, parmi les grands quadrupèdes, est capable de le produire, à l'aide de sa trompe si adroite et si forte. » (T. Devay, t. II, p. 250.)

Les mines de rubis de Mogok.

A 60 milles au nord-est de Mandalay, sont situées de précieuses mines de rubis. Avant l'occupation anglaise (1886), le gouvernement en interdisait les approches, et en concédait l'exploitation à des particuliers moyennant une redevance qui variait suivant la valeur des pierres découvertes. L'estimation en était faite contradictoirement par les mineurs et par les officiers royaux. Le roi tirait de ces mines un revenu annuel de 300 000 à 375 000 francs. Le consul français de Mandalay avait vainement sollicité pour un syndicat de sa nation la concession des mines de rubis.

Depuis 1886, les Anglais en ont confié l'exploitation à une compagnie britannique, et ont fait explorer le territoire des mines par M. Robert Gordon. On peut s'y rendre en remontant la vallée de la Madeeya, dont les affluents supérieurs arrosent les centres miniers ; ou suivre l'Irraouaddy jusqu'à *Thabyetkin*, et franchir à l'est les collines peu élevées de *Shouéi-oudoung*. A Kyatpyen, on atteint les mines. « La route traverse des forêts
» où abondent les pièces de petit gibier, et surtout les singes. Des arbres
» y répandent des exhalaisons malsaines, et tout le pays est sujet aux
» fièvres malignes. Heureusement, plus au nord, on rencontre la plaine
» d'Enjouk, dont le climat est sain et très favorable à la santé des Euro-
» péens. Les officiers anglais y ont trouvé un air excellent à Bernard-Myo,
» localité située à plus de 2 000 mètres au-dessus du niveau de la mer.
» C'est dans ces parages que les Birmans, favorisés par les rocs et les
» défilés, ont opposé leur dernière résistance à la domination étrangère[1]. »

La région des mines s'étend sur une surface de 10 milles en longueur, sur 5 milles en largeur. Les vallées qui contiennent les rubis sont entourées de hautes montagnes, d'une altitude de 2 000 à 2 700 mètres.

« Ces vallées offrent des vues magnifiques, des paysages hardis, dont le
» fond est formé par des massifs montagneux et des forêts aux teintes
» sombres, tandis que les parties basses et les flancs moins éloignés sont
» revêtus d'une verdure plus claire, entremêlée de taches rouges et blanches,
» partout où des portions de terrain entraînées par des pluies torrentielles
» ont glissé et mis le sol à nu. »

La vallée principale des mines est celle de l'Eau-Rouge (*Yay-Nee*), ainsi nommée des terres rougeâtres extraites des mines, que l'on vient laver dans ses eaux. *Mogok* est le centre minier le plus peuplé dans la vallée de l'Eau-Rouge ; il compte environ 700 maisons et 3 400 habitants.

Dans son voyage aux mines de rubis, M. Skelton Streeter, chargé en 1886 d'établir le pouvoir civil dans le district de Mogok, trouva le pays ruiné par la guerre et le passage des Shans Dacoïts. « La ville de Mogok est le
» centre commercial et politique du district ; il contient quelques maisons
» en bois, bien bâties, trois grands monastères ornés de sculptures splen-
» dides. Tout autour sont des pagodes couvertes de feuilles d'or, monuments
» dus à la générosité des mineurs enrichis. Des sentiers de mules con-
» duisent à Bhamô, Momein, Mainloung, et aussi probablement à Manwyne,
» que les Chinois considèrent comme étant leur ville frontière. Tous les
» cinq jours, il y a sur la place du marché grand concours de peuple venu
» des environs pour les achats à faire au bazar. On y vend du riz, des

---

[1]. *Revue française de l'étranger et des colonies*, novembre 1888, d'après les *Proceedings* de Londres, vol. X, n° 5.

» légumes, du poisson sec, des cotonnades de Manchester et de Glasgow,
» des faïences de Belgique, de l'aconit, des allumettes, des têtes de lances,
» des manteaux de fourrures, des soies du Yun-nan, du lait concentré, des
» sardines italiennes. » (*Société de géographie de Manchester*).

D'autres villages miniers, *Kathey*, *Kyatpyen*, peuplés de 1225 et de 1550 habitants, sont situés dans les vallées supérieures des affluents du Yay-Nee. Ces villages étaient reliés entre eux par de mauvaises routes : l'envoyé anglais en leva le plan, les fit réparer, et jeta des ponts sur les rivières pour faciliter l'exploitation des mines.

Les mines sont de trois sortes : tantôt on exploite les filons dans les rochers, en pratiquant des galeries souterraines (loos) dans les montagnes, et en fouillant les fissures dans tous les sens. Les accidents fréquents causés par l'asphyxie ou les éboulements ont fait délaisser ces exploitations souterraines, qui seront sans doute reprises un jour à l'aide des procédés scientifiques.

« Dans les mines de la deuxième catégorie, appelées *Myaw*, c'est-à-dire lavages, on imite les exploitations hydrauliques de la Californie. L'eau introduite dans des canaux pratiqués sur les flancs inférieurs des collines, qui sont formés le plus souvent de restes tendres des roches secondaires, est amenée aux argiles rouges ou de teinte plus claire, où l'on rencontre, mais en petit nombre, des rubis et des saphirs. La terre glaise est taillée en tranches très minces au moyen d'une bêche de jardinier ; on la lave et on la dissout dans ces canaux à ciel ouvert et on y cherche les pierres précieuses avec le plus grand soin. Jusqu'ici personne n'a encore essayé de laver les flancs des collines, en y faisant couler des nappes d'eau sous pression. Le deuxième mode d'opération est surtout employé aux environs de Mogok.

» Les mines de la troisième espèce sont actuellement les plus importantes. Elles se rencontrent au fond des vallées les mieux nivelées, à des profondeurs variables de 3 à 9 mètres. Ce sont des couches horizontales de corindon, appelées *Pyon*, dont l'épaisseur va de quelques centimètres à un mètre. C'est là une œuvre vraiment merveilleuse de la nature. Ce dépôt sédimentaire de corindon est presque pur de tout mélange étranger ; il repose sur une couche de terrain qui ne renferme aucun rubis, et se trouve recouvert d'une autre couche analogue de terre poreuse. Comment a-t-il pu se faire que, pendant une période de temps plus ou moins longue, l'eau n'ait déposé que des terres dépourvues de rubis ; qu'ensuite, pendant une période nouvelle, elle n'ait amené et déposé que des sables et des pierres de rubis ; et qu'enfin elle ait recouvert ce précieux sédiment de terres ordinaires? C'est cependant un fait géologique certain, et sir Edouard Sladen a également observé dans l'Aracan des grenats déposés d'une façon analogue, par couches de 0^m,21 d'épaisseur, à 1^m,20 du niveau du sol. Dans ces mines, la couche de corindon est généralement libre de tout mélange argileux ; dès qu'elle est mise à nu, elle fait miroiter au soleil des myriades de petits rubis. Ils sont pour la plupart trop petits pour être de prix : on en retire les plus gros ; on les classe selon les nuances, les dimensions et la pureté, c'est-à-dire l'absence de pailles. Ce n'est que bien rarement qu'on trouve un rubis qui ait toutes ces propriétés. La couche de corindon une fois extraite, on abandonne l'excavation et on la laisse se remplir peu à peu de matériaux tendres. C'est là une source de dangers permanents, surtout lorsque le sol environnant est formé de roches fermes, comme aux environs de Kyatpyen, où les sentiers longent ces excavations que cachent de hautes herbes. Les masses de terre provenant de l'extraction restent à côté des exploitations abandonnées, et ne sont pas un des traits les moins remarquables de ces basses vallées, dont elles bordent les cours d'eau.

» Les rubis sont de l'alumine rouge, comme les saphirs sont de l'alumine bleue. La composition chimique est la même ; seulement l'alumine des rubis est probablement colorée par des traces de chrome. Les rubis et les saphirs cristallisent en hexagones, et on les trouve assez ordinairement en doubles pyramides à six faces. Seulement, tandis que les saphirs se rencontrent fréquemment en cristaux entiers, bien que roulés, les rubis ne se trouvent d'ordinaire qu'à l'état de fragments. Evidemment l'élément qui colore les rubis, au moment où ils se constituent, entraîne la cassure des gros rubis en petits fragments.

» Les plus gros rubis trouvés en Birmanie pesaient 22 carats, tandis qu'on en a trouvé dans l'Inde de 32 et de 38 carats. Celui de 32 carats, a été vendu 10 000 livres sterling ; celui de 38 carats, 20 000 livres sterling. Le plus souvent les gros rubis présentent des pailles qui en diminuent beaucoup le prix. Les rubis de 3 à 5 carats, de bonne teinte et presque sans pailles, se vendent bien plus cher que les meilleurs diamants analogues. On trouve de gros diamants et il en est d'historiques ; mais les gros rubis de couleur parfaite et sans paille sont si rares qu'on peut les regarder comme un mythe. Un diamant de 3 carats vaut 3800 francs ; un rubis dans les mêmes conditions vaut dix fois plus; un diamant de 5 carats peut valoir 7 500 francs; un rubis analogue vaut 75 000 francs. La nuance des rubis la plus estimée est celle dite *sang de pigeon*.

» Les indigènes qui exploitent les mines n'appartiennent pas à une seule et même race ; ce sont des fractions de races diverses qui, depuis des siècles, s'abstiennent de contracter mariage avec leurs voisins. A Bhamô, les mineurs sont des Paloungs venus des montagnes de l'est dites *La-pet-Toungs*, c'est-à-dire montagnes du thé, où les Paloungs, leurs frères d'origine, cultivent cette plante. Ceux-ci occupent un secteur entre les mines de rubis, les Etats Shans et la Chine. Ils se prétendent indépendants dans leur pays qu'ils appellent le *Toung-Baing*, et récemment ils ont refusé de reconnaître leur vassalité vis-à-vis de la Birmanie. A Kyatpyen, les mineurs se disent de purs Birmans ; mais certains indices permettent d'élever des doutes à cet égard. A Mogok, ce sont des Shans, Chinois d'origine, mais chassés depuis longtemps du nord au sud par des hordes du nord de la Chine. Ils ont pris la coutume, la vie et les mœurs des Birmans, mais ils savent mieux que leurs voisins maintenir leur individualité et leur indépendance. A Kathey, ce sont des descendants d'Hindous amenés comme prisonniers de Munnipore. Ce sont de purs Aryens, bien qu'ils aient perdu leur langue et renoncé au brahmanisme pour embrasser le bouddhisme. Là, comme partout, on trouve des communautés chinoises, établies d'une manière permanente ou seulement temporaire. Quelques-uns sont cultivateurs, mais la plupart se livrent à l'industrie ou au commerce. » (*Revue française de l'étranger et des colonies*, VIII, 1888.)

En 1887, le commissaire en chef anglais n'avait concédé que 30 mines, occupant 346 mineurs; en 1888, plus de 80 concessions nouvelles ont été faites, et un millier de mineurs les exploitent. On a fait venir d'Angleterre les outils et machines nécessaires, et les fouilles, dirigées avec des précautions minutieuses et une méthode scientifique, donnent des résultats inattendus.

B. Siam.

1° RÉSUMÉ GÉOGRAPHIQUE

I. — Géographie physique

Situation ; limites. — Le royaume de Siam ou des **Thaï** « hommes libres » occupe le centre de la péninsule indo-chinoise, entre 96° et 107°3' de longitude est de Paris; et entre 4° et 22° de latitude nord. — A l'ouest, le fleuve Salouen, sur une partie de son cours, et les arêtes montagneuses de la province de Tenasserim le séparent de la Birmanie ; — au sud-ouest et au sud, ses rivages maritimes s'étendent le long d'un golfe profond de la mer de Chine jusqu'à la frontière du Cambodge; — à l'est, une limite artificielle, qui coupe le lac Tonlé-Sap, franchit le Mé-Kong en aval des rapides de Stung-Treng, et rejoint les montagnes des Moïs, forme sa frontière du côté du Cambodge et de l'Annam, laissant sous sa domination le cours central du Mé-Kong, jusqu'à Xieng-Sen.

Relief; cours d'eau. — La direction générale des chaînes de montagnes qui traversent le territoire siamois est la même qu'en Birmanie; elle est parallèle au littoral des deux mers et aux vallées des fleuves principaux. Toutefois des contreforts puissants s'allongent en sens contraire entre la Mé-Nam et le Mé-Kong, et enferment les affluents des deux bassins.

Ces montagnes, longtemps inexplorées, commencent à être mieux connues, grâce aux voyages des Européens et en particulier de Mac Leod, de Sprye, de Bastian, de Mouhot, de Carl Bock, des docteurs Paul Neis et Harmand, etc., qui les ont franchies en plusieurs endroits. Ces montagnes, surtout celles du Laos, sont couvertes de puissantes forêts, et n'offrent pas de passages faciles. Les chaînes des *Kao-Dourek*, qui étendent leurs arêtes boisées au nord-est d'Ajuthia, et au sud de Korat jusqu'à Bassak sur le Mé-Kong, sont très riches en fer, cuivre et étain. — Au nord de Bang-Kok, en face de Patavi, à gauche du fleuve Mé-Nam, la montagne de Phrabat est une des cimes sacrées du peuple siamois. Sur le versant occidental de cette montagne, composée d'énormes blocs de roches entassées dans un désordre étrange, se trouve le fameux temple qui renferme l'empreinte du pied de *Samona-Kodom*, le Bouddha siamois. — Mouhot, qui visita cette région infestée de bêtes fauves, décrit ainsi l'aspect du roc de Patavi.

« Ici ce n'est plus cet amas de blocs rompus, superposés, comme si des géants les avaient bouleversés en se livrant un combat pareil à ceux dont parle la fable; Patavi semble composé d'un seul bloc, d'une immense roche, qui s'élève presque perpendiculairement comme une muraille, à l'exception de la portion du milieu qui, du côté sud, surplombe et s'avance de six à sept mètres sur la vallée, qu'on domine comme du haut d'un balcon... La vue dont on jouit de cet endroit est d'une splendeur indescriptible... Je n'avais rencontré jusqu'alors au Siam que des horizons peu développés; mais ici la beauté du pays est grandiose. Je voyais se dessiner à mes pieds, comme un riche et moelleux tapis velouté, aux nuances éclatantes, variées et confondues, une immense ligne de forêts, au milieu desquelles les champs de riz et les autres lieux non boisés paraissent comme de petits filets d'un vert clair; au delà s'élèvent comme en gradins des monticules, des monts, et enfin à l'est, au nord et à l'ouest, sous la forme d'un demi-cercle, la chaîne de montagnes de *Phrâbat*, puis celle du royaume de *Muang-Lôm*, enfin celle de *Kôrat* jusqu'à plus de 60 milles de distance. Toutes se relient les unes aux autres et ne forment pour ainsi dire qu'un seul massif dû au même bouleversement. Mais comment décrire la variété de formes de toutes ces sommités? Ici ce sont des pics qui se confondent avec les teintes vaporeuses et roses de l'horizon; là des aiguilles où la couleur des roches fait ressortir l'épaisseur de la végétation; puis des mamelons aux fortes ombres tranchant sur l'azur du ciel; plus loin, des crêtes majestueuses, enfin ce sont surtout les effets de lumière brillants, les teintes délicates, les tons chauds qui font de ce spectacle quelque chose d'enchanteur, de magique, que l'œil d'un peintre pourrait saisir, mais que son pinceau, si riche et si puissant qu'il fût, ne saurait rendre qu'imparfaitement. » (H. MOUHOT, *Voyage à Siam, au Cambodge, etc.*; ch. VIII, éd. de Lanoye, p. 67.)

Au-dessus des plaines qui sont à l'est et au nord de Chantaboun, s'élèvent des massifs de montagnes isolés, hauts de 7 à 800 mètres et en un point de près de 2 000 mètres; le *Koh-Sabap* (637 m.) « Mont des Pierres précieuses. » recèle dans ses roches des cristaux, des rubis, des saphirs.

Au nord-ouest du golfe de Siam, se jette le *Mé-Klong* (400 kilom.), formé de deux branches originaires des monts du Tenasserim dans la région du Karen; le bras de l'ouest sillonne une vallée riche en mines de plomb. Les deux bras se réunissent à Kanbouri, et le fleuve rapide et encore peu profond porte déjà des barques; à Ratbouri, la navigation est plus facile et plus active; le delta du fleuve est marécageux et infesté de crocodiles; le port très commerçant de Mé-Klong est à 8 kilomètres de la mer, et relié à la rivière de *Tatchin* et à la *Mé-Nam* par des marigots et des canaux.

Le grand fleuve du Siam est la **Mé-Nam** (1200 kilom.), « Mère des eaux »; elle est formée de deux branches, le *Mé-Ping* ou *Ménam-Yaï*, à l'ouest, la plus longue et la plus navigable; — la *Ménam-Phé*, à l'est. — Le *Mé-Ping* paraît issu des monts *Loï-tou-ey*, qui s'élèvent dans le pays des Shans, et coule presque toujours vers le sud, rapide et souvent encaissé entre des monts escarpés couverts de broussailles et de forêts. Quand il a reçu le *Méteng* à droite, et le *Mékouang*, à gauche, en amont de Xieng-Maï, il a une largeur de 120 mètres et porte des barques; plus bas, à Moutka, commence une succession de trente-deux rapides échelonnés sur un parcours de 30 kilomètres; le plus dangereux, *Die Omlo*, n'est franchissable qu'au moyen des légères embarcations indigènes. La végétation épaisse qui se croise au-dessus des falaises abruptes ne laisse pas voir aux navigateurs l'horizon bleu du ciel; des chauves-souris et des hirondelles en peuplent les cavités et les sommets. (Voy. *Karl Bock*, De Bang-Kok à Xien-Sen, *Bulletin de la Société de Géographie*, 1883.) — En amont de Raheng, il se grossit à gauche de la *Ménam-ouang*, dont la vallée offre une voie commode pour rejoindre le Mé-Kong, le fleuve s'élargit, devient profond et ne cesse pas d'être rapide; à Kampheng-Pet, ses rives forment des bandes de terrains plates, couvertes de hautes herbes ou de forêts épaisses. La navigation à vapeur commence à Pak-Nam, où la *Ménam-Phé*, (500 kilom.), la branche secondaire de gauche, vient s'unir au Mé-Ping. — A Xai-Nat, la Mé-Nam, ainsi constituée, se divise en plusieurs bras très sinueux qui forment d'immenses îles; l'un de ces bras, la *Talching* ou rivière de *Souphambouri*, est reliée au bras principal par plusieurs canaux. A Ajuthia, la Mé-Nam reçoit encore à gauche le *Nam-Sak* ou rivière de *Sara-Bouri*. — Entre Pak-Nam et Bang-Kok, le fleuve arrose une basse plaine d'alluvion, très peuplée, couverte de temples et de pagodes; entre les villages les rives sont bordées de forêts de tek et de fourrés de bambou; plus loin sont les champs de riz et les cultures. La Mé-Nam inonde ses rives tous les ans de juin en novembre, et fertilise à la façon du Nil son opulente vallée; mais les dépôts de sable qu'elle amoncelle à son embouchure gênent la navigation; la barre ne peut être franchie par les grands paquebots qui mouillent au large, mais des vapeurs moyens remontent jusqu'à Pak-Nam et à Bang-Kok.

« Des milliers d'embarcations aux formes élégantes, depuis les barques royales à cent rameurs et aux proues rehaussées de sculptures dorées et mythologiques, jusqu'au sampan de l'austère talapoin, montent et redescendent sans cesse. Des jonques chinoises aux proues originales, y trouvent un sûr abri contre les fureurs de l'Océan. Elles viennent chaque année, chargées des marchandises et des émigrants du Céleste Empire, et, quelquefois aussi, elles cachent, sous des dehors trompeurs, et grâce à l'incurie d'une police sans scrupule, les brigands dangereux qui abandonnent le fleuve pour écumer le golfe et y exercer le vol et la piraterie.

» Les singes se jouent dans les arbres du rivage et les pigeons verts s'y nourrissent de baies de peuplier à fleurs jaunes. Les marabouts, à l'air grave et à la tête chauve comme un vieillard, les pélicans gris viennent se percher sur les branches mortes. Tandis que l'aigrette et le héron y chassent patiemment sur les rives les crabes d'eau douce et les mollusques, on voit les loutres et les varans prendre la fuite en glissant sur le limon au moindre bruit de rame. Parfois aussi on aperçoit la crête dentelée d'un énorme crocodile dormant au soleil en ouvrant sa redoutable mâchoire; d'autres fois, se laissant aller au gré de l'eau, il semble faire le mort ; on le prendrait pour le tronc desséché d'un cocotier que la tempête a déraciné, si, subitement réveillé, il ne faisait un bruit terrible avant de disparaître.

» Le tableau s'anime encore à la vue de petits Siamois des deux sexes nageant comme des poissons, faisant mille pirouettes, disparaissant et reparaissant tour à tour, toujours infatigables. Pendant qu'ils prennent leurs ébats aquatiques, les talapoins font devant les pagodes de fréquentes ablutions, et les Siamois, au seuil de leurs demeures, se donnent des douches matinales en puisant l'eau dans des khan de cuivre jaune. » (Similien CHEVILLARD, *Siam et les Siamois,* p. 5.)

Littoral. — Sauf à l'embouchure des rivières, et des terres avoisinantes, le littoral du royaume est presque partout bordé de collines ou de montagnes isolées, que recouvrent des forêts. Le golfe de Siam s'enfonce vers le nord entre le Tenasserim et le Cambodge jusqu'à la bouche de la Mé-nam ; il est formé d'îles nombreuses situées pour la plupart non loin des côtes, et qui sont comme les dernières crêtes visibles des chaînes de l'intérieur. Telles sont les îles *Koh-Mon, Koh-Tchang, Koh-Kout ;* et celles qui appartiennent à la France, au large du Cambodge : *Koh-Tang, Poulo-Way, Poulo-Panjang,* etc.

« Leur élévation est plus ou moins grande, mais leur aspect est toujours
» à peu près le même ; riche bouquet de verdure couronnant des falaises
» à pic, formées par des amas de rocs énormes et coupées de petites
» plages de sable. Aucune d'elles n'est habitée. Mais, pendant la mousson
» du nord-est, de nombreuses barques de pêche viennent prendre les tor-
» tues, les holothuries, les grands poissons qu'on y trouve en abondance.
» Les cours d'eau, les bois d'œuvre, les arbres de haute futaie y attirent
» les jonques de mer, et l'on trouve à chaque pas des traces du passage
» récent des marins siamois, annamites ou chinois. » (P. CAMPION, *Revue maritime et coloniale,* 1886.)

Climat. — Le dessin général du relief étant le même à Siam qu'en Birmanie, le climat des deux pays est à peu près le même. La mousson du nord-ouest, de mai à novembre, amène avec elle des nuages et des pluies torrentielles ; — de là les crues régulières de la Mé-Nam, le Nil de Bang-Kok ; c'est la saison du *na-phon,* des labourages et des semailles. — La mousson du nord-est, de novembre à mai, ramène la sécheresse ; c'est l'époque du *na-leng,* ou hivernage qu'on subdivise en saison froide, *na-nao,* et saison chaude, *na-ron.* — Pendant le na-nao le thermomètre descend la nuit à + 12° et remonte le jour à + 30°. « Les Siamois, peu habitués au froid,
» tremblent, font claquer leurs dents noircies par le bétel, se drapent dans
» des *pha-phuë* et allument dans les cours et sur les rivages de grands feux
» autour desquels ils s'accroupissent comme des Bohémiens au bivouac. »
Pendant la saison des pluies, le thermomètre à Bang-Kok monte de 27° à 35° centigrades. C'est surtout en avril et mai que la chaleur est intolérable.

II. — Géographie politique

Le royaume de Siam est une monarchie despotique, qui a emprunté aux gouvernements européens quelques-unes de leurs formes. Le roi, d'après une loi de 1875, exerce le pouvoir *législatif*, assisté d'un Conseil des ministres et d'un Conseil d'Etat suprême : le personnage qu'on désigne sous le nom de *second roi* paraît être le premier officier du palais. La royauté est héréditaire, mais le roi peut choisir pour héritier un autre fils que l'aîné avec l'approbation du conseil des ministres et des princes. Les provinces, au nombre de 41, sont gouvernées par des mandarins (*phaja*), assistés de lieutenants, sous-lieutenants et conseillers, nommés par le roi et à sa merci. Le Laos est divisé en principautés distinctes, vassales et tributaires du Siam (*Xien-Maï, Luboung, Lakhon, Pré, Nan, Muong-Lom*), comme celles des rajahs malais du sud, *Ligor, Quedah, Patani, Sougkhla, Kalantan, Tringanou*, qui sont encore soumis au royaume[1].

I. Provinces sujettes et villes principales[2].

Au centre : **Bang-Kok** (600 000 hab.), « le Village des Oliviers », capitale actuelle du royaume, ne date que de 1768. Son développement extraordi-

---

1. Les Portugais débarquèrent les premiers à Siam au seizième siècle, et leurs missionnaires tentèrent avant tous les autres d'évangéliser le peuple des Thaï. Les Français suivirent leur exemple au dix-septième siècle, et le P. Alexandre de Rhodes, qui a laissé une curieuse relation du Tong-King, décida la cour de Rome à envoyer dans l'Indo-Chine des missionnaires. Louis XIV leur donna son appui, et, en 1662, deux prélats s'installèrent dans la capitale du Siam, Ajuthia, et y fondèrent un séminaire. D'autres missionnaires y furent envoyés dans les années suivantes. Colbert ne pouvait laisser échapper cette occasion d'agrandir le prestige de la France, de flatter l'orgueil du roi, et d'étendre notre influence commerciale à l'Indo-Chine en favorisant la propagande catholique. Placer le royaume de Siam sous le protectorat de la France, supplanter la Hollande dans les mers de Chine, et y barrer la route aux convoitises de l'Angleterre, tel fut le plan conçu par lui et poursuivi par son fils, Seignelay.

Le premier ministre du roi de Siam alors régnant était un aventurier grec, du nom de Constance Phaulkon. Sur ses instances, des ambassades furent envoyées à Versailles avec de riches présents. Louis XIV répondit à ces avances par d'autres ambassadeurs, et par l'envoi de troupes qui devaient, avec la connivence du premier ministre, compléter la croisade religieuse par une conquête militaire. Mais les religieux ne s'entendirent pas entre eux ; les chefs de l'expédition se brouillèrent avec Constance, qui essayait de les tromper. Le ministre périt dans une conspiration de palais ; les religieux furent persécutés et emprisonnés ; les Français, bloqués dans Bang-Kok, capitulèrent, et ce projet de fondation d'un Etat vassal de la France dans l'Indo-Chine, échoua. — Nous avons raconté, dans une *Étude historique sur les relations de la France et du royaume de Siam de 1662 à 1703* (Paris, in-8°, Leroux), toutes les péripéties à la fois comiques et dramatiques de cette entreprise. Qu'on nous permette d'y renvoyer le lecteur.

Depuis cette époque lointaine, aucune nation n'a repris le projet du Grand Roi. Mais la vallée de la Mé-Nam, au dix-neuvième siècle, a souvent excité les convoitises des Européens. Les Anglais ont envoyé à Siam des ambassades nombreuses, et réussi à nouer des négociations commerciales, et à fonder des établissements industriels. Les Allemands s'y sont établis de même. La France, à plusieurs reprises, en 1856 avec M. de Montigny, en 1858 avec M. de Castelnau, en 1862 avec les mandarins siamois qui se rendirent à Paris, en 1872 avec M. Brossard de Corbigny, en 1882 avec M. de Chenclos, etc., entretient, elle aussi, de bonnes relations ; elle a signé des traités de commerce avantageux avec la cour de Bang-Kok. Le voisinage immédiat de l'Indo-Chine française rend cette amitié du gouvernement siamois de plus en plus précieuse et nécessaire à la France.

2. Les provinces et les chefs-lieux portent le même nom.

nairement rapide s'explique par l'activité de son commerce et l'excellence de sa position maritime et fluviale. Située sur les deux rives de la Mé-Nam, à 30 kilomètres du golfe de Siam, entrecoupée de canaux que sillonnent les barques et sur lesquels des radeaux de bambous portent des rangées de boutiques flottantes, la ville forme une île de 14 kilomètres de circonférence ; elle est entourée de murailles crénelées et flanquées de tours. Presque tout le commerce du royaume se fait par le port de Bang-Kok. (Voy. plus bas, *Géographie économique*.) « Derrière un coude du Mé-Nam,
» la ville de Bang-Kok apparaît tout entière ! Je ne crois pas qu'il y ait au
» monde un spectacle plus grandiose et plus saisissant ! Sur un espace de
» plus de huit milles, la Venise de l'Asie étale toutes ses merveilles. La
» rivière est large et majestueuse ; plus de 60 gros navires y dorment sur
» leurs ancres ; les rives sont formées par des rangées de plusieurs milliers
» de maisons flottantes, dont les toits aux formes bizarres s'alignent régu-
» lièrement, et dont les habitants aux vêtements de couleurs voyantes
» apparaissent à fleur d'eau. Sur la terre ferme qui domine cette première
» ville d'amphibies, la cité royale s'étend avec ses murailles crénelées aux
» tours blanches ; des centaines de pagodes élèvent vers le ciel leurs
» flèches dorées, leurs dômes multiples tout émaillés de faïences et de cris-
» taux resplendissants, leurs dentelures vernissées et sculptées à jour.
» C'est un horizon tout entier, à droite et à gauche, de toits en miroiterie,
» à cinq et six étages, de clochers de maçonnerie gigantesque dont le revê-
» tement scintillant éblouit les yeux, d'aiguilles audacieuses hautes de 150
» ou 200 pieds, qui indiquent les palais du roi, palais reflétant tous les
» rayons du soleil comme un prisme immense ! Il nous semble que nous
» avons devant nous un panorama de cathédrales de porcelaine ! » (DE BEAUVOIR, *Java, Siam*, p. 257.)

Au sud : Les avant-ports de Bang-Kok sont **Pak-Lam** et **Pak-Nam**, où se trouve la douane. Tous les deux sont défendues par des citadelles lézardées d'origine hollandaise ; Pak-Nam, que Mouhot appelait le Cronstadt ou le Sébastopol du roi de Siam, est muni de centaines de gros canons qui gisent au milieu des racines et des ronces ; « les serpents et les chauves-
» souris font leur retraite dans l'âme de ces engins de destruction. » (L'abbé CHEVILLARD, p. 3.) — **Tachin** et **Méklong** (10 000 hab.) sont des ports à l'ouest du delta, peuplés de pêcheurs, de sauniers, de maraîchers, de marchands chinois.

Au nord, sur le Mé-Klong, **Radjabouri**, (*Ratbouri, Rapri* ou *Prapri*), chef-lieu de province, protégé par un fort et une citadelle, est au pied de collines riches en minerais d'étain, peu exploités à cause des tigres qui infestent les forêts dont ces collines sont revêtues. Toute la région, très montueuse, est d'une grande fertilité. On en tire en abondance le *safran* ou bois de teinture pour la couleur rouge. — Au sud du Mé-Klong, **Pe-tcha-bouri** ou *Pipri*, à 90 kilomètres du golfe, est bâti au pied de collines de 5 à 600 mètres, qui séparent le Siam du Tenasserim : c'est une ville tout européenne par ses formes ; un mandarin l'a fait construire sur les plans apportés d'Angleterre : ouvriers et bourgeois habitent des cottages, et sur un coteau voisin de la ville s'élève un palais qui est une copie de Windsor.

A l'est de Bang-Kok, **Petriou** (10 000 hab.) est un centre de plantations de cannes à sucre ; **Bang-Plasoï** (6 500 hab.) et **Chantabouri** (Chantaboum) (6 000 hab.) sont des ports de pêche très animés ; Chantabouri est un port excellent pour l'exportation en Chine des bois, des graines, du sucre, du poivre, des pierres précieuses.

Au nord de Bang-Kok : l'ancienne capitale, **Siam** ou **Ajuthia** (*Si Ayo Thaya*), florissante de 1350 à 1767, et détruite alors par les Birmans, est reliée à Bang-Kok par une suite non interrompue de villages et de plantations. La ville moderne, **Kroung-Kao**, est peuplée de 50 000 habitants, elle se prolonge sur le fleuve ses maisons flottantes ; elle est le rendez-vous des marchands du Laos, des pèlerins qui se rendent à Patavi ; les jungles du voisinage sont remplies d'éléphants sauvages, et le principal terrain de chasse du roi. La vieille ville n'est plus qu'un immense carré de décombres, où gisent des débris de temples et de pyramides, des fragments de statues. M. Pallegoix affirme que les ruines d'Ajuthia recèlent d'inépuisables trésors, et qu'on y fouille toujours avec succès.

Nakhon-Saouan (12 000 hab.), « la cité du Ciel », sur les deux rives de la Mé-Nam, est une très ancienne ville ruinée ; la ville est surtout célèbre par son monastère bouddhique ; *Pitsalok* (5000 hab.) est une ancienne capitale déchue.

A l'orient : *Lophabouri ;* **Battambang** ou *Battabang*, sur une rivière qui va se perdre dans le grand lac Tonlé, est entouré de belles ruines de palais et de temples bouddhiques.

II. États tributaires.

1° **États du Laos et capitales.** — **Xieng-Maï** (50 000 hab.), « Ville neuve », cité très active et commerçante, sur la rive droite du Mé-Ping, au centre d'une plaine féconde, sur les routes qui mènent à Maulmein et au Yun-nan ; — **Lakhon** (25 000 hab.), sur la même rivière, a des chantiers de constructions navales ; **Muang-Pré** et **Muang-Nam** sont les chefs-lieux de provinces très riches en forêts.

Dans le bassin du Mé-Kong, **Xien-sen** et **Xien-Haï**, au sud de la frontière birmane, dans la vallée du Mé-Kong, étaient en 1867 des villages ruinés et dépeuplés ; en 1880, le docteur Neïs les a revus florissants, avec des marchés fréquentés et des fortifications imposantes : *Xien-Kong* est plus délabré. — La vraie capitale du Laos siamois est **Louang-Prabang** (15 000 hab.), en aval du grand coude du Mékong, à l'embouchure du Nam-Kan, large, rapide, coupé de cataractes, encaissé entre des montagnes couvertes de forêts de tek ; la ville s'étend sur 10 kilomètres de longueur, les marchés sont très animés ; Chinois et Birmans s'y disputent les affaires ; la population mêlée se compose de Laotiens, de sauvages Khmous, de Siamois, de Birmans et de Chinois immigrés, pour lesquels ce territoire, qui jouit d'une indépendance relative, est un lieu d'asile et de refuge. « Vu
» du fleuve ou même de la petite colline qui est au centre de la ville,
» Louang-Prabang paraît un séjour enchanteur ; les maisons et les nom-
» breuses pagodes aux toits pointus et dorés apparaissent au milieu d'une
» véritable forêt de cocotiers et d'aréquiers ; mais, quand on débarque pendant
» la saison des pluies, on enfonce jusqu'à mi-jambe dans une boue noirâtre
» et infecte. L'enceinte des fortifications a bien pu contenir les 50 000 ha-
» bitants que lui donne M. Pallegoix, vers 1830 ; mais depuis huit années la
» partie la plus voisine du confluent du Nam-Kan est seule habitée ; le reste
» retourne à l'état de forêt, au milieu de laquelle on rencontre quelques
» pagodes en ruine ou de vastes marécages dans lesquels on cultive les
» macres. » (Docteur Paul Neïs, *Tour du Monde*, 1885, 2° sem., p. 37.)

Xieng-Kang est un point stratégique et commercial entre Bang-Kok et le haut Mé-Kong ; — *Nong-Kaï* est un grand entrepôt de marchandises anglaises et chinoises.

Plus bas sur le Mé-Kong, se succèdent *Pon-Pissay*, village de tisseurs de soie, *Ban-Mouk*, *Kemarat*, *Pakmoun*, près du confluent du Sémoun, non loin des plus redoutables rapides du Mé-Kong, situé au milieu de ruines et de terrains riches, au débouché d'une route vers Bang-Kok. — **Korat** est une étape intermédiaire entre Bang-Kok et le Mé-Kong; **Bassac**, *Khong*, *Stoung-Treng* sont les dernières places de commerce siamoises avant d'atteindre la frontière cambodgienne. Non loin de Stoung-Treng sont d'autres rapides redoutables; *Attopeu*, village situé dans la région des populations Khas, au bord du plateau qui s'étend entre le Mé-Kong et son affluent le Sé-Kong, et qui est recouvert de splendides forêts[1].

2° Etats Malais. — A 600 kilomètres de Bang-Kok, sur la côte orientale du golfe de Siam, la principauté vassale de *Ligor* (50 000 hab.), a pour chef-lieu **Ligor**, situé dans une plaine boisée sur une rivière navigable à son embouchure. « C'est à Ligor, écrit M. Pallegoix, qu'on voit
» des arbres gigantesques tout droit et n'ayant de branches qu'à la hauteur
» de 100 pieds. A chaque instant, il faut passer un ruisseau, un lac, une
» rivière; car, en général, le pays est plat et marécageux. Les rivières et les
» petits lacs sont infestés de crocodiles. Les principales productions sont le
» riz, l'étain, l'or, le poivre, les rotins, des bois de teinture, l'ivoire, etc. Les
» galères à rames de Ligor sont élégantes et bien équipées, les voiles étant
» faites de toile blanche et non pas de joncs tressés comme les voiles des
» barques malaises. Les orfèvres ligoriens ont une industrie qui leur est
» particulière; elle consiste à incruster de feuilles d'or des vases d'argent, en
» formant sur un fond noir des dessins fort agréables à l'œil. » En face de la côte de Ligor, jusqu'au port de *Singora*, s'étend la grande île siamoise de *Tantalam* ou *Ko-Yaï*, séparée de la terre par une étroite lagune, tantôt douce et tantôt salée, suivant la mousson, et semée d'îles où l'on recueille en masse les nids de salanganes. — Plus au sud, **Patani**, chef-lieu de l'État de ce nom, peuplé de 50 à 100 000 habitants, à l'embouchure de la Patani, est un entrepôt du commerce entre Singapour, Bang-Kok, les États siamois et malais. — **Kalantan**, chef-lieu de l'État du même nom, peuplé de 50 000 hab., exporte, comme **Tringanou**, l'or, l'étain, le poivre. — Sur la côte occidentale de la Malaisie, Siam exerce sa suzeraineté sur **Kedah** ou *Queddah* (*Mouang-Saï*), pays très boisé, couvert de montagnes granitiques, sillonné de nombreuses rivières, riche en étain et en or; le chef-lieu, *Kedah*, est un port situé à 190 kilomètres au nord de Pinang.

III. — Notions économiques et statistiques

Superficie. 760 000 kil. c. — **Population.** On l'évalue de 5 à 15 millions (Reclus dit 5 750 000; l'almanach de Gotha, 5 500 000 à 8 millions).
Races. — *Siamois*, 3 300 000; *Malais*, 1 000 000; *Laotiens*, 1 300 000; *Cambodgiens*, 1 000 000; *Pégouans*, *Hawks*, 250 000; *Karings*, *Xongs*, *Lows*, 150 000; *Chinois*, 3 millions. — Les Siamois ne forment donc chez eux qu'un tiers de la population totale; ils sont à peine plus nombreux que les Chinois, dont la race absorbante se propage partout avec une lenteur continue et irrésistible.

---

[1]. Voy. le voyage d'exploration du D' Harmand. (*Tour du Monde*, 1879-80.) Voy. plus bas, dans le chap. de l'*Indo-Chine française*, la description du Mé-Kong.

Les Chinois à Siam.

« Les Chinois ont tout envahi à Siam; ils y exercent les métiers les plus divers; ils sont partout; on ne voit qu'eux, on les entend en tous lieux se disputer, se battre; ils mendient, ils marchent escortés d'une armée de serviteurs en véritables mandarins; les uns meurent de faim, les autres nagent dans l'opulence; ceux-ci sont respectés et choyés; ceux-là sont honnis, maudits, battus; ils occupent tous les degrés de l'échelle sociale, depuis le voleur jusqu'au millionnaire. Les commerçants chinois ont accaparé presque tout le commerce de Siam; ils battent complètement les Anglais dont ils sont les plus redoutables adversaires; les quatre cinquièmes des bateaux qui entrent dans le port de Bang-Kok sont des voiliers ou des jonques chinoises. Ils exportent le riz pour Hong-Kong, Shang-Haï et les ports de la Chine; ils exploitent les forêts de bois de tek; ils ont établi des minoteries pour décortiquer le riz; ils exercent les grandes et les petites industries et ils ont, en fait, enlevé aux Anglais la suprématie commerciale dans ce pays. Les coolies chinois servent à charger et décharger les navires, à transporter le charbon, le bois de tek; presque toute la main-d'œuvre est fournie par eux. Les Siamois vont jusqu'à confier aux fils de l'Empire du Soleil la ferme de leurs revenus. Mais il est vrai de dire que les Chinois sont bien plus aptes qu'eux à mettre en valeur les monopoles de l'Etat siamois, et c'est, en outre, un souci de moins pour les hommes d'Etat de ce pays que de confier la rentrée des impôts à des fermiers généraux qui, bon an mal an, achètent leurs charges le plus possible et en tirent autant de profit qu'ils peuvent. Les Siamois ne s'inquiètent pas de la manière dont sont perçues certaines taxes; pourvu que les fermiers versent au trésor les sommes qu'ils lui ont assurées, tout est pour le mieux dans le meilleur des mondes. D'ailleurs, certains fermiers chinois sont probes; mais, en acquérant des monopoles semblables à la ferme des jeux et des autres impôts qui ne sont pas du ressort direct du gouvernement, ils sont tentés d'en arriver peu à peu à commettre des abus; leur désir est naturellement d'opprimer les indigènes, afin de retirer de leurs charges le plus de bénéfices qu'ils peuvent.

» En achetant de pareils monopoles, ils ne sont plus des

étrangers à Siam, mais ils font en quelque sorte partie du gouvernement. Les pouvoirs publics sont forcés de les aider dans l'accomplissement de leurs exactions : telle est la cause de nombreux mécontentements : cette intervention de la force siamoise indispose parfois contre le gouvernement le bon peuple, victime des mauvais traitements des fermiers. Le gouvernement siamois ne peut qu'amoindrir son prestige et diminuer son influence en obligeant les fonctionnaires officiels à servir de témoins et d'aides à l'insatiable cupidité de ces oppresseurs. En outre, il advient que les employés de l'Etat, étant peu payés, se laissent facilement corrompre, et s'entendent parfois avec les Chinois pour faire et pour partager des profits illicites.

» Les Siamois font payer aux Chinois une taxe triennale. Tous les trois ans, le gouvernement met en adjudication le droit de recouvrer cet impôt. Une fois ce monopole obtenu, le fermier établit dans tout le royaume des agents auxquels il délivre une autorisation spéciale ; ces agents ont une résidence désignée et tout un district à exploiter. Pendant un laps de temps déterminé, il est enjoint aux Chinois de se rendre de leur propre gré à ces agences et de payer 4 1/4 ticaux par tête (près de 8 francs). Cela fait, on leur attache une corde au poignet gauche, on y fait un nœud qu'on fixe solidement avec du *K'rang*, une gomme dure, et on y appose l'empreinte d'un sceau. Puis on leur délivre un certificat portant leur nom et leur signalement. Ces formalités accomplies, ces derniers peuvent vaquer à leurs affaires dans la localité où ils sont inscrits. A toute réquisition des autorités, ils montrent leurs poignets et leurs certificats. Quand ils se soumettent à cette loi, ils ne rencontrent jamais d'obstacles, et on ne leur suscite aucun ennui ; ils n'ont en dehors de cette taxe qu'à payer les droits établis sur les produits dont ils trafiquent, c'est-à-dire sur leurs arbres, s'ils sont propriétaires ; sur leurs champs, s'ils sont cultivateurs ; sur leurs poissons, s'ils sont pêcheurs ; sur leurs bureaux, leurs boutiques ou leurs barques, s'ils sont commerçants ; en un mot, sur toute chose qu'ils peuvent vendre, acheter, fabriquer ou faire servir à leur commerce. Après un certain délai, les délinquants peuvent être arrêtés, et on les force dans ce cas à payer une somme supplémentaire à titre d'amende. Les enfants et petits-enfants des Chinois qui habitent Siam, s'ils ne sont pas protégés français ou anglais, sont considérés par les lois du royaume comme des Siamois... Nombre de Chinois ne payent pas la taxe triennale, et, perdus dans cette grande population, échappent à ce recensement. On peut prévoir déjà le moment où, devenus les plus nombreux, ils s'arrogeront le droit de traverser le royaume et d'y circuler sans demander de passeports, et sans s'inquiéter de la capitation qu'ils ont à payer. » (Gaston ROUTIER, *Revue française de l'étranger et des colonies*, février 1889.)

Productions. — La vallée de la Mé-Nam, fécondée par les alluvions du fleuve, est seule cultivée avec quelque méthode sur un cinquième environ du territoire. La principale production est le riz. « Les crues du Mé-Nam,
» le Nil de cette Egypte asiatique, fécondent chaque année d'un limon répa-
» rateur, cette éternelle vallée de rizières qui fournissent déjà par an, en
» dehors de l'approvisionnement de tout le royaume, une exportation d'en-
» viron 500 navires de gros tonnage ; mais les Siamois, heureux de leur
» paisible aisance, ne tirent pas de leur sol le dixième du produit qu'ils
» pourraient en recueillir. Il y a des mandarins et des esclaves, mais il
» n'y a pas de commerçants ; il a des paysans maraîchers, fournissant les
» marchés de la bourgade ou de la ville la plus proche, mais il n'y a pas
» d'agriculteurs. ... Pour deux ou trois sous de riz et un sou de poisson,
» un Siamois vit confortablement ; il résulte de là que le travail est pour
» eux illusoire sur cette terre, que la nature semble avoir créée d'autant
» plus productive que ses habitants consomment moins. » (DE BEAUVOIR.)

Les montagnes sont couvertes de forêts de teks ; elles sont exploitées par des entrepreneurs et industriels étrangers, chinois ou anglais; les billes longues de 10, 15 ou même 25 à 30 mètres, sont formées en radeaux et descendent la Mé-Nam jusqu'à Bang-Kok ; dans les chantiers et les scieries à vapeur installées par des maisons anglaises, on les équarrit, scie, et prépare pour les constructions navales. Des mines d'**or**, situées entre Bang-Kok et le Cambodge, notamment celles du *Tuctio*, à 15 lieues au nord-ouest d'Angkor ; des gisements d'**étain**, de **cuivre**, de **fer**, de **plomb**, dans les collines du sud et de l'ouest, exploitées par des compagnies chinoises, servent à l'entretien du trésor royal.

L'industrie est stationnaire depuis des siècles ; elle se borne au tissage d'étoffes de soie et de coton, au travail des métaux, à la fabrication des meubles incrustés.

Le commerce est entre les mains des Chinois et des Européens. La marine marchande de Siam compte 39 voiliers jaugeant 15 000 tonnes, et 3 petits vapeurs de 1 000 tonnes, sans parler des barques de dimensions variées qui sont de construction indigène.

Importations (1890), 2 631 000 livres sterling. — **Exportations**, 3 210 000 livres sterling. — Les **importations** suivent un double courant : l'un vient d'Europe par Singapour, l'autre de Chine par Hong-Kong. La Chine envoie des *soieries*, de l'*orfèvrerie* et de l'*argenterie*, de l'or en feuilles, des *liqueurs spiritueuses*, des *poteries*, des *objets de quincaillerie vulgaires*, des *ustensiles*, des *vêtements*, des *papiers*, des *bâtonnets parfumés*, etc. L'Europe fournit des *armes de guerre*, des *fusils*, des *munitions*, des *tissus de coton*, des *huiles minérales* ; la France en particulier exporte à Siam de la joaillerie, des *articles de Paris*, des con-

serves et des *vins*. — Le principal article d'exportation est le *riz* (en 1890 : 2509000 liv. sterling dont une très grande partie dirigée sur la Chine); puis le *bois de tek*, coupé dans les forêts de l'Etat, et transporté à Bang-Kok par le fleuve (environ 200000 liv. sterling de pièces ou planches vendues sur le marché de Londres); le *poisson sec et salé*, 101000 liv. sterling; le *poivre*, 94000; le *bétail*, expédié à Singapour, 46000 liv. sterling; les *peaux*, 24600 liv. sterling[1].

En 1890, le port de **Bang-Kok** a vu passer 477 navires de 380000 tonnes à l'*entrée* et 477 navires de 384000 tonnes à la *sortie* : sous pavillon *britannique*, 631 navires et 516000 tonnes; sous pavillon *allemand*, 184 navires et 164000 tonnes; sous pavillon *siamois*, 102 navires et 51000 tonnes; sous pavillon **français**, 48 navires et 23000 tonnes; sous pavillon *scandinave*, 38 navires et 24000 tonnes; sous pavillon *italien*, 19 navires et 14000 tonnes, etc.

Voies de communication. — Les communications maritimes entre Bang-Kok et Singapour sont faites par des vapeurs anglais et allemands, partant à des dates irrégulières. Une autre compagnie anglaise a cinq autres vapeurs qui font les services de Hong-Kong. Il n'y a pas encore de service organisé entre Bang-Kok et Saïgon[2]. (DE KERGARADEC, *Bull. cons.*, 1887.)

Des chemins de fer sont en construction ou projetés : de *Bang-Kok à Xieng-Maï* avec embranchements de *Sarabouri à Korat*; de *Outtaradit à Tha-Doua*; de *Xieng-Maï à Kiang-Sen*; ligne de *Chantabouri à Battambang*.

Postes. — Toutes les villes importantes sont desservies et rattachées à Bang-Kok. Le mouvement des soixante-quinze bureaux (en 1887) s'est élevé à 300000 expéditions environ. — **Télégraphes.** Bang-Kok est relié à Maulmein par Raheng et Tavoy ; à Saïgon par Battambang; à Xieng-Maï; à Chantabouri. Des lignes se construisent pour rattacher la capitale à la péninsule malaise et à Singapour.

Religion. — Le culte dominant est le bouddhisme.

Armée. — Le roi dispose de douze mille hommes environ, exercés et commandés par des officiers européens. Le service ne dure que six mois, mais tous les hommes de plus de vingt et un ans peuvent être appelés. Depuis 1871, les instructeurs anglais ont remplacé les instructeurs français. Le roi a une garde particulière de six cents hommes à pied et de trois cents

---

1. *Bulletin consulaire.*
2. En 1887, le roi de Siam a accordé la concession d'une ligne de tramway dans toute la longueur de la grande avenue qui traverse la ville de Bang-Kok, du nord au sud, sur une étendue de six milles. D'autres concessions pour l'établissement et l'exploitation de voies ferrées ont été accordées de Bang-Kok à Paknam, et de Bang-Kok à Bangmai. Ces lignes traversent des terres fertiles bien cultivées et très peuplées, champs de riz, plantations d'attap, jardins. — Des capitalistes anglais sollicitent la construction de voies ferrées qui de Bang-Kok à Lakon, et de Lakon à Zimmil. sur une longueur de 600 kilomètres, mettraient entre les mains des concessionnaires tout le commerce du royaume. (*Revue française*, 1888.)

à cheval. — **Flotte.** Elle se compose de deux chaloupes à hélices de 320 et 800 tonnes, portant dix-huit canons, et de six canonnières avec vingt-trois canons.

Finances. — Les recettes du trésor royal s'élèvent à environ 29 millions de francs. Mais une partie des impôts reste aux mains des fonctionnaires qui se paient de leurs mains. Les sujets sont taillables et corvéables à merci. Les Chinois paient par tête une faible redevance triennale de 4 ticaux (13 francs).

Poids et mesures. — L'unité de *poids* est basée sur l'unité monétaire, le *tical*, qui pèse 15 grammes ; le *hap* ou *picul* = 60^{Kgr},500.
Longueur : *Nui*, pouce = 0^m,020 ; le *kup*, pied = 12 nuis ou 0^m,243 ; le *sawk*, 2 kups ou 0^m,487 ; le *wah*, aune = 4 sawks ou 1^m,948 ; le *sen*, 20 wahs ou 38^m,968 ; le *yot* = 400 sens ou 15587 mètres.
Pour les solides, le *yok* = 10 anciens pieds cubes de France.
Pour les capacités, le *tanan* = 0^l,65 ; le *tang* = 20 tanans ou 12^l,71 le *sat* = 25 tang ou 317^l,75 ; le *koyar* = 80 sats ou 25420 litres.
Pour les riz, sésames, peaux, et autres matières d'exportation, le commerce emploie le picul = 60 ^{Kgr}, 112.

Monnaies. — *Argent* : tical à 15 grammes : 3^{fr},25 ; — *salung* = 0^{fr},81 ; *fuang* : 0^{fr},40. — *Cuivre* : pie = 32° de tical ou 0^{fr},10. — *Etain* : demi-pie ou 0^{fr},05.
En 1887, le gouvernement siamois a fait frapper en Europe des monnaies de bronze, valant : le *pie* = 32° du tical ; l'*att* = 64° ; le *demi-att* = 128°.
Pour les fortes sommes, on a les monnaies de compte suivantes : 1 *tamlung* = 4 ticals = 13 fr. — 1 *chang* = 20 tamlung = 260 fr. — 1 *hap* ou *pical* = 50 changs = 13000 fr. — 1 *tara* = 100 picals = 1 300 000 fr.
Depuis le règne de Mongkhout (1851-68) on a frappé des pièces de monnaie en disques, portant d'un côté le sceau royal, de l'autre l'éléphant emblématique du royaume de Siam.

2° EXTRAITS ET ANALYSES

Les obsèques d'un roi à Siam

« A Siam la mort du roi est un deuil public, et, quelque prospère ou désastreux qu'ait été son règne, le roi défunt est toujours un grand, je ne dis pas assez, un saint personnage. Le plus longtemps possible on laisse ignorer au peuple la perte qu'il vient de faire, et ce n'est que lorsque toutes les mesures sont prises pour assurer au successeur légitime son avènement au trône, qu'il est permis de publier la fatale nouvelle. La mesure est sage et par ce moyen on évite bien des intrigues et peut-être des révolutions.

» Dès que l'on connaît officiellement la mort du roi, le deuil est de rigueur. Il consiste à se raser la tête. Les femmes doivent le faire aussi bien que les hommes. C'était du moins l'ancienne coutume. Depuis, le roi actuel ayant permis de remplacer l'espèce de brosse que portaient les Siamois par une chevelure complète, j'ignore ce qui se passera lors de sa mort et si son successeur ne reviendra pas aux antiques traditions.

» Quand la mort est bien constatée, on momifie le roi jusqu'à dessiccation complète et on lui place sur le visage un masque d'or. Il est transporté ensuite au *mahâ-prasatr* ou pagode des ancêtres royaux. Là on le place, accroupi, les mains jointes, dans une urne colossale d'or massif, richement ciselée, d'une forme élégante et ornée d'une infinité de pierres précieuses, parmi lesquelles il y en a dix qui, selon les rites, symbolisent les dix attributs de Bouddha. Devant l'urne, on dépose la couronne, le sceptre, l'épée, la coquille du sacre, les cassettes précieuses et en général tous les objets de valeur dont Sa Majesté vivante avait coutume de se servir.

» Chaque jour, on apporte également sur des plateaux d'or la nourriture du roi, l'arek et le bétel. En un mot, l'on rend au roi défunt les mêmes services que de son vivant, et l'étiquette est observée de point en point dans les appartements royaux. Il doit en être ainsi jusqu'au jour où le feu aura complètement anéanti ce qui reste de Sa Majesté.

» Je fus un jour admis à visiter le *mahâ-prasatr*, pendant qu'on y conservait le roi Mongkhout, et demeurai surpris de voir rendre tant d'hommages à un mort. Le service du dîner royal fut sans contredit ce qui m'étonna le plus. Dans une salle voisine des talapoins priaient jour et nuit. Ils avaient devant eux de l'arek et de l'eau pour se distraire et boire de temps en temps. En nous voyant entrer, ils se voilèrent le visage de leurs talapats. Les femmes du harem mêlaient leurs sanglots plus ou moins sincères au rythme monotone des prières des bonzes.

» On conserve environ un an, quelquefois plus longtemps le corps du feu roi ; tout cet intervalle est employé à élever le palais de la crémation. Ce palais, tout de bambou, n'en est pas moins d'un pittoresque grandiose et mignard à la fois, qui défie toute description. Le plus souvent l'ensemble des constructions rappelle le mont Méru, le roi des monts qui, d'après les livres sacrés du bouddhisme, est entouré de sept rangées de montagnes, d'îles nombreuses et dont le pied repose sur une autre montagne à trois sommets, demeure des génies et des géants et nommée *Asura-phipob*. L'imagination des Siamois, vive et féconde comme celle de tous les Orientaux en général, a beau champ pour se déployer à son aise et créer ces décorations fantastiques, innombrables, auprès desquelles pâlissent celles de nos plus belles fêtes d'Europe. Les flancs du Méru sont ornés de kiosques charmants, vrais bijoux d'architecture d'opéra ; des forêts en miniature cachent sous leurs ombrages de papier peint des fleurs ravissantes, des monstres aux formes bizarres, des griffons fabuleux, des géants, des thevada, et tout l'Olympe siamois.

» Des milliers d'hommes, pendant un an, découpent, collent, confectionnent avec l'or, l'argent, le clinquant, les papiers peints, toutes ces merveilles, sous les ordres d'architectes et d'artistes d'un grand talent. Dans les décorations intérieures brille ce luxe oriental qui nous est inconnu, où l'or repoussé au marteau, où les pierreries vraies et le brocart rivalisent de splendeur et d'éclat. Rien n'égale la richesse immense du dôme destiné à abriter le bûcher. D'autres esclaves, ceux des provinces, sont envoyés dans les forêts les plus profondes pour y abattre les arbres les plus beaux.

» Nous disions bien : la mort du roi est un deuil pour le peuple, car les corvées vont l'accabler. Que de pauvres femmes porteront, en même temps que le deuil royal, celui d'un époux, d'un père, d'un enfant, morts de la fièvre des bois ! Que de moissons vont languir ou dessécher sur place faute de bras assez forts pour les recueillir ! Et les malheureux que l'on fait travailler de la sorte, qu'ont-ils pour les nourrir et leur donner des forces ? Un peu de riz noir, quelques gousses de piment, et, si cela ne suffit pas, le rotin et les fers viendront en aide aux gouverneurs. Ceux-ci, en effet, rivalisent de zèle brutal. Que leur fait le nombre des victimes ? Ce n'est pas petite besogne, dans un pays dénué de voies de communication, de pénétrer dans les forêts vierges, de choisir les géants, de les abattre, de les équarrir et enfin de les amener à la résidence du gouverneur. Mais qu'importe, ne doit-il pas profiter de la circonstance ? S'il a l'ordre de faire abattre dix arbres, il en fera couper vingt, trente, le bon peuple n'en saura rien, lui, il gardera le surplus.

» Qu'on juge des difficultés de transport par la longueur de 75 mètres que j'ai moi-même mesurée sur un tronc d'arbre abattu. Or, comme il était facile de le constater, ces 75 mètres donnaient seulement la hauteur du géant à la naissance des branches. C'est sur une grande place, à gauche du palais du premier roi, que l'on bâtit toutes ces merveilles, dont nous avons donné la description sommaire. Tout autour du monument principal destiné à la crémation du roi Mongkhout, le roi actuel, voulant faire dignement les choses, avait fait construire des restaurants et des cafés. Les restaurants étaient pour l'usage des mandarins qui devaient venir des provinces les plus éloignées rendre un suprême hommage au feu roi. Tous se rendirent à Bangkok pour remplir ce devoir. Seuls les rois du Laos et de Xieng-Mai n'y vinrent pas, mais ils envoyèrent des représentants chargés de présents magnifiques. Les cafés étaient destinés aux résidents européens, consuls et négociants. On y servait gratis toute consommation à la convenance de chacun. Le champagne coula à flots pressés. De véritables cerbères gardaient l'entrée de ces cafés pour enlever aux faux Européens la tentation de faire aux frais de la couronne de trop copieuses libations. Des tentes avaient été dressées pour abriter les talapoins, afin de les encourager à venir en grand nombre réciter les prières prescrites par les rites pendant la semaine précédant la crémation.

» Quand est venu le moment solennel, on fait une grande procession dans laquelle on promène l'urne du roi mort. Pendant toute la semaine le peuple se livre aux jeux publics. Les éléphants royaux, richement caparaçonnés, sont de la partie et circulent majestueusement au milieu de la foule. Avez-vous vu quelquefois les enfants, à la sortie d'un mariage riche, se précipiter à la porte d'une église pour essayer de recueillir un misérable sou parmi ceux qu'on leur jette? La même chose a lieu quand le nouveau roi, monté sur un éléphant, traverse les rangs de son peuple, jetant à droite et à gauche des limons et des citrons, dans lesquels sont enfermés, non des billets de loterie, mais des bons à valoir sur le trésor, et représentant soit une valeur réelle en argent monnayé, soit une barque, une maison, une terre, etc. L'heureux mortel qui peut, dans la foule houleuse et pressée, ramasser un de ces fruits, l'ouvre et présente son billet au trésorier du palais, qui lui donne, séance tenante, la valeur numérique fixée ou l'objet indiqué. Malheureusement l'empressement est tel et la foule si compacte que ce jeu royal n'est pas sans donner lieu à de regrettables accidents. Pour ne pas exposer les Européens, dont la dignité d'ailleurs ne permettrait pas cette promiscuité, le roi, par gracieuseté, leur donne de la main à la main de jolis cadeaux d'un grand prix. Ce sont d'ordinaire : des buffles, des éléphants, des animaux monstrueux d'or massif de la grosseur d'un moyen jouet d'enfant. Si Sa Majesté ne rencontre pas sur son passage les personnes qu'elle veut honorer, elle fait porter chez elles ces présents. Elle agit ainsi envers les consuls et les négociants notables de la place.

» Chaque soir on tire des feux d'artifices d'une merveilleuse beauté. Les Siamois emploient, pour les fabriquer, les Chinois, qui sont les premiers artificiers du monde. Les badauds passent les nuits à admirer les acteurs jouant sur de nombreux théâtres dressés à l'occasion de cette fête. Enfin, le dernier jour a lieu la crémation proprement dite. Le roi régnant a seul le droit de mettre le feu au bûcher tout de bois précieux et parfumés. Il se sert d'un feu allumé par la foudre et religieusement entretenu à cet effet. Les cendres du roi sont ensuite transportées avec pompe dans le mahâ-prasatr, le Saint-Denis des rois de Siam, si je puis m'exprimer ainsi. Là l'on ne voit pas de mausolées funéraires, de tombeaux de marbre, comme dans l'antique basilique. Avec la cendre des rois et un peu d'argile, les Siamois ont pétri les statues de leur roi. » (L'abbé Similien CHEVILLARD, *Siam et les Siamois*, chap. XIX, in-18; Paris, Plon, 1889.)

Les Stiengs.

« Depuis près de trois mois je me trouve au milieu des sauvages Stiengs, au sein des bois et des bêtes sauvages de toutes espèces, et nous vivons presque comme dans une place de guerre assiégée. A chaque instant nous craignons une attaque de l'ennemi ; nos fusils sont constamment chargés ; mais beaucoup pénètrent dans la place en rampant sous les herbes et arrivent ainsi jusque sous nos couvertures. Ces forêts sont infestées d'éléphants, de buffles, de rhinocéros, de tigres et de sangliers ; la terre autour des mares est couverte de leurs traces ; on ne peut s'avancer de quelques pas dans la profondeur des bois sans les entendre ; cependant, généralement, ils fuient tous à l'approche de l'homme, et, pour les tirer, il faut les attendre à l'affût, posté sur un arbre ou dans une hutte de feuillage, auprès des endroits où d'habitude ils viennent s'abreuver. Les scorpions, les centipèdes, et surtout les serpents sont les ennemis que nous redoutons le plus et contre lesquels il faut prendre le plus de précautions, de même que d'autre part les moustiques et les sangsues sont les plus incommodes et les plus acharnés. Pendant la saison des pluies notamment on ne peut être trop sur ses gardes ; autrement, en se couchant comme en se levant, on risquerait de mettre le pied ou la main sur quelque serpent venimeux des plus dangereux. J'en ai tué plusieurs dans la maison, soit d'un coup de fusil, soit d'un coup de hache. En écrivant ces lignes je suis obligé de faire le guet, car je m'attends à en voir reparaître un sur lequel j'ai marché ce soir, qui s'est enfui sans me mordre. De temps en temps je m'interromps aussi pour écouter le rugissement d'un tigre qui rôde autour de notre demeure, guettant les porcs à travers leur clôture de planches et de bambous, tandis que d'un autre côté j'entends le bruit d'un rhinocéros brisant les bambous qui s'opposent à son passage, pour venir dévorer les ronces qui entourent notre jardin.

» Les sauvages Stiengs qui habitent ce pays sortent probablement de la même souche que les tribus des plateaux et des montagnes qui séparent les royaumes de Siam et de Cambodge de celui d'Annam. Ils forment autant de communautés qu'il y a de villages, et semblent être d'une race bien distincte de tous les peuples qui les entourent.

» Ces sauvages sont si attachés à leurs forêts et à leurs montagnes, que les quitter, pour eux, c'est presque mourir ; et ceux qui sont traînés en esclavage dans les pays voisins y languissent et tentent tous les moyens de s'enfuir, souvent avec succès.

» Le Stieng aime l'ombre et la profondeur des bois ; il vit pour ainsi dire avec les animaux sauvages ; il ne trace aucun sentier, et il trouve plus court et plus facile de passer sous les arbres et les branches que de les couper. Du reste, s'il tient à son pays du haut, comme il l'appelle, il est peu attaché à son champ natal ; car, pour peu qu'il ait un voisinage importun ou que l'un des siens vienne à mourir des fièvres dans le village, il lève son camp, met sa hotte sur le dos, y place pêle-mêle ses calebasses et ses enfants, et va s'établir ailleurs ; le terrain ne manque pas, et la forêt se ressemble partout.

» Ils travaillent le fer admirablement, ainsi que l'ivoire. Quelques tribus du nord sont renommées, même dans l'Annam, pour la fabrication de leurs sabres et de leurs haches. Les vases dont ils se servent sont grossiers ; mais ils les doivent à leur industrie, et leurs femmes tissent et teignent toutes les longues écharpes dont ils se couvrent.

» Enfin, outre la culture du riz, du maïs et du tabac, ainsi que des légumes, comme les courges et les pastèques, etc., ils s'adonnent à celle des arbres fruitiers tels que bananiers, manguiers et orangers. Hormis quelques esclaves, chaque individu a son champ, toujours à une assez grande distance du village et entretenu avec beaucoup de soin. C'est sur ce champ que, blotti dans une petite case élevée sur pilotis, il passe toute la saison des pluies, époque où le mauvais temps ainsi que les sangsues, qui, comme dans les forêts de Siam, pullulent ici d'une manière prodigieuse, l'empêchent de se livrer à la chasse et à la pêche.

» Leur manière de préparer un champ de riz diffère beaucoup de celle que nos cultivateurs emploient pour un champ de blé ou d'avoine : aussitôt que les premières pluies commencent à tomber, le sauvage choisit un emplacement et un terrain convenables et de grandeur proportionnée à ses besoins ; puis il s'occupe du défrichement. Ce serait une rude besogne pour un Européen ; cependant le sauvage ne s'y prend pas à l'avance. Avec sa hachette emmanchée à une canne de bambou, en quelques jours il a abattu un fourré de bambous sur un espace de cent à cent cinquante mètres carrés ; s'il s'y trouve d'autres arbres trop gros pour être coupés, il les laisse en place, et, au bout de quelques jours, lorsque ce bois est à peu près sec, il y met le feu : le champ est ouvert et fumé tout à la fois. Quant aux racines, on s'en occupe peu, et de labourage il n'en est pas question ; sur ce terrain vierge il ne s'agit que d'ensemencer. Notre homme prend deux longs bambous qu'il couche en travers de son champ en guise de cordeau ; puis, un bâton de chaque main, il suit cette ligne en frappant de gauche et de droite, pour faire de distance en distance des trous d'un pouce à un pouce et demi de profondeur. La tâche de l'homme est alors achevée, et c'est à la femme à faire le reste. A demi courbée, elle suit l'espèce de sillon tracé par son mari, prend dans un panier qu'elle porte au côté gauche une poignée de grains de riz, en glisse une soixantaine au moins dans sa main qui les déverse dans les trous avec rapidité et en même temps avec une telle adresse que rarement il en tombe à côté.

» En quelques heures la besogne se trouve achevée, car il n'est pas plus besoin de herses que de charrue. La bonne mère nature enverra avant peu quelques fortes ondées qui, en lavant le terrain, couvriront les graines. Alors le propriétaire s'établit dans sa case du haut de laquelle, tout en fumant sa cigarette faite de tabac roulé dans une feuille quelconque, il décoche quelques flèches aux sangliers, aux singes et aux chevrotains, et s'amuse à tirer de temps en temps une corde de rotin qui met en branle deux bambous placés au milieu du champ ou au bout d'une perche au sommet de sa case, de manière à s'entrechoquer au moindre mouvement, et dont le bruit épouvante les colombes et les perruches, qui, sans cela, mangeraient toute la semence. La moisson se fait à la fin d'octobre.

» Généralement deux mois avant les récoltes la misère et la disette se font sentir. Tant qu'il y a quelque chose sous la main, on fait bombance, on trafique, on partage sans jamais songer au lendemain, et, quand arrive la famine, on est réduit à manger des serpents, des crapauds, des chauves-souris (ces dernières se prennent en quantité dans le creux des vieux bambous); puis on ronge quelques graines de maïs, des pousses de bambous, des tubercules de la forêt et d'autres productions spontanées de la terre.

» Tous les animaux domestiques des pays voisins, tels que bœufs, porcs, poules, canards, etc., se retrouvent chez les Stiengs, mais en petit nombre. Les éléphants dressés y sont rares, tandis que plus au nord, dans la tribu des Benams, il n'y a pas de village, dit-on, qui n'en possède un certain nombre.

» La chasse et la pêche occupent tout le temps que ne réclame pas le champ. Ils sont infatigables à la course, et ils glissent dans les bois les plus épais avec la vélocité d'un cerf. Ils sont vifs, légers, et supportent la fatigue sans paraître la ressentir; les femmes paraissent aussi agiles et aussi robustes que les hommes. Leurs arbalètes ont une grande force, et ils s'en servent très adroitement, mais rarement à une distance de plus de cinquante pas. Le poison, dont ils enduisent leurs flèches pour la chasse des gros animaux, est d'une grande activité lorsqu'il est nouvellement employé. Si le dard atteint l'animal, éléphant, rhinocéros ou tigre, de manière à pénétrer tant soit peu dans les chairs et à communiquer le poison au sang, on est presque sûr de trouver le cadavre à quelques centaines de mètres de l'endroit où il a été frappé. » (Henri Mouhot[1], *Voyage dans le royaume de Siam*, éd. abrégée, ch. xv; Paris, Hachette, 1868.)

---

1. Henri Mouhot, né à Montbéliard en 1829, fut chargé par les sociétés scientifiques de Londres d'explorer la région qui s'étend entre la Ménam et le Mé-

La pêche à Siam : sauriens et poissons.

« Prendre un crocodile n'est pas toujours chose facile, surtout si c'est un monstre comme celui que l'on voit dans une pagode de Muang-Lakhon. Sa tête est longue de deux mètres ; or ce membre est le septième de la longueur totale de l'animal, ce qui donne un résultat fort respectable de quarante-deux pieds. Cependant la moyenne est de quinze à vingt pieds. On peut s'en convaincre par l'examen des squelettes que les indigènes exposent dans le San-chao aux confluents des rivières.

» On trouve parfois de funèbres registres écrits sur certains vieux crânes desséchés de ces terribles amphibies ; ces registres mortuaires tenus avec soin par les Siamois contiennent la liste

---

Kong. Il voyagea surtout en qualité de naturaliste, mais ses découvertes l'amenèrent à étudier les mœurs, les usages et aussi les rites des régions qu'il parcourait. Pendant 3 ans, de 1858 à 1861, il visita avec les plus grandes difficultés le Siam, le Cambodge où il signala un des premiers les splendides ruines d'Angkor, et périt au cœur du Laos, à 8 kilomètres de Louang-Prabang, au pied du mont Posoung, terrassé par la fièvre des bois. Jusqu'au dernier jour il écrivit d'une main défaillante ses notes de voyage que ses domestiques fidèles Phraï et Dong rapportèrent à Bang-Kok avec ses collections. Son corps avait été inhumé à Naphao, sur les bords du Nam-Kan, à 3 kilomètres environ de Louang-Prabang. En 1867, quand la commission française envoyée par le gouvernement pour explorer le Mé-Kong arriva dans la ville, elle s'empressa d'élever un monument sur sa tombe. Son chef éminent, M. Doudart de Lagrée, qui devait succomber lui-même quelques mois plus tard aux fatigues du voyage, écrivait sur Mouhot ces lignes touchantes : « Nous avons trouvé partout ici le
» souvenir de notre compatriote Mouhot, qui, par la droiture de son caractère
» et sa bienveillance naturelle, s'était acquis l'estime et l'affection des indi-
» gènes. Tous ceux qui l'ont connu sont venus nous parler de lui en termes élo-
» gieux et sympathiques. Les regrets que devait nous inspirer la vue des
» lieux où s'est accomplie sa dernière lutte ont été adoucis par la consolante
» satisfaction de trouver le nom français honorablement connu dans cette
» contrée lointaine. » (Voy. *Explorations et missions* de Doudart de Lagrée, page 557.) Le monument élevé par la mission française de 1867 n'est pas resté longtemps debout ; dans cette forêt humide, sous l'action des pluies diluviennes, la chaux a été vite enlevée, et les briques ont jonché le sol. En 1880, M. le Dr Paul Neis, dans son *Voyage au Laos*, se fit indiquer par les habitants la sépulture de Mouhot ; il en découvrit les restes dans un fourré épais où il s'ouvrit un chemin à coups de sabre : il fit débroussailler et déblayer le sol, et, se souvenant que Mouhot était bon catholique, il fit couper deux jeunes arbres et fabriqua une croix où il grava son nom : il la planta en terre et la consolida avec des briques. M. Neis ajoute : « J'avais passé deux heures dans ce lieu em-
» pesté où le soleil ne luit jamais ; pas de gazon, pas une fleur sur le sol recou-
» vert de broussailles, de feuilles et de troncs d'arbres pourris ; déjà je me
» sentais pris de fièvres. C'est là cependant que ce bon et brave Mouhot a
» vécu trois mois de la saison des pluies, couchant le plus souvent dans un
» hamac suspendu aux branches, et passant sa journée à décortiquer des arbres
» morts et à fouiller les troncs d'arbres pour y découvrir des insectes rares. »
(*Tour du Monde*, 1885.)

des victimes de ces monstres. Le crocodile qui a déjà mangé l'homme, ne quitte que forcément sa retraite habituelle ; les indigènes peuvent facilement constater le nombre de ses victimes, et, à la mort du reptile, ils inscrivent sur l'os frontal les noms des hommes qu'il a dévorés.

» Le crocodile est ovipare, la femelle pond une vingtaine d'œufs gros comme ceux de l'autruche, mais d'un blanc plus pur et d'une coquille plus épaisse. Le monstre les cache dans les bancs de sable retirés, ou, à leur défaut, dans les algues du rivage, et laisse au soleil le soin de l'incubation sans toutefois les perdre de vue. Ces œufs sont un mets délicieux recherché des indigènes. On en mange souvent dans les provinces de Muang-Phnom et de Mha-Khien, où j'ai séjourné plus de deux ans.

» La récolte n'est pas sans danger, car, si la mère s'aperçoit du larcin, elle poursuit le ravisseur avec une vitesse égale à celle d'un cheval ; l'homme, embarrassé dans les grandes herbes par sa charge, ne peut fuir avec assez de rapidité. Avant de s'apprêter à prendre les œufs, il faut avoir vu le crocodile s'éloigner ou mieux être monté sur un coursier rapide. En cas de poursuite, on conseille de jeter de temps en temps un œuf jusqu'à ce qu'ayant assez d'avance, on se trouve hors de danger.

» Les crocodiles pullulent dans certains canaux, et malheur à l'imprudent assez téméraire pour se baigner dans les eaux qu'ils fréquentent. Les Siamois devinent parfois la présence de l'amphibie par l'odeur de musc qu'il répand. En toute rivière soupçonnée il faut, avant de prendre son bain, frapper l'eau avec une longue perche.

» Pour prendre les crocodiles, les méthodes sont variées. La plus sûre et la moins périlleuse est la capture au moyen d'un appât. On se procure un singe, dans le ventre duquel on introduit un pieu bien acéré par les deux bouts et préalablement fixé à une corde en fer ou en cuivre d'une longueur d'environ deux mètres et assez solide pour que le monstre ne puisse la couper. Au bout de cette corde, on attache solidement un rotang assez long pour permettre à l'animal de plonger facilement et terminé par un gros flotteur en bambou. On place le singe en évidence et dans une posture simulant la vie, de manière à tromper le crocodile qui doit le saisir sans difficulté.

» Dès qu'il a pris sa proie, l'animal plonge et disparaît. Le singe avalé se digère et il ne reste dans l'estomac de l'amphibie que le pieu dont les pointes acérées lui causent des douleurs affreuses.

» Les traqueurs se mettent à la recherche du flotteur, et, dès qu'ils l'ont reconnu, chacun d'eux s'empresse de tirer sur le rotang, et le crocodile ainsi hélé est bientôt amené au rivage. Le plus hardi lui coupe la queue presque aussi redoutable que la mâchoire, et dont un seul coup bien asséné peut casser le bras ou la jambe. Il ne reste plus qu'à achever le monstre. Les Annamites ont une autre méthode, qui consiste à se jeter à l'eau et à bien profiter de ses mouvements pour escalader le dos du crocodile. Le chasseur à cheval enfonce ses doigts dans les yeux du reptile et le guide au rivage. Toutefois, d'autres, au lieu de se jeter à l'eau, préfèrent avec raison choisir le moment où celui-ci dort sur la grève. De l'aveu même des Annamites, bien peu d'entre eux sont capables de faire ces tours de force et d'incroyable sang-froid.

» Les Cambodgiens émigrés à Siam cherchent par mille moyens à accrocher l'animal quelque part, puis à lui passer à la queue un nœud coulant. Cela fait, ils coupent l'extrémité de ce membre d'un coup de hache. Dans la moelle des vertèbres ils enfoncent un long rotin. A mesure que celui-ci pénètre, le crocodile perd ses forces et expire aussitôt que la cervelle est attaquée.

» Il existe aussi des enchanteurs, mais leur art n'est pas infaillible et les formules dont ils se servent sont souvent sans résultat. Les quelques succès obtenus par eux doivent être attribués au hasard. . . . .

» ... A Siam le poisson est la base de la nourriture des habitants; vivant, séché, salé, il est consommé sous toutes les formes. Les indigènes disent manger le riz et le poisson (*khin-kháo, khin-pla*) pour indiquer qu'ils prennent leurs repas.

» La mer, le grand lac Thalé-Sap (*la mer de la richesse*), les fleuves, les rivières, les canaux, les nombreux étangs en fournissent en si grande abondance que les navires et les jonques faisant le cabotage en transportent suffisamment pour constituer une branche importante du commerce siamois. Le Cambodge, la Malaisie, notre colonie de Saïgon, Quang-Tong, Java sont pourvus de poissons secs et salés par la marine côtière des caravanes.

» La pêche occupe la plupart des Annamites émigrés, païens

ou catholiques, et un grand nombre de Cambodgiens naturalisés. C'est d'ailleurs un excellent métier; ceux qui s'y adonnent font assez rapidement fortune. Aucun pays n'est aussi avancé dans l'art de prendre le poisson que le royaume de Siam ; nombreux sont les engins, nombreuses sont les méthodes que les indigènes emploient journellement. Tout Siamois sait pêcher d'instinct.

» A Bang-pla-Soi, on pêche la sardine aussi activement que sur les côtes de Bretagne. Malheureusement on n'y connaît pas nos procédés en usage pour les conserver. Les dauphins, les bonites, les dorades, les gros maquereaux nommés en siamois *pla-insi* (poisson-aigle) se pêchent ordinairement à Chantaboun au moyen de seines à grandes mailles et longues de deux et même trois cents mètres. C'est la nuit qu'a lieu cette pêche ; à la faveur des ténèbres, les poissons viennent en plus grand nombre s'étrangler dans les mailles.

» Les Chinois sont friands d'une sorte de lamproie, qu'ils nomment biche de mer. Ils la vident et la font sécher au soleil, ce qui lui donne l'apparence tannée d'une énorme courroie. Sa dureté, quand elle est bien séchée, assure sa conservation presque indéfinie et permet de l'expédier en Chine et à Singapour. Ils conservent de la même manière la seiche ou sèche, mollusque céphalopode qui fournit la sépia.

» On trouve sur les marchés de Bangkok plusieurs espèces de raies. Il en est une dont la queue a jusqu'à un mètre cinquante centimètres de longueur et forme, durcie au soleil, une cravache très élastique et fort curieuse. Toujours à Chantaboun, on fait la pêche des crevettes que l'on vend cuites à Bangkok. Les petites et leurs œufs servent à faire le *kapi* ou caviar indien, employé dans tous les ménages et presque dans tous les mets. On prend ces crustacés avec des seines de soie.

» Près de Bang-pla-Soi, les Chinois et les Malais pêchent l'holoturie-trépang, sorte d'anémone de mer qui, séchée, vaut quatre mille et même cinq mille francs la tonne rendue en Chine. Pour fabriquer le trépang, on jette les mollusques dans une grande chaudière d'eau de mer bouillante que l'on agite sans cesse. Quand on les en a retirés, on les ouvre dans le sens de la longueur en ayant soin de mettre des petits morceaux de bois dans le sens de la largeur pour empêcher les parties fendues de se réunir. Cela fait, on étend les trépangs ainsi séparés sur des claies sous lesquelles on a soin d'allumer un feu doux capable de les dessécher sans les enfumer, ce qui diminuerait leur valeur commerciale.

» Pendant la saison favorable, les pêcheurs abandonnent leurs villages et leurs habitations, ne laissant à la garde de celles-ci que les vieillards, et transportent leurs pénates aux lieux qu'ils ont choisis, ou plutôt qu'ils ont achetés, car le gouvernement prélève un impôt assez fort, qui assure aux pêcheurs un droit exclusif. On choisit ordinairement un canal ou un étang assez vaste, communiquant avec une rivière ou un bras de mer important. Chaque famille de pêcheurs commence par construire une maison en bambou, ce qui d'ordinaire est assez vite fait, bien que ces maisons soient commodes et assez spacieuses. Ces préparatifs achevés, on procède aux préliminaires de la pêche, qui consistent à barrer les canaux ou les bras d'eau, partout où on le peut commodément sans nuire à la circulation. Ces barrages sont faits en bambou assez lâchement tressés pour permettre à l'eau de s'écouler, assez serrés cependant pour retenir à l'intérieur les poissons qui doivent demeurer captifs. Peu à peu, la sécheresse aidant, le canal se vide ; quand il est presque sec, on commence la pêche avec des paniers creux et à la main. Le poisson récalcitrant est pris à la fouine. Tout ce qui est blessé ou jugé inapte à la conservation est découpé, de manière à sécher le plus promptement possible. Dans la plupart des cas une journée ou deux suffisent. Le poisson vivant et sain est mis à part dans de grandes barques remplies d'eau et transporté dans le plus bref délai sur le marché de Bangkok.

» Les indigènes ont encore bien d'autres méthodes : le carrelet, l'épervier, les lignes volantes et de fond, les lignes à ressort comme les collets des braconniers, les fouines, les dragues, les paniers sans fond ayant la forme de moules à pain de sucre et qu'ils manient avec une rare habileté. Ce genre d'engin sert à coiffer en quelque sorte les poissons dans les endroits peu profonds. Dès que le pêcheur sent frétiller le long des parois, il introduit sa main par l'ouverture supérieure. Les pêcheurs siamois sont assez intelligents pour ne jamais prendre le petit poisson ; s'ils en saisissent, ils ont grand soin de le rejeter toujours dans son élément.

» Les Laotiens et les Cambodgiens, quand la moisson est terminée, se réunissent par village et, rassemblant leurs buffles, leur font piétiner l'eau des étangs qui les avoisinent. Quand la pêche est terminée, tout le butin est partagé. Le lendemain, les marabouts viennent en bande pêcher ce qui reste. C'est un bon moment pour en faire la chasse avec succès.

» Pour pêcher au milieu des fleuves on se sert du *pong-pang*, énorme filet long de cent cinquante à deux cents mètres, très évasé à l'entrée et se rétrécissant peu à peu. Les mailles suivent aussi la marche décroissante. Ce grand filet est maintenu à l'aide de gigantesques flotteurs en bambou fixés à demeure par des ancres. Le courant s'engouffre dans cet engin avec une force prodigieuse, entraînant avec lui le poisson qui ne peut plus remonter. Malheur à la barque qui, pendant la nuit, vient à se heurter dans un pong-pang : elle est infailliblement perdue. La loi, pour éviter ces accidents redoutables, oblige les pêcheurs à allumer les fanaux et permet de couper les amarres des flotteurs quand ceux-ci ne sont pas éclairés. Malgré ces précautions utiles, plusieurs personnes ont perdu la vie dans les pong-pang. Ces sortes de malheurs ont lieu le plus souvent quand les rameurs fatigués s'endorment et laissent la barque dériver. » (L'abbé Similien CHEVILLARD, chap. VII, VIII ; Paris, in-12, Plon, 1889.)

C. La Péninsule malaise.

1° RÉSUMÉ GÉOGRAPHIQUE

I. — GÉOGRAPHIE PHYSIQUE

Situation ; aspect. — La *péninsule malaise* ou presqu'île de *Malacca* (*Tanah-Malayou*, en dialecte malais) s'allonge sur une étendue de 14 degrés (1580 kilom.) et sépare la mer des Indes et la mer de Chine. Elle est la terre d'union et de transition entre le monde indo-chinois et le monde malais. Sa situation intermédiaire en a fait, depuis plus de trois siècles, le lieu de passage et la pointe de relâche du commerce international de l'Europe et de l'Inde avec la Chine, le Japon et les archipels malais. Elle commence à l'isthme de *Krâ*, et à la rivière *Pakchan*, vers le 10° degré de latitude nord, et se termine au cap Romania, par 1° 22', à 150 kilomètres au nord de l'équateur, d'abord étroite et ensuite plus large, et toujours inclinée vers le sud-est.

Relief du sol. — L'intérieur de la péninsule malaise, surtout dans la partie orientale, n'a pas encore été partout exploré. Aucune chaîne de montagnes ne la sillonne sans interruption dans toute son étendue. Plusieurs rangées parallèles s'y rencontrent, séparées par des cours d'eau, et rompues par des brèches profondes ; elles sont souvent isolées et infranchissables. Entre le 8° et le 6° degré latitude nord, la chaîne de **Louang** coupe en son milieu la presqu'île, et sépare les eaux qui coulent aux deux mers dans l'isthme de *Ligor*. Le col de *Khau-Phra* ouvre une route entre Taloung et Trang. Au sud du 6°, la montagne se divise en chaînons parallèles qui couvrent de leurs rameaux les pays de Kedah, de Perak, de Selangor. Entre la rivière de Pérak et la côte, la chaîne de *Titi-Bangsa* a des cimes qui dépassent 2 000 mètres ; le *Gounong-Boubou* s'élève à 1723 mètres. A l'est de la vallée de Pérak, la chaîne de *Boukit-Pandjang* a des pics de plus de 1 900 mètres ; d'autres chaînes séparent la rivière Pluss de la Kinta, l'une et l'autre affluents de gauche du Pérak : dans les dépôts calcaires qui recouvrent le granit intérieur se trouvent les riches gisements d'étain. — Enfin d'autres chaînes parallèles aux précédentes s'étendent au sud-ouest, à l'orient des rivières Kinta, Bernam, Selangor : celle de *Bidor* porte ses pics à 2 100 mètres ; le grand *Riam* atteint 2 450 mètres. Au sud les montagnes s'abaissent ; le célèbre mont *Ophir*, au nord-est de Malacca, n'a plus que 1 173 mètres. On connaît mal le relief oriental et central de la péninsule : une cime du Djohor s'élève à 2 100 mètres, et le voyageur Mikloukho-Maklay, qui le premier a franchi les chaînes centrales à travers des échancrures revêtues de jungles épaisses, a évalué les sommets à 2 500 et 2 700 mètres.

Cours d'eau. — La plupart des rivières de la péninsule descendent à l'une ou à l'autre mer parallèlement aux montagnes ou à la côte. Les plus considérables et les plus connues sont : 1° à l'ouest, les tributaires de la mer des Indes : la rivière de **Pérak** grossie à gauche d'importants affluents : la *Pluss*, la *Kinta*, le *Batang-Padang*, qui présente un bassin de 14 000 kilomètres carrés, une ligne de navigation de 300 kilomètres, avec un estuaire large et profond ; les steamers de 500 à 600 tonnes le remontent jusqu'à Dourian-Sebatang ; — le *Bernam*, profond et navigable pendant 125 kilomètres ; — le *Larout* ou *Sebalang*, qui forme à son embouchure le havre très accessible de Port-Weld ; — 2° à l'est, dans la mer de Chine, le **Pahang** (350 kilom.) creuse à travers les montagnes des grottes et des cavernes, forme des îlots, et n'est nulle part navigable ; son lit est infesté de crocodiles ; — le *Kalantan* grossi du *Lebich* ; — le *Patani* (220 kilom.), dont le cours sinueux et tourmenté est des plus pittoresques, est navigable pour les barques malaises jusqu'au voisinage des rapides ; son delta est formé d'un réseau de rivières inextricable ; — le *Djohor* est d'une très grande largeur devant la capitale de ce nom, à 30 kilomètres de la mer. Tous ces cours d'eau sont utilisés pour l'irrigation et la circulation des bateaux indigènes : « Ils sont les routes naturelles du » pays, pays difficile, couvert de jungles et de marais, et qui autrement » serait complètement fermé au commerce et à l'industrie. »

Littoral ; îles. — La zone côtière est en général plate et bordée de palétuviers ou de cocotiers, et largement ouverte par l'estuaire des cours d'eau. Les îles sont très nombreuses sur la côte occidentale : telles sont celles de *Salanga*, de *Lantar-Trotto*, *Lankavi*, **Pinang**, *Kalang*, etc., la plupart montueuses, couvertes d'une végétation superbe, et peuplées de

Malais. — A l'est, les îles sont moins nombreuses: *Tingha, Aor, Pemanghil,* etc., s'étendent le long du Djohor et du Pahang ; l'archipel rocheux de *Redang,* et la grande île de *Tantalam,* longue de 80 kilomètres. séparée de la côte de Ligor par une vaste lagune, semée d'îles riches en nids de

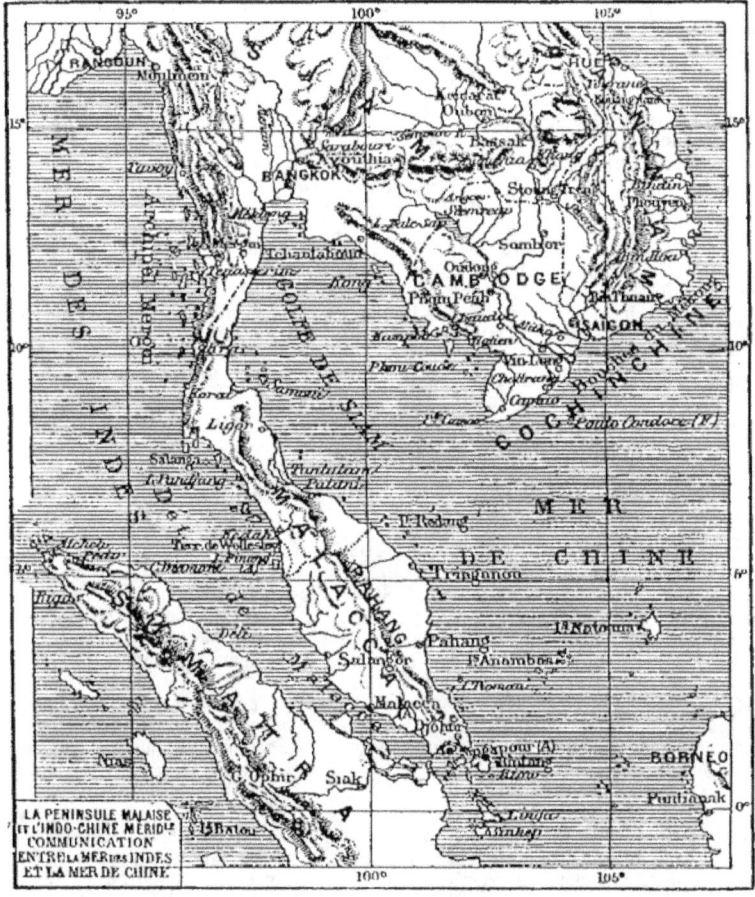

Salanganes. La grande île de **Singapour** (voy. p. 402), située au sud de la presqu'île, en est séparée par le canal dit *Salat Tambroh,* long de 55 kilomètres, large de 1 000 à 1 500 mètres.

Climat. — Toujours brûlant, humide et malsain sur les côtes qui sont

basses et marécageuses, il devient plus salubre sur les hauteurs, où la température moyenne varie de 20 à 30 degrés. Les moussons soufflent alternativement du nord-est et du sud-ouest, et entretiennent une humidité constante. Il pleut cent quatre-vingt-dix jours par an, et la presqu'île est presque en tout temps enveloppée de vapeurs. La côte orientale est exposée aux cyclones; la côte occidentale, aux coups de vents dits *Sumatra*. — « Si » l'on jette les yeux sur les cartes de Sumatra et de la presqu'île de Ma-
» lacca, on voit que ces deux contrées sont parcourues, dans toute leur
» longueur, par de longues chaînes montagneuses et assez élevées qui con-
» stituent une espèce de barrière ou plutôt d'obstacle à la libre circulation des
» vapeurs atmosphériques. Celles-ci, chassées de septembre en mars et par
» les vents du nord-est, viennent s'accumuler sur les crêtes des massifs
» qui semblent les retenir et les condenser; elles retombent alors en pluie
» sur le versant opposé, ainsi que dans le détroit. Les nuages dégonflés,
» purgés, passent alors au-dessus de Sumatra sans s'y déverser, et c'est en
» effet pour la grande île l'époque de la saison sèche. Le contraire a lieu
» pendant la mousson du sud-ouest. Les nuages se brisent sur les hautes
» montagnes de Sumatra, les plaines et le détroit, et nous avons alors dans
» la presqu'île la période des pluies. Mais nous voyons que, dans les deux
» cas, il doit toujours pleuvoir dans le détroit de Malacca, et c'est précisé-
» ment ce qui arrive. Tous ceux qui l'ont parcouru savent que, quelle que
» soit l'époque de l'année, on y reçoit toujours des averses. » (*Bull. Soc. géog.*, 1885, p. 412.)

La péninsule malaise renferme, outre les **États tributaires de Siam** (voy. p. 381), 100 000 kilomètres carrés. — 180 000 habitants, — les **Établissements du détroit** (*Straits Settlements*), — les **États protégés par l'Angleterre**; — et les **États indépendants**.

I. Établissements du détroit (*Straits Settlements*).

Les établissements du détroit appartiennent à l'Angleterre et se composent: 1° de deux îles: *Singapour*, achetée en 1812 au sultan de Djohore; *Pinang*, acquise en 1786, du sultan de Kedah, moyennant une pension annuelle; — 2° de trois enclaves dans la presqu'île: la province de *Wellesley*, le territoire de *Malacca* et la province de *Dinding*. — Ces provinces sont soumises à l'autorité du *gouverneur général* résidant à Singapour, et assisté d'un *conseil législatif* composé de membres officiels, chefs des grands services administratifs, et de membres indépendants choisis parmi les principaux négociants ou légistes de la ville. Les provinces ont à leur tête un *district officer* ou un *resident counsellor*. — Singapour, Pinang, Malacca ont, en outre, une *municipalité* élective. Le *chief-justice* réside à Singapour, mais préside annuellement les assises à Pinang et à Malacca.

Singapour (580 kilom. car.; 140 000 hab.). — La capitale, *Singapour*, au sud de l'île, est une station maritime, commerciale et militaire de premier ordre, à cause de l'excellence de son port et de sa situation géographique, au point de croisement des lignes de navigation entre l'Europe, l'Inde et la côte orientale d'Afrique d'une part; la Cochinchine, la Chine, le Japon, les Philippines, Sumatra et Java de l'autre; elle est un vaste dépôt de charbon, un port de ravitaillement et de réparations, un grand marché, une station de transit, un centre stratégique qui surveille la grande route de l'Extrême-Orient. (Voy. la *Lecture*, p. 415.)

Pinang. — Poulo-Pinang (*Ile du Bétel*), appelée aussi *île du Prince de Galles* (278 kilom. car. ; 9 200 hab.), est couverte de montagnes qui atteignent 1 000 mètres dans l'ouest et s'avancent dans la mer en promontoires élevés ; elles sont revêtues de belles forêts de palmier, de rotang, le climat en est salubre, et les Anglais y ont établi des *sanitarium*. Les collines sont plantées de caféiers, aréquiers, poivriers, girofliers, muscadiers ; les plaines sont des champs de cannes à sucre, de riz, de plantations de cocotiers et de bananiers, cultivées surtout par les Chinois qui forment plus de la moitié de la population. La capitale, **Pinang** ou *Georgetown*, situé à l'angle nord-est de l'île, sur le détroit de 4 à 8 kilomètres qui la sépare de la province de Wellesley, a un port profond et très abrité qui est le principal marché du poivre et de l'étain de l'Extrême-Orient. Pinang est un port franc qui voit passer chaque année à l'entrée et à la sortie 5 000 navires jaugeant ensemble 2 500 000 tonneaux. L'Angleterre y a construit un quai, un hôpital, des écoles, un jardin public, et amené par un aqueduc de fer de l'eau à profusion. Le fort Cornwallis, au nord, défend la ville. « Voici Pinang sous ses grands flamboyants, avec ses vastes boutiques » chinoises, ses rues et ses belles routes fourmillantes de Célestiaux jaunes » et de Klings noirs que traversent dans leurs costumes blancs à casque, de » graves figures anglaises ; ses voitures à persiennes dans lesquelles passent » entassées des Chinoises aux cheveux noirs en larges plaques luisantes et » des petits Chinois sur leurs genoux, et cette belle campagne environ» nante, remplie de villas à volets verts, à hautes vérandahs, portées par » des colonnades blanches, à demi cachées sous les ombrages des cocotiers, » des aréquiers, des dourians, des djès, des mangoustans, des rambou» tans rouges de fruits, et tant d'autres beaux et précieux arbres qui ra» content aux yeux éblouis la richesse de ce sol équatorial. » (Brau de Saint-Pol-Lias.)

Province de Wellesley (678 kilom. car. ; 100 000 hab.). — Elle s'étend en une longue et étroite zone côtière, en face de Pinang ; le littoral, bas et peu accessible, ne s'ouvre qu'aux estuaires des rivières, comme la *Pyre* et la *Junjon*; des montagnes isolées s'élèvent au-dessus des plantations de sucre, de café, de poivre.

Province de Malacca (1 057 kilom. car. ; 95 000 hab.). — Jadis colonie portugaise, puis hollandaise, elle forme avec le territoire de *Nanning* un pays plat sur la côte, montueux à l'intérieur, traversé par la rivière de Malakka, navigable pour les barques indigènes. Le *riz*, le *poivre*, la *noix muscade*, le *sagou*, des *fruits délicieux*, de *riches mines d'étain*, et des gisements d'*or* sont les richesses principales. La capitale, *Malacca* (20 000 hab.), divisée en deux par une rivière, est une ville déchue ; son port est peu profond, et ne peut soutenir la concurrence avec Pinang et Singapour. Le quartier commerçant, peuplé de Chinois et de Malais, fait un trafic considérable de produits agricoles par les bateaux indigènes. Sous les Portugais (1511-1641), sous les Hollandais (1641-1824), Malacca fut le plus grand marché de la Malaisie. Le souvenir de ces dominations disparues a survécu dans quelques ruines d'églises et de fortifications, et surtout dans la partie de la population d'origine portugaise.

II. États protégés.

Pérak. — Situé entre les territoires siamois de Kedah et Patani, au nord ; les États indigènes de Kelantan et Pahang, à l'est ; de Selangor, au

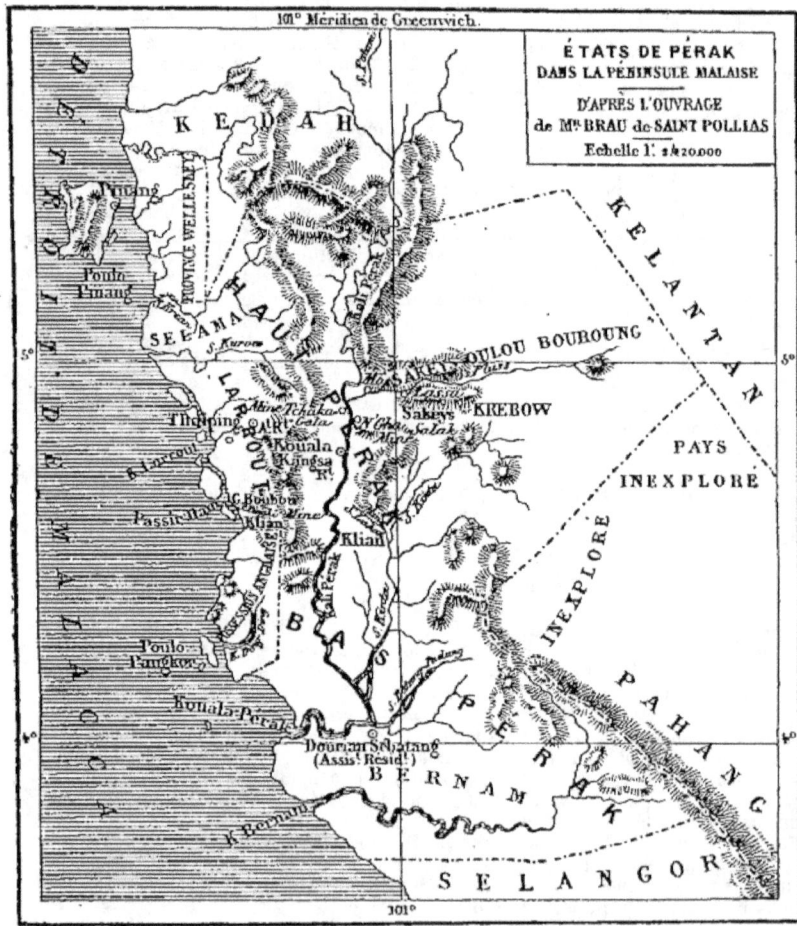

sud ; le détroit de Malacca et les provinces anglaises de Wellesley et de Dinding à l'ouest, l'État de **Pérak** (20 730 kilom. car. ; 150 000 hab.) est traversé du nord au sud par trois chaînes de montagnes parallèles, hautes

de 1000 à 1800 mètres, formées de granit et de porphyres. « Tous ces
» granits, écrit M. de La Croix, sont traversés par des filons de quartz qui
» les parcourent en tous sens et qui sont les véritables gîtes de l'étain. »
Entre ces massifs s'allongent des vallées traversées par le *Soungi-Perak*,
« rivière d'argent », et ses affluents, le *Plouss*, le *Kinta*, le *Batang-Padang*. Plus au nord, la rivière de *Larout* ouvre son large estuaire aux
bâtiments de petit tonnage.

Le pays est d'une prodigieuse fertilité ; les forêts épaisses renferment
des arbres magnifiques d'essences variées. Le sol, peu cultivé à cause de la
rareté et de l'indolence des habitants, et aussi de la richesse des mines qui
attirent exclusivement les immigrants, est propre à la culture du riz, du
sucre, du tabac, du café, du quinquina, de l'indigo, du thé, du cardamome,
du coton, des oranges, bananes, pastèques, etc. « Je rencontrai, dit M. de
» La Croix, des fougères arborescentes de toute beauté, hautes de 5 à 6
» mètres, les plus belles que j'aie vues après celles du jardin botanique de
» Buitenzorg à Java. Mais d'un autre côté, et c'est là une des particularités
» des forêts vierges de la Malaisie, je ne trouvai pas de fleurs, ou les
» quelques rares spécimens que je pus découvrir étaient d'une coloration
» très pâle ou d'une couleur blanche, due sans doute à l'ombre perpétuelle
» jetée sur le sol par des massifs touffus impénétrables aux rayons du
» soleil. » (*Bull. Soc. de Géog.*, 1885, p. 407.)

Pour la même raison, les animaux sont rares dans les forêts, à l'exception des insectes et des sangsues. « Il en existe de deux espèces : celles
» des marais, ou plutôt d'eau, appelée *linta* par les indigènes, et celle des
» bois, nommée *patchat*. Ces dernières sont les plus désagréables ; elles
» sont excessivement minces, filiformes, et ont de 2 à 3 centimètres de
» long, mais, en raison même de leur ténuité, elles pénètrent plus facilement sous les vêtements et souvent passent tout simplement à travers
» l'étoffe. Lorsqu'elles sont gorgées de sang, elles deviennent aussi grosses
» que nos sangsues ordinaires ; la blessure qu'elles font s'envenime facilement et souvent est très longue à guérir. Ces sangsues des bois doivent
» avoir des sens de perception très développés, car, au moindre bruit ou à
» l'approche d'un être quelconque, on les voit se mettre en mouvement et
» se placer en observation sur les herbes ou les feuilles basses des arbrisseaux. » (E. DE LA CROIX).

Dans les clairières, les cerfs, les sangliers, les singes, les éléphants, les
tapirs, errent en nombre ; les marigots et les détroits sont infestés de rhinocéros, de serpents, de crocodiles. Les poissons y abondent.

Mais la richesse par excellence de Pérak est, avec le *minerai de fer* qui
n'est pas exploité, l'**étain**, dont la production, de 2054 tonnes en 1876,
de 7200 en 1882, de 10000 en 1884, s'est élevée à 14200 en 1887, à
24000 en 1889, valant plus de 60 millions de francs. Jadis extrait à l'aide
de procédés primitifs par les mineurs chinois, l'étain est exploité aujourd'hui par des compagnies chinoises, françaises, anglaises, autrichiennes,
dont l'outillage est perfectionné. Les centres principaux sont les territoires
de *Soungi-Krian*, de *Selama*, de *Larrout*, la vallée de *Perak*, etc.

La capitale politique de l'île est **Kouala-Kangsa**; mais la ville la plus
commerçante est **Thaïpeng**, fondée par les Chinois fugitifs qui avaient pris
part à l'insurrection des Thaïpengs. — *Dourian-Sebatang* est situé assez
loin dans l'intérieur, au coude que dessine la rivière de Perak avant de se
jeter à la mer.

Le commerce annuel de Pérak entre le Pérak, Singapour et Pinang,
s'élève de 80 à 100 millions de francs.

Selangor (12950 kilom. car.; 50000 hab.) et **Soungi-Oudjong** (1295 kilom. car.; 14000 hab.) sont au sud de Pérak, avec des frontières peu déterminées. Selangor était jadis un affreux repaire de bandits; depuis 1874, le sultan est assisté d'un résident et d'un magistrat anglais. Le pays est divisé en six districts ou collectorats. Un chemin de fer rattache *Kouala-Lampour* à *Klang*. Des routes rayonnent entre *Pérak, Soungi-Oudjong* et *Pahang*.

III. États indépendants.

Pahang (25900 kilom. car.; 50000 hab. *Malais, Sakeys* et *Semangs*, peu de *Chinois*) s'étend sur une longueur d'environ 150 kilomètres sur la mer de Chine. Peu exploré jusqu'à ce jour, le territoire est montueux, et s'élève au centre en un vaste plateau haut de près de 2000 mètres. Naturellement riche, la terre est cultivée sur une faible étendue. « L'arbitraire » du pouvoir et la nonchalance des habitants sont une des causes du peu » de prospérité du pays. Une autre cause, c'est l'absence de routes et voies » commerciales; le fleuve Pahang et les autres rivières côtières sont » impraticables même pour les embarcations moyennes, et il n'existe » presque pas de routes carrossables. » L'État est divisé en provinces, dont les chefs sont presque indépendants du maharajah. En réalité, l'influence anglaise y est toute-puissante. La capitale est *Pékan*, à l'embouchure du Pahang.

Djohore avec le territoire de *Moar* (20720 kilom. car.; 200000 hab., dont 150000 Chinois; 35000 Malais; 15000 Javanais). — La capitale *Djohore*, fondée en 1512, est située à 32 kilomètres de la mer, près du détroit qui sépare la presqu'île de l'île de Singapour. Des routes ont été percées; un petit chemin de fer relie les villes de Djohore et de Pahang. Djohore fournissait autrefois beaucoup de *gutta-percha*. Ce produit épuisé a fait place au *gambier*, aux plantations de *thé, tabac, café, cacao*, créées par les Européens, aux cultures de *sagou*, de *poivre, cocotier, aréquier*. Les *forêts* sont exploitées et dévastées par l'industrie; des scieries mécaniques débitent les bois exportés à Singapour. Le maharajah a fait construire une scierie à vapeur pour cette exploitation. Le *fer* se trouve presque partout.

Negri-Sembilan ou *Confédération des sept États: Djelebou, Isri-Menanti, Djoumpol, Djohol, Djelai, Ségamat* ou *Moar* et *Rembaou* (5180 kilom. car.; 30000 hab.). L'état de guerre constant de ces républiques oligarchiques a favorisé les empiétements de l'Angleterre, qui s'est constituée l'arbitre et la suzeraine de toutes. En 1883, à Malacca, un congrès des représentants des États protégés a décidé la création d'une *Ligue malaise* entre l'Angleterre, les États de Pérak, de Selangor, etc., et la Confédération, pour soutenir le gouverneur anglais des Straits Settlements dans toutes les circonstances où son arbitrage deviendrait nécessaire. En 1885, les Anglais ont fondé le poste de *Djeram-Pandjang* à 80 kilomètres de Kouala-Kangsa sur le Pérak. Les protestations du Siam restent stériles. « Il suffit, écrit M. E. de La Croix, de comparer les anciennes et » les nouvelles cartes de cette partie de la Malaisie pour voir que l'influence » de l'Angleterre gagne sans cesse du terrain. Elle monte, et le jour n'est » pas éloigné où la domination britannique s'étendra d'une façon définitive

» sur toute la région comprise dans le royaume de Siam, depuis le cap
» Romania jusqu'au territoire de Tenassérim. »

« Les regards se tournent surtout vers ces Etats qui n'ont plus qu'une
» indépendance nominale et restreinte, et dont les immenses territoires
» encore pour la plupart inexploités assurent aux *Settlements* par leurs
» immenses richesses minières et végétales un avenir de prospérité dont
» les villes de Penang, Malacca et Singapour, heureusement situées pour
» servir chacune de débouché au nord, à l'ouest et au sud de la péninsule
» malaise, profiteront presque exclusivement, drainant ainsi, au profit du
» commerce européen et surtout anglais, les trésors de tous ces riches pays.
» Il n'est pas sans intérêt de constater la différence qui existe entre la
» côte occidentale de la péninsule soumise à l'autorité anglaise, où règne
» une fiévreuse activité commerciale, et la côte orientale soumise à Siam,
» sans villes de quelque importance, sans trafic et qui ne peut tenter encore
» que les explorateurs scientifiques. » (RAFFRAY, consul de France à Singapour, *Bull. consulaire*, 1889.)

2° EXTRAITS ET ANALYSES
Le pays de l'étain.

Kouala-Kangsa est le siège politique du gouvernement de Pérak ; *Thaïpeng* ou Thaïping, chef-lieu de la province de Larout, est le centre de l'exploitation des mines d'étain. « La ville s'élève dans la plaine au fond
» de la longue bande d'alluvions plates qui s'étendent au nord, entre la mer
» et la première chaîne de montagnes ; elle est adossée au massif de
» *Maxwells'Hills* qui dresse, à 1425 mètres de hauteur, une cime couverte
» d'épaisses forêts. » Cette *capitale* commerciale, jadis assemblage de huttes et de paillottes qui abritaient les ouvriers du district, s'est transformée rapidement en une ville bien bâtie avec de larges rues bordées d'arbres, et des maisons de briques.

« Du point culminant où je me trouvais, la province de Larout s'étendait presque entière sous mes yeux.

» D'un côté, le gros kampong chinois de Thaïping se développe en une interminable rue, le long de la route que nous avons parcourue la veille. Autour du kampong, de grands tertres de terre blanche et des trous d'eau, de forme bizarre, qui ravinent de loin en loin tout le pays, marquent des mines déjà exploitées ou encore en exploitation. Çà et là, le long de troncs d'arbres entaillés, qui servent d'échelles pour descendre dans les mines à ciel ouvert, des koulis chinois vont et viennent, portant sur l'épaule le bambou à chaque extrémité duquel pendent, comme des balances, les paniers chargés de minerai; des roues hydrauliques, des *chouitchia* qui ne sont que de primitives vis d'Archimède en bois, ou des norias à chapelet incliné, tournent avec des grincements formidables, faisant monter l'eau qui s'est accumulée au fond des excavations : une grande animation règne dans cette vaste campagne d'un aspect particulier, présentant, par places, l'aridité du minerai ou la végétation exubérante de l'équateur.

» Plus près s'élèvent les casernes, les bureaux et les quelques maisons des officiers et fonctionnaires anglais. — De grands beaux Sikhs, aux costumes très panachés, les uns bleus, les autres rouges, avec leurs turbans bleus ou blancs, font en ce moment l'exercice. La plupart des soldats de Pérak sont des Asiatiques des régions de l'Himalaya. Quelques Malais aussi, en costume de soldats turcs, avec leur fez, forment des groupes distincts sur le champ de manœuvre. — Au delà, en continuant de faire le tour de l'horizon, du haut de la véranda qui règne sur les quatre faces de l'habitation, la contrée s'accidente et se clôt par un demi-cercle de hautes montagnes qui renferment les vraies mines, massifs granitiques, aux filons quartzeux, chargés d'étain, désagrégés par l'action lente des eaux et entraînés dans les alluvions sablonneuses qui sont descendues avant le creusement des lits actuels des rivières, et se sont répandues pendant de longs siècles sans doute dans les parties basses de la contrée. C'est là, profitant du travail de la nature, au lieu d'aller fouiller la montagne pour chercher le filon et broyer la roche encaissante, qu'on a le plus d'avantage aujourd'hui à chercher le minerai.

» Une grande construction, entourée d'une barrière en pieux très forts, couronne le premier coteau : c'est la prison. L'hôpital et le temple chinois sont tout près. Plus loin, à mi-côte d'un second mamelon, se dressent les bâtiments de la mission catholique : une grande croix de bois sur un modeste édifice couvert de paillottes dénote l'église ; à côté, l'habitation du missionnaire, notre compatriote, nous dit-on — certainement le seul Français qui soit dans le pays. — Et de ce côté jusqu'au pied des montagnes, de même que dans la vaste plaine découverte au delà de laquelle on devine la mer que nous avons laissée derrière nous, ces belles routes qui sillonnent partout les colonies anglaises et que parcourent ici de longues files de charrettes à bœufs chargées de bois pour la fonte du minerai, ou de saumons d'étain qui se dirigent vers Telok-Kartang et Pinang, pour se distribuer, de là, en Chine, en Amérique et en Europe.

» Partout enfin, sur ce vaste panorama, on découvre encore

Kouala-Kangsa. (D'après une photographie de M. Brau de Saint-Pol-Lias.)

ces tertres blancs, énormes taupinières dénotant l'activité des mineurs qui bouleversent la contrée, et ces trous d'eau, marécages artificiels, à côté de petits ruisseaux ou de quelques marais naturels où l'on voit passer de moment en moment, allant de son pas prudent et tranquille, balançant sa trompe, agitant ses oreilles et sa queue, et faisant sonner ses sonnailles de bois, la grande masse d'un éléphant qui domine les herbes et les broussailles.

» Le major et M. Walker avaient obligeamment arrangé, pour notre matinée, une visite aux mines. Nous allons voir une exploitation chinoise, aucun industriel européen n'étant encore établi dans la contrée. Nous pouvons là, en quelques instants, nous rendre compte de la façon dont on *attaque* et dont on exploite une mine d'étain à Pérak : c'est extrêmement simple.

» Après avoir défriché et débroussaillé le terrain, on enlève la terre végétale et la couche stérile jusqu'à 1, 2, 3 mètres de profondeur, pour mettre à nu le minerai, la couche stannifère, qui a parfois une *puissance* (une épaisseur) de plusieurs mètres. Alors commence l'*abattage* du minerai, qui est porté dans des paniers, comme nous l'avons vu, sur des troncs de cocotiers entaillés et inclinés, dans un canal en bois où circule un courant d'eau. Mais ce travail, à mesure qu'il devient plus profond, avec les moyens rudimentaires d'épuisement dont les Chinois disposent, est rendu très difficile par l'invasion des eaux.

» Le lavage des terres stannifères se fait par des koulis munis d'un râteau, qui enlèvent les cailloux et malaxent les matières de façon à éliminer les sables légers, mélangés à l'oxyde d'étain, jusqu'à ce qu'il ne reste plus que 25 à 35 pour 100 de matières étrangères.

» Le minerai ainsi enrichi est fondu dans de petits fours en briques de 1^m,50 à 2 mètres de haut, à soufflerie de bambou, dans laquelle un kouli donne un mouvement de va-et-vient à un piston horizontal. Et alors paraît le métal blanc éclatant, coulé dans des moules qui lui donnent la forme bien connue de ces lingots cubiques avec une face allongée et débordante des deux côtés, de façon à former des *oreilles* qui les rendent plus maniables — lingots qu'on appelle des *saumons* d'étain.

» Mon compagnon de voyage, dont tous les appétits de mineur sont ici surexcités, est enchanté de la richesse du minerai, de la pureté du métal, de la façon ridicule dont certains Chinois l'exploitent et de la quantité de matière utile qu'ils perdent. Il croit qu'un nouveau lavage de ce qu'ils jettent serait encore très rémunérateur. Les Chinois et les Malais appellent cela *tima mouda*, « l'étain jeune », et ils rendent à la terre, sans doute pour qu'il y mûrisse, ce métal qui n'a pas été assez vieux pour rester dans leurs machines primitives. » (Brau de Saint-Pol-Lias, *Revue scientifique*, 1er février 1890.)

Cette exploitation primitive a été remplacée par des procédés nouveaux. Déjà lors du premier voyage de MM. de La Croix et Brau de Saint-Pol-Lias à Pérak, un capitaliste chinois avait introduit des engins européens dans ses mines : des pompes, des machines à vapeur bien installées avaient donné à ce novateur des bénéfices énormes. En dix ans, le produit des mines d'étain de Pérak a décuplé. Dans les voyages suivants, M. de La Croix put constater les progrès rapides de la colonie. Le gouvernement anglais a favorisé et protégé les planteurs contre l'épuisement et la dévastation des industries minières; des routes et des voies ferrées ont été établies; le pays a été exploré, des cartes excellentes dressées; un musée botanique créé à Thaïpeng; des mesures de protection étendues aux régions de l'intérieur; des stations météorologiques établies dans tous les districts.

Le Gounong-Boubou ; les Sakeys : la forêt vierge.

« Nous suivons longtemps la grande route de Thaïping, qui semble taillée d'espace en espace, quand elle traverse la forêt, dans de véritables tranchées de verdure.

» Nous traversons d'abord une plaine marécageuse couverte d'un arbuste en buissons que les indigènes appellent *kedoudo*, et dont les nombreuses fleurs mauves offrent, de loin en loin, l'aspect de ces beaux rhododendrons, qui couvrent des vallons entiers dans les Pyrénées. Le kedoudo donne une baie noire, comestible, assez semblable à la mûre, dont elle a le goût ; les pigeons verts en sont friands, et l'on peut là, à la saison, faire de belles chasses.

» Au pied de la montagne, nous passons devant une paillotte de charbonniers chinois. Que l'on se trouve en présence de constructions somptueuses ou de pauvres cases d'attaps, il est aisé de voir au premier coup d'œil si elles appartiennent à un Célestial à longue queue. Quand le toit est si modeste, qu'il n'a pas de forme et que ses angles ne peuvent pas se relever en croissants; quand les frises à dragons et à fleurs sont absentes, quand l'habitation enfin n'est qu'une hutte, il y a encore, collé quelque part, sur un piquet ou sur une traverse non équarrie, un papier rouge à caractères noirs ou or qui dénote vivement la Chine. Ils s'établissent dans tous les pays, mais le coin qu'ils occupent, n'importe où, devient un coin chinois : c'est leur propre pays qu'ils y étendent..... Le Chinois est bien Chinois partout et toujours[1].

» A mesure que nous nous élevons, la forêt prend de nouveaux aspects. Les lianes s'enchevêtrent nombreuses, allant d'un arbre à l'autre; les grands arbres avec leur tronc énorme et droit, d'un jet vigoureux qui s'élève à 50 mètres peut-être au-dessus du sol, se dressent partout autour de nous.

» ..... Au milieu d'une petite clairière, un immense tronc d'arbre est couché sur le sol; une haie, en treillis de branches ou de feuillage (un fascinage), court sur une longueur de 2 à 3 mètres de chaque côté de son pied, soutenant un monticule de terre qui le recouvre et du haut duquel s'échappe un

---

[1]. La côte malaise, en face de Pinang, est entièrement bordée de pêcheries établies par les Chinois qui paient une redevance au gouvernement anglais. Au milieu des cocotiers apparaissent ici et là des maisons somptueuses, presque des palais, appartenant aux riches Chinois de Pinang.

« A peine quitte-t-on le débarcadère de Djattoum Bahra (route nouvelle) qu'on
» rencontre des plantations de cannes à sucre établies autrefois par les Français.
» Le pays reste plat jusqu'à 5 ou 6 milles de la côte où s'élèvent des monticules
» rattachés à la chaîne centrale de la presqu'île. C'est là que sont situées les
» riches mines d'étain qui font la fortune de ce pays.
» Les arbres y sont très beaux, mais les Chinois les détruisent rapidement, et
» le moment est certainement peu éloigné où il n'en restera plus un seul. Pour
» se procurer le charbon nécessaire à la fonte du minerai, ils abattent les plus
» gros de ces arbres et ne conservent que le tronc qu'ils recouvrent de terre. Ils
» y mettent ensuite le feu en ayant soin d'éteindre l'embrasement à mesure qu'il
» s'avance.
» Comme la culture, le commerce de détail est aux mains des Chinois qui en-
» vahissent et absorbent rapidement toutes les branches du commerce et de
» l'industrie. Quelques-uns ont déjà acquis des fortunes considérables et mènent
» un grand train. Le commerce de gros, encore en partie fait par les Européens,
» ne tardera pas à passer aux mains des négociants chinois.
» Les rues de la ville de Pinang sont droites et régulièrement percées; les
» maisons rarement de plus d'un étage. On y remarque, avec le palais du gou-
» verneur et le tribunal, des temples pour tous les cultes. Les riches commer-
» çants chinois ou européens habitent en dehors de la ville, dans des villas
» entourées de grands jardins et espacées le long des routes.
» L'île de Pinang était jadis couverte de bois; mais, depuis l'émigration chi-
» noise, les arbres ont presque complètement disparu pour faire place aux champs
» cultivés. Les cultures consistent en cocotiers au pied desquels poussent d'épais
» fourrés d'ananas, en bétel, manioc, riz, canne à sucre, plants de cacaotiers.
» Le bois est aujourd'hui presque abandonné.
» Les Chinois, écrit M. Marche, cultivent aussi sur les plus hautes montagnes
» les légumes d'Europe, qui viennent parfaitement, mais n'ont pas la saveur des
» nôtres. Ils s'appliquent d'ailleurs à ne pas perdre un seul pouce de terrain
» propre à une culture quelconque, et l'on rencontre fréquemment des carrés de
» légumes sur un rocher de quelques mètres qu'ils ont recouvert de terre végé-
» tale. » (A. MARCHE, C. R. de la Société de géographie, 1882.)

filet de fumée. C'est la première station de charbon que nous rencontrons ; mais il n'y a personne. Les Chinois ont abattu l'arbre et y ont fait ce feu étouffé, qui pénétrera bientôt au cœur du tronc et carbonisera cette masse ligneuse, sur une longueur de 20 mètres peut-être, sans qu'on ait eu beaucoup de mal à se donner. Les charbonniers ont à Larrout une grande importance. Ils font la loi aux mineurs, qui ne fondent leur minerai d'étain qu'au charbon de bois. — Mais le jour où l'on installerait à Larrout, ce qui serait facile et profitable, un dépôt de houille, le règne des charbonniers serait fini. »

Le voyageur, tantôt gravissant des pentes glissantes où le pied s'enfonce dans une boue épaisse, tantôt descendant dans les dépressions marécageuses qui séparent les massifs, toujours sous une admirable voûte de verdure, arrive enfin au sommet d'un mamelon défriché, que les Anglais ont déjà baptisé sous le nom de *Montagne du gouvernement* (Government s^t Hill).

« Avant que nous découvrions l'admirable point de vue dont on jouit du lieu où nous arrivons, le sommet de l'Anak-Gounoung-Boubou nous présente lui-même un tableau pittoresque et d'autant plus attrayant qu'il est imprévu : on l'aperçoit tout à coup lorsqu'on se trouve à découvert dans le défrichement, après avoir été enveloppé toute une journée dans l'épaisse verdure de la forêt que nous venons de traverser. Sur le point culminant se dresse un bloc de granit. Ce roc, de forme à peu près cubique, porte une paillotte de bambous et d'attaps ; la paillotte est encore dominée par un arbre qui s'est hissé d'en bas sur le bloc dont il s'est fait un piédestal et qui dessine sur le ciel sa silhouette droite comme un mât de signaux. — D'ici on voit la côte se découper au loin sur la mer, présentant à l'œil les grandes échancrures que forment les estuaires nombreux de ses rivières. Du côté opposé, au delà de la large vallée de Pérak, ce sont les masses imposantes des montagnes de Kinta, que continue la grande chaîne centrale de la presqu'île parallèlement à la côte.

» ..... Du sommet le plus élevé où nous sommes en ce moment, on aperçoit de tous côtés, autour de soi, les mamelons défrichés, à la terre jaune, couverte encore de troncs enchevêtrés, que des koulis coupent et brûlent : tout autour, la forêt épaisse, d'un vert vigoureux : mais au-dessous, en bas, on ne voit qu'une immense étendue blanche, un océan de nuages floconneux, d'où émergent, çà et là, comme autant d'îles, les sommets des montagnes que nous dominons. Cet horizon blanc, sans limites du côté de la mer que les nuages couvrent entièrement, est borné, du côté opposé, par les masses noires des montagnes de l'intérieur, qui parcourent dans toute sa longueur toute la péninsule. Là sont les Sakèys, que les Malais appellent les *orang-outan* dans l'acception propre du mot, « les hommes de la forêt », — hommes absolument primitifs, qui vivent dans les troncs d'arbres, dans les anfractuosités de rochers. Ils ne se construisent pas même une hutte, se déplaçant d'ailleurs constamment. Ils se nourrissent de chasse et de fruits sauvages. Ils ne forment pas même de tribus, mais seulement de petits groupes d'une dizaine d'individus au plus. Il y a les Sakèys de la rive droite et les Sakèys de la rive gauche de la rivière de Pérak qu'aucun d'eux ne passe jamais ; c'est pour les uns et les autres une limite fatale : les *Antou*[1] poursuivraient ceux d'une rive qui seraient passés sur la rive opposée. Aussi M. Low, dont la résidence est construite sur la droite, en descendant la rivière, n'a-t-il pas pu garder les Sakèys de la rive gauche, qu'il avait décidés à venir travailler chez lui. On n'exigeait rien d'eux, car ils n'ont pas l'habitude du travail : ils étaient bien traités....., mais au bout de quelques jours ils avaient disparu. Ce sont des gens doux et timides, qu'on ne rencontre jamais dans la forêt même, où ils sont nombreux. Ils se cachent à l'approche d'un étranger, se dissimulant dans les fourrés où l'on ne peut soupçonner leur présence. Les Malais sont parvenus pourtant à en apprivoiser et à commercer avec eux. Les Sakèys leur apportent des morceaux de gomme-gutte que les Malais leur ont appris à cueillir, et qu'ils livrent en échange de poignées de tabac. Ils n'ont l'idée ni de poids ni de mesures, ni même de nombre. Ils comptent jusqu'à deux, nous disait M. Low ; quelquefois, on en rencontre d'une intelligence supérieure au commun de leur race, qui comptent jusqu'à trois ; mais c'est fort rare.

» Ces grandes et belles montagnes peuplées d'éléphants, de tigres et de rhinocéros, de serpents de toute taille et de toutes couleurs jusqu'à des trigonocéphales verts, d'oiseaux brillants de tout plumage, où se rencontrent des hommes si primitifs,

---

1. *Antou*, génie, esprit.

sont les plus intéressantes qu'on puisse explorer et peuvent être parcourues sans trop de dangers, la race qui y domine, qui y est la plus civilisée, et pourrait par conséquent y être la plus redoutable, s'y montrant, d'après tous les renseignements que j'ai recueillis et que j'ai pu constater moi-même, plutôt accueillante qu'hostile au voyageur : je veux parler des Malais. » (X. BRAU DE SAINT-POL-LIAS, *Pérak et les Orangs-Sakeys*, Ire partie, ch. VII. Plon, in-18.)

M. de Saint-Pol-Lias fit cette exploration de Pérak en compagnie de son ami M. John Errington de la Croix, ingénieur des mines, qui a publié de son côté dans les *Archives des Missions*, les *Bulletins* et les *Revues des sociétés savantes* les résultats scientifiques et les belles découvertes de son voyage. Les premières excursions de M. de Saint-Pol-Lias eurent surtout pour théâtre la région occidentale de Pérak. Après une visite à Sumatra, il passa de Thaïping à Kouala-Kangsa, et explora la rivière de Pérak et la rivière Pluss, en compagnie des gouverneurs et résidents anglais de Singapour et Pérak[1]. Les descriptions de ces vallées, dont la flore et la faune sont également merveilleuses, ont été tracées dans des pages pleines d'originalité et d'éclat. Une des impressions les plus saisissantes est celle que le voyageur éprouve en circulant sous la voûte luxuriante et grandiose du *rimbo* (la grande forêt).

« Voici les arbres géants qui s'élancent d'un jet puissant, à une hauteur prodigieuse, pour y former des dômes de verdure impénétrables aux rayons du soleil ; dans le bois, ces troncs à compartiments verticaux, à arêtes saillantes, s'inclinent au loin en larges appuis ; et ces étonnantes racines hautes, dessinant sur la terre, en lignes sinueuses, de longues cloisons, de véritables soubassements qui préparent l'édification du colosse ; tout autour ces plantes magnifiques, le *tchombang*, à la grosse fleur rouge, comestible ; les *bretans* aux immenses feuilles, les grandes fougères et les lianes, les lianes surtout, qui se présentent à la vue de tous côtés, sous la feuillée, les lianes gracieuses et terribles, ces étranges arbres horizontaux qui enguirlandent les autres et les dévorent : elles montent, descendent, pendent et se balancent, passent d'un tronc à l'autre, affectent les formes les plus bizarres, plates ou rondes, lisses ou

---

[1]. M. de la Croix est né à Blidah, en 1848. — Sur M. Brau de Saint-Pol-Lias, que nous avons déjà cité, et qui sera encore un de nos guides dans le pays d'Atché (Sumatra), voy. nos *Lectures sur l'Afrique*, p. 637 ; 6e édition, 1891, Belin.

rugueuses, vertes, blanches ou sombres, fils légers, larges rubans ou câbles énormes, dessinant ici de molles suspensions, présentant ailleurs des enlacements de reptiles, de boas étouffant leur proie, demandant une protection et un appui aux arbrisseaux les plus fragiles et finissant par serrer dans leurs nœuds inextricables le centenaire puissant et robuste qui succombera sous leur étreinte ! Les *rotans* aux vastes feuilles si légèrement découpées, mais si bien armées de crochets sur tout le revers de leurs côtes, ces palmiers-lianes, aux longues tiges rampantes, hérissées de piquants, sont abondants ici comme sur la rivière que nous avons remontée. Ils y forment des fourrés impénétrables. On les voit envelopper des massifs d'arbres avec la vigueur d'un incendie; ils les entourent, les pénètrent, léchant leurs faces extérieures de leurs spirales qui montent, tandis que leurs cimes droites jaillissent de tous côtés et s'élèvent comme de grandes flammes vertes..... Et si l'on s'arrête aux détails de ce monde de verdure où l'on se meut, on est encore émerveillé par la délicatesse de forme et la vivacité des couleurs des petits végétaux qui s'épanouissent à la tiédeur constante de ces ombrages..... Les plantes poussent ici à toutes les hauteurs, les unes sur les autres ; les vieux bois disparaissent sous les masses feuillées des plantes grimpantes, tandis que des gerbes d'orchidées jaillissent partout des troncs et des branches des grands arbres. » (In., *ibidem*, II⁰ partie, ch. III.)

Les Holothuries.

« Ce sont de bien curieuses choses que ces holothuries que les Malais appellent des *tripangs*, et les Orangs-Atchés des *kolong*! Qu'on se figure un boudin long de $0^m,20$ à $0^m,25$, gros comme le poignet, malléable et contractile, capable de prendre toutes les formes ; il s'allonge en cylindre, se renfle comme une grosse quille; si on le pose en travers sur un bâton, il retombe et pend de chaque bout comme une bourse à deux poches ; il devient rond comme une pomme si on le roule entre les mains. Remis dans l'eau de mer et abandonné à lui-même, vous le voyez s'allonger de nouveau, se fixer légèrement au roc ou au fond du vase par de petits tentacules très courts qui flottent comme des fils à sa partie inférieure ; puis à une extrémité de cette étrange chose un orifice s'ouvre, s'épanouit, aspire et expire, et dénote une vie animale. Les organes du tripang s'étalent là comme les pétales d'une corolle : on dirait une fleur, une belle anémone de mer, qui s'est fixée sur l'enveloppe de la bête avec des organes qui se replient et disparaissent dès que vous y touchez. Cette enveloppe épaisse est à peu près tout l'animal. On sent flotter dans l'intérieur des viscères à peine adhérents, et si accessoires, assure-t-on, que l'holothurie peut les rejeter et s'en refaire d'autres.

» La pêche des tripangs est bien facile. Débarqués sur l'un des îlots de Poulo-Dona, notre boy malais muni d'une *timba* (un récipient fait d'une gaine de feuille d'aréquier et qui tient l'eau) descend sur les coraux, dans la mer, à dix pas de nous, et là, ayant de l'eau jusqu'à la ceinture, se met à ramasser des holothuries comme on ramasse des prunes mûres sous un prunier qu'on a secoué. En un quart d'heure, sur un espace de dix mètres peut-être, il a cueilli ainsi soixante holothuries et il nous rapporte un récipient qui semble rempli d'une confiture noire : on dirait une seule masse compacte ; ces animaux se tassent comme se tasserait de la mélasse. Rien n'est plus malléable, plus fluide, et en même temps plus résistant que les holothuries. Les jaunes surtout, car il y en a de noires et de jaunes plusieurs variétés, sont aussi dures à ouvrir qu'un cuir épais d'un à deux centimètres, qui aurait été mouillé et séché au soleil. J'ai beaucoup de peine à les couper avec de forts ciseaux, et, quand je les ai fendues sur toute leur longueur, je ne parviens pas à les retourner. Mais ces peaux dures, si résistantes, que je suspends pour les sécher, coulent et tombent une à une sur le pont du navire, où elles s'étalent comme une poix chauffée.

» Les Chinois sont très friands des holothuries, et c'est à leur intention qu'on les pêche et qu'on les sèche, pour les exporter à Pinang et Singapour et de là en Chine. Les tripangs jaunes sont les plus recherchés : ils se vendent cent francs environ le pikoul à Pinang et doivent valoir bien davantage en Chine.

» On trouve encore sur cette même côte un des mets chinois les plus curieux et les plus rares : les nids d'hirondelles, les nids comestibles de salanganes, que l'on récolte, à certaines époques de l'année, dans les grottes de Klouat et de Klouang. Nous avons visité la plus grande et la plus belle de ces grottes, où nous entendions sous la voûte obscure, à une prodigieuse élévation au-dessus de la sphère éclairée par nos torches, comme un roulement continu, les cris métalliques de myriades de salanganes

qui avaient accroché leurs précieux nids aux parois du roc. »
(Brau de Saint-Pol-Lias, *Atché et Pérak*; *Bull. de la Soc. de géogr.*, 1885.)

Singapour. — Les Chinois dans l'île.

« Singapour est la guérite de faction entre l'océan Indien et les mers de Chine : tous les navires à voiles et les paquebots qui suivent en foule cette ligne d'omnibus entre l'Europe et l'Extrême-Orient y font escale et lui donnent une animation extraordinaire[1]. En un seul jour plusieurs steamers ont débarqué des centaines de passagers qui ont envahi l'*Hôtel de l'Europe*. Les uns viennent de Paris et de Londres par l'Egypte : ce sont, entre autres, des officiers et sous-officiers de notre armée, destinés à former et à instruire des régiments japonais. Le reste de cette colonne, qui vient de l'ouest, a encore tout le cachet continental. Frais éclos du boulevard et de la cité, mis et déposés sur les messageries en train express de Paris pour la Chine, ces voyageurs étiquetés ont encore des habits élégants et peu pratiques, les nœud de cravates irréprochables et les faux-cols roides de l'Europe. Les autres, venant de Yokohama, de Hong-Kong et de Saïgon, ont au plus haut point la teinte coloniale, sous des chapeaux cloches à melon en écorce d'aloès, et dans des vêtements flottants de crêpe de Chine. Il y a parmi eux un convoi de vingt jeunes Japonais que leur gouvernement envoie aux collèges de France et d'Angleterre…

» La malle espagnole de Manille ne manque pas au rendez-vous, et déverse de maigres hidalgos ; ils débarquent d'une traversée de douze jours en bottes vernies et en éperons, et reflètent les rayons du soleil, grâce à l'abondance des galons dorés de leurs uniformes. Aussi la table d'hôte dressée dans une longue galerie où se réunissent tant d'éléments divers offre-t-elle l'aspect le plus animé et rend-elle les sons les plus polyglottes ; des domestiques chinois vêtus de blanc, et de jaunâtres Malais presque nus, passent les plats autour de la table où les natio-

---

1. « Situé au bord de la presqu'île inhabitable de Malacca, perdu au milieu de l'Océan comme une sentinelle avancée du continent asiatique, Singapour n'est qu'un port de transit, mais, comme tel, il a une importance capitale ; il commande la route de Chine pour les steamers qui viennent s'approvisionner de charbon. C'est à la fois une sorte de défilé maritime où vient passer tout ce qui navigue dans les mers d'Asie, un point de ravitaillement et un bureau de réexpédition. » (G. Bousquet, *Singapour, les Echelles de l'Extrême-Orient*.)

nalités des convives feraient un habit d'arlequin ; tout le monde parle à la fois de toutes les villes de la terre.

» ... Si le quai est encombré de promeneurs aussi variés, et reproduit passagèrement l'image réduite d'une rade où flottent tous les pavillons du globe, la ville même de Singapour est une véritable tour de Babel : 100 000 Chinois, 23 000 Malais, 15 000 Indiens, Malabars, Klins et Bengalais, 7 000 Javanais, 6 000 Arabes, Arméniens, Juifs et Persans y sont réunis. Chacune de ces races comporte à elle seule cinq ou six variétés de types d'origine différente, et la ville semble être une marqueterie bariolée, où les rues, habitées par les membres d'une même tribu, devraient porter les noms de Bornéo, Pékin, Dili, Benarès, Coromandel, Sinaï et Téhéran. Au centre quelques centaines d'Européens ont leurs comptoirs... » (DE BEAUVOIR, *Voy. autour du monde, Java, Siam*, VIII ; Paris, in-18, Plon.)

La ville de Singapour est à 2 kilomètres du port de New-Harbour, où accostent et s'approvisionnent de charbon tous les steamers qui passent dans le détroit. Les marchandises d'Asie, d'Europe et d'Amérique s'entassent dans ses entrepôts, ses magasins et le long de ses quais, et presque tout ce commerce se fait par l'intermédiaire de banquiers, courtiers ou prêteurs chinois. Plus de cinq mille navires, le plus grand nombre sous pavillon anglais, entrent chaque année dans le port, et le mouvement commercial dépasse 600 millions de francs. Le fort de Canning domine la ville, qui possède un hippodrome et un splendide jardin botanique. Autour de la ville, de nombreux villages ou kampong chinois et malais sont bâtis au centre des cultures et des plantations. « De belles routes, comme les » Anglais savent en établir dans leurs colonies, traversent l'île dans tous les » sens, serpentant sur les flancs de collines peu élevées et donnant accès aux » jolies villas des Européens. Ceux-ci ont leurs bureaux en ville, où ils » se rendent chaque matin, mais ils vivent généralement à la campagne[1]. » (Edm. COTTEAU, *Un touriste dans l'Extrême-Orient*, p. 428.)

« Quels changements depuis ma visite en 1871 ! Le marais

---

[1]. L'île de Singapour est couverte de cultures, à la tête desquelles on trouve partout des Chinois, les uns propriétaires, les autres ouvriers ou *coulies*. M. Cotteau parle avec admiration, après M. George Bousquet, et d'autres visiteurs européens, de la plantation de café de Libérie et de manioc installée en 1872, au cœur de l'île, à Bukit-Timah, par un de nos compatriotes bordelais, M. Chassériau. Il réussit à reconstituer sa fortune anéantie par le phylloxera. L'île n'est pas entièrement défrichée ; les fourrés y servent de repaires aux serpents, aux sangliers et cochons sauvages et aux derniers tigres qui ont échappé à une destruction systématique. Autrefois les félins dévoraient en moyenne une personne par jour : aujourd'hui, ils ont presque disparu. Pendant le séjour de M. Cotteau, un de ces grands animaux fut tué sur les plantations de Bukit-Timah : M. Chassériau déplorait la mort de son tigre, qui, disait-il, lui rendait les plus grands services en détruisant les sangliers et les cochons qui ravageaient ses champs. (E. COTTEAU, *En Océanie*, page 13.)

malsain, que j'ai traversé alors sur une digue étroite qui servait de route (environ deux milles) entre le port et la ville, a été séché et est couvert maintenant d'un quartier nouveau presque

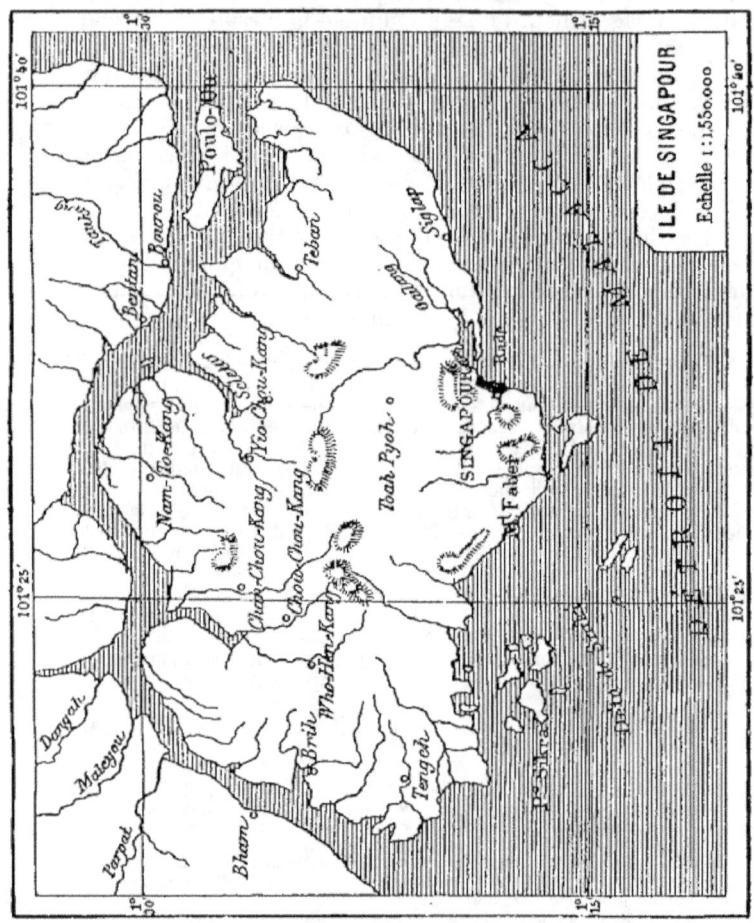

exclusivement habité par des gens de race jaune. Singapour est devenue une ville chinoise. A part l'esplanade avec le palais de justice, à part quelques autres édifices publics, l'hôtel du gouverneur, situé sur une éminence, les résidences de quelques négociants européens, les églises et les hôtels tenus par des Allemands et des Suisses, on ne voit que de longues files de maisons à deux fenêtres, avec un étage supérieur qui, appuyé sur des piliers, avance sur la rue et forme arcade. Des boutiques tout ouvertes occupent le rez-de-chaussée. Ces maisons appartiennent à des Chinois. L'hôtel où je suis descendu forme un coin de l'Esplanade, qui est le centre de la partie élégante de Singapour. Mais à ce coin même cesse l'Europe, et commence l'Empire du Milieu. De ma véranda je ne vois que des boutiques chinoises avec leurs enseignes verticalement suspendues dans la rue : *Chong-Fee* et *Gee-Chong*, tailleurs; *Coon-Chong*, tailleur; *Puck-Quay*, tailleur; *Nam-Seng*, tailleur; puis l'étalage de bijouterie d'un juif portugais, et de nouveau des *Chong* et des *Puck* et des *Seng* à perte de vue. Dans les rues les vagues humaines se déroulent du matin au soir. Tout le monde paraît affairé. La tête inclinée en avant, balançant leurs longs bras perdus dans des manches plus longues encore, marchant à grands pas et donnant à leur queue un mouvement de pendule, la préoccupation sur le front, le dédain du sceptique sur les lèvres, on voit se succéder sans interruption : le Chinois gentleman, le Chinois négociant, le Chinois boutiquier, l'artisan, le couli; les premiers très bien mis, les autres assez bien, les coulis tout nus, sauf la ceinture. Comparativement peu de femmes et seulement des femmes des classes infimes, mais grand nombre d'enfants. Les Chinois ont, il n'y a pas longtemps, emprunté aux Japonais le *jin-riskiha*. On en rencontre une quantité prodigieuse. C'est, comme on sait, une chaise reposant sur deux roues, protégée par une capote et traînée au grand trot par un couli. Veut-on gagner de l'argent, on n'a qu'à faire venir du Japon deux ou trois cents de ces véhicules à hommes et à en louer un certain nombre à plusieurs entrepreneurs. En quelques années on peut faire fortune. Sans doute c'est un rude métier que celui du couli qui fait fonction de cheval. La plus robuste constitution succombe en moins de trois ans. Le pauvre couli meurt de consomption. Mais n'importe, le véhicule reste, et rien de facile comme de remplacer l'homme-cheval. Il y a tant de Chinois dans la ville de Singapour! Mais qu'en diraient les sociétés protectrices des animaux en Angleterre, où, si je ne me trompe, la loi défend d'atteler des chiens à des charrettes?

» Après les Chinois, viennent, au point de vue du nombre, les indigènes, les Malais, de braves gens, doux, dociles, bons enfants, mais irritables et terribles dans leurs accès d'*amock*, de colère, pendant lesquels, transformés en fous furieux, ils tuent tout ce qu'ils rencontrent sur leur chemin. Ils sont très estimés comme cochers. J'ai vu des richards chinois nonchalamment étendus dans leurs beaux équipages anglais conduits par des Malais. Ce fait est significatif. On rencontre aussi de grands hommes d'un noir de charbon, vigoureusement sculptés et presque complètement nus. Ce sont des Klings de la côte de Coromandel.

» Le blanc n'est pas visible. Il faut aller le chercher dans son bureau, dans son comptoir ou dans son club. Tous les Européens parlent le malais, c'est la langue prédominante. En me promenant seul dans les rues, il m'était impossible de demander mon chemin. Je ne rencontrais que des Chinois, des Malais et des Klings[1]. Les Européens appartiennent presque tous aux classes élevées ou moyennes. Ce sont des *civilians*, ou fonctionnaires civils, des militaires ou des négociants. Parmi ces derniers, les Allemands et les Suisses tiennent le haut du pavé. A l'exception de quelques palefreniers anglais, on ne voit guère ici de gens de basse condition. Le gouvernement, dès leur arrivée, trouve toujours moyen de les renvoyer, fût-ce même en leur payant la traversée. Cette mesure de précaution, m'a-t-on dit, s'explique par la nécessité de sauvegarder le prestige du blanc. C'est indispensable dans une ville où quelques centaines d'Européens se perdent dans une foule de 80000 Chinois et de 40 000 gens de couleur. Cependant ici il n'y a pas de loi qui défende aux Asiatiques de s'habiller à l'européenne.

» Les laboureurs chinois travaillent à merveille *under contract*, c'est-à-dire quand ils jouissent de leur part à la récolte ; mais ce sont de vrais fainéants lorsqu'on les paye à la journée. On cherche maintenant à organiser l'immigration en masse de lascars et autres Hindous. Mais ceux qui connaissent la supériorité du Chinois augurent mal de cette entreprise[2]. » (Baron DE HUBNER, *A travers l'Empire britannique*, t. Ier, 4e partie ; 2 vol. in-8°. Paris, 1886, Hachette.)

---

1. On donne le nom de *Klims, Klins, Klings, Glings*, aux immigrants originaires de l'Inde, ils sont protégés par les autorités anglaises : à Pinang et à Singapour, un fonctionnaire a le titre de *Protecteur des Klims*.
2. « Tout le monde me parle de l'accroissement persévérant et continu de l'élé-

D. L'Indo-Chine française.

1° RÉSUMÉ GÉOGRAPHIQUE

I. — Géographie physique

Divisions; Étendue; Limites. — L'Indo-Chine française, organisée par les décrets des 17 et 20 octobre 1887, se compose : 1° de la *Cochinchine*, annexée par les traités de 1863 et 1867; — 2° du *protectorat du Cambodge* organisé par les traités de 1863 et 1884; — 3° du *protectorat de l'Annam* et du *Tong-King*, réglé par le traité du 6 juin 1884.

Ce vaste ensemble de possessions coloniales, récemment acquises, s'étend

---

» ment chinois. La grande péninsule malaise est un territoire presque inhabité. Il
» se compose, en dehors des possessions anglaises, d'Etats administrativement in-
» dépendants, mais plus ou moins placés sous l'influence et la surveillance de *rési-*
» *dents* anglais; mais, grâce à l'immigration en masse des Chinois, il commence à
» se couvrir de cultures. Le nombre officiel des Chinois débarqués à Singapour
» en 1882 est de cent mille. En 1883, il montait à cent cinquante mille. Cette
» année (1884), d'après tous les indices, il atteindra le chiffre de deux cent mille.
» Une partie de ces *Célestiaux* s'établissent à Singapour; les autres, la majeure
» partie, envahissent la péninsule, qu'ils sont en train de transformer en pays
» chinois. » (De Hubner.) — Sur M. de Hubner, voir nos *Lectures sur l'Amérique*, p. 196. (Paris, Belin, 1890, 6° éd.)

1. Nous indiquons ici les principaux termes qui entrent dans la composition de certains noms usités dans la géographie de l'Indo-Chine annamite (Voy. *Dictionnaire franco-annamite*, par Legrand de la Liraye; Paris, in-18, Challamel) : *Ai*, défilé, frontière; — *An*, paix, paisible; — *An*, sentence; — *Ao*, étang; — *Ba*, plat; — *Bâi*, côte, rivage; — *Bang*, conque, coquille; — *Bên*, rive; — *Biên*, mer; — *Binh*, armée; — *Bô*, limite, rive; — *Bông*, coton; — *Câ*, grand; — *Cânh*, frontière, limite; — *Côm*, riz; — *Côn*, banc de sable, monticule; — *Công*, aqueduc; — *Cop*, tigre; — *Cù*, chemin, route, île, canal; — *Cùa*, port, embouchure; — *Cui*, barque; — *Cho*, marché; — *Dài*, lieu élevé, tour, autel; — *Dàng*, voie, chemin, ouverture; — *Dât*, terre, région; — *Den*, noir; — *Dèo*, gorge, défilé; — *Dia*, terre; — *Dinh*, palais impérial, grande cour; — *Dinh*, sommet; — *Dô*, passage de rivière, barque de passage; — *Dòai*, occident; — *Dông*, orient, hiver; — *Dông*, champ, campagne; — *Dùong*, famille, cour; — *Dzinh*, camp, campement; — *Eo*, défilé, gorge; — *Gânh*, rive; — *Ghe*, barque; — *Gian*, intérieur; — *Gieng*, fleuve; — *Giô*, vent; — *Giò*, heure; — *Gò*, île, oasis, banc; — *Gô*, bois; — *Hac*, noir; — *Hâi*, mer; — *Han*, sécheresse, signe; — *Hàn*, froid; — *Hoa*, fleurs, jardin de fleurs, florissant; — *Hoàng*, empereur; — *Hôt*, petit canal de rizières; — *Huê*, comme *Hoa*, fleur; — *Huyên*, division du *phù*, ville de troisième ordre, obscur; — *Hùong*, patrie, village; — *Kén*, cocons de vers à soie; — *Kênh*, canal artificiel de jonction; — *Kiêu*, pont, passerelle; — *Kinh*, colline éminente, capitale; — *Khe*, ruisseau, torrent, source; — *Khem*, défilé de mer; — *Khôi*, haute mer; — *Khong*, nom de Confucius; — *Lach*, bassin de mer à l'entrée des rivières; — *Lang*, village, colline; — *Lê*, loi, règlement, coutume, cérémonie, rites; — *Lô*, voie publique,

en une longue zone de territoire, rétrécie au centre[1], élargie aux deux extrémités, située entre 8° et 23° 20' de lat. nord, et entre 101° et 107° de long. orientale. Sa superficie totale, suivant M. de Lanessan, n'est pas inférieure à 600 000 kilomètres carrés. C'est une étendue supérieure presque d'un sixième à celle de la France, et à peu près égale à celle de notre colonie algérienne.

Du côté de l'est, l'Indo-Chine française est limitée par la mer de Chine depuis l'extrémité septentrionale du golfe du Tong-King jusqu'à la pointe de Camao, en Cochinchine; ce littoral n'a pas moins de 1 500 kilomètres de développement; la plus grande partie constitue l'**Annam** proprement dit. — Au nord, du côté du Céleste Empire, la frontière part de Laokaï, sur le Fleuve Rouge, coupe les affluents de ce cours d'eau, au nord et au nord-est des villes de Ha-giang, Cao-bang, That-ké et Lang-son, pour finir près du cap *Pak-Loung*. Elle touche aussi aux provinces chinoises du Yun-nan, du Kouang-si et du Kouang-Toung. Cette région, arrosée par le Fleuve Rouge et ses tributaires, est le **Tong-King**. — A l'ouest, la limite reste indécise du côté du Laos, dans l'immense région montagneuse que traverse le Mé-Kong, et qui n'est encore qu'imparfaitement connue. La zone d'influence française s'est étendue jusqu'au fleuve, et l'établissement d'un agent consulaire dans le royaume demi-indépendant de Louang-Prabang prépare dans un avenir prochain le protectorat de la France sur les populations laotiennes. — Au sud et au sud-est, le royaume de **Cambodge** et la **Cochinchine** française ont pour limites le golfe de Siam sur une longueur de 400 kilomètres environ. Le delta du Mé-Kong couvre toute la Cochinchine :

---

route; — *Long*, dragon; — *Lû*, bande, foule; — *Mô*, monceau de terre, sépulture; — *Môc*, bois; — *Môn*, porte, façade, entrée; — *Muong*, poivre, herbes rampantes et aquatiques; — *Nam*, midi; — *Néo*, sentier; — *Nyà*, bifurcation de routes; — *Ngach*, bras de rivières; — *Ngoï*, canal; — *Nguon*, source, fontaine; — *Nici*, montagne; — *Nuôc*, eau, royaume; — *Pha-caï*, lac; — *Phaï*, confluent; — *Phô*, grand marché; — *Phù*, préfecture, palais; — *Phúc* ou *Phuôc*, félicité, vertu; — *Phuong*, région, plage, partie du monde; — *Qua*, action de passer, de traverser; — *Quan*, fonctionnaire, mandarin; — *Qu'an*, hôtellerie, auberge, hospice; — *Quân*, roi, armée, soldat, chef de tribu; — *Quê*, patrie; — *Quo'c*, royaume; — *Rach*, canal, arroyo; — *Rây*, brousses, buisson d'épines; — *Ranh*, haie vive; — *Rành*, canal rustique; — *Shi*, lettré; — *Shinh* ou *Shênh*, marais; — *Shoï*, gravier, sable; — *Shông*, flots, vague, brisants, houle; — *Shông*, fleuves, rivière; — *Shung*, vallée; — *Shûoi*, source, fontaine; — *Tây*, occident; — *Tân*, rive; — *Tâo*, foyer; — *Tàu*, navire; — *Têt*, premier de l'an; — *Thai*, souverain, semence; — *Thê*, monde; — *Thiên*, ciel; — *Thô*, terre; — *Thành*, libre; — *Thôn*, village; — *Thù*, tête; — *Thuyên*, barque; — *Thuong*, au-dessus, supérieur; — *Tinh*, province; — *Tó*, domestique, disciple; — *Tram*, relais de poste; — *Tri*, étang; — *Trieu*, cour; — *Troi*, ciel; — *Trong*, limpide; — *Trúa*, midi; — *Truong*, fourrés, buisson; — *Truong*, collège; — *Tùc*, coutume; — *Tuôc*, dignité; — *Tuoi*, âge; — *Tuong*, éléphant; — *Vân*, lettre; — *Vang*, or, couleur jaune; — *Viên*, jardin, temple, palais; — *Voi*, éléphant; — *Vung*, lagunes; — *Vuông*, roi; — *Xá*, masure, hôtellerie, boutique; — *Xâ*, village; — *Xom*, hameau; — *Xû*, province; — *Xuân*, printemps; — *Xuyên*, fleuve; — *Xuông*, canot.

[1]. « On a souvent comparé l'Indo-Chine française à un bâton portant à ses extrémités deux sacs de riz. Cette image fut conçue à une époque où l'on considérait l'Annam central comme un pays inculte et dépourvu d'habitants. Elle est, en réalité, tout à fait fausse, les vallées de l'Annam n'étant, toutes proportions d'étendue gardées, ni moins riches, ni moins peuplées que les vastes deltas du Tonkin et de la Cochinchine. » (DE LANESSAN, *l'Indo-Chine française*, p. 66.)

l'Etat de Cambodge partage avec le Siam la possession du lac Tonlé-sap, et les ruines des anciennes cités khmers.

Relief du sol; Montagnes, Plaines et Deltas. — Les montagnes de l'Indo-Chine française, comme celles du Siam, de la Birmanie et de la Chine méridionale, se rattachent au grand plateau tibétain. Du massif du Yun-nan se détache une chaîne aux ramifications nombreuses, qui s'épanouissent à l'est et au sud-est en deux groupes, aboutissant tous deux à la mer de Chine, et enveloppant comme d'une enceinte, rompue par les brèches qu'ouvrent les rivières, le vaste delta du Fleuve Rouge. — 1° Le groupe de l'est, traversé par le *Song-Koï* et ses affluents, par le *Thaï-Binh*, etc., est formé de collines et de montagnes peu élevées, et couvre tout le Tong-King du Nord, de Laokaï à Cao-Bang, et de Hong-Hoa à Quang-Yen. Un des principaux sommets, vu de la baie d'Along, a une altitude de 1400 mètres environ. Cao-Bang et Lang-son, situés sur le versant qui regarde la Chine, commandent les routes et les cols de pénétration du Tong-King dans le Kouang-si (route de Kep et Bac-Lé à Lang-son et à la porte de Chine, — route de Thaï-Nguyen à Cao-Bang; — route de Lang-son à Mong-kay sur la frontière maritime). — 2° Le groupe du sud-est, à droite du Fleuve Rouge, se prolonge dans la région de la Rivière Claire jusqu'à Than-Hoa. Les pics du Bavi, à l'ouest de Sontay, atteignent 1800 mètres. Plus au sud, dans la zone maritime, des rameaux difficiles à franchir font à la côte une double et triple bordure, à une distance de 20 à 50 kilomètres de la mer. Ces chaînes se prolongent dans le pays d'Annam jusqu'au delà du Mé-Kong, le plus souvent parallèles au fleuve ou à la mer. La grande route impériale de Nin-Binh à Saïgon les longe dans tout leur parcours. Le col de *Deo-Ngang* coupe transversalement la chaîne vers le 18° degré de latitude, et aboutit au cap Voung-Choua; — le col de *Dinn-Goï*, à travers des falaises escarpées, conduit à Dong-Hoï; — plus au sud, la chaîne, haute de 1200 à 1500 mètres, est franchie par le *Col des Nuages* ou Portes de fer, à 470 mètres, à quelque distance au nord-ouest de Tourane; elle se rapproche encore de la mer aux caps *Bantan* et *Varella*, enveloppe de ses cimes majestueuses (la *Mère* et l'*Enfant*, 2100 m., le *Diadème*, 1600 m.) le golfe de *Hone-Cohé*, et s'élargit en avant de la Cochinchine en un massif imposant, haut parfois de 1500 mètres, couronné de belles forêts, riche en eaux courantes et sillonné de vallées fertiles.

Au nord-ouest du delta du Mé-Kong, dans le Cambodge et la Cochinchine occidentale, des collines confuses se succèdent d'Hatien et de Pnom-Penh au Grand-Lac et à la province siamoise de Battambong; tels sont, au nord de Kampot, les *monts de l'Eléphant*, le mont du *Cardamome* (Pnom-Krevanh), haut de 1460 mètres, et, plus au nord, le mont du *Fléau* et la *Montagne de Fer* (Pnom-Dek), riche en minerais. Ces dernières chaînes ont un prolongement naturel dans les îles voisines, *Hou-Nang* et *Phou-Quoc*.

Les montagnes de l'Indo-Chine sont de formation granitique et schisteuse : dans ces schistes se rencontrent les minerais de fer. Les blocs de roches granitiques, usés ou roulés par les eaux, encombrent souvent le lit des fleuves et des rivières et forment les tourbillons et les rapides qui sont un obstacle à la navigation.

Le **delta** du Mé-Kong, qui renferme la Cochinchine, et le **delta** de la Rivière Rouge, qui couvre le sud-ouest du Tong-King, sont des plaines de formation récente, où se déposent les alluvions d'argile et de sable que les pluies et les torrents arrachent aux montagnes, et que les cours d'eau entraînent vers leur delta. Certaines parties de la Cochinchine sont encore à l'état marécageux, et leur niveau est au-dessous des eaux du Mé-Kong : telle est la *Plaine des Joncs*, entre Chaudoc, Mytho et Tay-Ninh, que les eaux du fleuve recouvrent plusieurs mois d'une couche épaisse de 30 centimètres à 5 ou 6 mètres, suivant les crues ; — telle la presqu'île de *Camao*, entre Rach-Gia, Soc-Trang et Camao, inondée à la fois par les rivières et la mer.

« Il n'est pas de pays où il soit plus facile d'étudier le mode de formation des deltas que dans la Basse-Cochinchine. Dans la plaine des Joncs et dans le centre de la presqu'île de Camao, le fleuve, au moment des grandes eaux, déborde et s'étend dans la plaine où il dépose une partie des terres dont il est chargé. Chaque année, de grandes herbes poussent sur ces vases accumulées, vivent, meurent, pourrissent et ajoutent leurs détritus à ceux de même provenance que les générations précédentes des végétaux ont déposés. Les vases et les plantes désagrégées et pourries forment des îlots qui, d'abord, flottent à la surface des eaux, puis se fixent, se rejoignent en s'étalant et finissent par former un sol solide. Sur bien des points déjà, celui-ci peut être desséché par le drainage et mis en culture.

» Sur les côtes, un fait analogue se produit. Des palétuviers se développent sur les terres apportées par les courants. Les innombrables racines que poussent ces arbres retiennent tous les débris de végétaux et d'animaux que les eaux entraînent et auxquels s'ajoutent les feuilles, les branches, les arbres pourris et tombés sur place. Le sol s'exhausse ainsi peu à peu, en même temps qu'il s'élargit du côté de la mer. Bientôt les surfaces que les flots couvraient d'une manière permanente ne sont plus inondées que pendant les hautes marées ; puis elles deviennent de simples marécages où les eaux douces se mélangent aux eaux salées et permettent une végétation plus variée. Celle-ci exhausse encore le sol par ses détritus, et bientôt la terre dépasse le niveau des hautes mers. Elle est alors apte à la culture. » (De Lanessan, *l'Indo-Chine française*, p. 85.)

La Cochinchine, jadis golfe marin, a été peu à peu formée par les apports des eaux. Les dunes de sable, ou *giongs*, qui se voient au milieu des rizières, et derrière lesquelles les eaux, accumulées et stagnantes, se sont transformées d'abord en marécages, puis, grâce à l'industrie des habitants, en salines, en pêcheries et en rizières, ont contribué à élargir le rivage et à étendre le domaine de l'homme.

Le delta du Tong-King, protégé par des digues, s'est agrandi de même avec rapidité. Maintenus par une barrière artificielle, les limons charriés par les eaux ont comblé les parties basses, et fait reculer la mer. Au septième siècle, Hanoï était située sur le bord de la mer ; elle est aujourd'hui éloignée de 100 kilomètres ; — au dix-septième, Hong-Yen était un port ; elle est actuellement à 60 kilomètres dans l'intérieur.

Cours d'eau; Laos. — L'Indo-Chine est admirablement arrosée dans toutes ses parties. Le plus considérable de ses cours d'eau, le fleuve créateur de la Cochinchine, est le **Mé-Kong**[1].

Le Mé-Kong.

Issu des plateaux élevés du Tibet oriental, qui versent à l'Indo-Chine et à la Chine une énorme masse d'eaux courantes, le Mé-Kong a une longueur probable de 4 200 kilomètres, et l'aire de son bassin s'étend sur un million de kilomètres carrés environ. Ses sources sont encore inconnues. L'abbé Desgodins les place dans les monts du Kouen-loun ; Prjevalsky, dans la chaîne de Tan-la ; le pandit Krichna, dans les monts du Khatchi ou Tchang-tang. Les nombreux ruisseaux qui le constituent forment deux grandes rivières, *Om-tchou* et *Baroum-tchou*, réunies à Kiamdo ou Tchamou-to, où elles prennent le nom de *Lan-tsan-Kiang*. Le fleuve est à une altitude d'environ 3 000 mètres par 32° lat. N. La température en ce lieu descend souvent l'hiver à — 20 degrés, et le fleuve y gèle deux mois par an. Dans ces régions encore peu connues, de Kiamdo à Yerkalo, le Mé-Kong coule dans d'effrayantes cluses, resserrées parfois à 20 mètres, entre des parois de rochers perpendiculaires hauts de plusieurs centaines de mètres ; les caravanes passent sur d'étroites galeries branlantes suspendues aux murailles granitiques, au-dessus de l'abîme, et elles évitent de s'y rencontrer. « En » plusieurs endroits, là où les cluses offrent de part et d'autre des terrasses » d'accès facile, on a pu établir des ponts volants : un simple câble en fibres » de bambou est tendu d'un côté à l'autre de la gorge avec une assez » grande inclinaison pour qu'un objet glissant sur la corde, au moyen d'un » anneau mobile, également en bambou, soit entraîné par son propre » poids, jusqu'à la plate-forme de la berge opposée ; de solides attaches en » cuir reçoivent le voyageur ou l'animal qui doit traverser le fleuve, et » en un clin d'œil l'espace est franchi. Pour revenir, il faut monter à une » plate-forme supérieure d'où part une autre corde inclinée en sens inverse, » et de nouveau l'abîme est traversé. » (VIVIEN et ROUSSELET, *Dictionnaire de géographie*.)

De Yerkalo à Tsé-kou, l'abbé Desgodins a constaté l'existence de cluses semblables ; plus bas, pendant plus de 300 kilomètres, le cours du fleuve est inconnu jusqu'à la rencontre de la route de Bhamo à Tali-fou. Au pont de fer de Sayang, long de 70 mètres, large de 3, élevé à 12 mètres au-dessus du lit du fleuve, l'altitude du niveau de l'eau est encore de 1 200 mètres, le courant rapide, et la navigation impossible. C'est là que les Anglais ont projeté de faire passer la voie ferrée qu'ils songent à construire de Bhamo à Tali-fou.

Les documents chinois seuls nous apprennent la direction du fleuve et

---

1. Le Mé-Kong a le sens de *mer fleuve* : mais ce nom n'est en usage que dans la partie inférieure de son cours. Les Tibétains l'appellent *Kiamdo-Tchou* ou *Lo-Kiang* ; les Chinois, *Lan-tsan-Kiang* ou *La-Kio* ; les Birmans, *Mekoan-Mit* ; les Siamois, *Kidou-Long*, *Nam-Kong*, *Mé-Kong* ; les Cambodgiens, *Song-Son* ou *Cambodge*.

les affluents qu'il reçoit au Yun-nan jusqu'à *Xieng-Hong*, à 500 kilomètres en aval, par 22°7' de lat. N., à son entrée en Indo-Chine, point extrême atteint par l'expédition Doudart de Lagrée et Garnier. Le Mé-Kong, en aval de cette frontière, est bien connu[1]. A *Xieng-Hong* ou *Alévy*, chef-lieu d'une principauté vassale de la Birmanie, le Mé-Kong, large de 300 à 400 mètres, coule paisible entre de hautes berges bordées de bancs de sable; les crues élèvent son niveau à 10 ou 12 mètres. Au-dessous de la ville, il reçoit à droite le *Nam-kha*, se rétrécit, et s'enfonce entre des rochers calcaires qui par endroits le dominent de leurs parois verticales. Seules les barques de pêche peuvent circuler sur ses eaux. Au delà de *Siemlap*, le Mé-Kong traverse des rizières et des forêts grandioses; çà et là, quelques coteaux portent des plantations de coton ou des tapis de gazon arrosés de frais ruisseaux. En face de *Paleo*, le fleuve coule dans une plaine où il s'épanouit à son aise, mais il ne porte que des barques de pêcheurs. Plus bas, tournant à l'ouest, et « réduit à un chenal de 50 à 80 mètres, il laisse à découvert de grands bancs de sable, entrecoupés de bassins d'une eau chaude et dormante et de rochers d'un aspect bizarre et d'une escalade difficile. La forêt marque partout nettement la limite que ne dépasse jamais l'inondation et encadre d'un ruban vert aux reflets ondoyants cette bleuâtre étendue, tout émaillée de taches blanches et noires. » (GARNIER, *Voyage d'exploration en Indo-Chine*, p. 363.)

C'est ici que commence une première série de rapides qui opposent à la navigation un obstacle insurmontable. Le chenal étroit et profond se creuse au milieu des roches qui surgissent de tous côtés. Le *Tang-Ho* et le *Tang-Din* sont ces deux passages dangereux qu'on peut franchir en pirogue à la saison des hautes eaux. En aval de ces rapides, à droite, la rivière du *Nam-pout* apporte les eaux du Laos birman; et, en aval des ruines de l'ancienne capitale, *Xieng-Sen*, l'embouchure du *Mékok* ou *Nam-kok* marque le commencement de la vaste courbe septentrionale décrite par le Mé-Kong jusqu'à Xieng-Khong. Arrivé au village de *Pha-den*, le grand fleuve dessine de brusques écarts entre des collines escarpées, et serpente vers l'est pendant plus de 200 kilomètres, jusqu'à Louang-Prabang, recevant plusieurs affluents, dont l'un, à droite, le *Sé-Ngoum*, a sa source à dix milles à peine de celle de la Mé-Nam. Au point où les eaux noires et calmes du *Nam-Ou*, à gauche, se mélangent à ses eaux jaunâtres, le Mé-Kong descend vers le sud : dans les flancs des hautes falaises à pic de la rive droite s'ouvre une grotte splendide que les indigènes ont transformée en un sanctuaire bouddhiste.

En 1883, M. le Dr P. Néis a le premier exploré successivement les affluents de la rive gauche du Mé-Kong, dans la région de Louang-Prabang, le *Nam-Ou*, le *Nam-Kan*, le *Name-Chane*, etc. Le **Nam-Ou**, dont le commandant Doudart de Lagrée avait deviné l'importance, roule une grande masse d'eau noirâtre très profonde entre des rochers majestueux, aux formes tourmentées et pittoresques. Sur une longueur de plus de 12 kilomètres, des milliers de rochers ont été sculptés par des artistes indigènes;

---

1. « Nous continuons à remonter le Mé-Kong, lentement, péniblement, mais sans encombre, constatant et vérifiant partout, avec une profonde admiration, l'exactitude rigoureuse des itinéraires de la mission du commandant de Lagrée, tracés par MM. Fr. Garnier et Delaporte. Avec la carte qu'ils ont dressée, on ne se trouve pas plus dépaysé sur le Mé-Kong qu'on ne l'est sur un de nos fleuves de France, un Guide-Joanne à la main. » (Dr NÉIS, *Voyage dans le Haut-Laos*, 1885.)

les uns représentent des figures humaines, les autres, des animaux, éléphants, buffles, singes, crocodiles, etc.; son affluent, le *Nam-Bac*, montre des sculptures semblables : les arbres et les gazons des rives ont aussi des formes d'animaux; les talapoins réparent chaque année ces œuvres d'art à l'époque de la fête des eaux. — Le **Nam-Kan**, qui aboutit à Louang-Prabang, traverse une région peuplée de Laotiens et de Khas : les premiers habitent le long des cours d'eau et vivent de pêche et de commerce; les seconds ont leurs huttes en pleine forêt vierge, sur les collines, et récoltent en abondance le riz et le coton.

La ligne droite formée par le Mé-Kong entre Louang-Prabang et Xien-Kang, prolongée au nord par la vallée du *Nam-Hou*, au sud par la dépression du *Nam-Sak* ou *Sarabouri*, semble marquer la direction naturelle que devrait suivre le tracé d'une route commerciale ou d'un chemin de fer entre Bang-Kok et le Yun-nan. De là l'importance de la position de Louang-Prabang. La France, suivant un traité signé en 1888 avec le roi de Siam, reconnu suzerain du royaume de Louang-Prabang, entretient dans cette ville un vice-consul.

Mais, si la vallée du Mé-Kong, de Louang-Prabang à Xien-Kang, paraît la continuation la plus directe des fleuves du golfe de Siam, il faut remarquer qu'un épais massif montagneux sépare le Mé-Kong de la Mé-Nam, que la ville et la région de Xien-Kang sont pauvres et peu peuplées, et que le Mé-Kong en cet endroit ne se prête pas à la navigation. C'est la section la plus accidentée par les rapides (*Keng* ou *Kang*). Quelques-uns, comme *Keng-Kaniok* et *Keng-Louang*, sont particulièrement dangereux. Le lit du fleuve n'a plus que 200 et même 150 mètres de large; entre les énormes falaises des rives, des blocs de rochers se dressent au milieu du courant, et les eaux, tourbillonnant autour de ces barrages, se précipitent avec fureur dans les bassins inférieurs; leur profondeur atteint parfois 60 mètres; à la saison des crues, leur niveau s'élève à 16 mètres. Devant ces rapides, les marchandises sont portées; les radeaux seuls descendent le courant[1]. Dans ces eaux profondes et tumultueuses, les pêcheries sont prospères, et les sauvages Khmous y prennent des poissons de dimensions énormes, qui sont certainement, au dire de Garnier, les rois de l'eau douce. A *Paklay*, le Mé-Kong s'élargit : il a 1000 mètres entre ses deux rives et une profondeur moyenne de 15 mètres. Son courant est calme jusqu'à *Xieng-Kang*. A Xien-Kang, ville siamoise de la rive droite, où il reçoit le *Nam-Ouang* et le *Nam-Leui*, rapprochés par leur cours supérieur des fleuves du golfe de Siam, le Mé-Kong reprend une direction sinueuse vers l'est jusqu'au delà de l'embouchure du *Nam-Chane*. Après avoir franchi de nouveaux rapides et

---

[1] « A partir de Vien-Chan, l'aspect du pays se transforme. Le fleuve s'encaisse
» entre des collines qui deviennent bientôt des montagnes, et poussent jusque
» dans les eaux comme des racines rugueuses de rochers. Le lit étroit du Mé-
» Kong semble littéralement encombré; malgré les petites dimensions et l'ex-
» trême légèreté de nos barques, nous devons nous arrêter pour prendre des
» guides capables de nous diriger à travers les écueils. Bientôt le courant de-
» vient si fort, les masses de rochers abrupts sont si difficiles à tourner qu'il
» faut abandonner gaffes et pagaies pour s'atteler à d'énormes cordes de rotin.
» Les Laotiens, montés sur des blocs de grès rongés par l'eau, s'accrochent d'une
» main aux anfractuosités de ces rochers déchiquetés, et de l'autre tirent vigou-
» reusement les barques à eux en poussant des cris sauvages. Avec leurs câbles,
» leurs longues perches ferrées, on les prendrait pour ces pillards de mer qui au
» quinzième siècle vivaient grassement en Bretagne du produit des naufrages. »
(L. DE CARNÉ, *Exploration du Mé-Kong*.)

atteint 55 à 60 mètres de profondeur, il passe devant les ruines de *Vien-Chan*, l'ancienne métropole du Laos, détruite par les Siamois; et devant *Nonkay*, marché important et entrepôt de toute la région. A Boun-Kang, il reçoit le Nam-Chane. — Le **Nam-Chane** (ou *Nam-Sane*) descend du plateau tonkinois de Tran-Ninh, qui envoie au golfe du Tonkin le Song-Ca, et peut ouvrir une route vers l'Annam. Jadis habitée par les tribus des Phouens, cette région a été dévastée et dépeuplée par les invasions des pirates chinois, les Hôs.

En aval du Nam-Chane, le **Mé-Kong**, prenant la direction du sud-est, est encore par intervalles embarrassé de blocs de grès; mais, après avoir reçu à gauche les eaux du *Nam-Kadin*, le fleuve coule paisible dans un vaste lit, semé de bancs de sable, entre des berges basses, et il est navigable pour les petites embarcations jusqu'à Kemmerat, pendant 400 kilomètres. Il passe ainsi devant *Saniabouri;* à droite, près de l'embouchure du *Soum-Kam*, devant *Houten*, en face du *Nam-Hin-Boun*, jolie rivière de gauche que MM. de Lagrée et Joubert explorèrent, et dont la vallée possède des mines de plomb encore mal exploitées. A *Lakhon*, il est large de 800 mètres, mais un banc de sable occupe la moitié de son lit; sa profondeur moyenne est de 5 à 6 mètres; les dépôts calcaires de la rive gauche fournissent la matière d'une importante industrie pour la fabrication de la chaux. La vallée est couverte d'une riche végétation, et de curieuses pagodes se rencontrent au milieu des villages de *Peu-nom* et de *Bak-mout*. Mais, au delà de Thasakou, la navigation redevient très difficile, uniquement praticable aux radeaux et aux pirogues indigènes. De *Kemmerat* à *Pak-moun*, sur une distance de 160 kilomètres, entre l'embouchure du *Se-Bang-Hien* jusqu'à celle du *Se-moun*, le fleuve franchit une succession de rapides, dont quelques-uns, comme le *Keng-Kanien* et le *Keng-Yapeut*, où le Mé-Kong, ramené brusquement de 500 à 48 mètres, passe en tourbillonnant avec une vitesse de 9 à 11 kilomètres à l'heure. « A des intervalles réguliers, dit Fr. Garnier,
» parmi les flots d'écume et les lames qui s'entre-choquent, un tourbillon se
» creuse, sorte d'entonnoir liquide, large et profond de plusieurs mètres;
» au-dessous de lui, on en voit deux ou trois autres dont les dimensions
» vont en diminuant. Ces tourbillons se forment, disparaissent et se refor-
» ment toutes les deux ou trois minutes. »

M. le Dr Harmand, qui a exploré en 1877 cette section du fleuve, et qui a le premier relevé le cours du Se-Bang-Hien dans sa traversée de Kemmerat à Hué, donne du Mé-Kong la description suivante, entre Pak-moun et Kemmerat (d'aval en amont) :

« Le lit se rétrécit, ses berges d'argile et de sable, mollement ondulées, disparaissent pour faire place à d'énormes rochers d'aspect triste et sauvage, quelquefois taillés à pic comme d'un coup de ciseau gigantesque. Le fleuve, aux eaux désertes et sombres, prend l'apparence d'un canal entre deux murailles cyclopéennes, et acquiert une profondeur énorme. Le courant est fort, mais uniforme et sans rapides. Toute la journée le paysage reste le même. Quelle longue série de siècles la nature a-t-elle dû employer pour creuser ainsi d'abord la large vallée du Mé-Kong au travers des plateaux de grès qui s'aperçoivent dans le lointain, à droite et à gauche, transformés en montagnes, puis pour ouvrir le dernier chenal au sein de ces rochers compacts!

» La force du courant oblige, de place en place, les hommes à grimper sur les rochers, et à haler les pirogues l'une après l'autre, au moyen de longs câbles de rotin. Puis ils redescendent à bord, ruisselants d'eau et de sueur, se remettre à la pagaie ou à la gaffe, pour recommencer bientôt le même manège, dans les endroits où la ligne de grand courant, se rapprochant d'une des murailles, ne permet plus d'avancer.

» ..... Au fond de ces roches brillantes, recouvertes d'une sorte de vernis noirâtre qui réfléchit l'ardeur du soleil, c'est une vraie fournaise : il me tarde d'avoir franchi ce long corridor, dont le pittoresque m'avait d'abord séduit. Les cavités des rochers, aux endroits où le courant est le plus violent, sont habitées par des bandes de Laotiens, qui viennent y camper, pendant la dernière partie de la saison sèche, avec femmes et enfants, s'occupant à pêcher et à sécher au soleil des poissons magnifiques à la vue, moins séduisants pour l'odorat. Dans les anfractuosités, comblées par des dépôts d'un limon extrêmement fertile, ils cultivent un peu de tabac et de coton. »

M. Harmand, favorisé sans doute par le niveau du fleuve, réussit à franchir sans grande difficulté, en faisant haler ses pirogues à la cordelle, le redoutable rapide de Ya-peut, où avant lui MM. Delaporte en 1867, d'Arfeuille et Rheinart en 1869, avaient failli être entraînés par les tourbillons. « Toute la masse des eaux, obligée de passer par un étroit couloir,
» d'une quarantaine de mètres de large, s'y précipite en fureur, avec de
» violents remous. Des tourbillons fugaces, de 60 à 80 centimètres de
» diamètre, se dessinent à la surface écumante du rapide ; mais, sur le bord
» de la rive droite, l'eau glisse en une seule nappe presque polie. »

« Après les rapides, le Mé-Kong s'élargit un peu et les rochers se recouvrent de limon desséché. Mais il est toujours aussi encaissé, d'une vingtaine de mètres, au-dessous du faîte des falaises, où se dressent de vilains bambous, jaunes et sans feuilles, pareils à d'énormes balais, et de maigres arbres à huile. C'est triste à mourir. Les rives sont complètement désertes : mais qui donc voudrait vivre au milieu d'une pareille désolation? Quelques sternes au bec rouge ou jaune et des vanneaux criards animent seuls le paysage. Le lendemain, les rives se relèvent à pic, atteignant par endroits jusqu'à 50 mètres de hauteur... Nous continuons à remonter péniblement le courant. Le fleuve présente une série d'étranglements et de bassins qui se succèdent comme les grains d'un chapelet; à chaque étranglement un rapide. » (Docteur Harmand, *le Laos et les populations sauvages de l'Indo-Chine*; *Tour du Monde*, 1880.)

M. Harmand, parti de Lakhon sur le Mé-Kong, traversa de l'ouest à l'est, puis du nord au sud, la région montagneuse et boisée habitée par les sauvages tribus des Khas, et rejoignit le Sé-Bang-Hieng, large de plus de 100 mètres, qu'il remonta sous des pluies torrentielles, et qu'il trouva tantôt calme et uni comme un miroir, tantôt coupé de rapides, souvent bordé sur ses deux rives de rochers escarpés, ou de masses épaisses de bambous, comme des murailles végétales à pic. Son affluent, le *Tchépon*, le rejoint à gauche au milieu des bananiers et des jardins, au pied de belles montagnes couvertes d'une épaisse végétation. Le Tchépon et le Bang-Hieng étaient jadis suivis par une route commerciale qui rattachait ces vallées laotiennes avec la province annamite de Quang-Tri; la route est aujourd'hui abandonnée.

Le plus grand affluent de droite du Mé-Kong est le *Sémoun*, qui arrose les provinces les plus peuplées et les plus riches du Laos. Ses sources sont situées dans les plateaux incultes qui le séparent de la Mé-Nam inférieure; dans sa vallée supérieure, Korat, et plus bas, Oubône, à 300 kilomètres de l'embouchure, à Pak-moun, sont de grands entrepôts de commerce sur la route que suivent marchandises et voyageurs allant de Moulmein et de Bang-Kok à Bassac et sur le Haut-Mé-Kong. Le Sé-moun n'est navigable qu'en aval d'Oubône, et son lit est là encore semé de rapides dangereux.

De Pak-moun à Khong, le Mé-Kong est facilement navigable : avant le confluent du *Sé-dôn*, à gauche, il passe rapide et profond de plus de 70 mètres entre deux murs de rochers distants de 200 mètres à peine. Plusieurs îles divisent son cours : en face de la plus grande, *Dong-deng*, se trouve Bassac, entrepôt de marchandises, et grand marché à esclaves; plus loin, l'île de *Khong* ou *Sitandon*, longue de 20 kilomètres, large de 9, est peuplée de 10 000 habitants environ.

En aval de Muong-Khong, commencent les fameuses cataractes de Khôn, parsemées d'îles recouvertes d'épaisses forêts : deux seulement sont habitées. Aux eaux basses, la plupart des bras qui les séparent sont à sec. Francis Garnier a donné la description suivante des chutes de Khôn, que la mission française a visitées d'aval en amont :

« Elles sont précédées par un immense et magnifique bassin, qui a environ une lieue et demie dans sa plus grande dimension et une quarantaine de mètres de profondeur. Il est limité au nord par un amas compact d'îles, au milieu desquelles surgissent pour la première fois quelques collines. C'est au travers de ce groupe d'îles et par vingt canaux différents que les eaux du fleuve, quelque temps retenues dans les sinuosités de leurs rives, se précipitent dans le tranquille bassin où elles viennent se confondre et s'apaiser. A l'extrémité ouest de ce bassin et sur la rive droite du fleuve s'élève un groupe de montagnes. On sent que c'est là le point de départ de l'arête rocheuse qui est venue barrer si malencontreusement le cours du fleuve. En traversant le bassin, on aperçoit successivement à l'entrée de chaque bras des chutes d'eau, différentes d'aspect et de hauteur, qui ferment l'horizon de leur mobile rideau d'écume. Les eaux ne tombent point cependant partout en cascades. Dans quelques bras longs et sinueux, elles ont aplani l'obstacle et coulent en torrent. Ce sont là des passages dont profitent les indigènes pour faire passer leurs barques complètement allégées..... Les deux canaux les plus importants et les cataractes les plus belles se trouvent dans les deux bras extrêmes du fleuve. Là on voit des chutes d'eau de plus de 15 mètres de hauteur verticale et d'une longueur qui atteint parfois un kilomètre. La ligne des cataractes atteint, décomposée en plusieurs tronçons, un développement total de 12 à 13 kilomètres. Au-dessus, le fleuve se rétrécit un instant jusqu'à ne plus mesurer que la moitié de cette dimension; puis il s'épanouit de nouveau sur l'immense plateau de rochers qui précède les chutes, en se perdant au milieu d'îles sans nombre et embrassant entre deux rives un espace de près de cinq lieues. Tout, dans ce gigantesque passage, respire une force et révèle des proportions écrasantes. Cette grandeur n'exclut pas la grâce : la végétation, qui recouvre partout le rocher et vient se suspendre jusqu'au-dessus des cascades, adoucit l'effrayant aspect de certaines parties du tableau par d'heureux et saisissants contrastes. Au pied même des cataractes viennent s'ébattre d'énormes poissons analogues aux souffleurs, et, dans les parties plus tranquilles, des pélicans et d'autres oiseaux aquatiques se laissent nonchalamment emporter par le courant. » (*Voyage et exploration en Indo-Chine*, t. I, 176.)

A la hauteur de l'île de Khong, le fleuve reçoit le *Sé-Lamphao* ou *Toulé-Bépan*, rivière descendue des montagnes siamoises au nord du Grand-Lac, et que M. Harmand a déclarée impropre à l'établissement d'une route ou d'un canal de communication avec le Grand-Lac. A Stung-Treng, tombe à gauche le *Sé-Kong*, issu du plateau des Bolovens; le Dr Harmand a constaté qu'il était peu navigable et que son affluent, le *Sé-Kéman*, était coupé de rapides infranchissables. De superbes forêts en couvrent les rives. Le village d'Attopeu est le principal centre de cette région habitée par les Khâs sauvages. (Voy. *Tour du Monde*, 1879.)

Au delà du pauvre village de Stung-Treng, qui est encore sous la suzeraineté du roi de Siam, le Mé-Kong reste embarrassé de rochers de grès et d'îles nombreuses. Il entre alors sur le territoire cambodgien, soumis au protectorat de la France. Au-dessus et au-dessous de la longue île de *Préa*, ces îles longues et effilées divisent le courant très rapide ; à la hauteur de

Préapatang, les rapides recommencent et deviennent vertigineux. Francis Garnier, qui les franchit en pirogue avec un matelot et deux pagayeurs laotiens, dit que le courant était « de foudre ». Il dut tenir ses bateliers sous la menace de son revolver pour les contraindre à passer.

« ..... Je vis bientôt ce qui formait le rapide. Après avoir longtemps couru presque exactement nord et sud, la rive droite du fleuve s'infléchit brusquement à l'est et vient présenter à l'eau une barrière perpendiculaire. En amont, sur l'autre rive, une pointe avancée renvoie dans ce coude toutes les eaux du fleuve qui la frappent et s'y réfléchissent, de sorte que leur masse entière vient s'engouffrer avec la rapidité et le bruit du tonnerre dans les quatre ou cinq canaux que forment les îles à base de grès qui se profilent le long de la rive droite. Irritées de la barrière soudaine qu'elles rencontrent, les vagues boueuses attaquent la berge avec furie, l'escaladent, entrent dans la forêt, écument autour de chaque arbre, de chaque roche, et ne laissent debout dans leur course furieuse que les plus grands arbres et les plus lourdes masses de pierre. Les débris s'amoncellent sur leur passage; la berge est envahie, et, s'élevant au milieu d'une vaste mer d'une blancheur éclatante, pleine de tourbillons et d'épaves, quelques géants de la forêt, quelques rochers noirâtres résistent encore, pendant que de hautes colonnes d'écume s'élèvent et retombent sans cesse sur leurs cimes.

» C'était là que nous arrivions avec la rapidité de la flèche. Il était de la plus haute importance de ne pas être entraîné par les eaux dans la forêt, où nous nous serions brisés en mille pièces, et de contourner la pointe en suivant la partie la plus profonde du chenal. Nous y réussissions en partie. Ce ne fut d'ailleurs pour moi qu'une vision, qu'un éclair. Le bruit était étourdissant, le spectacle fascinait le regard. Ces masses d'eau, tordues dans tous les sens, courant avec une vitesse que je ne puis estimer à moins de 10 ou 11 milles à l'heure, et entraînant au milieu des roches et des arbres notre légère barque perdue et tournoyante dans leur écume, auraient donné le vertige à l'œil le moins troublé. Un des naturels eut le sang-froid et l'adresse de jeter, à mon signal, un coup de sonde qui accusa dix mètres; ce fut tout. Un instant après, nous frôlions un tronc d'arbre le long duquel l'eau rejaillissait à plusieurs mètres de hauteur. Mes bateliers courbés sur leurs pagaies, pâles de frayeur, mais conservant un coup d'œil prompt et juste, réussirent à ne point s'y briser. Peu à peu la vitesse vertigineuse du courant diminua : nous entrâmes en eau plus calme; la rive se dessina de nouveau; mes bateliers essuyèrent la sueur qui ruisselait de leurs fronts. Nous accostâmes pour les laisser se reposer de leur émotion et des violents efforts qu'ils avaient dû faire. Je remontai à pied le long de la berge pour essayer de prendre quelques relèvements et compléter la trop sommaire notion que je venais d'avoir de cette partie du fleuve : si la profondeur de l'eau paraissait suffisante pour laisser passer un navire, la force du courant enlevait tout espoir que ce passage pût jamais être tenté; et le chenal, s'il existait, ne devait plus être cherché de ce côté, mais plus probablement au milieu des îles qui occupent la partie centrale du lit du fleuve. » (Francis GARNIER[1], *Voyage et exploration en Indo-Chine*, t. I, p. 166.)

---

1. Francis Garnier, né à Saint-Etienne en 1839, fit de brillantes études au lycée de Montpellier et entra à l'école navale en 1855. Aspirant de 1re classe en 1859, il prit part à l'expédition de Chine sous les ordres du commandant Bourgeois, passa comme enseigne de vaisseau dans l'état-major du vice-amiral Charner, qui l'emmena à Saïgon (1863), prit part à la première expédition de Cochinchine, fut nommé en 1868, inspecteur des affaires indigènes à Cholon, et, quand la France fut devenue maîtresse du delta entier du Mé-Kong, se montra, dans ses conversations, sa correspondance et ses mémoires, un des plus ardents promoteurs de l'exploration du grand fleuve. Nous avons dit, dans la *Notice historique*, quel fut le succès de l'expédition commandée par Doudart de Lagrée. La part de Garnier, dans l'entreprise, fut admirable; avec une modestie et un esprit de justice que ses biographes n'ont pas toujours respectés, il a voulu reporter à son chef le principal mérite de cette entreprise si féconde, qui fait leur gloire à tous les deux, et honore en même temps leurs vaillants compagnons de route. « C'est à la sagesse et à l'énergie de son chef, M. le capitaine de frégate Doudart » de Lagrée, écrit Francis Garnier, que la commission française d'exploration a » dû de réussir dans la tâche difficile qu'on lui avait confiée. Il a payé de sa » vie la gloire de cette entreprise : elle lui appartient tout entière... Ce voyage » mit dans tout leur relief les éminentes qualités de M. de Lagrée; la sûreté » d'intelligence, l'élévation de caractère qu'il déploya au milieu des circonstances » les plus difficiles, excitèrent souvent notre admiration. Son extrême distinc- » tion d'esprit, sa délicatesse de cœur, lui conquirent, dès les premiers jours, » notre affection et notre respect. Il fut pour nous moins un chef qu'un père » de famille : il se réserva la plus grande part des fatigues et garda tout entiers » les soucis et la responsabilité du commandement. » (F. GARNIER, Préface du *Voyage d'exploration en Indo-Chine*.) Au retour, Garnier publia, dans un admirable livre, le rapport sur cette exploration. On lui prodigua les honneurs les plus enviés; les Sociétés de géographie de Paris, de Londres, d'Anvers, lui décernèrent leurs grandes médailles d'or. Garnier, avec un sentiment de délicatesse des plus touchants, voulut que la Société de Paris partageât la récompense entre Doudart de Lagrée et son lieutenant. Ces honneurs lui firent des ennemis et des détracteurs. La guerre survint, Garnier commanda une chaloupe sur la Seine, puis devint chef d'état-major du contre-amiral Méquet, et défendit énergiquement le fort de Vanves. Il a laissé ses impressions sur cette période funèbre dans un livre intitulé *le Siège de Paris*, d'abord publié en notes dans *le Temps*. C'est au même journal qu'il adressa ces lettres si intéressantes, écrites au cours

Francis Garnier avait traversé à la descente le rapide de Préapatang au mois de juillet 1866. — En 1884, le gouverneur de la Cochinchine française, M. Thomson, autorisa M. de **Fésigny**, lieutenant de vaisseau, commandant la canonnière *la Sagaie*, à tenter une campagne hydrographique dans les rapides de Khong, et à rechercher si, pendant quelques mois, les bateaux à vapeur ne pourraient pas remonter à Stung-Treng. Au mois d'août 1885, M. de Fésigny reconnut que les rapides de la rive gauche étaient infranchissables; en août 1885, *la Sagaie* remonta jusqu'au nord de la grande île *Ca-Lomien*, et arriva en face de l'énorme agglomération d'îles formant la barrière de Préapatang, d'une rive à l'autre. La canonnière dut s'arrêter. Mais le commandant de la marine, M. **Réveillère**, monté sur le torpilleur 44, et assisté d'un guide cambodgien, le 8 septembre de la même année, tenta heureusement l'entreprise; le torpilleur franchit les passes de Ca-Tomban, et poussa jusqu'à Stung-Treng, où paraissait pour la première fois un bateau à vapeur. Le 20 septembre, *la Sagaie* passait à son tour, non sans de grandes difficultés, le barrage de Ca-Tandon. La route du Laos semblait ouverte.

Au mois de février 1886, M. de Fésigny, qui avait étudié de près l'hydrographie du fleuve, de Sambor à la frontière siamoise, renouvela son exploration des rapides. C'était à l'époque des basses eaux. « Il put se rendre
» compte, la sonde à la main, du régime du rapide de Préapatang, et, au
» lieu de cet amas d'eaux tourbillonnantes et bourbeuses, entraînées avec
» une vitesse vertigineuse, il a trouvé un bras du fleuve dépassant
» 50 mètres de largeur et roulant entre des parois de granit des eaux lim-
» pides et profondes. Il y avait dans la passe plus de 15 mètres d'eau, ce
» qui permet de dire que le torpilleur en avait au moins 25 mètres sous
» la quille quand il a traversé le rapide. » En juillet 1886, le capitaine Réveillère, sur la chaloupe *Préa-patang*, et le lieutenant de Mazenod, sur *l'Etincelle*, s'engagèrent hardiment dans les mêmes passes, et, malgré des accidents survenus aux machines, réussirent à les remonter et à les redescendre avec un égal succès. « La descente des rapides, écrit M. Réveillère,
» est plus effrayante que dangereuse avec un navire qui gouverne bien....
» Avec une bonne machine et de la vitesse, on passera en se jouant où
» ont passé nos modestes chaloupes : mais il ne faut plus tenter la fortune
» avec d'aussi faibles moyens; on s'exposerait sûrement à quelque cata-
» strophe [1]. »

---

d'un voyage en Chine, sous ce titre : *De Paris au Tibet*. A Shang-Haï il trouva, en 1873, la lettre de l'amiral Dupré, qui l'appelait à Saïgon pour l'envoyer au Tong-King, où il allait succomber dans une dernière campagne héroïque que nous avons racontée.

Sur la vie et les *Voyages* de Garnier, après les ouvrages de Garnier lui-même, on consultera avec intérêt la *Notice* de M. Auguste Trève et l'excellent ouvrage de M. Edouard Petit (Paris, Dreyfous), composé à l'aide des correspondances intimes et des documents inédits communiqués à l'auteur par la veuve de Francis Garnier, par son frère, M. Léon Garnier, par ses amis MM. Perre et H. Gautier.

1. Après MM. Réveillère et Mazenod, MM. Blanchet, Arand, Heurtel se sont courageusement mis à la recherche de passes navigables dans la même région entre Khong et le village de Khòn. En 1890, une expédition, composée de MM. Mougeot, Pelletier et Fontaine, membres de la Société des études indochinoises de Saïgon, a de nouveau franchi les chutes, et revendiqué pour elle la priorité du passage, en désignant le chenal par le nom de passe Pelletier-Mougeot. — D'autres réservent cet honneur à M. Doudart de Lagrée, qui dès 1866

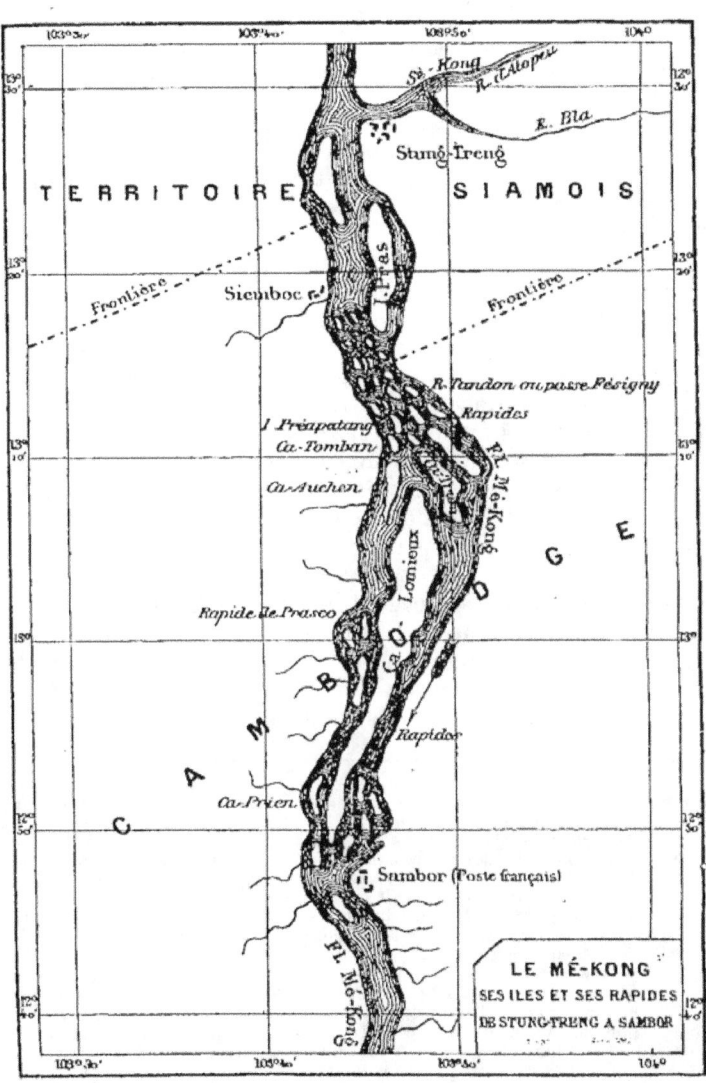

Le Mé-Kong.

Au-dessous des rapides de Préapatang, le Mé-Kong, devenu plus calme, sans cesser d'être parsemé d'îles et d'écueils, descend vers *Sambor* et *Samboc*, petits villages construits sur la rive gauche : entre eux s'échelonnent de nouveaux rapides qui sont franchis sans encombre par les bateaux à vapeur. Ces obstacles se montrent jusqu'au gros village de *Kratieh*.

« Toute cette région n'a et n'aura pendant bien longtemps encore aucune importance commerciale. Mais il en est peu qui, par la majesté de leur aspect, soient capables de laisser dans le souvenir des traces plus profondes.

» Sur les deux rives du grand fleuve, des forêts inexplorées s'allongent en interminables murailles que colorent toutes les teintes des feuilles, que panachent toutes les nuances des fleurs. Au-dessus des masses sombres se dressent, comme des scrutateurs indiscrets de leurs mystérieuses profondeurs, les géants aux troncs droits, aux bras tordus, à la tête touffue que le soleil pénètre, illumine et fait vivre. En avant des grandes feuillées, les bambous balancent leurs panaches plumeux, les arbrisseaux plongent leurs rameaux fleuris dans le fleuve. Les lianes, dans leurs caprices inépuisables, passent d'un tronc à l'autre, descendent et remontent en guirlandes, se tordent autour des branches, unissent par leurs embrassements les arbres les plus divers, confondent leurs feuilles et leurs fleurs avec celles de tous leurs soutiens et font commettre à l'œil inexpérimenté les erreurs les plus singulières.

» Les bruits sont rares dans ces grands bois. Pendant le jour quelques coups de clairon donnés par les coqs sauvages pour appeler leurs poules, les cris rauques des paons, les piail-

---

signalait la possibilité du passage, et remontait lui-même pendant la saison des pluies le canal de l'est qui longe l'île Sdam. — (Voy. à ce sujet, Félix Julien, *Lettres d'un précurseur*; le n° de la *Revue française et des colonies* du 15 octobre 1890, et la *Géographie* des 11 décembre 1890 et 15 janvier 1891. — Au mois d'avril 1887, M. de Lanessan, député de la Seine, chargé d'une mission officielle dans l'Indo-Chine, et M. Piquet, résident général au Cambodge, remontèrent le Mé-Kong jusqu'à Stung-Treng. M. de Lanessan donne les détails suivants sur la navigation du fleuve à cette saison : « Les pirogues très légères et calant à peine
» 15 ou 20 centimètres, qui seules peuvent, pendant les basses eaux, naviguer
» entre Khong et Kratich, prennent, pour la descente, le milieu des rapides, et se
» laissent entraîner par le courant, sans autre soin, de la part des rameurs, que
» celui d'éviter les roches à fleur d'eau contre lesquelles l'embarcation risque à
» chaque instant de se heurter et de chavirer. Pour remonter le fleuve, les pirogues circulent le long des rives, dans les ruisselets torrentueux qui zigzaguent
» entre les roches. Les rameurs poussent les embarcations avec de longues perches en bambou, armées d'une pointe en fer. Dans quelques passages, il y a
» si peu d'eau qu'ils sont obligés de soulever ou de porter l'embarcation et les
» voyageurs qu'elle contient. » (*L'Indo-Chine française*, p. 106.)

lements aigus des aigles pêcheurs, troublent seuls le silence de ces solitudes où les oiseaux chanteurs sont rares et où les bruits des hommes font défaut. Pendant la nuit, les clapotements que font les poissons en sautant hors de l'eau, les grondements sourds qui ont fait donner aux caïmans par les Cambodgiens le nom imitatif de « Krépeu », les miaulements plaintifs, répétés pendant des heures entières par quelque oiseau de nuit, le bruissement de l'eau le long des barques, le grondement monotone et lointain des rapides, semblent l'hymne mystérieux des arbres, des eaux, des rochers qu'obscurcissent les ténèbres ou que blanchit la lune.

» La légère pirogue d'un pêcheur venu je ne sais d'où, une cabane devant laquelle sèchent au soleil des poissons fendus et étalés, quelques morceaux de bois charbonnés sur la rive, des pierres sur une plage de sable indiquant qu'on a préparé là des poissons pêchés dans le grand fleuve, sont les seules manifestations de l'homme que l'on rencontre dans ces immenses solitudes.

» Le grand fleuve seul trouble la sérénité vierge des forêts, lorsque après les grandes pluies il se soulève le long de ses hautes rives, les déborde, couvre le pays de ses eaux, chasse les fauves devant lui, détruit les nids, les œufs et les petits des oiseaux, déracine les herbes, les arbustes, les arbres les plus puissants, entraîne les terres et les rochers, bouscule et roule vers la mer tout ce qui cède à sa poussée.

» Tout autre il est pendant la saison sèche, quand son cours est épuisé par des pertes que les torrents et les rivières sont impuissants à réparer. Sur les bords et dans le fond de son lit presque vide, les pierres montrent leurs angles arrondis, les roches se dressent, les plages sablonneuses couvent au soleil les œufs des caïmans, les buissons verts des îlots naguère submergés s'empressent de fleurir et de fructifier avant la prochaine inondation.

» Dans les grands biefs tranquilles, l'eau glisse alors lentement le long des rives couvertes de verdures et de fleurs, elle lèche sans bruit le sable où s'impriment les pieds fourchus des bœufs sauvages, les doigts fins des oiseaux, les pattes molles des tigres et les griffes des crocodiles dont la queue traînante a dessiné de vagues ondulations. Dans les bassins, entre les pierres et les roches, au milieu des buissons, des souffleurs lancent des jets d'eau par leur tête énorme, plongent et bondissent, font fuir et sauter hors de l'eau les poissons effrayés, et s'ébattent avec tant d'insouciance qu'on les heurte avec les rames.

» Ailleurs, dans les flaques dormantes que le soleil boit et vide, des poissons, incapables de fuir, sont harponnés par les oiseaux de proie qui planent au-dessus du fleuve en poussant de grands cris, ou bien ils meurent, privés d'eau, sur le sable mis à nu. Sur d'autres points, l'eau tournoie au-dessus de la tête des écueils invisibles, elle écume autour des îlots buissonneux, elle court, affolée, entre les roches, dégringole en cascades bruyantes, se heurte, tumultueuse et bouillonnante, contre tous les obstacles, vit ou menace, gazouille ou gronde, chavire les barques contre les rochers, ou bien, en les faisant tournoyer, les entraîne, dans sa course vertigineuse, vers les immenses biefs où le fleuve apaisé, sans rides, miroir gigantesque du soleil, s'étale entre des rives si distantes qu'elles se voient à peine l'une de l'autre.

» Cette nature est d'autant plus grandiose et troublante que l'homme en est absent. Ce n'est pas lui qui a nivelé ces grands biefs, ce n'est pas lui qui a soulevé ces roches et fabriqué les cascades qui grondent dans le silence des forêts, ce n'est pas lui qui a planté ces grands arbres, ces buissons, ces lianes; ce n'est pas lui qui accroche les fougères et les orchidées aux troncs à demi pourris; ce n'est pas lui qui étend les tapis de grandes herbes où les bêtes sauvages disparaissent. Les arbres de ces forêts ont poussé pêle-mêle sur la terre où germa leur graine, ils ont grandi sans soins, les plus grands étouffant les plus petits, ou bien les protégeant, selon la diversité de leurs besoins, tous se haussant et se poussant pour recevoir les rayons du soleil, fleurissant et se fécondant sans règle et sans réserve, nourrissant de leurs cadavres les générations nouvelles, dominés par les fatalités de la lutte pour la vie que la nature impose à tous les êtres et dont elle fait jaillir un progrès incessant et sans bornes.

» Un jour viendra sans doute où l'homme domptera cette nature, aujourd'hui seule maîtresse de ses destinées. Il coupera les forêts, il fera circuler ses bâtiments à vapeur dans le fleuve débarrassé des entraves qui l'obstruent et rouler ses locomotives à travers les plaines enrichies par la culture. Il couvrira ces lieux, aujourd'hui déserts, de villages et de villes; il y apportera ses sciences, ses arts, sa civilisation, ses vertus et ses vices.

En attendant, il y sème ses cadavres. » (DE LANESSAN[1], *l'Indo-Chine française*; Paris, Alcan, 1889, in-8°, p. 107.)

Après Sambor, le fleuve coule entre des rives bordées de collines, au pied desquelles s'étendent de magnifiques forêts. Elles sont peuplées de gibier et de fauves, et, dans les clairières, de grands étangs brillent comme des miroirs au soleil. Au sud de Kratieh, au point où le Mé-Kong fait un coude brusque vers l'ouest, arrivent les eaux torrentueuses du *Chlong*, semé de rochers et de rapides, peu navigable; il coule dans le pays peu peuplé des sauvages *Pnongs*. A *Kraouchmar*, qui est un grand marché de riz, de coton, de bois, de miel et d'hydromel, le fleuve prend la direction du sud-ouest; il est large, semé d'îles verdoyantes; les forêts, les rizières, les cultures d'indigo et de tabac alternent sur ses rives. Près du village de Kampong-Tiam sont les ruines de la pagode de *Watnokor*. En face, sur la rive gauche, un bras du fleuve, le *Toulé-Tok*, se détache vers le sud, passe devant *Sapreachan* et *Banam*, où il rejoint le grand fleuve; d'autres bras en dérivent, au sud et au sud-est. Les cultures et la population augmentent aux approches de la capitale du royaume du Cambodge, *Pnom-Penh*.

A Pnom-Penh commence le delta du Mé-Kong, qui couvre une vaste dépression jadis recouverte par les eaux de la mer. En amont de la ville, au lieu dit les *Quatre-Bras*, le Mé-Kong divise ses eaux : deux branches se portent vers le sud-est; une troisième, à la saison des crues, verse le trop-plein du fleuve au nord-ouest, dans le **Tonlé-Sap**, « Fleuve d'eau douce », ou « **Grand-Lac** »; à la saison sèche, le courant se retourne, et le Tonlé-Sap renvoie ses eaux au Mé-Kong. C'est sur le Bras du Lac (rive droite) qu'est bâtie la capitale. Ce bras, long de 120 kilomètres, est presque aussi large que le grand fleuve (environ 1000 mètres) devant Pnom-Penh. Alternativement émissaire du lac ou du fleuve, suivant la saison, il est soumis à l'influence des marées (en mars et en avril), qui se font sentir dans le Mé-Kong jusqu'au rapide de Sambor, et par le Bras du Lac jusqu'au fond du Tonlé-Sap.

Le lac *Tonlé-Sap* a une surface de 300 kilomètres carrés environ; une longueur de 130 kilomètres, une largeur moyenne de 25, une profondeur assez uniforme de 12 à 16 mètres, pendant les hautes eaux; en temps de sécheresse, les plages sont nues, le bassin vidé a quelques centimètres d'eau, et, dans les endroits les plus creux, $1^m,50$ environ. Le lac est resserré dans sa partie inférieure au sud-est par deux presqu'îles; on distingue les deux sections sous les noms de Grand-Lac et de Petit-Lac : le Grand-Lac a une forme ovale. A la saison des basses eaux, les lacs se couvrent de

---

[1]. M. de Lanessan, naturaliste et homme politique français, est né à Saint-André-de-Cubzac (Gironde), en 1843. Docteur agrégé de la Faculté de médecine, il a publié plusieurs ouvrages scientifiques, parmi lesquels nous relevons les *Etudes sur la doctrine de Darwin* (1881, in-12), un *Traité de zoologie* (1882, in-8°), la *Flore de Paris, phanérogames et cryptogames* (1884, in-18), etc. Elu conseiller municipal de Paris en 1879, puis député aux élections de 1881, 1885 et 1889, il défendit à la Chambre la politique coloniale, fut chargé en 1886 d'une mission officielle d'études en Tunisie et en Indo-Chine, et, après un séjour dans ces colonies, publia dans trois beaux volumes, riches d'observations et de critiques, les résultats de son enquête : *la Tunisie*, 1887, in-8°; *l'Expansion coloniale de la France*, 1888, in-8°; *l'Indo-Chine française*, 1889, in-8°. — M. de Lanessan a été nommé en avril 1891, gouverneur général de l'Indo-Chine française.

pirogues et de barques indigènes de pêcheurs, qui prennent d'énormes quantités de poissons. (Voy. la lecture, *les Pêcheries du Tonlé-Sap.*) Les lacs reçoivent de nombreuses rivières, navigables pour la plupart pour les petits bateaux à vapeur pendant la saison des pluies; telles sont, à gauche: le *Siem-Réap*, la rivière qui conduit aux monuments khmers d'Angkor; le *Stung-Sen*, issu de la Montagne de fer, uni au *Prek-Kompong-Thom* traversant les vastes plaines désertes et boisées, jusqu'à ce jour peu connues, où habitent les tribus Kouïs. A droite, le *Stung-Sang-Ké*, au cours sinueux, à la navigation difficile, conduit à la ville siamoise de Battambang, dont il arrose la riche province; — le *Stung-Poursat* met en communication, pendant la crue, la ville de Poursat avec le Grand-Lac. Le *Bras du Lac* passe devant le curieux village flottant de *Kompong-Chenang*, devant *K. Luang*, fort de la vieille cité royale en ruine d'*Oudong*. Toute la vaste région située entre le Bras du Lac et le golfe de Siam est couverte de forêts, coupées de quelques rizières, et de clairières marécageuses et incultes. Au sud-ouest se dresse, non loin du golfe, la chaîne de l'*Éléphant*, en territoire siamois.

De Pnom-Penh, les deux bras méridionaux du Mé-Kong se dirigent presque parallèlement au sud-est pendant 200 kilomètres : la branche de l'ouest, **Han-Giang**, ou fleuve *Inférieur*, ou fleuve *de Bassac*, est navigable à l'époque des hautes eaux pour les canonnières, et seulement pour les barques du pays pendant la saison sèche. Ses rives, couvertes de rizières et de villages, sont assez peuplées. Les principales agglomérations sont *Chaudoc*, chef-lieu d'une résidence, relié par le canal vaseux de *Vinh-an* à Hâtien, sur le golfe de Siam ; — *Long-Xuyen*, communiquant par un canal avec Rach-Gia ; — *Daï-Ngaï*, d'où une rivière canalisée ouvre une route aux chaloupes jusqu'à Soc-Traug et Bac-Lieu, au milieu de magnifiques rizières. A Daï-Ngaï, le *Bassac*, coupé dans tout son parcours d'îles étroites et allongées, se divise en trois bras, *Cua-Dinh-An*, *Cua-Ba-Thac*, *Cua-Tran-Dé*, qui tombent dans la mer de Chine. — La branche de l'est, **Tien-Giang**, *Fleuve Supérieur* ou *Antérieur*, est navigable en toute saison pour les bateaux calant environ 3 mètres ; elle est plus large et plus développée que la branche occidentale ; jusqu'à Banam, elle arrose des plaines peuplées très fertiles, plantées de riz. Le Fleuve Supérieur se ramifie en un grand nombre de bras secondaires ou *arroyos*, qui se rattachent aux rivières de la Cochinchine orientale. Il répand ses eaux sur les immenses terrains d'inondation appelés la *Plaine des Joncs*, déserts et incultes. En amont de Vinh-Long, il se divise en trois grandes branches : au nord, celle de *Mytho*, qui se déverse à la mer par trois arroyos; au centre, celle de *Bentré*; au sud, celle de *Vinh-Long* et de *Travinh*, qui se divise encore avant d'atteindre la mer.

Le delta du Mé-Kong, un des plus vastes du globe, créé par l'apport énorme des alluvions du fleuve, n'a pas moins de 600 kilomètres de développement sur la mer, entre ses limites extrêmes. On évalue à 50 kilomètres la longueur des bas-fonds qu'il a projetés en avant des côtes. Le grand fleuve travailleur modifie incessamment ses rives, ses îles, ses rapides, ses arroyos, les étangs et les plaines de son delta. On a évalué son débit à 1 350 mètres cubes par seconde à Lakhon, à 9 000 à Bassac, aux eaux basses, à 50 000 pendant les crues, et à 70 000 à la jonction des Quatre-Bras. — Les crues périodiques, dues aux pluies torrentielles amenées par la mousson du sud-ouest, et non par la fonte des neiges du Tibet, commencent en juin, et atteignent leur maximum en septembre, pour décroître jusqu'en février.

Elles s'élèvent parfois à 12 mètres, et sont très variables. L'influence de la marée se fait sentir, pendant la saison sèche, jusqu'au Grand-Lac, et jusqu'aux premiers rapides de Kratieh. Des bancs de sable obstruent toutes les embouchures du fleuve, et ferment le passage à tous les grands navires à marée basse. C'est à marée haute que les navires pénètrent dans le fleuve, et surtout de juillet à décembre. Suivant M. Moura, l'eau du Mé-Kong, louche, jaunâtre, fade à Pnom-Penh, devient visqueuse, blanchâtre, repoussante au goût comme à l'odorat, quand elle approche de la mer, et qu'elle a reçu les apports gélatineux des arroyos qui traversent les marais.

Au nord-est du delta du Mé-Kong, s'étale un autre réseau de rivières qui mêlent leurs eaux au milieu des rizières par des bayous et des arroyos vaseux. Le plus considérable est le **Dong-Naï**. Ses sources encore peu connues se cachent dans les montagnes boisées de la Cochinchine, et, dans son cours supérieur, il traverse des régions pittoresques et grandioses. « Après plus de vingt ans, écrit M. de Lanessan, j'ai encore devant les yeux
» les gais torrents qui dévalent à travers les broussailles dans les gorges
» des montagnes, les bouillonnements de l'eau qui court écumante et qui
» gronde entre les roches des rapides, les plaines herbeuses où les éléphants
» font, au clair de la lune, retentir leurs amoureuses fanfares, les lacs en-
» dormis entre des rives plates que troublent seules les envolées de paons
» ou les bramements des cerfs, les belles voûtes vertes que supportent des
» milliers de troncs blancs, droits, cannelés comme les piliers de quelque
» légendaire cathédrale gothique; je revois les tapis de verdure unis comme
» les gazons d'une pelouse anglaise, les innombrables lianes qui grimpent
» aux branches, les orchidées aux fleurs capricieuses, nichées dans les troncs
» des arbres que la vieillesse ou la foudre a creusés, les papillons sombres
» comme la verdure ou éclatants comme les rayons du soleil qui se glissent
» entre les feuilles; spectacle enivrant troublé par les mille pygmées qui
» guettent l'homme à tous les coins des sentiers, plus redoutables que le
» tigre ou la panthère : les fourmis à la piqûre brûlante, les sangsues
» minces et agiles qui s'élancent des feuilles mortes ou dégringolent des
» rameaux humides, les moustiques, dont le bruissement ne laisse aucun
» repos à l'oreille, dont l'aiguillon barbelé torture la peau, empoisonne le
» sang et chasse le sommeil, et, dans le silence des grandes forêts vierges,
» les menaces qu'adressent aux voyageurs les odeurs âcres et grisantes d'un
» sol où pourrissent, sous les herbes et les fleurs rieuses, d'innombrables
» cadavres d'animaux et de plantes. » (*L'Indo-Chine française*, p. 122.)
Le Dong-Naï, encombré de roches et encaissé entre de hautes rives, se précipite de rapides en rapides et n'est pas navigable jusqu'à sa sortie des montagnes. Les grands navires ne peuvent même franchir qu'à marée haute le banc de rocher qui barre son cours en aval de Bien-Hoa, non loin de la mer. Son embouchure prend le nom de *Soi-Rap*[1]. — Le Dong-Naï reçoit à droite, à 10 lieues de la mer, la **Rivière de Saïgon**, originaire des plateaux du

---

1. Le conseil colonial de la Cochinchine a adopté, en février 1887, le projet d'exécuter, dans les barrages du Dong-Naï, un canal de flottage de 6 mètres de large sur 2 de profondeur. Ces rapides, au nombre de 6, commencent à 1 250 mètres en aval du village de Thang-ang et se prolongent sur près de 11 kilomètres, jusqu'aux environs du confluent du Song-Bo. L'un d'eux, le *Ong-Sam*, large de 30 mètres, forme une véritable cataracte de 8^m,47 de hauteur.

Cambodge oriental[1]; elle passe devant *Thu-dau-mot*, marché pour les bois, et à *Saïgon*, capitale administrative de la Cochinchine. Elle mêle ses eaux à celle du Dong-Naï, puis s'en sépare, et traverse des terrains marécageux, en partie couverts de palétuviers, toute découpée par les arroyos sinueux. Elle va finir dans le golfe de Ganh-Ray, au nord du cap Saint-Jacques. Tous les navires pénètrent en Cochinchine par la rivière de Saïgon. Le Dong-Naï reçoit encore les eaux des deux **Vaïco**, issus des mêmes massifs montagneux : le *Vaïco* oriental est seul navigable pour des navires calant 2 ou 3 mètres. Les eaux des Vaïco, en amont et en aval de la *Plaine des joncs*, s'unissent au Mé-Kong par des arroyos où circulent les barques. Ce réseau de canaux naturels, aux mailles serrées, forme de véritables routes de navigation, et les inondations périodiques étendent sur le sol un dépôt d'alluvions qui le fertilisent.

Le Cambodge est traversé, dans le sud-ouest, par le *Kampong-Som*, dont le delta s'étend sur une rive déserte; et par le *Kampot*, qui débouche devant le village de ce nom au milieu de bancs de sable. — La Cochinchine méridionale est séparée du Cambodge par la rivière de *Ha-tien;* le district de Rach-Gia, couvert de rizières, de marais et de forêts inondées, a le *Song-Cay-Lon*, le *Song-Doc*, qui s'entre-croisent par leurs arroyos, et portent les barques indigènes chargées de riz, de poissons et d'opium importé de Singapour.

La vaste zone littorale de l'Annam, resserrée par une longue chaîne qui forme une barrière rarement interrompue par des brèches entre les affluents de gauche du Mé-Kong et la mer de Chine, est sillonnée, de l'ouest à l'est, de rivières courtes, dont les vallées sont gracieuses et fraîches; la côte est découpée parfois de baies bien abritées, que fréquentent les jonques annamites et chinoises.

Dans la province de Binh-Thuan, la baie de *Phan-Thit*, celles de *Phan-Ry* et de *Phan-Rang* sont entourées de belles rizières et de salines; elles reçoivent des rivières, et exportent du sel et des poissons. — Dans le Khan-Hoa, la baie et la rivière *Nha-Trang*, la rivière de *Ninh-Hoa* et la baie de *Binh-Lang* commandent des vallées également fertiles et peuplées. — Au nord du cap *Varella* (prov. de Phu-Yen), la rivière *Bá* ou *Darang*, parallèle à la côte, semble devoir faciliter une ouverture vers le Mé-Kong par la vallée du *Bla*, affluent du Sé-Sane. La baie de *Qui-Nhone*, dans la province de Binh-Dinh, est moins ouverte et mal abritée : la vallée du Binh-Dinh, munie d'une citadelle, est une des plus riches et des plus peuplées de l'Annam.

Au nord de cette région, les rivières continuent à être nombreuses, mais la côte est inhospitalière. La baie la plus sûre de l'Annam est celle de **Tourane**, à l'embouchure de la rivière *Mane;* la baie peut recevoir les plus grands navires, à 2 milles de la côte; la rivière ne s'ouvre qu'à des barques ou à des chaloupes d'un faible tonnage : au sud de la baie, la plaine de *Kang-Nam* est sillonnée de plusieurs rivières. — La *Rivière de Hué*, la capitale de l'Annam, débouche dans une vaste lagune près de Thuan-An. La barre ne permet l'entrée qu'aux bâtiments ne calant pas plus de $2^m,50$

---

1. Les sources de la *Cang-lé* ou *Rivière de Saïgon* ont été découvertes en 1882, par M. Gautier, lieutenant d'infanterie de marine, qui a en même temps exploré la région du Dong-Naï. (Voy. GAUTIER, *Voyage au pays des Moïs;* Saïgon, 1882, in-8°.)

à 3 mètres; les canonnières remontent au delà de la citadelle de Hué,
« entre des rives d'abord plates, puis relevées en collines boisées, très
» pittoresques, choisies par les empereurs d'Annam pour l'édification de
» leurs tombeaux. Chaque empereur bâtit pendant sa vie sa propre tombe
» dans le parc d'un palais d'été qu'embellissent tous les agréments de la
» nature et de l'art. Bassins, réservoirs et rivières artificielles, bosquets,
» promenades ombragées et parterres fleuris, pavillons et salles de bains,
» statues et portiques de bronze ou de briques émaillées, tout ce que
» l'imagination des artistes annamites a pu enfanter de plus merveilleux est
» entassé dans ces parcs où l'empereur cherche pendant sa vie le repos
» aux fatigues du pouvoir, et où ses femmes trouvent après sa mort une
» solitude que troublent seules les fêtes religieuses célébrées en l'honneur
» du défunt par ses successeurs. » (DE LANESSAN.) Les lagunes qui bordent
la côte se prolongent jusqu'à Quang-Tri, à l'embouchure de la *Viéte* ou
Rivière des Palmiers, dont la barre interdit le passage aux grandes
barques. — Au nord, sur le *Cua-Dong-Hoï*, est l'important port militaire
de Dong-Hoï; — le *Song-Kiang*, qui passe près de la citadelle de Don,
ouvre une route vers le Mé-Kong; — le *Song-Ca*, qui se jette à la mer par
neuf embouchures reliées entre elles, et dont l'une est accessible aux chaloupes calant au plus 3 mètres, arrose une plaine opulente; — le *Song-
Ma*, parallèle au Song-Ca, fertilise la province de Than-Hoa; les bouches
de son delta communiquent avec celles du Song-Ca. Il serait facile de relier
par une série de canaux les capitales de l'Annam et du Tonkin, Hanoï et
Hué.

La rivière de Hué et ses bords.

« Au loin, à notre droite et devant nous, les montagnes
encadrent d'un voile bleuâtre les gracieux tableaux qui se déroulent
à nos côtés, à mesure que nous avançons. De grands buffles
traversent le flot à la nage; un enfant, en costume tout à fait
primitif, dirige la bande capricieuse, va de l'un à l'autre, ou se
hisse sur leurs croupes noires et luisantes. Les barques et les
sampans se croisent plus nombreux : voici le sampan découvert
chargé de légumes, qui se rend à la ville, une demi-douzaine
de femmes manient vigoureusement leurs avirons, en répétant
en chœur le refrain de la chanson, que crie à pleine voix
l'homme le plus paresseux, qui se contente de gouverner.
L'Annam est, comme la Chine, le pays des chemins qui marchent.
Presque tous les transports se font par eau, les rivières
communiquant entre elles par des cours d'eau et des canaux
naturels ou artificiels. Il faut être bien peu fortuné pour ne pas
avoir son sampan.

» Ces embarcations sont bien appropriées au pays, et sous
leurs capotes demi-cylindriques de bambou tressé, dont les
ouvertures peuvent se fermer, on est tout à fait à l'abri du

soleil et de la pluie. Il est cependant ennuyeux d'être obligé de s'y tenir toujours accroupi ou couché sur des nattes, car les capotes des plus grands sampans sont trop basses pour qu'on puisse rester debout. Ces derniers, au lieu d'un seul compartiment, en ont plusieurs qui servent l'un de cuisine et l'autre d'habitation au propriétaire et à sa famille. Nous en rencontrons où il y a bien une dizaine de personnes, hommes, femmes, enfants, sans compter les rameurs. Les miens commencent à se fatiguer ; aussi, laissant à notre gauche l'île Daido et son fort, qui nous présente trente embrasures, bien dégarnies de pièces, nous entrons dans un canal, fermé par un îlot bas et verdoyant, et nous nous arrêtons devant une jolie pagode. Le voyageur qui se contenterait de regarder de son sampan ne connaîtrait pas le pays, et se priverait d'un véritable plaisir. Ces lieux si bien ombragés, où l'on jouit d'une fraîcheur relative, cachent de nombreux jardins et de jolies cases. Le seul désagrément, c'est que les sentiers sont étroits, et qu'il faut, de temps en temps, se ranger contre les haies pour laisser passer les buffles, tout dégouttants d'eau et de vase, qui défoncent le sol et creusent sur leur passage de profondes ornières, que l'Annamite insouciant se garde bien de combler.

» Derrière ces haies, où s'enchevêtrent toutes sortes de plantes grimpantes, des ronces, des palmiers d'eau ; derrière ces touffes de bambous au-dessus desquelles se balancent les panaches des élégants aréquiers, les cases montrent leurs toits relevés et leurs dessins bizarres. Chacune a son jardin où Mai me désigne les arbres les plus communs : le manguier, le jacquier, l'arbre à pain, le tamarinier, l'oranger, le citronnier, le bananier, le carambolier, le gnian, dont le fruit paraît ici assez goûté, etc. Mais rien n'est plus poétique, rien ne prête plus à la rêverie que cet enclos, au milieu duquel s'élève la pagode. Quels ornements pourraient remplacer ces beaux arbres : le *cay-ban*, arbre-parasol à larges feuilles rondes, le *cay-ge* (chêne), le *cay-shen*, les sycomores et les figuiers, parmi lesquels on remarque surtout le *bo-dé!* Les branches de cet arbre dirigent vers le sol de nombreux rameaux, formant autour du tronc principal autant de nouveaux troncs, dont les branches vont à leur tour s'implanter dans la terre, dessinant toujours de nouvelles arcades qui se développent ainsi sur une étendue considérable. Les rayons de soleil viennent jouer et se perdre à travers ce dôme de feuillage, d'où pendent, en longues franges, des milliers de lianes ; les unes enlacent capricieusement les branches, elles-mêmes entrelacées, plusieurs se rejoignent pour former de gracieuses guirlandes, d'autres retombent sur les murs de la pagode ou effleurent le sol sur lequel les racines se croisent en inextricables réseaux. Quelques riches familles du voisinage ont élevé dans cet asile solitaire et sacré, à l'abri de ces troncs séculaires, de petits édicules en l'honneur de leurs ancêtres. Ce sont généralement des diminutifs de pagode : sous le toit, qui s'avance un peu en avant, une petite table couverte de cierges, de chandelles, de papiers dorés et argentés, et de petits objets en carton peint, comme nos jouets d'enfants. On y voit aussi représentés le mandarin lui-même, avec son cheval ou son bateau et ses parapluies, dont la vanité de la famille s'est plu à augmenter le nombre. Les pauvres gens se contentent de placer au pied de ces beaux arbres de petits autels de bois ou seulement de petites tables avec leurs jouets, ou même simplement de suspendre aux lianes toutes sortes d'amulettes, les unes en souvenir des ancêtres, les autres destinées à préserver leurs descendants superstitieux des maux de ce monde.

» Après avoir doublé la pointe du sud de l'îlot, nous entrons dans la partie la plus étroite du fleuve, qui dessine une courbe peu accentuée jusqu'à l'angle nord de la citadelle, dont les murs se distinguent un peu mieux. A notre droite s'étend le village de Mang-ca (bouche de poisson), qu'un petit ruisseau coupe à peu près en deux parties. Derrière le pont est le marché, que désertent les curieux pour venir nous voir passer. Les cases, alignées au bord de l'eau, ont presque un air de maisons, car les murs sont en pierres, exception motivée par les inondations si fréquentes d'octobre à janvier.

» C'est ici le port intérieur de Hué. De nombreuses jonques annamites et chinoises encombrent le fleuve resserré et profond (150 mètres de largeur, 4 à 8 de fond). Il ne faut pas trop juger, à la mine de ces bateaux, la valeur de leurs chargements. Sous les nattes et les feuilles à couvrir les cases, marchandise de peu de valeur, on trouverait des ballots de soie, du poivre, de l'ivoire, du sucre, de la cannelle, du cardamomea, du curcuma, de l'indigo, du tabac, du thé, de l'opium, qui entre en contrebande, des étoffes, des porcelaines et quelques objets d'art en ivoire, en argent ou en bronze, des armes et des meubles en bois sculpté ou incrusté de nacre, etc. Nous voici au bout du village de Mang-ca, et Than s'écrie : « *Tagne Hué!* » La ville !

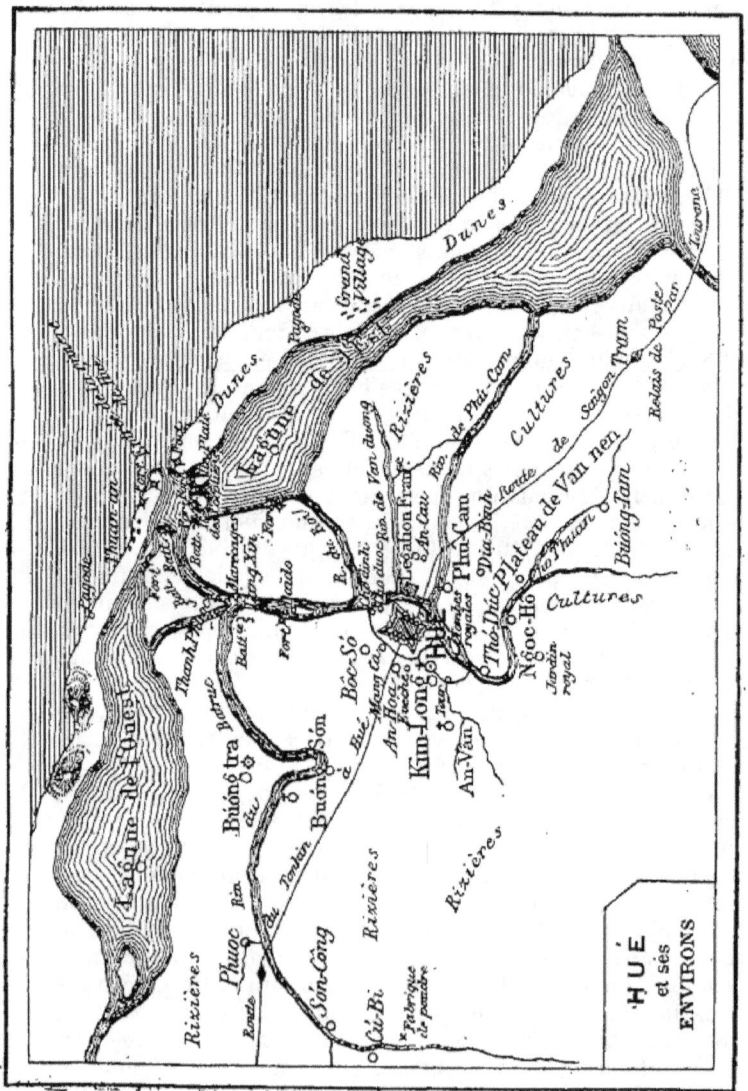

et je ne vois que deux lignes de bastions qui fuient à angle droit ; de distance en distance, des portes de style chinois, et, sur les murs, de petites huttes de pailles qui protègent les pièces contre les intempéries des saisons. A droite, un canal en ligne droite, d'environ 40 mètres de largeur et traversé par deux ponts de bois, se prolonge à perte de vue, tandis que le fleuve s'éloigne à notre gauche en laissant une grande île boisée entre lui et un autre canal que Than nous fait suivre. La première partie de celui-ci enveloppe un petit ouvrage avancé ; après avoir passé devant quelques cales sèches sur lesquelles sont halées de grandes pirogues, nous tournons à droite, et voyons se dresser, à trois cents mètres en face de nous, une des portes de la citadelle. Nouveau coude à gauche cette fois, et le canal se continue en ligne droite sur une longueur de dix-huit cents mètres...

» Nous arrivons à un endroit où le glacis est traversé par une petite rivière qui arrose l'intérieur de la ville, et permet ainsi aux barques marchandes d'y pénétrer...

» A partir de là, le canal devient de plus en plus animé ; c'est le seul, du reste, où il y ait tant de mouvement. Entre les barques entassées sur la rive gauche et celles qui montent ou descendent, on circule cependant sans trop de peine. J'étais un peu désappointé, car je m'attendais à trouver sous les murs de la capitale de l'Annam au moins autant d'animation que sur les canaux ou les arroyos qui traversent ordinairement les villes chinoises. Sur les glacis de la citadelle, on ne voit, de temps à autre, qu'un petit nombre de cases ; mais, sur la rive droite, elles se pressent, alignées au bord de la berge à pic et élevées d'un à deux mètres au-dessus de l'eau. Le tableau qu'elles offrent semblerait bien singulier au voyageur qui, ne connaissant pas encore les Annamites, se trouverait transporté du premier coup au milieu de ce canal, car à chaque case il verrait suspendues de petites échelles sur lesquelles les indigènes, hommes ou femmes, procèdent, d'une façon peu décente, à leur toilette.

» Devant nous, un pont de bois relie les deux rives du canal, en face de la dernière porte du front oriental de la citadelle. A notre gauche est le marché du faubourg (Kieu-deuoc), le plus important, il me semble, de tous ceux de l'alentour de Hué. Des bambous et des aréquiers encadrent les premières rangées de cases, qui forment une longue rue au milieu de laquelle se remarque sa belle pagode de Dong-ba.

» A l'est du canal, le fleuve, partagé en deux bras par une seconde île, a environ quatre cents mètres de largeur, et, dans cette direction, la rivière *Nian-Deuong* mêle ses eaux à celles peu profondes du *Truong-thien* que des éléphants, des buffles, des Annamites même, traversent ici sans nager. Trois heures après mon départ de Touan-ane, j'arrivais enfin au débarcadère de la légation, ayant fait en moyenne plus de trois milles ou six kilomètres à l'heure. » (DUTREUIL DE RHINS[1], *le Royaume d'Annam et les Annamites*, ch. IV; Paris, Plon, in-18, 1879.)

« Hué, la ville et les environs, est un des plus délicieux endroits du
» monde. Un fleuve, presque sans courant, tout uni, les eaux bleues, les
» rives bordées de ces bambous, arbre unique, souple et léger, élégant s'il
» est isolé, et majestueux en masse à l'égal de nos forêts de France; entre
» les rives, les sampans aux formes fines, rappelant la gondole avec leurs
» bouts relevés et leurs rameurs qui godillent d'une main, se laissant aller
» au fil de l'eau, en chantant quelque chant mélancolique. Au bord du
» fleuve le profil de la citadelle; plus loin, l'arête fine et éclatante des
» palais royaux; plus loin encore, s'étagent des montagnes roses et bleues
» avec des fonds d'arbres vert sombre, s'enlevant sur un ciel gris perle le
» jour, et le soir vieil or.
» Rien que l'aquarelle la plus légère ne pourrait rendre ces variétés
» infinies dans le délicat et dans le tendre. Pour en avoir une idée il fau-
» drait s'arrêter devant les peintures exquises de nos vieux maîtres, du
» Poussin ou de Claude Gelée, où, sur un espace étroit, ils ont accumulé
» les bois sacrés pleins de fraîcheurs, les eaux pures et claires, les temples
» et les portiques, et dans un coin, quelques jeunes hommes émus et heu-
» reux, jouissant par tous les sens de la nature libérale et splendide.
» A Hué aussi, splendide mais pas libérale. Gardez-vous de vous plonger
» dans le fleuve; gardez-vous de gravir les flancs ombreux des montagnes;
» la nature jalouse a mis devant ses merveilles deux farouches sentinelles:
» la fièvre et l'insolation.
» Hué est le fléau du travail; la chaleur, en mai, est intolérable. La ri-
» vière est chaude, nuit et jour, à 30 degrés : c'est elle qui fournit l'eau
» qu'on boit. Vous la rafraîchissez artificiellement; jouissez bien de votre
» jouissance au moins, car elle vous coûtera vraisemblablement quelque
» indisposition. Vous êtes en mauresque, dans ce costume de soie qu'on
» adopte ici l'après-dînée, veste et pantalon flottants; vous ouvrez, dans
» votre maison convenablement orientée, les deux portes qui vous don-
» neront un délicieux courant d'air; roulez-vous bien vite dans la flanelle,

---

1. M. Dutreuil de Rhins, officier de la marine française, fut un des capitaines délégués en 1876 par le ministre pour diriger les bâtiments de guerre dont la France faisait présent au roi d'Annam. Il commanda la canonnière *le Scorpion*, et, pendant les deux années de sa délégation, put étudier de près les productions, les ressources, les besoins, les mœurs et les aptitudes d'un peuple encore peu connu. Au retour, il résuma ses impressions dans le très intéressant ouvrage cité plus haut. On doit à M. Dutreuil de Rhins de savantes communications à la Société de géographie de Paris, et la publication d'un ouvrage monumental sur l'*Asie centrale*, que nous aurons à signaler.

L'INDO-CHINE FRANÇAISE.   451

» ou vous paierez cher cette volupté d'une minute. Et tout est à l'avenant.
» La nature ou l'industrie de l'homme vous prodigue des biens de toutes
» sortes : la raison vous interdit d'en profiter.
   » Et cependant Hué est si belle qu'on tenterait volontiers d'y vivre contre
» fièvre et marais, si l'on avait en même temps les moyens de lutter. Il n'est
» pas de régions éternellement insalubres. Pas un des pays civilisés qui
» n'ait été anciennement la proie des fièvres et autres fléaux. Défrichez
» quelques montagnes, captez les sources, desséchez et comblez les ma-
» rais, assainissez les demeures, et là, comme ailleurs, vous aurez un jour
» un pays habitable; et la nature, quittant cette allure de marâtre qui
» prend plaisir à nos peines et nous envie nos joies, sera ce qu'elle est
» partout, l'*alma mater*, auteur de tous biens, source de toutes jouis-
» sances. » (J. CHAILLEY, *Paul Bert au Tonkin*, p. 60.)

Les montagnes de marbre; la grotte; les idoles.

Les montagnes, ou mieux les rochers de marbre, auxquels on peut se rendre de Tourane en trois heures, par un sampan, sont des blocs « tita-nesques » qui surgissent au milieu du sable de la plage. Leur isolement étonne le visiteur, « aucune ramification apparente, écrit M. C. Paris, ne
» les relie à la grande chaîne distante d'une vingtaine de kilomètres. Ces
» blocs forment une enceinte irrégulière d'environ un kilomètre de dia-
» mètre. »

« Il faut se résoudre, pour les aller trouver, à une certaine dose de fatigues. Nous sommes partis à six heures du matin, à marée basse, sur une chaloupe chinoise, le *Feï-foo*, qui, après une heure de navigation fort circonspecte entre les bancs de sable, a dû finalement s'arrêter à deux milles environ du point où nous voulions aborder. Une baleinière qui, à son tour, s'est échouée, et enfin un petit sampan léger et fragile comme un panier nous ont permis d'atterrir. Là, pour gagner les énormes montagnes dont le profil se détachait au loin, il nous a fallu faire plusieurs kilomètres dans des dunes de sable mouvant brûlées par un impitoyable soleil et où on enfonce jusqu'à mi-jambe. Au milieu de cette immensité de sable, on rencontre quelques flaques d'eau saumâtre qui montent à marée haute et qui entourent une maigre végétation. La nature est tout à l'entour sauvage et triste : on se croirait en plein dé-sert, et sur le sable jaune, semé de quelques aloès, on n'a-perçoit que la trace, vite effacée par le vent, des pieds de quelques buffles qui, en longues caravanes, s'en sont allés chercher au flanc de la montagne un peu d'herbe fraîche. Presque au centre de cette plaine brûlée, se dresse un mausolée en pierres brunies, entouré de quatre murs et surmonté d'une haute colonne de pierre. Le mandarin qui s'est fait enterrer là au milieu d'une pareille et si solennelle solitude, sous ce gigantesque linceul de sables, doit être un sage ou un philosophe désabusé, qui aura jugé que l'éternité n'était pas trop longue pour lui permettre d'oublier les hommes.

» En arrivant au pied de la montagne, on découvre un immense escalier taillé en plein marbre, aux marches larges et profondes, et que coupent de distance en distance des paliers habilement disposés. Des bancs, ménagés dans le roc, permettent de reprendre haleine et de se reposer quelque peu. Ce magnifique travail a été exécuté vers 1840 sur les ordres des autorités provinciales du Quang-nam, pour faciliter la visite que S. M. Ming-Mang daigna faire à la montagne. Les rafales de sable ont, par places, recouvert les marches et rompu l'unité des lignes; mais, en écartant ces sables du pied, on retrouve les belles veines roses du marbre et la solide carrure des blocs que la main des hommes a agencés là en vue de la visite royale. Tout alentour et le long des rampes sortant des flancs de la montagne, les palmiers, les manguiers, les ciccas, les aloès géants vous font cortège. Chaque halte semble une oasis séparée du reste du monde et où il ferait bon d'arrêter sa vie. A mesure qu'on monte, la fraîcheur augmente, et, au bout d'un quart d'heure environ, nous débouchons sur une espèce de plate-forme, où l'on aperçoit quelques *can-hias* groupées. C'est une bonzerie tout entourée de petits murs de briques et de jardins au sol rouge fort bien cultivés, où des haricots, des petits pois, des salades s'allongent en longues lignes des plus appétissantes. C'est que les bonzes bouddhistes qui habitent là, dans ce couvent solitaire, doivent, d'après les rites, demander à la culture toute leur alimentation. Ils ne peuvent vivre que de légumes cuits à l'eau ou dans l'huile d'arachide, et sont tenus de s'abstenir de toute viande. Le gouvernement est peu large à leur égard. Il ne donne, en effet, à ces prêtres qu'une mesure de riz décortiqué par mois et une ligature.

» Le supérieur nous reçoit à l'entrée avec des façons fort avenantes et donne l'ordre qu'on nous apporte tout de suite du thé. C'est un homme de quarante à quarante-cinq ans environ, d'assez haute taille. Sa figure sans barbe, la cagoule bleue qui encadre étroitement sa tête lui donnent vaguement l'aspect d'un juge de l'Inquisition. Il est sobre de gestes, et nous indique assez solennellement l'entrée de la pagode, en humant une longue cigarette que rougit sa salive imprégnée de bétel. La pagode elle-même est assez simple et beaucoup moins ornée que la plupart de celles qu'il nous est donné de voir chaque jour dans les plus simples villages. A droite et à gauche deux autels laqués rouge, surmontés de petits Bouddhas accroupis, devant lesquels brûlent quelques baguettes odoriférantes. Quelques fleurs, des ibiscus à la belle couleur pourpre se fanent dans d'assez pauvres vases, enfouis derrière l'ombre humide de l'autel et regrettant leur grand soleil. Deux immenses tamtams de bronze en forme de sapèque pendent à une poutre, attendant l'heure où ils appelleront les fidèles à l'office; puis, sur des tablettes, des livres de prières et de psaumes, car les prêtres n'étudient que des cantiques en caractères tibétains. Les caractères chinois leur sont étrangers. Telle est leur seule étude, telle est aussi la seule chose qu'ils enseignent aux jeunes néophytes qui viennent leur demander l'initiation et la bonne nouvelle.

» Au moment de notre passage, ils étaient quinze divisés en deux couvents et réunis sous les ordres d'un supérieur unique (thu-tri). Ces hommes, de fort humble condition, ne sont entrés dans le monastère que volontairement, les uns parce qu'ils étaient les victimes de dissensions de famille ou aussi parce qu'ils avaient échoué dans les examens de lettrés; les autres purement et simplement pour se soustraire aux charges communales, c'est-à-dire à la milice et à la corvée. Ils ont des femmes, mais la vérité nous oblige à dire qu'ils n'ont pas eu le droit d'être fort difficiles dans leurs unions. Leurs femmes ne sont, en effet, nous explique un interprète, recrutées que parmi celles qui « n'ont pas été demandées en mariage, qui ont été trompées et délaissées par d'autres hommes, ou qui, enfin, ont commis des fautes contre les lois ». Il ne nous a pas été donné d'apercevoir une seule de ces dames, et j'aime mieux croire que l'interprète est un impertinent. Cependant, à toutes les portes se montrent les figures rieuses de petits enfants, fort bien portants, peu vêtus d'ailleurs, mais qui semblent au moins témoigner que les bonzes ont trouvé le bonheur conjugal au fond de la résignation et demeurent, à tout prendre, fort contents de leur sort.

» Le supérieur, qui est là depuis plus de trente années, tient à nous faire visiter lui-même toutes les merveilles du lieu. Après une courte halte dans la pagode, il nous mène, en gravissant de nouveaux escaliers de marbre, à l'entrée de la fameuse grotte. Nous descendons encore, dans une demi-obscurité, quelques degrés, et nous nous trouvons alors devant le plus merveilleux des spectacles : quatre guerriers de grandeur naturelle, à cheval sur des dragons et la lance au poing, grimaçant sous leurs rouges enluminures, l'œil démesuré et fixe, défendent l'entrée, dignes gardiens d'un pareil lieu. La grotte est immense et mesure, à son sommet, plus de trente mètres de hauteur, et en diamètre vingt mètres au moins. Elle ne prend jour que par un trou du haut, et, en levant les yeux, on aperçoit par là un petit coin de ciel bleu coupé par les fines branches d'un cicca qui se balance au-dessus du vide et tamise la lumière. Les parois sont du plus beau marbre, le temps les a recouvertes d'une teinte sombre et d'un vert foncé. Quelques immenses racines d'arbres, qui ont poussé au-dessus et fini par percer la voûte, pendant à l'intérieur, longues de huit ou dix mètres, donnent l'illusion de longues cordes qui vont, lorsqu'on les touchera, mettre en branle les cloches du temple. Dans les excavations de la roche, sont nichés plusieurs autels où trônent des Bouddhas ventrus et grimaçants. Dans ce silence qui a quelque chose de religieux et de pénétrant, on ne perçoit que le bruit lent et monotone d'une eau qui tombe à goutte des hautes voûtes dans une vasque de marbre. C'est une eau sacrée. C'est d'elle que les bonzes se serviront tout à l'heure pour les sacrifices et les cérémonies du culte. Il règne dans tout ce sanctuaire, bâti par une fantaisie de la nature ou par un caprice de Bouddha, une lumière glauque et verdâtre qui séduit d'abord, mais peu à peu impressionne le cerveau et lui donne presque froid. Une humidité glaciale vous saisit. Cela est très beau, d'une très haute poésie religieuse, mais on a quelque peu hâte d'en sortir pour renaître à la clarté plus franche et plus humaine du grand soleil. Nous ne nous y attardâmes pas longtemps. Les visions de cette sorte gagnent à ne point durer plus que les rêves; le souvenir qu'on en garde suffit à les faire vivre. En franchissant de nouveau quelques marches, nous fûmes heureux de retrouver la chaude lumière. Tout autour, une véritable forêt de frangipaniers sans feuilles et dont la fleur blanche et jaune, familière des tombeaux royaux, pousse à même la branche nue, emplissaient l'air de leurs enivrants effluves; le soleil nous inondait de ses rayons, mais une douce brise, ordinaire à ces altitudes, en tempérait les ardeurs et faisait de chaque rameau d'arbre un éventail. A travers une sorte de portique fait par une excavation de roches, on apercevait l'immense mer bleue qui, pourtant bien calme, n'en venait pas moins, avec un sourd mugissement, rouler et dérouler sur les dunes ses volutes frangées d'argent. En face, les îles de Cu-Lao dressaient leur masse dentelée dans les vapeurs du lointain. Derrière, on distinguait Tourane noyée dans le soleil, avec ses petites constructions neuves et blanches, jetées en plein sable, sans ombre ni abri, et plus loin, enfin, la baie, gigantesque cirque entouré de montagnes dans lequel se livreraient bataille toutes les flottes du monde, et où on entrevoyait, comme des points à peine perceptibles, deux ou trois bateaux arrêtés à cette étape d'une heure sur la grande route de Chine. Quiconque a contemplé ce panorama ne peut plus l'oublier. » (*Correspondance du Temps*[1], 4 mars 1888.)

Le Fleuve Rouge et les cours d'eau du Tongking. — Le Fleuve Rouge ou **Song-Koï** a ses sources dans les montagnes du Yun-nan, aux environs de Talé-fou. Il coule du nord-ouest au sud-est, d'abord encaissé entre des plateaux escarpés de 1500 à 2000 mètres, où les communications sont difficiles et les populations peu denses. La majorité des habitants se compose de musulmans venus du Tibet et de marchands chinois réunis dans les villes à l'abri des autorités chinoises. « Malgré ses » mines encore peu connues, cette portion du Yun-nan est la moins riche » de toute la province, les cultures y sont peu développées, le trafic y est » peu important. » (De LANESSAN.) Les villes principales, *Yuang-Chiang* et *Man-Hao*, sont des bourgades malsaines et des marchés aujourd'hui délaissés; le fleuve, gêné par des roches, encombré de rapides, est rarement navigable, et ses rives sont escarpées; les voyageurs suivent un sentier tracé au pied des falaises. En aval de Man-Hao, la navigation est difficile; le fleuve, peu profond, est resserré entre des rochers, gêné par des barrages; jusqu'à Laokaï, il n'est accessible, à la saison la plus favorable, qu'aux embarcations calant 25 à 30 centimètres, et portant 100 à 150 tonnes de marchandises.

Le transbordement des marchandises a lieu à **Laokaï**, qui est la frontière des établissements français du Tongking. En face de ce pauvre village, entouré de plateaux déserts et peuplé par quelques centaines d'Annamites, de Chinois et de Muongs, le Fleuve Rouge a environ 100 mètres de large; son lit est parsemé de bancs de sable incessamment déplacés, et de roches qui forment des rapides. Il garde le même aspect jusqu'à *Than-Quan*; les barques de 200 à 250 picules peuvent la remonter à la saison sèche, d'avril

---

[1]. Cette correspondance fait partie d'une série de lettres adressées au journal *le Temps*, par M. Baille, résident supérieur de France en Annam, et publiées depuis en un volume d'un vif intérêt, auquel nous avons été heureux de faire d'autres emprunts. (*Quatre années en Annam*, Paris, Plon, 1890, in-18.)

à la fin d'octobre, tantôt à la rame, tantôt à la cordelle ou à la perche; les rapides les plus dangereux sont ceux de *That-Moï-Coï* et de *That-Caï*. A la saison des pluies, d'octobre à mars, la crue du fleuve augmente la vitesse du courant, déplace les bancs et les galets, et rend la navigation périlleuse pour les barques. Le pays est sillonné de montagnes boisées, ou couvert de broussailles; de rares plantations de riz et de maïs fournissent leur nourriture aux indigènes Muongs. A Than-Quan, port militaire isolé, au pied de collines incultes et désertes, dans un site insalubre, le Fleuve Rouge coule plus librement, mais toujours sans grande profondeur. Peu à peu, les rives deviennent plus plates, les hauteurs s'écartent, les cultures se succèdent, les villages et les populations sont plus denses. A 80 kilomètres de Than-Quan, en aval du poste militaire de Hong-Hoa, le Fleuve Rouge reçoit à droite son grand affluent de droite, la *Rivière Noire*; — et, à quelques kilomètres plus bas, le grand affluent de gauche, la *Rivière Claire*.

La **Rivière Noire** (*Song-Bo* ou *Da-Giang*), parallèle au Fleuve Rouge, descend aussi des plateaux du Yun-nan, à travers d'étroites cluses, dans un pays de montagnes rocheuses et boisées, où errent les tribus Muongs. De mauvais sentiers relient sa vallée au sud à celle du Song-Ma, au nord à celle du Fleuve Rouge. De Laïchan, un chemin mène à Laokaï. A Laïchan, les barques indigènes descendent la Rivière Noire, et les chaloupes à vapeur la remontent à 80 kilomètres au delà du barrage de *Cho-Bo*. A Yut, resserrée entre des montagnes escarpées, la Rivière Noire dessine un coude brusque à l'ouest, et les hauteurs de la rive droite la rejettent au nord-est, puis au nord. C'est entre Yut et Phuong-Cam, à *Cho-Bo*, qu'elle rencontre des bancs de roches qu'on a fait sauter déjà en partie; ce barrage de Cho-Bo a été franchi en 1888 par M. *Pavie*, consul de France à Luang-Prabang, et le capitaine *Lerède*, avec le vapeur le *Leygue*. Le courant est d'une telle rapidité, que le *Leygue* ne mit que quatre heures dix minutes à franchir les 84 kilomètres en amont de Cho-Bo, qu'il avait mis quatorze heures à monter. La Rivière Noire descend avec rapidité vers le Fleuve Rouge, contourne à l'est le mont Bavi, et, toujours enfermée entre des rives hautes et boisées, descend avec rapidité vers le Fleuve Rouge.

A *Viet-Tri*, poste militaire situé à l'extrémité d'un plateau qui domine tout le réseau fluvial, se fait la jonction de la **Rivière Claire**; issue des montagnes du Yun-nan, enfermée dans des parois à pic, encombrée de roches, elle se refuse d'abord à toute navigation. Son affluent de gauche, le *Song-Cam*, ouvre une route vers le Tongking septentrional et la région des lacs *Bac-Bé*. A *Tuyen-Quan*, village et citadelle de la rive droite, s'ouvre une plaine marécageuse entourée de collines herbeuses; — à *Phu-Doan*, se réunit à droite le *Song-Chaï*, navigable pour les jonques et les petites barques indigènes. La *Rivière Claire* sort de cette région tourmentée; sa vallée, plus large est mieux cultivée, et très féconde.

Ainsi augmenté, le *Fleuve Rouge* pénètre au sud-est dans la région du delta, où les villages et les villes, les belles cultures se succèdent presque sans interruption. A 20 kilomètres de Viet-Tri, il passe devant *Sontay*, que domine une vieille citadelle, pourvue de casernes et de magasins, et entourée de villages annamites. Des chaussées le rattachent à Hanoï et à la Rivière Noire.

A quelques kilomètres de Sontay, le Fleuve Rouge se divise en deux branches : la plus grande, au nord, descend vers **Hanoï** et *Hong-Yen*, puis se subdivise en plusieurs bras, la plupart embarrassés de bancs de sable, le *Cua-Traly*, le *Cua-Balat*, etc.; — la branche méridionale passe devant la mission catholique française de *Ké-sô*, et le gros village de *Ninh-Binh*;

plusieurs canaux navigables, et parmi eux les canaux de *Phu-ly* et de *Nam-Dinh*, relient les deux branches entre elles.

Parallèle au Fleuve Rouge, le **Thaï-Binh** ou *Song-Cau* vient des plateaux du Tongking septentrional, au sud des lacs Ba-Bé. Rapide et sinueux, il n'est pas navigable avant *Thaï-Nguyen*, un de nos postes militaires les plus reculés. Les barques circulent entre ce poste et *Dap-Cau*, à 30 kilomètres plus bas, qui est le port de la ville et de la citadelle de *Bac-Ninh*. Aux alentours s'élèvent, bâtis sur une colline, l'hôpital de Ticau et les villas de riches Annamites au milieu des jardins. Les plaines sont cultivées en rizières. En amont du village et du poste des *Sept-Pagodes*, le *Loc-Nam* uni au *Song-Thuong*, tous deux issus des montagnes qui s'étendent à l'ouest et au sud de Lang-son, apporte au Song-Cau des eaux malsaines : leurs vallées sont plantées de rizières, et dans les collines boisées qui les séparent, plus rapprochées du Song-Thuong, s'élèvent les villages de *Bac-Lé* et de *Kep;* ce dernier est un poste militaire. Aux Sept-Pagodes aboutit le Canal des Rapides, navigable en tout temps pour les canonnières, et qui joint le Thaï-Bing au Fleuve Rouge. Là commence le delta du Thaï-Bing; la plus méridionale de ses branches arrose *Haï-Duong* et sa citadelle; la plus septentrionale envoie un bras dans la baie d'Along, en passant devant Quang-Yen; une autre dans le port d'Haï-phong, qui est de création française. Entre elles un grand nombre de bras secondaires se ramifient et se mêlent. Le *Canal des Bambous*, navigable pour les chaloupes et les canonnières, rattache **Haï-phong** au Fleuve Rouge. L'embouchure la plus accessible est le *Cua-Cam*, dont la profondeur est de $3^m,30$ aux plus basses marées, et 6 mètres aux grandes. Haï-phong est à 11 kilomètres de l'entrée du Cua-Cam; le bras du *Song-Tam-Bac* rattache la ville au Canal des Bambous; — le bras du *Song-Dang-Giang* la relie à la baie d'Along : de là l'importance de Haï-phong comme entrepôt et port de commerce et de transit.

Le *Fleuve Rouge* et le *Song-Cau*, en mêlant les arroyos de leur delta, fécondent le Tongking méridional par leurs inondations annuelles, et ouvrent au commerce d'exportation et à la circulation intérieure un magnifique réseau de routes naturelles.

Parmi les autres cours d'eau du Tongking septentrional, le *Song-Phu-Co* se jette dans la mer près de Tien-Yen, en face de l'île *Ke-Bao;* — la rivière de *Mon-Kay* forme la frontière entre la Chine et le Tongking, à l'ouest du cap *Pak-Loung*.

Au nord et à l'est des montagnes qui séparent les eaux du Tongking de celles de Kouang-Si, la rivière le *Song-Ki-Kong*, affluent du *Li-Kiang*, coulant dans un sens opposé au Song-Thuong, passe entre *Ki-Hua*, marché de sa rive droite en plaine, et **Lang-son**, citadelle construite à gauche, dans une enceinte de collines. Une route qui franchit le col de *Kut* et descend par Bac-Lé et le Kep, rattache Lang-son à Bac-Ninh et Hanoï. — De Lang-son, la route se prolonge sur le flanc de collines stériles et désertes par Ki-loua vers le village de *Dong-Dang* et la frontière chinoise située à 2 kilomètres. Le Song-Ki-Kong, resserré entre des montagnes tantôt boisées ou herbeuses, tantôt arides, ouvre une route au nord vers le village de That-Khé, et, contournant brusquement les collines à l'est, reçoit à Lang-Tchéou (préfecture chinoise du Quang-Si) le *Song-Bang-Giang*, torrent rapide et non navigable qui arrose les rizières du village de Cao-Bang. Le pays est peu peuplé; les habitants sont en majorité des Thôs, d'origine laotienne. Les vallées sont plantées de riz, de coton et d'indigo, et nourrissent des chevaux et des buffles.

Climat; saisons; pluies. — L'Indo-Chine n'a pas un climat uniforme.

1° Dans la région méridionale (*Cochinchine et Cambodge*), la *saison sèche* coïncide avec la mousson du nord-est, du 15 octobre au 15 avril; la pluie est rare, la brise de mer rafraîchit le littoral, les rizières n'ont plus d'eau et les torrents se dessèchent; la température moyenne se tient de 24 à 26 degrés, descend à 20, monte peu au-dessus de 30. — La saison *pluvieuse* commence avec la mousson du sud-ouest, et dure du mois d'avril au mois d'octobre; la température, redoutable surtout en avril et en mai, s'élève en moyenne de 30 à 34 degrés; puis les orages surviennent, parfois terribles, des pluies abondantes diminuent par moments la chaleur. Le Cambodge, où les brises de mer ne se font pas sentir, souffre plus de la chaleur que la Cochinchine.

2° Dans l'*Annam central*, les deux saisons n'ont pas la même régularité. La chaîne de montagnes qui traverse l'Annam arrête les vents et intercepte les pluies du sud-ouest : elle sert au contraire à condenser les nuées que le vent du nord-est apporte; les pluies tombent en abondance de septembre à décembre, presque sans interruption; dans les autres mois, elles sont irrégulières et de moins longue durée, le ciel est souvent couvert, nuageux ou brumeux[1]. Les mois les plus chauds sont juin, juillet, août et septembre (+ 28 à 34 degrés à Hué); c'est l'époque des typhons les plus fréquents et les plus redoutables. Les brises de mer tempèrent la nuit la chaleur du jour.

« Le vent de la mousson sud-est occasionne des orages et des bourrasques qui sont l'effroi des pêcheurs. Ces orages et ces bourrasques, qui durent une ou deux heures seulement, et quelquefois un instant, sont de deux sortes : Giông et Tô... Le Tô est plus subit et ne cause pas de variation bien sensible du ciel et de la mer; tandis que le Giông se dessine par les nuages et se signale par les éclairs et le tonnerre; il dure plus longtemps, mais il est moins prompt et moins terrible, à moins que deux de ces bourrasques ne se rencontrent ou ne se succèdent : alors les flots s'amoncellent en sens inverse et se heurtent; la coque des frêles embarcations des pauvres pêcheurs et des caboteurs de la

---

1. Voici les observations météorologiques recueillies à Hué pendant le cours d'une année, par M. Dutreuil de Rhins : *Janvier* : ciel nuageux, couvert, pluvieux, humide dans la première moitié, tour à tour beau et brumeux dans la deuxième, moyenne + 23°1. — *Février* : temps couvert, pluvieux, brumeux; brises variables et faibles, en général calme et frais, + 22°8. — *Mars* : temps couvert, pluvieux, brumeux; le matin, brises légères; l'après-midi, assez frais, + 26°6. — *Avril* : temps assez beau, couvert, un peu brumeux, brises faibles, orages presque journaliers, + 26°8. — *Mai* : assez beau temps, nuageux. Le matin, petites brises, orages, + 28°. — *Juin* : même temps, + 31°5. — *Juillet* : beau temps, + 34°. — *Août* : beau temps, parfois couvert, petites pluies, fin des orages, + 28°2. — *Septembre* : assez beau temps, brises du nord-ouest, grains de pluie la nuit, typhons et coups de vent, + 28°. — *Octobre* : exceptionnellement beau, calme et brises variables, + 27°. — *Novembre* : mauvais temps, sombre, couvert, pluvieux, grandes pluies continuelles, + 24°. — *Décembre* : mauvais temps, couvert, nuageux, très pluvieux et humide, + 22°.

côte est menacée, s'ils n'ont pas eu le temps de chercher un abri; et, tous les ans, un grand nombre sont brisées ou anéanties, malgré l'habileté de ceux qui les montent. Le Tô n'en veut qu'à la mâture, qu'il rompt quelquefois tout à coup avant qu'ils aient eu le temps de le voir venir. Pour les tempêtes, elles ont lieu dans la saison des pluies, au mois d'août, septembre et octobre. Les Chinois les appellent Ty-phong ou « quatre vents », parce qu'elles font, en huit ou douze heures, et quelquefois plusieurs jours de suite, le tour du compas. Les plus terribles, je crois, sont celles qui commencent par les vents d'est et du sud. J'en ai vu une, en 1851, qui a ravagé un diamètre d'environ quinze lieues. Les eaux de la mer avaient envahi le littoral de la province de Ninh-Binh, et y avaient surpris les pauvres gens occupés à faire des nattes. On disait alors que plus de dix mille personnes avaient péri dans les flots.

» Les maisons, dans le reste de la province et dans celle de Nam-Dinh, étaient presque partout renversées; les arbres les plus forts étaient ou déracinés, ou rompus par la moitié à la naissance des branches; les haies de bambous qui entourent les villages étaient tressées, tordues, et ne ressemblaient plus à de la verdure, mais exactement à des quenouilles de filasse; il était impossible de marcher contre le vent, et je me rappelle très bien que, ce jour-là, nous n'avons pu faire cuire notre riz, si ce n'est à dix ou onze heures du soir que le temps est devenu plus calme.

» Pendant cette saison des pluies, on voit aussi, dans le golfe du Tong-King, des trombes qui font quelquefois de grands ravages. En 1845, je pus jouir d'un coup d'œil de ce phénomène. Il me faisait l'effet d'un beau nuage noir de dix à quinze mètres de large et ressemblant assez pour la forme à une corne d'abondance un peu tordue. Il n'était pas éloigné de notre barque, et les matelots chinois brûlaient force papier-monnaie pour conjurer les mauvais génies, quand un vent violent, venant du large, vint le briser et nous jeter dans une petite baie, où nous nous trouvâmes fort heureux de n'avoir perdu que notre gouvernail, qui fut fracassé au moment même où nous jetions l'ancre. » (*Empire d'Annam et les Annamites* (public. officielle), annoté et mis à jour par J. SILVESTRE; Paris, 1889, in-18, Alcan, p. 55-56.)

3º Au *Tong-King* les deux saisons sont bien tranchées : l'*été*, d'avril à octobre, saison de la mousson du sud-ouest; — l'*hiver*, d'octobre à mars, saison de la mousson du nord-est.

« Du mois de mai à la fin de septembre, le Tong-King est un pays tropical, chaud entre les plus chauds, pluvieux entre tous. *Mai* et *juin* sont les mois les plus pénibles ; le soleil est au zénith, et les grandes pluies ne sont pas encore venues rafraîchir l'atmosphère. (En juin 1855, on a enregistré des températures de 37° pendant le jour et de 35° à 36° pendant la nuit.)

» Tout l'été, l'exercice physique est impossible, le travail intellectuel difficile. On est assoupi, accablé par la chaleur humide, inondé d'une sueur que nulle évaporation ne diminue. Le *panka* est nécessaire ; on ne goûte quelque repos qu'à l'aide des ablutions froides souvent répétées. Il ne faut pas sortir, si ce n'est de cinq à sept heures du soir ou dans les premières heures de la matinée. Je garderai longtemps le souvenir des nuits brûlantes de *juillet* et des avalanches d'eau qui tombaient sans beaucoup rafraîchir l'atmosphère. Pendant la période des grandes chaleurs, entre le jour et la nuit, le thermomètre accuse une différence de trois à quatre degrés à peine. « A Nam Dinh, dit le Dr Lejeune, pendant les mois de juillet et d'août 1884, j'ai constaté chaque soir, à onze heures, 33° et 34°. »

» Pendant la première quinzaine d'*août*, la température est encore très élevée (maximum : 33° 5 ; minimum : 24° 5). A la fin du mois, les matinées sont relativement fraîches et les nuits supportables. On est fatigué, on attend avec impatience les jours meilleurs.

» En général, dans le courant de *septembre*, un coup de vent tournant annonce la fin de la saison chaude. Les matinées, dès lors, se rafraîchissent d'un degré, différence minime sans doute, mais agréablement appréciée par celui qui vient de supporter les ardeurs de l'été.

» En *octobre*, le nord et le nord-est donnent de véritables journées d'automne, température tonique, ciel ensoleillé, d'un bleu sévère, montagnes d'un violet foncé ; l'intelligence, assoupie depuis cinq mois, se réveille ; on peut s'adonner avec plaisir à quelques travaux. Aux derniers jours du mois, il est possible de reprendre les exercices physiques interrompus par l'été.

» Dès *novembre*, l'hiver se dessine ; on chasse, on monte à cheval et l'on fait de longues courses ; les nuits sont fraîches ; la température baisse jusqu'à 16° ; un beau soleil réjouit les yeux.

Les averses ont fait leur temps; ce qui caractérise ce mois, c'est la sécheresse; il n'y a plus, en effet, que des pluies fines et quelques brumes qui flottent à mi-hauteur des collines. Comme les vents du nord et du nord-est dominent en *décembre* et les jours toniques avec eux, l'économie reprend sa vigueur et l'estomac son appétit d'Europe. Vers le milieu du mois, par 14°, on commence à *voir son haleine*, surprise agréable en pays tropical. On peut alors aller à la chasse et courir la campagne au beau milieu du jour. Vers la fin du mois, par des journées de ciel couvert et de pluie fine, on voit la température descendre à 10° et l'on fait volontiers du feu dans les appartements.

» *Janvier* est le mois le plus froid de l'année. On allume son feu presque tous les jours; les vêtements de drap sont nécessaires, car, au milieu des jours froids, les vents du sud se montrent rares. Ils soufflent cependant quelquefois, et il se produit alors des écarts très étendus de température contre lesquels il importe de se prémunir.

» J'arrive au *brumaire tonkinois*, dit Maget avec pleine raison, en parlant du mois de *février*. Ce mois est en effet caractérisé par une brume constante et une humidité pénétrante; il m'est arrivé de faire du feu uniquement pour me sécher. L'eau suinte sur les murs des appartements; du jour au lendemain, les chaussures et tous les objets de cuir se couvrent de moisissure.

» En *mars*, la température ne varie plus d'une heure à l'autre comme en février, mais donne deux séries froides de cinq à six jours, intercalées dans des jours relativement chauds. Le soleil commence à reparaître à certains jours du mois, un exercice un peu violent devient pénible et amène la sueur.

» Le mois d'*avril* est aussi très humide, et la chaleur s'annonce déjà, bien que le soleil paraisse peu souvent. Au commencement du mois, on peut sortir encore pendant les heures méridiennes; mais, à la fin, les journées deviennent étouffantes, et l'on reporte la promenade aux heures qui précèdent le coucher du soleil. A partir du 25, le vent du sud-est est parfaitement établi, et l'on retombe dans les brûlantes monotonies tropicales.

» En résumé, l'Européen trouvera au Tonkin : 1° cinq mois *bons*, de novembre à fin mars; 2° cinq mois *mauvais*, de mai a fin septembre; 3° deux mois *passables*, avril et octobre. » (REY, *Archives de médecine navale*, 1889.)

On a cru longtemps que les montagnes de l'Indo-Chine étaient, comme dans d'autres pays, l'Inde par exemple, les parties du territoire les plus salubres, et on a cherché à y établir des stations de convalescents et de malades, comme au plateau de Baria. Il est aujourd'hui démontré que les montagnes, à cause de l'accumulation des détritus végétaux et animaux, de la densité excessive de la végétation, sont plus insalubres que les régions maritimes, bien cultivées, épurées et rafraîchies par les brises de la mer. « Dans les grands bois sauvages et déserts qui couvrent la chaîne
» annamitique, on est tantôt enveloppé de vapeurs chaudes et amollis-
» santes, tantôt pénétré d'une humidité si fraîche qu'elle donne le frisson ;
» en même temps, on est en quelque sorte grisé par les odeurs âcres qui
» se dégagent du sol, des feuilles mortes, des innombrables herbes, arbustes
» ou arbres, au milieu desquels serpentent les étroits sentiers des indigènes
» ou les tracés des éléphants. » (De Lanessan.)

Les maladies ordinaires sont, pour les Européens surtout : les insolations, l'anémie, les dysenteries, les fièvres intermittentes, « la fièvre des bois », les affections du foie, le choléra. Des règles sévères d'hygiène, des soins particuliers et constants apportés à l'installation, aux vêtements, à la nourriture, ont déjà singulièrement amélioré l'état sanitaire, et diminué la mortalité.

« J'ai remarqué qu'au Tong-King la chaleur était très humide, et que c'était surtout durant la saison chaude que, dans les maisons et parmi les effets, on trouvait le plus de moisissures. Cette humidité provient des rizières et des dernières évaporations des eaux de l'inondation au commencement du printemps. Il doit en être de même en basse Cochinchine ; aussi, à cette époque, y a-t-il beaucoup de maladies dans le pays, des faiblesses d'estomac, des coliques, des pesanteurs de tête, des fièvres malignes, la dysenterie et le choléra. Pendant l'inondation, beaucoup de familles ne peuvent enterrer les morts ; alors les cadavres, amarrés à des pieux, se trouvent en beaucoup d'endroits déposés sur la vase ; puis les exhalaisons boueuses jointes au dégagement considérable produit par la fermentation des végétaux, dont la sève est forte partout à cette époque, sont des causes très suffisantes pour expliquer les épidémies qui, chaque année, désolent une population d'ailleurs assez mal nourrie, vêtue et logée. Tant que les eaux couvrent le pays, le Tong-King est salubre, et tout le monde, en général, s'y porte bien. Ce n'est donc qu'à cette époque, fin de février et commencement de mars, qu'il y a de grandes précautions à prendre, surtout dans l'usage de l'eau qu'il faut bien filtrer et épurer avant de la boire, comme, du reste, partout dans ces pays, et en toute saison.

» Les Chinois et les Annamites ont horreur de l'eau froide.

Ils ne boivent jamais, autant que possible, que de l'eau bouillie et qui a été infusée avec quelques feuilles de thé. Les Européens, qui préfèrent l'eau froide, la font d'ordinaire filtrer au charbon ou au sable, et, quand ils en ont le moyen, ils font comme les gens riches du pays, qui recueillent les eaux de pluie et les conservent dans d'immenses vases en terre cuite, qu'on se procure en certaines provinces.

» Pendant quelques mois de l'année, l'eau est si trouble partout qu'il faut la battre avec de l'alun pour la rendre potable, c'est-à-dire bonne pour cuire le riz, et faire les infusions de thé. Cette eau, battue avec de l'alun, est un peu laxative; mais elle n'a, je crois, aucun mauvais effet. Les gens des barques surtout en font une grande consommation, pendant que les fleuves charrient les débris des montagnes; ils ne s'en portent pas plus mal. Dans la partie haute de la plaine du Tong-King, il est difficile d'avoir de bons puits, et, dans le reste du pays, il y a une superstition qui empêche d'en creuser, de peur de briser la veine royale. C'est pour cela que les rives des fleuves sont si peuplées; l'eau des rivières est du reste, après les eaux de pluie, la meilleure et la plus saine. » (*L'Empire d'Annam et le peuple annamite*[1], p. 57.)

II. — Géographie politique

Notice historique.

Les premières relations de la France et de l'Annam. — C'est à la fin du dix-septième siècle que la France songea pour la première fois à fonder un établissement durable dans l'Indo-Chine orientale. Les essais d'occupation tentés dans le royaume de Siam, avec la complicité du premier ministre *Constance Phaulkon*, échouèrent[2]. L'escadre qui portait

---

1. Cet ouvrage dont le titre complet est : *L'Empire d'Annam et le peuple annamite, aperçu sur la géographie, les productions, l'industrie, les mœurs et les coutumes de l'Annam*, publié sous les auspices de l'administration des colonies, annoté et mis à jour par J. Silvestre, administrateur principal en Cochinchine, professeur à l'École des sciences politiques, est la reproduction presque textuelle d'un travail inséré, sans nom d'auteur, dans le *Courrier officiel de Saïgon*, en 1875-76. « Cette étude, écrit M. Silvestre, sous un titre modeste, est une œuvre autrement intéressante et autrement sûre que bien des écrits qui traitent de la même matière. »

2. Nous avons résumé plus haut (p. 378) cette entreprise de Louis XIV. Pour en suivre les développements et le dénoûment malheureux, on pourra consulter notre *Essai sur les relations de Louis XIV et du royaume de Siam*, de 1665 à 1703 (Paris, 1883, in-8°), composée d'après les documents inédits des archives de la marine et des colonies.

nos troupes à l'embouchure de la Mé-Nam relâcha, pour renouveler son approvisionnement d'eau, dans une île de l'archipel de Poulo-Condor, que le rapport de *Véret*, agent de la compagnie des Indes à Siam, appelle *Conon*, et dont il vante l'excellente situation, et l' « agréable verdure ». Quand les Français eurent évacué Bang-Kok et Mergui, et renoncé à faire du Siam un État vassal, les Anglais descendirent à Poulo-Condor, y bâtirent des magasins, des chantiers et des ports. Mais les troupes Macassars qu'ils avaient enrôlées se soulevèrent une nuit, et, avec l'appui des indigènes, massacrèrent tous les Anglais de l'île. La métropole n'essaya pas de venger ce désastre, et les Anglais ne reparurent plus à Poulo-Condor qu'ils avaient occupé huit ans (1700-1708).

En 1721, un agent de la compagnie française des Indes, **Renault**, reçut l'ordre de se rendre à Poulo-Condor, et de faire une enquête sur la population, le climat, les productions et les avantages de l'archipel. Le rapport de Renault, plein d'observations précises, constate que les habitants sont indociles, paresseux et fourbes, et ne se prêteront pas aisément à la vie régulière qu'on exigera de colons soumis. Les îles possèdent un gibier abondant et varié, des bœufs et des porcs qui vivent à l'état sauvage. Le poisson foisonne sur les côtes, et partout dans l'herbe et dans l'eau, on voit surgir et se mouvoir lentement des tortues phénoménales, richement caparaçonnées de belles écailles, au clair soleil reluisantes. Les forêts sont garnies d'arbres superbes, qui fournissent un bois dur très propre à la construction des navires ; elles sont peuplées de singes de toute taille, de serpents énormes, de légions de fourmis et de rats rongeurs. Sur la pointe des rochers, d'innombrables salanganes posent leurs nids gélatineux, avidement recherchés par les Chinois gourmets. Renault ajoute que ces îles offriraient à nos flottes un abri sûr contre les tempêtes et les typhons, et un refuge inviolable, en cas de guerre, et il indique nettement les baies les plus commodes où il faudrait élever des magasins, des forts, un arsenal. Mais le rapport de Renault, perdu dans les cartons, resta un simple document historique[1].

En 1748, le ministre de la marine, *Maurepas*, confia à un négociant français, Pierre **Poivre**, une mission dans l'Indo-Chine orientale. Il pénétra dans la baie de Tourane, y reconnut les passes, fut frappé de la beauté de cette baie pittoresque, encadrée de magnifiques montagnes boisées, et signala le grand nombre de Chinois qui habitaient le port de Faïfo et y accaparaient tout le commerce.

« Ils retournent ordinairement dans leurs foyers, écrit Poivre, quand ils
» ont amassé la fortune ou simplement l'aisance... Ces Chinois paient un
» tribut, qui est un impôt de capitation assez élevé, proportionné à la
» fortune d'un chacun. » Poivre fut bien accueilli des mandarins, échangea avec eux des présents, les visita, reçut une ambassade du roi de Hué, composée de mandarins « revêtus d'éclatants costumes de soie et d'or », des catéchistes ou interprètes cochinchinois, d'un capitaine de la cour, et d'un missionnaire français. « Par une politesse qui me semblait être exigée par
» la solennité, écrit Poivre, j'ai fait saluer cette ambassade d'une aubade
» de trois coups de canon. Mal m'en a pris. A la première détonation, tous
» les mandarins ont pris la fuite, pâles, terrifiés, ne sachant où se mettre,

---

1. Ce rapport a été analysé par M. Alexis Faure, dans son intéressante *Etude sur les origines de l'empire français d'Indo-Chine*, publiée par la *Revue de géographie*. (Années 1889-90.)

» où se cacher, tant était grande leur épouvante. Cependant le ministre
» s'est approché de moi, encore tout tremblant, et m'a supplié, avec des
» gestes désolés, de faire cesser cet effroyable bruit. J'en conclus que ces
» gens-ci ont une aversion marquée à l'endroit des instruments militaires.
» Ils paraissent être de tempérament et d'humeur pacifiques. » L'alerte
passée, Poivre remit, avec les ballots de présents, ses lettres de créance,
et fut invité à se rendre à la cour de Hué[1]. Il réussit à obtenir l'autorisation de fonder un comptoir français à Faïfo, dans la baie de Tourane, et
rapporta à l'Île de France quelques plants d'arbres à épices et du riz sec,
qui put croître sur les plateaux. La décadence et la suppression de la Compagnie des Indes ne permirent pas de tirer parti des négociations de Poivre.
Seuls les missionnaires français ne laissèrent pas oublier le nom français
dans l'Indo-Chine.

Louis XVI et Gia-Long. — Jusqu'au quinzième siècle, le pays
d'Annam n'avait été qu'une dépendance de la Chine, tantôt province sujette
et tantôt État vassal. Vers 1430, un général, nommé Le Lo'i, chassa les

---

1. **Poivre** était né à Lyon en 1719. Il était fils d'un petit commerçant, et avait
achevé ses études au collège des *Missions étrangères*. Mais il avait renoncé aux
ordres, et, en 1741, s'était embarqué pour l'Extrême-Orient. A Macao, trompé par
un négociant chinois, il avait essayé de gagner Canton. On l'avait arrêté, mis
en prison. Pendant sa captivité, il apprit le chinois, et, quand on l'interrogea,
après deux mois d'incarcération préventive, il put se défendre, et fut relâché.
Le vice-roi de Canton consentit même, à titre de dédommagement, à lui donner
les moyens de visiter les provinces du sud-ouest de l'Empire et les côtes de
Cochinchine. En 1746, il regagne la France sur le *Dauphin*, rencontre en route
une division navale anglaise. La bataille s'engage ; le vaisseau français se défend
héroïquement ; il est criblé de boulets et capturé ; Poivre a le poignet droit fracassé. On lui fait l'amputation de l'avant-bras et on le dépose, avec les autres
prisonniers et blessés, à Batavia. Il y séjourne quatre mois et y étudie la culture des épices, dont il dotera plus tard nos colonies tropicales. Transporté avec
ses compagnons à Mergui, il réussit à regagner Pondichéry, devient le secrétaire
de La Bourdonnais, le suit à l'Île de France, puis à la Martinique et en Angleterre où on le laisse libre de regagner la France. Il venait d'y arriver (1748),
quand le ministre de la marine, Maurepas, lui proposa la direction d'une mission
en Cochinchine. Il accepta, et, monté sur le *Machault*, fit voile vers l'Inde et le
détroit de Malacca. Au mois d'août 1749, il jetait l'ancre dans la baie de Tourane. Ses succès diplomatiques décidèrent la Compagnie des Indes à lui confier
une mission plus étendue, mais avec des moyens d'action insuffisants. Poivre,
monté sur une mauvaise frégate, bravant la tempête et les écueils de mers périlleuses, et surtout les règlements rigoureux des Hollandais qui interdisaient sous
peine de mort l'exportation d'un seul plant colonial, et faisaient fabriquer de
fausses cartes de l'archipel, débarqua à Timor, et rapporta clandestinement à
l'Île de France des noix muscades, des plants d'épices et d'autres arbustes (1756).
L'année suivante, au retour d'un voyage à Madagascar, Poivre fut pris de nouveau par les Anglais. Rendu à la liberté, il se retira aux environs de Lyon. Le
roi lui envoya une gratification, des lettres de noblesse, et le cordon de Saint-Michel. — En 1767, le duc de Choiseul-Praslin le nomma intendant des Indes de
France et Bourbon. Poivre fut pour ces colonies un véritable bienfaiteur. Il n'y
vécut pendant six ans que pour le bien des colons, y rendit la justice gratuite,
réprima les excès de la traite, adoucit le sort des esclaves, répara les désastres
de la guerre, répara Port-Louis, régla le régime des eaux, reboisa les montagnes,
et enrichit les îles de plantations nouvelles importées de Java et des Antilles (giroflier, canne à sucre, cacaotier, manguier, cannelier, etc.). Ce grand homme de
bien rentra en France en 1773. Turgot le gratifia d'une pension de 12 000 livres.
Poivre mourut près de Lyon en 1786.

armées chinoises, se fit proclamer roi par ses compagnons d'armes, et fonda la dynastie des Lê. Toutefois, la Chine garda sur le nouvel Etat un droit de suzeraineté honorifique ; chaque roi, à son avènement, recevait du Fils du Ciel l'investiture, et des tributs d'hommage étaient envoyés, à des époques fixes, à la cour de Péking. Un siècle après, le gouverneur de Cochinchine, *Nguyên Hoang*, refusait l'obéissance au roi Lê, se proclamait régent, puis roi feudataire, et fondait la dynastie des **Nguyên**, dont les descendants règnent aujourd'hui sur l'Annam. Les guerres ne cessèrent plus entre les Nguyên et les Lê jusqu'à la fin du dix-huitième siècle. Alors une formidable insurrection, partie de la Cochinchine, renversa les deux dynasties rivales ; les derniers partisans des Lê, cachés dans les montagnes du Tong-King, attendirent l'heure favorable pour une restauration qui échoua toujours ; les Nguyên cherchèrent un refuge à la cour du roi de Siam.

C'est là que le chef de leur maison, Nguyên-Anh, plus connu sous son nom royal de **Gia-Long**, rencontra l'évêque français d'Adran, Pigneau de **Béhaine**. Né à Origny, près de Laon, en 1741, ce prélat était depuis quinze ans vicaire apostolique de la Cochinchine. Il dissuada Gia-Long de recourir à la protection des Hollandais de Batavia ou des Anglais du Bengale ; il lui vanta la puissance de la France, et l'engagea à demander notre appui. Le missionnaire espérait ainsi du même coup obtenir la restauration de Gia-Long, la conversion de l'Annam au catholicisme et l'établissement de la domination française dans l'Indo-Chine. Gia-Long se laissa facilement persuader ; il envoya à Pondichéry l'évêque d'Adran, muni de pleins pouvoirs, et accompagné de son fils aîné, le prince *Canh-Dzué*, héritier présomptif d'un trône qu'il fallait reconquérir[1]. Le gouverneur de la colonie les fit passer l'un et l'autre en France : Louis XVI les accueillit avec faveur : on était au lendemain de la guerre d'Amérique, où nos marins avaient brillamment soutenu l'honneur de nos armes, vaincu l'Angleterre, relevé les insurgés en détresse, et par l'épée de Suffren, de Rochambeau et de La Fayette, imprimé à l'œuvre glorieuse de la fondation des Etats-Unis, cette marque française que la mauvaise foi de certains historiens de la république américaine et l'ingratitude de ses hommes d'Etat n'ont pas réussi à effacer. Jaloux de rendre à la France, sur toutes les mers lointaines, le rang qui lui appartenait autrefois et d'où le traité de Paris l'avait fait déchoir, Louis XVI se laissa persuader par le prince royal annamite et l'évêque d'Adran.

Le 28 novembre 1787, fut signé à Versailles un traité d'alliance offensive et défensive. Le roi de France promettait à l'empereur Gia-Long, souverain de l'Annam, une escadre de vingt bâtiments de guerre, sept régiments, des armes, des munitions et 500 000 piastres en espèces. En retour, le monarque oriental cédait à la France, en toute souveraineté, la ville et la baie de Tourane et l'archipel de Poulo-Condor ; il accordait aux consuls français la faveur de résider dans tous les ports de la côte de Cochinchine, où Louis XVI le jugerait convenable, et d'y construire librement des vaisseaux ; il autorisait l'ambassadeur français résident à prendre dans les forêts tout le bois nécessaire à cet effet ; il fournirait les hommes et les matériaux demandés pour la construction des forts, ponts, routes, fontaines, etc. ;

---

1. On raconte que le prince plut beaucoup à la cour par sa bonne grâce et sa distinction. On trouva son costume ravissant et sa coiffure originale ; les dames de la cour l'adoptèrent, la mirent à la mode, et, pendant quelques semaines, on ne se coiffa plus qu'*à la chinoise*.

toutes les opinions religieuses seraient libres dans les territoires cédés; les taxes seraient perçues suivant les usages du pays par les Français, et le roi ne réclamerait aucune part de ces taxes. Si la guerre recommençait dans l'Inde, Gia-Long promettait un secours de 14000 soldats; si elle s'étendait à nos provinces de Cochinchine, il s'engageait à lever une armée de 60000 hommes pour les défendre.

Tel est le pacte peu connu dont les conséquences devaient peser sur le dix-neuvième siècle et entraîner des complications inattendues.

Le traité de Versailles ne fut pas intégralement exécuté; à son retour à Pondichéry, pour une misérable question d'étiquette, l'évêque d'Adran se brouilla avec le gouverneur, le comte de Conway; et la France paya l'imprudence du religieux et les susceptibilités coupables d'un Irlandais indigne de commander en son nom. Au lieu du secours promis, Béhaine n'obtint que l'escorte de la frégate *la Méduse*, pour deux navires de commerce armés et équipés à ses frais. Mais la qualité compensait le nombre : ces navires portaient quelques officiers distingués et des ingénieurs de talent, dont l'histoire coloniale a conservé les noms : Chaigneau, de Forçant, Vannier, Dayot, Ollivier, Le Brun, Girard, Despiaux, Barizy, Lefebvre. Leur arrivée rendit la confiance et la force au parti des Nguyên; Gia-Long réunit une armée, les Français l'organisèrent et la disciplinèrent; une flotte fut construite et Gia-Long rétabli sur son trône. Les villes de Hué, Saïgon, Mytho furent fortifiées sur le modèle des forteresses de Vauban; Dayot, amiral de la marine annamite, fit lever les plans et cartes du pays, et la puissance de Gia-Long devint telle qu'en 1802 il put conquérir le Tong-King, fut reconnu par la Chine, et n'eut aucune révolte à réprimer jusqu'à sa mort, en 1820.

Le nouvel empereur annamite ne se montra pas ingrat; en 1804, il refusa à l'Angleterre l'expulsion de Chaigneau et Vannier. L'artisan de sa fortune, Pigneau de Béhaine, devenu son conseiller intime, était mort en 1798; Gia-Long lui fit faire des funérailles splendides, prononça lui-même son oraison funèbre, et ordonna d'ériger à grands frais, en l'honneur de son ami, sur les dessins de l'artiste français Barthélemy, un mausolée qui existe encore et que l'Etat annamite a pieusement entretenu jusqu'au jour récent où la France l'a déclaré propriété nationale.

Toutefois le traité de Versailles restait lettre morte. Les intrigues de l'Angleterre, qui dominait l'Inde, et convoitait la Birmanie, pesaient sur les décisions de la cour de Hué, où nos défaites de la fin de l'Empire n'étaient pas ignorées. La mission du comte de Kergariou, envoyé par Louis XVIII à Tourane, en 1818, fut sans résultat.

Les fils de Gia-Long. — Les fils de Gia-Long eurent la mémoire plus courte que leur père. Déjà celui-ci, porté à la défiance envers ses bienfaiteurs, mettait quelques bornes à sa reconnaissance; et les événements de l'Europe occidentale ne lui en rendaient pas d'ailleurs le fardeau trop lourd. On rapporte qu'avant de mourir, il adressa à son successeur la recommandation suivante : « Mon fils, aime les Français, sois-leur » reconnaissant de ce qu'ils ont fait pour nous, mais ne leur permets » jamais de mettre le pied dans ton empire. » Cette leçon ne fut pas perdue : pour ces monarques orientaux, un traité vieux de trente ans était un traité prescrit; des compagnons de Pigneau de Béhaine, quelques-uns seulement vivaient encore; aux yeux des Annamites, ils avaient déjà tout l'air d'être des intrus. Gia-Long n'avait-il pas largement payé sa dette? Il était temps de se débarrasser d'auxiliaires inutiles et gênants.

Le fils et successeur de Gia-Long, **Minh-Mang**, écarta peu à peu les Européens de sa cour, puis leur interdit, sous peine de mort, de résider dans son royaume. Il n'excepta pas même Vannier et Chaigneau, les vieux compagnons de Pigneau de Béhaine. Chaigneau, encouragé par le duc de Richelieu, ministre des affaires étrangères, avait favorisé de son mieux les entreprises commerciales des négociants de Bordeaux dans l'Indo-Chine. Il avait le titre de consul général de France, et il était chargé de conclure un traité de commerce avec l'Annam. Minh-Mang rejeta toutes les propositions qui lui étaient faites. Vannier, craignant pour sa vie, s'embarqua pour la France et vint s'établir à Lorient avec ses enfants et sa femme, qui était une catholique annamite de haute naissance. Après quatre ans d'efforts impuissants, Chaigneau, découragé, quitta l'Annam pour toujours. A deux reprises, un de ses neveux essaya sans succès, après lui, de représenter la France à Hué en qualité de vice-consul : Minh-Mang appliquait à la lettre la seconde partie du conseil suprême de son père ; *il ne permettait pas aux Français de mettre le pied dans son empire* ; quant à la première, il l'avait tout à fait oubliée.

Les missionnaires chrétiens, dont le premier établissement dans l'Annam remontait à plus de deux siècles, ne quittèrent pas le pays : Minh-Mang, déchirant ce qui restait du traité de 1787, les persécuta. La lourdeur des impôts et des corvées, les exactions et les cruautés du despote avaient soulevé deux insurrections terribles : l'une au Tong-King, à l'instigation d'un prince de la dynastie des Lê, soutenu par les tribus de l'intérieur ; l'autre, dans la Basse-Cochinchine où un mandarin ambitieux, le Tonkinois *Vô Khoï*, fut sur le point de fonder une principauté indépendante, avec Saïgon pour capitale. Minh-Mang accusa les catholiques d'être les fauteurs ou les complices de ces révoltes. Quatre Français, chefs de missions, et trois religieux espagnols furent mis à mort par ses ordres ; on livra à la torture et on étrangla plusieurs centaines d'Annamites, coupables d'avoir reçu le baptême.

Minh-Mang mourut en 1840, sans avoir subi le châtiment de ses crimes. Le gouvernement de Louis-Philippe était partisan d'une politique de paix, et ne partageait pas les vues des Bourbons sur les questions coloniales. Son intervention à l'étranger était calculée avec une circonspection qui laissait parfois chanceler les droits de la France, sans apaiser les défiances des nations rivales. L'envoi du capitaine Laplace sur *la Favorite*, en 1831, n'avait eu aucun succès à la cour de Minh-Mang ; l'apparition, trop rapide et à de trop longs intervalles, de vaisseaux de guerre isolés dans les eaux de l'Annam n'empêcha pas les exécutions de 1838. La patrie, suivant le mot de Guizot, était trop souvent « absente » de ces mers lointaines.

Enfin, au mois de février 1843, le commandant Levêque, sur le vaisseau *l'Héroïne*, parut devant Tourane, et obtint du successeur de Minh-Mang, son fils **Thiêutri**, la liberté immédiate de cinq missionnaires français retenus captifs dans les prisons de la capitale. Deux ans après (1845), l'amiral Cécile, par une démonstration du même genre, sauva la vie de M. *Lefèvre*, évêque d'Isauropolis. Mais ces leçons trop rares et trop bénignes ne suffisaient pas à corriger l'intolérance des persécuteurs. Thiêutri, dont la peur seule avait quelque temps fléchi la cruauté, continua les massacres, et, en 1847, quand les amiraux Lapierre et Rigault de Genouilly vinrent de nouveau le sommer de respecter les traités, il osa leur répondre qu'il n'obéirait pas. Il prit même l'offensive et essaya de surprendre traîtreusement nos vaisseaux dans la baie de Tourane. Les officiers français, édifiés sur la bonne foi orientale, étaient sur leurs gardes ; une bataille s'engagea, et la flotte annamite fut détruite. Telle fut, depuis l'ambassade solennelle de 1787, la première intervention sérieuse de la France dans l'Annam. Elle frappa l'imagination des sujets et des mandarins de Thiêutri ; mais elle excita dans l'âme de Sa Majesté une colère qui alla jusqu'à la démence. Le petit-fils de Gia-Long publia un nouvel édit condamnant tous les Européens, sans distinction et sans exception, aux plus affreux supplices, et, pour assouvir, sans tarder, sa royale fureur, il brisa tous les objets de provenance française qu'il trouva dans son palais, fit revêtir des mannequins de l'uniforme français, et donna l'ordre de les fusiller sans pitié.

La France et Tu-Duc. — Ni cette folie impuissante, ni cette victoire stérile n'apportaient de solution. Tandis que l'escadre française quittait les rivages annamites, Thiêutri mourait, léguant à son fils et successeur **Tu-Duc** sa haine contre les étrangers, et son fanatisme persécuteur. Ce nouveau monarque signala son avènement par une recrudescence d'atrocités. Les missionnaires *Schœfer* et *Bonnard* furent décapités, les têtes de leurs coreligionnaires mises à prix, à 3 000 francs chacune ; quiconque leur donnerait asile devait subir la peine capitale.

Le gouvernement français intervint de nouveau. En 1856, le vaisseau *le Catinat* mouillait dans la baie de Tourane. M. DE MONTIGNY devait se rendre à la cour de Hué, afin de présenter à Tu-Duc les réclamations de l'empereur Napoléon III. Le souverain ne daigna pas le recevoir, l'ambassade française devint la risée des mandarins. Ces outrages exigeaient un châtiment exemplaire. Pour venger l'honneur de la France, M. de Montigny expédia à Tourane une compagnie d'infanterie de marine sous les ordres du commandant LELIEUR DE VILLE-SUR-ARCE ; elle prit d'assaut les forts de Tourane, détruisit l'arsenal, noya les poudres et encloua soixante pièces de canon. Mais cette poignée d'hommes dut bientôt abandonner les positions conquises et regagner la France. C'était une nouvelle promenade militaire à ajouter aux précédentes ; le résultat fut le même. Les Annamites considérèrent cette retraite comme un aveu d'impuissance ; ces occupations intermittentes équivalaient presque à des demi-défaites. Les lettres de Napoléon III avaient été remises à Tu-Duc au bruit du canon : après le départ du *Catinat*, il se dispensa d'y répondre, et les dignitaires de son palais raillèrent de loin les guerriers redoutables qui faisaient tant de bruit pour une si mince besogne ! « Les Français aboient comme des chiens et fuient comme des chèvres, » disait le monarque asiatique dans une proclamation à ses sujets ; et les hauts mandarins, commentant la parole sacrée du roi, annonçaient au peuple que « des barbares d'Europe étaient venus
» avec un navire à feu jusqu'au port de la capitale ; mais qu'ils avaient eu
» la bonne idée d'en repartir aussitôt, échappant ainsi par une prompte
» fuite à une correction méritée. »

La première conquête en Cochinchine. — A ces gasconnades du mandarinat lettré étaient joints de nouveaux édits de proscription. Quelques mois plus tard, on apprenait en Europe que le sang chrétien avait de nouveau coulé dans l'Annam. Deux évêques, d'origine espagnole, *Diáz* et *Garcia San Pedro*, et une multitude d'indigènes convertis avaient été étranglés ou décapités. Tu-Duc nous bravait ouvertement. Il fallait en finir sous peine de voir pour jamais le prestige français détruit dans l'Extrême-Orient. La France et l'Espagne se décidèrent en commun à une action énergique.

Une flotte franco-espagnole, composée de huit vaisseaux de guerre et de cinq transports français montés par quinze cents soldats, et d'un aviso espagnol portant huit cents Tagals des îles Philippines, sous le commandement de l'amiral **Rigault de Genouilly**, occupa Tourane le 1ᵉʳ septembre 1858. La route de Hué était entre nos mains; nous pouvions dicter les conditions au roi dans les murs de sa capitale : l'amiral adopta un autre plan. Après cinq mois de séjour dans la baie de Tourane, il se décida à quitter cette position insalubre et d'un accès difficile ; l'escadre vint croiser sur les côtes de la Basse-Cochinchine, et en sept jours enleva les forts et la citadelle de Saïgon. Ces brillants combats nous rendirent maîtres d'une place de premier ordre, munie de deux cents canons, et d'approvisionnements immenses. Tourane fut évacué, et les forces françaises concentrées à Saïgon.

Ce changement dans nos lignes d'opération laissa croire à Tu-Duc que les *barbares de l'Occident*, toujours légers et sans consistance, épuisés d'ailleurs par le climat et les maladies, ne tarderaient pas à regagner l'Europe. Dans une proclamation au peuple annamite, il se vanta d'avoir chassé les Français de Tourane ; il ne restait plus, disait-il, qu'à jeter à la mer une poignée d'aventuriers. En attendant, les massacres des chrétiens continuaient.

On put croire un instant qu'une campagne si brillamment ouverte aurait le plus piteux dénouement. La guerre venait d'éclater en Italie entre la France et l'Autriche, et nous nous préparions à la faire à la Chine, de concert avec l'Angleterre. L'amiral de Genouilly fut rappelé en France, et l'amiral **Page**, son successeur, envoyé en Chine avec son escadre. Il ne resta à Saïgon qu'une garnison de huit cents hommes, et une flottille de quatre avisos et de deux corvettes pour la défendre ; le capitaine de vaisseau D'ARIÈS commandait les Français ; le colonel espagnol PALLANCA GUTTIEREZ, les deux cents Tagals auxiliaires.

Les Annamites connaissaient cette infériorité numérique, et se hâtèrent d'en profiter. Tu-Duc lança contre Saïgon son meilleur général, *Nguyen-Tri-Phuong*, et son armée la plus nombreuse. Il comptait aussi sur les bons offices des Annamites, des Chinois et des Malais de la ville, qui, sous les apparences d'une neutralité obséquieuse, conspiraient contre la garnison et s'apprêtaient à la trahir. Les espérances de Tu-Duc furent déjouées. Les Annamites, il est vrai, bloquèrent étroitement la ville, barrèrent toutes les routes, construisirent à *Ki-Hoa* un immense camp retranché, semèrent partout des embuscades et tentèrent même un assaut qui fut repoussé. Tous leurs efforts furent vains; pendant huit mois, le commandant d'Ariès et ses huit cents braves suffirent à tout. Au mois de février 1861, la guerre de Chine était finie ; l'amiral **Charner** débarqua à Saïgon, et par une attaque habilement combinée de l'armée et de la flottille qui remontait le Donnaï, l'armée annamite, bloquée à son tour, fut écrasée dans ses retranchements de *Ki-Hoa*. Il faut dire, à son honneur, qu'elle avait vaillamment soutenu le combat : elle avait laissé mille des siens sur le champ de bataille ; deux cent vingt-cinq Français ou Espagnols furent tués ou blessés, et parmi eux l'enseigne de vaisseau LAREYNIÈRE, qui, en tombant, adressa à l'ami qui lui portait secours cette parole héroïque dans sa simplicité : « Retourne à ton poste, et écris chez moi que je suis mort bravement. » Saïgon était débloqué, et la province fut conquise. « L'armée expédition-
» naire, écrit M. PALLU, un des historiens de la campagne, dans l'espace
» de quinze jours, avait livré cinq combats, fourni douze reconnaissances,
» marché sous un ciel d'airain, malgré des influences meurtrières, vécu de

» biscuit, bu de l'eau souvent gâtée, veillé la nuit presque toujours à
» cause des piqûres empoisonnées des moustiques et des fourmis de feu. »
Les Annamites s'étaient retranchés à Mytho, centre principal du commerce de la Basse-Cochinchine, situé sur le bras principal du Mé-Kong, au milieu d'un réseau de canaux ou *arroyos* formés par le grand fleuve. Devant la forteresse, le commandant Bourdais fut emporté par un boulet; ses soldats le vengèrent en entrant dans la place. Ces victoires stupéfièrent les Annamites; ils n'osaient plus cette fois célébrer leurs succès. Une dernière citadelle restait entre leurs mains, celle de Bien-Hoa. L'amiral **Bonard**, successeur de Charner, força N'guyen à l'évacuer (décembre 1861). Le féroce mandarin signala sa retraite par une exécution sauvage : animé d'une haine implacable contre les chrétiens indigènes qu'il regardait comme les complices des envahisseurs, il enferma dans des enclos tous ceux qu'il put saisir, et fit amonceler tout autour des matières combustibles auxquelles on mit le feu. Plusieurs centaines de ces malheureux furent ainsi brûlés vifs.

L'insurrection des Lê. Le traité de 1862. — Des négociations étaient déjà entamées entre Tu-Duc et l'amiral Bonard. Le roi de l'Annam venait d'apprendre qu'une formidable insurrection, organisée par le prince **Lê-Phung**, avait éclaté au Tong-King. Ce descendant de la dynastie légitime des Lê, dépossédée au dix-huitième siècle, avait dérobé son origine à la surveillance des mandarins : élevé dans un séminaire du Tong-King, il avait séjourné plus tard à Macao, noué des relations avec des proscrits annamites et conclu des marchés avec des négociants chinois qui devaient lui fournir des armes. Il avait salué, dans les marins de la flotte franco-espagnole, les libérateurs attendus, et proposé son alliance à l'amiral Rigault de Genouilly. Mais celui-ci avait écarté les combinaisons de l'*aventurier*, et dirigé son attaque sur la Cochinchine. Lê-Phung n'en avait pas moins soulevé la population du Tong-King oriental, et fait reculer le beau-père de Tu-Duc, gouverneur de la province de Nam-Dinh. Le grand mandarin se vengea en livrant en masse les chrétiens à d'atroces supplices[1]. Vainqueur dans vingt combats, le prétendant rebelle venait de s'emparer de la flotte de Tu-Duc, et dominait le pays jusqu'aux portes de Haï-Dzuong. C'est alors qu'il envoyait des ambassadeurs à Saïgon et réclamait l'appui et le protectorat de la France. Le colonel espagnol Palanca pressa vivement l'amiral Bonard d'accueillir ses efforts inespérés, et de proclamer roi du Tong-King ce prince chrétien, ami de la France et de la civilisation européenne, descendant des rois légitimes du pays. L'amiral ne crut pas devoir accepter cette alliance qui pouvait être si féconde dans l'avenir et peut-être nous épargner tant de maux. Peu de jours après, Tu-Duc, menacé de perdre sa couronne, expédiait des négociateurs à Saïgon, et le 5 juin 1862, par un traité signé au *Camp des Lettrés*, Tu-Duc cédait à la

---

1. « Il faisait creuser des fosses qu'il recouvrait de planches après y avoir jeté
» les victimes; au bout de huit jours il faisait rouvrir ce charnier et retirer les
» cadavres. On dit qu'en un mois il a fait périr plus de dix mille chrétiens, soit
» en les noyant, soit en les décapitant, soit en les faisant écraser par les éléphants.
» Il en a fait enterrer un grand nombre jusqu'au cou : ensuite des bourreaux
» armés de bêches faisaient sauter les têtes de ces malheureux. » (*Annales de la propagation de la foi*, t. XXXVI, p. 35.) Ce beau zèle ne le préserva pas de la disgrâce royale : Tu-Duc destitua de ses fonctions et relégua loin de la cour cet exécuteur modèle qui avait eu le tort d'être un détestable général.

France les trois provinces de Saïgon, Bien-Hoa et Mytho, et les îles de Poulo-Condore ; il ouvrait au commerce les trois ports de Tourane, Balat et Quang-An, payait à la France et à l'Espagne une indemnité de guerre de vingt millions de francs, et accordait enfin aux missionnaires et aux chrétiens indigènes la liberté du culte dans tout l'empire. C'était la juste rançon d'un demi-siècle de fourberies et de crimes ; mais, entre la signature et l'exécution d'un pareil traité, on va voir qu'il y avait place encore à bien des surprises.

Tu-Duc, libre du côté de la mer, tourna toutes ses forces contre le prétendant : Lê-Phung occupait trois provinces, et assiégeait Haï-Dzuong : sa flottille bloquait les ports et le Delta. La chute de Tu-Duc était certaine si les chefs tongkinois fussent restés unis. Malheureusement, la discorde se mit parmi eux, et le généralissime annamite l'entretint avec soin. C'était le fameux maréchal Nguyên Tri-Phuong, le grand homme de guerre de la monarchie. Il promit l'amnistie à quiconque, dans les provinces soulevées, abandonnerait le parti des rebelles. Un des généraux de Lê-Phung passa à l'ennemi avec toute sa troupe. Les autres, déconcertés par cette trahison inattendue, levèrent le siège d'Haï-Dzuong, et, après un dernier effort, se débandèrent ou se rendirent. Le prince se retira dans les montagnes du nord avec ses compagnons les plus compromis et continua la guerre. Il apprit tout à coup que sa flotte, bien qu'à demi détruite par une tempête, venait d'anéantir la flotte annamite : sur cent vingt jonques, les mandarins en avaient perdu quatre-vingt-dix ; sur cinq mille hommes, plus de deux mille avaient péri. A la nouvelle de ce succès inespéré, Lê-Phung redescendit dans les provinces orientales. Trois fois (février-mars 1864) il battit les lieutenants de Tu-Duc, mais l'arrivée de Tri-Phuong et le découragement du peuple qui souffrait d'une guerre prolongée, arrêtèrent sa fortune. Il fut vaincu à son tour, et chercha un refuge dans le haut pays de l'ouest, où, pendant plus d'un an, il tint ses ennemis en échec. A la fin, désespérant de conquérir le Tong-King, mal secondé par ses partisans dont les revers avaient refroidi l'enthousiasme, il tenta un suprême coup d'audace. Embarquant sur ses jonques ses partisans les plus déterminés, il fit voile pour la rivière de Hué, résolu à enlever par surprise la capitale de l'Annam et le roi, et à finir la guerre d'un seul coup. Ce plan audacieux pouvait réussir ; mais un ouragan terrible détruisit la flotte du prétendant. Echappé au naufrage avec une poignée de ses compagnons, il erra quelques jours sur le rivage, fut enfin découvert, conduit à Hué et condamné à subir le supplice du *lang-tri*, c'est-à-dire à avoir les membres coupés, les entrailles arrachées et la tête tranchée (1865). Telle fut la fin de ce prince énergique, et dont le souvenir resta longtemps vivace dans le cœur des Tongkinois asservis.

La guerre entre Lê-Phung et Tu-Duc durait encore, lorsqu'à la cour de Napoléon III on eut un instant l'idée de renoncer à la nouvelle colonie de Cochinchine. Au mois de juillet 1863, arrivait à Paris un plénipotentiaire de Tu-Duc, le mandarin **Phanh-Than-Gian**. Ce disciple de Confucius, qui, d'une origine modeste, s'était élevé par ses vertus et sa science aux plus hautes charges de l'Etat, venait proposer à l'empereur d'abandonner les trois provinces annamites en échange d'une indemnité pécuniaire. Les colonies avaient de rudes adversaires à la cour impériale : quelques conseillers proposaient l'abandon pur et simple d'une conquête onéreuse ; d'autres, sans donner à Phanh-Than-Gian complète satisfaction, eurent assez d'influence pour faire signer au souverain un traité nouveau qui changeait l'occupation en protectorat. Le consul français de Bang-Kok, muni des pleins pouvoirs du ministre des Affaires étrangères, partit pour Hué en janvier 1864. Mais la politique coloniale avait encore quelques défenseurs d'une compétence indiscutable dans le conseil des ministres et dans l'opposition parlementaire. Leur patriotisme se révolta contre un projet d'évacuation que rien ne justifiait. Le marquis de *Chasseloup-Laubat*, ministre de la Marine, M. *Victor Duruy*, ministre de l'Instruction publique, l'amiral *Rigault de Genouilly*, le sénateur baron *Brenier*, MM. *Thiers* et *Lambrecht* sauvèrent, à force d'éloquence et de bonnes raisons, la colonie naissante que certains hommes d'État abandonnaient d'un cœur si léger. L'empereur fit envoyer un contre-ordre, qui arriva le 21 juillet au soir devant Hué, la veille du jour fixé pour l'entrevue entre notre plénipotentiaire et l'empereur Tu-Duc. La Cochinchine ne fut pas rendue; la mission de Phanh-Than-Gian échouait au port. C'est alors que la machiavélisme de la cour de Hué, en essayant de nous dégoûter de notre conquête, allait nous obliger d'en doubler l'étendue.

Ni Tu-Duc, ni ses mandarins n'entendaient laisser à la France le bénéfice de cette occupation bienfaisante qui était d'un exemple dangereux au regard du peuple annamite. Sur le terrain mouvant de la diplomatie orientale, qui vit surtout de lenteurs savantes, de perfidies habiles et d'ingénieux parjures, les lettrés annamites reprenaient tous leurs avantages et redevenaient des maîtres. Aux yeux de ces dignitaires à plaques d'ivoire, portant à la ceinture, en guise d'épée, un couteau à papier aux fines ciselures, le demi-dieu, fils du ciel, qui régnait sur l'Annam, était dégagé de toute promesse, écrite ou verbale, vis-à-vis des barbares de l'Occident : le *Code des rites* s'opposait à l'exécution d'un traité sacrilège. Maintenu dans un isolement complet, entouré d'un réseau d'espions, il ne voyait que par les yeux des lettrés, qui élevaient autour de sa personne sacrée une muraille infranchissable. Aux pieds de l'idole tout un peuple venait se prosterner devant le sanctuaire; mais le Code interdisait à la divinité d'en sortir, et les mandarins en gardaient rigoureusement les portes.

Contre la France, on mit en œuvre toutes les fourberies les plus criminelles. Une nuée d'espions et d'agents se répandit dans les provinces voisines, et sema les germes de futures insurrections. Des circulaires anonymes, toutes pleines de mensonges et d'accusations contre les Français, étaient distribuées en secret dans les provinces occupées; des révoltes partielles, des mouvements menaçants tenaient constamment nos soldats et nos marins en éveil, et fatiguaient leur patience; les petites garnisons étaient surmenées par des alertes continuelles et des fatigues fréquentes : l'occupation devenait ainsi onéreuse et difficile, et Tu-Duc espérait que, lassés de poursuivre un ennemi insaisissable et dégoûtés d'une conquête sans cesse remise en question, nous abandonnerions enfin le delta du Mé-Kong. Malgré la vigilance et l'énergie de notre police, les bandes de pirates se reformaient sur les cours d'eau et interceptaient la circulation des barques sur les canaux ou arroyos du grand fleuve et de ses tributaires. Les gouverneurs et les préfets de Tu-Duc délivraient aux chefs de ces bandits des brevets de général, de colonel, de capitaine. Munis de cette commission officielle, ces hardis forbans pénétraient la nuit dans les villages, arrêtaient les notables, battaient le gong et faisaient appel à la population, au nom du souverain. Les habitants, affolés, prenaient les armes et marchaient contre les villages voisins, pillant et incendiant les propriétés des partisans de la France. Parfois, nos postes isolés et les bâtiments de la flottille, disséminés dans les arroyos, étaient attaqués à l'improviste avec un acharnement furieux : partout les garnisons, composées d'une poignée de braves, résistèrent avec succès. A Tong-Min, à Rachtra, où le commandant **Thouroude** se fit tuer en repoussant une escalade nocturne, à Bien-Hoa, où le poste ne fut sauvé que grâce à un renfort arrivé à propos, l'insurrection fut impuissante. Un redoutable chef de bande, *Quan-Dinh*, qu'on a appelé l'*Abd-el-Kader* de la Cochinchine, longtemps retranché dans les marais de Than-Hoa, où il se défendit avec une énergie indomptable, fut à la fin livré par ses compatriotes et condamné au supplice. Tu-Duc cherchait partout des alliés contre nous.

Le protectorat du Cambodge (1863). — L'Etat du Cambodge, situé au nord de la Cochinchine, sur les deux rives du Mé-Kong, entre le royaume de Siam et l'empire d'Annam, était perpétuellement le jouet des despotes voisins, qui se disputaient depuis deux siècles ce vassal taillable et impuissant. Indigné des intrigues de Tu-Duc, qui cherchait au Cambodge des alliés contre la France, le roi **Norodom** engagea des négociations avec l'amiral La Grandière, successeur de Bonard. L'intermédiaire fut le commandant **Doudard de Lagrée**, qui remplit avec une grande habileté cette délicate mission. Il persuada au souverain du Cambodge qu'il n'avait à attendre de ses deux puissants voisins qu'une domination ruineuse, déguisée sous le nom de vassalité ; la France seule, intéressée à maintenir son indépendance entre des ennemis dangereux, pouvait lui offrir une protection sûre et une alliance sans équivoque. Le 11 août 1863, Norodom se plaçait librement sous notre protectorat, et nous cédait, comme gage de sa bonne foi, un territoire heureusement situé sur le Mé-Kong pour y installer un dépôt de charbon. De ce côté encore, les tentatives de Tu-Duc avaient échoué. Les séditions partielles du nord furent réprimées avec vigueur par nos troupes. Au nombre des officiers qui les commandaient, le capitaine *Brière de l'Isle* se signala parmi les plus intrépides.

Malgré ces défaites successives et l'épuisement des provinces que désolait la guerre, malgré les séditions toujours renaissantes au Tong-King, et les conspirations tramées contre lui jusque dans son entourage, Tu-Duc persistait dans sa politique déloyale, feignant de respecter les traités, et excitant partout la révolte. Depuis son retour de France, le grand mandarin Phanh-Than-Gian, gouverneur général de la Cochinchine indigène, ne cessait de lui recommander une politique de paix et de bon voisinage, conforme aux conventions de 1863. Trop dévoué à son souverain pour lui désobéir, et trop clairvoyant pour compter sur le succès des misérables tentatives de résistance de Tu-Duc, cet homme d'Etat distingué, dont le désintéressement et la franchise égalaient le courage et la sagesse, se prêtait avec répugnance à un système politique qui lui paraissait aussi inutile que malhonnête. Ses avis ne furent pas écoutés ; Tu-Duc se montrait incorrigible. Le ministère de la guerre fut confié au grand maréchal *Nguyen-Tri-Phuong*, rappelé du Tong-King. Le vainqueur de Lê confondait dans une même haine implacable les Français et les chrétiens : expulser les uns et exterminer les autres, tel était son idéal politique. Aussi les troubles recommencèrent-ils dans la région du sud.

La deuxième conquête française en Cochinchine. — Au mois de mai 1867, au commencement de la saison des pluies, après la suspension des travaux agricoles, une insurrection générale éclata en Cochinchine. Nos troupes étaient prêtes à entrer en campagne ; le moment était venu d'en finir avec ces révoltes périodiques qui rendaient depuis cinq ans toute organisation coloniale impraticable. L'amiral **La Grandière** avait

fait comprendre au gouvernement impérial que nos possessions du Mé-Kong seraient à la merci des factieux tant que les provinces occidentales, restées annamites, serviraient de foyers aux insurrections et de refuges aux rebelles. On l'autorisa à les conquérir. L'expédition, préparée en secret, fut menée avec vigueur. Le 19 juin 1867, nos canonnières parurent devant Vinh-Long. « Les habitants plus curieux qu'effrayés, écrit un témoin,
» étaient groupés sur les rives du fleuve. Aucune résistance ne fut faite à
» notre entrée dans la citadelle restée ouverte. Bientôt après, le gouver-
» neur Phanh-Than-Gian, accompagné des mandarins militaires et civils,
» sortit de la place et vint à bord de *l'Ondine*, où flottait le pavillon de
» l'amiral La Grandière. Si petit que fût le cadre, l'entrevue empruntait aux
» circonstances une certaine solennité, car Phanh-Than-Gian nous appor-
» tait la soumission d'une population de plus de 500 000 âmes. Dans une
» allocution courte et digne, il recommanda les provinces à la clémence
» du vainqueur, et, après avoir fait ses réserves pour les propriétés de
» l'État, revint à terre pour que toute l'administration et les armes nous
» fussent remises sans lutte et sans tromperie. » Chaudoc et Hatien, chefs-lieux des autres provinces, les marchés, les villes et les villages, en moins d'une semaine, ouvrirent leurs portes. L'annexion se fit sans tirer un coup de fusil. On eût dit que ces populations, lasses d'une guerre interminable et d'un despotisme sans frein, accueillaient les Français comme des libérateurs. Elles se résignèrent sans peine à leur nouveau sort; les vainqueurs, pour rendre la domination plus douce, abolirent sans tarder les douanes intérieures et les impôts les plus odieux.

Phanh-Than-Gian avait prévu l'issue de la guerre, et donné l'exemple d'une prompte soumission, pour éviter une inutile effusion de sang. L'amiral lui fit les offres les plus généreuses; il les refusa noblement, se souvint qu'il avait prêté serment de fidélité à Tu-Duc, et ne voulant ni servir les Français qu'il avait combattus, ni encourir une disgrâce certaine qu'il n'avait pas méritée, il réunit ses amis et sa famille dans la pauvre maison de chaume qu'il n'avait cessé d'habiter, leur recommanda de rester fidèles au traité signé avec la France, leur adressa ses adieux et s'empoisonna.

Le delta du Mé-Kong était à nous; notre colonie de Cochinchine avait désormais ses frontières naturelles; l'armée avait achevé son œuvre; l'administration allait commencer la sienne; mais Tu-Duc n'avait pas désarmé.

Organisation des pays conquis : gouvernement des amiraux. — L'organisation des provinces conquises ne fut réglée qu'en 1863, par l'amiral **Bonard**. Son prédécesseur, l'amiral Charner, campé plutôt qu'établi dans un pays dont les institutions, les lois, la langue même étaient inconnues, s'était contenté de remplacer les indigènes par des officiers français, et ceux-ci se préoccupaient moins de faire œuvre d'administrateurs que de gendarmes. L'amiral Bonard, à la fin de 1863, imagina de rétablir les anciennes fonctions, de les remettre aux mains des indigènes, en plaçant à la tête des provinces un petit nombre d'officiers français qui, sous le titre d'inspecteurs, dirigeaient toutes les affaires administratives, judiciaires, financières et militaires de leur circonscription par l'intermédiaire des autorités provinciales, cantonales et communales. Mais l'inexpérience de ces inspecteurs, et surtout le mauvais choix des fonctionnaires locaux, la mauvaise foi des *phus* et des *huyens* (préfets et sous-préfets), généralement hostiles à la domination française, perpétuèrent le désordre. Parmi ces dignitaires annamites l'agitation était continuelle, et l'insurrection y recrutait ses agents les plus actifs. — L'amiral de **La Grandière**, successeur de M. Bonard, reçut l'ordre de mettre au compte de la colonie toutes les dépenses administratives : la métropole entendait ne plus conserver à sa charge que les frais militaires et maritimes, et le traitement du gouverneur. Il réduisit donc les dépenses et supprima une partie des fonctionnaires européens; il conserva les *inspecteurs des affaires indigènes*, qui étaient en général de jeunes officiers de marine, et qui devinrent à la longue une réserve d'excellents administrateurs, dévoués à la colonie autant que fidèles à la mère patrie. Leur besogne était rude et leur solde maigre; assistés d'un secrétaire européen, d'un ou deux interprètes et lettrés annamites, ils levaient les impôts, faisaient la police, rendaient la justice, surveillaient les agitateurs. Au-dessous d'eux, on ne changea rien à l'organisation primitive annamite; les notables des villages, chefs de canton, élus par les indigènes, furent chargés de dresser les rôles d'impôts, de percevoir les contributions directes qu'ils versaient dans les caisses de l'inspecteur, de faire la police de la commune, de punir les délits, de régler les affaires civiles. On les substitua peu à peu aux *phus* et aux *huyens*, dès qu'on put en assurer le recrutement parmi les indigènes fidèles. M. de La Grandière créa, en 1865, un *directeur de l'intérieur* qui eut sous son autorité les inspecteurs des affaires indigènes, et devint ainsi le chef direct de toute l'administration des pays occupés. — En 1873, un décret établit à Saïgon une *école des stagiaires*, qui devait amener le recrutement des inspecteurs, créa en leur faveur une caisse de prévoyance qui garantit leur retraite, et les divisa en plusieurs classes d'inspecteurs et d'administrateurs, suivant leur ancienneté et leurs attributions respectives. Un autre décret de 1879 préparait la séparation des pouvoirs civils et judiciaires, jusque-là réunis dans les mêmes mains. La commission chargée d'étudier cette réforme avait accepté unanimement l'idée « de faire distribuer la justice aux Annamites par des juges initiés aux mœurs et coutumes du pays, et connaissant leur langue ». Mais le gouvernement des amiraux cessa en 1879, et le système d'une administration composée de fonctionnaires indigènes ne prévalut pas sous le régime des gouverneurs civils qui succédèrent aux amiraux.

De 1866 à 1879, les administrateurs de la Cochinchine avaient rendu d'éminents services. Ils avaient fait tracer à travers les rizières, les marécages et les déserts des routes praticables aux voitures, pour relier les postes les plus éloignés; ils avaient relevé et ranimé les marchés, réparé et ouvert de nombreux canaux, qui furent en même temps des voies de communication pour le transport des riz et des autres marchandises, et des fossés d'écoulement pour l'assainissement des campagnes basses et insalubres. L'ordre public fut maintenu, les pirates pourchassés, les insurrections réprimées à l'aide des *matas*, troupes indigènes bien disciplinées, commandées par des chefs soumis aux administrateurs. — La colonie prospérait; son budget s'était élevé de 3 millions à 20; les dépenses étaient de 14 300 000 francs, sur lesquels trois et demi étaient réservés aux travaux publics; la colonie exportait 6 millions de piculs de riz.

Mais, comme on l'a dit, on commandait alors, on n'administrait pas. Quand la sécurité de la colonie permit de renoncer aux rigueurs du régime militaire, un décret présidentiel (13 mai 1879) dota la Cochinchine d'institutions libérales et de fonctionnaires civils.

Le gouvernement civil. — Le gouverneur civil de la Cochinchine résida à Saïgon dans un magnifique hôtel de construction récente, le *palais* *du vice-roi.* Assisté d'un état-major d'officiers d'ordonnance et d'aides de camp, et d'un conseil privé de hauts dignitaires qui jugeait souverainement les conflits administratifs, il disposait des forces de terre et de mer, dirigeait et contrôlait l'administration avec l'aide des secrétaires généraux et des quatre bureaux de l'intérieur. En 1880, un *conseil colonial* fut créé à Saïgon. Composée de six Français élus par le suffrage universel, de six Annamites, sujets français, désignés par une élection à deux degrés, de deux membres du conseil privé nommés par le gouverneur, et de deux membres délégués par la Chambre de commerce, cette assemblée était investie à peu près des mêmes droits que les conseils généraux de nos départements. Elle votait le budget, pourvoyait aux dépenses imposées par la métropole, délibérait sur toutes les questions qui intéressaient la colonie, et réglait ses rapports commerciaux avec la France et les pays étrangers.

Le roi Minh-Mang avait divisé la Cochinchine en six provinces : cette division fut maintenue jusqu'au 5 janvier 1876. A cette date, un arrêté du gouverneur supprima les provinces, et les remplaça par quatre circonscriptions, comprenant vingt arrondissements, avec des subdivisions cantonales et communales. En 1882, dans chaque arrondissement fut créé, à titre d'essai provisoire, un conseil présidé par un administrateur des affaires indigènes et composé des notables des villages élus par leurs égaux. L'essai réussit au delà de toute espérance, malgré l'abstention systématique et l'opposition active de quelques familles influentes; les conseillers d'arrondissement annamites se rendirent aux convocations, se distinguèrent par leur bon sens dans les discussions, s'intéressèrent aux réformes proposées, et firent de généreux sacrifices pour l'enseignement primaire, la réparation des anciennes routes et des canaux, l'ouverture de voies vicinales nouvelles et même des routes départementales et coloniales. Au-dessous de l'arrondissement, le canton était administré par un chef élu qui faisait connaître aux communes les ordres du gouvernement central, en surveillait l'exécution, et rendait compte de sa gestion aux inspecteurs ou administrateurs de l'arrondissement.

Chaque canton renfermait une douzaine de communes : le nombre total s'élevait environ à 2400. Les Annamites sont particulièrement jaloux de leurs franchises municipales; elles leur viennent des Chinois, et la France les a toujours respectées. Aucun lien ne rattache les communes entre elles; elles forment comme autant de petites cités indépendantes, où domine l'oligarchie des notables. Seuls les citoyens inscrits sur le livre de *population* sont électeurs et éligibles; les autres, vingt fois plus nombreux, forment la plèbe. Les fonctions de maire (*ông-xâ*) sont lourdes et onéreuses, et on les confie généralement au plus jeune et au dernier des notables. Le maire exerce la police, tient les rôles d'impôt, perçoit le tribut, fait exécuter les décisions du conseil et les ordres du gouvernement par le peuple. Il est élu pour trois ans.

En instituant en Cochinchine le premier gouverneur civil, le gouvernement français avait l'intention d'introduire dans la colonie toutes les institutions de la métropole. Les anciens administrateurs furent dépouillés de leur pouvoir judiciaire; l'école des *stagiaires* fut fermée, les milices locales licenciées, et remplacées par des troupes indigènes régulières, placées sous l'autorité militaire.

On dota la Cochinchine d'une organisation judiciaire calquée sur celle de la France : on introduisit dans la colonie la plupart des articles des codes français; 8 000 exemplaires de notre loi, traduits et imprimés en *quoc-ngu*, furent répandus dans les communes. On abolit les tortures et les supplices barbares, et l'on cessa de distribuer des coups de rotin et de bambou devant les tribunaux. Malheureusement, on choisit les juges dans le cadre général de la justice coloniale ; la plupart, étrangers à la Cochinchine, ne savaient rien ni des mœurs, ni des lois et coutumes, ni de la langue des Annamites. En outre la séparation des pouvoirs administratifs et judiciaires ne fut pas assez nettement marquée, des conflits éclatèrent, et les indigènes se montrèrent peu dociles aux règlements.

L'augmentation du nombre des fonctionnaires exigea des dépenses plus grandes : les trésoriers, percepteurs, commis et comptables à tous les degrés, chargés, comme en France, du recouvrement des deniers et du paiement des dépenses, tiraient leurs recettes de l'impôt foncier, des salines, de l'impôt personnel, des patentes et de la capitation des Asiatiques étrangers, du produit des domaines et des forêts, des contributions indirectes, et, en particulier, des droits perçus sur l'opium, sur les alcools et les spiritueux. En dix ans le budget subit une hausse notable ; il s'éleva de 14 300 000 fr. à 38 millions, en y joignant les budgets d'arrondissement et les dépenses communales.

Quelques travaux publics furent exécutés : on améliora les quais de Saïgon, sans doter le port de l'outillage de déchargement nécessaire, et sans faire sauter le banc de corail qui barrait la rivière et retardait de douze heures la marche des paquebots ; on fit établir des promenades autour de la ville ; on dressa de grands projets de chemins de fer, mais on se borna à construire la ligne de Saïgon à Mytho, le tramway de Saïgon à Cholon, et quelques nouvelles routes dans les arrondissements.

Les recherches des routes commerciales vers la Chine. — L'établissement de la France en Cochinchine présente avec la conquête de notre grande colonie algérienne plus d'un trait de ressemblance. A Saïgon, comme à Alger, le gouvernement hésita d'abord entre deux systèmes opposés : parmi les conseillers de l'empire, les timides ne voulaient voir dans l'occupation du delta du Mé-Kong qu'un pied-à-terre provisoire, dont l'évacuation était prochaine, tout au plus un poste d'observation et de menace contre les insolences de Tu-Duc ; les enthousiastes prophétisaient que Saïgon serait le point de départ d'un nouvel empire des Indes. On a vu plus haut que les projets d'abandon n'avaient pas prévalu : le territoire conquis finit par s'étendre à toutes les provinces maritimes, les colons et les marchands vinrent à la suite des soldats et des marins, et à l'abri des garnisons s'ouvrirent les chantiers et les comptoirs. Ce développement naturel et logique d'une colonie qui nous avait déjà coûté si cher ne devait être que le premier essai d'un agrandissement nécessaire ; la France ne pouvait rester emprisonnée dans sa conquête, et, puisque les abords de la mer de Chine, bloqués en quelque sorte par les ports anglais de Singapour et de Hong-Kong, paraissaient presque impénétrables à nos vaisseaux marchands, il était d'une politique habile et prévoyante de chercher vers le nord une route nouvelle à travers un continent jusque-là fermé.

Au delà de cette zone péninsulaire qu'avaient à peine entamée la propagande des missionnaires chrétiens et la curiosité audacieuse de quelques explorateurs européens, se cachent les vastes provinces de la Chine méridionale, riches entre toutes, peuplées de 50 millions d'âmes, le *Kouang-Si*, le *Sze-Tchuen*, le *Kouei-Tcheou*, et la plus opulente de cette région mystérieuse, le *Yun-nan*, prodigieux entassement des minerais les plus précieux. Leur sol est couvert des ramifications confuses des hautes montagnes du Tibet, et dans leurs réservoirs ignorés se forment ces fleuves immenses, dont les hautes vallées sont protégées par des obstacles presque infranchissables, et qui aboutissent comme autant de rayons sur une circonférence, le Brahmapoutre à Calcutta; l'Irraouaddy à Rangoun; la Salouën à Martaban; la Mé-Nam à Bang-Kok; le Mé-Kong à Mytho; le Song-Koï à Hanoï; le Si-Kiang à Canton; le Yang-tse-Kiang à Shang-Haï.

De toutes ces voies de communication fluviales, la seule jusqu'alors pratiquée était la dernière, celle du Yang-tse-Kiang, qui s'étend sur une longueur de 2800 kilomètres depuis son embouchure jusqu'à Souëi-fou, où il cesse d'être navigable. De cette ville à Shang-Haï, les bateaux mettent deux mois et demi à la descente, et cinq à la remonte. Les rapides du fleuve ne laissent passer que les barques pendant les deux tiers de l'année; les douaniers du Céleste Empire prélèvent d'une province à l'autre sur toutes les marchandises des taxes énormes; les rébellions fréquentes des Taïpings musulmans gênent la sécurité du Fleuve Bleu et interrompent brusquement parfois les communications pacifiques. On comprend dès lors combien il était nécessaire de découvrir une route de commerce moins périlleuse et plus franche.

Les entreprises anglaises. — Les Anglais, dont l'instinct mercantile est toujours en éveil, cherchent depuis plus de cinquante ans le passage privilégié qui doit relier la Chine méridionale à leurs colonies et faire dériver le courant d'affaires de ces pays neufs vers les grandes cités maritimes assises sur les deltas de la mer des Indes, dont la Grande-Bretagne tient les clefs. Nous ne pouvons énumérer ici toutes les expéditions tentées par ces infatigables trafiquants, passés maîtres dans l'art de mêler le commerce à la philanthropie, et la propagande biblique au débit de l'opium du Bengale et des cotonnades de Manchester; presque toutes ces tentatives ont échoué, malgré l'audace et la ténacité des explorateurs. Le général *Cotton* a dû reculer devant les défilés inaccessibles du Brahmapoutre himalayen; le capitaine *Watson* n'a pu suivre le torrent de la Salouën; le major *Sladen* et le docteur *Anderson*, grâce à la bienveillance équivoque du roi de Birmanie, purent remonter l'Irraouaddy et pénétrer en Chine par le pays des Shans et des Kakyens, particulièrement sensibles aux qualités fortes du *brandy* civilisé. Il est vrai que le chemin se referma derrière eux; Chinois et Birmans se montrant peu disposés à introduire chez eux une concurrence dangereuse. L'expédition de 1874 eut un dénouement tragique. Le colonel *Brown* se proposait de remonter l'Irraouaddy de Rangoun jusqu'à Bhamô, tandis qu'un jeune attaché de consulat, *Augustus Margary*, devait partir de Shang-Haï et le joindre par la vallée du Fleuve Bleu et les montagnes du sud. Margary, très brave, très patient et très gai, accompagné d'un secrétaire et d'un domestique, et armé d'un solide rotin qu'il appelait en riant son *avocat de Penang*, rencontra des mandarins flagorneurs qui proclamaient à ses genoux que l'Angleterre était la première nation du monde, et des énergumènes à six boutons qui juraient de le couper en petits morceaux. Il pénétra dans des plateaux sans nom, où les chèvres seules avaient tracé des sentiers; il traversa des villages dont la population demi-barbare fuyait épouvantée à son approche; les allumettes du voyageur causaient aux habitants une stupéfaction générale; ses objets de toilette, ciseaux, rasoirs, couteaux, limes à ongles, savon et autres articles variés dont la collection entre dans le bagage obligatoire de tout Anglais de bon ton, paraissaient comme les talismans de quelque sorcier redoutable aux yeux de ces Célestials, qui ne mettaient pas la propreté au nombre de leurs vertus. Enfin,

Margary rejoignit Brown à Bhamô, après cinq mois de marche et de fatigues terribles. Quelques jours après, au retour, en traversant de nouveau les sombres et étroites gorges du pays de Mauwyne, le jeune Anglais, attiré dans une embuscade, tombait avec ses muletiers sous les coups d'assassins restés inconnus. L'Angleterre vengea ce meurtre à sa façon; les revendications menaçantes de son ambassadeur, M. *Wade*, arrachèrent à la cour de Péking, en 1876, après deux ans de négociations subtiles, le traité de Tche-fou : la Chine s'engageait à payer une indemnité d'un million et demi aux familles des victimes, et à ouvrir au commerce de l'Europe les quatre ports de Pa-koï et Ouenn-Tchéou sur le littoral, de Vou-hou et I-Tchang sur le Fleuve Bleu; deux consuls anglais résideraient à Tchong-Kin et à Tali pour assurer la libre exécution du traité, et pour maintenir libre la route des montagnes du sud. Ce n'était pas là encore la Chine méridionale ouverte aux maisons de commerce de l'Angleterre; mais l'orgueil national était satisfait, et la vallée de l'Irraouaddy, déjà sillonnée de Rangoun à Prome par une voie ferrée et une ligne de navigation fluviale, pouvait conduire un jour locomotives et paquebots jusqu'à Bhamô, à l'entrée des défilés du territoire des Panthays chinois. Mais il fallait obtenir des Birmans, gardiens et portiers du haut fleuve, ou leur arracher de vive force un libre passage, et l'on sait que telle fut, à la fin de l'année 1885, l'origine de la guerre acharnée qui se poursuit encore entre les troupes anglaises de l'Inde et les bandes redoutables du roi de Birmanie détrôné.

Les entreprises françaises. — La France semblait tenir la clef du passage tant convoité. Quelques mois après la prise de Saïgon, une brochure signée du nom de G. Francis et intitulée : *La Cochinchine française en* 1864, réclamait avec une remarquable compétence le maintien et l'extension de notre colonie naissante et montrait au gouvernement la route qui devait nous conduire en Chine : le cours et les rives du Mé-Kong. La brochure eut un vif succès dans la marine française; elle exprimait en force des idées qui étaient celles du ministre de ce temps, M. **de Chasseloup-Laubat**; il la signala à ses collègues, et elle l'aida à sauver auprès d'eux l'avenir de la colonie menacée. L'auteur était un jeune enseigne de vaisseau, âgé de vingt-cinq ans, qui venait de faire l'expédition de Chine sous les ordres de l'amiral Charner : son vrai nom était **Francis Garnier**[1]. Son rêve était déjà celui qu'avait fait autrefois Dupleix : fonder dans l'Indo-Chine un grand empire colonial français, ouvrir à la péninsule des routes dans tous les sens et la mettre en relation avec les provinces du sud de la Chine. Il citait l'exemple des Anglais essayant de pénétrer les énigmes géographiques d'une zone restée inconnue, et obligés d'étudier le problème par le côté le moins abordable; il suppliait ses compatriotes, mieux placés que tous les autres, depuis la conquête de la Cochinchine, de porter enfin la lumière dans cette obscurité. L'amiral **de la Grandière**, gouverneur de la Cochinchine, défendait la même cause, lorsqu'il écrivait en 1865 : « On pouvait attirer à Saïgon, ville tracée pour contenir 500 000 habitants, l'important commerce qui se fait par caravanes avec la Chine occidentale, à travers le Laos, le Thibet,

---

1. Il est juste de rappeler que les idées de Garnier trouvèrent dans ses collègues et amis, MM. **Luro** et **Henri de Bizemont**, des défenseurs enthousiastes; le projet de cet *ardent triumvirat* fut appuyé à Paris par le zèle d'amis puissants.

l'empire birman, et le fleuve Mé-Kong pourrait être l'artère de ce commerce, au grand avantage de l'Europe, qui verrait ainsi le trajet raccourci de 400 lieues, et de la France, dont la colonie deviendrait dans ces régions le grand entrepôt du monde. » Le ministre de la marine se laissa séduire par ces perspectives brillantes, et l'exploration pacifique du Mé-Kong fut décidée.

L'exploration de Doudart de Lagrée (1866-68). — La mission chargée de l'exploration du Mé-Kong fut organisée en 1866; **Francis Garnier**, qui venait d'être nommé lieutenant de vaisseau, parut trop jeune pour la commander, malgré sa science et son énergie déjà éprouvées. Il fut placé en second, sous les ordres de M. **Doudart de Lagrée**, capitaine de frégate, qui s'était récemment distingué par d'habiles négociations à la cour du roi du Cambodge. Ce choix était heureux : de Lagrée, « savant archéologue, numismate exercé, appréciateur intelligent de la statuaire et de la peinture », était estimé et aimé de tous pour la fermeté et la droiture de son caractère. Il se réserva, avec la direction générale, le règlement des dépenses, la distribution des cadeaux et les relations avec les indigènes; Garnier fut chargé des observations géographiques et météorologiques. On leur adjoignit un enseigne de vaisseau, M. **Delaporte**, qui fut le dessinateur et le topographe de l'expédition; deux médecins, les docteurs **Joubert** et **Thorel**, l'un géologue et l'autre botaniste; enfin un attaché au ministère des affaires étrangères, M. **de Carné**, qui devait étudier les mœurs et usages des tribus, les produits et les moyens d'échange des régions explorées. On demanda pour eux des passeports aux gouvernements chinois, annamite, siamois et birman, parce que la mission devait traverser des pays dont ces gouvernements se prétendaient les suzerains, et qu'il était sage de la mettre à l'abri de soupçons dangereux. La cour de Hué fit savoir qu'elle n'osait pas laisser voir à des Européens ses peuplades sujettes de la vallée supérieure du Mé-Kong, tant elle aurait à rougir de leur barbarie; le cabinet de Péking promit d'envoyer les passeports plus tard; le roi de Siam se résigna d'assez mauvaise grâce; l'empereur birman ne daigna pas répondre. La mission passa outre; bien armée, bien approvisionnée, escortée de deux interprètes et de treize marins, elle quitta Saïgon sur une canonnière, le 5 juin 1866. A leur départ, presque tout le monde prédisait aux voyageurs un prompt retour après une entreprise stérile; les pessimistes leur serraient en silence la main comme à des condamnés qu'on ne reverrait plus.

Rectifier les cartes anciennes, reconnaître la navigabilité du Mé-Kong, sonder les rapides et relever les îles de son cours, recueillir des renseignements sur ses sources, sur l'histoire, la philologie, la religion, les coutumes, l'ethnographie des tribus riveraines, et en particulier celles du Laos, qui barrent le chemin de la Chine, révéler leur industrie et les ressources de leur sol, la nature de leurs rapports avec les Etats de l'Indo-Chine, telles étaient les instructions remises à M. de Lagrée. La mission ne faillit pas à cette tâche immense.

Le roi du Cambodge, **Norodom**, protégé de la France, l'accueillit avec honneur dans sa capitale, Pnom-Penh. Les explorateurs visitèrent en passant les ruines imposantes d'Ang-Kor la Grande, la capitale détruite de de l'ancien empire des Khmers, et guidés par M. Doudart de Lagrée, qui le premier, dans des pages restées inachevées, a révélé à la France l'archéologie, l'art et l'histoire du Cambodge, elle retrouva, au pied des tours écroulées, à travers les géants de pierre et les statues de Bouddha mutilées, dans les larges avenues ornées de portes triomphales et de sanctuaires merveilleusement sculptés, les magnifiques vestiges d'une civilisation disparue. Mais déjà il fallut renoncer à continuer la route à bord de la canonnière. En amont de Pnom-Penh, la navigation du Mé-Kong devenait difficile; tandis que le bâtiment à vapeur français regagnait Saïgon, la mission s'installa sur d'étroites pirogues, faites d'un arbre creusé au feu et protégées contre les ardeurs du soleil par un toit de larges feuilles emprisonnées dans un treillage de bambou. Ces barques indigènes, capables de remonter le cours torrentiel du fleuve, étaient poussées par des rameurs cambodgiens, dont les longues gaffes s'accrochaient aux branches des arbres ou aux aspérités des rochers. On entrait dans un pays sauvage : le fleuve, semé d'îles boisées, se divisait en bras innombrables.

Nous avons exposé ailleurs (p. 433) les périls de la navigation du grand fleuve que la mission suivit à travers tout le Laos, dont elle rechercha les passes accessibles et reconnut les rives, avec ses îles, ses bancs, ses rapides, ses populations et l'infinie variété de ses aspects incessamment changeants. MM. Garnier et de Lagrée ont raconté ces marches fatigantes dans les forêts humides, dans les rizières défoncées et malsaines, sous des torrents de pluie, ou sous un soleil de feu, à travers des régions désertes ou des populations défiantes, sinon hostiles. Les privations, la fièvre, les moustiques, les sangsues, les mandarins étaient les ennemis de tous les jours. Chemin faisant, chez les Laotiens de Luang-Prabang, la mission éleva un modeste monument au naturaliste français Henri Mouhot, qui avait succombé dans ces forêts, un an plus tôt, terrassé par la fièvre, en explorant le Mé-Kong. (Voy. p. 393.)

La mission dans le Yun-nan. — L'expédition française franchit le seuil du Céleste Empire le 16 octobre 1867. Pour la première fois, des voyageurs européens pénétraient en Chine par la frontière indienne et abordaient résolument, en dépit des rumeurs malveillantes et des prédictions sinistres, cette mystérieuse contrée du Yun-nan, livrée depuis douze ans à toutes les horreurs de la guerre civile. Ils arrivaient épuisés de fatigue, dénués de ressources, à peine vêtus, sans chaussures, dans ce pays de mandarinat, où la qualité du fonctionnaire et la dignité de la fonction se mesurent à l'éclat des insignes et aux nuances du costume. Nos officiers ne pouvaient montrer le moindre bouton de cristal; et, pour faire reconnaître en eux les représentants de l'une des premières nations de l'Occident, ils n'avaient à exhiber au peuple le plus formaliste du monde que les galons ternis sauvés par M. de Lagrée des fondrières du Laos. Mais, du moins, ils étaient précédés par le prestige légendaire qu'avaient conquis en Orient les « terribles barbares » occidentaux, vainqueurs du Fils du Ciel; ils étaient porteurs de passeports en règle, signés du régent de l'empire, et ils paraissaient décidés à user jusqu'au bout de ce privilège pour imposer le respect de leurs personnes.

Semao fut la première ville chinoise qui s'ouvrit pour eux devant le parchemin impérial; ils eurent mille peines à se frayer un passage à travers la multitude indiscrète et bruyante, sinon hostile, qui s'écrasait pour voir ces étrangers de pauvre mine et en piteux équipage; elle envahit la pagode où on leur avait donné asile, et il fallut même faire l'essai des rotins de Siam sur les échines les plus rapprochées. Le gouverneur fut correct, surtout après le don d'un revolver qui excita son enthousiasme : il en déchargea les six coups sur ses administrés, heureusement sans blesser personne. La mission apprit à Semao que la région occidentale du

Yun-nan, baignée par le haut Mé-Kong, était aux mains des musulmans rebelles, et qu'en s'y aventurant, elle s'exposait à devenir la proie de ces bandits, affamés de pillage et de meurtre. Les faubourgs de Semao portaient la trace de leurs ravages; les pagodes profanées ou détruites, les statues mutilées, les villages incendiés dans la banlieue attestaient l'abominable fanatisme des vainqueurs. En traversant la province, nos compatriotes eurent partout le spectacle de ces dévastations qui ont anéanti en peu de temps les magnifiques travaux, routes, ponts, digues, murailles, édifiés depuis deux mille ans par les plus puissants souverains du Céleste Empire. M. de Lagrée se décida, non sans regrets, à se diriger vers l'est et à gagner la capitale du Yun-nan par la haute vallée du Song-Koï.

Le Yun-nan, situé à l'extrémité méridionale de la Chine, dans l'angle formé par le Mé-Kong et le Yang-tsé-Kiang, qui coulent en sens opposé à leur sortie du Thibet, est une des dernières provinces rattachées à l'empire. Les anciens Chinois le désignaient sous le nom de pays des barbares de l'ouest; il était peuplé d'émigrés et de fugitifs, et les empereurs soutinrent des luttes longues et sanglantes avant de réussir à s'annexer cette sauvage contrée, sillonnée par les derniers massifs de l'Himalaya, partagée entre des tribus indépendantes et des dominations féodales, terre d'asile ouverte à tous les aventuriers, foyer permanent de conspirations, de fanatisme et de brigandages. C'est là que, vers 1856, avait éclaté la grande insurrection musulmane contre le gouvernement de Péking. Les rebelles, vainqueurs, s'étaient rendus maîtres des villes de l'ouest et du sud; ils opposaient Mahomet à Bouddha, et, retranchés derrière les murs de la forteresse de Tali, ils lançaient leurs colonnes jusque sous les remparts de Yunnan-Sen, la capitale officielle, et faisaient à la Chine une guerre d'extermination. La mission n'en avait pas moins formé l'audacieux projet de pénétrer dans le Tali, après avoir visité Yun-nan-Sen.

Sur la route, nos voyageurs rencontrèrent parfois, dans quelque étroite vallée, une ville manufacturière relevée de ses ruines, des puits profonds d'où le sel était extrait en abondance, des fourneaux où flambait l'anthracite recueilli sur place, presque à fleur de terre. Mais le plus souvent s'étalaient devant eux les plaies de la guerre civile : forêts brûlées, cultures plus rares, population misérable, mourant de faim, décimée par les massacres et le choléra, et fuyant à leur approche. Dans ces lieux fertiles, changés en déserts, ils reconnurent, au cœur des montagnes, les richesses minérales les plus abondantes et les plus variées : les précieux gisements d'or et de fer de Sio, les filons de cuivre de Sin-Long-Chan, le plomb et l'argent de Sin-Kao-Tseu, le zinc et l'étain de Tong-Tchouan, vingt autres champs de mines, les uns délaissés, les autres abandonnés à l'exploitation de quelques pauvres industriels, campés plutôt qu'établis sur leurs chantiers, et qui périssaient de misère au milieu des trésors.

Au sortir de la ville de Talan, la mission, suivant une route tantôt pavée de larges dalles, tantôt coupée de fondrières, s'enfonça dans les hautes chaînes qui versent leurs torrents à la mer de Chine. Un jour qu'elle venait de franchir un col étroit, la vue d'une plaine immense, traversée par un grand fleuve, la ravit d'admiration. « Deux plans de montagnes hautes et arides,
» écrit M. de Carné, avec ces teintes grises et chaudes particulières à
» l'Orient, limitaient l'horizon devant nous; le Song-Koï roulait ses eaux
» jaunes entre deux rives de sable blanc; la ville de Yuen-Kiang, assise
» au bord du fleuve, était entourée de riz à demi coupés, de bois d'aré-
» quiers, de champs de cannes à sucre, qui donnaient à la plaine une in-

» croyable richesse de nuances admirablement fondues et comme noyées
» dans des flots de lumière. »

Le Fleuve-Rouge. — L'accueil bienveillant du gouverneur permit aux voyageurs d'étudier à leur aise la ville et les ressources agricoles, forestières et minérales des environs. Ils descendirent en barque le fleuve, qui porte encore le nom de Hoti-Kiang, et ne reçoit celui de Song-Koï ou Fleuve-Rouge qu'au moment de passer la frontière tonkinoise. Arrêté par les rapides à quelques lieues de la ville, M. de Lagrée prit la route de Lin-Ngan et autorisa Francis Garnier à continuer seul la reconnaissance du cours d'eau. L'intrépide officier de marine descendit la rivière inconnue en compagnie de quelques marchands ; le Hoti-Kiang s'encaissait entre des rochers de 800 à 1000 mètres et courait de rapides en rapides, à travers les montagnes calcaires des tribus sauvages des Pa-y ; plus bas, les rochers se dressaient sur les deux rives comme des murailles verticales hautes de 1800 mètres, les eaux écumantes se brisaient contre d'énormes blocs de pierre, roulés dans le lit du torrent. Les bateliers refusèrent d'aller plus loin. Garnier dut rejoindre ses compagnons à Lin-Ngan, sans avoir pu atteindre Mong-Tse et Mang-Hao, grands centres de mines et grands marchés chinois, où le Fleuve-Rouge devient navigable, à quelques jours de marche de la capitale du Tong-King. Garnier n'en avait pas moins hardiment posé la question du Fleuve Rouge ; il en démontra, avec sa sagacité ordinaire, l'importance économique et l'avenir commercial. Cette communication si ardemment cherchée par les explorateurs entre le Tong-King et la Chine, ce n'était pas, comme l'avait espéré l'amiral La Grandière, du Mé-Kong qu'il fallait l'attendre : les traités récents, qui ouvraient à la France les marchés de l'Annam, devaient mettre un jour entre nos mains la clef des routes de la Chine méridionale par la vallée du Song-Koï. Garnier se réservait de donner plus tard l'éclatante solution du problème, qui contenait en germe la future campagne du Tong-King.

A Yun-nan-Sen, la mission fut accueillie avec plus de curiosité que de respect. On la logea dans le palais des examens du baccalauréat, et elle s'installa à demeure dans le grenier, la pièce la mieux close de tout l'édifice, la plus facile à défendre contre les manifestations de la foule et les rigueurs du froid. Le vice-roi donna aux Français des audiences accompagnées de sérénades et leur conseilla de s'en aller le plus tôt possible, et surtout de renoncer à visiter l'ouest de la province, où une mort certaine les attendait. Le général musulman *Ma-Tagen*, commandant des troupes impériales, soldat mal élevé, vicieux et brutal, dont les allures cassantes et la tenue débraillée formaient un contraste frappant avec les manières cauteleuses des mandarins lettrés, leur offrit un repas splendide et 700 taëls (6000 fr.) pour continuer leur voyage. Ils acceptèrent ce don comme un prêt remboursable à Shang-Haï en armes françaises. Remis de leurs fatigues, sauf M. de Lagrée, qu'un mal implacable terrassait et qui fut confié aux soins et à la garde du docteur Joubert, ils s'avancèrent bravement vers Tali, en plein pays de rebelles. Ils rencontrèrent sur leur chemin et traversèrent, à cinq cents lieues de son embouchure, le Fleuve-Bleu, déjà profond de dix brasses ; et, escaladant les montagnes neigeuses qui courent le long du beau lac de Tali-Fou, ils pénétrèrent sans obstacle, suivis par une foule hurlante, dans la forteresse et dans la grande rue de la redoutable cité. Un missionnaire français, le P. Leguilcher, qu'ils avaient découvert dans sa retraite cachée aux regards des rebelles, avait voulu les accompagner et leur servir d'interprète. Le sultan, étonné de tant d'audace, mais à demi apaisé, toutefois, sur la présentation d'une lettre remise aux voyageurs par un vieil uléma de Yun-nan-Sen qui avait fait le pèlerinage de la Mecque, manda dans la citadelle le missionnaire et proféra contre lui et ses compagnons, qu'il tenait pour des espions de la pire espèce, les plus violentes menaces : « Va dire, s'écria-t-il avec fureur, va dire à ces » Européens que je les épargne parce qu'ils me sont recommandés par un » homme vénéré des musulmans, mais qu'ils retournent sans retard au » lieu d'où ils sont venus, et, s'ils tentent d'aller reconnaître le fleuve » dans lequel se déverse le lac de Tali, malheur à eux, malheur à toi ! »

Le lendemain, à l'aube, après une nuit terrible, où, malgré les sentinelles, leur maison avait été envahie et leur vie exposée à la merci d'une populace féroce, nos officiers se remirent en route et, après mille péripéties, atteignirent Tong-Tchouan. Une tragique nouvelle les y attendait : trois jours auparavant, le 12 mars 1868, le commandant de Lagrée avait succombé entre les bras du docteur Joubert. Garnier fit exhumer son corps, dans la crainte de quelque profanation sur cette terre lointaine, et le fit porter à dos d'homme jusqu'à Sou-Tcheou-Fou, où le Yang-tse-Kiang devient navigable. La mission, à bout de forces et de ressources, s'embarqua sur le grand fleuve le 26 avril et le descendit rapidement jusqu'à la mer, non sans avoir subi plus d'une fois, sur le parcours, les violences et la mauvaise foi des populations indigènes. Le 12 juin, elle arrivait à Shang-Haï, le 29 à Saïgon, où elle rapportait le cercueil de son chef. On fit de belles funérailles au commandant de Lagrée ; un monument fut élevé dans le cimetière de la colonie à ce héros vaillant, dont la diplomatie vigilante et l'énergie toujours calme avaient dirigé avec succès, au milieu des épreuves les plus périlleuses, cette expédition grandiose, aussi profitable à la science que glorieuse pour la patrie. Les lieutenants de Lagrée valaient leur chef : dans cette collaboration infatigable qui avait duré près de deux ans, dans cette marche de plus de 10 000 kilomètres à pied ou en barque, de Cratich à Shang-Haï ; chacun d'eux avait une somme égale d'intelligence et de sacrifice ; ils avaient révélé à l'Occident un art nouveau, des richesses ignorées, des routes inconnues ; ils revenaient sans argent, manquant de tout, mais riches d'espérances, de science et d'honneur.

L'expédition Dupuis. — Parmi les Européens qui saluèrent à leur passage à Han-Kéou, sur le Fleuve-Bleu, les explorateurs du Mé-Kong, se trouvait un négociant français, établi depuis quelques années dans la ville, M. **Jean Dupuis**[1], qui trafiquait avec les provinces chinoises du sud, par

---

1. M. Jean Dupuis, né à Saint-Just (Loire) en 1829, avait été amené en Egypte, en 1859, par le désir de fonder à Ismaïlia, dans le canal de Suez, un grand entrepôt de commerce. Ses espérances avaient été déçues. Il se rendit à Hong-Kong, réussit par son activité à réaliser de sérieux bénéfices et put, grâce à l'expédition française du général Cousin-Montauban en Chine, visiter plusieurs villes du Céleste Empire. Le hasard le mit en relations, à Shang-Haï, avec M. *Eugène Simon*, chargé par le ministre de l'agriculture d'une mission sur le Fleuve-Bleu. Tous deux remontèrent le Fleuve-Bleu sur un des navires anglais qui, sous les ordres de l'amiral Hopp, allaient choisir sur les rives du fleuve les trois ports nouveaux que la Chine vaincue devait ouvrir au commerce des nations. Les deux voyageurs se fixèrent à Han-Kéou. M. Dupuis s'y lia avec des mandarins quelque peu commerçants : par eux, il obtint le privilège d'ouvrir, pour l'approvisionnement des troupes chinoises qui luttaient contre les Taïpings rebelles du Yun-nan, un dépôt d'armes et de munitions. Il était doué d'une rare sagacité et d'un sang-froid admirable ; il connaissait bien les usages et les mœurs du pays

la voie du fleuve Yang-tse-Kiang, longue, semée d'obstacles et de périls. Francis Garnier révéla à son compatriote les vues de Doudart de Lagrée et ses propres observations sur la route fluviale qui pouvait être ouverte par le Fleuve-Rouge, du côté du Tong-King. M. Dupuis résolut d'en faire l'expérience. Il partit pour le Yun-nan à la fin de l'année 1868. Sa première tentative, malgré les insignes de mandarin à bouton rouge dont il était revêtu, et malgré les cadeaux qu'il distribua, n'aboutit pas. Mais les troupes chinoises ayant refoulé les Taïpings, M. Dupuis, au mois de septembre 1870, reprit le chemin du Yun-nan, résolu à atteindre le Fleuve-Rouge. Suivi d'un seul domestique, et sans se laisser dissuader par le vice-roi qui lui refusa des lettres et une escorte, il pénétra, à force d'énergie et de sang-froid, dans des régions semées d'embuscades, peuplées de bandits, dévastées par la guerre, échappa à tous les périls, et aperçut enfin, du haut du plateau escarpé qui s'étend au sud de Mon-Tzé, le Hoti-Kiang ou Fleuve-Rouge, qui roulait ses eaux bourbeuses et rougeâtres entre deux murailles à pic. Il en descendit la rive gauche jusqu'à Laokaï, où il eut une entrevue avec le fameux chef des *Pavillons-Noirs*, qui y étaient campés : cet aventurier redoutable, *Luh-Vinh-Phuoc*, dont les bandes féroces interceptaient le passage de la rivière et partageaient, avec les hordes des *Pavillons-Jaunes*, campées plus bas, les profits des péages ou les bénéfices des razzias, se rendit aux arguments habiles du Français et le laissa passer. M. Dupuis s'arrêta à la frontière annamite; il avait reconnu en partie la nouvelle route fluviale, et constaté que le Yun-nan, par ses richesses minières, sa végétation abondante, la variété de sa faune, pouvait devenir un centre d'opérations commerciales avantageuses. Les Chinois, étonnés de son succès, s'intéressèrent à son projet, et on lui confia la mission officielle de conduire au Yun-nan, par la voie du Fleuve-Rouge, à travers le Tong-King, une flottille de jonques chargées d'armes et de munitions pour le ravitaillement de l'armée chinoise. Le Céleste Empire considérait l'Annam comme un État vassal, parce que les empereurs d'Annam recevaient, à leur avènement, l'investiture de la cour de Péking, et envoyaient un tribut annuel au souverain de la Chine. Des bandes de rebelles taïpings s'étaient jetées dans les montagnes de Bac-Ninh et Lang-Son, et les désolaient par leurs brigandages. Tu-Duc sollicita contre elles le secours de la Chine. Le gouvernement chinois s'empressa d'y envoyer des troupes et de placer dans toutes les villes ses soldats réguliers et ses mandarins. Et quand Dupuis voulut partir, on le munit des pouvoirs nécessaires pour calmer les défiances ou mater l'opposition des mandarins annamites qui tenaient les clefs du Fleuve-Rouge, et paraissaient disposés à en refuser le passage. Dès ce moment, la Chine n'entendait pas renoncer à son *fief* d'Annam.

M. Dupuis vint à Paris en 1872 : il désirait obtenir pour son projet l'appui moral, sinon effectif, du gouvernement de son pays. Les circonstances n'étaient pas favorables ; la France sortait d'une guerre terrible, et l'opinion publique se montrait alors indifférente aux questions de colonisation étrangère. Francis Garnier, qui était alors à Paris, seconda de son mieux les efforts de Dupuis, et exposa à la Société de géographie ses entreprises. Le ministère de la marine les accueillit froidement : on les trouvait inopportunes, compromettantes ; on se montrait peu disposé, contrairement

---

et parlait avec facilité la langue chinoise. Sa loyauté, la courtoisie de ses manières, sa bonté et son obligeance lui gagnèrent l'estime et la confiance des principaux dignitaires de la région.

à l'exemple donné par l'Angleterre, à couvrir d'une protection officielle une tentative aventureuse qui paraissait, d'ailleurs, purement commerciale.

« Dans la situation présente de la France, répondit l'amiral **Pothuau** à » Dupuis, nous ne pouvons que faire des vœux pour le succès de votre » entreprise. Nous ne pouvons intervenir ni pour ni contre dans cette » affaire, qui demeure entièrement à vos risques et périls. Si vous éprouvez » de la résistance, et si vous croyez pouvoir l'emporter, frayez-vous un » passage par la force, c'est votre affaire ; mais, si vous ou vos gens êtes » tués, nous ne pourrons pas intervenir pour vous venger. » Toutefois, l'amiral accorda une lettre de recommandation pour le gouverneur de la Cochinchine, le contre-amiral **Dupré**. M. Dupuis acheta en France le matériel de guerre qu'il devait expédier dans le Yun-nan, et repartit pour Saïgon et Hong-Kong, où il fit ses derniers préparatifs. Le 5 novembre 1872, l'expédition, composée de deux canonnières à vapeur et d'une jonque chinoise chargée du matériel (canons, fusils, munitions), arrivait sur le Fleuve-Rouge, en vue de Haïphong. Elle comprenait un personnel de 25 Européens et 125 Malais, Manillais ou Chinois ; les capitaines *Argence*, *Brocas*, *Vlavianos* la commandaient ; M. *Dupuis* emmenait avec lui MM. **Millot**, négociant français de Shang-Haï, et **Ducos de la Haille**, ingénieur civil à Pondichéry, qu'il avait intéressés à ses combinaisons. Les chefs avaient engagé dans cette entreprise toute leur fortune.

La colonie ne garda pas une neutralité aussi rigoureuse que la métropole. En l'absence de l'amiral Dupré, le général *d'Arbaud*, gouverneur par intérim, avait promis à Dupuis de veiller sur lui, et de maintenir les communications entre Saïgon et la flottille du Fleuve-Rouge. Quand l'expédition arriva à Haïphong, elle y trouva le *Bourayne*, qui venait d'achever, dans les eaux du Tong-King, une brillante campagne. Le commandant, M. **Senez**, avait fait aux pirates, qui infestaient ces parages, une chasse terrible, brûlant ou coulant toute une flottille de jonques, armée de cent canons et chargée d'un millier de forbans ; il avait ensuite poussé des reconnaissances dans le delta, exploré les mouillages, les ports et les baies, sondé les canaux, et, pour la première fois, malgré la perfidie et les fraudes du mandarin qui lui servait de guide et l'égarait à dessein dans ce labyrinthe semé d'embuscades, il avait dressé la carte de cette région inconnue, et éclairé les passes qui conduisaient à Hanoï. Il avait même, en vertu des traités, pénétré dans la capitale du Tong-King, par le canal de Balat, sans tenir compte des protestations du vice-roi, et châtié dans la ville une manifestation hostile de mercenaires chinois, dont les mandarins annamites étaient au moins les complices.

Sous les auspices de M. Senez, M. Dupuis eut avec le mandarin *Lé-Thuan*, gouverneur des provinces du Tong-King, une longue conférence à bord du *Bourayne*. Lé-Thuan promit, à la fin, de demander au gouvernement de Hué la liberté du passage pour l'expédition Dupuis. Si la réponse n'arrivait pas après quinze jours révolus, la flottille passerait outre. Le *Bourayne* quitta les eaux d'Haïphong. Le mandarin ne tint pas ses promesses, et Dupuis, au bout de quinze jours, remonta la rivière et jeta l'ancre devant Hanoï. De nouvelles et interminables négociations furent engagées dans cette ville avec les mandarins, et, pendant ce temps, ceux-ci usaient de mille stratagèmes pour détruire l'avant-garde des *brigands de Saïgon*. Dupuis réussit néanmoins à continuer sa route, et, en dépit des obstacles, à atteindre la capitale du Yun-nan, où les rebelles venaient d'être refoulés par l'armée chinoise. Il remplit sa mission auprès du maréchal Mâ, auquel il était envoyé, et rentra sans encombre à Hanoï, le 30 avril 1873, avec un chargement d'étain. Son retour étonna les uns et inquiéta les autres ; la nouvelle de son succès se répandit au loin, les journaux de Hong-Kong publièrent la relation de son voyage ; les banquiers de la colonie anglaise lui offrirent sans retard les fonds nécessaires pour établir un service de bateaux à vapeur de Hong-Kong et de Saïgon au Yun-nan par le Tong-King ; des volontaires s'engagèrent à marcher sous ses ordres, des chefs de tribu sollicitèrent son alliance. Dupuis n'usa pas de ce prestige. Il s'empressa d'envoyer M. Millot au contre-amiral Dupré pour l'informer du succès de sa mission. Il se faisait fort de placer le Tong-King sous le protectorat de la France, sans qu'il en coûtât à la mère patrie ni un centime, ni un homme.

En son absence, les autorités d'Hanoï avaient sévi contre les habitants coupables d'avoir entretenu avec les étrangers des relations d'affaires. Plusieurs avaient été mis à la torture, et un grand nombre incarcérés. Dupuis fit mine de bombarder la ville, et obtint leur élargissement. Mais, pour assurer la sécurité de l'expédition, il fit occuper militairement un quartier de Hanoï.

Dupuis et les mandarins annamites. — C'est alors qu'arriva de Hué le plus implacable ennemi de la France, le maréchal Nguyen-tri-Phuong, avec la mission de préparer, suivant le besoin, la défense ou l'attaque : des troupes étaient dirigées de tous les côtés sur la capitale. Nguyen signala son arrivée par l'ordre de bâtonner les habitants suspects ou seulement peu zélés, et par une proclamation menaçante qui sommait les étrangers de déguerpir au plus vite, sous peine d'être « coupés en petits morceaux ». Dupuis semblait perdu s'il ne payait d'audace. Il fit arracher des murs de Hanoï, sous le nez des soldats annamites épouvantés, la proclamation de Nguyen et le parasol sacré qui la surmontait, les fit promener dans une procession grotesque, au bruit des clairons et des tambours, et solennellement brûler devant le peuple.

A Saïgon, l'amiral **Dupré** était tout acquis à l'idée d'installer la France au Tong-King. Il partageait l'opinion de Francis Garnier, dont il appréciait la vive intelligence et la netteté de vues ; il écrivait au ministre, le 14 mai 1873 : « Notre établissement dans ce riche pays, limitrophe de la Chine, et débou-
» ché naturel de ses provinces sud-occidentales, est, selon moi, une ques-
» tion de vie ou de mort pour l'avenir de notre domination dans l'Extrême-
» Orient. » Il désirait seulement traiter la question à loisir, avec toute la correction diplomatique, et mettre, avant d'agir, tous les torts du côté de l'Annam : il avait, à plusieurs reprises, engagé la cour de Hué à laisser Dupuis continuer sa route, s'il consentait à payer les droits établis, à respecter les lois, à ne pas susciter de troubles. Il avait eu soin, en même temps, d'écrire au vice-roi de Canton pour le prier de retirer les troupes chinoises du Tong-King, et d'éviter entre la France et le Céleste Empire toute occasion de conflit. Mais le vice-roi avait passé outre, et accordé aux Annamites l'aide de ces troupes. On a vu que, par leur attitude, les mandarins avaient contraint Dupuis à prendre les armes, et l'escorte imposante qu'il ramenait du Yun-nan, en lui fournissant le moyen de se défendre, l'avait rendu entreprenant, au delà même des limites prescrites par la prudence.

Les réclamations de la cour de Hué ne se firent pas attendre : l'amiral Dupré, pour dégager le pavillon français qui devait rester neutre, invita Dupuis à quitter Hanoï. Celui-ci répondit qu'il avait été gravement lésé dans ses intérêts, et qu'il avait droit à des indemnités. M. Millot vint exposer à l'amiral les griefs de son chef, et dissipa aisément la mauvaise impression produite à Saïgon par les plaintes et les mensonges de la chancellerie annamite. L'amiral recommanda à Dupuis de ne mêler aucun étranger à son affaire, d'arrêter tout mouvement insurrectionnel de la population tongkinoise, de ne pas appeler les troupes chinoises au Tong-King et de garder provisoirement le *statu quo* pour lui permettre de choisir l'heure et les motifs de son intervention. Le dommage causé à l'expédition serait réglé par une indemnité. En attendant, et pour subvenir aux dépenses occasionnées par le séjour forcé de Dupuis à Hanoï, un emprunt de 30 000 piastres fut conclu en son nom à Saïgon, sous la garantie de la colonie, et avec hypothèque sur tous les biens et navires de Dupuis. Sous le bénéfice de ces garanties, le négociant ajourna, à la demande de l'amiral, la publication de son journal de voyage, et attendit l'heure favorable.

Pendant ce temps, au Tong-King, les Annamites faisaient de nouveaux efforts pour anéantir l'expédition. Le journal de Dupuis raconte les violences incessantes que les Français eurent à subir : tantôt on empoisonnait les eaux potables, tantôt on mettait le feu aux maisons voisines de leur campement et des magasins qui servaient de dépôt à leurs munitions ; la nuit, c'étaient des assauts imprévus ; le jour, des surprises et des embuscades ; si les hommes de Dupuis s'écartaient un peu, ils étaient aussitôt assaillis, roués de coups, traînés tout sanglants à la citadelle et livrés à d'effroyables tortures. De son côté, Dupuis ordonnait des patrouilles dans les rues, faisait distribuer des coups de rotin aux soldats de Hué, et mettre à mort sans pitié les agresseurs. On en vint à engager de vrais combats dans les rues de la capitale. Dupuis l'occupa militairement et enferma les mandarins dans la citadelle.

Francis Garnier au Tong-King. Sa mort. — Tout à coup on apprit que des navires de guerre français étaient entrés dans le delta. A leur tête était **Francis Garnier**. Le vaillant officier venait d'accomplir un voyage de découverte au cœur de la Chine, quand l'amiral Dupré lui confia la mission officielle de faire une enquête sur le conflit survenu entre les explorateurs et le gouvernement annamite. L'amiral désirait pacifier la contrée, mais entendait n'abandonner aucun des intérêts commerciaux engagés. L'entreprise était délicate, d'autant plus, comme l'écrivait Garnier à un de ses amis, que le ministère en France était très mal disposé et tout prêt à désavouer le gouverneur et son représentant. Aux yeux même du jeune officier de marine qui rêvait la création d'une Indo-Chine française, Dupuis était quelque peu suspect de témérité. L'amiral donna carte blanche à Garnier et le laissa juge de son action. Il emmenait deux canonnières et un détachement d'infanterie de marine, composé de quatre-vingt-trois hommes.

Dès son arrivée à Hanoï, Garnier s'entendit avec Dupuis, et toutes ses préventions tombèrent. Il ne songea plus qu'à défendre avec fermeté la cause des intérêts français au Tong-King et à en écarter l'ingérence des Chinois et des Européens. Il eut d'ailleurs tout de suite à subir lui-même les effets de la mauvaise foi et de la fourberie annamites ; il dut employer la menace pour obtenir un logement décent, et pour n'être pas maintenu dans un isolement systématique. Du *Camp des Lettrés* où l'ambassade s'était installée, il lança deux proclamations pleines de sagesse, de tact et d'éloquence : l'une au corps expéditionnaire, l'autre aux habitants ; il disait à ses marins et soldats : « Vous vous abstiendrez de tout acte de brutalité ; » vous vous efforcerez de faire aimer et respecter le drapeau qui vous

» abrite, en ne négligeant aucune occasion de vous rendre utiles, en vous
» montrant en toute circonstance justes et bienfaisants. » Il disait aux indigènes : « Les côtes sont désolées par de nombreux pirates qui exercent
» d'affreux ravages ; nous avons l'intention de pourchasser ces bandits,
» afin que les habitants de ces lieux puissent en paix vaquer à leurs
» affaires. » Il ne pouvait être question de défendre la cause des prétendants Lê ; Garnier n'avait pas à intervenir dans ces querelles dynastiques,
et il ne se laissa à cet égard ni convaincre par les instances de Dupuis, ni
séduire par les illusions des missionnaires.

Les négociations renouées avec les mandarins n'aboutissaient pas. Garnier
résolut d'en finir, et, puisqu'on n'acceptait pas son projet de traité de commerce, d'en imposer l'exécution. Dans un ultimatum adressé au maréchal
et au plénipotentiaire de Tu-Duc, il déclara qu'à partir du 15 novembre 1873, le Fleuve-Rouge resterait ouvert au commerce français, espagnol
et chinois ; que toutes les douanes annamites seraient supprimées ; que les
négociants ne relèveraient plus que de l'autorité française. La guerre était
devenue inévitable. Les Annamites s'y préparaient depuis plusieurs jours
en rassemblant à la hâte des troupes, en élevant des fortifications. Garnier
agit avec vigueur et promptitude. Le 19 novembre, suivi de cent quatre-vingts soldats et marins, il enleva la citadelle défendue par sept mille
Annamites. La prise de Hanoï fut le signal de la rapide conquête du delta ;
en six semaines, secondé par des officiers dont l'intrépidité égalait la
sienne, Garnier s'empara de toutes les places fortes : les Annamites se
sauvaient par une porte, les Français entraient par l'autre. « Je suis exté-
» nué de fatigue et de pose, » écrivait Garnier à son ami Luro, dans une
lettre charmante de bonne humeur et d'entrain ; « je me trouve avec une
» province de deux millions d'âmes sur les bras... Ne me réponds pas
» comme Sganarelle : Mets-la par terre ; mais viens me trouver. Avec
» toi tout marchera sur des roulettes ; mais vrai ! je ne peux pas tout
» faire. »

En attendant les renforts et les auxiliaires qu'il demandait à l'amiral,
Garnier pourvut à la sécurité des troupes, assura ses communications avec
la mer, garantit l'ordre aux Tong-Kinois, calma leurs défiances, recruta des
appuis parmi eux, remplaça les autorités annamites en fuite, et obtint la
soumission des mandarins récalcitrants. En même temps, il prenait des
arrangements pour garantir à Dupuis les indemnités promises et faisait
commencer l'exploration des bouches du Fleuve-Rouge.

On vit alors arriver des représentants de la cour de Hué qui demandaient
à traiter. On avait l'espoir d'un dénouement pacifique prochain, quand,
tout à coup, pendant une conférence, Garnier fut informé que la citadelle
était attaquée par une bande de Hékis ou Pavillons-Noirs, enrôlés au service des Annamites. Garnier, sans hésiter, posta ses hommes sur les bastions, et, après avoir délogé les assiégeants, se jeta imprudemment à leur
poursuite sur une des chaussées en forme de digue ou de remblai qui sont
construites au travers des rizières. Emporté en avant par son ardeur impétueuse, et suivi seulement de trois hommes, il s'élança, le revolver
à la main, à l'escalade d'un remblai derrière lequel les ennemis se tenaient
cachés. Arrivé au sommet, son pied glissa, il tomba dans un fossé fangeux,
fut enveloppé par les Hékis embusqués dans le voisinage et tué à coups de
lance en même temps que le sergent **Dagorne**. Quelques instants après,
son ami, l'officier de marine **Balny d'Avricourt**, qui marchait à la tête
d'une autre colonne, périssait dans une embuscade avec trois de ses miliciens.
On retrouva leurs cadavres décapités, la poitrine ouverte, le cœur arraché,

dans un état d'horrible mutilation : les Hékis avaient emporté les têtes comme autant de trophées. Les lieutenants du malheureux Garnier, secondés par Dupuis, essayèrent de venger leur chef. Ils firent des prodiges et se rendirent maîtres du delta tout entier[1].

L'évacuation du Tong-King. — Le dénoûment tragique de cette étonnante campagne ruina toutes les espérances et tous les rêves de l'amiral-gouverneur. Il croyait qu'il y allait de l'honneur et des intérêts de la France d'ouvrir le Fleuve-Rouge ; il avait mis toute sa confiance en Garnier, il le défendait contre les attaques d'un parti puissant et contre les défiances systématiques d'un ministère hostile à toute expédition coloniale. La victoire même n'avait pas trouvé grâce devant le parti pris, les timidités ou les rancunes. L'amiral Dupré en était réduit à *excuser* presque l'héroïque conduite de son lieutenant, à le *disculper* d'avoir fait respecter le drapeau de la France. A Saïgon même, si, parmi les collègues de Garnier, quelques-uns, comme M. **Luro**, le félicitaient de son audace et l'encourageaient à tenir bon, d'autres blâmaient très haut ce qu'ils appelaient son « aventure ». L'un d'eux, M. **Philastre**, inspecteur des affaires indigènes, qui se disait son ami, se montrait désolé et indigné d'une *agression odieuse*, flétrissait la campagne du delta comme un *coup de Jarnac* préparé par l'amiral, et ajoutait dans une lettre adressée à Garnier lui-même : « Avez-vous
» songé à la *honte* qui va rejaillir sur vous et sur nous, quand on saura
» qu'envoyé pour chasser un *baratier* quelconque (M. Dupuis) et pour
» tâcher de vous entendre avec les fonctionnaires annamites, vous vous
» êtes allié à cet aventurier pour mitrailler *sans avis* des gens qui ne
» vous attaquaient pas et qui ne se sont pas défendus ? »

Après le désastre, l'amiral Dupré essaya encore de justifier l'expédition ; mais peu à peu il céda devant les colères et les calomnies. On refusa à la veuve de Garnier la pension qu'il demandait pour elle, sous le prétexte que le jeune héros « n'était pas mort devant l'ennemi », et son entreprise fut à trois reprises officiellement désavouée. La liquidation en fut confiée à M. Philastre lui-même, qui paraissait tout dévoué aux intérêts de l'Annam.

En quelques jours l'œuvre de Garnier et de Dupuis fut détruite. Malgré les protestations du négociant et des officiers français qui tenaient ferme partout et n'étaient pas inquiétés, Philastre ordonna l'évacuation immédiate, précipitée, des citadelles et des provinces occupées par les soldats du corps expéditionnaire, et fit, de concert avec le plénipotentiaire annamite, expulser Dupuis de Hanoï, séquestrer sa flottille et ses marchandises, interner son personnel dans les ports du littoral, sans prendre soin de faire régler l'indemnité promise. Dans les discussions violentes qui éclatèrent entre Philastre et Dupuis, le représentant du gouvernement colonial s'oublia au point de traiter Garnier de « forban » et de « pirate », qui aurait mérité de « passer en conseil de guerre », s'il eût survécu : il osa dire que les Français étaient en Cochinchine comme « des brigands et des voleurs » et qu'il ferait « pendre » Dupuis s'il le pouvait. Il laissa afficher sur les murs de Hanoï cette proclamation odieuse : « Il a été envoyé *un nommé* Garnier

---

1. Ces vaillants officiers sauvèrent l'honneur militaire de la France ; et à côté du nom glorieux du jeune héros, dont la science égalait le courage et la magnanimité, l'histoire écrira ceux de MM. les lieutenants de vaisseau Esmez, Bain de la Coquerie, Balny d'Avricourt, du Dr Harmand, du sous-lieutenant Edgard de Trentinian, des aspirants Hautefeuille, Perrin et Bouxin et de l'ingénieur Bouillet.

» au Tong-King pour les affaires du commerce ; mais, ne comprenant rien
» aux affaires, il a mis le désordre dans le pays en s'emparant de quatre
» citadelles ; c'est pourquoi l'envoyé Nguyen et Philastre sont venus pour
» rétablir l'ordre compromis. »

La convention de 1874. — Le rétablissement de *l'ordre*, ce fut, après l'évacuation des citadelles, qui eut lieu pour nos soldats humiliés, au milieu des rires et des quolibets des Annamites, l'épouvantable dévastation des chrétientés, la fureur des incendies, l'égorgement en masse des indigènes qui s'étaient faits les auxiliaires des officiers français libérateurs. Six mois après, Philastre était nommé officier de la Légion d'honneur ; le chef des Pavillons-Noirs, **Luh-Vinh-Phuoc**, recevait le titre de mandarin, et le massacreur des chrétiens, **Tan-Dang**, était récompensé par le titre de commissaire royal des provinces maritimes. Tel était le prix dont on avait payé l'évacuation du Tong-King. Toutefois, avant de rentrer en France, malade, épuisé, l'amiral Dupré put encore arracher aux négociateurs annamites un traité qui nous laissait un semblant de protectorat, au prix de concessions fâcheuses. Cette convention, signée le 15 mars 1874, reconnaissait la souveraineté du roi de l'Annam et lui promettait « sur sa
» demande et gratuitement l'appui de la France pour maintenir dans ses
» Etats l'ordre et la tranquillité, pour le défendre contre toute attaque et
» pour détruire la piraterie qui désolait une partie des côtes du royaume ;
» en reconnaissance de cette protection, Tu-Duc s'engageait à conformer
» sa politique extérieure à celle de la France. » Mais la France accordait à l'Annam un don *gratuit* de cent canons, approvisionnés à deux cents coups par pièce, de mille fusils et cinq cent mille cartouches, de cinq navires de guerre, parmi lesquels était *le Scorpion*, la canonnière qui avait si héroïquement essuyé le feu devant Nam-Dinh. Nous consentions à faire remise à Tu-Duc de l'indemnité de guerre, montant à 6 millions, qu'il nous devait encore ; et des instructeurs militaires et des marins français lui seraient fournis pour reconstituer son armée et sa flotte, des ingénieurs et chefs d'ateliers pour diriger ses grands travaux. En compensation, l'Annam s'engageait à ouvrir trois ports au commerce *de toutes les nations* : Hanoï, Haïphong et Qui-Nhon, en réservant à la France le privilège d'y entretenir un consul assisté d'une force de cent hommes au plus, et investi du droit exclusif de juger les contestations entre Français et étrangers, et entre Français et Annamites, avec le concours d'un magistrat indigène. Un résident français, ayant rang de ministre et chargé de maintenir les relations amicales, fut installé à Hué. Enfin le Fleuve-Rouge était ouvert aux bâtiments de commerce dans tout son parcours jusqu'à la frontière chinoise du Yun-nan. Un traité de commerce plus détaillé compléta et améliora quelques mois plus tard les conditions du premier[1].

---

[1]. Quant à M. Dupuis, il était simplement sacrifié : il n'était pas question de lui dans le traité ; aucune réserve n'était faite de son indemnité. Tous ses efforts auprès de l'amiral Dupré, pour obtenir justice, furent stériles ; et l'amiral **Krantz**, nommé gouverneur de la Cochinchine, se déclara impuissant. Dupuis voulut reprendre sa liberté d'action ; il essaya de remonter le Fleuve-Rouge, pour se rendre au Yun-nan : on lui interdit le passage ; il réclama la restitution de son matériel séquestré : le séquestre fut maintenu dix mois, et, au bout de ce temps, marchandises et bâtiments avaient disparu. Dans l'intervalle, Dupuis épuisait ses dernières piastres, pour nourrir le personnel de son expédition. A la fin, ruiné, déshonoré aux yeux de ses équipages, mal accueilli par l'amiral **Duperré**,

La présence de nos consuls dans les ports du Tong-King permit, après la signature des traités de 1874, la libre exploration du pays. M. **de Kergaradec** fit deux voyages sur le Fleuve-Rouge, et recueillit sur la navigation et les ressources de la vallée des observations précieuses qui confirmaient celles de Dupuis. Des ingénieurs des mines, des géographes, des officiers de marine, avec ou sans mission officielle, MM. **Fuchs, Saladin, Dutreuil de Rhins**, les docteurs **Harmand** et **Maget**, le lieutenant **Mollard**, MM. **Villeroy d'Augis, Courtin** et **Aumoitte**, d'autres encore, poursuivirent courageusement l'œuvre de découverte. On s'aperçut vite que les mandarins considéraient le traité de 1874 comme un document sans portée. Les jonques chinoises étaient favorisées aux dépens des barques européennes, et leurs contrebandes ouvertement autorisées par les douaniers annamites; les pirates infestaient les côtes et bravaient nos consuls impuissants; ils venaient audacieusement acheter ou enlever, jusque dans le port d'Haïphong, des femmes et des enfants annamites pour les vendre aux maisons de thé en Chine ou aux planteurs du Pérou.

Sur les instances de nos consuls, le gouvernement français obtint du Parlement un crédit de quelques millions, et non sans peine renforça nos garnisons du Tong-King (1881). Déjà Tu-Duc affectait de se placer sous un autre protectorat que le nôtre et réclamait, pour maintenir l'ordre dans ses États, l'intervention de l'empereur de Chine dont il se déclarait le vassal, contrairement aux traités signés avec la France.

L'intervention de la Chine. — Le protectorat que la France revendiquait sur le Tong-King, en vertu du traité de 1874, fut signifié à la Chine, et notre ambassadeur à Péking réclama le retrait des troupes chinoises du Tong-King, et l'ouverture à notre commerce d'une ville du Yunnan. Le *Tsong-li-Yamen* (ministère des relations extérieures) fit une réponse évasive. Et comme pour braver la France, Tu-Duc, en 1876, envoya à l'empereur de Chine une ambassade solennelle avec le tribut annuel, gage de sa vassalité, et une lettre où il l'assurait « de la sincérité de son respect et de son obéissance ». La lettre fut publiée dans la *Gazette officielle de Péking*, et les ambassadeurs annamites comblés d'honneurs. Le vieux parti chinois essayait d'entretenir auprès de l'impératrice régente la haine des étrangers, et de maintenir la suzeraineté de la Chine sur le Tong-King. Le gouvernement annamite réclamait l'évacuation de ses villes par les gardes consulaires de la France, et appelait à son aide les Chinois contre les rebelles du haut Tong-King. Les troupes chinoises les chassèrent et s'installèrent dans les places. Les soldats français restaient cantonnés

---

successeur de M. Krantz, que les infortunes de ce *marchand* laissaient indifférent, il dut déposer son bilan et fut déclaré en faillite par le tribunal de Saïgon. Peut-être ses ennemis espéraient-ils arracher à sa détresse des concessions et faire oublier son affaire en la traînant en longueur : ils ne savaient pas quel caractère énergique, quelle volonté indomptable se cachaient dans cet homme aux allures calmes, aux apparences modestes, dont les services et le désintéressement méritaient mieux que cet inique abandon. Après cinq ans de démarches incessantes et d'appels réitérés au gouvernement, aux représentants de la nation et à l'opinion publique, Dupuis a obtenu que la lumière se fît sur l'expédition de 1873, et que ses droits fussent reconnus en principe. La colonie de Saïgon protesta en sa faveur et associa son nom à la fière mémoire de Francis Garnier; la Société de géographie de Paris et l'Académie des sciences lui décernèrent leurs plus hautes récompenses.

dans les ports d'Haïphong et de Hanoï, et partout autour d'eux se massaient les bandes d'irréguliers chinois, les Pavillons-noirs et les pirates du fleuve, sous l'œil bienveillant de la police annamite.

Dès 1878, l'amiral **Lafont** proposait au gouvernement de dégager Haïphong par l'envoi d'une compagnie d'infanterie de marine. En 1879, l'amiral **Jauréguiberry** révélait au conseil des ministres le danger de notre situation, et démontrait la nécessité d'occuper sans retard le Tong-King tout entier. Leurs avis ne furent pas écoutés. M. **Le Myre de Vilers**, premier gouverneur civil de la Cochinchine française, arrivé à Saïgon en juillet 1879, avait reçu l'ordre de montrer la plus grande prudence; il devait agir *politiquement, pacifiquement, administrativement*. La cour de Hué tira parti contre nous de ces indécisions et de cette politique timide. Tu-Duc se montra franchement hostile à la France, les mandarins agirent de concert avec les Pavillons-noirs, appuyés sous main par les réguliers chinois. M. Le Myre de Vilers protesta auprès de la cour de Hué, menaça et enfin passa aux actes.

L'ère des indécisions : l'expédition Rivière. — A la fin de mars 1882, un corps expéditionnaire fut envoyé au Tong-King. Il était commandé par le capitaine de vaisseau Henri **Rivière**, officier intrépide et brillant écrivain, que sa conduite en Nouvelle-Calédonie et ses travaux littéraires avaient déjà rendu célèbre. Le gouverneur général lui avait recommandé « d'éviter les coups de fusil » et de n'avoir recours à la force qu'en cas d'absolue nécessité. A Hanoï, les mandarins retranchés dans la citadelle avec leurs miliciens refusèrent de capituler. La place fut bombardée et enlevée d'assaut. M. Le Myre de Vilers parut désapprouver ce coup de force, en fit remonter la responsabilité aux mandarins provocateurs, et donna l'ordre de restituer la citadelle aux autorités annamites.

A Paris, l'ambassadeur du Céleste Empire, le marquis **Tseng**, qui, en 1884, avait protesté contre la validité du traité de 1874, se plaignit de la prise de la citadelle d'Hanoï, et demanda le retrait de nos troupes. Le ministre des affaires étrangères, M. **de Freycinet**, répondit que le gouverneur de la Cochinchine avait l'ordre d'appliquer sans restriction le traité de 1874, « que les suites de l'action que nous entendions exercer dans » cette vue concernaient exclusivement les deux Etats signataires et qu'en » conséquence nous n'avions aucune explication à fournir au gouvernement » chinois. » Nous n'admettions pas l'ingérence de la Chine dans la politique française en Indo-Chine. Le gouvernement chinois ne déclara pas la guerre à la France ; mais, avec sa perfidie ordinaire, il la fit sans la déclarer, en faisant passer secrètement aux Annamites des armes, des munitions et des renforts; et cependant il feignait de vouloir négocier, et préparait avec le ministre de France à Péking, M. **Bourée**, un projet de traité pour l'établissement d'une zone neutre entre la Chine et le Tong-King. M. Bourée fut rappelé en France, et M. Le Myre de Vilers, qui allait lui-même être remplacé par M. **Thomson**, fit interner à Poulo-Condore cent cinquante Annamites suspects.

Mais la situation s'aggrava. Le commandant Rivière, maître de Hon-Gay, sur le golfe, résolut d'occuper Nam-Dinh où les Annamites préparaient des barrages pour couper les communications entre Hanoï et la mer. Le lieutenant-colonel **Carreau**, en donnant l'assaut, fut mortellement blessé; le commandant **Badens** prit la place et dispersa l'armée annamite, dans les rangs de laquelle on reconnut des réguliers chinois.

L'ennemi était parfaitement informé de nos moindres mouvements. A

Hanoï, le jour même de l'assaut de Nam-Dinh (25 mars 1883), les Pavillons-noirs avaient essayé de surprendre la citadelle. Le chef de bataillon **Berthe de Villers** les avait rejetés sur Bac-Ninh. Dans les jours suivants, les bandes des Pavillons-noirs, ralliées et grossies, occupèrent les routes et se rapprochèrent d'Hanoï, où le commandant Rivière venait de rentrer. Rivière appela à lui la garnison de Haïphong et les compagnies de débarquement de la division navale, et ordonna une sortie pour débloquer la ville. Le 19 mai, une compagnie d'infanterie de marine, les matelots du *Villars* et de la *Victorieuse*, avec trois pièces de campagne, sous les ordres de Berthe de Villers, marchèrent dans la direction de Son-Tay. La troupe française occupa le *Pont de Papier*, et s'élança à l'attaque des villages Tien-Tong et Trung-Thong occupés par les Pavillons-noirs. Berthe de Villers fut blessé à mort. Rivière, qui accompagnait la colonne, prit le commandement et continua à refouler l'ennemi. Mais les Pavillons-noirs, supérieurs en nombre, tentèrent un double mouvement tournant pour envelopper nos soldats et leur couper la retraite. Rivière fit occuper le Pont de Papier par le lieutenant de vaisseau *de Marolles* et donna l'ordre de la retraite. C'est alors que sur l'étroite digue, le canon du *Villars*, menacé par l'ennemi, glissa dans la rizière. Le commandant, sous un feu terrible, se précipita pour le dégager. Autour de cette pièce, à laquelle tous s'étaient héroïquement attelés, un furieux combat s'engagea : les Pavillons-noirs tiraient presque à bout portant; l'aspirant *Moulun* fut tué le premier; à leur tour tombèrent mortellement blessés le commandant *Rivière*, le capitaine *Jacquin*, les lieutenants de *Brisis* et *Sentis*, des enseignes de vaisseau, des soldats. Les blessés et les canons furent arrachés aux bandits, mais ils gardèrent les morts, les décapitèrent et les mutilèrent[1].

Ce désastre exigeait une réparation immédiate. Les Chambres votèrent les crédits demandés par le gouvernement : le général **Bouët**, à la tête d'un corps de 3700 hommes environ, reprit l'offensive au Tong-King tandis que l'amiral **Courbet**, à la tête de l'escadre, s'emparait des forts de Thuan-An, à l'entrée de la rivière de Hué. M. **Harmand** avait reçu la direction politique et administrative de l'expédition avec le titre de commissaire général civil.

Les successeurs de Tu-Duc. — Traités de Hué (1883). — Au début de la campagne, l'empereur Tu-Duc mourut. Les mandarins et la reine mère proclamèrent **Hiep-Hoa**, sous la régence de *Nguyen-van-Thuong*. Celui-ci demanda à négocier, et M. Harmand signa à Hué avec les plénipotentiaires annamites, le 24 août, un traité dont les conditions étaient avantageuses : L'Annam reconnaissait le protectorat de la France; cédait la province de Binh-Thuan, rappelait ses troupes du Tong-King, acceptait l'occupation militaire des forts de Thuan-An par une garnison française; le contrôle de la France sur les douanes et les travaux publics, l'ouverture de trois ports au commerce, l'établissement de routes et télégraphes, l'installation de résidents français dans tous les chefs-lieux, etc. Ce traité ne fut pas exécuté : il eut pour principale conséquence de démasquer la Chine, et de la mettre directement en scène.

---

1. Les restes du commandant Henri Rivière furent retrouvés plus tard, reconnus par le Dr Mondon et ramenés en France, où ils furent solennellement inhumés.

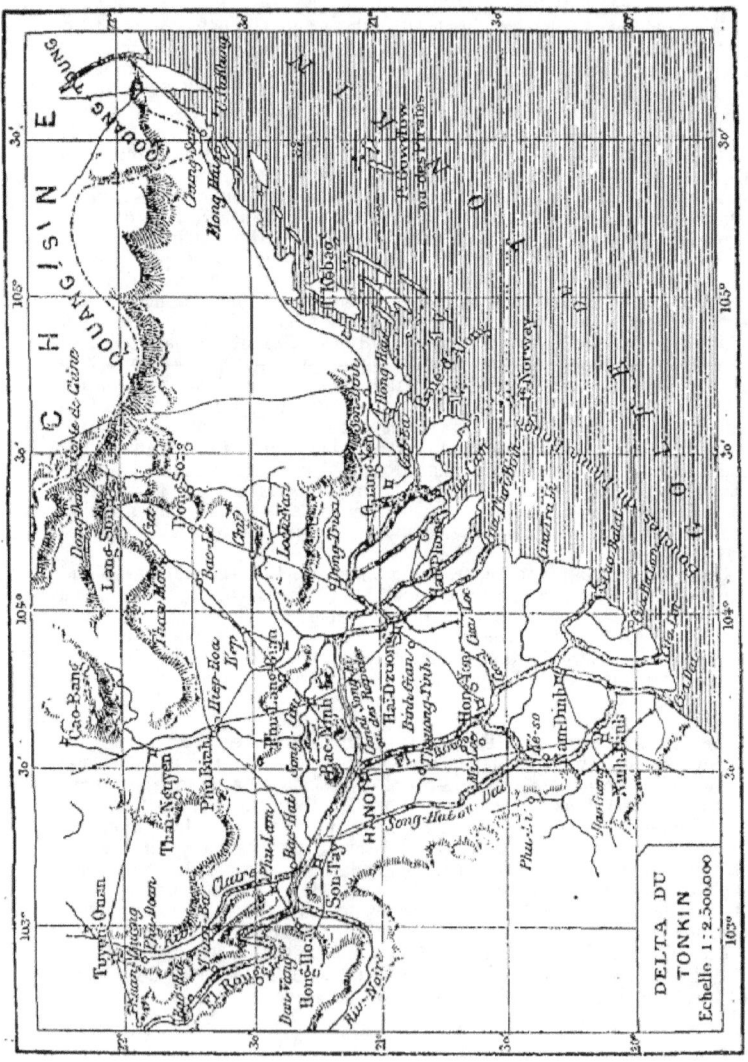

Au Tong-King, une lutte acharnée avait continué contre les Pavillons-noirs et les troupes chinoises. Le général Bouët et le commandant *Coronat* avaient livré les deux combats de Vong et Phung sur la route de Sontay, sans réussir à dégager les abords de cette place. Des conflits survenus entre les autorités civiles et militaires amenèrent le rappel du général Bouët. Il fut remplacé par le colonel **Bichot**.

A la fin d'octobre, l'amiral **Courbet** prit la direction des opérations militaires. A Paris, l'ambassadeur de Chine venait de déclarer officiellement la guerre : tous les pouvoirs furent concentrés entre les mains du chef de l'armée; M. Harmand rentra en France. L'amiral marcha sur Sontay. Dix ans plus tôt, Garnier se faisait fort de prendre la ville avec une centaine d'hommes; Rivière avait échoué avec 650 ; Bouët n'avait pu forcer le passage avec 6 000 soldats et sept canons : l'amiral Courbet porta le corps expéditionnaire à 9 000 hommes environ, divisés en deux colonnes, sous les colonels *Bichot* et *Belin*. Après plusieurs jours de reconnaissances et d'escarmouches, Sontay fut bombardé et pris d'assaut. Courbet fit occuper la citadelle, et se mit en mesure de marcher sur Hong-Hoa, et de déloger les Chinois des places du delta. La cour de Hué, étroitement unie aux Chinois, continuait à nous susciter mille embarras. Le successeur de Tu-Duc, Hiep-Hoa, qui avait signé le traité Harmand, fut empoisonné par les mandarins, et son parent **Kien-Phuoc** proclamé sans le consentement de notre résident à Hué, M. **Champeaux**, dont la liberté et la vie étaient menacées. (Décembre 1883.)

De nouveaux renforts furent expédiés par la métropole. L'armée du Tong-King s'éleva alors à 16 000 hommes. L'amiral Courbet, malgré ses succès, dut céder le commandement au général de division **Millot** et ne garda que la direction de l'escadre (février 1884). Les troupes, divisées en deux brigades, sous les ordres des généraux **Brière de l'Isle et Négrier**, enlevèrent avec beaucoup d'habileté et d'éclat les trois postes de *Bac-Ninh*, au nœud des routes de Thaï-Nguyen, Langson et Haï-Dzuong, de *Hong-Hoa*, au confluent de la Rivière Rouge et de la Rivière Noire, de *Tuyen-Quan*, dans la vallée de la Rivière Claire.

Le gouvernement chinois parut disposé à signer la paix. Le vice-roi de Pé-tché-li, **Li-Hong-Tchang**, chef du parti désireux de s'entendre avec les étrangers, négocia avec le capitaine de frégate **Fournier** un traité qui promettait le rappel des troupes chinoises, en échange de la garantie assurée par la France aux frontières méridionales de Chine limitrophes du Tong-King. Mais le vieux parti chinois, hostile à l'entente, fit désavouer le vice-roi et déchirer le traité. Le signal de la reprise des hostilités fut le guet-apens de Bac-Lé, où le détachement du lieutenant-colonel **Dugenne**, qui allait occuper Langson, sur la foi du traité Fournier, faillit succomber sous les attaques des bandes chinoises (23 juin 1884). La colonne, heureusement dégagée par le général de Négrier, rentra à Hanoï ayant perdu presque le huitième de son effectif.

L'expédition maritime de l'amiral Courbet. — A Hué, le pouvoir avait de nouveau changé de mains. Au nom de son gouvernement, le ministre de France en Chine, M. **Patenôtre**, avait exigé des mandarins d'importantes modifications au traité de 1883 : en échange des provinces méridionales du Tong-King qu'on restituait à l'Annam, un résident français et son escorte devaient avoir le droit de séjour dans l'enceinte de la citadelle de Hué. La cour céda, mais à peine le plénipotentiaire français avait-il quitté l'Annam, que le roi Kien-Phuoc mourait, comme son prédécesseur, d'une mort mystérieuse. Les régents s'empressaient d'appeler au trône un enfant de quatorze ans, **Ung-Lich**, frère de l'empereur défunt, sans même en prévenir le résident, M. le lieutenant-colonel d'infanterie de marine, **Rheinart**. Les relations diplomatiques furent aussitôt rompues, et le général Millot adressa à Hué un ultimatum. Le nouveau roi et ses conseillers se soumirent : la mission envoyée par le général fut admise dans le sein du palais, et, aux yeux du peuple, notre protectorat reçut la première sanction officielle. La suzeraineté de la France parut avoir remplacé celle de la Chine.

Mais il était nécessaire d'obtenir une réparation éclatante du guet-apens de Bac-Lé. L'amiral **Courbet** fut chargé, à la tête de la division navale, d'occuper la partie septentrionale de l'île Formose, et notamment les ports de Kelung et Tamsui, de détruire l'arsenal maritime de Fou-Tcheou, à l'embouchure de la rivière Min, et de couler la flotte chinoise. L'amiral pénétra hardiment dans la rivière Min, en tourna les défenses, brûla ou coula vingt-deux bâtiments sur les trente-cinq qui composaient la flotte ennemie, bombarda l'arsenal, et le bouleversa de fond en comble. Les fortifications et travaux de défense élevés le long de la rivière furent successivement anéantis, malgré le péril de l'attaque dans les passes de Mingan et Kimpaï. En huit jours, du 22 au 30 août, le sang-froid, la science et la vigueur de l'amiral avaient accompli cette merveilleuse campagne : elle nous coûtait quarante-cinq blessés et dix morts, parmi lesquels le lieutenant *Bouët-Willaumez*. Les Chinois avaient perdu leur flotte, plus de 2 000 officiers et matelots, et plus de trente millions de francs[1].

L'amiral Courbet demanda au ministre de la marine l'autorisation de porter la guerre dans le nord, de courir sus aux bâtiments de guerre chinois, de bombarder les ports du Céleste Empire, et en particulier Port-Arthur, de bloquer le golfe de Pé-tchi-li, de déclarer le riz contrebande de guerre, moyen infaillible d'affamer la Chine et de la ruiner. Mais le gouvernement lui donna l'ordre de s'emparer de l'île Formose. L'amiral, monté sur le *Bayard*, rejoignit devant Kelung son lieutenant, le contre-amiral **Lespès**, qui avait déjà commencé le bombardement de la ville. Il fit occuper par les troupes d'infanterie de marine les forts qui la dominaient, pendant que l'amiral Lespès, secondé par le colonel *Duchesne*, tentait sur le port de Tamsui une attaque semblable qui échoua. L'épuisement et les maladies des troupes, le mauvais temps, la nécessité de diviser les forces de l'escadre pour escorter ou protéger les convois de ravitaillement accrurent les difficultés. L'Angleterre, appliquant soudain contre nous la loi des neutres, promulgua le fameux *Foreign enlistment*

---

1. Le correspondant d'un grand journal anglais, ordinairement peu favorable à la France, écrivait que l'amiral « s'était montré encore une fois homme d'habileté, de courage et de caractère ». Un officier de l'escadre appréciait ainsi ces brillantes opérations de la rivière Min :

« On a vaincu, personne n'en doutait ; mais l'opération a été conduite par » l'amiral Courbet avec une telle netteté, une telle précision, que nous sommes » fiers d'obéir à un pareil chef. Tout est prévu, jamais d'à-coup : des ordres » donnés brièvement et exécutés avec un admirable entrain. L'amiral obtient de » tous le maximum d'effet avec le minimum de travail, et le travail a été » énorme... la seule *Triomphante* a changé trente-six fois de mouillage dans » cette campagne de cinq jours : le matelot est cependant satisfait malgré ses » fatigues, car il voit qu'il ne manœuvre jamais inutilement ; c'est avec un tel chef » et de tels hommes que l'on fait de grandes choses. » (Voy. E. GANNERON, *l'Amiral Courbet*, Paris, 1887, in-18, Cerf.)

Act, qui interdit aux belligérants de s'approvisionner de vivres, de munitions et de charbon dans les possessions britanniques. Les magasins de Hong-Kong, de Singapour et d'Aden nous étant fermés, le gouvernement se hâta d'établir des dépôts de charbon à Obock, à Mahé, à Pondichéry : on put apprécier alors l'utilité de cette station du golfe de Tadjourah, dont l'occupation avait soulevé tant d'opposition et de railleries.

L'amiral quitta le mouillage de Kélung pour faire la chasse à l'escadre chinoise qui, partie du Yang-tse-Kiang, devait compléter son armement à Fou-Tchéou et tenter ensuite une attaque sur Formose. Il découvrit enfin les navires ennemis aux abords de Sheipou. Les croiseurs se dérobèrent à la poursuite grâce à leur vitesse, et à la faveur d'une brume épaisse. Mais, dans la nuit du 15 janvier (1885), la grande frégate chinoise de 3 400 tonneaux et de 23 canons, le *Yu-Yuen*, et une belle corvette, le *Tcheng-King*, de 7 canons, furent attaquées avec une audace inouïe et coulées par les deux canots porte-torpilles du vaisseau-amiral le *Bayard*. Cet héroïque fait d'armes était dû au capitaine Gourdon et au lieutenant Duboc. « Avec » des officiers et des hommes de cette trempe, écrivait l'amiral Courbet » au ministre de la marine, on peut exécuter tout ce qui est humainement » praticable. »

Le gouvernement décida enfin de considérer le riz comme contrebande de guerre, et l'amiral se mit en mesure de bloquer les côtes et les embouchures des fleuves pour affamer les provinces du nord de la Chine. Il établit une croisière devant la rivière de Ningpo, qui jeta la terreur parmi les bâtiments chinois; il attaqua les îles Pescadores, força l'entrée du port de Makung, fit sauter les forts et les batteries, et y établit son quartier général pour une nouvelle campagne contre les ports du nord (mars 1885).

C'est alors qu'il apprit la signature des préliminaires de paix entre la France et la Chine. Les hostilités furent suspendues, le blocus de Formose levé, et bientôt l'île et l'archipel des Pescadores furent évacués. L'amère déception que cette brusque nouvelle causa à l'amiral contribua peut-être à hâter sa fin. Il mourut le 14 juin, en rade de Makung, à bord du *Bayard*. La paix semblait rétablie sur mer.

La campagne de terre. — Tuyen-Quan et Langson. — Traité de Tien-tsin. — Mais au Tong-King, encouragées par les régents de Hué, soutenues et fortifiées par les réguliers chinois, des bandes de pirates désolaient la vallée du Loch-Nam. Le général en chef, **Brière de l'Isle**, qui concentra tous les pouvoirs entre ses mains, envoya contre ces envahisseurs des colonnes sous les ordres du général **Négrier** et du colonel **Donnier**. Les forteresses de *Kep* et de *Chu* furent brillamment enlevées (6-12 octobre 1884). Trois mois après, Négrier, à la tête de cinq bataillons, dispersait, à *Anchan*, après une lutte des plus vives, une troupe de 12 à 15 000 Chinois. Brière de l'Isle lança alors, sur Lang-Son, deux brigades composées de 7 000 hommes, et commandées par Négrier et le colonel **Giovanninelli**. Après des combats heureux à *Tay-Hoa, Dong-Song, Déo-Quan, Pho-vi, Ki-Luo*, la ville fut enlevée. Brière de l'Isle se porta ensuite en toute hâte sur *Tuyen-Quan*, où le commandant **Dominé**, avec 600 braves, tenait tête, depuis plus de trois mois, à une armée de 15 000 Chinois, qui investissaient la place, et y donnaient maint assaut. Des officiers européens conduisaient avec une science et une habileté incontestables les opérations du siège. C'est en défendant la citadelle que le vaillant sergent *Bobillot* fut mortellement blessé. Le tiers de la garnison fut mis hors de combat. La brigade de secours s'ouvrit, par un furieux combat à

Hoa-Moc, les retranchements des Pavillons-Noirs de Luh-Vinh-Phuoc, et sauva Tuyen-Quan.

De Lang-Son, le général Négrier vainqueur avait poursuivi l'armée chinoise jusqu'à la porte de Chine. Il enleva *Bang-Bo* le 24 mars, mais il y fut attaqué avec acharnement par des forces énormes, et battit en retraite sur Lang-Son. Réguliers et pirates se massèrent sous la place. Négrier blessé dut transmettre le commandement au lieutenant-colonel **Herbinger**, qui ordonna la retraite. A Paris, la nouvelle de ces insuccès inattendus entraîna de graves complications. Le ministère, rendu responsable, fut mis en minorité à la Chambre, et se retira. Le Parlement vota des crédits; des renforts furent envoyés au Tong-King sous les ordres du général **de Courcy**. Le corps expéditionnaire devait s'élever à 30000 hommes.

L'échec de Lang-Son, singulièrement exagéré et même dénaturé en France, n'avait pas empêché la Chine de continuer les négociations entamées, et la chute du cabinet Ferry ne fut pas un obstacle à la conclusion de la paix. Le traité de Tien-Tsin, signé entre M. *Patenôtre* et le mandarin *Li-Hong-Tchang*, relevait l'Annam de la suzeraineté chinoise, réglait les rapports de bon voisinage entre les deux pays, prévoyait l'installation de postes consulaires, l'ouverture de routes, la délimitation des frontières, et la signature de traités de commerce (avril 1886).

Le guet-apens de Hué. — La Chine posait les armes, au moins en apparence, et ne tardait pas à envoyer une délégation de mandarins[1] sur le Fleuve-Rouge pour hâter le départ des troupes impériales. Mais cet accord avec la Chine poussa les mandarins annamites à un abominable guet-apens. Le général de Courcy, qui commandait en chef le corps expéditionnaire et concentrait en ses mains toutes les affaires civiles et diplomatiques, voulut être reçu à Hué avec le cérémonial et les honneurs dus

---

1. La commission chinoise de délimitation, envoyée par le Tsong-li-Yamen, se composait de onze dignitaires plus ou moins qualifiés, et de deux Européens, MM. *Hart* et *Happer*, fonctionnaires des douanes impériales, d'origine anglaise, qui leur servaient de *conseils*. Les commissaires français étaient : MM. *Bourcier Saint-Chaffray*, consul général, président ; *Scherzer*, consul à Canton ; *Tisseyre*, lieutenant-colonel d'infanterie ; *Bouinais*, capitaine d'infanterie de marine ; le Dr *Neis*, médecin de la marine ; *Haïtce*, vice-consul. Il faut y joindre les topographes, les dessinateurs et les interprètes des deux missions. Les travaux de la commission furent longs et pénibles : le climat, les difficultés de circulation, l'hostilité ou la malveillance des populations, les lenteurs calculées ou les fourberies des mandarins chinois mirent à une rude épreuve la patience et l'énergie de nos compatriotes. Le président de la délégation française déploya en toute circonstance une fermeté, une souplesse admirables. Il faillit succomber à la peine et dut rentrer en France, avant la fin des travaux, pour y rétablir sa santé fort compromise. M. le consul général *Dillon* le remplaça et fit preuve de qualités non moins rares. M. *Scherzer* mourut en mer, à son retour en France, des suites de ses fatigues. M. *Haïtce*, âgé de 27 ans, ancien employé des postes et élève de l'école des langues orientales, ancien secrétaire particulier de M. Harmand, fut tué à Monkay, avec plusieurs chasseurs et miliciens de son escorte et M. *Perrin*, commis de résidence, par la populace chinoise. M. le Dr **Néis**, dans un récit dramatique et émouvant publié par le *Tour du Monde* (1888), a raconté les aventures de la mission dont il faisait partie, et en particulier la fin tragique de son jeune ami. « Par une ancienne habitude de cannibalisme que l'on retrouve
» trop souvent dans l'Annam et dans la Chine du sud, son corps fut dépecé, le
» foie mangé, et le fiel, mélangé avec de l'alcool de riz, absorbé par ces sauvages,
» qui espèrent ainsi s'approprier le courage et la valeur du brave tombé entre
» leurs mains. » (Dr Néis.)

au représentant d'un État suzerain. M. de **Champeaux**, notre chargé d'affaires à Hué, entama des négociations avec les régents. Pendant qu'elles se poursuivaient, le général arrivait à Hué en grande pompe, escorté par un bataillon de zouaves et deux compagnies de chasseurs à pied, et salué par l'artillerie française et les canons de la citadelle. Tout à coup, dans la nuit du 4 au 5 juillet, un coup de canon, tiré de la citadelle, donna aux soldats annamites le signal de l'attaque : l'hôtel de la légation, où résidaient le général en chef et le chargé d'affaires, fut enveloppé, et une masse d'ennemis se précipita sur la citadelle où le colonel **Pernot** et la plus grande partie de nos soldats étaient cantonnés. Guidés par l'infanterie de marine, et grâce à l'énergique attitude et au merveilleux sang-froid du colonel Pernot, les bataillons français repoussèrent les assaillants, et occupèrent toute la citadelle. Cette embuscade nous coûta 85 hommes mis hors de combat ; les rebelles perdirent plus de 1 200 des leurs ; des lingots d'or et d'argent, des bijoux, des pierres précieuses, valant 15 millions de francs, furent le butin de la victoire. Le roi *Ung-Lich*, entraîné par le régent **Thuyet**, chef du parti militaire, instigateur principal du guet-apens, s'enfuit par la route des montagnes et se retrancha dans la citadelle de Cam-Lo. Son collègue, *Nguyen-van-Tuong*, chef du parti des *Lettrés*, resta à Hué et protesta de son innocence, en désapprouvant le complot, en invitant les Annamites à se soumettre à la France, et en signant un manifeste pour inviter le monarque fugitif[1] à rentrer dans la capitale. Le roi continua à diriger contre nous la résistance, Thuyet souleva les provinces du nord et fit massacrer en masse les missionnaires et les chrétiens. Le roi Ung-Lich fut déposé. Le 14 septembre 1885, à sa place, fut proclamé un fils adoptif de Tu-Duc, *Métrieu*, et il prit le nom de *Khan-Ky* (bonheur extraordinaire) et de **Dong-Khang** (union de deux nations).

La période qui suit est toute remplie de marches, de sièges et de combats. Au Tong-King, le général **Jamont**, assisté des généraux *Munier* et *Jamais* et du colonel *Mourlan*, occupe Thanh-Maï, et fait une guerre acharnée aux Pavillons-Noirs de Luh-Vinh-Phuoc, et aux irréguliers chinois dans les régions de Thai-Binh et de Thaï-Nguyen. — Dans le golfe nos croiseurs donnent la chasse aux pirates et protègent les îles et les passages. — Dans l'Annam, les lieutenants-colonels *Mignot* et *Chaumont* chassent les bandes de Thuyet de la région de Ninh-Binh et de Vinh, et dégagent la route de Hué.

Le 19 janvier 1886, le général de Courcy rentra en France. En attendant l'arrivée du nouveau résident général civil, M. **Paul Bert**, tous les pouvoirs furent remis au général **Warnet**, ancien chef d'état-major de M. de Courcy. « Il connaissait admirablement la situation du Tong-King et il allait appliquer le système d'occupation progressive du pays par un ensemble de petits postes reliés entre eux et servant d'appuis aux milices indigènes

---

1. Cette fidélité à la France était des plus équivoques, et on pouvait tout craindre de ces mandarins perfides. Quelques mois plus tard, la correspondance de Nguyen-van-Tuong, qui était surveillé de près, fut saisie, et on y trouva la preuve des relations qu'il entretenait encore, malgré notre défense, avec les mandarins perfides. Il fut déposé (10 septembre 1885) et interné à Taïti.

Peut-être se montra-t-on, dans cette circonstance, d'une sévérité malhabile ; et eût-il été préférable, dans l'intérêt de la France, de désarmer les rancunes du régent Nguyen, homme d'un esprit supérieur, et de faire servir à notre cause la grande autorité qu'il exerçait sur les lettrés du royaume.

et laisser aux autorités civiles l'initiative qui doit leur appartenir[1]. » Le nouveau général, malgré la réduction des troupes, réussit, grâce à des combinaisons savantes et méthodiques, en moins de trois mois, à occuper Than Quan, à enlever Lao-Kaï sur le haut Fleuve Rouge (29 mars 1886), à installer de nouveaux postes dans la vallée, à ouvrir des routes entre l'Annam et le Tong-King, à construire des lignes télégraphiques, à organiser les milices indigènes. Les généraux *Munier*, *Jamais*, *Mensier*, le colonel de *Maussion*, avaient été les auxiliaires éminents de cette campagne dont les résultats furent aussi féconds que les opérations en avaient été brillantes.

La mission Paul Bert. — Quand Paul Bert arriva au Tong-King[2], nos troupes occupaient solidement le delta; mais le commerce, les transports sur les arroyos, les cultures des indigènes étaient exposés aux attaques et aux razzias continuelles des pirates. Le haut Tong-King, entre la frontière de Chun et les montagnes de Laokay, Caobang, Langson, était insoumis. En Annam, nous ne possédions que quelques forteresses isolées, dont le ravitaillement était très difficile; les populations nous étaient hostiles, l'insurrection était partout organisée contre nous: l'autorité du roi *Dong-Khang*, « le valet des Français », était nulle: autour du régent *Thuyet*, et du petit roi fugitif *Am-Nghi* se ralliaient les résistances.

La nomination de Paul Bert mit en présence le gouvernement civil et le gouvernement militaire. Si entre le résident général et les officiers supérieurs, les généraux Warnet, Jamont, Jamais, Munier, Mensier, dont la courtoisie et la loyauté égalaient l'abnégation et le patriotisme, les rapports furent toujours conciliants et inspirés par le désir de servir en commun les intérêts de la France, quelques conflits éclatèrent entre les agents civils et militaires, et leurs chefs respectifs. Paul Bert conseilla au gouvernement d'abandonner l'Annam, et de concentrer ses efforts au Tong-King dont il proposait de faire la conquête. Mais la France n'était plus libre de choisir, et les propositions faites dans ce sens par le résident général à la cour de Hué ne furent pas acceptées. Il était d'ailleurs nécessaire que la France imposât son protectorat à l'Annam, qui est un pays riche, et dont le littoral est un débouché pour la vallée du Mé-Kong, une excellente base d'opérations commerciales et une garantie contre la concurrence étrangère. Paul Bert ne tarda pas à se convaincre que l'Annam et le Tong-King étaient inséparables.

Le siège de la résidence générale était officiellement fixé à Hué; en fait Paul Bert s'installa à Hanoï, et fut représenté dans la capitale de l'Annam par un résident supérieur. Le roi **Dong-Khang**, proclamé par nos soins à la place de son frère aîné Am-Nghi, qui avait pris la fuite, lui fit le plus aimable accueil, le reçut à sa table, l'admit dans ses appartements privés,

---

[1]. Bouinais et Paulus, *la France en Indo-Chine*, p. 103 (Paris, in-18, 1886).
[2]. M. Paul Bert emmenait avec lui son gendre, M. *Joseph Chailley*, qui fut le directeur de son cabinet et qui, dans un livre touchant et bien documenté, s'est fait l'historiographe éloquent de l'œuvre accomplie avec sa collaboration; MM. *Klobukowski*, ancien chef de cabinet de M. Thomson; *Laurent*, inspecteur des finances; *Dumontier*, élève de l'école des langues orientales; *Péne-Siéfert*, *Halais*, *Toutée*, *Ence*, *Schillemans*, etc. Ses principaux collaborateurs furent en outre: MM. *Paulin Vial*, résident général au Tong-King; le général en chef *Jamont*; le lieutenant *Baratier*; *Rocher*, directeur des douanes; l'ingénieur *Getten*, etc.

le pria de vacciner ses enfants, et consentit même à le présenter à la reine mère. Malheureusement, ce prince docile, érudit et lettré, causeur agréable et fin, était sans autorité dans le royaume, et sa cour était déserte. Les concessions que lui fit le résident général ne réussirent pas à triompher du *Comat* (conseil du prince), et les traités ne furent pas modifiés.

Au Tong-King, la pacification n'avançait guère. Des bandes d'Annamites, et surtout de Chinois déguisés en Annamites, poussés par le désir du pillage et par la misère, ou excités en secret et payés par les mandarins hostiles à la France, se livraient à des pirateries continuelles, et fatiguaient nos soldats par de perpétuelles alertes. Les moyens de répression employés contre les rebelles annamites manquaient contre les Chinois, qui trouvaient sur la frontière un refuge assuré, sous l'œil de leurs mandarins. Deux fois, en 1886, la commission française de délimitation fut attaquée par les bandits ; elle perdit dans une première embuscade deux officiers distingués, MM. Geil et Henry ; la seconde fois, un jeune interprète de la mission fut tué dans la région de Monkay. Les autorités chinoises du Kouang-si et du Kouang-Toung étaient les complices plus ou moins cachés de ces attentats et de ces crimes, qui se commettaient toujours sur notre territoire. Quand la commission de délimitation prenait un rendez-vous, les deux délégations s'y rendaient par la même voie. « Les membres chinois passaient sans encombre, les nôtres étaient attaqués. Si, pour éviter tout malentendu, on décidait de voyager ensemble, au dernier moment, la délégation chinoise trouvait un prétexte pour fausser compagnie à la nôtre qui était assaillie en route. » Le président de la commission, M. de Saint-Chaffray, et après lui M. Dillon, se plaignaient aux gouverneurs ou au ministère des affaires étrangères de Pékin : la réponse était invariablement la même : l'attaque avait eu lieu hors du territoire chinois et les coupables étaient des Annamites.

Le gouvernement chinois savait que la France n'était plus, comme dans les luttes d'autrefois, soutenue par le concours des autres États ; l'Angleterre, la Russie, les États-Unis, l'Allemagne se disputaient maintenant les faveurs du Céleste Empire, et entendaient, chacune pour son compte, et en opposition avec les autres nations rivales, s'y ménager des intelligences pour les marchés, les trafics, et les grands travaux publics de l'avenir. La Chine sut tirer parti de cette concurrence économique. Elle achetait à bon compte, s'approvisionnait, s'instruisait à l'école de l'Occident, promettait beaucoup et n'accordait rien. Quant aux réclamations, aux notes diplomatiques, elle n'en avait cure.

La tâche de la France était rendue plus difficile encore par l'insuffisance des moyens d'information et de contrôle, par la corruption et la trahison des interprètes qui attiraient sur nous des haines irréconciliables.

M. Paul Bert essaya de les apaiser par tous les sacrifices compatibles avec la dignité de la France, en s'aidant d'un budget qui était lourd aux yeux de la métropole, et inférieur aux besoins de la colonie. Il remit aux contribuables tout l'arriéré des impôts de 1884 et 1885, et s'efforça, avec le consentement des habitants, de remplacer le paiement en nature par le paiement en espèces. Une économie « féroce » dans les services lui permit, tout en atténuant les corvées, de subventionner les provinces appauvries par la guerre, de distribuer des secours aux victimes des inondations et des incendies, de fournir une pension aux soldats tonkinois blessés à notre service, de fonder un hôpital pour les indigènes, de construire et réparer les digues, etc.

Tout en imposant avec fermeté le respect de la loi et des traités à toutes les confessions religieuses, il montra les plus grands égards pour les cérémonies du culte indigène, et donna aux fonctionnaires des instructions précises pour le libre exercice de la religion catholique et pour la protection des missionnaires et des chrétiens indigènes[1]. — Pour neutraliser et réduire les privilèges et la toute-puissance des lettrés annamites, aristocratie intellectuelle implacablement hostile à la France, il institua une *Académie Tonkinoise*, corps savant qui devait se recruter parmi les représentants de la bourgeoisie, traiter les questions d'instruction publique, de science, d'art, et former une société de lettrés parmi lesquels le gouvernement pourrait choisir ses administrateurs, et des jurés compétents pour les examens indigènes.

Pour relâcher les liens qui rattachaient à la cour de Hué les mandarins annamites qui occupaient les fonctions au Tong-King, il obtint du roi la délégation de ses pouvoirs législatifs et administratifs au kinh-luoc du Tong-King; il attribua à ces mandarins des frais de représentation; il institua à Hanoï un *Conseil des notables* élu, et soumit à ses délibérations un questionnaire concernant la nature de l'impôt, la reconstruction des villages, la police, l'entretien des digues, des canaux, des routes, des lignes télégraphiques, l'exploitation des mines, etc. — L'enseignement français n'existait pas au Tong-King; deux ou trois pauvres écoles mal organisées avaient donné des résultats stériles. Par les soins de M. *Dumontier*, inspecteur de l'enseignement *franco-annamite*, on enseigna d'abord le français aux maîtres des écoles annamites libres. Munis de diplômes auxquels on joignait une prime en argent, ces maîtres furent chargés d'enseigner d'abord la lecture et l'écriture du *quoc-ngu*, et, par le moyen du quoc-ngu, le français. Les cours faits aux élèves-maîtres eurent un succès inespéré, et les populations ne tardèrent pas à faire suivre à leurs enfants l'en-

---

1. Les extraits suivants feront bien comprendre la politique religieuse de Paul Bert au Tong-King :

« Les missionnaires ont été nos précurseurs en Indo-Chine, et, dans les périodes
» de troubles, les premières victimes des mouvements insurrectionnels. Ils nous
» ont aidés jadis de leurs renseignements et de leurs conseils. Aussi les popula-
» tions chrétiennes ont été souvent maltraitées et persécutées, non seulement
» pour des raisons religieuses, mais comme amis des Français. Nous ne devons
» pas oublier nos dettes de reconnaissance.

» ... Vous leur accorderez votre entier concours s'ils sont inquiétés dans l'exer-
» cice de leur culte, ou menacés dans leurs personnes ou dans leurs biens. Mais,
» en revanche, vous exigerez, en temps normal, qu'ils obéissent au droit com-
» mun, qu'ils paient les impôts, fournissent des hommes aux milices provinciales
» et exécutent les ordres des mandarins. En temps troublé, il est logique qu'ils
» se mettent sur la défensive, et vous devez veiller avec soin à leur sûreté ;
» quelques armes pourront être données à leurs villages, comme du reste aux
» villages fidèles non chrétiens. Mais vous veillerez avec soin pour empêcher le
» retour de pratiques qui ont eu des résultats aussi funestes pour les chrétiens
» eux-mêmes que pour notre influence, et vous ne les autoriserez jamais à pren-
» dre l'offensive, ni à user de représailles... En résumé, vous vous inspirerez,
» dans votre conduite à l'égard des missionnaires et de leurs prosélytes, des
» principes supérieurs de liberté de conscience et d'égalité que le gouvernement
» de la République s'est toujours efforcé de faire prévaloir. Et, d'une manière
» générale, vous veillerez au respect de toutes les croyances religieuses, à la
» sauvegarde des droits de la conscience et en même temps à la répartition
» équitable, entre tous et sans distinction de cultes, des charges communes aux
» habitants du royaume. » (Circulaire aux résidents, 30 août 1886.)

seignement nouveau dans les écoles *franco-annamites*. On compta bientôt 60 écoles et 2000 élèves inscrits.

En même temps, le résident général recrutait de son mieux les résidents, les vice-résidents, chanceliers et commis dont la collaboration devait assurer le sort de ses réformes; il étudiait la question des traitements, soldes et retraites, et se préoccupait d'assainir les habitations, et de fonder des stations salubres (*sanatoria*) pour les fonctionnaires anémiés. Il aidait de toutes ses forces le commerce local, créait des Chambres de commerce, faisait dresser la liste des marchés indigènes et envoyait sur le haut Fleuve Rouge des courriers réguliers escortés par des troupes, soumettait au ministère un projet de règlement pour les mines, fondait un *Comité permanent agricole, industriel et commercial*, préparait la modification des tarifs pour le commerce extérieur, stimulait le zèle des industriels et des commerçants français, « correspondait avec les Chambres de commerce nationales, et se faisait auprès d'elles « le courtier, l'agent commercial, le bureau de renseignements », proposait d'installer à Paris un centre d'informations exactes et de créer un agent spécial pour le trafic du Tong-King, envoyait à la presse métropolitaine[1] des avis destinés à mettre les immigrants en garde contre des entreprises téméraires, enfin décidait d'ouvrir à Hanoï, au commencement de janvier 1887, une Exposition des produits de l'Annam et du Tong-King, de la France et des colonies, et des pays soumis au protectorat français. Ce dernier projet fut accueilli avec faveur et eut un grand succès. Mais l'éminent administrateur ne devait pas en être le témoin. Il employa les derniers mois de cette carrière si active, si remplie de projets féconds, à préparer un budget en équilibre, à régler la délicate question des impôts et des dépenses de la guerre et de la marine.

La pacification était loin d'être complète; les provinces du nord et du sud de l'Annam (*Than-Hoa, Nge-An, Hatinh, Binh-Thuan, Khan-Hoa*) étaient autant de boulevards où se retranchaient les rebelles, sous les ordres de Thuyet. Paul Bert essaya de négocier, et fit dans ce but, au mois de septembre à la cour de Hué, un voyage qui devait lui être fatal. Il se releva pourtant en apparence de ses fatigues excessives, et se remit au travail. Mais au mois d'octobre, après deux nouvelles tournées à Hung-Yen et à Nam-Dinh, il fut ressaisi par la maladie et succomba un mois plus tard à la résidence d'Hanoï[2].

---

1. « Ceux qui veulent venir ici, écrivait-il, sont des gens ou bien sans capitaux
» ou possédant un modeste avoir qu'ils espèrent au moins décupler. Ils s'imagi-
» nent trouver au Tong-King le pendant de l'Algérie. Rien n'est plus inexact.
» Le Tong-King est un pays très peuplé, et peuplé de gens extrêmement tra-
» vailleurs et industrieux... Ceux qui veulent entrer en concurrence avec les
» Annamites comme travailleurs, avec les Chinois comme commerçants au détail,
» ceux-là s'engagent dans une lutte où ils sont à peu près sûrs d'être battus...
» Il n'y a que deux sortes de Français qui puissent réussir ici : 1° les gros capi-
» talistes ; 2° les artisans exerçant des professions encore mal connues des Asia-
» tiques : mécaniciens, fondeurs, contremaîtres de certaines industries. Mais,
» pour ceux-là, l'heure n'est pas encore venue. » (Cité par M. J. CHAILLEY, *Paul
» Bert au Tong-King*, p. 234.)

2. M. Paul Bert, épuisé par un labeur infatigable, et trop confiant dans sa constitution vigoureuse, n'avait pris aucun soin de sa santé, pendant un voyage à Hué, au mois de septembre. « Pressé de rentrer à Hanoï, écrit M. Chailley, et
» trouvant à Thuan-An la barre infranchissable, il s'était décidé à suivre la
» route longue et pénible du col des Nuages. Pendant deux jours, exposé au
» soleil et à la pluie, trompant la longueur du trajet à force de gaieté et d'entrain,

Les successeurs de Paul Bert. — M. **Bihourd** fut nommé résident général en remplacement de M. Paul Bert. Les troubles qui avaient éclaté dans les provinces méridionales de l'Annam, le Binh-Thuan et le Than-Hoa, au début de l'année 1886, n'étaient pas apaisés. Si les rebelles avaient été cruellement châtiés, à l'aide des troupes françaises de la Cochinchine, les autorités annamites se plaignaient de l'intervention des représentants de la France dans leurs affaires, et le *co-mat* (ou conseil secret) de Hué sollicita du résident général le rétablissement des fonctionnaires annamites expulsés, et invoqua le traité de 1884, qui assurait l'indépendance de l'Annam central. Le roi, qui était suspect aux yeux des lettrés et mandarins, à cause de l'appui de la France, ne pouvant obtenir de réponse, adressa ses remontrances au président de la République, par l'intermédiaire de M. de Lanessan. Il protestait contre les mesures de rigueur des résidents français, contre l'insuffisance de la subvention qui lui était accordée sur les impôts fonciers du Tong-King, contre l'occupation des pagodes royales par nos troupes, et en général contre l'institution du *Kinh-luoc*, établi au Tong-King, et qui supprimait peu à peu toute l'autorité du roi.

Le gouvernement ne se rendit pas à ces réclamations. Le mécontentement de la cour passa aux provinces, qui se plaignaient des taxes, des corvées, et des interventions incessantes de l'autorité militaire. La province de Quang-Yen, celle d'Haï-Dzuong, au Tong-King, furent infestées de pirates et de bandes armées. De là la nécessité d'entretenir des troupes, de multiplier les postes militaires, les colonnes, les reconnaissances, de fatiguer et épuiser les soldats, et de dépenser sans grand profit des sommes énormes.

Les réformes administratives. L'adoption du régime civil. — En 1887, le Parlement, dans le but de modifier les attributions financières du conseil colonial de la Cochinchine, qu'on accusait de gaspillage, et pour réduire le nombre des fonctionnaires civils et militaires, réunit la Cochinchine, les protectorats de l'Annam, du Tong-King, du Cambodge, sous l'autorité d'un gouverneur général unique, avec un budget unique pour les dépenses militaires, celles des douanes et des postes, chaque province conservant un budget distinct pour le surplus. Le service des protectorats passait du ministère des affaires étrangères au sous-secrétariat d'État des colonies. La subvention allouée par la métropole au Tong-King fut réduite de 30 millions à 19 800 000 francs. M. **Constans**, ministre plénipotentiaire en Chine, fut nommé gouverneur général de l'Indo-Chine française. En même temps le gouvernement, pour donner à la cour d'Annam la preuve qu'il n'entendait pas sortir des limites du traité de 1884, restituait les provinces de Binh-Thuan et Than-Hoa. M. Constans, accompagné du contre-amiral **de La Jaille,** commandant en chef la division navale de

---

» s'embarquant enfin sur un mauvais canot où il faillit sombrer, il arriva à
» Tourane exténué et ayant déjà le germe de la maladie qui devait l'enlever. »
En octobre, il fut atteint à Nam-Dinh d'une dysenterie violente qu'on ne put guérir. Il mourut le 9 novembre, gardant jusqu'à la fin la même activité d'esprit, le même amour du bien public. « Tout allait si bien, disait-il, quel dommage de
» laisser tout cela ! » La nouvelle de cette mort si brusque mit le Tong-King et la France en deuil. Le corps de Paul Bert fut ramené en France ; le Parlement lui vota des funérailles nationales et à sa veuve une pension. Une statue fut élevée à Hanoï au résident général et une autre à Auxerre, son pays natal ; l'une et l'autre par souscription.

l'Indo-Chine, fut accueilli à Hué par le roi Dong-Khang avec une confiance marquée ; le gouverneur déclara que la France voulait apporter dans l'exercice du *protectorat* la plus grande bienveillance et le désir le plus sincère d'observer loyalement les traités qui unissaient l'Annam à la France. Le roi prit acte de la promesse et ajouta : « Deux années de » troubles ont porté la ruine et la désolation en Annam. Mais il nous est » permis d'espérer que ces malheurs vont être réparés, grâce au puissant » concours du *protectorat*. » (Mars 1888.) Dans des entretiens particuliers, Dong-Khang témoigna à plusieurs reprises son vif désir de se rendre à Paris, l'année suivante, pour visiter l'Exposition universelle et admirer de près les merveilles de notre civilisation.

Cette visite de M. Constans à Hué ne se renouvela pas. Le gouverneur rentra bientôt en France où il fut appelé à d'autres fonctions politiques, et fut remplacé par M. **Richaud**, ancien commissaire de la marine, ancien gouverneur de Pondichéry et de la Réunion, et résident général au Tong-King. Il occupa le poste de gouverneur général de l'Indo-Chine pendant une année (avril 1888-avril 1889). Accusé par son prédécesseur de vouloir substituer dans notre protectorat de l'Extrême-Orient le régime militaire au régime civil, M. Richaud fut rappelé en disgrâce. Mais il ne revit pas la France. Malade au départ, il succomba en mer, entre Singapour et Colombo, à bord du *Calédonien*. Ainsi continuaient à se succéder, comme des hôtes de passage, les grands titulaires du protectorat.

M. Richaud avait traversé une crise dangereuse. Le 28 janvier 1889, le roi Dong-Khang, fidèle ami de la France, avait succombé, malgré les soins du docteur *Cotte*, médecin principal de la marine, à un accès de fièvre pernicieuse ; le rapport du médecin sur la maladie et la mort écartait tout soupçon de crime. Le résident général à Hué, M. **Rheinart**, doué d'un sens politique très droit et très fin, soutenu par des idées nettes et une volonté ferme, instruit d'ailleurs par une longue expérience des choses d'Orient[1], se hâta de régler la question de succession. Le feu roi laissait deux fils, âgés de quatre et trois ans ; mais leur jeune âge et surtout l'opposition de la reine mère les firent écarter. Le résident général, après de nombreuses éliminations, porta son choix sur un prince de la lignée directe des N'guyen, sur un fils de Duc-Duc, ce roi qui n'avait régné que quelques jours, et que la cour avait fait mourir de faim, parce que la France avait déclaré nulle son élection faite sans son aveu. Le nouveau souverain avait dix ans ; son nom est **Thanh-Thaï**, c'est-à-dire *bonheur absolu et succès dans toutes choses*. Le conseil de la cour et le co-mat accueillirent avec faveur ce choix, et le conseil de régence fut composé, par les soins de M. Rheinart, de hauts dignitaires annamites dont les qualités et la fidélité avaient été éprouvées à notre service[2].

---

1. M. Rheinart succédait, dans ce poste difficile, à M. **Hector**, qui s'était distingué par ses talents dans la tâche délicate d'organisation du protectorat.
2. Le couronnement de **Thanh-Thaï** eut lieu le 1ᵉʳ février et précéda les funérailles de Dong-Khang, qui furent célébrées en grande pompe le 20 du même mois. Les représentants et les troupes de la France rehaussaient, par leur présence, l'éclat des deux cérémonies. Le nouveau roi d'Annam vivait en captivité, depuis la mort de son père, avec sa mère et un frère, dans une habitation isolée au cœur de la citadelle. On rapporte qu'il est intelligent, énergique, d'une maturité et d'une défiance précoces. Quand on vint le prendre pour le conduire au palais, dans la salle de la bibliothèque, où il devait attendre le jour du couronnement, il s'informa du motif de ce déplacement inattendu, et, après l'avoir appris, ajouta

Le successeur de M. Richaud, en qualité de gouverneur général, fut
M. **Piquet**. Ancien directeur de l'intérieur à Saïgon, il avait longtemps
séjourné en Indo-Chine, et donné par ses éminents services les preuves de
sa compétence. Il eut à lutter contre des difficultés économiques et financières, et à repousser les attaques incessantes des rebelles au Tong-King.
Il donna sa démission en 1891. — Le gouvernement le remplaça par M. **de
Lanessan**, député de la Seine, que sa récente mission officielle en Indo-
Chine, ses études particulières du régime colonial, les projets de réforme
qu'il avait exposés et défendus avec autant d'énergie que d'éclat dans ses
ouvrages, dans la presse et à la tribune parlementaire, paraissaient naturellement désigner pour ces hautes fonctions, de nouveau modifiées et singulièrement étendues. (Voy. p. 441 et 509.)

Au Tong-King, l'œuvre de pacification n'était pas encore achevée. Des
bandes de rebelles annamites se répandaient encore dans le delta, pillant les
villages, enlevant les femmes et les enfants, massacrant les indigènes
suspects de fidélité envers la France. Sur la frontière chinoise, de Monkay
à Cao-Bang, des réguliers, commandés par des officiers chinois et armés de
fusils à tir rapide, tenaient la campagne et terrorisaient la population. Les
bandes chinoises pratiquaient des razzias dans la région montagneuse, entre
la rivière Claire et le Song-Cau, et rendaient impraticables les routes de
Thaï-Nguyen à Cao-Bang. Au mois de janvier 1889, le général **Borgnis-
Desbordes** dirigea contre les grandes compagnies une expédition, et réussit à déloger les rebelles de leurs repaires presque inaccessibles. Les retranchements de *Cho-Chu* et de *Cho-Moï* furent brillamment enlevés, malgré
une résistance désespérée. Ces opérations de gendarmerie épuisent nos
troupes, inquiètent les colons, épouvantent les indigènes, et entretiennent les
défiances. La pacification s'étendra en même temps que se développeront
les routes, que s'affermiront les règlements et les lois de la métropole et
que se fondera pour jamais, dans l'intérêt commun, l'entente et l'union désintéressées entre les autorités civiles et militaires. « Pour obtenir des
» résultats meilleurs, il faudrait procéder avec l'esprit de suite et de mé-
» thode que permet seule la certitude du maintien d'un régime définitif :
» si, dans certaines régions, les populations sont ingouvernables, c'est
» parce qu'elles n'ont été jusqu'ici que peu ou point gouvernées. Cette
» œuvre de longue haleine exige du temps, une action continue, des agents
» intelligents et consciencieux. »

---

ces mots : « C'est bien... Donnez-moi les *Entretiens* de Confucius. » Le jour du
couronnement, il demanda du thé. On le servit ; il considéra silencieusement la
tasse sans y porter la main. Un des mandarins, qui savait quel rôle le poison a
joué dans l'histoire de la dynastie, comprit l'hésitation et but la première gorgée.
Le roi prit à son tour la tasse et la vida d'un trait. Il semble peu porté à la distraction. « Cet enfant méditatif et rêveur, écrit un correspondant du *Temps*
(nov. 1889), passe de longues journées dans la solitude de son palais, sans que
cette solitude semble peser à son jeune esprit. L'étude lui plaît et il s'y adonne
volontiers. » Le gouvernement français s'efforce de son mieux de dérider cette
jeune et mélancolique majesté. En 1889 il a offert à Thanh-Thaï une collection
de jouets parisiens ravissants autant qu'ingénieux : un oiseau, enfermé dans une
cage dorée, lui a fait entendre les merveilleuses roulades de nos rossignols de
France ; un grand singe, habillé en incroyable du Directoire, lui a soufflé au
visage avec impertinence la fumée d'une cigarette ; un clown a fait pirouetter
devant lui, sur son nez, une pointe de sabre ; un train de chemin de fer, composé d'une locomotive et de six wagons, le familiarisera peut-être avec les idées
de progrès et de civilisation occidentale.

DIVISIONS ADMINISTRATIVES

Les décrets des 17 et 20 octobre 1887 ont réuni en un seul groupe nos quatre établissements dans l'Indo-Chine (Cochinchine, Cambodge, Annam, Tong-King), et fondé l'**Union indo-chinoise**. L'Union est placée sous l'autorité d'un **gouverneur général** résidant à Saïgon ; les pouvoirs du gouverneur général ont été de nouveau définis et étendus par le décret du 21 avril 1891. Il correspond directement avec les ministres de France, consuls généraux et vice-consuls de France en Extrême-Orient. Il nomme à toutes les fonctions civiles, excepté aux emplois de *lieutenant-gouverneur*, *résidents supérieurs*, *directeur du contrôle*, *résidents et vice-résidents*, *administrateurs*, *magistrats* et *chefs* des principaux services qui sont nommés par décret sur sa présentation. Il peut, en cas d'urgence, les suspendre de leurs fonctions. Il a sous ses ordres directs tous les fonctionnaires de l'ordre civil et militaire. Il est responsable de la défense intérieure et extérieure de l'Indo-Chine, et dispose, à cet effet, des forces de terre et de mer qui y sont stationnées. Aucune opération militaire, sauf le cas d'urgence, ne peut être entreprise sans son autorisation. Il ne peut exercer le commandement direct des troupes. Il est chargé d'organiser et de réglementer le service des milices affectées à la police intérieure, et peut établir des territoires militaires où l'autorité militaire exercera les pouvoirs de résident supérieur. Il contrôle et surveille les services financiers et dresse les budgets. — L'Annam, le Cambodge, le Tong-King, conservent leurs *résidents supérieurs*, qui obéissent aux ordres directs du gouverneur général ; à la tête de la Cochinchine, est un *lieutenant-gouverneur* assisté d'un *secrétaire général*. Les services militaires et maritimes sont sous les ordres de deux *commandants supérieurs* subordonnés au gouverneur général. Les douanes, postes et télégraphes ont des *directeurs généraux*. Les quatre régions conservent leurs budgets particuliers ; mais il a été créé un *budget général* de l'Indo-Chine, alimenté par la subvention de la métropole et les subventions de chaque État ; ce budget entretient le gouverneur général, la guerre, la marine, les douanes et régies, les postes et télégraphes. Un décret du 7 décembre 1888 a institué le *Conseil supérieur de l'Indo-Chine*, qui fixe le budget de la Cochinchine et donne son avis sur les autres : il est composé du gouverneur général, des commandants supérieurs, du lieutenant-gouverneur de Cochinchine, des résidents supérieurs, du chef du service judiciaire, du chef du cabinet du gouverneur général et des chefs de services administratifs des quatre provinces.

I. Cochinchine.

Depuis les décrets de 1887, qui ont fondé l'*Union indo-chinoise*, la Cochinchine est soumise à l'autorité du *gouverneur général*. L'administration est dirigée par un *lieutenant-gouverneur*, assisté d'un *conseil colonial*, composé de 6 membres, qui sont élus au suffrage universel par les *colons français*, et de 6 *membres indigènes*. — Les électeurs français sont représentés par un député à la Chambre. — Le *secrétariat général* de la Cochinchine est divisé en cinq bureaux correspondant à tous les services administratifs, sauf les services de la défense, sans compter le bureau des *interprètes* et des *lettrés*. La Cochinchine (arrêté du 5 janvier 1876) est divisée en 4 *circonscriptions*, subdivisées en 21 *arrondissements* ou *inspections*. L'administration de chaque arrondissement comprend une catégorie de fonctionnaires français et une autre de fonctionnaires indigènes de plusieurs classes, désignées sous les noms de *Tong-Doc*, *Phu-Huyen*. Les affaires locales des villages sont confiées à un *maire*, nommé par l'administration, assisté d'un conseil de *grands notables* indigènes ; les *petits notables* font exécuter les décisions du conseil des grands notables.

ARRONDISSEMENTS ET VILLES PRINCIPALES

Circonscriptions.	
Saïgon. (4 arrondissements, 32 000 hab., 1 960 000 hectares, 63 cantons, 663 communes.)	**Saïgon** (14 000 hab., 80 à 100 000 avec la banlieue), chef-lieu de la Cochinchine et siège du gouverneur général de l'Indo-Chine, situé sur un bras latéral du Dong-Naï, entre l'arroyo de l'Avalanche et l'arroyo chinois, a été transformé en quelques années par la France, qui a comblé les marais, assaini et consolidé le sol, ouvert des rues et des boulevards à la place des marais, construit un palais magnifique pour le gouverneur, une cathédrale, un hôpital, des écoles, un arsenal, des chantiers, magasins, marchés, abattoirs, un jardin botanique, un observatoire, etc. La citadelle date du règne de Gia-Long ; elle est l'œuvre des officiers français qui étaient à sa solde. La ville est très animée ; les commerçants européens sont installés près des quais ; les Chinois, dans les environs du marché ; les fonctionnaires, sur le plateau qui domine la rivière ; les indigènes, dans les paillottes des faubourgs, le long des cours d'eau et autour des marchés. Les paquebots des Messageries maritimes viennent mouiller à l'angle de la rivière de Saïgon et de l'arroyo chinois. Le port de Saïgon est accessible aux plus grands navires ; la rivière a 300 m. de large, 10 à 15 de profondeur ; le port est muni d'un dock flottant. Les autres chefs-lieux d'arrondissement sont : TAY-NINH, sur un bras du Vaïco oriental, centre de commerce pour les bois ; — THUDAUMOT, sur la rivière de Saïgon, au nord de la capitale ; — BIEN-HOA, sur le Dong-Naï (19 000 hab.), ville commerçante, dans une région boisée, salubre, centre d'exploitations forestières et des cultures de cannes à sucre ; — BARIA, près d'un golfe de la mer de Chine, exploite des salines. Au sud-ouest s'étend le promontoire montueux du cap Saint-Jacques, sur lequel a été bâti un phare qui éclaire l'entrée de la rivière de Saïgon ; là viennent aboutir les câbles sous-marins desservant l'Asie occidentale, l'Europe, l'Amérique, l'Australie par Singapour, la côte de l'Annam, le Tong-King et la Chine par Hong-Kong.
Mytho. (4 arrondissements, 350 000 hab., 716 000 hect., 42 cantons, 574 communes.)	**Mytho** (15 000 hab.), sur la rive gauche du bras oriental du Mé-Kong (le Tien-Giang), rattaché à Saïgon par l'arroyo de la Poste et les deux Vaïcos, ville fortifiée par les officiers français sous Gia-Long ; hôpital, collège, bureau postal et télégraphique, entrepôt naturel du commerce entre les provinces annamites et le Cambodge ; port fluvial important pour l'exportation du riz. Un chemin de fer l'unit à Saïgon depuis 1885. Les autres arrondissements sont : TANAN, station du chemin de fer de Saïgon à Mytho, sur l'arroyo commercial qui rattache le Vaïco occidental au Mé-Kong ; — *Gocong*, à l'angle nord-est du delta du Mé-Kong, au centre d'une région basse et marécageuse, couverte de rizières dont les produits sont de premier ordre ; quelques hectares sont plantés en cannes à sucre ; — CHOLON, « le Grand-Marché » (40 à 45 000 hab., presque tous Chinois), est le centre le plus important de la colonie, après Saïgon. Elle a été fondée par des Chinois proscrits vers 1780, à 5 kilom. à l'ouest de Saïgon ; ville très affairée, ses canaux sont sillonnés de jonques et de pirogues, ses quais de courtiers, coolies, commis et marchands de toute sorte ; dans ses magasins et entrepôts affluent les riz qu'on prépare et qu'on met en sac pour les envoyer à Saïgon, d'où les vapeurs les emportent à Java, Manille, Singapour, en Chine et au Japon. Cholon a des industries très variées. Un tramway à vapeur et deux routes carrossables la rattachent à Saïgon.

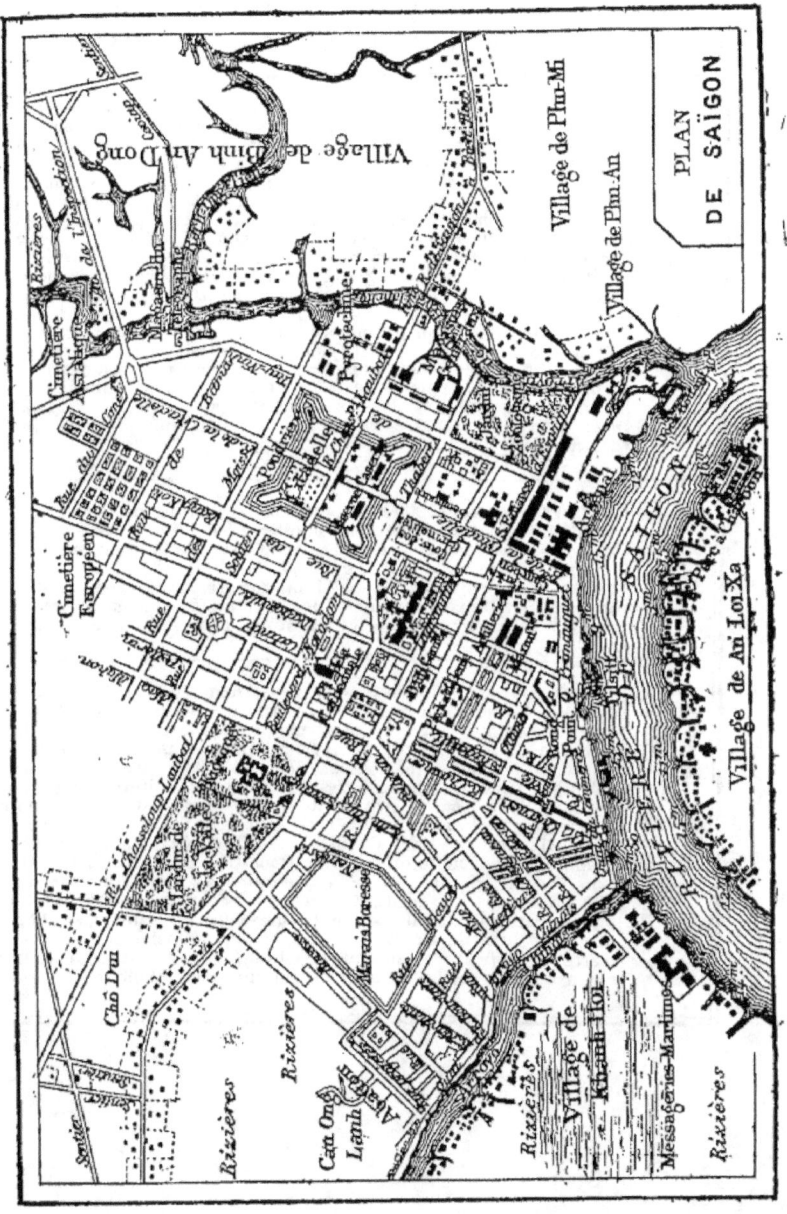

Circonscriptions.	ARRONDISSEMENTS ET VILLES PRINCIPALES
Mytho.	« La route basse ou du bord de l'eau suit l'arroyo dans toute sa longueur. Sur un des côtés se trouve l'hôpital de Choquan. Elle est coupée par plusieurs ponts en bon état, et offre sur tout son parcours le coup d'œil pittoresque de l'arroyo couvert, au moment des marées, par une infinité de jonques de toutes dimensions, de barques, de sampans, de pirogues pagayant avec une animation et une ardeur sans égales. La seconde route, route stratégique, est bordée, en sortant de Saïgon, de jardins européens, de potagers chinois et d'anciens jardins annamites. Elle côtoie ensuite, à droite, l'établissement agricole connu sous le nom de ferme des *Mares*, où l'on remarque les restes d'une pagode royale, destinée à perpétuer le souvenir des hommes illustres du pays. La route longe ensuite, jusqu'à Cholon, la plaine des Tombeaux, la nécropole de l'ancienne Saïgon. Cette plaine est recouverte, sur un parcours de plusieurs kilomètres, de tumulus en briques ou en pierres ; dans le nombre se trouvent de remarquables monuments funéraires, entourés de hautes murailles. » (*Notices coloniales pour l'Exposition universelle d'Anvers*, publication officielle, 1885, t. I, p. 244.)
Vinh-Long. (4 ar., 680 000 hec., 434 000 hab., 56 c., 587 com.)	**Vinh-Long** (5000 hab.), sur la rive droite du bras oriental du Mé-Kong, à 120 kilom. sud-ouest de Saïgon, à 35 en amont de Mytho, marché important au centre d'une région riche en fruits, riz, noix d'arec, « le jardin de la Cochinchine » ; — BENTRÉ, TRAVINH sont des centres agricoles situés sur les bras du bas Mé-Kong oriental ; — SADEC, en amont de Vinh-Long, sur un arroyo qui réunit les deux grands bras du Mé-Kong, a les mêmes cultures.
Bassac. (7 arrondissem^{ts}, 196 000 hect., 360 000 hab., 68 cant., 530 villages ou comm.)	**Chaudoc** (5000 hab.), chef-lieu d'arrondissement, sur la rive droite du Mé-Kong occidental, qui porte le nom de Cua-Ba-Thac ou Bassac, est un grand marché et un poste militaire qui surveille la frontière du Cambodge ; — HATIEN, port du golfe de Siam, à la frontière du Cambodge, gêné par les récifs et les vases, n'est praticable que pour les jonques ; c'est le centre des cultures du poivre ; — LONG-XUYEN, sur la rive droite du Mé-Kong postérieur, au point de jonction de la rivière Thu-Thao, qui la rattache par le canal de Rach-Gia avec le golfe de Siam ; — RACH-GIA, port du golfe de Siam, à l'embouchure du canal de Rach-Gia, qui rattache la ville à Long-Xuyen ; grand centre d'exploitation des forêts marécageuses d'alentour, des nids d'abeilles et des oiseaux aquatiques dont les plumes servent à la fabrication des éventails ; — CANTHO, sur la rive droite du bras de Bassac ; — SOCTRANG, rattaché par un réseau d'arroyos au fleuve et au golfe ; — BAC-LIEU, au centre des rizières, exporte un riz recherché pour la consommation chinoise.

II. Cambodge.

Etat politique et administratif.

Avant la convention du 17 juin 1884, la monarchie cambodgienne était *absolue*. Le roi était seul législateur, seul juge, seul propriétaire ; les princes et les mandarins qui formaient son conseil n'étaient que les auxiliaires de sa volonté suprême. Depuis 1884, le pouvoir du roi est celui d'un souverain constitutionnel ; le conseil de gouvernement a les attributions d'un conseil des ministres et d'un conseil d'Etat. En 1863, le roi **Norodom**, qui règne actuellement sur le Cambodge, signait avec la France un traité d'amitié et de commerce. En 1884, le Cambodge passait tout à fait sous notre protectorat. Le **résident général** de France tient la place de ministre dirigeant, en même temps qu'il représente, au nom de la République française, le gouvernement de la Cochinchine, investi du contrôle du protectorat. Le royaume est divisé en huit *provinces* : à leur tête sont des *résidents français* qui ont la direction des services politiques, administratifs, judiciaires, financiers, des douanes, des travaux publics, de la police. Les provinces sont divisées en trente-trois *arrondissements*, administrés par des fonctionnaires cambodgiens établis au chef-lieu, sous le contrôle des résidents français. Au-dessous d'eux sont les chefs de canton et les maires indigènes (*mesrock*). Un décret de 1886 a ramené les résidences à quatre : Kampot, Banam, Kratié, Kompong-Tuong.

Provinces.	ARRONDISSEMENTS ET VILLES PRINCIPALES
Pnom-Penh. (5 arrondissements, 34000 hab.)	**Pnom-Penh** (30 à 35000 hab.), *Montagne d'abondance*, capitale du royaume, située à 310 kilom. nord-ouest de Saïgon, à la jonction du Mé-Kong et de l'émissaire du Tonlé-Sap, et au centre de la réunion des *Quatre-Bras* (Mé-Kong, Tonlé-Sap, fleuve Antérieur, fleuve Postérieur), au pied et sur les pentes d'une colline qui domine le fleuve ; station commerciale importante à cause de ses quatre voies de navigation, entre le Laos, le Siam et la Birmanie, le port est très animé et très actif, la population composée de races très variées, Annamites, Cambodgiens, Siamois, Malais, Indiens, Chinois, ceux-ci les plus commerçants et les plus remuants ; Pnom-Penh est une ville de paillottes : elle a quelques pagodes curieuses, les bâtiments du protectorat ; elle est entourée de jardins bien entretenus. Les autres arrondissements sont ceux de Lovea-Em, Kien-Soai, Bati, Kathom.
Kampot. (4 arrondissem^{ts}, 20000 habitants.)	**Kampot** (19000 hab.), chef-lieu de l'unique province maritime du royaume, près de l'embouchure d'une rivière, est un port peu profond, accessible seulement aux jonques et bateaux de cabotage. La province produit du riz, du poivre, du tabac, de l'indigo, du sucre de palmier. Les autres arrondissements sont : Kompong-Som, plus près de la frontière de Siam ; — Trang, chef-lieu *Takeo*, centre chinois ; — Kong-Pisey.
Pursat. 3 arrond^{ts}, 18000 h.)	**Pursat**, à 12 kilom. de la rive occidentale du lac Tonlé-Sap, situé dans un pays de forêts où l'on recueille le cardamome, et au centre de cultures de riz. Les autres arrondissements sont : Thépong, le plus pittoresque

Provinces.	ARRONDISSEMENTS ET VILLES PRINCIPALES
	du Cambodge, mais le moins peuplé à cause de la terreur superstitieuse que les montagnes inspirent aux habitants, très riche en gomme-gutte ; — KRANG, villes principales : *Ancouh* et *Kompong-Prac*, centres des pêcheries du lac.
Kompong-Chuang. (5 arrondissements, 50 000 habitants.)	**Kompong-Chuang**, capitale de la province, et chef-lieu de l'arrondissement de ROLÉA-PIER, qui produit d'excellents riz, et fabrique presque toute la poterie du royaume. « Cette ville, bâtie » sur les eaux, véritable île flottante, changeant tous les jours de » position, s'éloignant ou se rapprochant de la terre ferme et des » montagnes, selon que les eaux diminuent ou augmentent, est un « des centres les plus importants du royaume. C'est le point que les » vapeurs ne dépassent pas pendant les basses eaux. Elle est à la » sortie des eaux des lacs et c'est un vaste entrepôt pour le com- » merce entre le Siam, le Cambodge et la Cochinchine. » (*Notices coloniales*, t. I, p. 453.) Les autres arrondissements sont : LOVEK, chef-lieu K. Tréloch ; — SAMRONG-TONG, chef-lieu *Oudong*, ville sacrée, ancienne résidence royale, construite dans une plaine entourée de belles montagnes boisées, que dominent des pagodes splendides ; — PINHÉALU, chef-lieu K. Luong (4 000 hab.), place de commerce importante, résidence de riches Malais et Chinois ; — KRANG-SAMRÉ.
Kratié (2 arrond., 4 000 hab.)	**Kratié** (1 000 hab.), capitale de la province, située au-dessous des rapides de Sambok-Sambor, et bien assise sur les deux bras du fleuve, futur grand entrepôt de commerce ; près de là sont les carrières de kaolin, et le pays est couvert d'immenses et magnifiques forêts. L'autre arrondissement est SAMBOR, jadis infesté de pirates.
Kompong-Thom. (4 ar., 15 000 hab.)	**K. Thom**, capitale de la province, sur le Stoung-Sen, navigable pendant les hautes eaux, est sans importance. Les autres arrondissements sont : CHI-KRENG, sur les bords du Grand-Lac, dans une région encore inconnue ; — K. LONG ; — *Baraï*, chef-lieu Don-Doung.
Banam. (4 arronds 28 000 hab.)	**Banam**, capitale de la province, voisine de la frontière de Cochinchine, se développe grâce à la richesse du pays en riz et en légumes. Les autres arrondissements sont : SVAI-ROMIET, PREY-VENG, ROM-DUOL.
Kompong-Tiam. (5 arronds 28 000 habitants.)	**K. Tiam**, capitale d'une des provinces, les plus riches et les plus peuplées du royaume, est admirablement située au centre du pays, sur la gauche du Mé-Kong ; la ville de KRAUCHMAR, chef-lieu de l'arrondissement du même nom, située sur la rive gauche, lui dispute le premier rang pour l'exploitation des forêts et de la gomme-gutte. Les autres arrondissements sont : TOTUNG-TRUGUY ; — KANG-MÉAS, chef-lieu Prec-Koi ; — KASUTIN, dont le chef-lieu est dans une île du fleuve couverte de plantations de coton, de mûriers, d'indigo, de tabac.

III. Annam.

Le protectorat de la France sur l'Annam a été définitivement établi en 1884. Un *résident général* français à Hué a la faculté d'habiter la citadelle avec une escorte militaire, et représente l'Annam dans toutes ses relations extérieures, et reçoit les instructions du gouverneur général de l'Indo-Chine. Il donne les siennes aux *résidents* français placés dans les autres postes. — La *juridiction* française protège toutes les nationalités étrangères, et règle les contestations entre Annamites et étrangers. — Les *douanes* sont entre les mains d'administrateurs français. L'Annam est soumis aux lois et règlements de la Cochinchine pour les *contributions indirectes*, le *régime douanier*, le *régime sanitaire*, la *police des ports*, le *service de pilotage, phares et sémaphores*.

Le **roi** d'Annam est souverain absolu; son pouvoir est sans contrôle, sa couronne héréditaire, à l'exclusion des femmes. Il est regardé comme un mandataire du ciel. Il délègue ses pouvoirs à ses ministres (*Intérieur, Finances, Guerre, Justice, Travaux publics, Rites*). Le *Conseil des censeurs* est chargé de contrôler l'administration. — L'Annam comprend douze provinces situées le long du littoral. Leur organisation administrative est la même que celle du Tong-King. (Voy. plus loin, p. 516.)

Provinces.	PRINCIPAUX CENTRES DE POPULATION
Binh-Thuan. (2 phu, 4 huyen.) Khan-Hoa.	Ces deux provinces sont aujourd'hui réunies sous le nom de Thuan-Kanh; le protectorat français y est représenté par un résident établi à Nha-Trang, près de la baie du même nom; — Binh-Thuan et Khan-Hoa, situées près de la mer, ont de petites citadelles.
Phu-Yen. (1 phu, 2 huyen.)	Cette petite province dépend de celle de Ninh-Binh. La capitale Phu-Yen, sur une rivière côtière, à 10 kilom. de la mer, est dans la région la plus riche et la mieux cultivée de l'Annam (riz, maïs, canne à sucre, aréquiers, arachides, cocotiers). Le meilleur port d'accès est *Xouanday*, ouvert au commerce en 1884, et *Song-Caou*, dont l'accès est facile.
Binh-Dinh. (2 phu, 5 huyen.)	Le chef-lieu, Binh-Dinh, situé à 15 kilom. dans l'intérieur, est muni d'une petite citadelle. Les arachides, la canne à sucre, le tabac, sont les principaux produits de la province. A cette province appartient le port de Qui-Nhon, ouvert depuis 1874, mais peu accessible à cause de la barre aux grands vaisseaux, et mal abrité; le commerce y décroît.
Quang-Ngaï. (1 phu, 3 huyen.)	Quang-Ngaï, à 15 kilom. de la mer, sur le fleuve Daï, est au centre d'une plaine bien cultivée et très peuplée.
Quang-Nam. (2 phu, 6 huyen.)	Quang-Nam (4 à 5 000 hab.), sur la rivière de ce nom, à 15 kilom. de la mer, est bâtie sur deux îles. La ville importante est le port de *Faïfoo*, à l'entrée d'une rivière tributaire de la baie de Tourane, fondé par des Chinois, et peuplé de Chinois (5 à 6 000), supplanté par Tourane, depuis le développement de la marine à vapeur.

Provinces.	PRINCIPAUX CENTRES DE POPULATION
Quang-Duc. (1 phu, 6 huyen.)	La province a pour chef-lieu **Hué** (30 000 hab.), capitale du royaume, résidence et siège du gouverneur, sur le *Truong-Tien*, rivière large, claire et limpide, qui descend, avec mille circuits, de hautes montagnes, enveloppant d'une verdoyante ceinture la baie spacieuse où tombe la rivière. Hué a une immense citadelle qui contient la ville officielle, le palais royal, les ministères, les casernes; la ville marchande s'étend sur les bords d'un canal. Hué est à 12 kilom. de la mer; la rivière est bordée de forts et de fortins; à l'embouchure est *Thuan-An*, port de la capitale, dont une barre obstrue l'entrée. Au sud est TOURANE, dans le fond de la baie immense de ce nom, sur la rive gauche de la rivière Han-Giang; le mouillage est sûr, les eaux profondes; des barres rendent la communication difficile avec la rade. La presqu'île de Tien-Cha est accessible.
Quang-Tri. (2 phu, 5 huyen.)	QUANG-TRI, à 50 kilom. nord-ouest de Hué, sur le Dahan, est une ville forte, dont les environs sont très peuplés et couverts de plantations de coton. Les plateaux supérieurs, boisés et escarpés, ont servi de refuge aux rebelles annamites.
Quang-Binh. (2 phu, 5 huyen.)	La capitale DONG-HOÏ, située sur l'estuaire du Sao-Binh, est une place forte qui commande l'entrée de la route du Tong-King.
Ha-Tinh. (2 phu, 8 huyen.)	La capitale HA-TINH, sur le Song-Ca, possède une forte citadelle; dans la vallée du Song-Ca débouchent les routes les plus praticables pour se rendre au Laos.
Nghe-An. (7 phu, 28 huyen.)	VINH ou TINH-NGHE (15 000 hab.), chef-lieu, sur le Song-Ca, est un port fréquenté par les jonques chinoises, qui exportent le poivre, la cannelle, la soie grège.
Thanh-Hoa. (4 phu, 20 huyen.)	Situé sur un bras du Song-Ma, à 15 kilom. de la mer, THANH-HOA (16 000 hab.) a une citadelle, un port actif, et un marché très fréquenté, qui exporte les produits industriels de la province.

IV. Tong-King.

Le Tong-King est divisé en 14 provinces : aux cinq grandes (Hanoï, Nam-Dinh, Haï-Dzuong, Son-Tay, Bac-Ninh) se rattachent les huit petites, Ninh-Binh, Hung-Yen, Quang-Yen, Hong-Hoa, Tuyen-Quang, Thaï-Nguyen, Cao-Bang, Lang-Son; la 14e province, Muong, a été créée en 1886, pour soumettre à l'administration française les villages muongs des montagnes. Chacune des grandes provinces est administrée par un *tong-doc*, mandarin délégué du pouvoir central, qui a la direction et la responsabilité de tous les pouvoirs civils, militaires, judiciaires, financiers, etc.; il est assisté en conséquence d'un *quang-bo* pour les impôts, les taxes, etc.; d'un *quan-an* pour la justice; d'un *de-doc* pour la milice.

provinciale. — Les petites provinces ont à leur tête un *tuang-phu*, mandarin de second ordre, subordonné au tong-doc, et assisté d'autres fonctionnaires. — Chaque province a des subdivisions administratives fort semblables à nos préfectures, sous-préfectures, cantons et communes; on les appelle *phu, huyen, tong, xa*. — Les fonctionnaires des phu et des huyen, sont nommés à Hué, sur la proposition des gouverneurs, et concentrent entre leurs mains les pouvoirs administratifs, militaires et judiciaires. — Les autres sont nommés par les gouverneurs. Chaque village a un maire (*ly-truong*), un adjoint (*pho-ly-truong*), et quelquefois un fonctionnaire supérieur (*huong-truong*) qui surveille les deux premiers. Ces trois notables, plus ou moins assistés d'un *conseil communal*, règlent les services de la commune, cérémonies, culte, corvées, impôts, police, etc. Le traité du 6 juin 1884 a établi, dans plusieurs provinces, des résidents, subordonnés au résident général de Hué. *Cinq résidents* sont établis dans chacune des grandes provinces : à Hanoï, Haï-Phong, Nam-Dinh, Son-Tay, Bac-Ninh ; des *sous-résidents*, les uns civils, les autres militaires, et à titre provisoire, sont établis dans les autres. Tous ont pour attributions le contrôle des fonctionnaires indigènes, la justice, la police, l'état civil, la protection des étrangers, etc.

Provinces.	RÉSIDENCES, SOUS-RÉSIDENCES, VILLES PRINCIPALES
Hanoï. (65000 habitants, 4 phu, 17 huyen.)	**Hanoï** (70 à 80000 hab.), capitale du Tong-King, chef-lieu d'une résidence, agglomération de villages, comme le sont tous les centres de population annamite, grand marché, grand centre industriel pour les laques, soieries, papiers, incrustations, confiseries, objets sculptés, etc. Le Fleuve-Rouge, qui passe à gauche de la ville, est la grande artère commerciale de jonction des routes du delta. Des digues défendent la ville contre les inondations du fleuve. Le commerce d'Hanoï est très actif.
Hung-Yen. (21000 habitants, 2 phu, 8 huyen.)	Hung-Yen (3000 hab.), sur la rive gauche du Fleuve-Rouge, chef-lieu d'une vice-résidence, à l'entrée du canal des Bambous, à la bifurcation de la navigation entre Haï-Phong et Nam-Dinh, est un centre de cultures, et un marché d'éventails, de plumes et de mèches faites en moelle de jonc, et utilisées pour les lampions à huile servant à l'éclairage.
Nam-Dinh. (70000 habitants, 4 phu, 17 huyen.)	Nam-Dinh (50000 hab.), chef-lieu d'une résidence, 2ᵉ ville du Tong-King, située dans le bas delta, sur le canal qui relie le Fleuve-Rouge au Day, grande citadelle, centre d'industrie de la nacre et place de commerce très animée, entrepôt de sel, de riz, de coton ; ville universitaire, centre d'examen pour les lettrés.
Ninh-Binh. (30000 habit., 2 phu, 7 huyen.)	Ninh-Binh (6000 hab.), près du Day et de la rivière de Phu-Nho, est dominé par un rocher qui porte une citadelle ; les montagnes du sud-ouest marquent la frontière de l'Annam.
Haï-Duong. (30008 hab., 4 phu, 19 huyen.)	Haï-Duong (8000 hab., autrefois 20000), vice-résidence et centre militaire avec une forteresse sur les bords du Thaï-Binh, jadis ville de plaisir et de jeu, entrepôt d'opium, fréquentée des riches Chinois, ravagée par la guerre en 1883, se reconstruit lentement. A la province appartient le territoire de Haï-Phong, qui forme une commune

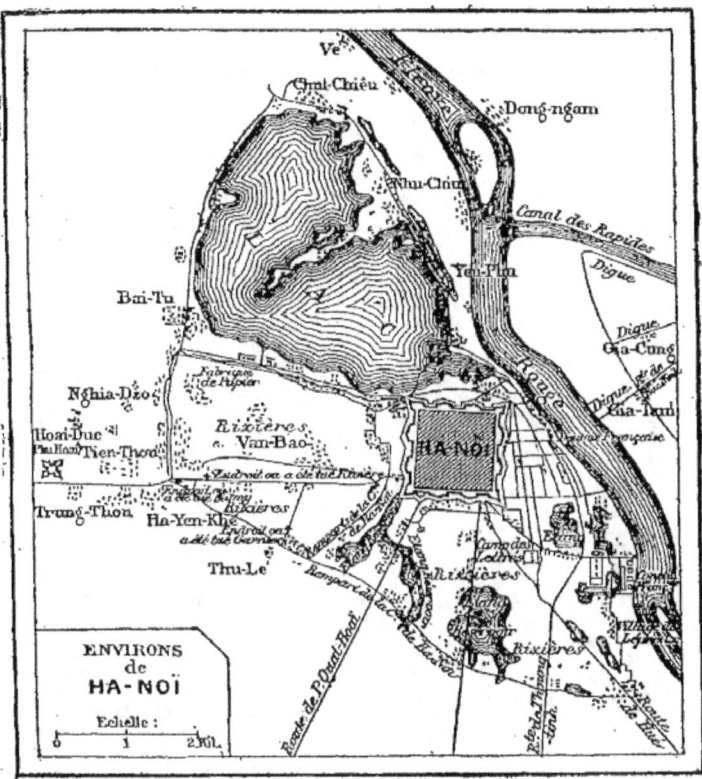

Provinces.	RÉSIDENCES, SOUS-RÉSIDENCES, VILLES PRINCIPALES
Haï-Duong.	dirigée par le résident français. — **Haï-Phong** (10000 hab.), mouillage sûr, près de Cua-Cam, créé en 1875, est aujourd'hui le grand port et l'entrepôt général du Tong-King. On y a fait d'énormes travaux de terrassement, élevé des chaussées, ouvert des rues et des docks, assaini des marais, bâti des magasins. Le port, qui exporte les soies, cotons, riz, plantes tinctoriales, etc., est gêné par une barre et manque d'eau potable. Près de Haï-Phong, la presqu'île de *Do-Son* est une station balnéaire salubre, et pourra devenir un des futurs *sanatoria* de la France en Indo-Chine.
	Quang-Yen (2500 hab.), sur le Song-Chang, port dont le commerce et l'industrie sont encore peu considérables; près de là, au nord-

Provinces.	RESIDENCES, SOUS-RÉSIDENCES, VILLES PRINCIPALES
Quang-Yen. (4 000 habitants, 2 phu, 3 huyen.)	ouest, est la mission catholique de *Yen-Tsé* (5 000 hab.), sur un plateau boisé, dans une situation pittoresque. La région possède des gisements de charbon. « Les indigènes, qui n'en connaissent pas » l'usage, l'emploient à remblayer les routes. » (E. Gouin.) Au nord-est de Quang-Yen, en face l'île de Cac-Ba, s'ouvre la *baie d'Halong*, dans laquelle s'ouvre celle de *Hon-Gay*, admirablement abritée, avec des fonds de 9 mètres. On n'y pénètre que par des passes étroites et sinueuses, entre des îlots de rochers. La baie a servi de station à la division navale. « Avec ses myriades d'îlots calcaires, » la baie d'Halong forme un spectacle inoubliable. Les typhons et » les tempêtes qui soufflent de Haïnan à travers le golfe éclatent » avec toute leur force sur la côte de Quang-Yen, et la suite des » siècles a sapé, rongé et émietté tout ce qui n'était pas le roc solide, » en sorte que toute la côte, jusqu'au cap Paklung, est bordée par » un immense labyrinthe d'îles et de rochers nus, désignés fort » insuffisamment par le nom de *Mille-Iles*. La baie présente un » caractère de beauté tout spécial. Elle baigne une quantité prodi-» gieuse d'îlots enchevêtrés les uns dans les autres, dont beaucoup » ne sont que des rocs polis ; les uns sont percés de part en part ; » d'autres, avec leur base rongée par les vagues, ressemblent à de » gigantesques champignons ; d'autres sont couverts d'un manteau » d'arbustes et d'arbres à feuillage toujours vert, tous sont peuplés » d'innombrables oiseaux de mer de différentes espèces, mouettes, » cormorans, orfraies ou aigles de mer. Jamais contrebandiers ou » pirates n'ont pu trouver de théâtre plus splendide ou plus approprié » à leurs exploits. Jusqu'à ce que la France ait commencé la cam-» pagne du Tong-King, tous les habitants des villages, des îles et » des villes de la côte faisaient tour à tour de la contrebande et la » piraterie, passant à la pêche le temps que leur laissaient ces » occupations. » (Dr P. Néis, *Sur les frontières du Tong-King*; *Tour du Monde*. 1888, t. II, p. 398.) Au nord de la baie d'Halong, s'étend la grande île de *Kebao*, riche en charbon, et une traînée d'îles qui se succèdent jusqu'au cap Pakloung, non loin de la province chinoise de Chan-Toung. Sur la côte, bordée de montagnes sauvages, *Monkay*, à la tête du delta du Pak-Lam, est un port peuplé de Chinois, naguère repaire de brigands et de pirates, qui y vendaient à des commerçants ou y entreposaient leurs rapines. C'est là que furent massacrés par la population MM. Haïtce et Perrin, en 1886.
Son-tây. (52 000 hab., 5 phu, 18 huyen.)	Son-Tay (5 000 hab.), à 40 kilom. en amont de Hanoï, sur la rive droite du Fleuve-Rouge, chef-lieu d'une résidence, citadelle domi-nant le triangle du delta. La ville, peuplée jadis de 30 000 habitants, était le principal boulevard des Pavillons-Noirs. En partie détruite et dépeuplée, elle sera supplantée comme grand marché par *Viêt-Tri*, placé au point de croisement du Fleuve-Rouge, de la rivière Claire et de la rivière Noire.
Hung-Hoa. (12 000 hab., 4 phu, 7 huyen.)	Hung-Hoa, chef-lieu d'une vice-résidence, est une citadelle en-tourée d'une agglomération de paillottes, sur la rive droite du Fleuve-Rouge. En amont du fleuve, sur la frontière du Yun-Nan, la France occupe *Lao-Kay*, jadis quartier général du chef des Pavillons-Noirs. Un télégraphe la relie à Hanoï ; elle deviendra, par la navigation du fleuve, l'intermédiaire entre le Yun-Nan et le delta.

Provinces.	RÉSIDENCES, SOUS-RÉSIDENCES, VILLES PRINCIPALES
Bac-Ninh.	Bac-Ninh (2000 hab., jadis 10 à 12000), presque détruite dans la dernière guerre, chef-lieu d'une résidence, à 27 kilom. de Hanoï, à 4 kilom. du Song-Cau, est surtout une citadelle qui abrite tous les services publics; *Dap-Cau*, qui lui sert de port, et *Ti-Cau*, sur une colline salubre, qui porte l'hôpital militaire, attirent les commerçants et les Européens.
Tuyen-Quan. (6800 hab., 2 phu, 5 huyen.)	Tuyen-Quan, sur la rive droite de la rivière Claire, au milieu des montagnes, est une vice-résidence, rattachée à Son-Tay. Elle a été presque entièrement détruite pendant la guerre.
Thaï-Nguyen. (12000 hab., 2 phu, 9 huy.)	Thaï-Nguyen, située sur une colline à droite du Song-Cau, est une vice-résidence et un port militaire qui surveille la route de Bac-Ninh et les montagnes d'un pays riche en forêts et en mines.
Lang-Son. 11500 hab., 2 phu, 3 huyen.	Lang-Son, chef-lieu d'une vice-résidence, est située sur la frontière de Chine, près du Song-Ki-Cung, affluent du Sikiang, qui coule en Chine; position stratégique importante, ses ouvrages fortifiés protègent les routes du Quang-Si, la voie ferrée qui va rattacher la ville à Hanoï, et le quartier de Kiloa, où se tient le marché du riz, du coton, de l'opium, de l'huile de badiane. Au nord, sont les marchés de *Dong-Dang* et *That-Ké*.
Cao-Bang. (11000 hab., 2 phu, 5 huyen.)	Cao-Bang, à 130 kilom. au nord-ouest de Lang-Son, est aussi sur le versant chinois, à l'extrémité du territoire soumis à la France. La région a les mêmes cultures que la province de Lang-Son.
Province Muong.	Au nord-ouest de Hong-Hoa, a été créée la province *Muong*: le chef-lieu est Phuong-Lam, village bâti sur la rivière Noire, où réside le représentant de la France et le chef muong de la région.

Les Annamites; mœurs et coutumes.

« Il est fort difficile, pour les Européens nouvellement débarqués, de distinguer parmi les Annamites un homme d'une femme, les deux sexes ayant les cheveux relevés et noués en chignon, allant pieds nus et portant à peu près le même habillement : large pantalon noué à la ceinture, et par-dessus une robe ou tunique flottante. Celle des femmes est un peu plus longue. Les Annamites ont porté autrefois le langoutis, dont ils se moquent aujourd'hui. Les hommes ceignent le turban, soit en crêpe noir ou bleu, soit en coton. Le chapeau des hommes est un grand entonnoir renversé finement tressé, terminé par une pointe métallique. Les Annamites l'appellent « haute montagne ». Les hommes du peuple ont des chapeaux flexibles en feuilles de palmier, avec lesquels ils s'abritent du soleil, s'éventent, puisent de l'eau, portent du riz et autres objets.

» Tous sont munis de parasols européens, ustensile prohibé antérieurement et qui était l'insigne d'une dignité. Les grands mandarins se distinguent par diverses coiffures en gaze noire, ornées de pierres précieuses, d'enjolivements en or mat, et de deux ailes maintenues par du fil de fer ténu. Leur robe est en soie épaisse. Ils ont sur la poitrine et sur le dos un carré de broderies d'or représentant le dragon, le tigre ou l'oiseau royal. Une ample ceinture en laque rouge, ornée de petites surfaces miroitantes, s'attache à la robe elle-même. Ils portent des bottes chinoises et tiennent à la main une règle d'ivoire, qu'ils placent devant la bouche par décence, comme on fait avec la main quand on bâille ou que l'on tousse.

» Les femmes mettent des pantalons plus longs. Elles ont les oreilles percées ou ornées de boucles d'oreilles. Elles vont généralement tête nue, ou portent tantôt un chapeau plat ayant la forme d'une pierre meulière d'environ soixante centimètres de diamètre et muni d'une longue bride en soie descendant à peu près jusqu'à terre, ou un chapeau convexe fait de rotin et de papier verni, garni intérieurement de papier de couleur et de petites plaques miroitantes, avec une bride ou jugulaire en écaille ou en ébène, montée sur argent. Les manches de robe pour les hommes comme pour les femmes sont sans boutons et serrent étroitement le poignet. Les femmes portent des bracelets d'or et d'ambre. Elles ont une main d'enfant si petite qu'elle glisse dans les bracelets, les anneaux d'or qui ne peuvent s'ouvrir. Elles ont la passion des bijoux. Leurs boucles d'oreilles ont la forme de petits champignons d'ambre ou d'or, renflés à la racine et dont la tige est ornée de filigrane et d'un petit disque miroitant. Un cercle d'argent, un collier d'ambre au cou, une épingle à tête d'or dans les cheveux, une ou deux fausses chevelures ajoutées à la leur, qui est cependant fort belle, le tout imprégné d'huile de coco fraîche, un pantalon de soie rouge ou bleue, une robe de dessus à manches longues, larges et pendantes, de petites babouches relevées en pointe, tel est, aux jours de cérémonie, le costume des femmes.

» Le visage de l'homme est brun, celui des gens du peuple bronzé, celui de la femme blanc mat, et l'on peut dire, quant à sa personne, ce qu'on a dit de la Chinoise :

> Elle a les yeux retroussés vers les tempes,
> Le pied petit à tenir dans la main,
> Le teint plus clair que le cuivre des lampes,
> Les ongles longs, les lèvres de carmin.

» Cette couleur sanguinolente des lèvres, cette odeur d'huile de coco, son front bas et saillant, son nez écrasé, la rend peu attrayante, si ce n'est dans la première jeunesse; mais elle se fane et vieillit vite. Les hommes et les femmes de condition laissent croître leurs ongles démesurément. Tous les Annamites, jeunes et vieux, hommes et femmes, ont la bouche rougie par l'usage du bétel. Souvent ils se frottent les dents avec du tabac pour en augmenter la teinte noire.

» Le piper-bétel, cultivé dans les jardins annamites, est disposé en échalas, et cette plantation a l'aspect d'un champ de houblon. Pour préparer une chique ou un bol de bétel, on étend avec une spatule en bois sur une feuille de bétel une légère couche de chaux très fine fabriquée avec des coquillages, quelquefois rougie avec de la teinture de curcuma; un quartier de noix d'arec est enveloppé dans la feuille ainsi préparée, et le tout est plié pour être mâché. Les vieillards écrasent d'avance la noix d'arec. Le bétel agrandit la bouche, noircit les dents, rougit et déforme les lèvres, corrode les gencives; mais les Annamites disent qu'il calme la soif, qu'il empêche la mauvaise odeur de la bouche, et qu'il conserve les dents, si la chaux est en petite quantité. Les Malais ajoutent dans la composition du bol de l'extrait de gambier, ou *terra japonica*. Quelques Annamites se noircissent entièrement les dents avec un verni spécial.

» La longue chevelure des Annamites a l'inconvénient d'engendrer de la vermine. On voit souvent dans les rues deux Annamites accroupis, l'un ayant les cheveux dénoués et l'autre écrasant sous la dent le gibier qu'il y prend. Un mari fait une galanterie à sa femme en lui remettant fidèlement les parasites trouvés sur elle pour qu'elle les immole elle-même à sa vengeance ou à sa gourmandise.

» Les Annamites riches habitent des maisons couvertes en

tuiles, mais basses et obscures. La défiance et la crainte les portaient sous l'ancien régime à cacher leur intérieur. Les pluies torrentielles, qui durent six mois de l'année, l'ardeur du soleil, sont encore des raisons pour lesquelles leurs maisons ont peu d'ouvertures, et des toitures qui se prolongent si bas qu'il faut se baisser pour entrer. Il en résulte une grande humidité intérieure, et, comme disent les Italiens, « où l'air n'entre jamais, le médecin entre souvent ».

» Les fermes des maisons sont assemblées, encastrées et fixées au moyen de chevilles. On n'emploie ni clous, ni attaches en fer. Dans les maisons riches, le toit est supporté par de belles colonnes en bois dur, et le sol aplani est recouvert d'une sorte de mastic, dont M. Richard a donné la composition : chaux délayée dans une infusion faite des branches et des feuilles du cay-hoiouc. Selon les missionnaires, ce serait un composé de chaux et de cassonade. L'habitation est divisée au moyen de cloisons, encadrées de sculptures, en plusieurs pièces ou compartiments. On y voit toujours un grand coffre à roulettes et à cadenas où l'on serre les sapèques.

» Les ornements des maisons sont des rouleaux de sentences chinoises, des tableaux incrustés de nacre, des bahuts sculptés, des brûle-parfums en cuivre, des peintures sur papier représentant des combats légendaires, souvenir des temps héroïques. On voit, par exemple, une femme partager en deux d'un coup de ciseau le corps d'un guerrier; un soldat nu pourfendre un cavalier casque en tête et son cheval, couper un pont d'un seul coup, etc. Il y a dans beaucoup de cases de beaux bancs en bois dur, autour d'une table à rebords sculptés. De larges et épaisses planches de go, bois noir, très brillant et très dur, servent de sièges, de tables et même de lits. C'est là que les Annamites prennent leurs repas.

» On dépose sur une grande natte un large plateau, sur lequel tous les mets sont servis à la fois. On s'accroupit autour, à la turque. Au signal du maître de la maison, chacun prend un bol de riz, et, à l'aide de deux bâtonnets, porte le riz à la bouche, et choisit dans les différents bols la viande et le poisson. Le tout est découpé d'avance en menus morceaux. S'il s'agit d'une sauce ou d'un assaisonnement, on fait usage d'une petite cuiller en porcelaine. On mange sans parler et sans boire, comme chez les Grecs. Quelquefois un orchestre criard fait regretter la joueuse de flûte des anciens. Lorsque le repas est fini on avale un bol d'eau froide ou un verre d'arac, eau-de-vie de riz au goût empyreumatique, fabriquée par la distillation du riz gluant.

» Un visiteur arrive-t-il, on étend une natte sur les estrades qui servent de siège et l'on approche un coussin carré pour s'accouder. Les femmes, à moins qu'elles ne soient âgées, se retirent devant l'étranger. Elles ne restent que lorsque le chef de la famille le leur permet. Les usages annamites veulent que le salut de l'inférieur au supérieur se fasse en se prosternant le front contre terre. Cette formalité du *lai*, à laquelle se soumettent les vieillards eux-mêmes, choquait trop les idées françaises pour subsister dans toute sa rigueur. Aussi ne s'accomplit-elle guère que dans les relations officielles.

» Les Annamites, dans leurs rapports journaliers avec les Français, se contentent de saluer en joignant les mains fermées et en inclinant la tête. Il est rare de les voir ôter leur chapeau ou abaisser leur parasol, ou se lever lorsqu'un fonctionnaire en uniforme passe dans la rue. L'Annamite que l'on visite place son hôte à sa gauche; c'est la place d'honneur. Souvent il reste debout et ne s'assied que si son hôte l'y invite. De même qu'en Europe on offre des cigares, de même l'on apporte au visiteur la boîte de bétel, de même l'Annamite présente à deux mains au visiteur européen de minces cigarettes qu'il a préalablement allumées lui-même. Il l'invite à prendre du thé servi sans sucre.

» Le service à thé se compose de trois tasses microscopiques et d'une quatrième plus grande contenant de l'eau froide pour mélanger avec le thé, s'il est brûlant ou trop fort. Les services en porcelaine chinoise, destinés aux Européens, sont de grande épaisseur et n'ont de chinois que les dessins et les peintures. On ne commence à boire le thé que lorsque chacun a sa tasse entre les mains. Souvent aussi l'on offre un verre d'eau de coco, ou de liqueurs européennes, vermouth ou absinthe, de l'eau-de-vie de riz ou samchou chinois. Ce serait blesser les convenances que de refuser la cigarette ou le rafraîchissement offert. Pour prendre congé, on se lève en annonçant que l'on va s'en aller, et l'on se salue. Les Annamites sont très sensibles au manque de politesse et de procédés à leur égard. Aussi ne doit-on jamais se moquer devant eux de leurs pratiques religieuses, quelque absurdes qu'elles paraissent, ni ridiculiser, soit leur mode d'habillement, soit leur visage, soit leurs coutumes tradi-

tionnelles. Ces petites choses ont leur importance dans les relations d'Européen à indigène. On sera respecté toujours par eux si l'on est digne devant eux. Encore moins doit-on, dans un accès de colère, les maltraiter et les frapper, sous prétexte qu'ils ne comprennent pas la langue qu'on leur parle, ou parce qu'on ne comprend pas la leur. Une légende turque, racontée par Gérard de Nerval, est un modèle de tolérance en cette occasion :
« Quatre compagnons de route, un Turc, un Arabe, un Persan
» et un Grec, voulant faire un goûter ensemble, se cotisèrent
» de dix paras chacun. Mais il s'agissait de savoir ce qu'on
» achèterait : *Uzum*, dit le Turc; *Ineb*, dit l'Arabe; *Inghur*, dit
» le Persan, *Stafilion*, dit le Grec; chacun voulait faire prévaloir son goût. Ils en étaient venus aux coups, lorsqu'un derviche, qui savait les quatre langues, appela un marchand de
» raisin, et il se trouvait que c'était ce que chacun avait demandé ! »

» Les Annamites sont très hospitaliers, et l'on peut entrer dans la première maison venue pour s'y reposer, ou demander du feu, de l'eau, avec la certitude d'être convenablement accueilli. Il y a dans tous les villages une case ou une pagode dédiée au génie protecteur de la localité, et appelée *Dinh*, où tout voyageur trouve un abri et un gîte. Cette case est ordinairement située derrière le marché. »

Les Annamites supportent difficilement les liqueurs fortes et même le vin. Ils fument la cigarette ou le narghilé. Une de leurs passions les plus violentes et les plus funestes est celle de l'opium. Le fumeur d'opium, au bout de quelque temps, ne peut plus se défendre du poison qui l'affaiblit, l'énerve et le tue lentement. Ces Chinois, qui tirent les bénéfices de la vente de cette denrée malfaisante, en ont propagé l'abus dans la péninsule. Jadis affermée à une compagnie chinoise, la vente de l'opium est aujourd'hui prise en régie par l'administration coloniale.

« Le jeu est une des passions fatales des Annamites. Ils jouent le salaire de chaque jour et jusqu'à leurs vêtements. La défense formelle du code à cet égard est un peu comme celle relative à l'opium. On a été obligé d'affermer le privilège de tenir des maisons de jeu. En les conservant dans les grands centres, on a eu pour but d'éviter de plus grands abus en rendant plus facile la surveillance de ces maisons et en n'y autorisant que certains jeux. Il est expressément défendu aux Européens et aux femmes, à quelque nationalité qu'elles appartiennent, de jouer.

» Montesquieu a dit que les amusements ont autant d'influence que les lois sur les peuples. La musique annamite est mélancolique et monotone; la danse est chose inconnue; leur sentiment artistique est très imparfait. La jeunesse n'est pas tapageuse, les enfants sont graves, et les hommes faits s'amusent à des bagatelles. Parmi leurs jeux, il faut citer le volant; les joueurs placés en rond se renvoient le volant avec la plante du pied, le talon, le coude, mais jamais avec les mains. Le cerf-volant est plus curieux que celui que l'on fabrique en France. Il y en a qui l'enlèvent sans cet appendice en papier qu'on ajoute chez nous. On leur donne la forme d'une lune, d'un oiseau, d'un poisson, d'un navire. La tête est garnie de deux rubans épais, tendus en cordes d'arc sur une double baguette en bambou que le vent fait résonner avec force.

» Le plus grand divertissement des Annamites, celui pour lequel petits et grands, pauvres et riches, ont une véritable passion, est le théâtre. Leurs pièces sont presque toujours des tragi-comédies avec des chœurs chantés, de longs monologues, des passages en langue chinoise que les acteurs eux-mêmes ne comprennent pas, et des scènes en langage vulgaire. On y retrace les principaux faits qui se sont produits autrefois dans les guerres légendaires, les révoltes, les combats. C'est l'histoire de jeunes héroïnes, de grands généraux, de rois illustres, de ministres influents, de sages vieillards, de bouffons célèbres. On y fait apparaître, au milieu des détonations de pétards, des génies protecteurs, des dragons ou des tigres qui sèment la flamme et la terreur, des êtres imaginaires et de puissantes divinités dont l'intervention est une véritable odyssée cochinchinoise. Les deux genres, tragédie et comédie, sont pour le fond comme pour la forme à peu près les mêmes que dans le théâtre chinois. On est frappé de voir ces peuples, qui ne mettent pas en pratique les vertus militaires, se passionner autant pour les démonstrations guerrières. Ils se plaisent à se faire illusion par des exploits fantastiques et des actes de bravoure imaginaires. L'Annamite, sentant la main de fer qui pesait sur lui, excelle à se venger, soit par la ruse, soit par une moquerie caustique. Aussi les comédies sont-elles souvent intéressantes, quoiqu'elles s'abaissent parfois, ainsi que la tragédie, jusqu'à la trivialité.

» Les rôles de femmes sont remplis par des hommes. Les acteurs se peignent le visage et se fardent avec la racine de curcuma. Ils savent se donner par l'emploi du noir, du blanc et du rouge, un aspect hideux et terrible. Ils parlent ou chantent sur la scène à voix de fausset, et poussent des cris de tête tout à fait désagréables pour une oreille européenne.

» Le plus souvent la représentation dure trois jours et trois nuits et même plus, et ne s'interrompt que pour le repas. Tantôt le théâtre est installé dans une pagode, tantôt c'est un vaste hangar en bambous avec gradins en amphithéâtre. Les décors manquent complètement ou sont d'une simplicité telle que toute illusion est impossible. Les spectateurs peuvent boire et fumer. Il n'y a ni battement de mains ni cabales contre les acteurs. Aux environs du théâtre s'élèvent des restaurants provisoires.

» Le théâtre chinois est monté sur un plus grand pied. Les costumes sont plus riches, l'orchestre est plus habile, les acteurs plus forts. Ils joignent à leurs rôles d'acteurs des tours de force et d'adresse, les combats avec armes véritables, les sauts périlleux, etc. La troupe est en grande partie composée de jeunes gens loués par leurs parents dès leur enfance, jusqu'à seize ou dix-huit ans, à un entrepreneur qui pour tout salaire les nourrit, les entretient, leur apprend leur rude et fatigant métier, les exploite et exploite la curiosité publique. En Cochinchine les acteurs ne peuvent prétendre à aucune charge officielle. » (Ch. LEMIRE, *l'Indo-Chine*, ch. IX, p. 93; Paris, Challamel, in-8°, 1885.)

La fête du Têt.

« Têt! Têt! tel est le mot qui revient constamment dans les conversations annamites, à l'approche de la fin de l'année. Le Têt est la grande fête du nouvel an, fête officielle, familiale, religieuse, chômée par tous pendant de nombreux jours, et qui met comme un arrêt, une sorte de trêve de Dieu, dans l'incessant, pénible et peu rémunéré travail de ces laborieuses populations.

» Il n'est si pauvres gens qui ne songent à amasser quelque argent pour les dépenses nécessitées par les agapes du Têt, et si l'année a été trop dure, si les impôts ont été prélevés trop lourdement par une main trop légère, si les pirates ont ravagé la région, ou si simplement le mandarin y est venu en voyage un peu plus souvent que de coutume, le pauvre hère voit approcher le Têt sans que son *giáh lung* (ceinture) se soit garni de quelques sapèques, alors il vend tout ce qu'il possède comme superflu et même quelquefois le nécessaire.

» Le jour de l'an annamite est également la fête des enfants, mais ici l'idée, plus belle, s'agrandit ; on y fait participer tous les parents, même les morts ! Le gouvernement s'associe à ces manifestations en faisant cesser l'expédition de toutes les affaires de l'Etat cinq jours auparavant (25e jour du 12e mois annamite), jusqu'au 10e jour de la nouvelle année. Pendant ce temps, les boîtes des sceaux sont fermées, et il faudrait des circonstances graves pour enfreindre ce repos officiel.

» Les très pauvres, cependant, ne cessent toute occupation que pendant trois fois vingt-quatre heures, et trouvent, dans le travail des autres jours du Têt, de fortes rémunérations, car ils sont assez peu nombreux pour être exigeants, ceux qui consentent à travailler pendant que la consigne est de se réjouir.

» Ces jouissances ont lieu portes closes, tout mouvement commercial cesse, et la ville, dans un silence de nécropole, coupé seulement du bruit des pétards chinois allumés de toutes parts, donnerait assez l'idée d'une cité attaquée par la fusillade, n'étaient les nombreuses mais silencieuses allées et venues des habitants, revêtus de leurs plus beaux atours, qui circulent pour se rendre visite.

» Les visites s'échangent avec accompagnement de cadeaux. Les Chinois et les Annamites riches, les mandarins, déposent leurs cartes pendant la visite ou l'envoient lorsqu'ils ne peuvent suffire à toutes ces démarches.

» Les enfants souhaitent la bonne année à leurs parents qui, en retour, leur distribuent des paquets de sapèques enveloppés de papier rouge (couleur qui, chez les Annamites, marque la joie).

» La veille du Têt, les Annamites plantent dans la cour de leur habitation un bambou vert, pour indiquer la maison aux ancêtres et aux parents morts. Ceux-ci sont, par ce signe, invités à entrer et à prendre le repas qui est servi spécialement pour eux sur l'autel des ancêtres. (*Cung ông bà ông vai* : offert aux grands-pères et grand'mères.)

» Devant la porte, donnant sur la rue, est planté un grand mât orné au sommet de feuilles de latanier, de cocotier sauvage ou de plumes de volatiles. Le long du mât s'enroulent en spirale des feuilles de sika ; le soir on y accroche une lanterne. Le peu d'espace qu'occupe chaque maison en façade sur la chaussée, fait que ces mâts se pressent très nombreux et la pénurie des ornements qu'ils portent leur donne l'aspect dépouillé et malheureux des lendemains de fête en France.

» Aussi bien, n'est-ce pas dans la rue que le spectacle est le plus curieux. Il faut pénétrer dans les maisons où la disposition habituelle des meubles a été bouleversée et où tout est en fête. A l'entrée, sur le sol, des arcs et des flèches tracés à la craie éloignent les mauvais esprits; quelquefois même des abattis de plantes épineuses obstruent la porte comme des défenses accessoires aux abords d'une citadelle. Une petite niche carrée est réservée sur le côté gauche du mur en dehors de la porte, c'est un autel en l'honneur du génie du quartier, chef des portes; on y voit brûler des cierges, des bâtons d'encens et, en offrande, s'étalent des fleurs, des papiers dorés et des plats contenant des mets renouvelés deux fois par jour; les papiers dorés sont, à ce moment, brûlés et on tire quelques pétards.

» Les pétards constituent un des principaux éléments de ces cérémonies que, par cela même, les Européens goûtent peu; ces instruments de supplice sont liés entre eux de telle sorte qu'il n'y a pas d'interruption dans l'inflammation, et leur crépitement rappelle celui de la fusillade, bien que par les Annamites ces deux bruits soient diversement appréciés. A l'entrée de la maison se trouve fréquemment pendu un immense chapeau en papier de couleur et doré, ainsi que des papiers dorés. Ces objets sont placés là à l'intention des ancêtres.

» Les ancêtres reviennent à chaque instant dans cette fête du Têt, et il faut aux Annamites un grand fond de gaieté pour que ce rapprochement de souvenirs funèbres et de cérémonies joyeuses ne produise pas des effets se neutralisant. Ainsi, pendant les trois derniers jours de l'année jusqu'à la veille du nouvel an, il est d'usage de débarrasser des herbes les tombes des parents et d'y faire les réparations que leur état nécessite; voilà la pieuse, mais un peu attristante préparation aux grandes réjouissances du lendemain.

» Dans la première chambre de la demeure (on sait que les maisons annamites sont tout en profondeur) se trouve une longue table laquée, et au-dessus un grand tableau rouge où sont peints des personnages flanqués de gros caractères dorés, sentences où sont énumérées les qualités qui distinguent le propriétaire ou, du moins, celles qu'il souhaiterait de posséder.

Sur la table, un brûle-parfum, des chandeliers, un vase plein de cendre où sont plantées les baguettes d'encens, les papiers d'or et d'argent, des fleurs et du thé, etc., etc..... Cet autel est consacré à l'esprit du commerce qui est sollicité de faire aller les affaires et affluer les clients.

» Mais à la place d'honneur, faisant face généralement à la porte, s'élève l'autel des ancêtres, plus beau, plus grand, plus orné que les autres, sur lequel est placée une chaise laquée et dorée, destinée à recevoir les noms des ascendants morts; tout autour, brûle-parfums, brûle-papiers, vases à baguettes d'encens, papiers dorés, etc..., et enfin tout un repas aussi sérieux que celui que mange la famille vivante.

» Dans la cour de la maison, le génie du puits, de la citerne, a aussi son petit culte; on l'invoque: on lui demande que l'eau soit bonne. Cette divinité, naturellement, ne répond pas, et c'est dommage, car d'elle ne pourrait sortir que la vérité.

» Le grand repas a lieu le 30, à minuit. C'est un véritable festin qui s'accompagne de pétards et de coups de tam-tam et de gong. Les libations sont abondantes, et les Annamites, si sobres d'ordinaire, commencent l'année dans un état complet d'ébriété.

» Une cérémonie curieuse se passe au même moment; elle consiste à peser l'eau de l'année qui vient de s'écouler et à en comparer le poids à celui d'une même quantité d'eau de la nouvelle année. Si cette dernière est relativement lourde, c'est un mauvais présage et un signe d'inondations probables. Dans le cas contraire, l'air de cette année sera agréable et les violences du fleuve seront bénignes.

» Pendant toute la durée du Têt on fait trois repas par jour: à huit heures, midi, et cinq heures. Enfin, le 4 ou le 5 du premier mois, on fait un dernier repas auquel participent, comme toujours, les ancêtres défunts, et après lequel on brûle tous les papiers dorés et argentés avec accompagnement de pétards. C'est le départ des ancêtres!

» Les Annamites ne rouvrent pas leur maison pour reprendre leurs occupations habituelles si le temps est mauvais; il faut que le soleil soit le premier à pénétrer dans la demeure, sous peine des plus effrayants pronostics.

» Voici, à l'occasion du Têt, quelques superstitions qui ont cours en Annam:

» La nuit du premier de l'an, si les chats miaulent, c'est un indice que les animaux féroces, tigres, loups, éléphants, sangliers, seront à craindre dans l'année ;

» Pendant les jours de fête, on doit s'abstenir de faire des reproches à ses subordonnés, à ses domestiques, sous peine d'être exposé à leur en faire toute l'année ;

» Les personnes en deuil doivent se dispenser de visiter leurs amis et connaissances, à moins qu'elles ne se résignent à quitter leurs habits blancs (habits de deuil chez les Annamites) ;

» Il est d'un bon présage de voir entrer tout d'abord dans la maison, le jour de l'an, un personnage de marque ; c'est au contraire un signe regrettable d'être visité, en premier lieu, par une personne de petite extraction. Voilà une superstition qu'il serait regrettable d'avoir en notre beau pays où fleurissent les concierges obséquieux et matinaux pour ce jour-là.

» Les cérémonies religieuses, les sacrifices offerts à certaines époques de l'année, aux esprits du ciel, de la terre, au protecteur de la dynastie, au protecteur de l'Etat, à la mémoire des ancêtres du souverain, etc....., sont célébrés en grande pompe à la cour, et, dans les provinces, par les grands mandarins. Elles entraînent, pour ceux qui y sont acteurs, certaines préparations dont les exigences ne laissent pas que d'être très pénibles. C'est le ministère des rites qui est chargé de veiller à l'exécution de ces formalités, pour lesquelles il existe des sanctions qui font l'objet de tout un chapitre du code annamite. Il y a comme trois temps dans cette laborieuse préparation : la purification, l'observation et l'abstinence.

» Les cérémonies religieuses sont de trois degrés : 1° les grands sacrifices offerts au ciel, à la terre, à l'esprit protecteur de la dynastie, à l'esprit protecteur de l'Etat ; 2° les sacrifices moyens sont ceux qui sont offerts au soleil du matin, à la lune du soir, au vent, aux nuages, à la foudre, à la pluie, aux montagnes hantées, à la mer et aux torrents, ainsi qu'aux esprits tels que ceux des empereurs et des rois des anciennes dynasties, des anciens maîtres, des anciens agriculteurs, et aux drapeaux ; 3° les petits sacrifices sont tous ceux qui sont offerts aux esprits mentionnés dans les statuts sur les rites.

» Le peuple annamite garde très vivant le culte protecteur de la dynastie. Dans toutes les citadelles il y a une pagode dédiée à l'esprit du roi. C'est une idée qui ne manque pas de grandeur que celle qui consiste à mettre au premier rang le temple de la prière en faveur du souverain ; mais quelle disproportion entre l'expression des vœux de ces millions d'hommes et la toute fragile chose qu'ils concernent! Les cierges rouges emmanchés de longues baguettes, les bâtonnets d'encens brûlent et fument en l'honneur d'un pauvre être que les exigences d'une étiquette surannée dérobent à tous les regards, petite lueur vacillante à qui l'air comburant est parcimonieusement mesuré et sur laquelle un des deux ou trois mandarins qui détiennent le pouvoir souffle, et pour jamais, à la première occasion politique de dénoncer les traités et de tout remettre en question.

» Le premier jour de l'an, de très bonne heure, les mandarins civils et militaires de tous grades, revêtus de leur grande tenue, viennent, ceux de Hué, au palais du roi; dans les provinces, à la pagode royale, et là, font les salutations réglementaires (cinq *lay*, prosternations, et trois *bai*, inclinations), le tout accompagné de musique. Puis un festin donné par le roi réunit tous les fonctionnaires auxquels la munificence royale distribue également des piastres du dragon et des pièces de soie. » (E. GOUIN, *Notes sur le Tong-King. Bull. de la Soc. de géogr.*, année 1886, p. 596.)

Les funérailles annamites.

« Le respect dont les Annamites entourent les morts, leurs idées sur le repos à venir du défunt et son influence sur la prospérité de ses descendants, ont contribué à donner aux funérailles la plus grande importance. Il faut accomplir des rites minutieux et qui, n'ayant pas été recueillis par écrit, peuvent facilement être négligés, au grand dommage du mort et au péril de la famille; c'est enfin dans cette occasion que les fils pieux doivent montrer toute leur tendresse pour leurs parents, et cela amène à faire pour les enterrements des dépenses souvent disproportionnées avec la fortune des survivants et qui les plongent dans les dettes et la ruine.

» Les cérémonies varient naturellement suivant le rang que tenait le mort dans la maison, et aussi suivant sa fortune et sa position sociale. La constatation de la mort se fait au moyen d'un flocon de coton que l'on suspend devant les narines et que le moindre mouvement ferait osciller. On couvre le visage du défunt de trois feuilles de papier superposées ordinaires, que l'on recouvre elles-mêmes d'un mouchoir rouge ou d'une étoffe de soie ou de coton, selon le cas. C'est une des imprécations usitées dans le pays que de souhaiter à son ennemi de devenir si pauvre qu'il n'ait pas à sa mort de quoi fournir à cette dépense. L'on met ensuite dans la bouche du mort trois grains de riz; les riches remplacent quelquefois ce riz par un ou plusieurs diamants, mais dans le plus profond secret, afin d'éviter les profanations. Ensuite vient la première offrande de trois tasses ou trois poignées de riz cuit que l'on dispose en demi-cercle autour de la tête avec deux bougies. On ajoute sur une assiette un œuf cuit dur, coupé en trois morceaux. Cette cérémonie ne se fait pas pour les enfants.

» Dès le moment de la mort, un des membres de la famille est commis à la garde du corps, de peur qu'un chat ne passe par-dessus. Il y a en effet un chat qui cherche à s'emparer de l'âme des morts. Si cela arrivait, le cadavre se relèverait et se livrerait à une course effrénée jusqu'à ce qu'il se heurtât à quelque obstacle. On craint aussi que les fourmis ne se mettent aux yeux, et, pour les empêcher d'approcher, on jette de la cendre ou de la chaux au pied du lit. Pendant ce temps, si l'on n'est déjà pourvu depuis longtemps du cercueil destiné au mort, une personne de la famille va en faire l'achat.

» Les gens riches ont le plus souvent leur cercueil tout préparé, cependant la coutume n'en est pas aussi générale qu'il paraît qu'elle est en Chine, et plusieurs même voient un mauvais présage dans la possession anticipée du cercueil. Les beaux cercueils sont en bois de *trai*, de *buinh duong* ou de *sao*. Ces bois, d'un grain serré, sont, surtout les deux premiers, plus ou moins incorruptibles, et dans tous les cas se conservent très longtemps intacts. Leurs planches sont épaisses de quatre à dix centimètres; un cercueil de cette espèce, en beau bois parfaitement uni, sans fentes ni nœuds, atteint des prix fort élevés et va facilement jusqu'à 200 piastres. La planche du fond dépasse partout les planches latérales; celles-ci sont enveloppées à la base d'une espèce de cadre mobile appelé *bao quan*. Le couvercle, légèrement bombé, s'ajuste au moyen de pièces qui entrent dans les rainures et sont fixées par des chevilles. Les cercueils sont quelquefois sculptés; on se sert alors de pièces de bois de qualité inférieure, dont la sculpture masquera les défauts. Les cercueils ordinaires se font en *vên vên*; ceux qui doivent servir à des inhumations dans des terrains marécageux, en *boi loi*. L'on fait enfin, avec des bois tout à fait inférieurs et même avec des planches de sapin prises aux caisses venant de Chine ou d'Europe, de misérables cercueils destinés aux classes inférieures de la société. Toutes les fentes et jointures du cercueil sont soigneusement lattées avec du *chai*, espèce de goudron employé dans la construction des bateaux ; les riches répandent au fond de la résine de pin ; les pauvres, de la sciure de bois ; les quatre faces latérales internes sont peintes en rouge. On ne procède à la peinture de l'extérieur qu'après la mise du corps au cercueil.

» Le corps est d'abord lavé avec une pièce de coton blanc, trempée dans de l'eau où l'on a fait bouillir des fleurs ou des feuilles odoriférantes ; ensuite, on le peigne, on lui fait le chignon, on lui met un turban noir et on le revêt de ses plus beaux habits et des insignes de son rang ; les riches se préparent d'avance ce vêtement de cérémonie des funérailles. On coupe les ongles du mort et on en fait un petit paquet que l'on déposera dans le cercueil, à côté de la tête. Cette pratique a pour but d'empêcher que les ongles, en croissant, ne pénètrent dans les chairs, ce qui porterait malheur à la famille.

» Trois jours environ après l'ensevelissement et la fermeture du cercueil, on procède au vernissage. Il y a deux sortes de vernis, l'un venant de Chine ; l'autre, indigène et le plus estimé, vernis cambodgien, produit par un arbre qui pousse sur les rives marécageuses, comme les palétuviers, et dont les feuilles sont comestibles. Mais leur usage, aussi bien que le contact de la fumée du bois brûlé, a l'inconvénient de faire enfler le visage. La manière de procéder varie suivant que l'on emploie l'un ou l'autre de ces deux vernis. Le vernis chinois se vend à l'état demi-liquide. On le fait bouillir dans un vase de métal en le tournant avec une spatule de fer pendant toute la nuit. Au matin, l'on s'arrête pour recommencer la nuit suivante, et cela pendant trois nuits consécutives. Le vernis remué pendant le jour ne se dessécherait pas. Du reste, il en serait de même du vernis employé seul : il faut y joindre un ingrédient dont les ouvriers dissimulent soigneusement la recette. L'on procède au vernissage du cercueil au moyen d'un pinceau de crin, en commençant du côté de la tête ; chaque couche met trois jours à sécher et coûte environ vingt ligatures. On en donne rarement plus de trois.

» Quand on veut se servir du vernis du Cambodge, on le

met dans un trou pratiqué en terre et que l'on bouche avec des tuiles. On le recouvre ensuite avec du charbon et l'on y entretient le feu un jour et une nuit. L'on retire alors du trou une masse demi-liquide que l'on presse dans un linge. La partie liquide que l'on extrait de cette façon est soumise au même traitement que le vernis chinois. Le vernissage du cercueil a pour but d'empêcher l'attaque des fourmis blanches. Il donne au cercueil une couleur noire. La couleur rouge que l'on passe à l'intérieur du cercueil est obtenue en mêlant du minium au vernis en ébullition. L'on se sert alors d'une spatule de bois pour agiter le mélange.

» Pendant ce temps, les femmes de la maison ont préparé les habits de deuil pour tous ceux qui doivent les porter. Les habits sont, comme on le sait, en toile ou en étoffe de coton blanche, ils ne sont pas ourlés et doivent être d'une étoffe d'autant plus grossière que le défunt était un parent plus proche. Ce sont les étoffes de fabrication indigène, par opposition aux cotonnades étrangères. Quand les vêtements de deuil sont prêts, tous les parents qui doivent prendre le deuil et les amis intimes se réunissent dans la maison et prennent part aux sacrifices que l'on fait aux ancêtres et au défunt lui-même pour leur apprendre quelle intention les rassemble. Chacun des assistants fait quatre prosternations devant le cercueil et reçoit ses vêtements de la main des *hoc tro lé*, individus qui servent d'aides dans les diverses cérémonies publiques et religieuses.

. . . .

» Après avoir reçu les habits de deuil, on place des deux côtés des portes des inscriptions tracées avec de la chaux blanche sur du papier bleu. Ces inscriptions contiennent les louanges du défunt, l'expression des regrets qu'il inspirait ; par exemple : le fils pieux ne s'aperçoit pas du lever du soleil, celui qui regrette ses parents ne voit autre chose que le vol des blancs nuages, ce qui signifie, dans le premier verset, que le fils, accablé par la douleur, ne voit rien autour de lui ; dans le second, qu'il tient ses regards douloureusement fixés sur le ciel. On suspend aussi au-devant de la porte d'entrée une lanterne portant des caractères tracés en bleu. Ces signes de deuil restent en place tant qu'ils durent, mais on ne les renouvelle pas.

» La coutume annamite est de garder le cercueil pendant une période plus ou moins longue, et qui varie suivant la fortune de la famille. Plus en effet les obsèques doivent être magnifiques, plus il faut de temps pour les préparer. Cette période ne s'étend pas, le plus souvent, au delà de trois mois. Pendant ce temps, le fils aîné doit coucher par terre au pied du cercueil ; chaque jour, aux heures des repas, on renouvelle les offrandes et l'on fait des sacrifices plus considérables le septième, le vingt et unième et le centième jour qui suivent la mort. On en fait autant le 1er, le 15 et le 30 de chaque mois.

» Le deuil est censé durer trois ans pour les ascendants, mais, en réalité, il n'est que de vingt-quatre mois. Au premier anniversaire on fait une cérémonie appelée *tien trong* et l'on cesse de porter les insignes du deuil. Le second anniversaire s'appelle *dai truong*. Après l'avoir célébré, on brûle les vêtements du deuil et tout ce qui reste des objets funèbres. Le fils aîné seul porte encore le deuil en gardant le turban blanc pendant trois mois et dix jours ; cette période, le *dam*, est également close par un sacrifice et l'incinération du turban. Les cendres sont enterrées dans un lieu choisi.

. . . .

» Une fois arrivés à la fosse, les porteurs déposent le cercueil et l'on se prépare à le descendre. Il porte, sur le milieu de ses extrémités, deux raies qui doivent répondre à deux ficelles tendues aux deux extrémités de la fosse et indiquent le chemin qu'il doit suivre. Le cercueil une fois descendu, les parents et les amis prennent chacun une poignée de terre et la jettent dans la fosse, et les porteurs achèvent l'œuvre en comblant le trou et en faisant un petit monticule. Ils se servent, pour cela, de bâtons assez courts, avec lesquels ils foulent la terre en tournant autour de la tombe ; leur chef, pendant ce temps, psalmodie des vers auxquels ils répondent par des acclamations. Le monticule ayant une fois pris forme, les parents se prosternent devant les amis qui ont accompagné l'enterrement et leur font offrir du vin et du bétel. L'on dresse ensuite un autel devant le tombeau et l'on fait au mort une nouvelle offrande. Les *hoc tro lé* lisent une formule, l'on place devant le tombeau une tablette, où sont inscrits le nom et les titres du défunt, puis on passe à un sacrifice, en l'honneur du génie du lieu. Ce sacrifice termine la cérémonie ; les porteurs se sont déjà éloignés, emportant chacun leurs instruments. L'âme du défunt est censée reposer sur ce *huong an*. Elle est reçue dans la maison par une offrande placée sur l'autel domestique. Quelques jours après, le fils aîné fait un sacrifice et en envoie une part à tous ceux qui sont venus sacrifier au mort.

» On choisit, pour y élever les tombeaux, les lieux les plus secs. Un devin, *thây dia ly*, en détermine l'orientation, et l'on met à chacun des points cardinaux des Chinois une petite fiche de bois portant le nom des génies des points cardinaux avec des amulettes destinées à éloigner les démons. Les tombeaux ordinaires se composent d'une espèce de butte, le plus souvent rectangulaire, de largeur et de hauteur variables, que l'on construit avec des mottes de terre superposées, l'herbe restant en dedans. Les buttes sont très solides et résistent un certain nombre d'années aux intempéries des saisons. Si cependant elles ne sont pas entretenues, elles se dégradent peu à peu et finissent par ne présenter au-dessus du niveau général de la plaine qu'une large surface dénudée ou un monticule recouvert d'herbes. Quelquefois les tombeaux en terre sont vastes et imitent la construction des tombeaux en maçonnerie. Ce sont eux qui donnent son aspect particulier à la partie de la plaine qui s'étend entre Saïgon et Cholon, et à qui l'on a donné le nom de Plaine des Tombeaux, plaine toute bossuée de tertres de diverses grandeurs, dans tous les états de conservation, entièrement couverts çà et là de petits palmiers à feuille tronquée et quelquefois d'un arbuste buissonnant qui s'applique à toutes les faces des tombeaux comme s'il était taillé de main d'homme. Les tombeaux des riches sont construits en briques ou avec une espèce de composition de chaux, de sucre et d'eau où a détrempé l'écorce d'un arbre du pays. Ces tombeaux sont tout d'une pièce et très solides.

» La partie du tombeau qui recouvre le cercueil affecte différentes formes, en carapace de tortue, en feuille de saule, à trois montagnes, c'est-à-dire trois étages, qui représentent une fleur de nénuphar encore en bouton; d'autres sont rectangulaires et appelés tombeaux en couvercle de malle; d'autres, enfin, qui n'ont pas d'enceinte, sont des cônes tronqués ou des prismes quadrangulaires surmontés d'une partie pyramidale aplatie. Les tombeaux des bonzes sont des pyramides à trois étages isolées ou entourées d'une enceinte et auxquels on donne le nom de *thap*, tours.

» Sur la surface antérieure du tombeau, répondant à la tête du mort, est encadrée une dalle de granit portant en caractères multicolores une épitaphe qui indique le nom, la patrie, la nationalité, les titres du défunt, la date de sa mort, le nom de celui qui a élevé ce tombeau. Les épitaphes ne portent pas le prénom du mort, mais seulement son nom de famille et ses titres honorifiques. » (LANDES, *Notes sur les mœurs et les superstitions des Annamites*; *Excursions et reconnaissances*, n° 14, p. 250; 1882, Saïgon, in-8°.)

Le service des boys à Hanoï.

« Les Français se font ici servir, pour la plupart, par des boys annamites qu'ils ont amenés ou fait venir de Saïgon. Là seulement on peut avoir des domestiques un peu au courant de nos habitudes et comprenant tant bien que mal notre langue. Avec le temps d'ailleurs, on formera les Tonkinois, qui sont en général intelligents. Les Saïgonnais ont un bon service, dont le principal mérite est d'être muet et un peu mécanique. Mais l'idéal du domestique, la perle rare, c'est le Chinois. Cette race propre, active, intelligente, s'impose et réussit en cela comme en tout. Un ami nous a procuré à Saïgon un de ces précieux serviteurs.

» Maï est venu se présenter de sa part, le parapluie bleu sous le bras, comme le doit tout Chinois qui se respecte, et sa mine réjouie m'a plu tout d'abord. C'est un petit homme sec et brun, à qui l'on donnerait aussi bien quinze ans que vingt-cinq. La vérité, c'est trente. Sa longue natte lui bat les talons. Il est vêtu d'une large culotte et d'une veste non moins large en tussor écru (aux grands jours, si, par exemple, j'ai du monde à dîner, il revêt le pantalon de tussor bleu pâle ou le costume complet de calicot d'un blanc éblouissant). Le tout, natte, manches, pantalon, ballotte à chaque pas. Pour travailler, au contraire, il se met à l'aise, c'est-à-dire il ôte la veste qu'il portait à même la peau et il la remplace par... rien du tout. Quand la chaleur est supportable, il enfile un vêtement fait de deux serviettes éponge cousues ensemble par le haut, de façon à laisser entre elles une fente.

» Par cette fente il passe la tête. Les serviettes se rejoignent à la hauteur de la ceinture par un simple point de couture et forment ainsi une seconde fente très large pour les bras. Je profite de l'occasion pour dire en passant que l'introduction au Tonkin de la serviette éponge me paraît être un des grands bienfaits de la civilisation. Les coolies s'en servent à cœur joie

comme de turbans ou les jettent sur leur dos, ce qui leur constitue un vêtement léger et confortable. Maï fait à peu près tout chez moi ; il est cuisinier, bon cuisinier ma foi ! autant qu'on peut l'être dans une cuisine où le fourneau est formé de deux réchauds intercalés dans deux piles de briques ; de plus, il soigne le ménage. Du moins, il s'était à Saïgon engagé à tout cela. Mais une fois à Hanoï, au bout de deux jours, voilà le découragement qui s'empare de lui. Aller au marché surtout le terrifiait. Je le vois donc m'arriver l'air ahuri, mais la figure très riante (c'est sa manière de n'être pas content) et parlant très vite, en semant ses discours de petits éclats de rire entrecoupés ; il me fait comprendre qu'il ne peut suffire à la besogne. « Ça y
» en a pas moyen, moi fais tout ! Moi, beaucoup fatigué ! »

» J'ai fini par saisir, dans un amas de bouts de phrases semblables, qu'il avait cherché le marché longtemps sans pouvoir le trouver, les Annamites, qui n'aiment pas les Chinois, s'étant fait un malin plaisir de le renvoyer comme une balle d'un bout de la ville à l'autre. Et les : « Moi pas connaître ! » pleuvaient dru comme grêle. Son désespoir et son indignation étaient si comiques que j'ai dû, avant tout, me sauver pour rire à mon aise ; puis j'ai compati à ses peines et je lui ai permis, comme cela se fait d'ailleurs ici, de se chercher un aide. Généralement, le cuisinier prélève sur ses gages ceux de son marmiton. Mais mon malin Chinois a préféré m'attendrir et se le faire offrir par moi, ce qui n'a pas manqué de réussir. Ses 18 piastres par mois (environ 75 francs) devraient en outre suffire à le nourrir et à le coucher, car les maîtres ne s'occupent pas de ces deux questions. Mais je dois à la vérité d'avouer, malgré les éloges décernés plus haut, que la desserte de notre table y reparaît rarement. De plus, dans la paillotte où sont entassés plusieurs boys du voisinage, ces joueurs d'Annamites passent la nuit aux cartes. Cela trouble le sommeil de mon sage Chinois ; il m'a donc encore soutiré deux piastres, au moyen desquelles il s'est fait aménager la plus drôle de chambre, derrière la maison, dans un coin de la véranda qui en fait le tour. Figurez-vous de grosses nattes en écorce de bambou formant les quatre murs et soutenues par les colonnettes de bois qui supportent le toit. Une natte mobile sert de porte. Avec les débris de mes caisses, il s'est confectionné un lit qui n'a pour sommier à ressort qu'une natte cambodgienne, c'est-à-dire une natte fine doublée d'étoffe rouge ouatée. Avec cela un oreiller annamite, qui est l'oreiller le plus bizarre qu'on puisse voir! Il a la forme d'un gros dé à jouer, recouvert d'une épaisse toile cirée, élastique sous la pression du doigt. C'est dur, mais c'est frais. Enfin, une jolie moustiquaire en mousseline blanche comme les rideaux d'un lit de jeune fille; et vous voyez que mon Chinois n'est pas trop à plaindre. Tout cela a été installé en un tour de main. Le jeune boy qui s'est adjoint à mon service s'appelle Nam (ils s'appellent tous *Nam, Ba* ou *Teu*). C'est un Annamite, et sa petite taille ne dément pas sa race.

» J'ai fini à grand'peine (car il ne sait pas le français) par lui arracher le secret de son âge; il a quinze ans, et il en paraît dix; mais il est solide à l'ouvrage et, sans jamais prononcer une parole, il exécute ponctuellement tous les ordres de son supérieur. Une chose qui semble le combler d'orgueil, c'est quand je l'appelle pour mon compte en lui disant, par exemple, de me servir le thé. Il paraît alors au salon gravement, et sa tête qui retombe en arrière, son regard placide, rappellent vaguement l'attitude du chameau au repos. Les cheveux à demi longs sont ébouriffés dans tous les sens et retenus par un gros turban noir. Ce turban n'est autre qu'une bande d'étoffe nouée sur le sommet de la tête, dont les deux bouts se dressent en l'air comme deux cornes. Un habillement de calicot blanc et une large ceinture orangée retombant par devant sous la veste, voilà le costume du boy annamite.

» Maï, le grand chef, a cette qualité précieuse chez un domestique qu'il a l'amour-propre de la maison; le matin, il fait son ménage avec soin et dispose, non sans goût, des fleurs dans les vases, les hibiscus rouges, roses et blancs, les frangipanes au parfum pénétrant, la fleur du flamboyant, l'arbre bien nommé, le beau lotus, blanc ou rose, si décoratif avec son énorme tige. Tout cela n'est pas rare ici et forme un ensemble de couleurs chatoyantes qui ornent agréablement un intérieur. Il balaie avec soin les nattes qui recouvrent le carreau, en ayant soin de ne pas faire voler la poussière, et pour ce, voici le moyen que je lui ai vu employer : il va se verser un verre d'eau, en boit une forte lampée, et, au lieu de l'avaler, gonfle ses joues et la laisse sortir avec bruit de sa bouche, par petits jets, sur le sol. Tel un éléphant qui a emmagasiné de l'eau dans sa trompe la rejette avec fracas quand il a une vengeance à exercer. C'est que ce n'est pas une petite affaire qu'un ménage à tenir au Tonkin. Songez donc à tous les soins qu'exigent d'abord les vêtements et les chaussures. Les souliers, que l'espace d'une nuit suffit à couvrir de moisissures vertes, doivent être tous les jours sortis au soleil et cirés.

» Les vêtements chauds ou légers ne peuvent se conserver dans des armoires closes. On se sert généralement de portemanteaux en forme de portiques de gymnase qui seraient garnis de patères des deux côtés. On les fait aussi légers que possible, afin de pouvoir les sortir tous les jours. Ce sont ensuite les livres oubliés trop longtemps dans les rayons, ils se piquent, s'imprègnent d'un parfum de moisi ou se peuplent d'insectes dévorants. A l'air encore et cela un par un. Et les piles de linge, que les sachets ne parviennent pas à débarrasser de cette odeur persistante de moisi! Et les malles, les objets de cuir, qu'il faut frotter, fourbir... Dans les gros ménages, il faut un boy, plutôt un coolie, qu'on charge spécialement de veiller à tout cela. J'oubliais la baignoire à remplir et à vider tous les jours pour les ablutions, si hygiéniques dans ce pays; la moustiquaire à éventer avec soin pour la débarrasser des visiteurs ailés qui s'y seraient embusqués pendant le jour. Le boy dépose ensuite sur les lits l'éventail-écran en paille qui doit aider le dormeur à trouver le repos si la chaleur l'en empêchait, et aussi à lancer une bouffée d'air frais au nez d'un moustique oublié, ce qui le fait fuir bien vite. On ferme ensuite la moustiquaire, et le soir, une fois à l'abri derrière le mur transparent, on se rit de la musique produite par la légion innombrable. Quel orchestre! On dirait une multitude de doigts taquinant sans relâche une multitude d'élastiques bien tendus. C'est assourdissant, mais on s'y fait.

» Quant à l'éventail, on ne peut plus bientôt s'en passer. Entre deux sommes on s'évente à tour de bras; beaucoup de personnes se font même tirer pendant la nuit un panka placé au-dessus de leur lit. Mais je trouve cela par trop oriental, et je n'use du panka que dans la salle à manger. On appelle alors pour le tirer un des nombreux coolies qui stationnent dans les rues, car Nam lui-même ne condescendrait pas à l'humiliante condition de *boy-panka* ou *tire-boy*. C'est d'ailleurs plus généralement l'attribution d'un domestique spécial. La maîtresse d'une maison bourgeoise règne sur : un cuisinier, deux marmitons, un tire-boy; un *boy-cheval*; deux coolies à demeure pour le *pousse-pousse*; une *congaï* qui veille au linge; un boy pour servir à table, etc., etc. C'est une affaire que de commander à tout ce monde, qui ne comprend guère, surtout si le personnel est recruté au Tonkin, et, les nerfs aidant, une main blanche se lève souvent sur l'épaule bronzée de ces pauvres abrutis. Je n'ai pas encore essayé de ce moyen et ne compte pas en essayer; d'ailleurs, avec mon précieux Chinois à l'intelligence ouverte, je n'aurais pas besoin d'en venir là. Si travailleur qu'il soit, si accaparante que soit la besogne, il trouve pourtant moyen de passer dans la journée de bons moments, étendu dans son hamac (autre petit luxe qu'il s'est donné), en fumant une cigarette de vulgaire tabac, et de disparaître de midi à deux heures, comme c'est l'usage, pour faire la sieste. Il prend aussi très bien un pousse-pousse, si je le charge d'une commission, surtout s'il s'agit d'un paquet à porter.

» Je parlais tout à l'heure d'habits d'hiver et d'habits d'été. Qui veut faire ici un long séjour doit préparer une ample provision des deux sortes. Je ne sais encore ce qu'est l'hiver, mais on y grelotte, me dit-on, avec 15 degrés au-dessous de zéro. Il faut donc, sinon des fourrures, au moins des lainages épais et de bons manteaux. Quant à l'été, on ne saurait se munir de trop de costumes légers, frais, faciles à blanchir. Les hommes sont toujours en blanc, du moins dans la journée; pour les femmes, les peignoirs, les blouses et les *matinées* ne seront jamais trop nombreux.

» Mais, d'après toutes sortes de renseignements divers, j'avais cru que les vêtements de couleur déteignaient au soleil et que le blanc seul était possible. On a trop de tendance, en général, à gratifier les pays lointains, sans distinction, d'un climat opposé au nôtre. Ce qui est vrai de la Cochinchine ne l'est pas du Tonkin. Ici, à part cette chaleur humide dont on évite les effets par les soins constants dont j'ai parlé, la température variable, les brusques successions de soleil éclatant et de pluies torrentielles permettent d'utiliser pour sortir les vêtements de toute sorte, lainages légers, percales imprimées à fond clair ou sombre, caoutchoucs, vêtements de pluie, chaussures à double semelle et fins souliers. Il faut de tout.

» Pour le blanchissage, on a encore recours aux Chinois. Le prix est de deux ou trois sous par « morceau », ou bien l'on fait un arrangement pour « cent morceaux ». Que ledit soit un mouchoir ou une robe à treize volants, il n'en coûte ni plus ni moins. Surtout, pas de linge de luxe aux garnitures de dentelles. Le manque de soin du blanchisseur les « casserait ».

en peu de temps. Les robes se salissent et se fripent vite. Point de teinturier ni de dégraisseur. Il n'y a pas non plus de couturière. Mais il y a les tailleurs annamites! Sur mon appel, un petit homme à turban s'est présenté, son mètre sous le bras, avec des échantillons de la soie du pays, laquelle est à peine plus large qu'une feuille de papier! Ils ont, parmi de laides couleurs affectionnées des *congaïs* (le violet et le vert cru, l'orangé), une nuance paille très agréable. Avec beaucoup d'assurance, il m'a affirmé que « lui connaître »! Et, sur un modèle des plus simples que je lui confiai, il me fit, ma foi, une chose allant à peu près. Le modèle n'était point parfait, et les défauts en étaient reproduits scrupuleusement!

» Je renouvelai l'expérience; cette fois il s'agissait de vêtements blancs devant passer à la lessive. Je lui fis comprendre de mon mieux que je les désirais plus étroits que le modèle, mais il hocha la tête d'un air sentencieux : « Madame, moi fait grand; ça lavé beaucoup titi. » Vous avez compris comme moi que ça se rétrécirait au lavage. Ayant rendu sa pensée dans ce français expressif, il s'en alla en me faisant le salut militaire. » (UNE FRANÇAISE AU TONKIN[1], *le Temps*, 16 août 1886.)

III. — GÉOGRAPHIE ÉCONOMIQUE

Productions. — **Minéraux.** Dans son ensemble, le sol des deltas du Fleuve-Rouge et du Mé-Kong est formé d'alluvions modernes et d'amas d'argile. Des roches calcaires aux formes bizarres se dressent en flots au milieu de la baie de Halong; les montagnes du Cambodge et du Tong-King sont de formation calcaire marmoréenne. Sur ce calcaire reposent des gisements carbonifères, et les minéraux signalés dès le dix-septième siècle par les missionnaires et les agents de la compagnie des Indes[2]. — **Houille.** On a découvert de la *houille* dans le Thanh-Hoa et la vallée de Tourane (Annam). Le bassin *houiller* du Tong-King s'étend des deux côtés du Fleuve-Rouge, et M. Fuchs en compare la superficie à celle des grands bassins houillers de la France. Il a exploré ceux de *Kebao* et de *Hon-*

---

1. Cette *Française au Tonkin*, qui ne dit pas son nom, était la femme d'un des membres de la mission Paul Bert. *Le Temps* a publié sous ce titre quelques correspondances charmantes, pleines de bonne humeur, d'observations piquantes, d'anecdotes contées avec autant de grâce que d'esprit. Ces pages trop courtes sont des tableaux achevés de la vie européenne dans la capitale du Tong-King, au début du gouvernement civil.

2. A la fin du dix-neuvième siècle, les documents abondent déjà sur la richesse de ces dépôts miniers. Ils ont été indiqués par les explorateurs *Dupuis* et *Millot*, les Drs *Harmand* et *Maget*, M. Calixte *Imbert*, le lieutenant de vaisseau *Hautefeuille;* MM. les ingénieurs *Fuchs* et *Saladin*, *Sarran*, à la tête de missions officielles, ont étudié de près l'état des gîtes houillers, leur nature, les facilités d'exploitation, les débouchés, etc.

Gay, parallèles à la côte, sur une longueur de plus de 100 kilom., avec une épaisseur de 10 mètres : cette houille, grasse et demi-grasse, a été analysée à l'Ecole des mines, et essayée par l'industrie. « Les charbons du
» Tong-King, écrit M. Fuchs, dans son *Mémoire* (1882), tant par leur com-
» position chimique que par les résultats qu'ils donnent à l'essai indus-
» triel, nous paraissent aptes à entrer pour une petite part très importante
» dans l'approvisionnement des marchés maritimes de l'Extrême-Orient.
» Ils soutiennent notamment très bien la comparaison avec les charbons
» d'Australie, qui sont souvent impurs, et ils sont supérieurs aux lignites
» pyriteux du Japon, dont on fait une si grande consommation à Hong-
» Kong et à Shang-Haï. Enfin, ils se rapprochent tellement des houilles
» françaises, qu'ils pourront prendre, soit en roche, soit en briquettes, sur
» le marché de Saïgon, une importance comparable à celle qu'ont actuelle-
» ment les produits de la Grand-Combe. » M. l'ingénieur Sarran évalue à 200 kilom. la longueur de la bande du terrain houiller, à 20 mètres l'é-paisseur totale du combustible utile. « Notre opinion, écrit-il, est que le
» Tong-King possède une richesse immense en excellent combustible que
» la marine de guerre emploiera avec des avantages marqués sur n'importe
» quel charbon des mers de Chine et de l'Australie, rivalisant avec l'Anzin
» et le Cardiff, par leur extrême pureté, la rareté de la pyrite de fer, et
» par un développement de calorique tout au moins équivalent à celui
» que fournissent ces charbons. Tous les renseignements que nous four-
» nissons aussi complets que possible sont suffisants pour juger, en pleine
» connaissance de cause, de la valeur d'un gisement qui, sur une étendue
» de 40 000 hectares, contient un massif de charbon de plus de 12 milliards
» de tonnes. C'est, comme on le voit, une immense richesse en combus-
» tible, qui pourrait fournir pendant six cents ans une production égale à
» celle de toutes les houillères de France, estimée à 20 millions de tonnes
» par année. » (E. SARRAN, *Etude sur le bassin houiller du Tong-King*, Paris, 1885.)

Les mines de la baie de *Hon-Gay* sont exploitées : les puits de *Nagotna*, *Marguerite* et *Haton* produisaient en 1890 plus de 100 tonnes par jour. La société des charbonnages construisait des quais, des appontements, une voie ferrée, des bâtiments, bureaux, ateliers, logements, magasins, marché, un abattoir, un hôpital. D'autres concessions sont accordées à *Campha*, dans l'île de *Kebao*[1], etc. La facilité de l'exploitation et la commodité du transport sont une garantie de succès pour ces charbonnages ; ils fourniront à notre marine un approvisionnement assuré, abondant et bien moins coûteux.

Le minerai de fer a été reconnu au Tong-King, dans la région de *Bac-Ninh*, *Thaï-Nguyen*, *Son-Tay*, *Tuyen Quan*, *Lang-Son*, *Cao-Bang*, dans le *Thanh-Hoa* ; et au Cambodge, dans la montagne de *Pnom-Deck*, où M. Fuchs a reconnu des gisements, capables de fournir, dit-il, 6 à 7 millions de minerai qui donneront des aciers excellents. Ces minerais sont exploités par les tribus sauvages des Kongs, dont le Dr Harmand nous a décrit les procédés métallurgiques tout à fait primitifs. (Voy. *Bull. de la Société de*

---

1. Voy. *Revue scientifique*, Les mines de houille du Tong-King, 13 septembre 1890 ; — Lettre adressée au *Temps*, 11 janvier 1890 ; — Un article de la *Pall Mall Gazette*, octobre 1889.

géographie de Paris.) — L'or, roulé en paillettes ou en pépites dans les alluvions du Mé-Kong, du Fleuve Rouge et de ses affluents, est depuis longtemps recherché par les orpailleurs annamites et chinois, qui lavent les sables. M. Fuchs a reconnu l'existence de filons de quartz aurifères dans la région de *Mi-Duc*, sur le Song-Don (Tong-King). (*Revue scientifique; Une mission en Indo-Chine*, 21 avril 1883.) En 1885, le gouvernement annamite affermait 16 mines d'or. — L'argent a été signalé par M. Dupuis dans les environs de *Hoyang;* d'autres concessions avaient été faites à *Thaï-Nguyen* et *Tuyen-Quan*. — Le **cuivre** existe à *Hong-Hoa*, à *Son-Tay*, à *Tuyen-Quan;* — le **plomb** et le **soufre** à *Bac-Ninh;* — l'étain près de *Lao-Kaï*. Reste à savoir si la richesse de ces minerais est suffisante pour attirer les capitaux européens et susciter une exploitation fructueuse.

Les Annamites, dans l'arrondissement de Baria, les Chinois, dans celui de Bac-Ninh, exploitent le sel marin, obtenu par évaporation, dans les arroyos ou canaux artificiels où ils introduisent l'eau de mer. Ce sel est vendu aux pêcheurs des lacs du Cambodge, ou exporté en Chine et dans les Philippines.

Cultures et richesses du sol. — Plantes alimentaires. La culture par excellence de l'Indo-Chine française tout entière est le **riz**, qui est presque l'unique nourriture de la majorité des habitants. Tous les deltas, les plaines inondées, les vallées sont des rizières. Ces rizières sont entourées de digues en terre, hautes de 40 à 50 centimètres, qui servent de passage et permettent de régler l'arrosage et l'inondation des champs. Les meilleures terres à riz sont les terres inondées presque toute l'année par les pluies ou les cours d'eau, et plus engraissées de limon; elles produisent 30 hectolitres de riz à l'hectare. En second lieu, viennent les rizières inondées pendant la saison des pluies; une autre catégorie comprend les champs de riz arrosés artificiellement par les eaux des canaux ou arroyos; ils sont disposés par étages; on élève l'eau d'étages en étages à l'aide de roues munies de godets, ou au moyen de paniers, de seaux, de pelles creuses, etc. Le rendement à l'hectare n'est guère que de 12 à 15 hectolitres. Enfin certaines rizières sont établies par les tribus sauvages sur les flancs des montagnes, au milieu des forêts. On pratique une éclaircie par le feu; on sème le riz qu'on recouvre de terre et de cendres. Au bout de deux ans, on remplace le riz par du maïs ou du millet, puis on abandonne le sol épuisé. Le rendement est de 3 à 4 hectolitres par hectare. Sur 2 millions d'hectares de terres cultivables, plus de 200 000 sont employées aux rizières : la Cochinchine est la plus favorisée des régions pour cette culture. Les autres plantes alimentaires qui complètent le riz sont, dans les parties élevées du territoire, le *maïs*, en petite quantité; le *blé noir* ou *sarrasin*, les *légumes, patates, haricots, oignons, poireaux, ignames, courges, aubergines*, etc. Aux environs de Saïgon, entre cette ville et Cholon, les Chinois cultivent avec entrain et succès des *plantes maraîchères* d'Europe (laitues, cressons, choux, radis, tomates, même les asperges). Ces plantes sont aussi cultivées au Tong-King, où la pomme de terre trouve un climat également favorable.

La *canne à sucre* peut être cultivée partout, mais, sauf dans la province de Bien-Hoa, dans le voisinage de Pnom-Penh, et sur le Fleuve Rouge, cette culture est peu développée : le sucre consommé vient de Chine, on vend les cannes à sucre indigènes en nature sur les marchés, et on les consomme fraîches; — le *thé* est rarement cultivé et de qualité médiocre; — le *caféier* et le *cacaoyer* sont rares, mais le sol leur convient. Parmi les arbres fruitiers des jardins, le plus commun est le *bananier*, qui ombrage les cases de ses larges feuilles, et fournit aux Annamites d'énormes régimes de bananes, à la chair molle, douceâtre et parfumée ; les autres principales espèces sont le *jacquier*, dont le fruit vert, épineux, gros comme une courge, est mangé frais et cru ; l'*artocarpe* ou arbre à pain ; l'*oranger*, le *citronnier*, le *bêla*, renommé contre la dysenterie, le *manguier*, abondant en Cochinchine et au Cambodge, rare au Tong-King, un des arbres les plus majestueux de l'Extrême-Orient. Les Européens estiment beaucoup son fruit en forme de haricot jaune, très odorant, à gros noyau entouré d'une pulpe succulente. Les Annamites mangent la mangue verte avec du sel. Le manguier est planté beaucoup plus autour des villages que dans les jardins, où son ombre épaisse rendrait les cultures impossibles (De Lanessan). Il faut citer encore le *tamarinier*, dont la pulpe acide sert à la fabrication d'une limonade ; le *carambolier*, aux fruits jaunes et parfumés, etc. ; le *mangoustanier*, assez rare. Les *ananas*, excellents en Cochinchine, médiocres au Tong-King, sont plantés en haies autour des jardins. Les *pommes*, *poires*, *prunes* et *pêches* du Tong-King manquent de saveur.

Les fruits.

« J'arrive aux fruits d'Asie, dont les nouveaux venus se promettent monts et merveilles. Ils ont bien tort. Le plus grand mérite des *bananes*, des *letchis*, des *goyas*, des *pamplemousses*, etc., c'est de fournir un sujet de comparaison inépuisable et l'occasion de mieux savourer par le souvenir toute la poésie de la pêche, de la fraise, du raisin, des cerises, des prunes et des poires.

» Pourtant, la banane a du bon, si l'on a faim. Elle est nourrissante et inoffensive ; une colonne arrivant à l'étape doit s'en régaler ; mais le dîneur déjà repu préfère les fruits plus fondants. Le letchi est fondant, et d'aucuns l'aiment beaucoup. Figurez-vous une boule grosse comme une noix, de la transparence d'un raisin blanc dépouillé de sa peau, et enfermée dans une coque rugueuse et rougeâtre. Plusieurs boules tiennent à une même tige, laquelle est un peu ligneuse. Maï nous sert la branchette de letchis, en prenant soin d'y piquer des hibiscus rouges ou roses, sans tige. Il en étale aussi autour du compotier, sur la nappe.

» L'emploi des fleurs sans tige est ici de tradition. Souvent les congaïs m'apportent le matin, sur leurs paniers-balances, et me vendent pour quelques sous de véritables pyramides d'argile mouillée, à laquelle sert de base un rond d'écorce de bambou, et où elles ont piqué des fleurs sans tige, aux couleurs infinies, qui se serrent à s'étouffer. Je regrette nos bouquets de

France, où le feuillage joue un rôle si élégant. C'est néanmoins brillant et gai. Quel dommage que la nature soit ici peu clémente ! A peine un jour s'est-il écoulé que la putréfaction végétale commence, et une odeur nauséabonde se dégage de ces ravissantes corolles !

» Pour remplacer le letchi, dont la saison vient de finir, voici venir l'ananas. Il n'est pas encore bien mûr. Toutes les marchandes étalent sur leurs paniers les tranches rondes, qu'elles ornent de petites coupures crénelées. D'autres fruits viennent de Shang-Haï ou de Manille. J'ai parlé de la goyave, qui n'est guère agréable qu'en gelée. Le pamplemousse est une sorte d'orange énorme, aux larges quartiers, dont la chair rose est juteuse et rafraîchissante, mais de saveur fade.

» J'abrège cette revue rapide pour m'arrêter à deux fruits vraiment délicieux : le mangoustan et la mangue. Le mangoustan se présente d'abord sous la forme d'une insignifiante boule noire, quelque chose comme une aubergine qui serait ronde. Mais veuillez y pratiquer une incision circulaire et détachez une des deux moitiés de coquille, vous trouverez dans l'autre, engagée à mi-corps, une sphère côtelée, éblouissante de blancheur ; vous piquez alors le fruit savoureux avec les dents de la fourchette, et il se détache facilement de la seconde moitié de coquille, qui semble un écrin à la doublure rose.

» La mangue est un fruit célèbre par les discussions qu'il soulève. Il y a ceux qui ne l'aiment pas parce qu'elle sent la térébenthine, et ceux qui en arrivent à aimer la térébenthine parce qu'elle rappelle la mangue. Je suis parmi les enthousiastes, et je vous apprendrai peut-être quelque jour que j'ai avalé par gourmandise le contenu d'un flacon destiné à polir les meubles ou à dégraisser les habits. Je confesse qu'il faut quelque temps pour apprécier la mangue, et je connais même un Français qui a mis vingt-cinq ans à l'aimer ; mais aussi comme il se rattrape à présent ; c'est une idolâtrie. Sans aller aussi loin, disons que ce fruit ressemble à la grande musique, qui exige plusieurs auditions pour révéler toutes ses beautés. La mangue a la forme d'une poire aplatie et la couleur de la *Revue des Deux-Mondes*. Un gros noyau en occupe le centre. La chair est si fine et si fondante qu'on la mange à la cuiller. Le suprême est de laisser la mangue pendant quelque temps en sandwich entre deux glaçons. Je ne sais pas de sorbet qui soit plus exquis. » (*Une Parisienne au Tonkin*, le Temps, août 1886.)

Plantes industrielles. — Le cotonnier se rencontre partout. Les principaux champs de culture qui donnent lieu à quelques exportations en Chine sont au Cambodge, sur les rives et dans les îles du Mé-Kong (île Kassutine); il est commun dans les provinces de Nghé-An et Than-Hoa. Le coton est de qualité médiocre, de l'espèce courte soie, doux, soyeux, d'un beau blanc. Il est employé au tissage des vêtements de la classe pauvre. La culture et le rendement pourront en être aisément améliorés. — L'*onatier bombax* donne un fruit couvert de poils blancs qui entrent dans la fabrication des matelas cambodgiens; — la *ramie* et le *chanvre*, encore peu développés, pourraient fournir une abondance de matières premières à l'industrie du tissage, à la confection des filets. — Les mûriers, d'espèce naine, abondent, surtout dans le delta du Mé-Kong, où il donne jusqu'à cinq récoltes par an; — l'*indigo* et le *cunao*, d'ailleurs mal préparés, fournissent au Cambodge et dans l'Annam la matière colorante pour la teinture des étoffes de cotons indigènes.

Les plantes oléagineuses et résineuses sont en général peu cultivées dans l'Indo-Chine française, bien que le sol s'y prête : quelques champs d'*arachides* dans la province annamite de Phu-Yen et dans les environs de Qui-Nhone, fournissent des produits qui servent à l'alimentation ou à la fabrication de l'huile d'éclairage; — le *cocotier* est florissant surtout dans le voisinage des côtes, dans les terrains sablonneux, aux alentours des villages; son huile est excellente pour l'éclairage, son fruit est comestible; ses filaments servent à la confection de cordes grossières, mais solides; l'enveloppe fibreuse et épaisse qui entoure la noix renferme une matière granuleuse, presque imputrescible et qui se gonfle dans l'eau. La marine française, depuis les belles expériences de l'amiral Pallu de la Barrière, l'emploie sous le nom de cellulose. On a proposé de remplacer les cuirasses d'acier de nos navires par des matelas de cellulose fortement comprimés dans des caissons en fer. Les boulets les traversent sans laisser passer l'eau, car la cellulose gonflée se referme sur la trace du boulet.

Le *sésame*, le *ricin*, plantés dans les haies près des habitations, sont employés dans l'alimentation domestique, mais ne sont pas cultivés en grand. Les arbres qui fournissent la *gomme gutte* et le *caoutchouc* sont encore rares, mais ils pourraient être acclimatés avec succès. — L'*aréguier* forme des bosquets serrés dans les deltas de la Cochinchine et du Tong-King; chaque famille en cultive pour sa consommation, c'est-à-dire pour la chique de bétel. — Le *bétel* est une plante grimpante cultivée dans les jardins, où elle accroche ses tiges frêles aux arbustes ou à des porches. Le bétel est toujours vert et sa croissance continue. La feuille fraîche est enduite de chaux et enroulée autour d'un morceau de noix d'arec fraîche ou desséchée. On obtient ainsi la *chique* que les Annamites des deux sexes mâchent avec délices, qui irrite les muqueuses de la bouche et amène à la longue le déchaussement des dents et l'ulcération des gencives.

Le **tabac** est cultivé partout. Le plus estimé est celui du Cambodge. Ce tabac mal préparé, et encore impropre à l'exportation, est consommé sur place, dans des pipes ou sous la forme de longues cigarettes faites avec du papier de Chine ou des feuilles de bananier. Souvent les Annamites mâchent le bétel et fument le tabac en même temps.

Le **poivre** n'est encore cultivé que dans quelques localités, notamment à Kampot, près du golfe de Siam, au pied de la chaîne de l'Éléphant;

cette culture est presque exclusivement aux mains des Chinois qui en tirent de beaux bénéfices. — Le *badianier* donne une essence de badiane très odorante et recherchée des Chinois; — le *cannelier*, une écorce qui s'exporte par Tourane dans le Céleste-Empire; des essais encourageants de culture du *pavot* pour la préparation de l'opium ont été faits au mont Bavi, près Sontay.

Les **forêts** de l'Indo-Chine française couvrent les deux tiers du sol, mais elles se prêtent peu en général à une exploitation commode et avantageuse. Les Annamites ont dévasté par le feu ou par un défrichement systématique les massifs côtiers, et les collines voisines de la mer sont revêtues de broussailles et de buissons sans valeur.

Les forêts du Tong-King sont pauvres en arbres de grande taille; celles de l'Annam renferment de beaux massifs, mais d'une exploitation difficile à cause de l'éloignement et de l'absence de routes. Les plus belles forêts et celles qui donnent actuellement les plus beaux bénéfices sont celles des arrondissements de Thu-dau-Mot, Tay-Ninh, Bien-Hoa, Baria en Cochinchine; et celles des rives du Mé-Kong dans le Cambodge. Celles de Cochinchine produisent annuellement 16 000 mètres cubes de bois destinés surtout au chauffage. Les essences utilisées pour les constructions navales, la charpente, l'ébénisterie, la menuiserie sont rares. L'Indo-Chine française n'a pas les bois de tek du Siam et de la Birmanie, si estimés pour les constructions navales, ni les bois précieux d'ébénisterie de l'Amérique; mais elle possède néanmoins « plus de deux cents espèces ou variétés de bois, dont vingt-cinq d'excellente qualité, cinquante de bonne qualité, et cent environ tendres et médiocres, mais qui trouvent cependant de nombreux emplois. » (THOMÉ, *Journal officiel*, 1890.)

Les plus belles essences sont les *bois de fer*, très durs et utiles à la construction et à l'ébénisterie, de couleur rouge, jaune clair, inattaquables aux fourmis blanches et d'une durée indéfinie; le *num*, bois noir employé pour les incrustations et les meubles de prix; le *trac*, bois rouge propre aux incrustations de nacre; le *gô*, employé pour les presses à huile, les pilons à décortiquer le riz, les meubles. Avec le *cho-chi* on fabrique les jonques, les sampans; avec le *gian-mat*, les avirons; avec le *the-moc*, les cercueils riches; les bois de deuxième ordre se débitent en planches et en madriers d'usage courant. — Les **bambous** des forêts rendent d'inappréciables services à la population pour la construction des paillottes et des maisons, les radeaux, les mâts et rames des jonques, les séchoirs à poissons, la plupart des ustensiles domestiques, les meubles, le papier, les instruments de musique, et même l'alimentation.

« En Annam, comme au Tong-King, le mode d'exploitation des bois et des produits de toute nature de la forêt est à peu près le même. L'abatage du bois se fait avec une petite cognée, l'usage de la scie étant à peu près inconnu. Le travail n'avance que très lentement; mais, pour l'Asiatique, le temps n'a aucune valeur. Les pièces sont coupées en billes de cinq mètres de long environ, rarement plus, et traînées par des buffles jusqu'au bord du fleuve où s'organisent les trains de bois. Ces immenses radeaux sont à éléments flexibles et peuvent s'infléchir dans les contours des rivières; ils sont composés de pièces de bois associées à de nombreux paquets de bambous qui aident au flottage des bois lourds et sont assujettis au moyen de rotins. Sur le radeau s'élèvent une ou plusieurs paillottes légères destinées à loger les bateliers et à abriter les marchandises de valeur. Le train est chargé en outre de divers produits forestiers, cunao, paquets de rotins et de ramie, médecines chinoises, feuilles de latanier, fruits et écorces. Généralement des sampans ou pirogues sont encastrés dans le train pour remonter les bateliers après réalisation du radeau et de sa charge. » (THOMÉ, *les Forêts de l'Indo-Chine, Journal officiel* et *Revue scientifique*, décembre 1890.)

Animaux. — La faune indo-chinoise réunit les espèces indienne, malaise et chinoise. Elle compte plusieurs variétés de *singes*, des *blaireaux* et des *ours* dits des *cocotiers*; des *léopards*, *panthères*, *chacals* et des *tigres* qui sont la terreur des cantons forestiers ; — des légions de *rats* qui ravagent parfois les plantations et les rizières ; — des **éléphants** qu'on apprivoise assez aisément, des *rhinocéros*, des *sangliers*. On a dressé aux usages domestiques le **buffle** qui laboure les rizières sous un soleil de feu ou traîne les chariots sur les routes : on évalue à plus d'un million le nombre des buffles domestiques de l'Indo-Chine française; les *bœufs zébu* servent au même usage, les *bœufs trotteurs* sont réservés à l'attelage. Les *chevaux* petits, mais robustes, s'élèvent au Cambodge et dans les hautes régions de la Cochinchine ; — les *moutons* sont rares, les *chèvres* encore peu acclimatées, les porcs très abondants partout.

Les *poules* et les *canards* vivent par milliers dans les villages, et au bord des arroyos, le pigeon est commun. Les *vautours*, *aigles*, *cigognes*, *ibis* et *faucons* font l'office de balayeurs ; les *salanganes* bâtissent leurs nids comestibles dans les îles et sur le littoral du golfe de Siam. Les *perroquets* au plumage divers peuplent les forêts, et le *choatchue* ou rossignol fait les délices des jardins. Le *moineau* à tête grise ressemble à celui d'Europe, et le *merle mandarin* est un bel oiseau noir à reflets pourprés et verts qui siffle et qui jase à l'instar des perroquets. — Des nuées d'oiseaux aquatiques, *bécassines*, *pluviers*, *sarcelles* couvrent les marais ; on les prend au filet la nuit ; les *perdrix*, *faisans*, *coqs* et *poules* sauvages, *hérons*, *marabouts*, se rencontrent partout ; d'innombrables petits oiseaux, aux plumes multicolores, sont pris dans les forêts pour la fabrication des éventails.

Les *crocodiles* abondent en Cochinchine et dans le lit du Mé-Kong, où ils pondent leurs œufs dans le sable des îles ; — parmi les autres sauriens, les principaux sont le *lézard*, le *caméléon*, l'*iguame*, le *geckok*, le *margouilla*, ennemi acharné des moustiques. — Les ophidiens sont représentés par de redoutables espèces : le *cobra*, le *serpent annulaire*, le *naya*, le *serpent vert*. Le *python* n'est pas venimeux, il fait surtout la guerre aux poules, aux canards et aux rats. Le *herpeton* à barbe et le *homolopsis* sont des serpents d'eau qui détruisent le poisson des marais. Les *tortues* sont recueillies surtout dans les îles de Phu-Quoc et de Poulo-Condor. Les côtes de l'Indo-Chine sont très riches en poissons : *requins*, *raies*, *cachalots*, *harengs*, *morues*, *sardines* sont les principales espèces pêchées au large près du littoral. Dans les rivières et les étangs, des pêcheries admirablement installées et exploitées par des cantons entiers, emploient des milliers d'hommes et font vivre une population nombreuse. (Paulin VIAL.)

L'Indo-Chine a quelques invertébrés utiles dans les *abeilles*, le *ver à soie*, les insectes de la gomme-laque et de la cire, etc. — Mais les espèces nuisibles sont innombrables : *charançons*, *bruches*, *hannetons*, *courtilières*, *fourmis*, *cancrelas*, *termites*, *chenilles*, *guêpes*, *moustiques*, *scorpions*, etc., pullulent, ravagent les plantations, détruisent les bois, rongent les étoffes, mettent les habitants, et surtout les Européens, à la torture.

Industrie. — Les Annamites et les Cambodgiens sont surtout des agriculteurs. Ils ont laissé, par indolence bien plus que par manque d'aptitudes, les Chinois accaparer les arts industriels, les métiers, les comptoirs, le trafic. Néanmoins, une réaction semble se produire ; et les Européens préfèrent aux Chinois plus routiniers, moins traitables et beaucoup moins sûrs, les ouvriers annamites qui sont patients, intelligents, adroits autant que les Chinois, et se laissent plus volontiers guider et instruire dans les divers métiers. L'Annamite du Tong-King se prête mieux que les autres aux arts industriels.

Dans le **Cambodge**, les industries locales sont principalement celles des *bijoux*, des *étoffes de soie*, des *cotonnades* ; la *poterie* et la *briqueterie* ordinaire ; la fabrication des *nattes* de joncs et des *éventails* en plumes d'oiseaux peintes ; — les *pêcheries* (voy. p. 563) : des artisans sculptent de grossières figures de Bouddha ou d'animaux fantastiques ; l'architecture ne sait plus même imiter les modèles grandioses de l'art Khmer.

Dans l'**Annam** : l'art annamite dérive de l'art chinois aussi bien dans la construction des palais que dans la fabrication des objets sculptés de bois, de bronze ou d'ivoire. Les citadelles sont l'œuvre d'Européens ou sont de style européen.

Les ciseleurs et bijoutiers annamites fabriquent des *colliers*, *bracelets*, *boucles d'oreilles*, *boutons* qui ne manquent ni de goût, ni d'originalité ; les *broderies*, les *meubles incrustés* de nacre démontrent l'habileté de la main-d'œuvre ; — les industries de la *soie* donnent surtout des tissus grossiers ; les cocons sont de mauvaise qualité, les métiers rudimentaires, les tisseurs inexpérimentés. — Les tissus de *coton*, faits avec les fils indigènes, sont insuffisants pour la consommation locale ; — le *sucre* est fabriqué par des procédés très primitifs et ne s'exporte pas ; les moulins mécaniques établis en Cochinchine par les industriels européens n'ont pu jusque-là prospérer à cause de l'insuffisance de la matière première ; — les *briqueteries*, *féculeries*, *poteries*, *chaudronneries*, fournissent des produits courants, de forme rarement artistique, et incapables de lutter contre les produits d'importation étrangère. — Les familles annamites décortiquent et blanchissent leur riz domestique ; en Cochinchine, des usines à vapeur ont entrepris en grand et avec succès cette opération. — On tire du riz une *eau-de-vie* et un *vin* très recherchés des Chinois et des Annamites ; avec la *badiane* on distille une essence estimée des mandarins. — Les chantiers de Saïgon et de Cholon construisent des *sampans* et *barques* de mer et des barques de luxe pour les mandarins. — Les Européens ont essayé d'introduire dans l'Indo-Chine la fabrication de la *bière de riz*, du *savon*, de la *glace*, le *décortiquage et blanchissage du riz*, les *sucreries*. La plupart de ces entreprises, peu secondées ou gênées par l'apathie ou la malveillance des indigènes, les règlements administratifs, les tarifs de douanes, l'insuffisance des débouchés, la concurrence étrangère, n'ont pas eu jusque-là le succès désirable.

Commerce — Voies de communication. — En **Cochinchine** et au **Cambodge** les routes de transport ordinaires sont celles des postes (voy. p. 556) ; la plupart aux mains des Messageries fluviales. La Cochinchine correspond tous les quatorze jours avec le *Japon* et *Hong-Kong*, avec *Manille*, *Java*, la *France* ; tous les mois avec l'*Australie*. — Le **Cambodge** a trois fois par semaine, à l'aller et au retour, les bateaux à vapeur de *Pnom-Penh à Saïgon* (trente-six heures pour monter, vingt-quatre à vingt-huit pour descendre). — Les routes terrestres du Cambodge, parfaitement entretenues sous An-Duong, père de Norodom, sont aujourd'hui abandonnées et détruites pour la plupart. De belles chaussées de maçonnerie rayonnent encore autour de la ville sacrée d'*Oudong*, vers *Kompong-Luong*, *Chang-Hoa*, *Pnom-Penh*; celles qui se dirigent vers Poursat et la frontière siamoise sont impraticables. Le Cambodge n'a aucun canal artificiel; les embarcations ne remontent pas le Grand-Fleuve sans difficulté pendant la saison sèche. Un service de vapeur a été établi de Pnom-Penh à Kratié et Sambor, et les expériences de MM. de Fésigny, Gauthier, etc. (voy. plus haut), permettent d'espérer que la navigation à vapeur pourra être poussée plus avant vers le Laos. — En dehors des routes fluviales, les transports se font par les chevaux, les éléphants, les chars à bœufs et à buffles.

En **Annam**, la route principale est la *route mandarine*, qui traverse le pays du nord au sud, et à laquelle viennent se souder les voies secondaires. Elle part de *Hué*, et se dirige au nord jusqu'à la frontière de Chine, large de six mètres en moyenne, et parfois de deux, de huit et de dix. Peu commode pour les voitures, très praticable aux charrettes à buffles, elle traverse plusieurs cols, principalement celui des *Portes de Fer*, près de Tourane (470 m.), très escarpé; — celui de *Ving-Chua* dans la chaîne de ce nom, plusieurs autres de Tourane à Hué. — De Hué, la route se prolonge au sud jusqu'en Cochinchine. De nombreux sentiers ou chemins ruraux, larges en moyenne de 2 mètres, rejoignent la route de chaque côté. Quelques-uns franchissent les monts et descendent en pays moï ou laotien : les cols les plus fréquentés se trouvent dans les provinces de Quang-Binh, Hu-Tinh, Binh-Dinh, Nge-An, Than-Hoa.

Au **Tong-King**, les travaux des ponts et chaussées et les travaux hydrauliques sont indispensables pour consolider les digues, élargir les routes, construire des ponts, rectifier les canaux comme celui d'Haïphong à Hanoï et celui de Bac-Ninh.

Routes de commerce. — Le Fleuve-Rouge est une voie de pénétration peu commode vers la province chinoise du Yun-nan. Il est difficilement navigable dans la partie supérieure de son cours; et il traverse en amont du Delta des pays presque inhabités. — Dans le Yun-nan, la région traversée par le Fleuve-Rouge est peu fertile; le fleuve encombré de rochers. Les Chinois s'efforcent, suivant le rapport de M. Rocher, de diriger les marchandises par le Si-Kiang, le Quang-Toun, le Quang-Si jusqu'à Pé-Si, ville frontière de Yun-nan. Le trajet est beaucoup plus long, mais plus commode que par Haïphong, Hanoï, Laokai et Yun-nan-Fou.
— Les marchandises suivent surtout la route de Pak-Hoi à Nan-Ning (Quang-Si) et à Pé-Sé par le bras inférieur du Si-Kiang. — Le port de Pak-Hoi, en 1887, importait pour 17 millions de marchandises européennes.

Pour développer les relations commerciales du Yun-nan avec le Tong-King, il est de toute nécessité d'améliorer la navigation du Fleuve-Rouge en faisant sauter les roches, en supprimant les rapides, en créant des chemins de halage et des postes de haleurs et de pilotes.

Le Quang-Si est une province couverte de montagnes nues et stériles, avec une population clairsemée et des terres arables d'une médiocre étendue, suivant Colquhoun; ses relations sont médiocres avec le Tong-King. Mais la route stratégique d'Hanoï à Bac-Ninh, à Langson et à That-Khé, doit être établie dans de bonnes conditions.

Suivant le docteur Neis, cinq routes différentes mettaient autrefois le

Tong-King et l'Annam septentrional en relations avec Louang-Prabang. Deux remontaient le Nam-ou, et par des dépressions ou des vallées secondaires gagnaient le Song-Ma et la Rivière-Claire; une troisième, le long du Nam-Senan, traversait les montagnes et gagnait Muong-Son sur le Song-Ma; une quatrième remontait le Nam-Khane et traversait les montagnes pour aboutir à Muong-Son; le capitaine Gruet l'a explorée récemment. — Une cinquième remonte le Nam-Khane, passe par Khassy, sur le Ngoun, traverse la chaîne, descend à Muong-Mô, sur un affluent du Song-Ca, et arrive à Vinh. M. Pavie, vice-consul à Louang-Prabang, en 1886 et 1888, tenta d'explorer la première route; une première fois arrêté par la révolte des Hôs, il réussit à deux reprises, grâce à l'appui du colonel Pernot et de ses soldats, à atteindre la Rivière-Noire à *Laï-Chan* d'abord, puis plus à l'est, près de *Cho-Bo*. — Mais toutes ces routes sont peu praticables au commerce dans l'état actuel.

Entre l'Annam central et la vallée du Mé-Kong, les routes également peu praticables sont : 1° celle qui remonte le Nam-Xane jusqu'à Muong-Ngan, puis traverse les montagnes jusqu'à la rivière Mô, et par le Song-Ca jusqu'à Vinh. — Ces rivières sont difficilement navigables et la contrée montagneuse est infestée de bandits. — 2° Route par le Nam-Khadine et ses affluents, passage des monts par Ha-Trai, et descente sur le Phole-Song-Ca et Vinh. — 3° Route suivie par M. Harmand, de Kemmert, sur le Mé-Kong, par le Sé-Bang-Hieng, le Sé-Tamouk, le Sé-Tchéponi, traversée des montagnes, descente sur le Sé-Camlo jusqu'à Quang-Tri. — Ces routes et quelques autres sont à peine connues des indigènes eux-mêmes et ne sont pas des voies commerciales.

Entre le Laos et la Cochinchine, la route du Mé-Kong avait d'abord déçu les premiers explorateurs du Grand-Fleuve. Les explorations qui ont été faites depuis 1868 et que nous avons signalées ailleurs, ont démontré que les rapides à certaines saisons n'étaient pas tous infranchissables, mais non qu'une entreprise de navigation à vapeur régulière puisse se fonder sur le Grand-Fleuve dans les conditions de navigabilité actuelle.

Le danger est surtout dans la concurrence qu'offre la route suivie par les marchandises entre le Haut-Laos et le Mé-Nam. C'est là que les Anglais ont projeté l'établissement d'une voie ferrée en territoire siamois.

Chemins de fer. — Les études de chemins de fer, commencées en 1882 au Tong-King, sous les auspices de M. Le Myre de Villers, par MM. *Vienot* et *Schrœder*, et continuées depuis par une commission technique officielle nommée en 1887, ont donné les principaux projets suivants (voy. *Journal officiel* du 29 août 1887).

La tête de ligne maritime des chemins projetés serait *Port-Courbet* (Hon-Gay) sur la baie d'Halong. Les cinq lignes proposées par la commission sont les suivantes : 1° *Hanoï à Hon-Gay* (175 kilom.) par Bac-Ninh, les Sept-Pagodes, Dong-Trieu, Quang-Yen. — 2° *Bac-Ninh à Langson* par Phu-Lang-Thuong, Kep, Bac-Lé, Than-Hoï, le col de Cut (125 kilom.); cette ligne est en voie d'exécution. — 3° *Hanoï à Laokai* (305 kilom.) par Vietri, Than-Quan, Bao-Ha. — 4° Les lignes de l'*Annam du Nord* et du *Laos* ne sont pas bien déterminées. — D'autres projets de voies ferrées pour la pénétration en Chine n'ont pas été concédés par l'administration.

Un chemin de fer rattache *Saïgon à Mytho* (71 kilom.).

Postes et télégraphes. — **Cochinchine.** — Le service des **postes** entre Saïgon, les chefs-lieux d'arrondissement et les principaux centres de l'intérieur est fait par les bateaux des *messageries fluviales*. Des diligences et des voitures publiques régulières relient les villes; le *tram rural* (voy. p. 556) est presque partout installé. — Un courrier *pour la France*, alternant avec la correspondance de la malle anglaise, part de Saïgon tous les quatorze jours. — Un courrier pour le *Tong-King*, tous les quatorze jours, en sept ou neuf jours, avec escale à Qui-Nhon, Tourane, Chomay, Haï-phong; — un courrier *pour Singapour*, par quinzaine, avec escale à Poulo-Condore, en cinq jours à l'aller, trois jours au retour.

Le service **télégraphique** comprend 1580 kilomètres de lignes et 35 bureaux. — Une ligne rattache Saïgon à Bang-Kok par Pnom-Penh et Battambang.

Cambodge. — Le service **postal** est assuré aussi par les bateaux des messageries fluviales et les trams; — des lignes **télégraphiques** relient Pnom-Penh à Chaudoc, Kampot, Hatien, Poursat, Kampong-Prak, Sambor, Banam et Tay-Ninh.

Annam. — Le câble *télégraphique* qui relie Haï-phong à Saïgon dessert Thuan-An. — Une ligne télégraphique terrestre traverse tout l'Annam en longeant la côte et se relie aux fils de la Cochinchine et du Tong-King.

Tong-King. — Les correspondances *postales* avec l'intérieur se font par bateaux à vapeur ou par la voie des trams annamites, qui font maintenant un service régulier et sont subventionnés par l'administration française. Les correspondances avec l'extérieur sont expédiées sur Haï-phong et dirigées sur Saïgon et l'Europe ou sur Hong-Kong et la Chine. — Quatorze bureaux de poste sont déjà établis; mais la plupart, confiés à des vaguemestres, se bornent à la réception et à l'expédition des correspondances.

Tous nos postes sont reliés par des *lignes télégraphiques* ou par le télégraphe optique. Les lignes partent de Hanoï et vont à Haï-phong, à Hong-Hoa par Son-Tay; à Bac-Ninh et Phu-lang-Thuong. De Haïphong, deux câbles sous-marins se détachent, l'un vers Saïgon par Hué, l'autre vers Hong-Kong.

Cochinchine. — **Importations**. — En 1883, les importations de marchandises diverses par navires au long cours atteignaient le chiffre de 12237000 piastres, *monnaies, opium, tissus de coton, soieries, vins, alcools, métaux, huiles, farines, livres et papiers, comestibles et salaisons, charbon, ciment, armes et munitions*. La Chine comptait dans ces provenances pour 3225000 piastres, Singapour pour 3132000, la France pour 1360000, les autres ports d'Europe pour 446000. — **Exportations** : Elles s'élevaient au chiffre de 16000000 de piastres; le *riz* représentait dans le total la somme de 12326000, principalement à destination de la Chine, de Singapour et des Indes néerlandaises; les autres marchandises principales exportées étaient le *poivre*, les *fruits*, les *plumes d'oiseaux*, les *soies* et le *coton*, les *bois de teinture et d'ébénisterie*, l'*indigo*, etc.

Le port de Saïgon est le plus grand marché, le plus grand centre de commerce général de la colonie; le mouvement général des *importations* s'élève à 8000000 de piastres; celui des *exportations* à 10000000. Les autres ports principaux de commerce sont *Mytho, Rachgia, Camao, Hatien.*

Cambodge. — La valeur des **importations** et des **exportations** se balance à peu près. Sans compter les produits de transit, venant de Laos et de Siam, on les évalue à 12 ou 13 millions de francs. — Les objets d'**exportation** sont le *poisson,* le *coton égrené,* les *légumes,* le *cardamome,* le *sucre de palmier,* les *peaux, nattes,* le *poivre,* les *huiles,* les *plumes,* la *cire,* les *gommes,* l'*écaille de tortue,* les *bois.* — Les **importations** portent sur le *sel,* les *vins* et *spiritueux,* les *sucres, porcelaines, faïences* et *poteries,* le *papier,* l'*opium,* les *tissus anglais* et *français, armes* et *outils,* les *farines,* les *articles de Paris,* le *thé* de Chine, les *conserves alimentaires* d'Europe, de Chine et d'Amérique.

Annam. — Les ports de l'Annam ouverts par les traités, Fai-Foo, Quang-Ngai, Tourane et Qui-Nhon, ont fourni à l'**exportation** (1887) environ 4 millions de francs. — Le mouvement de cabotage entre les ports de l'Annam et du Tong-King est évalué à 7 millions environ. — Le commerce d'**importation** par les six bureaux de douane atteignait, en 1887, le chiffre de 7 230 000 francs : 5 millions et demi pour Tourane, 1 200 000 pour Qui-Nhon. — On **exporte** du *sel marin,* des *huiles d'arachide,* du *sucre,* des *tissus de soie,* des *légumes,* etc. — On **importe** surtout du *riz,* des *cotonnades,* de l'*opium,* des *métaux,* du *papier,* des *poteries,* du *thé.* — La part de la France et de la Cochinchine ne s'élève qu'à la somme de 1 500 000 francs.

Tong-King. — En 1887, la somme des **importations** a atteint 38 368 000 francs (en 1886 : 29 ; en 1885 : 22 ; en 1883 : 10). Elles portent sur les *tissus, animaux, métaux, vins, bières* et *spiritueux, conserves alimentaires, farines, lait concentré, papiers, allumettes, tabac, sucre, huiles minérales,* etc. — La part de la **France** dans le total est de 10 millions environ.

La part de la Chine par les frontières de terre (par Laokai et Monkay) est d'environ 1 300 000 francs (en 1886, 220 000). Les **importations** chinoises sont : le *thé,* l'*opium,* l'*étain,* la *cire végétale,* les *écorces tinctoriales,* les *médicaments.* — Les **exportations** principales sont : le *riz,* le *coton,* la *soie grège,* le *cunao,* l'*étain,* les *bois* de toute nature, les *gommes,* les *huiles,* les *médecines,* les *peaux,* les *objets de laque,* etc.

Haïphong est le grand port commercial du Tong-King, le seul fréquenté par les navires à vapeur. Il reçoit à lui seul plus des trois quarts des marchandises. Il a été fréquenté en 1887 par 418 navires ou grandes jonques de commerce, sans parler des vapeurs et des transports de l'Etat français (58 français, 52 allemands, 50 danois, 42 anglais, 212 jonques chinoises et annamites).

De Hué à Tourane : les trams : le col des Nuages.

Le port le plus rapproché de Hué est Thuan-An, à 14 kilomètres à l'est. Mais l'entrée de la lagune n'est accessible que d'avril à octobre ; le reste du temps, les vaisseaux débarquent leurs marchandises à Tourane, à 100 kilomètres au sud-est de Hué. « Thuan-An serait le désert si quelques pal-
» mistes rabougris et des haies de pandanus ne lui donnaient un faux air
» d'oasis. Il y a pourtant sur cette bande de sable une garnison avec ses
» rouages administratifs, un bureau télégraphique et une cantine... La
» pêche y est bien amusante. Le pêcheur et le marsouin sont deux amis
» qui s'approvisionnent mutuellement. C'est à qui attendra l'autre : le
» pêcheur attend le marsouin pour jeter son filet et le cétacé n'accourt que
» s'il voit le pêcheur. L'homme choisit naturellement l'endroit où il y a le
» plus de poissons, le marsouin qui le sait leur fait la chasse, poussant
» les plus agiles dans le filet, mais happant les retardataires. Il faut dire
» aussi que le pêcheur amorce à l'endroit qu'il a choisi. Quelquefois le
» marsouin se prend dans les mailles, alors le pêcheur le repousse à grands
» coups de bâton. »
La rivière de Hué est immense ; la rive gauche est en partie couverte de sable, la droite bordée de rizières et de pâturages. Çà et là des barrages avec des passes et des fortins munis de vieux canons.

« Plus on approche de Hué, plus le paysage devient riant. A partir du village de Ba-truc, et particulièrement sur la rive droite, ce ne sont plus qu'arbres majestueux ombrageant des pagodes aux faîtes surchargés de monstres en mosaïque, qui rampent et serpentent sur les arêtes, bambous penchés sur l'eau verdâtre, qui laissent entrevoir derrière leurs troncs sveltes quelques *cai-nhà* (cases) en torchis, à l'aspect plutôt pittoresque que misérable, puis des maisons de mandarins, dont l'architecture tient à la fois de la pagode et de la *cai-nhà*. De ce fouillis de verdure s'échappent et divergent des porteuses d'eau, des *con-gai* allant laver leur riz au fleuve, des porcs, des poules, des canards, des buffles qui se dodelinent dans l'eau avec des airs de sybarites, et jusqu'à des éléphants chargés d'énormes bottes d'herbe ; tout cela crie, grouille, barbote et rumine au milieu des sampans, autres habitations encore, et qui renferment parfois, entre leurs quatre planches, une famille nombreuse, dont les rejetons nus ressemblent à de petits chimpanzés. »

La route mandarine se dirige au sud-est de la ville de Hué parallèlement au rivage, entre la rivière de Phu-cam et les montagnes de l'ouest. Tantôt elle est belle, ombreuse, et traverse des villages où les cases s'élèvent entourées de bambous, de tecks et de manguiers, au milieu de champs d'arachides ; tantôt elle coupe des plateaux arides, brûlés par le soleil, parsemés de dunes, ou gravit des pentes rocailleuses ; souvent l'eau est saumâtre et malsaine, et le voyageur altéré apaise sa soif à l'aide d'une décoction brûlante et amère appelée *ché-hué*, qu'on trouve dans la plupart des cases; c'est le thé du pauvre. De distance en distance sont disposés des *trams* ou relais.

« Le tram est un vaste caravansérail quadrangulaire, où tout voyageur peut venir se reposer. Il est couvert en briques, entouré d'un fossé et d'un mur avec terrasse d'observation aux angles. Le terrain d'enceinte est cultivé en arachides ou patates. Le service du tram comprend un certain nombre de coolies et de lettrés habitant les environs, et qui se subdivisent en porteurs de fardeaux, guetteurs, coureurs à pied et à cheval, palefreniers, secrétaires et chefs de tram. Ils sont exempts d'impôt et de service militaire, et reçoivent une ration journalière de riz. On donnerait aussi aux coolies, d'après un interprète de la légation, une solde mensuelle de 5 tiens ($0^{fr},40$).

» Le gouvernement leur cède un terrain sur lequel ils bâtissent leur cai-nhà et cultivent ordinairement de petits carrés de patates et de rizières. Ils doivent être prêts à partir à toute heure du jour et de la nuit. Le secrétaire du tram tient un rôle, pour que chacun parte à son tour. Un tronc desséché et creusé sert de tam-tam. Pour appeler, le secrétaire fait frapper sur ce tam-tam un certain nombre de coups cadencés d'une manière convenue. Ce bruit s'entend de loin, et l'on voit sur-le-champ les coolies, qui doivent quitter tous travaux, accourir au nombre demandé.

» Le service des trams comprend le transport des mandarins et de leurs bagages, du matériel de l'Etat, et, surtout, le port rapide des correspondances. Leur fidélité en matière de transport est à peu près sûre, car on peut les retrouver par les rôles du tram et leur infliger une punition sévère. Les trams postaux ont une sonnette appendue à leurs ceintures. Ils portent, en outre, un petit drapeau annamite qu'ils déploient tout en courant, à chaque rencontre de nature à arrêter leur marche, et au passage des bacs pour avoir la priorité. Cette institution, qui remonte au neuvième siècle, a toujours rendu de grands services. Elle est seule chargée de notre transport postal dans l'intérieur de l'Annam, et il fonctionne régulièrement. » (C. Paris[1], *Voyage d'exploration de Hué en Cochinchine, par la route mandarine*; Paris, in-8°, 1889.)

---

1. M. **Camille Paris**, employé de l'administration des télégraphes, reçut

M. le docteur **Hocquard**, médecin-major de la marine, a raconté, dans son récit *Trente mois au Tonkin*, son voyage par terre de Tourane à Hué et la traversée qu'il fit du *Col des Nuages*.

« De Tourane au village de Nam-Ho, la route est monotone ; nous longeons de grandes dunes contre lesquelles sont adossées, de distance en distance, de misérables huttes de pêcheurs. Ces pêcheurs ont des bateaux d'une forme très curieuse : ce sont de grandes corbeilles rondes en bambous, mesurant deux mètres de diamètre, enduites à l'intérieur d'une espèce de mastic de couleur grise qui a la consistance de l'argile. Pour les lancer à la mer, les pêcheurs se mettent complètement nus, entrent dans l'eau en poussant devant eux cette barque d'un nouveau genre ; lorsqu'ils sont près de perdre pied, ils attendent une grosse lame ; aussitôt que l'embarcation est soulevée par le flot, ils s'élancent d'un coup de reins dans l'intérieur du panier, et, ramant d'une main, hissant de l'autre une petite voile carrée grande comme une serviette, ils mettent le cap au large, bondissant sur la crête des vagues, en nous donnant, de loin, l'impression de gros marsouins. »

Au sortir de Nam-Ho, le chemin commence à monter entre des blocs de granit couvert de bruyères et de plantes grimpantes ; il est pavé de gros cailloux anguleux qui blessent le pied à travers la chaussure. L'ascension sur les flancs escarpés de la montagne se fait par un sentier bordé de broussailles et de précipices.

« Au faîte de la montagne, la route suit une gorge profonde limitée par des rochers presque à pic ; elle décrit des sinuosités sans nombre. Tout à coup, après un coude brusque du sentier, un petit mur en maçonnerie nous barre le chemin ; ce mur est percé d'une grande porte garnie de créneaux et de meurtrières par laquelle on pénètre dans un fortin annamite où logent une trentaine de soldats indigènes à la solde du roi. Nous sommes à l'endroit connu sous le nom de *Portes de fer* : le petit fortin

---

en 1886 la difficile mission de diriger l'établissement de la ligne télégraphique qui devait relier la Cochinchine à Hué et au Tong-King. Le jeune et intrépide constructeur accomplit en même temps une œuvre géographique du plus vif intérêt : il suivit et reconnut scientifiquement, sur une distance de 700 kilom, la route mandarine de Hué à Phang-Rang, vivant de la vie des Annamites, couchant chez eux, logeant avec eux, observant leurs mœurs, et recueillant dans ses relations avec les fonctionnaires et notables indigènes mille détails sur la géographie, le climat, les races des régions qu'il traversait. Les six cartes qu'il a dressées et insérées dans son récit, permettent de suivre pas à pas son voyage. La Société de géographie de Paris a récompensé, en 1890, d'une de ses médailles les travaux de cet agent distingué de l'administration française.

est chargé de défendre la route qui conduit à la capitale; il est admirablement placé pour atteindre ce but; à droite et à gauche du défilé qu'il commande sont d'immenses précipices au fond desquels roulent des torrents impétueux; il est impossible d'aller plus avant sans traverser la redoute...

» ...A partir du fort, le paysage est admirable; le sentier court à travers des bois touffus au milieu desquels des torrents aux eaux vives descendent, tantôt disparaissant sous la mousse et les broussailles, d'autres fois tombant des rochers en bruyantes cascades; d'énormes papillons, larges comme les deux mains étendues, volent le long du chemin : on dirait des fleurs animées, tant leurs couleurs sont variées et resplendissantes; au-dessus de nous planent des aigles superbes, et sur les vieux troncs moussus qui bordent la route, de grands vautours dressent leur cou décharné...

» Le chemin dévale rapidement entre d'épais fourrés coupés par d'étroites clairières; de temps en temps, la forêt semble s'ouvrir, pour nous laisser voir la falaise sous la forme d'une haute muraille de granit bizarrement découpée. Sa base est constamment battue par les vagues, qui viennent s'y briser avec bruit. Nous nous engageons dans le lit d'un ancien torrent profondément encaissé entre les rochers et qui descend presque en ligne droite jusqu'au bas de la montagne. La pente est extrêmement roide; de gros cailloux roulent à chaque pas sous nos pieds. La descente s'effectue cependant sans encombre, et nous nous trouvons tous réunis sur une jolie plage, couverte de sable fin, qui borde la lagune de Phu-Yu. De grandes pirogues montées par des indigènes nous attendent pour nous faire traverser le petit bras de mer qui nous sépare du village de Lang-Co, riche et très peuplé, qui s'étend le long de la mer dans un fort joli site.

» ...Le lendemain, nous longeons une chaîne de hautes montagnes couvertes de forêts pleines d'essences précieuses. Ces montagnes sont coupées de vallons profonds au milieu desquels nous découvrons plusieurs grands villages entourés de rizières et de plantations de cocotiers. L'Annam est loin d'être, comme on le disait, un pays pauvre, et les commerçants français pourront, s'ils le veulent, en tirer profit. » (Dr HOCQUARD, *Tour du Monde*, 1889.)

Plus bas, le voyageur s'engage sur une route bien tracée, entretenue comme nos routes de France, qui court à perte de vue à travers une plaine de rizières soigneusement cultivées. Bientôt on en finit avec les coulis du tram; on monte sur un sampan et, à travers des arroyos sinueux et étroits, encombrés de bambous et de lotus aux feuilles larges comme des ombrelles, aux belles fleurs roses et blanches où reposent des libellules éclatantes et des martins-pêcheurs au ventre couleur de feu, on entre dans la grande lagune qui conduit à Thouan-An, à l'entrée de la rivière de Hué.

Eléphants et palanquins.

« Ces échafaudages branlants appelés palanquins sont des espèces de hottes ou de bâts, tous semblables, soit qu'on y charge des bagages, soit qu'on y place un, deux ou même trois passagers. Le bât prend la forme du dos de l'éléphant et supporte une plate-forme horizontale, de 1 mètre ou $1^m,30$ de long, sur $0^m,65$ de large, la plus grande dimension étant en travers de l'animal. Par-dessus la plate-forme, s'appuyant sur des bords latéraux, un dôme sphérique, en jonc finement tressé, abrite du soleil et de la pluie. L'ensemble a l'air, de loin, d'un énorme quartier de courge ou d'une cloche à plongeur. Notre palanquin, fait pour des voyageurs de distinction, se trouve un peu plus spacieux qu'à l'ordinaire. Le dôme plus vaste, mieux tressé, est doublé de rouge et une petite galerie d'ivoire et d'ébène forme sur le pourtour un mince garde-fou. La caisse du bât, sculptée à jour, est peinte de bleu clair rehaussé de jaune d'or; et quatre rideaux d'un rouge vif, flottant au vent, nous abriteront au besoin de la poussière de la route.

» On ne saurait voyager au Cambodge dans de meilleures conditions que celles où nous nous trouvons. Des oreillers, de petits matelas qui rembourrent de tous côtés la plate-forme de nos palanquins, leur donnent l'air d'un lit de repos. Vaine illusion, hélas! A peine hissé tant bien que mal dans la jolie hotte, le mastodonte reçoit un ordre et nous voilà lancé dans une série de balancements inattendus, cadencés à chaque pas de l'animal par une brusque saccade en avant. C'est un mouvement de roulis et de tangage, dont la résultante est un trajet de 4 à 5 kilomètres à l'heure, pas davantage. Les premiers jours de ce genre de voyage sont fatigants; j'éprouve pour mon compte un vif sentiment d'inquiétude, quand l'engourdissement me force à changer de position. Ma seule préoccupation est de rester bien au milieu de la machine; s'éloigner du centre serait évidemment entraîner la chute de tout le système; si j'allonge la jambe, je retire le bras; si j'avance la tête, je repousse dans le fond le centre de gravité; ce point vague, autour duquel se balance tout mon être, est devenu l'unique objet de tous mes soucis à ces hauteurs vertigineuses. Mais tout ceci est bon pendant deux ou trois jours; après on devient entreprenant : on risque peu à peu diverses postures moins gênantes; on s'habitue, on prend de l'assiette, au moral s'entend, car aucune position n'est de rigueur. Prenez sans crainte telle posture qui vous conviendra. Pourvu que vous ne soyez ni couché, vous n'auriez pas votre longueur, ni assis, vos pieds ballotteraient en dehors, ni debout, le dôme est trop bas, ni n'importe comment, vous pouvez vous mettre à l'aise : le palanquin bien attaché ne tombe jamais. Après trois heures d'essais de toutes sortes, on se laisse enfin dégringoler à terre, brisé, courbaturé, moulu; l'étape est faite, mais le problème de la meilleure des positions n'est point encore résolu, et le lendemain au point du jour, c'est à recommencer.

» L'habitude accommode tout, si bien qu'au bout de huit jours, sans le moindre soutien, nous grimpons gracieusement à notre poste de caravane, le pied droit sur l'avant-bras que notre monture nous présente au commandement, la main droite saisissant les draperies pendantes à l'oreille de la base du pavillon, et la main gauche, par un vigoureux coup de jarret, allant se cramponner à la balustrade du palanquin, sert de point d'appui à un énergique rétablissement..... C'est plus facile à dire qu'à faire ! Bientôt même nous pouvons du haut de notre observatoire noter sur un carnet les routes dictées par la boussole ! Quelquefois, l'un de nos hommes monte en croupe; c'est alors la jambe postérieure de l'éléphant qui se relève en arrière pour servir de marchepied, et l'ascension est bientôt faite en se hissant après la queue. Cette place de l'arrière est laissée aux gens de rien; c'est la rotonde de la diligence : on s'y asseoit en travers en s'accrochant au bât, à moins que le domestique qui l'occupe ne se tienne debout en se retenant au dôme, comme un groom derrière un coupé. Quant au cornac, le *deus ex machina*, il est toujours sur le cou de sa bête, à cheval ou le genou replié sur le milieu du crâne. De là, il gourmande l'animal, l'engage d'un mot à lever le pied dans les endroits accidentés, le retient ou l'excite suivant les circonstances. Il le rappelle à l'ordre d'un vigoureux coup de rotin, ou le frappe sur la tête de son croc au fer pointu, si les grands moyens sont devenus indispensables.

» C'est maintenant seulement que nous commençons à bien connaître les mœurs et les allures de nos éléphants : nous sommes enfin habitués au palanquin, et nos idées, libres du souci de l'équilibre, se tournent vers l'observation des faits et gestes de nos montures. Le plus gros, le plus massif de tous les animaux a été doué par la nature de la meilleure part d'intelligence, et par prudence nous écartons de la comparaison le cornac apathique qu'on voit perché sur son large cou. Certains livres disent en parlant du singe que c'est « un animal dont le pouce est opposable aux autres doigts » et laissent le soin de se faire, d'après cette définition aussi savante que complète, une idée exacte des chimpanzés et des gorilles. On pourrait tout aussi bien définir l'éléphant « un animal qui boit et mange avec son nez » et s'en tenir là ; mais cette grosse bête noire, pétrie à coups de poing, taillée à la hache, est trop amusante à observer pour ne pas raconter ses gentillesses avec quelques détails.

» D'abord cette trompe, d'une structure en apparence simple, est susceptible des mouvements les plus variés : elle vaque sans cesse aux besoins du ménage, tantôt elle ramasse à terre une poignée de riz éparpillée sur le sol, tantôt elle arrache un arbuste aux racines savoureuses, tantôt enfin elle aspire doucement l'eau des mares qu'elle porte ensuite à sa bouche. Dans le péril, elle jette aux échos le cri d'effroi. Il lui faut une infinie variété de mouvements pour satisfaire à l'aveugle appétit de l'estomac. L'éléphant en effet se nourrit de tout végétal qui tombe à portée de son long appendice : feuilles de bambous épineux, rameaux d'arbres quelconques, chaume des rizières ou herbe verte, tout lui est bon, surtout quand la sécheresse a jauni la plaine. Il est curieux de voir la trompe arracher par petites poignées l'herbe rare de la forêt, et, quand la botte est suffisante, la secouer à grands coups sur les jambes de devant pour faire voler au loin la terre prise dans les racines. S'agit-il d'une liane, la trompe l'enroule en spirale et tourne à satiété dans le même sens sur elle-même jusqu'à rupture de la tige flexible. Les arbustes qui résistent par la base sont minés à coups de pied et ne tardent pas à céder à la vigoureuse traction de la trompe. Si l'on passe près d'un jardin, malheur aux bananiers qui bordent le chemin ! L'éléphant, qui se sent fautif, ne dévie point de sa route, mais, ralentissant sournoisement sa marche, il enlace solidement sa victime, comme ferait le boa, l'entraîne dans son sillage en soulevant de tous côtés des nuages de poussière. La trompe alors porte à la bouche le produit de son rapt, et l'on voit l'arbre entier, saisi par les mâchoires, barrer la moitié du chemin. Petit à petit, le tout s'engouffre dans le large four, tout prêt encore à en recevoir autant. A l'abreuvoir, la trompe se change en tube d'aspiration, puis projette l'eau dans l'estomac, avec un bruit de soufflet de forge. A la baignade, si le cornac tarde trop à venir lui-même laver la bête, la trompe le supplée par de larges aspersions sur tout le corps; une touffe d'herbes ruisselantes fait l'office d'éponge pour rafraîchir les membres fatigués. Au sortir de l'eau, son office n'est pas encore fini : il faut jeter sur le dos des herbes et de la poussière, pour l'abriter, sans doute, des ardeurs du soleil. Les éléphants n'y manquent jamais en sortant du bain. Et puis un petit bâton, saisi juste tout près de son extrémité, sert à gratter les jambes et les pieds en tous sens, comme on ferait d'une lime à ongles. Si la chaleur est accablante, l'animal sybarite saisit un rameau vert, et s'évente à grands coups dans toutes les directions.

» Ces petites manœuvres varient à l'infini. On ne se lasserait pas d'observer les mille mouvements, puissants ou délicats, effrayants ou comiques, dont est susceptible cette espèce de grosse sangsue toujours en branle. Les pieds aussi méritent qu'on les observe : indépendants pour ainsi dire les uns des autres, ceux de devant aident la trompe dans les travaux de force ; ceux de derrière, isolés par l'énorme abdomen, se défendent mutuellement contre les attaques de mouches, c'est-à-dire qu'ils peuvent se croiser complètement en se frottant de haut en bas comme nous ferions avec nos jambes. Il en résulte des positions bizarres et comiques qui révèlent une souplesse inattendue dans une aussi grossière enveloppe. » (BROSSARD DE CORBIGNY, *de Saïgon à Bang-kok, par l'intérieur de l'Indo-Chine*; *Revue maritime et coloniale*, 1872.)

Pêcheries et pêcheurs du Grand-Lac

Les pêcheurs arrivent dans les arroyos du Grand-Lac dès les premiers jours de décembre, pour choisir leurs emplacements, élever leurs séchoirs et leurs huttes de bambous, préparer les palissades qui doivent servir aux barrages. Ils coupent dans la forêt inondée les arbres et les branches nécessaires à leurs constructions. Une pêcherie bien organisée comprend un personnel de domestiques plus ou moins nombreux ; les pêcheries du lac se composent de vingt-cinq hommes et douze femmes ; celles des arroyos, de douze hommes et cinq femmes. Les engagements durent six mois ; l'homme est loué 100 francs, la femme 50. On leur fournit un couteau pour les opérations de pêche, 17 kilogrammes de riz par mois, 2 de bétel, 2 de tabac; cinq pantalons, cinq chemises, un chapeau. Les objets fournis aux femmes sont un peu moins nombreux et de moins bonne qualité : ces dépenses représentent au total 3 000 francs pour les petites pêcheries et 4 300 environ pour les grandes.

« Quand les eaux ont commencé à baisser et que les fonds ne sont plus que de 3 mètres environ, les pêcheurs descendent dans le lac. Ils construisent d'abord les séchoirs de filets qui doivent être plus élevés que les maisons. Pour cela, on établit une longue rangée de pieux très forts et solidement enfoncés, et on place deux traverses horizontales en bambou, distantes de un mètre. Le filet doit reposer sur la partie supérieure; le bambou du bas sert aux hommes pour aller mettre le filet au sec et réparer les mailles.

» Auprès du séchoir, on établit les claies où l'on doit étendre le poisson. Les pieux sont plantés comme précédemment, coupés au niveau de l'eau, et supportent un plancher en bambous. Les maisons sont faites en dernier lieu. La charpente est en bois, et on attache en forme d'ardoises des paillottes toutes préparées. Ces paillottes s'appellent *sbao* en cambodgien et *tranh* en annamite; elles coûtent 10 francs le cent. Il en faut trois cents pour faire une maison de moyenne grandeur.

» Toutes ces maisons sont basses, sans autre ouverture qu'une large porte par-devant. Ce sont plutôt des hangars que des habitations. Les pêcheurs couchent sur des claies avec une natte. Pour tout mobilier, quelques fourneaux en terre cuite, les trois balances, les grandes jarres pour l'huile, et la petite malle rouge où se trouve l'argent. Une moitié de la maison est aménagée pour servir de magasin aux poissons secs. Chaque pêcheur construit en outre devant son séchoir une ou deux petites maisons microscopiques consacrées à Bouddha. Ces sentinelles avancées regardent le lac et doivent attirer la protection de la divinité sur la pêcherie; elles sont ornées de pavillons aux brillantes couleurs. Dans l'intérieur se trouvent des pierres informes, apportées des montagnes voisines; quelques-unes d'entre elles portent une bouche et deux yeux grossièrement peints.

» Les pêcheurs, et principalement les Chinois et les Cambodgiens, sont excessivement superstitieux, et n'entreprendraient rien sans avoir adressé leur bruyante prière à Bouddha. Avant et après chaque coup de filet, quand la pêche a été fructueuse, et quand elle a été mauvaise, ils consacrent de longues heures à frapper sur les tam-tam, sur les tambours et sur les bambous.

Ils vont ensuite déposer, sur les autels dont nous avons parlé, des offrandes qui se composent ordinairement d'eau filtrée, de riz cuit, de porc et de confitures. Prenant les allumettes odorantes entre les premiers doigts de chaque main, ils s'inclinent plusieurs fois devant leur idole, et les placent ensuite dans une petite corbeille remplie de cendre.

» Enfin, ils allument de grands papiers (giây-tho) portant un carré doré ou argenté, et de nombreux pétards. Je n'ai jamais passé dans une pêcherie sans entendre, nuit et jour, les détonations de ces petits pétards chinois et le bruit désagréable des tam-tam. Quelquefois les prières s'adressent au mauvais génie, car ils croient naïvement qu'un esprit malin est venu les posséder et les faire souffrir quand ils sont malades, ou bien se mettre en travers de leurs entreprises quand ces dernières n'ont pas réussi.

» Beaucoup de pêcheurs portent encore plus loin le culte de la divinité et ont un petit sanctuaire à côté de leurs maisons. C'est un parapluie ouvert au-dessus d'un coco, où sont plantées de nombreuses nhàn, ou quelquefois des fleurs, et devant lequel on place de petites tasses remplies des meilleures choses. Souvent même les séchoirs portent ce parapluie à chacune de leurs extrémités. Ces démonstrations religieuses sont toutes au profit de la Chine, qui exporte ses pétards, ainsi que tous les accessoires obligés d'un vrai croyant : les pétards coûtent de 4 sous à 2 francs, suivant leur grosseur; les papiers sacrés sont de plusieurs sortes : le papier sapèque, le papier piastre, le papier argent et le papier or; et il s'en consomme des quantités incroyables.

» Les pêcheurs construisent ordinairement leurs maisons près de terre, aux embouchures des arroyos, et dans les endroits où l'expérience leur a fait connaître que l'eau était moins corrompue et plus potable. A l'époque des pêches, on voit de nombreux villages se former peu à peu, et leur importance a forcé les autorités siamoises et cambodgiennes à y placer des chefs pour exercer la surveillance et régler les différends. On rencontre aussi, mais très rarement, des pêcheurs isolés sur les bords du lac. Les chefs sont de deux espèces : les *snan* et les *mis-rock*. Les snan sont placés à la tête des villages importants.

» Ces agglomérations facilitent le ravitaillement des pêcheries et aussi l'écoulement des poissons secs. De nombreux marchands chinois viennent faire le commerce pendant la saison, et, par échange, fournissent tout ce dont les pêcheurs ont besoin. On reconnaît les jonques de commerçants aux paniers en jonc qu'elles portent attachées au gouvernail.

» Dans les villages les plus populeux, il y a des boutiques où l'on vend des étoffes, du coton, du tabac, des objets de toilette et du riz. Au mois de mars, l'aspect d'un village de pêche est très pittoresque. Toutes ces maisons montées sur leurs longues jambes, ces nombreux bateaux aux formes bizarres, et aux peintures voyantes, ces filets déployés et ces gens affairés présentent un coup d'œil très curieux.

» On distingue facilement les barques annamites des barques siamoises ou cambodgiennes. Toutes les barques siamoises sont jolies. Quelle différence avec celles de Cochinchine! Autant ces dernières sont mal aérées et tristes à voir, autant les jonques siamoises sont élégantes et bien vernies, les bois bien ajustés et la toiture finement tressée.

» La nourriture des pêcheurs consiste presque uniquement en riz cuit à l'eau et en poissons. Le poisson est ordinairement rôti devant le feu. Pour cela on le traverse par deux tiges de bambous dans le sens des deux axes et on le place sur la flamme, en le retournant de temps en temps. Ce mets est bien peu appétissant, car le poisson ne présente guère qu'une masse informe, noirâtre, carbonisée et sentant la fumée. Cependant je dois avouer qu'il y a encore une manière de préparer le poisson qui est plus infecte que cette dernière, je veux parler du *mam song*. On coupe le poisson en tranches, et on le fait bouillir dans l'huile, puis on y ajoute, comme condiment, pour donner un bon goût à la sauce, quelques pincées de *ca thuy* ou poisson pourri. On peut difficilement se figurer une odeur aussi nauséabonde, et le *nu oc-mâm* annamite n'en donne qu'une idée très approchée.

» Le riz est souvent cuit avec quelques ingrédients, tels que le citron, le tamarinier et le *sa* ou citronnelle.

» Les fourchettes et les cuillers sont totalement inconnues au grand lac Tonlé-sap. Quelques rares Annamites se servent des bâtonnets; mais les instruments les plus employés parmi les pêcheurs sont les doigts et le creux de la main.

» L'eau étant chargée de matières putrides, de débris de végétaux et de vase, est filtrée dans des linges et laissée au repos pendant trois ou quatre jours. Beaucoup de pêcheurs l'éclaircissent promptement par un procédé très simple. On met un petit morceau d'alun dans le creux d'un bambou, percé de plusieurs trous, ensuite on remue pendant une demi-heure environ l'eau puisée. Les particules de boue se mêlent avec l'alun et sont précipitées au fond du vase. L'eau qui reste au-dessus est plus claire et plus potable. D'autres font infuser du thé et d'autres végétaux salubres dans l'eau dont il font usage. Ils la prennent ordinairement chaude.

» Enfin on fait une grande consommation de riz. Chaque pêcheur apporte avec lui les aliments nécessaires pour toute la saison; car dans le lac on ne peut guère se procurer que du riz, et encore seulement dans les premiers mois de pêche, quand le commerce de poisson sec a commencé. Aussi toutes les pêcheries ont-elles dans leurs cages quelques poules et quelques canards, un cochon pour les sacrifices, et un jardin potager en miniature, où les femmes cultivent très soigneusement leurs petits oignons et leurs herbes aromatiques. Les Annamites surtout ont une grande passion pour ces jardins suspendus; ils confectionnent des vases en bambous qu'ils disposent autour de leurs maisons et plantent même des fleurs. Presque tous ont des herbes odorantes que l'on joint au thé pour lui donner plus de parfum; les petits oignons que l'on mange avec le poisson et quelquefois un arbre à piments rouges, et un petit citronnier. Dans les endroits qui découvrent complètement, on établit même des plantations de tabac, et on ne perd pas un pouce de terrain. Des nuées de corbeaux et d'oiseaux de proie, des vautours à la tête déplumée volent autour des maisons et sont très familiers; ils viennent presque dans les jonques enlever les morceaux de chair qui pourrissent. Nous sommes habitués, nous Européens, à donner à ces oiseaux toutes les mauvaises qualités imaginables. Pour nous, ils sont tous voraces et cruels; mais ici cent villages les appellent; ils doivent, épurateurs rapides, balayer et nettoyer les maisons et les claies, avant que le puissant soleil ait mis en fermentation toutes ces pourritures. » (H. BUCHARD, *Rapport sur la mission du Grand-Lac, Excursions et Reconnaissances*, n° 5; Saïgon, 1880.)

Les arroyos qui se jettent dans le Grand-Lac sont pleins de poissons; la pêche y précède celle du Grand-Lac et dure plus longtemps. Elle se fait aussi au moyen de filets en ortie de Chine et de barrages en bambous.

Une *pêcherie* complète du Grand-Lac (filets, séchoirs, ustensiles, outils, salaires, habillement et entretien des hommes et des femmes) revient à la

somme de 14 à 15 000 francs. La préparation des poissons varie suivant les espèces; les uns sont séchés, les autres grillés, les autres soumis à la décomposition et broyés pour être réduits en pâte. Les détails de ces opérations sont répugnants. « Les poissons, dit M. Buchard, sont étendus
» sur les claies. Ils répandent au loin une odeur très forte et attirent des milliers
» de mouches couleur vert bronze qui viennent y déposer leurs œufs. En
» fort peu de temps, de gros vers envahissent les poissons; pour les enle-
» ver, les femmes se servent de brosses d'écorce. Tous les soirs et à la
» moindre apparence de grains, les poissons sont ramassés en tas et cou-
» verts avec des nattes ou des paillottes pour éviter qu'ils soient mouillés
» par la pluie.

» Avec le produit de leurs pêches, les habitants du lac font encore le
» *ca-thuy* ou poisson pourri. C'est un condiment infect. On jette les pois-
» sons dans le réservoir et on les y laisse séjourner pendant plusieurs
» jours; ensuite, on les coupe en morceaux qu'on fait sécher et pourrir
» sur les claies, puis on pile le tout avec du sel fin dans un mortier et on
» expose au soleil. Sous l'action de cette chaleur terrible, la pâtée entre
» en fermentation, et on ne tarde pas à voir circuler de gros vers dans la
» masse. Quand le ca-thuy est assez sec, on le met dans de grands pots
» en terre bien bouchés. Ce poisson pourri se vend 15 francs le picul dans
» le lac. »

Avec les têtes et les entrailles des poissons, on fait une huile qui est employée pour l'éclairage et l'alimentation. Les vessies sont séchées soigneusement et vendues aux Chinois, qui en sont très friands, et les mangent bouillies.

On évalue à trente mille environ le nombre des pêcheurs et commerçants de tout genre qui viennent planter leur tente dans la région du Tonlé-Sap, pendant la saison de la pêche, et chercher fortune dans ses eaux. — La majorité se compose d'Annamites, courageux, actifs; la plupart des pêcheries leur appartiennent : le Grand-Lac est leur domaine.

« Les Cambodgiens et les Siamois, indolents et paresseux, continuent à
» mettre en pratique cette maxime si usitée dans leur gouvernement :
» Recettes sans dépenses; productions sans travail. Ils ont plus spéciale-
» ment la pêche des arroyos, moins fatigante que l'autre, et se contentent
» d'un faible produit qui leur permet de vivre misérablement pendant la
» morte saison. — Les Chinois s'occupent du commerce; ce sont eux qui
» viennent avec leurs grandes jonques approvisionner les villages et s'em-
» parer du poisson sec. Ils savent apporter aux moments favorables leurs
» denrées à écouler, et ce sont eux qui réalisent les plus beaux bénéfices :
» le sel, l'arec et le bétel, le smeil et quelques cotonnades, sont à peu
» près les seuls objets d'importation. En procédant par échange, ils par-
» viennent à faire rendre à leurs marchandises le double de leur valeur. »
(BUCHARD.)

La pêche du Tonlé-Sap n'est soumise à aucune redevance. Le seul impôt est celui de la douane, qui est de 1/10e à Pnom-Penh, de 1/12e à Battambang. La véritable exportation du poisson se fait par la voie du Grand-Fleuve. On estime à 120 000 piculs (à 62 tonnes le picul) la quantité de poissons secs qui passe annuellement à Pnom-Penh, à 7 000 la quantité exportée par la frontière siamoise, à 15 000 la quantité consommée par les pêcheurs ou la population du Grand-Lac et échappant à l'action de la douane. — Ces chiffres ne concernent pas la production des fleuves, ruisseaux, arroyos ou autres étangs de la région du Grand-Lac.

M. Ricard, médecin de la marine, membre de la mission Buchard, a

donné une description des principales espèces de poissons du lac Tonlé-Sap. Il n'en compte pas moins de soixante-deux, sans en avoir épuisé la variété ; plusieurs atteignent une longueur d'un mètre ; quelques-uns sont armés de dards très acérés, et s'en servent pour leur défense avec une souplesse et une sûreté étonnantes. Les pêcheurs redoutent leurs morsures. La marée qui se fait sentir à une grande distance de la mer, amène dans les arroyos et dans le lac des espèces qui s'acclimatent dans leurs eaux légèrement saumâtres, ou même tout à fait douces, des raies, des marsouins, des hippocampes et autres espèces, aux couleurs vives et brillantes et qui émigrent à la saison des pluies. « A côté de ces belles espèces
» aux reflets changeants, aux mouvements souples et gracieux, on trouve
» des poissons aux couleurs sombres et au corps visqueux, grouillant
» dans les fonds vaseux. »

Les conditions hygiéniques de la pêche sont déplorables : les insolations foudroyantes, les miasmes dégagés par les eaux verdâtres et corrompues du lac, la mauvaise nourriture, la malpropreté des pêcheurs, privés d'eau potable et exposés à la malaria, sont autant de causes de mortalité ou de maladie chez les indigènes. Les Européens, même les plus robustes, ne sauraient s'acclimater dans un pareil milieu. (Voy. Buchard et Ricard, ouvr. cit. ; — de Saint-Sernin, *les Pêcheries du Cambodge; — Revue scientifique*, nov. 1888.)

Les pêcheries de Thuan-An.

Pendant qu'il était résident général en Indo-Chine, M. **Paul Bert**, revenant de Hué et bloqué à Thuan-An par une tempête qui rendait infranchissables à la fois la barre et le col des Nuages, employa ses loisirs à décrire les pêcheries de la baie et de la rivière. Son récit est accompagné de curieux croquis. C'est probablement le dernier article qu'il ait écrit, et peut-être souffrait-il déjà de la maladie qui devait l'emporter six semaines plus tard.

Après avoir dit combien le poisson est abondant dans ces parages, et parlé des différentes sortes de pêche communes aux indigènes de cette région et à ceux du reste de l'Annam, l'illustre savant en décrit une fort curieuse que les pêcheurs font en collaboration avec des dauphins :

« Voici mieux. Une espèce de dauphin hante les eaux de la baie. Sa taille atteint de 3 à 4 mètres ; il est d'un blanc de lait, avec une belle nageoire dorsale rosée ; tout jeune, il est gris clair ardoisé. Matin et soir il s'approche du bord en petites troupes de quatre ou cinq, poursuivant des bandes d'une espèce de mulet ; le poisson cherche à leur échapper en se réfugiant sur les bords de la plage sablonneuse et en pente douce.

» A ce moment, les pêcheurs arrivent, à moitié nus, la tête couverte d'un grand chapeau conique, qui les protège contre le soleil. Ils entrent dans l'eau jusqu'au genou, au-devant du dauphin. Et, au moment où celui-ci charge la bande de poissons, perpendiculairement à la rive, ils lancent devant lui un immense épervier de soie. Cet épervier, ils ne le drapent pas savamment sur l'épaule gauche, comme font nos pêcheurs; ils le tiennent simplement en franges de la main gauche et de la main droite. Avant de le jeter, ils pirouettent sur eux-mêmes, accomplissant un tour entier, ce qui leur donne une force singulière. Deux, trois éperviers sont ainsi lancés devant chaque dauphin et superposés avec une adresse admirable : un grand bouillonnement annonce que les mulets y sont pris par douzaines.

» Le dauphin y voudrait bien mordre, déchirant le filet de ses dents aiguës. Mais, au moment où le pêcheur jette l'épervier, un gamin placé à côté de lui lance contre le cétacé un bambou retenu par une ficelle, et le fait ainsi reculer de quelques mètres.

» Cependant, chacun trouve son compte à cette association : le pêcheur, sur qui le dauphin pousse les poissons; le dauphin, sur qui le jet de l'épervier fait refluer une partie de la bande qu'il poursuit. Aussi dauphins et pêcheurs sont-ils les meilleurs amis du monde. Dans l'eau, ils se touchent presque sans s'effrayer ni se faire de mal. Comme au moment où le dauphin charge, sortant de l'eau sa tête ronde, au museau suraigu, il souffle et produit un certain bruit, beaucoup sont persuadés qu'il avertit ainsi les pêcheurs.

» Ceux-ci lui rendent, à l'occasion, les meilleurs offices. S'il se prend dans les filets fixes, on le relâche avec soin, sans lui en vouloir des destructions qu'il a opérées. Il y a mieux : si, par imprudence, il s'aventure sur un haut fond, on l'aide à se remettre à flot. C'est un collaborateur, un ami. J'ai même cru remarquer que les pêcheurs lui parlent dans une sorte d'incantation.

» Aussi, quand je demande si je pourrais me procurer au moins un squelette, chacun branle la tête, et nul n'oserait demander l'aide d'un Annamite. Rien ne serait plus facile que de harponner les pauvres bêtes; j'en ai vu à 5 mètres de distance. Mais il faudrait être bien seul et mener jusqu'au bout incognito l'opération sanglante qui réjouirait les naturalistes. Je ne crois pas cela possible, aujourd'hui que la population grouille dans la baie, population dont je m'efforce de faire une collaboratrice et une amie. Il aurait fallu profiter du moment où la presqu'île était déserte, les obus du *Bayard* ayant mis en fuite l'armée de Thuyet, mal rassurée par la proclamation de son chef : « Les

» Français ont de si mauvais projectiles qu'ils se cassent en
» tombant par terre. » Ils se cassaient, soit, mais les morceaux
en étaient bons. » (PAUL BERT, *Nature*, 2ᵉ sem., 1886.)

Les nids d'hirondelles

« Une des productions bizarres et pittoresques de cette contrée est le fameux nid d'hirondelles, dont la renommée un peu surfaite est parvenue jusqu'en Europe et qui réjouit plus encore à Paris l'imagination que le goût. L'Annam est le seul pays du monde qui fournisse aux riches tables chinoises cette précieuse denrée. Les principaux centres de production sont les îles situées en face des provinces de Quang-Nam, de Quang-Ngaï, de Binh-Dinh. Le plus important de tous est l'île de Cu-lao-Cham, près du port de Daï-Chiem, c'est-à-dire presque à la hauteur de l'embouchure de la rivière Faï-Foo. Il vient de nous être donné de recueillir là, sur place, des renseignements curieux, bien faits pour intéresser les érudits de la gastronomie. Les voici :

» C'est pendant le règne de Gia-Long que furent découverts les nids d'hirondelles appelés à devenir plus tard pour toute la région une source de richesses. Gia-Long avait, dit l'histoire, promis par édit une grande récompense à ceux de ses sujets qui sauraient découvrir, dans la limite de ses États, une alimentation ou une boisson capable de donner au commerce indigène une extension nouvelle. Les nids d'hirondelles, découverts dans les îles du Nam-Ngaï, furent présentés au souverain, qui, fidèle à sa promesse et à la reconnaissance, offrit à l'auteur de la découverte de beaux titres honorifiques. Mais celui-ci avait l'esprit pratique : il repoussa les titres et obtint pour lui et ses descendants le monopole de l'exploitation de cette source de revenus. Cette famille privilégiée devait payer annuellement, et en nature, au gouvernement royal, une redevance assez considérable (80 livres environ). D'autre part, tous ses membres étaient exemptés des corvées provinciales, des appels militaires et de l'impôt personnel. Ils finirent peu à peu par former une sorte de légion de quarante à cinquante hommes, commandés par deux d'entre eux, ayant le titre de *quan* et de *doï*, et s'en allèrent fonder tout près de Faï-Foo un village qui existe encore actuellement, et porte le nom de *Yen-Xa* (village des nids d'hirondelles).

Les nids d'hirondelles sont le produit d'une sécrétion salivaire de ces oiseaux. Mais, au point de vue de leur valeur marchande, ils se divisent en deux catégories distinctes : à la première appartiennent les nids dans la confection desquels entre une certaine proportion de sang. On les appelle *yen-huyet*. Ils ne peuvent être produits, détail bizarre, que par des hirondelles affectées d'une maladie analogue à la phtisie et qui occasionne des crachements de sang. Ce sont les plus recherchés; ils ne se récoltent qu'à une seule époque de l'année, au printemps, et sont fort rares. La tradition locale dit que les oiseaux qui les produisent ne vivent jamais deux hivers et meurent vite d'épuisement. Les rochers de l'Annam ne fournissent guère, par an, plus de trois ou quatre livres de ces nids de choix.

» La seconde qualité comprend tous les nids dans la construction desquels il n'entre que des sécrétions salivaires (*yen-sao*). Ils se récoltent au printemps, à l'été et à l'automne. La récolte du printemps est la plus fructueuse, car elle s'applique aux deux qualités. On compte que deux nids font environ le poids d'un taël (30 grammes). Or les nids de première qualité se vendent en moyenne 30 ligatures le taël; ceux de la seconde, de 18 à 20 ligatures. La récolte d'été est tout entière faite de nids de la deuxième qualité, lesquels sont bien moins grands et moins compacts. Là il faut quatre nids pour faire un taël et le prix moyen du taël n'est que de 15 ligatures. La récolte d'automne est encore bien moins riche. Les nids sont petits, rares, peu estimés. Il en faut sept pour obtenir le poids d'un taël, lequel, d'ailleurs, ne se vend plus guère que 9 ou 10 ligatures. Les gens compétents assurent qu'il faudrait même interdire cette dernière récolte qui rapporte peu et risque de détruire les œufs.

» Presque tous les nids ainsi recueillis sont vendus à des Chinois. Ceux-ci seuls, et avec eux quelques mandarins de la cour de Hué, peuvent pourvoir leur table d'un comestible aussi coûteux. Les Chinois mangent les nids de deux façons, au sucre et au gras; mais, dans les deux cas, la première chose à faire doit être, par un bain assez prolongé dans l'eau bouillante, de débarrasser le nid de toute substance étrangère qui aurait pu y adhérer. On les fait cuire ensuite au bain-marie, soit avec du sucre, soit le plus souvent avec une volaille (généralement un pigeon), en y joignant quelque fruit de nénuphar. La médécine orientale se plaît à prêter aux nids d'hirondelles toutes sortes de propriétés précieuses pour l'hygiène et la conservation de la santé.

» Elle déclare que cet aliment est souverain contre les affections de poitrine, l'asthme, les maux d'estomac, et en général toutes les maladies possibles.

» On ne sait ce qu'il peut y avoir de vrai dans cette docte assertion. Le plus simple, sans doute, est de penser qu'ici, comme dans tous les pays du monde, la cherté d'une chose suffit pour en assurer la vogue. Décidément, et expérience faite, nous croyons que la vanité doit jouer dans ce régal un rôle plus grand que la gourmandise.

» La récolte des nids, aux trois époques de l'année, a lieu d'une façon à la fois pittoresque et très simple. On enfonce dans les anfractuosités des rochers des bambous, qui se trouvent former ainsi les degrés d'une immense échelle.

» Des coolies se hissent de cette façon jusqu'au sommet, détachent avec soin, à l'aide d'un couteau, les nids collés aux parois du roc. En bas, un doï ou un membre de la famille concessionnaire de l'exploitation les surveille d'un œil inquiet et soupçonneux, de peur qu'ils ne dérobent quelques fragments du précieux produit. L'opération est d'ailleurs pleine de périls et coûte chaque année la vie à plusieurs autres hommes. On assure qu'une riche maison chinoise, qui a des dépôts à Hong-Kong, à Hué, et dans plusieurs autres villes du littoral, et fait en ce moment même construire à Tourane un fort bel hôtel à l'européenne, offre au gouvernement annamite une très grasse redevance annuelle en argent pour obtenir la concession de ce commerce de nids d'hirondelles.

» Les descendants de l'ancienne famille privilégiée en sont fort émus et apportent, à l'appui de leurs droits, le texte même des ordonnances de Gia-Long. Reste à savoir si, examinés de très près, les droits en question ont bien un caractère perpétuel, ou s'ils ne laissent pas place à la possibilité d'une adjudication. La raison budgétaire est comme la raison d'Etat : elle fait faire et amnistier bien des choses. » (*Le Temps*, extrait d'une correspondance adressée par M. Baille, 28 déc. 1887. Voy. *Quatre années en Annam.*)

IV. — NOTIONS STATISTIQUES

Superficie approximative : **Cochinchine**, 60 000 kilomètres carrés ; — **Cambodge**, 100 000 kilomètres carrés ; — **Annam**, 275 000 kilomètres carrés ; — **Tong-King**, 160 000 kilomètres carrés. — **Population** : **Cochinchine**, 1 700 000 habitants ; — **Cambodge**, 1 500 000 habitants ; — **Annam**, 2 000 000 ; — **Tong-King**, 10 à 12 000 000. — Races : en **Cochinchine** : *Européens*, presque tous fixés à Saïgon, à l'exception des fonctionnaires répandus dans l'intérieur, environ 2 000 ; — *Tagals* ou indigènes de Manille, 20 ; — *Chinois*, plus de 50 000, partout disséminés et accaparant le petit et le grand commerce ; — *Malais* (indigènes de la Malaisie), 3 400, conducteurs de voitures à Saïgon ou tisseurs ; — *Malabars* (Indiens de la côte de Coromandel), 600, voituriers, changeurs, usuriers, petits marchands ; — *Annamites*, 1 500 000, d'origine mongole, de taille moyenne, au teint cuivré, aux pommettes saillantes, aux yeux noirs, au caractère doux et méfiant, mais peu envieux et docile, sachant travailler et se contenter de peu ; — *Cambodgiens*, 105 000, principaux agriculteurs des rizières du delta ; — *Moïs*, *Chams*, *Stiengs* et autres peuplades sauvages, 8 000 environ.

Au **Cambodge**, la race indigène est celle des *Khmers*, *Samré* et *Koui*. — Ensuite viennent les *Annamites*, dont l'émigration augmente, surtout pour l'industrie de la pêche ; — les *Chinois*, au nombre de plus de 100 000 ; — des *métis* ; — des *Français* encore très peu nombreux, maîtres des principales maisons de commerce.

En **Annam** : les *Annamites*, intelligents, capables de fidélité et d'attachement, laborieux, dociles et compatissants, mais défiants, timides, légers et vaniteux, superstitieux ; l'indigène craint les étrangers, il ne les hait pas. Il habite les vallées et les collines avoisinant la mer, il est cultivateur, industriel ou pêcheur. — Les *Moïs*, plus grands et plus robustes, habitent les montagnes, où ils ont été refoulés, et sont répartis en tribus. — Au **Tong-King**, la population est peu variée : *Européens*, en petit nombre (environ 1 200), mais qui chaque jour augmentent, résidant surtout à Hanoï, Haïphong, Nam-Dinh, et peu dans l'intérieur ; — *Chinois*, plus de 10 000, commerçants, ou exerçant les professions les plus variées, les uns immigrants de passage, les autres natifs et fixés pour toujours dans le pays ; — *Annamites* formant le fond de la population ; — les *Muongs* (100 à 150 000) dont l'origine est obscure, repoussés dans les montagnes par les invasions chinoises, ayant l'esprit d'indépendance et la naïveté du sauvage, cultivateurs, porteurs et guerriers.

Religion. — La Cochinchine française a été érigée en *vicariat* apostolique, qui dépend du conseil supérieur des Missions étrangères de Paris. Le clergé comprend 2 pro-vicaires, 63 missionnaires des chrétientés, 40 prêtres indigènes, un séminaire, une école et une imprimerie à Saïgon ; les hôpitaux militaires et les hospices et les orphelinats de la colonie ont un personnel composé de sœurs de Saint-Paul de Chartres (on compte 52 000 chrétiens, 53 paroisses, 172 églises, 149 chrétientés). — Le culte *bouddhique* comprend 1 700 000 adhérents, ayant 1 532 pagodes et plus de 5 000 bonzes.

Religion. — « La religion des Cambodgiens est le *bouddhisme*. Mais
» la doctrine bouddhiste a été bien dénaturée par les théologiens indigènes,
» qui se livrent eux-mêmes à une foule de superstitions défendues par le
» maître, et qui ont laissé s'introduire parmi le peuple des croyances
» grossières, empruntées généralement au culte brahmanique abâtardi.
» Les deux religions ont été, depuis des siècles, tellement mêlées, telle-
» ment confondues au Cambodge, qu'on ne saurait assurer quelle est celle
» des deux qui prime l'autre. Le bouddhisme est cependant la religion offi-
» cielle et surtout celle des hommes instruits. C'est le seul culte qui ait
» des temples convenables et un clergé. Quant au peuple, il s'adresse
» indistinctement à toutes les divinités de tous les panthéons, et leur
» élève des autels modestes en feuillage dans les bois, dans les villages
» et très près des pagodes quelquefois, sur les bords des fleuves et les
» pointes des îles. » (MOURA, le *Royaume de Cambodge*, t. Ier, p. 155.)

Les *bonzes* ou talapoins (ce dernier nom vient d'un écran en paille monté sur un axe comme un éventail, qu'ils portent à hauteur du visage lorsqu'ils prient ou qu'ils marchent dans la rue) sont les ministres de la religion de Bouddha. Ils doivent être âgés d'au moins vingt ans, savoir lire et écrire, n'avoir aucune infirmité physique; quelle que soit leur origine, les bonzes vivent sur le pied d'égalité. Ils ne font pas de vœux perpétuels, portent un costume uniforme, sont généralement réunis en communautés, vivent d'aumônes qu'ils recueillent de porte en porte, sans pouvoir mendier l'après-midi, et ils ne s'occupent point de politique, mais seulement de la religion et du culte, et passent leur temps dans la prière et l'oisiveté. Ils sont exempts d'impôts. Ils se montrent charitables, hospitaliers, compatissants, surtout aux malades, aux infirmes, aux aliénés. Les plus instruits lisent et expliquent à leurs confrères le pâli des livres sacrés.

A côté d'eux, dans les bonzeries, on voit des jeunes gens de sept à vingt ans, qui sont postulants ou novices. Entre autres obligations, quand un postulant doit passer au rôle de bonze, l'ordinant lui impose les dix commandements suivants : *Ne tuer ni hommes ni bêtes, ni rien de ce qui a vie; — ne pas voler; — ne pas se marier étant religieux; — ne pas mentir; — ne pas s'enivrer; — ne rien manger après midi; — ne pas chanter ni danser; — ne pas s'habiller avec luxe; — ni s'asseoir, ni se coucher dans un endroit trop élevé; — n'avoir ni or ni argent.* — L'astronomie est en honneur chez les Cambodgiens : elle est pratiquée par les descendants dégénérés des *Horas*, les anciens astronomes qui étaient chargés de rédiger les calendriers et d'expliquer les phénomènes célestes. — Les *chrétientés* sont peu nombreuses dans le pays; les missionnaires luttent avec plus de persévérance que de succès contre les superstitions locales.

En *Annam*, le gouvernement reconnaît ou tolère la religion de *Confucius;* celle du *Bouddhisme;* celle des *Esprits;* celle des *Sorciers,* « qui
» brûle du papier-monnaie, qui se livre aux évocations et aux sortilèges, qui
» fait de l'astrologie pour le choix de terrains convenables aux habitations
» et aux tombeaux, et qui fait enfin de la bonne aventure pour choix de
» noms heureux, pour direction de rencontres ou de sentiers pro-
» pices, etc. » (*Notices coloniales*, t. Ier, p. 192.)

Les missions *chrétiennes* de l'Annam comptent environ 17 000 adeptes.

Au *Tong-King* la religion la plus répandue est le *bouddhisme* relâché, dénaturé par les pratiques de sorcellerie et exploité par des sorciers ou des jongleurs, que l'ignorance et les terreurs populaires favorisent. Il y a au Tong-King trois *missions catholiques,* deux sont dirigées par des Pères espagnols, une par des Pères français. Cette dernière s'étend sur huit provinces, et comptait, en 1877, 155 000 fidèles, 51 paroisses, 475 églises ou chapelles, un séminaire, 2 collèges avec 315 élèves, 500 écoles de garçons avec 5000 élèves, 4 orphelinats avec 2860 enfants. Elle avait à sa tête un évêque, 2 pro-vicaires, 30 missionnaires, 83 prêtres indigènes, 362 catéchistes. — Le total des chrétiens des missions espagnoles s'élevait à la même date à 211 000. — La mission française a fourni à la France dans les dernières guerres des secours précieux, des volontaires qui se sont distingués dans les combats parmi les tirailleurs tonkinois. Ils ont été en butte à toutes les vengeances de l'ennemi. Les missionnaires espagnols, assez indifférents à notre cause, n'ont pas été inquiétés. (Voy. *Notices coloniales*, t. Ier, p. 193.)

Instruction publique. — En *Cochinchine*, elle est donnée par les écoles laïques et congréganistes de Saïgon ; les huit écoles primaires (1 200 élèves) des principales villes, dirigées par des Européens ; les six écoles tenues par des maîtres annamites ; les écoles cantonales et rurales (12 000 élèves) ; on y apprend la lecture de l'annamite, le français, l'écriture, le calcul. — Les écoles de la mission et les autres écoles libres ont 6 500 élèves. — Trois collèges (à Saïgon et à Mytho) donnent une sorte d'enseignement secondaire pour lequel on a créé un diplôme. La mission a trois séminaires à Saïgon et à Cholon. En tout, près de 50 établissements d'instruction fréquentés par plus de 20 000 élèves. Ils reçoivent du budget colonial une subvention d'environ 25 000 piastres. — Au *Cambodge*, l'instruction publique est nulle ; l'enseignement des bonzeries est sans méthode ; beaucoup d'enfants ne savent ni lire ni écrire ; l'instruction des femmes est tout entière à créer. — En *Annam*, l'instruction primaire est assez répandue, mais l'écriture annamite, qui est idéographique et non phonétique, exige l'étude de plusieurs milliers de caractères usuels, et par suite une mémoire des plus complaisantes. — Au *Tong-King*, des écoles françaises, de garçons et de filles, sous les ordres d'un inspecteur, sont établies à Hanoï, Haïphong, Nam-Dinh, Bac-Ninh. — Des écoles indigènes pour l'enseignement du *quoc-ngu* ou représentation de la langue annamite au moyen de l'écriture française, et des écoles libres de *quoc-ngu* sont tenues par des maîtres indigènes nommés par l'administration française[1]. Grâce aux efforts énergiques poursuivis en tous pays par l'*Alliance française* pour la propagation de la langue nationale à l'étranger et aux colonies, on tend à remplacer en Annam, en Cochinchine, au Tong-King, par l'ensei-

---

1. Voir dans la *Revue scientifique* (7-14 mars 1891) deux articles très remarquables de M. Aymonier, dont la longue expérience et la compétence sur toutes les questions indo-chinoises sont de premier ordre. M. Aymonier étudie la question du développement de la langue nationale dans la colonie, et analyse toutes les considérations qui font de cette propagation une nécessité pour l'avenir de notre influence.

En 1889, a été fondée à Paris une *Ecole coloniale* officielle dans un double but : donner à un certain nombre de jeunes indigènes, fils de chefs ou de notables de nos colonies, une éducation française et une instruction primaire supérieure ; d'autre part, assurer le recrutement, dans de meilleures conditions, de nos administrateurs coloniaux. Plusieurs jeunes Cambodgiens sont élèves de cette école, dirigée par un *conseil* dont le président actuel est M. Foncin, inspecteur général de l'instruction publique et fondateur de l'*Alliance française*; l'enseignement y est donné par des fonctionnaires compétents de l'administration et des professeurs distingués de notre Université nationale.

gnement direct du français, le *quoc-ngu*, qui servait surtout à former et à développer la langue annamite, et dont les lettres ne correspondaient pas toujours à des sons français.

Justice. — En Cochinchine, elle est rendue par les *tribunaux de première instance* de chaque arrondissement, par les *cours d'assises* de Saïgon, Mytho, Vinhlong, par la *cour d'appel* de Saïgon. Plusieurs juges de paix ont été institués et les dispositions judiciaires codifiées en un seul texte. — Au *Cambodge*, les résidents français placés à la tête des provinces président un tribunal qui juge en dernier ressort les affaires secondaires, et en première instance les autres. — En *Annam*, le chef de famille est le juge naturel entre les parents. Les affaires des particuliers sont tranchées par les notables. Si ces tribunaux de conciliation échouent, l'affaire est portée devant un juge d'État. Dans chaque province, à côté du gouverneur (*Tong-Doc*) est un mandarin chargé de la justice (*Quan-An* ou *An-shat*), sorte de lieutenant criminel examinant et revisant en appel les sentences portées dans les tribunaux d'arrondissement, par des mandarins qui sont les représentants du quan-an et jugent en première instance. — Au-dessus du *quan-an*, pour les jugements criminels qui entraînent l'exil, les travaux forcés ou la mort, on peut en appeler au *ministère des peines*, au tribunal des *Trois-Règles* et enfin au *roi*. — Le *Tong-King* est divisé en deux circonscriptions judiciaires, Hanoï et Haïphong; chacune de ces villes a un *tribunal de première instance* qui relève de la cour d'appel de Saïgon. Au point de vue indigène, la justice est rendue par les mandarins, suivant les lois et coutumes annamites, sous le contrôle des fonctionnaires français.

Armée. — La défense de la *Cochinchine* est assurée par un régiment de *tirailleurs annamites* fortement encadrés par des officiers et sous-officiers européens (environ 2 800 hommes). Les troupes françaises stationnées en Cochinchine varient de nombre (environ 2 200 hommes). — L'arsenal de Saïgon, muni de bassins de radoub, a des ateliers de constructions navales et de travaux hydrauliques. — Au *Cambodge*, on compte environ trois cents hommes de troupes françaises. — En *Annam*, l'armée se composait naguère de cinquante mille soldats commandés par un grand maréchal et des maréchaux, chefs de corps, qui avaient surtout la garde de la citadelle de Hué. — Dans les provinces, des régiments formaient la garde des mandarins : ces troupes sont réduites à quelques milliers de soldats nécessaires au maintien de l'ordre. — Chaque commune est tenue de fournir un nombre déterminé de soldats, suivant la population. Ces soldats servent dix ans, aux frais de la commune. — Au *Tong-King*, les milices indigènes, recrutées parmi les inscrits de chaque village, et encadrés de chefs européens, sont à la disposition des mandarins et des agents français du protectorat. — Le corps d'occupation, sous les ordres d'un général de division en résidence à Hanoï, comprend deux brigades, et se compose : 1° de *troupes européennes*, infanterie de marine, infanterie d'Afrique, légion étrangère, artillerie de marine, génie, train des équipages, gendarmerie, etc.; environ 10 000 hommes; — 2° de *troupes indigènes*, tirailleurs tonkinois et auxiliaires annamites, environ 15 000 hommes : la durée du service des indigènes est de six ans au moins. — Une *flottille* de canonnières de rivière, sous les ordres de lieutenants de vaisseau et montées par des matelots français et des auxiliaires annamites, et quelques canonnières de haute mer, assurent la défense des vallées et des côtes. Elles sont sous les ordres d'un contre-amiral, chef des forces navales de l'Indo-Chine.

Poids et mesures. — Monnaies. — Le système français des poids, mesures et monnaies a été introduit dans l'Indo-Chine; mais les anciens usages persistent. La monnaie qui a le cours le plus facile dans la colonie est la *barre d'argent* (*vien*), sorte de lingot allongé, arrondi sur l'une des faces, creusé sur l'autre, pesant environ 383 grammes, sujette à des fluctuations fréquentes, et valant en moyenne de 15 à 16 piastres (60 à 70 francs). La monnaie populaire, la *sapèque*, représente la sixième partie d'un centime. Une ligature de 600 sapèques, réunie par une fibre de bambou passée à travers les trous ménagés dans les pièces, vaut 75 centimes environ. Un mètre cube de ligatures vaut 600 francs. — La *piastre mexicaine* ($4^{fr},60$) est assez répandue au Cambodge. — La *barre d'or* pèse environ 37 grammes. — Le *taël d'argent* vaut environ 6 francs. — Pour les poids : le *picul*, généralement en usage, égale $60^{Kgr},375$; le *thong* est un demi-picul ; le *néel* ou le *can* = $0^{Kgr},604$; le *dam long* ou *taël* = $0^{Kgr},37$; le *chi* = $0^{gr},37$. — Pour les capacités : le *hoc* = $76^{lit},22$; le *vuong* = $38^{lit},113$; le *thang* = $2^{lit},932$; le *bat* = $1^{lit},270$. Pour les surfaces : le *man* = $62^{a},25$; le *sao* = $6^{a},22$; le *thuoc* = $41^{c},15$; le *tac* = $4^{c},15$. — Pour les itinéraires, le *ly* = $444^{m},44$.

Budget. — *Cochinchine* (1887) : recettes et dépenses, 27 millions de francs. — *Cambodge* (1888) : recettes, 3275 000 francs; dépenses, 3 059 000 francs. — *Annam et Tong-King* : recettes, 17 321 000 francs; dépenses, 17 034 000 francs.

Les Moïs.

Le mot *Moï* a le sens de sauvage ou montagnard en annamite. Sous ce terme, les Annamites désignent toutes les populations habitant la région des montagnes entre le Mé-Kong et la zone maritime. Les Siamois les appellent *Kha*; les Cambodgiens, *Pnom* ou *Penong*; les Tong-Kinois, *Muong*. Les appellations sont innombrables : souvent, dans les mêmes villages, les familles ou hameaux portent des noms différents (*Pouthay, Samna, Mily, Lamla, Mo, Moc, Sa, Bron, So, Temep, Boloven, Bannar, Halong, Haï, Stieng*, etc., etc.). Les tribus du sud sont les moins nombreuses; au nord, elles sont plus populeuses. Si ces tribus, isolées, parlent aujourd'hui des dialectes différents, les voyageurs s'accordent cependant à reconnaître en elles une unité de type physique. M. Humann vante la bravoure et la fierté des hommes, la beauté et la vigueur des femmes. M. Nouet signale la douceur et la confiance de ces tribus, et leur timidité : toujours opprimés, pourchassés, vendus comme esclaves, ils fuient devant les Annamites et les Chinois, « plus méfiants et plus craintifs que les cerfs de leurs forêts, et on pourrait dire qu'ils sont plus difficiles à apprivoiser ».

« Ils sont superstitieux à un degré rare, et, tandis que leur mode de vie paraît en faire les gens les plus libres qui se puissent voir, leur disposition d'esprit les fait vivre dans une contrainte perpétuelle. Ils croient aux esprits; ne redoutant rien des bons esprits, ils ne s'en préoccupent jamais. Ils cherchent, au contraire, à fléchir les mauvais esprits, à se les concilier par quelques offrandes, ou en réglant leur conduite de façon à ne pas les offenser.

» Les habitations sont généralement bien construites; il n'entre, bien entendu, ni fer, ni pierre, ni brique dans la construction. Elles sont élevées, comme celles des Cambodgiens, à plus de 2 mètres au-dessus du sol, reposant sur de forts pieux, le plancher est en clayonnage. Le mobilier est des plus simples. Quelques hottes, des arbalètes, quelques cognées, des houes fort petites, des marmites en terre, une ou deux nattes et un foyer pour la cuisine. Dans les habitations confortables, on trouve quelques jarres, pour conserver l'eau et le vin de riz ou de maïs. Parfois, un ou deux gongs. Beaucoup se servent de tiges de bambou pour conserver l'eau. Le bambou, du reste, sert à tous les usages. A défaut de marmites en terre, on fait cuire dans des bambous le riz, le gibier. Naturellement, le bambou, à demi consumé après une opération de ce genre, ne sert qu'une fois, mais les forêts sont vastes et peuvent fournir indéfiniment cette batterie de cuisine. Le costume n'est pas moins simple. Une ceinture d'écorce ou d'étoffe, qui fait le tour des reins et passe entre les jambes, forme le costume des hommes. Les femmes ont une petite jupe courte et, parfois, une petite chemisette. Quand il fait froid, les hommes portent parfois une sorte de gilet en écorce tressée, tout ouvert devant.

» Le Moï vit de peu, et, passant sa vie en forêt, il sait y trouver de quoi satisfaire ses besoins les plus pressants. Il est rare qu'il cultive assez de riz et de maïs pour en avoir une provision suffisante pour l'année. Il supplée à ce qui lui manque par des racines, des pousses d'arbre, et il fait preuve, pour ses recherches, d'une dextérité et d'un instinct remarquables. La chasse au piège ou à l'arbalète lui fournit des ressources appréciables. On trouve, dans les villages, des volailles, des porcs et des bestiaux. Ces derniers ne sont pas employés comme animaux de trait ou de bât, car il n'y a pas de chemins chez les Moïs, sauf chez ceux de notre colonie et du Binh-Thuân. Dans tout le restant de la région moï, il n'y a que des sentiers très difficilement praticables. Le plus souvent, on ne peut les suivre que la cognée à la main, et il faut à chaque pas frayer son chemin à travers les fourrés qui envahissent ces sentiers. La circulation y est souvent aussi rendue dangereuse par les pièges à gibier qui sont tendus çà et là, et que les Moïs seuls savent reconnaître.

» Leurs procédés de culture étant des plus rudimentaires, il est rare qu'ils puissent obtenir plus de trois récoltes d'un même terrain. Quand ils l'ont épuisé, ils abandonnent la place, et le village va s'établir ailleurs. Ils se déplacent encore dans d'autres circonstances; par exemple, en cas d'accidents répétés, d'épidémie. Ils estiment alors que l'emplacement occupé est défavorable, et ils en cherchent un meilleur. La frayeur causée par toute épidémie est si forte qu'elle leur fait abandonner même les récoltes sur pied.

» Quelques tribus savent extraire le fer des minerais et forger les quelques instruments en usage : cognées, houes, lances légères et fort bien montées, sabres. Les tribus qui dépendent du Cambodge reçoivent, sous forme de mauvais petits lingots, le fer dont elles ont besoin. Ces lingots sont la monnaie d'échange du pays; elle n'a cours que dans le bassin d'Attopeu. Les femmes savent tisser les étoffes grossières employées comme vêtements. Les hommes savent tous exécuter les travaux de sparterie qui leur sont nécessaires : nattes, nasses, hottes; ces dernières sont souvent remarquablement bien faites. Les Moïs cultivent le tabac et fument beaucoup, soit des cigarettes roulées dans des feuilles d'arbre, soit des pipes de leur façon, en bois, en terre, parfois en cuivre, ces dernières venant du dehors. Les bijoux en usage sont des colliers en grains de plomb, des bracelets en laiton, ressemblant assez à des ressorts de sommiers dont les spires se toucheraient; les Moïs portent souvent de ces ornements aux jambes. Ils ont aussi des colliers de verroterie, de coquillages, rien qui pour nous ait une valeur intrinsèque bien appréciable.

» Les besoins des Moïs sont réduits au strict minimum possible; aussi passent-ils presque toutes leurs journées à rôder en forêt, cherchant sans hâte des pousses, des racines, quelque gibier. Mais ils ne s'éloignent jamais beaucoup, de crainte d'être enlevés. Ils ne font que très peu de commerce, et seulement par voie d'échange, car la monnaie, chez eux, est inconnue. Ils se procurent de la cire, des rotins, des écorces médicinales..., parfois, mais rarement, de l'ivoire, et ils échangent ces produits contre du sel, du fil de laiton, des jarres, des gongs, de l'étoffe parfois, des verroteries. Pour faire ces échanges, ils se réunissent par groupes assez nombreux pour pouvoir se défendre contre les fauves ou contre les hommes, et ils transportent leurs produits à dos d'homme, parcourant ainsi de longues distances. Ils font parfois huit jours de marche pour se procurer une jarre, qu'ils courent grand risque de briser pendant le trajet de retour. Ces échanges, suivant les localités, se font avec les Annamites ou avec les Laotiens, ou bien avec des tribus intermédiaires. La marche est rendue fort pénible, non seulement par l'état moins que rudimentaire des voies de communication et par les nombreux accidents de terrain, mais aussi par des myriades de petites sangsues de terre qui mettent en sang les jambes des voyageurs et occasionnent des plaies et une anémie rapide. Il faudrait aller presque nu, comme les Moïs, pour s'en préserver comme ils le savent faire.

» Toute la région moï est malsaine ; la fièvre des bois y règne en permanence, aussi les Annamites hésitent-ils à s'y aventurer, et, sauf de rares exceptions, ils ne peuvent s'y acclimater. Les Moïs, de leur côté, ne peuvent vivre hors de leurs forêts. Ils dépérissent en pays annamite. Ces conditions, jointes au peu d'importance du commerce avec les Moïs, rendent les relations fort limitées et assez rares entre ces deux parties de l'empire d'Annam.

» Les Moïs ne jouissent que d'une sécurité fort précaire, par suite des habitudes de pillage et, surtout, de rapt, qui sont générales chez eux. Aussi chaque village est-il entouré d'abatis épineux, de haies, et on ne peut y pénétrer que par une ou deux ouvertures, dont les accès sont souvent protégés par des petits piquets fort aigus, dissimulés dans les herbes, et qui blessent cruellement ceux qui ignorent toutes les précautions à prendre pour s'approcher des lieux habités. Quand on croit avoir à redouter plus particulièrement une surprise, les défenses accessoires sont si bien multipliées, que les sentiers du village deviennent presque impraticables, même pour ses habitants.

Les Moïs, dans leurs entreprises contre leurs voisins, procèdent d'ordinaire par surprise. Quand une expédition est décidée, on sacrifie un buffle pour se concilier les esprits, on examine les présages : passages de telles sortes d'oiseaux, telles ou telles rencontres. Si les présages sont défavorables, on ajourne le moment du départ. Si tout s'annonce bien, on se met en route. A l'approche du village menacé, on redouble de précaution pour le surprendre. Le plus souvent, il n'y a même pas lutte, les gens se sauvent dans la forêt, les retardataires sont faits prisonniers et emmenés. Généralement, après une expédition de ce genre, on entre en pourparlers, pour le rachat des prisonniers, qui sont rendus contre livraison d'un certain nombre de buffles. D'autres fois, les captifs sont emmenés pour être échangés chez une tribu voisine, qui agit de même, de façon à les éloigner suffisamment pour qu'ils ne puissent pas tenter de s'échapper. C'est ainsi que l'on rencontre des Annamites esclaves jusque sur la rive droite du Mé-Kong. Ces sortes d'expédition sont tentées aussi bien contre les villages annamites voisins de la région moï que contre les villages moïs. Elles sont faites parfois même contre des villages appartenant à la même tribu que l'agresseur, le plus souvent contre d'autres tribus.

» Les Annamites ne s'étaient pas plus occupés d'organiser ces insoumis à demi nomades, que les Australiens ne se sont occupés de civiliser les aborigènes. Seulement, tandis que les Australiens ont peu à peu refoulé les aborigènes et tendent à les faire disparaître, les Annamites ont usé d'une grande tolérance vis-à-vis des Moïs. Il est vrai qu'ils n'y ont pas eu grand mérite, car, d'une part, le pays moï offre peu de ressources, et, d'autre part, il est fort malsain. En outre, des préoccupations plus graves ont retenu toute leur attention depuis la fin du siècle dernier. Après une série d'insurrections graves, ils se sont trouvés aux prises avec nous, et la question d'organisation de la région moï est restée à l'arrière-plan. » (Colonel REINHART, *ancien résident général en Annam et au Tonkin*; *Le Temps*, 24 juillet 1890.)

La France a tenté d'organiser les Moï ou Muong, sur les instances des explorateurs qui avaient fait connaître le pays et les habitants. Il était nécessaire de les arracher à l'oppression annamite, de les préserver contre les ravages incessants des bandits chinois. « Délivrés de la tutelle anna-
» mite, solidement armés et bien commandés, ces peuples libres et fiers
» devaient constituer d'excellents gardes-frontières. »

Plusieurs excursions ont été dirigées dans leurs montagnes par nos résidents et officiers; l'œuvre d'assimilation sera longue et délicate: elle exige de grands ménagements, beaucoup de patience et d'esprit de suite, de la conciliation, et point de violence ni d'oppression. L'établissement de routes ou de sentiers faciles dans les montagnes facilitera l'annexion, et permettra de rattacher plus étroitement et directement à la côte d'Annam le bassin central du Mé-Kong, ce Laos que l'Angleterre convoite, et vers lequel elle tend par la vallée de la Mé-nam.

L'architecture Khmer; les monuments d'Angkor.

Le petit royaume de Cambodge, aujourd'hui soumis au protectorat de la France, est le dernier reste du royaume Khmer, qui a péri sous les invasions des Etats voisins, l'empire d'Annam et le royaume de Siam. « Il » n'est peut-être aucun autre peuple, dit M. Doudart de Lagrée, parmi » ceux qui ont laissé de leur passage une marque éclatante, dont la trace » historique soit aussi complètement effacée. Là, rien ne subsiste, si ce » n'est quelques ruines et le vague souvenir d'une grandeur disparue. Les » livres religieux, venus d'autres contrées, ne nous affirment rien sur » l'empire cambodgien. » (*Documents historiques sur le Cambodge*, publié dans *Explorations et Missions*, extraits des manuscrits de M. de Lagrée, mis en ordre par M. de Villemereuil, in-8°, 1883.)

Les uns font remonter l'existence du Cambodge au douzième siècle, d'autres au troisième siècle avant Jésus-Christ; d'autres indiquent les dates plus rapprochées du premier, du sixième et du septième siècle de l'ère chrétienne. Les émigrants fondateurs du royaume passent pour être venus de l'Inde se fixer au pays de *Kut-Thlok*, qui prit plus tard le nom d'*Angkor*. Quelle que soit d'ailleurs l'origine du peuple, il est certain qu'une civilisation cambodgienne a existé : « La tradition, des ruines merveil- » leuses, une langue caractérisée, une écriture spéciale l'attestent d'une » manière éclatante. »

La découverte des restes merveilleux de la civilisation des Khmers est toute moderne. Dès le treizième siècle, un voyageur chinois, et plus tard, aux seizième, dix-septième et dix-huitième siècles, des missionnaires chrétiens mentionnèrent ou même décrivirent les somptueux monuments du Cambodge; mais leurs descriptions, traduites tout récemment par les érudits de notre siècle, ou enfermées dans des bibliothèques et des archives inaccessibles, étaient restées inconnues. L'abbé **Bouillevaux** visita les ruines d'Angkor en 1850; dix ans après, notre éminent compatriote, **Henri Mouhot**, les découvrit à son tour, et, par l'enthousiasme de son récit, provoqua la curiosité publique. Après *Mouhot*, un colon américain de Saïgon, M. **Spooner**, fut le premier touriste qui revit Angkor, et attira sur les ruines khmers l'attention de la colonie.

De 1864 à 1866, M. **Doudart de Lagrée**, par ses recherches plus scientifiques et ses études plus approfondies, fut pour ainsi dire le créateur de l'archéologie et de l'épigraphie cambodgiennes. Il étendit ses découvertes aux régions septentrionales, et aux observations sur les monuments eux-mêmes joignit la traduction, le commentaire et la classification de tous les documents historiques, des inscriptions et même des fables et des légendes locales que le roi Norodom, les bonzes et les missionnaires purent lui communiquer. Aussi M. de Villemereuil, dans la biographie si complète et si attachante qu'il a composée sur son illustre ami, a-t-il pu dire que « si Mouhot avait laissé une description de certains » édifices, très intéressante à coup sûr, comme toute œuvre d'une âme » émue, personne, jusqu'à de Lagrée, n'avait envisagé l'architecture des » anciens Cambodgiens au point de vue de son caractère propre, de ses » règles spéciales, dans différents âges relatifs, de ses rapports ou analo- » gies avec les types de l'Occident. » (P. LXXI.) La magnifique publication de **Francis Garnier** reproduit les dessins et photographies superbes des ruines d'Angkor que la mission a visitées dans sa grande exploration de 1866.

En 1866, les Anglais **Thompson** et **Kennedy** se rencontrèrent à Angkor avec M. de Lagrée; ils venaient y prendre des vues photographiques; peu après, l'Allemand **Bastian** s'y rendit à son tour, et reconnut dans les bas-reliefs des temples une « mise en scène des poèmes homériques de la
» religion de Brahma », tandis que M. de Lagrée n'avait vu « dans leur pro-
» fusion d'ornements et de sculptures décoratives, que l'expression de la
» foi bouddhique ».

Sept ans plus tard, M. **Delaporte**, lieutenant de vaisseau, qui avait fait partie de la fameuse mission d'exploration du Mé-Kong en 1866-68, sollicitait et obtenait de l'amiral Pothuau, ministre de la marine, avec une subvention du ministre de l'instruction publique, M. Jules Simon, une mission de voyage archéologique au Cambodge. Un ingénieur hydrographe, M. *Rouillet;* un ingénieur civil, M. *Ratte;* un délégué du Muséum, M. le D'' *Jullien*, accompagnaient M. Delaporte; à Saïgon, M. le D'' *Harmand*, et M. *Faraut*, conducteur des ponts et chaussées, furent adjoints à la mission. M. Delaporte a publié, dans un grand ouvrage dont nous citons quelques pages, le récit de cette belle exploration et de ses résultats féconds. Au prix des plus grandes fatigues, ayant à lutter contre le climat, les fièvres, les superstitions, la perfidie et l'avidité des mandarins, la difficulté des approvisionnements et celle des transports, dans un pays humide et malsain, coupé de bois, de lacs, de marais, de rizières et de prairies inondées, la mission réussit à ramener à Paris cent vingt caisses de forme bizarre, qui attendirent de longs mois l'heure du déballage. Enfin on les transporta au palais de Compiègne; là, sous la direction de M. Delaporte, les sculptures, les bas-reliefs, les statues, les Bouddhas de l'art khmer furent enfin tirés par morceaux de leur prison poussiéreuse, raccommodés et rajustés. Mais les visiteurs étaient rares, et le musée cambodgien restait inconnu du grand public. En 1878, à l'occasion de l'Exposition universelle, les antiquités cambodgiennes ramenées à Paris figurèrent dans les galeries du Trocadéro, entre la collection de l'art égyptien et celles de l'art chinois et japonais. Elles y sont restées; le musée Khmer, organisé avec une compétence et un soin tout à fait remarquables par M. Delaporte, s'est encore enrichi de nouveaux groupes d'architecture, d'armes, d'outils, d'ornements préhistoriques recueillis par les soins de MM. *Moura*, *Aymonier* et du D'' *Harmand* qui ont exploré plus récemment d'autres ruines jusque-là négligées.

Les principaux restes des constructions ruinées des Khmer sont situés aux alentours du grand lac Tonlé-Sap : tels sont les groupes de *Pontéay Préa-Khan*, « la forteresse de la divine épée », où gisent pêle-mêle des pierres brisées, des statues, des corps de lions, de dragons fantastiques enfouis dans les herbes; la tour de *Préatcol*, ruine magnifique hantée par les bêtes fauves et les singes; *Préasat Préa-Tomray*, « la pyramide du saint Éléphant »; le groupe de *Ponteay Ka-kéo*, « la forteresse de l'île du joyau précieux »; celui de *Méléa* et des *Cinq-Tours*, moins riche en débris statuaires, mais superbe par ses temples, galeries, tours et terrasses, et ses décorations sculpturales, scènes de guerres, cérémonies sacrées, ou assemblages originaux de figures fantasques, sérieuses ou bouffonnes. « Le crayon seul de l'artiste, écrit M. Delaporte, pourrait
» rendre l'effet pittoresque qu'offrent ces beaux débris au milieu de la
» luxuriante végétation dont ils sont recouverts et tapissés. Des vignes

» sauvages aux feuilles d'un rouge éclatant serpentent de toutes parts sur
» les amas de pierres et sur les voûtes écroulées ; des lianes innombrables
» s'y enroulent avec une telle régularité qu'on croirait que la main de
» l'homme en a dirigé les festonnements ; un fouillis inextricable d'orchi-
» dées chargées de leurs fleurs et de fougères multiformes cache entière-
» ment la terre; sur le tout s'étend, comme un dieu mystérieux, l'opu-
» lente frondaison des banians, dont les racines grimpantes, à force
» d'enserrer colonnes et statues, les ont ou renversées ou soulevées du
» sol. Les figuiers atteignent ici des dimensions prodigieuses ; un d'eux,
» mesuré par nous, présente au tronc 27 mètres de circonférence ; ses
» énormes branches, qui rayonnent horizontalement en tous sens, ont
» abattu murailles et tours; elles se seraient rompues par leur propre
» poids sans l'étançonnement des racines aériennes qui en descendent, et
» qui, d'abord minces comme des fils, se solidifient en robustes troncs,
» faisant ainsi d'un seul arbre une véritable forêt. » (P. 107-8.)

Les monuments les plus grandioses sont dans le Cambodge siamois ceux des régions de Siemréap et d'Angkor ; là se trouvent les ruines du temple extraordinaire de *Baion*, « vénéré jadis comme la plus magnifique métropole religieuse du Cambodge brahmanique ».

« Angkor-Vaht, la pagode royale, est le mieux conservé de tous les monuments khmers, et le seul dont on embrasse aujourd'hui l'ensemble d'un coup d'œil. Cet imposant édifice, dont Mouhot a cru pouvoir dire, dans un premier transport d'admiration, qu'il figurerait avec honneur à côté de nos plus vastes basiliques et qu'il l'emporte pour la grandeur sur toutes les œuvres de l'art grec et romain, occupe une étendue peut-être un peu moindre que Pontéay-Chma et un peu supérieure à celle de Préa-Khan (d'Angkor) et de Méléa; il est, comme ceux-ci, entouré d'un parc avec enceinte et fossé disposé de la même manière. Par une exception presque unique, sa façade principale regarde le couchant. Nous allons l'aborder de ce côté en dehors du parc.

» Au premier plan une esplanade environnée de grands dragons à neuf têtes et de lions fantastiques; puis une vaste nappe d'eau limitée par des quais, un pont flanqué de colonnades interrompues au milieu pour faire place à de larges escaliers descendant jusqu'au bassin (toutes les allées sont bordées de nagas, tous les escaliers sont garnis de lions étagés); enfin comme fond, une belle galerie à colonnes avec trois entrées centrales surmontées de tours aux étages dentelés, et deux grands porches ouverts aux extrémités pour le passage des chars et des éléphants. Sur les côtés, des massifs de végétation; dans le lointain, le groupe des cinq plus hautes *préasats* du temple, presque perdues au milieu d'innombrables cimes de

33.

palmiers. Tel est le spectacle imposant qui surgit soudain à vos yeux, comme par un coup de baguette magique, quand, débouchant de la voie tracée sous les sombres voûtes forestières, vous atteignez la ligne du fossé qui marque nettement la limite de la grande futaie.

» Le pont a 80 mètres de longueur. Franchissez-le, ainsi que la grande porte et le passage voûté dont j'ai fait mention, et arrêtez-vous près des piliers du péristyle intérieur qui donne sur le parc. Ici va vous apparaître le second tableau de la féerie.

» A un demi-kilomètre devant vous, au bout d'une avenue spacieuse que bordent de sveltes bouquets de borassus, de cocotiers, de bambous, se développe l'ensemble du temple. Sa masse pyramidale d'un gris luisant tranche sur la verdure sombre qui l'enveloppe. Le monument sort, pour ainsi dire, du sein des eaux, il semble émerger des deux grands *sras*[1] qui en baignent le pied.

» Il est divisé en trois étages; le premier composé d'une belle galerie à colonnes de 250 mètres de façade; le second, d'une galerie moins développée avec fenêtres à balustres et hautes tours aux angles; le troisième, d'une galerie du même genre juchée sur un haut massif, et dont les *préasats* déjà plus élevées sont dominées par la tour du sanctuaire.

» Traversez maintenant la chaussée, en laissant de chaque côté un bel édicule dont les ruines disparaissent à demi sous le treillis envahissant de la végétation. La nappe azurée des *sras* s'allonge en avant du temple; au-dessus brille l'aire sableuse d'une esplanade bordée d'une assise de grès sculpté, et d'une balustrade; au milieu s'avance une terrasse en croix avec des dentelures et un entourage de colonnettes; cette terrasse précède l'entrée principale et fait partie d'un premier soubassement; celui-ci, tant extérieur qu'intérieur, n'a pas moins de 2500 mètres de pourtour sur 4 mètres de hauteur : il est couvert de magnifiques moulures d'un dessin très perfectionné, et il n'y a pas un décimètre de sa surface qui ne soit finement fouillé : rinceaux d'acanthe; gueules de dragon enguirlandées de feuil-

---

1. Les *sra* ou *srah* sont des étangs sacrés, larges en moyenne de 200 mètres et rétrécis aux endroits où ils sont franchis par des ponts. La plupart ne sont plus guère que des marais couverts des larges feuilles du divin lotus aux belles fleurs roses.

lage; perles, fleurs épanouies, disposées en rond, en losange, en ellipse, arabesques encadrant de petites figures, et mille autres ciselures gracieuses ont ici transformé la pierre en une véritable dentelle.

» Sur ce soubassement repose la première galerie d'enceinte, plus belle encore que celle de Ta-Prohm et de Méléa. Vue de près avec sa colonnade terminée par d'élégants péristyles d'angle, dont les piliers se profilent à jour sur la verdure et sur le ciel bleu, avec ses frontons et ses toits étagés qui montent jusqu'à une hauteur de 20 mètres, en masquant le reste de l'édifice, cette galerie produit à elle seule un effet grandiose. Les piliers en sont couverts de sculptures : des dieux, des saints, des bayadères dans des ogives, des entrelacs, des rinceaux, des ornements innommés qui se répètent de haut en bas. Chapiteaux, entablements, frises, abondent également en saints motifs; c'est un modèle de délicatesse sculpturale.

» A l'intérieur de cette première galerie, sont de vastes cours où l'on voit s'allonger des perspectives infinies de moulures profondes, de frontons flamboyants et de tévadas innombrables, incrustés sur toutes les murailles. Quatorze escaliers dont onze à ciel ouvert et trois sous des passages voûtés, qui donnent lieu à de petites cours à colonnes d'une très grande richesse, conduisent — au haut d'un massif à double gradin — sur la terrasse qui porte la seconde galerie, aux angles surmontés de tours.

» En la traversant par la porte principale (suivant l'axe de l'ouest à l'est), on se trouve au pied d'un nouveau massif à trois divisions qui monte par une pente rapide à la hauteur de 15 mètres. Douze escaliers abrupts — trois sur chaque face — d'un effet aussi saisissant que grandiose, avec cent quatre lions étagés et de superbes moulures, dissimulent cet escarpement. A la plate-forme supérieure se trouve la troisième galerie. Des degrés par lesquels on y accède, l'œil embrasse un panorama merveilleux : toutes les constructions inférieures du temple, les bassins, l'immense parc avec son enceinte et ses fossés, et la campagne environnante; mais ce spectacle éblouissant s'évanouit soudain dès qu'on pénètre dans l'enceinte supérieure dont les fenêtres à balustres interceptent entièrement le champ de la vue.

» Nous sommes ici dans une grande cour aérienne, entourée d'un double cloître et coupée de deux galeries à jour. Du haut en bas de chaque pilier des colonnades, de chaque pilastre des tours, sont sculptés des dieux, des adorateurs, des saintes aux formes attrayantes, et, devant cette foule recueillie de personnages, déjà si loin de la terre, et si rapprochés du ciel, on sent passer sur son front comme un souffle émané du sanctuaire. Il est là, en effet, devant nous, surélevé sur un dernier massif à deux marches, à l'intersection des galeries à jour avec lesquelles il se raccorde par une superposition de piliers formant péristyle autour de sa base. Ce sanctuaire est une magnifique préasat ouvragée tout entière de riches sculptures, et dont la flèche demi-ruinée atteignait jadis la hauteur de 65 mètres. Il est clos de toute part, on n'y voit aucune entrée apparente, et tous, prêtres et fidèles, se contentent de se prosterner au dehors devant des images dorées de Cakya-Mouni qui sont figurées en bas-reliefs sur ses quatre portes.

» Il va sans dire que chacune des œuvres d'art exécutées dans toutes les parties de cet édifice incomparable mériterait une mention à part. Ne voulant pas de nouveau m'étendre sur les détails, je me bornerai à parler de la muraille de fond de la grande galerie dont la longueur totale est de près de 1 000 mètres, et sur laquelle règne une série ininterrompue de compositions en bas-relief comprenant des milliers de personnages.

» Cette galerie, rectangulaire on le sait, est divisée en vingt-huit chambres, correspondant aux entrées d'angle et de milieu, et en huit salles longues de 50 à 100 mètres, comprises entre la double colonnade extérieure et le mur de fond sur lequel se développent les grandes scènes.

» Dans la moitié nord, ce sont d'immenses combats, parmi lesquels on reconnaît des épisodes guerriers du Ramayana, cette lutte héroïque du roi d'Ayodia, Rama, septième avatar de Vichnou, contre Ravana, roi de Ceylan, ravisseur de la belle Sita, son épouse. Mais ce n'est pas la légende telle qu'elle a été enfantée par l'imagination du poète hindou; c'est quelque épopée fabuleuse où le génie khmer a vraisemblablement fondu les exploits des dieux avec ceux des conquérants du Cambodge.

» Dans cette multitude de guerriers qui prennent part à la lutte, ceux dont la tradition nous a conservé les noms sont aussi des héros du poème brahmanique. Jamais Valmiki, si souvent interprété dans l'Inde, n'a rencontré d'artiste animé d'un souffle aussi puissant que le sculpteur khmer d'Angkor-Vaht.

» La taille des guerriers, lorsqu'ils représentent des rois ou des dieux, ne dépasse guère celle de leurs soldats; leur pose est superbe, parfois on dirait des héros d'Homère sculptés par quelque grand artiste grec. Les divinités malfaisantes et les démons fantastiques ont, au contraire, la figure grimaçante et la stature des géants. Reproduits dans les différentes phases du combat, les guerriers principaux s'y montrent dans des poses variées : tantôt ils se tiennent à l'arrière de leur char ou sur la croupe de leur monture. Tantôt ils s'avancent jusque sur la tête de l'éléphant, ou sur le timon, en avant des coursiers, pour en venir aux mains à l'arme blanche ; enfin ils ont pour cocher un personnage nain dans des poses pittoresques, et, quelle que soit l'ardeur de la mêlée, ils sont toujours entourés de nombreux serviteurs qui, indifférents au combat, tiennent au-dessus de leur tête, parasols, chasse-mouches et autres insignes de la puissance. » (L. DELAPORTE[1], *Voyage au Cambodge, l'architecture khmer*, ch. VII; Paris, 1880, Delagrave, 1 vol. in-8°, illust.)

La destruction des temples ruinés du Cambodge, commencée par les invasions des Thaï ou Siamois, est continuée rapidement par les influences météoriques et les empiétements d'une végétation exubérante. Il faudrait rouvrir les anciens canaux d'écoulement et émonder la flore indiscrète qui enlace, troue et bouleverse ces ruines sans défense. Mais les monuments sont vastes, les habitants rares, superstitieux, et les deux gouvernements cambodgien et siamois, qui se partagent les plus belles ruines, ne prennent pas l'initiative d'une œuvre de restauration dont ils ne sentent pas la nécessité et dont ils ne suffiraient peut-être pas à couvrir la dépense. « Le meilleur genre de sauvetage à exercer dans ces monuments, dont

---

1. M. Delaporte est né en 1842. Ses deux missions au Cambodge (1866 et 1881), la publication de son grand ouvrage qui a vulgarisé en France l'art khmer, le désignaient aux fonctions de conservateur du musée du Trocadéro, qu'il remplit.
M. L.-B. Rochedragon, monté sur l'*Hirondelle*, petit yacht du roi Norodom, qui le conduisit au fond du lac Tonlé-Sap, visita, il y a quelques années, les ruines d'Angkor-la-Grande. Il a publié, dans le *Bulletin de la Société de géographie de Marseille* (trois articles, 1890), une relation très attachante de son voyage. Il apprécie en ces termes le grand ouvrage de M. Delaporte. « On doit à cette
» plume élégante et habile, à ce pinceau si ingénieux et si correct, une odys-
» sée des plus charmantes et à la fois des plus instructives à travers ces régions
» mystérieuses et désertes, où tout est ombre et silence, à travers ces lacs sans
» rivages, au milieu de ces forêts, vastes solitudes, repaires des fauves et des
» reptiles... Son infatigable crayon continue son œuvre et reproduit dans tous
» leurs détails les monuments, les colonnades, les tours, les cariatides, les ter-
» rasses aux balustrades de serpents, les ponts bordés de géants, et tous ces
» fourmillements de divinités sans nombre pressées sur ces colonnes et sur ces
» bas-reliefs. » (P. 272.)

» plusieurs ne sont littéralement que des amas d'éboulis, c'est d'y re-
» cueillir, à l'occasion, les rares fragments intacts que l'on y rencontre. »
(DELAPORTE.)

La mission Fournereau.

Plus récemment, en 1887-88, un autre Français, M. Fournereau, architecte, fut chargé par le ministère de l'Instruction publique et la Direction des Beaux-Arts d'une mission archéologique en Indo-Chine. M. Delaporte donna à l'explorateur des instructions précises et lui traça un vaste programme qui fut admirablement rempli. M. Fournereau, accompagné de M. *Raffegeaud*, sculpteur, et de M. *Kerantret*, inspecteur des bâtiments civils, se rendit à Battambang, sur un bateau de la Compagnie des Messageries fluviales, puis remonta, non sans difficultés, la rivière de Siemréap, et enfin atteignit en voiture Angkor-Vaht, premier campement de la mission.

« Je n'essaierai pas de peindre l'émotion profonde que j'éprouvai, aux premiers rayons du soleil levant, en face de cette colossale merveille d'Angkor-Vaht, qui allonge ses colonnades, dresse ses tours au milieu d'une luxuriante végétation de lianes et de palmiers réfléchis dans l'eau tranquille des bassins où fleurit le lotus sacré.

» ...Un peuple de bonzes, drapés dans des robes d'un jaune éclatant, et de dévots pèlerins, campent au pied même du sanctuaire dans un coin de ce parc immense qui l'environne et dont les portes d'entrée sont à elles seules des édifices superbes. Ces bonzes sont investis des fonctions religieuses. Outre la garde des temples et des idoles, ils sont chargés de l'entretien des ruines. L'état actuel du monument prouve que depuis longtemps ce devoir ne leur pèse guère. Ils se contentent de faire avec exactitude leurs prières à Bouddha, qui trône en maître dans ces sanctuaires d'où il a chassé Brahma, le premier possesseur. Leur discipline est assez stricte. Ils ne prononcent pas, il est vrai, de vœux définitifs et peuvent renoncer à la vie religieuse. Mais, durant tout le temps de leur ministère, ils doivent observer le vœu de chasteté. Tout travail lucratif leur est interdit. Leur seule ressource est la mendicité. Chaque matin, on les voit défiler un à un sur la grande chaussée du temple, une urne en sautoir, et se répandre dans les villages environnants pour quêter qui du riz, qui des bananes, qui des volailles. Ceux qui restent à la pagode dépouillent leurs robes jaunes et font leurs ablutions matinales dans les anciens *sras* sacrés.

» Il ne faut pas croire pourtant que la profession de bonze

soit une sinécure. Ce sont eux qui enseignent aux enfants la lecture et l'écriture. La bonzerie d'Angkor-Vaht comprend deux parties : l'école primaire et l'école supérieure. Dans la première, les élèves sont exercés à tracer les caractères sur une feuille de palmier, au moyen d'un stylet ; ils noircissent ensuite ces dessins avec le pouce. On leur apprend aussi à prononcer. Pendant des heures, un bourdonnement monotone sort de la bonzerie : ce sont les enfants qui répètent en chœur, avec des intonations gutturales, la leçon du maître. Ceux qui poussent jusqu'à l'école supérieure sont généralement des fils de fonctionnaires ; c'est la pépinière des lettrés et des bonzes. » (L. FOURNEREAU, *les Ruines khmers du Cambodge siamois* ; *Bulletin de la Société de géographie de Paris*, 2ᵉ trimestre 1889, p. 250.)

M. Fournereau et ses compagnons passèrent de longues semaines à Angkor-Vaht, à Angkor-Thôm, à Banh-Yong (Bellevue), à Préa-Khan, etc., prenant des moulages, des estampes, des photographies, des dessins sur les ornements, les statues, les sculptures. Cette belle campagne archéologique, qui complétait si heureusement celles de Doudart de Lagrée et de M. Delaporte, a enrichi nos musées d'une collection de cinq cent vingt moulages de toutes sortes et de plus de quatre cents vues photographiques des monuments explorés.

M. Fournereau, dans le grand ouvrage où il a exposé les résultats de sa mission, conclut que l'art khmer a eu trois périodes : « la première est l'époque fantastique, pendant laquelle les artistes ont donné libre carrière à leur imagination et créé ces grandioses décors de Thôm et de Préa-Khan ; dans l'époque suivante, on admire surtout l'immensité des plans, le développement des lignes, des combinaisons, des saillies architecturales, la richesse des moulures, la finesse des ornements et la belle exécution de toutes les parties ; la troisième période, celle des monuments en briques, n'offre plus de galeries à colonnes, et les tours, simples dans leur aspect général, n'y sont chargées ni d'acrotères, ni de dentelures. Mais elles sont admirablement assises sur leurs soubassements, de proportions imposantes, et leur ornementation, bien exécutée, surprend par la fantaisie, la variété et l'heureuse disposition des motifs, ainsi que la parfaite entente de l'effet. » (L. FOURNEREAU, *ibid.*, p. 276.)

L'œuvre de découvertes des monuments khmers est loin d'être achevée. La vallée de la Mé-Nam, les forêts de Siam et de Birmanie, comme celles du Mé-Kong, cachent sous leurs fourrés des palais et des temples par centaines. Il reste encore à déchiffrer les inscriptions gravées sur les monuments, œuvre difficile à laquelle M. Aymonier s'applique avec une ardeur infatigable.

Les industries annamites : les incrusteurs

La rue la plus animée de Hanoï est la rue des Incrusteurs. Elle aboutit au lac, et, entre les deux rangées de paillottes basses qui la bordent, se rencontrent le soir tous les promeneurs, officiers, soldats, colons, marins et coolies. La boutique et l'atelier de ces incrusteurs, qui sont pour la plupart des artistes d'un goût original et d'une habileté de main surprenante, ont une installation et un aspect tout à fait médiocres.

« Sur le plancher une natte pour s'accroupir : au mur, une image de sainteté barbouillée de couleurs criardes, donnée par un missionnaire, ou quelque panneau de laque noir sur lequel de larges plaques de nacre vulgaire incrustées figurent une branche d'arbre ou un buisson d'une construction difficile à débrouiller ; sur un côté un grand coffre dont la peinture a été dévorée par le temps et par la poussière, sur lequel on étale dans le jour des objets à vendre et dans lequel on les serre la nuit, parfois un bahut terminé dont les nacres brillent comme des joyaux égarés au milieu de cette misère ; dans un coin la pierre à aiguiser les outils, dans un autre quelques plateaux de bois, qui attendent le rabot et le burin, voilà tout ce mobilier qu'on découvre dans les vingt échoppes d'incrusteurs d'où sortent des meubles qu'un salon somptueux ne juge pas indignes de lui. Le plancher mal joint bâille par de grandes fentes noires, le torchis boueux des murs s'écaille sur les treillis de bambou, les piliers de la case sont des branches frustes, la paillotte du toit est posée à cru sur les perches, et les ouvriers sont à demi nus. C'est la rusticité primitive dans toute sa candeur.

» L'atelier est ouvert sur la rue, comme toutes les autres habitations de Hanoï. Si vous ne saluez pas en entrant, personne ne se dérange ; les Tonkinois se sont habitués à notre sans-façon de maîtres et de civilisés, et ils continuent à travailler au milieu des curieux. Si vous dites bonjour, on vous répond : Bonjour, capitaine. Toujours c'est une femme qui se présente pour vendre, le plus souvent la mère ou la belle-mère qu'on envoie chercher et qui arrive des pièces du fond, une vieille ridée, sans chair sous son parchemin jaune, dont le bétel a rongé entièrement les dents et dont les yeux pétillent de malice. Quand vous demandez un prix, elle ne fonde pas sa réponse sur la valeur de l'objet, car les incrustations n'ont plus de valeur précise aujourd'hui, mais sur le degré de naïveté ou sur la vivacité de désir que votre visage trahit. Elle vous examine et vous tâte du regard pour ainsi dire. L'expédition a jeté sur le marché cinq ou six cents acheteurs, qui veulent tous emporter quelques incrustations, et qui se disputent celles qui se font avant même qu'elles soient achevées. Il n'en existe point en réserve dans les magasins, et les ateliers sont peu nombreux, une vingtaine, comme je le disais, avec peut-être cent cinquante ouvriers. Les demandes dépassent donc de beaucoup les offres. Cette rareté a fini par produire une espèce de folie parmi les vendeurs et les acheteurs. Un vide-poches qui ne se payait encore que deux piastres il y a quelques mois ne s'obtient pas à dix aujourd'hui. Les prix actuels dépassent certainement de beaucoup ceux auxquels il me semble que les incrustations pourraient prétendre en Europe en raison de leur intérêt. Les incrusteurs sont en passe de faire de grosses fortunes, grosses pour des indigènes s'entend, et il faut voir le contentement étonné et impossible à contenir, l'œil mouillé de plaisir des marchandes maniant les piastres sonores les soirs de recette.

» Si vous n'achetez point, on ne vous en marque aucune mauvaise humeur, et vous pouvez regarder travailler les ouvriers. L'incrustation comporte quatre opérations principales : le dessin, le découpage de la nacre, le champlevage du bois, et l'insertion de la nacre découpée dans les entailles. Les ouvriers médiocres se contentent de répéter de vieux dessins dont ils possèdent des copies ; le mauvais goût chinois en a surchargé les motifs : feuilles, fleurs, papillons, insectes, sont entassés pêle-mêle et miroitent confusément ; cette ornementation manque d'air et de parti pris. Les bons ouvriers conçoivent leurs dessins eux-mêmes, quelques-uns d'entre eux sont arrivés à un sentiment décoratif d'une élégance et d'une sobriété qui font de leurs œuvres des objets d'art d'un réel mérite.

» Ils s'efforcent de varier leurs motifs jusqu'ici un peu monotones en étudiant les petits animaux que la nature leur offre et que leurs prédécesseurs n'avaient pas l'habitude de représenter. On sent encore chez eux une timidité de commençants dans la rigueur avec laquelle ils les placent presque toujours exactement soit de profil, soit de face, mais ils cherchent, ils s'ingénient avec bonheur, et les productions actuelles sont incomparablement supérieures aux anciennes. Les reproductions de la personne humaine leur réussissent moins, parce qu'ils la bornent à des personnages qui semblent appartenir à la vieille histoire chinoise, car ils datent de l'époque où l'on ne portait pas encore la queue. Les silhouettes en sont par trop fantaisistes même pour du décor. Je n'ai pas vu que les incrusteurs aient jamais essayé des scènes de la vie intime, la seule dont ils aient la réalité sous les yeux.

» Le choix de la nacre exige un œil d'artiste, il est aussi important que le dessin lui-même ; à distance, les détails de celui-ci ne s'aperçoivent plus, tandis que les nuances et les reflets de la nacre sont très sensibles et doivent former des combinaisons amusantes et harmonieuses. Les bons ouvriers y apportent tous leurs soins et mettent leur gloire à n'employer que de belles coquilles. L'huître perlière qui fournit les meilleures n'existe pas sur la côte du Tonkin ; des marchands de Nam-Dinh, ville où l'on fabrique aussi des incrustations, la font venir de Saïgon et de Singapour. Les ouvriers sans scrupule préfèrent celles qu'ils se procurent à vil prix, l'huître commune, la moule ; depuis que le laid se vend aussi sûrement que le beau, on voit paraître des incrustations bleuâtres dont les violents reflets criards sont une affliction pour les yeux. L'ouvrier brise les coquilles, assortit les morceaux de nacre qu'il en obtient, reporte dessus les fragments de son dessin dont ils devront prendre la forme et les découpe. Il les pince avec un étau composé de deux petits morceaux de bois que serre à volonté un anneau mobile, et il les entame avec une mauvaise lime. Il est prodigieux de lui voir exécuter avec un outillage aussi imparfait des détails d'une grande délicatesse comme une tige de plante, un pédoncule de fleur, une antenne de papillon.

» La nacre découpée, on la colle sur le bois, et du bout d'un poinçon on en trace les contours avec une précision extrême ; on la décolle et on entaille la planche au burin, suivant le dessin ainsi obtenu. C'est dans cette opération que l'ouvrier doit déployer toute son habileté, car, plus la nacre sera insérée exactement dans l'entaille, plus l'incrustation sera parfaite et recherchée. Quand les creux sont trop largement champlevés, on comble les vides avec de la laque qui ne tient pas toujours bien et tombe à la longue avec la nacre même. Le plus beau bois du Tonkin est le *trac*, qui est lourd comme de l'ébène, quoique d'un grain moins uni et d'un ton brun-rougeâtre chaud et robuste. L'avantage des incrustations qui ont quelques années d'existence est d'avoir subi l'épreuve du temps, le bois est parfaitement sec, et l'incrustation qui n'a point bougé peut être considérée comme indestructible. Les plateaux séchés longtemps à l'avance n'existent malheureusement plus dans les ateliers ; les demandes sont devenues subitement si nombreuses, que les provisions en ont été vite épuisées, et les plus belles incrustations d'aujourd'hui, exécutées malheureusement sur bois vert, donneront plus d'une déception à leurs propriétaires.

» On fabrique à Hanoï des bahuts dont les formes laissent parfois à désirer, des vide-poches généralement élégants, des boîtes de toutes sortes, des guéridons dont les modèles ont été fournis par les Français, des plateaux à thé. Le mal est que tous ces objets soient d'une ébénisterie déplorable ; les indigènes ne savent ni tailler correctement une moulure ni joindre exactement ensemble deux planches, et le plus grand service à leur rendre serait de leur donner tout de suite des maîtres et des outils propres à les corriger d'une infériorité choquante. Des meubles dont on demande trois et quatre cents francs sont déshonorés par des tares grossières ; il en est peu dont un amateur pourrait se contenter avant de les avoir fait retoucher par un ébéniste plus habile.

» Il est amusant de constater que dans le langage courant de la curiosité le mot ancien est devenu synonyme de joli, de beau. Un bibelot ne serait pas tenu pour estimable s'il n'était pas ancien. C'est une sorte de snobisme à laquelle peu de gens échappent. Un des quatre cents amateurs qui se sont subitement révélés dans l'armée française au Tonkin ne manque jamais de dire en montrant l'incrustation qu'il a achetée : *C'est du vieux, c'est ancien*. L'objet est tout frais sorti de l'atelier, le bois a les tons clairs du neuf. N'importe, le propriétaire tient à ce que ce soit ancien. Il ignore qu'il n'existe pas d'anciennes incrustations tonkinoises et que les plus vieilles sont aussi les plus laides. » (Journal *le Temps*[1], 2 septembre 1884.)

M. de Kergaradec, ancien résident à Hanoï, dit que le travail de l'incrustation ne se fait dans le pays que depuis une soixantaine d'années

---

[1]. L'auteur de cette correspondance, adressée au *Temps*, et publiée sous le titre de *Paris au Tong-King*, est M. **Paul Bourde**, dont nous avons cité ailleurs l'ouvrage sur l'*Algérie*, un des plus complets et des plus intéressants qu'on puisse lire encore sur notre colonie africaine. Les impressions de voyage de M. Bourde sur l'Indo-Chine française ont été réunies en un volume in-18, Paris, 1888, et n'ont pas eu un moins grand succès. M. Bourde est actuellement un des hauts fonctionnaires du protectorat français à Tunis.

seulement, et il pense que les Japonais l'ont introduit au Tong-King. M. Bourde combat cette opinion, n'admet pas qu'on puisse comparer les incrustations de nacre d'Hanoï, communes, sans éclat et sans valeur, aux gracieuses et originales incrustations des artistes du Nippon.

3° BIBLIOGRAPHIE. — CARTOGRAPHIE

ADAMS. *In the Far-East Laos.* — (Londres, 1879.)
ALMEIDA (B. d'). *Geogr. of Perah and Salangore.* — (*Journal of Roy. Geog. soc.*, t. XLI.)
ARIÈS (D'), capitaine. *La Cochinchine française.* (*Revue maritime et coloniale*, septembre 1871.)
ARTEFEUILLE (D'). *Voyage au Laos en 1868.* — (*Revue des Deux-Mondes*, 1872.)
AUBARET (G.) *Histoire et description de la Basse-Cochinchine*, trad. du chinois. — (Paris, 1864, in-8°, avec cartes.)
— *Onze mois de sous-préfecture dans la basse Cochinchine.* — (1863, in-8°, avec carte.)
— *Histoire et description de la basse Cochinchine*, trad. d'après le texte original. — (Paris, 1864, in-8°, avec carte.)
— *Code annamite*, trad. du chinois. — (Paris, 1865, 2 vol. in-8°.)
AUMOITTE (A.). *Tongking. De Hanoï à la frontière de Koang-Si*, ill. et cartes. — (Paris, in-8°, 1884, Challamel.)
AURILLAC. *Cochinchinois, Annamites, Moï, Cambodgiens.* — (Paris, 1870, in-8°.)
AYMONIER. *Notes sur le Laos.* — (Saïgon, in-8°, 1886.) — *Excursion dans le Cambodge central.* — (*Bull. de la Soc. géogr.*, 1882.) — *Notice sur le Cambodge.* — (Paris, Leroux, 1875.) — *Géographie du Cambodge.* — (Paris, Leroux, 1876.)
BAILLE. *Souvenirs d'Annam, 1886-90.* — (Paris, in-12, 1891.)
BAINIER. *La presqu'île de Malacca.* — (*Bull. de la Soc. de géogr. de Marseille*, 1878.)
BALANSA. *Quatre années de séjour au Tonkin.* — (*Bull. de la Société géogr. commerciale*, 1888-89.)
BARBIÉ DU BOCAGE. *Bibliographie annamite.* — (*Revue maritime et coloniale*, fév., mai, août 1866.)
BASTIAN (D^r). *Reisen in Siam.* — (Iéna, 1867, avec carte, in-8°, 3 vol.)
— *Die Vœlker des Œstlichen Asien, Birma-Indochinesen-Siam.* — (3 vol. in-8°, Leipzig, 1866.) — *Reise durch Kambodja nach Cochinchina.* — (Iéna, 1868, in-8°.)
BASTIDE (R.) *Saïgon pittoresque.* — (*Revue de géographie*, in-8°, 1882.)
BAUDENS. *Deux années au Tonkin.* — (In-8°, 1887.)
BELLET (D.). *La badiane au Tonkin.* — (*Revue de géographie*, sept. 1887.)
BENOIST DE LA GRANDIÈRE. *Les ports de l'Extrême-Orient.* — (Paris, 1869, in-8°.)
BERGAIGNE. *Découvertes sur l'histoire du Cambodge.* — (*Revue Bleue*, 1885.)
BERNARD (D^r). *De Paris au Tong-King.* — (Paris, in-18, 1885, Laplace.)
BIGANDET. *Lettres de Birmanie.* — (*Ann. Prop. de la foi*, 1886.)
BIZEMONT (DE). *L'Indo-Chine française.* — (Paris, 1884, in-12.)
BLETON (A.). *Au Tonkin.* — (*Gazette géographique*, 17-24 sept. 1885.)
BOCK. *Temples and elephants a narrative of a journey through Siam and Lao.* — (Londres, 1884, in-8°, avec carte.) — *Notes sur la population du Laos occidental.* — (*Mém. de la Société d'anthrop.*, t. III, 1883.) — *Voyage de Bangkok à Xieng-Sen.* — (*Bull. de la Soc. de géogr.*, 1883.)
BOILLOUX. *Plan cadastral de la ville de Saïgon.* — (1882, au 1/4000.)
BONARD (vice-amiral). *Exploration du fleuve Cambodge.* — (*Revue maritime et coloniale*, fév. 1863, avec carte.)
BONNAL. *Productions du Tonkin.* — (*Gazette géogr.*, 18 juin 1885.)
BONNETAIN (Paul). *L'Extrême-Orient.* — (Paris, ill. in-8°, 1887, Quantin.)
— *Au Tonkin.* — (Paris, Havard, 1885.)
BORIE (abbé). *La presqu'île de Malacca.* — (in-8° ill., 1887.)

BOUILLEVAUX (C.-E.). *L'Annam et le Cambodge.* — (Paris, in-8°, 1884.) — *Voyage dans l'Indo-Chine*, 1848-1856. — (Paris, 1859, in-8°.)
BOUINAIS (A.) et PAULUS (D.). *La Cochinchine contemporaine.* — (Paris, in-8°.) — *L'Indo-Chine française contemporaine.* — (Paris, in-8°, 1885.) — *La France en Indo-Chine.* — (Paris, 1886, in-18.) — *Le protectorat du Tonkin.* — (Rev. marit. et colon., février 1885.)
BOULANGER (E.). *La colonisation de l'Indo-Chine.* — (Paris, 1885.)
BOULANGIER (E.). *Un hiver au Cambodge.* — (Tours, in-8°, 1888.)
BOURCHEL (A.). *Essais sur les mœurs et les institutions du peuple Annamite.* — (Rev. marit. et colon., nov. 1869.)
BOURDE (P.). *De Paris au Tonkin.* — (Paris, C. Lévy, 1885.)
BOURDONNAIS (de la). *Un Français en Birmanie.* — (Paris, 1886, in-18.)
BOURRU. *Climat du Tongking.* — (Bulletin de la Soc. géogr. de Rochefort, 1884-85.)
BRANDA (P.). *Çà et là.* — *Cochinchine et Cambodge.* — (Paris, in-18.)
BRAU DE SAINT-POL-LIAS. *Pérak et les Orangs-Sakeys.* — (Paris, 1883, in-18.) — *Ile de Sumatra.* — *Chez les Atchès, Lohong.* — (Paris, in-18, Plon, 1884.) — *Au Tonkin, en Cochinchine et au Cambodge.* — (Bull. de la Soc. de géogr. coloniale, t. VIII, 1885-86.)
BRIEN. *La province de Battambang.* — *Excursions et reconnaiss.* — (x, Saïgon, in-8°.)
BROSSARD DE CORBIGNY. *Huit jours d'ambassade à Hué.* — (Tour du Monde, 1878.) — *De Saïgon à Bangkok.* — (Revue maritime et coloniale, 1871, 1872.)
BRUNAT (P.). *Exploration commerciale du Tonkin.* — (Lyon, 1885.)
CAMERON (W.). — *On the Patani.* — (Journal of the straits Branch of Roy. asiat. Soc.; Singapour, juin 1883, avec 2 cartes.)
CAMERON (John). *Our tropical possessions in Malayan India being a descriptive account of Singapore, Penang, Wellesley and Malacca, etc.* — (London, 1865, in-8°.)
CAMPION. *Les îles et les côtes du g. de Siam.* (Revue marit., 1886.)
CANDÉ (J.-B.). — *De la mortalité des Européens en Cochinchine depuis la conquête jusqu'à nos jours, avec description de Saïgon, etc.* — (Paris, 1881, in-8°.)
CARNÉ (vicomte de). — *Voyage en Indo-Chine et dans l'empire chinois.* — (Revue des Deux-Mondes, 1869-70, Paris, in-8°, 1872. Dentu.)
CARRAU. *Commerce et agriculture des Moïs.* — (Excurs. et reconnaiss., 1882, Saïgon.)
CASTONNET DES FOSSES. *Les rapports de la Chine et de l'Annam.* — (Paris, 1884, in-8°). — *L'Annam au moyen âge.* — (Revue libérale, 1883.) — *Les relations de la France avec le Tongkin et la Cochinchine d'après des doc. inéd.* — (Paris, 1883, in-8°.)
CHABANNES (DE). — *Une excursion au Cambodge.* — (Gazette géogr., 21 janv. 1886.)
CHAIGNEAU. *Souvenirs de Hué*, quatre planches. — (Paris, in-8°, 1867.)
CHAILLEY (J.). — *Paul Bert au Tonkin.* — (Paris, 1887, in-8°.)
CHASSERIAUD (P.-H.). *Au Tonkin, souv. d'une campagne de guerre.* — (1885.)
CHENCLOS (A. DE) *Une mission à Bangkok.* — (Corresp., 10 janv. 1882.)
CHEVILLARD (abbé). *Siam et les Siamois.* — (Paris, 1889, in-18, Plon.)
CHIZELLES (DE). *Notes sur le Tonkin.* — (Bull. de la Soc. de géogr. de Tours, 1887.)
COLQUHOUN. *The prospects of trade extension betwen Burnach, etc.* — (In-8°.)
CORDIER (H.). *Voyage de Pierre Poivre en Cochinchine.* — *Revue de l'Extrême-Orient*, 1884, n° 1, 111.) — *Le Consulat de France à Hué sous la Restauration.* — (Paris, in-8°, 1884.)
COSTE (A.). — *L'Indo-Chine française.* — (Paris, in-8°, 1862.)
COTTEAU (E.). *Un séjour au Tonkin.* — (Revue polit. et littéraire, 1883.)
COURTIN et VILLEROI D'AUGIS. *Relation du voy. dans le Fleuve Rouge.* — (Exc. et reconnaiss., Saïgon, 1882.)
CROIZIER (DE). *Les explorateurs du Cambodge.* — (Ann. de l'Extr.-Orient, 1879.) — *L'art Khmer.* — (Paris, 1875, in-8°.)
CROZAT DE FLEURY. *Les Rives du Fl. Rouge et de la riv. Noire.* — (Hanoï, 1886.)

DABRY DE THIERSANT. *Nos intérêts dans l'Indo-Chine.* — (In-8°, 1884.)
DAVID DE MEYRENA. — *Souvenirs de Cochinchine.* (Paris, 1871, in-8°, Toulon.)
DÉCUGIS (DE). *Deux semaines à Bangkok.* — (*Bull. de la Société de géogr.*, 2° semestre 1880.)
DELAIRE (A.). *D'Obok au Tong-Kin à travers Malacca.* — (Paris, in-8°, 1882.)
DELAPORTE (Louis). *Régions inexplorées de l'Indo-Chine centrale.* — (*Bull. de la Soc. de géogr.*, 1875.) — *Voyage au Cambodge.* — *L'architecture Khmer.* — (Grav. et carte. Paris, 1880, in-8°.)
DELAVAUD (L.). *Revue bibliographique de l'Indo-Chine.* — (1881, in-8°.) — *Bibliographie indo-chinoise.* — (*Bulletin de la Société de géographie de Rochefort*, année 1883, in-8°.)
DELTEIL. *Guide du voyageur à Saïgon.* (1887, in-8°.)
DESCHANEL (P.). *La question du Tonkin.* — (Paris, B.-Levrault, in-8°, 1883.)
DICK DE LONLAY. *Au Tonkin.* — 1883-85, ill. — (Paris, 1885, in-8°.)
DOMINÉ (lt-colonel). *Jal du siège de Tuyen-Quan.* — (Paris, 1886, in-32.)
DOUDART DE LAGRÉE. *Explorations et missions.* — *Extraits de ses manuscrits par M. de Villemereuil.* (Paris, 1884, in-4°.)
DRU (Léon). — *La péninsule malaise.* — *Projets de percement de l'isthme de Kra.* — (Paris, in-8°, 1881.)
DUBOIS (P.). *Dans l'Annam.* — (*Revue Bleue*, 1890.)
DUFFERIN (lady). *Quatre ans en Birmanie.* — (2 vol. in-12, Paris, 1890.)
DUFOUR (capitaine A.). *L'insurrection du Cambodge en 1885.* — *Etude des voies de communication.* — (Dans *Excursions et reconnaissances.* — 1887.)
DUCOS DE LA HAILLE. *Le cours du Hong-Kiang ou Fleuve Rouge d'après les notes de Dupuis.* — (*Bull. de la Soc. de géogr.*, nov. 1874.)
DUMOULIN (H.). *Le Tonkin.* — (Paris, Delagrave, in-8°, 1888.)
DUMOUTIER. *Les pagodes de Hanoï.* — (Hanoï, 1888, in-8°.)
DUPUIS (J.). *Mon retour au Tonkin* (1883-84). — (*Revue de géogr.*, 1884.) — *L'ouverture du Fleuve Rouge au commerce et les événements du Tong-Kin, 1872-1873, journal de voyage et d'expédition de Dupuis, précédé d'une préface par le marquis de Croizier.* — (Paris, 1879, in-4° br., avec cartes.) — *La conquête du Tonkin par vingt-sept Français.* — (Paris, 1880, in-12.) — *L'intervention de l'amiral Dupré au Tong-Kin.* — (*Bull. de la Soc. de géogr.*, 1885.)
DUTREUIL DE RHINS (J.-L.). *Le royaume d'Annam et les Annamites.* — (Paris, 1879, in-8°.) — *Résumé des travaux géogr. sur l'Indo-Chine orientale*, av. carte. — *Une explor. à la frontière de l'Annam et du Laos.* — *Notes de géographie historique sur le Fleuve Rouge.* — (*Bull. de la Soc. de géogr.*, 1880-1881.)
ERRINGTON DE LA CROIX (J.). *Les mines d'étain de Pérak* (Malacca). — (*Archives des missions*, 3° série, t. IX, Paris, 1883, in-8°.) — *Mining district of Lower Perak. Journal of the straits Branche of Asiatic Soc.*, 1881. — *Les mines d'étain de Pérak.* — (Paris, in-8°, 1882, avec cartes.) — *Le royaume de Pérak.* — (*Bull. de la Soc. de géogr.*, 1885.) — *Sept mois au pays de l'étain.* — (*Idem*, 1885.) — *Notes sur la géogr. polit. de la péninsule malaise.* — (1888, in-16.) — *Le protect. anglais dans la presqu'île de Malacca; situation écon. de l'État de Pérak.* — (*Econom. français*, 24-31 mars 1885.)
FAURE (A.). *Les origines de l'empire français dans l'Indo-Chine.* — (*Revue de géogr.*, 1890, Paris, in-8°, 1891.)
FAVRE (R.-P.) *Voyage dans la Djohore.* — (*Bull. de la Soc. de géogr.*, 1850.) — *An account of the wild tribes inhabiting the Malayan peninsula, Sumatra and a few neighbouring islands.* — (Paris, 1865, in-8°.)
FERRY (J.). *Le Tonkin et la mère patrie.* — (Paris, 1890, in-18.)
FILLION (G.). *L'exploitation du Tonkin.* — (Paris, nov. 1884, in-8°.)
FILOZ (capitaine). *Cambodge et Siam; voyage et séjour aux ruines des monuments Khmers.* — (Paris, 1889.)
FOEX. *Les mines d'étain de Perak.* — (*Bull. consul.*, nov. 1886.)
— *Culture et préparation du sagou et du poivre dans les possessions anglaises d'Asie.* — (*Bull. consul.*, nov. 1886.)
FOURNEREAU (L.). *Les ruines Khmers.* — (*Bull. de la Soc. de géogr.* — (Paris, 1889.)
FOURNEREAU ET PORCHER. *Les ruines d'Angkor.* — (Paris, in-4°, Leroux, 1890.)
FRANCIS (G.). *La Cochinchine française en 1864.* — (Paris, 1864, in-8°.)

FUENTES (le P.). *La route de Bac-Ninh à Cao-Bang par Langson.* — (Gazette géographique, 5 février 1885.)

GARCIN (E.). *Un an chez les Muongs.* — (Paris, 1891, in-18.)

GARNIER (Fr.). *Voyage d'exploration en Indo-Chine, effectué pendant les années 1866, 1867, 1868.* — (2 vol. in-f° et deux atlas, Paris, 1873.) — *Voyage d'explor. en Indo-Chine.* — (Paris, 1885, in-8°, gravures et cartes.) — *Chronique royale du Cambodge.* — (Journal asiatique, juillet-août 1872.) — *Aperçu sur le royaume de Siam.* — (Bull. de la Soc. de géogr., 1874.)

GAUTIER (Am.). *Lettre sur le nord de la Cochinchine.* — C. R. Soc. géogr., 1882.)

GAUTIER (Hipp.). *Les Français au Tonkin, 1787-1883*, avec 4 cartes. — (Paris, in-8°, 1884.)

GAUTIER (C.). *Une exploration commerciale au Laos.* — (Bull. de la Société de géogr. colon., 1888.)

GENIN (E.). *Les cinq voyages du docteur Harmand en Indo-Chine, 1875-77.* — (Bull. de la Soc. géogr. de l'Est., 2° trim. 1880.)

GERBIÉ (F.). *Rapp. sur une mission en Indo-Chine, 1887-88.* — (Rouen, in-8°, 1888.)

GODINHO DE EREDIA. *Malacca, l'Inde méridionale et le Cathay au quatorzième siècle.* — Traduction de Janssen. — (Bruxelles, 1882.)

GORDON. *Report on the Irrawady River.* — (Rangoun, 3 vol., 1879.)

GOUIN. *Les rivières du Tonkin.* — (Rev. marit., 1886, t. XC.) — *Le Tongkin.* (Bull. de la Soc. de géogr., 1887.) — *Tourane et le centre de l'Annam.* (Id. 1891.)

GOUIN et MOULÉE. *Le Tonkin Muong.* — (Bull. de la Soc. de géogr., 1886.)

GRAMMONT (L. DE). *Notice sur la basse Cochinchine.* — (Bull. de la Société de géographie, janvier-février 1864.)

GRANDJEAN. *Voyage et séjour dans le Laos.* — (Revue de l'Orient, 1846, t. IX.)

GRÉHAN (H.). *Notice sur le royaume de Siam.* — (Paris, 1887, in-8°.)

GUTZLAFF. *The country of the Free Laos.* — Journal of the Royal Geograph. Soc., t. XIX, 1849.)

HAILLY (Ed. DU). *Souvenirs d'une campagne dans l'Extrême-Orient.* — (Revue des Deux-Mondes, 1866, in-12.)

HALAIS (C.). *Hanoi et ses environs.* — *Le commerce au Tonkin.* — (Bulletin de la Soc. de géogr. commerciale, 1888-89.)

HALLETT. *Exploration survey for a railway connection between India, Siam and China.* — (Proceed of Roy. geogr. Soc., 1886, avec carte.)

HAMY (E.-T.). *Les Jakuns, popul. sauv. de l'intér. de la pénins. malaise.* — *La province de Somboc et l'immigration des Piaks.* (Nature, 1876-77.)

HARMAND (D'). *De Bassac à Hué.* — (Bull. de la Soc. de géogr., 1879.) — *Rapport sur son voyage à l'isthme de Krâ.* — (C. R. de la Soc. géogr., 1882. — *Le Laos et les popul. sauvages de l'Indo-Chine.* — (Tour du Monde, 1879-1880.) — *L'Inde anglaise, son gouvernement et l'Indo-Chine française.* — (Bull. de la Soc. de géogr. commerciale, 1889-90.) — *Modes de transport en Indo-Chine.* (La Nature, 1881.) — *Souvenirs du Tong-King.* — (Bull. de la Société de géogr., mars 1875.) — *Notes sur les provinces du bassin méridional du Se-Moun.* — (Bull. de la Soc. de géogr., 1877.) — *Anthropologie du Tong-King.* — (Bull. de la Soc. de géogr., 1880-81.)

HAVET. *La Birmanie et la Chine méridionale.* — (Paris, 1885, in-8°.)

HAWKS (F.-D.). *Narrative of the expedition of an american squadron to the China seas and Japan.* — (New-York, 1856, in-8°.)

HUMANN. *Excursion chez les Moïs indépendants.* — (Excurs. et reconnaiss., Saïgon, 1884.)

IMBERT. *Le Tonkin industriel et commercial.* — (Paris, Challamel, 1885.)

JACQUET (L.). *Sur le Tonkin.* — (C. R. de la Soc. géogr., 1884, p. 309.)

JAGOR (F.). *Singapore, Malacca, Java.* — (Berlin, 1866, in-8°.)

JOUAN. *Hist. nat. de la basse Cochinchine et de l'île Poulo-Condor.* — (Rev. des cours scient., 13 juin 1868.) — *Coup d'œil sur la flore de la basse Cochinchine.* — (Soc. des sc. nat. de Cherbourg, t. XII.)

JULIEN (Félix). *Lettres d'un précurseur; Doudart de Lagrée au Cambodge et son voyage en Indo-Chine*, avec portrait et carte. — (Paris, in-8°, 1886.)

KENNEDY. *Rapport sur une expédition faite dans l'intérieur du Laos et du*

Cambodge, 1866. — (Journal de la Société de géogr. de Londres, vol. XXXVII.)
LABARTHE (Ch.). *Pak-Koï et Hoï-How.* — (Rev. de géogr., 1884.) — *Qui-Nhon et la province de Bin-Dinh.* — (Rev. de géogr., 1883.)
LAME-FLEURY. *Rapport au ministre de la marine sur les mines de l'Annam et du Tonkin.* — (J. officiel, 6 déc. 1884.)
LANESSAN (DE). *L'Indo-Chine française.* — (Paris, 1888, in-8°, Alcan.)
LAUNAY (l'abbé). *Histoire ancienne et moderne de l'Annam, Tong-King et Cochinchine de 2700 avant J.-C. jusqu'à nos jours.* — (Paris, 1884, in-8°.)
LECOMTE (capitaine). *Marche de Lang-Son à Tuyen-Quan, avec cartes.* — (Paris, in-8°, 1888.)
LEFEBVRE (P.). *Souvenirs de l'Indo-Chine, faces jaunes.* —(Paris, 1886, in-8°.)
LE GRAND DE LA LIBRAYE (L.-P.). *Notes historiques sur la nation annamite.* — (Saïgon, 1865, in-8°.)
LEHAUTCOURT (P.). *Les expéd. françaises au Tonkin.* — (Paris, 1 vol. in-8°, 1883.)
LE MESLE (G.). *Les Cambodgiens.* — (Bull. de la Soc. de géogr., 1866.)
LEMIRE (Ch.). *L'Indo-Chine.* — (Paris, 1884, in-8°, cartes, plans et illustr.)
LEMOSOFF (P.). *Liste bibliogr. des travaux relatifs au Tong-King publiés de 1867 à 1883.* — (Rev. de géogr., juillet-sept. 1883.)
LE MYRE DE VILLERS. *La France, l'Annam et la Chine.* — (Nouv. Revue, 1883.)
LOUVET (E.). *La Cochinchine religieuse.* — (Paris, 1885, 2 vol. in-8°.)
LURO (E.). *Le pays d'Annam.* — (Paris, 1878, in-8°.)
LYALL (H.-G.). *Etudes sur les mœurs religieuses et sociales de l'Extrême-Orient,* trad. de l'anglais par R. de Kérallain. — (Paris, in-8°, 1885.)
MAC-NAIR. *Perak and the Malays Saroug and Kriss.* — (In-8°, 1878.)
MAGET (Dr). *Etude d'ensemble du Tonkin.* — (1880.)
MAIGRE. *La baie d'Along.* — *La pagode de Rangoon.* — (Bull. de la Soc. de géogr. de Marseille, 1887-1888.)
MARCH. *Pérak et Larout.* — (Bulletin de la Société de géologie de France, avril 1882.)
MARTIN (Dr). *L'Extrême-Orient.* — (Bull. de la Société de géogr., 1873.)
MAXWELL. *The aboriginal Tribes of Perak.* — *The history of Perak from native source.* — (Journal of the straits Branch of Roy. Asiat. Soc., 1879 et 1885.)
MERCIER (M.). *Marches et colonnes dans le pays Muong.* — (Bull. de la Soc. de géogr. comm., 1889-90.)
MESUY (W.). *Tongking.* — (London, in-8°, 1882.)
MEYNIARD (C.). *Le second empire en Indo-Chine.* — (Paris, 1891, in-8°.)
MILLOT. *Le Tongkin et la voie commerciale du Fleuve Rouge.* — (1882.) — *Le Tongkin, son commerce et sa mise en exploitation.* — (Paris, in-8°, 1888.)
MONTAIGNAC (DE). *Organis. des Muongs.* (C. R. Soc. de géogr., 1886.)
MORGAN (DE). *La presqu'île malaise.* — (Revue française de l'étranger, 1886.)
MORICE (A.). *Anthropologie de l'Indo-Chine.* — (Bulletin de la Société d'anthropologie, 1875.) — *Voyage en Cochinchine, 1872-73-74.* — (Lyon, 1876.)
MOUHOT (H.). *Voy. dans les roy. de Siam, de Cambodge, de Laos, etc.*—(Tour du Monde, 1863.) — *Travels in the central parts of Indo-China, Cambodia and Laos, 1858-60.* — (London, 1864, 2 vol. in-8°, map and illustr.)
MOURA. *Le royaume de Cambodge.* — (Paris, 2 vol. in-8°, 1883.)
NEÏS. *Excursion chez les Moïs de Baria.* — (In-8°, 1880.) — *Voyage dans l'Indo-Chine, le pays des Phouons.* — (C. R. de la Soc. de géogr., 1884.) — *Excursion au Laos.* — (C. R. de la Soc. de géogr., 1884.) — *Voyage dans le haut Laos.* — (Tour du Monde, 1885.) — *Sur les frontières du Tonkin.* — (Tour du Monde, 1888.)
NORMAN (C.-B.). *Le Tonkin, ou la France dans l'Extrême-Orient.* — (1884.)
NOUET. *Chez les Moïs.* (Excursions et reconnaissances, 1885, Saïgon.)
ORY (P.). *La province de Quang-Binh, avec carte.* — (Bull. de la Soc. de géographie commerc., 1889-90.)
PALÉOLOGUE (M.). *Sépultures chinoises.* — (Revue des Deux-Mondes, 1887.)
PALLEGOIX. *Notice sur le Laos.* — (Bull. de la Soc. de géogr., 1836, t. V.) — *Description du royaume Thaï ou Siam.* — (Paris, 1864, 2, vol. in-12.)
PALLU (Léon). *Histoire de l'expédition de Cochinchine en 1861.* — (Paris, 1864, in-8°, avec cartes.)

Paris (C.). *Voyage d'exploration de Hué en Cochinchine par la route mandarine.* (Paris, in-8°, avec cartes et grav., 1890.)
Parker. *Geographical notes on Siam.* — (J. of the Roy. geogr. Soc., t. XXVI.)
Pavie. *Excursion dans le Cambodge et le royaume de Siam en 1880-81.* (In-8°.)
Petit (E.). *Le Tong-King.* — (Paris, in-8° ill., Lecène et Oudin.) — *Francis Garnier, sa vie, ses voyages, ses œuvres.* — (Paris, in-8°, 1885.)
Petiton. *Esquisse géolog. de la Cochinchine française.* — (Paris, in-8°, 1883.) — *La Cochinchine française.* — *La vie à Saïgon.* — (In-8°, 1883.)
Phayre. *Hist. of Burma.* — (London, 1883.)
Phu-Moi (de). *Tonkin.* — *Colonisation.* — *Conseils aux émigrants.* — (Rev. française, oct. 1887.)
Pierre (L.). *Flore forestière de la Cochinchine.* — (Paris, in-8°, 1881-1891.)
Pinabel (R.-P.). *Le Laos tonkinois, d'après les missionnaires.* — (Paris, in-8°, 1885.)
Postel. *La Cochinchine française.* — (Paris, 1883, in-8°.) — *L'Extrême-Orient. Cochinchine, Annam, Tonkin, avec gravures.* — (Paris, 1882, in-8°.) — *Les sociétés secrètes de l'Indo-Chine.* — (Explor., 25 juillet 1884.) — *De Marseille à Saïgon, notes et journal de voyage.* — (Caen, 1875, in-8°.) — *Les religions indigènes de la Cochinchine.* — (Gazette géogr., 1880.) — *Singapore, notes de voyage.* — (Gazette géogr., 5 mars 1885.) — *Sur les bords du Mékong.* — (Paris, in-16.)
Quesnel (Léo). — *Les routes du commerce vers la Chine occidentale.* — (Rev. politique et littéraire, 12 juillet 1873.)
Ransonnet (von). *Skizzen aus Singapour und Djohor.* — (1876.)
Reynaud. *Les Tsiams et les sauvages bruns de l'Indo-Chine.* — (1880, in-4°.)
Renard (E.). *Rapport au ministre du commerce et de l'agriculture.* — (Annales du commerce extérieur, mars 1871.)
Renaud (J.). *Les ports du Tonkin.* — (Rev. marit., 1886.) — (Bull. de la Soc. de géogr., avec cartes, 3e trimestre 1887.)
Réveillère et Pardoux. *Lettre sur une exploration des cataractes de Khon (Mékong).* — C. R. de la Soc. de géogr., 4 nov. 1887.)
Richard. *Une tournée dans la province de Mytho.* — *Notes sur l'ethnographie de la Cochinchine.* — (Rev. marit. et colon., mars, sept., oct. 1867.)
Richardson. *Visit to Laos.* — (Asiatic Journal, 1830, t. III.)
Rochard (J.). *L'acclimatation dans les colonies françaises.* — (Revue marit., 1886.)
Rochedragon. *Voyage à l'île de Phu-Quoc.* — (Bull. de la Soc. de géogr. de Marseille, 1891.) — *Voyage aux ruines d'Angkor-la-Grande.* — (Id., 1890.) — *Siam, le pays des saphirs.* — (Bull. de la Soc. de géog. de Rochefort, 1889.)
Rocher (E.). *Le mouvement commercial du Tonkin.* — (J. offic., 25 sept. 1887.)
Romanet du Caillaud. *La France au Tong-King.* — (In-8°.) — *Les produits du Tong-King et des pays limitrophes.* — (Bull. de la Soc. de géogr. commerciale, Paris, 1882, in-8°.) — *Ethnographie du Tong-King.* — *Les Muong.* — (Bull. de la Soc. de géogr., 1881.) — *Les voies de communication du delta du Tong-King avec le Yun-Nan.* — (C. R. de la Soc. de géogr., 1884.) — *Notice sur le Tong-King.* — (Bull. de la Soc. de géogr., 1880.) — *La conquête du delta du Tong-King.* — (Tour du Monde, 1877.)
Rosny (de). *Les peuples de l'Indo-Chine et des pays voisins.* — (Actes de la Soc. d'ethnographie, t. VI.) — *Ethnographie du Siam.* — *Le peuple siamois ou Thaï.* — (Paris, in-8°, avec grav., 1885.)
Sachot (O.). *Pays d'Extrême-Orient; Siam, Indo-Chine, Chine, Corée.* — (Paris, in-8°, 1876.)
Sandeman. *The Irawadi and its sources.* — (Proceed. of the Roy. Geog. Soc., 1882.)
Sarran (A.). *Et. sur le bassin houiller du Tonkin, etc.* — (Paris, in-8°, 1888.)
Savigny et Bischoff. *Les richesses du Tong-Kin, les produits à importer.* — (Paris, 1885, in-18.)
Schillemans (L.). *Notice sur l'Annam.* — (Gazette géographique, 15 juin 1885.)
Seligmann-Lui. *Rapport au ministre des postes sur les origines de la gutta-percha et sur la possibilité de l'acclimatation dans la Cochinchine française.* — (Annales télégraphiques., 1883, Paris, in-8°.)

SEPTANS (A.). *Les commencements de l'Indo-Chine fr.* — (Paris, 1887, in-8°.)
SHERARD OSBORNE. *My journal in Malayan Waters.* — (London, 1860, in-8°.)
SIEGFRIED (J.). *Rapport sur la Cochinchine française au ministre de l'agr. et du commerce.* — (Moniteur, 25 nov. 1868.)
SILVESTRE. *Notes sur les Chaûlao du Tonkin.* — (Excurs. et reconnais., Saïgon, 1886.)
SLADEN. *Off. narrative of the exped. to explore the trade routes of China via Bhamo.* (Calcutta, in-4°, 1870.)
SOUBEYRAN (L.). *Le Tonkin.* — Bull. de la Soc. de géogr. de Marseille, 1885.)
SPEARMAN. *The British Burma Gazetteer.* — (Rangoun.)
SPOWNER (A.). *Renseignements topographiques, statistiques et commerciaux sur le Cambodge.* — (Annales du commerce extérieur, 1865.)
TAUPIN. *Mission dans le Laos inférieur, avec carte.* — (Bull. de la Soc. de géogr. comm., 1889-90.)
TENISON WOOD. *Au Pahang (Malacca).* — (Gazette géographique, 3 décembre 1885.)
TRUONG-VINH-KY. *Notice sur le royaume de Khmer ou de Cambodge.* — (Bull. de la Soc. de géogr., nov. 1863.)
THOMSON (J.). *The strait of Malacca, Indo-China, or ten years travels, adventures and residence abroad.* — (London, in-8°, 1875.) — *Description of the Eastern coast of Johore and Pahang.* — (Journal of Ind. Archipelago de Logan. — (Vol. V, 1851.) — *L'Indo-Chine et la Chine.* — (Paris, in-8°.) — *Antiquities of Cambodia.* — (Edinburgh, in-4°, 1867.)
THOREL. *Notes médicales du voy. d'explor. du Mékong.* — (Paris, 1870, in-8°.)
TINSEAU (L. DE). *Le Cambodge.* — Revue politique et littéraire, 2° sem. 1884.)
TRU'O'NG-VINH-KY. *Petit cours de géogr. de la basse Cochinchine.* — (Saïgon, 1875, in-8°.)
VARIGNY (DE). *Nouvelle Géographie moderne : Asie.* — (In-4°, 1890.)
VEUILLOT (E.). — *Le Tonkin et la Cochinchine, le pays, l'histoire et les missions.* — (Paris, 1884, in-12.) — *La Cochinchine et le Tonkin.* — (Paris, 1859, in-8°.)
VIAL (P.). *Les premières années de la Cochinchine.* — (Paris, 1874, in-12, 2 vol.) — *L'Annam et le Tonkin.* — (Paris, in-8°, 1886.) — *Un voyage au Tonkin.* — (Voiron, 1887, in-8°.)
VIAUD. *L'île de Poulo-Condor.* — (Arch. de médecine navale, 1861.)
VILLEMEREUIL (DE). *Doudard de Lagrée et la question du Tong-King.* — (Paris, in-8°, avec carte.)
VINCENT (Fr.). *The land of the white elephant. Travels, adventures and discoveries in Burma, Siam, Cambodia, and Cochinchina.* — (New-York, 1882, in-8°.)
VOSSION (L.). *Et. sur l'Indo-Chine, Birmanie, Tong-Kin.* — (Paris, 1880, in-8°.)
WELD. *The straits settlements and British Malacca.* — (The Colonies and India, 1884.)
WHEELER. *J. of a voy. up the Irrawady, to Mandalay and Bhamo.* — (London, in-8°, 1871.)
WRAYJAN. — *Notes on Perak, its vegetable, animal and mineral products.* — (Londres, 1886, in-8°, avec carte.)
WYTS (capitaine). *Prise de possession des provinces de Vinhlong, Chaudoc et Hatien.* — (Rev. marit. et col., 1871.) — *Les îles françaises du Golfe de Siam; Hatien et Kampot.* — (Annales hydrogr., 1869.)
YULE. *Voy. dans le roy. d'Ava.* — (T. du Monde, 2° sem., 1860.)
... *Excursions et reconnaissances dans l'Indo-Chine française.* — (12 volumes in-8°, 1884, Saïgon.)
Itinéraires de M. Pavie dans le sud-ouest de l'Indo-Chine orientale. — Cambodge et Siam. — (Carte en couleur, 2 feuilles, Challamel, Paris, 1885.)
Les ports du Tonkin; textes et cartes. — (Génie civil, 25 janv. 1890.)
L'affaire du Tonkin, histoire diplomatique de notre protectorat sur l'Annam et de notre conflit avec la Chine (1882-85), par un diplomate. — Paris, Hetzel, in-8°, 1888.)
Les chemins de fer du Tonkin. — (Journal officiel du 28 août 1887.)
Annuaire de la Cochinchine française. — (Public off., Saïgon, in-8°.)

CARTOGRAPHIE

Bianconi (F.). *Carte commerciale du Tonkin*, avec texte. — (Paris, 1886.)
Dru (Léon). *Carte de la péninsule malaise; projets de chemins de fer et de canaux.* — (Paris, 5 feuilles, 1883.)
Dutreuil de Rhins. *Avertissement géogr. et orthogr. sur la carte de l'Indo-Chine orientale, suivi d'un vocabulaire de noms géographiques annamites.* — (Paris, 1881, in-8°.)
Favre (G.). *Colonies du Tonkin et de la Cochinchine.* — (Feuille au 1/5 000 000.)
— *Carte de l'Indo-Chine orientale, une carte en 4 feuilles; une en 1 feuille.* — (Paris, 1881.)
Garnier (Fr.). *Carte générale de l'Indo-Chine et de la Chine méridionale.* — (1872; 1/12 500 000.)
Gouin (A.). *Carte du Tonkin.* — (1/755 000, Paris.)
Guesdon (L.-G.). *Carte générale du Cambodge.*
Kergaradec (de). *Croquis du Tonkin.* — (1 feuille, 1/3 000 000.)
Koch (A.). *Carte de la Cochinchine française.* — (4 feuilles, 5 couleurs, au 1/400 000, Paris, 1884.)
Maget (H.). *Carte du Tong-King.* — (1/6 500 000, Paris, 1883, 1 feuille.)
Mallart-Cressin. *Carte du Tonkin dressée à Haï-Phong.* — (1/850 000, Paris, 1 feuille.)
Morgan (de). *Map of the Perak valley.* — (1885, 2 feuilles au 1/128 000.)
Nay. *Carte générale du Tonkin.* — (1/100 000, Paris, 1890.)
Souza. *Map of the Malay peninsula.* — (Singapour, 1879, 1/484 000.)
— *Cartes générales et particulières de la Cochinchine, du Cambodge, de l'Indo-Chine.* — (Dépôt de la marine, Paris, 1865-1885.)
Dépôt de la guerre. *Carte du delta du Tonkin.* — (1885.)
— *Annam et Tonkin.* — (Carte au 1/1 600 000, Paris, Andriveau-Goujon, 1883.)
— *Petit atlas de l'Annam et du Tonkin.* — (In-18, texte annamite.)
— *Carte du théâtre des opérations militaires au Cambodge.* — (1885-86, dressée par l'état-major, d'après les travaux des officiers du corps expéditionnaire.)
— *Golfe de Siam.* — (Paris, Dépôt de la marine.)

LIVRE V
L'ASIE ORIENTALE

CHAPITRE PREMIER
L'EMPIRE CHINOIS[1]

1° RÉSUMÉ GÉOGRAPHIQUE

I. — Géographie physique

Les Chinois désignent sous des noms variés la vaste terre qu'ils occupent : *Tchoung-Kouo*, « Empire Central » ou « Empire du Milieu », comme si la Chine occupait le centre du monde ; — *Se-Haï*, « Pays des quatre mers », comme s'il représentait l'univers de toutes parts entouré d'eau ; — *Noui-ti*, « Terre intérieure » ; — *Hoa-Kouo*, « Empire fleuri » ou « Terre des Fleurs » ou » Pays de la culture et de la politesse », etc. Le

---

1. Nous empruntons au savant ouvrage de M. Dutreuil de Rhins sur l'*Asie centrale* les détails suivants de nomenclature géographique pour le sens des principaux termes tibétains, chinois et mongols.
1° Tibétain : *Nam*, ciel ; — *Sa*, terre ; — *Tchou*, eau ; — *Tsam, Tha*, limite, frontière ; — *Hor, hor pa, hor tsa*, tribu, horde, sauvages ; — *Yul*, province ; — *Dé*, département, district ; — *Pa, oua*, canton, peuple ; — *Grong*, ville ; — *Dzong*, forteresse ; — *Goupa* ou *Gomba*, monastère ; — *Lakhang*, temple ; — *Lam*, route ; — *La*, col ; — *Tsong-pa*, campement ; — *Khron-pa*, puits ; — *Ziling, Sang, Loung*, vallée ; — *Thang, Tala*, plaine ; — *Goutza, Souk*, pâturages, prairies ; — *Bouknak*, forêts ; — *Tche-thang*, sables ; — *Khoma*, désert ; — *Dzaga*, marais salants ; — *Tchon-Mig*, source ; — *Tso, mtso*, lac ; — *Ting*, île ; — *Tchou-phrang*, torrent, ruisseau ; — *Tchou*, rivière ; — *Yar-tchou, Tsang-po*, fleuve ou grande rivière ; — *Soundo*, confluent, carrefour ; — *Gru-Kha*, gué ou passage ; — *Zam-pa, Samba*, pont ; — *Ri*, montagne ; — *Gang-ri*, montagne neigeuse ; — *Minc-ka*, mine d'or ; — *Ser*, argent ; — *Ngoul*, sel ; — *Tsa*, cuivre ; — *Kharva*, jade ; — *Chel*, fer ; — *Djiagh*, terrain aurifère ; — *Tchang*, nord ; — *Lho*, sud ; — *Char*, est ; — *Noub*, ouest ; — *Tchig*, un ; — *Gñi*, deux ; — *Soum*, trois ; — *Ji*, quatre ; — *Nga*, cinq ; — *Droug*, six ; — *Doun*, sept ; — *Ghia*, huit ; — *Gou*, neuf ; — *Tchou*, dix ; — *Gheah*, cent ; — *Tongtatche*, mille ; — *Tche, rag*, grand ; — *Tchoung, phra, phrang*, petit ; — *Karbo*, blanc ; — *Ngoubo*, bleu ; — *Murbo*, rouge ; — *Dukka*, vert ; — *Serbo*, jaune ; — *Nak*, noir.
2° Chinois : *Tien*, ciel ; — *Ti, tifang*, terre, contrée ; — *Choui*, eau ; — *Kiaï, pien ; Kiang*, limite, frontière ; — *Pou, poulo, tous-se, ki*, tribu, horde ; — *Cheng*, province ; — *Fou, tao*, département ; — *Tchéou, Hien*, district ; — *Hiang*,

L'EMPIRE CHINOIS.

terme officiel est *Ta-tsing-Kouo*, « le grand et pur Empire ». Le nom de Chine, qui vient peut-être de l'ancienne et puissante dynastie des *Tsin* du troisième siècle avant Jésus-Christ, appelée Tchin ou Ma-Tchin par les Orientaux, a prévalu chez les Occidentaux. Mais les Chinois ne le connaissent pas, non plus que le terme de « Céleste Empire », traduction des mots *Tien-Hia*, « sous le Ciel », qui ne s'appliquent pas plus à la Chine qu'aux autres pays terrestres.

L'empire chinois, tel que l'ont laissé les conquêtes des Russes et les révoltes de l'Asie centrale, se compose actuellement de pays tributaires ou vassaux, et de provinces sujettes ; les tributaires comprennent :

La **Mongolie**, 3 377 283 kilomètres carrés, et 2 000 000 d'habitants ;
La **Dzoungarie**, 383 300 kilomètres carrés, et 600 000 habitants ;
Le **Turkestan oriental**, 1 118 713 kilomètres carrés, et 580 000 habitants ;
Le **Tibet**, 1 687 898 kilomètres carrés, et 6 000 000 d'habitants ;
La **Corée**, 220 000 kilomètres carrés, 10 000 000 d'habitants ;
Les autres sont :
La **Mandchourie**, 982 472 kilomètres carrés, et 12 000 000 d'habitants ;
La **Chine** proprement dite, 4 024 690 kilomètres carrés, et 382 000 000 d'habitants ;

L'empire tout entier a donc une **superficie** totale de 11 596 356 kilomètres carrés, et une **population** approximative de 412 700 000 habitants (35 par kilomètre carré).

---

tong, tsong, canton ; — *Tcheng, sse,* ville ; — *Fou,* capitale ; — *Tchou, ting,* préfecture ; — *Hien,* ville de troisième ordre ; — *Che, Kiai,* place de commerce ; — *Tchang, tchen,* marché ; — *Che, tsouen, li tchouang, touen,* village ; — *Taï, tchaï, pao, wei, so,* fort, lieu fortifié ; — *Miao, sse, tang,* monastère ; — *Lou, tao,* route ; — *Keou, Kouan, aï,* col ; — *Ying,* camp ; — *Sou, tchan,* campement, halte ou relais de poste ; — *Tsing,* puits ; — *Tchouen, kou,* vallée ; — *Ping-ti, ping-tan,* plaine ; — *Thsao-ti, mou-ti,* pâturages, prairies ; — *Lin, tsien,* forêts ; — *Cha,* sables ; — *Chamo, somo, han haï,* désert ; — *Yen, tang, tché,* marais, étangs ; — *Yen-tche,* marais salants ; — *Tsuan, yuan,* source ; — *Hou, haï, tché,* lac ; — *Chan, tao,* île, îlot ; — *Tsi, yong, tchouan, ki, keou,* torrent, ruisseau ; — *Ho, choui,* rivière ; — *Kiang, ho, tchouen,* fleuve, grande rivière ; — *Ho, Kiao, Tchou,* confluent ; — *Tan,* rapide ; — *Tou,* bac ; — *Tsing, Tou Kéou,* gué ou passage ; — *Kiao,* pont ; — *Po,* colline ; — *Chan,* montagne ; — *Siué,* neige ; — *Siué chan,* montagne de neige ; — *Chan-ping,* montagne de glace ; — *Ling,* montagne avec col ; — *Kang,* montagne sans col ; — *Tchang, Kong,* mine ; — *Kin,* or ; — *Yu,* argent ; — *Yen,* sel ; — *Tong,* cuivre ; — *tiaï,* fer ; — *Yu,* jade ; — *Pê,* nord ; — *Nan,* sud ; — *Tong,* est ; — *Si,* ouest ; — *Yi,* un ; *Léang,* deux ; — *San,* trois ; — *Sse,* quatre ; — *Wou,* cinq ; — *Liéou,* six ; — *Tsi,* sept ; — *Pa,* huit ; — *Kiéou,* neuf ; *Ché,* dix ; — *Pe,* cent ; — *Tsien,* mille ; — *Ta,* grand ; — *Siao,* petit ; — *Pé,* blanc ; — *Lan tsing,* bleu ; — *Hong,* rouge ; — *Lu,* vert ; — *Houang,* jaune ; — *Hé,* noir.

3° MONGOL : *Tengri,* ciel ; — *Nei,* terre ; — *Oussou, sou,* eau ; — *Aimak, oudok,* province ; — *Balik, Khoto,* ville ; — *Hotun,* marché ; — *Toura,* monastère ; — *Aman, daban,* col ; — *Ordou, Ordo, aoul,* campement, halte ; — *Koudouk,* vallée ; — *Sirik,* plaine ; — *Tala, tchaïdam,* pâturages, prairies ; — *Alesoutai,* désert ; — *Chalatou,* marais, étangs ; — *Nour, nor,* lac ; — *Chake, Koul,* île ; — *Naïtchou, Tourgen,* torrent, ruisseau ; — *Koul, gol,* rivière ; — *Mouren,* fleuve ; — *Sirakot,* confluent ; — *Tourgen,* rapide ; — *Olom,* bac ; — *Kour,* pont ; — *Daban, oula,* montagne ; — *Moussoun oula,* montagne neigeuse ; — *Chara,* jaune ; — *Kara,* noir ; — *Nokor,* vert ; — *Oulan,* rouge ; — *Kouke,* bleu ; — *Tchagan,* blanc ; — *Bagha,* petit ; — *Yeké,* grand.

34.

A. La Mongolie.

La Mongolie forme environ la moitié de l'empire chinois. Il est difficile d'en déterminer les limites. Elle occupe la plus grande partie de cette immense Méditerranée asiatique, actuellement desséchée presque en entier, que les Chinois appellent *Han-Haï*, et qui avait autrefois pour ceinture les chaînes des Thian-Chan, de l'Altaï, du Kentéi, de Khin-gan et d'In-chan. De cette région sont sorties les émigrations de tribus qui, pacifiquement ou à main armée, se sont répandues dans la Chine, la Corée, la Sibérie, les Indes, et jusque dans l'Europe centrale; c'est pour arrêter ces invasions que les Chinois avaient construit la *Grande Muraille*, qui marque bien la séparation entre des régions si différentes pour le climat, l'aspect général, la fécondité du sol, la densité de la population et les races.

On peut, dans cette dépression qui paraît sans bornes, distinguer des régions diverses : telles sont la *Mongolie septentrionale* et le *Désert de Gobi;* — la région du *Koukou-nor* et du *Kansou mongol;* — la *Dzoungarie*.

La **Mongolie** est de toutes parts, sauf à l'ouest, environnée de montagnes ; au sud : l'Altin-Tagh et le Nan-Chan ; à l'est, les monts In-Chan et Khing-Han ; au nord, les chaînes du Kentéi, du Sayan, de l'Altaï, forment comme les barrières du vaste plateau mongol. La région du nord-ouest, ou district de *Bogdo*, est toute couverte de hautes montagnes, orientées du nord-ouest au sud-est, et rattachées au grand Altaï sibérien, vers le massif de *Kanas*. L'*Altaï mongol* ou **Ektagh-Alaï**, « Blanche Montagne », parallèle à l'Ouloungour, a des cimes revêtues de neiges permanentes ; certains sommets dépassent 3 000 mètres : les passes d'*Ourmagaïty* (2 960 m.), de *Terikty* (3 203 m.), d'*Olon Daba* (2 820 m.), sur la route de Bogdo à Barkoul, sont d'un accès difficile. — A l'Ektagh se rattachent à l'est des massifs isolés, d'une moindre altitude ; puis les chaînes se relèvent dans l'*Irdyn-Oula*, où le voyageur russe Pietvsof a mesuré le pic de *Tsasaqtou Bogdo* (4 300 m.), le plus haut de l'Altaï. D'autres chaînes secondaires sont comme la prolongation des précédentes au sud-est : l'*Arza-Bogdo* (1 900 m.), le *Gourban-Saikhan* et le *Khara Naryn oula*, qui borde le Hoang-Ho, et que Prjévalski a franchi à 1 600 mètres.

Parallèle à l'Altaï mongol, la chaîne de **Tannou-Oula** se détache de l'extrémité des monts Saïlughem, près de la passe *Tchaptchan-Daba*.

Le **Tannou-Oula** ou *Tann gou*, d'abord peu élevé à l'ouest au-dessus des vallées, des plateaux, et des contreforts qui descendent vers l'Iéniséi, porte ensuite à 3 000 mètres ses croupes revêtues de neiges persistantes : il forme l'arête septentrionale d'un large plateau de 200 kilomètres, parsemé de bassins lacustres, où vont se perdre les eaux des montagnes environnantes. A l'est, il se rattache à la chaîne du **Khantaï**, parallèle à la rive gauche de la Selenga ; au sud, une série de chaînons, orientés dans le même sens, et séparés par des vallées divergentes, le *Saïkhan-Oula*, le *Ghitchighin*, le *Tarbagataï*, se succèdent jusqu'à la grande chaîne du **Khangaï** dont les pics neigeux dépassent 3 000 mètres ; le plus élevé est le *Bogdo-Oula*, au centre de la chaîne. Le Khanghaï sépare nettement les eaux du bassin de la Selenga de celles qui par les longues terrasses du sud et de l'ouest vont se perdre dans les dépressions ou lagunes de la Mongolie occidentale.

Ces lacs, lagunes ou cuvettes (*tala*) plus ou moins profondes et salées, sont innombrables et de dimensions bien différentes.

« Un seul et même lac peut changer son contour et ses dimensions, même
» la nature de ses eaux, dans l'espace de quelques années. Tout dépend de
» la rapidité de l'évaporation, du nombre et de l'importance des affluents,
» de la quantité des pluies, de la direction des vents, etc. Tel lac qui
» contenait de l'eau douce, parce qu'il recevait un tributaire important, se
» change en lac salé dès que, par suite de l'extrême chaleur et de la
» sécheresse, la rivière qui l'alimentait ne roule plus la quantité d'eau
» nécessaire à compenser la perte par l'évaporation; ces conditions se
» prolongent-elles un peu plus longtemps, on voit le lac se réduire et fina-
» lement se transformer en un marécage salé; l'étendue des efflorescences
» de même que les dépôts littoraux indiqueront seuls, dans ce cas, l'em-
» placement de l'ancien lac. Que la saison devienne plus humide, que la
» neige tombe en abondance, et le marais salé se transformera de nouveau
» en lac d'eau douce. Il faut remarquer cependant que le phénomène
» d'assèchement et de salure s'observe beaucoup plus souvent que celui
» de la transformation en eau douce. La tendance générale semble la
» même depuis des siècles : les mêmes causes qui ont fait disparaître la
» grande mer intérieure de l'époque tertiaire continuent l'assèchement des
» restes de cette mer qui se sont accumulés dans les dépressions les plus
» profondes de l'ancien fond. Il est possible que le lent soulèvement du
» plateau mongol ait favorisé en outre l'augmentation de la sécheresse et
» la rapidité de l'évaporation à la surface. » (*Dictionnaire de géogra-
phie universelle* de Vivien de Saint-Martin et Rousselet.) — Le plus vaste de ces bassins lacustres, sans écoulement, est l'**Oubsa-nor** (environ 4000 kilom. car.), de forme arrondie, d'un aspect triste, à l'eau salée et amère, alimenté surtout par la rivière *Naryn* et la puissante *Tess* (6 à 700 kilom.), qui coulent de l'est à l'ouest au milieu des pâturages; le lac **Kara-Oussou** ou de *Kobdo*, long de 65 kilomètres, large de 27, grossi à l'ouest par le Kobdo; le **Kirghiz-nor**, où tombent les eaux de la rivière *Dzepkhin* et de vingt torrents originaires du Khangaï et du plateau d'Ouliassoutaï; le **Dourga-nor** et plusieurs autres nappes intermédiaires sont reliés entre eux par des émissaires naturels et ne formaient jadis qu'une seule nappe lacustre. On compte dans la Mongolie occidentale des centaines d'autres lacs de 30 à 50 kilomètres de tour, et des milliers de lagunes de 5 à 10 : nous citerons les lacs alimentés par les rivières descendues du versant sud du Khangaï, le *Tsagan* récipient du *Baïdaryk*; le *Djirgalantou* qui reçoit le *Naryn*; le lac salé d'*Orok* où se déverse le *Touïn*; le *Tsighein*, à l'eau douce, alimenté par la *Gorida*; enfin l'*Olon-nor* où se perd l'*Oughiin* (200 kilom.), la dernière rivière qui précède le désert de Gobi.

Au nord de la chaîne des Tannou-Oula, les terrasses méridionales des monts Sayan et de l'Altaï mongols versent en sens opposé le *Beï-Kem* et le *Kemtchik* qui, réunis aux autres torrents, forment l'**Yéniséi** sibérien. (Voy. l'*Asie*, t. Ier, p. 33). Au nord-est du Khangaï, et à l'extrémité orientale du Tannou-Oula, tous les cours d'eau ont un récipient commun, la **Selenga**, dont le bassin est plus mongol que sibérien. Désignée d'abord sous le nom de *Delghir-Mouren*, elle reçoit par l'*Eghin* le tribut des eaux douces du **Kosso-Gol** (1600 m. alt., 3300 kilom. car.), lac de forme ovale, nourrissant de rares poissons, encaissé entre les cimes imposantes du *Mounkou-Sardik* et celles de *Baïn-Oula*, lac sacré des Bouddhistes qui ont dans l'île *Dalaï-Koui* un de leurs temples les plus vénérés. La Selenga est grossie à droite de l'*Eder* et de l'**Orkhon**; celle-ci, rivière de 600 kilomètres, récipient de nombreux torrents, très riches en poissons, arrosant une vallée de pâturages, passe devant le sanctuaire d'*Erdenitsé*, et portait jadis sur ses bords *Karakoroum*, ancienne capitale des empereurs mongols; son plus grand affluent oriental, la **Tola**, originaire du massif du *Kentéi*, passe devant la cité sainte d'*Ourga*.

Du Kentéi descend aussi à l'est le *Keroulen*, qui longe le désert de Gobi, et, après un cours de 1 000 kilomètres, finit dans le lac *Dalaï*, qu'un canal naturel unissait autrefois au *Khaïlar*, affluent de l'Argoun et, par lui, de l'Amour; l'*Oñon*, parallèle au Keroulen, et tête principale de l'Amour, coule non loin de la frontière transbaïkalienne.

Toute la région orientale et centrale de la Mongolie appartient au désert du **Gobi**, « plaine aride », appelé *Chamo* par les Chinois (1 200 000 kilom. car.). Le Gobi est le dernier anneau de cette longue chaîne de déserts qui traversent l'ancien monde de l'Atlantique au Pacifique, Sahara, déserts d'Arabie, de Syrie, de Perse et du Turkestan.

Les vents du nord-ouest et du sud-est qui se succèdent de l'hiver à l'été sur le plateau mongol n'apportent pas d'humidité; les monts de Sibérie et les monts de Chine interceptent les nuages pluvieux. Les averses très rares forment dans le Gobi oriental quelques lagunes temporaires, vite desséchées; aucune rivière permanente n'y coule depuis la rivière Toula jusqu'aux frontières de Chine; les Mongols creusent des puits sur la route des caravanes. Le Gobi est sillonné de bandes de sable jaune et de dunes mobiles; ces dunes sont parfois revêtues d'herbes, de broussailles, et plus rarement d'arbres, chênes, tilleuls et bouleaux. « Le sol
» de Gobi proprement dit est composé de graviers rougeâtres à gros
» grains, parsemés de cailloux et de pierres, parmi lesquels on trouve
» l'agate.

» Dans le Gobi proprement dit, la population devient beaucoup plus
» rare que dans la zone steppienne. Car le Mongol seul, suivi de son com-
» pagnon nécessaire, le chameau, peut circuler dans ces régions privées
» d'eau, soumises pendant l'été à une chaleur tropicale, et se refroidissant
» en hiver, jusqu'à atteindre la température des contrées polaires.

» Généralement le Gobi produit sur le voyageur une impression pénible,
» même étouffante. Pendant de longues semaines, le même tableau se
» déroule devant ses yeux: il voit d'immenses espaces, reflétant une
» teinte jaune, à cause des herbes desséchées de l'année précédente, ou
» noirâtre lorsqu'ils sont sillonnés de chaînes de rochers, sur le sommet
» desquels se dessine, parfois, la silhouette d'une antilope. Gravement et
» et d'un pas mesuré s'avancent les chameaux; des dizaines et des cen-
» taines de verstes se succèdent, mais le paysage conserve le même
» caractère triste et désolé. Enfin la nuit s'étend sur le désert. Un ciel
» sans nuages s'illumine de myriades d'étoiles; la caravane continue encore
» quelque temps sa longue marche, puis s'arrête pour camper. Les cha-
» meaux hennissent de joie; on les débarrasse de leurs fardeaux, et les
» pauvres bêtes ne tardent point à se coucher en rond autour de la tente
» des chameliers. Ceux-ci procèdent rapidement aux préparatifs de leur
» modeste souper; une heure ne s'est pas écoulée que bêtes et gens sont
» ensevelis dans le sommeil et que, de nouveau, un calme de mort règne
» sur cette terre. » (PRJÉVALSKI.)

Une longue chaîne de montagnes, dont les cimes ne dépassent guère 2 500 mètres, et dont les contreforts orientaux s'allongent entre les vallées des rivières de la Mandchourie, coupe du nord au sud l'extrémité est du

RELIEF DU SOL ET DISTRIBUTION DES EAUX DE L'ASIE CENTRALE.

Gobi; c'est le **Khingan**, que l'Amour contourne au nord dans un immense circuit. Quelques sommets portent la trace de volcans éteints; nues et arides à l'ouest, du côté du désert, les pentes et les terrasses qui regardent l'Orient et la mer sont au contraire herbeuses, revêtues de bois, et dans les défilés rocheux serpentent de nombreux torrents qui vont se réunir dans le Soungari.

La limite méridionale du Khingan est la rivière *Sira* ou *Chara Mouren*, qui sépare la Mongolie de la Chine. Mais une série de chaînes de nature volcanique, formées de roches de gneiss, de granit et de porphyre, auxquelles s'appuie la grande muraille chinoise, prolonge l'arête bordière du plateau mongol jusqu'au désert d'Alachan et au grand coude du Hoang-Ho; ces chaînes, d'une hauteur moyenne de 2500 mètres, portent, dans leur ensemble, le nom **d'In-Chan** : le principal massif, d'après Prjévalski, long de plus de 260 kilomètres, se prolonge en forme de mur vertical le long du grand fleuve, et se termine dans la plaine par les contreforts rocheux de *Mouni-Oula*. Plus rapprochées de la mer, grâce à la pénétration profonde du golfe de Petchili, ces chaînes sont bien arrosées par les pluies; les pentes orientales sont revêtues de belles forêts, de prairies vertes, qui en été sont émaillées de fleurs.

Parallèles au coude septentrional du Fleuve Jaune, et plus ou moins reliées entre elles par des collines coupées de brèches, les chaînes de *Chéiten-Oula* et de *Kara-Narin-Oula*, se distinguent de l'In-Chan par le manque absolu d'eau et de forêts, et par une moindre altitude. Les monts Kara-Narin-Oula ont des pics d'une grande hauteur, mais entièrement déboisés.

« Les monts Mouni-Oula sont de nature volcanique. Leurs roches sont
» composées de granit ordinaire, de granit syénitique, de gneiss, de por-
» phyre, et d'espèces plutoniennes de formation récente. Les grandes
» forêts ne se rencontrent point à la base de la chaîne, où l'on ne peut
» signaler que des arbres de petite futaie ou des arbustes : le pêcher
» sauvage, le noisetier, l'églantier. On remarque pourtant quelques pins
» et quelques ormes épars et solitaires. A huit ou dix verstes de l'extrémité
» nord de la chaîne et à une hauteur approximative de 5300 pieds, appa-
» raissent les grands bois, qui croissent spécialement dans les gorges, sur
» le versant septentrional; le méridional en possède beaucoup moins. »
(Prjévalski, *Mongolie et pays des Tangoutes*, ch. iv, p. 93.)

A la Mongolie méridionale se rattache le plateau des **Ordoss** ou Ortous, haut de 1000 mètres en moyenne, enveloppé de trois côtés par l'immense coude du Hoang-Ho, et borné au sud par les chaînes de la province de Kan-Sou; la grande muraille forme la limite administrative de l'Ordoss et de la Chine. Cette immense presqu'île, de plus de 100 000 kilomètres carrés, est formée de dépôts de löss, recouverts de sables mouvants. Ces dunes jaunâtres de sable gris, amoncelées par le vent, hautes de 12 à 30 mètres, resserrent parfois de près le Fleuve Jaune; sur plus de 300 kilomètres, à partir de la ville de Baoutou, sur la rive droite du fleuve dont la sépare une muraille d'argile haute de 15 à 30 mètres, les dunes se succèdent comme une rangée de perles; de là leur nom de *Kouzouptchi*, « collier ». La population, sauf dans la vallée du Hoang-Ho, est clair-semée; la végétation misérable en dehors des oasis.

« Ces sables produisent sur l'âme une sorte d'angoisse étouffante. Si,
» monté sur un de ces tertres, vous interrogez l'espace, aucune végéta-
» tion ne vient réjouir votre regard; vous n'apercevez pas un brin d'herbe,
» pas un animal, excepté le lézard. Le silence n'est même pas troublé par

» le cri d'un grillon; vous êtes perdu au milieu d'une mer de sable; le
» calme du tombeau vous entoure, et, malgré vous, vous êtes envahi par
» une tristesse douloureuse. Aussi les légendes locales abondent-elles en
» souvenirs sur ces sables redoutables. Elles rapportent que, là, les con-
» quérants mongols livrèrent aux Chinois leurs plus terribles batailles, et
» que bien des milliers d'hommes furent ensevelis sous ces monceaux de
» sable que le vent apporte des profondeurs du steppe. De nos jours encore
» les dunes frappent le Mongol d'une terreur superstitieuse. Il croit
» entendre les cris et les gémissements de ceux qui ne sont plus. »
(PRJÉVALSKI, ch. IV, 108.)

En allant au sud, vers la ville de Din-Khon, la steppe est sillonnée par les lits des torrents qui ne roulent leurs eaux qu'à l'époque des pluies; des tertres et des collines surgissent et constituent la chaîne aride et dénudée d'*Harbouz-Oula*, parallèle au fleuve qu'elle finit par longer de très près; dans l'intérieur s'étend la *Terre grise*, desséchée et imprégnée de sel, parsemée de lagunes et crevassée par des ravins.

Le seul grand cours d'eau de l'Ordoss est le **Hoang-Ho** ou *Fleuve Jaune*. Issu dans le Tibet des pâturages inexplorés des lacs *des Étoiles*, alimenté par le *Djaring-nor* et les torrents de la région du Koukou-nor, il s'échappe des montagnes par de profondes cluses, pénètre dans le Kan-Sou, longe la base de la grande muraille, et tourne au nord, parallèlement aux chaînes de l'Ala-Chan. Son cours est partout rapide; dans l'Ordoss, Prjévalski l'évalue à 90 mètres à la minute. Ses rives sont plates, formées d'argiles et de sable, incessamment changeantes; il roule des eaux fangeuses, d'une nuance jaune sale. Il a 433 mètres de large à Baoutou; mais ne peut porter en cet endroit que des jonques. Le lit principal du fleuve, changé à une époque récente, était situé à 70 kilomètres plus au nord. Sur son affluent l'*Oulan-Mouren*, dans l'Ordoss, se trouve le campement sacré d'*Iké-Edjen-Khoro*, dont le sanctuaire renferme la double tente où les Mongols conservent pieusement les prétendus restes de Djenghiz-Khan. Toute la contrée est pleine de ruines de villes en partie enfouies sous les sables.

Sur la rive gauche du Hoang-Ho, en face de l'Arbouz-Oula, le désert de **l'Ala-Chan** est bordé de montagnes escarpées, dont les falaises hérissées d'énormes rocs, et creusées de gorges profondes, dressent leurs escarpements à 8 ou 900 pieds au-dessus du fleuve.

Les ruines principales du massif, le *Baïan-Dzoumbour* et le *Bongontou*, entre lesquelles on trouve le seul col praticable qui conduit à Nin-Sia, dépassent 3000 mètres, les neiges fondent au printemps. Très pauvre en eaux courantes, sans espèces végétales, le plateau d'Ala-Chan étend ses sables mouvants sans interruption pendant plus de 500 kilomètres, entre le Hoang-Ho et le Kansou mongol.

Le désert d'Ala-Chan.

« Le désert d'Ala-Chan, comme tous les déserts, produit sur le voyageur une impression puissante, mais pénible. On s'avance, peu à peu, à travers les sables mouvants et les salines incultes, et l'on rencontre toujours les mêmes paysages, le même silence, le même dénuement. On aperçoit au loin un timide dzeyran; soudain retentit le sifflement aigu de la gerboise ou du geai saksaoul; on voit passer une volée de traquets; puis des heures se passent sans qu'aucun bruit ne vienne troubler le silence solennel, sans qu'un seul être en égaye l'uniformité, excepté toutefois les innombrables lézards. Cependant le soleil darde ses plus chauds rayons, et pas un arbre, pas un arbuste ne vous offre un ombrage protecteur, ne fût-ce que pour quelques minutes. Aucun souffle ne vient rafraîchir le front du voyageur. Si tout à coup un ouragan s'élève, loin de vous soulager, il ne fait que soulever des tourbillons de sable et de poussière salée, qui vous suffoquent. L'inexorable soleil brûle jusqu'à son déclin; le sol, fortement échauffé, vous rend cette chaleur jusqu'au matin suivant, et alors apparaît le disque rouge sang de l'astre du jour qui brûle de nouveau tout ce qui a pu s'attiédir pendant la nuit. En hiver, l'aspect général du désert est le même; il n'y a de changé que les conditions climatériques. L'insupportable chaleur fait place à des froids insupportables, auxquels il est impossible de se soustraire sans abri ni combustibles. Il faut que, chez les quelques plantes qu'on rencontre, la force vitale soit bien grande pour qu'elles puissent résister à ces extrêmes et à toutes les autres rigueurs de cette marâtre nature.

» Les sables au milieu desquels nous étions ont reçu des Mongols le nom de *Tungheri*, c'est-à-dire « Ciel », à cause de leur immense étendue. Ils présentent le même aspect que tous les sables de l'Asie centrale et du Turkestan russe, où ces régions sont connues sous le nom de *barkhan*. Ces Tungheri sont couverts de collines de 13 à 20 mètres, rarement de 30 mètres de hauteur, séparées par des vallées plus ou moins profondes disposées parallèlement. Du côté exposé à l'action du vent, le pied n'enfonce pas trop et la pente est douce; du côté opposé les collines sont escarpées et le sable est très mouvant. Il s'y forme quelquefois des crevasses qui pénètrent jusqu'aux couches inférieures du sol. On ne rencontre dans tous les Tungheri que deux ou trois sources, et, partout où nous avons creusé, nous n'avons obtenu qu'une eau boueuse et saumâtre.

» La végétation n'existe dans les Tungheri qu'au bord des rares sources et aux limites extrêmes; les plantes les plus répandues sont le *soulkir* et le *pugionium*. Le soulkir appartient aux plantes salines; on le trouve dans toute l'Asie centrale jusqu'au 48° degré de latitude, et il ne pousse que dans les sables. Nous l'avons déjà rencontré dans le bassin supérieur du Fleuve Jaune et dans le Tsaïdam, mais jamais au Tibet. Comme toutes les plantes du désert, il a de très grandes racines qui vont chercher l'humidité à de grandes profondeurs. Plus il pleut, plus la végétation est puissante, et, si les conditions sont favorables, il atteint dans l'Ala-Chan trois pieds de hauteur. Non seulement cette plante donne un excellent fourrage, mais ses graines, ressemblant à celles du pavot, servent de nourriture aux Mongols qui en tirent une très bonne farine.

» L'autre plante remarquable de ces déserts, quoique moins utile aux habitants, est le *pugionium*, que les Mongols nomment *dzerlik-lobyn*, c'est-à-dire radis sauvage ; effectivement les fruits crus ont la saveur du radis ou de la moutarde. Les Chinois en récoltent les jeunes pousses, les font mariner et en assaisonnent leurs mets. La tige ne dépasse jamais un pied et encore est-elle presque entièrement enfouie dans le sable. Les branches s'étendent sur le sol, couvrant un espace de 65 centimètres à un mètre de diamètre ; elles sont minces et fragiles. A la fin de la deuxième année, elles donnent de petites fleurs blanches et roses.

» Au dire des Mongols, il existe dans les Tungheri des chevaux sauvages ; mais ce sont des animaux domestiques qui, lors de la dévastation des Doughans, en 1869, se sont enfuis dans le désert, où depuis lors ils errent et se multiplient à volonté. Ils sont très prudents et ne vont boire aux sources que la nuit ou dans les lieux inhabités ; cependant les indigènes en ont repris une bonne partie à l'aide du lasso. » (PRJÉVALSKI, *Du Zaïssansk au Tibet.* — *Tour du Monde*, 2ᵉ sem.)

DIVISIONS ADMINISTRATIVES ET MILITAIRES

Jadis la grande muraille formait entre la Mongolie et la Chine, entre la race des Mongols et celle des Chinois, une limite administrative et ethnographique. Mais peu à peu les cultivateurs et immigrants chinois ont franchi cette limite, refoulé les Mongols, pris possession des terres fertiles de la Mongolie du sud, et leurs colonies et leurs cultures couvrent de vastes étendues de territoires, rattachées aux provinces de Pe-tchi-li et de Chan-Si, et désignées sous le nom général de *Koou-vei*, « Hors-les-Portes ». Le Mongol nomade, rebelle à la civilisation chinoise, dresse sa *yourte* ou tente de feutre sur la terre inculte, et y circule, loin des envahisseurs, avec ses chevaux et ses brebis. Quelques tribus seules se sont laissé pénétrer et transformer à la longue par l'élément chinois.

La Mongolie est administrée par une sorte de régime patriarcal ; les princes, qui se disent tous descendants de Djenghiz-Khan, gouvernent les tribus à titre héréditaire, mais reçoivent leur investiture de l'empereur à Péking. Ils en réfèrent au ministère chinois dans toutes les affaires graves, et ils prennent conseil du grand prêtre d'Ourga. Ils se réunissent chaque année en assemblée générale (*tchouchan*) sous la présidence de l'un d'eux et sous la surveillance d'un haut fonctionnaire chinois. Leurs décisions doivent être ratifiées à la cour de Péking. L'empereur peut les destituer, mais choisit d'habitude le successeur dans la même famille. Les princes reçoivent de la cour impériale un traitement régulier, qui varie, suivant les classes, de 759 à 20000 francs. Ils ne paient pas d'impôts ; mais, à des époques fixées, ils vont à Péking offrir des présents à l'empereur, et ils en reçoivent en échange des cadeaux plus riches que ceux qu'ils apportent. En principe, ils doivent le service militaire ; tous les Mongols, de dix-huit à soixante ans, sont incorporés dans la cavalerie impériale, à raison de 80 cavaliers par 2000 individus du sexe mâle. Ils sont tenus d'occuper les postes militaires de la frontière. Aussi la frontière est-elle assez mal gardée. Ces troupes sont commandées par les princes mongols, et le général en chef est le *tsiantsioun* d'Ouliassoutaï.

Les tribus (*khochoum*) gouvernées par les princes héréditaires sont groupées en *aïmaks* ; au point de vue militaire, la *bannière* correspond à peu près au khochoum.

Territoires	AIMACKS ET VILLES PRINCIPALES
Mongolie du nord ou extérieure (Pays des Khalka, 86 bannières.)	**Tsetsen-Khan** : *Khaïlar*, sur un affl. du Keroulen ; *Keroulen* ou *Ousto*, à 600 kilom. est d'Ourga, sur le territoire du Dalaïnor (6500 hab.), sont des bourgades et des marchés des Mongols nomades et ont des couvents bouddhistes. **Touchetou-Khan** : — **Ourga** *Da-Khouré* ou *Khouren*, « palais, camp sacré » (population évaluée tour à tour à 30000, 70000, 15000 hab.), à 280 kilom. de Kiakhta, à 1200 de Péking, près de la Tola, affl. de l'Orkhon, au pied des monts Gountou, contreforts du massif de Kentéï ; centre principal du bouddhisme mongol. La ville comprend deux quartiers éloignés de 5 kilom. l'un de l'autre ; le quartier des lamas avec 28 temples ; le quartier de Maïmatchin, peuplé de marchands chinois et rendez-vous des caravanes russes. Ourga est au croisement des routes postales de Kiakhta, Kalgan, Ouliassoutaï, Kobdo. Entre Ourga et Ouliassoutaï, à quelques kilomètres de l'Orkhon, se trouve le site de l'ancienne capitale des Mongols, *Karakoroum*, visitée au treizième siècle par Roubrouk et Longjumel : il ne reste que des débris des murs d'enceinte. **Saïn-Noïn-Djesaktou** : *Ouliassoutaï* (2000 à 4000 hab.) dans la vallée venteuse de la rivière Dzaghistaï, au pied des monts Khangaï, forme une double agglomération : la cité militaire, avec une forteresse et une garnison, peuplée de soldats, officiers et fonctionnaires ; la ville marchande, grand entrepôt de thé, cotonnades, huiles, tabacs, peaux, laines, bétail, etc., peuplée de négociants chinois et russes. Des routes de caravanes rattachent la ville à Ourga, Kobdo, Kalgan, Koukou-Khoto. **Kobdo** (1000 hab.), sur le Bayantou, près de la rive ouest du lac Karasou, composée de deux forteresses pour la garnison, d'un quartier marchand et d'agglomération de tentes, est un centre d'échanges entre les Russes de l'Altaï, les Chinois, les Kirghiz, les Khalkas et les Kalmouks nomades.
Mongolie intérieure.	**Pe-tchi-li** : *Djehol* ou *Tcheng-te-fou* (40000 hab.), à 180 kilom. nord-est de Péking, est une résidence d'été de l'empereur ; elle est bâtie dans la fertile vallée du Loan-Ho, remplie de palais, de temples, ornée de beaux jardins et de bois ; à l'est, *Pakou* ou *Ping-Tchouen-Tcheou* (20000 hab.), dans le même bassin, est une longue rue de 8000 mètres bordée de vergers et jardins, centre de l'indus-

LANIER. — ASIE.

Territoires	AÏMAKS ET VILLES PRINCIPALES
Mongolie intérieure (annexée à la province du Petchili).	trie de la soie du Pe-tchi-li; — *Hada* (10 000 h.), au nord, dans la vallée de la Chara-Mouren, est un centre d'échange pour les pelleteries; — *Dolon-nor* (les Sept-Lacs) (20 000 hab.), entrepôt commercial, relié à Khaïlar par une route, a des fonderies renommées pour les cloches et les idoles des lamaseries; à 40 kilom. au nord, sont les ruines de *Chang-tou*, la cité des cent huit temples, l'ancienne capitale des Khans mongols.
Mongolie du sud (annexée à la province du Chan-si)	**Chan-si** : *Sartchi*, sur un affl. de gauche du Hoang-Ho, est une ville industrielle chinoise. *Koukou-Koto*, « ville bleue » (200 000 hab.), sur un affl. du Hoang-Ho, est un centre important de commerce, où aboutissent les routes commerciales de la Mongolie, de la Dzoungarie, du Turkestan, du Tibet. Une autre ville militaire, religieuse et universitaire, renferme la citadelle, la garnison, les temples, les couvents et les écoles, où se pressent des milliers d'étudiants et de lamas. Grand marché et entrepôt, Koukou-Koto a des industries florissantes de marbres, houilles, cuirs, tissages, teintureries, impressions sur étoffes. Aux environs se voient les ruines d'anciennes cités mongoles.

II. — Géographie économique

Climat. — La sécheresse est extrême, la température sujette à des variations énormes d'une saison à l'autre, et même d'un jour et d'une heure à l'autre. Les vents du nord-est, froids en hiver, apportent l'humidité, et l'influence de la mer, plus rapprochée de la Mongolie orientale, favorise, grâce aux eaux courantes, une verdure plus durable, une végétation plus vigoureuse sur les versants de l'est : les versants du nord et du nord-ouest, soumis aux courants glacés qui soufflent du pôle en hiver, sont glacés et sans humidité; en été dominent sur les plateaux les vents chauds du sud et du sud-est; la mousson du sud-est verse presque toutes ses pluies sur les terrasses de la Chine, avant d'atteindre la Mongolie. A Ourga, au nord du Gobi, il tombe en moyenne 239 millimètres de pluie; à Si-van-tsé, au sud du Gobi, 461. Dans toute son étendue, la Mongolie est soumise aux températures extrêmes : l'extrême du chaud est à Ourga + 34; à Si-van-tsé + 32,8; à Ouliassoutai + 33,1; — l'extrême de froid à Ourga — 48,2; à Si-van-tsé — 31,5; à Ouliassoutaï — 47,3; les écarts de température dans ces trois localités sont de 82, 63 et 80 degrés; les moyennes en juillet + 17 et 19; — en janvier — 2,9, + 2,8, — 0,2. — Les nuits sont fraîches en été; l'hiver, les voyageurs portent des masques de feutre sur le visage pour empêcher la peau de se fendre.

Productions minérales. — Dans les dépressions du Gobi, ancienne mer desséchée, autour des lagunes et des marais se rencontrent du *sel*, du *salpêtre*, du *sulfate de soude*. Les montagnes recèlent, dit-on, de grandes richesses minérales, mais le gouvernement chinois en interdit l'exploitation. Des gisements de *houille* ont été signalés dans le Tannou, sur les affluents de l'Yéniséi supérieur; on n'a autorisé que l'exploitation des mines de *Tsoun-Khaïrkhan*, à 100 kilomètres sud-est de Kobdo. On a signalé du *plomb*, de l'*or*, de l'*argent*, du *graphite* dans les monts Saïlughem, et l'Altaï du sud.

Végétaux. — Les monts Kentéi sont couverts de *forêts* épaisses, de pins, sapins, mélèzes, trembles, bouleaux, cèdres; les monts Khangaï sont moins riches, surtout sur le versant sud moins humide; l'Altaï mongol est presque dépourvu de forêts; dans l'In-Chan, les grands bois de même essence n'apparaissent qu'à 13 ou 1500 mètres d'altitude, et sont suivis de prairies alpestres.

« La flore du Gobi est une des plus pauvres du monde; toutes les con-
» ditions défavorables aux plantes, sécheresse, chaleurs torrides, frimas,
» froid excessif, tempêtes, efflorescences salines, se sont accumulées ici
» pour déterminer d'une part la pénurie d'espèces végétales, et d'autre
» part le caractère spécial de celles qu'elles laissent subsister. » Le nord et le nord-est du plateau ont par endroits des *pâturages* superbes; la végétation existe près des sources, autour des lacs, dans les terrains argileux du lôss; mais l'herbe est rare dans la steppe et dans les vastes espaces recouverts de graviers, de silex, d'efflorescences salines. Le Gobi n'a ni arbres, ni arbustes; des buissons de saxaouls et de soulkhir, le pugionium, le tamaris, et quelques herbes salines recherchées des chameaux.

Animaux. — Le Gobi a une faune aussi pauvre que sa flore; seuls, les *lézards* y abondent; les mammifères y sont nomades comme les hommes. Mais les régions des montagnes et les vallées sont plus favorisées. Parmi les espèces sauvages, les rongeurs, *lièvres*, *gerboises*, *rats*, *marmottes*, *renards*, *loups*, etc.; les *antilopes* dont la rapidité est extraordinaire, les *argalis*, *chèvres*, *cerfs*, *ours*, *sangliers*, sont très communs. Les oiseaux sédentaires sont rares, mais des bandes d'oiseaux de passage traversent les steppes; les lacs ne manquent pas de poissons; la religion des Mongols leur interdit de pêcher et de manger le poisson. Les animaux domestiques forment la vraie richesse de la Mongolie et sont innombrables : *moutons*, *bœufs*, *chameaux*, *chevaux*, « ces deux dernières espèces surtout », robustes, rompues à la fatigue, sobres et endurantes. Les Mongols ont institué des courses de chevaux avec concours et prix; celles d'Ourga sont très fréquentées.

Industrie. — Excepté le *tannage* des *peaux*, le *feutrage* pour les tentes, la fabrication des *cordes de poil de chameau* et de crin de cheval, et la confection de certains *ustensiles* et de *bijoux* grossiers, les Mongols sont sans industrie, et s'approvisionnent auprès des marchands chinois.

Commerce. — Il se fait presque entièrement par échange; il est entre les mains des Chinois et de quelques trafiquants russes. Des maisons de commerce anglaises et belges ont été fondées à Koukou-Khoto. Les centres d'affaires sont : Ourga, Khaïlar, Keroulen, Ouliassoutaï, Kobdo, Koukou-Khoto.

La Mongolie exporte en Chine et en Russie des bestiaux, chevaux, chameaux, des peaux, laines, crins, du sel, du bois; — elle importe des mêmes pays des *cotonnades* de fabrication anglaise ou américaine, du *thé en briques*, des *armes* et *ustensiles*, des *grains* et *farines*, du *papier*, du *tabac*, etc.

L'unité de *monnaie* est le *lan* chinois, barre d'argent valant de 5 à 8 francs Mais, dans les échanges, la monnaie usuelle est la *brique de thé* valant de 4 à 6 francs, et ses fractions; on emploie aussi les écharpes de cotonnade jaune ou bleue.

Voies de communication. — Une route carrossable, assez bien entretenue et suivie par le service postal entre Irkoutsk et Tien-tsin, traverse la Mongolie par Kiakhta (frontière russe), Ourga, Kalgan, et passe à Péking. Les autres routes postales chinoises suivies par les caravanes ne sont praticables qu'à dos de cheval ou de chameau; le tracé est très changeant, suivant les saisons, la mobilité des dunes, l'abondance des puits; pas de ponts sur les ruisseaux, sur les marais; on passe à gué ou sur la glace. Les Mongols sont tenus, dans des postes fixés, de faire le service postal, et de mettre à la disposition des fonctionnaires un nombre déterminé de chevaux pour le voyage, et de moutons pour la nourriture. — Les principales routes sont : celles d'*Ourga* à *Ouliassoutaï* et *Kobdo;* — de *Kobdo* à la *passe Khak* et à *Biisk* (Sibérie); — d'*Ouliassoutaï* à *Koukou-Khoto* et *Kalgan;* — d'*Ouliassoutaï* à *Barkoul;* — de *Dolon-nor* à *Keroulen* et *Nertchinsk.*

B. Dzoungarie.

Aspect physique. — Le pays dzoungare s'étend du nord au sud entre l'Altaï mongol et la chaîne des Thian-Chan. Ses limites à l'est et à l'ouest sont inconstantes et ne peuvent être précisées. Le territoire représente au moins la superficie de la France. La Dzoungarie se distingue peu de la Mongolie par son aspect physique : mêmes steppes arides ou herbeuses, mêmes dépressions marécageuses et salées, mêmes rivières indécises, souvent desséchées.

Mais elle a une importance stratégique et commerciale de premier ordre pour l'avenir des possessions russes et chinoises dans ces parages. Elle ouvre en effet la seule porte qui donne accès dans l'empire chinois du côté de l'Occident. L'ancienne Méditerranée mongole, aujourd'hui desséchée, se terminait par une sorte de golfe creusé entre l'Altaï et les monts Boro-Khoro, Katoun et Ireu Khabirgan. Deux fossés d'écoulement, dessinés aujourd'hui par des bas-fonds marécageux, par des lacs, des rivières ou des cols de passage entre les monts, marquent les voies historiques par lesquelles se sont faites toutes les invasions ou émigrations de peuples d'Orient en Occident, et en sens contraire ; là sont passés les Huns, les Ouigour, les Mongols, les Chinois; c'est le chemin de pénétration que convoitent et guettent actuellement les Russes, depuis qu'ils sont maîtres de la Sémiretchie et qu'ils dominent les lacs Balkach, Ala-Koul et Zaïsan. L'un de ces fossés est tracé par la rivière *Ouroungou* au cours rapide, aux eaux poissonneuses (600 kilom.), formée de trois torrents descendus de l'Altaï mongol, et tributaire du lac **Ouloungour** ou *Kizil Bach*, « lac des saumons à tête rouge ». Ce lac, profond et limpide, communique, disent les géographes russes, par un réservoir souterrain avec l'Irtich noir, qui va former le Zaïsan. Ainsi s'ouvre un premier chemin naturel entre la Mongolie et la Sibérie. — Le second n'est pas moins facile : il est indiqué par les dépressions lacustres du **Bor-nor**, de l'**Aïar-nor**, de l'**Ebi-nor**, autrefois reliées entre elles ou confondues. Un col ouvert entre les *monts*

Barlik au nord, et l'*Ala-Taou* au sud, permet une communication aisée avec l'Ala-Koul et avec Lepsinsk et les rives du Balkach [1].

Au sud de cette seconde dépression, à laquelle les monts de l'*Ala-Taou dzoungare* et les monts *Boro-Khoro* et *Bogdo* donnent une forme triangulaire, le **Saïram-nor**, « lac de la Grande Tranquillité », et la passe *Talki* conduisent dans la fertile vallée de l'Ili, à Kouldja. — L'Ili, dont la plus grande partie des bassins est aujourd'hui russe (voy. nos *Lectures sur l'Asie*, 1re partie, p. 153), se forme de trois rivières torrentueuses : le *Kach* et le *Kounges*, issus du Thian-Chan oriental, et le *Tekes*, qui coule en sens opposé et recueille les eaux des glaciers du Mouzart. Leur réunion en amont de Kouldja constitue un fleuve puissant, profond de 4 à 6 mètres, large de 200 à 400, mais navigable seulement en aval d'Iliisk, en territoire russe.

Etat politique. — La Dzoungarie, encore couverte des ruines qu'y avaient accumulées Djenghiz-Khan et ses successeurs, fut occupée ensuite, durant cinq siècles, par des tribus nomades de Kalmouks, parfaitement unies entre elles. Leurs souverains réussirent à étendre leur domination sur l'immense pays situé entre l'Altaï et le Tibet. Vers 1717, ils s'emparèrent même de Lhassa et détruisirent deux armées envoyées contre eux par l'empereur de Chine. Mais la division se mit parmi les tribus dzoungares; et, en 1757, une troisième armée chinoise victorieuse reconquit tout le pays, et le livra à d'effroyables massacres. Un million de Dzoungares périt; quelques tribus fuirent dans les montagnes; d'autres allèrent chercher un refuge dans les steppes du Volga. Les villes de la Dzoungarie furent rasées; à leur place, on créa des postes militaires, on repeupla le pays de bandits, de criminels, de proscrits ou d'aventuriers envoyés de partout. Les Kalmouks, établis sur les bords du Volga, opprimés par les officiers du tzar, et sans doute atteints de nostalgie, regagnèrent le pays natal : mais ce fut un lamentable exode, et des 300 000 qui étaient partis des steppes de la Caspienne, plus du tiers ne revit pas la terre désirée.

La Dzoungarie se repeupla et retrouva sa prospérité d'autrefois. Mais les immigrants étaient de nationalités et surtout de mœurs et de religion différentes. Les mahométans étaient en majorité. Les Dounganes et les Tarantchis, poussés à bout par la tyrannie des fonctionnaires chinois et surexcités par le fanatisme, engagèrent la lutte dans le Kouldja, en même temps que leurs coreligionnaires du Yun-nan, du Kansou et du Chensi se soulevaient contre la Chine. De 1808 à 1805, le pays fut mis à feu et à sang. Les Chinois, les Mandchous, les colons militaires venus de l'Orient furent égorgés par milliers, les femmes mises en esclavage. La Russie, inquiète des progrès des Anglais dans la Kachgarie, où ils secondaient contre la Chine le mahométan *Yacoub-Khan*, offrit sa médiation à la Chine, et arrêta la tuerie. Les Russes occupèrent le Kouldja, installèrent des garnisons dans les places fortes, et y firent la police, en promettant de le restituer à l'État chinois quand la paix serait rétablie. Longtemps après, la Chine réclama son bien, et envoya à cet effet en Europe un de ses meilleurs diplomates, le censeur **Choung-How**. Mais la diplomatie russe tenait une riche proie et n'entendait pas la lâcher tout entière. Elle

---

1. Voy., sur la géographie de ces lacs du Turkestan russe, notre premier volume sur l'*Asie*, et la carte en couleur dessinée pour l'étude de cette frontière russe et chinoise (p. 132).

fit savoir à *Choung-How* qu'elle n'avait jamais eu la pensée de se faire la « concierge » du gouvernement chinois, et qu'elle ne pouvait rendre le Kouldja sans compensation pécuniaire et garanties territoriales. Elle s'y prit avec tant d'habileté qu'elle obtint du plénipotentiaire chinois cinq millions d'indemnité et l'occupation des meilleurs points stratégiques de l'Ili. A Péking, on fut consterné de pareilles concessions; on accusa *Choung-How* de félonie; il fut, par un double décret impérial, condamné à la peine de mort et à la confiscation de ses biens. Le premier décret ne fut pas exécuté : il s'était formé dans l'empire un parti de la paix, disposé à entretenir avec l'Europe de bonnes relations et favorable aux idées de progrès et de réformes; il avait à sa tête le prince **Kong** et le vice-roi de Pe-tchi-li, **Li-Hong-Chang**. Il prit la défense de l'infortuné négociateur contre le parti de la guerre dirigé par **Tso-Tsoung-Ton**, le terrible général vainqueur et exterminateur des Douganes, tout-puissant dans une cour livrée aux intrigues, sous un empereur mineur et deux impératrices régentes.

La Russie seconda les efforts du parti de Kong; elle commença ouvertement d'énormes préparatifs de guerre dans les mers de Chine, et fit savoir qu'elle répondrait par une attaque immédiate à l'exécution de la sentence contre Choung-How. La Chine s'arma de son côté et mobilisa ses forces. Elle demanda conseil au colonel anglais **Gordon**, qui avait jadis commandé et discipliné ses armées, et avait contribué à réprimer la révolte des musulmans Taïpings. Gordon, après un mûr examen, conseilla la paix, mais traça néanmoins, à l'usage du gouvernement et des généraux chinois, un remarquable programme militaire. — A la longue, les colères s'assoupirent; la Russie consentit de son côté à reviser le traité de Livadia. Le marquis **Tseng**, ambassadeur de Chine à Londres et à Paris, vint à Saint-Pétersbourg. La première condition imposée par la Russie et acceptée par la Chine fut la mise en liberté de Choung-How. La Russie exigea 9 millions de roubles, et renonça aux positions stratégiques; mais elle se fit céder une portion de la vallée de l'Ili, pour en faire une terre d'asile réservée aux anciens Douganes rebelles, échappés aux massacres, et que les Chinois étaient bien résolus à faire périr jusqu'au dernier.

La Dzoungarie soumise aujourd'hui à la domination russe ne renferme plus que des *Kirghiz* et des colons *cosaques* et *russes*. Dans la Dzoungarie orientale et chinoise, à la suite de guerres atroces, la population très clairsemée se compose de *Douganes* et *Tarantchis* en majorité, de *Tchakars*, de colons *chinois*, *mandchous* et *turcomans*. Des deux régions de la Dzoungarie chinoise, la province d'Ili, la moins étendue, mais la plus salubre et la plus fertile, est de beaucoup la plus peuplée.

Dzoungarie du Nord. Centres principaux : *Bouloun-Tokhoï*, au sud du lac Ouloungour; — *Toultou*, sur un affluent de l'Irtich noir, près d'un col qui donne accès au plateau de Kobdo, sont des marchés d'échange entre Russes et Mongols; — **Tchougoutchak**, au pied des monts Tarbagataï, à droite de la rivière Emil, tributaire de l'Alakoul, en face du poste militaire russe de *Bakti*, est le plus actif centre du commerce, un entrepôt sûr, protégé par le fort de Sarlitam, rendez-vous des caravanes russes qui débouchent du nord par la passe de Khabarassou, où passe la route de voiture qui conduit sur l'Irtych; la ville, ruinée par les Douganes, comptait, en 1850, 30000 habitants. Elle est bien construite, entourée de jardins et de riches cultures, et de quelques gisements houillers.

Dzoungarie méridionale. — Les centres étaient jadis des garnisons et des postes militaires échelonnés par la Chine pour surveiller les passages occidentaux. Depuis l'insurrection, les colons tendent à remplacer les soldats dans les postes de *Djinho, Chikho, Manas*, etc. Autour de ces localités, situées dans la région moyenne des terrains cultivables, le sol est fertile; plus haut, dans la région inférieure ou alpestre, on a trouvé de l'or, du cuivre, de la houille; les pâturages y sont excellents.

Province d'Ili. — Presque toutes les villes ont été détruites pendant la dernière guerre; *Bayandaï* qui renfermait 150 000 habitants, *Nouvelle-Kouldja, Alim-Tou, Khorgos, Djarkent*, etc., ne sont plus que des pans de murs ou des entassements de briques et d'ossements. *Souïdoum*, à droite de l'Ili, ville peuplée d'agriculteurs, est encore debout. — **Kouldja la Vieille** (1 000 hab.), entourée de vastes faubourgs, peuplée de mahométans, a des moulins, des papeteries, des fabriques de pâtes alimentaires, des jardins et des champs fertiles, où domine la culture du pavot pour la fabrication de l'opium. « Il est impossible, dit M. Elisée Reclus (VII, 176),
» qu'un pays si heureusement situé sous la zone tempérée et à l'abri des
» vents polaires, si riche en eaux courantes et en produits naturels, ne
» reprenne pas une importance considérable par sa population, son
» industrie et son commerce. La province de l'Ili a des gisements d'or,
» d'argent, de cuivre, de plomb, de fer, de graphite; elle a des couches
» de houille exploitées, et d'autres bien plus étendues, qui attendent
» encore les mineurs; des eaux thermales jaillissent en abondance dans
» ses vallées, et dans nulle région de l'Asie centrale on ne voit de sites
» plus grandioses que sur les bords du Kach et dans le bassin du Tekes,
» à la base des glaciers et des monts au-dessus desquels trône le Khan
» Tengri ou « Roi des Cieux ».

C. Turkestan oriental ou chinois. — Le Kansou mongol.

I. — Géographie physique

La région déprimée qui s'étend entre le versant méridional des *monts Célestes* et les chaînes du *Kouen-Loun*, et que dominent à l'ouest les énormes plateaux de l'Alaï et du Pamir, a porté successivement les noms de *Petite Boukharie*, de *Kaschgarie*, quand elle fut sous la domination de l'émir de Kachgar, Yakoub-khan; les Chinois l'appellent *Thian-Chan-Nan-lou*, route méridionale des Thian-Chan, par opposition au *Thian-Chan-Pé-lou*, route septentrionale des monts Célestes. Au point de vue de la race, elle garde son nom de Turkestan oriental. Elle est la plus occidentale des provinces de l'empire chinois; elle renferme le bassin du Tarim.

Les affluents supérieurs de ce fleuve de steppes ont été les lieux de passage entre la Chine et les bassins de l'Amou et du Sir-Daria suivis par les marchands grecs et chinois, les missionnaires bouddhistes, les négociants arabes, les voyageurs de l'Europe occidentale. Parmi eux les plus illustres furent, au milieu du IVe siècle, le savant pèlerin chinois *Hiouen-Thsang*; au XIIIe siècle, le Vénitien *Marco-Polo*; en 1603, le missionnaire jésuite *Benedict Goëz*. Cette contrée, longtemps délaissée dans les temps modernes, à cause des difficultés du parcours, fut visitée de nouveau dans la seconde partie de ce siècle par Adolphe Schlagintweit, qui franchit le Karakoroum et descendit à Kachgar, où il fut assassiné par l'ordre du Khan. Après lui, un assez grand nombre de voyageurs anglais, russes et français ont sillonné de leurs itinéraires le Pamir et le Turkestan oriental [1].

On évalue à 1 200 000 kilomètres carrés la *superficie* du Turkestan chinois ; et sa *population* à 500 000 individus seulement.

Le bassin du Tarim occupe la vaste dépression rectangulaire où descendent les eaux du Thian-Chan méridional, du Trans-Alaï, du Pamir oriental et des puissantes chaînes du Karakoroum (voy., sur ce relief, notre premier volume de l'*Asie*, p. 128-132). — Le **Tarim** est formé par la réunion de six rivières principales : la branche maîtresse, au moins au point de vue historique et économique, est le **Yarkand-Daria**, nom que les Chinois donnent au Tarim. La rivière *Yarkand* naît hors de l'empire chinois, dans le Kachmir : elle s'appelle *Zarafchan*, « Aurifère », dans son cours supérieur, comme la rivière de Samarcande, à cause des paillettes d'or qu'elle roule ; une des hautes sources du Zarafchan jaillit près du fameux col de Karakoroum (5550 m.), séparée par une étroite arête des eaux qui descendent à l'Indus. Le Yarkand coule d'abord au nord-ouest, parallèle à la chaîne du Karakoroum, et emporte une partie des eaux originaires des glaciers et des névés du mont **Dapsang**, le deuxième géant du monde. Le Yarkand s'ouvre une brèche vers le nord dans les montagnes, tourne au nord-est, reçoit à gauche les torrents du Tagharma, et, au sortir de cluses profondes, les canaux d'irrigation et l'évaporation diminuent le volume de ses eaux. Devant Yarkand, il est encore large de plus de 100 mètres à la saison des crues. A gauche, deux rivières se réunissent à lui : le **Kachgar-Daria** dont les sources sont dans le Trans-Alaï, au sud du col Kisil-Art, prend d'abord le nom de Kisil-sou, passe devant Kachgar, traverse une

---

1. En 1868, un planteur de thé, *Shaw*, fut chargé par le gouvernement anglais de rechercher les routes commerciales de la plaine ; en même temps, *Hayward*, au nom de la Société de géographie de Londres, explorait les plateaux. Hayward périt assassiné, comme Ad. Schlagintweit, par les tribus fanatiques du Turkestan. L'ambassade de Forsyth (1833), à Yarkand, en compagnie de *Gordon*, *Biddulph*, *Trotter*, *Stoliczka*, *Chapman* et quelques pandits de l'Inde, eut un plein succès. Après eux, un Grec, le Dr *Potayos*, d'autres Anglais, MM. *Ney Elias*, *Carey*, colonel *Lockardt*, *Barow*, *Younghusband* (1877), etc., ont parcouru les diverses régions. De leur côté, les Russes avaient escaladé à leur tour le *Toit du Monde*. Sans parler des explorations du Turkestan russe et du Trans-Alaï, MM. *Valikhanov* (1858), *Osten Sacken* (1867), *Kouropatkin* (1876), *Regel*, *Mouchketov*, *Grombchevskij*, *Groum-Grjimaïlo*, avaient pénétré au cœur du Pamir et exploré les chaînes du Thian-Chan méridional ; le plus illustre de ces audacieux pionniers de la science géographique fut le général *Prjévalski*, qui se lança en plein désert, et relia par ses itinéraires le Koukounor aux monts de la Transbaïkalie, et les Thian-Chan aux monts In-Chan. — Le colonel *Pievtzoff* et les anciens compagnons de Prjévalski continuent son œuvre. — Un intrépide chasseur français de Kachmir, M. *Dauvergne*, franchissant les passes du Karakoroum, a accompli avec succès (1889) un voyage circulaire entre l'Inde et les Turkestans chinois et afghan. — MM. *Ridgway*, *O'Connor* et *de Breteuil* ont deux fois traversé le Trans-Alaï, mais l'héroïque traversée du continent, du Tarim au fleuve Rouge, par MM. *Bonvalot*, *Henri d'Orléans* et le Père *de Deken*, égale les plus hardies et les plus périlleuses qui aient été tentées au cœur de l'Asie centrale. — Toutes les expéditions qui précèdent l'année 1876 ont été analysées et discutées scientifiquement dans la thèse de M. Paquier, le *Pamir*, que nous avons déjà citée dans notre premier volume de l'*Asie*. (Voy. p. 128.)

plaine de lacs et de marécages, subit des crues énormes qui inondent ses rives à plus de 100 kilomètres de distance; le *Touchkan-Daria*, issu du plateau d'Aksaï, à l'est du *Tchatir*, longe la base des monts de *Kok-Chaal-Taou*, coule devant la forteresse d'Outch-Tourfou, et unit ses eaux à celles de l'*Aksou-Daria*, « Eau blanche », qui vient de l'Alataou-Terskei, à l'est de la passe de Mouzart, et des glaciers du Khan-Tengri.

Beaucoup plus bas, le Tarim recueille une partie des eaux échappées des immenses champs de neige et de glace des monts Mouztagh ou Mouzart. Le *Mouzart-sou* en est le principal émissaire. Le *Khaïdou-Gol*, venu des monts Gourboun-Daba, sous le nom de *Youldouz*, arrose Kharamoto et Karachar, traverse plusieurs marais et lacs, dont le plus important est le Bagratch-Koul, franchit les monts *Kourouk-Tagh*, par un long défilé que défendent deux forts d'argile, et, sous le nom de *Koutché-Daria*, arrose Kourla et va finir dans le Tarim, près d'Aïrilgan, à 100 kilomètres du Lob-Nor.

Successivement réunies, les rivières d'Yarkand, de Kachgar, de Touch-khan, d'Aksou, avant de se perdre dans les ravins, s'augmentent encore du **Khotan-Daria**, venu du Kouenloun occidental, à la jonction des frontières de l'Inde et du Tibet, et de son puissant affluent le *Kara-Kach*, « Jade noire », issu des hauts plateaux du Kachmir, dans les contreforts du Karakoroum, à 5 000 mètres d'altitude. Le Kara-Kach, par une succession de cluses, longe le revers septentrional du Kouenloun, et par la brèche de *Chah-i-doulah*, pénètre dans la plaine de Khotan. La région située à l'est de ses sources est un ancien lac desséché dont les crevasses sont remplies de boues salines ou de sulfate de magnésie « aussi blanc et » ausi fin que les aiguilles de neige que soulève le vent ». Le Kara-Kach et le Khotan fécondent de leurs alluvions les oasis les plus riches du Turkestan chinois, par leurs champs de riz, de céréales, de coton, de mûrier. Les Chinois ont donné à ces cours d'eau et à leurs affluents le nom commun de *Jade*, parce qu'ils roulent des galets de jade de couleur variée. Plusieurs de ces cours d'eau, à l'ouest comme à l'est du Khotan, se dessèchent avant d'arriver à la rivière principale.

Le **Tarim**, ainsi constitué, coule d'abord à l'est, puis au sud, en se divisant plusieurs fois. Sa rive droite est flanquée de l'immense désert appelé par les Turcs *Tak-la-Makan*, qui est la section occidentale du Grand Gobi. Ce désert est limité à l'est par le cours du *Tchertchen-Daria*, dernier affluent de droite du Tarim, au point où il va se perdre dans le **Lob-Nor**, en vue des contreforts de l'*Altyn-Tagh*.

La dépression du **Lob-Nor** est un des derniers vestiges du *Si-Haï*, « la mer occidentale », devenue aujourd'hui le *Han-Haï*, « la mer desséchée », qui avait une superficie évaluée par les géographes contemporains, et en particulier par l'éminent Richthofen, à plus de 2 millions de kilomètres carrés. Le Lob-Nor en occupait la section la plus creuse, à une profondeur de 1 000 mètres environ. Le Lob-Nor, depuis la visite de Marco Polo, n'a été revu qu'au dix-neuvième siècle, la première fois par Prjévalski, la seconde par la mission française de M. Bonvalot. Le lac se compose de deux bassins marécageux distincts : le *Kara-Bouran*, « Ouragan noir », long de l'ouest à l'est de 35 kilomètres, large de 10 à 13, profond au plus de 2 mètres, souvent de 0^m,50 à 1 mètre, reçoit à l'ouest le Tarim qui vient de recueillir les eaux du Tchertchen-Daria, au nord de l'oasis de Tcharkhalyk; son eau est douce: au moment de la crue du Tarim, il inonde au loin ses rives basses. Sorti du Kara-Bouran, le Tarim va s'amoindrissant à cause des dérivations que les habitants font subir à ses eaux, et aussi sous l'influence de la température desséchante du désert. — Le second lac, appelé *Tchök-Koul, Chon-Koul* ou *Kara-Kourtchin*, et identifié par Prjévalski au Lob-Nor des auteurs chinois et de Marco Polo, est une sorte de lagune très allongée de l'ouest à l'est, quatre fois grande comme le lac Léman, avec une profondeur moyenne de 2 mètres, et le plus souvent de 0^m,30 à 0^m,90. Le fond est parsemé de racines et de troncs de tamaris, qui indiquent les variations du lac. Le chenal navigable du Tarim se perd à une cinquantaine de kilomètres de son entrée dans le lac. Le lac, dans son ensemble, est couvert d'un épais fourré de roseaux qui se balancent à 5 ou 6 mètres au-dessus de l'eau; sur la rive méridionale se voit une bande d'eau claire, large de 1 000 à 3 000 mètres [1].

« Il n'y a pas de Lobnor. Du moins un lac portant ce nom n'existe pas, et c'est sur les cartes seulement que nous devons chercher cette fameuse mer intérieure que nous rêvions de parcourir en barque. Une flottille est vite équipée. Chaque embarcation est un tronc d'arbre creusé. Deux hommes y prennent place. Un indigène, debout à l'arrière, pagaie à la manière des gondoliers de Venise; il accompagne ses mouvements d'un chant turc rythmé, nasillard, auquel répondent les autres bateliers. C'est dans cet appareil que, pendant deux jours, nous descendons le Tarim. Le fleuve diminue à vue d'œil, pour ne devenir qu'un simple filet d'eau où une pirogue trouve juste la place de se glisser. Le pays est couvert de roseaux, entourant parfois une flaque d'eau à demi séchée. Sur les rives, nous aper-

---

[1]. Marco-Polo n'a fait que traverser la région du Lob-Nor dans sa partie méridionale. « De son temps déjà, écrivent les auteurs de l'*Année géographique* (1878, » p. 287), c'était vers le Lob-Nor, principal déversoir des eaux de la région, que » les voyageurs allaient chercher quelques jours de repos et se munir de vivres » pour un mois avant de reprendre leur route. Pendant trente jours, il fallait tra- » verser une région déserte, pleine « d'épouvantements », où la route n'était » tracée que par les ossements blanchis des hommes et des chameaux, où, pen- » dant la nuit, des sons étranges attiraient les malheureux voyageurs dans les » pièges que leur tendent des esprits malfaisants. » — Le savant explorateur allemand, le baron *de Richthofen*, si particulièrement compétent dans toutes les questions de géographie concernant la Chine, contesta les conclusions de Prjévalski sur la situation du Lob-Nor, que les documents chinois placent beaucoup plus au nord, qu'ils représentent comme un grand lac salé, étalant ses eaux dans une grande plaine parfaitement unie, loin des montagnes, tandis que le Lob-Nor exploré par le voyageur russe est un lac d'eau douce, et flanqué au sud à une faible distance des monts Altyn-Tagh. *Prjévalski* répondit que l'exactitude des cartes chinoises était contestable, qu'il n'y avait pas d'autre récipient possible du Tarim que le lac décrit par lui. — M. *Elisée Reclus* admet le déplacement du bassin du Lob-Nor qui va se desséchant, et il explique le phénomène étrange de la douceur et de la fraîcheur de ses eaux par leur passage d'un terrain recouvert de sel sur des fonds restés purs. — M. *Dutreuil de Rhins* pense qu'il existe un lac inconnu situé par 38°50' et 86°20', sur le plateau qui sépare les deux chaînes de l'Altyn-Tagh; c'est à peu près l'emplacement qu'indiquent les cartes chinoises. L'exploration récente de MM. Bonvalot et Henri d'Orléans semble justifier les données du grand voyageur russe.

cevons quelques huttes de roseaux que nous décorons du nom de villages...

» ... Les villages de pêcheurs sont abandonnés les uns après les autres ; là où les anciennes traditions marquaient un grand lac, il n'y a plus que des roseaux, et, à leur tour, ceux-ci font peu à peu place au sable. L'apport du Tarim diminue d'année en année, et on peut prévoir le temps où le désert aura couvert de ce linceul que les historiens ne peuvent soulever l'emplacement d'Abdallah, de Vupehakan et d'Eurtin. Cette région si curieuse, d'autres ne la verront peut-être plus après nous. » (Prince Henri d'Orléans, *de Paris au Tonkin par terre*; *Revue des Deux-Mondes*, 1er février 1891.)

Kansou extérieur ou mongol.

Entre le désert de Takla-Makan ou du Grand Gobi et les sables du Gobi oriental, une zone de terres cultivables, çà et là habitées, sert à relier ensemble les deux moitiés de la province du Kansou. Cette route naturelle est celle que suivent les caravanes et les marchands de la Chine pour se rendre de Lan-Tcheou-fou à Hiang-tcheou, en longeant la grande muraille, puis par le col de *Kiayou* vers l'oasis de Hami, en suivant les rivières *Azsind* et *Ngansi*. L'influence de la mer du Bengale se fait sentir dans cette région, grâce aux brèches ouvertes dans le sens du sud au nord par les arêtes des montagnes, et la direction des vallées fluviales : les moussons du sud-ouest, chargées de pluies, apportent une part d'humidité jusqu'au delà des monts du Koukou-nor et du **Nan-Chan**. Cette dernière chaîne, qui fait suite à l'Altyn-Tagh, donne naissance à plusieurs cours d'eau qui vont se perdre au loin dans des marais ou des lacs, sans pouvoir rejoindre la mer; tel est l'*Azsind* ou *Edzin* et son affluent le *Tolaï* ou « Fleuve d'or », qui s'achève dans le *Sogok-nor* et le *Sobo-nor*; telle la rivière de *Ngansi* ou *Bouloudzir* qui porte ses eaux au *Kara-nor*, dans la direction du Lob-nor.

Les deux Kansou offrent un contraste frappant : le *Kansou chinois* ou *intérieur* (275 000 kilom. car., 8 millions d'hab.) est couvert de montagnes neigeuses où les sources sont abondantes, les vallées verdoyantes, la végétation riche, les pâturages épais, le sol fertile et les habitants nombreux ; — le *Kansou mongol* ou *extérieur* (400 000 kilom. car., 1 million d'hab.), appartient à la dépression centrale asiatique, formée de steppes arides, de fonds salins, de lagunes stagnantes, pauvre dans sa flore et dans sa faune, et presque déserte.

II. Divisions politiques

Une faible partie des habitants du Turkestan chinois est d'origine aryenne. Ce sont les *Galtchas* de l'ouest, frères de ceux de l'Iran ; le reste de la population est très mêlé ; on y distingue surtout des *Kirghiz* et des *Kalmouks*, agriculteurs de la plaine et bergers des montagnes ; mais des *Arabes, Tibétains, Mongols, Turcs*, s'y sont croisés avec les *Sartes* ou *Tarantchi*. Les immigrants viennent surtout du Ferghana, du Kachmir et du Tibet.

Provinces.	VILLES PRINCIPALES
Turkestan oriental ou Thian-Chan-Nan-Lou.	**Khotan** (40 000 hab.), chef-lieu de la plus riche oasis et la mieux arrosée par les canaux dérivés du Khotan-Daria et du Kara-Kach. Son commerce est très actif avec la Chine, l'Inde, la Perse. Elle exporte l'*or*, le *fer*, le *jade* de ses montagnes très recherché en Chine ; elle produit la soie et le coton, fabrique des soieries, tapis, feutres, cotonnades, des objets de cuivre ; ses céréales et les fruits de ses jardins sont renommés. — *Sandjou* (35 000 hab.), *Kilian, Pialma, Kargalik*, arrosés par des torrents que le désert absorbe, sont des oasis fertiles. **Yarkand** (60 000 hab.), dominée par une forteresse, enceinte d'une haute muraille bastionnée de forme rectangulaire, a des rues tortueuses et étroites. « On compte dans la ville 160 mosquées, écrit » M. Hayward, de nombreuses écoles et 12 caravansérails toujours » encombrés de marchands de toutes les parties de l'Asie. » **Yangi-Hissar** (10 000 hab.) « Château-Neuf », situé sur la route de Yarkand à Kachgar, a des usines métallurgiques. **Kachgar** (50 000 hab.), entourée d'une muraille en terre, située au croisement des routes du Ferghana par le Térek-Davan, du Kouldja par le Mouzart, de la vallée du Syr par le Tach-Robat, etc., est surtout un entrepôt de commerce et un point stratégique. Les villages des environs, *Artouch, Faizabad*, fabriquent des toiles. *Yangi-Char* est une forteresse sur la rive opposée du Kachgar-Daria qui surveille la ville. — *Maralbachi*, en aval de Kachgar, est une importante forteresse. **Ouch-Tourfan** (3 000 hab.) est un misérable village, avec une garnison de 2 000 soldats pour garder le col de Badal qui débouche de la vallée de l'Issik-Koul. **Ak-Sou** (20 000 hab.) est une place forte située sur une haute berge qui domine l'Ak-Sou, éloignée de plus de 16 kilom. **Baï-Koutcha** (10 000 hab.), place forte, mines de cuivre et salpêtre aux environs. — *Korla* (6 000 hab.), position stratégique et forteresse, à l'entrée du défilé de Khaïdin-Koua, sur la route de Karachar. — *Karachar* (1 600 hab.), entièrement ruinée par la dernière insurrection douugane, est peuplée par des agriculteurs Kalmouks et de petits marchands chinois. Aucune ville n'existe autour du Lob-Nor ; mais le souvenir de villes englouties par les sables du désert se conserve parmi les indigènes, et les voyageurs ont pu visiter quelques ruines, comme celles de Kok-Nor à trois journées au sud-ouest du Lob-Nor. Nul n'a revu *Tchertchen* depuis Marco-Polo et Goës ; *Tcharkalyk*, à quelque distance du bas Tarim, n'est qu'un misérable village où campèrent Prjévalski et la mission Bonvalot.

Provinces.	VILLES PRINCIPALES
Kansou mongol.	Les populations du Kansou mongol sont formées de races très mêlées, par suite des invasions violentes et des migrations pacifiques. Turcs *Omgours*, *Mongols*, *Tibétains Tangoutes*, *Chinois* agriculteurs et marchands s'y sont combattus et croisés. Les Chinois sont les vrais fondateurs ; ils rétablissent les cultures, réparent les routes, relèvent et repeuplent les villes qu'ont saccagées les barbares. Dans l'étroite zone d'oasis qui relie le Kansou chinois au Kansou mongol s'élèvent trois villes murées qui ont été détruites par les Douanganes, mais se relèvent rapidement : *Liang-Tcheou* (100 000 hab.), active, commerçante, bien entretenue, située dans la plaine fertile que fécondent les crues du Choan-Taï-Ho, est entourée d'un double mur d'enceinte en briques et flanquée de petites forteresses qui couronnent les hauteurs voisines. — *Kan-Tcheou* (150 000 hab.), sur une des branches de l'As-Zind, entourée d'une double enceinte, a des rues plantées de peupliers ; on dirait de loin une ville bâtie dans un parc ; elle a des pagodes et des temples curieux. — *Sou-Tcheou*, sur le Tolaï, n'était plus en 1872 qu'un immense champ de ruines ; elle garde la première porte de la Chine, *Kiayou-Kouan*, la « Porte du Jade », située à l'ouest du Tolaï. — *Ngansi*, ville en ruines sur le Bouloutzir ; *Cha-Tcheou*, sur le Tang-Ho, deux affluents du Karanor, sont des marchés et des lieux de rassemblement et d'approvisionnement des caravanes qui gagnent le Tarim. Sur la route de Hami, les caravanes rencontrent d'autres amas de ruines. *Hami* ou *Khami*, au centre d'une oasis fertile, arrosée par le Bougas, au croisement des routes du nord et du sud du Thian-Chan, est un centre d'échanges entre la Chine centrale, la Dzoungarie et le Turkestan ; elle communique avec Barkoul à travers le Thian-Chan oriental par le col du Kocheti (2734 m.). A l'ouest, sont les oasis de *Pidjan* et de la nouvelle *Tourfan*, au pied des escarpements du Thian-Chan, produisant, comme celle de Hami, du riz, des raisins, des melons exquis, du blé, du coton. — *Taksoum*, forteresse au sud-ouest des monts Katoun, a du coton renommé. Au nord du Thian-Chan, sur la route qui conduit aux villes dzoungares, les deux oasis principales sont : 1° *Barkoul*, station militaire et grand marché du lac Bar ; deux forteresses la dominent et les routes du nord s'y réunissent avant le passage du col de Kocheti ; 2° *Ouroumtsi*, au point où les chaînes du Thian-Chan se resserrent, est entourée de montagnes couvertes de forêts ; au nord-est se dressent les cratères éteints du Bogdo-Ola, « la Montagne de Dieu », hauts de 4000 m. Les 200 000 hab. que comptait la ville en 1872 furent massacrés par les Douanganes. — Ouroumtsi commande le seul col praticable entre les plaines dzoungares et le Turkestan oriental. Elle a des sources sulfureuses.

III. — Géographie économique

Productions. — La flore naturelle est pauvre en général dans le Turkestan et le Kansou ; les espèces sont rares sous un climat d'une sécheresse extrême, sur un sol que les pluies et les neiges ne rafraîchissent presque jamais. Les arbres principaux sont : l'*olivier sauvage*, le *tamaris* et surtout le *peuplier*, au tronc évidé et rabougri, qui pousse près des cours d'eau et des lacs. Les végétaux des oasis ne prospèrent que grâce à la lutte incessante des indigènes contre la nature et le climat.

« Grâce à l'irrigation, les jardiniers et les agriculteurs du Turkestan chinois ont autour de leurs demeures une flore d'espèces cultivées beaucoup plus riche relativement que la flore des plantes sauvages. Des groupes de noyers ombragent les hameaux ; tous les jardins des pays de Khotan et de Yarkand ont leurs rangées de mûriers. Les poiriers, les pommiers, les pêchers, les abricotiers, les oliviers, les vignes grimpantes mêlent leurs branches dans les vergers et donnent d'excellents fruits. Des courges se suspendent aux arbres, diverses de formes et se prêtant à tous les usages auxquels veut les employer le jardinier; des melons se pressent sur le sol à côté du chanvre, du coton ou de céréales, riz, maïs, millet, orge ou froment. Des villes, des villages disparaissent en entier sous la verdure; les rues sont garnies de treillages, sur lesquels s'enroulent des pampres et des lianes, retombant sur les passants en nappes de feuilles, de fleurs et de fruits ; les terrasses des maisons basses sont ornées de plantes fleuries et parfumées, et les jardins resplendissent de l'éclat des roses. Même les peupliers qui croissent dans ces oasis diffèrent singulièrement de ceux des forêts naturelles ; quelques-uns deviennent gigantesques, et leurs troncs ont jusqu'à 3 mètres de tour. Le voyageur qui vient d'échapper aux formidables solitudes du désert croit entrer dans un lieu de délices lorsqu'il pénètre sous les ombrages, dans les jardins odorants. » Élisée Reclus, *Géographie universelle*, vii, p. 120.)

La faune n'est pas plus riche que la flore : les animaux les plus communs sont les *sangliers* et les *lièvres*; dans les fourrés, près des eaux, se cachent le *tigre*, la *panthère*, le *lynx*, le *loup*, le *renard*, la *loutre*; dans les plateaux errent l'*antilope*, le *cerf maral* et les *chevrotains* qui fournissent le musc.
Prjévalski a vu dans la région de Hami et près du Lob-nor des *chameaux sauvages*, des *onagres*, des *yaks*. Les espèces domestiques sont les *brebis* et les *chèvres* à laine très fine, et les *chevaux*, robustes et sobres, qui sont de plusieurs tailles, et servent à la monture et aux transports.
Les rivières et les lacs nourrissent quelques espèces de *poissons*. — A la fin de l'hiver, et en automne, d'énormes vols d'oiseaux viennent se reposer sur les rives du Lob-nor; ce sont les immigrants qui, dans leur long voyage de la Sibérie à l'Inde, et de l'Inde à la Sibérie, prennent cette oasis comme l'étape intermédiaire au centre des déserts mongoliques.

Le Koukou-nor et le désert tibétain.

La province chinoise qui porte ce nom est encore fort peu connue. On peut lui assigner comme limites au nord les chaînes de l'*Altyn-Tagh* et du *Nan-Chan*, au sud les arêtes méridionales des monts *Kouen-Loun*, qui portent le nom de monts *Prjévalski*, à l'est les provinces du *Kan-sou* et du *Se-Tchouen*. Cette vaste contrée, évaluée à 300 000 kilomètres carrés, est loin d'être uniforme. La *partie occidentale* n'a pas été explorée. La *région septentrionale* est connue sous le nom de **Tchaïdam**; c'est un plateau presque désert, long de plus de 800 kilomètres de l'est à l'ouest, et large de 150 à 200, parsemé de marécages salins, coupé de chaînes secondaires, au sol pierreux ou sablonneux, aux flancs escarpés. Le Tchaïdam s'incline vers le nord-ouest et s'élève à l'est jusqu'à une altitude de 3 300 mètres environ. C'est le premier gradin pour monter au Tibet.

Le Tchaïdam s'appuie au nord sur l'*Altyn-Tagh*, au sud sur l'arête médiane du *Kouen-Loun*.

L'**Altyn-Tagh**, « Montagne d'or », franchie par Prjévalski et la mission Bonvalot, est une longue chaîne, d'une altitude de 4 500 mètres, qui paraît se rattacher à l'ouest, par le Togouz, au système du Kouen-Loun occidental, et se continue à l'est par le Tchimen-Tagh et les monts Nan-Chan, de l'autre côté de la passe de Tchaïdam. Au col de *Tach-Davan*, la mission Bonvalot, en 1889, la franchit à une altitude de 3 963 mètres, et plus loin, au col d'*Amban-Ashkhan*, où aucun voyageur européen n'avait pénétré.

La mission Bonvalot, après avoir franchi les monts Altyn-Tagh, s'engagea résolument vers le sud, laissant à l'est le Tchaïdam et les routes suivies par Prjévalski et Carey. L'énergie du chef de la mission empêcha les guides de se détourner de la route du sud, jusque-là inconnue, et qu'il entendait retrouver et suivre. Dans ces solitudes glacées, il faut suivre les traces, retrouver l'empreinte des chameaux mongols, mais la violence du vent les a trop souvent effacées. Force est alors de marcher à la boussole.

« Vous ne sauriez croire combien il est difficile de se retrouver sur ces plateaux où l'homme perd toute notion de perspective. En effet, son œil erre sur des espaces immenses sans voir à des distances diverses, ni arbres, ni maisons, ni hommes, ni animaux, ni édifices dont la hauteur lui soit connue. Or, c'est en les comparant sans cesse et inconsciemment qu'il a appris à se rendre compte de la distance à laquelle il se trouve d'un point où son regard se porte. Ici, tous nous avions perdu, en quelques semaines, cette notion des distances que nous avons acquises par l'expérience d'une vie. Tout ce qu'on aperçoit se ressemble tellement : une colline est semblable à une autre ; suivant l'heure de la journée, un étang gelé paraît grand ou petit; un oiseau qui s'agite sur une motte nous semble la tête, d'un mouton couché; un corbeau qui s'enlève avec une souris dans les serres semble un aigle emportant un agneau ; le même corbeau battant de l'aile au sommet d'un rocher prend les proportions d'un ours; d'un yak, au coucher du soleil. Et l'homme qui cherche ses compagnons est trompé à chaque regard, — sans compter que ses yeux sont malades de froid, de vent, de fumée, de trop s'en servir, — et il se dirige vers des apparences, il constate son erreur et le voilà cherchant. Que le jour baisse, que le ciel se couvre, et il est perdu. Si la nuit le surprend, une nuit noire, sans étoiles, il n'a qu'une ressource : se tenir en place jusqu'à ce qu'il revoie ses traces, soit qu'un coup de vent balaie les nuages ou que la lune se lève. Alors, s'il est expérimenté, grâce au « piquet de fer » (l'étoile polaire), il cherche à se diriger vers le camp. Mais, s'il compte seulement sur sa connaissance des points cardinaux pour se guider, il se perdra : le meilleur, le seul moyen de se retrouver est de revenir sur ses traces. » (G. BONVALOT, *le Temps*, janvier 1891.)

« L'aspect général du pays varie. D'immenses plateaux se soulèvent parfois en dos d'ânes, orientés de l'est à l'ouest, portant un paillasson jaune, d'un jaune sale, uniforme, parfois une crête rocheuse dentelée se dresse au sommet de ces collines comme un mur élevé de mains d'homme. Ailleurs l'herbe est couverte d'énormes blocs de lave tout noirs, pressés les uns contre les autres, et dominant la coulée qu'ils ont suivie comme une grande route sombre; on les suit du regard et on arrive à un volcan majestueux, isolé, et qui cache à peine sous quelques flaques de neige étincelante les flancs gris de son cratère éteint depuis des centaines d'années. D'autres fois, en gravissant une colline, nous sommes tout étonnés d'apercevoir de *l'autre côté* un beau lac dont les eaux, d'un bleu sombre métallique, écument sous le souffle d'une brise légère. Il semble que, pour cette eau si limpide, un vase ait été creusé dans le marbre le plus blanc. Le lac est, en effet, entouré de tous côtés d'un brillant dépôt : c'est le sel, dont la forte proportion mêlée à ses eaux l'empêche de geler. Il s'étend à perte de vue, et pourtant, ainsi qu'on peut le juger à ses anciennes rives, il est condamné à disparaître comme tant d'autres qui n'existent déjà plus et dont on ne reconnaît l'emplacement qu'à la nappe cristalline qu'ils ont laissée. Si ces lacs non gelés sont d'un effet saisissant à voir, nous en préférons d'autres sur la glace desquels notre caravane peut se lancer hardiment.

» Les lacs d'ailleurs nous préoccupent peu ; lorsque nous ne pouvons les traverser, nous avons la ressource de les tourner. J'avoue que les grandes chaînes blanches qui semblent mises en travers pour nous barrer la route ne laissent pas que de m'inquiéter. Nous finissons cependant toujours par les franchir simplement en remontant quelque lit de ruisseau gelé, et peu à peu, presque insensiblement, nous arrivons à une dernière passe qui marque le point culminant de notre ascension. Nous en redescendons facilement, mais non sans éprouver un vrai soulagement à nous retourner et à saluer pour la dernière fois ces immenses glaciers qui ne le cèdent en rien aux pics les plus formidables de l'Himalaya, et que nous laissons pour toujours derrière nous ; c'est que nous avons hâte de descendre ; voilà tantôt deux mois que nous sommes à une altitude moyenne de 4200 à 5000 mètres.

» ..... Durant cette partie du voyage, notre vie très uniforme est à peine troublée par les petits incidents de la route. Nous nous levons au jour, c'est-à-dire vers huit heures. Après le repas du matin, ordinairement composé de farine délayée dans de la graisse fondue, on charge les chameaux. Nos hommes mettent des gants, et malgré cette précaution ils ont souvent encore les mains coupées par les cordes gelées. Il faut aller la plus grande partie du temps à pied, nos chevaux sont épuisés, et d'ailleurs il faut entretenir la circulation du sang. Le vent souffle continuellement de l'ouest ; il nous fatigue beaucoup. 20 degrés de plus de froid avec le temps calme nous seraient préférables ; notre marche est d'ailleurs lente ; à cette altitude, on ne peut se presser, et notre chargement nous retarde encore ; nous avons chacun deux paires de bottes de feutre, pantalon, pelisse et bonnet de peau de mouton ; en outre, la tête est enveloppée dans un *bachlik* (capuchon de laine), qui couvre le nez et la bouche ; par-dessus cet accoutrement, notre carabine et notre revolver ; nous ne sommes pas légers, mais nous ne souffrons pas du froid.

» Les journées de la Saint-Sylvestre et du 1ᵉʳ janvier sont particulièrement pénibles. Nous nous avançons sur un gravier formé de petits morceaux de quartz, de lave et de pierre volcanique. Le vent soulève le sable en colonnes parallèles, courant plus vite qu'un cheval au galop et comparables aux eaux d'une rivière qui déborde. Nous sommes totalement aveuglés; les petits cailloux viennent nous fouetter à travers notre bachlik, et nous devons souvent nous pencher sur notre cheval pour pouvoir respirer; nous avons les yeux, le nez et la bouche pleins de sable. Je veux marcher, et ne peux avancer que de côté comme un crabe, souvent on ne voit pas à quinze pas. Les chameaux cherchent à cacher mutuellement leur nez contre la queue de celui qui est devant; ils vont ainsi presque de front, et, poussé par le vent, le chamelier se laisse aller vers l'est; je suis obligé de prendre la tête et de les forcer à marcher dans la vraie direction pendant que Bonvalot cherche la route; parfois, au milieu de cette mer qui continue à courir dans le même sens, je ne vois plus ni Rachmed qui est devant, ni les chameaux derrière, je me demande si je ne suis pas seul, et si tout le monde n'a pas été englouti par cette formidable marée.

» Enfin, au bout de quatre ou cinq heures de cet exercice, on campe. Tout le monde travaille à décharger les chameaux qui, pendant les quelques heures de jour que nous avons devant nous, vont tâcher de trouver un peu d'herbe. Puis on établit les tentes; tandis que nous partons en reconnaissance, nos hommes cherchent de l'argol (crottin de yak), et, comme il abonde, ils en prennent une provision pour deux ou trois jours. Il en est de même de la glace ou de la neige que nous avons l'habitude de conserver dans des sacs; malgré cette précaution, nous nous sommes trouvés deux fois vingt-quatre heures sans avoir à boire.

» On allume péniblement le feu en disposant l'argol par couches en forme de tourelles, avec quelques copeaux de bois au milieu et un peu de pétrole sur le tout; un courant d'air constant est entretenu par nos hommes qui agitent le bas de leur robe. Une fois le feu allumé, il faut se procurer de l'eau en faisant fondre la glace ou la neige empilée dans les *koumganes* (grands brocs); lorsqu'elle est fondue, elle doit bouillir, ce qui est assez rapide, vu l'altitude. Mais, comme elle entre en ébullition à 72 degrés, le thé n'infuse pas aussitôt. En somme, en comptant l'opération depuis qu'on a allumé le feu, il a fallu trois ou quatre heures d'attente avant d'avoir une tasse de thé, et quel thé ! Ne soyons pas trop exigeants. Quant à la cuisine, elle est des plus primitives. Tous les deux ou trois jours, Timour (le cuisinier) tue un mouton, qu'on découpe en petits morceaux et qu'on enfile sur des broches de fer tenues au-dessus du feu : les boyaux sont mis à même sur le charbon de crottin ; quand nous avons trop faim, nous mangeons quelques morceaux tout crus avec du sel. Un peu de pain cassé au marteau complète le menu. Parfois nous avons du gibier ; souvent, d'ailleurs, la viande est si dure que nous nous y usons les dents sans en venir à bout.

» Une fois le thé pris, on se serre autour de l'unique bougie pour écrire ses notes avec beaucoup de concision, et, cette opération terminée, chacun disparaît sous ses couvertures. C'est qu'on est fatigué, et que sous l'influence du froid on dort très bien ; le thermomètre descend parfois, à l'extérieur, jusqu'à 40 degrés au-dessous de zéro. A l'intérieur, la différence n'est que de 5 degrés. On reste alors douze ou treize heures au lit, et néanmoins on trouve qu'il est trop tôt pour se lever. » (Prince Henri d'Orléans [1], *de Paris au Tonkin* ; *Revue des Deux-Mondes*, 1er février 1891.)

---

1. M. **Bonvalot** (Pierre-Gabriel) est né à Epagne (Aube) en 1853. Nous avons, dans notre premier volume de l'*Asie* (p. 194), parlé de ses deux missions de 1880 et 1885 dans l'Asie centrale, et cité quelques passages de ses beaux récits. La mission de M. Bonvalot et de ses deux vaillants compagnons de voyage, MM. Capus et Pépin, fut récompensée d'une médaille d'or, par la Société de géographie : son chef fut nommé, en 1888, chevalier de la Légion d'honneur.

M. le *prince* **Henri d'Orléans**, fils du duc de Chartres, né à Ham en 1867, s'était déjà signalé par un voyage dans l'Inde : il avait passé six mois dans les jungles du Sanderban et du Teraï à faire la chasse aux tigres. Il accepta avec empressement le projet d'une traversée de l'Asie centrale, en compagnie de l'héroïque explorateur qui avait eu l'audace d'entreprendre et la force d'accomplir la traversée du Pamir en plein hiver. A Kouldja, où ils formèrent leur caravane, un missionnaire belge, résidant en Chine, le P. Dédéken, se joignit à eux. Le religieux parlait bien le chinois ; il avait fait déjà la traversée de l'empire du Milieu, allant de Péking au lac Balkach, à travers le Kan-Sou et le désert de Gobi. La caravane passa par Korla, atteignit le Tarim, visita le Lob-Nor, campa à Tcharkalik, où le souvenir de Prjévalski était encore très vivant, franchit les chaînes de l'Altyn-Tagh, donna à un massif innommé le nom de mont Dupleix et s'engagea dans les plateaux du sud, en des régions où jamais Européen n'avait encore pénétré. Arrivés au Tengri-nor ou Nam-tso (lac Céleste), les voyageurs avaient perdu deux de leurs chameliers, morts de froid, 17 chevaux sur 18, 25 chameaux sur 40. L'accès de Lhassa leur fut interdit, malgré toutes les négociations qu'ils poursuivirent sept semaines sans interruption avec le lieutenant du Dalaï-Lama et une légion de lamas de deuxième et troisième grandeurs. Ils ne purent que prendre la photographie des représentants du bouddhisme officiel. Ils suivirent la route de l'est, passèrent à Batang, atteignirent Ta-tsien-lou, où le mandarin chinois les accueillit fort mal, traversèrent le Se-tchouen, le rotin au poing, puis le Yun-nan, qui se montra moins hostile, et saluèrent avec allégresse le fleuve Rouge à Manhao et, plus bas à Bac-Sat, les trois couleurs nationales françaises. Ils avaient accompli avec succès le projet primitif : relier à travers l'empire chinois, par un itinéraire ignoré de l'Europe, les possessions russes aux possessions françaises. — La colonie française du Tong-King fit fête aux voyageurs ; la Société de géographie de Paris leur décerna en toute solennité sa grande médaille d'or ; la presse française salua d'un hommage unanime cette magnifique exploration de l'Asie centrale qui peut se comparer aux beaux voyages de l'illustre Prjévalski.

La caravane, pendant deux mois, ne vit pas un être humain. A la fin de janvier, suivant la vive expression de M. Bonvalot, elle « était prise de la rage de l'homme ». Enfin, le 31, comme à des naufragés perdus sur l'Océan, la vigie cria, non : Terre! mais : Hommes! C'était une bande de bergers, vrais sauvages, vêtus de peaux de moutons, les cheveux flottants sur les épaules, qui conduisaient vers le nord, aux pâturages d'été, d'immenses troupeaux de yaks et de moutons.

Le **Kouen-Loun**, considéré dans son ensemble, est un des systèmes montagneux les plus étendus de l'univers. Du Pamir aux massifs qui s'enfoncent entre les hautes cluses du Fleuve Bleu et du Fleuve Jaune, il ne mesure pas moins de 4000 kilomètres. Mais il ne forme pas une chaîne unique. Les découvertes modernes ont déjà permis de l'envisager comme une succession d'arêtes plus ou moins parallèles, et de le diviser en trois sections : 1° le *Kouen-Loun occidental* dresse ses escarpements au-dessus des hautes vallées du Yarkand et du Karakach; les cols qui le traversent pour passer du Kachmir dans le Turkestan (le Naïg-Khan, 5691 m.; le Sanghi-Daban, 6200 m.), sont à des hauteurs effrayantes. — On peut rattacher à cette section le *Togouz-Daban*, dont les cimes apparaissent couvertes de neige. La hauteur moyenne de cette chaîne est d'environ 6000 mètres; — 2° le *Kouen-Loun central*, auquel on a donné avec raison dans la section occidentale le nom de Prjévalski, se prolonge et se ramifie entre les dépressions lacustres du Koukou-nor, et entre les vallées ouvertes des bassins du Hoang-Ho et du Yang-tse-Kiang. Ces chaînes, que découpent dans le même sens les profondes cluses des fleuves chinois et indo-chinois, ont été explorées par Prjévalski dans son deuxième voyage. Le massif de **Bourkhan-Bouddha**, « Seigneur Bouddha », surgit brusquement à une altitude de 13 à 1600 pieds au-dessus des plaines qui l'entourent. « Il s'élève comme la gigantesque sentinelle du plateau désert et » glacé du Tibet septentrional. » (Prjévalski). La montée est assez douce; les neiges du sommet ne sont pas persistantes; elles fondent rapidement au soleil du printemps. Le Bourkhan-Bouddha, composé de terre glaise, de sable, de conglomérats, de rochers, de porphyre, est d'une aridité extrême; toutefois le versant du sud a de petits ruisseaux et de maigres pâturages fréquentés par les bergers mongols.

« Bien que l'exhaussement y soit graduel, la traversée du Bourkhan-» Bouddha est fort pénible par suite de la raréfaction de l'air. Les ani-» maux et les hommes perdent peu à peu leurs forces; une faiblesse » générale les envahit, la respiration devient difficile et le vertige les » saisit. Souvent les chameaux tombent foudroyés. » (Prjévalski, *Mongolie et pays des Tangoutes*, ch. xii, p. 246.)

Une cluse profonde et étroite où coule la rivière *Nomokhoun-Gol*, sépare le Bourkhan-Bouddha du massif de **Chouga**, plus étendu que la chaîne parallèle voisine, avec des cimes plus élevées qui atteignent la limite des neiges perpétuelles. D'ailleurs, « même absence de vie, mêmes rochers » aux tons rouges, gris, jaunes, blanchâtres, même composition d'espèces

---

On a pu admirer librement dans les galeries du Jardin des plantes les belles collections zoologiques, botaniques, et ethnographiques rapportées par les explorateurs des hauts plateaux tibétains, en attendant la publication détaillée d'une expédition scientifique qui est une des plus audacieuses et une des plus originales de la fin de ce siècle.

» minérales. » Les cols franchis par Prjévalski dépassaient la hauteur des plus hautes cimes des Alpes. De ces montagnes descend la *Chouga-Gol* qui va se perdre dans le Tchaïdam.

Au sud s'étend la haute steppe d'**Odon-Tala** (4500 m.), abondante en eaux, appelée par les Chinois la « Mer étoilée ». Prjévalski ne put y pénétrer. Dans ses pâturages sont enfermés les deux bassins du **Djaring-nor** et de l'**Oring-nor**, tributaires supérieurs du fleuve Hoang-Ho, où chaque année les Mongols viennent prier et sacrifier à leur Dieu.

A une centaine de kilomètres au sud des monts Chouga, s'élèvent les trois chaînes parallèles du **Baian-Kara-Oula**. Elles sont moins élevées que les précédentes. Elles longent et dominent par endroits, comme une muraille verticale, la rivière *Mourou-Oussou*, qui est la branche supérieure du Yang-tse-Kiang. Entre ces chaînes et le Chouga, le pays n'est qu'un affreux désert d'argile, de sable et de cailloux, sans végétation, sans eau, raviné par les tempêtes, où l'homme le plus robuste manque de périr faute d'air. Il est très difficile d'y faire du feu. Des froids terribles, des tempêtes violentes, s'y succèdent tout l'hiver ; au printemps règnent les tourmentes de neige, et l'été ce sont des ondées accompagnées d'ouragans de grêle ; seul l'automne est calme et supportable. C'est en cette saison que les caravanes de pèlerins mongols passent pour se rendre à Lhassa, et le lieu de campement des caravanes est toujours le lac Koukou-nor.

Le Koukou-nor ou lac Bleu.

Dans son troisième et dernier voyage en Mongolie (1879-1880), le colonel russe Prjévalski était parti de Zaïssansk pour gagner le Tibet, à travers les steppes dzoungariennes et par la route des oasis de Barkoul, Hami et Sa-tchéou. Il reconnut la grande chaîne du **Nan-Chan** qui fait suite à l'*Altyn-Tagh* dont il avait révélé l'importance dans son second voyage. En vertu de son droit de premier explorateur, il donna les noms de *Humboldt* et de *Ritter* à deux rameaux de cette chaîne, couverts de glaciers, et hauts de 5700 mètres. Il séjourna longuement dans ces montagnes, en étudia la géologie, la flore et la faune ; il constata que le Nan-Chan oriental renfermait des forêts épaisses et vastes, toutes pleines d'oiseaux chanteurs ; tandis que dans le Nan-Chan occidental on ne voyait pas un arbre, on n'entendait que le bruit des torrents, le croassement des corbeaux et le sifflement aigu des marmottes. De la plaine du Tchaïdam, constellée de lacs et de marécages, et qu'arrosent les eaux du *Baïan-Gol*, qui vont se perdre dans le *Kara-nor*, M. Prjévalski pénétra dans les montagnes du Tibet septentrional, traversa de nouveau le Tchaïdam et se dirigea vers le lac Koukou-nor, déjà visité par lui dans son premier voyage en 1873. Cette fois, le lac était couvert d'une glace que la poussière faisait paraître grise ; il parut au voyageur moins majestueux.

Situé à 3240 mètres d'altitude, le Koukou-nor, enfermé de tous côtés entre de hautes montagnes, a la forme d'une poire, dont la partie étroite s'allonge au sud-est. Il a 107 kilomètres de long et 63 de large au plus ; la profondeur connue la plus grande est de 18 mètres. Sa superficie diminue et la salure de ses eaux augmente ; ses affluents n'apportent pas l'eau suffisante pour compenser l'évaporation ; les deux principaux sont le *Boukhaïn* à l'ouest, le *Kharghin* au nord-est.

« Les rives du lac sont basses et échancrées; l'eau n'est pas potable parce qu'elle est salée, mais cette salure communique aux eaux une belle couleur bleu foncé qui attire même l'attention des Mongols; ils la comparent à la soie bleue. (*Koukou-nor* a le sens de lac bleu.) L'aspect du lac est magnifique, et, à l'époque où nous le vîmes, les montagnes environnantes couvertes de neige décrivaient une blanche couronne sur l'azur des vagues qui fuyaient à l'horizon. La brise la plus légère bouleverse les ondes du Koukou-nor; aussi sont-elles rarement calmes. Les vents les plus violents s'y déchaînent parfois, surtout à l'époque où les eaux se gèlent, vers la mi-novembre. La débâcle n'a lieu qu'à la fin de mars, en sorte que le lac reste quatre mois glacé... En été, l'humidité est extrême; le reste de l'année est très sec; au printemps soufflent de violents ouragans, et, en hiver, il fait très froid, mais il ne tombe que très peu de neige.

» On comprend qu'un pareil climat ne favorise pas la végétation; dans la région occidentale, on rencontre seulement le pin et le peuplier nain; partout ailleurs, il n'y a que des pâturages. La faune est la même qu'au Tibet. Le lac contient énormément de poissons, appartenant tous au même genre; nous n'y avons vu d'autres pêcheurs qu'un grand nombre d'oiseaux, tels que pyrorgues, mouettes et cormorans. Les oies sauvages, les macreuses et les bécassines à pattes rouges y nichent volontiers; mais les autres oiseaux de passage évitent cette région. Les oiseaux sédentaires sont très nombreux, mais appartiennent à un petit nombre d'espèces : ce sont principalement des geais, des fauvettes et des alouettes de marais.

» Cinq îles s'élèvent au milieu du lac. Au centre de la plus grande, est bâti un temple que gardent quelques lamas vivant dans des grottes. Ces lamas ont des troupeaux de chèvres, ils vivent aussi de ce que leur donnent les pèlerins qui viennent les visiter en hiver sur la glace; en été, ils doivent être complètement isolés; nous n'avons pas vu un seul bateau sur le lac. » (PRJÉVALSKI[1], *Mongolie et pays des Tangoutes*, ch. XI, in-8°, Hachette; — *De Zaïssansk au Thibet*; Tour du Monde, 1887, 1ᵉʳ sem.)

---

1. PRJÉVALSKI (Nicolas-Michaïlovitch), général et explorateur russe, né en 1839, mort en 1888 à Karakol (Turkestan russe), ville qui porte aujourd'hui son nom, fit sa première exploration en 1867-1869 dans le territoire de l'Oussouri. Il était chargé par le gouvernement de recueillir des informations sur les possessions lointaines, et de constater l'état des colonies militaires établies sur la rive droite

Dans la région du Koukou-nor on rencontre des oiseaux carnassiers, gypaètes, buses, faucons, aigles; dans les steppes errent des bandes d'onagres ou ânes sauvages. La population se compose de Mongols et de Kara-Tangoutes. Ces Mongols, opprimés par les Tangoutes, sont les plus tristes représentants de leur race. « Leur visage, écrit Prjévalski, n'offre
» que l'expression d'une excessive stupidité; leurs yeux sont ternes et sans
» vie. Ils ont un caractère sombre et mélancolique, sans énergie ni désirs;
» ils ne manifestent pour tout qu'une apathie bestiale, excepté lorsqu'il
» s'agit de manger. Le prince de Koukou-nor lui-même, homme assez
» intelligent, nous disait que ses sujets n'avaient que le corps de l'homme
» et qu'ils étaient de véritables brutes; arrachez-leur les dents de devant,
» et mettez-les à quatre pattes, ils ressembleront à des vaches, nous
» disait-il. » (PRJÉVALSKI, p. 222.)

---

du fleuve. Il révéla à la science l'état exact de ces régions inconnues, et en particulier la situation et l'aspect du lac Khanka. En 1871, grâce à l'appui énergique de la Société russe de géographie, il fut mis à la tête d'une expédition dans la Mongolie et dans le Tibet oriental. Parti de Kiakhta, il visita Ourga, Kalgan, traversa l'Ordoss, le désert de l'Alachan à deux reprises, la région du Koukou-nor, les steppes du Tsaïdam, et revint à Ourga, en séjournant de nouveau au lac Koukou-nor et dans les monts du Kan-sou, et retraversant le Gobi central. Ce magnifique voyage, dont les itinéraires s'étendent sur plus de 12 000 kilomètres, a été publié et traduit en français sous le titre *Mongolie et pays des Tangoutes*, tr. de Laurens (1880, in-8°). La Société de géographie russe le récompensa par la médaille d'or Constantin. Un nouveau subside de 24 000 roubles fut mis à la disposition de Prjévalski en 1876. Il entreprit un second voyage au Tibet : son point de départ fut Kouldja. Il remonta la vallée de l'Ili, franchit les monts Narat et le plateau de Youldouz où il recueillit une superbe collection zoologique, s'engagea dans les Thian-Chan orientaux, passa à Korla, et s'enfonça dans le désert de Gobi, à la recherche du Tarim et du Lob-Nor. Il les atteignit, passa les cols des monts Altyn-Tagh, dont il rectifia la position et l'altitude faussement indiquées dans les cartes, et dut battre en retraite devant le manque d'eau et la rigueur du froid. En 1878, l'infatigable explorateur présenta et fit agréer à la Société le plan d'une nouvelle expédition. Il partit en 1879 de Zaïssansk, passa par les montagnes de Thian-Chan et se dirigea vers le Tibet par le Tsaïdam. Son guide mongol l'égara; il fut attaqué par les nomades Tangoutes à la traversée du massif de Tungla, à 4878 mètres, se vit barrer la route de Lhassa, alors qu'il n'en était plus qu'à 260 kilomètres, revint par les plateaux glacés du Tibet septentrional, put à peine voir le cours supérieur du fleuve Jaune, et revint par Ourga.
Enfin, dans une quatrième et dernière expédition pour laquelle la Société russe lui avait accordé un énorme subside de 43 500 roubles, l'intrépide Prjévalski explora le Tibet central, le Tsaïdam, la région supérieure des fleuves Bleu et Jaune, l'oasis d'Aksou, les monts Thian-Chan, et visita Sekoul. Il se proposait de repartir pour le Tibet, quand la mort le frappa à Karakol, appelé aujourd'hui, par ordre du tzar, *Prjévalsk*. Prjévalski avait reçu les médailles d'or des Sociétés de géographie de Russie et de Berlin, celles des Sociétés de Paris, Rome, Londres, Stockholm. Il était membre de l'Académie des sciences de Russie. Ses itinéraires sont longs de plus de 30 000 kilomètres. Les récits de voyages qu'il a laissés, et qui n'ont pas tous été traduits dans notre langue, sont aussi attrayants qu'instructifs. Hommes, races, animaux, végétaux, climats, température, géologie, Prjévalski ne néglige rien. Il est peut-être dans ce siècle l'explorateur qui a le plus contribué aux progrès de la science dans la géographie de l'Asie.

D. Tibet.

I. — Géographie physique

Les Tibétains ne connaissent pas le nom de *Tibet* donné à leur pays par les Occidentaux. Ils l'appellent *Bod-Youl*, pays des Bods; les Chinois le désignent sous le nom de *Si-Tsang*, Tsang de l'Occident; les Mongols sous ceux de *Tangout* ou de *Baran-tola*, pays du côté droit, par opposition au Turkestan.

Le Tibet est un vaste plateau qui a la forme d'un trapèze irrégulier, élevé de 4 000 à 5 500 mètres au-dessus du niveau de la mer. Au nord et au sud de cet immense piédestal, d'énormes chaînes se dressent, qui en défendent l'accès et font de la contrée qu'elles enferment une citadelle inexpugnable, et qui semble défier l'escalade. « Mille difficultés attendent » dans ces régions le voyageur européen : les hommes et la nature sem- » blent se liguer contre lui. La raréfaction de l'air, résultant de l'énorme » altitude, épuise ses forces et celles des animaux. Les variations brusques » du climat, les froids, les bourrasques, l'absence de combustible, l'insuf- » fisance du fourrage, l'âpreté des défilés à travers les montagnes, tels sont » les premiers obstacles contre lesquels il lui faut lutter. Ajoutez la popu- » lation méfiante, même hostile envers tout étranger, les tracasseries et » la mauvaise foi des autorités locales. » (Prjévalski).

Les monts **Kouen-Loun** au nord, les chaînes de l'**Himalaya** au sud, *toits du monde, degrés du ciel, séjour des dieux*, sont les remparts qui bordent le plateau. La chaîne la plus méridionale du Kouen-Loun semble être le prolongement direct du Karakoroum. Cette barrière occidentale domine la région la moins connue de l'empire, et la plus sauvage. Quelques bergers mongols, appelés *Sok*, fréquentent seuls les pâturages; les tribus turques des Hor habitent quelques vallées de ce pays de *Khatchi*, tout parsemé de bassins lacustres, de mares boueuses dont les rives et les fonds sont revêtus d'une couche de sel: tels sont les lacs de **Namour**, et plus à l'est, enserrés entre de hautes montagnes, dont la principale est le *Targot* (7500 m.), celui de **Dangra**, qui a 300 kilomètres de tour, à une altitude de 4 000 mètres, et ceux du *Nganga* et *Tchikoul*, fréquentés par les pèlerins bouddhistes qui font processionnellement le tour de la « Mère » Dangra, fille du « Père » Targot. — Au nord du Dangra-Youm est le vaste bassin du **Tchargout-tso**, connu seulement par les renseignements des indigènes, et, à l'extrémité orientale du plateau de Khatchi (à 4850 m.), le fameux **Tengri-nor** ou *Namtso*. Ce « lac céleste », d'un bleu toujours pur, encadré entre de hautes cimes, et dominé au midi par les neiges étincelantes du **Nindjin-Tangla**, a une profondeur inconnue: long de 80 kilomètres, large de 25 à 40, il n'est qu'à 100 kilomètres de la capitale sacro-sainte du bouddhisme, Lhassa. Des couvents se dressent sur les promontoires. Quand la mission Bonvalot y parvint (1889), le lac glacé lui apparut comme une immense nappe blanche et étincelante. Un émissaire, le *Nak-Tchou* ou *Naptchou*, au nord-ouest, porte au Tchargout-tso le trop-plein de ses eaux. Un autre lac, le *Boul-tso*, a de riches dépôts de borax sur ses rives.

La partie sud-orientale du Tibet est la mieux abritée et la seule habitable. Elle est toute sillonnée de montagnes, orientées dans le même sens du nord-ouest au sud-est, et tous les cours d'eau qui bouillonnent dans leurs cluses s'écoulent vers les mers de Chine, de l'Indo-Chine et du Bengale. La première de ces chaînes, au sud de la coupure du Mourou-Oussou, est le **Tan-la** ou Tant-la, que Prjévalski franchit par un col de plus de 5000 mètres, et qui sépare les eaux des tributaires du Yang-tsé-Kiang de ceux de la Salouen. Le Tan-la a des sommets de 5700 à 6000 mètres, des glaciers, des pentes couvertes de cailloux : des sources thermales jaillissent à sa base; malgré le froid qui descend l'hiver au-dessous de 30 degrés et les ouragans de neige et de grêle, il est fréquenté par les nomades *Egraïs* et *Golyks*, de race tangoute, qui élèvent des moutons et des yaks, mais le plus souvent passent leur temps à faire la chasse aux pèlerins, qu'ils attendent et dépouillent dans les défilés. Au sud du Tan-la, le massif de *Boumtsa* et les monts *Samtyn-Kansyr* séparent les eaux du *Khara-Oussou* (Salouen supérieur) de celles qui vont se réunir au *Yaro-tsang-Bo* (Brahmapoutre).

On a donné le nom de **Gang-dis-Ri**, d'après Klaproth, ou *montagne de Tsang*, aux chaînes situées au nord du Fleuve Tsang-Bo. L'ensemble du vaste système qui s'étend à travers le Tibet méridional, depuis les sources du Satledj jusqu'à la grande coupure orientale du Tsang-Bo, appartient aux arêtes qu'on désigne sous le nom de **Trans-Himalaya**. (Voy. chapitre de l'*Hindoustan*.)

Le lieu de jonction du Gang-dis-Ri et de l'Himalaya est le principal seuil de passage entre les deux grandes vallées du Satledj et du Tsang-Bo. Sur ce plateau relativement étroit, flanqué au nord du mont *Kaïlas*, au sud du massif du *Gourla*, coulent, presque en s'opposant deux à deux, les quatre fleuves sacrés des Hindous: l'*Indus* au nord-est, le *Satledj* à l'est, le *Gange* au sud, le *Tsang-Bo* au sud-est.

Le **Tsang-Bo**, ou *Dzang-Bo* ou *Sambo* « Eau sainte », est le fleuve tibétain par excellence. Il traverse de l'ouest à l'est les deux provinces de Tsang et de Oui; d'abord lent et peu profond, quoique large, il devient navigable au couvent de *Tadoum*, au débouché du col de Mariam-la, il est encore à 4300 mètres d'altitude. Le bassin supérieur est riche en eaux courantes, et en sources thermales, surtout dans la vallée du *Nam-Ling*, affluent de gauche. Plusieurs lacs ont été vidés ou comblés; le plus célèbre de ceux qui subsistent est le *Yamdok* ou lac **Palti** (4114 m.), de forme carrée, enfermant entre ses bras une montagne haute de 700 mètres. Le Tsang-Bo reçoit à gauche le *Kitchou*, rivière de Lhassa, arrose Tchetang, à 3400 mètres d'altitude, où il est large de 300 à 400 mètres et déjà aussi puissant que le Rhône ou le Rhin, à l'époque des eaux basses. A 300 kilomètres en aval, le Tsang-Bo est inconnu; c'est lui qui, suivant les hypothèses les plus probables, va former le Brahmapoutre.

Au Tibet appartiennent encore les hautes vallées des autres grands fleuves de l'Indo-Chine et de la Chine. Dans les ravins profonds où les moussons du sud-est déchargent leurs pluies, les torrents se sont creusé des lits profonds dans l'argile des monts. Malgré les efforts des explorateurs et des missionnaires, cet inextricable réseau de vallées confuses et presque inaccessibles n'a pas été clairement débrouillé. Plusieurs voyageurs regardent le **Nak-tchou** comme la véritable tête de la Salouen, qui prendrait successivement les noms de *Khara-Oussou*, *Omtchou*, *Noukiang*, *Lou-Kiang*, *Lou-tsé-Kiang*, *Li-Kiang*. (Voy. p. 332.) Les gorges les plus sauvages sont celles que suit le **Lantsan-Kiang**, bras supérieur probable du Mé-Kong, par Tsiamdo, Yeskalo et Atentsé. (Voy. p. 427.)

Issu des glaciers du Tan-la, le **Mourou-Oussou** ou *Kin-tcha-Kiang*, source supérieure du Yang-tse, roule des flots bleus, limpides et profonds au milieu de pâturages où errent d'innombrables troupeaux d'oroñgos, de khoulans et surtout de yaks sauvages. Au nord de la chaîne de Baïan-Kara se forme dans les dépressions lacustres de l'Odon-Tala le Hoang-Ho supérieur qui, barré par les contreforts de Min-Chan, décrit un coude brusque au nord-ouest avant de reprendre son cours normal dans la direction de Lan-Tcheou-fou.

II. — Géographie politique

Gouvernement. — Le chef suprême du Tibet, pour les affaires spirituelles et temporelles, est le **Dalaï-Lama**, pontife et roi, maître absolu, mais en réalité il délègue ses pouvoirs politiques et administratifs à un vice-roi, le *nomakhan*, assisté de quatre ministres (*kalous*) et de seize mandarins, qui choisissent les fonctionnaires d'ordre inférieur parmi les lamas. Ces dignitaires à tous les degrés ont surtout l'administration de la police et les affaires locales. Mais le gouvernement chinois suzerain est représenté par deux *amboan* ou résidents qui surveillent tous les autres, et transmettent les ordres venus de Péking en tout ce qui concerne la politique générale, la guerre et l'élection du Dalaï-Lama, qui reçoit de l'empereur l'investiture. Tous les fonctionnaires tibétains reçoivent de Péking un traitement régulier, et portent les insignes de l'empire. A des époques déterminées, le grand lama doit envoyer une ambassade à Péking avec un tribut sous le nom de présent; il reçoit en échange de l'empereur des cadeaux magnifiques.

Le Dalaï-Lama est seul propriétaire du Tibet : il peut exproprier ses sujets, les déporter, les réduire à l'état de mendiants; il lève les impôts suivant son caprice, rend la justice et applique toutes les pénalités sans appel. Une part de l'impôt foncier est destinée à l'empereur. Aucune **monnaie** ne peut être frappée sans l'autorisation de la cour de Péking. La monnaie porte l'effigie impériale. Les lingots et les roupies anglaises ont cours dans le pays. La Chine entretient au Tibet une armée permanente : dans les principales villes et les stations frontières sont installées des garnisons de soldats étrangers, Mandchous, Mongols, Turcs, au nombre d'environ 4000 hommes. Les Tibétains appartiennent pour la plupart à la race **mongole**, ils sont de taille ordinaire et de tempérament robuste. « Ils sont certainement un des peuples les mieux doués de la terre, » écrit M. Elisée Reclus; presque tous les voyageurs qui ont pénétré dans leur » pays s'accordent à louer leur douceur, leur humanité, la franchise de leur parole » et de leur conduite, leur dignité, sans ostentation chez les puissants, sans effort » chez les hommes du peuple. Forts, courageux, naturellement gais, aimant la » musique, la danse et le chant, les Tibétains seraient un peuple modèle s'ils » avaient l'esprit d'initiative, mais ils se laissent discipliner sans peine et changer » en troupeau¹. » Les autres races du Tibet sont les *Pébouns*, Indiens venus du Bhoutan, qui sont des ouvriers métallurgistes; les *Katchi*, musulmans originaires du Kachmir, et les *Chinois*.

---

1. L'abbé Desgodins représente le Tibétain sous des couleurs beaucoup moins brillantes. « Esclave envers les grands, despote envers les petits, quels qu'ils » soient, fourbe et traître selon les circonstances, cherchant toujours à escroquer » quelque chose et menteur sans pudeur; en un mot, d'un caractère naturellement » et essentiellement faux. » C'est du Tibétain du sud qu'il s'agit, plus opprimé et par conséquent plus corrompu que celui du nord. M. Desgodins dit encore que le Tibétain devient aisément cruel et vindicatif, qu'il est ignorant et superstitieux, d'ailleurs actif, industrieux et jovial. (*Le Tibet*, p. 254.)

L'EMPIRE CHINOIS.

DIVISIONS ADMINISTRATIVES

Superficie : 1 688 000 kilom. car. — Population : 6 millions d'hab.

Circonscriptions.	VILLES PRINCIPALES
Ngari et plateau de Katchi.	Le **Ngari** ou *Gnari-Khorsoum* et le désert de *Khatchi* sont presque inhabités. L'Indus et le Satledj traversent le Ngari, où la Chine surveille de près par ses garnisons les tribus remuantes du Ladak et les cols qui conduisent dans l'Hindoustan. Le centre principal est *Gartok*, sur un bras de l'Indus, à l'issue de la haute passe de l'Ibi-Gamin, le col le plus élevé de la terre (6 220 m.), et des autres cols du Satledj et de l'Indus. Gartok est, pendant le marché d'août et de septembre, le rendez-vous très animé des marchands des pays voisins qui viennent y grouper dans un véritable pêle-mêle leurs tentes de feutre et leurs pavillons de toiles de coton. « L'animation de cette cité temporaire, dit Robert Schlagintweit, rappelle celle de nos villes maritimes. Dans ses rues de toile, le sauvage et fanatique musulman de l'Asie centrale coudoie le doux natif des vallées du Gange et de l'Indus, le Tibétain à l'air bonasse, le Chinois rusé. Oubliant les profondes différences de mœurs et de religion qui les divisent, tous ces peuples n'ont plus ici qu'une seule préoccupation : échanger le plus avantageusement le plus de marchandises possible. » — L'hiver, les habitants de Gartok l'abandonnent pour le village plus bas de *Gargounsa*, sur le Gartoung. Les villages de *Daba*, *Tsaprang* (4 750 m.) sont délaissés l'hiver : à l'ouest de la forteresse de *Takla-Kar*, sur un bras du Karnali, s'élève le *Sitling-Gonpa*, un des plus riches monastères du Tibet.
Dzang ou Tsang.	Au nord de la plus haute vallée de l'Indus, à une altitude de 4 080 m., sur le plateau de Khatchi, le village de tentes de *Tok-Yaloung* abrite une légion de chercheurs d'or; une autre exploitation d'or est celle de *Tok-Daourakpa*, à plus de 400 kilom. à l'est. Dans la haute vallée du Tsang-Bo, *Tadoum* (3 323 m.) et *Djanglatché* sont des marchés à l'issue des routes du Nepal; *Tingri* est une forteresse qui surveille les passes de Kirong et de Nilam. La capitale de la province, **Tchigatze** (14 000 hab.), est encore à 3 621 mèt.; elle est dominée par le plateau qui porte l'immense lamaserie de *Tachi-Loumpo*, composée de plus de 300 édifices religieux et peuplée de 4 000 prêtres. Tchigatze est la ville la plus rapprochée de l'Inde, grâce à l'enclave du Sikkim et au chemin de fer qui monte de Calcutta à Darjeeling — Près de la frontière de l'Inde, *Gyan-tsé* (12 000 hab.) et *Tingri*, villes de garnison, fabriquent des étoffes de laine.
Ouï, Ouli	Elle est la province religieuse par excellence; ses montagnes renferment de nombreux monastères et la métropole du bouddhisme, *Lhassa*, capitale du Tibet, Lhassa ou Hlassa, « séjour de la divinité », à 845 kilom. nord-nord-est de Calcutta, à 3 632 mèt. d'alt., près de la rive droite du Kitchou, affl. du Tsang-Bo (15 000 hab.,

Circon-scriptions.	VILLES PRINCIPALES
Ouï, Ouli ou You-ou (150000 kilom. car., 3000000 d'hab.)	33000 en y ajoutant les 18000 prêtres des monastères voisins, et plus de 50000 avec les pèlerins de passage). La ville n'a pas d'enceinte : elle est entourée de beaux jardins plantés d'arbres. La montagne de Pota-la, à l'ouest de la ville, porte la cité religieuse, réunion de palais et de temples, séjour du Dalaï-Lama, le pape bouddhique, et de ses prêtres, rendez-vous des pèlerins qui viennent prier et se prosterner devant le Bouddha vivant. La ville a une garnison chinoise. La plaine des alentours est couverte de monastères (*Gompa*). Lhassa fabrique des étoffes de laine, des ustensiles de bois, des bougies parfumées; elle est le rendez-vous des caravanes de la Chine, de la Mongolie, du Sikkim, du Bhotan, du Nepal, du Kachmir. L'accès de la ville, ouvert aux marchands, est rigoureusement interdit aux missionnaires et aux explorateurs. *Tchetang*, sur le Tsang-Bo (13000 hab.) et *Tchona-Djong* 6000), sur la frontière du Bhotan, sont les autres marchés et les entrepôts importants de la province.
Kham.	Cette province, située dans le Tibet oriental, est sillonnée de montagnes qui enferment les hautes vallées du Lou-tse-Kiang (Salouen) et du Lan-tsan-Kiang (Mékong). Elle est presque entièrement inconnue. Les centres principaux sont : *Kiang-Ka* ou *Merkam*, au nord-est; *Tsiamdo*, sur le Lan-tsan-Kiang, capitale administrative de la province. — *Po-Youl*, au sud-ouest, et cinq autres principautés du nord-est, *Tcham-tou*, *Nong-Kin*, etc., sont plus ou moins indépendantes du gouvernement de Lhassa.

Lhassa; les lamas et les lamaseries du Tibet.

La métropole du bouddhisme est rigoureusement fermée aux étrangers de l'Occident. Missionnaires et voyageurs en sont pareillement écartés par les ordres du gouvernement; les marchands orientaux et les pèlerins seuls y pénètrent. En quatre siècles une douzaine de religieux européens, à diverses époques, purent y séjourner; les capucins y fondèrent au dix-huitième siècle une mission qui dura de 1719 à 1760. Le voyageur hollandais Van de Putte fut le premier Européen laïque qui visita la ville en 1724. Au dix-neuvième siècle, trois Européens seulement y entrèrent : en 1811 le D*r* *Manning* s'y introduisit, déguisé en médecin indigène; en 1844, les missionnaires lazaristes français *Huc* et *Gabet* l'habitèrent un mois. A quatre reprises, les savants pandits hindous, envoyés par le gouvernement anglais de l'Inde, réussirent à y pénétrer : *Naïn-Singh* deux fois, en 1866 et 1875; un second pandit en 1872; un troisième, A.-K., en 1879. Ils ont heureusement complété nos connaissances géographiques sur la ville mystérieuse.

« Lhassa n'est pas une grande ville; elle a tout au plus deux lieues de tour; elle n'est pas enfermée, comme les villes de Chine, dans une enceinte de remparts. On prétend qu'autrefois elle en avait, mais qu'ils furent entièrement détruits dans une guerre que les Thibétains eurent à soutenir contre les Indiens du Boutan; aujourd'hui on n'en retrouve pas les moindres vestiges. En dehors des faubourgs, on voit un grand nombre de jardins plantés de grands arbres, qui font à la ville un magnifique entourage de verdure. Les principales rues de Lhassa sont très larges, bien alignées, et assez propres, du moins quand il ne pleut pas; les faubourgs sont d'une saleté révoltante et inexprimable.

» Les maisons sont généralement grandes, élevées et d'un bel aspect; elles sont construites les unes en pierre, les autres en briques, et quelques-unes en terre; mais elles sont toujours blanchies avec tant de soin qu'elles paraissent avoir toutes la même valeur; dans les faubourgs, il existe tout un quartier dont les maisons sont entièrement bâties de cornes de bœufs et de moutons, ces bizarres constructions sont d'une solidité extrême, et présentent à la vue un aspect assez agréable. Les cornes de bœufs étant lisses et bleuâtres, et celles des moutons noires et raboteuses, ces matériaux étranges se prêtent facilement à une foule de combinaisons, et forment sur le mur des dessins d'une variété infinie; les interstices qui se trouvent entre les cornes sont remplis avec du mortier : ces maisons sont les seules qui ne soient pas blanchies. Les Thibétains ont le bon goût de les laisser au naturel, sans prétendre rien ajouter à leur sauvage et fantastique beauté. Il serait superflu de faire remarquer que les habitants de Lhassa font une assez grande consommation de bœufs et de moutons; leurs maisons en cornes en sont une preuve incontestable.

» Les temples bouddhiques sont les édifices les plus remarquables de Lhassa. Le palais du Dalaï-Lama mérite, à tous les égards, la célébrité dont il jouit dans le monde entier. Vers la partie septentrionale de la ville et tout au plus à un quart d'heure de distance, il existe une montagne rocheuse, peu élevée et de forme conique. Elle s'élève au milieu de cette large vallée comme un îlot au-dessus d'un immense lac. Cette montagne porte le nom de *Bouddha-La*[1], c'est-à-dire montagne de Bouddha, montagne divine; c'est sur ce sol grandiose, préparé par la nature, que les adorateurs du Dalaï-Lama ont édifié un palais magnifique

---

1. Le vrai nom de la montagne paraît être *Pota-la*, terme sanscrit qui a le sens de *atterrissage des barques, havre*.

où réside en chair et en os leur divinité vivante. Ce palais est une réunion de plusieurs temples, de grandeur et de beauté différentes ; celui qui occupe le centre est élevé de quatre étages et domine tous les autres ; il est terminé par un dôme entièrement recouvert de lames d'or, et est entouré d'un large péristyle dont les colonnes sont également dorées. C'est là que le Dalaï-Lama a fixé sa résidence ; du haut de ce sanctuaire élevé, il peut contempler, aux jours des grandes solennités, ses adorateurs innombrables qui viennent se prosterner au pied de la montagne divine. Les palais secondaires, groupés autour du grand temple, servent de demeures à une foule de Lamas de tout ordre, dont l'occupation continuelle est de servir le Bouddha vivant, et de lui faire la cour. Deux belles avenues, bordées de grands arbres, conduisent de Lhassa à Bouddha-La ; on y voit toujours un grand nombre de pèlerins étrangers, déroulant entre leurs doigts le long chapelet bouddhique, et des Lamas de la cour revêtus d'habits magnifiques et montés sur des chevaux richement harnachés. Il règne continuellement autour de Bouddha-La une grande activité ; mais en général tout le monde y est grave et silencieux ; les pensées religieuses paraissent préoccuper tous les esprits.

» Dans l'intérieur de la ville, l'allure de la population offre un caractère tout différent ; on crie, on s'agite, on se presse, et chacun s'occupe avec ardeur de vendre ou d'acheter. Le commerce et la dévotion attirent sans cesse à Lhassa un grand nombre d'étrangers, et font de cette ville comme le rendez-vous de tous les peuples asiatiques ; les rues sont sans cesse encombrées de pèlerins et de marchands, parmi lesquels on remarque une étonnante variété de physionomies, de costumes et d'idiomes. Cette immense multitude est en grande partie flottante et se renouvelle tous les jours. » (Huc, *Tartarie et Tibet*, t. II, p. 247-253.)

Lhassa s'élève au milieu d'une plaine large de 10 kilomètres et longue de 20, qu'arrose le Ki-tchou. Elle est bien cultivée et entourée de montagnes. Tous les bourgs et villages des environs se sont établis autour de monastères bouddhiques (Gompa), plus ou moins peuplés, plus ou moins riches ; tels sont ceux de *Mourou*, de *Ramoché*, au nord de la ville ; de *Tankyaling*, de *Koutyaling*, à l'ouest ; de *Tcho-tcholing*, au sud, etc. Les plus considérables sont ceux de *Debang*, à l'ouest de Lhassa, peuplé de 8000 prêtres ; de *Preboung*, qui en compte 10000 ; de *Sera*, habité par plus de 5000. C'est dans le couvent de Mourou que tous ces moines, après un séjour d'un mois à Lhassa, durant lequel ils sont les maîtres de la ville, et y prélèvent toutes les amendes et les réquisitions qui leur plaisent, viennent faire leurs emplettes de livres saints dans les ateliers de typographie, avant de se disperser dans leurs couvents respectifs.

Le nombre des couvents et temples bouddhiques du Tibet dépasse 3 000, et ils sont habités par 100 000 lamas et bonzes [1].

« A part quelques rares exceptions, les largesses impériales entrent pour bien peu de chose dans la construction des lamaseries. Ces monuments grandioses et somptueux, qu'on rencontre si souvent dans le désert, sont dus au zèle libre et spontané des Mongols. Si simples et si économes dans leur habillement et dans leur vivre, ces peuples sont d'une générosité, on peut même dire d'une prodigalité étonnante, dès qu'il s'agit de cultes et dépenses religieuses. Quand on a résolu de construire quelque part un temple bouddhique entouré de sa lamaserie, les Lamas quêteurs se mettent aussitôt en route, munis de passeports qui attestent la légitimité de leur mission. Ils se distribuent les royaumes de la Tartarie, et vont de tente en tente demander des aumônes au nom du vieux Bouddha. Aussitôt qu'ils sont arrivés dans une famille, et qu'ils ont annoncé le but de leur voyage, en montrant le bassin bénit où on dépose les offrandes, ils sont accueillis avec joie et enthousiasme. Dans ces circonstances, il n'est personne qui se dispense de donner : les riches déposent dans le badir des lingots d'or ou d'argent; ceux qui ne possèdent pas des métaux précieux, comme ils disent, offrent des bœufs, des chevaux ou des chameaux; les pauvres même contribuent selon la modicité de leurs ressources : ils donnent des pains de beurre, des pelleteries, des cordages tressés avec des poils de chameau ou des crins de cheval. Au bout de quelque temps, on a recueilli ainsi des sommes immenses; alors, dans ces déserts en apparence si pauvres, on voit s'élever, comme par enchantement, des édifices dont la grandeur et les richesses défieraient les ressources des potentats les plus opulents.

» Les lamaseries qu'on voit en Tartarie sont toutes construites en briques ou en pierres. Les Lamas les plus pauvres s'y bâtissent des habitations en terre; mais elles sont toujours si bien blanchies avec de la chaux, qu'elles ne contrastent nullement avec les autres demeures. Les temples sont en général édifiés avec assez d'élégance et avec beaucoup de solidité : mais ces monuments paraissent toujours écrasés; ils sont trop bas eu

---

1. Dutreuil de Rhins, *l'Asie centrale*, Introd., p. 6.

égard à leur dimension. Aux environs de la lamaserie on voit s'élever, avec profusion et sans ordre, des tours ou des pyramides grêles ou élancées, reposant sur des bases larges, et peu en rapport avec la maigreur des constructions qu'elles supportent. Il serait difficile de dire à quel ordre d'architecture connue peuvent se rattacher les temples bouddhiques de la Tartarie. C'est toujours un bizarre système de baldaquins monstrueux, de péristyles à colonnes torses et d'interminables gradins. A l'opposé de la grande porte d'entrée est une espèce d'autel en bois ou en pierre, affectant ordinairement la forme d'un cône renversé; c'est là-dessus que trônent les idoles. Rarement elles sont debout, on les voit presque toujours assises, les jambes croisées. Les idoles sont de nature colossales, mais leurs figures sont belles et régulières; à part la longueur démesurée des oreilles, elles appartiennent au type caucasien; elles n'ont rien de ces physionomies monstrueuses et diaboliques des Pou-ha chinois.

» Sur le devant de la grande idole, et de niveau avec l'autel qu'elle occupe, est un siège doré où se place le *fô* vivant, grand Lama de la lamaserie. Toute l'enceinte du temple est occupée par de longues tables, presque au niveau du sol, espèce de divans placés à droite et à gauche du siège du grand Lama, et s'étendant d'un bout de la salle à l'autre. Ces divans sont recouverts de tapis, et entre chaque rang il y a un espace vide, pour que les Lamas puissent librement circuler.

» Quand l'heure des prières est arrivée, un Lama, qui a pour office d'appeler au chœur les hôtes du couvent, va se placer devant la grande porte du temple, et souffle de toute la force de ses poumons dans une conque marine, en regardant tour à tour les quatre points cardinaux. Le bruit sonore de cet instrument, qui peut facilement se faire entendre à une lieue de distance, va avertir au loin les Lamas que la règle les appelle à la prière. Chacun prend alors le manteau et le chapeau de cérémonie, et on va se réunir dans la grande cour intérieure. Quand le moment est arrivé, la conque marine résonne pour la troisième fois, la grande porte s'ouvre et le fô-vivant fait son entrée dans son temple. Après qu'il s'est assis sur son autel, tous les Lamas déposent au vestibule leurs bottes rouges, et avancent pieds nus et en silence. A mesure qu'ils rentrent, ils adorent le fô-vivant par trois prosternations; puis ils vont se placer sur le divan, chacun au rang de sa dignité. Ils sont assis les jambes croisées, toujours tournés en chœur, c'est-à-dire face à face.

» Aussitôt que le maître des cérémonies a donné le signal en agitant une clochette, chacun murmure à voix basse comme des actes préparatoires, tout en déroulant sur les genoux le formulaire des pièces marquées par la rubrique. Après cette courte récitation, vient un instant de profond silence. La cloche s'agite de nouveau, et alors commence une psalmodie à deux chœurs, sur un ton grave et mélodieux. Les prières thibétaines, ordinairement coupées par des versets, et écrites en style métrique et cadencé, se prêtent merveilleusement à l'harmonie. Quelquefois, à de certains repos fixés par la rubrique, les Lamas musiciens exécutent une musique qui est peu en rapport avec la mélodieuse gravité de la psalmodie. C'est un bruit confus et étourdissant de cloches, de cymbales, de tambourins, de conques marines, de trompettes, de sifflets, etc. Chaque musicien joue de son instrument avec une espèce de furie. C'est à qui produira le plus de bruit et le plus de désordre. L'intérieur du temple est ordinairement encombré d'ornements, de statuettes, et de tableaux ayant rapport à la vie de Bouddha et aux diverses transmigrations des Lamas les plus fameux. Des vases en cuivre brillants comme de l'or, de la grosseur et de la forme des tasses à thé, sont placés en grand nombre sur plusieurs degrés, en amphithéâtre, devant les idoles. C'est dans ces vases qu'on fait de perpétuelles offrandes de lait, de beurre, de vin mongol et de petit millet. Les extrémités de chaque gradin sont terminées par des cassolettes où brûlent incessamment les plantes aromatiques recueillies sur les montagnes saintes du Thibet. De riches étoffes en soie, chargées de clinquant et de broderies d'or, forment sur la tête des idoles, comme de grands pavillons, d'où pendent des banderolles et des lanternes en papier peint ou en corne fondue.

. . . .

» Les Lamas[1], qui affluent de tous les pays tartares dans les

---

1. « Les Européens appellent tout bonze lama; mais le titre de *lama*, au Thibet,
» ne se donne qu'aux savants, aux docteurs qui ont obtenu ce titre moyennant
» beaucoup d'argent et après un simulacre d'examen ; il équivaut à peu près à ceux
» de bachelier, de licencié ou de docteur, et le sens propre du mot indique une
» sorte de supériorité. Ces lamas titrés sont fort peu nombreux ; ainsi à Tcha-mou-
» tong, sur cent bonzes, il n'y a qu'un lama ; sur plus de trois mille il n'y en avait
» qu'une dizaine à Tcha-mou-té, et à Men-Kong il n'y en a aucun. Encore il est
» douteux que tous ces docteurs comprennent les livres qu'ils lisent, et qu'ils
» puissent écrire une lettre sans faute d'orthographe. Il y a diverses classes de
» lamas, comme aussi diverses classes de bonzes, qu'on nomme en thibétain *tchra-*
» *pa*, mais jamais lama ; les petits enfants qui apprennent le métier de bonze sous

lamaseries de la Ville-Bleue, s'y fixent rarement d'une manière définitive. Après avoir pris leurs degrés dans ces espèces de grandes universités, ils s'en retournent chez eux, car ils aiment mieux en général les petits établissements qui se tiennent disséminés en grand nombre dans la terre des herbes. Ils y mènent une vie plus libre et plus conforme à l'indépendance de leur caractère. Quelquefois ils résident dans leurs propres familles, occupés comme les autres Tartares à la garde des troupeaux; ils aiment mieux vivre tranquillement dans leur tente que s'assujettir dans le couvent aux règles et à la récitation journalière des prières. Ces Lamas n'ont guère de religieux que leurs habits jaunes ou rouges; on les nomme Lamas à domicile.

» La seconde classe se compose de ceux qui ne sont fixés ni dans leurs familles, ni dans les lamaseries; ce sont les Lamas vagabonds. Ils vivent à peu près comme les oiseaux voyageurs, sans se jamais fixer nulle part; ils sont sans cesse poussés par je ne sais quelle inquiétude secrète, quelle vague antipathie du repos qui les tient toujours en activité. Ils se mettent à voyager uniquement pour voyager, pour parcourir du chemin, pour changer de lieu; ils vont de lamaserie en lamaserie et s'arrêtent, chemin faisant, dans toutes les tentes qu'ils rencontrent, toujours assurés que l'hospitalité des Tartares ne leur fera jamais défaut. Ils entrent sans façon et vont s'asseoir à côté du foyer; on leur fait chauffer le thé, et tout en buvant ils énumèrent avec orgueil les pays qu'ils ont déjà parcourus. Si l'envie leur prend de passer la nuit dans la tente, ils s'étendent dans un coin et dorment profondément jusqu'au lendemain. Le matin, avant de reprendre leur course vagabonde, ils s'arrêtent un instant sur le devant de la tente, regardent vaguement les nuages et la cime des montagnes, tournant la tête de côté et d'autre, comme pour interroger les vents. Enfin ils se mettent en marche, toujours sans but, uniquement dirigés par les sentiers qu'ils rencontrent par hasard devant eux. Ils s'en vont la tête penchée en avant, les yeux baissés, tenant à la main un long bâton, et

---

» la direction de quelque ancien se nomment *tchra-tchou*, nom que nous traduirons par bonzillons. La plupart des bonzes qui ne sont pas lamas savent lire au moins un volume qu'ils ont appris par cœur dans leur enfance, mais dont ils ne comprennent pas le contenu. Cependant il y a des bonzes domestiques qui ne savent pas lire du tout. Il en est quelques-uns qui peuvent écrire, tant bien que mal, des lettres d'un mauvais style et pleines de fautes; mais la plupart ne savent que lire. » (Abbé DESGODINS, *le Thibet*, ch. XIII, p. 206.)

portant sur leur dos un havresac en peau de bouc. Quand ils sont fatigués, ils vont se reposer au pied d'un rocher, sur le pic d'une montagne, au fond d'un ravin, là où les pousse l'inconstance de leur fantaisie. Souvent, dans leur route, ils ne rencontrent que le désert; et alors, où la nuit les surprend, ils dorment sous le ciel qui est, disent-ils, comme le couvercle de cette immense tente qu'on appelle le monde.

» Les Lamas vagabonds visitent tous les pays qui leur sont accessibles : la Chine, la Mandchourie, les Khalkhas, les divers royaumes de la Mongolie méridionale, les Ouiang-hai, les Kou-kou-Nor, le Nord et le Midi des montagnes célestes, le Thibet, l'Inde et quelquefois même le Turkestan. Il n'y a pas de fleuve qu'ils n'aient traversé, de montagne qu'ils n'aient gravie, de grand Lama devant qui ils ne se soient prosternés, de peuple chez lequel ils n'aient vécu, et dont ils ne connaissent les mœurs, les usages et la langue. Au milieu de leurs courses vagabondes, le péril de perdre le chemin et de s'égarer dans les déserts n'existe jamais pour eux. Voyageant sans but, les endroits où ils arrivent sont toujours ceux où ils voulaient aller. La légende du Juif errant, qui marche et marche toujours, est exactement réalisée dans la personne de ces Lamas. On dirait qu'ils sont sous l'influence d'une puissance secrète, qui les fait incessamment aller de place en place. Dieu semble avoir mêlé au sang qui coule dans leurs veines quelque chose de cette force motrice qui pousse les mondes chacun dans leur route sans jamais leur permettre de s'arrêter.

» Les Lamas vivant en communauté sont ceux qui composent la troisième classe. On appelle lamaserie une réunion de petites maisons bâties tout à l'entour d'un ou de plusieurs temples bouddhiques; ces habitations sont plus ou moins grandes, plus ou moins belles, suivant les facultés de ceux qui en sont les propriétaires. Les Lamas qui vivent ainsi en communauté sont ordinairement plus réguliers que les autres, ils sont plus assidus à la prière et à l'étude. Il leur est permis de nourrir chez eux quelques bestiaux : des vaches pour leur donner le lait et le beurre, base de leur nourriture journalière; un cheval pour aller faire quelques courses dans le désert, et des moutons pour se régaler les jours de fête.

» En général, toutes les lamaseries ont des fondations, soit royales, soit impériales; à certaines époques de l'année, les revenus sont distribués aux Lamas suivant le degré qu'ils ont atteint dans la hiérarchie. Ceux qui ont la réputation d'être savants médecins, ou habiles diseurs de bonne aventure, ont souvent occasion de recueillir d'excellentes aubaines; cependant on les voit rarement devenir riches. Les Lamas, avec leur caractère enfantin et imprévoyant, ne savent pas user modérément des biens qui leur sont venus tout à coup; ils dépensent l'argent avec autant de facilité qu'ils le gagnent. Tel Lama qui, la veille, portait des habits sales et déchirés, rivalisera le lendemain, par la richesse de ses vêtements, avec le luxe des plus hauts dignitaires de la lamaserie. Aussitôt qu'il a à sa disposition de l'argent ou des animaux, il court à la ville de commerce la plus rapprochée s'habiller pompeusement de haut en bas; mais il est toujours probable qu'il n'usera pas lui-même ces magnifiques habits. Après quelques mois, il s'acheminera de nouveau vers la station chinoise, non plus pour faire l'élégant dans les beaux magasins de soieries, mais pour déposer les robes jaunes au Mont-de-Piété; et puis les Lamas ont beau avoir la volonté et l'espérance de retirer ce qu'ils portent au Tang-Pon, ils n'y réussissent presque jamais. Pour s'en convaincre il n'est besoin que de parcourir les magasins de friperie dans les villes tartaro-chinoises, ils sont toujours encombrés d'objets lamaïques.

» Les Lamas sont en très grand nombre dans la Tartarie; d'après ce que nous avons pu remarquer, nous croyons pouvoir avancer, sans crainte d'erreur, qu'ils composent au moins un tiers de la population. Dans presque toutes les familles, à l'exception de l'aîné qui reste homme noir, tous les autres enfants mâles sont Lamas. Les Tartares embrassent cet état forcément, et non par inclination; ils sont Lamas ou hommes noirs, dès leur naissance, suivant la volonté de leurs parents, qui leur rasent la tête ou laissent croître leurs cheveux. Ainsi, à mesure qu'ils croissent en âge, ils s'habituent à leur état, et dans la suite une certaine exaltation religieuse finit par les y attacher fortement . . . .
. . . .

» Le nombre des dévots qui font le pénible pèlerinage dans les lamaseries est vraiment prodigieux; ils suivent tous, à la file les uns des autres, un sentier qui englobe dans son enceinte les habitations et les édifices qui appartiennent à la lamaserie. Il n'est pas permis de s'écarter le moins du monde de la ligne prescrite, sous peine de perdre tous les fruits de ce genre de dévotion. Lorsque les lamaseries sont d'une grande étendue, une journée suffit à peine pour en faire le tour, en se prosternant à chaque pas comme l'exige la règle. Les pèlerins qui ont du goût pour cet exercice sont obligés de se mettre en route aussitôt que le jour paraît, et souvent ils ne sont de retour qu'à la nuit tombante. On ne peut exécuter ce rude pèlerinage à plusieurs reprises; il n'est pas même permis de s'arrêter un instant pour prendre un peu de nourriture. Quand on l'a commencé, si on ne le termine pas du même coup, cela ne compte pas; on n'a acquis aucun mérite, et par conséquent on n'a à attendre aucun avantage.

» Les prosternations doivent être parfaites, de manière que le corps soit étendu tout de son long, et que le front touche la terre. Les bras doivent être allongés en avant, les mains jointes. Avant de se relever, le pèlerin décrit une circonférence avec deux cornes de bouc qu'il tient dans ses mains, en ramenant le bras le long de son corps. On ne peut s'empêcher d'être touché d'une grande compassion en voyant ces malheureux, le visage et les habits couverts de poussière, et quelquefois de boue. Le temps le plus affreux n'est pas capable d'arrêter leur courageuse dévotion; ils continuent à se prosterner au milieu de la pluie et de la neige, et par le froid le plus terrible.

» Il existe plusieurs manières de faire le pèlerinage autour des lamaseries. Il en est qui ne se prosternent pas du tout. Ils s'en vont le dos chargé d'énormes ballots de livres qui leur ont été imposés par quelque grand Lama. Quelquefois on rencontre des vieillards, des femmes ou des enfants qui peuvent à peine se mouvoir sous leurs charges. Quand ils ont achevé leur tournée, ils sont censés avoir récité toutes les prières dont ils ont été les portefaix. Il en est d'autres qui se contentent de faire une promenade, en déroulant entre leurs doigts les grains de leur long chapelet, ou bien en imprimant un mouvement de rotation à un petit moulinet à prières, fixé dans leur main droite et qui tourne sans cesse, avec une incroyable rapidité. On nomme ce moulinet Tchu-Kor, c'est-à-dire prière tournante. On rencontre un grand nombre de ces Tchu-Kor le long des ruisseaux; ils sont mis en mouvement par le cours de l'eau. Ils prient nuit et jour au bénéfice de celui qui en a fait la fondation. Les Tartares en suspendent aussi au-dessus de leur foyer; ceux-ci tournent pour la paix et la prospérité de la famille tout entière, dont le foyer est l'emblème. Ils sont mis en rotation au moyen du courant établi par la succession des couches froides de l'air qui arrive par l'ouverture de la tente.

» Les bouddhistes sont encore en possession d'un moyen admirable de simplifier tous leurs pèlerinages et toutes leurs pratiques de dévotion. Dans les grandes lamaseries, on rencontre de distance en distance de grands mannequins en forme de tonneau, et mobiles autour d'un axe. La matière de ces mannequins est un carton très épais, fabriqué avec d'innombrables feuilles de papier collées les unes aux autres et sur lesquelles sont écrites en caractères thibétains des prières choisies et le plus en vogue dans la contrée. Ceux qui n'ont ni le goût, ni le zèle, ni la force de placer sur leur dos une énorme charge de bouquins, de se prosterner à chaque pas dans la boue ou dans la poussière, de courir autour de la lamaserie pendant les froidures de l'hiver ou les chaleurs de l'été, tous ceux-là ont recours au moyen simple et expéditif du tonneau à prières. Ils n'ont qu'à le mettre une fois en mouvement, il tourne ensuite de lui-même, avec facilité et pendant longtemps. Les dévots peuvent aller boire, manger ou dormir, pendant que la mécanique a l'extrême complaisance de prier pour eux.

» Un jour en passant devant un de ces tonneaux bouddhiques, nous aperçûmes deux Lamas qui se querellaient avec violence, et étaient sur le point d'en venir aux mains, le tout à cause de leur ferveur et de leur zèle pour les prières. L'un d'eux, après avoir fait rouler la machine priante, s'en allait modestement dans sa cellule. Ayant tourné la tête, sans doute pour jouir du spectacle de tant de belles prières qu'il venait de mettre en mouvement, il remarqua un de ses confrères qui arrêtait sans scrupule sa dévotion, et faisait tourner le tonneau pour son propre compte. Indigné de cette pieuse tricherie, il revint promptement sur ses pas, et mit au repos les prières de son concurrent. Longtemps, de part et d'autre, ils arrêtèrent et firent rouler le tonneau, sans proférer une seule parole. Mais, leur patience étant mise à bout, ils commencèrent par s'injurier; des injures ils en vinrent aux menaces, et ils auraient fini, sans doute, par se battre sérieusement, si un vieux Lama, attiré par les cris, ne fût venu leur porter des paroles de paix, et mettre lui-même en mouvement la mécanique à prières, pour le bénéfice des deux parties. » (Huc, *Tartarie et Thibet*, t. II, p. 141-147; 203-338.)

Sur les plateaux déserts de la Mongolie et du Tibet, les voyageurs rencontrent fréquemment des monuments religieux appelés *do-bong* ou *obos*;

ce sont des amas de pierres amoncelées le long des routes ou au sommet des passes. « Les obos sont non seulement des tas de pierres, mais aussi
» des pierres sur lesquelles on a gravé une prière. Des lamas voyageurs
» ou de simples ouvriers parcourent le monde bouddhique et offrent leurs
» services aux fidèles. On les héberge, parfois on les paie, et, selon qu'on
» se montre généreux, ils gravent des formules mystérieuses sur un plus
» ou moins grand nombre de pierres qu'on dépose sur des hauteurs,
» surtout aux points où, dans les passes, on laisse souffler les bêtes après
» une montée pénible. Les passants ajoutent aux pierres écrites d'autres
» pierres, et c'est toujours en priant qu'ils les ajoutent. Parfois ils plan-
» tent des perches dans le tas, et ajoutent des banderolles, des carrés
» d'étoffes, où sont imprimées de longues prières, que le vent agite, et de
» la sorte le vent participe au rachat, ou mieux, il facilite la transmi-
» gration des âmes que séquestrent des corps peu habitables[1]. » (G. BON-
VALOT, *A travers le Thibet, le Temps*, janvier 1891.)

M. l'abbé Desgodins cite encore de curieux monuments bouddhiques concernant la prière perpétuelle. De fortes cordes en bambou tressé traversent la vallée d'une montagne à l'autre; tout le long de la corde sont attachés des morceaux de toile grossière sur laquelle sont imprimés des caractères tibétains. Toutes les fois que le vent les agite, il récite une prière et en répand le mérite dans toute la vallée. Au pont de prières perpétuelles, il faut ajouter l'écluse de prières. Un mécanisme, semblable à celui d'un moulin, est mû par une chute d'eau; un énorme cylindre, semblable à ceux des lamaseries, tourne et débite la formule sacrée autant de fois qu'il y a de secondes dans un jour.

III. — GÉOGRAPHIE ÉCONOMIQUE

Climat. — L'air des plateaux tibétains est d'une sécheresse extrême. En dépit de l'altitude, les neiges tombent rarement en hiver; le vent l'emporte, et, l'été, le soleil la fond. Schlagintweit rapporte que, pour empêcher la peau de se fendre, les voyageurs enduisent leurs visages de graisse : on rencontre partout des momies desséchées de chevaux et de yaks; « quand une des bêtes de somme est tombée, les gens de la cara-
» vane ont l'habitude de couper dans les chairs les meilleurs morceaux et
» de les embrocher dans les piquants des buissons, pour que les caravanes
» futures trouvent des provisions le long de la route. » Le froid est terrible au Tibet : les caravanes y souffrent cruellement du « mal des mon-
» tagnes » qui donne des nausées, de violents maux de tête, amène l'insomnie, et des saignements de nez. L'hiver, l'eau est gelée partout; l'air si raréfié qu'on ne peut pas toujours réussir à allumer du feu avec l'unique combustible de ces hauteurs, l'*argol*, c'est-à-dire le crottin de yak. La chaleur et le froid alternent brusquement; les moussons du sud sont interceptées par les remparts himalayens; seules les vallées tournées au sud-est reçoivent des pluies abondantes au printemps et au début de l'automne. Le thermomètre, l'hiver, descend souvent au-dessous de 30 degrés.

---

1. Sur ces banderolles sont le plus souvent inscrites ces paroles sacrées : *Om mané Païmé houm*, la formule la plus usitée et la plus répétée dans les prières bouddhiques.

Productions. — « Les gelées d'hiver et de printemps, l'absence de
» neige, la sécheresse de l'air, les froids nocturnes en toute saison, le sol
» sablonneux ou argileux, souvent salin, et enfin la violence des ouragans,
» tout contribue à la pauvreté de la flore tibétaine. Aussi ne voit-on pas
» un arbre, mais seulement par ci par là des buissons difformes s'élevant
» à peine à un pied de terre; dans le voisinage des rivières, là où le ter-
» rain est argilo-sablonneux, des oignons, des tulipes et des astragales;
» partout ailleurs le sol est entièrement dénudé ou couvert de plaques
» d'une sorte de mousse mesurant un pouce de hauteur. » (PRJÉVALSKI,
Tour du Monde, 1887, 1er sem., p. 40.) Dans les bas-fonds abrités croissent des peupliers et des saules; sur les plateaux des *graminées* fines et
dures. Les *céréales* ne mûrissent que dans les contrées méridionales. Les
forêts sont immenses sur les pentes du sud-est : le *pin* et le *houx* épineux dominent. Malgré l'indigence de la flore, les **animaux** abondent au
Tibet : *hémiones, ânes, yaks, brebis, chèvres, antilopes, gazelles, chevreuils, marmottes, ours, loups, renards, chacals, buffles, singes,
écureuils, lagomys.* « Cette abondance de fauves s'explique par l'absence
» presque absolue de l'homme et par la richesse des sources; les pâturages
» sont bien vite épuisés; mais l'espace est illimité. » (PRJÉVALSKI.) Les
oiseaux chanteurs n'existent pas; mais les aigles, gypaètes, vautours, les
corbeaux planent au-dessus des caravanes de passage. Les poissons abondent dans les lacs et les rivières.

L'industrie tibétaine est presque exclusivement locale. Les Tibétains utilisent leurs laines à tisser des *draps* fins ou grossiers, les uns pour le service
des prêtres et des temples, les autres pour les usages domestiques; ils fabriquent des *fleurs* artificielles, des *bâtons d'odeur*, des *bougies* pour les
idoles, des *statuettes* pour les temples; ils achètent le reste à la Chine et
à l'Inde. — Les Pébouns, d'origine indienne, sont les forgerons, chau-
dronniers, fondeurs, orfèvres, mécaniciens et teinturiers habiles. Quelques-uns sont des artistes distingués.

Commerce. — Suivant l'abbé Desgodins, l'esprit mercantile fleurit au
Tibet; tout le monde est marchand, tout le monde « brocante », les lamas,
les ministres, les agriculteurs, les bergers, les mendiants. Il y a à Lhassa
une « véritable dignité officielle, créée pour les chefs de commerce du roi,
» de ses ministres et des grandes lamaseries. Ces personnages, nommés
» *Gar-peuns*, ont le rang et portent les insignes des grands mandarins. »
(DESGODINS, p. 335.) Les bergers des montagnes échangent avec les agriculteurs de la plaine les *bestiaux*, les *moutons*, la *laine*, le *beurre*, les
tapis et *cordes* de poils de chèvre ou de yak, les *cuirs*, la *viande* fraîche
ou séchée, le *feutre*, etc.; pour les *céréales*, le *sel*, le *thé*, le *fer*, les
ustensiles de ménage, etc. — La Chine vend au Tibet du *thé*, des *cotonnades*, des *soieries*, des *porcelaines*; elle y achète de l'*or*, de l'*argent*,
des *plantes médicinales*, du *musc*, des *fourrures*; l'Inde lui vend des
draps, des *armes*, des *glaces*, de la *coutellerie*, des *objets d'orfèvrerie*,
des *coraux*, etc. On évalue à 9 ou 10 millions de francs la valeur du thé
importé annuellement de Chine au Tibet; à 4 millions l'importation de
l'Inde; à un demi-million l'exportation du Tibet dans l'Inde.

Voies de communication. — Les caravanes qui, dans les défilés et sur
les plateaux, se déroulent en longues files, avec leurs yaks, leurs chevaux,
chameaux et brebis de charge, souvent au nombre de plusieurs milliers,

prennent principalement les directions suivantes : la grande route anglaise de Simla remonte le Satledj et pénètre dans le Ngari, riche en pâturages et en mines d'or ; « même quand elle est accrochée au flanc de roches » verticales par de fortes poutres en fer, on peut y passer à cheval ou en » *dandi*. » (Desgodins.) D'autres caravanes viennent de Leh, sur l'Indus, passent à Gartok, au lac Mansaraour, à Tadoum, Chigatzé, tiennent des foires dans les étapes du parcours, séjournent tout l'hiver à Lhassa, et reviennent à Leh après un parcours de 18 mois, aller et retour. Deux routes traversent le Népal; deux autres, le Boutan. Une route très accidentée, mais déjà rendue carrossable en partie, est celle qui se détache du Darjiling, traverse le Sikkim et la passe de Jelep, à 4495 mètres, à la frontière de l'Inde, pour descendre sur Chigatzé, au lac Pemalso, et après avoir gravi le mont Kamba-la, par la vallée du Kitchou à Lhassa. — De Lhassa, deux routes peuvent conduire en Chine : l'une au sud-est suit le Tsang-Bo, traverse le district populeux de Tak-po, passe par Guiamda, Lhagong et Tsiamdo, où elle franchit le Mékong sur la glace en hiver, sur des ponts à piles de pierre et à tablier de bois en été. De Tsiamdo, plusieurs routes pénètrent en Chine : l'une rejoint au nord la grande route impériale qui de Lan-Tchéou passe au Koukou-nor et se rend à Lhassa; une autre passe à Tsiamdo et à Kiangka, Batang sur le Fleuve Bleu, et aboutit à Ta-tsien-lou.

Le yak sauvage.

« Le yak sauvage est un magnifique animal qui surprend par sa haute taille et sa beauté. Le mâle atteint onze pieds de longueur, sans compter la queue, qui est ornée de poils longs et ondoyants et qui mesure trois pieds; sa hauteur jusqu'à la bosse est de six pieds ; la circonférence du tronc, prise au milieu, est de onze pieds et son poids de trente-cinq à quarante pouds (650 kilogrammes). Ses cornes atteignent deux pieds neuf pouces, et leur circonférence, à la base, mesure un pied quatre pouces. Son corps est couvert d'une laine épaisse, dure et noire, qui, chez les mâles âgés, prend une couleur brune sur le dos et sur la partie supérieure des flancs. Le bas du corps, ainsi que la queue, est pourvu de longs poils noirs qui pendent comme une large frange. La laine sur le buffle est grisonnante. Chez les jeunes individus, cette teinte apparaît sur toute la partie supérieure du corps. Le long de leur dos, s'étend une étroite bande argentée; de plus, leur poil est plus doux et entièrement noir. Les jeunes taureaux, quoique adultes, déjà sont moins beaux que les vieux mâles, mais leurs cornes sont souvent plus belles que celles de ces derniers, et l'extrémité en est retournée en arrière, tandis que, chez les sujets plus âgés, elles sont retournées en dedans et leur base est couverte d'un épiderme épais et d'un gris sale.

» Les yaks femelles sont loin d'être aussi grandes et aussi belles que les taureaux. Leur taille est courte, leur bosse petite, et le poil de leur queue et de leurs flancs n'est pas aussi luxuriant que chez les mâles.

» Du reste, pour avoir une idée complète du yak sauvage, il faut le voir dans son désert natal. C'est là sur ce sol inhospitalier, à quinze mille pieds au-dessus du niveau de la mer, au milieu de la plus triste nature, que vit en liberté ce fameux buffle à longs poils, connu chez les anciens sous le nom de Pœphagus. Cet animal, particulier au plateau tibétain, s'est propagé au nord de la frontière du Tibet. On le rencontre en nombre considérable dans les montagnes du Kan-Sou, vers les sources des rivières Tétoung et Edziné, où passe la limite septentrionale géographique de la reproduction de sa race. Mais, dans le Kan-Sou, le yak sauvage diminue rapidement d'une année à l'autre, sous les poursuites incessantes des indigènes.

» Les qualités physiques du yak sont loin d'être aussi bonnes que celles des autres animaux sauvages. Il est vrai qu'il possède une force énorme et un excellent odorat; mais, par contre, sa vue et son ouïe sont très faibles. Même dans une localité découverte, et par un jour clair, à peine distingue-t-il, à mille pas, l'homme des objets qui l'environnent, et il faut qu'un bruit soit bien fort pour attirer son attention. C'est son odorat délié qui lui permet de sentir l'homme à une demi-verste ou même plus. . . . .

. . . .

» ... En route, le troupeau marche un peu dispersé; mais, lorsque vient l'heure du repos, tous les animaux se couchent ensemble. A l'approche du danger, les veaux se réfugient au milieu du troupeau et quelques vieux mâles ou femelles se portent en avant pour reconnaître le péril. Si l'alarme est réelle et qu'un chasseur s'approche, surtout s'il tire un coup de fusil, toute la troupe détale au trot, en rangs serrés, quelquefois au galop. En fuyant ainsi, le plus grand nombre baisse la tête, relève la queue et galope sans se retourner; un épais tourbillon de poussière précède la colonne et le bruit des sabots se fait entendre au loin. Ils conservent le galop rarement plus d'une verste, même souvent moins.

» Quand la colonne s'arrête, elle garde l'ordre qu'elle avait : les jeunes au centre et les vieux sur les flancs. Si le danger menace encore, elle repart aussitôt ; une fois que la peur s'en est emparée, généralement le troupeau s'enfuit très loin. L'allure du yak isolé est le trot ; il ne se précipite au galop que quelques pas et encore faut-il qu'il ait peur. Un cheval peut toujours l'attraper, quelle que soit son allure. Dans les montagnes, le yak grimpe admirablement sur les escarpements les plus difficiles, et nous l'avons vu franchir des passages où l'argali osait à peine s'aventurer.

» En hiver, ces animaux bivouaquent dans les cantons abondants en pâturages ; c'est alors que les mâles se séparent en petites bandes qui errent de côté et d'autre. Après avoir franchi la partie méridionale du Thibet, nous commençâmes à rencontrer les taureaux au pied de la chaîne Bour-Khan-Bouddha, tandis que nous ne vîmes des troupeaux que près des Baïan-Khara-Oula. Ils étaient principalement nombreux sur le versant méridional de ces montagnes et sur les rives du Mour-Oussou ; deux fois seulement, nous en rencontrâmes de petites bandes près de la rivière Chouga.

» Les Mongols prétendent qu'en été, lorsque commence à croître la jeune herbe, les grands troupeaux se portent jusqu'au Bour-Khan-Bouddha ; mais que, pour l'hiver, ils reviennent toujours sur les rives du Mour-Oussou. Seuls, les vieux taureaux et les mâles adultes, auxquels les longues étapes ne plaisent pas, hivernent dans le Bour-Khan-Bouddha.

» La paresse est le trait saillant du caractère du yak : le matin et le soir, il se met à paître ; mais le reste du temps il garde un repos absolu, soit couché, soit debout. Le mouvement des mâchoires atteste seul que l'animal vit encore ; tout le reste de la bête est dans la plus complète immobilité pendant des heures entières.

» Pour se coucher, le yak choisit souvent les rochers exposés au nord ou quelque anfractuosité à l'abri de soleil, car il craint la chaleur, et, même à l'ombre, il s'étend volontiers sur la neige ou, s'il n'y en a pas, dans la poussière, après avoir creusé le sol avec ses sabots. Cependant les yaks restent souvent endormis dans les endroits qu'ils ont broutés. Les localités qu'ils fréquentent sont couvertes de leur excrément, c'est l'unique combustible du pays. Aussi les Mongols remercient-ils Dieu d'avoir donné aux yaks de si puissantes facultés digestives qu'ils rejettent jusqu'à un demi-poud de fiente à la fois. En effet, sans cette matière, les voyages dans le Thibet seraient impossibles, faute de combustible : on ne trouve pas, dans le pays, le plus petit arbuste.

» L'abondance de l'eau est une des conditions nécessaires à l'existence du yak. En été, il fréquente assidûment les sources ; en hiver, il se contente de neige. Outre le grand nombre de petits cours d'eau et de sources qui arrosent le désert, pendant la belle saison, on y trouve des mares formées par la pluie. C'est là que l'herbe pousse avec le plus de vigueur, et que le yak, affaibli par les privations d'un long et rigoureux hiver, satisfait complètement son appétit. A l'automne tous les yaks sont gras, particulièrement les jeunes mâles et les génisses. . .

. . . .

» La plupart de ces animaux meurent de vieillesse; cependant ils sont sujets à une maladie appelée *khomoun* ; c'est une sorte de gale qui fait tomber leurs poils. Nous ignorons si cette maladie entraîne la mort du sujet; mais il nous est arrivé d'abattre deux vieux individus qui étaient couverts de cette gale et dont le corps était privé de poils.

» La chasse du yak sauvage est aussi attrayante que dangereuse, car l'animal blessé se précipite sur le chasseur. Le plus grand sang-froid est nécessaire; la balle de la meilleure carabine ne brise pas toujours la boîte crânienne et n'atteint pas le cerveau, dont le volume est du reste insignifiant, comparé à celui de la tête, qui est énorme. Un coup dirigé en plein corps est rarement mortel. Le chasseur peut donc viser juste et n'être pas sûr de tuer et surtout de sortir victorieux de la lutte. Ce qui vient à son aide, c'est la stupidité, c'est l'irrésolution de l'animal qui, malgré sa férocité, a peur devant l'homme. Mais, si ce buffle était un peu intelligent, sa chasse présenterait autant de dangers que celle du tigre. Car, je le répète, il est presque impossible de le tuer d'un seul coup, le nombre des balles seul vient à bout de lui, et il est indispensable que le chasseur soit armé d'une carabine à plusieurs coups. Nous ne parlons ici que des vieux taureaux, car tous les autres fuient au premier coup de feu sans engager le combat.

» Il arrive pourtant que les taureaux, même blessés, prennent la fuite; il faut alors les faire poursuivre par des chiens qui les saisissent par la queue et les forcent à s'arrêter. Fou de rage, le yak se jette sur les chiens et ne s'inquiète plus du chasseur. Avec un bon cheval, il est encore plus facile d'attaquer un taureau isolé ou même un troupeau entier.

» ... Il est plus aisé de s'approcher du yak à portée de fusil que de tout autre animal sauvage. Généralement on peut arriver jusqu'à trois cents pas, distance à laquelle les taureaux laissent venir le chasseur, même lorsqu'ils l'ont remarqué de loin. Comme ils sont très confiants dans leur vigueur, ils se contentent de le fixer attentivement et de secouer leur énorme queue ou de la jeter en arrière. C'est ainsi que, sauvages ou domestiques, les yaks manifestent leur colère, et ils se fâchent quand on veut interrompre leur repos.

» Si le chasseur continue à s'avancer, l'animal fuit et fait halte de temps en temps pour regarder son ennemi. Quand on l'a effrayé ou blessé d'un coup de feu, il court pendant plusieurs heures de suite. Dans les montagnes, en profitant du vent, on arrive à s'approcher du yak jusqu'à cinquante pas. Quand un yak stationnait dans un endroit découvert, et que je désirais arriver très près de lui, j'employais le moyen suivant. Je me mettais à genoux, tenant au-dessus de ma tête ma carabine qui, avec sa fourchette, formait une espèce de corne. Comme, à la chasse, j'étais toujours vêtu d'une jaquette sibérienne en peau de cerf avec le poil en dehors, mon vêtement aidait encore à tromper la mauvaise vue du gibier qui me laissait arriver jusqu'à deux cents et même cent cinquante pas de distance. Alors je posais ma carabine sur sa fourchette, je retirais à la hâte mes cartouches que je posais sur ma casquette devant moi, et, à genoux, j'envoyais mes balles à leur adresse.

» Parfois l'animal, à la première détonation, se sauvait, alors je l'accompagnais de coups de feu jusqu'à six cents pas et plus. Si c'était un vieux taureau, le plus souvent, au lieu de fuir, il se précipitait sur moi les cornes en avant, la queue sur le dos. C'est alors que se révélait la stupidité du yak. Au lieu de continuer vivement sa charge, ou se décider à battre en retraite, il s'arrêtait après quelques bonds en remuant sa queue; il recevait alors une autre balle, se jetait de nouveau en avant, puis s'arrêtait de nouveau, et la même scène se renouvelait. Finalement l'animal tombait frappé mortellement, après avoir reçu dix balles et souvent plus. Pendant tout cet intervalle il ne s'était pas approché de moi de plus de cent pas. Quelquefois, après deux ou trois coups de feu, l'animal fuyait, une nouvelle balle l'atteignait, il revenait sur moi, un autre projectile le frappait, et ainsi de suite. De tous les yaks tués ou blessés par nous, deux seulement s'approchèrent de nous jusqu'à quarante pas, et se seraient peut-être encore avancés davantage s'ils n'eussent succombé. Il est à remarquer que, plus ce buffle s'approche du chasseur en le chargeant, plus il devient timide dans son attaque. » (M. PRJÉVALSKI, *Mongolie et pays des Tangoutes*, ch. XII, p. 259; trad. par DU LAURENS, in-8°, ill. et cartes; Paris, Hachette, 1880.)

E. Mandchourie.

Limites; étendue. — Les traités d'Aïgoun et de Tientsin, signés entre la Russie et la Chine[1], ont donné à la Mandchourie chinoise comme limite au nord le fleuve Amour, et à l'est l'Oussouri et le Temen; au sud-ouest, elle a été diminuée de la province de Liao-Toung, réunie aux provinces directes de l'Empire; à l'ouest, la frontière du côté de la Mongolie a été reportée jusqu'à la chaîne du grand Khingan, et à 30 kilomètres à l'ouest du lac Dalaï ou Kouloun.

Superficie approximative : 982400 kilomètres carrés. — **Population** : 12 millions d'habitants.

Relief du sol. Cours d'eau. — Le grand **Khingan** forme la frontière naturelle, sinon administrative, de la Mandchourie au nord-ouest. Cette longue chaîne, qui s'étend du nord au sud entre l'Amour et le Chara-Mouren, n'a pas de sommets qui dépassent 2500 mètres, aucun qui atteigne le faîte des neiges persistantes. Monotones et dénudées à l'ouest, ses pentes tournées vers l'Orient sont verdoyantes et boisées, pittoresques, sillonnées de rivières arrosant des vallées fertiles. Le Khingan porte dans ses contreforts orientaux des cimes volcaniques, dont les éruptions ont bouleversé les contrées avoisinantes; telle est la chaîne des *Dix Buttes* ou *Montagne de Soufre*, qui domine la vallée du Nonni, entre Mergen et Tsitsikar. Une chaîne secondaire, le *Daousé* ou *Ilkhouri-Alin* (1500 m.), au nord du Nonni, relie le grand Khingan au petit *Khingan*, qui étend ses rameaux entre le Soungari et le Nonni. La chaîne maîtresse de la Mongolie, le *Chan-Alin* ou *Longue Montagne Blanche* (*Tchangpei-Chan*), s'allonge en une arête longue de 1500 kilomètres, parallèle aux Khingan, avec des ramifications secondaires. Cette chaîne, d'origine volcanique, a des cimes hautes de 3500 mètres, revêtues de glaciers et de neiges persistantes; ses prairies, ses terrasses boisées, ses sources d'eau vive, la beauté de son ciel, ont été célébrées à l'envi par les poètes mandchous. Parallèle au rivage maritime du golfe de *Liaotoung*, la chaîne des *Kouang-ning*, qui porte aussi des cratères éteints, est considérée comme une montagne sacrée, gardienne de la Mandchourie. A son

---

1. Voy. notre 1er volume sur l'*Asie*, p. 59.

extrémité s'arrête la grande muraille dont le dernier bastion plonge dans la mer.

Le grand fleuve mandchou est le **Soungari**, affluent de l'Amour. (Voy. *Asie*, 1re partie, p. 37.) Le Soungari, « Fleur de lait », ainsi nommé à cause de ses eaux blanches, descend, sous le nom de *Ghirin-Oula*, des monts Chan-Ali, et coule au nord-ouest jusqu'à la rencontre des eaux de la *Nonni*, puis au nord-est jusqu'à sa jonction avec l'Amour. En été, le fleuve mandchou, grossi par les neiges des *Montagnes Blanches*, roule un volume d'eau plus considérable que l'Amour; il a plus de 2000 mètres de largeur, et féconde de ses alluvions des campagnes plus populeuses, plus prospères, plus actives que celles du fleuve principal. Pour les barques, il est navigable sur 1500 kilomètres; mais ses grandes courbes ne permettent pas de l'utiliser comme moyen de transport rapide. Ses affluents sont nombreux; les principaux sont : à droite, le *Khourkha* ou *Motan-Ho*; à gauche, le *Nonni* qui recueille toutes les eaux du Khingan oriental, et franchit dans son cours inférieur la partie orientale du plateau mongol. Le Nonni a environ 900 kilomètres; l'étendue de son bassin, la puissance de ses crues, la longueur de son cours, en font la branche maîtresse du Soungari. Il est navigable pour les barques jusqu'en amont de la ville de Tsitsikar.

Le *Liao-ho* est le cours inférieur du *Chara-Mouren* qui vient des monts Petcha en Mongolie. A son entrée en Mandchourie, la vallée devient fertile et peuplée; en face de Tchou-ling, elle fait un coude brusque et va finir au sud dans le golfe qui porte son nom. Le Liao-ho est navigable pour de petites barques jusqu'à la frontière mongole.

Ce fleuve a été de tout temps une des routes d'accès de la Mandchourie vers la mer du Sud; depuis que les Russes ont conquis la Mandchourie orientale et les ports du Pacifique, le Liao-ho est la seule issue maritime qui reste à la province.

Ses tributaires de gauche, le *Houn-ho* et le *Taï-tsé-ho*, portent des bateaux et des radeaux jusqu'à Liao-Yang.

Le lac *Khanka* et l'*Oussouri* séparent, à l'est, la Mandchourie de la Primorskaïa ou province du littoral. (Voy. l'*Asie*, 1re partie, p. 39.)

II. — Géographie politique et administrative

La Mandchourie a imposé à la Chine, au dix-septième siècle, la dynastie de *Taï-tsing*, qui, depuis 1644, n'a pas cessé d'occuper le trône impérial où elle a remplacé la dynastie des Ming.

Les *Mandchous* aborigènes diminuent de plus en plus devant l'invasion des *Chinois* immigrants (*mandzé*), colons ou marchands.

Les Mandchous nomades ont été refoulés vers le nord; les cultivateurs s'assimilent aux envahisseurs, et en arrivent ainsi à parler le chinois au lieu du mandchou. L'élément chinois est le plus nombreux. Avec les Chinois et les Mandchous, la population de la Mandchourie se compose de tribus toungouses nomades. Les *Goldes*, les *Manègres*, les *Birares*, chasseurs et pêcheurs; les *Solones*, *Toungouses* croisés avec des Mongols, sont, pour la plupart, des soldats ou des fonctionnaires. — Les *bouddhistes* sont en majorité; le tiers des habitants est *musulman*, les Toungouses abandonnent peu à peu le *chamanisme* pour le bouddhisme. Les missionnaires *catholiques* et *protestants* ont un certain nombre d'adeptes dans la province de Ghirin.

La Mandchourie est considérée comme le domaine propre de l'empereur. Elle a une administration distincte : l'empereur y est représenté par deux vice-rois à la tête des deux provinces; ils ont à la fois le pouvoir civil et le pouvoir militaire. Ils sont assistés de lieutenants-gouverneurs.

La population est organisée militairement; les tribus sont réparties en groupes de villages qui forment des *bannières*, qui ont leurs tribunaux, leurs écoles, leurs prêtres. Une partie de l'armée est à la solde de l'empereur. Les deux provinces paient l'impôt, moitié en nature, moitié en argent; celle de Ghirin doit fournir 22 000 sacs de grains; celle de Tsitsikar, 2 400 cerfs, 5 000 fourrures de martres zibelines, et 2 000 perles pêchées dans le Soungari. Les Mandchous parlent une langue indépendante de celle de la Chine.

Provinces.	VILLES PRINCIPALES
Tsitsikar.	La province de Tsitsikar est la plus vaste et la moins peuplée des deux; **Tsitsikar** (30 000 hab.), chef-lieu de la province, est située sur la rive gauche du Nonni, non loin de la frontière mongole, et sur les routes qui relient Péking au fleuve Amour. Les Chinois accourent à ses foires, où se vendent les fourrures; la ville est un lieu d'exil et un pénitencier où on relègue les condamnés politiques. — Au nord, *Boutkan* est une forteresse et un camp d'exercices militaires. — *Mergen* (5 000 hab.), sur le Nonni supérieur, dans une vallée fertile, est l'étape intermédiaire entre la capitale et la frontière de l'Amour. — *Aïgoun* (10 000 hab.) s'étend sur près de 10 kilomètres le long de l'Amour, avec ses faubourgs et ses jardins; elle n'est défendue que par une palissade.
Ghirin-Oula.	**Ghirin** (120 000 hab.), en chinois *Tchouan-Tchang*, « le Chantier des Barques », sur la rive droite du Soungari, est une place de commerce parfaitement située, très active et très fréquentée par les marchands pour les fourrures, tissus, bois, perles, etc. Elle est bâtie et pavée en bois; elle construit des barques pour le fleuve. — *Bédouné* (30 000 hab.) est un marché important au point de jonction des deux routes du Nonni et du Soungari; sur la grande route du nord, s'échelonnent les marchés et principalement *Lalin* (20 000 hab.), et *Ajcho* (40 000 hab.). Au nord, *San-sing* (25 000 hab.), sous un climat froid et pluvieux, est le grand marché des pelleteries; *Sousou* est un avant-poste de la frontière: *Nin-gouta* (60 000 hab.), sur la Kourkha, à l'issue des cols des monts Chan-Alin, est la ville intermédiaire entre la Mandchourie et les ports russes du Pacifique; mais les douanes russes en éloignent les marchands; — *Hount-chouen*, sur un affluent du Temen, n'est qu'à 30 kilomètres de la baie d'Anville ou Possiet (russe).
Chin-King ou Liao-Toung (annexée à l'empire).	Cette province commande l'entrée du Pe-tchi-li, elle est le point de départ des immigrations chinoises dans la Mandchourie; elle est une des clefs de l'empire. Aussi le gouvernement l'a-t-il organisée militairement et séparée de la Mandchourie pour la rattacher directement à l'empire. **Moukden** ou *Chinyang* (180 000 hab.), la capitale, sur le Houn-Ho, est simplement appelée *King*, la capitale, par les habitants; ville sainte, située dans une région très fertile, entourée d'une double enceinte flanquée de tours, avec résidence et patrie des maîtres de la dynastie impériale actuelle, elle est régulièrement et solidement bâtie; les maisons sont belles, les habitants actifs et industrieux. Richthofen et Williamson, qui l'ont visitée en été, vantent son animation, le bien-être et les richesses des habitants; M. de Mailly-Chalon, qui l'a vue plus récemment, en octobre, ne lui donne que 30 000 âmes, et la représente comme une ville sans commerce, peu fréquentée, sans intérêt.

L'EMPIRE CHINOIS.

Provinces.	VILLES PRINCIPALES
Tchaouling ou Peling.	« A cinq ou six kilomètres au nord de Moukden se trouve la sépulture des empereurs mandchous. Trois enceintes successives en défendent l'entrée aux profanes. Dans la première se trouve un grand parc très sauvage, avec des arbres magnifiques; la deuxième enceinte, également boisée, contient la demeure des serviteurs de second ordre, attachés au service du temple. De grandes avenues se dirigent vers celui-ci : elles sont bordées d'immenses animaux en pierre, qui ne sont qu'une faible imitation de ceux qu'on voit près de Pékin, aux tombeaux des empereurs Ming. Nous ne pûmes pénétrer que dans les deux premières enceintes. C'eût été profaner la sépulture des fils du Ciel, que de permettre à des barbares occidentaux de pénétrer dans l'enceinte même des tombeaux. » (DE MAILLY-CHALON, *Voyage en Mandchourie*; *Bulletin de la Société de géographie de Paris*, 1885, p. 9.) Sur la route de Ghirin à Moukden sont les villes de *Kaïyuen* et *Tiling*, « le Birmingham » de la Mandchourie; les collines des environs renferment de riches minerais de fer; — au sud de Moukden, dans la zone maritime, les populations deviennent plus denses; *Liaoang*, ancienne capitale murée, fabrique des meubles et des cercueils;— *Haïtchoung*, au centre de plantations de cotonniers, est fréquenté à cause de ses eaux thermales; l'ancien port de *Nioutchang*, maintenant délaissé par le retrait de la mer, est remplacé par *Yingtzé* (4000 hab.), port ouvert à l'Europe, exportant le coton et la houille des mines de Mandchourie, mais souvent obstrué par les glaces. Les ports du sud-est sont des centres de commerce actif, des entrepôts de coton, de houille, de bestiaux : *Kaïtchéou*, *Port-Adams*, *Kintchéou*, sur le golfe de Liao-Toung ; *Tatchang-Ho*, *Tayang-Ho*, sur le golfe de Corée. — A vingt kilomètres de la mer, sur le Tayang-Ho, navigable, *Takouchan* (3500 hab.) est un entrepôt des marbres de Siuyen, une grande ville d'échanges, gardienne de la frontière de la Corée. Sur la frontière opposée, du côté de la Mongolie, *Fakou-min*, « la Haie des saules », garde une des portes du désert de Gobi ; — *Kouang-ming* conserve les tombeaux de la dynastie des Liao ; — *Kingtchéou-fou*, entourée de dunes ; — *Ningyuen*, voisine de la mer, sont de grandes villes de commerce ; — *Chanhaï-Kouan*, « la Porte d'entre montagne et mer », composée de trois quartiers qu'entourent des remparts demi-ruinés, celui du commerce, celui de l'administration civile et militaire, celui des Chinois immigrants, garde la porte méridionale de la Mandchourie, à l'extrémité de la grande muraille.

III. — GÉOGRAPHIE ÉCONOMIQUE

Climat. — La région qui s'étend entre Tsitsikar et le Chara-Mouren ressemble au plateau mongol par sa sécheresse et ses froids extrêmes. Les moussons, interceptées par les monts Chau-Alin, n'apportent aucune humidité. Mais le bassin du Sounçari, très bien arrosé, a des prairies verdoyantes, des bois épais, des champs admirablement fertiles et cultivés. Les hivers y sont cependant rigoureux, les étés brûlants. A Moukden, le thermomètre, en décembre, descend au-dessous de 22 degrés, et monte, en août, jusqu'à 32 degrés.

Productions. — Les **minéraux**, encore peu connus et mal exploités, paraissent abondants. On a trouvé des *gisements houillers* au sud de Ghirin, de l'*or* dans la vallée de l'Oussouri. Ce métal abonde dans le Ghirin, mais l'exploitation en est clandestine; les orpailleurs sont considérés comme criminels d'État, et punis de mort. La vallée de l'Oussouri est riche en pierres précieuses, *agates, cornalines, onyx.* — La province de Liao-toung possède de la *houille* excellente près de Pon-si-Hou, au sud-est de Moukden, et près de Kintcheou; du *fer* à Koung-Chan, et au sud de Pon-si-Hou.

Les **végétaux** sont variés; les montagnes couvertes de forêts qui descendent sur les pentes orientales; les vallées herbeuses, et les terres de mieux en mieux cultivées par les immigrants chinois qui défrichent le sol et le transforment avec succès. Les *légumineuses*, le *millet*, le *froment*, l'*orge*, les *pommes de terre*, le *lin*, le *chanvre*, l'*indigo*, le *pavot*, le *tabac*, trouvent des terrains propices et se développent; le *ginseng* sauvage ou cultivé est une plante très estimée en Chine pour ses propriétés toniques et reconstituantes, et se vend au poids de l'or. Jadis réservé aux Mandchous, le monopole de cette récolte est passé aux mains des *Mandzi*, colons chinois qui sont presque les seuls cultivateurs ou « chasseurs » de la précieuse plante.

Les **animaux** sauvages sont nombreux dans un pays dont une bonne partie est encore inhabitée et inculte. Les fourrés cachent des *tigres* superbes, des *ours*, des *panthères*, des *loups*, des *sangliers*, des *renards*, des *chats sauvages*, des *daims*, *cerfs*, etc.; — les vallées herbeuses nourrissent des *martres zibelines;* les steppes, des *antilopes* qui errent par troupeaux. — Parmi les animaux domestiques sont les *chevaux*, les *mules*, les *ânes*, les *bœufs*, les *moutons*, les *chèvres*, les *porcs*. — Les **oiseaux** abondent; les *corbeaux* sont particulièrement chers aux Mandchous qui, suivant Palladius, les considèrent comme les représentants de leurs aïeux, et leur offrent des sacrifices quotidiens. *Aigles, faucons, hiboux, faisans, perdrix, cailles, coqs de bruyère, grives, canards, alouettes,* etc., contribuent aussi par leur affluence à faire de la Mandchourie le paradis des chasseurs. — Les rivières regorgent de poissons; quelques-uns sont de telle dimension que les pêcheurs goldes se taillent dans leur peau des vêtements d'été que leurs femmes ornent de broderies.

L'industrie locale est limitée à la fabrication de l'*eau-de-vie de sorgho*, de l'*huile*, et à quelques *fonderies*. — Les objets manufacturés viennent de Chine.

Le commerce est assez actif sur les rivières navigables et les grandes routes de terre; — celle de *Moukden à Ghirin*, qui traverse les districts les plus fertiles, avec des bifurcations sur la baie de Possiet (Pacifique), et sur San-Sing; — celle du port de *Ying-tzé*, par Moukden, à *Pétouné*, à *Tsitsikar*, à *Mergen*, continuée jusqu'à Aïgoun; — celle de *Tsitsikar* à *Khaïlar* et à la *Transbaïkalie*. — Le mouvement des échanges par le port de Ying-tzé a doublé en dix ans; il dépasse actuellement 60 millions de francs, un millier de navires, jaugeant 400 000 tonnes, fréquentent annuellement le port.

F. La Corée.

1. — Géographie physique

Limites; situation; étendue. — La presqu'île de Corée (*Kóri*, en japonais, *Koraï*, en chinois, *Kaoli*) s'appelle officiellement *Tsio-Sien* ou *Tcho-Sien*, mot qui signifie « Sérénité du matin » ou « Pays du levant »; elle est enveloppée au sud et à l'est par le détroit de Corée et la mer du Japon qui la séparent des îles japonaises Kiou-Siou et Hondo; à l'ouest par la mer Jaune qui la sépare du littoral chinois de Chan-Toung et Pé-tchi-li; elle est bornée au nord, du côté de la province chinoise de Liao-toung et des deux Mandchouries chinoise et russe, par la rivière *Toung-kia-Kiang*, la haute chaîne des *Chan-Alin*, et le cours inférieur du *Touman-Kang* ou *Mi-Kiang*. Elle est comprise entre 34° 20′ et 42° 30′ de latitude nord, entre 122° 15′ et 127° 14′ longitude est. Sa plus grande longueur du nord au sud est de 900 kilomètres, sa largeur moyenne de 220; sa superficie approximative s'élève environ à 220 000 kilomètres carrés, environ les deux cinquièmes de la France, en y comprenant les nombreuses îles du sud et de l'ouest.

Littoral; îles. — La péninsule est inclinée du côté de l'ouest, où coulent presque toutes les rivières. Les côtes occidentales et méridionales sont très découpées par des golfes et des baies profondes, et bordées de très nombreuses îles de dimensions inégales, la plupart montueuses et escarpées, et d'origine volcanique. Telle est l'île *Matsou-Sima* ou *Ollouto*, que La Pérouse découvrit en 1787 et appela **Dagelet**, haute de 1249 mètres, et couverte de forêts utilisées par les Japonais pour la construction de leur établissement de *Gensanshin*, dans la baie de Broughton; telle aussi, mais plus vaste et plus peuplée, est la grande île de *Quelpaert* au sud, dominée par les rochers blanchâtres du mont *Aoula* ou *Auckland* (2029 m.), et qui sert de lieu d'exil. Au nord-est de l'île Quelpaert est situé le groupe d'îles granitiques auquel appartient *Port-Hamilton*, qu'on a surnommé le Gibraltar de l'Orient, et que les Anglais ont voulu occuper comme un point de défense ou d'attaque contre la flotte russe de la Sibérie orientale. Les côtes orientales de la Corée, plus régulières, dominées par les escarpements de la haute chaîne centrale de l'île, et baignées par une mer profonde, forment une longue courbe convexe du golfe de Broughton au détroit de Corée. C'est au fond de ce golfe que se trouve *Port-Lazareff*, reconnu par les navigateurs russes en 1854, et convoité par la Russie comme une position qui domine toute la mer du Japon.

Relief du sol; cours d'eau; climat. — La Corée est couverte de montagnes entrecoupées de vallées fertiles. « En quelque lieu que vous posiez
» le pied, vous ne voyez que des hauteurs. Presque partout, vous semblez
» être emprisonné entre les rochers, resserré entre les flancs de collines,
» tantôt nues, tantôt couvertes de pins sauvages, tantôt hérissées de
» broussailles ou couronnées de forêts. Tout d'abord vous n'apercevez
» aucune issue, mais cherchez bien, et vous finirez par découvrir les
» traces de quelque étroit sentier qui, après une marche plus ou moins
» longue, vous conduira sur un sommet d'où vous verrez se développer
» un horizon accidenté. Vous avez quelquefois du haut d'un navire con-

» templé la mer, alors qu'une brise carabinée soulève les flots en une
» infinité de petits monticules aux formes variées. C'est en petit le spec-
» tacle qui s'offre à vos regards. Vous voyez dans toutes les directions des
» milliers de pics aux pointes aiguës, d'énormes cônes arrondis, des
» rochers inaccessibles, et plus loin, à perte de vue, d'autres montagnes
» plus hautes encore, et c'est ainsi dans presque tout le pays. La seule
» exception est un district qui s'avance dans la mer de l'Ouest, et qui se
» nomme la plaine de Naï-Po. Mais, par ce mot de plaine, n'allez pas
» entendre une surface nue comme la Beauce, c'est simplement une partie
» de la région où les montagnes sont beaucoup moins hautes et beaucoup
» plus espacées que dans le reste du royaume. On y cultive le riz, et
» c'est ce qui fait appeler le Naï-Po « le grenier de la capitale ». (Cité par
M. Dallet, ch. ii).

De la haute chaîne mandchourienne des Chan-yan-Alin, qui forme la frontière du nord, se détache l'imposante cime coréenne, le **Paik-tou-san**, ou « Montagne à tête blanche », située au point de séparation des bassins de l'Oussouri, de l'Ori-Kang et du Toumân-Kang. Elle a la forme d'un vase immense à parois blanches, couvertes, pendant neuf mois, de glaces et de neiges; à son sommet, elle enferme un lac d'eau noire, dont on n'a pas mesuré la profondeur. Ce massif forme le nœud d'une seconde chaîne qui traverse la presqu'île du nord au sud, serre de près la côte orientale, se dédouble au nord et au sud, envoie vers l'ouest de nombreux contreforts et divise la Corée en deux versants inégaux.

Les cours d'eau, canaux et arroyos sont en grand nombre, surtout à l'ouest; les principaux sont le *Nak-tong-kang* ou *Sam-long*, qui débouche dans le détroit de Corée; le *Hang-Kiang* qui passe près de Séoul, et finit dans la mer Jaune, et surtout les deux rivières de l'**Ori-Kang** (*Ya-lou-Kiang* ou *Am-No-Kang*, « fleuve du canard vert » et du **Toumân-Kang** ou *Tioumen-Oula*, qui coulent en sens inverse, parallèlement à la frontière, l'un dans la baie de Corée, l'autre au sud de la baie Possiet et du territoire russe. L'Ori-Kang est navigable jusqu'à 50 kilomètres de l'embouchure pour les barques de mer; jusqu'à 200 pour les barques de rivières. « Entre les sources des deux rivières, dans les chaînes du Chan-
» yan-Lin, est une contrée montagneuse, noire de forêts, composant un
» territoire sans nom, où les bandits de la Corée, de la Mandchourie et de
» la Chine, vivent, à l'exemple des trop fameux Pavillons Noirs du
» Tonkin, de brigandage, et sont en rébellion ouverte contre l'autorité de
» ces trois pays. Ce fut de la partie sud-orientale de ce district peu connu,
» de ces immenses plaines parsemées de lacs, de marais, de bois fourrés,
» de collines desséchées, qu'à la fin du douzième siècle les Tatares, les
» Mongols et les Huns s'élancèrent pour conquérir l'Asie occidentale et
» une grande partie de l'Europe. » (E. Plauchut.)

Climat. — Sous la latitude de Malte et de Naples, la Corée a un climat extrême; le froid est excessif dans le nord, dans le voisinage des montagnes; le Tou-man-Kang est gelé six mois par an; La Pérouse trouva des neiges au mois de mai dans le fond des ravins. L'été est torride; les pluies et les tempêtes sont fréquentes à l'époque du changement des moussons, en août et septembre; le printemps et l'automne sont généralement fort beaux. Température extrême : — 15° au sud; — 25° au nord de la presqu'île. A Séoul, la rivière Han, large de 305 mètres, est gelée trois mois par an; les voitures chargées circulent sur la glace. L'eau malsaine de la Corée cause des fièvres, des scrofules et des maladies de diverses natures.

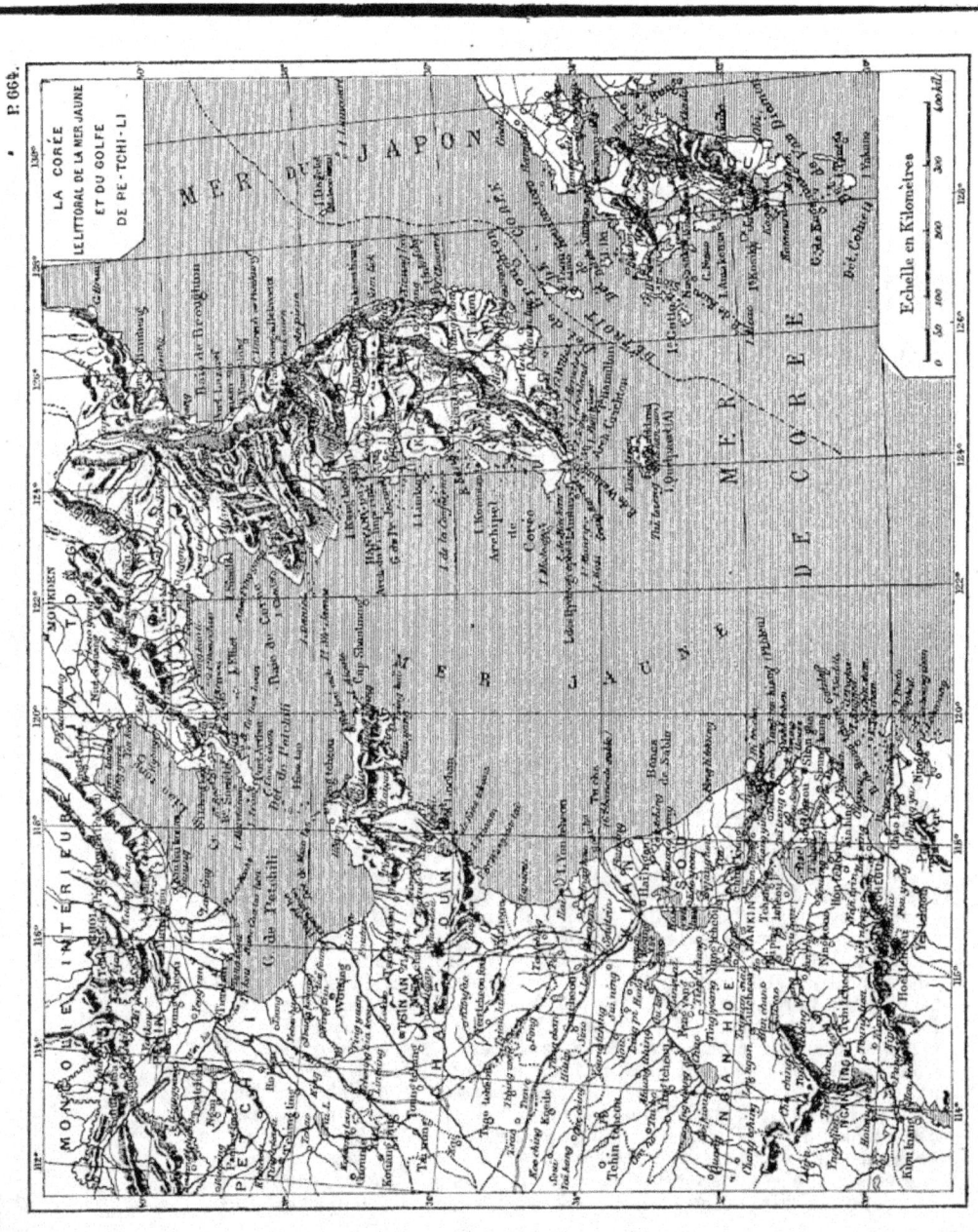

II. — Géographie politique

Notice historique.

Le christianisme fut introduit en Corée vers 1784, et fit d'abord des prosélytes parmi les nobles, les savants, les lettrés; plus tard, parmi les pauvres et les esclaves. Les persécutions commencèrent aussitôt, et les martyrs se succédèrent parmi les missionnaires chrétiens. En 1839, trois religieux français, *Imbert*, *Maubant*, *Chastan*, furent torturés et décapités. En 1846, les commandants Lapierre et Rigault de Genouilly firent dans la mer de Corée une démonstration stérile. Les deux bâtiments *la Gloire* et *la Victorieuse* échouèrent sur les récifs et durent être abandonnés. En 1864, en 1866, d'autres missionnaires, MM. *Berneux*, *de Brétenières*, *Beaulieu*, *Dorie*, *Pourthié*, *Petit-Nicolas*, *Daveluy*, *Aumaître*, *Huin* et de nombreux indigènes chrétiens furent livrés aux supplices les plus atroces. — Le gouvernement de Napoléon III ordonna au contre-amiral Roze d'obtenir une réparation. Deux avisos de l'escadre remontèrent la rivière de Séoul jusqu'à la capitale, mais ne purent rien obtenir. L'île et la ville de Kang-hoa furent occupées et pillées. Puis l'escadre fut rappelée, et la Corée resta plus que jamais fermée aux autres nations. De 1865 à 1875, les foires annuelles qui se tenaient à Pien-men (Porte frontière) furent supprimées; interdiction fut faite aux barques chinoises de pêcher sur les rivages coréens; en 1868, 70 bateaux chinois furent brûlés et 300 hommes de leurs équipages massacrés. Les Etats-Unis, en 1867 et 1871, pour venger le massacre de l'équipage du navire le *Général Sherman*, firent deux démonstrations qui restèrent sans résultat. Quatre ans plus tard, les Japonais furent plus heureux. Un de leurs navires de guerre ayant été canonné par les forts coréens, le gouvernement de Tokio arracha à la Corée un traité qui ouvrait au commerce japonais trois ports coréens. En 1879, l'Italie essaya sans succès d'obtenir la même concession. En 1882, le commodore américain Shufeldt, soutenu par la présence de quatre canonnières chinoises, conclut une convention avantageuse, que la Grande-Bretagne se fit accorder la même année. L'Allemagne eut le même succès en 1882; l'Italie et la Russie en 1884. — Les conventions reconnaissent la suzeraineté de la Chine sur la Corée, tout en admettant l'indépendance de la Corée en ce qui concerne sa politique extérieure et intérieure. Les nations européennes désignées auront des consulats dans les ports ouverts, et des justices consulaires. Elles ne pourront résider, ni rien acquérir en dehors de leurs concessions. Les Coréens pourront librement étudier à l'étranger la langue, la littérature, le droit, les sciences, les arts du pays, et les étrangers qualifiés par les traités seront admis aux mêmes bénéfices en Corée. Les trois ports ouverts sont *Ghensan*, *Yuen-san* ou *Port-Lazarev*; *Fousan*; *Ninsen*, *Jenchuan* ou *Tchemoulpo*. En 1882, pendant la minorité du nouveau roi de Corée, le régent, son père, et le parti hostile aux étrangers, firent attaquer par la populace la légation japonaise; plusieurs de ses représentants furent massacrés; le ministre japonais, Hanabusa, échappa à grand'peine à la mort. Une escadre japonaise débarqua 5000 soldats dans l'île. La Corée offrit une indemnité de 2 500 000 francs au gouvernement de Tokio, et 250 000 aux familles des victimes assassinées; elle consentit à étendre les limites des concessions, à donner une garde à la légation, à faire des excuses au mikado, à châtier les coupables. L'exécution suivit de près, en présence des représentants officiels du Japon; mais les vrais fauteurs du massacre ne furent pas punis. Le roi continua à se montrer plus favorable aux étrangers; il leur acheta des canons, des armes, des munitions, des outils, des métaux, laissa dans les ports ouverts s'établir librement la concurrence de leur commerce et de leurs compagnies de navigation, demanda aux Japonais plus anciennement et plus solidement installés en Corée des instructeurs pour son armée, et envoya au Japon plusieurs jeunes Coréens pour y faire des études scientifiques. Sur la foi des traités, la Corée a pu être de nouveau visitée par de rares étrangers[1].

Gouvernement. — Le roi de Corée (Hapmen) exerce une autorité absolue; il est comme une divinité devant ses sujets. Toutefois, l'île est gouvernée surtout par les chefs des nobles, dont les privilèges sont respectés par le souverain. Le roi de Corée envoie à l'empereur de Chine des ambassades régulières, accompagnées de présents; il donne, à chaque occasion, des témoignages extérieurs de son humilité devant le « Fils du » Ciel ». Le roi a un « favori » désigné parmi les nobles ou les ministres, qui distribue les grâces et les peines, et donne son avis dans toutes les décisions. Le *Conseil supérieur* de l'Etat se compose de neuf membres. Quant aux mandarins fonctionnaires, ils devraient, en principe, n'obtenir de grades que d'après les examens; mais les fonctions et les honneurs sont vendus au plus offrant. Dans toutes les provinces sont des *directeurs des postes*, chargés des relais et des stations.

Divisions administratives. — La Corée est divisée en huit *to* ou *tao* ou provinces, trois à l'est sur la mer du Japon, cinq à l'ouest, du côté de la mer Jaune; elles sont administrées par des *Kam-sa* ou gouverneurs; les *to* se partagent en circuits ou arrondissements, et ceux-ci en districts ou cercles; chaque division a sa hiérarchie de mandarins : les *anciens* des villages forment des conseils communaux.

---

1. M. Charles Varat, chargé par le ministère de l'instruction publique d'une mission ethnographique en Corée, a réussi, sous la protection du résident français, M. Collin de Plancy, à se rendre de Chemoulpo à Séoul, échappant aux bandes de pillards qui infestent le pays. Reçu courtoisement par les mandarins à qui il ne manquait pas, suivant l'étiquette, d'envoyer sa carte rouge, il visita Taïkon et Fousan, où la population se montra généralement bienveillante. M. Varat a reconnu de nouveau que l'île était traversée par une sorte d'Apennin, avec des chaînes secondaires parallèles, des vallées verdoyantes arrosées par de belles nappes d'eau. Il a enrichi de nouvelles collections le musée du Trocadéro. (*C. R. Soc. de géographie de Paris*, 1890.)

L'EMPIRE CHINOIS. 667

	PROVINCES	CHEFS-LIEUX ET VILLES PRINCIPALES
Provinces de l'est	Pieng-an-to Hoang-haï-to Kien-Keï-to Tsiong-tsieng-to Tsien-la-to	Pieng-yang, ancienne capitale du royaume; I-tchou, port de commerce, près de l'embouchure de l'Ori-Kang; Haï-tsiou. **Kieng-dza** (résidence) ou **Séoul** (capitale) ou **Han-yang** (fort royal), 150 000 habitants.— Kang-hoa (15 000 hab.), Jen-chuan et **Tche-moulpo**, sur la rivière Han, en face l'île Roze, port ouvert. Tsiong-tsiou ou Kong-tsiou. Tsien-tsiou: Tsici-tsiou, dans l'île Quelpaert.
Provinces de l'ouest	Ham-Kieng-to Kang-Ouen-to Kieng-Siang-to	Ham-heng ou Hieng-houng; **Gen-san** ou Port-Lazarev, sur la côte orientale, port ouvert. Ouen-tsiou. Taï-kou, foires et marchés; à l'est, **Fousan**, port ouvert.

Séoul.

« Séoul, la capitale de la Corée, occupe un vallon de trois milles environ de diamètre. Comme les villes de la Chine, Séoul est entourée de murs en pierre, crénelés, percés de portes, que ferment de lourdes charpentes en bois et en tuiles, munies d'embrasures, derrière lesquelles des canons sont censés être braqués. Toutefois il n'y a rien de semblable dans l'intérieur. La première impression qu'on éprouve en y pénétrant, c'est qu'il n'y a pas de maisons, mais seulement des huttes couvertes en paille. Du fond de ses grandes et larges rues principales, il est facile de dominer des yeux les toits de la ville entière, et d'apercevoir les belles collines, couvertes de sapins, qui l'entourent. A dix pieds au-dessus du sol, il n'y a plus un objet qui puisse intercepter la vue, aussi longtemps que l'on n'a pas pénétré dans les ruelles tortueuses et étroites, sur le bord desquelles sont bâties la plupart des meilleures maisons. Basses aussi, ces maisons n'offrent à l'extérieur aucun signe d'opulence. Car les quartiers des domestiques sont placés sur la rue et les plus beaux appartements sont cachés aux regards. Parfois, à travers une porte ouverte, on découvre un pavillon en bois non peint, élevé de deux ou trois pieds au-dessus du sol, offrant des fenêtres et des portes en treillis recouvertes de papier blanc. Les bords du toit se projettent au loin, et peut-être qu'il y a à l'est un petit balcon, placé à leur abri. La cour est propre et bien balayée, et la propreté des boiseries et du papier est relevée par l'éclatante blancheur des livrées des domestiques. Les hommes paraissent debout à leurs portes, revêtus de longues robes qui leur descendent presque jusqu'aux pieds, la tête couverte d'un chapeau de bambou conique, tenant en main ou à la bouche une pipe, montée sur une verge de trois pieds de long, qui pourrait servir de canne de voyage.

» La tranquillité et la propreté de cette petite scène sont bien opposées à ce qui se passe dans la rue. Là, de pesantes charges de broussailles, traînées par des bœufs, encombrent le passage; des vingtaines de petits poneys y trottinent, montés par des marmots grimaçants, assis de côté sur des paniers vides. Des monceaux de noix, de poissons salés, de navets, de châtaignes, de fils de laiton, de pipes, de tuyaux de pipe, et de toute espèce de curiosités sont étalés à tous les coins et de tous les côtés de la rue, et des centaines de personnes y vont et viennent. Ces rues n'ont point d'égouts; les balayures et les ordures qu'on y dépose de chaque côté ne sont jamais nettoyées que par les pluies d'orage; et alors elles vont aboutir aux petits cours d'eau qui traversent la ville et qui servent de lavoir pour le linge des familles.....

» ... Le palais royal de Séoul est le seul édifice important. On y arrive par de longues avenues, qui aboutissent à de hautes portes bâties en style chinois. Le palais de l'ouest est un beau spécimen de ce style. La rue qui y conduit a 640 mètres de longueur sur 90 de largeur. Les établissements publics les plus importants se trouvent le long de cette avenue. A l'intérieur du palais, on trouve deux grandes salles, en style chinois, et un pavillon d'été d'environ 40 pieds carrés, élevé de 12 pieds au-dessus du sol, sur des obélisques et des piliers en pierre, éloignés les uns des autres d'environ 10 pieds. Près de ce pavillon, s'étend une vaste pièce d'eau, plantée de lotus ; elle alimente un fossé qui est traversé par plusieurs petits ponts en marbre. Les appartements privés du roi et de sa famille se trouvent dans de nombreux enclos, flanqués de murs, tandis que les gens de service et les domestiques occupent des bâtiments qui entourent les grandes cours où s'élèvent les deux grandes salles. » (D'après CARLES, vice-consul à Séoul, *Proceedings of the Royal geographical Society*, mai 1886.)

III. — Géographie économique

Production. — Minéraux : Les minerais de *fer*, *argent*, *or*, *cuivre*, *plomb*, la *houille*, abondent dans les montagnes coréennes. L'or et le fer surtout se montrent en maints endroits à la surface du sol ; il suffit de se baisser pour les ramasser. Les rivières roulent des paillettes d'or. Mais, soit pour décourager les convoitises des puissances étrangères en laissant croire à la pauvreté du sol, soit pour écarter les causes de troubles en empêchant les agglomérations d'ouvriers en des régions qui échappent à l'autorité du gouvernement, l'exploitation des mines est rigoureusement interdite, et le monopole réservé à l'État. Les monnaies d'or et d'argent n'existent pas ; on fait venir le cuivre du Japon.

Végétaux. — Très honorée, en Corée, comme en Chine, l'agriculture produit du *riz*, du *blé*, du *seigle*, du *millet*, des *légumes divers*, du *coton*, du *tabac*, du *chanvre* et diverses plantes fibreuses propres à la confection de la toile. Mais les instruments de culture sont encore primitifs, les chemins et les moyens de transport manquent, chacun cultive seulement le terrain qui est autour de sa maison et à sa portée ; la grande culture n'existe pas. « La récolte habituelle, dit Dallet, suffit à peine aux » besoins des habitants, et les famines sont fréquentes. »
Les missionnaires ont introduit en cachette la *pomme de terre* en Corée ; mais le gouvernement en a interdit la culture. Les fruits sont abondants ; on y trouve tous ceux de l'Europe : mais à part les *pastèques* et le *Kaki* ou *Kam*, qui rappelle par sa couleur et sa forme la tomate mûre, et par son goût la nèfle, ils sont insipides et aqueux. « Les raisins » ont un suc désagréable ; les framboises ont moins de saveur que les » mûres sauvages de nos haies ; les fraises, très belles à la vue, ne sont » pas mangeables ; les pêches ne sont que des avortons véreux. Les fleurs » sont très nombreuses. Pendant la saison, les champs sont émaillés de » primevères de Chine, de lis de différentes espèces, de pivoines et d'au- » tres espèces inconnues en Europe. Mais, à part l'églantine, dont le feuil- » lage est très élégant, et le muguet qui ressemble à celui d'Europe, » toutes ces fleurs sont inodores, ou d'un parfum désagréable. » — Les **forêts** couvrent un tiers du pays. Le nord possède les plus vastes ; elles abondent en bois de construction : *pins*, *sapins*, *bouleaux*, *hêtres*, *chênes*, *ormes*, *châtaigniers*, *noyers*, *camélias* arborescents, arbres à *vernis*, arbres à *cire végétale*, *ramie*, etc. Les Coréens cultivent aussi le *gen-seng*, plante fameuse, aux propriétés excitantes, que les Orientaux regardent comme le premier tonique de l'univers. Les Chinois, qui en font un grand usage, achètent cette plante jusqu'à 50 000 francs la livre. On ne se sert que de la racine, qu'on coupe en morceaux et qu'on fait infuser dans du vin blanc pendant un mois et plus. « On prend ce vin à très » petites doses. Il n'est pas rare de voir des malades à l'article de la mort » qui, au moyen de ce remède, parviennent à prolonger leur vie de » quelques jours... Le gen-seng, essayé à diverses reprises par les Eu- » ropéens, leur a, dit-on, causé le plus souvent des maladies inflamma- » toires très graves ; peut-être en avaient-ils pris de trop fortes doses ; » peut-être aussi faut-il attribuer cet insuccès à la différence des tempé- » raments et de l'alimentation habituelle. » (C. Dallet.)

Animaux. — Les animaux domestiques sont : le *bœuf*, employé pour

le labourage; le *cheval*, petit, robuste, infatigable; le *chien* sans poil, qui sert surtout à l'alimentation, et qu'on dresse à certains usages comme le nettoyage des marmots au berceau; le *porc*, le *mouton*, la *chèvre*. Le roi a le monopole de l'élevage des chèvres et des moutons; les unes sont réservées pour les offrandes à Confucius, les autres pour les sacrifices des ancêtres.— Le séjour de la Corée l'été est presque intolérable pour les étrangers, à cause des insectes et de la vermine qui pullulent. C'est une véritable *plaie d'Egypte*, et les indigènes eux-mêmes, pendant les chaleurs, chassés de leurs cases par les cancrelats, couchent en plein air, au risque d'être dévorés par les tigres. « Le cancrelat ronge l'épiderme, et
» y fait une plaie plus gênante et plus longue à guérir qu'une écorchure
» ordinaire. Ces animaux, beaucoup plus gros que les hannetons, se mul-
» tiplient avec une rapidité prodigieuse, et le proverbe coréen dit : « Quand
» une femelle de cancrelat ne fait que 99 petits en une nuit, elle a perdu
» son temps. » (C. DALLET.)

Les forêts sont remplies de *tigres* qui font chaque année de nombreuses victimes, et que les Coréens chassent avec succès, soit au piège, soit au fusil, soit au sabre ou à la lance. Les *sangliers*, les *ours*, les *cerfs*, les *faisans*, et le menu gibier abondent; les *serpents* venimeux se rencontrent dans tous les bois, et l'*alligator* infeste les plus grandes rivières.

Industrie. — Les arts utiles n'ont fait en Corée aucun progrès depuis des siècles. Chaque Coréen fait pour son compte presque tous les métiers, et fabrique à son usage les objets de première nécessité. « La récolte
» donne au laboureur tout ce qu'il lui faut, et pendant l'hiver il devient
» tour à tour tisserand, teinturier, charpentier, tailleur, maçon, etc. Il fait
» chez lui le vin, le riz, l'huile, l'eau-de-vie; sa femme et ses filles filent
» le chanvre, le coton, la soie même; elles en tissent des étoffes grossières,
» mais solides, qui suffisent aux besoins habituels. Chaque paysan confec-
» tionne lui-même ses habits, ses souliers de paille, ses sabots, les cor-
» beilles, paniers, balais, cordes, ficelles, nattes, instruments de labour
» dont il a besoin. Le cas échéant, il répare le mur, le toit, la charpente
» de sa maison. En un mot, il se suffit; mais, comme il est facile de le
» comprendre, il ne travaille à chaque chose que dans la mesure de la
» nécessité présente, se contente des procédés les plus simples et les plus
» primitifs et ne peut jamais arriver à une habileté remarquable. »
(DALLET, *Introd.*, CLXXXII.) Les ouvriers établis dans des ateliers fixes sont très rares. Même les spécialistes errent de localités en localités, là où on les appelle, et, quand l'ouvrage est terminé, vont, leurs outils sur le dos, chercher fortune ailleurs. Ou bien ils s'établissent quelque temps sur les lieux qui leur fournissent en abondance la matière première, minerais, bois, argiles. « Aussi jamais de grandes fabriques, jamais d'exploitations
» sérieuses, jamais d'ateliers qui méritent ce nom. Des baraques de plan-
» ches mal jointes, facilement emportées par le vent ou effondrées par la
» pluie, des fours ou fourneaux sans solidité, qui se fendent à chaque
» instant, voilà tout. » Les Coréens tirent du Japon leur cuivre, et de Chine tous les bijoux, articles de parure et objets de luxe; ils vendent, dit-on, aux Chinois, de grands couteaux, des sabres et des poignards. Toutefois ils excellent dans la fabrication du *papier*. « Avec de l'écorce
» de mûrier, dit encore M. Dallet, ils font du papier bien plus épais et
» plus solide que celui de la Chine; il est comme de la toile et on a
» peine à le déchirer. Son emploi se diversifie à l'infini : on en fait des

» chapeaux, des sacs, des mèches de chandelle, des cordons de souliers, etc.
» Lorsqu'il est préparé avec de l'huile, il remplace avantageusement,
» vu son bon prix, nos toiles cirées, et sert à confectionner des parapluies
» et des manteaux imperméables. Les portes et les fenêtres n'ont pas
» d'autres vitres que ce papier huilé collé sur le châssis [1]. »

Commerce; voies de communication. — « Les relations commerciales de
» la Corée avec les nations voisines ont été, jusqu'en ces dernières années,
» presque nulles. Le gouvernement, pour conserver son indépendance
» contre la Chine et le Japon, s'enferme dans un isolement complet. Toute
» communication avec les étrangers, sauf les cas prévus par la loi, est
» punie de mort. Les ambassadeurs chinois qui viennent à Séoul laissent
» leur suite à la frontière, sauf un ou deux domestiques attachés à leur
» personne, et, pendant qu'ils sont dans la capitale, ne sortent pas du
» palais qui leur est assigné pour résidence [2]. » (DALLET.) Les transactions
ne se font que dans les foires ou marchés qui se tiennent dans les villes
ou bourgades désignées par le gouvernement. Il n'existe que deux routes
de communication par terre : celle de Tartarie par Houng-tchoung, dernier
village russe de la Mandchourie, et Kieng-ouen, ville coréenne la plus
voisine de la frontière; celle de la Chine, par Pien-men (*Porte de la
frontière*), dernière ville chinoise du côté de la Corée, près de la mer
Jaune, et Ei-tsiou, ville coréenne. Cette région a des foires et des marchés
privilégiés, qui durent quelques jours, et où des étrangers sont admis.
Par là aussi passent les courriers; partout ailleurs, la frontière, formée
de déserts montagneux et de forêts impraticables, est inaccessible.

Par mer, les relations commerciales n'étaient guère plus étendues avant
les derniers événements. Si l'on tolère pour les navires japonais ou
chinois le droit de pêche aux holothuries et au hareng sur le littoral du
Pieng-an et de Hoang-haï, c'est à la condition que les marins ne mettront
jamais pied à terre, et ne s'aboucheront jamais en pleine mer avec les
gens du pays sous peine de confiscation du navire et d'emprisonnement
de l'équipage. Mais, à l'insu ou avec la complicité des mandarins qui se
laissent corrompre, les Chinois se livrent avec les Coréens à une contrebande effrénée, en s'abritant le jour derrière les rochers ou les îlots de
l'archipel, et en gagnant de nuit la côte. C'est par ce moyen que les missionnaires pénétraient dans la péninsule.

Importations : en 1889, 3 377 000 piastres mexicaines (piastre = 3 fr. 86).

Exportations : en 1889, 1 233 000 piastres mexicaines.

---

1. Il y a pourtant une exception. « Quand un Coréen, dit Mgr Daveluy, a
» trouvé un petit morceau de verre d'un demi-pouce carré, c'est une bonne for-
» tune. Aussitôt il l'insère dans une fente de sa porte; dès lors, il peut d'un tout
» petit coin de l'œil remarquer ce qui se passe en dehors, et il est plus fier qu'un
» empereur devant les glaces de son palais. A défaut de ce morceau de verre, il
» fait avec le doigt un trou dans le papier, et se met ainsi en communication avec
» le monde extérieur. »

2. On a vu, à la *Notice historique*, que depuis l'époque où l'éminent missionnaire, M. Ch. Dallet, publiait son grand ouvrage, les mœurs politiques ont un
peu changé en Corée; mais, en dehors des ports ouverts, le séjour de la presqu'île
est toujours des plus périlleux pour les étrangers.

Navigation : 1224 steamers de 244000 tonnes; le *pavillon japonais* est représenté par 461 navires de 220000 tonnes; le *chinois* par 30 navires de 12000 tonnes; l'*allemand* par 20 navires de 8200 tonnes. — La Corée importe des cotonnades, lainages, métaux, soieries, riz. — Elle exporte des fèves, peaux, poissons, grains, soies brutes. La compagnie de navigation japonaise Mitzou-Bichi entretient avec la Corée un service de correspondance régulière.

Marine; monnaies, poids et mesures. — Les barques coréennes sont mal construites, à fond plat, uniquement destinées à la pêche côtière; il n'y a pas de pilotes parmi les marins; et, si l'on trouve en Corée quelques boussoles de fabrication chinoise, on ne s'en sert que pour rechercher les lieux les plus favorables aux sépultures. — Les Coréens n'ont pas de **monnaie** d'or ou d'argent. La seule monnaie qui ait cours légal est le *sapèque*, petite pièce de cuivre avec alliage de zinc ou de plomb, valant deux centimes environ, et percée au centre d'un trou, comme en Chine. On enfile ensemble les sapèques, et leur réunion forme une somme déterminée sous le nom de *ligature*. « Pour effectuer un paiement considérable, » il faut une troupe de portefaix, car cent *nhiangs* ou ligatures (environ 200 francs) forment la charge d'un homme. Le gouvernement seul bat monnaie; il livre aux fondeurs la quantité de cuivre nécessaire pour la fabrication des sapèques, mais les fondeurs remplacent en partie le cuivre par du plomb et partagent le bénéfice de la fraude avec le ministre des finances ou le contrôleur de la monnaie.

Les marchands emploient comme mesure principale la *poignée* pour les grains. Cent *poignées* font un boisseau, vingt boisseaux font un sac (*som*). Pour les liquides ils comptent par *tasses*. Pour les longueurs ils se servent du *pied*, dont la longueur est extrêmement variable; il se subdivise en *dix pouces*, le pouce en *dix lignes*. Pour le poids, la mesure usitée est la *livre* chinoise, et l'on pèse tout sur des balances de Chine.

Population : évaluations très différentes : de 7 à 15 millions d'habitants; d'après un recensement officiel de 1853, 10518000. Les Coréens sont robustes, infatigables au travail, ouvriers intelligents. On rattache leur origine aux Tougouses de Sibérie, aux Chinois et Japonais. Leur *langue* diffère de celle des peuples voisins, mais dans les ports l'introduction des mots étrangers a créé un sabir ou argot commercial. Le chinois est l'idiome des lettrés et du monde officiel.

La **religion** officielle est le *bouddhisme*; la *doctrine de Confucius* et le *culte du feu* comptent aussi des sectateurs. Le *christianisme*, grâce à l'ardeur inébranlable des missionnaires, a fait de nombreux prosélytes dans la presqu'île; on a compté jusqu'à 100000 chrétiens dans l'île, au temps de la prospérité des chrétientés, avant les derniers massacres. —

L'**armée** coréenne est composée en principe de tous les hommes valides. Elle était autrefois mal outillée et mal instruite; depuis les derniers traités, la Corée a fait venir des instructeurs japonais et acheté des armes, des canons et des canonnières au Nippon.

Budget. — Le revenu annuel de 1889 a été dans les ports ouverts de 4611000 piastres mexicaines.

Tortures et supplices en Corée.

« En Corée, le principal moyen employé pour l'instruction d'un procès criminel est la torture. Il y en a plusieurs espèces et de plusieurs degrés, mais la plus terrible de toutes est précisément celle qui ne figure pas au nombre des supplices autorisés par la loi, c'est-à-dire le séjour plus ou moins long dans les prisons. Ces prisons consistent généralement en une enceinte fermée de hautes murailles, auxquelles s'appuient à l'intérieur des baraques en planches. Le milieu laissé libre forme une espèce de cour. Chaque baraque n'a d'autre ouverture qu'une porte très petite par où la lumière pénètre à peine. Le froid en hiver, et la chaleur en été, y sont intolérables. Le sol est couvert de nattes tissées avec une paille grossière. « Nos chrétiens,
» écrit Mgr Daveluy, en parlant de la grande persécution de
» 1839, étaient entassés dans ces prisons, au point de ne
» pouvoir étendre leurs jambes pour se coucher. Ils m'ont
» déclaré, unanimement, que les tourments des interrogatoires
» sont peu de chose, en comparaison des souffrances de cet
» affreux séjour. Le sang et le pus qui sortaient de leurs plaies
» eurent bientôt pourri leurs nattes. L'infection devint insup-
» portable, et une maladie pestilentielle enleva en quelques
» jours plusieurs d'entre eux. Mais, la faim, la soif surtout,
» étaient pour eux la plus terrible des souffrances, et beaucoup
» de ceux qui avaient courageusement confessé la foi dans les
» autres tortures se laissèrent vaincre par celle-ci. Deux fois
» par jour, on leur donnait une petite écuelle de millet, de la
» grosseur du poing. Ils furent réduits à dévorer la paille
» pourrie sur laquelle ils étaient couchés ; et enfin, chose hor-
» rible à dire, ils mangèrent la vermine dont la prison était
» tellement remplie qu'ils la prenaient à poignée. »

» Il est juste de remarquer que Mgr Daveluy parle ici des prisons telles qu'elles sont pour les chrétiens en temps de persécution, et ce serait une exagération d'appliquer ses paroles à toutes les prisons coréennes et à toutes les époques. Néanmoins, un fait hors de doute, c'est que tous les accusés, païens aussi bien que chrétiens, redoutent plus la prison que les tortures.

» Ces tortures cependant sont quelque chose d'affreux. Le

roi Teng-Tsong, qui mourut en 1776, en abolit un grand nombre, entre autres l'écrasement des genoux, l'application du fer rouge sur diverses parties du corps, l'écartement des os sur le haut du mollet, etc... D'ailleurs, il en reste bien assez d'autres autorisées par la loi et par l'usage journalier des tribunaux. Voici les principales :

» 1° La planche (*tsi-to-kon*). On fait coucher le patient par terre sur le ventre, et un homme robuste saisit une planche de chêne très dur, et le frappe avec force sur les jambes au-dessous du jarret. Cette planche est longue de quatre ou cinq pieds, large de six à sept pouces, épaisse d'un pouce et demi, et l'une de ses extrémités est taillée pour servir de manche. Après quelques coups, le sang jaillit, les chairs se détachent et volent en lambeaux, et, au dixième ou douzième coup, la planche résonne sur les os nus. Plusieurs chrétiens ont reçu jusqu'à soixante coups de planche dans un seul interrogatoire.

» 2° La règle, les verges, les bâtons (*ieng-tsang*). La règle est une planchette longue de trois pieds, large de deux pouces, ayant quelques lignes seulement d'épaisseur, avec laquelle on frappe le patient sur le devant de la jambe. Le chiffre ordinaire des coups est fixé à trente par interrogatoire, et, comme l'exécuteur doit à chaque coup casser la règle, il y en a toujours trente de préparées pour l'accusé. — Les verges sont entrelacées trois ou quatre ensemble, et forment des cordes avec lesquelles on fustige le patient, mis à nu, sur tous les membres. — Les bâtons sont de la taille d'un homme et plus gros que le bras. Quatre valets entourant l'accusé le frappent tous à la fois de la pointe dans les hanches et sur les cuisses.

» 3° La dislocation et la courbure des os (*tsouroi-tsil*). On en distingue trois espèces. Le *kasaï-tsouroi*, qui consiste à lier fortement ensemble les deux genoux et les gros doigts des deux pieds, et à passer dans l'intervalle deux bâtons que l'on tire en sens inverse, jusqu'à ce que les os se courbent en arc, après quoi on les laisse revenir lentement à leur position naturelle. Le *tsoul-tsouroi* diffère du précédent en ce qu'on lie d'abord ensemble les doigts des deux pieds, puis on place entre les jambes une grosse pièce de bois, et deux hommes, tirant en sens contraire des cordes attachées à chaque genou, les rapprochent peu à peu jusqu'à les faire toucher. Le *psal-touroi* est la dislocation des bras. On les attache derrière le dos l'un contre l'autre jusqu'au-dessous du coude, puis, avec deux gros bâtons qu'on emploie comme leviers, on force les épaules à se rapprocher. Après quoi, l'exécuteur délie les bras, et, appuyant un pied sur la poitrine, les ramène à lui pour remettre les os à leur place. Quand les bourreaux sont habiles, ils savent comprimer les os de façon à les faire seulement ployer; mais, s'ils sont novices et inexpérimentés, les os se rompent au premier coup, et la moelle s'en échappe avec le sang.

» 4° La suspension (*hap-tsoum*). On dépouille le patient de tous ses vêtements, on lui attache les mains derrière le dos, et on le suspend en l'air par les bras; puis quatre hommes se relèvent pour le frapper tour à tour à coups de rotin. Au bout de quelques minutes, la langue couverte d'écume pend hors de la bouche, le visage prend une couleur violet sombre, et la mort suivrait immédiatement si l'on ne descendait la victime, pour la laisser reposer quelques instants, après quoi on recommence. Le *tsou-tsang-tsil* est une autre espèce de suspension dans laquelle le patient est attaché en haut par les cheveux, et agenouillé sur des fragments de pots cassés, tandis que les satellites placés de chaque côté lui frappent les jambes à coups de bâton.

» 5° Le *topsil*, ou sciage des jambes. Avec une corde de crin, on serre la cuisse, et deux hommes, tenant chacun un bout de cette corde, la tirent et la laissent aller alternativement jusqu'à ce qu'elle soit parvenue à l'os, en rongeant les chairs, après quoi on recommence un peu plus haut ou un peu plus bas. D'autres fois le sciage se fait avec un bâton triangulaire sur le devant des jambes.

» 6° Le *sam-mo-tsang* ou incisions faites avec une hache ou cognée en bois, qui enlève des tranches de chair, etc., etc.

» L'application plus ou moins longue ou plus ou moins cruelle de ces diverses tortures est entièrement laissée au caprice des juges qui, souvent, surtout quand il s'agit de chrétiens emprisonnés pour cause de religion, se livrent à des excès de rage, et inventent des raffinements de barbarie, à faire frémir la nature.

» ... Quand le condamné à mort est un grand dignitaire, la sentence s'exécute, en secret, par le poison. Généralement, on fait entrer la victime dans une chambre extraordinairement chauffée, on lui donne une forte dose d'arsenic, et il meurt en peu de temps. Tous les autres coupables sont mis à mort publiquement.

» Il y a trois sortes d'exécutions solennelles : la première est l'exécution militaire, nommée *Koun-moun-hio-tiou*. Elle se fait dans un lieu spécial, à Saï-nam-to, à dix lys de la capitale. Cet endroit est quelquefois aussi appelé No-toul, du nom d'un village qui se trouve non loin de là, sur les bords du fleuve. Le condamné est porté sur une litière en paille. L'exécution doit être présidée par le général commandant l'un des grands établissements militaires de la capitale. Les troupes commencent par faire autour du patient une série de manœuvres et d'évolutions ; puis on lui barbouille le visage de chaux, on lui lie les bras derrière le dos, et, lui passant un bâton sous les épaules, on le promène à diverses reprises autour du lieu du supplice. Ensuite, on hisse un drapeau au sommet d'un mât, et on lit à haute voix la sentence avec tous ses considérants. Enfin, on passe une flèche, la pointe en haut, dans chaque oreille repliée ; on dépouille le condamné de ses vêtements jusqu'à la ceinture, et les soldats, courant et gesticulant autour de lui, le sabre à la main, font voler sa tête.

» La deuxième espèce d'exécution publique est celle des coupables ordinaires. Elle a lieu en dehors de la petite porte de l'ouest. Au moment voulu, on amène devant la prison une charrette au milieu de laquelle est dressée une croix de six ou sept pieds et demi de haut. Le bourreau entre dans le cachot, charge le condamné sur ses épaules et vient l'attacher à la croix par les bras et les cheveux, les pieds reposant sur un escabeau. Quand le convoi arrive à la porte de l'ouest, où commence une pente très rapide, le bourreau enlève l'escabeau par un mouvement subit, et le conducteur pique les bœufs qui se précipitent sur la descente. Comme le chemin est raboteux et rempli de pierres, la charrette fait des cahots terribles, et le patient, n'étant plus soutenu que par les cheveux et les bras, reçoit à droite et à gauche des mouvements saccadés qui le font horriblement souffrir. Arrivé au lieu de l'exécution, on le dépouille de ses habits, le bourreau le fait agenouiller, lui place un billot sous le menton, et lui tranche la tête.

» Pour les rebelles et les crimes de lèse-majesté, il y a une troisième espèce d'exécution publique. Tout se passe comme nous venons de le dire, mais, après que la tête est séparée du tronc, on coupe les quatre membres qui, avec la tête et le tronc, forment six morceaux. — Quand il s'agit d'un grand criminel, l'usage est d'envoyer les membres dans les diverses provinces pour effrayer le peuple et décourager les conspirations. De vils satellites promènent ces lambeaux hideux sur les grandes routes et se font donner de l'argent par tous ceux qu'ils rencontrent. » (Ch. DALLET, *Histoire de l'Eglise de Corée;* Introd., LXV et suiv.; Paris, in-8°, 1884. Palmé.)

G. LA CHINE.

Situation; limites. — La Chine proprement dite est limitée à l'ouest par les hautes chaînes qui bordent le plateau oriental du Tibet, et entre lesquelles coulent les branches supérieures de la Salouen, du Mé-Kong, du Yang-tsé-Kiang, du Hoang-Ho et de leurs affluents; — au nord, par la grande muraille qui sépare assez nettement les steppes de l'Ala-Chan et du Gobi des régions habitées et fertiles; — à l'est et au sud-est, par le littoral du Pacifique, qui s'étend sur plus de 3500 kilomètres. La frontière du sud, du côté du Tong-King et de la Birmanie, est conventionnelle et difficile à déterminer. Cette immense étendue de territoires représente la moitié de l'Empire du Milieu, huit fois la superficie de la France.

Situation astronomique. — Du 20° au 40° latitude nord; du 96° au 123° longitude est.

Relief du sol et cours d'eau. — La Chine possède une unité géographique frappante. Ses trois grands bassins fluviaux, Hoang-Ho, Yang-tsé-Kiang, Si-Kiang, sont orientés dans le même sens, et leurs eaux descendent des hautes terrasses de l'ouest, vers le Grand Océan, séparées dans leur cours par des montagnes élevées, prolongement naturel des massifs tibétains. Des vallées transversales, celles du Min-Ho, du Kialing, du Han, ouvrent des communications entre les deux plus grands fleuves, dont les deltas sont très rapprochés.

L'occident de la Chine et le sud sont les régions les plus montueuses; le réseau de montagnes, de collines, de rivières encaissées qui les sillonnent dans tous les sens est souvent inextricable et encore mal reconnu. — A l'est s'étendent les immenses plaines basses, les zones d'alluvions créées par les fleuves.

1° Chine septentrionale.

La grande coupure du Hoang-Ho supérieur sépare des montagnes du Koukou-nor le massif montagneux, qui prolonge les monts Kouenloun orientaux, et projette ses longs rameaux au sud-est et à l'est entre les bassins du Hoang-Ho et du Yang-tsé-Kiang. Ce massif porte le nom de **Siking-Chan**, au sud de Lantcheou-fou, et de **Tsing-Ling**, « Montagnes Bleues », à droite de la vallée du Weï-Ho. Les deux massifs culminants des Montagnes Bleues sont le **Tapeï-Chan**, « longue échine étincelante de neiges glacées », haute de 3600 à 4000 mètres, et le **Kouang-tang**, qui dépasse 3710 mètres; les Tsing-ling du sud, sous le nom de *Fou-Nou*, hauts de 1000 mètres en moyenne, se prolongent entre le Han et le Hoang-Ho, séparant par leurs arêtes peu élevées, faciles à franchir, absolument et systématiquement déboisées, deux versants dont le sol, le climat, les cultures, les mœurs et même le dialecte sont entièrement différents. A gauche du Weï-Ho, des montagnes qui s'entre-croisent poussent leurs arêtes au nord, à la base de la grande courbe septentrionale du Hoang-Ho, jusqu'à la grande muraille, à l'entrée de l'ordoss mongolique, et à l'est, sous le nom d'*Hoa-Chan*, jusqu'au confluent du Lo-Ho, du Weï-Ho et du Fleuve Jaune.

A gauche du Hoang-Ho, parallèles au grand fleuve, une succession de terrasses, de plus en plus élevées vers le nord-est, s'étagent dans toute la longueur de la province de Chan-si, comme les gradins d'un gigantesque escalier. Une de ces terrasses, souvent blanche de neige, le **Sioué-Chan**, dresse à 3500 mètres une de ses cimes, l'*Outaï-Chan*, « Mont des Cinq » Piliers », dont les flancs sont couverts de temples, d'édifices sacrés et de tombeaux. — Les chaînes escarpées qui forment les talus orientaux de la Mongolie, et qui, à travers le Pe-tchi-li, se rattachent aux monts du Liaotoung, enveloppent la grande plaine de Péking. Leurs sommets, à droite de la vallée du Wen-Ho, dépassent rarement 2000 mètres.

Au *Chan-si*, « pays des Monts occidentaux », s'oppose le *Chan-Toung*, « pays des Monts orientaux », la province la plus fertile, la mieux cultivée, la plus riche en produits minéraux de tout l'empire. Cette presqu'île, qui s'avance en promontoire élevé au-devant de Liaotoung et de la Corée, et commande au sud l'entrée du golfe de Pe-tchi-li, se compose de deux régions séparées par une dépression lacustre : le lac *Peïma* ou « du cheval blanc », et le *Kiao-Ho*, sont le tracé de l'ancien détroit qui reliait le golfe de Pe-tchi-li à la baie de Kiao-Tcheou. Le promontoire oriental est bordé sur la côte de hauteurs, en forme de pyramides, aux pentes douces, surnommées les *Bonnets de mandarins;* elles sont inférieures à 1000 mètres; le plus haut sommet, au sud, le *Lo-Chan*, à 1070 mètres; à l'occident, le massif principal, dominant la grande vallée du Hoang-Ho est le **Taï-Chan**, la « Grande Montagne », haute seulement de 1545 mètres, mais la montagne la plus sainte de l'empire. De tout temps, les empereurs sont venus y faire des sacrifices, y apporter des offrandes; Confucius en fit l'ascension, sans pouvoir atteindre la cime. « Depuis ce
» temps, l'escalade a été rendue facile par la construction d'un excellent
» chemin pavé de 19 kilomètres de long, et de larges escaliers ombragés,
» jusqu'à 600 mètres d'altitude, de cyprès, de cèdres et d'ifs, et plus haut,
» de pins à cime horizontale. Des porteurs de palanquins attendent les
» pèlerins à chaque palier. Des temples, des kiosques, des autels s'élèvent
» sur chaque promontoire; du sommet à la base, le chemin est bordé de
» reposoirs pour les fidèles, et la ville d'en bas, Taïngan, toute remplie
» d'édifices religieux, est considérée comme une dépendance de la montagne. Des populations entières d'infirmes et de mendiants vivent des
» aumônes que leur distribuent les pèlerins; tous ces malheureux, vêtus
» de haillons sordides, grouillant à l'entrée des grottes, au milieu des tas
» de pierres, forment un lamentable contraste avec la richesse des temples
» et la beauté de la nature environnante. » (Elisée RECLUS, VII, p. 342.)

Le bassin du Hoang-Ho. — Des deux grands fleuves de la Chine centrale, tributaires de l'océan Pacifique, et originaires des lointains

plateaux du Koukou-nor, le **Hoang-Ho** est le plus redoutable. Sa longueur est évaluée à 4700 kilomètres, l'aire de son bassin a 1 500 000 kilomètres carrés, presque trois fois la superficie de la France. Ses débordements, qui ont souvent dévasté ses rives, détruit, comme en 1851-53, des milliers de villes et villages et noyé des millions d'êtres humains, l'ont fait surnommer le « Fleuve incorrigible », la « Rivière noire », le « Fléau
» des enfants de Han », le « Crève-Cœur de la Chine. » — Il a ses sources les plus reculées dans les steppes d'Odon-Tala, où s'étalent le *Djarming-nor* et l'*Oring-nor*, ces mystérieux « lacs des Etoiles », reconnus pour la première fois par Prjévalski, et après lui par le pandit Krichna. Le fleuve coule au centre de hautes montagnes que sillonnent des défilés profonds; Prjévalski l'a exploré sur une longueur de 270 kilomètres, au sud-est du Koukou-nor, à partir de l'oasis de *Gouï-Douï*. A 2580 mètres d'altitude, le Hoang-Ho, aux basses eaux, a une largeur de 120 mètres et roule un flot limpide, qu'on ne peut passer à gué, et dont le courant est d'environ 100 mètres par minute. Grossi de nombreux torrents, parmi lesquels le *Bao*, le *Bagagorghi* et le *Tchourmyn*, qui creusent leur lit le long de plateaux herbeux, au fond d'énormes tranchées, il s'enfonce dans des cluses profondes de 300 mètres, dont les parois sont escarpées et souvent verticales. Dans sa traversée du Kan-sou, le Hoang-Ho longe intérieurement la grande muraille, passe devant Lan-Tchéou, prend la direction du nord-ouest, coule à l'est du plateau désert d'Ala-Chan, enveloppe de sa vaste courbe, dont les méandres se déplacent incessamment, le plateau de l'Ordoss, et, se heurtant aux escarpements de l'In-Chan, s'infléchit brusquement au sud, au pied des terrasses du Chan-si, jusqu'à la rencontre du *Lo-Ho* et du *Weï-Ho*, le plus grand de ses affluents. Dans ce parcours, le Hoang-Ho justifie particulièrement son surnom de **Fleuve Jaune**.

« Tout est jaune, les collines, les routes, les champs, l'eau de la rivière,
» les maisons construites en terre jaune, la poussière, enfin l'air lui-même
» qui est chargé de particules jaunâtres. Dans cette contrée, le mot *hoang*,
» jaune, est bien le symbole de la nature, et c'est avec raison qu'un des
» empereurs chinois du vieux temps prit le nom d'Hoang-ti, c'est-à-dire
» le Maître de la jaune (sous-entendu terre). » (RICHTHOFEN.)

Le pays des Terres Jaunes.

Le pays des **Terres Jaunes** (Hoang-tou) a été lentement créé par les strates de poussière argileuse, que pendant des siècles le vent a accumulées. Le géographe allemand Richthofen désigne cette formation géologique du bassin du Fleuve Jaune sous le nom de *lœss*. Par endroits, comme dans la vallée du Weï-Ho, le plus grand affluent du Hoang-Ho, long de plus de 1000 kilomètres, l'épaisseur du lœss n'a pas moins de 600 mètres. Les pluies et les ruisseaux creusent d'énormes cluses, d'effrayants ravins, des galeries souterraines dans ces couches argileuses, en désagrègent la masse, et détachent des blocs immenses qui s'écroulent, laissant à leur place des fragments de murs escarpés, de formes bizarres, souvent isolés par des puits béants et des abîmes sans fond. Le sol de la *Terre jaune* est le plus fécond de la Chine; il fournit à l'agriculture des moissons superbes, sans recevoir d'engrais; le lœss sert à fertiliser les terres pauvres. Aussi les cultivateurs chinois, pour ne perdre aucune parcelle de ce précieux terrain, se creusent-ils des habitations dans les galeries sou-

terraines du lœss. « A l'ouest du point où le Weï-Ho devient navigable, il
» coule dans un défilé creusé au sein du diluvium, et qui a 200 mètres de
» profondeur en aval de Pao-ki-hien : la rive septentrionale forme une
» série de 50 à 60 terrasses superposées, toutes cultivées, plantées et
» habitées. Dans les murs qui soutiennent ces terrasses, on voit des trous
» qui sont les portes des grottes où vivent les cultivateurs ; ces grottes
» composent des espèces de villages reliés entre eux, de terrasse à ter-
» rasse, par des chemins montants. » (Richthofen.)

L'étendue du lœss est d'environ 85 à 90 millions d'hectares, soit près
de deux fois la superficie de la France. C'est à lui surtout que le Chen-si
doit, de temps immémorial, sa renommée de *Grenier de la Chine*.

« Le *loss* ou *lœss* n'a pas la densité ni la dureté de la pierre
friable et tendre, il se laisse entamer par l'outil ou réduire en
poussière avec la plus grande facilité. Il est si léger qu'il se laisse
labourer le plus aisément du monde, et sa fertilité exceptionnelle
permet de recueillir sans peine d'abondantes moissons. Il s'étend
en couche d'épaisseur variable sur les roches de calcaire carbo-
nifère qui forment toute la charpente de cette région ; les ondulations du sol primitif ont disparu noyées sous ce dépôt qui a
nivelé collines et vallées, et, là où existait autrefois un terrain
accidenté, on ne voit plus aujourd'hui qu'une immense plaine
légèrement concave ; seuls, les hauts sommets élèvent encore
au-dessus d'elle leurs têtes dénudées qui montrent à découvert
les roches dont ils sont formés. Les ruisseaux et les rivières ont
facilement entamé cette couche sans résistance, et leurs eaux,
entraînant avec elles ses particules facilement désagrégées, ont
creusé dans sa masse de profonds sillons, ne s'arrêtant dans
leur travail d'érosion que lorsqu'elles ont rencontré le sol plus
résistant du travail primitif. La plaine de *lœss* est donc entrecoupée en tous sens par de nombreuses et profondes crevasses à
parois verticales qui n'apparaissent guère que lorsqu'on arrive
sur le bord.

» C'est cette disposition naturelle qui a fait naître, sans
doute, le système particulier adopté par les Chinois pour le
tracé de leurs routes dans cette partie de la Chine. Celles-ci, au
lieu de se développer à la surface du sol, s'allongent au fond de
tranchées pratiquées dans l'épaisseur de la couche du *lœss*.
Larges de deux à cinq mètres au plus, à peine la largeur d'une
voiture, elles sont encaissées entre deux murailles verticales qui
surplombent quelquefois à de grandes hauteurs et dont l'étroit
intervalle ne laisse apercevoir qu'une bande, un filament de la
voûte céleste, et cela pendant des lieues et encore des lieues. Au

fond de ces longues galeries, la chaleur est étouffante et l'air ne vient pas en tempérer l'ardeur. Le sol, couvert d'une épaisse couche de *lœss* broyé par les roues des voitures et réduit à un état de ténuité extrême, semble manquer de solidité, tant on y enfonce. Soulevée sous les pieds des mules, cette fine poussière flotte dans l'air et s'attache à tout ce qu'elle touche : tout en est couvert et chacun des objets qui vous entourent portent la livrée uniforme que le *lœss* impose à tout ce qui pénètre dans son domaine. Rien ne saurait peindre la tristesse et la fatigue que l'aspect de ces longs couloirs produit sur l'esprit du voyageur; errant désespérés sur les parois régulières de ces grands murs impénétrables, partout semblables à eux-mêmes, ses regards cherchent en vain quelque objet nouveau qui puisse distraire son imagination languissante; il lui semble être le jouet de quelque hallucination, de quelque perversion du sens de la vue, tant il est étrange de voir toutes ces couleurs, l'azur même du ciel, s'effacer pour faire place à une teinte jaunâtre uniforme; n'ayant rien à voir, alourdi par la chaleur, étouffé par la poussière, il n'y a qu'un moyen d'échapper à l'ennui mortel et à la lassitude qui s'emparent de lui : le sommeil. Rarement la route s'élève au niveau du sol; encore n'est-ce que pour quelques courts instants; elle se hâte de rentrer dans les entrailles de la terre d'où elle semble n'être sortie un moment que pour mieux faire sentir au voyageur la domination que le *lœss* exerce sur son empire; les rapides regards qu'il a pu jeter sur la plaine ont dû suffire pour le convaincre de l'affreuse monotonie de ce pays; peu ou point de végétation arborescente, et, là où il aurait pu espérer reposer ses yeux sur la verdure, il ne trouve qu'une herbe dont la couleur disparaît sous une couche de poussière.

» Au moment de s'engager dans ces étroits labyrinthes, les conducteurs ont l'habitude de pousser un long hurlement pour avertir ceux qui pourraient venir à leur rencontre d'avoir à se garer ou à ne point s'y engager eux-mêmes, avant que les premiers en soient sortis. Lorsque deux voitures viennent à se rencontrer, il faut, en effet, que l'une d'elles recule jusqu'à un endroit suffisamment large pour pouvoir se garer et laisser passer l'autre.

» J'avais été surpris d'abord à la vue de ces hautes murailles verticales de terre qui, sans aucun mur de soutènement, ne s'effondrent pas d'elles-mêmes, sous l'action seule de leur propre poids et de l'humidité. C'est un caractère singulier de ce sol tendre et fragile de posséder une cohésion qui lui donne quelques-unes des qualités de la pierre. Il y a cependant quelquefois des éboulements ; mais, lorsqu'ils se produisent, ils n'altèrent en rien l'aspect général des murailles ; cela est dû à cette particularité curieuse du *lœss* : la tendance au clivage par plans rectangulaires verticaux. Les blocs qui se détachent affectent toujours la forme de grands prismes, de telle sorte qu'après comme avant leur séparation, les surfaces mises à nu sont toujours verticales. Dans les endroits où la route, tracée sur le bord d'un cours d'eau, n'en est séparée que par un mur de *lœss* étroit, il arrive souvent que des portions entières de cette mince cloison ont disparu. Les tronçons isolés qui subsistent encore, affectent alors des aspects pittoresques ; tantôt ce sont des pics ou des aiguilles, tantôt des tours ou des donjons qui simulent à s'y méprendre les ruines de quelque vieux château du moyen âge. » (Léon ROUSSET, *A travers la Chine*, ch. XII; in-12, Hachette, 1878.)

Grossi, à gauche, du *Fouen-Ho*, venu des monts du Chen-si, à droite, du *Lo-Ho*, du *Weï-Ho*, plus important que le fleuve principal, par la facilité de la navigation, le Hoang-Ho continue la direction imposée par ce dernier affluent, et coule désormais de l'ouest à l'est. Les riverains ont moins à craindre dans cette section les érosions des berges, que les apports d'alluvions à la suite des débordements du fleuve. Des digues d'argile, hautes par endroits de plus de 20 mètres, laissent entre le fleuve et les campagnes des zones d'inondation divisées en compartiments « où les » agriculteurs sèment leur graine et moissonnent leur récolte entre deux » crues. » Les empereurs de tous les temps ont ordonné des travaux immenses pour préserver la vallée contre les eaux du fleuve débordé ; en temps ordinaire, 60 000 terrassiers sont incessamment occupés à la défense de la vallée contre le fleuve. En 1851, à la suite de l'insurrection des Taïping, qui mit le pays à feu et à sang, les digues, les canaux et les réservoirs de décharge furent négligés ; en deux ans, le Hoang-Ho rompit tous les obstacles, s'ouvrit une brèche de 1 500 mètres près du village de Loug-men-Kou, erra à travers les campagnes du nord qui furent noyées, et se creusa un nouveau lit vers le golfe de Pe-tchi-li, abandonnant une région fertile que fécondaient ses irrigations et qui fut changée en désert. Des millions d'hommes périrent par la famine. On n'a pas compté moins de dix déplacements du fleuve depuis douze siècles. En 1870, sans les nouvelles digues latérales imposées au courant, le Hoang-Ho aurait probablement repris la direction du sud-est. Le péril fut conjuré. Mais, en 1887, le fleuve « incorrigible » détourna de nouveau son cours vers le sud-est, et noya, dit-on, un million d'hommes. (Voy. plus bas.)

Le bassin inférieur du Hoang-Ho est un fond de mer desséché, comme le prouvent les marais salants de la zone maritime. Une barre gêne l'entrée du fleuve ; le peu de profondeur (2 m. à marée basse) et la largeur insuffisante en ferment l'accès aux navires. Les jonques ne le remontent que jusqu'au port fortifié du Tiémen-Kouan, à 40 kilomètres de la mer. — D'après les calculs de sir George Staunton, le Hoang-Ho verse à la mer 4 000 mètres cubes d'eau par seconde, et par an 618 732 000 mètres de sédiments[1].

Au nord-est de la Chine, la province de Pe-tchi-li, qui renferme la capitale de l'empire, est abondamment arrosée par les cours d'eau qui descendent des terrasses septentrionales du Chan-si, et des contreforts de l'In-Chan. Presque tous ces cours d'eau viennent se réunir dans le **Peï-Ho** au fond du golfe de Pe-tchi-li. Originaire du plateau mongol, en dehors de la grande muraille, dont il franchit plusieurs fois les portes, avant de se dégager des montagnes, le Peï-Ho devient une imposante rivière à Toung-tchéou; puis il erre lentement dans la plaine de Péking qu'il couvre de ses alluvions; il laisse sur la droite, à 20 kilomètres, la capitale, à laquelle il est rattaché par un canal. Dans la campagne de Tien-tsin, devenu plus incertain, il mêle ses eaux à celles du *Wen-Ho*, du *Houto-Ho* et du *Yun-Ho*, qui est l'extrémité septentrionale du Grand Canal. Cette masse liquide réunie ne trouve pas une issue assez large ni assez rapide vers la mer; elle inonde chaque année, et souvent dévaste les campagnes du Pe-tchi-li, qui se dépeuplent peu à peu au profit de la Mongolie et de la Mandchourie.

Le déboisement systématique des montagnes occidentales contribue à accroître la violence et la fréquence des crues. Le Peï-Ho se termine par plusieurs embouchures, dont la plus profonde, à marée basse, n'a pas plus de 3 pieds d'eau sur la barre. Ses approches sont protégées par plusieurs forts, dont les principaux défendent la petite ville de Ta-Kou. Creusé entre la péninsule de Liao-toung et celle de Chantoung, le golfe de *Pe-tchi-li* ou *Tchili* forme deux baies spacieuses, celle du *Peï-Ho* et celle de *Laï-Tcheou*. L'une et l'autre sont basses et fangeuses; les fleuves qui s'y jettent y apportent d'énormes quantités de vase qui tendent peu à peu à combler le golfe. La navigation y est difficile; l'entrée des rivières est obstruée par des barres impraticables; le seul bon port est *Teng-Tcheou*, sur la côte septentrionale du Chantoung.

Les régions du Yang-tsé-Kiang. — Les terrasses du plateau tibétain oriental ont été découpées en arêtes parallèles par le travail des neiges, des glaces et des eaux vives. Le piédestal du plateau se maintient partout au-dessus de 2 500 à 3 000 mètres d'altitude, et les cimes des arêtes sont franchies souvent par des cols ouverts à 5 000. On connaît très imparfaitement ces montagnes : le **Nenda**, ou *Montagne sainte*, à droite de Bathang et de la profonde cluse du Kincha-Kiang (Fleuve Bleu supérieur), porte ses glaciers à 6 250 mètres et se prolonge par les pics de *Souroung*, non moins élevés que le Nenda.

Parallèles à ces chaînes, de l'autre côté du Yaloung-Kiang, formant comme la suite du massif de Baïan Kara, des arêtes colossales, aux sommets étin-

---

1. D'après les Mittheilungen de Gotha, le Yang-tse-Kiang, roulant environ 27 200 mètres cubes d'eau par seconde, et portant annuellement à la mer 192 millions de mètres cubes de boue; le Peï-Ho, débitant 272 mètres cubes d'eau par seconde et 2 825 000 mètres cubes de troubles par an; le Hoang-Ho, 4 000 mètres cubes d'eau et 618 732 000 mètres cubes d'alluvion chaque année : les trois fleuves de la Chine orientale mettraient 36 000 ans à combler le golfe de Petchili, le golfe de Liaotoung et la mer Jaune jusqu'au 20° lat. nord et au 124° de long. orientale.

celants de neiges, enferment dans leurs cluses les torrents qui descendent au Yang-tsé; tels sont: le **Jara**, « Roi des monts »; le *Ngomi-Chan*, qui porte des monastères bouddhiques; le *Sioueloung*, « Dragon des neiges », et, sur la gauche du Min supérieur, la pyramide des **Sept Clous**, haute de 5500 à 6000 mètres.

Ces grandes « Alpes » de la province de Sé-Tchouen, abondamment pourvues de pluies et de neiges, sont les inépuisables réservoirs du puissant Fleuve Bleu; la végétation, forêts, herbages, fougères, fleurs même (azalées et rhododendrons), y est souvent d'une vigueur étonnante; c'est aussi dans ces retraites presque inaccessibles que se réfugient les animaux sauvages traqués par les chasseurs : antilopes, daims musqués, mouflons, cerfs, yaks, ours blancs, faisans bleus, perroquets verts.

Toute la Chine méridionale est couverte d'un réseau de chaînes et de collines, que sillonnent en tous sens les rivières et les torrents. Ce relief encore mal connu et peu exploré est en apparence inextricable; les géographes contemporains, secondés par les indications des missionnaires, ont établi que la direction normale des chaînes est du sud-est au nord-est, et qu'aucune ne s'élève à une grande altitude (de 800 à 2000 mètres). L'arête principale, partie du Kouei-Tcheou, et s'étalant dans le Hou-nan, et le Kiang-si, forme la ligne de partage du Yang-tsé et des rivières du Fokien; on lui donne les noms de **Nan-Chan** et **Woukoung-Chan**; elle se prolonge dans le Tche-Kiang, au promontoire de Ning-Po, et par un soulèvement sous-marin, dans l'archipel de Tchou-san, et même jusqu'aux îles du Japon. — Une seconde chaîne, parallèle à la précédente, et située plus au sud, les monts **Nan-ling**, **Meï-ling** et **Tayou-ling**, forment la ligne de partage entre les bassins du Fleuve Bleu et du Si-Kiang. La grande voie de communication entre le port de Canton et la Chine centrale traverse le Meï-ling, haut d'environ 2000 mètres. Du haut du col, le versant méridional apparaît avec sa riche végétation, ses cultures, ses villes, comme le Piémont vu des Alpes françaises; le versant septentrional, au contraire, est un dédale de rochers nus et escarpés, entrecoupés de gorges et de précipices. — Entre le Nan-Chan et les chaînes bordières du sud, dans le labyrinthe de vallées presque sans issues, vivent des populations isolées, réparties en innombrables clans. Ces clans ne connaissent rien du monde extérieur: « à l'exception des prêtres et des mendiants, que » leur vie errante mène dans toutes les contrées de la Chine, les indigènes » se figurent qu'en dehors de leurs vallées le reste de la terre est habité » par des barbares et des bêtes féroces. » La région du Nan-Chan, favorisée par un climat plus chaud, et malgré l'étendue encore très considérable des terres incultes, est une des plus riches et des mieux cultivées de l'empire. C'est là que se succèdent sur d'immenses espaces des plantations de thé, de mûriers, de riz, de céréales, de chanvre, de tabac, de plantes oléagineuses, de produits alimentaires.

Le **Yang-tsé-Kiang** ou *Ta-Kiang* (*Fleuve Bleu* ou *Grand Fleuve*) est un des plus grands du monde, pour le volume d'eau; il n'est dépassé que par le Congo, l'Amazone et le Rio de la Plata; sa longueur est de 4650 kilomètres, l'aire de son bassin de 1877500 kilomètres carrés. Il roule des eaux jaunes et aussi chargées d'alluvions que le Hoang-Ho. Son nom de *Fleuve Bleu* lui vient de ce qu'il est regardé par les Chinois comme le principe mâle, le Fils du Ciel, dont l'azur est la vraie couleur. (Elisée Reclus.) Le Yang-tsé verse à la mer près de 22000 mètres cubes d'eau par seconde, dix fois la portée du Rhône.

Au cœur du plateau du Koukou-nor, à l'extrémité occidentale des monts Baïan-Kara, trois ruisseaux se réunissent et forment le **Mourou-Oussou** ou « Fleuve sinueux », tête principale du Yang-tsé. Au point où il se rapproche le plus du Hoang-Ho supérieur, qui coule sur le versant nord du Baïan-Kara, le Mourou-Oussou, à 4000 mètres d'altitude, a déjà 225 mètres de largeur. La descente du fleuve dans le Tibet et le Setchouen occidental se fait, comme celle du Mé-Kong, vers l'océan Indien, sur une longueur de 1000 kilomètres; on le désigne dans ce parcours sous le nom de **Kincha-Kiang** (*Fleuve au sable d'or*), ou de *Péchoui-Kiang* (*Fleuve à l'eau blanche*). Les montagnes situées à l'est de Tali-fou lui barrent le passage; il prend alors la direction de l'est et recueille à gauche les eaux du *Yaloung* ou *Niatchou*, originaire du Baïan-Kara, et presque son égal par la violence et la puissance de ses eaux. En aval du confluent, le Kincha-Kiang décrit vers le sud une nouvelle courbe où le *Kien-Tchang* le rejoint, et toujours sinueux et rapide, reprenant sa direction définitive vers le nord-est, il passe devant *Ping-Chan*, à 2870 kilomètres de Shang-Haï, où il est connu sous le nom de Yang-tsé-Kiang, et devient un grand fleuve connu et navigable.

En aval de *Ping-Chan*, le Yang-tsé est grossi par les eaux du **Min-Ho** ou *Ouen*, issu des monts Min Chan, et longtemps considéré comme la véritable source du Fleuve Bleu. Son cours inférieur est navigable en toute saison jusqu'à Sintsin. Plus bas, le Yang-tsé rencontre de loin en loin des montagnes transversales (*Cross Ranges*), qu'il franchit par des brèches profondes que dominent des plates-formes rocheuses munies de châteaux forts, de retranchements et de pagodes. Cette descente du grand fleuve, de Kouei-tcheou jusqu'à Ichang (189 kilom.), est des plus pittoresques. Parfois les parois verticales de la roche se dressent à 200 mètres de hauteur et se rapprochent à 140 mètres; le soleil ne pénètre jamais dans ces cluses sombres, où le fond de l'eau atteint parfois 30 mètres; mais souvent les eaux rapides et le peu de profondeur gênent les bateliers qui doivent haler les jonques ou les traîner sur les rochers. A Fou-Tcheou, rive droite, le Yang-tsé reçoit le *Wou-Kiang* qui prend sa source dans les monts de Kouei-Chou. Francis Garnier, qui l'a exploré en 1873, parle des rapides du cours supérieur, « des hautes murailles calcaires, toutes perforées de » grottes et sillonnées de cascades qui endiguent le fleuve ». Dans les cirques de montagnes d'où descendent en cascades les ruisseaux secondaires, apparaissent les beaux marbres de couleurs variées, l'ardoise, le bitume, la houille.

Quand le **Yang-tsé-Kiang** s'est échappé des cluses grandioses de *Lou-Kan* et de *Mitan*, il pénètre dans la plaine basse qui se prolonge pendant environ 1800 kilomètres. Là commencent la zone des grandes inondations et le système des digues qui bordent le fleuve, et, de chaque côté, la succession des grands marécages et des dépressions lacustres, tantôt bassins alimentaires, et tantôt réservoirs d'écoulement où refluent les eaux du fleuve débordé. A droite, le lac **Toung-ting** (5000 kilom. car.), dont l'étendue varie suivant les saisons, est une vaste dépression où l'eau jaunâtre n'a que 2 à 3 mètres de profondeur. Le *Yuen*, le *Sou*, le *Siang* y versent leurs eaux. Le Yuen y tombe au milieu d'une véritable plaine de joncs; les rives en sont d'abord basses et noyées, puis, en amont de Tchang-te, grâce à un ingénieux système d'irrigations, les plantations se multiplient et les collines voisines sont couvertes de forêts de pins, les sommets coiffés de kiosques élégants et de tours bouddhiques à cinq ou six étages.

Le lac **Poyang** (4500 kilom. car.) ressemble au lac Toung-ting; bas et couvert de roseaux au sud, il est profond sur sa rive septentrionale bordée

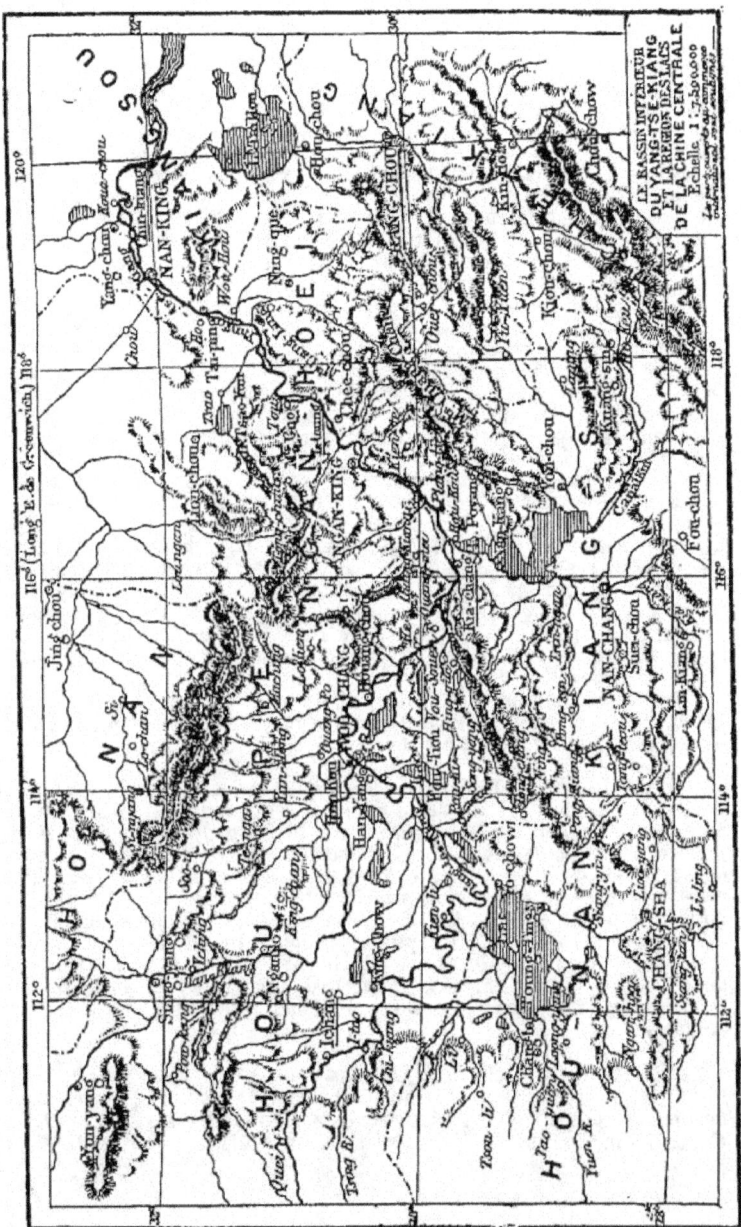

de rochers et de collines escarpées. Son lit est parsemé d'îles et d'îlots, ses eaux sont poissonneuses, les marsouins et les poissons de mer y pénètrent. Il reçoit au sud-ouest, par plusieurs bras, le *Kia-Kiang*, au sud-est le *Kin-Kiang*, le *Tchang-Kiang*; un canal de 4 kilomètres, dominé par une masse rocheuse, le *Grand rocher de l'Orphelin*, le rattache au Fleuve Bleu. Ses eaux sont sillonnées de barques et de jonques.

Entre les émissaires des deux grands lacs de la rive droite, le Yang-tsé reçoit son plus important affluent, le **Han-Kiang**, route naturelle entre les vallées des deux grands fleuves de l'empire. Venu des monts Tsing-ling, il traverse le Chen-si et le Hou-pé; son cours supérieur, peu navigable, est étroit, entrecoupé de rapides, et encombré de boue et de sable; son cours central, long de 300 à 350 kilomètres, va s'élargissant, et franchit des montagnes de charbon et d'ardoise. La navigation, gênée par 360 rapides, y est dangereuse, mais néanmoins extrêmement active; le cours inférieur est lent, charrie une quantité de détritus de toute sorte, et passe de lacs en lacs disséminés sur les deux rives. Le lit du fleuve, contenu par des digues, est plus élevé que les campagnes d'alentour. Au delà du confluent du lac Poyang, le Fleuve Bleu entre dans la zone maritime; ses rives sont fertiles et admirablement bien cultivées; les villages et les villes se pressent dans la vallée; sur les eaux profondes du fleuve se croisent incessamment, par centaines, les barques, les jonques, les bateaux à vapeur; à 300 kilomètres du Pacifique, la marée fait sentir son action. Le Yang-tsé est gêné à son embouchure par des îles et des bancs de sable; à marée basse, les passes n'ont que 4 à 5 mètres d'eau; les brouillards fréquents sont un autre obstacle à la navigation. Il verse à la mer, dit-on, 180 millions de mètres cubes d'alluvions par an, et forme ou déforme sans cesse ses îles et ses bancs. La plus grande de toutes est l'île *Tsoungming*, peuplée de 2 millions d'âmes. La grande dépression lacustre du *Ta-hou*, à droite, montre l'endroit où jadis le Yang-tsé coulait pour aller se perdre dans la baie de Hang-tcheou. A gauche, un lacis inextricable de grands marais, de rivières naturelles, comme le *Hoai*, de canaux artificiels, dont le principal est le *Canal des transports*, unissent le lit principal du Yang-tsé-Kiang au cours le plus méridional du Fleuve Jaune. On a comparé, justement, cette région d'eau et de boue aux terres basses et endiguées de la Néerlande.

Le bassin du Si-Kiang. — Une série de chaînes parallèles, coupées par les brèches des rivières, détachent leurs contreforts entre les vallées des Nan-Chan méridionaux; la principale est le *Ping-yi-Chan*, qui est toujours couverte de neiges. — Les montagnes situées au sud, à droite du fleuve You-Kiang, sur la limite du Kouang-si et du Kouang-toung, ont une moindre altitude; le massif principal, le **Loyang**, est d'une ascension difficile. A droite et à gauche du Si-Kiang, d'autres chaînes parallèles et orientées dans le sens du littoral resserrent le lit du fleuve; au nord de Canton, les monts **Pak-ouan-Chan** ou *Peï-youn-Chan* « Monts des nuages blancs » (1 000 m.) sont couverts de tombeaux; les monts **Lofou**, (1 500 m.) abritent sous les arbres de leurs forêts des couvents bouddhiques.

Le **Si-Kiang** ou *Seï-Kong* (Fleuve occidental) (1 500 à 1 600 kilom.) se forme de torrents issus des monts du Yun-nan oriental et des massifs du Kouei-tcheou méridional; les deux branches maîtresses sont le *Houng-Choui* au nord, et le *Yu-Kiang* au sud; une troisième rivière, le *Kouei-*

Kiang, qui sillonne le Kouang-si du nord au sud, et se jette dans le fleuve beaucoup plus bas, donne au Si-Kiang son allure de grand fleuve. Malgré la masse d'eau considérable que lui apportent les moussons du sud-ouest, le Si-Kiang, pendant la sécheresse, est souvent obstrué par des bancs de sable, et n'a que 2 mètres de profondeur; les crues élèvent le niveau de 8 à 10 mètres. La marée se fait sentir à plus de 300 kilomètres de l'Océan. Nulle part le Si-Kiang ne traverse de grandes plaines comparables à celles du Yang-tsé; jusqu'aux approches de la mer, il est de distance en distance resserré entre les monts, et franchit des défilés et des cluses. Au sortir de la dernière, il reçoit à gauche le *Pé-Kiang* (Fleuve du nord).

Le Si-Kiang est la grande voie commerciale entre Canton et les trois provinces de Kouang-si, Kouei-tcheou, Yun-nan; le Pé-Kiang ouvre une route encore plus fréquentée entre Canton et la vallée du Han, que séparent les passages du Meï-ling. Le Si-Kiang et le Pé-Kiang, à peine réunis, se divisent, et leurs courants, ramifiés en canaux multiples, grossis d'autres rivières intérieures dont la principale, le *Toung-Kiang*, venue du Fokien, est aussi une route de transports de premier ordre, embrassent un immense delta qui est le centre le plus actif du commerce chinois. Cultivateurs, pêcheurs, bateliers, marchands, pirates même exercent leur industrie entre les estuaires, sur ce réseau inextricable de voies fluviales, dont les rives sont les plus populeuses de l'univers. La grande et puissante cité de Canton s'élève à la tête des deltas et des estuaires, dont le principal a reçu le nom de *Rivière de Canton* ou *Fleuve des Perles* (Tchou-Kiang).

Mais une barre, qui n'est couverte que de 4 mètres d'eau, obstrue l'entrée du fleuve; les grandes jonques et les bateaux à vapeur jettent l'ancre devant Hoang-Pou ou Whampoa, à 15 kilomètres en aval de la grande cité. L'extrémité de la rivière des Perles, resserrée entre des escarpements rocheux, que garnissent des forts puissamment armés, a été comparée par les Chinois à une gueule de tigre; les Européens l'appellent *Bocca Tigris*: pour fixer le sol trop souvent entamé par les érosions du flot, les habitants y sèment des joncs et des plantes fibreuses. Des deux côtés du delta, et çà et là entre les branches mêmes des canaux, courent des rangées de collines: le littoral est flanqué d'îles rocheuses semblables aux débris d'immenses jetées à demi englouties; quelques-unes de ces îles, *Woung-Koun* ou *Moutanha, Lantao, Lintin, Lamma*, dominent la mer de leurs pics comme des sentinelles postées à l'entrée du fleuve; **Hong-Kong** et **Macao** sont les plus fameuses par la réputation commerciale acquise dans leurs relations avec l'Europe.

Au Yun-nan, la province la moins accessible, la moins peuplée et l'une des plus riches de l'empire, appartient, outre la vallée supérieure du Kincha-Kiang (voy. p. 685), le cours supérieur de la *Salouen*, du *Mé-Kong*, et du *Houng-Kiang, Hoti-Kiang* ou **Fleuve Rouge**. C'est là que l'insurrection musulmane a pu longtemps braver les armées impériales, et interrompre tout trafic avec les provinces et les Etats voisins. La direction des vallées qui rayonnent autour du plateau du Yun-nan vers l'Inde, la Birmanie, le Laos et le Tong-King, fera un jour de cette région, prodigieusement riche en minéraux et végétaux de toute espèce, le point de concentration des routes commerciales de l'Asie chinoise, indo-chinoise et hindoustanique. De là, les entreprises tentées par l'Angleterre et la France depuis trente ans pour cette pénétration dont les deux nations se disputent la priorité. C'est un négociant français, M. Dupuis, qui a eu le premier l'honneur de naviguer sur le Houng-Kiang, et, avec Doudart de Lagrée et

Garnier, d'en signaler les avantages et les richesses au commerce du monde. (Voy. p. 485.)

« A partir de Poupio, le Hoti-tiang s'encaisse de plus en plus ; les hauteurs qui l'enserrent atteignent bientôt de 800 à 1000 mètres. Des schistes, des calcaires, des poudingues, forment les parois de ces immenses murailles, où ils alternent en couches très inclinées. Chaque torrent qui vient déchirer ses flancs rocheux, en détache une immense quantité de galets et de cailloux qui viennent obstruer le lit du fleuve et se former en rapides. A cette époque de l'année (fin novembre), presque tous ces torrents sont sans eau, et la stérilité des pentes rougeâtres qui entourent le voyageur est complète. L'œil, pour trouver un arbre, un buisson, une touffe d'herbe, est obligé de remonter jusqu'aux plus hauts sommets des falaises entre lesquelles il est emprisonné ; encore ne réussit-il à découvrir que quelques pins, que la distance rend microscopiques. Quelquefois cependant un filet d'eau, sur le point de tarir, murmure encore à travers les pierres, puis, parvenu sur le bord des rochers à pic qui forment la berge immédiate du fleuve, se répand en pluie irisée dans les airs. Cette humidité a suffi ; les arbres surgissent sous cette pluie bienfaisante, un rideau de mousse s'étend sur leur feuillage et pend sous la cascade en festons étincelants. A quelque distance de ces petites oasis de verdure, s'ouvre la vallée du Siao-Hoti, l'affluent plus considérable de la rive gauche du fleuve. Cette vallée est aussi sombre, aussi encaissée que celle qui y descend ; on dirait deux immenses corridors qui se croisent à angles droits et dont la voûte s'est écroulée. » (Francis GARNIER, *Voyages et explorations en Indo-Chine*, t. 1er, p. 442.)

Des montagnes énormes, perpétuellement couvertes de neiges, couvrent tout l'ouest du Yun-nan, et aucun explorateur n'a encore navigué sur les eaux des fleuves qui s'y sont frayé un passage. A l'est, le plateau, haut en moyenne de 2000 mètres, est incliné vers l'orient ; dans les cavités creusées par les eaux, de grands lacs sont épars. Le plus grand, que peu de voyageurs ont pu visiter, est le **Tali-fou** ou *Erh-Haï*, long de 50 kilomètres, large de 9 à 10, en forme de croissant, profond par endroits de 100 mètres, encadré de hautes montagnes de grès rouge. Le lac est très poissonneux ; un émissaire du côté du sud porte ses eaux au Mé-Kong. L'insurrection musulmane et la répression chinoise qui fut impitoyable, ont dépeuplé les villes qui bordaient ses rives.

D'autres bassins lacustres se suivent dans les plateaux de l'est ; tels sont ceux de *Tching-Kiang*, de *Kiang-tchouen*, de *Tounghaï*, de *Chiping*, sans écoulement apparent ; entourés de montagnes où abondent les métaux précieux, traités dans les mines mêmes de la contrée.

Littoral; îles. — Les Chinois divisent l'énorme ligne demi-circulaire du littoral de l'empire, dont le développement, sur l'Océan, dépasse 3 500 kilomètres, en trois sections : **Houang-Haï** ou *Mer Jaune* (littoral de Corée, de Mandchourie, de Pe-tchi-li, de Chan-toung); — **Toung-Haï**, *Mer Orientale* (Kiang-sou, Tché-Kiang, Fo-Kien); — **Nan-Haï**, *Mer du Sud* (Kouang-toung, Haïnan). Le nom de *Mer Bleue*, usité dans les cartes européennes, est inconnu en Chine. Nous avons mentionné la partie septentrionale de ces côtes, irrégulièrement découpée par les baies de *Corée*, de *Liaotoung*, de *Tchili*, et les vastes promontoires de *Mandchourie* et de *Chantoung*. — Au sud du 35°, le littoral, d'abord assez uniforme et régulier, est ensuite découpé par une infinité d'estuaires, de baies, de golfes, et semée d'une multitude de récifs et d'archipels rocheux, qui ont été longtemps le repaire des pirates, et que les marins européens du dix-neuvième siècle ont enfin reconnues et rendues à peu près accessibles, par la création de bonnes cartes, la répression du brigandage et l'établissement d'un service de phares. Sous la direction de sir Robert Hart, directeur général des douanes maritimes de l'empire chinois, 83 phares et un grand nombre de bouées lumineuses, de bateaux-feux et de signaux ou sémaphores de toute espèce éclairent les écueils et l'entrée des ports.

Innombrables sont les îles dont les rangées bordent la côte centrale et méridionale; un des nombreux titres donnés à l'empereur est celui de *Souverain des dix mille Iles*. Nous citerons principalement la grande île *Tsoung-Ming*, dans l'estuaire du Yang-tsé-Kiang, au nord du port de Shang-Haï; — le grand archipel de **Tchou-san**, long de plus de 100 kilomètres, dont la position stratégique est de premier ordre, dont la fertilité est merveilleuse, domine l'entrée de la profonde baie de Hang-tcheou; — entre la grande terre de **Formose** et la côte du Fo-Kien, le groupe important des *Pescadores* (Pêcheurs), et l'île d'*Amoy*; — à l'entrée de la rivière de Canton, l'archipel des *Ladrones* (Larrons), avec *Macao* et *Hong-Kong*; au sud enfin, et comme le prolongement de la péninsule Lien-Tcheou, l'île massive de **Haïnan**, qui ferme au large le golfe du Tong-King.

Formose.

Formose ou *Taï-Ouan*, surnommée *Hermosa* (la Belle), par les Portugais, frappés par la splendide végétation de ses rivages, est séparée de la province de Fo-Kien, à laquelle elle se rattache administrativement, par un canal de 150 kilomètres de large au moins. Longue de 400 kilomètres, large de 100 à 120 (superficie 38 800 kilom. car.), Formose s'appuie sur le piédestal sous-marin qui porte toutes les îles asiatiques de l'océan Pacifique, depuis le Kamtchatka jusqu'à la péninsule malaise. Le Kouro-Sivo l'enveloppe de ses effluves au sud, contribue à la grande humidité et aux pluies qui entrent pour une part dans sa fécondité. Traversée du nord au sud par une longue chaîne volcanique, le **Ta-Chan** (*Mont Morrison*, 3 300 m., *Mont Sylvia*, 3 600 m.), l'île est exposée aux tremblements de terre; des sources thermales et de précieux gisements de soufre y attestent l'existence du feu souterrain. Les deux rivages opposés forment un contraste saisissant; à l'est, des rochers escarpés, arides et sauvages, une mer profonde, mais toujours furieuse et inhospitalière; à l'ouest, des alluvions déposées par le tourbillon des courants, des fonds où les navires, en dehors des passes, s'échouent aisément. De ce côté, sont les meilleurs

ports, les cultures, les populations les plus douces et les plus civilisées.
La population de l'île est évaluée approximativement à deux millions d'âmes.

Les Chinois immigrants, venus du Fokien, habitent la plaine de l'ouest, et refoulent dans les monts les aborigènes, *Igorrotes*, *Pei-Po-Houans*, *Hakkas*, qui vivent dans les montagnes, mais dont la réputation de cannibalisme et de sauvagerie est, paraît-il, quelque peu exagérée. Un missionnaire, le P. Aguilar (1862), parle en ces termes des tribus igorrotes qu'il

a visitées : « Sans pouvoir les compter parmi les païens civilisés, on ne
» peut pas dire que les Igorrotes soient tout à fait sauvages. Ils ont leurs
» petits rois, à qui ils jurent obéissance; ils savent tisser la soie, ils
» échangent avec les Chinois le tabac et les productions de leur sol fertile.
» Pour procéder à ces échanges, ils descendent de leurs montagnes, en
» troupes, et armés de toutes pièces. De leur côté, les Chinois les attendent
» avec des fusils à mèche sur l'emplacement assigné pour le marché. Les
» transactions commerciales se font au bruit continu des détonations, les
» Chinois pensant intimider les Igorrotes, dont ils ont grand'peur; car ils

» savent que tout Chinois qui s'engage dans la montagne revient en
» roulant sans sa tête. » — Les tribus *Boulans* et *Pei-Po-Houans*, moins
robustes, de plus petite taille, chasseurs et cultivateurs, ont des mœurs
plus adoucies ; les *Hakkas* partagent leur temps entre la chasse et la
culture ; ils sont plus grands, plus sveltes, de couleur plus claire, plus
maniables ; un grand nombre a adopté la religion chrétienne.

Administrativement, Formose dépend de la province de Fo-Kien ; l'île
est divisée en six districts. La capitale, **Taï-ouan**, a, suivant Morrison,
120 000 habitants, sur le littoral de l'ouest.

« Taï-ouan ne peut recevoir dans son havre les navires d'un fort ton-
» nage. Ce havre, nommé Hanping, est situé au pied d'une forteresse
» bien armée aujourd'hui de canons se chargeant par la culasse et de
» mitrailleuses ; c'est de là que les petites jonques partent pour venir
» charger et décharger les navires qui se trouvent au mouillage en dehors
» de la barre, excessivement dangereuse à franchir ; on ne peut la passer
» qu'à l'aide de jonques appelées *catimarans*. Dès que le vent du
» nord-est fraîchit un peu, il est impossible à des embarcations euro-
» péennes de s'y exposer. La ville est située à quatre milles dans les terres.
» Bâtie au centre d'une plaine très basse, on y arrive en suivant un canal
» sur lequel se trouvent de longs radeaux en bambou. Comme toutes les
» villes chinoises, Taï-ouan-fou n'est remarquable que par sa malpro-
» preté, ses rues étroites et le nombre de ses boutiques ; elle n'est visitée
» que très rarement par les brises rafraîchissantes de la mer, et encore
» ne lui arrivent-elles qu'après avoir traversé une plaine désolée et
» sans cultures. On y étouffe l'été, et les maladies y sont nombreuses. »
(E. PLAUCHUT.)

Les autres ports, sont : *Takao*, au sud-ouest ; *Keloung*, à la pointe
nord-est, dans le voisinage de riches gisements houillers ; *Tamsui*, à la
pointe nord-ouest, siège des principales maisons de commerce, résidence
des consuls étrangers. Aucun de ces ports, même pendant la belle saison,
n'offre aux navires une sécurité absolue. Le commerce annuel s'élève
à 30 millions environ. Dans l'intérieur de l'île, les villes principales sont
Kaghi, *Tchang-Houa*, la seconde ville par la population (70 000 hab.), et
Mankia ou *Banka* au nord, qui fait un commerce de thé considérable.

Formose a d'immenses gisements de charbon au nord et au centre, mais
jusqu'ici peu exploités. Le *pétrole*, le *soufre*, le *sucre*, l'*indigo*, le *tabac*,
le *thé*, l'*ortie* dite *china grass*, le *chanvre*, les graines oléagineuses
sont les matières d'exportation, évaluées à 45 millions par an.

On peut considérer comme une dépendance de Formose l'archipel des
Ponghou ou **Pescadores** (îles des Pêcheurs), que nos géographes
désignent aussi sous le nom d'archipel **Courbet**. Il s'étend au sud-est du
détroit de Fo-Kien sur une superficie de 9466 kilomètres carrés ; il est
peuplé de 180 000 habitants. Sa situation, comme étape intermédiaire
entre Formose et le continent, en fait un excellent point stratégique ; sa
rade, bien abritée contre les moussons, pourrait offrir à une marine
européenne un centre commode de ravitaillement et de concentration. —
Parmi les îles les plus importantes, sont : au nord, celles des *Oiseaux*,
des *Pêcheurs*, des *Jonques* ; à l'est, les îles *Péting*. Elles sont de formation basaltique, hautes en moyenne de 90 mètres ; leurs pentes abruptes
et rocailleuses, leur aspect triste et désolé. La végétation est pauvre ;
le sol, sans arbres, ne fournit que des patates, du maïs, du millet, des
arachides, des salades, du pourpier. Les habitants sont presque tous

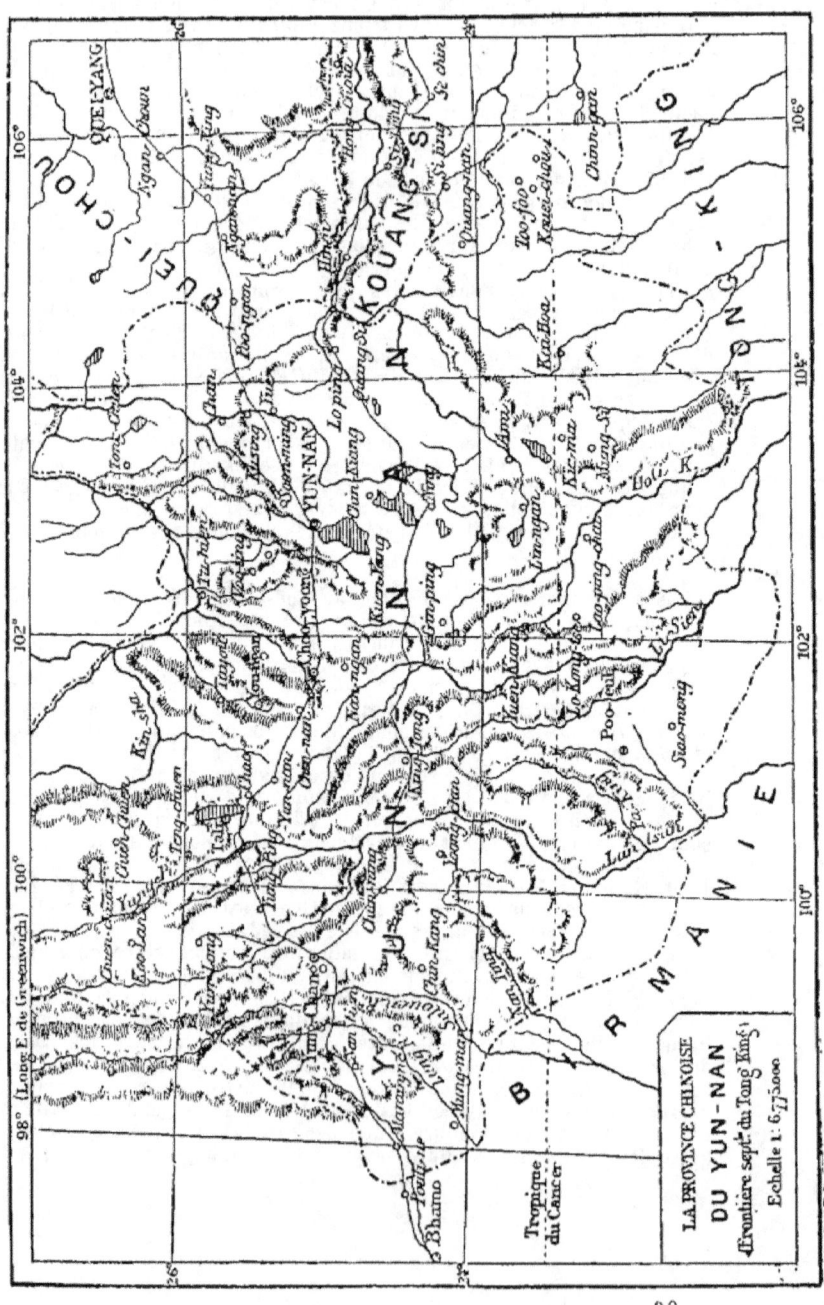

pêcheurs ou chasseurs de tortues. — Les îles sont peu salubres; la mal'aria, le choléra, la dysenterie, y règnent par la faute même des habitants, peu soucieux de l'hygiène. Ils ne prennent pas soin de creuser des tombes; les cercueils gisent presque au ras du sol.

La plus grande île de l'archipel est *Ponghou*, longue de 18 kilomètres du nord au sud; le rivage, à l'ouest, est bordé de récifs; au sud-ouest, s'ouvrent la baie et le mouillage de Makoung, long de 4 kilomètres, large en moyenne de 1500 mètres avec des fonds de 8 à 16 mètres. L'île des *Pêcheurs*, la plus élevée de l'archipel, porte sur un de ses promontoires un phare visible à vingt milles en mer.

« La ville de Makoung est bâtie sur la côte nord-ouest du port de ce
» nom. Elle renferme environ 10000 habitants, et est remarquable par le
» grand nombre de ses pagodes. Elle ne gagne pas à être visitée. Des
» immondices de toute sorte sont répandues tant à l'intérieur qu'à l'exté-
» rieur des maisons, et la nature seule eût fait certainement davantage pour
» l'assainissement général que le système des égouts tel qu'il existe; des
» caniveaux couverts, en communication avec chaque maison et en nombre
» à peu près égal à celui des rues, viennent se brancher sur un collecteur
» commun, lequel débouche sur la plage, au niveau du débarcadère; mais
» ce débouché, se faisant à ciel ouvert sur une grande étendue, crée un
» foyer de miasmes que la mousson du nord-est balaye sur la rade, et la
» mousson de l'ouest sur la ville et les villages environnants. Les rues
» principales, étroites et tortueuses, sont interrompues, dans les parties
» déclives, par des escaliers en pierre; des ruelles sans nombre, où un
» seul homme peut à peine circuler de face, y aboutissent. Les maisons
» sont faites surtout de briques et de madrépores, rarement de bois, très
» mal aérées et d'une répugnante saleté; les parasites y vivent en maîtres
» et ont bientôt fait de monter aux jambes des curieux. Des annexes plus
» misérables encore, véritables dépotoirs où l'on hésite à risquer un œil,
» relient chaque aile du corps de logis à de petits murs en coraux, qui
» complètent l'entourage d'une cour exiguë. Quelques maisons un peu
» plus confortables se trouvent dans la partie centrale de la ville, dont les
» fortifications ont été détruites par l'amiral Courbet[1]. » (E. HANSEN-BLANGSTED, *Gazette géographique*, 13 janvier 1887.)

Macao.

Macao (*Amangoo, Ngao-men*) est située à droite de l'estuaire de la rivière de Canton, à 104 kilomètres de la ville. Sa superficie n'est que de 13 kilomètres carrés; sa population, de 80000 âmes. Un isthme étroit la rattache à l'île de *Hiang-Chan*, et les Chinois avaient, dès la fin du seizième siècle, construit en travers de l'isthme une haute muraille dont il ne reste que des ruines. Les Portugais obtinrent, vers 1557, des mandarins la permission de séjourner temporairement dans l'île, moyennant

---

1. L'archipel Courbet, ajoute M. Hansen-Blangsted, a donné le jour à un lettré, Tsaï-Ting-Lang, à qui nous devons un des récits de voyage chinois les plus importants sur le royaume d'Annam. — L'amiral Courbet a rendu le dernier soupir le 11 juin 1885 dans le port de Makoung, à bord du cuirassé *le Bayard*. Un monument en forme d'obélisque a été élevé, par les soins du génie, à la mémoire de l'amiral, dans le cimetière de Makoung.

un tribut. Peu à peu ils y bâtirent des maisons, et se firent tolérer, en aidant les Chinois à faire la chasse aux pirates, et en distribuant de riches présents aux mandarins hostiles. En 1580, le pape Grégoire XIII érigea Macao en diocèse; en 1583, un sénat portugais y fut institué; en 1628, *Silveira* y fut installé avec le titre de gouverneur général. Néanmoins le gouvernement de Péking ne cessait pas de considérer les Portugais comme des intrus dans l'île; il exigeait des impôts et faisait rendre la justice à tous les insulaires sans exception, par ses mandarins résidents. Au dix-neuvième siècle, les Portugais voulurent en finir avec cette ombre de suzeraineté. Le gouverneur *Ferreira do Amaral* déclara que les mandarins chinois ne garderaient plus dans l'île que les droits conférés aux autres représentants des nations civilisées. Il fut assassiné (1849). Le Portugal maintint ses prétentions, et mit l'Europe de son côté. Les puissances reconnurent les droits territoriaux des Portugais sur l'île, et le gouvernement de Lisbonne nomme seul à tous les emplois dans la colonie. Mais la cour de Péking a gardé une apparence de suzeraineté sur l'île par le prélèvement d'un impôt annuel de 500 taels, qui est payé régulièrement au mandarin résident.

La ville de Macao est bâtie sur les terrasses qui bordent la presqu'île en forme demi-circulaire. Au sommet des collines, des forts qui ajoutent au pittoresque, mais qui seraient inutiles à la défense; sur les pentes, de somptueux édifices, des églises, des couvents transformés la plupart en casernes, des maisons peintes de toutes les couleurs, çà et là encadrées de jardins et de verdure; en bas, le magnifique quai planté d'arbres de la *Praya Grande*, qui forme la promenade la plus fréquentée de la ville; tout cet ensemble harmonieux et élégant, vu sous un beau ciel, charme l'œil du voyageur qui débarque dans la rade de Macao.

Mais ce sont là les témoins d'une opulence passée et d'une grandeur déchue. La ville portugaise est morte, l'île de Hong-Kong est devenue entre les mains anglaises le grand entrepôt du commerce étranger avec la Chine, dont Macao, pendant trois siècles, a eu le monopole. — « A côté de la noble cité portugaise, coupée d'avenues régulières, bien tenues, silencieuses, où l'herbe croît, la cité chinoise, aux rues sales, étroites, populeuses, bruyantes, exerce ses industries variées, et se livre à un commerce actif. Tous les échanges de Macao avec Canton, Hong-Kong, Batavia, Goa, se font par les négociants chinois et les jonques chinoises. L'élément chinois gagne constamment du terrain. Le Chinois représente la vie, le Portugais le sommeil, sinon la mort. Aussi voit-on des Chinois s'établir dans beaucoup de belles et anciennes maisons portugaises[1]. J'en ai visité quelques-unes. La métamorphose est complète. L'image de la madone, qui certes n'a manqué à aucune de ces habitations, est remplacée par l'autel des ancêtres. Plus de traces de la simplicité de l'ameublement, du dédain

---

[1]. Pour arrêter l'invasion de l'élément chinois dans la ville, les Portugais ont interdit aux Chinois de bâtir des maisons de style indigène dans la *Praya Grande* et les rues adjacentes. Il en résulte que les Chinois achètent les maisons portugaises. Les Anglais de Hong-Kong possèdent aussi des villas où ils viennent respirer un air plus salubre. C'est à Macao que Camoëns séjourna (1559-1560) et composa les *Lusiades*. « Dans un jardin mal tenu, mais d'une beauté indescrip-
» tible, entre des rochers naturels et de vieux arbres, on montre, sur une colline,
» la grotte du poète. Une profonde solitude y règne; le silence n'est interrompu
» que par le bruissement des feuilles; l'œil jouit d'une vue enchanteresse sur la
» ville, la mer, la côte et l'archipel. » (DE HUBNER.)

pour les commodités de la vie qui caractérisent les intérieurs des gens de race ibérienne. Vous retrouvez ici les mille inutilités qui charment le Chinois riche ou aisé, les joujoux, les rouleaux d'étoffe ou de papier peint, les ustensiles étranges, les vases de porcelaine, les brimborions que nous avons l'habitude d'appeler chinoiseries. Tandis que les résidents anglais et allemands se retirent parce qu'ils ne peuvent plus faire d'affaires, tandis que l'élément portugais, par une suite d'infusions multipliées de sang asiatique, se vicie et s'éteint; le Chinois, grâce à son activité et à sa sobriété merveilleuses, opère ce que son gouvernement, ni par la force, ni par la ruse, n'a pu obtenir; il vient, sous l'ombre même du drapeau portugais, reprendre possession du territoire conquis jadis par les héros lusitaniens. » (De Hubner, *Promenades autour du monde*, iii, 7. — Paris, Hachette, in-4°, 1877.)

Quand l'ouverture des ports chinois au commerce de l'Europe et la prodigieuse fortune de Hong-Kong eurent consommé la décadence de Macao, ses marchands imaginèrent de remplacer les échanges de marchandises par le trafic de la *chair jaune*. Dans de vastes édifices divisés en plusieurs chambres, n'ayant d'autres meubles que quelques couchettes disposées le long des murs, des racoleurs entassaient des *coolies* chinois, ouvriers ou domestiques capturés, achetés ou perfidement engagés dans les îles et sur le littoral chinois; puis les expédiaient au Pérou, à San-Francisco ou dans les Antilles. Ces établissements portent le nom de *barrancoës* ou *barracouns*. Dans les bonnes années moyennes, les agents de ces maisons d'émigration arrivaient à racoler par an jusqu'à 4000 individus : les uns enlevés de vive force, vendus par les pirates aux marchands d'hommes; les autres trompés par de séduisantes promesses; les autres entraînés par la misère, le plus grand nombre agriculteurs ruinés, criminels, ou joueurs.

« Il faut bien reconnaître que les Chinois sans exception sont joueurs, mais à un tel point que, lorsqu'ils ont perdu leur fortune, leurs femmes, leurs filles, ces forcenés en arrivent au point de se jouer eux-mêmes. C'est là ce que savent très bien les agents d'émigration à Macao. A l'affût des Chinois flâneurs, mais d'apparence robuste, ils les abordent, leur parlent avec douceur, les accablent de politesses, les conduisent aux bateaux de fleurs, dans les maisons où l'on fume l'opium; puis, s'ils voient qu'il reste encore quelques sapèques à leurs victimes, ces insinuants personnages finissent par les entraîner dans les plus infâmes tripots, où, après quelques coups de cornet, la ruine des naïfs Chinois est rapidement consommée. C'est lorsque l'infortuné Asiatique a vidé sa bourse et sa tête, qu'on fait briller devant ses yeux à demi éteints par l'opium et la débauche quatre belles piastres en argent, vingt francs environ; c'est en échange de cette faible somme qu'on lui enlèvera une signature qui l'oblige à un embarquement pour le Pérou ou les Antilles espagnoles, deux chaudes contrées, comme on sait, où il devra travailler à la terre pendant six années consécutives, au prix de quatre piastres par mois. Or quatre piastres dans les Amériques ne représentent certainement pas dix francs de notre monnaie d'Europe.

» Lorsque les futurs émigrants apposent leur nom au bas de l'acte qui les lie d'une façon si dure pour un résultat si minime, on se garde bien de leur dire à quelle distance de l'Empire Céleste se trouvent les champs de canne à sucre de la Havane et les îles péruviennes couvertes de guano. On leur dit, s'ils en font la demande, que ces deux pays sont très rapprochés du lieu d'embarquement. C'est à ce mensonge qu'il faut attribuer les grandes tueries de coulies que plusieurs capitaines ont été contraints d'exécuter pour sauver leurs navires et leurs équipages, si, après quelques jours de route, le bâtiment qui transporte les émigrants est obligé, comme le fut le *Maria-Luz*, de faire relâche dans un port quelconque; si, par-dessus les bastingages ou les grilles des sabords les infortunés émigrants aperçoivent au loin une île verdoyante de l'Océanie, ou une montagne bleue du continent américain, ils se croient au terme du voyage et demandent à quitter le navire à tout prix.

» Quand le coulie a donné sa signature en présence d'un petit mandarin auquel il est alloué une gratification légère, on l'habille entièrement à neuf. Le costume ne vaut pas 5 francs, car il ne se compose que d'un pantalon écourté jusqu'aux genoux et d'une veste sans manches en cotonnade bleue. Le coulie reçoit alors également les 4 piastres qui lui ont été promises aussitôt que sa signature se trouvera au bas du contrat. Dès que les racoleurs ont pu réunir vingt émigrants, ces derniers sont liés les uns aux autres comme les grains d'un chapelet, puis dirigés sur Macao, territoire portugais, et tout à fait en dehors de la juridiction chinoise. Là, s'ils sont débarrassés de leurs liens, on les emprisonne au plus vite dans ce qu'on appelle des *barracouns*. Ce sont des voûtes d'anciens palais, des caves immenses, dont l'entrée est fermée par une claire-voie composée de bambous énormes. Quoique simplement couchés sur le sable, les coulies sont bien nourris, et reçoivent journellement la visite d'un médecin, Chinois comme eux. Malheureusement, en Chine comme en Europe, le temps paraît affreusement long aux prisonniers, et les coulies désœuvrés s'ennuient à mourir. On les autorise alors à dépenser comme bon leur semble les 4 piastres qu'ils ont en poche; on les pousse même à se distraire par le jeu, à fumer de l'opium, mais toujours sans sortir des barracouns. Or 4 piastres durent peu dans les mains d'individus qui n'ont d'autre préoccupation que celle de jouer, manger et dormir. Aussi, lorsque l'heure de l'embarquement définitif est arrivé, si un coulie voulait rompre son engagement, ce serait le gousset vide, sans un sapèque pour acheter quelques grains de riz dans les boutiques de Macao, qu'il se trouverait dans la rue et livré à lui-même. Les traitants ont compté là-dessus et l'on va comprendre pourquoi.

» Un chargement varie de 400 à 500 coulies. Lorsque ce chiffre se trouve atteint, que le navire est prêt à prendre la mer, les maisons d'émigration en avisent le gouverneur de Macao. Il y a quelques années, on ne se donnait pas cette peine; mais depuis que M. Gladstone, fortement opposé à ce genre d'exploitation des Chinois, a signalé à l'attention du cabinet de Lisbonne ce qui se passait à Macao, voici ce qui a lieu : aussitôt que le gouverneur de la colonie a été averti, deux commissaires portugais, agents officiels, vont aux prisons et font apposer sur les murailles un avis en langue chinoise dans lequel il est dit que, si quelques coulies ont des raisons à donner contre leur départ, ils aient à se préparer à les faire valoir devant les autorités portugaises. L'affiche reste apposée trois jours, et le quatrième l'interrogatoire personnel des émigrants a lieu. Ceux qui veulent s'embarquer sont conduits immédiatement au bateau; les mécontents, c'est-à-dire ceux qui prétendent que, leur bonne foi ayant été surprise, il n'y a pas pour eux obligation de remplir leur engagement, sont mis en liberté. Ici se place un incident qui serait comique s'il ne touchait à ce bien si précieux qu'on appelle la liberté individuelle. Il faut que le coulie qui refuse de partir, — et nous devons croire que son engagement n'a pas été obtenu d'une façon bien loyale, puisque la loi portugaise ne l'oblige pas à y faire honneur, — il faut, disons-nous, que le coulie récalcitrant remette au racoleur les vêtements qu'il a reçus au moment de la signature du contrat en Chine. Or il arrive souvent que l'impossibilité où se trouve le coulie d'acheter une simple loque pour se couvrir le décide à demander d'être conduit à bord. D'autres, les prévoyants, qui ont gardé un peu d'argent pour vivre et un vêtement de rechange, sont contraints de regagner sans retard le territoire chinois et le village d'où ils sont sortis. Mais le petit mandarin devant lequel le contrat a été passé ne les voit jamais revenir d'un bon œil. Les racoleurs reprocheront plus tard à ce fonctionnaire d'avoir accepté une gratification pour son intervention dans un acte dont les conditions n'ont pas été remplies; c'est enfin une insulte à sa qualité d'officier ministériel. Le Chinois qui est revenu de Macao n'a donc qu'à se bien conduire : s'il commet la faute la plus légère, les coups de bâton sur la plante des pieds pleuvront pour lui au yamen; à tout instant il sera conduit en prison et soumis à l'affreux régime qui l'y attend; n'ayant plus ni trêve ni repos, un seul salut lui reste, c'est de quitter son pays, et c'est ce que font neuf coulies sur dix. Désormais sans famille et sans foyer, errant de province en province, le malheureux finit généralement par devenir bandit ou pirate.

» Quand commença en Chine ce prétendu commerce d'émigration, les racoleurs ne faisaient aucune attention aux antécédents et à la moralité des hommes qu'ils embauchaient. Il arrivait alors fréquemment que ces derniers, après avoir dépensé les 4 piastres, refusaient de partir. Mais, comme ils y étaient contraints par la loi portugaise, les coulies s'en vengeaient en vue des côtes chinoises, soit en allumant un incendie à bord, soit en assassinant le capitaine et l'équipage dans une mutinerie générale. Aujourd'hui les racoleurs savent presque toujours par les petits mandarins à quel genre d'individus ils ont affaire. Si c'est un homme mal famé qui se présente à l'enrôlement, on le repousse avec autant de persistance qu'on mettrait à l'accueillir s'il avait de bons antécédents. Qu'on ne croie donc pas que la population émigrante d'aujourd'hui soit ce qu'elle était il y a quelques années. Ce sont en général d'honnêtes artisans, des laboureurs, des ouvriers sans travail, qui acceptent en aveugles, après quelques jours d'ivresse, l'engagement que l'on connaît[1]. » (E. PLAUCHUT, *la Traite des coulies chinois à Macao*; *Rev. des Deux-Mondes*, 1er juillet 1873.)

---

[1]. Naguère encore, M. Léon Rousset (*Correspondant*, 10 juillet 1878) pouvait écrire les lignes suivantes :
« Une fois entre les mains des marchands d'hommes, les émigrants devenaient une véritable marchandise. Ecoutons un témoin autorisé, le secrétaire du gouverneur de Macao. « Bien que le gouvernement portugais ait fait tout ce qui était
» en son pouvoir pour constater la libre volonté des émigrants, il ne peut pas,
» avec l'organisation actuelle du commerce des coolies, empêcher qu'ils ne soient
» vendus exactement comme une caisse d'opium, la seule différence consistant en
» un plus grand nombre de formalités. »
» Ainsi les pauvres gens étaient vendus à tant par tête, suivant le cours du

Malgré les réclamations de gouvernement de Péking, et les protestations indignées de l'Europe, malgré la condamnation de quelques capitaines et courtiers pris en flagrant délit, l'industrie des *coolies brokers* n'est pas toujours respectueuse des règlements de police et des principes d'humanité. Elle est d'ailleurs, avec l'industrie du jeu, la dernière ressource des Portugais de Macao.

Hong-Kong.

Hong-Kong ou *Hiang-Kiâng*, l'île aux « eaux parfumées », a été cédée en 1841 par la Chine aux Anglais. Ils en ont fait un port franc, qui est devenu le rival heureux de Macao, l'entrepôt principal du commerce de l'Angleterre et de l'Inde, en avant du littoral chinois. L'île, située à l'est de l'entrée de la rivière de Canton, à 236 kilomètres de la ville, à 64 de Macao, est longue de 16 kilomètres de l'ouest à l'est, et a une largeur moyenne de 12, du nord au sud. Elle est couverte de hautes montagnes, formées de roches de granit, de schiste et de basalte (550 m.); de loin, vue de la mer, elle ressemble à Gibraltar. Les Anglais y ont construit une ville superbe, **Victoria**, sur la côte septentrionale; et partout dans les vallons, sur les promontoires, au milieu des bosquets de pins, de figuiers et de bambous, ils ont édifié des villes et des palais. La capitale possède des hôtels somptueux, de beaux magasins anglais et chinois, un superbe quai long de 6 kilomètres.

« Victoria est charmant, écrit M. de Hubner, sympathique et imposant, anglais et tropical, un mélange de *cottages* et de palais. Nulle part ne se marient mieux la poésie de la nature et l'exubérance enivrante du midi; les rues, bien macadamisées, bien entretenues, très propres, serpentent le long du rocher, tantôt entre des maisons dont les façades un peu prétentieuses sont coquettement voilées par la véranda; tantôt entre des jardins, des haies de bambous, ou des balustrades de pierre. Partout des arbres, des banians, des bambous, des pins. On pourrait parcourir à pied tout Hong-Kong sans être exposé au soleil. Seulement on n'a garde de marcher à pied. On ne voit que des chaises. Les coolies, la tête abritée sous un immense chapeau

---

jour, et l'on pouvait lire dans les journaux des phrases telles que celles-ci : « Nous apprenons que les affaires en coolies sont assez faibles par suite de » l'insuffisance des arrivages de l'intérieur et de la réduction considérable du » stock valide. La demande, cependant, est assez active et une hausse dans le » prix par tête pour les hommes bien constitués s'est manifestée jusqu'à ce que le » chargement du *Bengale* fût complété; après quoi il a baissé de nouveau et se » maintient au niveau des cours antérieurs. » Ces énormités s'écrivaient en 1873!

Vendu, le *coolie* était introduit par l'agent d'émigration ou ses employés dans le *barracoun* où il était soigneusement gardé. Désormais ce n'était plus un homme, mais l'équivalent d'une certaine somme d'argent déjà payée et d'un beau bénéfice à venir. »

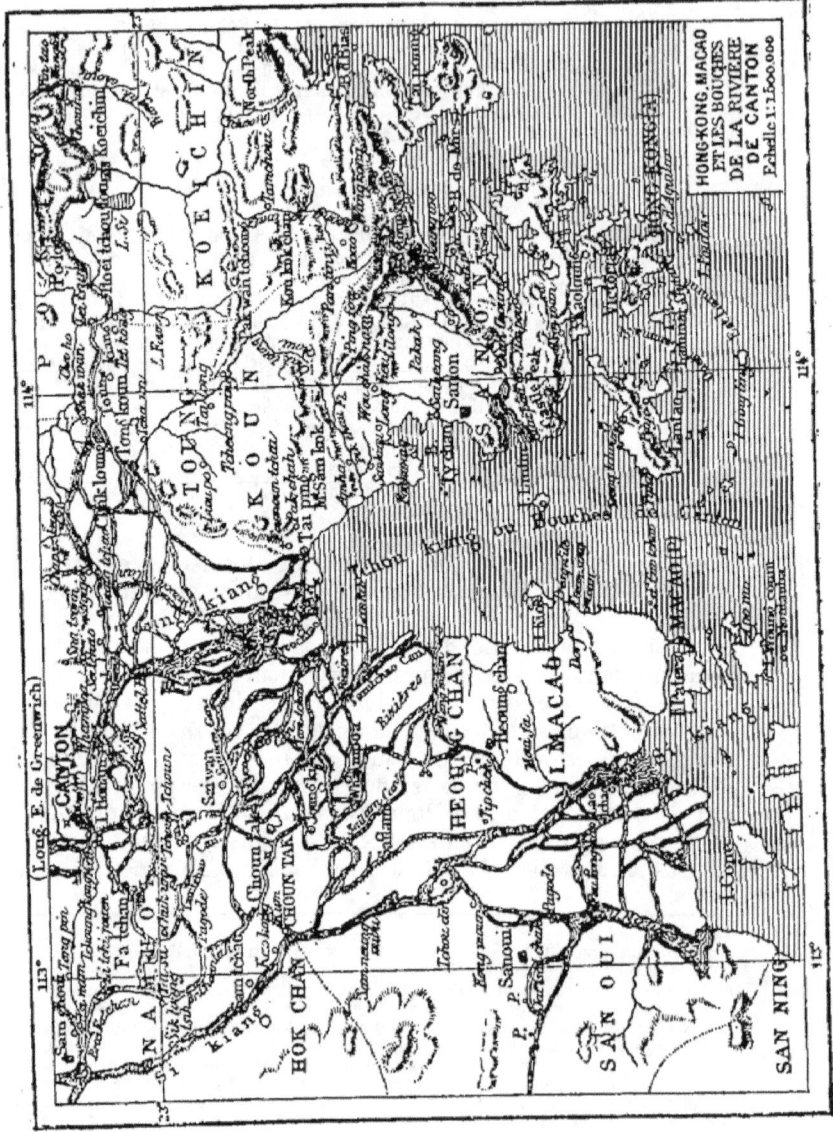

de paille, vous portent au pas gymnastique. Rien de délicieux comme une promenade nocturne en chaise découverte. Dans les quartiers bas, l'animation est extrême : des officiers, des soldats en uniforme rouge et au teint basané ; des Parsis, des Hindous, des Chinois, des Malais ; des dames européennes dans des toilettes élégantes ; des hommes et des femmes au teint jaunâtre, vêtus à l'européenne. Plus vous montez, plus le calme se fait autour de vous. Insensiblement la ville devient campagne. Montez encore quelques pas, et vous êtes au milieu de rochers dépourvus d'arbres, mais couverts de buissons odoriférants et traversés par une belle route macadamisée, avec des échappées de vue d'une beauté merveilleuse. » (*Promenades autour du monde*, III, 4.)

« On a tiré un excellent parti des couches de terre végétale qui recou‑
» vraient quelques parties de l'île, et, là où la stérilité du sol semblait au‑
» trefois absolue, se trouvent des jardins, des parcs soigneusement entre‑
» tenus et dont les allées très sablées, taillées dans le roc, enlacent la
» colline escarpée et conduisent le promeneur jusqu'au sommet de la cime.
» Le passage est superbe ; on surplombe la rade qui, à cette hauteur,
» apparaît hérissée de mâts, minces et pointus comme des aiguilles. Au-
» dessous, à droite et à gauche le terrain rocheux, tantôt nu, tantôt recou‑
» vert d'une végétation assez maigre à travers laquelle les pluies torren‑
» tielles ont tracé de larges sillons blancs. Un aqueduc, qui coûtera 12 à
» 15 millions, contourne la montagne à 200 mètres du pic que balafre la
» formidable entaille d'un chemin de fer funiculaire. » (*Gazette géographique*, mai 1887.)

L'île de Hong-Kong a une température délicieuse l'hiver (+18° 33), mais très chaude l'été (maximum 34°50, minimum 26°50). Jadis insalubre, elle est devenue par les soins des Anglais un *sanatorium* de l'Extrême-Orient. Elle a été éprouvée plus d'une fois par les typhons ; celui de 1874 y détruisit 1 000 maisons et des centaines de navires et jonques avec leur équipage.

Le port est une des stations les plus fréquentées des mers d'Orient. Là abordent tous les vapeurs réguliers des grandes lignes interocéaniques. « L'importance de Hong-Kong, écrivait en 1868 un de nos négociants les
» plus distingués, consiste moins dans la valeur de ses affaires directes
» que dans l'influence qu'elle exerce autour d'elle. Ce qui met Hong-Kong
» si haut, c'est que son beau port, placé exactement sur la route des
» navires qui de l'Europe ou des Indes se rendent sur n'importe quel
» point de la Chine ou du Japon, en a fait naturellement la tête de ligne
» de tous les services postaux, en même temps qu'il y a attiré les agences
» principales des banques et les chefs de presque toutes les maisons de
» commerce qui, recevant ici de première main les nouvelles d'Europe et
» des Indes, transmettent alors leurs instructions aux différents correspon‑
» dants qu'ils ont sur la côte. » (Jacques Siegfried.)

En 1885, le mouvement de la navigation du port de Hong-Kong était représenté, à l'entrée et à la sortie, par 53 734 navires, jaugeant 11 271 000 tonnes. (En 1867, le tonnage à l'entrée était de 2500000; en 1872, de 3800000; en 1882, de 4960000 tonnes.) Le pavillon anglais, qui exporte surtout du *thé*, et importe des *cotonnades*, entrait dans le total (en 1885) pour une part de 3026000 tonnes, et tous les autres pavillons réunis pour 840000. Le pavillon français, qui atteignait en 1883 le chiffre de 427000 tonnes, descendait en 1884 à 309000 tonnes; en 1885, à 283000. Cette diminution était due à l'interruption, pendant la guerre franco-chinoise, du service des paquebots des Messageries maritimes et des services entre Hong-Kong et le Tong-King. Ces services ont été repris en juin 1885. La valeur totale des échanges qui passent par l'île à destination des autres pays dépasse annuellement 300 millions de francs.

Du port de Hong-Kong partent chaque année de nombreux émigrants chinois, à destination de Singapour, San-Francisco, Vancouver, Maurice, l'Australie. En 1880, 70000; en 1882, 78000; en 1884, 46000; en 1885, 53000. Les mesures prohibitives dont on frappe les immigrants chinois aux Etats-Unis et en Australie ont ralenti le mouvement de l'émigration[1].

Les maisons anglaises de Hong-Kong ont à lutter contre les grands entrepôts que les Chinois ont récemment fondés dans la presqu'île de *Kaoulong*. A Aberdeen, au sud de l'île, des chantiers et des établissements industriels ont été créés.

La population de Hong-Kong est de 215800 hab. (1888). Elle s'élevait en 1872 à 122000. — Les races et les types y sont très variés et très mêlés; l'élément chinois domine (75 %). Le reste de la population est composé d'Anglais, Américains, de métis Portugais, Hindous, Birmans, Manillais, Malais, Polynésiens.

Haïnan. — A l'entrée du golfe du Tong-King, séparée par un canal de 28 kilomètres de largeur de la péninsule de Leitcheou, l'île de **Haïnan**, de forme ovale, a une superficie de 36200 kilom. car. environ. De hautes chaînes de montagnes, couvertes de forêts impénétrables, en occupent le sud, l'est et le centre; la plus élevée, le **Outchi-Chan** (*montagne à cinq doigts*), au centre de l'île, se couvre de neige en hiver. Les vallées creusées entre les monts sont de riches plantations de riz, cannes à sucre, sésame, aréquier, bétel et tabac. — Les forêts et les jungles des plateaux sont peuplées de tigres, de rhinocéros, de cerfs, de daims, de singes; les reptiles dangereux y pullulent. Sur les côtes le poisson abonde; on pêche le corail et l'huître perlière; sur les sables des rives on prend d'énormes tortues; les rivières charrient de l'or; des mines d'argent, des salines sont exploitées avec profit.

La population s'élève a 2500000 individus environ, dont 1 million de Chinois qui habitent le littoral et les plaines et exploitent les richesses de l'île. — Dans les montagnes errent les tribus sauvages des *Li* ou *Loï*, qui vivent de la chasse; d'autres peuplades soumises, les *Tchon*, d'origine chinoise, se mettent au service des colons. On vante la beauté des sites qui environnent la capitale de l'île, *Khioung-tcheou* (30000 hab.). « Les » hameaux et les villages sont à moitié cachés sous des bosquets de bam- » bous luxuriants et sont reliés les uns aux autres par des chemins de ver- » dure circulant entre des haies de cactus ou d'épines sauvages flanquées » de bambous. » (*Dictionnaire de géographie universelle*, art. Haïnan.)

---

1. *Bulletin consulaire*, 1886.

704   LECTURES ET ANALYSES DE GÉOGRAPHIE.

La capitale est située au nord-est, près de l'embouchure du *Pochang-ho*, rivière navigable pour les jonques jusqu'à 100 kilom. de la mer; son port

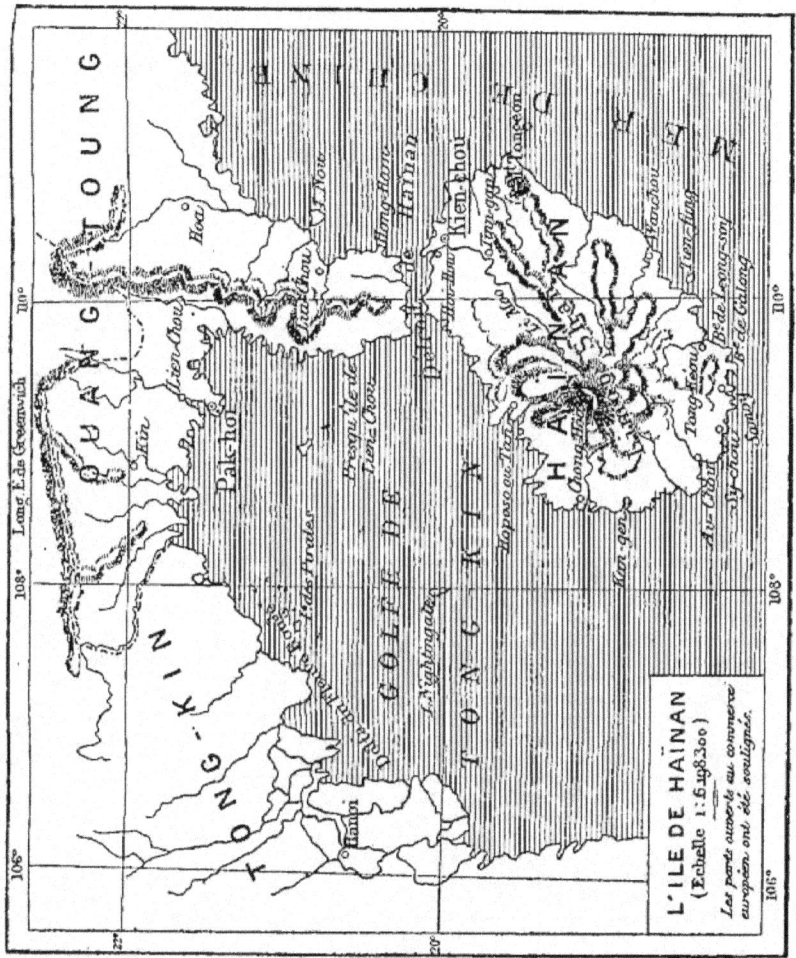

Hoï-Hou, ouvert en 1876 au commerce européen, exporte du sucre, de l'huile, des peaux, des vases de métal et des émaux cloisonnés fabriqués dans l'île.

II. — Géographie politique

Notice historique.

La Chine et l'Europe jusqu'à la guerre de l'opium. — Les premières relations diplomatiques régulières entre la Chine et l'Europe ne datent que du traité de Nanking (1842). Mais il est certain que les Romains entretenaient un commerce et échangeaient des ambassades avec la nation des *Sines* ou *Sères* (*Serica regio*, pays des soieries). Au moyen âge, les navires chinois et les boutres arabes se rencontraient sur la mer des Indes et dans les ports de la côte de Malabar, de l'île de Ceylan, de Malacca et du littoral de Canton : des marchands génois et vénitiens, des missionnaires d'Occident visitèrent la Chine [1].

Les premiers, et parmi eux *Lucalongo* (1291), *Andolo de Savignone*, et surtout l'illustre famille des **Polo** [2], eurent des fortunes diverses dans

---

1. Voy. l'article *Chine* de M. Henri Cordier, dans la *Grande Encyclopédie*, qui est un résumé très complet et très substantiel sur l'empire du Milieu. Voy. aussi les remarquables articles de l'éminent sinologue, *les Missions catholiques en Chine*, publiés par *le Temps* (septembre 1886); et l'article *les Missions catholiques en Chine* (*Rev. des Deux-Mondes*, 15 décembre 1886).

2. Les **Polo**. — La famille des **Polo** s'établit à Venise vers le onzième siècle. Au douzième ils siégeaient au grand conseil de la République. Au treizième, les trois frères Polo, *Marco l'ancien*, *Nicolo* et *Maffeo* s'associèrent pour faire le commerce. Leurs opérations s'étendirent à Constantinople, à la Crimée, à la Caspienne, à la Bokharie et jusqu'au royaume de Cathay, dont ils franchirent les frontières. Les moines, comme le légat du pape, le franciscain *Jean du Plan Carpin*, en 1246, et l'envoyé de saint Louis, le cordelier *Guillaume de Roubrouk*, en 1253, avaient déjà révélé à l'Europe l'existence de ce grand empire; les frères vénitiens y pénétrèrent, et furent accueillis avec faveur à la cour du grand khan Koublaï, le redoutable petit-fils de Gengis, qui leur permit de contempler sa majesté face à face. Koublaï n'était pas hostile aux étrangers; il aimait à entendre parler des pays lointains et à s'instruire sur les mœurs des hommes qu'il ne connaissait pas. Il fut charmé par le récit des deux Italiens qui en savaient beaucoup plus long que ses ambassadeurs, il les traita avec honneur et, en les congédiant, les chargea d'une mission pour le pape. Dans une lettre écrite en langue tartare, le grand khan demandait au pontife de lui envoyer cent hommes d'élite, instruits dans la foi chrétienne et dans les sept arts libéraux. S'ils parvenaient à lui démontrer la supériorité du christianisme, lui-même et tous ses sujets se feraient chrétiens.

Un prince tartare et son escorte accompagnèrent les Vénitiens; ils étaient munis aussi d'une tablette d'or, précieux talisman qui leur servit de sauf-conduit dans leur long voyage. Ils atteignirent le port de Laya, dans le golfe d'Iskanderoun (Alexandrette), s'embarquèrent pour Acre, puis se rendirent à Négrepont et à Venise. Là ils apprirent la mort du pape, et durent attendre deux ans l'élection de son successeur, Grégoire X. Celui-ci leur donna sa bénédiction, leur remit de riches présents pour Koublaï, mais, au lieu de cent théologiens et savants réclamés, le pape n'envoyait que deux moines dominicains, *Nicolas de Vicence* et *Guillaume de Tripoli*. La petite caravane se vit fermer la route par une armée de Sarrasins qui ravageait l'Arménie, sous la conduite du féroce sultan des Mameluks du Caire, *Boudogar Bibars*. Les deux dominicains épouvantés prirent la fuite et revinrent à Acre, abandonnant la mission, et ainsi fut perdu tout espoir de convertir au christianisme le grand Koublaï et ses millions de sujets.

Les Vénitiens, toujours intrépides, changèrent leur itinéraire et marchèrent en

le pays des soieries, d'où ils rapportaient aussi les brocarts d'or, le musc, la rhubarbe. Les autres, comme *Jean de Monte-Corvino*, *André de Pérouse*, *Odoric*, *Marignoli*, légats du pape, dans la première moitié du quatorzième siècle, réussirent à fonder l'archevêché de Péking et l'évêché de Zeitoun dans le Fo-Kien.

---

avant. Ils emmenaient avec eux le jeune **Marco**, fils de Nicolo, né en 1264, qui est devenu le plus illustre des Polo. Les voyageurs essayèrent d'abord de gagner la Chine par Ormuz et le golfe Persique ; mais à Ormuz ils renoncèrent à ce projet, se dirigèrent vers le nord-est par le Kherman, le Khorassan, passèrent à Balk, dans le Badakshan, remontèrent l'Oxus, franchirent les hautes steppes du Pamir, où de rares voyageurs ont passé après eux, descendirent à Kashgar, et par Yarkand et Khotan, à travers le désert de Gobi, atteignirent Tangout, à l'extrémité nord-ouest de la Chine. De là ils se rendirent à Kaïping-fou, résidence d'été du grand Khan à 50 milles environ au nord de la grande muraille. Ils avaient mis trois ans et demi à faire ce périlleux voyage, et pour la seconde fois il revirent Koublaï au milieu de sa cour, en reçurent un accueil gracieux, et lui remirent les lettres et les présents du pape, avec l'huile prise dans la lampe qui brûle au Saint-Sépulcre de Jérusalem. Nicolo présenta à l'empereur son jeune fils Marco, alors âgé de vingt et un ans. Le jeune Marco plut beaucoup à Koublaï qui, ravi de son intelligence, le nomma mandarin de deuxième classe et conseiller privé. Marco apprit quatre langues, se mit au courant des affaires, et exerça des fonctions publiques dans les lointaines provinces du Chen-si, du Sse-Tchouen, et dans le Tibet oriental. Ses rapports pleins d'observations fines, de renseignements utiles, furent très appréciés à la cour et augmentèrent son crédit. Ses missions se succédèrent, à Yang-tchou, à Tangout, à Kara-Koroum, la grande capitale mongolienne des khans ; il fut envoyé en Cochinchine, dans la mer des Indes, et partout s'acquitta avec succès des négociations les plus délicates. En même temps son père et son oncle amassaient d'énormes richesses. Au bout de douze ans, redoutant un changement de régime après la mort du vieux Koublaï, les trois Vénitiens songèrent à mettre leurs personnes et leurs biens à l'abri des révolutions orientales : ils demandèrent à retourner dans leur pays. Mais le Khan aimait trop ses hôtes pour s'en séparer : « Le vieil empereur, écrit le colonel » Yule, resta sourd à toutes leurs demandes de congé, et sans un événement » aussi heureux qu'imprévu, le moyen âge n'aurait pas eu son Hérodote. »

En 1285, Arghoun, shah de Perse et petit-neveu de Koublaï, envoya des ambassadeurs au grand Khan pour le prier de choisir une femme de la tribu mongolienne dont il voulait faire son épouse favorite. L'empereur désigna la jeune Koubachin, « moult belle dame et avenante ». Les ambassadeurs voulurent retourner en Perse par la route de mer, plus sûre que la voie de terre, et prièrent Koublaï de leur donner les Vénitiens pour guides sur cet océan dont ils connaissaient les secrets. L'empereur n'y consentit qu'après de longues hésitations ; il combla de dons les étrangers ses hôtes et les chargea de messages pour diverses cours de l'Europe. Les voyageurs s'embarquèrent à Chin-Chan, dans le Fo-Kien, au commencement de 1292, et n'arrivèrent en Perse que deux ans après. Les ambassadeurs avaient péri pendant la traversée avec une grande partie de l'escorte ; la femme mongole avait survécu, mais en débarquant elle apprit que son fiancé était mort. Elle s'en consola en épousant le fils du défunt, et exprima sa vive reconnaissance à ses sauveurs. Quant aux trois Vénitiens, ils vinrent à Tauris, reprirent le chemin d'Occident et rentrèrent à Venise en 1295, vingt-quatre ans après en être sortis.

Personne ne les reconnut sous les vêtements sordides et déchirés qu'ils portaient ; leur aspect était celui de mendiants tartares, non de chrétiens civilisés. Ils trouvèrent leurs maisons vendues ou occupées, leurs biens partagés entre leurs parents, comme s'ils étaient morts depuis longtemps. Marco imagina un stratagème pour convaincre les incrédules. Les trois voyageurs invitèrent leurs parents à un festin : à la fin du repas, ils revêtirent les haillons qu'ils portaient à leur retour, en défirent les coutures à coups de couteau, et il s'en échappa une pluie de diamants, de rubis, d'émeraudes, de saphirs, d'escarboucles et d'autres

Au commencement des temps modernes, les **Portugais**, entraînés par l'essor des découvertes, l'ardeur du commerce et le prosélytisme religieux, débarquèrent plusieurs fois en Chine, à Canton, à Ningpo et y fondèrent des établissements qui n'eurent qu'une durée temporaire. A force de persévérance, et en multipliant les ambassades à la cour de Péking, ils réussirent à se faire concéder le monopole du commerce dans l'île de Macao, vers le milieu du seizième siècle. Toutefois, l'île restait sous la suzeraineté de la Chine, et les Portugais payaient une rente annuelle sans être exempts des droits de douane. Sous l'action du Portugal, Macao n'en fut pas moins pendant plus de deux siècles le comptoir européen le plus florissant des mers de Chine. L'occupation de Hong-Kong par les Anglais ruina l'influence et le crédit du Portugal en Chine; le traité de Lisbonne (1887) a ratifié la cession perpétuelle de Macao aux Portugais, sous cette réserve qu'ils ne la céderont eux-mêmes à aucune autre puissance, sans l'autorisation de la Chine.

Les **Espagnols**, non moins zélés que les Portugais, avaient fondé au seizième siècle une mission dans le Fo-Kien, et obtenu le privilège du commerce dans l'île d'Amoy. Les colons de Manille étaient les seuls étrangers autorisés par les Chinois et les Portugais à envoyer leurs navires à Macao.

Les **Hollandais**, maîtres de Batavia, tentèrent plusieurs coups de main sur Macao; vers 1625, ils réussirent à s'établir dans les îles Pescadores, et plus tard à Taï-ouan, dans l'île Formose. Ils en furent chassés en 1661, et leurs ambassades successives à la cour de Péking restèrent presque sans résultat.

Les **Français** se sont particulièrement fait connaître en Chine par l'action ininterrompue des missions catholiques. Les rois de France, aux treizième et quatorzième siècles, secondèrent puissamment les papes dans les efforts de propagande religieuse, et si, au seizième siècle, les missions de l'Extrême-Orient furent surtout fondées par les disciples infatigables et audacieux d'Ignace de Loyola, au dix-septième, c'est Louis XIV qui se fit le protecteur et le champion de la foi catholique dans ces mers lointaines. Aux jésuites se joignirent les dominicains et les franciscains : mais les fréquentes discordes entre les ordres religieux paralysèrent quelquefois et ralentirent souvent l'élan et les progrès de la propagande chrétienne. On sait quelle fut l'ardeur des controverses entre les ordres religieux sur la question des rites ou cérémonies chinoises, au temps de l'empereur Kanghi.

---

pierres précieuses. Les Vénitiens étonnés durent reconnaître la bonne foi des Polo, et leur popularité dans la République devint immense. Marco fut désormais connu, dit-on, sous le surnom de *Millioni*. Le sénat lui confia le commandement d'un vaisseau dans une expédition contre Gênes; il fut pris au combat de Curzola, dans l'Adriatique, et resta un an captif. Dans le donjon où il était enfermé il raconta ses voyages à un autre prisonnier, Rusticelli, de Pise, qui en écrivit la *Relation* en français, et conserva à la postérité le nom de Marco Polo et le récit curieux de ses aventures. Rendu à la liberté, Marco Polo vécut encore quelques années dans sa ville natale, estimé et honoré de tous. Il mourut en 1323, léguant à ses trois filles une immense fortune.

Les éditeurs de Marco Polo, les Anglais Marsden (1818) et colonel Yule (1871); le Français Pauthier, ont démontré la véracité et l'exactitude des récits de Polo dans toutes les choses qu'il a vues : certaines parties sont fabuleuses et invraisemblables. Marco Polo les raconte en toute bonne foi, et ce conteur grave et précis ne plaisante jamais. (Voy. une analyse du livre de *Yule*, *Revue britannique*, 1871.)

Les Jésuites, disposés à des concessions habiles qui leur permettraient de continuer la propagande sans blesser les lettrés ni la cour, toléraient le culte des ancêtres, si cher à toute âme chinoise, et ne considéraient pas les hommages au grand moraliste Confucius comme incompatibles avec les pratiques du christianisme. Les autres religieux, et au premier rang les Dominicains, protestèrent contre cette tolérance hérétique, et la dénoncèrent à Rome. Le *cardinal de Tournon*, et après lui *Mezzabarba* furent envoyés à Péking par le pape; mais les Jésuites, soutenus par le gouvernement chinois, bravèrent l'excommunication, et tinrent ferme contre les menaces et les brefs. La bulle du pape Benoît XIV ne régla ce scandaleux différend qu'en 1742, après un siècle de discussions orageuses qui avaient occupé le collège des cardinaux, le Saint-Office et la Sorbonne, et fait gémir les presses de Paris, Cologne, Rome, Louvain et Venise. Cette bulle obligeait tous les missionnaires de toute congrégation, qui allaient en Chine, à prêter le serment de regarder comme idolâtrique tout hommage rendu à Confucius et aux ancêtres, et de n'employer qu'un seul terme, celui de *Tien-Tchou*, pour désigner l'Être suprême.

La nouvelle organisation des Missions catholiques fit passer des Jésuites aux prêtres des *Missions étrangères* et aux Lazaristes la principale direction de la propagande chrétienne en Chine : mais la bulle de Benoît XIV en ralentit singulièrement les progrès.

La suppression de la compagnie de Jésus sous Louis XV porta un coup mortel à la mission de Péking, et aussi à l'influence française dans la capitale de la Chine (H. Cordier). L'empire fut divisé en vicariats apostoliques, attribués à des congrégations déterminées, et la rivalité continua entre les divers ordres.

Les gouvernements en France ne cessaient pas de protéger les missionnaires, et essayaient de mener de front le prosélytisme religieux et les intérêts commerciaux dans l'Extrême-Orient. Louis XIV envoya à la cour de Chine six missionnaires distingués par leur science, et à Siam des ambassades fastueuses qui furent stériles. Les Compagnies qui reçurent successivement le privilège du commerce avec la Chine installèrent un comptoir à Canton : après la chute de la Compagnie des Indes orientales, un consulat de France fut établi dans cette ville, et dura jusqu'à la fin du siècle. Mais l'influence française s'exerçait surtout par l'œuvre apostolique, et la chrétienté s'habituait peu à peu à considérer la France comme exerçant dans ces lointains parages le protectorat des Missions. Le temps vint où, pour seconder l'action des vicariats apostoliques, et pour venger le sang des religieux martyrs, elle obtint de l'Europe la reconnaissance solennelle de ce droit de protectorat qu'elle avait moralement conquis, et qu'il était temps de revendiquer.

L'Angleterre ne s'y opposa pas. Dès le temps d'Elisabeth, elle avait ouvert des négociations avec la Chine en faveur de ses marchands : les compagnies commerciales anglaises, à plusieurs reprises, dans le cours du dix-septième et du dix-huitième siècle, avaient lutté contre les répugnances chinoises et les rivalités étrangères pour établir des factoreries à Canton, dans l'île Haïnan, à Macao, à Amoy, à Ningpo, aux îles Chousan. En 1762, l'Anglais *Flint* fut mis en prison pour avoir essayé de pénétrer dans Péking ; en 1773, un autre Anglais, *Scott*, accusé d'un crime imaginaire, fut décapité. La grande et fastueuse ambassade de *Macartney* et *Staunton* (1792-1794) fut reçue par l'empereur et traversa une partie de la Chine, mais fut sans résultat. — Même insuccès au dix-neuvième siècle avec les ambassades et les missions de l'amiral *Drury* devant Macao (1808), de lord

Amherst (1816), de lord *Napier* à Canton (1816-1834). La Chine se montrait inébranlable dans son isolement; elle persécutait les missionnaires chrétiens dans ses campagnes, elle écartait les commerçants à coups de canon de ses ports. C'est aussi par le canon que l'Europe allait faire brèche sur ses rivages obstinément fermés depuis trois siècles à l'héroïque persévérance des missionnaires, aux finesses de la diplomatie occidentale, aux tenaces entreprises des marchands.

La guerre de l'opium et les conventions de Nanking et de Whampoa (1839-1844). — Malgré les décrets impériaux qui interdisent l'entrée de l'opium en Chine, les négociants anglais, par une contrebande effrénée, importaient en masse ce produit indien dans l'empire. Au mois de juin 1839, plus de 20 000 caisses d'opium furent saisies par la douane et détruites. Une flotte anglaise portant 4 000 hommes de débarquement, sous les ordres de sir **John Gordon Bremer**, bloqua la rivière de Canton. Au mois de février 1841, les forts de Bocca Tigris furent enlevés; en juillet, l'archipel des Chousan fut occupé. Les tentatives de négociation engagées par l'amiral **Elliot** avec le gouverneur du Pe-tchi-li échouèrent. — Une deuxième expédition, commandée par sir **Gough** et l'amiral **Parker**, amena l'escadre anglaise à Amoy, à Ning-po, à Shang-Haï. La flotte remontait le Kiang pour attaquer Nanking, quand le gouvernement chinois se décida à traiter. A bord du *Cornwallis*, le major général sir **Henry Pottinger** et les commissaires *Ki-ying* et *Ili-pou* signèrent la fameuse convention de *Nanking*, qui allait servir de garantie et de modèle à toutes les négociations postérieures; la diplomatie tenait enfin une des clefs de l'empire. Parmi les treize articles de ce traité capital, l'un ouvrait les cinq ports de Canton, Amoy, Fou-tcheou, Ning-po et Shang-Haï au commerce britannique, et des consulats y seraient installés; un autre cédait à l'Angleterre l'île de Hong-Kong, et lui accordait une indemnité de 21 millions de dollars pour les frais de la guerre et les pertes subies. Ce succès éclatant poussa les diplomates de l'Europe et de l'Amérique sur le chemin de la Chine. Les Etats-Unis, qui depuis la guerre de l'Indépendance faisaient sur toutes les mers une énergique concurrence à l'Angleterre, conclurent avant les autres le traité de *Wanghia* (3 juillet 1844). — Dans le même temps, la France, par l'organe de son plénipotentiaire, M. **de Lagrené**, fit entendre de justes réclamations, et obtint de précieux avantages. La mission diplomatique était accompagnée de délégués des Chambres de commerce et d'agents du ministère des finances : le commerce, les douanes, la navigation furent discutés avec autant de compétence et de fermeté que les intérêts religieux et moraux. A *Whampoa*, à bord de la corvette *l'Archimède*, le 24 octobre 1844, M. de Lagrené conclut avec le gouverneur *Ki-ying* un traité en trente-six articles, qui ouvrait à la France les cinq ports du sud désignés par l'Angleterre, lui accordait les mêmes sécurités diplomatiques, et, dans un article spécial, stipulait que les Français peuvent « établir des églises, des
» hopitaux, des hospices, des écoles et des cimetières, et que, si des
» Chinois violaient ou détruisaient des églises ou des cimetières français,
» les coupables seraient punis suivant toute la rigueur des lois du pays. »
Cette clause, d'une gravité exceptionnelle, reconnaissait implicitement à la France le protectorat des Missions. — La Belgique (25 juillet 1845), la Suède et la Norvège (20 mars 1847), signèrent à leur tour des traités de commerce avec l'empire, dans la rivière de Canton.

Deuxième guerre; traités de Tien-tsin (1856-1860). — La

Chine mit à entraver l'exécution de ces traités autant de fourberie que les étrangers apportèrent d'âpreté à en exiger l'application et parfois à en dépasser les termes. L'assassinat d'un prêtre des Missions étrangères, le P. *Chapdelaine*, qui fut livré à d'horribles tortures (1856) décida la France à imposer à la Chine de nouvelles concessions. L'Angleterre, liée à la France par une commune action en Crimée, sut trouver un prétexte pour faire campagne avec nous. La saisie d'un de ses bâtiments par la douane de Canton justifia son intervention. Les négociations entamées par le baron **Gros** et lord **Elgin** n'aboutirent pas; la flotte des alliés bombarda et prit Canton (1858), força la barre du Pei-Ho à Ta-Kou, et contraignit le gouvernement impérial à signer les traités de *Tien-tsin* (26-27 juin 1858). Des ambassadeurs français et anglais seraient installés à Péking; de nouveaux ports, *Kioung-tcheou*, dans l'île Haïnan, *Tchao-tcheou*, *Taï-ouan* et *Tamsui* dans l'île Formose, *Tche-fou*, *Nan-king*, *Niou-tchouang*, seraient ouverts au commerce étranger; des indemnités de 4 millions de taëls seraient payées à chacun des gouvernements alliés, sans préjudice des réparations accordées aux Français molestés ou ruinés pendant la guerre.

Lorsque MM. de **Bourboulon** et Fr. **Bruce**, en qualité de plénipotentiaires des deux puissances, se présentèrent devant Takou, pour échanger les ratifications des traités de Tien-tsin, leurs bâtiments furent accueillis à coups de canon. Une nouvelle expédition en commun fut aussitôt résolue. Les troupes françaises avaient à leur tête le général **Cousin-Montauban**; les Anglais étaient commandés par le lieutenant général sir **Hope Grant**; l'effectif des troupes s'élevait environ à vingt-trois mille hommes; les amiraux **Charner** et **James Hope** avaient la direction des escadres.

Maîtres de Tchefou, dans le Chan-toung, et de Ta-lien-ouan, sur le littoral de la Mandchourie, les généraux alliés, à la nouvelle du rejet de l'ultimatum proposé par MM. de Bourboulon et Bruce, enlevèrent les forts qui défendaient l'entrée du Pe-tang, tournèrent ceux du Pei-Ho, à Takou, et les forcèrent à se rendre. De nouvelles négociations s'ouvrirent entre les plénipotentiaires, à Tien-tsin, tandis que nos troupes et celles de l'Angleterre s'avançaient sur la route de Péking. Le parti de la résistance l'emporta un instant auprès de l'empereur, et, pendant qu'on essayait de tromper les diplomates par des propositions de paix inacceptables, un guet-apens était préparé contre eux (18 septembre 1860). Les généraux repoussèrent l'attaque, mais les Chinois emmenèrent avec eux, en captivité, vingt-six Anglais et onze Français, au nombre desquels étaient le colonel d'artillerie *Foullon-Grandchamps*, et le savant *d'Escayrac de Lauture*. L'armée chinoise, refoulée jusqu'au delà de Toung-Tcheou, tenta une dernière résistance près de cette ville, au pont de *Pali-kiaio* (27 septembre). La cavalerie tartare fut dispersée par le général Cousin-Montauban, qui reçut de son gouvernement le titre de comte de Palikao. Dix jours plus tard, les troupes alliées arrivaient au Youen-Ming-youn, palais d'été de l'empereur. Le gouvernement chinois ordonna de renvoyer les prisonniers; un petit nombre, dans un état affreux, regagna le camp, les autres avaient péri, et on ne restitua que leurs cercueils! Lord **Elgin** occupait le palais d'été; il n'hésita pas, dans sa colère, à le livrer au pillage, « et à donner » l'ordre, écrit-il, d'incendier cette propriété impériale, en représailles des » cruautés exercées sur ses compatriotes par le souverain chinois ». L'empereur **Hien-foung** s'était enfui en Tartarie: les alliés entrèrent à Péking, et imposèrent au prince **Kong**, frère de Hien-foung, les conventions du 24 octobre. La question des indemnités était de nouveau réglée à 8 millions de taëls, au profit de chacune des nations victorieuses, mais l'Angleterre se fit, dans les privilèges concédés, la part du lion. Tien-tsin était ouvert au commerce étranger; mais les Anglais obtenaient pour leur ambassadeur la résidence à Péking, et se faisaient céder Kaoloung, en face de Hong-Kong. La France obtenait la restitution aux chrétiens des établissements religieux et hospitaliers confisqués pendant la guerre. Tien-tsin, les ports de Takou, Canton, devaient être temporairement occupés par les troupes alliées (octobre 1860).

Les progrès et les services de l'Europe en Chine. — La dynastie chinoise des Tsing courut alors d'effroyables périls. L'empereur Hien-foung était sans autorité; les étrangers occupaient le littoral; les provinces du sud-ouest et du nord-ouest étaient en pleine révolte; les Taïping ravageaient le riche pays du Yang-tsé-kiang. Hien-foung mourut à propos (1861). Un coup d'Etat mit au pouvoir, avec le titre de régent, son frère, le prince **Kong**, pendant la minorité du jeune empereur **Toung-Tché**; les conseillers du feu souverain furent jugés, dégradés ou mis à mort. Contre les rebelles musulmans qui dévastaient les plus riches provinces de l'empire, le régent appela à son secours des chefs étrangers. L'Américain **Ward**, **Burgevine**, le capitaine **Holland**, le major **Gordon**, le même qui devait périr dans la suite à Khartoum, commandèrent successivement les troupes impériales, et, après trois ans de lutte acharnée, domptèrent la rébellion, par l'occupation de la grande ville de Fou-Tchéou. Un corps franco-chinois opérait en même temps dans le sud; à sa tête furent tués l'amiral **Protet**, à Nan-jao (mai 1862), et son successeur **Tardif**, à Chao-sïng (février 1863). MM. **d'Aiguebelle** et **Prosper Giquel** terminèrent la campagne par l'enlèvement de Hang-tcheou (août 1864). Le quartier général des rebelles, Nanking, leur fut enlevé le 19 juillet. « Les bandes de Taï-ping décimées, privées de leurs » chefs, redescendirent vers leur pays d'origine, le Kouang-si, d'où quel- » ques-unes pénétrèrent dans le Tong-King, où elles se firent connaître sous » le nom de *Pavillons noirs* et *Pavillons jaunes*. » (H. Cordier.)

Anglais et Français avaient sauvé la Chine de l'anarchie. Leur influence s'affermit et s'imposa. En 1854, un service des douanes maritimes impériales avait été organisé; un Anglais, *Horatio Nelson Lay*, en avait la direction avec le titre d'inspecteur général. Le prince Kong lui confia le soin d'armer les côtes de l'empire (1862). Lay, malgré le concours précieux qu'il trouva dans le capitaine *Sherard Osborne* et les autres officiers anglais, ne sut pas triompher des difficultés suscitées par le gouvernement chinois, et il fut remplacé par sir **Robert Hart**.

Le vice-roi du Fo-Kien chargea les deux éminents officiers de marine **d'Aiguebelle** et **Giquel** de fonder sur la rivière Min l'arsenal de Fou-tcheou (1867), destiné à fabriquer les vaisseaux, armes et munitions nécessaires à la défense de l'empire. « L'éducation des jeunes gens, écrit M. » H. Cordier, attachés à l'arsenal de Fou-tcheou et destinés à devenir des in- » génieurs ou des officiers de marine, est complétée en Europe par une » mission dite d'instruction[1]. Les jeunes gens, répartis soit sur les na- » vires de la marine britannique, soit dans les usines du Creusot ou de » Saint-Chamond, dans les écoles du génie maritime, de maistrance, des

---

1. Cette mission, dirigée autrefois par M. Giquel et Li-Fong-Pao, a aujourd'hui à sa tête M. Dunoyer de Segonzac et Tche-Méou-Ki.

» arts et métiers, des mines. etc., retournent instruits dans les sciences
» européennes, après un séjour de trois ou quatre ans en Europe. »

Les avantages obtenus par les armes de la France et de l'Angleterre ne tardèrent pas à être concédés aux autres puissances. Des actes additionnels aux traités antérieurs furent conclus à Péking par les ministres de la Russie et des États-Unis en 1863 et 1869. Les Russes obtinrent une utile rectification de frontières du côté de l'Amour, et le droit de faire le commerce à Kalgan et à Ourga. Le Danemark (1864), l'Espagne (1867), la Hollande (1863), par les conventions de Tien-tsin ; la Belgique (1866), l'Italie (1867), l'Autriche (1871), par les traités ratifiés à Shang-Haï ; le roi de Prusse, au nom du Zollverein et des villes hanséatiques, par l'envoi de la mission du comte d'Eulenbourg (1858-1862), et le traité de Tien-tsin (1861), ouvraient plus larges encore ces portes de l'empire chinois que les marchandises et les idées des nations occidentales allaient désormais plus librement franchir.

Cette irrésistible pénétration fut secondée par la vigilance des légations étrangères définitivement installées à Péking, par le bon vouloir du parti libéral à la cour, et par l'activité et la souplesse de l'éminent chef des douanes, Robert Hart. En même temps que l'arsenal de Fou-tcheou se fondait sous la direction des officiers français, un collège était fondé en Chine pour enseigner aux indigènes les langues et les sciences de l'Occident (1867), et une ambassade solennelle, ayant à sa tête le ministre des États-Unis, **Anson Burlingame**, et parmi ses membres des délégués chinois, français et anglais, visitait les grandes villes de l'Amérique et de l'Europe, et resserrait les liens des traités.

Mais cette invasion des étrangers, subie plutôt qu'agréée par le gouvernement, surexcita parmi les autorités chinoises et le peuple la haine et les désirs de vengeance. Le 21 juin 1870, le consul de France à Tien-tsin, M. *de Fontanier*, le chancelier du consulat, M. *Simon*, et dix-huit autres étrangers, français, russes, belges, italiens, au nombre desquels étaient un prêtre lazariste et neuf sœurs de charité, furent massacrés à Tien-tsin. L'escadre de l'amiral **Dupré** vint jeter l'ancre devant la ville ; le gouvernement chinois révoqua les fonctionnaires coupables, et envoya l'un d'eux en Europe pour apporter des excuses. On était alors au fort de la guerre avec l'Allemagne ; l'ambassadeur chinois, *Tchoung-Heou*, passa de Marseille à Bordeaux, de Bordeaux à Tours, de Tours à Versailles, s'enfuit aux États-Unis d'où il fut enfin ramené à Versailles, et où il présenta à M. Thiers les réparations nécessaires. Les défaites de la France et l'amoindrissement temporaire de son prestige extérieur enhardirent le gouvernement chinois à protester par un mémorandum diplomatique contre la propagande des missionnaires catholiques, et l'on put craindre un instant quelque nouvelle persécution, dont le gouvernement aurait paru l'inspirateur et le complice. Le péril fut heureusement conjuré.

Deux ans après (1873), à l'occasion de sa majorité, le jeune empereur Toung-tché accorda aux ministres étrangers, après de longs pourparlers diplomatiques, l'honneur inusité d'une audience solennelle qui se tint à cinq heures et demie du matin, comme s'il s'agissait d'une mauvaise action à cacher. Dans une audience privée qui succéda à la réception faite en commun, le ministre de France, M. *de Geofroy*, remit à l'empereur la lettre du gouvernement français en réponse à la mission de l'ambassadeur *Tchoung-Heou*. L'influence occidentale se fit sentir de nouveau en 1874, lorsqu'à la suite de l'assassinat de sujets japonais dans l'île de Formose, le gouvernement du Mikado ordonna à son escadre de débarquer dans l'île et de châtier les coupables. Le ministre anglais se posa en arbitre et réussit, par un habile arrangement, à empêcher la guerre entre les deux nations.

L'empereur Toung-tché mourut en 1875, et une nouvelle régence fut établie en Chine, non sans difficultés. L'influence du prince Kong, toute-puissante sous le précédent règne, fut combattue par celle de **Li-Hong-Tchang**, gouverneur du prince impérial, directeur général de la défense des frontières maritimes, et surintendant du commerce. Cet homme d'Etat eut à régler avec l'Angleterre la délicate question du meurtre de l'interprète *Augustus Margary*, assassiné à la frontière du Yun-nan (voy. p. 479). La convention de Tche-fou coûta à la Chine une indemnité de 200 000 taëls, l'ouverture de quatre nouveaux ports chinois au commerce étranger et l'autorisation accordée à l'Angleterre d'envoyer une mission d'exploration de Péking au Tibet et aux Indes.

De cette convention date l'établissement en Europe des légations chinoises. En 1876, *Koua-Song-Tao*, et après lui le marquis *Tseng*, furent accrédités pour représenter à Paris et à Londres le gouvernement de l'empire. La nouvelle régence, pendant la minorité du souverain *Kouang-sou*, fut gravement troublée par les rébellions musulmanes, et les nouveaux conflits avec l'Europe, d'où la Chine sortit encore une fois humiliée et amoindrie. Nous avons mentionné ailleurs (p. 617) le traité de 1881 qui régla entre la Chine et la Russie la question du territoire de Kouldja. Quelques années plus tard (1884-1887), il fallut dénouer par la guerre les difficultés survenues entre la Chine et la France, pour la suzeraineté contestée de l'Annam. Après une campagne malheureuse sur mer, qui ruina sa marine et ses arsenaux (voy. p. 497), la Chine, par les traités de Tientsin et de Péking, dut renoncer à ses prétentions. L'œuvre officielle de délimitation des frontières du Tong-King, poursuivie par nos délégués au milieu de difficultés et de périls de toute nature, n'empêcha pas les irréguliers chinois de continuer la lutte : lutte pleine de fourberies et d'embuscades, où nos soldats avaient à se défendre contre un ennemi insaisissable, moitié colon et moitié bandit, trop souvent garanti contre le châtiment par la nature et le climat autant que par la complicité ou l'impuissance des autorités annamites et chinoises.

Affaires religieuses. — En d'autres circonstances, les hommes d'Etat chinois suscitèrent à la France les embarras les plus graves. La Chine compte près de 40 vicariats, dirigés par 40 prélats; dans ces vicariats sont plus de 700 missionnaires européens, dont plus des deux tiers sont Français, les autres Italiens, Espagnols, Portugais, Allemands, Autrichiens, Hollandais, Belges, Anglais. Après les traités conclus de 1844 à 1860, les religieux étrangers demandèrent à se placer sous notre protection, et n'eurent pas lieu de s'en repentir. Le Saint-Siège les y encourageait, et reconnaissait implicitement ce protectorat, que le *Tsong-Li-Yamen* (ministère des affaires étrangères de Chine) n'avait jamais contesté. Toutefois, en 1886, survint un incident qui menaça un instant le privilège séculaire de la France. Au dix-septième siècle, les jésuites avaient obtenu de l'empereur Kang-Hi, le don d'un terrain situé dans la ville impériale, presqu'aux portes de son palais. Le *Petang*, tel est le nom de ce quartier, devint le principal sanctuaire, le chef-lieu des maisons religieuses de la capitale. Pendant la guerre de 1859, il avait été dévasté et détruit; mais la convention de Péking avait restitué l'emplacement aux lazaristes, avec une somme d'un million de francs destinée à réédifier le sanctuaire et ses annexes. Les lazaristes firent bâtir une église de style européen, surmontée de deux

40.

hautes tours, du sommet desquelles on pouvait jeter un regard profanateur dans l'enceinte du palais impérial.

Les mandarins demandèrent à maintes reprises la démolition des tours, et le Petang fut exposé aux plus redoutables périls. A la mort de l'empereur Hien-Foung, l'impératrice régente réclama avec instance la restitution du Petang pour y établir un jardin de plaisance destiné à remplacer celui de Palikao. Le vice-roi Li-Hong-Tchang envoya un ambassadeur au Saint-Siège, M. *Dunn*, pour régler la question, et solliciter le pape d'accréditer un nonce à Péking.

Ainsi la France serait déboutée du protectorat des missions catholiques dans l'Empire du Milieu, et le pape en aurait désormais la défense et la garde. Léon XIII n'accepta pas les propositions de la Chine. La France continua à exercer son patronage sur les représentants de la foi catholique établis en Chine, et sur l'œuvre des missions, qui est en même temps religieuse et sociale, par la prédication, l'enseignement, les établissements hospitaliers, asiles, hôpitaux, hospices. Ainsi s'explique l'intervention constante et toujours efficace de la légation de France entre le Tsong-Li-Yamen et les vicariats apostoliques. — L'impératrice régente a reçu satisfaction : en échange d'un autre terrain concédé, la cathédrale du Petang qui offusquait la vue de la famille impériale a été démolie, et reconstruite dans la nouvelle enceinte, loin de l'enceinte de la cité tartare.

On a pu craindre un instant, en 1891, une nouvelle déclaration de guerre des puissances européennes contre le Céleste Empire. Les associations secrètes, très répandues et très puissantes sur le vaste territoire de la Chine, et qui comptent leurs adhérents par millions, ne cessent d'attiser les haines du peuple contre les *diables étrangers*, c'est ainsi qu'ils désignent les missionnaires et les commerçants de l'occident civilisé. Pendant les mois d'avril, mai et juin 1891, un véritable soulèvement éclata contre les Européens dans les provinces du Yang-tse, et menaça la ville de Foutcheou elle-même. On accusait les religieux et les sœurs de charité d'avoir ensorcelé des enfants indigènes par des pratiques criminelles. Des missionnaires furent emprisonnés et maltraités, des chrétiens mis à mort. Les fonctionnaires locaux restèrent indifférents, ou se firent complices; les chefs des provinces donnèrent une fois de plus la mesure de leur impuissance ou de leur mauvais vouloir. Mais les escadres européennes, averties à temps, apparurent menaçantes dans les parages de Shang-Haï et dans les eaux du Yang-tse, et leur attitude résolue, en même temps que leur union certaine en face du danger commun, parurent calmer, du moins temporairement, la grande effervescence qui semblait menacer la dynastie nationale et les colonies étrangères des plus effroyables périls.

Gouvernement. — L'autorité réside dans la personne de l'empereur (*Houang Ti* ou *Houang-Chang*). Tout se fait en son nom. « Il est la fon-
» taine du pouvoir, du rang et des honneurs. Parmi les titres qu'on lui
» donne, il faut mentionner ceux de *très auguste et très élevé*, *céleste*,
» *sage*, *infini en vertus et science*, *sacré*, *fils du Ciel*. Les officiers se
» définissent comme étant *au-dessous de son tabouret*. Lui-même, il
» s'appelle *nous*, *l'homme solitaire*, *l'homme unique*, *le prince toujours*
» *seul*. Son palais est la *Cour des audiences*, la *Neuvième entrée*, la
» *Maison d'or*, l'*Avenue écarlate*, la *Salle rose*, le *Pavillon défendu*,
» le *Paldis cramoisi*, le *Degré de pierres précieuses*, l'*Escalier d'or*, le
» *Portail méridien*, le *Grand Intérieur*. Contempler sa façade, c'est voir
» celle du dragon. Le trône est le *siège du dragon* et le *meuble divin*.

» Son emblème est un dragon à cinq pattes, qu'il porte brodé sur tous ses
» vêtements et qu'il serait sacrilège de reproduire ailleurs.
» Rien de ce qui peut investir la personne de l'empereur d'un caractère
» unique et sacré n'est négligé à la cour de Chine. Tout ce qui sert à son
» usage est de couleur ou de forme spéciale. La porte extérieure de son
» palais ne peut être franchie qu'à pied ; partout il a ses voies, ses allées,
» ses issues réservées ; le trône, ou même une simple étoffe jaune jetée
» sur un fauteuil, reçoit les mêmes hommages que lui-même ; ses lettres
» ou édits sont reçus dans les provinces les plus lointaines au milieu des
» génuflexions et des nuages d'encens. Il mange toujours seul et seule-
» ment de huit espèces de mets réservés à son auguste estomac. Invisible
» à tout ce qui n'est pas de son entourage immédiat, il n'accorde audience
» aux ambassadeurs étrangers qu'en des circonstances solennelles, et
» alors, s'il faut en croire la *Gazette officielle*, ces diplomates sont telle-
» ment frappés de terreur et de respect que leurs genoux s'entrechoquent
» et fléchissent sous eux, qu'ils tombent la face contre terre et n'auraient
» même pas la force de se relever, si l'introducteur ne relevait leur cou-
» rage par des paroles flatteuses. » (Ph. DARYL, *la Chine contemporaine*,
Temps, 1ᵉʳ avril 1885.)

Ce despotisme a d'ailleurs, au moins dans les formules et les règlements,
un caractère familial ; les sujets doivent redouter l'empereur comme un
maître divin, et en même temps l'aimer comme le père et la mère « de la
grande famille chinoise ». S'il commande, tous s'empressent d'obéir ; s'il
lui convient de prendre la fortune ou la vie d'un citoyen, c'est avec reconnaissance que le condamné doit livrer l'un et l'autre.

Le despotisme impérial est quelque peu tempéré par le *conseil d'État*,
dont le nombre des membres n'est pas limité, assisté de nombreux secrétaires ; par la *chancellerie impériale*, composée de quatre *grands secrétaires* ; par les six ministères : *intérieur* ; *finances* ; *ministère des rites* ;
guerre ; *justice* ou *châtiments* ; *travaux publics*. Un ministère nouveau
a été créé par décret après la guerre franco-anglaise, en 1861, c'est celui
des *affaires étrangères* (*Tsong-Li-Yamen*), composé de onze membres,
chiffre d'ailleurs variable. Chaque ministère a deux présidents, l'un *mandchou*, l'autre *chinois*.

Les provinces sont gouvernées par des *vice-rois* (*tsong-tou*) ou des
gouverneurs généraux (*fou-taï*). Ils sont en outre assistés, pour former
le conseil de l'administration provinciale, de quatre autres mandarins :
le *receveur général des finances* ; — le *juge provincial* ; — le *contrôleur de la gabelle* ; — le *contrôleur des grains*. — Au-dessous des
fou-taï, viennent les *taotaï*, intendants de circuit, et les nombreux administrateurs des districts, sous-préfectures ou cantons (*fou*, *ting*,
tcheou, *hien*).

Les Européens désignent d'une façon générale les fonctionnaires par le
mot *mandarin*, du portugais *mandar* ; en réalité, ils sont appelés *kouan*.
Il y a neuf rangs de fonctionnaires, qui se distinguent par la boule ou bouton
porté sur le chapeau officiel, la broderie de la poitrine et la boucle de la
ceinture ; la broderie des mandarins civils représente un oiseau ; celle des
militaires, un quadrupède.

DIVISIONS ADMINISTRATIVES

Provinces.	FOU (PRÉFECTURES) ET VILLES PRINCIPALES
Bassin du Peï-Ho. — Pe-tchi-li (Dépendance directe du Nord). (148357 kilom. car. — 36 880 000 hab., 11 préfectures.)	**Péking** ou *Chuntien*, « la résidence du nord », 1 500 000 habitants suivant les uns, 800 000 et même 500 000 suivant les plus récentes relations, capitale de l'Empire, dans une grande plaine alluviale, à 18 kilomètres du Peï-Ho, à 14 du Wen-Ho, entourée de murs, au point de rencontre des routes stratégiques de Mandchourie, de Mongolie et de Chine, et à proximité du golfe de Pe-tchi-li, situé à 130 kilomètres au sud-est ; elle se compose de deux villes distinctes : la ville *tartare*, ou *mandchoue*, résidence de la cour, et la ville *chinoise*, très populeuse, « la ville la plus sale, la plus pauvre, » et la plus misérable de toute la Chine, et par conséquent « du monde entier », dit M. Whyte. — L'industrie de Péking est presque nulle. (Voy. les *Lectures*.) — *Toung-tcheou* (100 000 hab.) est le port de Péking sur le Peï-Ho, son commerce est considérable ; — *Tien-tsin* (900 000 hab), sur le Peï-Ho, dans une plaine riche en cultures de coton et de millet, une des plus peuplées et des plus commerçantes villes de la Chine, possède le monopole de la vente du sel, et les magasins de céréales qui approvisionnent Péking ; elle est le centre de la navigation à vapeur du Peï-Ho ; les Européens, fonctionnaires ou négociants, habitent le quartier des Bambous (*Tzekhoulin*). Tien-tsin a déjà une filature de coton, un arsenal et des ateliers d'armes ; un tramway rattache *Peitang* au nord-ouest, sur le Peï-Ho, aux houillères de *Kaïping*,; Tien-tsin est solidement défendu par les forts de *Sin-tcheng*, et ceux de *Takou*, reconstruits et armés à l'européenne, à l'entrée du Peï-Ho. — Au nord de Péking, YUNPING-FOU est une petite cité administrative sur la route de la Mandchourie, porte de la grande muraille ; *Siouan-Hoa*, ancienne capitale, TATOUNG-FOU, dans les montagnes, sont des marchés de tabac et de laines, et sont entourées de riches gisements houillers. Au nord de Péking, PAOTING-FOU, entrepôt des millets des environs ; — TCHINGTING, fabrique dans ses ateliers des statues de Bouddha en bronze ; — TAÏNING est un grand marché intermédiaire entre le Chan-si et le Chan-toung ; — CHUNTE ; — HOKIAN ; — KOUANPING ; — TCHINGTE.
Bassin du Lio-Ho. — Liaotoung ou Ching-King.	Cette province a été décrite dans la Mandchourie (voy. p. 673). Elle a été annexée récemment à la Chine propre, et forme actuellement la dix-neuvième province de l'Empire.
Bassin du Hoang-Ho. — Kansou (pays de Can et Sou)	**Lantchéou-Fou** (500 000 hab.), sur la rive droite du Hoang-Ho, au coude du fleuve, a son inflexion vers l'Ordoss, à la jonction des routes de l'ouest, du nord et du sud, au centre d'un bassin fertile ; ville proprement tenue, manufacture de laines, de draps et de canons : grâce à sa forte enceinte, elle a pu repousser l'invasion doungane et abriter les

Provinces.	FOU (PRÉFECTURES) ET VILLES PRINCIPALES
Bassin du Hoang-Ho.	
Chen-si (ouest des Cluses). (674 900 kilom. car. — 210 350 kil. car. 19 512 000 hab., 8 préf.) 10 309 700 h., 7 préf.).	fugitifs; elle exploite le charbon des mines voisines; — *Tsing-tcheou* (160 000 hab.), sur un affluent du Weï-Ho, tisse et brode des soieries, fabrique des objets métalliques, vend du thé, du tabac, de l'indigo; — SINING-FOU (60 000 hab.), dans la région du Koukou-nor, sur un affluent du Hoang-Ho, commande la route qui conduit vers le Turkestan et la Dzoungarie; son commerce est supplanté par *Donkir*, à l'ouest; — PINGLIANG-FO (60 000 hab.), dans la vallée du King-Ho, marché intermédiaire entre les deux courbes du Hoang-Ho; — KOUN-TCHEOU-FOU (50 000 hab.), dans la vallée du Weï-Ho; — KOU-TCHEOU (150 000 hab.), à la frontière de l'Ala-Chan, est comme une oasis à l'entrée du désert; — KING-YANG; — KOUNG-TCHANG; — LIANG-TCHEOU; — NINGHIA. **Singan-fou** (1 000 000 d'hab.), anc. cap. du royaume, la seconde ville après Canton pour la population, au centre de la plaine fertile où se réunissent le Weï-Ho et le King-Ho, place très fortifiée, centre de commerce actif, musée archéologique, où sont conservées les plus précieuses archives du passé de la Chine. — La grande ville de *Hoa-tchéou* a été entièrement détruite par l'insurrection de 1860. — YANGAN-FOU exploite de la houille et du pétrole. — YULIN-FOU garde une porte de la grande muraille du côté de l'Ordoss; — FENGHIANG; — HAN-TCHOUNG; — HINGAN; — TOUNG-TCHEOU.
Chan-si (Ouest des Montagnes). (170 800 kilom. car. — 17 056 000 hab., 9 préfectures.)	**Taiyouan** (250 000 hab.), au pied des terrasses orientales du Chan-si, dans la riche vallée du Fouen-Ho, renferme dans son enceinte murée un quartier tartare et un quartier chinois, séparés par un mur; ville tracée sur le plan de Péking; possède un arsenal, une fonderie de canons; les environs sont célèbres par leurs cultures et leurs vignobles; — FEN-TCHEOU, au pied des collines de Houki-chan, aux sources thermales fréquentées; — *Tsi-Hien* (30 000 hab.), *Hiéou-kao* (25 000 hab.), *Pingyao-hien*, *Taïkou-hien*, dans le bassin du Fouen-Ho, sont de grandes villes de commerce, de banque et d'industrie, où se fabriquent et s'entreposent les bronzes et les vases les plus renommés de l'art chinois; ces villes et toutes celles de la région fabriquent des étoffes, du papier, des objets de fer; — LOUNGAN-FOU; — PINGYANG (15 000 hab.), sur le Fouen-Ho, une des villes les plus anciennes et les plus saintes de l'empire, entourée d'une triple muraille, a été dévastée par les Taïpings; — *Yuen-Tching* (90 000 hab.), et les autres villes voisines, POU-TCHEOU, KIAÏTCHEOU, etc., exploitent le sel du riche bassin de *Loutswoun* dans les monts du Foungliao-chan, et des marais salants du Hoang-Ho; — NINGWOU; — SOPING; — TATOUNG; — TSE-TCHEOU.
Honan.	**Kaifoung-fou** (100 000 hab.), à 15 kilomètres de la rive droite du Hoang-Ho, au sein de campagnes souvent dévastées par les inondations du fleuve qui rompt ses digues, ville de commerce sans monuments, champ de foire per-

P.ovinces.	FOU (PRÉFECTURES) ET VILLES PRINCIPALES
Honan (Sud du Fleuve). (173 300 Kil. car. — 29 067 hab. 9 préfectures.)	manent; la colonie juive de la ville exerce les métiers de changeurs, banquiers, orfèvres, brocanteurs; *Liou-youen-Hao* est le port fluvial de Kaïfoung; *Tchuchen-chen*, dans les environs, est un des plus grands marchés de l'empire; — Hoaïking-Fou, à 15 kilomètres nord du Hoang-Ho, est un centre de commerce et une ville de manufactures de fer et d'acier; — *Tchin-goua-tchen* exploite le charbon des mines; — Weihoui, Tchang-te-fou, sur la route de Tien-tsin, font le même commerce; — Koëïte, sur le Pe-cha-ho, tributaire du lac *Houng-tse-Hou*, dans une vaste plaine très riche et bien cultivée, naguère dévastée par les Taïpings; — Tchin-Tcheou, au nord-ouest; Tchang-te-fou, ont la même importance agricole; — Ho-nan-fou, à 20 kilomètres au sud du Hoang-Ho, au croisement des routes du haut fleuve, de Tien-tsin, de la vallée du Han, ville de commerce : le *Soung-Chan*, au sud, est un mont sacré; — Juning-fou; — Nanyang.
Chang-toung (Est des Montagnes). (140 000 kilom. car. — 29 529 000 hab., 10 préfectures.)	**Tsinan** (200 000 hab.), sur la rive droite, à 7 kilomètres du Hoang-Ho, qui coule dans l'ancien lit du Tatsing-Ho, ville dont le périmètre est plus grand que celui de Paris, fabrique des soieries, et taille des pierres précieuses; son port sur le fleuve est *Lokao*; plusieurs milliers de musulmans et de catholiques habitent la ville. — Les autres villes principales du bassin du Fleuve Jaune, souvent détruites par les débordements, et toujours rebâties, à cause de la richesse du sol et de la proximité de la mer, sont : Toung-Tchang, sur le Yun-Ho, une des plus anciennes, des plus actives et des plus populeuses ruches de l'empire; — *Lintsing* et *Tchoungkia*, trafiquent avec Péking, le Honan et la Mongolie, — Outing-fou, dans la zone maritime du Hoang-Ho; — Taïngan, la cité sainte, au pied de la montagne sacrée du Taï-Chan, rendez-vous des pèlerins, exporte les minerais de fer et la houille de la vallée du Wan-Ho; — Yentcheou-fou, une capitale qui date de plus de quatre mille ans, à l'est, *Kioufao*, patrie de Confucius, toute peuplée de ses descendants, possède un tombeau et beaucoup d'objets précieux lui ayant appartenu; les Taïpings ont respecté le magnifique temple du grand moraliste chinois, son palais et ses trésors. — Tsing-tcheou-fou, situé sur le versant du nord, est une ville d'industrie, habitée par un grand nombre de mahométans; — *Wei-hien*, à l'extrémité nord de la dépression centrale du Chantoung, est relié par des routes aux deux mers et à toutes les villes minières de la région; elle est un des plus grands entrepôts de charbons, de fer, d'or, de tabac, de soies de la Chine; — Tengtcheou est un port ouvert aux Européens, mais le peu de profondeur de la mer lui a fait préférer *Yentai* ou *Tchefou*, salubre, bien abrité, la « Trou- » ville » de la Chine. — Sur le versant méridional de la presqu'île, les villes de *Laiyang*, *Tsimi*, *Kaomi*, *Kiaotcheou* exportent leurs denrées agricoles par la baie de *Kiaotcheou* et le port de *Tingtsi*. — Yi-tcheou est la dernière préfecture du sud, au pied de montagnes carbonifères.

Provinces.		FOU (PRÉFECTURES) ET VILLES PRINCIPALES
Bassin du Yang-tse-Kiang.	Se-tchouen (Quatre-Rivières). — (479 000 kilom. car. 35 000 000 d'hab., 12 préfectures.)	**Tching-tou-fou** (800 000 hab.), au centre d'une large plaine fertile et bien arrosée, parfaitement cultivée, est une des villes les plus anciennes, les plus riches et les plus élégantes de l'empire, malgré les invasions et les incendies dont elle a été victime. Ses beaux édifices, ses rues droites, bien tenues, bien pavées, ses habitants aimables et polis, l'ont fait surnommer le *Paris de la Chine*. Elle est un grand entrepôt agricole, elle a des industries actives de tissages, teintureries, broderies. Elle occupe une immense surface, et elle est entourée d'une solide enceinte. — *Kouan-hien, Kioung-tcheou, Mien-tcheou, Han-tcheou, Toung-tchoueng*, situées aux alentours, dans la même plaine, ont des industries actives et des papeteries renommées. — Au nord, à l'entrée des monts Min, *Soung-panling*, ville mahométane, a un marché important ; — *Ya-tcheou*, à l'ouest, sur la route du Tibet, recueille les soies grèges, prépare le thé en briques ; elle est le grand dépôt militaire de la frontière ; — *Kiating* est le principal entrepôt chinois de la cire blanche ; — *Sou-tcheou* (300 000 hab.) est un grand centre industriel (sculptures, gravures, houillères, salines), au confluent du Yang-tsé et du Min ; — *Batang, Litang*, sur des affluents du Fleuve-Bleu, sont les étapes de la route qui conduit à Lhassa ; — *Ta-tsien-lou*, marché et une ville douanière. — A l'est de la province, *Tchoung-tcheng, Fou-tcheou, Yuen-yen*, sont des entrepôts considérables de la vallée du Fleuve-Bleu ; la première de ces villes a des usines métallurgiques et une bourse ; Kouei-Tchéou, à l'entrée des gorges du Yang-tse, expédie de la houille et un opium très renommé, fabriqué avec le pavot de ses campagnes. — Chunking, Loungan, Ningyuen, Paoning, Souiting.
	Kouei-tcheou (Régr. de la Casse). 172 000 kil. car., 5 679 000h., 12 préf.	**Kouei-yang**, capitale de la province, domine le plateau qui sépare le bassin du Si-kiang des sources du Youen, affl. du Fleuve-Bleu ; le pays voisin est riche en mercure. — Cette province est une des plus sauvages de l'empire, le centre principal des tribus indigènes indépendantes du Miaotze. — Préfectures principales : Liping, Sounan, Tating, Touyun.
	Houpé (Nord du Lac). (180 000 kilom. car. 20 000 000 d'hab., 10 préfect.)	**Outchang-fou**, capitale de la province, sur la rive droite du Yang-tse ; — *Hankeou*, à l'est du confluent du Han ; — Hanyang-fou, dans la péninsule formée par le confluent des deux fleuves, constituent ensemble une formidable agglomération humaine, un des marchés les plus animés du monde ; entre les trois cités, des flottes de jonques et de bateaux à vapeur sont comme les ponts mobiles de jonction. Les routes du Hoang-Ho, de Shang-Haï, de Canton y aboutissent. Avant la rébellion des Taïpings, les trois villes réunies avaient, dit-on, 8 millions d'âmes. A Hankeou, les Européens habitent une concession vaste, bien bâtie et protégée par des digues contre les ravages du Fleuve-Bleu. C'est le marché du thé par excellence (voy. les *Lectures*). — *Fou-tcheng, Chayang*, sont des marchés sur le Han ; Y-tchang garde l'issue du Fleuve-Bleu dans le Houpé ; — *Chazi* est une ville de transit ; — Liou-

Provinces.	FOU (PRÉFECTURES) ET VILLES PRINCIPALES
	kiang a des maisons de commerce anglaises et américaines. — Chinan, Hoang-tcheou, Nganlou, Tching-tcheou, Tengan, Yunyang.
Hounan (Sud du Lac). 255 500 kilom. car. 20 000 000 d'hab., 9 préfect.)	**Tchang-cha** (300 000 hab.), sur le *Siang-kiang*, tributaire du lac Toung-ting, a dans ses environs le collège de *Yolo*, « un des plus célèbres de la Chine, où plus de 1 000 » jeunes gens de 22 à 25 ans étudient en particulier, se bor- » nant à questionner leur professeur quand ils se heurtent à » quelque difficulté dans leurs études. » — La plus grande cité du Hounan est Siang-tan (1 000 000 d'hab.), une des métropoles de la Chine, sur le Siang, au croisement des trois routes de Canton, Tchoung-Tcheng, Hankeou ; entrepôt énorme de tous les produits chinois, et surtout des drogues médicinales, et des riches dépôts d'anthracite du Loui-Ho. — Les autres grands marchés sont à l'ouest Tcha-tcheou, Tchangte, sur le Yuen navigable. — Autres préfectures : Heng-tcheou, Paoking, Yo-tcheou, au confluent du Fleuve-Bleu et du lac Toung-Ting, etc.
Kiang-si (Ouest du Fleuve). (177 000 k. c. 25 500 000 h., 13 préf.)	**Nan-tchang** (300 000 hab.), dans la plaine au sud du grand lac Poyang, ville bien tracée, bien tenue, grand entrepôt de porcelaines fameuses qui se fabriquent en masse dans les environs, surtout à *Kingtechen* ; Yao-tcheou a la même industrie ; — Kan-tcheou, Kin-gan sont situées dans la vallée supérieure du Han, affluent du Poyang ; — Houkou, au confluent du Poyang et du Yang-tse, est un entrepôt de thés recherchés. — Autres préfectures : Souitcheou, Kientchang, Linkiang, Nangan, etc.
Ngan-Hoei (Bourgs Pacifiques).(180 000 k. c..36 500 000 h., 8 pr.)	**Ngan-king** (40 000 hab.), sur la rive gauche du Fleuve-Bleu, belle situation, commerce actif ; — *Tatoung* ; — *Wouhou* (100 000 hab.), sur la rive droite, font un important trafic de thé, de chanvre, riz, sel ; leurs papeteries, corderies, coutelleries, sont renommées ; au sud, Hoeitcheou fournit la meilleure encre de Chine ; — Foung-yang appartient au bassin du Hoang-ho. — Autres préfectures : Loutcheou, Ningkouo, Taiping, Tchitcheou, Yingtcheou.
Kiang-Sou.	**Kiang-ning** ou **Nan-king** (450 000 hab.), sur le Fleuve-Bleu, à 225 kilomètres de l'embouchure. Cette « résidence du sud », ancienne capitale de l'empire, devenue en 1853 capitale des rebelles Taiping, fut en 1864, après un siège de deux ans, détruite de fond en comble par l'armée chinoise, et sa population massacrée. En trente ans, elle s'est relevée presque en entier, grâce au retour des fugitifs et à l'immigration. — C'est une ville de grande industrie pour les étoffes de coton, dites *nankins*, pour les beaux satins de Chine brochés à fleurs. Ville savante, remplie d'écoles, de bibliothèques, de librairies, elle est la métropole des belles-

(Bassin du Yang-tse-Kiang.)

Provinces.	FOU (PRÉFECTURES) ET VILLES PRINCIPALES
Bassin du Yang-tse-Kiang. Kiang-Sou (Coulées du Fleuve). 104 000 kilom. car. 40 000 000 d'hab., 8 préfectures.)	lettres, un centre d'examens. Les musulmans forment le sixième de la population. Elle est entourée d'une enceinte bastionnée. Aux environs, l'Etat a un de ses arsenaux. Elle n'est pas ouverte au trafic étranger. — TCHING-KIANG (130 000 hab.), au point de croisement du Fleuve-Bleu et du Grand-Canal, détruite aussi pendant la guerre Taïping, est une place forte puissante, « une des clefs de Péking », un grand entrepôt pour les marchandises étrangères et les soies grèges ; les canaux la relient à Shang-Haï. — YANG-TCHEOU, de l'autre côté du fleuve, n'est pas ouverte aux étrangers ; — *Tanyang* et *Tchang-tcheou* sont sur la route qui rattache Soutcheou au Yang-tse ; — SOUTCHEOU (500 000 hab.), à l'est de l'immense lac Ta-Hou, qui faisait l'admiration de Marco Polo, « la Venise chinoise », détruite aussi par les Taïping, se relève, mais n'a plus le premier rang pour les soieries et les livres ; ses produits artistiques sont toujours de premier ordre pour le bon goût. — **Chang-Haï** (280 000 hab.), sur la rive gauche du Wousoung ou Hoang-Pou, à l'entrée méridionale du Fleuve-Bleu, est le premier port de l'empire, le second de l'Asie (après Bombay). Les Anglais, depuis 1842, ont assaini, consolidé les terrains, purifié l'air et fait de cette station insalubre et inhospitalière le grand marché d'échanges entre l'Europe, l'Amérique et la Chine pour le thé, la soie, l'opium, le coton, le charbon, etc. (voy. la Lecture sur *Chang-Haï*). A 8 kilomètres au sud-ouest, est le bourg de *Zikavie* ou *Soukiahoei*, où est le grand collège des jésuites ; des villes commerçantes et riches se pressent entre Chang-Haï, le lac Ta-Hou et la mer, SOUNKIANG, *Kinchan, Tchelin*, etc. ; — *Tsougming-hien* est la ville principale de la grande et populeuse île qui divise en deux l'estuaire du Fleuve-Bleu.
Tche-Kiang (Fleuve roulant). 92 300 kil. c. 8 100 000 hab., 7 préfectures.)	**Hang-tcheou** (800 000 hab.), à l'entrée de l'estuaire du Tsien-tang et sur un bras mort du Fleuve-Bleu, était la cité regardée par Marco Polo et les voyageurs anciens comme la merveille de la Chine et du monde par sa grandeur et sa magnificence ; aujourd'hui bien réduite, elle a encore 20 kilomètres de tour ; le lac *Si-Hou* ou *Occidental*, à l'ouest, n'est plus enfermé dans son enceinte ; mais ses îles sont encore couvertes de maisons, de pagodes, de tombeaux. Hang-tcheou est une ville de plaisirs et d'élégances, renommée en Chine pour la courtoisie de ses habitants, la facilité de ses mœurs, la beauté de son site. C'est le « Paris de l'Orient », le « Paradis » de l'empire. « C'est la ville gaie par excellence, celle » où les mandarins les plus soucieux de leur dignité ont le » droit de s'amuser comme de simples mortels. » (E. RECLUS.) Elle fabrique beaucoup de soieries, comme les villes voisines, HOUTCHEOU, KIAHING, *Haïning*, qui ont été aussi comme elle rudement éprouvées par l'insurrection Taïping ; — *Nantsin* est un grand marché de graines de vers à soie ; — CHAOHING (500 000 hab.) est un centre commercial et industriel un peu déchu, à droite du Tche-kiang, dans la région des *polders* que protègent des digues, comme celles de Hollande ; à l'est de cette ville s'étend sur une longueur de 144 kilo-

Provinces.	FOU (PRÉFECTURES) ET VILLES PRINCIPALES
Bassin du Yang-tse-Kiang. Tche-Kiang.	mètres le plus colossal viaduc du monde, composé de 40 000 travées rectangulaires, portant un chemin d'un mètre et demi de largeur. Cette chaussée géante, construite il y a mille ans avec les pierres des carrières de la montagne de Taying, s'étend jusqu'à la forteresse de Tsinhaï, à l'embouchure de la rivière de Ningpo, le *Young-Kiang*. — Les terres maritimes sont préservées par une digue non moins étonnante qui borde la côte, de la baie de Hangtcheou à Tsinhaï. — *Lanki* ou *Lantchin* (200 000 hab.) est le grand marché d'une contrée naguère horriblement dévastée, mais déjà repeuplée et prospère, comme KINHOA, par ses riches cultures, ses soies, ses thés, ses fruits, etc. — NING-PO (250 000 hab.), la « cité des *vagues pacifiques* », port excellent et parfaitement situé à la jonction de plusieurs canaux et de deux rivières navigables, le *Yuyao* et le *Tong-Hoa*, ouvert aux Européens, exporte surtout du poisson, fabrique des meubles incrustés et laqués, des tapis, des nattes; elle est aussi une ville lettrée et savante. — *Yuyao* (65 000 hab.); — *Tinghaï*, capitale de la grande île *Tchousan*, capitale de l'archipel, port bien abrité et ville célèbre par ses industries des chanvres et des fibres. Les insulaires du Tchousan vivent surtout de l'industrie de la pêche; une des petites îles, *Pouto*, renferme plus de cent monastères et sanctuaires bouddhiques, très visités par les pèlerins. — *Chi-Pou*, au bord de la mer; *Taï-tcheou*, dont la baie nourrit des huitres énormes, sont les ports de cabotage des pêcheurs et commerçants exclusivement chinois; — *Wentchéou* (170 000 hab.) est un port ouvert aux Européens, sur une belle rivière navigable; mais l'abus de l'opium et la corruption des habitants ont causé sa décadence.
Bassin du Min-Kiang. Fo-Kien (Région polaire). (418 500 kilom. car. 22 700 000 hab., 10 préfectures.)	**Fou-tcheou** (630 000 hab.), dans un site charmant, sur la rive gauche du Min, à 56 kilomètres en amont de l'embouchure de cette rivière, dans le canal de Formose, place de premier ordre, entourée d'une enceinte de 100 kilomètres de tour, défendue en aval par les forts de *Kinfao* et de *Mingan*, construits sur les escarpements qui dominent les défilés du fleuve. Les Européens habitent le faubourg de Nantaï, sur la rive opposée à Fou-tcheou. La ville exporte surtout du thé en Angleterre, en Australie, en Russie, des meubles, des bois, du riz en Chine. Elle fabrique des soieries, cotonnades, du papier. L'île *Tchong-tchéou*, sur le Min, est un centre de tellerie très actif. La ville chinoise est murée. Fou-tcheou est un des centres maritimes de l'empire (avec Canton et Chang-Haï). Elle a une école de marine, une fabrique de torpilles, et en amont de la ville un arsenal fondé et dirigé longtemps par des Français (MM. Giquel et d'Aignebelle). La campagne voisine est bien cultivée, fertile et pittoresque. Elle possède des eaux thermales et les meilleures plantations de thé noir. — *Tsougan* (100 000 hab.), sur le Haut-Min, est un grand marché de thés, près des monts sacrés de *Oui-chan*; *Yungping* (200 000 hab.), sur le Min, jouit des mêmes avantages; — TSOUAN-TCHEOU est une ancienne capitale déchue, à cause de l'ensablement de son port, *Nganhaï* est son débouché maritime; — *Tchang-tcheou* (500 000 hab.) est une immense ville

Provinces.		FOU (PRÉFECTURES) ET VILLES PRINCIPALES
	Fo-Kien.	entourée de campagnes opulentes; — *Amoï* ou *Hiamen* (90 000 hab.), port ouvert à l'Europe, situé dans une île, est un port sûr qui exporte le thé en masse, et importe l'opium; la colonie anglaise est établie à l'entrée de la rade, dans l'île de *Koulang-Sou*. Amoï a des chantiers pour les réparations navales.
Bassin du Fleuve-Rouge.	Yun-Nan (Midi nuageux). (317 000 kilom. car. 5 800 000 hab., 14 préfectures.)	**Yunnan-fou** (50000 hab.), situé à 100 kilomètres au sud du Fleuve-Bleu, capitale d'une province alpestre, la plus riche en mines et une des plus dévastées par l'insurrection musulmane et la répression qui suivit, est située au nord d'un vaste lac, la « *mer de Tien* », qui s'écoule par un émissaire de l'ouest vers le Yang-tse; elle a de grandes fonderies de cuivre, des fabriques de tapis, feutres, couvertures; — *Toung-tchouan* et Tchaotoung-fou sont des villes de commerce et d'industrie de métaux, sur la route du nord, qui est parallèle au Yang-tse, encore impropre à la navigation. — Au sud de la capitale, les villes de Tchinkiang, *Kiang-tchouen*, Kaihoa, exploitent le tabac, le pavot, le riz des campagnes et surtout les mines de cuivre, fer, argent. — A l'ouest de la province, *Atentse* garde la frontière du Lantsan-Kiang, et trafique avec le Tibet; le mont voisin de *Dokerla* est un lieu de pèlerinage bouddhiste; plus au nord, *Yerkalo*, sur le Mé-Kong supérieur, a des sources salines; — Tali-fou, à l'ouest du grand lac de Tali, a été ruiné par la guerre civile, et se relève lentement de ce désastre, malgré la fertilité, les carrières de marbre, les dépôts de sel, les gisements de métaux précieux des environs. — Chou-ning-fou, *Yun-tcheou*, *Semao*, *Menghoa*, ont été de même rasées ou incendiées; dans le bassin du Hoti-Kiang (Fleuve-Rouge), *Yun-Kiang* est un entrepôt minier et un grand marché agricole où l'on vend des fruits du Midi, mangues, goyaves, oranges et du thé apprécié; — *Lingan* a des carrières de marbre, et *Manhao* exporte des thés, cotons et soies; *Laokai* est la douane chinoise à la frontière du Tong-King, aujourd'hui occupée par la France.
Bassin du Si-Kiang.	Kouang-Si (Ouest de l'Étendue). (201 600 kilom. car., 8 100 000 h. 11 préfectures.)	**Koeiling**, construite à l'entrée du col où passe le canal qui relie le Fleuve-Bleu et le Si-Kiang, n'a pas un commerce très actif à cause de la difficulté des routes. — Les minerais, bois, riz, etc., s'entreposent surtout à Woutcheou (200 000 hab.), à la jonction du Koeiling et du Si-kiang; — Nanning (40 000 hab.), Sin-Tcheou, dans le bassin du You-Kiang; Tai-ping, Tchengan, sont des villes minières que la guerre civile a momentanément ruinées.
	Kouang-Toung.	**Canton** (*Kouangtchéou*) (1 600 000 hab.), la cité chinoise par excellence, une des mieux conservées de l'empire, sur la rive gauche du Si-kiang, qui s'y divise en plusieurs bras enfermant entre eux des îles (*Hoang-Pou*, *Houan*, *Haddington*, *Gough*, île *Française*, etc.); les rues sont étroites, sales, tortueuses, insuffisantes pour le flot de la population; les canaux

Provinces.	FOU (PRÉFECTURES) ET VILLES PRINCIPALES
Bassin du Si-Kiang. Kouang-Toung (Est de l'Etendue). 233 700 kilom. car. 20 100 000 hab. — 9 préfectures.)	sont sillonnés de jonques; ses faubourgs se prolongent au loin sur les rives du fleuve. Canton, la ville chinoise pour le commerce extérieur, est la première pour l'industrie : soieries, teintureries, apprêts, papeteries, verreries, laques, sculptures du bois et de l'ivoire, meubles, porcelaines, raffineries, tapis, broderies, etc. Elle n'a pas de rivales pour l'éclat, l'originalité, l'élégance, la solidité de ses produits. — La ville est ouverte au commerce de l'Europe; les Chinois y font cependant presque toutes les affaires ; les Européens jouent le rôle d'intermédiaires. Les Européens ont leur concession dans l'île *Chamin*, moins insalubre que les autres quartiers de la cité cantonaise, qui est une des plus malsaines comme une des plus corrompues de l'Extrême-Orient. — *Hoang-Pou* ou *Wampoa* est l'avant-port de Canton, sur la rivière des Perles ; elle a de vastes entrepôts, des chantiers de construction, des bassins de carénage; elle s'enrichit surtout par la contrebande de l'opium avec la complicité des trafiquants anglais. — En amont de Canton, les villes commerçantes de *Sanchoui* et *Saïnan* sont au confluent du Si-kiang et du Pe-kiang ; — *Foulian* est une immense agglomération d'industriels et de marchands, qui est une succursale de Canton, et rivalise avec elle pour l'importance du trafic. A la province de Canton se rattachent MACAO et HONG-KONG (voy. p. 700). Entre Tchangtcheou et Canton, le littoral très découpé par les estuaires des rivières intérieures est tout couvert de villes et villages où les pêcheurs, les marchands et aussi les pirates et contrebandiers exercent leur industrie. Une grande ville de commerce, ouverte à l'Europe par les traités, *Swateou* ou Chatoou (30 000 hab.), à gauche de l'estuaire du Han, est un entrepôt d'opium, d'arachides, de sucre, de laques et d'éventails ; les Anglais ont établi leurs comptoirs dans l'île de *Double-Island* ; — sur le haut Pékiang, CHAOTCHEOU produit du camphre; — à l'ouest de Canton, se succèdent de nombreux ports, dont un seul est ouvert à l'Europe, *Pakhoï*, au sud de l'estuaire de *Lientcheou*, au débouché d'une des routes de la vallée du You-kiang; le port, obstrué par des bancs de sable, est d'un accès difficile ; il exporte surtout du poisson ; la pêche est l'industrie principale de la région et aussi de l'île volcanique de WEITCHEOU, depuis que les pirates en ont été plus ou moins écartés.

Péking.

« Placée un peu au-dessous du 40° degré, à peu près à la même latitude que New-York, Péking jouit d'un climat à températures extrêmes, offrant une grande analogie avec celui de la côte orientale de l'Amérique du Nord. De novembre à mars le froid prédomine; en janvier et février le thermomètre s'abaisse à 20° au-dessous de zéro; toute communication par eau est interrompue pendant trois mois. Le printemps fait son apparition subitement; avril est chaud; en mai, on a observé 35° : c'est l'époque des ouragans. Juin est un assez bon mois; en juillet commence la saison pluvieuse qui se prolonge jusqu'aux premiers jours de septembre, avec une chaleur atteignant parfois 40°. La seconde moitié de septembre et le mois d'octobre sont la meilleure saison; un ciel toujours sans nuages, des chaleurs tempérées dans la journée et des nuits fraîches, qui commencent à devenir froides à la fin d'octobre.

» Péking comprend deux grandes divisions : la ville tartare au nord et la ville chinoise au sud. La première forme un carré presque parfait, écorné légèrement au nord-ouest, et dont chaque côté court exactement dans la direction des quatre points cardinaux; la seconde consiste en un rectangle dont l'une des grandes lignes est adjacente au rempart du sud, qu'elle dépasse un peu de chaque côté.

» Les deux villes sont entourées de murailles formées d'une masse énorme de terre, reposant sur des fondations de pierre, et garnies d'un revêtement de briques. De 200 en 200 mètres elles sont soutenues par des contreforts massifs. Les murailles de la ville tartare sont plus élevées que celles de la ville chinoise, elles se terminent, à 15 mètres de hauteur, par une plate-forme dallée, large de 12 mètres. Seize portes donnent accès à cette double enceinte; chacune d'elles est surmontée de hautes et larges tours à triples toits, couverts de tuiles vernissées. La plus belle est la porte du milieu, Chien-men, qui fait communiquer les deux villes entre elles; elle est percée de trois entrées. L'aspect de ces fortifications colossales, et encore très bien conservées, est réellement imposant; leur développement extérieur n'est pas moindre de 33 500 mètres.

» Au milieu de la ville tartare, se trouve la cité impériale ou ville « jaune », qui en occupe environ la cinquième partie. Elle a la forme d'un carré irrégulier, limité par un mur de 11 kilomètres de tour et percé de quatre portes; c'est là que sont la plupart des édifices publics, les palais des fonctionnaires et les plus belles habitations.

» Cette troisième ville en renferme une quatrième, absolument inaccessible, non seulement aux étrangers mais encore aux sujets du souverain. Cette « ville défendue » est le palais impérial, qui est situé exactement au centre de Péking. Dans son enceinte vivent une dizaine de milliers de femmes, d'eunuques et autres familiers attachés au service personnel de l'empereur et des membres de sa famille. Le palais, les jardins et les temples sont vieux de 600 ans et datent du temps des Mongols, ils ont tous été conservés, sans aucun changement, par les empereurs Ming et mandchous.

. . . .

» La route est longue, et les chemins en ville sont tout aussi mauvais que dans la campagne. Nous suivons d'abord une rue solitaire qui longe le mur de la « cité défendue ». Notre attention est absorbée par les trous, les fondrières et les profonds sillons creusés par les charrettes. Autrefois les grandes artères étaient dallées ; le marbre recouvrait les ruisseaux et dissimulait les égouts, qui s'étalent maintenant au grand jour, noirs et infects. Depuis longtemps on ne répare plus rien ; en Chine tout n'est aujourd'hui que délabrement et ruine.

» Nous passons devant un mur élevé, entourant un grand jardin, dépendance du palais impérial. Au milieu des arbres on aperçoit les toits jaunes d'un temple ; c'est là que provisoirement on a déposé le corps de l'impératrice de l'Est, Tong-tai-hou, morte en février dernier et qui doit être enterrée en grande cérémonie à la fin de ce mois. De nombreux soldats sont chargés de veiller sur le cadavre ; leur tenue ne diffère pas de celle des autres Chinois ; une simple inscription sur le vêtement indique leur profession militaire ; ils ne portent point d'armes ; leurs flèches et leurs lances sont rangées en faisceaux devant les tentes dressées sur le chemin de ronde extérieur ; en cas d'incendie, des pompes sont préparées.

» Plus loin, on traverse un magnifique pont de marbre, jeté sur un grand lac couvert de lotus, dont les rives sont embellies par des palais, des temples et des jardins. De ce point, on jouit de l'une des plus jolies vues de Péking ; vers le nord s'étend un très beau parc renfermant une colline artificielle, couverte de kiosques et de pavillons aux formes contournées ; au sud, on distingue une grande partie du palais impérial lui-même, dont les diverses constructions sont toutes revêtues de tuiles vernissées, d'un jaune éclatant.

» Un peu au delà du pont de marbre, notre équipage tourne brusquement, enfile une ruelle et s'arrête bientôt devant la porte du Pé-tang (église du Nord), principal siège des missions catholiques à Péking. Nous avons employé une heure et demie pour faire ce trajet qui, sur le plan, ne représente guère que le tiers de la longueur de l'immense ville.

» Nous avons commencé par l'ancien observatoire des jésuites,

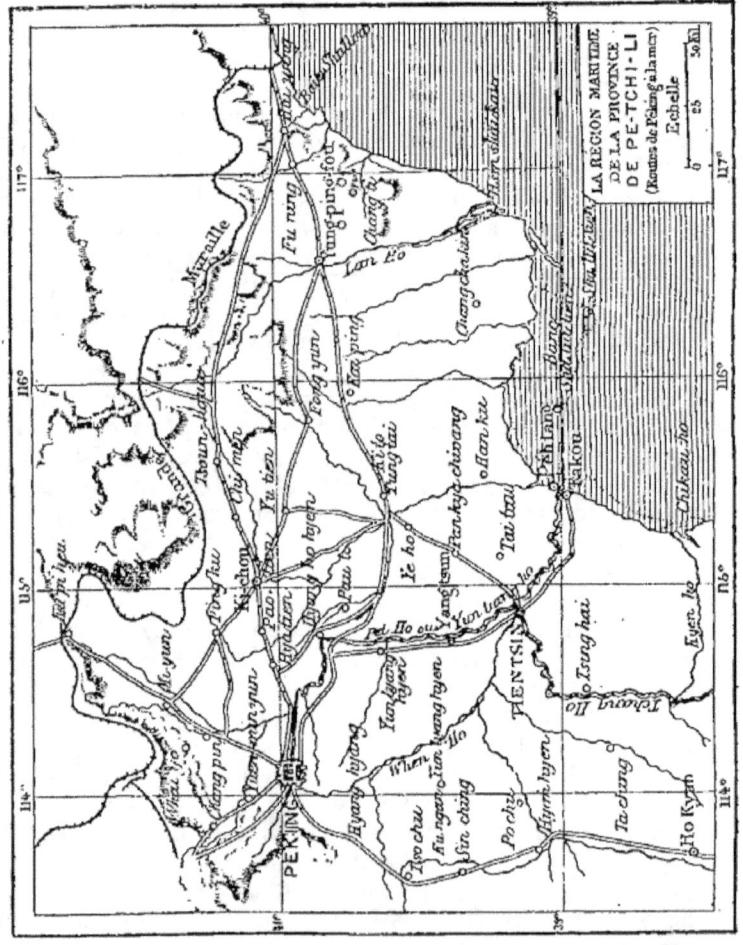

qui se trouve dans la partie orientale de la cité, adossé aux remparts. Nous entrons d'abord, non sans de longs pourparlers avec le gardien, dans une petite cour de pauvre apparence, envahie par les mauvaises herbes. Là sont exposés deux planisphères célestes et un astrolabe fort anciens et d'un volume considérable ; ils sont supportés par des dragons d'un admirable travail. Je ne sais s'ils ont une grande valeur au point de vue scientifique, mais assurément, comme bronzes d'art, on ne peut rien voir de plus beau à Péking et peut-être dans toute la Chine. Sur une terrasse dominant la muraille d'une hauteur de trois mètres se trouvent une douzaine d'autres instruments, également en bronze et ciselés avec un soin merveilleux ; ce sont ceux qui ont été exécutés sur des modèles chinois, sous la direction des jésuites, au dix-septième siècle. L'un d'eux, un grand azimuth, est un présent de Louis XIV à l'empereur Kang-hi. Tous ces bronzes, bien qu'exposés à l'air libre, sont dans un état parfait de conservation, ce qui doit être attribué au climat extraordinairement sec de Péking.

» De ce point élevé le regard plane sur la ville, dont, alors seulement, on comprend toute l'immensité ; vue ainsi, elle paraît bien plus à son avantage. La colossale muraille se profile en ligne droite, à perte de vue, tandis qu'à nos pieds les toits des maisons basses disparaissent en partie sous les arbres d'une infinité de petits jardins, qui donnent à la cité elle-même l'aspect d'une forêt.

» Non loin de l'observatoire, nous visitions le singulier établissement où les étudiants de la Chine entière viennent, tous les trois ans, subir leurs examens du second et du troisième degré. C'est un vaste emplacement clos de murs, renfermant des rangées de petites cellules construites en briques, dans lesquelles les candidats au mandarinat préparent leurs compositions. Pour cela, ils restent enfermés pendant quatorze jours, même la nuit ; des surveillants leur apportent à manger et les empêchent de communiquer entre eux.

» Notre charrette continue sa route cahin-caha, et, pendant une bonne heure, nous suivons une rue droite et large, fort sale, très mal entretenue, mais qui nous offre à chaque pas de curieux spectacles. A côté d'ignobles masures, on voit de magnifiques boutiques en bois sculpté et doré ; des enseignes colossales, laquées et dorées, sont suspendues verticalement à des mâts dressés devant la porte ; les façades sont ornées de grillages en bois découpé sur lequel on colle un papier transparent qui remplace nos vitres. Ces riches magasins sont généralement occupés par des pharmaciens, des débitants de thé ou de tabac, des marchands de meubles de mariage. Dans ces rues commer-

PEKING ET SES ENVIRONS.

çantes on ne voit pas de belles maisons particulières; ces dernières se cachent dans des ruelles et sont toujours entourées de murs.

» Nous rencontrons souvent de longues files de chameaux à deux bosses chargés de ballots de thé et précédés d'un petit âne monté par quelque Mongol à la large figure, au nez épaté. Voici un cortège de mariage; d'abord douze porteurs de grosses lanternes rouges, puis autant de musiciens armés de singuliers instruments; l'un d'eux souffle de toutes ses forces dans un tube doré, qui ressemble assez à une énorme seringue et rend un son rauque. Derrière ces gens vient la chaise rouge de la mariée, hermétiquement fermée et dont les brancards reposent sur les épaules de huit porteurs.

» Plus loin, une autre chaise s'avance, rapidement entraînée par quatre vigoureux coolies. Les portières abaissées nous laissent apercevoir un mandarin, que ses énormes lunettes rondes rendent parfaitement grotesque à nos yeux.

» Une foule compacte se presse dans les rues. On vend des habits à la criée; des marchands ambulants promènent leur étalage; des bateleurs, des charlatans débitent leur boniment; des mendiants, n'ayant pour tout vêtement qu'un lambeau de natte, spéculent sur d'affreuses plaies qu'ils étalent au soleil mais avec peu de succès, car le Chinois a le cœur dur et les souffrances de ses semblables n'ont pas le don de l'émouvoir. Partout les cuisines en plein vent nous envoient leurs odeurs nauséabondes.

» La plupart des hommes fument de longues pipes, au tuyau en bois noir, et dont le fourneau de cuivre ne contient qu'une pincée de tabac; des enfants courent avec des allumettes enflammées qu'ils offrent aux passants. Il n'est pas rare de rencontrer quelque grave bourgeois tenant à la main un petit bâton, sur lequel est perché un petit oiseau apprivoisé. C'est une distraction fort à la mode à Péking; on se promène ici avec un moineau ou un serin comme, à Paris, on sortirait avec sa canne.

» Au croisement des rues principales s'élève presque toujours un arc de triomphe; mais qu'on n'aille pas s'imaginer un monument de pierre ou de marbre, dans le genre de ceux qui ornent nos capitales. Les arcs de triomphe de Péking se composent de quatre poteaux vermoulus, peints en rouge, soutenant un ou plusieurs toits relevés aux extrémités et couverts de tuiles vernissées.

» Les Chinois arrosent les rues, mais d'une manière très imparfaite. On en jugera par ce simple détail : les ordures et les résidus de toute sorte sont jetés dans les ruisseaux mêmes où l'on puise le liquide destiné à asperger la chaussée ; aussi l'odeur qui s'en échappe est-elle insoutenable. Comme il n'a pas plu depuis longtemps, une poussière noire et fétide nous saisit à la gorge. En somme, Péking n'est qu'un vaste cloaque, et il faut être Chinois, c'est-à-dire avoir le nerf olfactif atrophié, pour vivre au milieu d'une pareille puanteur.

» Si nous ouvrons de grands yeux pour voir ce qui se passe autour de nous, nous-mêmes sommes, en revanche, l'objet de la curiosité générale. Toutefois je dois reconnaître qu'elle ne m'a pas paru aussi malveillante que certains voyageurs l'ont dit. Je crois qu'on a un peu calomnié le peuple de Péking. Si nous mettons pied à terre, ce qui nous arrive assez souvent, nous sommes immédiatement entourés d'une foule qui s'en va toujours grossissant. Or, je n'ai jamais remarqué le moindre geste hostile, tout au plus quelques ricanements ; il est vrai que je ne comprends absolument rien aux paroles que ces gens échangent entre eux et qui, très probablement, ne sont pas toujours à notre avantage. Je n'en demeure pas moins convaincu qu'un étranger prudent et patient peut, en temps ordinaire, circuler partout sans danger dans Péking. Assurément nous ne sommes pas aimés, mais simplement tolérés. Un Chinois se croira toujours supérieur à un Européen, mais il ne manifestera pas ouvertement ses sentiments, et, si l'on recherchait les causes des conflits qui ont eu lieu, on verrait que, dans la plupart des cas, l'Européen a manqué de modération et a été le véritable agresseur. . . . .

» ... A côté de la religion, la philosophie : Confucius trône non loin de Bouddha. Dans l'enceinte consacrée à la mémoire du célèbre philosophe, s'élèvent quelques beaux monuments abrités par des arbres plusieurs fois centenaires. Sous les portiques se dressent 240 tables de marbre, sur lesquelles sont gravées les œuvres de Confucius et de ses disciples. C'est là que les postulants au grade de « docteur en littérature », le plus élevé de la hiérarchie, subissent leur dernier examen. En commémoration de ce concours, qui n'a lieu que tous les trois ans, on érige chaque fois une tablette de pierre qui conserve à la postérité les noms des candidats admis. Les plus anciennes inscriptions remontent à la dynastie mongole, de sorte que Péking offre l'exemple unique au monde, d'une académie possédant une liste complète et non interrompue depuis cinq cents ans de tous ceux auxquels elle a conféré un diplôme.

» Après cette intéressante visite, je parcourus la ville chinoise. Je suis d'abord une longue avenue qui conduit au carrefour des exécutions, puis je m'engage dans un dédale de ruelles commerçantes, dont chacune a sa spécialité; ici, c'est la rue des bouchers, là celle des porcelaines, ailleurs celle des marchands d'éventails. Une des plus intéressantes est la rue des libraires, qui conduit à celle des marchands de curiosités. Chemin faisant, je remarque de beaux magasins, mais les objets les plus précieux ne sont jamais en montre; ils sont tenus sous clef, dans l'arrière-boutique, et on ne les fait voir qu'à l'amateur sérieux. J'arrive ainsi à un bazar couvert, où l'on vend principalement de menus objets, des bijoux, des pipes, des jouets d'enfants, des fleurs artificielles et même des photographies; ces dernières sont chères et mal faites, en un mot, bien inférieures à celles des Japonais.

» Je passe sur le fameux pont des Mendiants; il est en marbre et divisé dans le sens de sa longueur en trois parties séparées par des balustrades. Cet endroit est, depuis un temps immémorial, le rendez-vous d'une foule hideuse et affamée; cette cour des Miracles de Péking dépasse en horreur tout ce qu'on peut imaginer; j'y ai vu un enfant absolument nu, agonisant, la tête sur un pavé; les Chinois passaient, indifférents; personne ne s'est dérangé pour lui porter secours.

» Au delà de ce lieu sinistre commence une large avenue qui a dû être autrefois très belle; mais aujourd'hui les dalles qui la recouvraient ont en partie disparu, et celles qui restent sont tellement disjointes que les voitures sont réduites à cheminer à côté, sur l'emplacement qui servirait chez nous de trottoirs. L'encombrement est à son comble; ânes, chameaux, fiacres, portefaix, marchands ambulants, restaurateurs en plein air, nous disputent le passage; en maints endroits, ma voiture ne peut plus ni avancer, ni reculer. Cependant nous finissons par atteindre, vers l'extrémité sud de la ville, une grande place poussiéreuse qui s'étend, nue et déserte, entre deux terrains clos de murs élevés; à droite, c'est le temple de la Terre ou de l'Agriculture; à gauche, le temple du Soleil. Je me dirige vers ce dernier, la porte est ouverte et je prépare déjà les tiaos destinés à apaiser le gardien. Mais celui-ci a bien vite reconnu un étranger ; à mon approche il ferme brusquement la porte, et mes objurgations restent sans réponse. Au temple de l'Agriculture, répétition de la même scène. J'ai appris plus tard la raison de ce refus, qui m'avait étonné tout d'abord, car je savais qu'en Chine il n'y a guère de consigne qu'on ne parvienne à forcer au moyen d'un pourboire : un homme s'étant pendu récemment dans l'enceinte sacrée, les anciens gardiens avaient été exilés, et, en installant les nouveaux, on les avait prévenus qu'ils auraient la tête tranchée, si pareil fait se reproduisait. » (E. Cotteau, *Un touriste dans l'Extrême-Orient*, p. 252-273; Paris, Hachette, in-18.)

M. Cotteau mentionne avec éloge la mission catholique, le Pétang, qui renfermait, outre une belle cathédrale de style gothique, déplacée depuis, une imprimerie, une bibliothèque, un musée d'histoire naturelle, les habitations des Pères, et le séminaire où l'on forme des prêtres chinois. Il parle aussi avec admiration des sœurs des hôpitaux chrétiens : « Je les ai vues,
» écrit-il, panser d'horribles plaies et soigner avec le même dévouement
» tous les malades, quelle que soit leur religion; elles distribuent, jour-
» nellement et gratuitement, des médicaments à tous ceux qui se pré-
» sentent. » (P. 269.)

Canton.

« Depuis dix jours que nous sommes ici, je passe ma vie dans les rues, dont les noms seuls nous transporteraient dans un pays imaginaire : la rue du *Nuage éclatant*, la rue de l'*Amour éternel*, des *Cent un petits-fils,* des *Cent béatitudes*, du *Dragon volant*, du *Dragon dormant*, etc., etc.; puis, figurez-vous des rangées de magasins sans vitrages, et partout pour enseignes des drapeaux flamboyants de toutes couleurs, où sont tracés les noms du marchand et celui de la denrée; ces drapeaux ont quelquefois de 8 à 10 pieds de long, ils sont rouges, à grosses lettres noires, ou bleus à lettres d'or, ou blancs à lettres rouges, de toutes teintes enfin, sauf la verte, qu'on leur voit rarement; quelques-uns indiquent par leur forme ce qu'on vend dans la boutique : souliers, bas ou chapeaux, et, comme il y a des rues entières où l'on ne vend que la même chose, vous apercevez d'un bout à l'autre de ces longues et étroites ruelles une double rangée de bas, de souliers ou de chapeaux qui pavoisent toute l'enfilade.

» Entrez-vous dans un magasin, le marchand répond à votre salut par son *chin chin* solennel, c'est-à-dire qu'il joint les deux poings fermés, qu'il élève et qu'il abaisse deux ou trois fois, tout en inclinant le haut du corps; les enfants *chinchinnent* leurs parents et les gens âgés jusqu'à terre... Les étals de comestibles offrent d'étranges aspects : rats séchés, chats bouillis, chiens rôtis qui, coupés et préparés pour la vente, se feraient prendre pour des cochons de lait; nids d'oiseaux, becs de canards et toute espèce de viandes et de poissons; chez un marchand de volailles vivantes, j'ai vu des hiboux, des cigognes blanches — les yeux cousus pour ne pas prendre peur des passants — des lézards, des tortues, etc.; tous articles mangeables, dont il n'est rien perdu pour le Chinois ménager; toutes les parties d'un animal lui semblent avoir un droit égal à le nourrir. Bon nombre d'échoppes en plein vent, pittoresquement abritées d'une natte au bout d'un pieu, ou mieux encore d'un parasol en feuilles de palmier; alentour, des groupes à crayonner : les uns mangeant dextrement leur riz bouilli au bout de leurs petits bâtons, d'autres buvant, rompant des gâteaux; plus loin, quatre ou cinq Chinois accroupis jouent aux dominos, pendant que d'autres, debout, suivent le jeu; tous sont joueurs invétérés, jusqu'aux gamins, qu'on voit, devant ces éventaires, jouer aux dés avec le marchand pour gagner des noix ou des oranges. Je trouve dehors les gens fort polis, s'effaçant pour nous laisser passer; il est vrai qu'ils nous suivent et s'arrêtent aux portes où nous entrons, mais civilement. . . . . . .

. . . .

» Je ne me lasse pas de contempler les bateaux à voiles brunes qui se posent çà et là sur notre rivière, comme de grands papillons aux ailes étendues; cette rivière fait mes délices, c'est tout un monde à voir et à étudier. Vous me comprendrez quand je vous aurai dit qu'elle a sa population comme la ville, population qui ne s'élève pas à moins de 300 000 habitants, autrement dit, de gens qui vivent exclusivement dans leurs bateaux, qui y naissent, qui s'y marient, qui y meurent, qu'on y enterre, distincts en tout de ceux du rivage, qui les méprisent, d'où il a été conjecturé qu'ils pourraient être les descendants de rebelles, condamnés par un empereur du temps jadis à être ainsi retranchés de la communion générale. Il y a une place fixe assignée à chaque bateau; leurs files pressées forment de véritables rues sur le fleuve, toute une ville; d'autres bateaux, contenant tout ce qui est nécessaire à cette population aquatique, se laissent aller au fil de l'eau; là c'est un épicier flottant, avec ses fruits et ses légumes, très pittoresquement étalés sur les bords, là un marchand de poisson flottant, un vendeur de bois flottant, un potier flottant, un fleuriste flottant; ce petit bateau qui vous croise porte un barbier muni de ses ustensiles; cet autre, qui s'annonce de loin par l'entre-choquement de ses clochettes, amène le médecin. Voici les grandes cuisines flottantes, destinées, comme leurs dimensions l'indiquent, à servir ceux que l'exiguïté de leurs bateaux empêche d'y préparer leurs repas; et là-bas glissent les tristes bateaux, d'un brun sale, qui vont transporter les morts à 5 ou 6 milles de Canton, à l'ouest, sur les bords de la rivière; plus tristes encore les bateaux des lépreux, qui circulent à part, sans jamais pouvoir frayer, là pas plus qu'ailleurs, avec les autres hommes.

» Des temples flottants passent et repassent : on discerne l'autel et l'on entend les chants des prêtres accomplissant telle ou telle cérémonie : si c'est un mariage, des drapeaux, des lanternes se balancent au vent. Est-ce une cérémonie funèbre, les bannières ont les couleurs du deuil, blanc et bleu. Comme nous descendons souvent la rivière le soir, j'ai vu maintes et maintes fois ces bateaux illuminés : c'est d'un aspect gai et charmant; on est stupéfait du nombre d'hôtels flottants qui sont réunis à l'ancre sur une large étendue, ils forment des rues entières; l'utilité en est extrême pour les bateaux de voyageurs arrivant de la campagne passé l'heure où l'on peut pénétrer dans la ville; portes et barricades sont closes à neuf heures du soir, et nul Chinois n'a le droit de les franchir. Barricader les rues, la nuit, est une des coutumes les plus singulières et les plus orientales pratiquées à Canton; les étrangers seuls ont le privilège de circuler quand même, mais l'exercice de ce privilège est singulièrement gênant, il faut d'abord réveiller le veilleur qui dort sur un banc près de la grille, ensuite lui faire comprendre à grands cris votre qualité d'étranger, puis lui laisser le temps de se secouer; le maniement des grandes barres de bois qu'il faut relâcher et écarter pour vous livrer passage est une longue affaire, et quand on revient de loin, fatigué d'une journée bien remplie, ces grilles et ces barrages éprouvent votre patience et vos forces.

» Nous avons fini la journée à un restaurant chinois, où nous avons dîné à la chinoise; ci-joint le menu de notre festin :

AU CENTRE DE LA TABLE

1. Oranges coupées en tranches; — 2. Poires coupées en tranches; — 3. Amandes amères; — 4. Noix sèches; — 5. Cuisses de canard coupées en

menus morceaux ; — 6. OEufs durs colorés en vert ; — 7. Petits morceaux de porc ; — 8. Poivre, sel, sucre, *soja* (sauce japonaise), devant chaque personne.

PLATS SERVIS L'UN APRÈS L'AUTRE

1. Tortue de mer ; — 2. Canard bouilli ; — 3. Pigeon haché au jambon ; — 4. Soupe de nids d'hirondelle ; — 5. Mouton à l'étuvée aux bourgeons de bambou ; — 6. Coquillages ; — 7. Crabe bouilli ; — 8. Poisson noir frit, thé et gâteaux nommés les *mille étages ;* — 9. Poule et jambon ; — 10. Soupe à la tortue où nageaient des morceaux de tortue grasse ; — 11. Chien en hachis ; — 12. Chat noir à l'étuvée ; — 13. Rat frit ; — 14. Soupe de macaroni ; — 15. Poisson salé ; — 16. OEufs salés ; — 17. Porc en miettes ; — 18. Jambon aux légumes verts ; — 19. Bols de riz ; — 20. Riz d'eau ; — 21. Graines de melon ; — 22. Noix de bétel en feuilles ; — 23. Crevettes enivrées ; — 24. Potages variés.

» Il n'est pas nécessaire de déposer dans son assiette ou dans son bol ce que l'on prend dans les plats ; on le porte directement à la bouche avec ses petits bâtons, et c'est l'ordinaire. Quand je dis directement, il s'entend pour moi que c'était à l'aide de la fourchette et que toutes mes tentatives avec les bâtonnets échouaient à mi-chemin. Les services succédèrent aux services, et, comme on n'en enlève aucun, le cercle de bols de porcelaine au centre de la table finit par s'agrandir considérablement. Tout était cuit et recuit, et relevé de champignons, d'ail, de châtaignes d'eau et de bourgeons de bambous. Les plats se suivaient sans s'harmoniser, passant du liquide au solide et du doux à l'amer. Au milieu du repas, on nous donna du thé et des petits gâteaux, et, à partir de ce moment, le thé coula *ad libitum* jusqu'à la fin ; on le fait tasse par tasse, remettant chaque fois des feuilles fraîches dans le petit récipient qu'on recouvre de la soucoupe et qui sert à les retenir. Le vin était servi, depuis le commencement, dans de petits pots de métal blanc de six pouces de haut à peu près ; il y en avait de deux espèces qui me déplurent également : du vin blanc fait de riz, avec un goût d'eau-de-vie fade, et du vin rouge ; on boit l'un et l'autre dans de mignonnes tasses de porcelaine. A la fin du dîner, on apporte trois charmants bols de Chine d'un vert éclatant ; j'en crus reconnaître le contenu pour avoir vu quelque chose de semblable à la devanture d'un restaurateur. C'était du chien, du chat et du rat. Le rat était aux pois. J'essayai du chien et ne pus toucher au chat.

» N'allez pas en conclure que ce soit un plat méprisé : tout au contraire ; il est fort en faveur ici, et ne s'en régale pas qui veut.

Un dîner de chat se paye un quart de dollar; il y a des restaurants de chien et de chat fort renommés, entre autres celui de Whoon-Hang-Kaan-Maan-Yunk-Poo. (*Poo*, restaurant; *yunk*, de viande; *maan*, de chat; *kaan*, de chien; *Whoon-Hang*, nom du traiteur.) Entrez-y; vous y verrez sur la planche de la cuisine toute une rangée de poêles et de pots prêts à étuver ou à frire quelques morceaux desdites viandes, au choix du consommateur; un écriteau fixé au mur vous apprendra qu'on y trouve en tout temps de bonne chair de chat noir — le chat noir est ici beaucoup plus estimé que ceux d'une autre robe. Une paire d'yeux de chat noir, en sauce, vaut quatre piécettes d'argent. Quant au chien noir, il en faut manger aux fêtes du solstice d'été, si l'on veut être préservé des maladies toute la saison; aussi, à cette époque, les restaurants spéciaux sont-ils envahis. Le plus joli de notre dîner était encore à venir dans un petit couvert où j'avais vu verser du vin peu avant : j'avais devant moi des crevettes enivrées; le couvercle du bol levé, elles se mirent à sauter dehors et à gambader follement. C'est à ce moment qu'un amateur expérimenté les aurait rattrapées en l'air au bout de ses bâtonnets; mais nous n'étions pas de cette force. Quant à mettre ces bêtes vivantes et frétillantes dans ma bouche, rien ne put m'y déterminer. Pendant tout ce repas, dire que de petits carrés de papier d'un brun blanchâtre, et larges de six pouces, nous ont tenu lieu de serviettes! »
(M. Gray, *Journal d'un séjour à Canton*; *Revue britannique*, septembre 1874.)

Shang-Haï.

« Le Wang-Pou, qui, en réalité, n'est qu'une crique, se présente à Shang-Haï comme un fleuve majestueux, large d'un demi-mille anglais. Il coule du sud au nord, et tourne ensuite soudainement à l'est. C'est dans cette courbe que l'arrivant aperçoit sur la rive gauche les premières maisons de la ville. Elles appartiennent à la concession américaine, séparée par un ruisseau, le Soutchcou Creek, de la concession anglaise qui touche à la concession française, la plus méridionale des trois. Une autre crique forme la limite entre la concession française et la ville chinoise.

» La concession anglaise est le grand centre de l'activité commerciale. Les recettes de la ville, pour l'année courante, provenant des taxes, droits de poste, etc., sont estimées à soixante mille livres sterling. Aussi, avec ce bon sens pratique, avec cette absence de préjugés qui distingue le Yankee, les principales maisons de commerce de sa nation se sont établies sur la concession britannique. On y arrive par un pont jeté sur le Soutcheou Creek, et on voit alors se développer le long du quai, dit le *Bund*, une série de constructions monumentales, de vrais palais, bâtis dans le goût britannique, mais ayant tous une véranda, cet accessoire indispensable dans un climat où les chaleurs des tropiques alternent subitement avec les frimas de

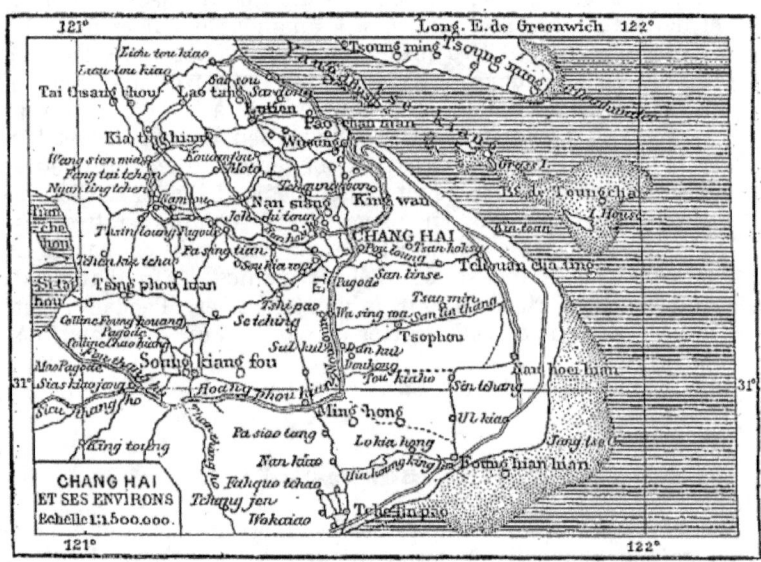

la Sibérie. Rien n'est imposant comme l'aspect de cette longue enfilade d'habitations princières étalant leurs façades sur le quai et ayant vue sur le Wang-Pou, théâtre principal de l'activité dont elles sont les produits. Un vaste enclos contient les différents édifices du consulat britannique, le palais de justice et la demeure du juge anglais. Suivent les résidences des *merchant-princess*. Sur le quai, en face des maisons, on a planté un jardin public. En ce moment, de beaux arbres plient sous la furie d'une bise noire qui les dépouille de leurs feuilles jaunies et fait geler le sang dans les veines des promeneurs. Ce qui manque à ce glorieux *Bund*, c'est une digue de pierre. Mais la pierre fait défaut, car Shang-Haï est bâti sur les bords d'une immense plaine alluviale, où manquent absolument les matériaux de construction. Des poutres remplacent encore le granit, et de nombreuses jetées en planches facilitent à ceux qui ont appris la gymnastique la tâche peu commode de gagner ou de quitter leurs embarcations.

» Shang-Haï possède deux ou trois églises, dont la plus grande n'a pas encore de clocher. Derrière le magnifique rideau des palais, la ville anglaise s'étend vers l'ouest. Ici le goût du beau et du splendide fait place aux exigences de l'utile et du nécessaire. On ne voit que dépôts, magasins, boutiques, ces dernières richement fournies de tous les produits de l'industrie anglaise. On se dirait à Oxford-Street, ou dans le Strand. A ce point de vue, ni Yokohama, ni aucune autre ville européenne en Asie, sauf Calcutta et Bombay, ne supportent la comparaison avec Shang-Haï.

» Plus loin s'ouvre le quartier habité principalement par des Chinois. Dans des magasins que tiennent des marchands à queue noire, on trouve tous les articles de fabrication anglaise, de moindre qualité peut-être, mais à des prix fort réduits ; car le Chinois a sur le négociant européen la supériorité du bon marché. En d'autres termes, il se contente de profits modiques, et il n'est pas pressé de s'enrichir, ce qui à la longue doit lui assurer l'avantage sur ses concurrents blancs. Toutes les maisons sont numérotées, mais les Chinois dédaignent les chiffres, et préfèrent les mots. Même les grandes maisons consentent à se décorer de raisons sociales adaptées au goût du pays. Ainsi, Dent et Cie a choisi le nom de *Précieux et Complaisant*; Jardine et Cie s'appelait *Honnête et Harmonieux*. Dans les rues, un mélange d'hommes blancs et d'hommes jaunes, d'un petit nombre de femmes chinoises et de très peu d'Européens.

» A cette heure, le *Bund* est rempli de monde. On passe à pied, à cheval, en voiture, en brouette. La brouette est le car irlandais, à une roue, poussé par un Chinois. Deux personnes y sont assises dos à dos, ayant les pieds posés sur une planchette. Je vois de fort beaux chevaux d'Australie et du Cap, qu'on paye assez cher, et des poneys du pays, de race mongole. Depuis quelque temps, les grands steamers de la Compagnie pacifique amènent des chevaux de la Californie. Les chefs des maisons de commerce ont de riches équipages ; leurs employés, des gigs ou un cheval de selle.

» Toujours en suivant le quai, nous gagnons la concession française. Le *Bund* continue, mais, à part l'activité qui règne autour des grands magasins des *Messageries maritimes* et de ceux de la compagnie dite *Shang-Haï steam navigation*, situés les uns et les autres dans cette concession, l'animation, la vie des affaires semble s'être arrêtée sur les limites du quartier anglais. Les maisons des résidents ne peuvent se comparer à celles de la ville britannique. En revanche, le somptueux hôtel du consul, la grande cathédrale et le palais municipal attirent les regards. La différence entre les deux quartiers est frappante. D'un seul pas on s'est transporté d'une factorerie dans une colonie. Là les marchands, les résidents, sans aucun plan arrêté d'avance, et selon les besoins du moment ou leur plaisir, font le gros de la besogne. Ici le gouvernement qui veille, qui pense, qui réfléchit, qui agit méthodiquement et bureaucratiquement, le gouvernement a tout conçu, tout ordonné, tout exécuté. Les résidents sont des administrés. S'il y a de leur part des résistances, elles sont aisément brisées. Il est arrivé que la municipalité s'est montrée intraitable. Le consul l'a cassée, a mis en prison les conseillers les plus récalcitrants, et a passé outre.

» Notre chemin nous conduit à la ville chinoise, située, comme il a été dit, au sud des concessions européennes et entourée d'une haute muraille. Nous y pénétrons par une de ses sept portes, et, traversant un dédale de rues et de ruelles, nous examinons ce qu'elle renferme de curieux : le grand temple avec son jardin où l'on voit plus de faux rochers que d'arbres et de fleurs ; les maisons de thé qui ne sauraient se comparer à celles du Japon ; enfin les restaurants, fréquentés, les uns par les gentlemen, les autres par les gens du peuple, également remarquables d'ailleurs par l'odeur infecte de l'atmosphère qu'on y respire, par la conversation bruyante des convives, par la saleté repoussante des garçons et des cuisiniers. J'ai lu tant de descriptions de villes chinoises, que la première que je visite ne m'offre pas même le charme de la nouveauté. Il faut pourtant déclarer, à l'honneur des Shanghaïais, et dans l'intérêt de la vérité, que la plupart des voyageurs exagèrent un peu les horreurs dont ils ornent leurs descriptions. Certes, il y a ici des coins, des carrefours, des ruelles où, en passant, on fait bien de fermer les yeux et de se boucher le nez. On y est témoin de scènes dignes de figurer dans les contes fantastiques de Hoffmann. Mais les principales rues du Shang-Haï chinois ne sont guère au-dessous de ce qu'on voit en ce genre dans le midi de l'Europe.

» Pour quitter ces lieux si peu sympathiques, il nous faut constamment traverser, remonter ou descendre des courants d'êtres humains, donner et recevoir des coups de coude, nous exposer à d'autres inconvénients particuliers aux foules chinoises. Sur une petite place, le peuple forme une masse compacte. Un jongleur l'a attirée. Grâce à un effort suprême, je parviens à me poster auprès de l'artiste déguenillé qui évidemment n'a pas dîné, et qui, si l'on en juge par le peu de sapèques qu'il recueille, ne soupera guère. Sur sa physionomie fine et spirituelle se peignent la fourberie, l'impudence et la misère. Et pourtant ce pauvre diable fait des prodiges. Je me demande encore si tout cela n'est pas de la magie. Je lui ai vu réellement avaler une demi-douzaine de petites tasses de porcelaine fine et les rendre au bout de quelques minutes. Je n'en croyais pas mes yeux, mais j'atteste le fait, laissant aux anatomistes et aux médecins le soin de l'expliquer. L'autre jour, me dit-on, son camarade, après avoir avalé les tasses, ne put les rendre, et mourut dans des souffrances atroces.

» Bâti non loin de l'embouchure du Yang-tse-Kiang, sur les bords d'une rivière profonde, accessible aux plus grands navires, Shang-Haï était, depuis un temps immémorial, le port naturel de Soutcheou, de cette ville riche et florissante, qui, grâce à sa situation sur le grand canal, au centre d'un réseau d'artères navigables, est considérée comme le principal emporium du nord de la Chine. Des canaux et des criques relient les deux villes. La distance qui les sépare n'est que de quatre-vingt-dix milles. Déjà au milieu du siècle dernier, des agents de la Compagnie des Indes avaient recommandé d'établir une factorerie à Shang-Haï. L'exécution de ce projet s'est fait attendre durant quatre-vingt-dix ans. Ce fut seulement à la suite de la première guerre, et en vertu du traité de Nanking, dont la principale clause ouvrait le territoire et le port de Shang-Haï aux étrangers, que les Anglais purent prendre pied dans cette ville. Cependant, si la naissance du *Settlement* fut laborieuse, les progrès du nouveau-né furent encore plus lents, et sa vitalité resta longtemps problématique. Le climat passait pour malsain et l'était en effet, car le sol de cette immense plaine alluviale qui forme la province de Kiangsou s'élève à peine au-dessus du niveau de la rivière. La pierre et le bois y manquaient, et le terrain était marécageux. A quelques pieds au-dessous de la surface on trouvait de l'eau. Il fallait donc bâtir sur pilotis et faire venir la pierre de loin. Pendant une dizaine d'années on vivotait. Heureusement le commerce de la soie prit un essor inattendu. D'autres étrangers arrivèrent. Les gouvernements de France et des Etats-Unis demandèrent et obtinrent des *concessions*, et les Chinois vendirent à vil prix les potagers et les champs qui entouraient la ville. C'est sur ces terrains que s'élèvent aujourd'hui les somptueuses constructions du Shang-Haï européen.

» Au prix de grands sacrifices, on vainquit les difficultés du sol. Des travaux d'assainissement diminuèrent celles que le climat semblait opposer à l'installation permanente des blancs. Aujourd'hui les fièvres paludéennes ont presque disparu; bientôt la prédiction de M. Medhurst se réalisera, et Shang-Haï sera une des villes les plus saines de la Chine. » (DE HUBNER, *Promenades autour du monde*, p. 195-207.)

Shang-Haï possède un arsenal militaire, construit par les Européens; mais les milliers d'ouvriers qui y fondent des canons, y fabriquent des fusils et des munitions et y préparent le matériel de guerre, sont presque exclusivement des Chinois, instruits à l'école de l'Europe. Dans les collèges de l'arsenal, on traduit en chinois les œuvres les plus remarquables de la science occidentale. Les travaux de chimie, de physique, de mécanique, d'algèbre, d'histoire naturelle, d'anatomie, les codes français et la constitution politique des Etats-Unis, des traités d'histoire générale allemands et anglais, des livres de philosophie, de morale et d'économie politique, traduits, analysés, et commentés par les professeurs et les lettrés chinois, enrichissent les bibliothèques des collèges de Péking, de Fou-Tchéou et de Shang-Haï, et répandent les idées et les inventions des « Barbares » parmi les étudiants de l'Empire du Milieu.

III. — Géographie économique

Climat. — Plus rapprochée de l'équateur que la France, la Chine, grâce au développement de ses territoires, a des climats semblables à ceux de l'Ecosse, de la Provence et de la Sicile; ses étés sont même plus chauds, ses hivers plus rigoureux que ceux de l'Europe occidentale. Au nord du Yang-tse-Kiang, les vents marins qui soufflent du Pacifique apportent une humidité abondante; au sud, les moussons qui soufflent de la mer du Bengale sont chargées de pluies qu'elles versent en masse sur les monts et les vallées; le sol est bien arrosé, les lacs toujours pleins, et les crues des fleuves périodiques et généralement bienfaisantes. Il tombe annuellement $1^m,182$ d'eau à Canton, $1^m,067$ à Shang-Haï, mais à Péking $0^m,616$ seulement, la capitale étant exposée à la rigueur des vents polaires. — Les saisons se succèdent avec une régularité remarquable. — L'ensemble du climat est tempéré et salubre. A Shang-Haï, la température moyenne est à l'ombre +15°; elle s'élève à +28° en juillet et août, descend à 0° en janvier. A Péking, on a souvent les températures extrêmes de Moscou et Saint-Pétersbourg. A Canton, il neige quelquefois; l'hiver, en moyenne, le thermomètre ne descend pas au-dessous de + 5°; l'été, il n'a dépassé que rarement 28 à 30°. Les côtes sont souvent ravagées par les typhons (*Ta-foung*), qui sévissent surtout de juillet à septembre.

Productions. — Minéraux. « Ignorant des procédés simples et puis-
» sants que la science applique en Europe à l'exploitation des mines, à
» l'extraction et à l'affinage des métaux, à la fabrication des substances
» chimiques les plus utiles, routinier par principes, apathique par nature,
» le gouvernement impérial, auquel la loi attribue la propriété exclusive de
» ces richesses, les laisse enfouies pour la plupart dans le sol... » (Marquis de Courcy, *l'Empire du Milieu*, IV, 146.) — Il ne faudrait pas croire que la Chine, un des pays du monde les plus riches en **métaux, charbon** et **sel**, continue à laisser toutes ces précieuses matières premières sans emploi. De tout temps elle a exploité les sources salines et pratiqué l'art de cristalliser le sel. Le sel se trouve surtout dans le Ho-nan, dans le Chan-si, où le marais salant de *Loutswoun*, au nord des monts du Foung-tiao-Chan, n'a pas moins de 30 kilomètres de long; on l'exploitait déjà il y a plus de 4000 ans, et il produit par an à lui seul 154000 tonnes de sel. On trouve dans le Ho-nan une succession de marais salants sur la rive même du Hoang-Ho, et toute la *terre jaune* est imprégnée de sel. — Le Yun-nan en renferme d'abondants gisements, à l'ouest et au sud de Tali. — Les gisements **houillers**, suivant M. de Richthofen, représentent des milliards de tonnes qui suffiront longtemps à la consommation du monde, après l'épuisement des mines actuelles de l'Europe et de l'Amérique. Il manque à l'exploitation de ces richesses des canaux et des chemins de fer, que le gouvernement s'obstine à refuser. Les houillères les plus puissantes sont dans le Pe-tchi-li, à l'ouest de Péking (Kaïping), depuis longtemps exploitées par des procédés primitifs, mais surtout dans le Chan-toung, le Setchouen, le Hou-nan et enfin le Chan-si méridional; ensemble, la production houillère de la Chine s'élève annuellement à 3 millions de tonnes, dont un pour le Chan-si seul. On introduit peu à peu dans les mines les procédés européens. On tire du charbon de Formose, et certains vapeurs de Han-kéou s'approvisionnent déjà des houilles du Hou-nan et de Formose, qui font concurrence à celles de Kagosima (Japon) et à celles de Newcastle et de Cardiff (Angleterre). — Le Se-tchouen, le Yun-nan et le Chan-toung sont les provinces par excellence de l'**or**, du **cuivre**, de l'**argent**, du **plomb**, du **fer**, de l'**étain**, du **mercure**, des **pierres précieuses**. — M. Rocher (*la Province chinoise du Yun-nan*, t. II) a donné sur les mines et la métallurgie du Yun-nan les détails les plus complets. « Le fer est si commun,
» écrit-il (p. 15), que nous ne connaissons pas un seul district, si petit
» qu'il soit, qui ne possède un ou plusieurs gisements de ce métal; mais
» comme les concessionnaires de mines cherchent, avant tout, les plus
» voisins des centres de population et des cours d'eau, et comme aussi les
» frais du transport, qui se fait à dos de mulet, diminuent de beaucoup les
» bénéfices, il en résulte que l'on exploite seulement les gisements les
» plus productifs. »

Agriculture. — Végétaux. Le sol des campagnes chinoises est merveilleusement aménagé et amendé; un système incomparable d'irrigation répand sur les plateaux et les plaines l'eau fertilisante ; à chaque génération, le cultivateur agrandit le domaine utilisable en empiétant sur la mer, ou les marais, ou les pentes des monts. L'agriculture est vénérée en Chine; l'empereur est considéré comme le premier cultivateur de l'empire. Après des révolutions nombreuses et radicales, les systèmes successifs de la grande propriété, de la tenure féodale, du communisme d'Etat, de la propriété absolue de l'Etat, ont fait place au régime actuel de la petite propriété, qui l'emporte en étendue sur les grands domaines et la propriété communale. Mais la loi veille sur la tenue de la terre et châtie les cultivateurs négligents comme coupables de lèse-nation.

La Chine, grâce à la variété de ses produits, à l'intensité de ses procédés de culture, peut se suffire à elle-même, et cependant une partie notable de l'empire est encore à conquérir par la bêche et la charrue. — Sur de vastes étendues le sol est recouvert de *laess*, ce mélange de sable, d'argiles, d'éléments calcaires, d'une couleur jaunâtre, que la pluie délaie et entraîne et qui féconde les vallées et les plaines chinoises. C'est en roulant ses boues d'alluvions que le Hoang-Ho justifie son nom de Fleuve-Jaune. (Voy. p. 679.)

Les céréales les plus communes sont le *froment*, le *millet*, le *sorgho*, au nord du Hoang-Ho ; et dans tout l'empire central et méridional, le **riz**, dont les plantations couvrent un huitième de la surface cultivée. Le riz n'est pas de même espèce partout et n'est pas cultivé de même façon ; il est la nourriture de centaines de millions d'hommes ; avec le riz, les contribuables paient en partie leurs impôts ; le riz fournit une part de la solde et des traitements payés par l'Etat à l'armée et aux fonctionnaires. Chaque cultivateur a autour de sa maison un jardin à fruits ou à légumes dont les espèces varient suivant les climats (*poires, pommes, prunes, pêches, abricots, concombres, tomates, aubergines, goyaves, grenades, pastèques, oranges, légumes variés, patates*, etc.). — Dans tout le midi, on cultive la *canne à sucre* et le *coton*, le *mûrier*, l'*arbre à cire*, l'*arbre à suif*, l'*arbre à vernis*, la *jute*, l'*ortie blanche* qui sert à faire une étoffe de batiste, le *bambou*. L'*opium*, officiellement interdit, se rencontre partout, notamment dans le Houpé, le Yun-nan, le Setchouen ; le *poivre*, le *bétel*, la *rhubarbe* et le *ginseng*, très employé dans la médecine chinoise, font l'objet d'autres plantations moins répandues. — Mais l'arbuste chinois par excellence, le plus précieux des 70 végétaux catalogués par les botanistes de la Chine, est l'arbuste à **thé**. La zone de culture du thé s'étend de 26° à 35° latitude nord. Les qualités les plus recherchées sont le thé noir du Fokien, le thé vert des régions du Hoang-Ho. Le thé entre pour une large part dans l'alimentation chinoise, bien que dans le nord les pauvres soient réduits à le remplacer par des décoctions de plantes vulgaires et que dans les districts du sud on se contente souvent de feuilles de saule, traitées comme celles du thé, et souvent mélangées par les trafiquants avec les feuilles de thé, à destination de l'Europe. L'exportation du thé dépasse annuellement 250 millions de francs. Une prodigieuse quantité de plantes ligneuses ou herbeuses sont cultivées pour la beauté de leurs fleurs, *azalées, rhododendrons, rosiers, magnolias, chrysanthèmes*, etc. — Pour étendre l'art des champs de culture, les Chinois ont systématiquement détruit les **forêts**. Les seuls arbres groupés en massifs sont les pins des monts Meiling et les bosquets sacrés qui entourent les pagodes et les tombeaux. Ils ont pareillement sacrifié les *prairies*, pour conserver à l'alimentation de l'homme le plus de terrain possible.

« Quoique les 18 provinces de l'empire chinois ne puissent pas être placées toutes sur la même ligne, pour ce qui regarde leur fécondité et la richesse de leurs produits, on peut dire cependant que la Chine est, en général, un pays d'une admirable fertilité et cultivé presque partout avec intelligence et activité. En aucun pays du monde, l'agriculture n'a été, sans contredit, l'objet d'une estime aussi grande qu'en Chine. Dès la plus haute antiquité, on la voit placée au premier rang parmi tous les genres d'industrie. Elle a été célébrée par les plus grands moralistes, tels que Confucius et Meng-tze. Les magistrats ont sans cesse recommandé au peuple, dans leurs proclamations, l'assiduité à la culture des champs; le chef de l'Etat, l'empereur, ne manque jamais de lui rendre hommage, en ouvrant, chaque année, les travaux de la campagne par une cérémonie publique, dont l'origine remonte au moins au douzième siècle avant notre ère[1]. » (P. Huc, *Empire chinois*, II, 7.)

« L'agriculture chinoise ressemble peu à ce que nous appelons, en Eu-
» rope, l'agriculture en grand. La propriété territoriale étant très divisée,
» on voit peu d'exploitations sur une grande échelle. Dans le Nord, pour-
» tant, on rencontre des fermes assez considérables, mais, que la culture se
» fasse en grand ou en petit, les Chinois n'emploient jamais que des
» instruments fort simples; leur charrue est, le plus souvent, sans avant-
» train et entame le sol peu profondément. Dans le Midi, on laboure
» ordinairement les rizières avec des buffles, que les Chinois nomment
» Chui-niou, « bœuf aquatique ». Dans le Nord, on se sert de nos bœufs
» domestiques, des chevaux, de mulets, d'ânes; et plus d'une fois il nous
» est arrivé de voir des femmes traîner la charrue, pendant que le mari
» poussait par derrière et donnait la direction au sillon. C'est une chose

---

1. « ... Quelle que soit l'influence du gouvernement et des mandarins, il est cer-
» tain que les Chinois professent une grande estime pour l'agriculture. L'opinion
» publique ennoblit, en quelque sorte, tout ce qui a rapport aux travaux des
» champs. Que de fois n'avons-nous pas vu, sur les routes des provinces du Nord,
» de riches fermiers, portant souvent des vêtements de soie, un panier au bras, et
» appuyés sur le manche d'une fourche à trois dents, attendre fort gravement
» le passage des chariots et des caravanes de mulets, pour *cueillir* le fumier ! On
» voyait qu'une pareille occupation n'avait, à leurs yeux, rien de bas, de mépri-
» sable. Les voyageurs n'en paraissaient nullement surpris. Le mot même dont
» on se sert pour exprimer cette action est plein de dignité et d'élégance : il
» signifie littéralement « *cueillir* ». Ainsi, que l'on cueille des fleurs ou des
» bouses de cheval, l'expression est toujours la même. » (P. Huc, *Id.*, *ibid.*)
Les cultivateurs chinois engraissent leurs terres avec l'engrais humain de préférence. « Lorsqu'on entre dans un hameau ou qu'on approche d'une ferme,
» écrit le même missionnaire, on est tout à coup saisi par les horribles exha-
» laisons qui vous prennent à la gorge et menacent de vous suffoquer... C'est un
» atroce mélange de toutes les pourritures imaginables. Les Chinois ont tellement
» la manie de l'engrais humain, que les barbiers recueillent avec soin leur
» moisson de barbe et de cheveux, et les rognures d'ongles, pour les vendre aux
» laboureurs, qui en engraissent les terres. » (*Id.*)

» vraiment digne de pitié que de voir ces femmes enfoncer leurs petits
» pieds dans la terre, les retirer péniblement, et aller ainsi en sautillant
» d'un bout du sillon à l'autre. Un jour, nous eûmes la patience de nous
» arrêter sur le rebord d'un chemin pour examiner si la pauvre labou-
» reuse, qui traîne la charrue, avait, au moins de temps en temps, quelque
» peu de repos : nous vîmes avec plaisir le travail s'interrompre un instant
» à l'extrémité du sillon. Les époux s'assirent poétiquement sur un tertre,
» à l'ombre d'un mûrier, et chacun fuma une pipe de tabac, en guise de
» rafraîchissement.

» Les petits cultivateurs chinois travaillent souvent à la bêche ou à la
» houe. On ne peut qu'admirer la bonne tenue de leurs champs, dont ils
» arrachent les mauvaises herbes avec une patience invincible. Il faut que
» le terrain soit bien stérile de sa nature pour qu'à force d'art et de tra-
» vail ils ne parviennent pas à lui faire produire quelque chose. Dans les
» endroits trop secs pour la culture du riz, ils sèment la patate douce, le
» chanvre, le cotonnier, et, s'il existe un recoin tout à fait improductif,
» ils y plantent quelques arbres utiles, tels que le mûrier, l'arbre à suif,
» ou au moins un pin pour avoir un peu de bois et de térébenthine. Le
» Chinois est pour sa moisson d'une sollicitude inimaginable. S'il a à redou-
» ter qu'un vent trop violent n'égrène les épis de riz en les choquant les
» uns contre les autres, il réunit plusieurs tiges ensemble et les attache en
» un seul faisceau pour qu'elles puissent ainsi se prêter un mutuel appui
» et n'être pas ravagées par le vent[1]. Leur industrie excelle surtout dans
» l'art des irrigations, qu'ils savent conduire, par des tuyaux de bambou,
» sur les flancs des montagnes coupées en terrasses et cultivées jusqu'à
» leur sommet. Ils ont mille ressources, dans les temps de sécheresse,
» pour répandre dans leurs champs les eaux des étangs et des rivières, et
» pour les faire écouler quand les inondations sont trop fortes. Ils se
» servent principalement de pompes à chaîne ou à chapelet, qu'ils mettent
» en mouvement avec leurs pieds, et qui font passer l'eau d'un réservoir
» dans un autre avec une grande rapidité. Ils établissent quelquefois sur
» les bords des rivières de grandes roues d'une légèreté extrême et qu'un
» petit courant suffit pour faire tourner. Ces roues sont construites avec
» une merveilleuse intelligence : elles sont entourées de longs récipients
» en bambou qui vont tour à tour puiser l'eau dans la rivière et la porter
» dans un grand réservoir en bois, d'où elle se répand ensuite par une
» foule de rigoles dans les champs voisins. » (Le P. Huc, *l'Empire chinois*, t. II, ch. VII.)

« C'est sur le champ *patrimonial*[2] que l'on construit la mai-

---

1. « Leurs systèmes, leurs méthodes, leurs procédés sont moins savants, moins
» transcendants que les nôtres. Ils ne forcent pas la terre comme nous, ne la
» maltraitent pas, ne lui imposent aucune règle, aucune docte constitution. Ils la
» prient plutôt, ils la sollicitent. Ils ne lui demandent rien qu'ils ne lui rendent
» aussitôt. — Je disais que leur agriculture est un culte : on pourrait presque
» dire que c'est une caresse. » (Eug. Simon, *la Cité chinoise*, p. 38.)
2. On compte en Chine environ 90 millions de familles ; l'étendue moyenne des propriétés est de 3 hectares. Un grand nombre ne possède qu'un hectare et demi ou moins encore ; les propriétés de 12 hectares ne sont pas fréquentes ; celles de 100 sont rares ; celles qui dépassent ce chiffre ont presque disparu. Une loi déclare inaliénable, dans la proportion de 3/4 d'hectare, la petite propriété. C'est ce qu'on appelle le *champ patrimonial*.

son, le foyer, et, dans le sens français du mot, le manoir. C'est en effet là, si on est assez riche pour le consacrer à cette destination, que l'on établit la sépulture de la famille, que l'on édifie la salle où, deux fois par mois, elle se réunit pour célébrer le culte des ancêtres, et juger, s'il y a lieu, les procès, les fautes, les délits, les crimes commis par les siens. C'est là que sont gardés les archives et les registres de l'état civil. C'est là enfin qu'à côté de cette salle ou de ce temple, on établit, pour tous les enfants de la famille et du voisinage, une école et une bibliothèque.

» Rien n'est plus aisé que de se faire une idée de l'aspect sous lequel se présente la propriété rurale et de la physionomie qu'elle donne à la campagne chinoise. Les forêts, sous l'effort d'une population d'une densité extraordinaire, ont disparu. Des villages aussi nombreux et aussi pressés que ceux des environs de nos grandes villes, les ont remplacées. Dans les intervalles, une foule de petits hameaux, formés de petits domaines dont l'étendue ne dépasse guère trois hectares, se sont élevés, au centre desquels on aperçoit les maisons entourées du champ patrimonial, tout planté d'arbres et d'arbrisseaux. On pourrait dire, sans trop d'exagération, que ces maisons se touchent; mais ce qui les rapproche surtout, c'est qu'elles sont presque toutes parentes les unes des autres, et que les habitants des plus petites rencontrent naturellement dans les plus grandes, d'où elles sortent, d'où elles ont essaimé, les secours et l'assistance de l'association la mieux constituée. Chaque hameau, chaque groupe de cottages, est un système complet où les habitants sont certains de trouver d'abord leur école, leur mairie, leur tribunal de famille; et ensuite, selon leurs besoins, les bras, le buffle, le moulin, la noria, que le peu d'importance de chacune de leurs petites fermes ne comporterait peut-être pas. Et cependant chacun est chez soi, aussi isolé qu'il le veut, aussi maître, aussi digne dans sa retraite, dans son *home,* aussi indépendant de ses voisins et de l'Etat, et plus sûr dans son inviolable petit cottage que ne l'était chez nous, au moyen âge, le seigneur le plus puissant.

» Il y a certainement, au point de vue pittoresque, des paysages d'une beauté plus majestueuse, plus splendide, plus éclatante. Nulle part la nature n'est plus touchante, plus sympathique. Çà et là, sur les pentes douces des coteaux, s'échelonnent des bosquets de bambous au feuillage gracieux et léger.

Autour des champs, autour des maisons, des plantations donnent à la campagne le caractère charmant des paysages de la Loire, ou bien, dans les districts accidentés, l'aspect de nos vergers situés en montagnes. On voit bien encore, aux environs des pagodes et sur quelques sommets, de rares débris de forêts; mais ce qu'il y a surtout, ce qu'il y a partout, ce sont des fleurs, des fleurs de toute espèce. Les azalées pourpres, les rhododendrons, les gardénias odorants, les glycines tapissent les déclivités trop raides. Les roses, les chrysanthèmes et une foule d'autres plantes, que nous ne connaissons que parce qu'elles nous viennent de la Chine, fleurissent et parfument en toutes saisons les abords des cottages. » (Eug. Simon, ancien consul de France en Chine, *la Cité chinoise*, p. 39, in-18, 1885.)

Animaux. — La faune n'est pas moins variée que la flore. Les animaux domestiques sont le *cheval*, le *bœuf*, le *porc*, le *mouton*, la *poule*. Les grands pachydermes ont presque disparu; l'*éléphant*, le *rhinocéros*, le *sanglier* sont rares; on ne voit point de *lion*, peu de *tigres*; mais les *chats sauvages*, les *singes*, les *rats*, *lièvres*, *lapins*, etc., sont communs. La collection des oiseaux est d'une variété infinie : oiseaux rapaces, comme les *aigles*, *vautours*, *faucons*; palmipèdes, *canards mandarins*, *pélicans*, *sarcelles*, *cormorans*, etc.; *perroquets*, *cigognes*, *coqs de bruyère*, *paons*, *faisans* parés des plus brillantes couleurs, sans parler de l'innombrable famille des *passereaux* et des *gallinacées* domestiques. Les reptiles et les sauriens sont nombreux; un seul serpent, le *naja*, est dangereux. On a vanté souvent les ressources de la Chine en poissons; les mers, lacs, rivières en regorgent, et les Chinois excellent dans l'art de la pêche, industrie qui fait vivre des millions d'hommes; les *coquillages*, les *huîtres*, les *crustacés* constituent un trafic important sur la côte orientale.

Industrie. — Les Chinois se vantent d'être les plus anciens manufacturiers du monde; ils l'emportent certainement par l'antiquité de leur industrie sur les Occidentaux. Pour certains produits surtout qui exigent l'unité du travail, ils sont encore d'une dextérité et d'une ingéniosité incomparables. Mais leurs procédés et leur outillage commencent à peine à se renouveler, et l'Europe, qui est venue longtemps après la Chine, la dépasse et lui donne des leçons.

Avec le *fer* et le *cuivre* et les autres métaux qu'ils savent étirer, laminer et marteler et combiner par d'habiles alliages, ils fabriquent des *cloches*, des *canons*, des *armes*, des *ustensiles* de cuisine, des *gongs*, des *cymbales*, des *trompettes*, des *trépieds*, des *miroirs métalliques*, des *statues* et *statuettes* de divinités aux formes étranges et monstrueuses; avec les pierres et les métaux précieux, l'or et l'argent, les orfèvres font des *vases*, des *coupes*, des *plateaux*, des *bijoux* et objets de fantaisie ciselés avec art et délicatesse; — leurs métiers tissent depuis de longs siècles des soieries aux couleurs éclatantes, à la trame forte et nourrie, au tissu souple et fin; des ateliers de *broderie* de Canton sortent les costumes luxueux, les *châles*, les *éventails*, souliers de femme, *bourses*, qui sont des chefs-d'œuvre de patience. — Les étoffes de **coton** se fabriquent partout, « le paysan chinois nettoie, carde, file son coton, comme le paysan breton broie et file son chanvre. Souvent il le tisse lui-même. » — Certaines **toiles** indigènes, fines et transparentes, en même temps que serrées et solides, les *grass-cloths*, tissées avec les fibres des orties de Chine, sont comparables à nos plus fines batistes. Le chanvre est la matière première d'étoffes plus communes; la laine sert à fabriquer des *feutres*, des *tapis* grossiers; l'Europe fournit à la Chine des *draps* et des *cuirs*. — Leurs produits **céramiques** ont eu jusqu'à nos jours une supériorité marquée, qu'ils ont perdue pour la pâte, la forme et le dessin, mais qu'ils maintiennent pour la couleur. Leurs fabriques de **porcelaine** les plus fameuses sont toujours concentrées à Kingte-chen, dans le Kiang-si. Elles groupaient jadis, dit-on, cinq cents fours et plus d'un million d'ouvriers. La production a diminué, mais elle est encore des plus actives; la ville de Yaotchéou, à l'est du lac Poyang, est le grand entrepôt de ces porcelaines toujours très recherchées[1].

La *verrerie* est beaucoup moins répandue et perfectionnée que la céramique, les faïences et les poteries; c'est en Europe que la Chine s'approvisionne de glaces et de cristaux.

L'industrie chinoise l'emporte sur celle de l'Occident par l'industrie des laques, que la France s'efforce d'imiter à son tour[2].

« Deux autres industries dont la merveilleuse adresse de l'artisan eût
» fait, en Chine, des arts véritables, s'il savait obéir aux exigences du bon
» goût, aux règles de la perspective et de la proportion, ce sont celles de la
» **sculpture** et de la **gravure** en relief sur bois, sur ivoire, sur corne et
» sur pierre fine. Parmi les œuvres innombrables qu'il exécute, celles de
» fantaisie et d'ornement se font remarquer, pour la plupart, par l'exquise
» finesse du travail patient et délicat qui les a produites. Les maisons, les
» pagodes, les jonques, les arbres, les fleurs, les figures d'hommes ou
» d'animaux, les paysages rustiques, taillés ou fouillés à jour dans la pierre
» de lave, le jade, le cristal de roche, la corne de buffle, les bois de fer,
» de sandal, de bambou, seraient des miniatures vraiment ravissantes et
» inimitables, si l'artiste chinois avait plus de hardiesse et d'initiative,
» moins de respect pour les conventions et plus d'égard pour la nature. »
(Marquis DE COURCY, p. 460.)

Les charpentiers, menuisiers, tourneurs, ébénistes chinois, malgré l'imperfection de leur outillage, sont des ouvriers habiles. — Les illuminations et l'éclairage en Chine consomment des quantités de *lanternes* multiformes et multicolores dont la fabrication occupe plus d'un millier d'ouvriers, menuisiers, sculpteurs, peintres, vitriers, papetiers. — La confection des *nattes*, tissées avec le jonc, le bambou, le roseau, le rotin pour la literie, le tapissage des appartements, la navigation, la protection des

---

1. Kingte Chen occupe le centre d'une vaste plaine qu'entourent de hautes collines. L'une d'elles porte le nom de *Kao-Ling* (haut pont). C'est dans ses carrières qu'on extrait le feldspath qui est la base de la pâte céramique.
2. Une société s'est fondée à Paris, sous les auspices et la direction de M. Brau de Saint-Pol-Lias, pour rechercher les procédés qui doivent révéler à l'industrie nationale ce vernis éclatant dont l'Extrême-Orient a eu jusqu'ici le monopole. Ses efforts, comme on a pu en juger par les produits présentés à l'Exposition universelle de 1889, promettent d'être couronnés de succès.

L'EMPIRE CHINOIS.

maisons, l'habillement des paysans, font vivre plusieurs millions d'ouvriers.

« Tout le monde connaît le **bambou**, l'arbre remarquable par son utilité. Énumérer tous les produits faits en Chine au moyen du bambou serait impossible ; maisons, vaisselle, meubles, instruments de musique, papier, bâtonnets, chapeaux, lanternes, éventails, nattes, tamis, cordes, instruments de torture, palanquins, coussins d'été, etc., on fait tout cela avec ce bois précieux, dur comme le fer si vous voulez le casser ou le couper en travers, et pourtant s'enlevant facilement dans sa longueur en fibres des plus minces. Les jeunes pousses de cette plante ressemblent aux asperges ; elles sont employées comme aliment, et selon moi, elles ont plus de goût que les asperges. La dureté du bambou est telle, qu'on est souvent obligé de le travailler par le feu. Ainsi, pour donner une courbure voulue à une planchette, on est obligé de la chauffer au-dessus de charbons ; ensuite, à l'aide de tenailles, on lui donne la forme que l'on désire, puis on la fait refroidir brusquement, le bambou perd son élasticité dans l'endroit chauffé, mais garde la forme qu'on lui a fait prendre. » (P. PIASSETSKY, *Voyage à travers la Mongolie et la Chine*.)

Ancienne tour de Nanking.

Une partie de la population de l'empire vit sur l'eau du produit des *transports* et de la *pêche* ; la pisciculture est un art merveilleusement développé en Chine, et les pêcheurs, par des ruses étonnantes, réussissent à prendre une quantité de poissons sans filets et sans engins. — Leur ingéniosité n'est pas moins grande pour le développement et la production des animaux et des produits de basse-cour, *canards*, *poules*, *pigeons*, etc. (Voy. les *Lectures* plus bas.)

Les industries chinoises anciennes ne se modifient guère, et les manufacturiers paraissent peu désireux de renouveler des procédés qu'ils considèrent comme parfaits. Pour les industries nouvelles, ils les empruntent à l'Europe ou à l'Amérique ; ils copient les modèles importés des fabriques des « Barbares » d'Occident, et leur achètent des outils, des machines à vapeur, des navires, des engins de guerre, des montres, des pendules, et s'inspirent de loin de leurs ingénieurs, constructeurs, instructeurs, métallurgistes, etc.

Les ouvriers doivent se contenter d'un très maigre salaire, qui varie, dans les grandes villes, de 0^{fr},50 à 1 franc par homme et par jour. Ils forment entre eux des associations fortement organisées, auxquelles s'opposent les corporations non moins fortes des chefs de métiers.

Commerce. — Voies de communication. — Les routes, jadis bien pavées de granit, plantées d'arbres, pourvues de stations, de relais, de postes de soldats, d'auberges, etc., sont maintenant très négligées et mal pavées, étroites, poussiéreuses ou coupées de fondrières ; les hôtelleries misérables ; le Chinois voyageur emporte avec lui ses provisions, sa literie, sa batterie de cuisine. — Presque partout les cours d'eau sont navigables et sillonnés de barques et de jonques qui transportent voyageurs et marchandises, et font le service de la poste. — Depuis que les Européens sont admis, des compagnies ont établi des lignes de paquebots à vapeur qui remontent les rivières du Si-Kiang, du Min, de Ningpo, du Yang-tse, du Pei-Ho, du Niou-Tchouang. Les grandes rivières de l'empire entre Péking et Canton sont reliées entre elles par le *Grand-Canal*, formé d'une succession de lacs et de rivières reliées entre elles et toujours très fréquenté par les jonques qui transportent les denrées d'alimentation (voy. p. 755). — Sur les routes, on voyage à cheval, en chaises à porteurs, soutenues sur les épaules de deux coolies, ou en charrette non suspendue ; parfois en brouette à une roue ; deux individus peuvent s'y placer de chaque côté pour se faire équilibre ; on remplace parfois un individu par un animal, un cochon par exemple, ou par des bagages. Quand le vent est bon, les brouetteurs ajoutent un mât et une voile à leur véhicule. On a importé du Japon le *djinrickska* ou *pousse-pousse*.

« Voyager en charrette chinoise est un véritable supplice. Dans le nord de la Chine, le véhicule en usage est tout petit, mais lourd et massif, absolument sans ressorts, et monté sur deux roues hautes, ferrées de clous à tête saillante. Il n'y a pas de siège ; il faut se glisser à l'intérieur sous un étroit grillage de fer et de bois, en forme de voûte, et recouvert d'une bâche en étoffe. Là on doit chercher, au milieu des bagages qu'on y a entassés, une position convenable qu'on ne trouve jamais. Le conducteur se place de côté sur l'un des brancards ; il est assurément plus à l'aise que l'infortuné voyageur, qui, ne pouvant s'asseoir à la façon européenne, ne sait que faire de ses jambes, et n'a même pas la ressource de s'étendre de son long, vu le peu de profondeur de la voiture. Au moins dans le *tarantass*, on a plus d'espace, et les pièces de bois flexibles, qui supportent la caisse, remplacent, jusqu'à un certain point, les ressorts absents. Je n'aurais jamais cru qu'un jour viendrait où je regretterais mon équipage sibérien : c'est pourtant ce qui m'est arrivé sur cette affreuse route de Tien-tsin à Péking, où j'ai été tout le temps cahoté atrocement, jeté de droite et de gauche, culbuté en avant et en arrière, sans un instant de répit, au risque de me briser la tête ou quelque membre contre les parois de la charrette. » (E. COTTEAU, *Un Touriste dans l'Extrême-Orient*, p. 241.)

Le gouvernement chinois se montre rebelle à la construction des **chemins de fer**; la voie de 16 kilomètres, posée de Shang-Haï à Woussung, vers 1875, a été transportée à Formose; quelques milles de rails subsistent pour les chantiers des ports et les opérations de quelques mines de houille. En 1888, on a ouvert à l'exploitation une ligne qui va de Tong-chan à Loutai, à Takou et à Tien-tsin (130 kilom.). Les gouvernements étrangers sollicitent la cour de Péking; les Chinois désirent des chemins de fer; le gouvernement objecte la crainte d'anéantir l'industrie des portefaix et des bateliers, de profaner les lieux de sépulture; il craint surtout d'ouvrir trop la Chine aux étrangers et de ne pas garder sur les provinces son autorité sans contrôle. — On prétend que les projets russes du chemin de fer transsibérien ont inquiété le gouvernement et qu'il se propose de construire une ligne de Péking à Moukden.

Une route de poste (trois fois par mois) relie Péking à Kiakhta par Kalgan, en douze jours. — Des **lignes télégraphiques** sous-marines, concédées à des compagnies danoise et anglaise, relient Shang-Haï à Singapour au sud, à Vlad.vostock au nord; des télégraphes vont de Shang-Haï à Péking; de Shang-Haï à Han-kéou et Ichang; de Canton à Loung-tchan. Toutes les grandes compagnies de navigation maritimes anglaises, françaises, allemandes, austro-hongroises, américaines, ont des services réguliers avec la Chine et un point d'attache à Shang-Haï.

Importations. — En 1890, la valeur des marchandises étrangères importées s'élevait à 128 758 000 *haïkouan taëls* (le taël est évalué à 5^{fr},93) (*opium*, 28 956 000; — *cotonnades*, 45 000 000; — *lainages*, 3 643 000; — *pétrole*, 4 100 000; — *métaux*, 4 200 000, etc.). — **Exportations** : les produits exportés s'élevaient à 87 144 000 *haïkouan taëls* (*soies brutes en cocons*, 24 491 000; — *thé*, 26 664 000; — *soieries*, 5 765 000; — *coton brut*, 2 989 000; — *porcelaines*, 764 000; — *sucre*, 2 665 000; — *ouvrages de rempailleur*, 2 009 000; — *papier*, 1 360 000, etc.).

La valeur annuelle du commerce de la Chine a été au total : en 1885, 153 205 000 haïkouan taëls; — en 1886, 164 685 000; — en 1887, 188 123 000; en 1888, 217 483 000; — en 1890, 214 237 961.

En 1890, cette dernière somme était ainsi répartie entre les pavillons : *Grande-Bretagne*, 37 703 000 haïkouan taëls; — *Hong-Kong* (colonie anglaise), 104 988 000; — *Etats-Unis*, 11 841 000; — *Indes*, 11 356 000; — *Japon*, 12 221 000; — *Macao*, 6 117 000; *Singapour*, 3 237 000; — *Australie*, 3 292 000; — *Europe* (sans la Russie et la Grande-Bretagne),

14 408 000; — *Russie* (par Odessa et la mer), 4 399 000; — *Russie et Sibérie* (par Kiakhta), 5 356 000, etc.

Les **douanes impériales** chinoises sont administrées, depuis 1854, par un inspecteur général résidant à Péking, qui est depuis 1863 un Anglais, sir **Robert Hart**. Elles sont divisées en trois départements : *Revenus; Marine* (duquel dépend le service des ingénieurs et des phares); *Education*. Elles emploient 3 772 employés, dont 713 étrangers. Le service des douanes, qui est parfaitement organisé, est représenté par ses agents dans tous les ports ouverts; il publie des statistiques, des mémoires, des informations précises et variées de nature à éclairer et à seconder le commerce étranger.

Mouvement des ports chinois.

PAVILLON	1890.		1889.	
	NAVIRES	TONNEAUX	NAVIRES	TONNEAUX
Britannique	16 897	16 037 895	15 763	14 903 750
Allemand	2 140	1 343 964	2 656	1 582 648
Français	174	239 700	179	269 002
Américain	155	82 946	178	75 077
Chinois	10 603	6 334 956	2 427	602 526
Japonais	629	505 181	528	441 667
Divers	535	281 817	414	225 214
	31 133	24 876 459	29 145	23 517 881

Le commerce des Deux-Mondes avec la Chine se fait par les vingt-cinq ports suivants, ouverts successivement depuis 1842 par les traités[1].

Nos	NOMS DES PORTS	PROVINCES	DATE DE L'OUVERTURE	ANNÉES de l'ouverture du bureau des douanes maritimes.	COMMERCE TOTAL en milliers de taëls (1889).
			1º SUR LA CÔTE		
1.	Nion-tchouang	Ching-king (Mandchourie).	Traité anglais de Tien-tsin, 1858.	Mai 1864.	334.
2.	Tien-tsin.	Tcheli.	Conventions anglaise et française de Péking, 1860.	Mai 1861.	5517.
3.	Tche-fou.	Chan-toung.	Traités anglais et français de Tien-tsin, 1858.	Mars 1862.	1758.
4.	Shang-haï.	Kiang-sou.	Traité de Nanking, 1842.	1854.	100790.
5.	Ning-po.	Tche-kiang.		Mai 1861.	129.
6.	Wen-tcheou.	....	Convention de Tche-fou, 1876.	Avril 1877.	5.
7.	Fou-tcheou.	Fou-kien.	Traité de Nanking, 1842.	Juillet 1861.	8665.
8.	Amoy.	....		Avril 1862.	10207.
9.	Chan-teou ou Swatao.	Kouang-toung.	Traités anglais, français et américain de Tien-tsin, 1858.	Janvier 1860.	8784.
10.	Canton.	....	Traité de Nanking, 1842.	Octobre 1859.	27444.
11.	Kao-ioun.	....		....	27089.
12.	Lappa.	....		....	5316.
13.	Pakhoï.	....	Convention de Tche-fou, 1876.	Avril 1877.	3702.

1. Ce tableau est emprunté, avec beaucoup d'autres éléments de géographie économique, au très substantiel article de M. Henri Cordier, dans la *Grande Encyclopédie*, tome XI, article *Chine*.

Le commerce des Deux-Mondes avec la Chine se fait par les vingt-cinq ports suivants, ouverts successivement depuis 1842 par les traités. (Suite.)

Nos	NOMS DES PORTS	PROVINCES	DATE DE L'OUVERTURE	ANNÉES de l'ouverture du bureau des douanes maritimes.	COMMERCE TOTAL en milliers de taëls (1889)
			2° SUR LE YANG-TSE-KIANG		
14.	Tchen-kiang.	Kiang-sou.	Traité anglais, 1858.	Avril 1861.	34.
15.	Wou-hou.	Ngan-houei.	Convention de Tche-fou, 1876.	Avril 1877.	10.
16.	Kiou-kiang.	Kiang-si.	Règlements provisoires de 1861.	Janvier 1862.	13.
17.	Han-keou.	Hou-pé.			5582.
18.	Y-tchang.		Convention de Tche-fou, 1876.	Avril 1877.	
			3° DANS L'ILE FORMOSE		
19.	Tai-ouan.	Formose.	Traités français, anglais et américain de Tien-tsin, 1858.	Septembre 1863.	1877.
20.	Ta-kao.		Règlements provisoires des douanes, 1863.	Mars 1864.	
21.	Tam-soui.	Fou-kien.	Traité français de Tien-tsin, 1858.	Septembre 1863.	1528.
22.	Ki-loung.		Règlements provisoires des douanes, 1863.		
			4° DANS L'ILE HAÏ-NAN		
23.	Kioung-tcheou.	Kouang-toung.	Traité anglais et français de Tien-tsin, 1858.	Avril 1876.	1262.
			5° CHINE MÉRIDIONALE		
24.	Long-tcheou.	Kouang-si.	A la suite du traité avec la France après la guerre du Tongking.	1888.	13.
25.	Mon-tseu.	Yûn-nan.			150.

La grande muraille et le grand canal.

La Grande-Muraille de Chine est certainement l'un des travaux les plus extraordinaires qui aient été élevés sur le globe. Elle commence par une ligne de pieux sur le golfe de Liao-Toung (mer Jaune) à l'est, et se prolonge jusqu'à Kia-iou-Kouan, au nord-ouest de la province de Kan-Sou, sur une longueur de plus de 400 lieues, en ligne droite, et sans compter les détours. Elle a été plusieurs fois démolie et reconstruite. Bâtie d'abord, dit-on, par les ordres du belliqueux empereur Chi-Hoang-ti (vers 214 av. J.-C.) pour abriter son empire contre les invasions des Hieng-Nou, peuple tartare du nord-ouest, elle fut continuée sous ses successeurs; on mit 200 ans à la construire. Cette première muraille, élevée à grands frais, fut détruite vers l'année 430 et remplacée successivement par plusieurs autres, qui furent renversées à leur tour. La muraille actuelle fut commencée en 1368, sous les empereurs Whing, qui venaient de repousser les Mongols, et achevée en 1820. L'énorme étendue de cette ligne de défense exigeait un entretien ruineux et des postes innombrables. « La » Grande-Muraille, dit M. Van Koot, consiste en deux murs parallèles, » construits en pierres taillées pour le soubassement, en briques de très » grande dimension pour le reste. L'intérieur est rempli de terre battue » et le sommet est en plate-forme revêtue de briques carrées. La hauteur » est de 6 mètres, y compris les créneaux. A la base, la largeur est » de 7^m,60 ; mais elle n'est plus que de 4^m,60 à la plate-forme. Tous les » deux cents pas, la muraille est munie d'une tour carrée ayant 12 mètres » de côté à la base et 9 au sommet. La hauteur de ces tours est de » 11 mètres; quelques-unes sont même plus élevées; mais, en ce cas, elles » ont deux étages, percées de meurtrières. » (Le missionnaire VAN KOOT, *Missions en Chine*.)

Certains voyageurs parlent de la Grande-Muraille avec un enthousiasme sans bornes ; d'autres avec dédain. Un missionnaire qui a séjourné longtemps en Chine, et dans le voisinage même de la Grande-Muraille, M. l'abbé Larrieu, s'est moqué des descriptions pompeuses qu'on en a faites, et dans un *Rapport sur la Grande-Muraille* (*Revue de l'Extrême-Orient*, t. III, 3) a démontré que, telle qu'elle est décrite, elle n'existe pas et n'a jamais existé. Dénigrement et admiration sont également exagérés. Au nord de Péking, dit M. Van Koot, la Grande-Muraille existe encore sur une étendue considérable, et telle que ses admirateurs la décrivent. Ailleurs, le mur n'a jamais été qu'un entassement de terre battue ou un amoncellement de pierres brutes, et il a été par endroits si bien nivelé qu'on passe dessus à cheval sans s'en douter. On peut se demander même s'il a jamais existé. Mais les nombreuses et massives tours quadrangulaires qui se voient encore, les portes monumentales chargées de symboles bouddhiques et de riches sculptures en marbre blanc suffisent à expliquer l'impression saisissante que produit sur les voyageurs cette construction colossale primitivement destinée à la défense de l'empire contre les invasions tartares.

« Les plaines où est assise la ville de Péking sont séparées des hauts plateaux de la Mongolie par un enchevêtrement et un fouillis de montagnes rocheuses, que l'on ne peut franchir que

La Grande-Muraille de Chine.

par un seul passage, la vallée qui porte le nom de Kivan-Kéou. Sur un espace de plus de six lieues, c'est un entassement de pierres, de rochers amoncelés en un horrible chaos. Tantôt on descend des pentes vertigineuses, tantôt on gravit de véritables escaliers taillés dans le roc. Inutile de dire qu'une route semblable est impraticable pour les grands chars. Les chevaux eux-mêmes n'ont plus le pied assez sûr pour sauvegarder la vie du voyageur. Celui-ci doit donc se résigner à trotter pédestrement, soit à enfourcher un âne ou un mulet, soit enfin à user d'une chaise à porteurs ou d'une litière.

» Tout au haut de cette passe est assise la Grande-Muraille, qui la coupe de part en part et que l'on traverse par une porte cintrée. Plus on considère cette œuvre monumentale et plus on est intrigué sur le but, et plus on se demande comment on est venu à bout de ce travail gigantesque... Je sais bien que la Muraille est loin d'être partout ce qu'elle est au nord de Péking, mais j'affirme l'avoir vue dans le même état, et même en meilleur état, au nord de la province de Chan-Si..... La vallée de Kivan-Kéou a servi depuis des milliers d'années de passage aux diverses races qui ont dominé la Chine... Une dynastie, aujourd'hui inconnue, y avait établi une route, non pas seulement empierrée, mais dallée et telle que les Romains eux-mêmes n'en eurent jamais. Cette route était composée de blocs taillés de granit rose, d'environ 2 mètres sur $0^m,50$ d'équarrissage. Les blocs étaient superposés en certains endroits par quatre et cinq couches, dont l'épaisseur atteignait ainsi plusieurs mètres. De plus, tous ces blocs massifs étaient encore reliés entre eux par des crochets en fer, encastrés dans la pierre, les deux crochets ayant la forme de deux coins accouplés par leur sommet, afin de s'opposer à leur dislocation. J'ai eu en mains l'un de ces crochets; il pesait au delà de deux kilogrammes.

» Les torrents, d'autres disent le caprice d'un empereur, ont eu raison de tout cela. De cet admirable travail, il ne reste de vestiges qu'en quatre ou cinq endroits. Ceux-ci, aujourd'hui surélevés de plusieurs mètres au-dessus du ravin, montrent dans le granit de leur surface des ornières profondes, lissées comme un miroir par le frottement des roues garnies de fer, qui y ont roulé pendant des siècles. D'autres détails témoignent encore de l'importance que ce passage a eue dès les temps les plus reculés. Telles sont, par exemple, des inscriptions en mongol, en tibétain et en chinois, gravées dans le roc en lettres gigantesques. Ailleurs, sur un rocher perpendiculaire, d'une élévation d'au moins cent mètres, est grossièrement sculpté en relief et au milieu du rocher, un Bouddha, qui paraît avoir environ dix mètres de hauteur. Ailleurs, le sommet des rochers a été taillé en forme quadrangulaire parfaite, sur une hauteur de cinq à dix mètres. »

Dans ses brillants récits de voyage autour du monde, dont le succès est loin d'être épuisé, M. de Beauvoir donne de la *merveille* chinoise la description suivante :

« A peine sortis du bourg de Nan-Kao, nous nous sommes trouvés à l'entrée de la passe, et dès lors la grandeur du spectacle s'est successivement déroulée devant nous sur le parcours de six lieues qui nous séparaient du col et de la muraille. D'abord la gorge est sauvage et sombre, resserrée étroitement par la montagne presque à pic dont les flancs ne laissent place qu'au torrent qui est notre seule route. Peu à peu toute la profondeur rocheuse de cette longue vallée, tous les plans des versants escarpés qui la forment, apparaissent en un superbe panorama ; voici en effet le premier contre-fort de la Grande-Muraille ; c'est un cordon de murs à hauts créneaux et à tourelles, hardiment jeté sur la première chaîne principale et qui suit à perte de vue toutes les aiguilles, les lignes brisées ou aiguës, les soubresauts tantôt immenses, tantôt à pic, de cette crête granitique et tourmentée. Rien de curieux, rien de frappant comme ce mur, colossal serpent de pierre ; il escalade des roches que l'on croirait infranchissables et qui le seraient sans lui. Ce premier contre-fort à lui seul est une œuvre de géant. Je me demandais déjà ce que pouvait bien être la Grande-Muraille elle-même, quand bientôt, à mesure que nous avancions dans la farouche vallée, les rayons du soleil vinrent éclairer loin devant nous les lignes crénelées de deux autres murailles parallèles, également situées sur la crête extrême et se dessinant en silhouette d'opéra sur le fond du tableau.... A midi, nous étions au col. Le bastion qui sépare la Mongolie de la Chine n'est qu'un peu ébréché à sa base et aux fenêtres, mais la Grande-Muraille, qui de là s'élève rapidement à droite et à gauche en se maintenant sur la crête de la chaîne principale et en dominant au loin les monts subalternes, est parfaitement conservée ; des tours carrées se dressent à chaque point culminant comme les jalons de cette œuvre immense... Ce serpent de pierre fantastique, ces créneaux sans canons, ces meurtrières sans fusils, ces remparts sans un seul défenseur, ces fortifications qui ne protègent rien et que personne n'attaque, resteront dans nos souvenirs comme une vision magique. » (DE BEAUVOIR, *Pékin, Yeddo*, p. 107.)

Le plus grand travail qu'aient exécuté les Chinois, avec le mur des *Dix mille lis*, est le **Grand-Canal** qui relie Canton à Péking, sur une longueur d'à peu près 2700 kilomètres. Le *Yu-Ho* ou « rivière impériale » est avant tout destiné au transport des grains et autres tributs qui, dès l'origine, alimentaient le trésor impérial. Ce canal fut commencé, dit-on, au onzième siècle avant notre ère par la dynastie des Han, et on a mis 2000 ans à l'achever tel qu'il se montre aujourd'hui, avec ses prolongements et ses ramifications. Il se compose de rivières naturelles, rectifiées, agrandies et reliées ensemble par des lits artificiels munis d'écluses. « La navigation du » Grand-Canal n'est interrompue qu'à la montagne Meï-ling, où les voya- » geurs sont obligés de faire 10 à 12 lieues par terre. On peut cependant » ne pas quitter les barques lorsqu'on dirige sa route par les provinces de » Kouang-Si et de Hou-Nan. On sait combien il a dû en coûter de travail » pour opérer la communication d'un si grand nombre de rivières, et combien » d'obstacles ont dû se rencontrer dans l'exécution d'un canal aussi étendu ; » des ouvrages de toute espèce, des digues, des écluses, des levées en pierre » de taille, ont forcé partout les résistances de la nature. Au canal principal » on en voit aboutir un grand nombre d'autres, qui se prolongent dans les » terres et communiquent aux villes, bourgs et bourgades voisines. Là plu- » part de ces canaux particuliers ont été exécutés aux frais de la commu- » nauté de ces villes et de ces bourgs... » Nombreux sont les ponts qui franchissent le canal ; la travée du centre est toujours plus élevée que les autres pour le passage des jonques.

Les Chinois de notre temps n'ont cependant pas réussi à opposer à leurs fleuves les travaux de défense capables de sauver leurs provinces de la dévastation et de la mort. Nous avons indiqué ailleurs (p. 678), les redoutables divagations du Hoang-Ho qui ont affligé dans tous les temps les populations riveraines de ce fleuve aux eaux chargées d'alluvions jaunâtres, et composées, disent les Chinois, de trois parties liquides et de quatre solides. Depuis 1855, le Hoang-Ho coulait au nord de la province de Chan-toung ; en 1887, il rompit ses digues à Tcheng-tchéou, non loin de la capitale du Ho-nan, s'ouvrit un chemin vers le sud, se déversa dans le lac Hon-Tseu, et par le Grand-Canal, dans le Yang-tsé, submergeant dix-huit cents villages, et noyant ou réduisant à la famine 2 millions d'hommes. La brèche fut fermée en 1889 ; le Hoang-Ho déborda alors dans la province de Chan-toung, et fit périr 300 000 personnes. On comprend le mot de l'empereur Tao-Kouang, qui appelait le fleuve Jaune, la *désolation de l'Empire du Milieu*.

Il faudrait à la Chine, pour tenir tête à de pareils fléaux, un état-major d'ingénieurs armés d'une science et d'une prévoyance semblables à celles de notre corps des ponts et chaussées ; un esprit de suite et une méthode infaillible, une grande promptitude dans l'exécution ; enfin de larges crédits. Mais les fonctionnaires impériaux, munis des diplômes littéraires, sont le plus souvent très incompétents sur la mécanique et l'hydrographie ; au lieu d'étudier le péril de près pour le combattre ou le prévenir, ils consultent les livres des anciens, et proposent d'employer les procédés qui étaient en usage il y a vingt ou trente siècles. Les attributions des administrateurs sont mal définies; les responsabilités encore plus; les gouverneurs ne s'accordent pas; les uns préconisent les canaux de dérivation, les autres la construction des digues; les subsides sont insuffisants, mal répartis, mal employés, et le fléau poursuit ses ravages. Dans certaines localités, on est réduit à compter pour les travaux de défense sur les donations volontaires, qui atteignent parfois des chiffres élevés, parce qu'elles sont généralement l'objet de hautes récompenses officielles. Là encore, l'orgueil chinois aurait beaucoup à apprendre de la *barbarie* occidentale. Le dernier gouverneur du Chan-Toung, plus éclairé que ses prédécesseurs, n'a pas hésité à faire d'immenses provisions de ciment hydraulique; à donner l'ordre de construire un petit chemin de fer pour le transport rapide des terres; à acheter deux dragues à vapeur au syndicat français de Tien-tsin. Mais quand il a, dans un rapport officiel, émis l'avis d'organiser un corps complet de cartographes et d'ingénieurs, le conseil de l'Empereur a repoussé cette motion audacieuse, en la qualifiant de prématurée et de superflue.

Le commerce du thé et la fabrication des briques de thé à Han-Kéou.

Les marchandises ordinaires qui viennent de l'intérieur sont chargées à Han-Kéou, à destination de Shang-Haï, sur des navires à vapeur à roues immenses, à peu près semblables aux steamers qui circulent sur le Missouri et le Mississipi. Le thé, au contraire, est embarqué sur des navires de haute mer qui remontent une fois par an le cours du Yang-tse, non sans courir des dangers au milieu des bancs de sable; ces navires emportent directement leur cargaison en Europe. C'est dans les premiers jours du mois de mai que la saison du thé commence : les maisons anglaises et russes se disputent avec acharnement les arrivages de thé noir qu'elles préfèrent au thé vert de Fou-Tchéou et de Formose, dont les Américains font leur régal. En trois mois, 15 à 20 bâtiments sont en charge devant la concession étrangère, ayant pour destination Londres, Odessa, et même Vladivostok en Sibérie. Le mois d'août venu, les représentants des grandes maisons de commerce quittent la place et rentrent à Shang-Haï.

Les maisons russes sont seules installées à demeure à Han-Kéou. « Non seulement elles achètent des thés pendant la saison pour les expédier en Russie, mais durant toute l'année elles se livrent en grand à la fabrication des briques de thé (thé en briques, thé de caravane) qui ont un grand succès et trouvent une vente si facile dans toute la Sibérie et les provinces orientales de l'empire moscovite... — Les fonds de ces maisons de commerce fructifient rapidement et rapportent jusqu'à 30 et 35 % par an; ces bénéfices sont dus plus encore à la fabrication des briques de thé qu'à l'envoi du thé en feuilles. En effet, ce dernier thé, de bonne qualité, se vend assez cher et ne peut être destiné qu'aux classes riches de la société; le thé en briques, par contre, de qualité commune, même inférieure, très bon marché malgré les droits de douane russes, par suite de son prix d'achat peu élevé, est à la portée du peuple et des classes peu fortunées. » (HUART.)

Jadis la fabrication des briques de thé n'avait lieu que dans quelques manufactures rudimentaires établies au centre des plantations ; aujourd'hui Han-Kéou est le foyer de cette industrie et en garde le monopole. D'opulentes maisons russes ont acheté à grands frais de vastes espaces de terrains sur la concession anglaise et ont fait bâtir des usines et des magasins. Avant

La récolte du thé.

1878, on fabriquait les briques de thé à l'aide de presses à main, de construction grossière; la pression étant trop faible, les briques sorties du moule s'effritaient ou s'écaillaient dans le transport. — On remplaça les presses à main par des presses à vapeur, et on obtint des briques plus fermes et plus compactes, qui ne s'écornent ni ne se brisent durant le voyage. Ce procédé a un inconvénient : le passage de la vapeur sur les feuilles de thé, si rapide qu'il soit, leur enlève cependant un peu de leur parfum ; aussi a-t-on essayé de substituer aux presses à vapeur des presses hydrauliques ; mais le succès de ce nouveau mécanisme est encore incertain.

M. Huart, vice-consul de France à Han-Kéou, donne la description suivante de la principale manufacture de thé qui emploie deux mille ouvriers :

« Lorsqu'on entre dans la première salle, on est en quelque sorte aveuglé par une fine poussière de thé, sèche et pénétrante, qui vole dans l'air, et vous dessèche le gosier en même temps qu'elle vous brûle les yeux. C'est ici que s'effectue la première opération, le tamisage de la poussière de thé. Des centaines de Chinois à demi nus, la tête recouverte d'un torchon plié à peu près comme un turban et dont les extrémités retombent sur le dos, passent la poussière au crible afin d'en extraire le sable et les détritus de toute nature qui y sont amalgamés. Criblée une première fois, la poussière est ensuite placée dans une machine à vanner ayant trois tamis de plusieurs grosseurs avec des auges correspondantes, et de là elle est vidée dans de larges paniers. Le résidu, c'est-à-dire tout ce qui est trop grossier pour traverser aucun des tamis, est plusieurs fois foulé, jusqu'à ce qu'il soit à la grosseur voulue, puis versé dans des poêles en fer sous lesquels brûle un feu de charbon de terre ; devenu suffisamment cassant par l'action du feu, il est remis dans la machine à vanner. Cette opération est autant de fois répétée qu'il est nécessaire pour que tout, sans exception, puisse passer à travers les cribles de l'appareil.

» Les auges renferment donc trois espèces de *poudre* ; les deux plus grosses sont employées à la fabrication des briques elles-mêmes ; la plus fine est réservée pour composer le revêtement des briques ; les grains de celle-ci, étant plus menus, se tassent plus aisément lors de la pression et acquièrent plus de consistance. La poussière ainsi tamisée est disposée dans de grands paniers coniques et transportée dans la seconde salle où a lieu la deuxième opération, que j'appellerais volontiers la *vaporisation*. Là, elle est placée dans des boîtes en fer et exposée pendant trois minutes seulement à l'action de la vapeur. Les grains minuscules de la poussière deviennent déjà, par suite de cette action, presque adhérents les uns aux autres.

» Une porte voisine de la machine à vapeur donne accès dans la troisième salle, de sorte qu'à peine la deuxième opération est-elle terminée, les ouvriers chinois, avec une rapidité incroyable qui ne s'explique que par l'habitude et la pratique qu'ils ont de ce genre de travail, saisissent la poussière chaude et humide, la placent dans un solide moule en bois qui est immédiatement jeté sous un marteau à vapeur (pression à sept atmosphères). Celui-ci comprime la brique en deux secondes. Le couvercle de la boîte-moule, retenu par de forts coins de bois enfoncés à coups de maillet, porte gravé en plein, la marque de fabrique de la maison, de telle sorte que la brique reproduit ce signe en creux sur l'une de ses faces. On fait également usage de moules divisés en plusieurs compartiments, analogues à ceux dont on se sert pour façonner le chocolat en tablettes. Le thé pressé dans ces derniers moules a tout à fait l'aspect, moins la couleur, de nos livres de chocolat.

» La pression accomplie, les briques sont finies et parfaites : elles sont extraites de leur moule et portées au premier étage, sorte de grenier bien aéré qui forme un séchoir. Elles y sont laissées à l'air libre pendant deux ou trois heures, puis on les range systématiquement dans le séchoir, où elles restent encore toute une semaine. Au bout de ce laps de temps elles ont acquis la consistance du plâtre sec. On les enveloppe alors avec soin dans du papier de plomb et du papier ordinaire. On les empile dans des paniers contenant chacun soixante-quatre briques. Chaque brique doit peser un *catti* (ou *kin*, livre chinoise, 360 grammes); toutes celles qui n'atteignent pas ce poids, ou sont défectueuses en quelque façon, sont rejetées et refaites. Pour cela, on les jette dans un moulin rotatoire composé de deux roues en pierre pleines, mues par une barre de bois horizontale et se mouvant dans un canal où sont les briques condamnées; écrasées par ces roues de pierre, elles reviennent à l'état de poussière et subissent alors de nouveau toute l'opération. Avec la presse à vapeur on produit quatre-vingts paniers par jour subissant 5 p. 100 de perte, tandis qu'à l'aide de l'ancienne presse à main on n'arrivait qu'à soixante paniers, avec 25 p. 100 de perte. L'économie réalisée depuis lors s'élève à un taël ou environ sept francs par panier, soit quatre-vingts taëls ou cent cinquante-six francs par jour. Actuellement on n'emploie plus que les presses à vapeur : dans un coin de la fabrique on garde encore l'ancienne presse en bois, comme souvenir des temps passés, comme marque des progrès accomplis, et un peu aussi, croyons-nous, par respect pour ces engins primitifs qui ont été les premiers instruments de fortunes colossales. » (Huart, vice-consul de France, *Bulletin consulaire français*, avril 1886.)

La pêche aux cormorans.

« On sait que les Chinois dressent les cormorans à la pêche, et depuis longtemps je cherchais l'occasion d'observer de près cette pêche. Aujourd'hui, au matin, en montant sur le pont, j'aperçus deux Chinois dans une barque avec ces oiseaux ; je les hélai et leur proposai de me prendre avec eux, ce à quoi ils consentirent avec plaisir, et ils m'aidèrent à passer dans leur barque.

» Cinq cormorans étaient là perchés sur un morceau de bois couvert de paille. Attachés par une patte et ayant au cou un anneau de paille, ils regardaient l'eau et avaient l'air de dire : « Il est temps de commencer. » La barque remonta la rivière à une grande distance, puis on la mit en travers en la laissant descendre le courant. Les Chinois détachèrent leurs oiseaux ; quelques-uns des cormorans se jetèrent à l'eau tout seuls, d'autres y furent poussés sans gêne, mais tous suivirent la barque en faisant des plongeons. Les cormorans nagent vite et par soubresauts, plongent à une assez grande profondeur et restent longtemps sous l'eau. Leur propriétaire les stimulait par des mots ou des exclamations, et il me semblait qu'ils comprenaient leur maître. S'ils revenaient sur l'eau sans butin, ils n'avaient pas l'air contents, soufflaient avec force et grognaient comme des chiens.

» En voici un qui revient avec une carpe assez grande ; les pêcheurs poussent des cris de joie et s'empressent d'aller à l'aide du cormoran, qui tient ferme le poisson dans son bec crochu, malgré les efforts de la carpe pour recouvrer sa liberté. Le cormoran tâche de pousser la tête du poisson dans sa gorge, pour l'avaler avant qu'on le lui prenne ; mais le pêcheur saisit son oiseau d'une main par le cou et de l'autre lui retire la carpe, puis rejette le cormoran dans l'eau. Evidemment celui-ci savait d'avance qu'il en serait ainsi ; il ne montra pas de mauvaise humeur, secoua la tête, rinça son bec à plusieurs reprises, pour perdre le goût de son butin, et recommença à plonger.

» Ils revenaient ainsi assez souvent avec des poissons ; quand c'était un petit, ils l'avalaient, mais l'anneau qu'ils portaient au cou empêchait qu'il ne passât dans leur estomac; les Chinois attrapaient l'oiseau, lui faisaient rendre le poisson et le ren-

Montagne d'or.

voyaient continuer sa besogne. Si à ce moment on en apercevait un autre portant un poisson, le premier retenu dans la barque attendait que l'opération fût finie et restait tranquille. Si le poisson était bien petit, on le leur laissait dans la gorge, quelquefois même deux ou trois, pour les retirer tout d'un coup. Parfois il arrivait que le poisson pris était volumineux ; alors immédiatement un cormoran allait aider son compagnon ; ils le tenaient ainsi à deux. D'autres fois ils se querellaient entre eux et grognaient ; il leur arrivait aussi de laisser échapper leur proie, ils replongeaient du coup, mais presque toujours sans succès. Les uns pêchaient avec entraînement, d'autres avec mollesse, malgré les excitations du maître. « *O-ho, O-ho! Err-go, Err-go! Aïe, gaï-gaï-i! Aïe-éou!* » et autres exclamations de ce genre. Le pêcheur se fâchait, criait, sautillait sur son banc et finissait par se faire obéir du paresseux.

» Après une heure de cette pêche, on fit reposer les *loou-sy, lou-tzy*, comme ils appellent les cormorans. On les retira de l'eau et on les remit à leur place ; ils respirèrent bruyamment, leurs becs ouverts, puis commencèrent à se secouer, à déplier les ailes en les maintenant relevées comme des voiles, pour se sécher, et se grattèrent la tête. Pendant le repos, on ne leur donne rien à manger, car ils ne pêchent que quand ils ont faim. Une demi-heure après, le travail recommença, et cette fois celui qui apportait un grand poisson en recevait un petit en récompense ou comme encouragement. Les cormorans ne s'éloignaient jamais de leur barque ; en un certain endroit où nous nous trouvâmes avec plusieurs autres barques de pêcheurs, ces cormorans reconnaissaient bien la leur, et les Chinois savaient aussi distinguer leurs individus, ce qui me paraissait très difficile. La séance finie, les Chinois me reconduisirent à mon bateau et m'invitèrent à choisir le meilleur poisson ; mais, ici comme ailleurs, ils ne voulurent point faire de prix, je leur donnai 500 sapèques, près de 3 francs ; ils s'en trouvèrent très satisfaits.

» Il ne m'a pas été donné de voir une chasse au canard, ce qui est très original. Voici ce qui m'a été raconté à ce sujet. Dans les endroits où les canards sauvages se rassemblent après le coucher du soleil, les Chinois jettent sur l'eau des citrouilles vides qui se maintiennent à la surface. Les canards envisagent d'abord ces objets avec méfiance, mais finissent par s'y habituer, et nagent à côté sans y faire attention. C'est alors que le chasseur se met à l'eau, ayant une ceinture au corps et la tête enfoncée dans une citrouille percée de deux petits trous pour pouvoir regarder. Il reste ainsi, plongé jusqu'au cou, à attendre l'arrivée des canards, qui nagent par-ci par-là, sans soupçonner le danger. Lorsqu'un canard s'approche trop près du chasseur, celui-ci l'attrape par les pattes, le tire de l'eau, lui tord le cou et l'accroche à sa ceinture. Les canards, qui ont aussi l'habitude de plonger, ne s'aperçoivent pas de la disparition d'un ou de plusieurs des leurs et ne fuient que quand ils voient l'homme se lever de l'eau. » (P. PIASSETZKY, *Voy. à travers la Mongolie et la Chine*, p. 122, trad. par KUSCINSKY, ill. ; Paris, 1883, in-4°, Hachette.)

M. Francis Garnier décrit dans son grand ouvrage une pêche semblable, usitée sur le lac Tali-fou (Yun-nan).

« La profondeur et la limpidité des eaux du lac les rendent propices à la conservation et à la reproduction d'un nombre infini de poissons. Volant çà et là en bandes nombreuses, plongeant à tout instant et se réfugiant avec leur proie dans les îles ou sur les rives, d'innombrables palmipèdes poursuivent sans relâche les habitants des eaux. Ceux-ci sont familiarisés depuis longtemps avec la présence de l'homme. La hardiesse d'allures des poissons et des oiseaux a fait imaginer aux riverains un procédé de pêche bien supérieur à celui qu'on connaît en Europe sous le nom de pêche au cormoran. Les pêcheurs partent de grand matin, et avec quelque tumulte pour éveiller l'attention des nombreuses bandes d'oiseaux qui sommeillent autour d'eux ; ils se jettent dans des barques plates munies d'un réservoir et se laissent aller à la dérive pendant que l'un d'eux, placé à l'avant, émiette sur l'eau d'énormes boulettes de riz. Les poissons accourent en foule et les oiseaux pêcheurs, groupés en bandes pressées autour de la barque, plongent et reparaissent incessamment avec un poisson au bec. Au fur et à mesure que leur poche se remplit, les bateliers la vident à l'intérieur de la barque, laissant à peine à chacun des pêcheurs ailés de quoi ne pas décourager sa gloutonnerie. Au bout d'une demi-heure la barque est pleine et les bateliers vont vendre leur pêche au marché. » (Francis GARNIER, *Voyages et explorations en Indo-Chine*, t. Ier, p. 517.)

L'élevage et l'engraissement des canards.

« Nous traversons tout un grand bras de la rivière (de Canton), et le bateau s'engage dans un embranchement où fourmillent les jonques grandes et petites. Après un assez long trajet, pendant lequel nous entrons dans d'autres ramifications de la rivière, également couvertes de barques, et bordées d'habitations, où s'exercent différentes industries batelières et aquatiques, nous abordons vers quelques maisons, but principal de ma promenade, où l'incubation des œufs de canard est pratiquée en grand. Je visitai quelques-uns de ces établissements; on m'y accueille avec sourire et bienveillance, et sans l'importunité du *batchis* (pourboire).

» Les fours à éclosion sont en briques, et s'élèvent à $1^m,50$ de hauteur environ, de chaque côté d'une grande chambre, laissant un large couloir au milieu. Ils contiennent des compartiments carrés dans lesquels on introduit, sur des rainures, des claies superposées et chargées des œufs à faire éclore. La chaleur requise est communiquée par des cendres chaudes, entretenues sur des âtres voûtés, dans le bas de ces fours, parfaitement abrités et ne refroidissant jamais. Dans la saison chaude où nous sommes, les cendres sont renouvelées peu souvent, et elles maintiennent facilement le degré convenable à l'éclosion qui se fait d'une manière continue et régulière. On opère sur des milliers d'œufs à la fois. Il y a là, comme dans toute industrie suivie, des soins à prendre, des règles à observer, qui résultent de l'habitude et de l'expérience, et qui rendent cette spéculation lucrative.

» Quand les petits canards sont éclos, une autre industrie s'en empare pour les élever dans des parcs aquatiques. Mon guide m'offrit d'aller voir quelques-uns de ces établissements les mieux organisés.

» Nous laissons, près des fours, la grande barque, et nous prenons, pour quelques sapèques, un petit bateau qui, à travers un labyrinthe de canaux divers, nous mène dans un village où l'éducation des jeunes canards est l'unique industrie. C'est un amas de maisons de pauvre aspect, où je remarque cependant un petit temple assez coquet et quelques femmes, décemment vêtues, se balançant sur de petits pieds. On dirait un village de la basse Égypte pendant l'inondation; on ne voit, tout autour, que de l'eau courante, des chaussées étroites en larges pierres, sous lesquelles l'eau circule, joignant des îlots rapprochés, qu'ombrage une végétation touffue. Presque partout le sol, abondant en plantes aquatiques, n'est recouvert que d'une couche d'eau peu profonde ; c'est sur ces prairies submergées, que des clayonnages n'arrêtant point l'eau circonscrivent des parcs plus ou moins grands, communiquant entre eux et avec l'établissement d'élevage. Les canards sont placés sur ces diverses pièces d'eau, par fournées d'âges différents ; et là ils trouvent sur leur élément une abondante pâture, à laquelle on ajoute des distributions régulières et supplémentaires de grains ou autres aliments. Ces clayonnages peuvent changer de place, comme cela se fait chez nous pour le parcage des moutons. La nuit, les bandes diverses de canards trouvent un abri et une litière abondante dans les cours et dans les bâtiments de l'établissement.

» Un jeune Chinois, qui me guidait dans cette université aquatique, dont il est un des régents, voulant me donner la preuve de la bonne discipline à laquelle ses élèves sont soumis, entra dans l'eau jusqu'aux genoux, dans un des parcs où folâtraient, en bandes éparses, plusieurs centaines de ces jeunes canards ; il les appela par un chant particulier, et toute la troupe de voleter vers lui, battant et rasant l'eau, avec un clapotement et des cancans assourdissants, partant du cœur ou de l'estomac. Il les arrosait d'eau avec sa main et leur jetait de petites pincées de riz. Il fallait voir à quels trémoussements, à quelles passades, à quels plongeons frénétiques se livraient tous ces bruyants barboteurs ! Il y a aussi des collèges d'oies, dont j'aperçus quelques divisions dans des clayonnages éloignés.

» Tous ces canards, quand ils sont à point et bons à être vendus, sont transportés dans l'intérieur du pays sur des bateaux entourés d'un large plat-bord, garni, du côté de l'eau, d'une claie peu élevée, où ils sont parqués sous un filet qui recouvre tout le plat-bord. De temps en temps, par la chaleur du jour, et pendant le voyage, un des conducteurs, armé d'une écope, asperge d'eau, à jets redoublés, ses ouailles captives, qui se trémoussent d'aise. J'avais rencontré, en venant à Canton, un pareil bateau sur la rivière. En route, quand le voyage est long, et que l'inaction sur le plat-bord dégraisserait la marchandise, on s'arrête sur des canaux ou dans des coudes, où le courant n'est pas fort ; une claie, placée en plan incliné jusqu'à l'eau, à une des extrémités du bateau, permet à toute la troupe de descendre à la rivière et de s'y ébattre, en faisant une pleine eau. Elle regagne le bateau sur un appel des conducteurs, appuyé, pour appât, d'une distribution de grains de riz. Toute cette industrie de l'élevage des canards est parfaitement entendue et bien conduite. » (Devay, *Journal d'un voyageur dans l'Inde anglaise et sur les côtes méridionales de Chine*, t. II, ch. II; Paris, 1867, 2 vol. in-8°, Didot.)

IV. — Notions statistiques

Superficie de l'empire (moins la Corée) : 11 574 356 kilomètres carrés. — **Population** : 402 735 000 habitants (35 par kilom. car.[1]). — **Races** : elles sont très mêlées, surtout dans le centre de l'empire, où les éléments les plus variés sont venus peu à peu se fondre dans une commune nation qui parle les dialectes d'une même langue. 1° La race dominante, ainsi constituée et distincte des autres, est la race *chinoise* proprement dite. « Formes
» correctes et symétriques, un peu plus grêles seulement que les formes
» européennes; extrémités fines et petites, teint pâle, mat et tirant un
» peu sur le jaune, sensiblement plus foncé dans le sud où l'exposition
» constante aux ardeurs du soleil rend le paysan chinois, qui travaille
» presque nu, aussi noir que l'habitant des rives du Gange, stature un
» peu moins élevée que la nôtre; pommettes des joues fortes et saillantes;
» nez court, épaté, lèvres épaisses; visage remarquablement arrondi;
» yeux toujours noirs; paupières peu ouvertes, ce qui donne au regard une
» apparence d'obliquité particulière; cheveux constamment noirs, épais et
» luisants; barbe peu abondante, celle du menton, ainsi que les mous-
» taches, étant tardive et rare et les favoris faisant entièrement défaut;
» aptitudes très remarquables pour l'industrie et le commerce; mémoire
» facile et fidèle; humeur douce, paisible et enjouée. » (Marquis de Courcy, p. 28.) — 2° Les *Mandchous*, au nord-est, sont la race conquérante; semblable aux Chinois par les traits physiques, distinguée par la politesse de ses manières et sa courtoisie envers les étrangers, plus capable que les Chinois de conceptions élevées et de grands desseins. — 3° Les *Mongols*, répandus à l'ouest et au nord de l'empire, ont été autrefois, sous des chefs puissants, réunis en une grande armée pour la conquête; ils sont de nouveau divisés en tribus distinctes et parfois hostiles, enrôlées sous des *bannières*, qui forment des alliances ou des confédérations, suivant les circonstances. — Les Mongols (*Khalka*, *Elöt* ou *Bouriates*) ont perdu leurs qualités de bravoure et d'audace; ils ne cultivent guère le sol, ils soignent leur bétail et en vivent. Ils sont retombés dans une demi-barbarie. — 4° Les *Miaotze* ou « Enfants du sol » habitent les monts occidentaux

---

1. Dans une savante dissertation communiquée à la Société de géographie de Paris (*Bulletin*, II, 1872), le Dr Joseph Martin examine toutes les statistiques de population de la Chine présentées depuis plus de deux siècles par les savants et les missionnaires. Il établit l'inexactitude des recensements ordonnés par le gouvernement chinois d'après le dénombrement des cultivateurs, et s'arrête au chiffre de 400 millions comme au plus rapproché de la vérité.

de la Chine, les plateaux du Yun-nan, du Se-tchouen, du Kouei-tcheou, du Kouang-si; cultivateurs, bergers et chasseurs, refoulés par les Chinois dans les régions les plus inaccessibles, ils ne peuvent s'accommoder du despotisme des mandarins, et sont en état continuel de révolte. (Voy. la *Lecture*, p. 780.)

L'émigration. L'opium.

Malgré les vides énormes causés par la guerre civile du Yunnan, par la révolte des Taïping, par le fléau répété des inondations du Fleuve Jaune, la population de la Chine s'est beaucoup accrue dans ce siècle. Des milliers de Chinois émigrent chaque année, et on a pu évaluer sans exagération à vingt millions la totalité de ceux qui vivent hors de la Chine. Cette émigration s'étend à tous les pays riverains de l'océan Pacifique, et constitue une armée formidable de travailleurs et de commerçants. Aux Philippines, ils passent outre aux conditions rigoureuses apportées par le gouvernement espagnol pour les contenir; — au Japon, ils forment la moitié de la population étrangère des ports, et font une redoutable concurrence aux commerçants européens; — au Tong-King, en Cochinchine, ils occupent presque tous les emplois d'industriels et de commerçants; — ils exploitent le Cambodge, Siam où ils ont entre les mains la régie de l'opium, les distilleries, raffineries de sucre, les mines et les bazars; la Birmanie, les archipels hollandais de la Sonde, les îles de la Polynésie, les provinces Australiennes; leurs coulies ont débarqué en masse aux Antilles, au Pérou, dans l'Amérique centrale, dans la Colombie anglaise, aux États-Unis, et notamment en Californie, à San-Francisco, où ils ont fondé, sous le nom de *Chinatown*, une ville dans la ville, avec ses mœurs, son administration, et son aspect particulier qui n'a rien d'américain. « Six puissantes compagnies » chinoises, ayant leur siège à la fois en Chine et en Amérique, contrôlent » l'émigration, avancent quand il faut les frais de route, cherchent de l'oc- » cupation pour leurs clients, moyennant un tant pour cent. » Les émigrés ont aussi à leur tête des *hong*, sociétés secrètes qui exercent un véritable despotisme et bravent les lois et les juridictions étrangères.

On s'explique l'exaspération causée aux Américains par la présence et l'expansion de l'élément chinois dans le Nouveau Monde. (Voy. notre volume de l'*Amérique*, 6° éd., p. 211; Paris, in-12, Belin, 1890.) Le gouvernement des États-Unis, pour paralyser la concurrence que les Chinois faisaient aux ouvriers indigènes, interdit les frontières de l'Union aux immigrants dépourvus de moyens d'existence. Ils ne débarquèrent plus à San-Francisco, mais ils pénétrèrent par Victoria, capitale de la Colombie, dans le territoire de Washington, trompant, grâce à l'appui des pirates contrebandiers, la surveillance des soldats et des douaniers de la République.

« ... Observateur patient, et doué d'une faculté d'imitation prodigieuse, le Chinois a promptement appris à remplacer partout le travailleur européen. Dans la montagne, il est mineur ou bûcheron et fond le minerai aussi bien qu'il exploite les forêts; dans la campagne, il est cultivateur ou jardinier; il garde les

bestiaux, ou dépasse en activité sur les chantiers de construction de chemins de fer les meilleurs terrassiers du monde ; sans l'ouvrier chinois, jamais la ligne du *Great Pacific railway* n'eût pu être terminée aussi rapidement. Mais c'est dans les villes surtout qu'il déploie cette remarquable souplesse qui le rend propre à tout faire et à tout faire mieux et avec plus de persévérance que ses rivaux de race blanche; qu'il soit domestique, industriel ou commerçant, il saisit avec une finesse inouïe tous les goûts ou les préjugés de ses patrons ou de ses clients, et, sans les partager lui-même, il les flatte avec une habileté surprenante. A San-Francisco, toute maîtresse de maison quelque peu soucieuse de bien faire les honneurs de sa table possède un cuisinier chinois; comme domestique, il se prête avec une douceur toute féminine aux travaux les plus délicats; s'il n'était le meilleur des valets de chambre, on pourrait dire de lui qu'il est la plus indispensable des femmes de chambre, et il rend les services les plus intimes avec une discrétion, une réserve, une pudeur qui font bientôt oublier son sexe. D'une propreté attrayante, son costume, de la plus grande simplicité, se compose d'une sorte de sarrau en coton, dont la blancheur de neige fait toute l'élégance; il est d'une égalité d'humeur parfaite, supporte patiemment les observations ou les rebuffades, et s'applique à prévenir les désirs de ceux qui l'emploient; d'une sobriété exemplaire, il ne boit jamais, et, si quelque réprimande injuste a froissé son amour-propre ou sa dignité, il sait dissimuler son mécontentement et ne se laisse jamais emporter par la colère à proférer aucune expression inconvenante. C'est, en un mot, le type du parfait domestique, et il excelle dans cet emploi vers lequel le poussent ses préférences. . . . . . .
. . . .

» Tout en se pliant aux exigences d'une civilisation différente de la leur, les Chinois ne l'adoptent pas pour eux-mêmes. Ils conservent en pays étranger, leur langue, leurs mœurs, leur religion, sans se mêler ni se fondre avec la population locale, dont ils apprennent à exploiter les besoins, mais dont ils savent se passer pour satisfaire les leurs. Ils ont fondé au cœur même de San-Francisco une ville chinoise aussi bruyante, aussi encombrée, aussi sale que telle ville de leur pays natal. Ils y ont leurs maisons de thé, leurs théâtres et leurs temples, leurs boutiques et leurs magasins, leurs marchés et leurs banques. C'est un coin de la Chine transporté au milieu d'un Etat américain. De jour en jour, ce quartier asiatique s'étend davantage; les Européens dépossédés par cette invasion pacifique, désertent le voisinage de ces étrangers qui menacent d'absorber progressivement la ville. C'est un monde à part qui vit côte à côte avec le monde américain sans lui permettre d'empiéter sur le terrain qu'il s'est choisi. Tout le mouvement commercial et financier que nécessite cette agglomération d'individus est concentré entre leurs mains, sans que les banquiers ou les commerçants de race blanche puissent y prendre aucune part.

» A l'occasion, l'émigré chinois manie avec habileté le fer à repasser, les ciseaux et l'aiguille; comme blanchisseur, il n'a point de rival; comme tailleur ou comme couturière, il fait une rude concurrence à ceux dont il a appris à exercer le métier. Le meilleur bottier de San-Francisco est un Chinois, qui, après avoir appris à travailler chez un juif, lui a enlevé toute sa clientèle.

» Une patiente observation a révélé aux Chinois les secrets de l'architecture européenne, et l'art du bâtiment passe aussi entre leurs mains. La fabrication des cigares, la plus importante des industries de San-Francisco et qui occupe des milliers d'ouvriers, leur appartient exclusivement. La manufacture des draps et la fabrication des conserves de fruits sont devenues pour eux presque un monopole. Partout où le Chinois tente la concurrence contre le blanc, il est assuré de réussir : il a moins de besoins. Pour travailler, l'Européen a besoin de manger de la viande, de boire du vin ou de l'alcool, il a des habitudes d'indépendance ou des goûts de bien-être onéreux; le Chinois se contente de riz, de quelques légumes et d'un peu de thé; une petite quantité de viande de porc ou de poisson constitue pour lui un extra; il est patient, servile même; il n'a point d'intérieur et dort sur une planche avec un morceau de bois pour oreiller. Il a réduit les besoins de l'existence à une effrayante simplicité, qui est une menace perpétuelle pour les autres races. » (ROUSSET, le Correspondant, 1878.)

... A San-Francisco, et plus tard à Chicago, Saint-Louis, la Nouvelle-Orléans, New-York, les Chinois ont introduit avec eux l'opium et le jeu, surtout le loto, leur jeu favori. Un voyageur allemand, M. Max Lortzing, a constaté dans les tavernes de cette ville qui servent de fumoirs la présence de blancs qui appartiennent à toutes les classes de la société. « L'importation de l'opium a été interdite, mais les Chinois, qui en font » le trafic, savent bien tromper la douane. Ils avaient imaginé d'abord de » l'apporter entre des plaques de métal qu'ils cachaient dans les épaisses

» semelles de leurs souliers. La fraude ayant été découverte, ils ont eu
» recours aux œufs de canard, puis aux bâtons de bambou, dont ils se
» servent pour porter sur leurs épaules leurs corbeilles ou leurs sacs. Ils
» ont aussi utilisé les tonneaux dans lesquels les passagers mongols
» emportent l'eau de la traversée et qu'en débarquant on jette à la mer
» comme objets sans valeur; des bateaux allaient les repêcher, et l'on
» trouvait de l'opium caché dans des doubles fonds. » Ainsi les Chinois
répandent chez les Yankee, fils émancipés de la Grande-Bretagne, le
fléau pernicieux qu'elle a déchaîné sur eux, et qui les ronge[1].

Langue et dialectes. — La langue chinoise est monosyllabique; les caractères qui la composent ne peuvent ni se décliner, ni se conjuguer; on ne comprend le sens que par la position des mots, la connaissance des particules, la prononciation et la tonalité. « Chaque mot a sa modulation propre: il faut appliquer la gamme à la conversation, comme le fait un musicien en chantant des syllabes. » (E. RECLUS.) En dehors de la langue des fonctionnaires ou langue mandarine, on compte un grand nombre de dialectes locaux; dans les ports du littoral, l'influence des étrangers a introduit une sorte de langue d'affaires ou de jargon, le *pidgeon-english*, qui se répand de plus en plus, et fournit au Chinois des termes nouveaux pour les idées nouvelles.

Justice. — Toutes les causes, civiles ou criminelles, sont jugées par un seul et même magistrat; les mandarins sont à la fois administrateurs et juges; la vénalité et la corruption sont fréquentes, et presque toujours impunies. Dans chaque village, les *anciens*, qui forment une sorte de conseil municipal, ont le devoir de chercher à concilier les parties en matière civile. Les plaideurs peuvent s'adresser en première instance au *juge* du district, et aller ensuite en *appel* devant les juridictions supérieures d'arrondissement, de département, de province; l'appel peut même aller jusqu'à l'empereur; mais ce droit est purement théorique. — La fonction d'avocat est inconnue. Les accusations ou plaidoyers sont écrits d'avance par un notaire qui en donne lecture à l'audience. Le jury est inconnu. — La torture est le grand moyen mis en usage pour obtenir des aveux. Le Code criminel règle avec un soin minutieux les cas de question ordinaire et extraordinaire. Dans la pratique, la variété de ces supplices est illimitée.

« Un des plus fréquents consiste à tirer indéfiniment les

---

1. C'est la Compagnie anglaise des Indes qui a inculqué au dix-huitième siècle aux peuples de l'Indo-Chine et de l'Inde le vice de l'opium. En 1798, elle en importait en Chine 4 170 caisses valant 4 millions et demi de francs; en 1840, 18 000 caisses, évaluées à 56 millions; en 1845, après la guerre de l'opium et le traité de Nanking, 400 000 caisses d'une valeur de 100 millions; le chiffre actuellement importé atteint 300 millions! Les édits rigoureux de l'empereur Kia-King, rendus en 1800, pour interdire l'entrée de la funeste drogue, sont tombés en désuétude; présentement la culture du pavot est libre en Chine, et pourtant l'importation de l'opium de l'Inde par vaisseaux anglais s'accroît chaque année. Tout l'Extrême-Orient fait une effrayante consommation de boulettes d'opium. Economistes, moralistes et médecins s'accordent à prédire que le funeste narcotique, qui démoralise et tue lentement, arrêtera l'expansion menaçante des races jaunes, et préservera peut-être un jour l'Europe de l'invasion des *barbares* orientaux. (Voy. une intéressante lettre du Dr V. dans le *Temps* du 7 sept. 1889.)

» oreilles du patient ; un autre, à lui battre les lèvres à coups de
» baguette jusqu'à ce qu'elles soient réduites en pulpe san-
» glante ; d'autres, à lui brûler les doigts, préalablement
» enduits de matières résineuses ; à le pendre par les pouces ;
» à le tenir agenouillé sur un mélange de verre pilé, de sable
» et de sel jusqu'à ce que ses rotules excoriées deviennent le
» siège de douleurs intolérables. Milne raconte avoir vu un
» de ces malheureux soumis à cette épreuve. Il avait les bras
» liés derrière le dos à un bâton tenu par deux licteurs. S'il
» faisait un mouvement pour soulager ses souffrances, en chan-
» geant de posture, un grand coup de bambou sur la tête le
» rappelait à l'ordre. Le pauvre diable était blême et tremblant
» de fièvre ; il implorait d'une voix saccadée la pitié de ses
» bourreaux, qui répondaient en ricanant : « Souffre, ou
» avoue ! » (Ph. DARYL, la Chine contemporaine.)

Le Code pénal chinois édicte des peines aussi atroces que variées : la cangue, le fouet, les coups de bambou, la transportation, le bannissement, l'amputation des oreilles, la mort par décapitation, strangulation, écorchement, noyade. Le parricide est condamné à être coupé en morceaux. « Pour
» l'exécuter, on attache d'abord le patient sur une croix, puis on dissèque
» son corps en 120, ou 72, ou 36, ou 24 morceaux. Une faveur insigne, que
» l'empereur seul peut accorder, est que le nombre des morceaux soit réduit
» à huit. » (Idem.) Les prisons chinoises sont les plus abominables du monde. Les prisonniers y sont entassés au hasard, sans air, sans eau, presque sans vivres, et ils croupissent dans un état de malpropreté inimaginable. La mortalité y est énorme.

Religions. — La Chine a trois religions officielles (san-kiao) : 1° le **confucianisme** (jou-kiao), religion des lettrés, « enseignée par les maximes et
» les préceptes renfermés dans les ouvrages de Confucius, de ses disciples
» et de ses commentateurs » : c'est moins une religion qu'une morale ; mais le confucianisme se manifeste par le culte rendu officiellement par l'empereur au ciel et à la terre ; — 2° le **taoisme** (tao-kiao), religion des disciples de Lao-tse, travestie et corrompue par eux, enseigne qu'il faut se renfermer en soi-même et se débarrasser de tous les soucis du monde, et pratique l'idolâtrie et les plus grossières superstitions ; — 3° le **bouddhisme** ou religion de Fo (Fo-kiao). — Les religions étrangères tolérées dans l'empire sont le **catholicisme romain**, qui compte environ un million de fidèles ; les *chrétiens évangéliques* sont au nombre de 40 000 environ ; — le **mahométisme** a 30 millions d'adeptes. Tous les Chinois soumis à l'une des trois doctrines officielles professent le **culte des ancêtres**, d'après les préceptes de Confucius, et les prescriptions de la doctrine du *Foung-choui*[1] (vent et eau). Le culte des ancêtres repose sur la piété

---

1. « Qu'est-ce que le *Foung-Choui*, que l'on traduit littéralement *vent et eau* ?
» Un Chinois lui-même ne répondra pas à cette question. Demandez-lui pourquoi
» il choisit tel site pour construire son habitation ? Foung-Choui ! Pourquoi part-il

filiale, « qui n'est plus, dit M. Cordier, un sentiment naturel, spontané,
» élevé, mais un devoir parfaitement défini envers les parents et le sou-
» verain... C'est une doctrine officielle. La piété filiale, comme nous l'en-
» tendons, est affaire individuelle : elle n'a d'influence ni sur notre poli-
» tique générale, ni sur nos croyances religieuses. En Chine, au contraire,
» elle a transformé la nation en une vaste famille dont le chef est l'empe-
» reur. » La définition de la piété filiale et du culte des ancêtres et les
obligations qui en résultent se trouvent dans les dix-huit chapitres du
Hiao-King, livre de préceptes et guide de la vie quotidienne ; en voici la
conclusion : « Honorer et aimer ses parents pendant leur vie, les pleurer
» et les regretter après leur mort, est le grand accomplissement des lois
» fondamentales de la société humaine. Qui a rempli envers eux toute jus-
» tice pendant leur vie et après leur mort a fourni en entier la grande
» carrière de la piété filiale [1]. »

Instruction publique. — Toutes les fonctions publiques sont mises au
concours, de là la multitude d'examens qu'on subit en Chine, dès la plus
tendre enfance ; certificat de mérite accordé par le magistrat du district,
diplôme du premier, deuxième et troisième degré obtenu successivement
dans les villes préfectorales, dans les capitales de provinces et à Péking.
Dans ses livres classiques, le Chinois apprend surtout à être fin et subtil
en étudiant, commentant et retournant les mêmes matières. Il ignore les
sciences exactes, les langues étrangères, l'histoire et la géographie des
pays étrangers. Toutefois, des écoles ont été créées à Péking, Tangouen-
Kouan, Foutcheou, pour développer les connaissances des jeunes Chinois.

Une école en Chine.

« Près de ce temple se trouvait une école ; elle se composait
d'une grande salle bien éclairée, ouverte d'un côté sur la cour,

---

» en voyage à une heure plutôt qu'à telle autre ? Foung-Choui ! Pourquoi fixe-t-il
» cette visite à aujourd'hui et non à demain ? Foung-Choui ! C'est donc un guide
» de la vie de l'homme, infaillible, sûr ? Non. C'est tout et ce n'est rien. Basé sur
» quelques notions d'astrologie puisées dans les enseignements de Tchou-Hi, le
» Foung-Choui que consulte le Chinois avant de se lancer dans une entreprise
» est une aspiration vers la connaissance des choses de la nature qui, n'étant pas
» satisfaite, se tourne vers la pratique des superstitions grossières, la sorcel-
» lerie, etc. » (Henri Cordier.)

1. Si la piété filiale est un culte si étroitement observé en Chine, comment
expliquer les infanticides dont les missionnaires et les voyageurs ont décrit
souvent la désastreuse fréquence ? L'accusation lancée contre les Chinois a été
singulièrement exagérée. On ne peut nier que l'infanticide et l'abandon des
enfants soient pratiqués en Chine ; les preuves en sont fournies non seulement
par des témoins dignes de foi et désintéressés, mais par la fondation d'hospices
d'enfants trouvés, par l'existence aux environs des grandes villes de grosses tours
où l'on jette les cadavres des enfants nouveau-nés, et où on a trouvé quelquefois de petits êtres encore vivants, et surtout par les nombreux décrets des
gouverneurs de province qui ont pour objet de flétrir et de châtier l'infanticide.
Mais cette abominable pratique, suivant MM. Cordier, Simon, Plauchut et
d'autres voyageurs, n'est pas plus répandue en Chine que chez les autres nations
de l'Europe. « Pendant plus de dix ans, écrit le missionnaire Huc (t. II, ch. ix,
» p. 286), nous avons parcouru l'empire chinois dans presque toutes ses pro-
» vinces, et nous devons déclarer, pour rendre hommage à la vérité, que nous
» n'avons jamais aperçu un seul cadavre d'enfant. »

dont la séparait un grillage très mince. Les tables sont appuyées contre le mur avec de petits bancs pour un ou deux élèves. Une douzaine d'écoliers présents répétaient leur leçon à haute voix et en se balançant. Les deux instituteurs, assez âgés, vinrent à ma rencontre et m'invitèrent à prendre place sur une chaise. Je m'excusai de ne pouvoir m'entretenir avec eux et commençai à faire le dessin de l'établissement.

» Les enfants continuaient à apprendre leurs leçons en jetant de temps en temps un regard sur moi. La crainte d'une punition les empêchait de me jouer un mauvais tour : leurs maîtres étaient là. Les punitions sont les mêmes qu'en Russie : on tire les oreilles aux écoliers, on leur donne la férule, et devant moi il y en eut un qui fut mis à genoux.

» Cependant il est impossible de leur secouer le toupet, car ils n'en ont pas ; les enfants portent une ou plusieurs petites tresses. La plupart de ces petits avaient l'air maladifs, quelques-uns cependant étaient dodus. L'un de ces derniers, âgés de six ou sept ans, m'intriguait beaucoup par son air sérieux ; assis en face de la porte, il suivait du doigt sur son livre les hiéroglyphes, les prononçait à haute voix, puis les répétait par cœur. Il ne daigna pas me regarder ; une fois son regard se porta sur moi avec indifférence, et plutôt par hasard, comme s'il avait examiné les tableaux suspendus aux murs. Je cherchai à le faire rire en lui faisant une grimace, mais ce fut en vain : mon dessin fini, je m'approchai de lui et lui demandai son âge ; j'employai exprès le mot *gao-schou*, qui se dit des vieillards, au lieu de *tzi-soui*, lorsqu'on s'adresse aux enfants et aux adultes. Ce *gao-schou* fit rire les instituteurs, mais le petit me répondit d'un air sérieux : « Sept », et l'indiqua sur ses doigts. Faisant son éloge, j'ajoutai « qu'il suivrait le grand chemin », selon l'expression chinoise, c'est-à-dire qu'il ferait son chemin.

« *Hao-va-tzy* (bon garçon) », me dirent ses maîtres, et ils lui donnèrent l'ordre de me faire *tzoi* (la révérence). Le petit sortit de son banc, se mit devant moi, joignant ses petites mains qu'il souleva au-dessus de sa tête et s'inclina. A peine étais-je sorti qu'il avait regagné sa place, continuant à apprendre sa leçon, toujours en se balançant.

» En Chine, il n'y a point d'année scolaire, pas de vacances non plus ; l'école reste constamment ouverte, du lever du soleil jusqu'à dix heures du matin ; puis les enfants s'en vont déjeuner ; ils rentrent vers midi et travaillent jusqu'à cinq heures. En été, il n'y a pas de classes l'après-midi ; par contre, les enfants en apprentissage vont à l'école du soir. On reçoit les enfants à toute époque de l'année, car chaque écolier apprend indépendamment des autres. Il n'y a pas de classes en commun, mais le maître cherche à instruire plusieurs élèves à la fois, afin de gagner du temps.

» Un enfant entre à l'école, le maître lui explique les premiers hiéroglyphes, et le petit répète les mots à haute voix, jusqu'à ce qu'il les connaisse d'abord sur son livre, puis par cœur et ainsi de suite. Les livres d'étude sont les mêmes pour tout l'empire. Valent-ils quelque chose? Je n'en sais rien ; mais cette uniformité dans l'instruction scolaire est propre à rattacher en un tout la population immense du plus ancien empire du monde.

» Depuis qu'un des élèves de Confucius a composé le livre qui sert de manuel pour l'instruction primaire, tout Chinois lettré a passé plusieurs années de son enfance à se balancer devant cet ouvrage. Ainsi donc, dans une école, chacun crie sa leçon ; le maître attentif écoute la lecture de l'un ou de l'autre, et corrige ceux qui prononcent mal.

» L'écolier qui sait sa leçon vient trouver le maître, fait plusieurs révérences (*tzoi*), pose son livre sur la table, lui tourne le dos et commence à réciter ce qu'il a étudié. On lui donne alors à apprendre d'autres versets, jusqu'à ce qu'il ait appris les cent soixante-dix-huit vers contenus dans le *San-Tzy-Tzyn*; après quoi il passe au second manuel, *Sy-Sehou*, ou les quatre livres classiques, puis au *Tzyn*, où les cinq livres sacrés ; l'instruction générale est alors terminée.

» Pour donner au lecteur quelque idée du contenu de ces livres, je dois dire que le premier est une espèce d'encyclopédie commençant par ces mots : « Lors de sa création, l'homme fut » un saint ; » puis on parle de la nature de l'homme d'aujourd'hui, de la nécessité de l'éducation et de l'instruction ; des diverses méthodes d'instruction ; de l'importance des devoirs envers la société ; des trois flambeaux ; des quatre saisons de l'année ; des éléments et des cinq vertus (la philanthropie, la justice, la possession d'un bien propre, l'esprit et la vérité) ; des six espèces de blé ; des six classes d'animaux domestiques ; des sept vices ; des huit notes de musique ; des neuf degrés de parenté ; de l'histoire universelle et de l'ordre de succession des dynasties. On y donne en exemples les personnages illustres de l'antiquité et les honneurs auxquels ils sont arrivés par leur travail ; on raconte comment l'un d'eux, n'ayant point de papier, écrivit sur des troncs de bambou ; comment un autre avait passé sa tresse autour d'une solive pour maintenir sa tête quand le sommeil le prenait ; comment, dans le même but, un troisième s'était enfoncé une alêne dans le côté, etc.

» Voici quelques passages qui peuvent donner une idée générale de l'esprit de ces livres :

» Sur l'importance de la tranquillité de l'esprit: « Il faut d'abord
» connaître le but auquel on tend et décider ensuite de quelle
» manière on doit agir. Après avoir décidé comment on doit agir,
» on arrive à la tranquillité de l'esprit. Quand on est arrivé à
» cette tranquillité, on peut jouir d'une quiétude que rien ne
» saurait troubler. Arrivé à cette parfaite quiétude, on peut réfléchir et porter un jugement sur la nature des choses. Grâce
» à cette idée sur la nature des choses, et par la réflexion, on
» arrive à la perfection désirée, » etc. Ou encore : « Le devoir
» est égal pour tous, aussi bien pour l'homme le plus haut placé
» que pour celui de la plus basse condition. Se corriger et se
» perfectionner soi-même, telle est la base la plus solide de
» tout progrès et de tout développement moral.

» Celui qui, voyant que grâce à lui son pays est bien gouverné, n'en devient pas plus fier, est par cela même plus grand
» et plus magnifique.

» Celui qui, voyant son pays privé d'un bon gouvernement,
» reste fidèle à la vertu jusqu'à la mort, devient plus grand et
» plus magnifique. »

» Il n'y a point d'écoles de filles, et les femmes restent illettrées, à peu d'exceptions près. Il faut remarquer que ce n'est point par principe que les femmes sont privées d'instruction, mais parce qu'elles ne peuvent consacrer plus de dix ans à leur instruction (de sept à dix-sept ans), temps insuffisant pour s'initier aux principes exposés par les auteurs dans leurs ouvrages. Les femmes qui ont pu arriver à l'instruction supérieure sont très considérées par leurs concitoyens. La littérature chinoise a aussi des représentants du beau sexe; elle compte des femmes philosophes, des femmes poètes et des femmes savantes. »
(P. PIASSETZKY, *Voy. à travers la Mongolie et la Chine*, p. 327; Paris, in-4° ill., Hachette.)

Armée. — L'armée comprend des Mandchous, des Chinois et des Mongols.

Elle est divisée en *bannières* qui se distinguent par leurs couleurs. L'armée régulière est mal organisée, mal armée, et n'atteint pas un effectif de 500 000 hommes. En cas de besoin, on enrôle des volontaires, mais la cohésion manque. Les punitions corporelles sont en usage dans l'armée. Tous les ans ont lieu dans chaque province des manœuvres de corps et des revues. La Chine perfectionne son outillage en introduisant chez elle des canons Krupp, Armstrong, des fusils à tir rapide, des canonnières, des torpilleurs; mais elle manquera longtemps encore des bras expérimentés capables de s'en servir. — Dans ces dernières années, des arsenaux ont été fondés à Fou-tcheou et à Kao-Tchang-Miao. Celui de Fou-tcheou, organisé par deux Français, MM. Prosper *Giquel* et *d'Aiguebelle* (1869), est bien outillé et armé, et domine la rivière Min. — Pour la défense des côtes, les Chinois ont acheté des canons et des cuirassés en Europe, et fait venir des instructeurs étrangers. — En 1882, la flotte était ainsi composée : *Escadre septentrionale* (Pei-yang), 9 navires cuirassés de 1re et 2e classe, 6 canonnières, 6 torpilleurs, 3 navires-écoles; *Escadre méridionale* (Nan-yan) en création, 11 navires; *Escadre de Fou-tchéou*, 14 navires construits en Chine, 2 en Europe; *Escadre de Canton*, 17 canonnières, 20 torpilleurs. Total, 64 navires de guerre modernes avec 64 425 tonneaux, 489 canons et 7 000 hommes. — Les escadres doivent être réduites à deux : *Nord* et *Sud*.

Poids et mesures; monnaies. — La monnaie courante est la *piastre*, subdivisée en une monnaie de cuivre très mince, appelée *sapèque*, ou *cash*, ou *tsien*. Le sapèque, une pièce ronde, percée au centre d'un trou carré, est la dixième partie du *tsien*; 1 000 *tsiens* font un *taël*, mais le taël n'est qu'une monnaie fictive. — Les douanes emploient le *Haïkouan taël* qui vaut environ $5^{fr},95$, mais dont la valeur est variable; il vaut une piastre mexicaine. — Les **mesures de poids** sont le *tan* ou *catty* = 10 *liang* ou taëls; le taël vaut $0^{Kgr},0377$; le *tan* (picul) = 100 kin ou $60^{Kgr},45$; le *chi* = 120 catties ou kin. — Les **mesures de longueur et de capacité** sont : le *tchang* = 10 pieds ou $3^m,58$; le *hon*, 5 *teou* = 45 litres; le *teou* = 9 mètres.

Budget. — En 1889 : *recettes*, environ 78 500 000 taëls (466 millions de francs). — La *dette* publique s'élève à 6 500 000 taëls. — Les dettes intérieures s'élèvent à 30 millions de taëls.

La Chine a fait en 1874 un emprunt de 15 millions et demi à 8 %, qui a été amorti d'année en année et libéré à la fin de 1885; — en 1875, un autre emprunt de 40 millions à 8 %, libéré aussi en 1885; — en 1881, un emprunt de 28 millions à 8 %, dont il restait en 1885 à amortir 21 millions; — en 1884, un emprunt de 14 millions à 8 %.

Ces emprunts, contractés par les soins de la *Hong-kong and Shang-Haï Banking corporation*, n'ont pas grevé le budget de l'empire.

Les populations sauvages de l'empire.

« Se tenant tout à fait en dehors de la population chinoise, les Miao-tze installent leurs villages au sommet des montagnes, et les entourent de murailles en terre ou de palissades, destinées à les protéger contre les maraudeurs et les bêtes féroces.

Ils cultivent aux environs du blé de Turquie, beaucoup de sarrasin et du riz, si le sol est favorable à cette plante. Outre les travaux des champs qui ne les occupent qu'une faible partie de l'année, ils se livrent à l'élevage des chevaux et des bestiaux, et à l'exploitation de quelques mines de galène argentifère.

» Parmi ceux que nous avons vus dans l'est du Yun-nan et dans le Kouei-Chou, on distingue trois variétés : les Blancs, les Rouges et les Noirs. Ces épithètes leur ont été appliquées pour désigner non la couleur de leur peau, mais celle de leurs vêtements. Il serait, du reste, fort difficile, si ce n'est de cette manière, de remarquer dans les uns et les autres la moindre différence : ils appartiennent tous à une seule et même race.

» De petite taille en général, les Miao-tze sont robustes et bien pris; leur teint est un peu bistré, mais leurs traits sont réguliers et ils n'ont pas les yeux obliques; ils portent les cheveux très longs et les massent au sommet de la tête en forme de chignon. Néanmoins la toilette ne les préoccupe guère, et chez les femmes on ne constate que le sentiment de coquetterie naturel à leur sexe. Chasseurs adroits et déterminés, ils se mettent en campagne durant la morte saison; ceux des frontières du Yun-nan chassent le cerf musqué et le léopard, et, comme ces animaux y sont nombreux, leur chasse est lucrative : les peaux et les poches à musc sont vendues ou échangées par eux sur le marché voisin, et quelquefois, pour s'éviter la peine de descendre jusque dans la plaine, ils traitent avec les colporteurs ou avec les petits marchands qui de temps à autre vont trafiquer dans leurs villages. Les Miao-tze détestent les Chinois : aussi saisissent-ils toutes les occasions propices pour se venger sur leurs ennemis des exactions de toutes sortes que les mandarins leur font subir; or, comme il est difficile de les poursuivre au milieu de leurs rochers, on se contente d'exercer à leur égard une active surveillance.

» Les aborigènes qui, après les Miao-tze, ont le plus lutté contre l'invasion chinoise sont sans contredit les Man-tze. Ce peuple, qui, selon les historiens chinois, était très nombreux avant la conquête, occupait le nord du Yun-nan et le sud du Sse-Tchuen; malgré une résistance opiniâtre, il a été rejeté dans les hautes montagnes qui bordent le cours du Yang-tse-Kiang, et dont les ramifications s'étendent à l'ouest jusqu'à Ta-li-fou, et à l'est jusque dans le Kouei-Tcheou. C'est la seule des tribus primitives qui nous paraisse à peu près mériter cette qualification de sauvage ou de barbare, dont les Chinois sont prodigues. Affaiblis par la guerre sans relâche qu'on leur a faite pendant une longue période de temps, et, malgré les progrès introduits chez leurs voisins les Hei-Lo-lo, ils n'en continuent pas moins à s'isoler du reste des hommes, à tel point que les Chinois, fatigués de lutter, ne les tourmentent plus.

» Le sol des plateaux qu'ils habitent, bien que situé à une altitude qui varie entre 2000 et 3000 mètres, est assez productif; ils cultivent un peu de maïs, du sarrasin et des pommes de terre; ils élèvent des bestiaux et s'adonnent avec passion à la chasse. Leur nourriture consiste en galettes de céréales, en pommes de terre, en gibier, bœuf et mouton; ils cuisent la viande au feu d'un brasier et la mangent presque saignante.

» Si nous jugeons ces barbares d'après ceux que nous avons vus durant notre séjour dans cette province, ou par ce que nous avons appris de différentes sources et particulièrement de quelques-unes de leurs victimes, nous n'hésiterons pas un seul instant à les ranger parmi les autochtones du Yun-nan : ils appartiennent à la même race que les Miao-tze, les Lo-lo et les Lissout. Séparés depuis très longtemps de ces derniers, ils ont gardé avec plus de fidélité les coutumes de leurs ancêtres; dans quelques localités ils habitent les mêmes plateaux que les Lo-lo noirs, et pourtant ils ne s'allient pas avec eux, ou du moins très rarement, et en d'autres endroits ils leur font une guerre ouverte; ils se croient de beaucoup au-dessus d'eux, et regardent avec dédain tous ceux qui ont accepté la servitude chinoise.

» Au premier abord, on est frappé de l'aspect vigoureux de ces montagnards; ils ont les traits accentués, les yeux bridés, le regard hardi, l'air dur et quelquefois féroce. Nous en avons vu de barbus, mais ils sont rares; ils portent tous leurs cheveux; la couleur n'en est point, dans certains cas que nous avons vérifiés, de ce noir d'ébène qui caractérise la race mongole, mais presque châtaine, et ils sont plus souples que ceux des Chinois. Ces indigènes sont assez grands et robustes, avec les épaules larges, les formes parfaitement dessinées, le teint presque toujours d'un brun sombre. Insouciants de leur naturel, ils sont en général mal vêtus et sales. » (*La Province chinoise du Yun-nan*, par E. ROCHER, 2ᵉ partie, ch. 1ᵉʳ, p. 4-8; Leroux, éditeur, Paris, 1880.)

2° BIBLIOGRAPHIE. — CARTOGRAPHIE

ADAMS (A.-L.). *Travels of a Naturalist in Japon and Manchuria*, 1870.
ALLAIN (R. V.). *L'île Formose*. — (*Revue de Géogr.*, janvier 1885.)
ALLEN (H.). *Notes of journey through Formosa*. — (*Procced of the Roy. Geog. Soc.*, 1877, t. XX.)
ALLOM (Th.). *L'empire chinois avec la descr. des mœurs, des coutumes, de l'architecture*. — (Fisher, 2. vol. in-8°.)
ANDELSMAN. *La Chine*. — (*Bull. de la Soc. de géogr.*, Anvers, 1890, XIV.)
ANDERSON (J.). *A Report on the expedition to western Yun-nan, viâ Bhamo*. — (Calcutta, 1871, in-f°.)
ANTONINI (P.). *Les Chinois peints par un Français*. — (Paris, in-18, Ollendorff.)
— *La vie réelle en Chine*. — (Paris, 1887, Plon.)
ARÈNE (J.). *La Chine familière et galante*. — (Paris, 1875, in-18, Charpentier.)
ARNOUX et BOUTET. *La Mandchourie russe*. — (*Exploration*, avril 1877.)
ARVÈDE BARINE. *Les Chinois peints par eux-mêmes*. — (*Revue Bleue*, 1884.)
AUBRY. *Les Chinois chez eux*. — (In-8° ill., Lille, 1889.)
BASTIAN. *Reisen in China*. — (6 vol., 1871.)
BAUDENS. *La Corée*. — (*Rev. marit. et col.*, 1884, in-8°.)
BEAUVOIR (L. DE). *Pékin, Yeddo, San-Francisco*. — (Paris, 1872, in-18.)
BELL (Marc). *La grande route de commerce de l'Asie centrale entre Péking et la Kachgarie*. — (*Procced. of the Roy. Geog. Soc. of London*, 1890, II.)
BELL (G.). *Voyage en Chine du capitaine Montfort*. — (Paris, 1860, in-8°.)
BELLEW. *Kashmir and Kachgar*. — (London, 1875, in-8°.)
BETCHINGER. *Het eyland Formosa*. — (Batavia, 1871, in-4°.)
BEZAURE (G. DE). *Le fleuve Bleu*. — (Paris, 1879, in-18, Plon.)
BLAKISTON (W.). *Five months on the Yang-tze*. — (London, 1861, in-8°, map and illustr.)
BLANC (Ed.). *Voyage dans l'Asie centrale*. — (*C. R. Société de géographie de Paris*, 1891, p. 236.)
BLERZY. *Le premier chemin de fer en Chine*. — (*Nature*, 1876, 2° sem.)
BONVALOT (G.). *En Asie centrale; du Kohistan à la Caspienne*. Grav. et carte. — (Paris, in-18, 1885, Plon.)
BOUDICHTCHEFF. *La région de l'Oussouri*. — (*Bull. de la Soc. de géogr.*, 1868.)
BOULGER (Demetrius). *History of China*. — (*Rev. Brit.*, avril 1885.)
BOURBOULON (M. et Mme DE). *Voyage en Chine et en Mongolie*. — (Paris, 1866, in-18.)
BOURGOIS. *Notice sur la baie du Peï-Ho*. — (Paris, 1862, in-8°, cartes et plans.)
BRANDAT (P.). *Mers de Chine*. — (Paris, 1872, in-18, Pichon.)
BUISSONNET (E.). *De Pékin à Shanghaï*. — (Paris, 1871, in-18.)
BULLOT (Louis). *Formose et Kélong*. — (*Economiste*, 25 oct. 1884.)
BUSH (Ch.). *Five years in China*. — (Philadelphie, 1866, in-16.)
CARLES. *Life in Corea*. — (Londres, 1888, in-8°.)
CASTANO (Dr). *Expédition de Chine*. — (Paris, 1864, in-8°, carte.)
CHAILLEY (G.). *La Chine, le pays, les habitants, les institutions*. — (*Economiste français*, 10 déc., 24 déc. 1887.)
CHAILLÉ-LONG. *De Séoul à Quelpaërt*. — (*Bull. de la Soc. de géogr.*, 1889.)
CHALMERS (G.). *The origin of the Chinese*. — (London, 1868, in-8°.)
CHAMPION (P.). *Industries anciennes et modernes de l'empire chinois, d'après des notices de Stanislas Julien*. — (Paris, 1869, in-8°.)
CHAPMAN et GORDON. *Souvenirs d'une ambass. angl. à Kachgar*. — (*Tour du Monde*, 1878.)
CHOUTZÉ. *Pékin et le nord de la Chine*. — (*Tour du Monde*, 2° sem. 1876.)
CLERC (Le P.). *Seize ans en Chine*. — (Paris, in-8°, 1887, Haton.)
COLLINGWOOD (C.). *Rambles of a naturalist on the shores and waters of the China sea*. — (London, 1868, in-8°.)
COLQHOUN (A.). *Chine méridionale*. — (Oudin, 2 vol. in-8°.)
CONTENSON. *Chine et Extrême-Orient*. — (Paris, 1884, in-12, Plon.)

Cordier (H.). *Corée.* — (*Grande Encyclopédie*, t. XIII.) — *Le Conflit entre la France et la Chine.* — (Paris, 1883, in-8°.) — *Dictionnaire bibliographique des ouvrages relatifs à l'empire chinois.* — Bibliothèque Sinica. — (Paris, in-8°, 1881.) — *Les Juifs en Chine.* — (*Revue d'Anthrop.*, 1890.) — *Les sociétés secrètes chinoises.* — (Paris, in-8°, 1888.)

Corner. *A Tour through Formosa.* — (*Proc. of the Roy. Geogr. Soc.*, 1878, t. XXII.)

Cotteau (E.). *Un touriste dans l'Extrême-Orient.* — *Japon, Chine, Indo-Chine.* — (Paris, 1884, in-8°, Hachette.)

Courcy (Marquis de). *L'empire du Milieu.* — (In-8°, 1867.)
— *L'armée chinoise.* — (*Correspondant*, 25 mai 1884.)

Dabry de Thiersant. *Le mahométisme en Chine et dans le Turkestan oriental.* (Paris, 1878, 2 vol. in-8°.) — *La piété filiale en Chine.* — (Paris, 1877, in-18.) — *L'émigration chinoise.* — (Paris, 1872, in-8°.)

Dallet (Ch.). *Histoire de l'Église de Corée.* — (Paris, 1874, 2 vol. in-8°.)

Dartige du Fournet. *Du détroit de Singapour aux atterrages de Canton et de Hong-Kong.* — (Paris, 1884, in-8°, Challamel.)

Daryl (P.). *Le monde chinois.* — (Paris, 1885, in-18, Hetzel.)

David (l'abbé Armand). *Journal de mon troisième voyage d'exploration dans l'empire chinois.* — (Paris, 1875, 2 vol. in-8°, Hachette.) — *Voyage en Mongolie.* — (*Bull. de la Soc. de géogr.*, janv. 1875.) — *Second voy. d'explor. dans l'ouest de la Chine.* — (*Bull. de la Soc. de géogr.*, 1876.)

Davis (J.). *La Chine*, traduction de l'anglais par Pichard, avec gravures. — (Paris, 1837, 2 vol. in-8°.)

Deckert. *Le désert de Mongolie.* — (*Globus*, t. LIV, Brunswick.)

Deniker. *Études sur les Kalmouks.* — (*Revue d'anthrop.*, 2° série, t. VI et VII.)

Desgodins (abbé). *La mission du Tibet de 1855 à 1870.* — (1872, in-8°.) — *Le Tibet d'après la corresp. des missionnaires.* — (Paris, in-8°, avec carte, 1865.)

Deslandes (E.-V.). *Souvenirs d'une campagne en Chine.* — (1863, in-f°.)

Devéria (C.). *Histoire des relations de la Chine avec l'Annam, du seizième au dix-neuvième siècle, d'après des documents chinois.* — (Paris, in-8°, 1880.)

Doolittle. *Social life of the Chinese; they manners and customs, religions, etc.* — (London, 1865, 2 vol. in-8°.)

Doutwaite. *Notes on Corea.* — (Shanghaï, 1877, in-8°.)

Dubar (M.). *La vie en Chine et au Japon.* — (Paris, 1882, in-8°, Dentu.)

Dupuis (J.). *Voyage au Yun-nan.* — (*Bull. de la Soc. de géogr.*, 1877.)

Durand-Fardel (Mme L.). *De Marseille à Shang-Haï et Yédo*, avec carte. — (Paris, 1881, in-18, Hachette.)

Dutreuil de Rhins. *L'Asie centrale (Tibet et régions limitrophes).* — (Paris, in-4° avec album et cartes, 1890, Leroux.) — *Mémoires sur le Tibet oriental.* — (*Bull. de la Soc. de géogr.*, 1887.) — *Routes entre la Chine et l'Inde*, avec carte. — (*Bull. de la Soc. de géogr.*, 1881.)

Edkins. *The Miau-tzé tribes.* — (Fou-tcheou, 1870, in-8°.)

Escayrac de Lauture (de). *Notice sur les déplacements des deux principaux fleuves de la Chine.* — (*Bull. de la Soc. de géogr.*, mai 1862, avec deux cartes.) — *Mém. sur la Chine.* — (Paris, 1864-66.)

Fauvel. *Kurrachee et Bombay.* — (*Revue française*, 1891.)

Feer (Léon). *Le Tibet; le pays, le peuple, la religion.* — (Paris, in-32, 1886.)

Flemming. *Travels on horseback in Mantchu Tartary.* — (Londres, 1863.)

Fortune (R.). *Yedo and Peking.* — (Londres, 1863, in-8°.)

Furth (C. de). *Voyage en Chine, au Japon*, etc. — (Paris, 1866, in-8°.)

Garnier (F.). *De Paris au Tibet, notes de voyage.* — (Paris, 1882, in-8°.)

Gill (William). *The river of the Golden Sand. The narrative of a journey through China and Eastern Tibet to Burmah*, with illustrations and ten maps. — With an introductory essay by colonel H. Yule. — (London, 1880, 2 vol. in-8°.)

Giquel (P.). *L'arsenal de Foutcheou, ses résultats.* — (Changhaï, 1874, in-8°.)

Girard (O.). *France et Chine. Vie publique et privée des Chinois anciens et modernes*, etc. — (Paris, 1869, 2 vol. in-8°, Hachette.)

Gordon (T. E.). *The Roof of the World being the narratif of a journey over the high plateau of Tibet to the russian frontier and the Oxus sources on Pamir.* — (Edimbourg, 1876, in-8°.)

GRAY. *China: a History of the Laws.* — (1878, 2 vol. in-8°.)
GUERIN et BERNARD. *Les aborigènes de Formose.* — (*Bull. Soc. de géog.*, 1868.)
HALDE (DU). *Description géographique et historique de la Chine et des pays tributaires.* — (4 vol. et atlas, édition française, 1735.)
HAMY (E. T.). *Ongles chinois, annamites et siamois.* — (*Nature*, 1er sem. 1875.)
— *Les négritos à Formose et dans l'archipel japonais.* — (Paris, 1872, in-8°.)
HANSEN-BLANGSTED. *L'archipel Courbet* (Pescadores). — (*Gazette géog.*, 1887.)
HEDDE (J.). *Aperçu sur la géologie de la Chine.* — (*Rev. marit. et col.*, 1870.)
HERVEY DE SAINT-DENYS. *Mémoire sur l'ethnographie de la Chine centrale et méridionale.* — (*Mém. de la Soc. anthrop.*, t. XII, 2e partie.)
HONETTE (A.). *Chine et Japon.* — (Paris, 1884, in-8°, Berger-Levrault.)
HOSKIŒR. *Les routes commerciales du Yun-nan.* — (Paris, 1883, in-8°, Plon.)
HOWARTH (H.-H.). *History of the Mongols, from the ninth to the nineteenth Century.* — (London, 3 vol. in-8°, 1876-80.)
HUBERT-VALLEROUX. *L'armée chinoise.* — (*Revue française*, 15 mars 1890.)
HUBNER (DE). *A travers l'empire britannique, 1883-1884.* — (Paris, 1886, 2 vol. in-8°.)
HUC. *Souvenirs d'un voyage dans la Tartarie et le Tibet.* — (Paris, 1860, in-12, 2 vol.) — *L'empire chinois.* — (Paris, 1857, 2 vol. in-8°, avec carte.)
IRISSON (M.). *Etudes sur la Chine continentale.* — (Paris, 1866, in-8°.)
JACOTTET (H.). *Une nouvelle exploration au Tibet; — le pandit Krishna.* — (*Revue scientifique*, 27 fév. 1886.)
JAMETEL (M.). *Fleuve Bleu et Fleuve Jaune.* — (*Revue de Géographie*, février 1884.) — *La Corée avant les traités.* — (*Rev. de Géogr.*, août-sept. 1884.) — *La Chine inconnue.* — (Paris, 1885, in-18.) — *Pékin.* — (Paris, in-18, 1887.)
JOMARD. *Notice sur Formose.* — (*Bull. de la Soc. de géogr.*, 1858, t. II.)
JONES (W. P.). *Note on a voyages of 330 miles up the Pearl or Canton river.* — (*Proceedings of the geogr. Soc.*, New-York, 1864.)
JOUAN (A.). *Aperçu sur l'histoire naturelle de la Corée.* — (*Mémoires de la Soc. des sciences nat. de Cherbourg*, t. XIII, 1868.)
JUILLARD (L. F., pasteur). *Souvenirs d'un voyage en Chine.* — (Montbéliard, 1869, in-18, Barbier.)
JULIEN (ST-). *Vie et voy. de Hiouen-Thsang*, trad. fr. — (Paris, 1 vol., 1853.)
JURIEN DE LA GRAVIÈRE. *Voyage en Chine et dans les mers et archipels de cet empire, 1847-1850.* — (Paris, 2 vol. in-12, avec carte.)
KLAPROTH. *Description de Formose.* — (*Nouv. Ann. des voyages*, 1823, t. XX.)
— *Description de l'île Haï-nan.* — (*Ann. des Voyages*, 1827, t. VI.) — *Asia polyglotta.* — (2 vol., Paris, 1823.) — *Tableaux historiques de l'Asie.* — (In-8°, 1826, avec atlas.) — *Mémoires relatifs à l'Asie.* — (3 vol., Paris, 1824-28.) — *Magasin asiatique.* — (2 vol., 1825-26.)
KOEI-LING. *Journal d'une mission en Corée*, traduction du chinois par F. Scherzer. — (Paris, 1877, in-8°, Leroux.)
KOUROPATKINE (A. N.). *La Kachgarie, aperçu historique et géographique sur ce pays, ses ressources, etc.* — En langue russe. — (Saint-Pétersbourg, 1880, in-8°.)
KREYHER (J.). *Die Preussische expedition nach Ostasien in den Jahren 1859-1862. Reisebilder aus Japon, China und Siam.* — (Hambourg, in-8°.)
KROPOTKINE. *Excursion de la Transbaïkalie vers l'Amour par la Mandchourie* (en russe). — (Société de géogr. de Saint-Pétersbourg, 1865 et 1866.)
LANGLOIS (Anatole). *La traite des coulies chinois.* — (*Corresp.*, 1872.)
LAPEYRÈRE (DE). *Chine, Japon, Etats-Unis.* — (Paris, in-18, Plon.)
LARGENT (Le P.). *L'infanticide en Chine.* — (Paris, in-18, 1885.)
LARRIEU (abbé). *La grande muraille de la Chine.* — (In-18, Paris, 1884.)
LAURE (D.). *De Marseille à Shangaï et Yédo, récits d'une Parisienne.* — (Paris, in-18, 1879, avec carte, Hachette.)
LAURENS (C.). *Navig. et comm. du Yang-tse-Kiang.* — (*Rev. mar. et col.*, 1864.)
LAVOLLÉE. *La Chine contemporaine.* — (Paris, in-8°, 1860, Lévy.)
— *Voyage en Chine.* — (Paris, 1853, in-8°.)
LEFEBVRE (P.). *Les faces jaunes; mœurs et coutumes de l'Extrême-Orient.* — (Paris, in-18, 1886, Challamel.)
LEGGE, PALMER, TSANG-WAIHWANG. — *Three welks on the west river of Canton.* — (Hong-Kong, 1866, in-8°.)

44.

LEITNER (G. W.). *Results of a tour in Dardistan, Kashmir, Little Tibet, Ladak, etc.* — (4 vol. in-8°, Lahore, 1867-70.)

LOCKART. *On the Miau-izé.* — (*Tr. Soc. ethn.*, Londres, I, 1861.)

LOIR (M.). *L'escadre de l'amiral Courbet, notes et souv.* — (Paris, in-18, 1886.)

LOVIOT (F.). *Les pirates chinois.* — (Paris, 1860, in-8°.)

MAILFAIT. *Notes sur l'île de Haï-nan.* — (*Bull. de la Soc. de géog.*, 1852, t. III.)

MAILLA (DE) et GROZIER. *Histoire générale de la Chine.* — *Description générale de la Chine.* — (Paris, 1772-1785, 13 vol. in-4°.)

MAILLY-CHALON (DE). *Un voyage en Mandchourie.* — (*Bull. de la Soc. de géogr.*, Paris, 1885.)

MALTE-BRUN. *Mémoires sur la colonisation de l'île Formose* (à Napoléon, 1809). — (*Revue de Géogr.*, janvier 1886.)

MARKHAM. *Narrative of the mission of the G. Bogle to Tibet and of the journey of Manning to Lhassa.* — (Londres, in-8°, 1879.)

MARTIN (le D^r). *L'opium en Chine.* — (Paris, in-8°, 1871.) — *Statistique de la population en Chine.* — (*Bull. de la Société de géogr.*, 1872.)

— *Pékin, sa météorologie, son édilité.* — (*Bull. de la Soc. de géogr.*, 1873.)

MAYERS (W. Fr.). *The Chinese reader's manual. A hand-book or biographical, mythological and general literary reference.* — (Shanghaï, 1874, in-8°.)

MAYERS DENNYS and KING. *China and Japon a complet guide to the open Ports of those countries.* — (London, 1867, in-8°, cartes et plans.)

MÉJOW. *Bibliographia asiatica.* — (Saint-Pétersbourg, 1891, in-8°.)

— *Le socialisme en Chine.* — (*Journal des Economistes*, oct. 1890.)

MILNE (le rév.). *La vie réelle en Chine.* — Traduction française de Tasset. — (Paris, 1858, in-8°.)

MISSIONNAIRES DE CORÉE. *Dictionnaire et grammaire coréen-français.* — (Yokohama, 1880, 2 vol. in-8°.)

MOGES (DE). *Voyage en Chine et au Japon.* — (*Tour du Monde*, 1er sem. 1860.)

MORACHE (D^r). *Pékin et ses habitants, étude d'hygiène.* — (Paris, 1869, in-8°.)

— *Chine.* — *Dictionnaire encyclopédique des sciences médicales.* — (Paris, 1875, in-8°.)

MORRISON. *Description of the island of Formosa.* — (*Geogr. Magazine*, 1877.)

MOSSMAN (Sam.). *China.* — (London, 1867, in-8° illustr.) — *Corea.* — (*Geogr. Magazine*, 1877, vol. IV.)

MUTRÉCY (DE). *Journal de la campagne de Chine, 1854-61.* — (Paris, 1861, 2, vol. in-8°.)

NAÏN-SINGH (Pandit). *Voyage au Tibet.* — (*Rapport sur les opérations de la grande carte de l'Inde*, t. IX.)

NEVIUS (Rév.). *China and the Chinese; a general description of the country and its inhabitant, etc.* — (New-York, 1869, in-8°.)

NEY (Elias). *Narrative of a journey trough western Mongolia.* — (*Journal of Royal Geogr. Soc.*, t. III.)

NOIRJEAN. *Un missionnaire en Mandchourie.* — (*Annales de la Propagande de la foi*, mai 1874.)

OLIPHANT (L.). *Narrative of the Earl of Elgin's mission to China and Japon.* — (London, 1862, 2 vol. in-8°.)

OLLIVIER-BEAUREGARD. *En Asie, Kachmir et Tibet.* — (Paris, in-8°, 1883, Maisonneuve.)

OPPERT (D.). *A forbidden land; voyage to the Corea.* — (London, 1880, in-8°.)

O.-S. *La Chine mahométane.* - (*Revue Brit.*, juin 1880.)

PALLADIUS. *Notes de voyage de Pékin à Blagovetchensk par la Mandchourie.* — (*Soc. de géogr. de Saint-Pétersbourg*, t. IV, 1871.)

PALLU (lieutenant). *Relation de l'expédition de Chine en 1860, d'après les documents officiels.* — (Paris, 1863, in-4°, avec atlas.)

PAUTHIER (G.). *Mémoires sur l'antiquité de l'histoire et de la civilisation chinoises.* — (*Journal asiatique*, 1867-68.) — *Voyages de Marco Polo.* — (Paris, 1865, 2 vol.) — *Description historique et géographique de la Chine.* — (*Univers pittoresque*, 1837-53.)

PAXTON HOOD. *The social life of the Chinese.* — (London, 1868, in-8°, illustr.)

PIASSETZKY (P.). *Voyage à travers la Mongolie et la Chine*, tr. du russe par Kuscinzki. — (Paris, in-8°, 1883, Hachette.)

PIEVTZOF. *Voyage en Mongolie.* — (Soc. de géog. sibérienne de l'Ouest, Omsk, v.)
PITON. *La Chine, sa religion, ses mœurs, ses missions.* — (Paris, 1880, in-8°.)
PLAYFAIR. *The Maotzu of Kweichou and Yun-nan.* — (Londres, 1877.)
PLAUCHUT (E.). *Le Royaume solitaire.* — (Rev. des Deux-Mondes, 15 fév. 1844.)
POTANINE. *Esquisses de la Mongolie N.-O.* — (Saint-Pétersbourg, 1881.)
POZDNIEEFF. *Les villes de la Mongolie sept.* — (Saint-Pétersbourg, 1880.)
PRÉVOST. *Hist. générale des voy.* — (80 vol. Paris, 1749-89, vol. VII, le Tibet.)
PRINSEP (H. T.). *Thibet, Tartary and Mongolia.* — (London, 1852.)
PRJEVALSKI (N.). *Mongolie et pays des Tangoutes*, tr. du russe par Du Laurens. — (Paris, 1880, in-8°, Hachette, avec 42 gravures et 4 cartes.) — *La Mongolie et les Mongols.* — (Rev. scient., 20 oct. 1875.) — *From Kuldja across the Thian-Chan to the Lob-nor.* — (London, 1879, in-8°.) — *Voyage dans les possessions russes de l'Oussouri de 1867 à 1869.* — (Saint-Pétersbourg, in-8°, 1870, avec une carte.)
PUMPELLY (R.). *Geological researches in China, Mongolia and Japon, 1862-63.* — (Washington, gr. in-4°, avec pl., institut Smithsonien.)
RADAU (R.). *Les routes de l'avenir à travers l'Asie et les gisements houillers de la Chine.* — (Revue des Deux-Mondes, 15 juillet 1876.)
RAOUL. *Formosa la belle.* — (Paris, 1885, in-8°.)
RATZEL (Dr). *L'émigration chinoise.* — (Revue géogr. intern., janvier 1880.)
RENNIE (Dr). *Peking and the Pekingese.* — (London, 1865, in-8°.)
REVERTEGAT (J.). *Une visite aux îles Lou-T'chou.* — (Tour du Monde, 1882.)
RICHTHOFEN. *China.* — (Berlin, 1872, 2 vol. in-4° et atlas.)
ROCHER. *La province chinoise du Yun-nan.* — (Paris, 2 vol. in-8°, Leroux.)
ROMANET DU CAILLAUD. *Le Quang-si.* — *Les Laotiens du Quang-si.* — (Bull. de la Société de géogr., 1884.) — (Comptes-Rendus, 1885.)
RONDOT. *Péking et la Chine.* — (Paris, 1861, in-4°, Guillaumin.)
ROSNY (L. DE). *Sur la géographie et l'histoire de la Corée.* — (Mém. de la Soc. d'ethnogr., Revue orientale, Paris, 1867.) — *Les Coréens.* — (Paris, 1886, in-12.)
ROSS (J.). *History of Corea.* — (Paisley, 1879, in-8°.)
ROSTAING (DE). *Note sur une récente exploration du Hang-Kiang en Corée.* — (Bull. de la Société de géographie, février 1867.)
ROUSSET (Léon). *Les ambassades chinoises en Europe.* — (Revue politique et littéraire, 17 août 1878.) — *A travers la Chine.* — (Paris, 1878, in-16.)
SALLES (A.). *Formose.* — (Annuaire du Club Alpin, 1885.)
SAREL. *Notes on the River Yang-tse-Kiang, from Hankow to Ping-shang.* — (Journal de la Soc. Asiatique du Bengale, 1861, n° 3, avec carte.)
SCHLAGINTWEIT (H., A. et R.). *Results of a scientific mission to India and High Asia*, etc., 1854-58. — (Londres, 1863, in-4°, atlas in-folio.) — *Buddhism in Tibet.* — (London and Leipzig, 1863, in-8° illustré, avec atlas.) — *Glossaire des termes géogr. tibétains.* — (Journal Asiat. Soc., vol. XX, 1863.)
SEVERTSOFF (N.). *A journey of the western portion of the Celestial range (Thian-Chan).* — (Journal de la Soc. Géogr. de Londres, vol. XL, 1870.)
SHAW (R.). *Visit to high Tartary, Yarkand and Kashgar*, etc. — (In-8°, London, 1871.)
SIEGFRIED (J.). *Seize mois autour du monde.* — (Paris, in-8°, 1869, Hetzel.)
SIMON (Eug.). *L'agriculture en Chine*, avec une carte. — (Bull. de la Soc. de géogr., 2° sem. 1871.) — *Le travail chez les Chinois.* — (Nouvelle Revue, 1883, t. III.) — *Note sur la production de la Mongolie.* — (Bull. de la Soc. d'acclimatation, août 1863, t. X, p. 480.) — *La cité chinoise.* — (Paris, 1885, in-8°.) — *Le gouvernement chinois; son rôle dans l'Etat.* — (Nouvelle Revue, 15 fév. 1884.)
SINIBALDO DE MAS. *La Chine et les puissances chrétiennes.* — (Paris, 1861, 2 vol. in-12.)
SOUBEYRAN (L.). *Route de l'Inde en Chine par l'Assam.* — (Bull. de la Soc. de géogr., 1883, in-8°.) — *La Chine.* — (Bull. Soc. de géogr. de Marseille, 1885.)
STAUNTON (G. H.). *The History of the Great and Mighty Kingdom of China, and the situation thereof.* — (London, 1855, 2 vol. in-8°.)
STUHLMANN. *Der insel Hainan.* — (Globus, t. XXX, 1876.)
SWINHOE (R.). *Notes on the island of Formosa.* — (Journal of the Royal Geog. Soc., vol. XXXIV, map.)
SYKES (colonel). *The Taeping rebellion in China; its origin, progress, and present condition.* — (London, 1863, in-8°.)

Tainor (E. C.). *Geographical Sketch of the island of Hainan*. — (Canton, 1867, in-8°.)
Taylor (G.). *Formosa*. — (*Proceed. R. G. S.*, 1889, VI.)
Tcheng-Ki-Tong. *La Chine et les Chinois*. — *Revue des Deux-Mondes*, mai, juin 1884.) — *Les Chinois peints par eux-mêmes*. — (Paris, 1884, in-8°, C. Lévy.) — *L'éducation commerciale en Chine*. — (*Bull. de la Soc. de géogr. coloniale*, 1889-90.) — *La Chine vue par un artiste*. — (*Revue Bleue*, 29 nov. 1890.)
Thiersant (de). *Le temple des Cinq-Cents génies à Canton*. — (*Nature*, 1877, 2e semestre.)
Thomson (J.). *Voyage en Chine*. — (*Tour du Monde*, 1er sem. 1875.)
Tissot (Victor). *La Chine d'après les voyageurs les plus récents*. — (Paris, in-16, 1885.)
Torrens. *Travels in Ladak, Tartary and Kashmir*. — (London, 1862, in-8°.)
Tournafond (P.). *Les îles d'Haïnan, de Formose et de Chusan*. — (*Exploration*, 1er sem. 1884.)
Ufalvy (Ch. de). *Le Kouldja*. — (*Bull. de la Société de géographie*, 1879, 2e sem.)
Valbert. *La Chine et les Chinois*. — (*Rev. des Deux-Mondes*, 1er sept. 1885.)
Varigny (de). *L'invasion chinoise et le socialisme aux Etats-Unis*. — (*Revue des Deux-Mondes*, 1er oct. 1878.)
Veniukoff (J.). *La vallée de l'Oussouri*. — (*Nouv. Ann. des Voy.*, 1859, t. III.)
Vigne (G. T.). *Travels in Kashmir, Ladak, Iskardo*. — (London, 1842, 2 vol. in-8°.)
Vigneron (L.). *Deux ans au Sé-tchouan*, avec grav. et carte. — (Paris, 1881, in-12.)
Vos (de) et Verlinden. *Le pays des Ordoss*. — (*Missions cath.*, 1875, av. cartes.)
Walker (général). *Four years Journeying through Great Tibet*. — (*Proceedings of the Roy. Geogr. Soc.*, fév. 1885.)
Werner (R.). *Die Preussische expedition nach China, Japan und Siam*, 1860-1862. — (Leipzig, 1863. 2 vol. in-8°, avec carte.)
Williams (S. W.). *The Middle Kingdom*. — Londres, 1883, 2 vol.)
Williamson (A.). *Journeys in North China, Manchuria, and Eastern Mongolia*. — (Londres, 1870, 2 vol. in-8°, avec 2 cartes.) — *North China, Manchuria, Corea*. — (London, 1870.)
Wilson (J. H.). *China, travels and investigations in the Middles Kingdom*. — (New-York, Appleton, 1887.)
Wu-Kuang-P'ei. *Opinion d'un Chinois sur l'exclusion des Chinois des Etats-Unis*. — (*Revue française*, 1er juin 1889.)
Young (Allen). *On Corea*. — (*Proceed. of the Roy. Geogr. Soc.*, vol. IX, n° 6.)
Zuber (H.). *Note sur la carte de Corée*. — (*Bull. de la Soc. de géographie*, juin 1870.) — *Une expédition en Corée*. — (*Tour du Monde*, 1873.)
— *Chinese repository*. — (Canton, 1832-51 ; 20 vol. in-8°.)
— *Les arsenaux de Chine* (Nankin, Changhai, Tientsin). — (*Exploration*, 18 avril 1884.)
— *Mémoires concernant l'histoire, les sciences, les arts des Chinois*, par les missionnaires de Pékin. — (1776-1816, 16 vol.)

Dallet (Ch.). *Carte de la Corée*. — (Paris, 1 feuille, 1874.)
Jomard. *Carte de la Corée dressée par A. Kim*. — (*Bull. de la Soc. de géogr.*, 1855, t. I.)
Launay. *Atlas des Missions catholiques*. — (Lille, 1890.)
Petermann. *Special Karte von China*, au 4 000 000. — (Mittheil., 1873.)
Rafaïlof. *Carte de la Mongolie nord-occidentale*. — (Saint-Pétersbourg, 1881.)
Richthofen. *Atlas von China*. — (Berlin, 1885.)
Yule (colonel). *Cathay, and the way thither*. — (London, 1867, 2 vol. in-8°.)
— *Itinéraire de l'embouchure du Pei-Ho à Pékin, levé par l'état-major français*. — (Dépôt de la guerre, 1 feuille, 1862.)
— *Carte de la Corée*. — (*Bull. de la Soc. de géogr.*, janvier 1855.)
— *Formosa island* (carte). — (Hydrogr. office, London, 1852, n° 1968.)

— *Côte ouest de Formose.* — *Canal des Pescadores.* — (Dépôt de la marine, Paris, n° 3163.)
— *Carte de la presqu'île de Corée.* — (N° 1173 du dépôt des cartes de la marine.)
— *Carte du nord de Formose,* — *Carton pour Kelung.* — (*Gazette géographique*, n° 12 mars 1885.)
— *Carte de la mer de Chine.* — (Dépôt de la marine, 2 feuilles.)
— *Carte de l'empire de la Chine*, en chinois. — (18 feuilles.)
— *Carte de la rivière de Canton.* — (1866, 1 feuille.)
— *Carte du Petcheli et de Liao-toung.* — (Service hydrographique de la marine, n° 2848, éd. de 1874.)

CHAPITRE II

LE JAPON[1] (DAÏ NIPPON)

1° RÉSUMÉ GÉOGRAPHIQUE

I. — Géographie physique

Le terme européen de *Japon* est inconnu des Japonais. Ils donnent à leur archipel le nom de *Nippon*, que les Chinois prononcent *Jipen*, *Zippang* ou *Yapoun*; de là le nom dénaturé de Japon. Nippon a le sens de « *Orient, Est*, ou *Soleil Levant* » à cause de sa situation rapprochée de celle de l'empire chinois; mais les Japonais désignent aussi leur pays sous le nom de *Oya-Sima*, « huit grandes îles » ou *Ya-Sima*, « huit îles » (*Nippon, Kiou-Siou, Sikok, Avadzi, Sado, Oki, Tsou-Sima* et *Iki*). Yéso en est exclue; elle est la « Terre des Barbares, le Pays des Sauvages ». Poétiquement, l'archipel est le « *Rivage Pacifique*, la *Terre de Vaillance*, la *Terre d'Honneur et Courtoisie*, la *Goutte d'eau devenue solide*, le *Pays d'entre Ciel et Terre* ».

Aspect physique; situation; limites. — Physiquement, l'archipel japonais forme un ensemble géographique presque parallèle au méridien, sur 3000 kilomètres environ; politiquement, l'île de Sakhalin en a été détachée au profit de la Russie. Les quatre grandes îles japonaises sont **Hondo**, *Houtsi* ou *Sioudo*, « la Contrée, la Terre principale ou centrale »; **Sikok**, « les Quatre Contrées »; **Kiou-Siou**, « les Neuf Provinces »; **Yéso**, « la Terre des Barbares, le Pays des Sauvages ». A ces grandes îles, tête et cœur de l'empire japonais, il faut ajouter d'innombrables îles ou îlots qui en dépendent, au nombre, dit-on, de 3800; les principales sont : dans la mer du Japon, *Sado* et *Oki*; dans le détroit de Corée, *Tsou-Sima* et *Iki*; à l'ouest et au sud de Kiou-Siou, *Hirado, Osiki, Tanéga*;

---

1. Nous indiquons le sens des termes géographiques les plus usités dans la description de l'archipel japonais :
Ko, Kosoui, Oumi, mer, lac; — *Gava, Kava*, rivière, fleuve, torrent; — *Iké*, étang; — *Gata*, lagune, marais; — *Nada*, petite mer; — *Séto*, détroit; — *Minato, Tson, Kou*, port, rade, abri; — *Teihakou*, ancrage, point d'attache; — *Sivo*, courant; — *Oura, Van*, baie; — *Zan, San, Yama*, montagne, volcan; — *Sima, soto*, île; — *Take*, pic, cône; — *Taghe*, col; — *Sadi, Misaki, Hana*, cap, pointe; — *Matsi, Mats, Matsou*, ville; — *Ken*, département; — *Dô, Kaido*, route; — *Basi*, pont; — *Myia*, temple; — *Atoba*, quai; — *Atama*, tête; — *Dai*, grand; — *Daïmio*, seigneur féodal; — *Daïra*, plaine; — *Daïri*, grand feudataire; — *Dji*, terre; — *Hama*, plage; — *Jin*, homme; — *Kio*, cité, capitale; — *Meiri*, ère actuelle du Japon; — *Midsou*, eau; — *Ni*, soleil; — *Owa*, écume; — *Saï*, ouest; — *Siro*, forteresse; — *To*, est.

Avadzi entre Sikok et Nippon, etc. Au nord, une rangée d'îles, le « Collier » des Kouriles, ou *Tsi-Sima*, « Mille îles », rattache Yéso à la pointe méridionale du Kamtchatka ; au sud, l'archipel *Cécille* (Sitsi-tò) et la traînée des *Riou-Kiou* ou *Lou-Tchou* ou *Lou-Kiéou*, rattache Kiousiou à l'île chinoise de Formose. Dans leur ensemble, ces îles décrivent une succession de courbes dont la convexité est tournée vers l'océan Pacifique ; elles sont toutes de formation volcanique. L'archipel japonais fait face à l'ouest à la Sibérie, à la Mandchourie, à la Corée, à la Chine ; le *détroit de La Pérouse*, au nord, entre Yéso et l'île Sakhalin cédée aux Russes, n'a que 45 kilomètres de largeur ; le *détroit de Corée*, 170 à 180.

« En face du continent d'Asie aux masses compactes, aux épais contours, aux formes pleines, le Japon égrène ses îles déliées et fines, et ses îlots ajourés comme une dentelle. Elégante frange des terres asiatiques, rattachée au continent par le Kamtchatka et par Formose, il se déploie du nord-est au sud-ouest en dessinant trois festons d'un rythme parfait. Le feston central, beaucoup plus fourni, plus ample de proportions que les deux autres, est le Japon proprement dit ; des seuils sous-marins l'attachent au continent par la longue île, presque péninsule, de Sakhalin, au nord, et par la presqu'île de Corée, au sud. A son centre, où il acquiert précisément sa plus grande largeur, il se brode de ses plus hautes montagnes ; il s'épaissit et se rehausse à la fois, et, tout à côté de sa maîtresse cime, il a sa ville capitale : le mont Fouzi-Yama ; la cité Tokio. » (*Dict. de géographie universelle* de Vivien de Saint-Martin et Rousselet.)

Aux trois grandes courbures de l'archipel japonais correspondent trois mers distinctes : à la rangée des Kouriles la *mer d'Okhotsk* ; à l'île de Hondo la *mer du Japon* ; à la chaîne des Riou-Kiou la *mer de Chine*.

L'archipel japonais se développe du nord au sud, sur une étendue de 4000 kilomètres environ, dont la moitié environ pour les îles centrales ; la **situation astronomique** est par 24° à 51° latitude nord (celle du Sahara septentrional, du Maroc, de l'Espagne et de la France) ; et par 119° de longitude est, et 154° de longitude est.

« Le voyageur qui pénètre dans la baie de Yédo (Tokio) et vient jeter l'ancre dans la baie de Yokohama aperçoit, de quelque côté qu'il se retourne, des collines verdoyantes en toutes saisons, des falaises pittoresques, des villages tapis au milieu des arbres qui viennent plonger jusque dans l'Océan, puis, en approchant davantage, des habitations de plaisance étagées sur le « Bluff », un quai régulier et couvert de maisons élégantes, une ville blanche au pied d'une montagne verte. Si, par fortune, le soleil brille dans un ciel transparent d'hiver, le tableau devient enchanteur et justifie l'enthousiasme professé par les marins et les touristes, qui, n'ayant vu du Japon que les côtes et les environs de Yokohama, déclarent avoir rencontré le climat de la Provence sous le ciel de la Sicile.

» Après plusieurs mois de séjour et de courses dans tous les sens, cette impression persiste, et, si l'âme se lasse de cette monotonie, l'œil ne cesse d'être ravi par des mouvements de terrains gracieux, une végétation sobre et puissante, une riante succession de plans qui fait de chaque coin un petit tableau séparé et comme disposé à souhait pour le plaisir du spectateur. Sans qu'on puisse du premier coup analyser cette sensation, la campagne japonaise, avec ses rizières étagées, ses montagnes bleues dans le fond, ses chaumières éparses et à demi cachées dans les bambous, produit l'effet intense d'un décor frais ou d'une galerie de peinture coquettement arrangée. Par malheur, des pluies torrentielles viennent pendant des semaines et des mois assombrir ces joyeux horizons; tout est alors noyé dans une brume terne et mélancolique; durant presque tout l'été, de gros nuages orageux courent à fleur de terre, éteignant les couleurs, amortissant les reliefs, attristant la nature, comme ils énervent les habitants par leur chaude humidité d'étuve. Mais ces pluies et ces orages, désespoir des promeneurs, sont la richesse des rizières et la joie des cultivateurs qui ne sauraient s'en passer. » (Georges BOUSQUET[1], *le Japon de nos jours*, t. Ier, p. 53; Hachette, 2 vol. in-8°, 1877.)

Relief du sol. — Le sol de l'archipel japonais est extrêmement tourmenté; les montagnes couvrent plus des deux tiers de la surface. Les géographes s'accordent à admettre que les îles ont été le théâtre de plusieurs soulèvements partiels. L'un, généralement parallèle au méridien, se rattache aux montagnes de *Sakhalin*, suit la partie occidentale de l'île Yéso, et sillonne du nord au sud l'île de Nippon, dans sa partie septentrionale; l'autre, dirigé du nord-est au sud-ouest, est le prolongement des arêtes volcaniques du Kamtchatka et des Kouriles, et se confond avec le précédent au cœur de *Yéso* et de *Nippon*, pour s'étendre dans l'île méridionale de *Kiou-Siou*.

---

[1]. M. Bousquet, appelé en 1872 à remplir auprès du gouvernement japonais les fonctions de conseiller légal, a séjourné quatre ans dans le pays, et a étudié de près la nature, la politique, la vie extérieure et intime de ce peuple encore mal connu. Comme il le dit lui-même, il a « poursuivi cet examen en observateur dé-
» sintéressé et consciencieux, sans système, ni parti pris »; et il écrit en témoin libre.

Dans l'île de **Yéso**, la chaîne parallèle au méridien est formée de roches de granit et de feldspath, dont la lente décomposition ne donne qu'un sol pauvre; la chaîne opposée, toute semée de volcans, composée de basaltes et de diorites, qui se décomposent vite, a fourni au contraire au sol une énorme épaisseur de terre végétale. On a compté de nombreux cônes volcaniques dans la chaîne ; huit sont encore actifs. Les cimes les plus élevées ne dépassent guère 2500 mètres; l'*Ivo-san*, ou « Sulfatare du Diable » au nord-est, a 2595 mètres; le nœud du **Tokatsi**, lieu de divergence des vallées, atteint 2500 mètres; au sud, la baie dite des *Volcans* est flanquée de cimes fumantes, vomissant des vapeurs ou des boues sulfureuses ; au nord-ouest de Yéso, dans un îlot, le volcan de *Risiri* ou pic *Delangle* s'élève à 1784 mètres ; la chaîne des Kouriles n'est qu'une longue traînée de volcans, dont l'un, l'*Araïdo*, revêtu de neiges éternelles, a une altitude de 3300 mètres. — L'océan Pacifique, qui baigne ces rivages à l'est, ouvre ses abîmes à 3000, 4000 et même 6000 mètres de profondeur. — A ces cônes d'éruption, Yéso doit ses formes tourmentées, ses promontoires triangulaires, ses côtes escarpées, ses baies nombreuses, et ses ravins encaissés.

L'île de **Nippon** ou **Hondo** n'a pas été moins bouleversée par les soulèvements volcaniques. Toutes les bouches des cratères sont éteintes, sauf sept ou huit toujours en activité. La chaîne de l'est, parallèle à la mer, et isolée des massifs du centre par des vallées profondes, n'a pas de volcan ; interrompue par la baie de *Sendaï* et la plaine marécageuse du *Tone-Gava*, elle va se terminer à l'ouest de la baie de Yédo, dans la presqu'île d'*Ava-Kadzousa*. Opposée à la chaîne de l'est, une autre succession de massifs isolés s'élève parallèle à la côte ; l'un d'eux, haut de 250 mètres, domine au nord-ouest l'entrée du détroit de *Tsougar;* un autre forme le haut promontoire d'*Oga-Sima*, et porte le nom de *mont du Vent froid* (770 m.); au large les îles *Sado* et *Oki* (915 m.) sont les autres débris saillants de cette chaîne volcanique immergée. Les plus hautes cimes, les cratères les plus imposants se groupent ou se succèdent dans la chaîne centrale de Nippon. Le premier volcan au nord, en face de l'île Yéso, est le *Osore-Zan* (976 m.), au nord de la baie d'*Avomori ;* d'autres cônes volcaniques, hauts environ de 1500 mètres, se succèdent ; d'autres, revêtus de neige, comme le *Tiokai* (2400 m.), sont situés à côté de la chaîne médiane; le *Bantaï* (1850 m.) domine les eaux du lac *Inavasiro*, et tout le cercle de montagnes qui entourent la plaine d'*Aïdzou*. — La chaîne médiane se recourbe à l'ouest, entre la vallée du *Chikouma Gava*, le plus grand cours d'eau du Japon, qui coule au nord-ouest, et celle du *Tone Gava*, qui descend au sud-est dans la baie de Yédo. Elle se rattache en ce point à un massif de sommets volcaniques, qui sont les plus vénérés du Japon pour leurs sanctuaires et leurs tombeaux sacrés, et les plus justement vantés à cause de la majesté de leurs forêts, de la limpidité de leurs sources, et de la beauté de leurs cascades. Ce groupe montagneux, vraie Suisse du Japon, est le **Nikko-Zan**, « monts de la Splendeur solaire » ; leur pic le plus élevé et le plus saint, visité de préférence par les pèlerins, est le *Nantaï*, haut de 2540 mètres. — Au sud de la chaîne volcanique qui enveloppe le cours supérieur du Chikouma Gava, une autre chaîne transversale porte les deux volcans les plus fameux de l'archipel, l'*Asama-Yama* et le *Fousi-Yama ;* l'**Asama-Yama** (2525 m.), un des plus redoutables, qui, dans l'éruption de 1783, ensevelit quarante-huit villages et des milliers d'hommes sous des monceaux de cendres et de pierres ponces. Au sud, parmi les autres volcans, on remarque le *Kinpo*, nœud de plusieurs massifs granitiques qui recèlent des cristaux d'une grandeur et d'une pureté merveilleuses. Le **Fouzi-Yama** (3765 m.) a des éruptions non moins terribles que l'Asama, mais moins fréquentes. On en cite généralement six depuis douze siècles. La dernière, en 1707, dura deux mois, détruisit de nombreux villages, et recouvrit les campagnes environnantes de 3 mètres de laves; l'air fut obscurci jusqu'à Yédo, à près de 100 kilomètres de distance. L'ascension du Fouzi a été faite pour la première fois en 1860 par l'Anglais *Rutherford Alcock*.

« Bien qu'inférieur de 1050 mètres à notre mont Blanc, son aspect est plus saisissant que le géant des Alpes, car ici l'observateur est placé au niveau de la mer, tandis que la vallée de Chamonix a déjà une altitude de 1100 mètres. De plus, le Fouzi est isolé au milieu d'une vaste plaine, environnée de montagnes qu'il domine de toute son énorme masse. Sa base forme un cercle presque parfait, de plus de 150 kilomètres de tour; ses flancs, couverts de riches cultures, puis de forêts et de broussailles, s'élèvent en pente douce et régulière, se redressant légèrement au sommet pour former la butte terminale, cône tronqué, couvert de neige pendant dix mois de l'année.

» Le Fouzi est la montagne sainte par excellence. Son noble profil est reproduit sur la plupart des objets d'origine japonaise. Des milliers de pèlerins en entreprennent chaque année l'ascension, qui ne présente aucune difficulté sérieuse et peut se faire par cinq routes différentes; ils vont rendre visite à un petit temple bâti près du sommet, et ont soin, avant de redescendre, de faire estampiller leurs vêtements par le prêtre, en mémoire de leur exploit.

» Un des derniers voyageurs européens qui aient fait cette ascension raconte que le Fouzi se termine par une plate-forme ondulée, formée par des masses compactes de lave, en partie couvertes de monticules de scories et de cendres volcaniques, provenant de tufs ponceux désagrégés. On y retrouve les restes de l'ancien cratère sous la forme d'un gouffre à peu près circulaire, de 4 à 500 mètres de largeur sur 165 mètres de profondeur. Les parois, écroulées en divers endroits, permettent d'en atteindre le fond, où un lit de sable, horizontalement disposé, prouve que les eaux provenant de la neige fondue ou des pluies d'automne y séjournent quelquefois. » (E. COTTEAU, *Un touriste dans l'Extrême-Orient*, p. 155.)

La chaîne isolée qui porte le Fouzi se prolonge à l'est et au sud et forme la longue péninsule volcanique d'*Idzou*, de forme rectangulaire, entre les deux baies d'Odowara et de Sourouga, et la grande route du Tokaïdo qui coupe la montagne au col de *Hakone*, à 855 mètres d'altitude.

« Le *Sagamé*, à la racine de cette presqu'île, est une région très acci-
» dentée, mais facile à parcourir ; c'est le pays le plus fréquemment visité
» du Japon et l'un des plus charmants. Les promontoires boisés, les baies
» qui les séparent, les écueils parsemés dans les flots, les forêts épaisses,
» les fontaines et les ruisseaux, les fleurs qui jaillissent de la verdure, et
» par-dessus la crête des collines le sommet blanc de la montagne sacrée
» font de ce pays un séjour ravissant. Sept villages de bains se sont
» élevés près des sources thermales, et la ville de Hakone, sur la rive du
» lac gracieux d'*Asimo Oumi* ou *mer des Graminées*, est devenu un lieu
» de villégiature. » (Elisée Reclus, p. 713.)

La presqu'île d'Idzou a pour cime dominante l'*Amagi-zan ;* elle est bordée d'écueils dangereux. Le rocher du *Mikomoto* ou « Rock island » a été récemment muni d'un phare ; la baie de Simoda, dominée par un volcan, est la plus accessible. Au large, vers l'est et le sud-est, sur la route que suivent les navires à destination de Yokohama et de Yédo, un archipel volcanique, les *Sept Iles*, élève à 900 ou 1 000 mètres ses cônes toujours fumants ; l'île d'*Oho-Sima*, la plus haute et la plus en vue du golfe, a 1 324 mètres. A l'ouest de la chaîne du Fouzi-Yama, au delà de la grande dépression creusée entre la mer du Japon et le Pacifique par le Chikouma-gava qui coule au sud, d'autres chaînes volcaniques s'allongent dans la direction du sud-ouest et de l'ouest. La première, qui étend ses ramifications entre le Tenriou-gava et le Kiso-gava, est la chaîne de **Hida**, presque en tous temps couverte de neige et de petits névés, très haute et très escarpée ; les cols qui la franchissent sont à 2 400 mètres ; parmi les volcans échelonnés sur cette montagne, un des plus connus est le *Tate-Yama* (2820 m.) ; le plus haut, le pic sacré, visité chaque année par des milliers de pèlerins est l'*On-Take* ou *Mi-take*. A l'ouest du Mi-take, une longue arête parallèle au rivage occidental de Nippon a son point culminant au volcan du **Siro Yama** ou *Hakou-zan* ou « mont Blanc » (2 800 m.), revêtu d'un épais manteau de neige qui ne fond jamais complètement. De cette chaîne se détachent à l'ouest les arêtes secondaires, tapissées de cultures, de prés ou de bois, qui enveloppent de toutes parts la dépression profonde, dont le lac de Biva remplit le fond. L'*Ibouki-Yama* domine au nord-est ce bassin fertile et gracieux ; la ville sainte de Kioto est située à quelques kilomètres au sud-ouest ; c'est là que les Japonais placent le berceau de leur nationalité.

Au sud du bassin de Biva, une grande péninsule montueuse se prolonge à l'orient de l'île Sikok ; la chaîne granitique et schisteuse, non volcanique d'*Oho-Mine*, s'élève à 1 880 mètres.

L'île d'**Avadzi**, dont les sommets atteignent 585 mètres, semble rattacher à la grande terre du Nippon l'île de **Sikok**. Sikok est toute couverte de montagnes schisteuses, orientées de l'est à l'ouest, et difficiles à franchir, malgré leur faible hauteur relative (1 400 m.) ; les cônes volcaniques y sont rares, mais les pentes sont garnies d'épaisses forêts, et les cols situés à 1 000 mètres.

L'île **Kiou-Siou** est comme la sentinelle avancée de l'archipel japonais du côté de la mer de Chine. C'est à l'ouest et au nord-ouest que s'ouvrent les baies hospitalières, les golfes sûrs et tranquilles à l'abri des presqu'îles et des promontoires ; des îles et des îlots en nombre infini, comme l'archipel de *Koziki-sima*, et les îles *Amakousa*, *Naga*, *Oyano-sima*, la presqu'île de *Simabara*, facilitent la navigation et le commerce maritime. Si, entre Nagasaki et Shang-Haï, le navigateur traverse 800 kilomètres de mer libre, la distance est courte entre les îles méridionales de la Corée, les groupes insulaires et les promontoires avancés de l'île japonaise. Les baies d'*Ohomoura*, de *Nagasaki*, d'*Imari*, de *Karatsou*, du *Foukouoka*, les îles *Goto*, *Hirado*, *Iki*, et, au milieu même du détroit de Corée, l'île double de **Tsou-Sima**, sont autant de débouchés et d'entrepôts excellents pour l'industrie et le trafic japonais.

Le relief de *Kiou-Siou* se compose de chaînes orientées du nord au sud; des foyers volcaniques s'y rencontrent en grand nombre, et quelques cratères continuent à vomir des vapeurs sulfureuses et des pierres ponces. La plupart de ces volcans s'alignent du nord-est au sud-ouest; les plus élevés sont l'*Aso-také* (1600 m.), le *Kirisima-Yama* (1672 m.), l'*Ounzen-zan* (1250 m.). Milne dit que l'*Asoyama* « se dresse au centre d'un ancien cra-
» tère d'énormes dimensions, qui n'a pas moins de 16 à 24 kilomètres de
» diamètre, et dont les parois presque verticales à l'intérieur ont de 200 à
» 300 mètres de haut; dans cette vaste enceinte, qui fut jadis la bouche
» d'un volcan, vivent plus de dix mille personnes. » L'*Ounzen-san*, ou *pic des Sources chaudes*, est le centre de riches sources sulfureuses. La haute région du *Hizen*, « pays devant le feu », à l'ouest de Kiou-Siou, est moins élevée, plus populeuse et plus active.

Les deux îles Kiou-Siou et Sikok sont séparées de la grande île de Nippon par la *mer Intérieure*, tortueux détroit long de plus de 400 kilomètres, composé de bassins partiels ou *nada* reliés les uns aux autres, n'ayant qu'une profondeur moyenne de 20 à 30 mètres, dangereux pour les navires, à cause des bas-fonds, des écueils et des courants. On pénètre dans la mer Intérieure par trois passages ; le plus fréquenté est celui de *Tomoga-Sima* au nord de l'île Avadzi; celui de *Boungo* s'ouvre entre Kiou-Siou et Sikok; le plus redouté est celui de *Narouto* entre Avadzi et Sikok. La Méditerranée japonaise est parsemée d'îles et d'îlots; la navigation sur les *nada*, entre des rives montueuses et boisées, qui ont la majesté de la Norvège, l'éclat du ciel de l'Italie et les splendeurs végétales de la Malaisie, réserve au voyageur des spectacles d'une variété et d'un charme infinis.

Cours d'eau; lacs. — Les montagnes couvrent les sept huitièmes du territoire japonais. Rares sont les plaines, les larges bassins et les grandes rivières; l'orientation des vallées et les découpures des chaînes laissent néanmoins aux torrents (*Kava* ou *Gava*) un développement parfois assez considérable. — Dans l'île **Yéso**, les trois rivières principales, appelées *bets*, descendent d'un massif commun, le *Tokadzi*, dans trois directions opposées; l'*Isikari*, long de 250 à 300 kilomètres, issu d'un lac du mont Youvari, coule à l'ouest, et, à travers une opulente plaine d'alluvions, va se jeter dans la baie de Strogonoff; sur son cours inférieur peu profond, et gêné à l'embouchure par une barre, sont établies de grandes pêcheries de saumons; — le *Técivo* (300 kilom.) va se perdre au nord dans la mer du Japon, non loin du détroit de Lapérouse; — le *Tokadzi* (400 kilom.) coule vers le sud-est. — Dans l'île de **Kiou-Siou**, très découpée par les golfes et les presqu'îles, le plus long cours d'eau, le *Tsikongo* (140 kilom.) finit dans le golfe de Simabara. — Dans **Sikok**, le *Yosino* (200 kilom.) ou *Sikokno-Sabouro*, « fils aîné de Sikok », court de l'ouest à l'est parallèlement aux arêtes montagneuses de l'île. — **Nippon** renferme les plus grandes rivières et les plus beaux lacs de l'archipel. Le réservoir central des eaux de l'île est la province de Sinano et sa voisine, Kodzké. Le plus abondant et le plus long fleuve est le **Sinano-Gava** (environ 450 kilom.), formé par des sources intarissables, et grossi du *Tsikouma* et du *Saï-gava*; il descend vers le nord-est, dans la mer du Japon, et roule un volume d'eau comparable à l'Ebre, le double de la Seine; ses crues sont terribles, son cours peu navigable à cause des bancs de sable; les vapeurs le remontent sur une longueur de 75 kilomètres, en amont de la rade de Niigata. Les travaux d'un canal de percement des dunes entre le port de Teradomari et le fleuve, commencés en 1872, ont été abandonnés.

Sur le versant oriental des chaînes de Sinano, le *Naka-Gava* (100 kilom.) descend des montagnes de *Nikko* et va finir par une large bouche près de la ville de Mito. Le **Tonegava** (300 kilom. environ) étend son bassin sur un territoire plus ample, et recueille les torrents d'un vaste demi-cercle de montagnes, surtout les eaux du massif de l'Asama-Yama et de la sainte montagne de Nikko. Le Tone-Gava, par ses affluents et par les bras de son immense delta qui entoure la baie de Yédo, féconde de ses alluvions la sèche plaine de Mouzasi et de Simoco, et modifie par ses apports incessants de vases et de limons la zone de marécages et de lagunes où il répand ses eaux bourbeuses. On a comparé la région japonaise comprise entre les bouches de Tone-Gava au littoral malsain des maremmes de la Toscane. Un des bras de Tone-Gava finit à l'est dans l'océan Pacifique, près du cap *Daiho;* un autre au sud, à quelque distance, à l'orient de Yédo. Un des affluents supérieurs du Tone-Gava écoule par la superbe cascade de *Kongentaki* les eaux du lac pittoresque de **Tsiousendji**, réservoir long de 12 kilomètres sur 4 de large, encadré entre de hautes montagnes escarpées, ombragées de sapins et de chênes séculaires à la base du Nantaï-zan, volcan éteint haut de 2540 mètres. Dans la même baie, se jettent le *Yédo-gava* et son affluent le *Soumida* ou « rivière d'encre », dont les eaux de boue noire arrosent la capitale orientale; et l'*Aragava* (300 kilom.), originaire du Sinano, et fécondant la plaine de Mouzasi.

Le **Tenriou-gava** (150 kilom.), « fleuve du Dragon céleste », descendu du massif de Sinano, coule au sud dans la baie de Sourouga et sert d'émissaire au lac alpestre, de forme circulaire, de **Souva**, entouré de plusieurs autres petits lacs pittoresques; — le **Kisogava** (250 kilom.), dont les sources sont voisines du Sinano-gava qui coule vers le nord, descend au sud-ouest, à travers les provinces de Mino et d'Ovari, tantôt resserré dans des cluses profondes entre deux murailles de rochers, tantôt large et majestueux sous d'épaisses forêts; il débouche dans la baie d'Ovari par plusieurs bras encombrés d'îles et de bas-fonds. Le Nakasendo, grande route de Tokio à Kioto, suit sa vallée moyenne, et le Tokaïdo, route littorale intérieure, franchit les canaux et les dérivations nombreuses de son delta. — Dans la baie d'Osaka, en face de l'île Avadzi, la rivière **Yodo-gava** (80 kilom.) s'achève par un large delta dont les trois embouchures, *Katsra*, *Naka* et *Aisï*, jadis encombrées de sables et de détritus végétaux, ont été canalisées, rendues accessibles aux grands navires, et protégées par le fort de *Tempo-Zou*. Le Yodogava est l'émissaire des nombreux ruisseaux qu'alimente le fameux lac de **Biva**.

« Ce lac est le plus considérable du Japon; il mesure 60 kilomètres du nord au sud, et 20 kilomètres de l'ouest à l'est. Sa superficie est à peu près égale à celle du lac de

Genève; comme ce dernier, il est entouré de montagnes et n'a rien à lui envier au point de vue pittoresque. De tout temps, les Japonais ont célébré en vers et en prose la beauté de ses paysages; son nom figure dans la plupart de leurs légendes; ils en sont très fiers et prétendent qu'il est alimenté par huit cent huit sources, ruisseaux et rivières. Ses eaux, limpides et profondes, nourrissent une quantité de poissons des espèces les plus variées; c'est là seulement que l'on trouve la salamandre gigantesque. Le nom de Biva, « guitare », lui vient de sa forme d'abord elliptique, puis se rétrécissant brusquement de manière à figurer le manche de l'instrument. On le nomme aussi *Omi*, « mer d'eau douce ». (E. COTTEAU, *Un touriste dans l'Extrême-Orient*, p. 183.)

« Au point de vue des paysages, Biva n'a rien à envier aux lacs les plus renommés de l'Europe et présente une certaine analogie avec le lac Majeur. Son extrémité sud-ouest est bordée de montagnes fortement boisées, au-dessus desquelles s'élève le célèbre Hi-Yei-zan, au sommet couronné de monastères bouddhiques. Du côté de Hikoné, des collines admirablement cultivées forment un paysage accidenté et riant; tandis que sur la rive opposée l'horizon s'élargit, des tranchées naturelles s'échelonnent en amphithéâtre à perte de vue, et dans le lointain les montagnes bleuâtres du Vakaça forment un fond de tableau admirable de ligne et de couleur. En automne, lorsque le vent du nord-est a purifié l'air en charriant vers la mer cet excès de vapeurs qui, au printemps et en été, assombrissent le ciel du Japon, l'on retrouve ici les belles teintes d'émeraude et de turquoise qui, sous nos latitudes, forment l'apanage exclusif du lac de Genève par une belle journée de septembre. » (Léon METCHNIKOFF, *l'Empire japonais*, p. 73.)

Climat; courants marins. — La température du Japon, à latitudes égales, est plus froide que la nôtre; ainsi Yokohama a la température de Venise, située à 10 degrés de plus au nord. Le Japon a quatre saisons très marquées. Son climat est avant tout soumis à l'influence des mers qui environnent l'archipel; mais cette influence est en partie modifiée par le voisinage relatif du continent asiatique, par l'altitude considérable du relief intérieur, par la direction variable des moussons, et l'action des courants marins. De là les contrastes et les différences dans la climatologie du Japon; l'archipel des *Kouriles* au nord est soumis aux rigueurs polaires; l'archipel des *Riou-kiou* au sud jouit d'un été perpétuel. Le littoral est et nord de l'île Yéso est exposé au courant glacé de l'**Oyasivo**; ce courant vient de la mer d'Okhotsk, coule vers le sud, entre Yéso et Kounasiri et le long de la côte orientale de Yéso; il empêche la neige de fondre avant le mois de juin, la terre de dégeler avant la fin de mai, couvre presque tout l'été les côtes de brouillards, amène d'énormes glaçons dans le détroit, et fait geler la mer par places. Dans le nord et l'ouest de Nippon, la neige tombe en abondance l'hiver ; dans le sud, les montagnes, comme le Fouzi, en sont recouvertes pendant de longs mois; la neige fond plus vite à l'est qu'à l'ouest, et tombe en moins grande abondance à Tokio qu'à Niigata. La raison en est dans la présence du **Kouro-Sivo**, « courant noir, » qui baigne du sud au nord les côtes méridionales et orientales du Japon, dans la direction de Hong-Kong à Yokohama. Large de 75 kilomètres environ au large de la baie de Yédo, profond de 900 mètres, ce courant aux eaux tièdes, dont la teinte est grise sous un ciel nuageux, et bleu sombre sous un ciel pur, a une vitesse de 5 kilomètres à l'heure, une température de 23 à 27 degrés, et fait sentir son influence jusqu'à l'île de Yéso. Grâce à lui, les hivers à Kioto ne sont pas excessifs, et les étés et les printemps sont agréables. — La neige et les gelées ne sont pas inconnues dans Kiou-Siou, à Nagasaki. Le Japon a eu souvent à souffrir des typhons déchaînés dans la mer de Chine; ces tempêtes dévastatrices sévissent surtout en septembre et octobre, à l'époque du changement des moussons. Température moyenne à Osaka et Nagasaki +18°; — à Yokohama +14°; — à Tokio +13°; — à Niigata +13° 8'; à Hakodaté + 8° 9'; — à Sapporo — 8° 3'.

« Bien que situé en dehors des tropiques, l'archipel japonais subit l'influence des moussons qui règnent dans les mers de l'Inde et de la Chine. Depuis le mois de mai, le vent souffle du sud-ouest avec une régularité toujours croissante, en charriant vers le pôle les vapeurs de l'Océan, qui se transforment en pluies torrentielles. Une saison pluvieuse, aussi régulière que dans la zone torride, dure pendant six semaines, vers le mois de juin et de juillet. Les averses japonaises diffèrent des « grains » tropicaux uniquement par leur durée, qui est souvent de plusieurs fois vingt-quatre heures, sans interruption. La température monte rapidement dans cette saison et se maintient entre 30° et 35° centigrades. Le pays semble alors moisir, plongé dans une vapeur moite et malsaine. Les marais d'eau bourbeuse qui se forment dans les champs et dans les rues restent sans s'évaporer, et la pluie ne rafraîchit point l'atmosphère lourde et empestée. Le soleil apparaît quelques instants seulement, et ses rayons, en tombant d'aplomb sur cette terre grasse et ramollie, en font surgir une végétation fraîche et luxuriante, qui se développe presque à vue d'œil, et qui charme par la richesse et la variété de ses formes.

» Après la saison des pluies vient un été court, mais chaud et parfois orageux. Vers la fin du mois d'août, les bourrasques du nord commencent déjà à rompre la régularité de la mousson du sud-ouest. C'est la saison des violentes perturbations atmosphériques ; des typhons dans l'ouest et des tempêtes dans le nord. Une nouvelle saison de pluies remplit généralement l'interrègne de la mousson d'été qui s'en va et de celle du nord-est, qui ne se fixe qu'en octobre ; mais cette saison des pluies de la fin de l'été n'a ni la régularité ni le caractère accablant de la première. Ensuite vient l'automne, qui est sec ; l'air pur et vivifiant prête alors des teintes éclatantes aux charmes naturels du paysage japonais. L'hiver est brumeux et neigeux dans le nord ; mais, dans la région tempérée, il est de courte durée et peu pluvieux. Les grands froids n'arrivent qu'à la fin de janvier ; alors, même à 35° de latitude nord, le thermomètre centigrade baisse parfois de 10° au-dessous de zéro, et la neige couvre le sol pendant plusieurs jours.

» Le caractère le plus saillant du climat japonais est son humidité tropicale ; en dehors des deux saisons de pluies périodiques, il y pleut et il y neige fréquemment dans toutes les saisons. Le nombre des jours de pluie est de 110 à Nagasaki, de 113 dans le Tokaïdo, et de plus de 150, y compris 40 à 50 jours de neige, à Hakodaté. Ce climat est débilitant, cause l'anémie et les fièvres paludéennes et typhoïdes qui sont endémiques dans certaines régions de l'archipel. » (L. METCHNIKOFF, p. 81-82.)

II. — Géographie politique

Notice historique.

Le Japon ancien. — Les origines du Japon sont restées obscures, et la science n'a pas réussi à faire la lumière sur les races primitives qui ont peuplé l'archipel. Les Japonais se défendent d'être de la même souche que les Chinois ; Malte-Brun les fait descendre des Tartares, et Kaempfer des Babyloniens ; d'autres rattachent les premiers conquérants japonais aux dix tribus perdues d'Israël ; on démontre ailleurs leurs affinités avec les Coréens et les Aïnos ; on signale de frappantes analogies entre eux et les Javanais, comme si leurs îles avaient été autrefois envahies par des colonies étrangères venues des archipels malais.

Les annales japonaises regardent *Jinmu-Tenno*, descendant direct de la déesse du Soleil, comme le vrai fondateur de leur dynastie impériale, et ils célèbrent en lui, dans leurs anniversaires traditionnels, le premier des *mikado* (septième siècle av. J.-C.). Sous ce monarque et sous ses successeurs, qui se distinguèrent également par une extraordinaire longévité, la race conquérante refoula les Aïnos sauvages au delà des frontières, établit le premier système d'impôt, les corvées, régla l'agriculture, creusa des canaux d'irrigation, créa des routes et une flotte, et divisa l'empire en quatre commandements militaires, à la tête desquels fut placé un *shogoun*. L'état de guerre perpétuelle du Japon des premiers âges suffit à expliquer l'autorité dangereuse de ce haut fonctionnaire, la puissance grandissante et sans contrepoids de la caste militaire, et le caractère belliqueux qui a toujours distingué la nation japonaise des autres peuples asiatiques.

A cette longue période de guerre des temps héroïques se rattachent la soumission définitive des Aïnos et la défaite de la Corée, qui devint tributaire des vainqueurs. Vers le deuxième siècle avant Jésus-Christ, le Japon paraît entrer dans une ère de paix, qui ne cessera qu'avec les troubles intérieurs et les guerres civiles qui ensanglanteront le pays à partir de la fin du neuvième siècle (ap. J.-C.). Durant ces longs siècles de calme et de paix relative, la nation se forme, les institutions s'affermissent, les races se fondent. Des relations pacifiques s'établissent entre la Chine et le Japon; à des dates successives qu'il est difficile de déterminer, des immigrants chinois introduisent dans les îles du Nippon les industries de leur pays, la fabrication de la porcelaine et de la soie, l'usage des monnaies, l'art des constructions. De la Corée sont importés les premiers éléments de littérature, l'écriture chinoise et les livres de Confucius, et plus tard, au septième siècle, des notions d'astronomie, le papier et l'encre. A la même époque, sous le règne du mikado *Kin-Mei-Tenno*, le bouddhisme, introduit depuis cinq siècles de l'Inde en Chine, et depuis deux siècles de Chine en Corée, pénètre au Japon, et ne tarde pas à y recruter de nombreux adeptes dans la classe des nobles et des lettrés.

Instruits par leurs voisins, les Japonais se pliaient docilement aux enseignements de cette civilisation d'emprunt, s'appropriant les inventions des autres, imitant leurs œuvres, sans les marquer encore de l'empreinte de leur propre génie. On voit alors des Japonais sortir du Japon, une première ambassade officielle visiter la Chine, une mission de prêtres et de médecins étudier dans l'empire céleste la théologie et la médecine; les champs sont cultivés à la manière chinoise, des villages, des villes sont bâtis dans les campagnes; des ateliers de métallurgie sont fondés; des mines d'or et d'argent découvertes et exploitées; en 660, l'imprimerie est apportée de Chine et se répand dans toutes les provinces; en 720, elle publie la fameuse chronique *Nihon-Ki*, le monument le plus ancien et le plus authentique de l'histoire du Japon.

Le gouvernement militaire. — L'influence de la Chine s'exerçait en même temps sur le régime social : le Japon eut de bonne heure sa hiérarchie des classes; celles des paysans, des *samouraï* ou guerriers à la solde des princes, des *daïmio*, chefs de l'aristocratie militaire, possesseurs héréditaires des grands domaines féodaux, et de la noblesse de cour, les *Kougé*, de race impériale. Quelques-unes de ces grandes familles, les *Taïra*, les *Minamoto*, les *Foudjiwara* en vinrent à se disputer les principales charges de l'empire et à l'ensanglanter par leurs querelles[1]. Le clan de Foudjiwara, tout-puissant au neuvième siècle, avait supplanté tous les autres, rempli toutes les places de ses créatures; ses membres occupaient les ministères, son chef avait fait créer pour lui la charge héréditaire de *Kwamboukou*, « gardien des verrous intérieurs », sorte de vizirat qui tenait en effet le mikado sous clef, et donnait au titulaire l'autorité d'un régent sous

---

[1]. G. Bousquet, I, 21. — Raymond de Dalmas, *les Japonais*, ch. v, vi, vii.

un roi mineur, ou mieux encore d'un maire du palais sous un roi fainéant. Le mikado fixa alors sa résidence à Kioto, et vécut désormais dans l'esclavage doré du *Gosho*, palais impérial, « lié par une étiquette infranchissable, séquestré, invisible, pure idole que le peuple adorait sans la voir, et dont le pouvoir allait être l'objet de toutes les convoitises et la proie de tous les ambitieux. »

L'influence des Foudjiwara, maîtres des emplois civils, ne put longtemps prévaloir contre l'ambition et les coups de main du parti militaire : les deux factions des Taïra et des Minamoto se disputèrent le pouvoir par la guerre ouverte, les guet-apens, les trahisons, les assassinats. Après trois siècles de luttes atroces, les Taïra et leurs partisans furent presque tous exterminés ; les derniers survivants de la faction se réfugièrent dans les montagnes de Kiou-Siou et s'y firent oublier. Alors commença du treizième au dix-neuvième siècle une période de suprématie militaire, durant laquelle le mikado impuissant continua d'exercer une souveraineté nominale ; mais le vrai maître du Japon fut le **shogoun** ou **taïkoun**, généralissime des troupes de l'empire, chef des daïmio et des samouraï, résidant à Kamakoura, capitale du nord, rivale de Kioto : la charge du shogoun s'appela *Bakoufou*, « gouvernement du rideau ou de la tente », et le sabre présida aux destinées du Japon sous la postérité des Minamoto et de leurs alliés ou successeurs.

Nous n'entrerons pas dans le détail des annales sanglantes qui se déroulèrent au Japon jusqu'à l'ère moderne. Guerre avec la Chine, où le Japon ne fut sauvé d'une défaite certaine que par un typhon qui détruisit tout entière l'*invincible armada* chinoise (1280) ; guerres à la cour et dans les provinces, de clan à clan, de famille à famille ; guerres dynastiques où la légitimité du mikado avili, flétri et presque réduit à la mendicité, est contestée par la faction militaire qui lui oppose un rival et le contraint d'abdiquer. Mais sous les *Hojo*, et après eux, sous les *Ashikaga* qui achètent au prix d'un hommage déshonorant la reconnaissance de leur pouvoir par la Chine, le Japon tombe dans une lamentable anarchie ; les campagnes sont dévastées, l'industrie ruinée, les arts bannis ; « les couvents bouddhistes ne sont plus que des arsenaux et des repaires de criminels », la nation retourne à l'état sauvage.

Vers le milieu du seizième siècle un descendant des Taïra, *Nobounaga*, réussit à former contre le parti des Ashikaga une coalition de grands feudataires, renversa la dynastie, détruisit l'influence des bonzes et des moines bouddhistes en favorisant le christianisme nouvellement introduit dans l'empire, et dompta la résistance des tyrans locaux. Il fut assassiné par un de ses lieutenants, mais son œuvre fut continuée par un de ses compagnons d'armes, *Hidéyoshi*, ancien « betto » ou palefrenier de Nobounaga qu'on a surnommé le Henri IV japonais. Celui-ci ramena la paix dans l'empire ; l'agriculture prospéra de nouveau, les villes furent rebâties, de grands travaux furent commencés à Kioto et Osaka, des forteresses construites, une flotte de grandes jonques sortit des ports, sillonna les mers voisines et porta les marchands et les pirates sur les côtes de Siam et dans les eaux des Philippines ; le trafic avec les Hollandais établis à Nagasaki fut encouragé. Pour occuper la classe militaire toujours turbulente et menaçante, Hidéyoshi lança les bandes des grandes compagnies à la conquête de la Corée qui refusait le tribut, et en dévasta les provinces.

La période des shogoun. — Le jeune fils de Hidéyoshi, *Hidéyori*, régna peu. Un de ses officiers, **Yéyas**, généralissime des troupes, le trahit, battit en plusieurs rencontres ses partisans, et le fit brûler lui-même dans l'incendie de la forteresse d'Osaka. Yéyas était allié à la famille des Minamoto : sa famille était celle de *Tokoungawa* ; il fonda sous ce nom un vizirat tout-puissant qui conserva le pouvoir souverain pendant deux cent cinquante ans, jusqu'à la révolution de 1868.

Yéyas ne supprima pas la fonction du mikado ; il l'annula. Il prit lui-même le titre de *Seï-Taï-Shogoun*, « commandant en chef pour l'expulsion des barbares », et s'en fit donner solennellement l'investiture par le souverain, régla la transmission héréditaire de cette charge dans sa propre famille, relégua le mikado à Kioto et fixa sa résidence à Yédo, petit village inconnu, où 30 000 ouvriers bâtirent par ses ordres la forteresse ou Siro, creusèrent les fossés qui l'entourent, et les canaux qui sillonnent la ville. Le mikado, réduit à l'état de souverain fainéant, vécut confiné dans son palais, au sein d'une ville dominée de tous côtés par de hautes montagnes et dont la seule issue vers la mer était gardée par le château d'Osaka, où veillaient la garnison et les lieutenants du vrai maître de l'empire. A Kioto même, un gouverneur choisi par le shogoun surveillait tous les actes de la cour et exerçait une police vigilante. Le séjour de la capitale était interdit aux nobles ; le shogoun seul communiquait avec le mikado et subvenait à ses dépenses. Une série de mesures législatives et politiques habilement conçues et rigoureusement appliquées, connue sous le nom de *Code des Cent Lois*, divisa les forces de l'aristocratie, rendit désormais toute conspiration impossible, et concentra la puissance entière aux mains du shogoun. Les plus riches provinces du Japon furent laissées sous la domination immédiate des parents et des créatures de Yéyas : on distribua les autres aux chefs des clans domptés ou réconciliés. Mais on prévint les tentatives de coalition en réglant minutieusement la date et la durée de leur convocation annuelle à Yédo, et en gardant des membres de leur famille comme otages. Mais si les devoirs des *daïmios* envers le shogoun étaient étroits, ceux-ci, laissés à peu près maîtres de la province où on les tenait isolés, devinrent à la longue autant de tyrans « qui levaient les impôts à leur gré, façonnaient des lois, élevaient des temples, rendaient la justice dans leurs cours seigneuriales, faisaient la police, exigeaient et obtenaient des populations un respect sans bornes, tenaient autour d'eux une véritable cour, s'entouraient d'une armée de fidèles, et, suivant qu'ils étaient cruels ou bienfaisants, remplissaient le pays de ruines ou le comblaient de prospérité. » (G. Bousquet.)

Yéyas ne montra pas pour le christianisme la tolérance de ses prédécesseurs. Il releva les autels du bouddhisme et persécuta les religieux et les convertis. Après sa mort, ses successeurs, son fils **Hidétada** (1605-1622), et son petit-fils **Iyemits** (1623-1649), continuèrent sa politique, et le Code des Cent lois maintint les rapports immuables entre des ombres sacrées de mikado, des shogoun qui incarnaient la loi armée du glaive, des daïmios dociles aux volontés du shogoun, et tout-puissants dans leurs provinces avec leur entourage de nobles guerriers *samouraï*, des artisans, marchands, paysans, troupeau qui obéissait, payait et souffrait, sans autre garantie que la bonté naturelle et la pitié de leurs maîtres.

Les premières relations du Japon avec l'Europe. — Les Portugais furent les premiers Européens qui débarquèrent au Japon vers 1542. C'était des aventuriers et des flibustiers que la tempête avait jetés sur les côtes de Kiou-Siou. Ils nouèrent quelques relations commerciales avec les indigènes, et une sorte de comptoir établi à Hirado échangea des marchandises avec Macao, y organisa même la traite de Japonais réduits à l'esclavage par la misère. A la suite des trafiquants et des traitants vinrent les missionnaires. En 1549, des *Jésuites*, partis de Macao, où les Portugais avaient des établissements, vinrent y prêcher l'évangile. Le Japon était alors en pleine anarchie politique et religieuse. L'usurpateur Nobounaga persécutait les bouddhistes, brûlait leurs temples et leurs couvents; les apôtres catholiques le secondèrent. *François Xavier* se signala entre tous par l'ardeur de sa propagande et l'intrépidité de sa foi. Au bout de trente années, les Jésuites avaient, dit-on, converti cent cinquante mille indigènes et construit deux cents églises. Les grands feudataires étaient leurs alliés, et la nouvelle religion devenait entre les chefs de l'opposition un lien puissant. Le nom de chrétien prit bientôt le sens de rebelle. Menacé dans son existence, le pouvoir central représenté par le shogoun s'arma contre la doctrine nouvelle, et restaura le bouddhisme déchu et flétri. En 1587, les Jésuites reçurent l'ordre de quitter le Japon; les chrétiens indigènes furent emprisonnés, proscrits, livrés aux supplices. Le catholicisme persécuté se maintint malgré les violences; mais en 1638, quarante mille chrétiens, réfugiés à Shimabara, y furent massacrés par les troupes du shogoun, appuyées par l'artillerie des Hollandais, qui payaient de cette infâme trahison les privilèges commerciaux dont ils sollicitaient le monopole. Cette sanglante exécution ruina le prosélytisme catholique dans l'archipel. La haine contre le christianisme était telle, que des lois postérieures prescrivirent de surveiller les familles coupables d'avoir compté des chrétiens parmi leurs membres; à Nagasaki, les Japonais étaient tenus à certains jours de fouler aux pieds la croix, et, malgré les réclamations de la légation de France et les promesses récentes du gouvernement du mikado, on trouverait encore dans les temples et les lieux publics des inscriptions injurieuses pour le christianisme [1].

La constitution politique et administrative imposée au Japon par Yéyas amena à la longue l'énervement du shogounat et des tyrans provinciaux. Le pouvoir passa aux mains des ministres et des subalternes. Une réaction fut tentée pour rendre au mikado le pouvoir effectif dont il avait été dépossédé depuis deux siècles, et les grands feudataires s'unirent contre le shogoun. Un incident inattendu ajourna la crise qui paraissait imminente.

L'intervention étrangère au dix-neuvième siècle. — Au mois de juillet 1853, une escadre américaine, sous les ordres du commodore Perry, mouilla dans les eaux du Japon, devant Uraga. Les Etats-Unis projetaient d'établir une grande ligne de navigation maritime entre la Californie et la Chine : la mission sollicita du shogoun un traité d'amitié et de commerce. Le gouvernement éconduisit l'envoyé, et refusa l'entrée des ports aux étrangers, à l'exception de Nagasaki. Perry répliqua d'un ton menaçant qu'il reviendrait l'année suivante chercher une autre réponse. Le Japon indigné s'arma; shogoun, daïmios, nobles et peuple se réconcilièrent dans le danger commun. Mais quand la flotte des *barbares* parut, avec ses huit grands navires à vapeur, ses deux cents pièces de canon et ses 4000 hommes de débarquement, la

---

1. G. Bousquet, p. 117. Le fanatisme du peuple et le scepticisme des lettrés, l'intolérance inscrite dans la loi paralysent la propagande religieuse étrangère. Néanmoins l'Angleterre et l'Amérique entretiennent à grands frais des ministres protestants au Japon ; et les Missions étrangères de France y poursuivent avec constance l'œuvre de conversion.

vaillance japonaise mollit; toute résistance parut désastreuse autant qu'inutile; le shogoun signa avec les Américains un traité qui leur ouvrait les ports de *Simoda*, *Nagasaki*, et *Hakodaté*. Dans la convention provisoire, le Bakoufou s'arrogeait audacieusement le titre d'empereur. Les Américains s'y laissèrent tromper, mais la cour et l'aristocratie protestèrent contre cette usurpation qui fut plusieurs fois renouvelée. En 1857, un traité définitif était signé avec l'Américain *Harris*; et la même année les Anglais, les Russes, les Français, passant par la brèche ouverte, se faisaient céder les mêmes avantages, avec la libre entrée des trois ports de *Yokohama*, *Nagasaki*, *Hakodate* (octobre 1858).

Le régent *Ii-Kammon*, qui exerçait alors le pouvoir pendant la minorité du shogoun *Isada*, envoya une ambassade en Amérique; et, pour briser les résistances du parti hostile aux étrangers, emprisonna, exila ou fit décapiter les plus mutins. Un complot se forma; les chefs des clans mirent à leur tête le prince de *Mito*, et un soir du mois de mars 1860, comme le shogoun sortait de son palais de Yédo, son escorte fut attaquée et mise en pièces, et le régent lui-même tomba sous les coups des assassins. La faction victorieuse se mit à la recherche des étrangers; son mot d'ordre était : mort aux barbares! Le secrétaire de la légation américaine, *Hensken*, fut tué; les gens du prince de Satsouma assassinèrent des sujets anglais. Sur le refus du prince d'accorder les réparations exigées, la ville de Kagoshima fut bombardée et incendiée par les vaisseaux britanniques. Mais les meurtres ne cessèrent pas; les ministres européens résidents menacés se réfugièrent à Yokohama, et les puissances envoyèrent dans les eaux du Japon une flotte de guerre composée de neuf bâtiments anglais, trois français et quatre hollandais. Le shogoun et le mikado accordèrent alors à l'Angleterre les satisfactions qu'elle réclamait et qui furent effroyables[1].

Ces représailles sanglantes accrurent la haine des mécontents contre le shogoun. Les *samouraï*, guerriers à deux sabres, et les *ronin*, samouraï sans emploi, se firent les exécuteurs fanatiques des vengeances de l'aristocratie militaire et commirent impunément tous les crimes : les meurtres et les incendies désolèrent le Japon. Les chefs des clans rebelles firent remonter la responsabilité de ces violences au shogoun impuissant, et le sommèrent de remettre le pouvoir aux mains du mikado, dont le palais était devenu le foyer des révolutionnaires. Le mikado fut invité à son tour à se mettre à la tête des troupes pour chasser les Européens. Le premier ministre fut assassiné; un de ses collègues n'échappa qu'à grand'peine aux poursuites des meurtriers. La guerre civile éclata entre le clan d'Aidzu, partisan du shogoun, et le clan de Nagato, champion du mikado, entre

---

1. Un genre de supplice ou de suicide, jadis très usité au Japon, et réservé aux nobles, était le *harakiri* ou *seppoukou*. Il consistait à se placer au fond du jardin sur une estrade recouverte de riches tapis, à s'accroupir sur les talons, à se faire lire, au milieu des serviteurs assemblés, la sentence de mort, et à s'ouvrir le ventre soi-même, cérémonieusement et en silence, en allant de gauche à droite. Pour avoir refusé de payer l'indemnité réclamée par les Anglais, le tribunal de Yédo condamna le prince de Nagato à ce genre de supplice, mais il éluda la sentence. Par contre, tous les serviteurs attachés à sa maison, hommes et femmes, au nombre de 635, furent condamnés et exécutés. Les Anglais exigèrent en outre le châtiment des douze samouraï coupables du meurtre de leurs nationaux. Ils furent condamnés, vu leur noblesse, à s'ouvrir le ventre, et la sentence fut exécutée sans merci devant le consul anglais. (Voy. R. de Dalmas, *les Japonais*, VIII, p. 88.)

Yédo et Kioto, entre le Japon du nord et le Japon du sud. Le nord fut vaincu (1866).

Abolition du shogounat : Restauration du mikado (1868).

— C'en était fait du shogounat. Les chefs de l'aristocratie militaire, les nobles de l'entourage du mikado, les grands feudataires, jaloux de la puissance du shogoun, se liguèrent contre le quinzième et dernier représentant de la famille des Tokoungawa, le vieux *Stotsbashi*, le forcèrent à abdiquer entre les mains du mikado, et le reléguèrent à Mito. Le shogounat fut aboli et les *Daïmio*, les *Kougé*, les princes du sang, les chefs de clans proclamèrent seul maitre et souverain du Japon le fils de *Ko-mei*, le jeune mikado **Mutsu-Hito**, âgé de 18 ans (3 janvier 1868). Les partisans des Tokoungawa tentèrent en vain de résister. Une guerre de dix-huit mois n'aboutit qu'à la ruine complète du parti : les impériaux eurent partout la victoire : à Foushimi, à Osaka, à Yédo, à Sendaï, à Matsmaï ; leur dernière forteresse, Hakodaté, où le marin *Enomoto*, secondé par le capitaine-instructeur français *Brunet*, avait essayé de fonder une république, tomba aux mains des « impériaux » ; le coup d'Etat triomphait partout, et la constitution de Yéyas ne fut plus qu'un souvenir.

Les puissants **daïri**, de Satsouma, de Hizen, de Tosa et de Nagato, qui avaient été les principaux auteurs de la révolution de 1868, se proposaient de la faire tourner au profit de l'oligarchie aristocratique. Mais la plupart des conseillers du mikado, gagnés peut-être aux idées du progrès européen, ou sentant leur impuissance à fermer désormais l'empire aux étrangers, ne voulurent pas que la nation redevint la proie des clans et des factions. Sous l'influence du Conseil d'Etat, le mikado convoqua une assemblée de daïri, et déclara qu'une ère nouvelle, celle de *Mei-dji*, « gouverner clairement », s'ouvrait pour le Japon. Il promit solennellement de « créer » une assemblée délibérante ; de décider toutes les affaires d'après le sen- » timent public, d'abolir les coutumes barbares, de distribuer une justice » impartiale ; de faire appel indistinctement à tous les hommes éclairés » pour l'œuvre de renouvellement. Pour rompre plus ouvertement avec » le passé, il abandonna le séjour de *Kioto*, et fixa la résidence impériale » à *Yédo*, qui prit désormais le nom de *Tokio*... Il se plaçait ainsi au » centre de l'activité politique, à portée des représentants étrangers » installés à Yokohama, au sein même de la capitale fondée et enrichie » par les shogoun. Rien ne peut dépeindre la stupeur des populations en » voyant passer le cortège impérial le long des routes et des villages ; rien » n'était plus propre à leur inculquer l'idée qu'un grand changement venait » de s'accomplir... Le fils des dieux descendait de son nuage pour gou- » verner ses peuples comme un simple tzar : la coutume de se prosterner » la face contre terre sur son passage fut interdite par un décret. » (G. Bousquet, I, 47.)

Le coup d'Etat de 1871.

— Les auteurs de la révolution de 1868 et leurs partisans furent récompensés de leur zèle par des donations, des honneurs, des charges publiques : on ménagea du mieux qu'on put les convoitises et les ambitions. Ce régime de transition dura deux ans. Tout à coup, par un édit du 29 août 1871, le mikado changea brusquement la constitution territoriale de l'empire. Les *han* ou clans furent supprimés, et en même temps les fiefs des daïmios, avec tous leurs privilèges et leurs revenus. On les remplaça par des départements ou *Ken*; les daïmios furent maintenus pour la plupart dans leurs charges ; mais ils cessaient d'être des possesseurs de fiefs héréditaires pour tomber au rang d'administrateurs délégués, de fonctionnaires révocables, représentants dociles du pouvoir central. Ils reçurent un traitement déterminé, et ceux qu'une retraite volontaire ou une disgrâce imposée écarta des fonctions publiques reçurent des pensions réversibles à leurs héritiers, mais durent, par ordre, fixer leur résidence désormais à Yédo. Quant aux samouraï, ils perdirent leurs privilèges et leurs sabres; on en fit des commis, des rédacteurs et des chefs de bureau, suivant leur souplesse ou leur capacité. Cette audacieuse réforme qui, d'un trait de plume, bouleversait une organisation deux fois séculaire, et supprimait la féodalité dans les institutions, provoqua bientôt une opposition dangereuse. Les nobles, dépossédés de leurs privilèges, les daïmios, déchus de leurs droits, les prêtres de Bouddha, ennemis systématiques des innovations, se liguèrent; le foyer de la résistance fut la province de Satsouma; le chef de la révolte, le maréchal *Saïgo*. Les femmes elles-mêmes, armées de longues lances recourbées, qui faisaient de terribles blessures, se joignirent aux insurgés pour garder les défilés des montagnes. Après trois ans de guerre acharnée, le prince *Tarouhito*, commandant des troupes impériales, secondé par une artillerie puissante, par la flotte et par les bataillons de samouraï, à qui on avait pour un temps rendu leur costume et leur armement national, dompta la rébellion. La répression fut impitoyable; tous les chefs et meneurs furent livrés au supplice. Le nombre des bonzes fut diminué; on confisqua une partie de leurs propriétés, on détruisit un grand nombre de leurs temples ou on les convertit en édifices laïques.

Le Japon contemporain. — Ces exécutions sanglantes ont comprimé tous les projets de soulèvement : mais le nouveau régime du Japon, imposé par les lois, est loin d'être entièrement passé dans les mœurs. Toutefois, s'il faut s'attendre longtemps encore à rencontrer dans l'empire des samouraï fanatiques et turbulents[1], le parti national ou patriote a prouvé dans les dernières années qu'il avait perdu cet esprit d'exclusivisme et d'intolérance qui le poussait à la guerre contre les « barbares aux » cheveux blonds ». Aucun pays n'a ouvert avec plus d'enthousiasme et presque d'engouement ses frontières aux sciences, aux arts, aux inventions et aux produits des nations de l'Europe et de l'Amérique : télégraphes, chemins de fer, phares, vaisseaux de guerre et bâtiments de commerce; armes et matériel de guerre, instruction militaire et service obligatoire; codes législatifs et règlements d'administration; livres, journaux, langues, méthodes pédagogiques; ameublements, usages, costumes et coutumes, jusqu'à la parure et au cérémonial, le Japon de nos jours a tout copié, tout emprunté à ces étrangers qu'il détestait naguère. Tous les peuples de l'Occident ont contribué à lui donner cette éducation européenne dont il paraissait si passionnément épris : la France en particulier lui a fourni des administrateurs pour ses services publics, des instructeurs pour son armée qui est aujourd'hui équipée, habillée et outillée à l'européenne ; des professeurs de droit et des jurisconsultes, dont les plus éminents ont été MM. Boissonade, de la Faculté de Paris, et Georges Bousquet, l'auteur du beau livre qui nous

---

[1]. Quelques attentats ont été commis sur des Européens, et toujours la réparation a été accordée. On sait qu'au printemps de l'année 1891, le fils du tsar Alexandre III, le grand-duc héréditaire de Russie, Nicolas, voyageant au Japon, en compagnie du prince George, fils du roi de Grèce, fut frappé à la tête d'un coup de sabre par un fanatique, au moment où il débarquait.

a si souvent servi de guide. Le gouvernement a fondé à Tokio un collège où on enseigne le français, le hollandais, le russe, l'anglais, l'allemand. Beaucoup de jeunes Japonais fréquentent les écoles d'Europe et des Etats-Unis; les étudiants admis aux cours de nos Facultés à Paris se distinguent entre tous les étrangers par leur intelligence ouverte, un esprit vif, un ardent désir de tout apprendre et de tout connaître.

Le Japon ne s'est pas contenté d'aller chercher des modèles chez les peuples civilisés : il a excité leur admiration par les merveilles de quelques-unes de ses industries artistiques. Le succès de ses laques, de ses vases, de ses sculptures, de ses bronzes a été immense dans toutes les Expositions universelles, et notamment à Vienne en 1873, à Philadelphie en 1876, à Paris en 1867, 1878 et 1889. Tout en copiant, parfois avec une complaisance trop servile, nos costumes et nos modes, le Japon a du moins gardé dans ses produits artistiques une vivante et délicate originalité, qu'une imitation de mauvais goût n'a pu réussir encore à lui faire perdre. Les connaissances scientifiques qu'ils puisent chez nous avec une ardeur quelque peu fiévreuse leur serviront avant longtemps peut-être à s'affranchir de la tutelle de l'Europe : nos idées religieuses, philosophiques ou morales, ne paraissent avoir ni modifié ni entamé leurs traditions et leurs doctrines.

La révolution politique de 1871 a été complétée, à l'extérieur, par le renouvellement ou la conclusion de 17 traités avec l'Europe et les Etats-Unis d'Amérique, et l'ouverture de sept ports avec limitation d'une zone précise dans laquelle les étrangers ont le droit de circulation ; à l'intérieur, par l'octroi d'une constitution promulguée en 1889, et appliquée pour la première fois en 1890[1].

Gouvernement. — L'autorité suprême appartient au *mikado*, ou empereur (*mikado* a le sens de Sublime Porte ; *tennô*, celui de prince céleste). Le mikado gouverne assisté de dix ministres (*kio*) (*Palais impérial; Affaires étrangères; Intérieur; Finances; Guerre; Marine; Justice;*

---

[1] « Cette charte constitutionnelle, écrit un correspondant du *Temps* (avril 1889)
» est fille de ce double esprit conservateur et contemporain qui donne à la consti-
» tution japonaise certaines analogies avec celles de Prusse, avec des réminiscences
» belges ou anglaises... La promulgation de la Constitution a été l'occasion d'une
» fête piquante par ses contrastes. Le mikado avait passé la matinée prosterné
» dans son oratoire particulier, devant les bustes de ses ancêtres, qu'il régalait de
» fumée d'encens et de bâtonnets de parfums. Puis il parut à la cérémonie publique
» en grand uniforme de général, à l'européenne, mais décoré de l'ordre du Chry-
» santhème. L'assistance, peu nombreuse et choisie, renfermait des mandarins et
» des reporters.

» Après la cérémonie de la salle du trône, avec discours de circonstance, le mi-
» kado sortit en voiture dans les rues de la capitale, ayant à ses côtés l'impératrice
» vêtue à la dernière mode de Paris, ce qui fit sensation autant que la constitution
» elle-même, car depuis vingt-cinq siècles et demi que compte la dynastie des
» Tennos, à dire d'historiens, on n'avait jamais vu l'empereur et l'impératrice côte
» à côte en public.

» Tout Tokio était en liesse, décoré d'arcs de triomphe avec le drapeau japonais,
» une boule rouge figurant le soleil levant sur champ entièrement blanc. Les cabs
» et les landaus se croisaient avec les légers cabriolets japonais traînés par des
» coureurs, ou les chars de parade à deux étages. Le soir, la lumière électrique
» mariait ses rayons avec les centaines de mille lanternes de toutes couleurs et de
» toutes formes qui se balançaient sur le ciel de Tokio, comme si tous les dragons
» impériaux et tous les animaux sacrés s'étaient détachés de leurs temples et de
» leurs étendards pour voler sur la ville. »

Instruction publique; Commerce et agriculture; Voies de communication); du *Conseil d'Etat;* de la *Cour des Comptes*, du *Sénat* établi en 1875, et de la *Chambre des députés*, décrétée en 1881, établie en 1890. La *Chambre des pairs* ou *Sénat* se compose des membres masculins et majeurs de la famille impériale, de tous les princes et marquis âgés de plus de 25 ans; de la cinquième partie de tous les comtes, vicomtes et barons de l'empire qui ont atteint leur vingt-cinquième année, élus par leurs égaux pour sept ans; de membres nommés à vie par l'empereur, âgés de 30 ans, et dont le nombre ne doit pas dépasser celui de tous les membres de la noblesse; et de quinze membres âgés au moins de 30 ans, élus par les soixante-quinze habitants les plus imposés de chaque district, et confirmés par l'empereur pour sept ans. — La *Chambre des députés* se compose de trois cents membres âgés au moins de 30 ans, élus publiquement par districts pour quatre ans par tous les sujets mâles âgés de vingt-cinq ans et payant 80 francs d'impôt. — En 1878, ont été fondées les assemblées administratives qui régissent les départements avec les préfets ou gouverneurs. Les départements (*fou* ou *ken*) se divisent en *goun* (arrondissements), administrés par des sous-préfets; les goun en *communes* administrées par des maires et des conseils municipaux. Cette division administrative nouvelle du Japon a remplacé les anciennes circonscriptions et provinces, qui correspondaient à des régions naturelles, et entretenaient le sentiment particulariste.

Provinces.	ANCIENNES RÉGIONS ET VILLES PRINCIPALES
Hondo ou Nippon. (226 579 kilomètres carrés. — 20 420 162 habitants.)	L'île de **Hondo** ou **Nippon** renferme 29 *ken* et 3 *fou*. I. Dans Go-Kinaï (cinq provinces privées) : **Kioto**, chef-lieu d'un *fou* (275 780 hab.), à 16 kilom. du lac Biva, à 42 d'Osaka, à 380 de Tokio, résidence officielle du chef de l'empire jusqu'en 1868, bâtie dans une plaine, sur le Kamo-gava, au centre de fraîches et verdoyantes collines qui portent d'innombrables temples bouddhiques, les plus riches et les plus vénérés du Japon. « Kioto est un grand » Versailles de bois, régulier, triste, mourant, abandonné par la vie » qui s'est réfugiée à Yédo. » (G. Bousquet.) Kioto reste une des premières villes industrielles de l'empire, par ses tissages de soie, ses laques, ses émaux, bronzes, faïences et porcelaines du faubourg d'*Avata*. Le port fluvial de Kioto est *Fou-simi* (21 000 hab.). — **Osaka** ou *Ohozaka* (442 660 hab.), chef-lieu d'un *fou*, à 39 kilom. de Hiogo-Kobé, à 4 de la baie d'Osaka ou mer d'Idzoumi, extrémité orientale de la mer Intérieure. Son port, soumis aux vents réguliers, abrité contre les houles de l'Océan, flanqué d'îles hospitalières, est un des meilleurs de l'archipel, le centre commercial de la mer Intérieure, l'entrepôt naturel des provinces du sud-ouest, bien que les gros navires ne puissent franchir la barre. Les bras du delta de l'Azi-kava, sur lesquels est bâtie Osaka, lui ont fait donner le nom de *Venise* du Japon. — **Hiogo-Kobé** (116 000 hab.), à 33 kilom. en face et à l'ouest de Osaka, sur la baie de ce nom, est une ville composée de deux quartiers : au nord-est l'ancienne ville japonaise, *Hiogo*; au sud-ouest le port profond et de facile accès de *Kobé*, la ville active et vivante, où les étrangers se sont établis, où se sont rapidement bâtis et développés les magasins, entrepôts, manufactures, chantiers du commerce et de la navigation. — *Nara* (23 000 h.), ancienne capitale et résidence des souverains. Dans les magnifiques bois sacrés des environs, est un des sanctuaires les plus vénérés de l'empire. II. Dans Tokaïdo (région du littoral de l'est) : **Tokio** (1 313 300 hab.), (province de Mousashi), capitale actuelle, depuis 1868, la plus populeuse cité du Japon, appelée autrefois *Yédo*, « Porte de la Baie », résidence du Mikado ; aussi vaste que Paris, Tokio est situé sur une plage vaseuse, à la bouche du Soumida, une branche du Tonegava, au nord-ouest de la baie de Yédo; elle est formée de nombreuses bourgades et villages qui ont fini par se réunir. Les palais des anciens daïmios, transformés en bureaux, ministères et écoles, les temples bouddhiques, les constructions en briques du quartier du commerce et les légères maisons bâties à la mode japonaise, les manufactures de soieries, bronzes, porcelaines, les chantiers et ateliers y sont mêlés aux jardins, aux plantations d'arbustes, aux bosquets de cryptomerias; l'animation est grande dans les canaux sillonnés de bateaux et de jonques, dans les grandes rues où se croisent incessamment les djinriksha, et aux abords de la gare du chemin de fer. — **Yokohama** (120 000 hab.), jadis simple village de pêcheurs, devenu, grâce au chemin de fer, un faubourg de la capitale, et, grâce à ses eaux profondes, le point d'attache des lignes de navigation maritime, est construite à travers les marais et les rizières; Américains, Européens, Chinois y font un trafic considérable. — Au sud est l'arsenal maritime de *Yokoska*; au nord-est, près de la ville forte de *Sakoura*, est le principal camp des environs de la capitale. — *Kamakoura*, à 24 kilom. au sud-ouest, la cité de la grande statue de bronze de Bouddha, montre les imposantes ruines de ses temples antiques; *Atami*, au sud de Hakoné, a

Provinces.	ANCIENNES RÉGIONS ET VILLES PRINCIPALES
Hondo ou Hippon.	des sources chaudes; *Kofou* ou *Yamanasi*, de riches filatures de soie. — Nagoya ou *Aïtsi* (155 000 hab.), au fond de la baie d'Owari, est une des cités industrielles les plus remarquables du Japon, pour ses porcelaines, ses émaux et ses étoffes. III. Dans Tosando (région des montagnes de l'est) : **Sendaï** (77 500 hab.) est bâtie au sein des rizières, à 15 kilom. de la mer; son port est *Sihogame*, dans une crique riante de la baie de Sendaï; — *Akita* (40 000 hab.), port animé de la mer du Japon; — *Hikoné*, ville industrieuse de la rive orientale du lac Biva; — *Yakamats* (25 000 hab.), près du lac Inavasiro et des sources thermales de Higasi-Yama, a une manufacture de porcelaine. IV. Dans Hokourokoudo (région continentale du nord) : les villes situées à l'ouest et au nord du Siro-yama (mont Blanc), *Foukouï* (40 000 hab.) et son port *Sakaï*, *Kamzava* (100 000 hab.), *Toyama* (60 000 hab.), *Takaoka* sont renommées pour les porcelaines peintes, les étoffes, les bronzes ciselés; — **Niigata** (50 000 hab.), « Étang neuf », est à la rencontre des routes de commerce de deux vallées; mais son port, obstrué par une barre et exposé aux vents, est encore le meilleur de la côte; les ingénieurs travaillent à l'améliorer pour l'exportation des laques, riz, soies, thés, chanvre, indigo, houilles, produits du pays. — *Takata* exporte les mêmes produits par le port d'*Imamatsi*. V. Dans Sanyido (région des montagnes-Yin) : *Tottori* (21 000 hab.) est sur la route du littoral; Matsouyé (34 000 hab.) occupe une situation pittoresque entre le lac Sindzi et une lagune du golfe. VI. Dans Sanyodo (région du sud des montagnes) : Himetzi (25 000 hab.), non loin de la mer Intérieure, est reliée par une belle route, œuvre d'ingénieurs français, avec les riches mines d'or, d'argent, de cuivre d'*Ikouno*; elle fabrique de beaux ouvrages de cuir; — *Tsouyama* (15 000 hab.), dans l'intérieur, a des filatures et des teintures; — *Onomitsi* (15 000 hab.) est l'escale des bateaux à vapeur qui font le service de la côte; — *Hirosima* (85 000 hab.), sur la mer Intérieure, en face du détroit qui sépare Kiou-Siou de Sikok, ville animée, sur le delta de l'Ohota; les îles sacrées de la baie ont des sanctuaires très vénérés et des forêts splendides.
Sikok. (18 240 kilom. car. 2 829 000 hab.)	VII. Dans Nankaïdo, une ville fait encore partie de l'île Nippon : *Vakayama* (55 000 hab.), cité commerçante et populeuse, célèbre par ses monastères et l'opulence de ses campagnes. L'île de **Sikok** renferme 2 *kens*; les villes principales : Tokousima (60 000 hab.), chef-lieu de *ken*; *Takamats* (39 000 hab.); *Matsouyama* (35 000 hab.), chef-lieu de *ken*; *Kotsi* (32 000 hab.), sont échelonnées sur les rives opposées de l'île, et sont des villes de commerce et d'industrie; Kotsi fabrique le meilleur papier de l'empire.
Kiou-Siou.	VIII. Le Saïkaïdo (région du littoral de l'ouest) s'étend sur l'île de Kiou-Siou qui renferme 5 *kens*. — Sur la côte orientale, la ville la plus importante est *Miyasaki* (12 000 hab.); *Kokoura* et *Founaï*

Provinces.	ANCIENNES RÉGIONS ET VILLES PRINCIPALES
Kiou-Siou (9 contrées). — 43 615 kilom. car. — 6 103 000 hab. (avec les îles Riou-Kiou)	sont des cités déchues. — Au nord-ouest, les cités jumelles de Fou-kouoka, chef-lieu de *ken*, et Hakata (42 000 hab.), la deuxième surtout, ont des industries florissantes et un commerce actif; au sud-ouest d'Hakata (presqu'île de Hizen) sont les fabriques de ces belles porcelaines, connues sous le nom d'*Imari*, d'*Hizen* ou d'*Arita*. — **Nagasaki** (45 000 hab.), « le cap Long », chef-lieu de *ken*, seule ouverte pendant trois siècles aux étrangers; port sûr et profond; mais les campagnes voisines sont infertiles. Ses industries céramiques, ses laques la font prospérer. — En face, l'îlot de Desima, jadis séjour des marchands hollandais, est maintenant rattaché à l'île; — *Sima-bara* (19 000 hab.), à l'entrée de son golfe, garde l'entrée des sources thermales de l'Ounzen; — Koumamoto (53 000 hab.), chef-lieu de *ken*, a un port accessible seulement aux jonques; — **Kagosima** (48 000 h.), chef-lieu de *ken*, sur la rive occidentale de la baie, a des manufactures de porcelaine et de faïence, une filature de coton; — *Kadziki* (10 000 hab.) a un port excellent, qui expédie les tabacs de l'île à la Havane; — Founaï ou *Oïta* (7 000 hab.), chef-lieu de *ken*, est sur la côte méridionale d'une baie de la mer Intérieure.
Yéso. (94 012 kilom. car. — 234 805 h.)	IX. Le Hokkaido (région du littoral du nord) s'étend sur l'île de **Yéso**, et comprend 8 *kens*. Les principales villes sont : **Hako-daté**, chef-lieu de *ken* (53 000 hab.), un bon port, bâti au nord d'un promontoire situé au sud-est de l'immense et profonde baie qui porte le nom de la ville; c'est un rendez-vous de pêcheurs de baleines, et un des principaux centres d'exportation des algues comestibles, connues sous le nom de *kampon* ou chou de mer; — *Yezasi* (20 000 hab.), port de la côte occidentale; — **Matsmaï** ou *Fou-kouyama* (17 000 hab.), mouillage médiocre au sud-ouest de l'île, à l'entrée du détroit de Tsougar, est en décadence; — *Sarou* (18 000 h.), port méridional de l'île; — Sapporo (8000 hab.), chef-lieu de *ken*, sur le Toyahira, affluent de l'Isikari-gava, au centre d'une riche plaine d'alluvions; centre de la colonisation intérieure entreprise par le gouvernement; école d'agriculture, scieries, brasseries; la ville est reliée à son port, *Otarou*, par une route et un chemin de fer; — Nemoro (2000 hab.), chef-lieu de *ken*, ville naissante, port de pêche établi à l'entrée de la longue presqu'île de Nokki, sur la côte orientale de Yéso; — *Tokatsi*, port de la même côte, à l'embouchure de la rivière de ce nom.

Au midi de Kiou-Siou, l'archipel des **Riou-Kiou** (ou *Lou-Tchou*, ou *Lieou-Khieou*) (4828 kilom., 360 000 hab.) se développe du nord-est au sud-ouest en plusieurs groupes sur une longueur de 1100 kilomètres, en forme de courbe dont la convexité est tournée vers le Pacifique. Parmi les cinq groupes qui forment l'ensemble de cette traînée d'îles, les deux groupes du nord dépendent de Kiou-Siou; ce sont les huit *îles du nord*, dont les plus grandes sont *Tanéga* et *Okouno* (460 kilom.), et les dix îles de l'*archipel* **Cécile**, dont les plus grandes sont *Souva* et *Naka* (35 kilom.).

Les **Riou-Kiou** proprement dites se divisent en trois groupes, et comprennent environ cinquante îles; *Okinava* (1350 kilom. car.) dans le groupe

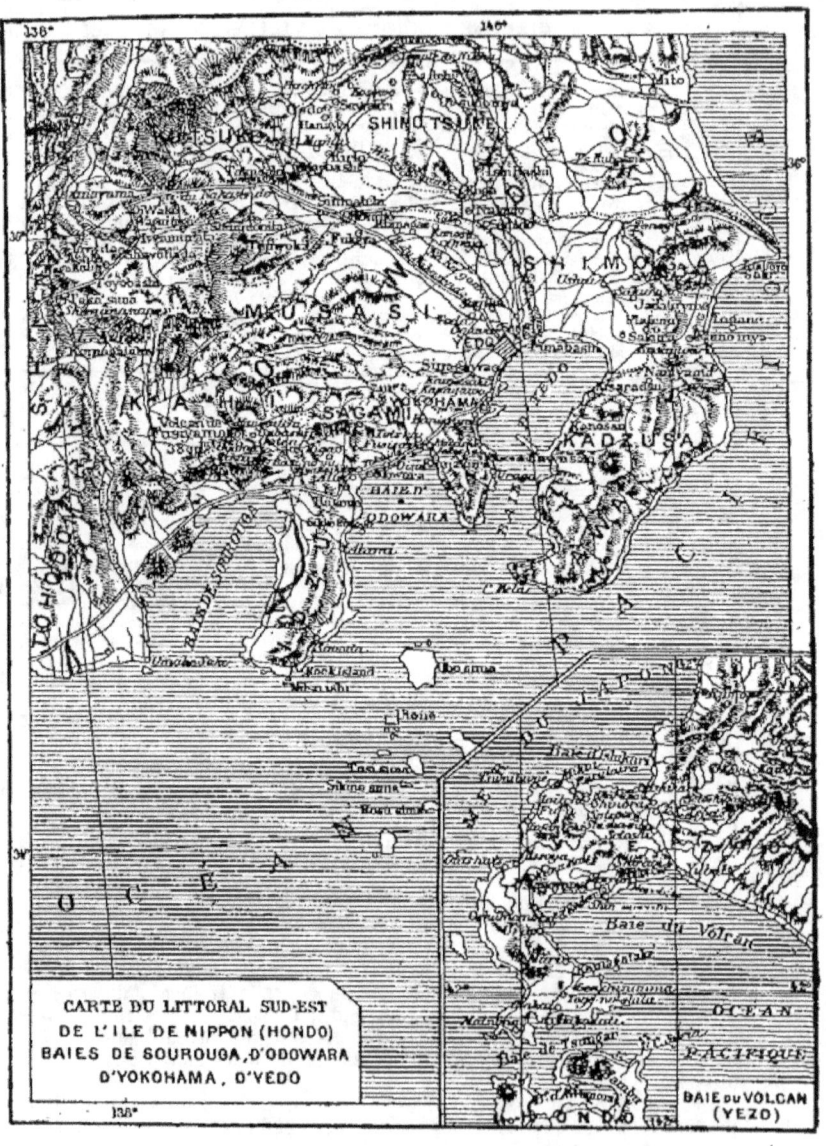

CARTE DU LITTORAL SUD-EST DE L'ILE DE NIPPON (HONDO) BAIES DE SOUROUGA, D'ODOWARA, D'YOKOHAMA, D'YEDO

BAIE DU VOLCAN (YEZO)

du centre, *Ohosima* (800 kilom.) dans le groupe du nord, sont les plus considérables.

Les îles septentrionales ont des cimes volcaniques, dont plusieurs sont en activité; la plus haute s'élève à 1 900 mètres. Les autres groupes n'ont que des collines de grès, granit, schistes ou calcaires, hautes de 300 à 600 mètres. La rapidité des courants, la fréquence des typhons, les brouillards, les écueils, les bas-fonds rendent la navigation périlleuse autour de ces îles.

L'île **Ohosima** a des cultures de *riz* et de *canne à sucre*, des *palmiers*, des *bois de chêne vert*, des *bananiers* et des *indigotiers*. Son port principal est *Nasé*.

L'île **Okinava**, entourée de brisants, couverte de montagnes au nord, a de belles campagnes fertiles, jalonnées de collines boisées. Ses cultures sont le *riz*, la *canne à sucre*, le *thé*, le *poivre*, le *tabac*, les *arbres fruitiers*; l'île a des bois d'ébénisterie, des *cocotiers*, *orangers*, *bambous*; des gisements de *cuivre*, *zinc*, *soufre*, qu'elle n'exploite pas, non plus que les *nacres* et les *coraux*. Elle élève des *moutons*, des *chevaux*, des *porcs* et des *poules*. Les habitants et les animaux y sont également doux. La capitale de l'île est *Siouri* (45 000 hab.), située à 4 kilomètres du port de *Nafa*. Un service de paquebots de la compagnie japonaise Mitsou-Bisi est établi entre Kobé, Kagosima et les ports de Nasé et Nafa. Le commerce général des îles est évalué annuellement à 2 millions de francs environ.

Entre le nord de Yéso et la pointe méridionale du Kamtchatka, s'étend la longue rangée des **Kouriles**, sur plus de 1 200 kilomètres, légèrement recourbée à l'est de la mer d'Okhotsk. Les Japonais appellent cet archipel, qui se rattache à l'île Yéso, le groupe de *Tsi-sima*, « les Mille Îles ». En réalité on en compte seize grandes et quelques îlots (14 834 kilom. et environ 500 habitants). Les Kouriles sont volcaniques; on y a compté cinquante-deux cônes d'éruption; quelques cratères sont toujours fumants, le pic le plus élevé, l'*Alaïd*, est à 3 300 mètres, le pic *Saint-Antoine*, dans l'île Kounasir, a 2 254 mètres. Les tremblements de terre sont fréquents dans l'archipel. C'est au large des Kouriles que le navire *Tuscarora*, en 1874, a découvert la plus grande profondeur actuellement sondée dans l'Océan, à 8 513 mètres.

Les Kouriles du nord sont constamment couvertes de neiges, sauf sur une étroite zone du littoral; celles du sud ont dans les vallées les mieux abritées des bouleaux, des peupliers, des saules, et quelques chênaies qui dépassent rarement la hauteur de 6 mètres. La navigation d'une île à l'autre est extrêmement dangereuse, à cause des courants violents et des brouillards épais. La faune est pauvre, surtout dans les îles du nord; les *loutres*, *castors*, *ours*, deviennent de plus en plus rares; les *phoques*, *morses* et *lamantins* peuplent encore ces tristes parages.

Les trois plus grandes îles sont: *Kounasir* (1 548 kilom. car.); *Itoroup* (6 725 kilom. car.); *Ouroup* (1 511 kilom. car.); *Paramousir* (2 479 kilom. car.). Les indigènes, courts de taille, vivent de poissons et de gibiers, et habitent des excavations pratiquées dans le sol et recouvertes de gazon.

III. — Géographie économique

Productions. — Minéraux. L'*or* et l'*argent* sont rares; on les exploite en faible quantité dans l'île Sado, à Itouno, Kosaka, etc. Certaines rivières de Nippon roulent de l'or. Le fer, plus commun, se trouve dans les provinces de Rikoutsiou, Kodzouké; les pyrites de **cuivre** sont abondantes dans les provinces d'Ougo, Rikoutsiou, Etziren, Iyo, Ougo. Le **plomb** se trouve surtout dans le nord, province de Rikouzen; — l'*étain* dans le sud, provinces de Tatsouma, de Bougo, de Souvo; — l'*antimoine* dans celles d'Isé et de Hiouga; le *cobalt*, en Ovari; le *soufre*, au pied de tous les volcans. — La **houille** est surtout exploitée à Karatsou, et dans l'île Taka (Kiousiou). Les mines de Taka donnent une houille excellente et abondante; Nagasaki en est le grand entrepôt. L'île de Yéso a les houilles qui s'exportent par le mouillage d'Ivanaï, au sud-ouest. Les géologues évaluent à 620 millions la quantité approximative de tonnes de charbon que possède le Japon. Les gîtes de pétrole sont fort nombreux, notamment dans les provinces d'Etsigo, Sinano, Ougo, Totomi. Etsigo n'a pas moins de 522 puits ou sources; Sinano en a 22.

Le *granit*, le *marbre*, les *pierres calcaires*, les *ardoises*, *grès*, *trachytes*, complètent cet ensemble de richesses minérales. Mais elles sont encore exploitées le plus souvent par des procédés primitifs, et le rendement n'est pas encore ce qu'il devrait être. Les 500 à 600 mines de toute nature exploitées donnent par an une valeur d'une vingtaine de millions. Cette terre volcanique a des sources thermales innombrables; les plus fréquentées sont celles de *Kousatsou*, dans le nord du massif de l'Asama-Yama, et celles de Hakoné, dans la province d'Idzou. Cette province et celle de Rikouzen ont des geysers, et ces sources *intermittentes* d'eau bouillante jaillissent à une grande hauteur.

Végétaux. — Depuis les temps les plus anciens, le Japon est par excellence un pays agricole. L'agriculture est en très grand honneur chez ce peuple, et il est difficile de trouver un acre de terrain inculte, s'il peut être cultivé. La propriété est très morcelée; la grande culture et l'outillage perfectionné n'existent pas; les cultures se font à la main avec des outils primitifs, et principalement la bêche et la houe. Néanmoins, le paysan s'entend à merveille, à force de soins, par d'habiles irrigations et par un intelligent emploi de l'engrais, à produire en abondance des espèces extrêmement variées. Les terres cultivées couvrent environ 4 millions et demi d'hectares, les terres incultes près de 14 millions. La flore japonaise est une des plus riches du monde; les végétaux de la Chine, de l'Indo-Chine, de l'Hindoustan, de la Corée, de la Malaisie, de l'Amérique du Nord, se sont acclimatés sur le sol des îles; les naturalistes en ont compté 2743 espèces. Le produit de prédilection des Japonais est le **riz**, de qualité excellente, qui rapporte le centuple; il est le principal objet d'alimentation du peuple. On le cultive dans toutes les régions arrosables, même dans le nord de Nippon, et jusqu'à 740 mètres d'altitude (culture du riz: 2600000 hectares). Avec le riz, les Japonais fabriquent aussi le *saké* (eau-de-vie). — Le **thé** (10 millions de kilogr.) est cultivé jusque sous le 40° latitude; le meilleur vient des environs de Kioto; il s'en exporte de grandes quantités aux Etats-Unis. Les céréales, telles que le *froment*, le *seigle*, l'*orge*, le *sarrasin*, sont beaucoup plus rares. Dans la région chaude, on récolte des *raisins* en treille, des *citrons*, *oranges*, des *cannes à sucre* (îles du sud), 22 millions de kilogrammes de sucre. — Le **tabac** prospère dans la plupart des provinces, et les Japonais en consomment beaucoup. L'*indigo* est très cultivé et fournit le bleu végétal, qui est la couleur de prédilection des Japonais. La *garance* est commune dans la zone tempérée. — Le cultivateur japonais fait pousser dans ses jardins tous les fruits de l'Europe, *pêches*, *abricots*, *pommes*, *poires*, *cerises*; mais ils sont d'une qualité très inférieure aux nôtres. Il excelle dans la culture des fleurs; les jardins, dessinés avec un art infini, sont parés de plantes et de fleurs d'un éclat, d'une délicatesse et d'une variété inouïes : *anémones, camélias, gardénias, lis, lotus*, et surtout les *chrysanthèmes*, fleurs symboliques, qui sont, avec la fleur du *paulownia*, les emblèmes de la famille impériale. Partout les fleurs décorent et embellissent les champs, les collines et les forêts. (Voy. aux *lectures*.)

Le Japon est aussi particulièrement riche en belles forêts. M. Ussèle évalue leur superficie à 12 691 000 hectares, à peu près partagés entre l'Etat et les particuliers. L'Etat est propriétaire des forêts presque toutes vierges, voisines des temples ou éloignées des centres populeux. Depuis quelques années, un service forestier, confié à des conservateurs, a été organisé, et le collège d'enseignement agricole et forestier, le Noring-Gakkô, établi dans un faubourg de Tokio, forme des agents forestiers pour l'Etat[1]. Les Japonais emploient de préférence des essences résineuses pour leurs constructions, pour les meubles, ustensiles de ménage, tonnellerie, emballages, même les ponts; les principales essences résineuses sont : le *hinoki* qui atteint jusqu'à 7 mètres de tour, le *matsou*, le *momi*, le *soughi* (pins et sapins), le *segni* ou *cryptomeria japonica* qui atteint 40 mètres de hauteur et 12 mètres de tour, et 20 mètres de hauteur sans branches. Le hinoki est l'arbre sacré avec lequel on édifie les temples; le soughi fournit le bois qui est d'un emploi général dans le peuple. Parmi les essences feuillues, peu appréciées pour la production du bois d'œuvre, on trouve le *keaki*, remarquable par son élasticité, sa résistance et sa durée, et qu'on utilise pour les colonnes des temples et des palais; des *chênes* de dix-huit espèces, le *hêtre*, l'*orme*, le *camphrier*, le *bois de fer*, le *frêne*, le *hô*, admirable bois d'ébénisterie; le *mûrier*, l'*érable*, le *houx araraghi*, avec lequel on fabrique des éventails et des baguettes à manger; le *siraghi*, employé pour les jeux d'échecs et les billes de bois des machines à calcul, le *keiri* ou *paulownia*, dont on fait les coffrets laqués, les boîtes à thé, etc., l'*ourouchi* qui fournit le vernis au moyen duquel sont fabriquées les célèbres laques japonaises; le *kozou*, cultivé pour la fabrication du papier; le *bambou*, dont la rapide croissance, la légèreté et la résistance font un des bois les plus précieux du Japon. Le Japon a peu de landes et de prairies; les arbustes et les arbres couvrent le sol, en dehors des cultures.

« Rien n'égale la splendeur de ses forêts colorées des teintes éclatantes
» de l'automne. Dans les vallées largement ouvertes, sur les contours arrondis
» des sommets, et jusqu'aux ondulations gracieuses de l'horizon, les arbres
» de toute espèce forment, par le ton varié de leur feuillage, des paysages
» pleins d'agréables contrastes. Sauf dans les provinces du sud de Nippon
» que le déboisement dépare, chaque village est superbement orné de
» bouquets d'arbres. C'est aux bois sacrés qui les entourent bien plus qu'à
» leur architecture qu'est due la beauté des temples. Ce mélange d'arbres à
» feuilles caduques, d'arbres verts et de conifères est beau surtout près
» des côtes, dans les montagnes littorales où mainte baie tranquille et
» bleue entaille un rivage abrupt recouvert de forêts. » (VIVIEN DE SAINT-MARTIN et ROUSSELET, *Dictionnaire de géographie universelle*; article *Japon*).

---

1. Voy. le très intéressant et très substantiel travail de M. Ussèle, garde général, chargé d'une mission au Japon par le ministère de l'agriculture (*A travers le Japon*, in-8°, 1891). Nous lui empruntons de précieux renseignements. — M. de Villaret n'évalue la superficie forestière qu'à 1 700 000 hectares.

LE JAPON MÉRIDIONAL
ILE DE SIKOK, BAIES DE SOUVONADA
D'IVONADA, DE OSAKA.
Echelle 1:3.200.000

Animaux. — Les animaux domestiques sont : les *chevaux* de race indigène, mongole ou coréenne, dont on ne se sert que pour la selle et pour le bât, les chars de toute nature étant traînés par des hommes (L. Metchnikoff). Les voitures à la mode européenne et les omnibus qu'on a tenté d'introduire dans les villes ont peu de succès; on ne compte que 1 200 000 *chevaux*. Les animaux de *race bovine* sont peu nombreux et chétifs, à cause de la faible étendue et de la mauvaise qualité des pâturages (1 million environ); il n'y a pas de *moutons* et de *chèvres* indigènes; les essais d'acclimatation ont été stériles, les *porcs* et les *lapins* au contraire ont été introduits avec succès et se sont multipliés dans les îles. Les bestiaux ne sont pas employés pour la culture; les Japonais commencent à peine à faire entrer le laitage et la viande dans leur alimentation; ils vivent surtout de riz, de poisson, de blé, et boivent du thé. Pendant de longs siècles, les lois civiles et religieuses interdisaient l'usage de la viande, et frappaient de déchéance les bouchers, corroyeurs, tanneurs, etc. On remplace le cuir par du papier ou des tresses de paille et de bambou. Toutefois, le gouvernement actuel encourage l'élève du bétail, et a créé dans ce but plusieurs fermes modèles. Le *chien* et le *chat* sont communs au Japon; le *ver à soie* y prospère; la *sériciculture* fournit à l'Europe pour 50 millions de produits par an.

La faune sauvage est rare dans un pays partout si bien cultivé : l'*ours* se rencontre encore dans les monts de Nippon et les épaisses forêts de Yéso; les *rizières* ont à souffrir des *loups* et des *renards;* dans les bois vivent des *singes*, des *cerfs*, des *sangliers*, des *loutres;* — les *serpents*, dont on a compté 13 espèces dans Nippon, sont pour la plupart inoffensifs. Le Japon est presque aussi riche en *oiseaux* que la Chine; les naturalistes en énumèrent 326 espèces; les *papillons* et les *scarabées* sont innombrables. Les *poissons* foisonnent dans les eaux de l'archipel; Yéso surtout, à cause de la rencontre des courants chauds et froids qui charrient une ample pâture de débris et d'animalcules, a les pêcheries les plus riches et les plus fréquentées; *harengs, crabes, mollusques, trepangs,* sont expédiés en masse, sans parler des *algues* comestibles. Le poisson le plus commun est le *saumon;* les pêcheurs en prennent jusqu'à vingt mille par jour, et des millions par an. On emploie des cargaisons de poissons pourris et de déchets de poissons pour engraisser les terres. Les îles Riou-Kiou sont entourées de récifs madréporiques qui fournissent le *corail* transparent.

Industrie. — Les Japonais ont certaines industries d'une délicatesse, d'un éclat et d'une originalité qui atteignent la perfection; tels sont leurs produits de *bronze*, de *faïence*, de *porcelaine*, leurs *étoffes de soie*, leurs *broderies* et leurs *laques*. L'art de la céramique remonte à une antiquité reculée; mais l'industrie de la poterie doit ses perfectionnements aux potiers coréens qui se sont établis dans Satzouma au seizième siècle, et ont fait école. Les *poteries d'Avata*, faubourg de Kioto; les *porcelaines* de Kioto, celles d'*Arita*, qui s'exportent par le port d'*Imari*, celles de *Séto*, dans la province d'*Ovari*, celles des provinces de Mino et de Kaga sont particulièrement renommées. Les Chinois ont enseigné aux Japonais les procédés de fabrication des *émaux cloisonnés sur métal;* le centre principal est Nagoya (*Ovari*). On fait aussi des émaux cloisonnés à la porcelaine. Les ciseleurs japonais n'ont pas de rivaux pour l'art des *incrustations* d'ivoire, de bois, de métaux divers. Les provinces d'Ivasiro, Ouzen, Sinano, Kodzouké, ont les filatures et les tissages de soie les plus célèbres. Le gouvernement a établi à Tomioka une filature modèle. La manufacture de Senzi fabrique des draps très fins. Avec le chanvre, l'osier, la paille de riz, le jonc, les tisseurs et tresseurs japonais font des ouvrages admirables. Avec les fibres du *bambou* ils fabriquent une multitude d'objets, stores, nattes, paniers, éventails, coffrets, parapluies, lanternes, chapeaux, jardinières, chaises à porteurs, appareils d'irrigation et de canalisation, ponts volants, machines hydrauliques, etc.

Les Japonais sont incomparables dans la fabrication des **laques** et du **papier**. La racine d'*ouroulchi* (*rhus vernicifera*) fournit les éléments du vernis précieux qui depuis plus de vingt siècles est employé à la composition des laques des nuances les plus variées, les plus solides et les plus délicates : Kioto, Osaka, Tokio, sont les principaux centres du commerce des laques [2].

« Diverses variétés du mûrier, et un arbre particulier, le *brussonnetia papyrifera*, fournissent la matière première pour la fabrication du papier dont il se consomme annuellement des quantités énormes. Les Japonais sont le peuple le plus écrivassier du monde, mais leur papier ne sert pas seulement aux fins littéraires : on en fait les usages les plus variés et les moins attendus. Un cahier remplace, pour les Japonais de toutes classes, nos serviettes et nos mouchoirs de poche. La nuit, on repose sa tête non sur un traversin, mais sur un petit banc de bois en forme de fer à repasser et dont le manche est recouvert d'un livret de papier. Quand la première feuille de ce livret est trop empreinte d'huile de camélia, dont les cheveux des dormeurs sont amplement graissés, on la retourne comme chez nous on change sa taie d'oreiller. Les vitres et les carreaux se font en papier plus ou moins fort et transparent, tandis que le papier plus gros et imprimé en couleurs tapisse les murs des pauvres cabanes comme ceux des palais riches. Une espèce particulière de papier, aussi imprimée en couleurs, s'emploie pour les robes d'été, et n'importe quel papier enduit d'huile ou de cire végétale remplace nos manteaux imperméables pour les ouvriers des villes. Les capotes des *djin-rik-sha* ou petites calèches traînées par des hommes, unique genre de voiture que l'on voie

---

[1]. « Pour répondre aux demandes croissantes de l'étranger on a dû augmenter la » fabrication, mais au détriment de la qualité. Aussi les laques faites aujourd'hui » pour l'exportation sont-elles bien inférieures aux objets anciens. On ne fabrique » plus guère maintenant de ces fameuses laques d'or, si recherchées des collec- » tionneurs. J'en ai vu cependant quelques beaux spécimens, mais d'un prix fort » élevé. » (E. COTTEAU.) — On sait que le paquebot *le Nil*, des Messageries maritimes, coula près du cap d'Idzou, avec son chargement d'objets d'art, revenant de l'Exposition de Vienne, en 1873. Au bout de 15 mois on finit par repêcher une partie de la cargaison. Les objets anciens en laque étaient intacts ; les laques de fabrication récente étaient au contraire plus ou moins détériorés par un long séjour dans l'eau de mer.

sur les routes et dans les rues, sont faites aussi en papier huilé. Un papier très gros remplace souvent le bois pour les articles vernis.

» Pour la fabrication du papier, on coupe les jeunes branches du *brussonnetia,* du *buddlea* ou d'*hibiscus*, et on les fait bouillir dans de l'eau jusqu'à ce que l'écorce se ramollisse et devienne facile à enlever. Des masses considérables de cette écorce bouillie sont livrées par les cultivateurs aux nombreuses fabriques de l'empire. Cette écorce est soigneusement triée, et les qualités les plus fines donnent aussi les papiers les plus estimés. On la fait bouillir une seconde fois dans une décoction amidonnée et on la réduit en pâte homogène qui est plus ou moins blanche suivant la durée de cette seconde cuisson. Plus la pâte est blanche, moins le papier sera doux et uni; de sorte que les meilleurs papiers japonais sont toujours de couleur brunâtre ou jaunâtre. Pour l'écriture et l'impression, l'on se sert généralement d'un papier transparent et non collé qui est souvent d'une finesse et d'un soyeux admirables. Mais les Japonais fabriquent aussi des papiers opaques et forts, et des cartons divers. Leur papier pèse moins que le nôtre et ne se déchire pas aussi facilement; mais il ne se prête pas à l'écriture à la plume, ni à l'impression avec des types mobiles. Pour le dessin, on emploie une étoffe en soie blanche ou légèrement teintée, qui fait admirablement ressortir l'éclat des couleurs détrempées avec une substance gélatineuse, *nigava*, aussi incolore que l'albumine et que l'on extrait par des procédés particuliers des cornes et des sabots des ruminants et des chevaux. » (Léon METCHNIKOFF, *l'Empire japonais*, p. 95.)

L'art de la *teinture* a été gâté par l'introduction des matières colorantes d'Europe, qui donnent des nuances à meilleur marché, mais bien moins solides; — la *tannerie*, aujourd'hui réhabilitée, fournit des cuirs renommés; les arsenaux du gouvernement, et en particulier celui de Tokio, fondé en 1872, par une mission militaire française, sont organisés et outillés à l'européenne, et permettent de se passer des *armes* et des *munitions* jadis importées de l'étranger.

Les Japonais fabriquent le *verre;* comme leurs habitations sont toutes construites en bois, ils sont devenus des *charpentiers*, des *menuisiers*, des *ébénistes* de premier ordre. Ces édifices fragiles de bois léger et résineux, de carton et de papier sont d'une extrême simplicité, et l'incendie y fait souvent de terribles ravages : en quelques jours les quartiers sont rebâtis. On commence à employer les briques dans les constructions des monuments publics et des magasins.

L'industrie se distingue, comme l'art, au Japon, par la fantaisie, l'originalité, la finesse, l'éclat, l'effet décoratif, la liberté et la vie.

Commerce. — Jusqu'en 1854, époque où les ports japonais ont été ouverts aux étrangers, le commerce extérieur du Japon s'élevait à 6 millions de francs environ (2 avec les Hollandais établis à Desima, 4 avec les Chinois). Aujourd'hui il dépasse 650 millions. Mais il enrichit surtout la Chine. Les Japonais ont su très promptement imiter les produits européens, et s'affranchir de la tutelle et de la concurrence étrangères. Ils essaient, avec un succès qui va croissant, de se suffire à eux-mêmes pour les objets industriels, et de se passer des intermédiaires européens pour le placement et la vente de leurs produits nationaux. Il est rare que la valeur de leurs exportations ne dépasse pas celle de leurs importations.

Les ports ouverts à la navigation sont par ordre d'importance commerciale : *Yokohama, Nagasaki, Kobe, Osaka, Hakodate, Niigata, Shimonoseki, Hakata, Idzugara.* Les trois premiers représentent 90 p. 100 sur le total du trafic.

Exportations. — En 1885 : 36 147 700 yens (yen = 5^{fr},15); — en 1887 : 51 547 400; — en 1888 : 64 891 600; — en 1890 : 56 604 000. (Part de la *France*, 8 354 000 yens; — de la *Grande-Bretagne*, 5 639 000; — de l'*Allemagne*, 847 000; — de l'*Italie*, 214 000; — de la *Suisse*, 110 000; — de la *Belgique*, 64 000; — de la *Russie*, 289 000; — de la *Chine*, 5 227 000; — de la *Corée*, 1 251 000; — des *États-Unis*, 19 821 000; — du *Canada*, 1 023 000; — de l'*Australie*, 795 000; — des *Indes*, 591 000.) Les **exportations** portent sur la *soie*, le *riz*, le *thé*, les *poteries*, la *houille*, le *camphre*, le *soufre*, les *poissons secs*, le *cuivre*, les *objets en bois*, etc.

Importations. — En 1885 : 32 680 300 yens; — en 1887 : 51 671 800; — en 1888 : 65 416 200; — en 1890 : 81 728 000. (Part de la *France*, 3 869 000 yens; — de la *Grande-Bretagne*, 26 619 000; — de l'*Allemagne*, 6 857 000; — de l'*Italie*, 129 000; — de la *Suisse*, 859 000; — de la *Belgique*, 1 032 000; — de la *Russie*, 236 000; — de la *Chine*, 8 850 000; — de la *Corée*, 4 363 000; — des *États-Unis*, 6 875 000 — du *Canada*, 26 000; — de l'*Australie*, 334 000; — des *Indes*, 8 911 000; — etc. — Les **importations** portent sur le *coton* et les *colonnades, sucre, draps, boissons fermentées, machines* et *instruments, fer, rails, aciers, huiles minérales, peaux, navires, céréales,* etc.

Voies de communication. — Les anciennes routes du Japon ont été jusqu'à nos jours les seules voies de communication ouvertes avec l'intérieur du pays : les principales sont : le *Tokaï-dô* (500 kilom.), le *Nakasen-dô* (550 kilom.), qui réunissent Tokio à Kioto, l'une par le littoral de l'est, l'autre par les montagnes du centre; l'*Osïou-Kaïdô*, de Tokio à Avomori, par Sendaï; le *Mito-Kaïdo*, de Tokio à Ivanouma, par Mito, etc. — A l'origine, ces routes étaient praticables seulement dans les plaines; on a commencé de les élargir, elles sont en partie réparées et mieux entretenues, munies de digues, de canaux et d'aqueducs; mais l'œuvre est loin d'être achevée[1]. Les seuls moyens de transport sont le cheval de selle conduit par un *betto* (coureur), ou le *kango*, panier de bambou abrité par un toit de paille et suspendu à une longue traverse, supportée par les épaules de deux hommes, « véritable instrument de supplice pour un Européen »; — ou la

---

1. Voy. un rapport de M. Lalande, consul à Yokohama (*Bulletin consulaire*, janvier 1886).

djinriksha, léger char à deux roues, tiré par deux ou quatre coureurs. Voici la description qu'en traçait naguère M. Bousquet : « Il ne faut pas que ce
» mot de route fasse illusion au lecteur : ce qu'on appelle route est plutôt
» un sentier plus ou moins large, rarement praticable aux voitures, sauf en
» quelques parties du pays, quelquefois même interdit aux djinriksha,
» ne portant guère que des chevaux, coupé d'ornières transversales
» énormes, circulant capricieusement au flanc des coteaux, au bord des
» rivières ou sous bois, attaquant volontiers à l'escalade les pentes les plus
» raides, en un mot, une série de casse-cou, où le cavalier le plus habile
» ne saurait lancer un cheval au trot sans se rompre les os. Aussi faut-il
» voir avancer le cheval de bât, vieux routier de ces parages, posant mé-
» thodiquement un pas devant l'autre, se calant avant d'avancer, et se
» roidissant des quatre jambes, quand il se sent glisser malgré lui. Le
» « mango » qui le conduit se contente de pousser de temps en temps un
» cri guttural pour l'avertir. Quant au piéton, souple et peu chargé, il
» gravit lentement, ou descend en trottinant ces pentes souvent boueuses,
» où il patauge jusqu'à la cheville dans d'inévitables flaques de fange. Il
» en est quitte, il est vrai, pour renouveler de temps à autre sa chaus-
» sure de paille qui s'use en moins d'une journée, mais il n'en a pas moins
» le pied dans l'humidité tant qu'il chemine. » (*Le Japon de nos jours*, t. I, p. 116.)

Chemins de fer. — Le parti novateur, après des difficultés sans nombre, a fini par faire adopter la construction des chemins de fer. Le premier, décidé en 1870, a été ouvert en 1872 : il reliait Tokio à Yokohama (29 kilom.). Vingt ans plus tard, le Japon avait plus de 2 200 kilomètres en exploitation, 1 200 en construction, et 1 500 en projet. Les Anglais, ingénieurs et capitalistes, avaient construit les premières voies ferrées du Japon ; tout le matériel roulant fut d'abord importé d'Angleterre. Mais bientôt les Japonais établirent, sous la direction des étrangers, des usines et des ateliers à Shinaboshi, près de Tokio, pour la construction des voitures et des wagons ; mais ils continuèrent à acheter au dehors, et surtout en Angleterre, les roues, les essieux, les machines. En mai 1876, fut ouverte la ligne maritime de *Kobé* à *Adjikawa*, dont la construction assez difficile et coûteuse exigea trois tunnels et plus de 200 ponts ou ponceaux ; un de ces ponts jeté sur le Mukogawa n'a pas moins de 363 mètres. — En 1876, fut achevée la ligne de *Osaka* à *Kioto*, où il fallut multiplier les ponts et les travaux d'art, pour traverser les terrains d'inondation, les canaux d'irrigation. Puis, le gouvernement, enhardi par le succès de la ligne Osaka-Kioto, cessa de faire appel aux entrepreneurs étrangers, et fit exécuter de nouveaux travaux par ses propres ingénieurs. L'empereur en personne inaugura solennellement, en 1880, la ligne de *Kioto* à *Otsu*, sur le lac Biwa ; ligne fort accidentée, munie de cinq cents ponts, dont l'un, très long, reposant sur de grandes piles en briques, franchit le Kamogawa, près de Kioto ; les parties métalliques de ce pont ont été construites dans les ateliers de Kobé. Cette ligne traverse l'Osakayama par un tunnel de 700 mètres. Otsu, port du lac Biwa, est le centre important de la ligne Kioto-Otsu. « Cette
» ville est dotée de quais étendus donnant sur le lac, de hangars pour le
» dépôt des marchandises, et de tous les appareils nécessaires pour le
» chargement ou le déchargement des navires qui font le commerce et les
» transports sur le lac. Grâce à cette ligne ferrée, une communication inin-
» terrompue et rapide est établie entre Kobé, Osaka, Kioto, le lac Biwa
» et tous les pays situés sur les bords de ce grand lac ; tous les districts

» traversés par le chemin de fer s'en trouvent bien, certaines marchan-
» dises peuvent être emportées jusqu'à Otsu, puis distribuées sur les bords
» du lac, et, en sens inverse, cette voie crée un débouché pour tous les produits
» divers recueillis sur les rives de ce lac par les steamers qui y naviguent. »
(D. BELLET, *Revue de géographie*, février 1890.)

En 1883, le premier chemin de fer de l'île de Yéso est inauguré; longue de 91 kilomètres, la ligne va du port de Temiya à Sapporo et Poronai et traverse un important terrain houiller. Malgré la traversée des falaises en tunnel, des forêts, des marécages et des prairies basses, des rivières, la ligne n'a coûté que 67 000 francs le kilomètre (au lieu de 535 000 francs, comme pour la ligne *Yokohama-Tokio*; et de 640 000 francs pour la ligne *Kobé-Adjikawa*). Le port de Temiya ou Otorounai est muni de quais et d'estacades qui facilitent les opérations de la marine et du chemin de fer. — Une autre ligne de 80 kilomètres unit le port de *Tsuruga*, sur la mer du Japon, à *Ogaki*, à l'extrémité septentrionale du lac Biwa. Ainsi s'opère la jonction entre Otsu, Kioto, Osaka et Kobé. Cette ligne a été conçue, étudiée, tracée et exécutée par des Japonais sortis de l'école des ingénieurs de Tokio; malgré les difficultés techniques, l'établissement de ponts et de tunnels, les pentes rapides du sol, elle n'a pas coûté plus de 183 000 francs le kilomètre.

Enfin, en 1882, l'initiative privée se joignit aux efforts de l'État. Une *Compagnie des chemins de fer japonais* fut fondée au capital de 100 millions. Elle construisit la ligne de *Tokio* à *Takasaki* et *Mayebashi* (110 kilom.); — celle de *Shinagawa* à *Kawaguchi*. La fièvre des chemins de fer continua; l'État et la Compagnie rivalisèrent de zèle. Yéso eut une nouvelle voie ferrée, mettant en communication les grands dépôts de soufre de *Kushiro-Ko* avec la rivière du même nom. — On projeta une ligne de *Katzu* à *Nogoya*; une autre de *Utsunomiya*, sur la ligne de *Tokio-Sendaï*, à Mito, sur la côte du Pacifique; — une autre de *Sendaï* à *Avomori*, au nord de la grande île; — la ligne de *Nayahama* à *Otsu*, sur la rive méridionale du lac Biwa; la ligne de l'île *Kiou-Siou*, qui atteindra *Nagasaki* et *Kagosima*.

Marine marchande. — En 1889: 524 vapeurs de construction européenne, jaugeant 81 066 tonnes; et 896 navires à voiles de 63 428 tonnes. — 17 878 navires de construction japonaise. (Mouvement des ports principaux: *Yokohama*: 375 navires de 664 525 tonnes; — *Nagasaki*: 1336 navires de 1 357 184 tonnes; — *Kobé*: 365 navires de 568 834 tonnes.) — Total des ports (entrée et sortie): Navires japonais: 1 483 jaugeant 460 874 tonnes; — 1 698 navires étrangers jaugeant 2 214 286 tonnes.)

Postes. — En 1888: 3 710 *bureaux* ont distribué 164 millions de lettres et imprimés. — **Télégraphes**: 250 *bureaux*: 10 615 kilomètres de lignes: 2 675 000 dépêches. Deux câbles relient *Nagasaki* avec le continent, l'un à *Shang-Haï*, l'autre à *Vladivostok*. — Une cinquantaine de phares éclairent les côtes. — Le Japon fait partie de l'union postale universelle.

Poids et mesures. — *Mommé* = $3^{gr},7565$; *Kammé* = 1 000 mommé. Pour les mesures de longueur: *Dzio* = 10 Sakou = $3^m,0303$; — *Sakou* = 10 soun ou $0^m,3030$; — Pour les itinéraires: *Ken* = 6 sakou ou $1^m,8181$; *Tso* = 60 ken ou $109^m,09$; *Re* = 36 tso ou $3927^m,2727$. —

Monnaies. — *Yen* d'or, de la valeur du dollar américain = 5^{fr},35. — Pour les monnaies d'argent : *demi-yen* ou 50 sen = 2^{fr},22. Il y a des pièces de 20 et 10 sen = 0^{fr},88 et 0^{fr},44 ; le *rin* est une pièce de cuivre qui vaut le 10e du sen ; d'autres pièces de cuivre valent 2 sen, 1 sen, 1/2. Osaka a un hôtel des monnaies parfaitement outillé, près des mines d'Ikouno.

IV. — Notions statistiques [1].

Superficie. — 24 794 ri carrés (ou 382 416 kilom. car.).

Population (1889) : 40 072 000 habitants (environ 105 par kilom. car.). Elle était, en 1888, de 39 607 000 : l'augmentation est d'environ 350 à 400 000 habitants par an dans les dernières années. Le nombre des hommes l'emporte d'environ 3 p. 100 sur celui des femmes. — Les étrangers n'étaient, en 1888, que 8 614 (4 805 Chinois, 1 623 Anglais, 850 Américains, 488 Allemands, 312 Français). On comptait 17 610 Japonais résidant à l'étranger.

Races. — Les *Aïnos* occupent toute l'île d'Yéso et l'archipel des Kouriles : par leur langue, leur type, leurs coutumes, leurs mœurs, ce peuple se distingue absolument des autres races de l'archipel et du continent asiatique. Leur nombre est évalué environ à 20 ou 25 000 individus. — On ne s'accorde pas davantage sur l'origine des *Japonais* proprement dits : les uns les rattachent à la famille indo-européenne, les autres à la famille mongole, d'autres à la race malaise ou polynésienne. On distingue deux types accentués et dissemblables, l'un qui rappelle le type mongol par la nuance de la peau, la forme du visage, la charpente massive du corps : c'est le type plébéien ; l'autre a la peau plus claire, la taille plus élancée, les membres plus grêles et plus souples, la physionomie plus fine : c'est le type de la classe aristocratique, plus commun au midi qu'au nord. — Le Japonais se distingue par son amour du travail, la vivacité et la finesse de son esprit, la bonté et la douceur de son caractère, et son inépuisable gaieté ; on a dit de lui qu'il était rieur et enjoué jusqu'au fond de l'âme. Il est naturellement réservé, peu démonstratif, sobre dans ses gestes, modéré dans l'expression de ses sentiments, toujours maître de lui-même, endurant, capable de subir sans se plaindre toutes les fatigues et les privations. Il a un merveilleux talent d'assimilation, et, s'il a accueilli avec un empressement marqué les sciences et les arts de l'Europe, c'est avec la volonté de se les approprier, et de les faire servir à l'amélioration de ses industries nationales. « Tout en reconnaissant la supériorité de l'Européen » dans la science et dans l'industrie, le Japonais n'en est pas moins, à » certains égards, plus civilisé que ses instructeurs étrangers. Par la so- » briété, la dignité personnelle, le sentiment de l'honneur, le respect » mutuel et la bienveillance réciproque, la masse du public dépasse certai- » nement le niveau moral de la majorité des Occidentaux ; elle l'emporte » aussi par la compréhension de la beauté dans la nature. Le moindre

---

[1]. Je dois le plus grand nombre d'informations et de détails statistiques de ce chapitre aux obligeantes communications de M. Kabuto, juge au tribunal de première instance de Tokio. Je m'empresse de lui en témoigner ma vive gratitude.

» paysan du Nippon a les yeux ouverts pour le charme ou la grandeur des
» paysages, et, quand il bâtit sa hutte en bois, il prend soin de la placer
» au bord de l'eau courante, dans le voisinage de bouquets d'arbres, en vue
» d'un bel horizon, et presque toujours il l'orne de fleurs dispersées avec
» goût. Il est même interdit de déshonorer la nature par des auberges mal
» placées. Pendant la belle saison, on rencontre partout des groupes
» d'hommes du peuple, plus touristes que pèlerins, qui visitent les con-
» trées les plus fameuses par la beauté de leurs sites. » (Elisée RECLUS,
l'Asie orientale, p. 773.)

Langue. — Le *yamato*, ancienne langue japonaise, sans rapport avec le chinois, n'est plus guère parlé qu'à la cour. La langue vulgaire, parlée à la ville comme à la campagne, le *sino-japonais*, est un mélange de yamato et de chinois. L'ensemble des signes idéographiques forme un vocabulaire effrayant : dans les écoles élémentaires, les enfants apprennent environ 3000 caractères; les hommes instruits en connaissent de 8000 à 10000; mais le dictionnaire complet en renferme trois ou quatre fois plus.

Religion. — Les deux principales religions du Japon sont le *Sintô* et le *Bouddhisme*. Le *Sinto* est l'ancienne religion nationale, le culte des génies, des âmes des morts et des forces de la nature; sa bible est le *Kozi-ki* (Histoire des choses de l'antiquité); ses temples s'élevaient dans les sites les plus riants et les plus pittoresques, au sein des bois, sous les ombrages de majestueux cryptomerias. Ce culte était le culte officiel de l'empire avant 1880, date de la séparation de l'Église et de l'État. — Le bouddhisme, introduit au sixième siècle de notre ère, comprend de nombreuses sectes, et un culte généralement peu conforme à la doctrine primitive de Bouddha. Ses temples sont fort luxueux, et présentent un contraste saisissant avec les édifices simples du sinto. — Le christianisme, prêché pour la première fois en 1549, par François-Xavier et les missionnaires portugais et espagnols, a été maintes fois cruellement persécuté, et, en 1640, exclu du pays. Depuis les récents traités, la propagande chrétienne se fait librement dans les limites prescrites. On compte plus de 100 missionnaires anglais et américains : 7500 protestants indigènes; 4000 catholiques romains, 5000 catholiques grecs.

Instruction publique. — Après 1855, on a commencé au Japon à enseigner les langues étrangères, hollandais, français, anglais, allemand, russe[1]. — En 1861, des étudiants furent envoyés en Europe par le gouvernement. En 1871, un ministère de l'instruction publique fut créé; il dispose au budget d'une somme de 1007000 yens; mais les écoles reçoivent dix fois

---

1. L'*anglais* sert de langue savante; l'*allemand* est en usage comme langue médicale. — En 1880, l'enseignement de la langue française a été supprimé du programme des études de l'université de Tokio. La même année, la jeunesse japonaise a fondé une *Société de langue et littérature française* en manière de protestation. Celle-ci à son tour fonda en 1883 une *école de langue française* dirigée avec une grande compétence par M. Kabuto. En 1887, M. l'abbé Heinrich créa un collège français. A Tokio, trois écoles congréganistes, à Yokohama, une école de sœurs enseignent le français. Là encore, comme sur tous les points du globe, nous retrouvons l'action infatigable de l'*Alliance française* qui, par les soins de son délégué, distribue généreusement à toutes ces écoles des livres et de l'argent. (Voy. *Bull. de l'Alliance*.)

plus en dons volontaires. — En 1887 : 27 480 écoles ; 62 372 professeurs ou instituteurs ; 1 828 663 élèves (41 p. 100 de la population). — Il y a en outre 65 écoles publiques et 514 privées d'enseignement supérieur, avec 1 200 professeurs et 29 000 élèves. — Sept districts académiques et autant d'écoles normales : Tokio, Osaka, Hirosima, Nagasaki, Niiagata, Aïtsi, Miyaghi. — *Université* à Tokio composée de 4 facultés : droit, sciences, médecine, lettres. — Tokio a aussi un *collège d'ingénieurs*, une *école militaire*, une *école navale*, une *société de géographie*, un *observatoire*, des *musées d'histoire naturelle* et *d'ethnographie*, et un *jardin botanique*. Il y a trois *écoles de médecine* : à Nagoya, à Osaka, à Nagasaki ; une *école d'agriculture* à Sapporo[1].

Justice. — Elle est rendue par une *cour suprême* et sept *cours d'appel* : Tokio, Sendaï, Nagoya, Osaka, Hirosima (dans Nippon), Koumamoto (dans Kiousiou), Hakodaté (dans Yéso). Les vieilles lois japonaises ont été refondues, sous la direction de jurisconsultes français, MM. Boissonade et Bousquet, en un code civil, en un code pénal et d'instruction criminelle.

Armée. — Service obligatoire depuis 1876, tempéré par des causes d'exemption et de rachat. — Durée du service : 3 ans dans l'armée active, 4 ans dans la réserve, 5 ans dans l'armée territoriale. — En 1889, l'empire était divisé en 6 *régions militaires* : Tokio, Sendaï, Nagoya, Osaka, Hirosima, Koumamoto : L'effectif de paix comprenait 208 officiers supérieurs, 72 864 hommes et 8 000 chevaux. — *Budget de la guerre* : 12 097 000 yens.

Marine. — La *flotte de guerre* comprenait en 1890 : 75 navires (dont un cuirassé, 5 canonnières, 5 torpilleurs), en tout 50 000 tonneaux et 205 canons, et environ 1 314 officiers et plus de 7 000 matelots. — Les ports militaires sont : *Yokoska*, dans la baie de Tokio, où se trouve un bel arsenal installé et longtemps dirigé par des ingénieurs français ; *Kuri*, dans la mer Intérieure, *Sasseho*, dans la mer Jaune, *Mayezourou*, dans la mer du Japon. — *Budget de la marine* : 8 227 000 yens.

Budget : *Recettes* (1891) : 81 981 000 yens. — *Dépenses* : 81 978 400 yens. — *Dette publique* : 269 922 000 yens.

2° EXTRAITS ET LECTURES

Tokio (Yedo).

« Imaginez-vous une plaine onduleuse, baignée au sud par les eaux basses d'un vaste golfe, bordée au nord et à l'est par

---

1. Le gouvernement japonais a fait commencer, il y a seize ans, une carte au 200 000° de tout l'archipel ; déjà 77 feuilles ont paru. Mais, comme elle est dressée d'après une méthode qui n'offre pas les garanties d'exactitude désirables, une autre carte au 20 000°, établie plus scientifiquement, a été entreprise depuis 1880, et plus de 300 feuilles sont déjà publiées. (Voy. *Proceedings of Roy. Geogr. soc. London*.)

une belle et large rivière, traversée dans son extrémité méridionale, parallèlement à la mer, par une chaîne de bas coteaux. Au centre de la plaine, mais un peu plus près de la mer, s'élève un tertre arrondi de trois à quatre milles de circonférence. Au nord-est, une autre rangée de collines part de la grande rivière, se dirigeant vers l'ouest.

» Tel est le terrain occupé par la capitale du Japon. La rivière est le Soumidagava. Le tertre porte l'ancien château des shogouns, devenu depuis deux ans la résidence du mikado. Le coteau boisé, au nord-ouest du château, est l'Ueno, qui contient un temple et les monuments sépulcraux de quelques-uns des anciens maîtres de Yedo. L'autre colline, au sud, c'est la célèbre Shiba, avec les magnifiques tombeaux d'autres shogouns.

» Entre les hauteurs, autour du cône bas qui supporte le château impérial, s'étend la ville. Ses limites sont : au nord, le Soumidagava qui, après avoir fait une ronde, se jette dans la mer ; à l'est, des terrains accidentés ; au sud, le golfe ; à l'ouest, de petites vallées couvertes de conifères, de bambous, de rizières, qui se confondent presque avec la ville. A l'est de la rivière est le grand faubourg Houdjo. A l'extrémité sud-ouest de la ville s'étend le grand village de Shinagava, qui n'est que la continuation du faubourg de Tanagava.

» Yedo est divisé en quatre parties : le *Siro*, le *Soto-Siro*, le *Midzi* et le *Houdjo*.

» Le Siro, le château impérial. On n'en voit que les murs. Des arbres trois fois séculaires, plantés par le grand Taiko-Sama, dérobent à la vue des profanes les lieux aujourd'hui habités par le fils des dieux. Un gazon toujours frais et vert revêt les flancs du monticule ; un large et profond fossé, couvert en ce moment de colossales fleurs de lotus, en fait le tour. Aucun mortel, excepté les personnes de la cour et les grands dignitaires de l'Etat, ne pénètre dans cette enceinte sacrée. Les ministres étrangers y sont admis aux rares occasions où ils approchent l'empereur.

» Autour du Siro s'étend le Soto-Siro. Il contient les yashkis, palais des grands personnages de la cour, des ministres d'Etat et des daimios qui, autrefois soumis à l'autorité des shogouns, devaient résider à Yedo pendant six mois de l'année. Depuis la chute de leur maître, ils vivent presque tous retirés dans leurs terres. Un large canal, formant un cercle irrégulier, fait la limite de ce quartier. Ce n'est que vers l'est qu'il s'étend jusqu'aux bords du Soumidagava. Cette partie du Soto-Siro est traversée par de longues rues et par un grand nombre de ruelles qui se croisent avec les grandes artères. C'est le quartier du haut commerce, appelé avec raison par les Anglais la Cité. Par la beauté et l'élégance de ses boutiques, par son animation, par la foule qui s'y presse du matin au soir, il contraste singulièrement avec les blocs rectangulaires des palais, aujourd'hui fermés pour la plupart, avec le silence et la solitude du quartier aristocratique.

» Au nord, à l'ouest et au sud du Soto-Siro, se développe le Midzi, la ville proprement dite. Plusieurs ponts fortement arqués établissent la communication avec le Soto-Siro. Le plus célèbre est le *Nipponbashi*, le pont du Japon, ainsi appelé parce qu'il donne passage à la grande route impériale qui traverse la grande île de Nippon du sud au nord.

» Nipponbashi est le centre géographique de l'empire. Dans les itinéraires officiels, c'est de là que l'on compte les distances de toutes les villes du Japon.

» Le Midzi est un mélange de rues fréquentées et désertes, de jardins, de potagers, de rizières, de parcs, de temples. O-dori et les autres rues parallèles à la mer, le quartier que l'on traverse derrière la Shiba pour se rendre du faubourg Takanava au château, enfin les approches de l'Asakusa, sont les parties les plus animées du Midzi. Sur d'autres points, on se dirait à la campagne. Du côté de Meguro, au nord de Takanava, la ville se perd dans les bosquets et dans les rizières. Au sud, sur les bords de la mer, à peu de distance de l'embouchure de la grande rivière, a surgi depuis deux ans le *Tsukiji*, le quartier des étrangers. Entouré et sillonné par plusieurs canaux, mais dépourvu de jardins et d'arbres, il offre un assez triste aspect.

. . . .

Sur la rive gauche du Soumidagava, s'étend le grand faubourg Houdjo. Il y a dans le voisinage un grand nombre de maisons de thé et de hatagoya, littéralement maisons de repos, mais en réalité de mauvais lieux, fréquentés surtout par les étudiants. Plus loin sont les grands magasins du gouvernement et plusieurs palais de daimios. Un quai longe la rivière. A l'extrémité nord demeurent les *sétas*, la race maudite, les parias du Japon[1].

---

1. « Il existe au Japon une classe du peuple, ou plutôt une caste, les *Jetas* » ou *Jetoris*, que l'on considère comme impure, et qui se tient à l'écart de toute

Vue de Tokio.

» Telle est la physionomie générale de Yedo. Quant aux éléments dont se compose le tableau si étrange, si complètement nouveau qui se déroule devant le visiteur, j'en ai compté quatre qui se répètent à l'infini. Ce sont : le temple, le yashki ou résidence du daimio, la maison bourgeoise et le magasin incombustible.

» Dans le temple, c'est le caractère bouddhique que l'on rencontre le plus souvent. Yedo est essentiellement la ville des shogouns. Ce sont eux qui l'ont bâtie et transformée en capitale, et les shogouns ont de tout temps pratiqué et protégé le bouddhisme.

» Les yashkis n'ont du palais que le nom. Ce sont des groupes de maisons entourées de communs à un étage, dépourvus de toute architecture, blanchis à la chaux, et dont les fenêtres sont munies de grilles en bois noir. Ces constructions servent à la fois de mur d'enceinte et d'habitation pour les gentilshommes et les domestiques du maître. Toujours basses, et, si le terrain le permet, rectangulaires, elles ressemblent à des entrepôts ou à des casernes. Le toit est couvert de briques noires, bordées de blanc. Ce sont les deux couleurs du Soto-Siro.

» La maison bourgeoise est ici, comme partout au Japon, un toit lourd, posé sur des piliers. Elle est complètement ouverte du côté de la rue et du côté de la cour. Pendant la nuit, on la ferme au moyen de panneaux qui se meuvent dans des coulisses. S'il y a des cloisons, elles sont faites de châssis sur lesquels on a collé de petits carreaux de papier blanc. En se promenant dans les rues, votre regard pénètre dans ces intérieurs. La vie domestique s'y livre aux yeux. On n'a rien à vous cacher : le feu allumé dans un coin ; dans un autre, des pénates sur un petit autel, une lampe de fleurs, de petits morceaux de papier attachés à des baguettes. Sur un cabaret carré, de petites tasses ; le thé prêt à être servi du matin au soir. Point de mobilier, mais

---

» communication avec les autres classes. Elle a quelque similitude avec celle des
» *Parias* ou *Chandalas* de l'Inde. Quelques Japonais très instruits et très versés
» dans l'histoire de leur pays, prétendent que cette classe se compose de descen-
» dants de lépreux. La lèpre a existé au Japon bien avant l'ère chrétienne, et, con-
» trairement aux usages d'aujourd'hui, on séparait alors les personnes affectées de
» cette maladie des autres habitants, en les logeant dans des villages séparés,
» éloignés de la population saine. Cette classe japonaise est assez semblable à celle
» des *Cagots* qui existaient en France avant la Révolution. Les *Jetas* du Japon
» exercent les métiers les plus abjects. » (MEYNERS D'ESTREY, *Revue scientifique*, 15 mars 1890.)

une belle natte. Le tout d'une extrême propreté. Si c'est une boutique, un étage supérieur grillé en bois ou pourvu d'un balcon sert ordinairement de dépôt.

» Il y a enfin le magasin incombustible, sorte de tour basse en bois, mais revêtue d'une couche de ciment pareil à du stuc et badigeonnée en noir. Les fenêtres sont petites et se ferment au moyen de volets en fer massif. C'est le lieu de sauvetage en cas d'incendie ou de typhon. On y place à la hâte les objets précieux, puis on s'enfuit, laissant faire aux vents, au feu, aux convulsions du sol.

» Ce sont ces quatre éléments qui donnent leur physionomie à la ville de Yedo. Imaginez-vous les temples répandus partout, les yashkis concentrés autour du château, éparpillés dans le Hondjo, et très peu nombreux dans le sud-est de la ville ; figurez-vous de petites maisons toutes semblables entre elles et, dans le quartier mercantile du Soto-Siro, flanquées le plus souvent de tours noires ; figurez-vous enfin ces rues, qui ne sont pas larges, mais qui le paraissent par suite du peu d'élévation des maisons, remplies d'hommes, de femmes du peuple, car les dames de qualité ne se montrent guère, d'enfants, d'un nombre effrayant d'aveugles, de *norimons*, de *kanghos*, de *djinrikshas*. Le norimon et le kangho remplacent le palanquin. Le premier est un panier fermé, le kangho un panier ouvert, suspendu à un gros bambou qui repose sur les épaules du couli. Le djinriksha est un véhicule à deux roues, bien laqué, couvert d'une capote blanche et tiré par un homme. Son inventeur a fait fortune. Le nom veut dire voiture mue par la force d'homme. Le couli va au petit trot et fait trois à quatre milles à l'heure. Si vous voulez en faire usage et éviter le contact avec cet être utile qui réunit les fonctions de cocher et de cheval, tenez-vous sur votre séant, et retirez à vous vos genoux et vos pieds. Armez-vous aussi contre les petits incidents très fréquents : une roue qui part, le siège qui s'enfonce, la capote qui reste suspendue à une devanture de boutique. Maintenant, imaginez-vous des files de ces véhicules remplis de femmes, de bonzes, de chanteuses et de danseuses, ces dernières reconnaissables à l'exagération de leur coiffure, enfin de Japonais et de Japonaises exactement pareils aux images que vous avez mille fois vues peintes sur des vases, sur des éventails, sur des feuilles du papier de riz, et vous pourrez, sans grand effort d'imagination, vous former une idée assez juste de la grande capitale de l'est. Dans les quartiers riches, où les voleurs sont attirés par l'importance du butin, se multiplient les petits corps de gardes et les guichets qui, fermés pendant la nuit, empêchent la circulation des honnêtes gens, mais ne gênent guère les drôles. N'oublions pas, comme ombre au tableau, les hommes qui portent aux champs l'engrais animal. Détournez la tête et marchez vite ; vous n'échapperez pourtant pas aux odeurs méphitiques exhalées par les ruisseaux. Mais, à cela près, il n'est aucune grande ville en Asie, et il y en a peu en Europe, qui, sous le rapport de la propreté, puissent être comparées à Yedo.

» Elle a aussi un caractère de prospérité et de gaieté qui fait plaisir à voir. Il y a toujours plusieurs quartiers où l'on célèbre la fête de quelque dieu. Des bambous ornés de fleurs artificielles sont dressés devant les maisons, des mâts de cocagne devant les temples ; les bonzes affluent ; les honnêtes bourgeoises se tiennent devant leur boutique et voient passer la procession. C'est un excellent prétexte pour ne rien faire ce jour-là, mais le riz ne fait pas défaut ; on se contente de peu et, dans ce vieux Japon, on ne connaît ni richesse ni dénument. On tient le milieu. C'est le lot des heureux, et, à moins que les apparences ne soient fort trompeuses, c'est la condition de la majorité de cette ville. J'ai vu peu de mendiants. Il y en a sur le Tokaido, et il y en a sans doute aussi à Yedo. Mais ils ne s'imposent pas, et ceux que j'ai aperçus semblaient plutôt exercer un métier et n'avaient pas l'air trop misérables. Dans les maisons de thé, des enfants se sont approchés de nous pour demander l'aumône. On les avait dressés à remuer leur grosse tête, rosée déjà sauf la partie d'où poussera un jour la petite queue, et à agiter leurs petites mains, en chantant les louanges des passants. C'était d'un comique irrésistible. La misère se présentant sous forme de caricature ! En Europe, le mendiant par métier tâche de vous attendrir ; ici, il vous fait rire. » (DE HUBNER, *Promenade autour du monde*, II, IV ; Hachette, 1877 ; Paris, in-4°.)

Le compradore.

« Lorsque le Japon a été ouvert aux Européens, ce sont les Chinois qui sont venus. Ils y font bien leurs affaires et surtout mal celles des autres. Parlant anglais ou à peu près, lisant le japonais ou peu s'en faut, ils se sont immédiatement interposés entre les indigènes et les nouveaux venus. Très habiles dans les questions de banque, d'escompte, de change de monnaies, de cours commerciaux, ils se sont faits utiles, commodes, nécessaires, indispensables. Aucune maison européenne n'a pu se passer d'un Chinois; les Japonais ont forcément utilisé ce truchement. Et, comme les Chinois ont éminemment le sens de l'association, ils ont formé la corporation des *compradores*, qui a grandi, s'est imposée, et tient à supplanter, au point de vue commercial, et les Japonais et les Européens.

» Or, qu'est-ce qu'un compradore? Un *compradore* est un voleur que l'on institue caissier. Il est patenté, garanti par ses confrères; il prend sa commission sur tous les paiements : domestique, douanier, il a son tant pour cent sur tout ce qui entre et ce qui sort, sur les affaires manquées comme sur celles qui réussissent, sur les gages des employés comme sur les approvisionnements de la maison; il sue l'argent par tous les pores : c'est la pieuvre du commerce. Il exploite les goûts, les défauts, les vices de ses maîtres, comme il exploite leur ignorance, leur insouciance et leur paresse. Il tripote et s'en fait gloire; si même on lui fait tort d'un vol, il se fâche. Les Japonais le saluent jusqu'à terre et le maudissent; les Européens l'insultent et le couvrent d'or. » (GUIMET et RÉGAMEY, *Promenades japonaises*, p. 19; Paris, in-8° ill., 1878, Charpentier.)

Les enfants au Japon.

« Le Japon est le paradis des enfants, » a dit un voyageur anglais, sir Rutherford Alcock. C'est à leur vue que les mines les plus renfrognées se déridentent, pour eux que les plus roides fléchissent. Tout est calculé pour leur épargner les premières amertumes de la vie. Le sevrage est inconnu; on les laisse teter à tout propos, jusqu'à l'âge où, courant et gambadant partout, ils préfèrent une autre nourriture; la mère est toujours prête à apaiser leurs cris en même temps que leur soif, et rarement appelle une nourrice à son aide. Il en meurt cependant des quantités, faute de soins intelligents, mais non pas faute de dévouement. Vêtus dès le premier jour de la robe qu'ils porteront toute leur vie, ils ignorent le supplice du maillot et trépignent à l'aise sur leur petite couche. On ne sait pas leur refuser une friandise, et les parents ne se préoccupent guère de les rompre dès le bas âge aux dures épreuves de l'avenir. Vers sept ans, ils apprennent l'alphabet en jouant, puis vont à l'école, où leur éducation marche lentement. On leur inculque, en même temps que les rudiments de la langue, les préceptes qui doivent guider leur vie : l'orgueil et le mépris de la mort aux fils de *samuraï*, l'obéissance due aux grands et l'amour de la médiocrité aux fils de prolétaires ; toute la civilité puérile et honnête, les formules de politesse, tout le catéchisme d'une société polie.

» Mais ce qui occupe les enfants, ce sont, avant tout, les jeux de toutes sortes. Les rues sont pleines, surtout aux abords des temples, de joujoux, de colifichets, de sucreries qu'on leur destine, et qui font la joie des jeunes filles presque à l'âge nubile. Devant la porte des maisons, on voit les enfants du peuple jouer à la raquette, ou manœuvrer des cerfs-volants de toute forme, au grand ennui des cavaliers dont ils effrayent les chevaux. Ils encombrent les rues, où les parents les laissent vaguer en liberté ; à chaque instant le *betto* les enlève entre ses bras sous les pas d'un cheval et les dépose délicatement sur le seuil de leur porte.

» Deux des grandes fêtes de l'année se célèbrent en leur honneur : celle du 3 du troisième mois en l'honneur des filles, et celle du 5 du cinquième mois en l'honneur des garçons. Au moment de la première, une foule de boutiques se remplissent de poupées coquettement habillées ; elles sont destinées aux jeunes « mousmé » qui les emportent en se mariant dans leur ménage pour les transmettre à leurs enfants. On y joint de petits « ménages », et les « dînettes » font rage tant que joujoux et poupées ne sont pas cassés. Chaque citoyen à qui un fils est né dans l'année écoulée hisse devant sa porte, au haut d'une immense perche de bambou, un poisson de papier « nobori ». L'air s'engouffrant dans la bouche gonfle le corps tout entier, et on le voit flotter légèrement au gré du vent. Le poisson figuré est la carpe, qui remonte les torrents d'un vigoureux coup de queue ; elle symbolise l'énergie que l'on souhaite au jeune homme pour surmonter les difficultés de la vie.

» Outre ces réjouissances spéciales, il en est peu où ne soient convoqués les enfants. Quand le père et la mère se rendent ensemble à un spectacle public, c'est, en général, accompagnés chacun d'un ou deux bambins, qu'ils portent sur le dos, ou casent dans leur djinriksha. Dès qu'un petit Japonais sait marcher, il apprend à porter ses frères ou sœurs plus jeunes.

La mère ouvre légèrement le « kimono » de l'aîné par derrière, y glisse le baby, sangle la ceinture et les laisse aller à la grâce de Dieu. Le devoir de l'aîné, en pareil cas, est de ne tomber que sur ses mains et non sur le dos du cadet.

» C'est en cet appareil qu'ils jouent, courent, se promènent, font des commissions. On les prendrait, à les voir, pour de petits bossus. En somme, les enfants, plus gâtés, plus adulés, ne sont ni plus ni moins insupportables que partout ailleurs; ils sont mieux tenus que ceux du peuple chez nous; mais leurs yeux bridés, leurs traits boursouflés, leur coiffure et le costume étrange qu'on leur impose en font à nos yeux de petits objets assez disgracieux. » (Georges BOUSQUET, *le Japon de nos jours*, t. I, p. 89; Paris, 2 vol. in-8°, Hachette, 1877.)

Nous complétons ce tableau de la vie domestique par les lignes suivantes empruntées à une *Correspondance* adressée au journal *le Temps* (30 juillet 1890).

« Ce qui surprend le plus dans la campagne japonaise, c'est l'apparence d'extrême propreté des maisons les plus pauvres. La moindre chaumière, où toute une famille vit en commun dans la seule et unique pièce du logis qui sert à la fois de cuisine et de dortoir, est frottée, nettoyée, cirée avec un soin hollandais. Les enfants, qui, en été, pataugent gaiement et tout nus dans l'eau et la poussière, sont d'une malpropreté joyeuse et bien portante. En hiver, misérablement, mais chaudement vêtus de vieilles robes hors d'usage qu'on se repasse de père et mère en fils et en fille, ils ont un aspect loqueteux et sale qui les rendrait repoussants si leur figure maculée et que jamais un mouchoir n'effleure ne respirait la santé et la bonne humeur.

» Je ne crois pas qu'il existe de pays où les enfants paraissent plus s'amuser qu'au Japon où abondent les jouets à vil prix et à la portée de toutes les bourses. Devant les boutiques en plein vent que les marchands ambulants transportent de village en village, on ne voit pas de bambins s'arrêter le regard curieux et la main frémissante. Pour un demi-sou et même moins, les garçons ont des pâtisseries, des tambours, des cerfs-volants, leur jeu favori, à ne savoir qu'en faire, et les petites filles des raquettes, des poupées et des colifichets, fleurs artificielles, épingles à boules dorées ou coloriées dont elles ornent leur chevelure.

» Rien n'est plus drôle que ces réunions de gamins japonais

qui, tous, dès qu'ils peuvent mettre un pied devant l'autre, portent, attachés sur leur dos, un frère ou une sœur plus jeune, ce qui leur donne l'air très réjouissant d'enfants à deux têtes. Chargés de ce fardeau souvent très lourd pour leurs épaules, ils courent, jouent, se battent et tombent... généralement sur les mains. Il arrive bien parfois que le côté pile l'emporte... Alors la correction maternelle ne se fait pas attendre, à la grande attention des autres bébés suspendus qui paraissent comprendre qu'on défend leur cause. . . . .

» Une chose bien curieuse également, c'est le soin que, dès l'âge de sept à huit ans, les petites filles de la ville ou de la campagne prennent de leur toilette. Tandis que les garçons de leur âge, en guenilles et la figure barbouillée, continuent à se rouler sur les grands chemins, elles s'endimanchent à tout propos dans leurs longs *kimonos* aux couleurs voyantes, croisés à la naissance de la gorge, le visage maquillé de rouge et de blanc, les bandeaux de leur coiffure lissés et enchevêtrés avec art. Chaussées de *tabis* bien blancs (espèce de chaussettes avec compartiment pour l'orteil) et montées sur leurs *guetas* (sabots en forme de tréteaux), elles s'étudient à marcher posément les pieds en dedans et, ce qui est tout à fait distingué, les genoux si serrés l'un contre l'autre qu'ils pourraient retenir une pièce de deux sous. Elles trottinent, babillant entre elles, riant aux éclats, attentives aux regards et aux remarques des passants. »

Kioto.

On peut aller aujourd'hui en chemin de fer du port de Kobé à Kioto, la ville sainte de Nippon. « Un drôle de petit chemin de fer, qui n'a pas l'air
» sérieux, qui fait l'effet d'une chose pour rire, comme toutes les choses
» japonaises. Cela existe cependant, cela part et cela marche..., cela s'é-
» branle à tous ces bruits connus de sifflets, de cloches, de vapeur, qui se
» font au Japon comme en France, et nous sommes en route. Des cam-
» pagnes fraîches et fertiles, traversées au soleil du matin, d'un beau
» matin d'automne. Tout est extrêmement cultivé et encore vert; champs de
» maïs, champs de riz, champs d'ignames avec de grandes feuilles ornemen-
» tales très connues sur nos squares. Dans ces champs, beaucoup de monde
» qui travaille. C'est en plaine toujours, seulement on longe des chaînes
» de hautes montagnes boisées : en fermant un peu les yeux, on dirait un
» peu l'Europe, le Dauphiné, par exemple, avec les Alpes à l'horizon. Il y a
» dans le vert des prairies une profusion de fleurs rouges, espèce de li-
» liacée des marais, aux pétales minces et frisés, ressemblant à des pa-
» naches d'autruche. Dans toutes les petites rigoles qui entourent en carré
» les champs de riz, ces fleurs abondent, formant partout comme d'élé-
» gantes bordures de plumes.

» Petites stations à noms bizarres; à côté des tuyaux et des machines,
» apparaissent, très surprenants, des vieux temples à toit courbe, avec leurs
» arbres sacrés, leurs pylônes de granit, leurs monstres… La première
» grande ville sur la route, c'est Oasaka, où l'on s'arrête. Ville marchande;
» peu de temples, des milliers de petites rues tracées d'équerre, des ca-
» naux comme à Venise, des bazars de bronze et de porcelaine, une fourmi-
» lière en mouvement. » (P. Loti.)

Arrivé à Kioto, le voyageur est assailli par une pléiade de coureurs qui traînent, au Japon, les petites voitures à une place. Un djin se place entre les brancards; un autre est attelé en flèche par une longue bande d'étoffe blanche; tous deux partent comme le vent. « Ha! ha! ho!
» hu! Les *djins* poussent des cris de bête pour s'exciter et écarter les
» passants. Assez dangereuse, cette manière japonaise de circuler dans un
» tout petit char d'une légèreté excessive, emporté par des gens qui
» courent, qui courent à toutes jambes. Cela bondit sur les pierres, cela
» s'incline dans les tournants brusques, cela accroche ou renverse des
» gens et des choses. Dans certaines avenues très larges, il y a un torrent
» qui roule, encaissé entre deux talus à pic, et, tout au ras du bord, nous
» passons ventre à terre. A toute minute, je me vois tomber… Ces courses
» en *djin* sont un des souvenirs qui restent, de ces journées de Kioto, où
» l'on se dépêche pour voir et faire tant de choses. Emporté deux fois vite
» comme par un cheval au trot, on sautille d'ornière en ornière, on bous-
» cule des foules, on franchit de petits ponts croulants, on se trouve
» voyageant seul à travers des quartiers déserts, puis on monte des esca-
» liers et on en descend; alors à chaque marche, pouf, pouf, pouf, on tres-
» saute sur son siège, on fait la paume. A la fin, le soir, un ahurissement
» vous vient, et on voit défiler les choses comme dans un kaléidoscope
» remué trop vite, dont les changements fatigueraient la vue. »

« Quelle immense ville, ce Kioto, occupant avec ses parcs, ses palais, ses pagodes, presque l'emplacement de Paris. Bâtie tout en plaine, mais entourée de hautes montagnes comme pour plus de mystère!… Comme c'est inégal, changeant, bizarre! Des rues encore bruyantes, encombrées de *djins*, de piétons, de vendeurs, d'affiches bariolées, d'oriflammes extravagantes qui flottent au vent. Tantôt on court au milieu du bruit et des cris; tantôt c'est dans le silence des choses abandonnées, parmi les débris d'un grand passé mort. On est au milieu des étalages miroitants, des étoffes et des porcelaines; ou bien on approche des grands temples, et les marchands d'idoles ouvrent seuls leurs boutiques pleines d'inimaginables figures; ou bien encore, on a la surprise d'entrer brusquement sous un bois de bambous, aux tiges prodigieusement hautes, serrées, frêles, donnant l'impression d'être devenu un infime insecte qui circulerait sous les graminées serrées de nos champs au mois de juin.

» Et quel capharnaum religieux, quel gigantesque sanctuaire d'adoration que ce Kioto des anciens empereurs! Trois mille temples où dorment d'incalculables richesses, consacrées à toutes sortes de dieux, de déesses ou de bêtes. Des palais vides et silencieux, où l'on traverse pieds nus des séries de salles tout en laques d'or, décorées avec une étrangeté rare et exquise. Des bois sacrés aux arbres centenaires, dont les avenues sont bordées d'une légion de monstres, en granit, en marbre ou en bronze. »

. . . .

« Le temple de Kio-Midzou, — un des plus beaux et des plus vénérés. Il est, suivant l'usage, un peu perché dans la montagne, entouré de la belle verdure des bois. Les rues par lesquelles on y monte sont assez désertes. Les abords en sont occupés surtout par les marchands de porcelaine dont les étalages innombrables miroitent de vernis et de dorures. Personne dans les boutiques, personne dehors à les regarder. Ces rues ne se peuplent qu'à certains jours de pèlerinages et de fêtes ; aujourd'hui on dirait d'une grande exposition ne trouvant plus de visiteurs.

» A mesure que l'on approche en s'élevant toujours, les marchands de porcelaine font place aux marchands d'idoles, étalages plus étranges, des milliers de figures de dieux, de monstres, de bêtes, sinistres, méchantes, moqueuses ou grotesques ; il y en a d'énormes et de très vieilles, échappées des vieux temples démolis, et qui coûtent fort cher; surtout, il y en a d'innombrables en terre et en plâtre, débordant jusque sur les pavés de la rue, à un sou et même à moins, tout à fait gaies et comiques, à l'usage des petits enfants. Où finit le dieu, où commence le joujou ? Les Japonais eux-mêmes le savent-ils ?

» Les marches deviennent vraiment trop rapides, et je mets pied à terre, bien que mes djins affirment que ça ne fait rien, que cette rue peut parfaitement se monter en voiture. A la fin, voici un vrai escalier en granit monumental, au haut duquel se dresse le premier portique monstrueux du temple. D'abord, on entre dans de grandes cours en terrasse, d'où la vue plane de haut sur la ville sainte ; des arbres séculaires y étendent leurs branches, au-dessus d'un pêle-mêle de tombes, de monstres, de kiosques religieux et de boutiques de thé enguirlandées. De petits temples secondaires, remplis d'idoles, sont posés çà et là au hasard. Et les deux grands apparaissent au fond, écrasant tout de leurs toitures énormes.

» Une eau miraculeuse, que l'on vient boire de très loin,

arrive claire et fraîche de la montagne, vomie dans un bassin par une chimère de bronze, hérissée, griffue, furieuse, enroulée sur elle-même comme prête à bondir. Dans ces grands temples du fond, on est saisi dès l'entrée par un sentiment inattendu qui touche à l'horreur religieuse ; les dieux apparaissent, dans un recul dont l'obscurité augmente la profondeur. Une série de barrières empêchent de profaner la région qu'ils habitent, et dans laquelle brûlent des lampes à lumière voilée. On les aperçoit assis sur des gradins, dans des chaises, dans des troncs d'or. Des Bouddha, des Umida, des Cuanon, des Benten, un pêle-mêle de symboles et d'emblèmes, jusqu'aux miroirs du culte shintoïste qui représentent la vérité ; tout cela donne l'idée de l'effrayant chaos des théogonies japonaises. Devant eux sont amoncelées des richesses inouïes : brûle-parfums gigantesques, de formes antiques ; lampadaires merveilleux, vases sacrés d'où s'échappent en gerbes des lotus d'argent ou d'or. De la voûte du temple descendent une profusion de bannières brodées, de lanternes, d'énormes girandoles de cuivre et de bronze serrées jusqu'à se toucher, dans un extravagant fouillis. Mais le temps a jeté sur toutes ces choses une teinte légèrement grise qui est comme un adoucissement, comme un coup de blaireau pour les harmoniser. Les colonnes massives, à soubassement de bronze, sont usées jusqu'à hauteur humaine par le frôlement des générations éteintes, tout l'ensemble rejette l'esprit très loin dans les époques passées.

» Des groupes d'hommes et de femmes défilent pieds nus devant les idoles, l'air inattentif et léger ; ils disent des prières cependant, en claquant des mains, pour appeler l'attention des esprits ; et puis s'en vont s'asseoir dehors, sous les tentes des vendeurs de thé, pour fumer et pour rire.

» Le second temple est semblable au premier ; même entassement de choses précieuses, même vétusté, même pénombre, seulement il a cette particularité plus étrange d'être bâti en porte-à-faux, suspendu au-dessus d'un précipice ; ce sont des pilotis prodigieux qui, depuis des siècles, le soutiennent en l'air. En y entrant, on ne s'en doute pas, mais, quand on arrive au bout, à la véranda du fond, on se penche avec surprise pour plonger les yeux dans le gouffre de verdure que l'on surplombe, des bois de bambous, d'une délicieuse fraîcheur et vus par en dessus en raccourcis fuyants. On est là comme au balcon de quelque gigantesque demeure aérienne. . . . .

» Ces choses fraîches à regarder sont un repos inattendu, après tous ces dieux terribles que l'on vient de voir à la lueur des lampes et qu'on sent toujours là derrière soi, alignés dans les sanctuaires obscurs. » (Pierre LOTI, *Kioto*; *Nouvelle Revue*, mars 1887.)

La sainte montagne de Nikko.

Les étrangers ne peuvent librement circuler au Japon que dans les limites fixées par les traités. Mais ils obtiennent aisément du gouvernement, par l'intermédiaire des légations, un passeport gratuit, qui leur ouvre l'accès des autres territoires; ce passeport, délivré pour quinze jours, peut être renouvelé. Les voyageurs européens usent volontiers de cette tolérance qui s'étend aux régions les plus sacrées de l'archipel. C'est ainsi que M. Georges Bousquet, et, après lui, MM. Edmond Cotteau, Guimet, Pierre Loti, etc., ont pu visiter la contrée de Nikko, qui est à la fois la plus pittoresque et la plus riche de l'archipel, par la majesté de ses cimes, l'épaisseur de ses forêts, la splendeur de ses torrents et l'étrange beauté de ses monuments sacrés.

Pour gagner Nikko, il faut franchir en bac le Tonegava, large de 500 mètres, et, à partir de Koga, s'engager sous une magnifique allée de cryptomérias gigantesques, qui, entre-croisant leurs branches à cent pieds au-dessus du sol, forment de sombres arceaux de verdure, impénétrables au soleil. Cette incomparable avenue se prolonge durant 88 kilomètres.

« La route, très étroite, est encaissée entre les talus uniquement composés des racines entrelacées des colosses, dont les troncs énormes se touchent et se confondent souvent jusqu'à une hauteur de plusieurs mètres au-dessus du sol, formant ainsi une véritable muraille végétale. Partout l'eau courante fait entendre son joyeux murmure; elle emplit les fossés du chemin, et va porter la vie aux champs et aux jardins...

» Nous arrivons à Nikko. A première vue, les nombreuses boutiques des marchands de laques, de bronzes, de bois sculpté, de photographies et de toutes sortes de curiosités qui bordent la rue principale, donnent à cette bourgade l'aspect de l'une de nos petites villes d'eau, dans les montagnes... En sortant de Nikko, l'attention est attirée par un pont laqué de rouge, aux armatures dorées, jeté sur un torrent large de 20 mètres seulement, mais profondément encaissé entre deux parois rocheuses. Ce pont est solidement fixé sur des piliers monolithes, reposant sur le roc; sa couleur éclatante forme un contraste pittoresque avec la blanche écume du torrent et la sombre verdure des cryptomerias qui croissent sur la rive opposée. A chaque extrémité, il est fermé par une porte que l'on n'ouvre aux pèlerins que deux fois par an. On passe sur un autre pont

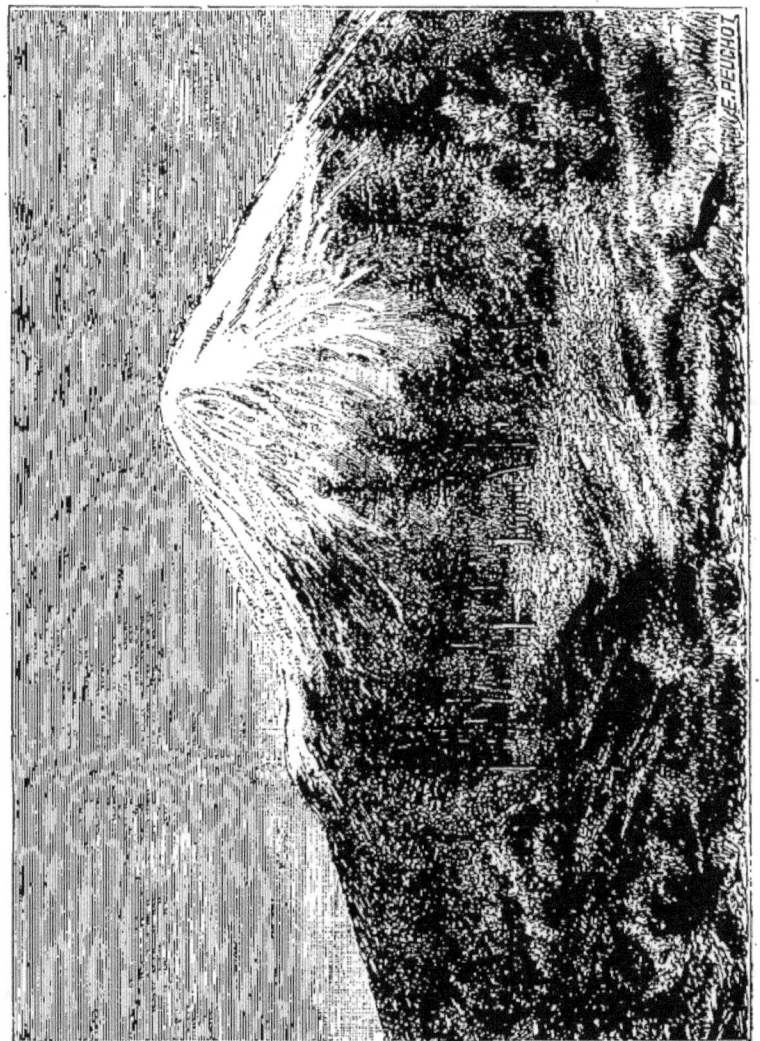

franchissant le Daya-gava un peu au-dessous du premier, et on se trouve en face de la magnifique forêt qui abrite sous ses ombrages sinon l'une des merveilles du monde, du moins les plus beaux temples du Japon. » (E. COTTEAU, *Un touriste dans l'Extrême-Orient*, ch. v.)

« Nous entrons dans la forêt consacrée. Ici les cèdres, pareils à ceux de la route d'hier, ayant ce même aspect de colonnes de temple, ce même élancement gigantesque, sont innombrables et recouvrent tout de leur ombre; une fraîcheur plus pénétrante, plus humide, nous prend là-dessous, en même temps que le soleil nous quitte et que la lumière décroît subitement. Partout, nous entendons les bruissements d'une eau glacée, qui ruisselle des cimes en mille cascades petites ou grandes, en torrents, ou bien en simples filets d'eau cachés sous l'épaisseur des mousses; c'est l'éternelle musique qui berce les empereurs morts...

» Un premier temple auquel nous nous arrêtons... Nous montons plusieurs marches de granit, et mon guide, pour me faire entrer, écarte un pan du voile; le sanctuaire apparaît. Au dedans, tout est laque noire et laque d'or, laque d'or surtout. Au-dessus de l'enchevêtrement compliqué des frises d'or, s'étend une voûte à caissons, en laque ouvragée, noir et or. Derrière la colonnade du fond, la partie reculée où sans doute se tiennent les dieux est cachée par de longs rideaux en brocart, toujours noir et or, dont les plis rigides tombent du haut jusqu'en bas. A terre, sur les nattes blanchies, sont posés de grands vases d'or d'où s'échappent des gerbes de lotus d'or aussi hauts que des arbres. Et enfin du plafond pendent comme des serpents morts, comme des cadavres de boas monstrueux, une quantité d'étonnantes chenilles de soie, d'une grosseur de bras humain, teintes de blanc, de jaune, d'orangé, de brun rouge et de noir, en nuances bizarrement dégradées comme on en voit sur la gorge de certains oiseaux des îles.

» Des bonzes psalmodient dans un coin, assis en rond, autour d'un tambour à prières qui pourrait les contenir tous. Ils chantent des espèces de strophes sans cesse reprises sur le même air mélancolique; chaque couplet, avant de finir, se prolonge en agonie, se traîne comme un souffle mourant qui tremble, en même temps que les têtes s'abaissent toujours plus vers la terre; puis s'arrête brusquement sur un coup du gigantesque tambour. Et alors les têtes se relèvent, et le couplet suivant commence, tout pareil, pour se terminer bientôt de la même surprenante manière. » (P. Loti, *Japoneries d'automne*, p. 198; in-12, 1889, C. Lévy.)

Dans de mystérieux jardins, sous les fourrés sombres, dans les avenues des grands cèdres, se succèdent les sanctuaires, les obélisques de bronze; on monte de terrasse en terrasse par des sentiers couverts de sable fin, par des allées bordées de rampes de granit, que longent de frais et clairs ruisseaux, des colonnes de bronze, des pagodes à cinq étages, peintes de couleurs harmonieuses, couvertes de sculptures d'animaux symboliques. Des escaliers ornés de lions dorés conduisent au Tama gaki, ou saint des saints, le plus riche des sanctuaires de Nikko, par ses admirables peintures en laque d'or, ses panneaux de chêne sculptés avec un art infini, ses *toro* ou lampadaires de granit ou de bronze ciselé. Plus haut encore, dans la montagne, à demi caché sous les cèdres sacrés, au sommet d'un escalier glissant et moussu, de deux cents marches, s'élève sur une plate-forme, entourée d'une balustrade de granit, à côté d'un toro et d'une chapelle, la table de bronze qui supporte l'urne funéraire où repose, depuis 1604, le grand législateur et guerrier du Japon, Yéyas, le fondateur de cette dynastie des shogoun Tokugava, qui se sont perpétués au pouvoir jusqu'à la révolution de 1868. — Non loin du tombeau de Yéyas, est le mausolée de son fils, Yèmitsu.

« Au seuil du temple de Yémitsu, on jouit d'une vue remarquablement belle sur la montagne sacrée : le ciel bleu, les toits dorés des sanctuaires, et les îlots de verdure formés par la cime des arbres... Tous ces édifices ont été successivement enrichis par les somptueux présents des daïmios, désireux de faire montre de leur fidélité au shogoun régnant, en ornant les temples consacrés à la mémoire des ancêtres... En quittant pour la dernière fois les sanctuaires de Nikko, j'ai éprouvé la même impression de mélancolie que j'avais ressentie naguère en m'éloignant pour toujours du Parthénon d'Athènes ou du Taj d'Agra. C'est que Nikko plaît non seulement pour la richesse des matériaux employés, la profusion des ornements et la finesse des détails, mais encore et surtout par l'harmonie de l'ensemble et le cadre merveilleux de la nature qui l'environne. Les cryptomerias qui s'étagent sur les flancs de la montagne semblent autant de gigantesques cyprès, portant éternellement le deuil des anciens shogouns. » (E. Cotteau[1], p. 100.)

---

[1]. Sur M. Cotteau, voy. nos vol. de l'*Amérique*, de l'*Afrique* et de l'*Asie* (1re partie). Nous avons toujours plaisir à emprunter quelques pages aux récits instructifs et sincères de ce voyageur désintéressé, qui est le plus précis, le plus sagace et le plus aimable des guides. M. Cotteau, outre les ouvrages déjà cités

« Plus haut, vers les cimes, là où s'arrêtent les avenues bordées de balustres pour faire place aux petits sentiers pleins de fougères et de racines, dorment au bruit d'autres cascades d'autres saints beaucoup plus vieux; tous ces premiers sages, qui, dès le troisième et le quatrième siècle, sanctifièrent la montagne; leurs tombeaux de granit, très modestes, très frustes, rappellent presque nos menhirs celtiques. Il y a aussi de petits temples grossiers, où les femmes apportent, pour devenir mères, des vœux écrits sur des plaquettes de bois, et ces plaquettes amoncelées pourrissent devant les portes. Il y a des rochers miraculeux que l'on vient de loin, de très loin, toucher pour être guéri de maladies affreuses, et qui sont polis et usés par les mains. Il y a toutes sortes de pierres consacrées possédant des vertus magiques; il y a toutes sortes de statues de granit, debout dans des recoins ou effondrées sous des herbes, presque informes à force d'être vieilles et moussues. Et puis, il n'y a plus rien que la forêt sauvage; tout finit, même les sentiers. Les cascades seules, échevelées, plus minces, plus froides, continuent de se démener et de bruire, dégringolant des derniers sommets; c'est le centre de la grande île japonaise, et on arrive tout de suite à la région où n'habitent plus que ces ours, dont les peaux grises alimentent les boutiques de Nikko. » (P. LOTI, *Ibid.*, p. 230.)

Édifices et jardins japonais.

« Quand un voyageur parcourt le Japon, le tableau qui s'offre à ses yeux est, du nord au midi, et de l'est à l'ouest, une nature riante et coquette, un paysage accidenté, des horizons bornés par les lignes hardies des crêtes volcaniques, une interminable série de petites montagnes renfermant de charmantes vallées, et, par exception, quelques plaines dans le voisinage de la mer; puis, au milieu de ces sites pittoresques, le long des routes peu praticables, des villages et des bourgs aux maisons basses et rampantes, isolées les unes des autres par des jardins et des cours; des villes où les habitations pauvres se massent sur les

---

ailleurs, a publié : *En Océanie* (1888, Paris, in-18, Hachette); *Voyage au Caucase et en Transcaspienne* (broch. in-8°, 1885); *le Transcanadien et l'Alaska* (*Tour du Monde*, 1891). La Société de géographie de Paris a décerné à M. Cotteau une de ses médailles.

canaux, les chemins et les fleuves, tandis que les habitations riches disparaissent derrière les murs et les arbres d'un parc; enfin, des temples semés dans la campagne ou dans les faubourgs des cités, et des *siro*, forteresses féodales disséminées dans les diverses provinces. Toutes ces constructions sont conçues d'après un petit nombre de modèles dont l'architecte ne s'écarte jamais. »

Presque tous les édifices au Japon, les plus vastes comme les plus humbles, sont construits en bois. Le marbre est rare, les pierres, dures à travailler, se prêtent mal par leurs rugosités à la finesse que recherche l'artiste japonais : toutefois ces matériaux, comme le granit déjà grossièrement mis en œuvre dans l'édification des *siro* (forteresses), sont plus fréquemment employés, depuis que le Japon construit des ponts, des viaducs et des murs de soutènement pour ses chemins de fer. Ils n'entrent que pour une faible part dans les temples du culte de Sinto, les *mya*, ou dans les sanctuaires du bouddhisme, les *tera*. Les premiers en bois brut, de petites dimensions, peints d'une seule couleur, sont couverts d'un toit aux surfaces bombées, fait de petites planchettes de sapin superposées; les seconds, plus luxueux par leur décoration intérieure et leurs objets d'art, sont aussi plus vastes; ils sont peints des couleurs les plus variées et les plus éclatantes[1]. Les *yashki*, ou palais, ressemblent avec plus de simplicité aux temples bouddhistes. La charpente qui les soutient est très solidement assemblée, de façon à protéger les habitants contre les fréquentes secousses du sol, dans un pays volcanique, exposé aux tremblements de terre. « Aussi se garde-
» t-on bien de dissimuler les poteaux, les solives, les étrésillons qui
» doivent rassurer l'œil : souvent même on s'abstiendra d'équarrir les
» arbres qui fournissent les piliers pour leur laisser toutes les apparences
» de la force... On est stupéfait, quand on pénètre dans le palais des
» shogoun, dans celui des mikados à Kioto, de ne trouver dans ces
» demeures, où l'imagination se représente des lambris dorés et une somp-
» tuosité orientale, que de belles poutres de kiaki, de shenoki, de sapin,
» simplement rabotées et bronzées par le temps.
» ... La plupart des pièces de l'appartement ne sont fermées que d'un
» côté par une cloison en torchis; sur les trois autres, sont des cloisons de
» papier qu'on ôte ou remet à volonté. Il n'y a aucun autre moyen de
» chauffage que les *chibatchi*, brasiers portatifs pleins de charbon de ceri-
» sier incandescent. Aussi rien n'est moins confortable que la maison japo-
» naise pendant les quatre mois d'un hiver assez rigoureux : rien de plus
» choquant pour l'Européen habitué à dérober sa vie derrière d'épaisses
» murailles, que ces frêles paravents à travers lesquels on est tout à la fois
» espionné par les domestiques et gêné par leur tapage. » (G. BOUSQUET, p. 157.)

» On ne saurait parler de l'architecture japonaise sans ajouter quelques mots sur l'art de dessiner les jardins, qui est ici, plus

---

1. « La polychromie est particulièrement affectionnée au Japon; aussi dans
» les temples, les emblèmes des dieux et des déesses sont-ils de grossières statues
» de bois, aux figures et aux vêtements badigeonnés de couleurs voyantes mé-
» langées sans aucun goût. Autour des temples se trouvent des chimères de

que partout ailleurs, inséparable de celui de bâtir. A part les magnifiques ombrages qui entourent les temples et leur impriment toute leur majesté, il n'y a pas de jardin public, mais, en revanche, il n'est si misérable bicoque qui n'ait son petit jardin, son *matsu* soigneusement taillé et épluché, son petit bassin d'eau claire où nagent quelques poissons rouges, son regard pour l'écoulement souterrain des eaux. Le palais des daïmios, les résidences des riches marchands, comme le fameux Daï-Roku, quelques *tchaya* ou maisons de thé dans les environs des villes, sont entourés de parcs disposés avec un goût exquis. Il n'y faut chercher ni les grandes lignes droites ni les vastes percées d'un Le Nôtre; les Japonais n'en ont jamais compris la majesté sévère et le calme solennel. Ils se soucient peu de cette régularité hospitalière qui permet au visiteur nouveau venu de s'orienter et de reconnaître facilement son chemin[1].

» Le jardin est un lieu de récréation pour le propriétaire, qui vient s'y reposer seul ou s'y distraire avec ses femmes. C'est un boudoir de verdure et de fleurs, peu engageant pour l'étranger qui sans cesse y a besoin d'un guide. On y rencontre, comme dans le jardin anglais, une série d'accidents entassés suivant la fantaisie du maître, et imitant la nature; tout est taillé, émondé, châtié avec un soin qui révèle partout la présence d'un jardinier vigilant. Ici, c'est un petit lac que traverse un pont rustique au-dessus duquel un berceau de bambou soutient une glycine aux grappes pendantes; quelques cygnes s'y promènent

---

» pierre ou de bronze aux formes fantastiques représentant, paraît-il, des lions pour
» les indigènes, qui n'ont jamais vu cet animal inconnu dans leur pays. En de-
» hors des sculptures religieuses, les œuvres artistiques consistent en objets de
» petites dimensions : statuettes d'ivoire, de bronze ou de bois, aux têtes tour-
» mentées, ayant souvent, malgré leur étrangeté, des expressions très bien ren-
» dues. » (R. DE DALMAS, *les Japonais*, p. 237.)

1. « *Architecture*. — Le mot est peut-être mal appliqué. Les temples, le châ-
» teau fort, le palais, la maison bourgeoise et la hutte du pauvre se composent
» des mêmes éléments : un plancher élevé de quelques pieds au-dessus du sol,
» précaution nécessaire contre l'humidité et les reptiles, puis au moins quatre
» poutres verticales et un toit très lourd. Les murs mitoyens sont des châssis
» glissant sur des coulisses; le mur d'enceinte est remplacé par des volets en bois
» qu'on place et qu'on ferme pendant la nuit. Dans les temples, palais et yashkis,
» il y a, de plus, un véritable mur de pierre et de ciment. Tout le reste est en
» bois. C'est la construction la plus primitive possible, et en même temps la
» plus conforme aux exigences du climat, aux ressources et à la situation finan-
» cière de la nation. Elle résiste mieux que les maisons murées des Européens
» aux typhons et aux tremblements de terre. Elle est plus exposée aux incen-
» dies; mais qu'elle soit endommagée ou détruite par le feu, par le vent ou par
» des convulsions du sol, le mal est réparé, à peu de frais, promptement et faci-
» lement. » (DE HÜBNER, *Promenade autour du monde*, VII, p. 416.)

Yokohama.

gravement; là, c'est un tertre où l'on arrive par une petite rampe tournante; plus loin, un *toro* marque le coin d'une allée étroite et sinueuse. Un petit édicule se cache dans les sapins, gardé par deux renards de pierre : un kiosque s'ouvre sur une pièce d'eau ; c'est là qu'on fera apporter une collation et qu'on passera les heures paresseuses d'un beau jour de printemps à regarder danser les *guésha* au son du *shamisen*. Des dalles irrégulières, posées dans tous les sentiers, permettent de les parcourir même en temps de pluie sans se mouiller les pieds.

» Sur une pelouse fraîche et rasée, un épicéa, un camélia, un érable aux tons fauves, un de ces cryptomerias dont le Japon est si riche, quelque arbre d'une essence recherchée et d'une belle venue se dresse à l'écart : un peu plus loin des bosquets de pruniers ou de cerisiers promettent à leur heureux possesseur la vue éphémère d'une floraison ravissante au mois d'avril. L'aspect de ces fleurs est si cher aux Japonais, qu'à certaine époque de l'année le peuple se porte en foule pour les admirer, vers quelques jardins des environs où sont plantés, pour le plaisir des yeux, des parterres de ces arbres, qui ne produisent pas de fruits sous le ciel pluvieux de Yédo.

» L'horticulteur se garde bien ici de grouper, comme nous, ses fleurs en figures géométriques. Il les distribue d'une main discrète par petites masses, ou bien les jette à profusion pour produire quelque puissant effet. Dans presque tous les beaux parcs, un des bords de la pièce d'eau se relève en un talus rapide, couvert de la base au sommet, quelquefois sur une étendue de dix ou quinze mètres, d'azaléas rouges, blancs, roux, dont les tons éblouissants finiraient par lasser l'œil des habitants si leurs corolles ne se flétrissaient en quelques semaines. Le lis, l'iris, le glaïeul, plus persistants, le chrysanthème, l'héliotrope sont plus clairsemés.

» L'artiste japonais mérite une place à l'écart du Français qui fait de l'architecture végétale, de l'Anglais qui reproduit purement et simplement la nature avec l'apparence de son désordre, du Chinois qui s'efforce de la contrecarrer et de la gêner. Notre jardinier sait consulter le génie du lieu, s'associer les effets du site environnant ; il ne contrarie pas la nature, mais, chose pire, il la contrefait et la travestit ; ses arbres sont trop bien ébarbés pour être de vrais arbustes ; ses fleurs, jetées avec une si aimable négligence, ne sont pas celles que les champs produisent avec ce même désordre ; il n'y a jamais eu tant de sinuosités dans une mare naturelle de cent mètres carrés ; tout cela étouffe et manque d'air et de lumière dans l'espace trop étroit où l'on a voulu entasser trop de choses ; nous sommes dans une serre au milieu des pots de fleurs ; ce n'est plus un jardin, c'est un musée de verdure mal rangé.

» Cette diversité paraît mesquine ; à force de découper, d'émietter les éléments de la décoration, on a réussi à faire de petites choses avec de beaux arbres et de grands espaces ; au milieu de cette végétation gênée, dans ces sentiers où l'on ne peut aller deux de front, où l'on doit marcher à pas comptés d'une dalle sur l'autre, où l'on rencontre à tout jamais la même surprise au même détour, le même imprévu chaque jour plus prévu et plus insipide, j'étouffe comme dans un salon garni de porcelaines, où l'on n'ose faire un mouvement, et je réclame les larges horizons de la campagne, les lignes prolongées du sol, l'air libre, la tranquillité de la forêt. » (G. BOUSQUET, *le Japon de nos jours*, t. II, p. 151-153.)

« Dans ce pays où la nature, livrée à elle-même et sans le secours de l'homme, forme de si ravissants jardins, le seul but auquel tendent tous leurs efforts est de la modifier le plus possible ; ils y arrivent du reste complètement. Leurs jardins sont des fouillis de petites allées étroites, de bassins, de canaux, de ponts, tenant à eux seuls presque toute la surface du terrain. De place en place, un arbuste contre nature, étiolé, maniéré, estropié, végète sans feuilles, au milieu de grosses pierres plus ou moins sculptées, placées debout sur leur base et entourées de fleurs fantastiques, qui composent les massifs et dont il est impossible de reconnaître l'espèce.

» Les horticulteurs japonais, pour satisfaire aux goûts de leurs compatriotes, déploient une science et une habileté incomparables dans la tératologie végétale. Par des procédés compliqués et des soins quotidiens, ils arrivent à transformer des ifs en arbustes aux branches multicolores, à faire produire au même arbre les fleurs les plus disparates, ou bien encore des boules de bois à l'extrémité de ses branches.

» Les fleurs proprement dites cultivées particulièrement sont les lis et les volubilis ou liserons, dont ils ont une collection de variétés infinies. Mais la fleur qu'ils affectionnent par-dessus tout, celle que l'on rencontre dans toutes les maisons, dans tous les parcs, dont on mange même les feuilles et les pétales, leur fleur nationale enfin, est le chrysanthème, grossièrement représenté dans les anciennes armes du Japon, c'est-à-dire le blason des shogoun de la famille des Tokoungawa.

» Le chrysanthème cultivé offre des variétés merveilleuses, il en existe de toutes les couleurs. Les nombreux pétales amincis et considérablement allongés, droits, recourbés sur eux-mêmes, ou tordus en tire-bouchon, revêtent les nuances les plus variables depuis le blanc crème jusqu'au pourpre écarlate ou aux tons vieil or, en passant par les couleurs étincelantes de l'or et de l'argent; tantôt bariolés sur la même fleur, tantôt ayant chacune de leurs faces colorée différemment, ils produisent des bouquets que l'on hésite à croire naturels de prime abord. » (Raymond DE DALMAS, *les Japonais, leur pays et leurs mœurs*, ch. XXI, in-18 ; Paris, Plon, 1885.)

3° BIBLIOGRAPHIE. — CARTOGRAPHIE

... *Le Japon à l'Exposition universelle de 1878.* — (Paris, 1878.)

ADAMS. *The history of Japon from the earliest period to the present times.* — (Londres, 1875, 2 vol. in-8°.)

ANDSLEY et BOWES. *La céramique japonaise.* — (Paris, in-f°.)

APPERT. *L'ancien Japon.* — (Paris, 1889.)

ARMINJON. *Il Giappone ed il viaggio della corvetta Magenta nel 1866.* — (Genova, 1869, in-8°.)

BAETZ (D^r). *Les qualités physiques des Japonais* (en allemand). — (Voy. analyse dans la *Revue scientifique*, 20 mars 1886.)

BEAUVOIR (DE). *Voyage autour du monde.* — (Paris, 1867, in-12.)

BELLET. *Les voies ferrées du Japon.* — (Rev. de géogr., 1890, t. I.)

BING. *Le Japon artistique.* — (Paris, 1889, 1 vol. in-4°, Marpon.)

BIRD (MISS). *Unbeaten tracks in Japon.* — (Londres, 1880, 2 vol. in-8°.)

BLACK. *Young Japan, Yokohama and Yeddo.* — (Londres, 1881, 2 vol. in-8°.)

BLAKISTON. *Journey round the island of Yeso.* — (Proceed of the Royal Geogr. Soc., XVI, n° 3.)

BOLCHEF (M. L.). *Exploration de la côte nord-ouest du Japon.* — (Revue de géogr., juin 1879.)

BOUSQUET (G.). *Le Japon de nos jours.* — (Paris, 1877, 2 vol. in-8°, av. carte.)

BRAUMULER. *Bibliotheca japonica.* — (Vienne, 1875, in-8°.)

CARLISLE (trad. de G. Marcel). *Autour du monde.* — (Paris, in-8°, 1877.)

CHARLEVOIX. *Histoire et description du Japon.* — (9 vol., 1736.)

CHASSIRON (C. DE). *Notes sur le Japon, la Chine et l'Inde, 1858-1860.* — (Paris, 1862, in-8°.)

CHESNEAU. *L'art japonais.* — (Paris, 1849.) — *Le Japon à Paris.* — (Paris, 1879.)

CLAPARÈDE (A. DE). *Au Japon, notes et souvenirs.* — (Paris, in-12, 1890, Fischbacher.)

COTTEAU (Edm.). *Un touriste dans l'Extrême-Orient.* — *Japon, Chine, Indo-Chine, Tonkin, août 1881 - janvier 1882.* — (Paris, 1884, in-16 ill., Hachette.)

COTTEAU (R.). *De Paris au Japon en 90 jours.* — (Paris, 1883, in-18.)

COURCY (DE). *Le Japon, histoire, commerce, etc.* — (Corresp., 10 déc. 1851.)

DALMAS (R. DE). *Les Japonais, leur pays et leurs mœurs.* — (Paris, in-8°, 1885.)
DAL VERME. *Giappone e Siberia.* — (Milan, 1882, in-8°.)
DEPPING (G.). *Le Japon.* — (Paris, 1884, in-8°, Jouvet.)
DICKSON (W.). *Japan; being a sketch of the history, government, an officers of the empire.* — (Londres, 1869, in-8°.)
DRESSER. *Japan, its art and art manufactures.* — (Londres, 1862.)
DUBARD (M.). *Le Japon pittoresque.* — (Paris, 1879, in-8°.) — *La vie en Chine et au Japon.* — (Paris, 1881, in-18.)
DU PIN. *Le Japon, mœurs, coutumes, descr. géogr., etc.)* — (Paris, 1869, in-8°.)
DUPONT. *Les essences forestières du Japon.* — (*Rev. marit. et col.*, 1879.)
EGGERMONT (J.). *Le Japon, histoire et religions.* — (Paris, 1885, in-12.)
FONBLANQUE (DE). — *Nipon and Pe-che-li.* — (Londres, 1862, in-8°.)
FONTPERTUIS (DE). *Le Japon civilisé.* — (Paris, in-16 ill., 1885.)
FORTUNE (R.). *Yedo and Peking.* — (London, 1863, in-8°.)
FOWLER. *Visit to Japan.* — (1877, in-8°.)
FRAISSINET (Ed.). *Le Japon, histoire et description.* — *Rapports avec les européens.* — (Paris, 2 vol. in-8°, 1854, A. Bertrand.)
— *Le Japon*, avec carte. — (Paris, 1464, 2 vol. in-18.)
— *Le Japon, histoire et description.* — (Paris, 2 vol. in-12, 1864, avec un supplément à la *Bibliographie japonaise*, de Pagès.)
FURET. *Lettres sur l'architect. japonaise.* — (Paris, in-18, 1860.)
FURTH (DE). *Voyage au Japon.* — (Paris, 1860.)
GEERTS. *Les produits de la nature japonaise et chinoise.* — (Yokohama, in-8°, 1878.)
GONSE (L.). *L'art japonais.* — (Paris, 1884, 2 vol. in-4°.)
GOODRICH. *La vie domestique des Aïnos.* — (Ausland, 1888.)
GOUDAREAU. *Excursion au Japon.* — (Paris, in-4° ill.)
GUIMET (E.) et REGAMEY. *Promenade japonaise, Tokio-Nikko.* — (Paris, in-8°, 1878. ill., et in-4°, 1880.)
HEINE. *Japan.* — (Leipzig, 1880, in-8°.)
HOUETTE (A.). *Une ascension au Fusi-Yama.* — (*T. du M.*, 2ᵉ sem. 1879.)
— *Le Fusi-Yama.* — (*Globus*, n° 19, t. XXXVII.)
HUBNER. *Promenade autour du monde.* — (Paris, 1833, in-8°.)
HUMBERT (A.). *Le Japon.* — (*Tour du Monde*, 1866.)
— *Le Japon illustré.* — (Paris, 1870, 2 vol. in-4°, Hachette.)
JANCIGNY (DE). *Le Japon.* — (*Univers pittoresque*, t. XLVI, Didot.)
JEPHSON and ELTNHIRST. *Our life in Japan.* — (Londres, 1869, in-8° ill.)
JOEST. *Ainos auf der Insel Yesso.* — (Berlin, 1882.)
JOMARD. *Notice sur la ville de Nagasaki.* — (*Bull. de la Soc. de géogr.*, avec plan, 1884, t. II.)
JOUAN. *Coup d'œil sur l'histoire naturelle du Japon.* — (*Mém. de la Soc. des sciences nat. de Cherbourg*, t. IV, 2ᵉ série.)
KAEMPFER. *Histoire naturelle, civile et ecclésiastique du Japon.* — (La Haye, 2 vol. in-8°, 1729.)
KEMISH. *The Japanese Empire.* — (Londres, 1860, in-8°.)
KLAPROTH. *Description des îles Lieou-Kieou.* — (*Nouv. Annales des voyages*, t. XXI, 1824.)
KRAFFT (A.). *Souvenirs de voyage au Japon.* — (Paris, in-4°, 1884.)
— *Le Japon* (notes de voyage). — (*C. R. Soc. de géogr.*, 1882.)
LABROUE (Em.). *Le Japon*, av. 3 cartes et plan de Tokio. — (Paris, in-8°, 1881.)
LAPEYRÈRE (DE). *Le Japon militaire.* — Paris, 1883.)
LAYRLE (J.). *Le Japon en 1867; la vie japonaise, les villes et les habitants.* — (Paris, 1868, in-8°.)
LE GENDRE. *Progressive Japan.* — (New-York, 1879, in-8°.)
LEQUEUX. *Le théâtre japonais.* — (Paris, 1889.)
LERAS. *Renseignements hydrographiques sur les îles Formose et Lou-Tchou.* — (Paris, 1859, in-8°.)
LE SERRURIER. *De Lioe-Kioc archipel.* — (Leyde, 1879, in-4°.)
LEWAL. *Le port d'Hakodaté.* — (*Rev. marit. et col.*, sept. 1872.)
LINDAU (Rod.). *Un voyage autour du Japon.* — (Paris, 1864, in-18.) — *Notes sur les Aïnos.* — (*Nouv. Ann. des voyages*, 1864.)

LE JAPON.

LOTI (P.). *Japoneries d'automne.* — (Paris, in-12, 1888.)
LYNDEN (DE). *Souvenirs du Japon* (texte et illustr.). — (La Haye, 1860, in-4°.)
MADINIER. *Description géogr. et hydrogr. des îles Kouriles.* — (Ann. marit. et colon., avril 1856.)
MAEDA. *La société japonaise; les laques du Japon.* — (Revue scientifique, août-juin 1878.)
MAGET (Dʳ). *La race japonaise; les religions; mœurs des Japonais.* — (Arch. de médecine navale, 1876-78; Exploration, 1878; Ann. de l'Extrême-Orient, 1878 ; Revue d'anthrop., 1881.) — *Les Aïnos ou Yebis du Japon.* — (Nature, 2° sem. 1878.) — *Les volcans du Japon.* — (Nature, 1878, 1ᵉʳ sem.) — *Le Japon du sud.* — (Rev. de géogr., février-mars 1879.)
MARON (Dʳ). *Japon und China.* — (Berlin, 1863, 2 vol. in-8°.)
MEERDERVOORT (VAN). *Vijf Jaren in Japan (Cinq ans au Japon).* — (Leiden, 1867, in-8°.)
MERMET. *Aïnos, origine, langue, mœurs.* — (Paris, 1864, in-8°.)
METCHNIKOFF (H.). *L'empire japonais.* — (Genève, 1880, avec carte et dessins, in-4°; Rev. de géogr., 1877.)
MEYNERS D'ESTREY. *Le Japon actuel.* — (Rev. de géogr., octobre 1887.) — *La médecine au Japon.* — (Rev. scient., 1890.)
MITFORD ALGERNON. *Le Japon.* — (Revue brit., février-juillet 1870.)
MONTBLANC (Comte DE). *Le Japon tel qu'il est.* — (Paris, 1867, in-8°.)
MOSSMAN. *The new Japan.* — (Londres, 1881, in-12.)
MUSÉE GUIMET. *Annales.* — (Paris, 1880-83, 5 vol. in 4°.)
OKOSHI. *Le Japon jadis et aujourd'hui.* — (Bull. Soc. géographie de Lyon, t. VIII.)
OLIPHANT (Laurence). *Le Japon raconté par* trad. publ. par M. Guizot. — (Paris, nouv. édit. ill., 1875, Lévy.)
PAGÈS (Léon). *Bibliographie Japonaise.* — (Paris, 1859, in-4°.)
— *Dictionnaire japonais-français.* — (Paris, 1862, in-8°.)
PERREY (Dʳ). *Sur les tremblements de terre et les phénomènes volcaniques au Japon.* — (Lyon, 1863, in-8°.)
PETITFILS (C.). *Excursion au Fusi-Yama (Japon)*, avec 7 reprod. photogr. — (Paris, in-8°, 1880, Jouaust.)
RAVERET-WATTEL. *La pisciculture au Japon.* — (Bull. de la Soc. d'acclimatation; Gazette géogr., 31 déc. 1885.)
REED. *Japan, its history, traditions and religions, etc.* — (Londres, in-8°, 1880, 2 vol.)
RÉGAMEY (F.). *Le théâtre au Japon.* — (Nature, 1881.)
— *Le Japon vu par un artiste.* — (Revue Bleue, 1890.)
— *Le Japon pratique.* (Paris, in-18, 1891.)
REIN (Dʳ). *Japan nach Reisen und Studien.* — (Leipzig, 1880, in-8°.) — *Das Klima Japan's.* — (Marbourg, 1878, in-4°.)
REVERTEGAT. *Visite aux îles Lou-Tchou.* — (Tour du Monde, XLIV.)
ROMANOW (DE). *Résumé historique des récentes explorations des Russes sur les côtes de la mer du Japon.* — (Bull. de la Soc. de géogr., 2° sem. 1861.)
ROSNY (L. DE). *Le Japon.* — (Paris, in-12, 1885.) — *La civilisation japonaise.* — (Bull. de la Soc. de géogr., 1861.) — *Notices sur les îles de l'Asie orientale.* — (Paris, in-8°, 1861.)
ROUSSIN. *Une campagne sur les côtes du Japon.* — (Paris, 1866, in-18, av. carte.)
— *Une révolution au Japon.* — (Rev. des Deux-Mondes, 1ᵉʳ sem. 1869.)
RUTHERFORD ALCOCK. *The capital of the Tycoon*, cartes et illustr. — (Londres, 1863, 2 vol. in-8°.)
SAFFRAY (Dʳ). *Fabrication du laque au Japon.* — (Nature, 1876.)
SATOW. *Notes on Loochoo.* — (Trans. de la Soc. asiat. du Japon, Yokohama, 1872.) — *Handbook for travellers in Central and Northern Japan.* — (Yokohama, 1881, in-8°.)
SCHINKIGI NAGOÏ. *L'Agriculture au Japon*, trad. de l'allemand par Grandeau. — (In-8°, 1888.)
SIEBOLD. *Nippon.* — (Leyde, 1832-52, gr. in-4°, trad. française, Paris, 1838.) — *Bibliotheca japonica.* — (In-4°, 1833-41.) — *Flora japonica.* — (In-4°, 1835-44.) — *Fauna japonica.* — (In-4°, 5 vol., 1838-50.)

SILVER. *Sketches of Japanese manners and customs*, av. planches. — (Londres, in-8°, 1867.)
SMITH. *Ten weeks in Japan*. — (Londres, 1861, in-8°.)
TAYLOR. *Japan in our day*. — (Londres, 1871, in-8°.)
TINSEAU (DE). *Du Havre à Marseille par l'Amérique et le Japon*. — (C. Lévy, in-8°, 1891.)
USSÉLE. *A travers le Japon*. — (Paris, in-8° ill., 1890.)
V. B. *Voyage au Japon*. — (Bull. de la Soc. de géogr. de Marseille, 1879.)
VIDAL (D^r). *Voyage de Yeddo à Nigata*. — (Toulouse, 1875, in-8°.)
VILLARET (DE). *Le Japon*. — (Paris, 1890, in-8°, avec cartes.)
WATSON. *Journey in Yeso*. — (Proc. Roy. Geogr. Soc., Londres, XVIII, n° 3.)
WESTFIELD (Th. Clark). *The Japanese. Their manners and customs; vit han account of the general characteristics of the country, it manufactures, and natural productions*. — (London, 1862, in-4° illustr.)
YULE (C.). *Cathay and the Road thiter*. — (London, 1866, 2 vol. in-8°.)

BRUNTON. *Map of Nippon*. — (1/1267000, Londres, 1876.)
MIYAMOTO SAMPÉI. *Nihon-zen-dzon* (carte de Nippon, au 430000). — (Tokio, 1877, 2 feuilles, en chinois.)
RICHARDS. *Japan*. — (Londres, 1866, carte en 1 feuille.)
SIEBOLD (DE). *Carte de l'empire du Japon*. — (Leyde, 1840, 1 feuille.)
— *Cartes du Japon*. — (Dépôt de la marine, n°^{s} 2150, 2174, 1174, 3164, 2773, 3468, 3469.)
— *Japan. Nippon, Kui-Sin and Sibok, and part of the Korea*. — (London, Hydrograph. Office, 1863. 1 feuille.)
— *Carte de l'empire du Japon dressée par l'Observatoire météorol. central du Japon*. — (1885-87.)
— *Les îles Kouriles*. — (Carte du dépôt de la marine, n° 2174.)

TABLE ALPHABÉTIQUE

DES NOMS D'ÉTATS, VILLES, MONTAGNES, FLEUVES, RIVIÈRES, LACS, PEUPLES, ETC., ETC.

DE LA Iʳᵉ ET DE LA IIᵉ PARTIES

A

Abadeh, I, 505.
Abakan, I, 34.
Abakansk, I, 43.
Abazaï, II, 85.
Abazes, I, 233, 234.
Abbaï-Touman, I, 241.
Abbottadad, II, 85, 141.
Ab-Dizfoul, I, 546.
Abegerm, I, 490.
Abian, I, 434.
Abich, I, 246, 255.
Ab-i-diz, I, 492.
Ab-i-gargar, I, 492.
Ab-i-koudja, I, 492.
Ab-Istada, I, 564.
Abiverd, I, 507.
Abkhazes, I, 233.
Abkhazie, I, 212.
Abkhazin, I, 217.
Abolonta, I, 263.
Abors, II, 186.
Abou, II, 36, 103.
Abou-Arich, I, 426, 439.
Abou-Ghanim, II, 271.
Aboul, I, 214.
Aboullion, I, 285.
Aboullonia, I, 10.
Abou-Road, II, 104.
Achour (iles), I, 488.
Achour-Adé, I, 488.
Achref, I, 504.
Achtagram, II, 100.
Achyr-dagh, I, 259.
Acknour, II, 441.
Adabazar, I, 261, 285.
Adaï-Khokh, I, 214.
Adalia, I, 266, 287.
Adana, I, 287.
Aden, I, 1, 16, 426, 434, 476 et suiv.
Adighès, I, 224.

Adja, I, 432
Adjaris, I, 217.
Adjimir, II, 99, 103, 166.
Adjloun, II, 272.
Adjmer, II, 184.
Adonis, I, 274.
Aeng, II, 330.
Afghanistan, I, 429, 561 à 602.
Afioum-Kara-Hissar I, 285.
Afladj, I, 437, 466.
Agartala, II, 79.
Agdah, I, 436.
Agra ou Agrah, II, 27, 48, 82, 102, 103, 123, 133, 136, 137, 140, 150, 152, 164, 187.
Agrakhan, I, 140.
Agry, I, 212, 267.
Ahar, I, 503.
Ahmedabad, II, 97, 103, 154, 179, 184.
Ahmednagar, II, 96.
Ahom, II, 81.
Ahwaz, I, 492, 509, 549, 557, 558.
Aiar-nor, II, 131, 616.
Aias, I, 266.
Aïboughir, I, 137.
Aïdin, I, 286.
Aïdzou, II, 793.
Aïgoun, I, 22, 56, 65, 98, 660.
Aïmaks, 585.
Aïn-Mousa, II, 276.
Aïnos, I, 11, 25, 65, 66; II, 823.
Aïravati, II, 331.
Aisi, II, 797.
Aïtsi, II, 811.
Ajan, I, 82.
Ajcho, II, 660.
Ajuthia, II, 81, 830.
Akabah, I, 272, 292, 428, 429, 452.
Ak-Bach, I, 132.

Akbaïtal, I, 129.
Ak-Basaga, I, 195.
Ak-Boura, I, 154.
Akchehr, I, 264, 287.
Ak-Dagh, I, 215, 258, 260, 261.
Ak-Daria, I, 154.
Ak-Denghiz, I, 140.
Ak-Denis, I, 274, 286.
Ak-Feroï, I, 287.
Ak-Gheul, I, 264.
Akhalkalaki, I, 214, 230.
Akhal-Tekké, I,145, 199.
Akhaltzikh, I, 229, 232.
Akhdar, I, 432.
Ak-Hissar, I, 286.
Akhoulko, I, 222.
Akhtala, I, 231.
Akita, II, 811.
Akiztchaï, I, 263.
Akka, I, 272, 291.
Akkar, I, 291.
Ak-Koum, I, 166.
Akmadagh, II, 269.
Ak-Medjed, I, 142, 153.
Akmolinsk, I, 33, 42, 152, 156.
Aknour, II, 21.
Akolah, II, 99.
Akot, II, 99.
Akou, II, 255.
Akoucha, I, 215.
Akoulis, I, 230.
Aksaï, I, 132.
Ak-Seraï, I, 135.
Aksi, I, 153.
Ak-Sou, I, 134, 135, 262, 561; II, 624.
Ak-Taou, I, 137.
Aktcha, I, 159.
Ak-Tépé, I, 146.
Akyab, II, 330, 349.
Ajda, I, 436.
Ala-Chan, II, 610.

Alachehr, I, 286.
Ala-dagh, I, 259, 260, 261, 267, 491.
Alaghir, I, 231.
Alagoz, I, 215.
Alaï, I, 128, 129, 154.
Alaïd, II, 814.
Alaï-Tagh, I, 129.
Alaknanda, II, 12, 27, 77, 83.
Ala-Koul, I, 10, 27, 133.
Alamont, I, 490.
Alangoudi, II, 95.
Alapayeask, I, 41.
Alaska, I, 1, 75.
Ala-Taou, II, 617.
Ala-Taou-Terskei, I, 132.
Alaya, I, 263, 266.
Alazan, I, 215.
Albazin, I, 38, 45, 55, 65.
Aldan, I, 4, 37.
Alegar, II, 166, 189.
Aleï, I, 31.
Aléoutes ou Aléoutiennes, I, 22, 75, 77.
Alep, II, 16, 290, 440.
Aleppi, II, 45, 95.
Alévy, II, 428.
Alexandre (monts), 132.
Alexandreffsky, I, 101.
Alexandrette, I, 266.
Alexandrograd, I, 152.
Alexandropol, I, 230, 233.
Alexandrowsk, I, 24, 38, 162, 163.
Alexandrowskaia, I, 228.
Alfar-dagh, I, 260.
Aliabad, I, 490.

853
48

TABLE ALPHABÉTIQUE.

Alibagh, II, 97.
Alichan, I, 256.
Alidjouk, I, 491.
Aligarh, II, 82. 184.
Ali-ghiri, II, 45.
Alindja, I, 217.
Alipour, II, 75.
Allahabad, II, 27, 38, 43, 81, 96, 108, 163, 183.
Allar, I, 543.
Almora, II, 83.
Altaï, I, 4, 20, 27, 107.
Altaïskaia, I, 43.
Altin-Kiopru, 1, 289.
Altyn-Tagh, II, 627.
Alvaï, II, 45.
Alwar, II, 102.
Amadiah, I, 269, 288.
Amagi, II, 795.
Amakousa, II, 796.
Amanus, I, 269.
Amara, I, 289.
Amarapoura, II, 342, 344, 351.
Amar-Daban, I, 72.
Amarkantak, II, 28, 37, 38.
Amasia, II, 284.
Ambala, II, 87, 88, 181.
Amban - Ashkhem, II, 627.
Ambar, II, 47.
Amber, II, 153 à 159.
Ambernath, II, 97.
Amchit, II, 272.
Amga, I, 37.
Amgoun, I, 39.
Amherst, II, 350.
Amid, I, 438.
Amindivi, II, 5.
Amini, II, 5.
Aminoz, I, 64.
Amisus, I, 288.
Amol, I, 504, 523.
Amou-Daria, I, 46, 128, 135, 138, 153, 561.
Amour, I, 2, 4, 8, 20, 29, 38, 45, 62, 75, 120, 180.
Amoy, II, 65, 690, 728, 753.
Amran, I, 439.
Amravati, II, 99.
Amrili, II, 124.
Amritsar, II, 22, 87, 90, 149, 179.

Amroud, II, 85.
Anadir, I, 8, 22, 37, 75, 82.
Anamalah, II, 45.
Anamondi, II, 45.
Ananour, I, 242.
Anantapour, II, 93.
Anapa, I, 212, 229.
Anaradjapoura, II, 226.
Anas, II, 42.
Anatoli-Hissar, I, 265.
Anatolie, II, 293.
Anazeh, I, 436.
Anchan, II, 499.
Ancouh, II, 514.
Andaman, II, 58, 330, 338.
Andamènes, II, 339.
Andi, I, 214, 231.
Andidjan, I, 129, 145.
Andjouman, I, 562.
Andkoï, I, 155, 159, 561.
Anémour, I, 259, 263, 266.
Anessys, I, 436.
Angara, I, 20, 34, 64, 71, 73.
Angarsk, I, 73.
Angkor, II, 583, 591.
Angora, I, 285, 294.
Angren, I, 161.
Ani, I, 230, 278.
Anioui, I, 37.
Aniva, I, 25, 27.
Annam, II, 330, 444, 515 et suiv.
Annfield, II, 83.
Ansarieh, I, 270.
Antigoni, I, 265.
Anti-Liban, II, 271.
Anti-Taurus, I, 259.
Antrot, II, 5.
Anzobe, I, 135, 160.
Aor, II, 401.
Aoual, I, 426.
Aoude, II, 28, 81, 84, 187.
Aoula, II, 663.
Aoulie-Ata, I. 143, 152, 163.
Apchéron, I, 140, 212.
Aphrosiab, I, 180.
Apollonia, I, 263.
Arabah, I, 605.
Arabie, I, 425 à 485.

Arabique (golfe), I, 425, 429, 434, 439.
Arabistan, I. 488, 504, 543, 549.
Arad, I, 426.
Aradja, I, 215.
Arafa, I, 462, 463.
Aragava, II, 797.
Aragva, I, 214. 244.
Araïdo, II, 793.
Arak, I, 562.
Arakan, II, 330, 332, 336, 349.
Arakbir, I, 288.
Aral (mer d'), I, 5, 10, 137.
Aralsk, I, 142.
Ararat, I, 212, 214, 246, 267, 486, 487, 489.
Aras, I, 212, 216, 257, 486, 494, 498, 503.
Arasbar, I, 216.
Aravalli, II, 19, 36, 42, 99, 101, 106, 123, 160.
Arbil, I, 289.
Arcot ou Arkot, II, 27, 47, 93, 94.
Ardagan, I, 215.
Ardahan, I, 230.
Ardanoudj, I, 230.
Ardebil, I, 489, 503.
Ardilan, I, 504.
Ardon, I, 214.
Arechki, I, 231.
Arendarinko, I, 160.
Argandab, I, 6, 565.
Argée (Ardjich), I, 259.
Arghana, I, 288.
Arghesan, I, 565.
Argob, I, 271.
Argoum-Tso, II, 19.
Argoun, I, 20, 38, 65.
Arich, II, 275.
Arid, I, 466, 470, 487.
Aripo, II, 222, 226.
Arita, II, 812.
Arthân, I, 493.
Arménie, I, 266, 486.
Arnon, II, 275.
Arnoub, I, 429.
Aroud-dagh, I, 260.
Arounada, II, 22.
Arpa, II, 38.
Arpa-Tchaï, I, 216.

Arrah, II, 78.
Arsolar, II, 262.
Arsiani, I, 214.
Arslan-Irmak, I, 261.
Artaki, I, 261, 265.
Artaxata, I, 217.
Artvin, I, 218, 230.
Arza-Bogdo, II, 606.
Asama, II, 793.
Ascalon, II, 272, 291.
Asiatskaia, I, 64.
Asimo, II, 795.
Asirgarh, II, 90.
Aska, II, 92.
Askabad ou Askhabad, I, 149, 150, 135, 163, 202.
Asotaké, II, 796.
Asoyama, II, 796.
Asphaltite, II, 275.
Assaké, I, 153.
Assam, II, 7, 33, 54, 79, 81, 160, 168, 170, 186, 329.
Assamais, I, 11.
Assir, I, 431, 434, 439.
Astara, I, 140, 212, 231, 486, 488.
Asterabad, I, 488, 498.
Astrabad, I, 490, 492, 504.
Astropalia, I, 266.
As-Zind. I, 9.
Atami, II, 810.
Athasar, I, 33.
Atchinsk, I, 43.
Atek, I, 202.
Atentse, II, 723.
Atrek, I, 6, 10, 127, 146, 486, 488, 491, 492.
Attaran, II, 334, 368.
Attok, II, 20, 85.
Attopeu, II, 331.
Auranga, II, 97.
Aurangabad, II, 43, 100.
Auranitis, II, 271.
Ava, II, 332, 342, 350.
Avadzi, II, 791.
Avata, II, 810.
Avatoha, I, 23.
Avomori, II, 793.
Awakoumov, I, 45.
Aya-Gouz, I, 10, 134, 154.

TABLE ALPHABÉTIQUE. 855

Ayan, I, 24, 45.
Ayas, I, 287.
Ayoun, I, 436.
Azerbéidjan, I, 489, 491, 494, 503, 510.
Azikava, II, 810.
Azimgarh, II, 82.

B

Bà, II, 444.
Baalbeck, I, 274.
Baba-Bouroun, I, 1.
Bab-Abd-el-Salem, I, 460.
Baba-dagh, I, 261.
Babahan, I, 505.
Bab-el-Abouah, I, 214.
Bab-el-Mandeb, I, 3, 425, 426, 431.
Babylone, I, 547.
Bachahr, II, 90.
Bac-Lieu, II, 442, 512.
Bac-Ninh, II, 516, 520, 545.
Badakchan, I, 128, 135, 158.
Badjistan, I, 507.
Bafra, I, 288.
Bagagorchi, II, 679.
Bagdad, I, 16, 276, 289, 436, 442, 457, 496, 505, 509, 536, 539, 547, 548.
Bagh, I, 606.
Baghélas, I, 12.
Baghirati, II, 12, 27, 75, 84.
Baghmati, II, 78.
Bagratch-Koul, I, 9, 492.
Baharawar, II, 21.
Bahawalpour, II, 90.
Baho, I, 606.
Bahour, II, 262.
Bahreïn, I, 426, 438, 442, 469, 479, 494.
Bahr-es-Safi, I, 451.
Baïan-Dzoumbour, II, 610.
Baïan-Gol, II, 633.
Baïan-Kara-Oula, II, 633.
Baïbourt, I, 288.
Baïdaryk, II, 607.
Baïkal, I, 4, 8, 28, 33, 64, 71, 74, 111.

Baïkaliens (monts), I, 28.
Baï-Koutcha, II, 624.
Baïn-Oula, II, 607.
Baït, II, 124.
Baïtarani, II, 7, 42, 80, 166.
Baïtoul, II, 90.
Bajou, II, 341.
Bakhof, I, 49.
Bakhta, I, 35.
Bakhtgan, I, 493.
Bakirgandj, II, 60, 77.
Bakir-tchaï, I, 262.
Bakkar, II, 25.
Bakmi, I, 201.
Bakmout, II, 430.
Bakou, I, 231, 499, 511.
Bakouba, I, 289.
Bakthyaris, I, 492, 494, 509.
Balagansk, I, 44.
Balaghat, II, 91.
Balakani, I, 231.
Balakhma, I, 35.
Balaktchi, I, 153.
Balasinor, II, 124.
Balasoro, II, 79, 172, 262.
Balia, II, 82.
Balikesri, I, 285.
Balkh, I, 102, 159, 206.
Balkhan, I, 130, 138, 201, 491.
Balkhansky, I, 140.
Balkasch, I, 5, 6, 20, 27, 65, 133.
Balla-Ischem, I, 163, 201.
Balouksou, I, 217.
Baloul, I, 504.
Baloutches, I, 510, 608.
Baloutchi, I, 12.
Baloutchistan, I, 486, 489, 491, 603 à 612 ; II, 98, 101.
Balta, I, 244.
Baltis, I, 12 ; II, 186.
Baltistan, II, 13, 20, 89.
Balyk, I, 212.
Balyk-Gol, I, 257.
Bam, I, 506, 509.
Bambous (canal des), II, 456.
Bami, II, 155, 163.
Bamian, I, 16, 130, 159.

Bam-i-Douniah, I, 3, 128.
Bampour, I, 507, 509.
Bamrah, II, 92.
Bana, I, 504.
Banagalapali, II, 93.
Banam, II, 441, 513.
Banas, II, 42, 103, 113, 123.
Bandelkand, II, 81, 108, 152, 160.
Band-Emir, I, 493.
Bander, II, 36.
Banderpountch, II, 12.
Bandjaris, II, 188.
Bangach, I, 566.
Bangalore, II, 48, 100, 184.
Banganga, II, 102.
Bang-Bo, II, 500.
Bang-Kock, II, 378, 385, 397.
Bangol, II, 79.
Bang-Plasoi, II, 379.
Baniahs, II, 125.
Banihal, II, 141.
Banki, II, 79.
Bankipour, II, 77.
Bankoura, II, 77.
Ban-Mouk, II, 381.
Bannou, II, 85, 561.
Bansda, II, 123.
Banswara, II, 103.
Bantaï, II, 793.
Bantan, II, 425.
Bao, II, 679.
Baoutou, II, 610.
Bara, II, 85.
Baraba, I, 33, 43, 64.
Barabalang, II, 79.
Bara-Bangahal, II, 22.
Baragaï, II, 37.
Baraghari, II, 162.
Baraï, II, 514.
Baraitchi, II, 84.
Barak, II, 34, 81, 112, 330.
Barakal, II, 92.
Barakar, II, 78.
Baramoula, II, 12, 21, 89, 149.
Baran, I, 565 ; II, 82.
Baranly-dagh, I, 260.
Barathor, II, 12.
Bardwan, II, 77.
Baregou, II, 337.

Barel, II, 2.
Bareli, II, 83, 168.
Bar-el-Selam, I, 455, 457.
Barfrouch, I, 488, 504, 598.
Bargouzin, I, 45.
Barhampour, II, 75, 92.
Bari, II, 166.
Baria, II, 510, 549.
Bariatcha, I, 493.
Barisal, II, 77.
Barka, I, 437.
Barkaoul, I, 131, 134.
Barkoul, II, 625.
Barlik, I, 27 ; II, 617.
Barmah, II, 173, 330.
Barnaoul, I, 30, 43, 65.
Barnaoulka, I, 30.
Baroda, II, 45, 48, 99, 123, 124, 128, 129, 139, 163, 184.
Baroghil, I, 130, 562.
Baroumtchou, II, 427.
Barren-island, II, 339.
Barria, II, 124.
Barsouki, I, 166.
Bartan, I, 284.
Barva, II, 166.
Barygaza, II, 97, 163.
Basaltique (ile), I, 24.
Baskan, I, 134.
Basoda, II, 108.
Bassac, II, 381, 442, 512.
Bassein, II, 4, 45, 332, 349.
Bassorah, I, 16, 269, 289, 438, 440, 470, 482, 505, 509, 556, 558.
Bastar, II, 92.
Bas-Térek, I, 232.
Basti, II, 82.
Batama, I, 37.
Batang, II, 719.
Batang-Padang, II, 400, 405.
Bati, II, 513.
Batmansou, I, 269.
Batnah, I, 437.
Batoum, I, 213, 218, 230, 235, 254.

TABLE ALPHABÉTIQUE.

Battambang, II, 380, 442.
Batticaloa, II, 227.
Davi, II, 425.
Bawahapour, II, 23.
Bayandaï, II, 619.
Bayas, I, 287.
Bayézid, I, 257, 288, 487, 496.
Bazar, I, 31.
Bazardious, I, 214.
Bech-Taou, I, 214.
Beda, I, 438.
Bedaa, I, 426.
Bedasta, II, 21.
Bédouné, II, 660.
Beglevanis, I, 217.
Behar, II, 77, 78, 106, 181.
Behat, II, 21.
Behesni, I, 289.
Behistoun, I, 517. 548.
Beïchehr, I, 10, 264, 287.
Beïcos, I, 265.
Beï-Kem, I, 33; II, 607.
Beïlan, I, 269.
Beïrout, I, 272, 290.
Beït, II, 124.
Beith-el-Fakih, I, 439, 445.
Bekaa, I, 275.
Bela, I, 606.
Belad, I, 425.
Belad-al-Amein, I, 451.
Beled-Beni-Issa, I, 458.
Beled-el-Djof, I, 438.
Beled-el-Hadjar, I, 438.
Beled-Yafya, I, 438.
Belgaom, II, 96.
Belka, I, 291.
Bellary, II, 93, 183, 184.
Belokani, I, 230.
Bemshibend, I, 490.
Bénarès, II, 27, 48, 56, 81, 96, 116, 152, 163, 179, 181, 182.
Bend-Emir, I, 548.
Bender-Abbas, I, 488, 492, 507, 509.
Bender-Bouchir, I, 478, 496, 505, 549.
Bender-Touvasy, I, 473.

Bengale, II, 78 et s.; 167 et suiv.
Bengalis, II, 187.
Beni-Sakr, I, 436.
Beni-Soufyan, I, 431.
Bentré, II, 442, 512.
Berar, II, 99.
Bereidah, I, 436.
Bereïnah, I, 437.
Bereydah, I, 462, 469.
Bering, I, 22, 48, 75, 509.
Bérizov ou Bérozof, I, 20.
Bernam, II, 400.
Bernizat, I, 25.
Besika, I, 266.
Beswara, II, 93.
Bethléem, I, 291.
Betna, II, 81, 109.
Bettia, II, 78.
Betva, II, 27, 106.
Beyah, II, 22.
Beylerbey, I, 265.
Beypour, II, 62, 95, 181, 184.
Bezouarah, II, 165.
Bezvara, II, 47.
Bhadar, II, 98.
Bhagalkand, II, 101, 109.
Bhagalpour, II, 78.
Bhaïrab-Bazar, II, 34, 35.
Bhaïraghat, II, 27.
Bhamo, II, 332, 350, 366.
Bhandara, II, 91.
Bhaounagar, II, 99.
Bharotch, II, 41.
Bharoutch, II, 97.
Bhartpour, II, 102.
Bhatgaon, II, 256.
Bhaver, II, 15, 83, 255.
Bhillalas, I, 11.
Bhilong, II, 84.
Bhilou-Gaïonon, II, 334.
Bhils, I, 11, 36, 41; II, 103, 104, 106, 124, 186, 188, 190.
Bhima, II, 46.
Bhimbar, II, 141.
Bhivani, II, 88.
Bhopal, II, 108, 139, 166.
Bhor-Ghat, II, 43, 45.
Bhot, II, 89.
Bhotia-Kosi, I, 15; II, 255.

Bhoutan, I, 14; II, 33, 186, 260.
Bhoutias, II, 261.
Bhurtpore, II, 139.
Bias, II, 21, 22, 90.
Bidar, II, 110, 179, 400.
Bidaspes, II, 21.
Bi-Djnour, II, 83.
Bielaïa, I, 29, 35.
Bieloukha, I, 20, 27, 30.
Bien-Hoa, II, 510, 519.
Bigarrés (monts), I, 131.
Bigha, I, 285.
Biisk, I, 20, 30, 43.
Bikaner, II, 102.
Bikergan, I, 493.
Bilaspour, II, 23, 91.
Bilin, II, 337.
Bilsi, II, 83.
Bimboghadagh, I, 259.
Bimlipatam, II, 93.
Binaloud, I, 491, 508.
Bingoldagh, I, 216, 267.
Binh-Dinh, II, 444, 515, 552.
Binh-Lang, II, 444.
Binh-Thuan, II, 444, 515.
Bintenne, II, 226.
Bint-Roud, I, 493.
Bipasis, II, 22.
Bir-Ali, I, 438.
Birars, I, 120.
Birbhoum, II, 77.
Birdjaud, I, 507, 509.
Birh, II, 110.
Birmanghat, II, 41, 90.
Birmanie, I, 54; II, 330 à 373.
Birmans, I, 11.
Biroupa, II, 42.
Biroussa, I, 35.
Birrares, II, 659.
Bisoutoun, I, 504.
Bitlis, I, 269.
Biva, II, 797, 798.
Bivar, II, 99.
Biya, I, 30.
Biyen, I, 134.
Bla, II, 444.
Blagovetchensk, I, 38, 45, 65.
Blair, II, 339.

Blanche (île), I, 21.
Bobbili, II, 93.
Bodo, I, 11.
Bod-Youl, II, 636.
Bogaro, II, 160.
Bogdo, II, 131, 606, 617.
Bogdo (Oula), II, 606.
Bogla-Nor, I, 131.
Bokhara, I, 16, 153, 155, 162, 179, 193, 206, 494, 499, 523.
Bokharie, I, 157.
Bokhâriotes, I, 520.
Bolan, II, 20, 98, 202, 561, 582, 603.
Bolar, II, 95.
Bolchaïa, I, 23.
Bolgary, I, 212.
Bolgor, I, 578.
Boli-Sou, I, 261, 285.
Bolor-dagh, I, 129.
Bolts, II, 322.
Bombay, II, 4, 15, 18, 38, 45, 48, 82, 91, 96, 98, 102, 108, 113, 123, 163, 179, 184, 473, 482.
Bonaï, II, 78.
Bongontou, II, 610.
Borbalo, I, 214.
Borchtola, I, 215.
Borjoin, I, 230, 234, 241.
Bor-Nor, II, 616.
Boro-Khoro, I, 131; II, 617.
Borokhoudzir, I, 154.
Boshniak, I, 58.
Bosra, I, 291.
Botansou, I, 209.
Bothia-Kosi, II, 15.
Bouan, I, 132.
Bouchir, I, 16, 184, 499, 505, 509.
Boudaon, II, 83.
Boudbar, I, 501.
Boudroun, I, 286.
Boukit-Pandjang, II, 400.
Boukhaïn, II, 633.
Boukharie (petite), II, 619.
Boukhtarma, I, 3, 27.
Boukhtarminsk, I, 31, 42.
Boulak, I, 498.
Bouldona, II, 99.

TABLE ALPHABÉTIQUE.

Bouldour, I, 261, 263, 287.
Boulgar - dagh, I, 207, 259.
Bouloudchar, II, 82.
Boulouk, I, 264.
Bouloun, I, 37, 44.
Bouloun - Tokhoï, II, 618.
Boulsar, II, 97.
Boultso, II, 636.
Boumtsa, II, 637.
Bounar, I, 578.
Bounarbachi, I, 262, 285.
Boundélas, II, 108, 109, 137.
Boundhelkand, II, 101, 108.
Boundi, II, 103.
Boungo, II, 796.
Boureya, I, 29, 38, 39.
Bourgasoutaï, I, 27.
Bourha, II, 91.
Bourhampour, II, 90.
Bouriates, I, 22, 65, 66, 73, 82, 110.
Bourkhan - Boud-dha, II, 632.
Bournabad, I, 286.
Bouroudjird, I, 504.
Bousatchi, I, 155.
Boutans, II, 692.
Boutkan, II, 600.
Bouyonk- Menderé, I, 262.
Bouza, I, 47.
Bouzatchi, I, 141.
Boz, I, 265.
Boz-Bouroun, I, 258, 261.
Boz-tépé, I, 265.
Brahmakound, II, 33.
Brahmanbaria, II, 77.
Brahmani, II, 7, 42, 166, 181.
Brahmapoutra, II, 1, 5, 9, 11, 12, 13, 22, 27, 28, 33, 35, 41, 54, 60, 75, 79, 80, 81.
Brahoui, II, 2, 20, 603, 608.
Brindaban, II, 82.
Brispour, II, 162.
Broatch, II, 122, 123, 163.
Brousse, I, 285, 524.
Budnour, II, 90.

Bundelkand, II, 36, 108, 109.
Burdwar, II, 140, 183.
Bycallas, II, 115.
Byrranga, I, 21.
Bystraïa, I, 23.
Bzib, I, 217.

C

Caboul (V. Kaboul).
Caz-Nag, II, 148, 149.
Cachemire, II, 3, 115, 149, 150, 151.
Calcutta, I, 12, 14, 18; II, 6, 7, 12, 14, 17, 70, 75, 77, 82, 84, 91, 93, 135, 141, 149, 160, 166, 168, 169, 171, 181, 184, 189.
Calicut, I, 62; II, 4, 44, 48, 62, 95, 178, 181, 262.
Calimere, II, 47.
Ca-Lomieu, II, 436.
Camao, II, 426.
Camariya, II, 162.
Cambay, II, 4, 37, 38, 41, 45, 97, 99, 123, 124.
Cambodge, I, 2; II, 329, 330, 457, 513, 548, 550, 551, 557.
Camorta, II, 341.
Canara, II, 95, 97.
Candahar, I, 16.
Candilli, I, 265.
Candy, II, 226.
Cannanor, II, 181.
Cannanore, II, 4, 95, 181.
Cantho, II, 512.
Canton, II, 723, 732, 753.
Cao-Bang, II, 516, 520.
Caravaya, II, 168.
Cardamome, II, 45, 95, 425.
Cardiva, II, 5.
Carmel, II, 272.
Carnatic, II, 93.
Car - Nicobar, II, 340.
Caspienne, I, 1, 5, 6, 10, 16, 127, 137, 140, 486 à 514, 547.
Cassaba, I, 286.

Castries (baie de), I, 24, 38.
Catchar, II, 81.
Catherine (mont Sainte-), I, 429.
Cattak, II, 79, 166.
Cattak - Mehal, II, 37.
Caucase, I, 1, 2, 4, 46, 104, 213, 489, 491, 495, 498, 513.
Caucasie, II, 212, 218, 489, 503.
Cavéry, I, 5; II, 7, 43, 44, 47, 48, 94, 95, 99, 100, 165.
Cawnpore, II, 27, 81, 166, 184.
Cécile, II, 467, 791, 812.
Cedron, II, 275.
Célestes (monts), I, 130, 132; II, 619.
Césarée, I, 16.
Cesarevitch, I, 141.
Ceylan, I, 3, 7, 479, 481; II, 6, 7, 58 à 62, 129, 158, 168, 219.
Chadrinsk, I, 33, 41.
Chaggar, II, 87.
Chagourti, II, 149.
Chahabad, II, 85.
Chahband, I, 579.
Chahbaypour, II, 35.
Chahdjahanpour, II, 83.
Chahdjiahanabad, II, 88.
Chah-i-doulah, II, 621.
Chah-i-Mourdan, I, 153.
Chah - Kouch, I, 490.
Chahlimar, II, 148.
Chahpour, II, 21, 85, 160.
Chahroud, I, 490, 492, 504.
Chakh-Dagh, I, 214.
Chakka, II, 291.
Chak - Maksour, I, 563.
Chakof, I, 140.
Chakra, II, 465.
Chakwal, II, 85.
Chalaourof, I, 49.
Chalik-Taou, I, 132.
Chamchan, I, 471, 473.

Chamcherbour, I, 490.
Chameau (défilé du) I, 136.
Chamiana, II, 136, 138.
Chamin, II, 724.
Chammar, I, 436, 441, 442.
Chamo, I, 5; II, 608.
Champaran, II, 78.
Chan-Alin, I, 29; II, 658.
Chanar, II, 82, 189.
Chandernagor, II, 77, 264.
Chandragiri, II, 255.
Chang- Bhakar, II, 78.
Chang-Haï, II, 724.
Chang-Tou, II, 614, 678.
Chanhaï-Kouan, II, 661.
Chanly - Dagh, I, 214.
Chan-si, II, 614.
Chansir, I, 266.
Chantabouri, II, 379.
Chantan, II, 89.
Chan - Toung, II, 678.
Chan - Yoma, II, 331.
Chaohing, II, 721.
Chaotcheou, II, 724.
Chaour, I, 547.
Chapra, II, 78.
Chapsongs, I, 233.
Char, I, 429.
Chara-Mouren, II, 609, 659.
Chardjah, I, 437.
Chârok, I, 434.
Charikhan, I, 153.
Charkah, I, 426.
Charoud, I, 509.
Chatak, II, 81.
Cha - Tchéou, II, 625.
Chat-el-Arab, I, 5, 9, 487, 488, 492; II, 269.
Chaudoc, II, 442, 512.
Chayang, II, 719.
Chayok, II, 13, 20, 89.
Chazi, II, 719.
Chebin-Kara-His-sar, II, 284.

48.

TABLE ALPHABÉTIQUE.

Chehr, I, 438.
Chehr-i-Sebs, I, 157.
Cheik-Saïd, I, 426.
Cheiten-Oula, II, 609.
Chelveli, I, 129.
Chemakha, I, 231.
Cheral, II, 85.
Cherifabad, I, 507.
Cheriat-el-Kebir, II, 275.
Cherrarat, II, 436, 441.
Chevaux (île des), I, 493.
Chevelioutch, I, 23.
Chibir-Khan, I, 759.
Chibr, I, 562.
Chigar, II, 20. 89.
Chigatzé, II, 33.
Chiguan, I, 128,156, 157.
Chiguinsk, I, 37.
Chikar, II. 149.
Chikarpour, I, 20, 23, 98, 206, 581.
Chi-Kreng, II, 514.
Chilka, I, 38, 65; II, 7.
Chillong, II, 34, 81.
Chimère, I, 258.
Chimoga, II, 100.
Chinan, II, 720.
Chinaz, I, 437.
Chine, I, 2, 3, 5, 11, 16, 18; II, 605 à 789.
Ching, I, 11.
Chingnan, I, 135.
Chini, II, 181.
Chin-King, II, 660.
Chinois, I, 11, 165; II, 168, 605.
Chinwari, I, 584.
Chinyang, II, 660.
Chio, I, 260, 266, 286.
Chiping, II, 689.
Chipki, II, 15.
Chipou, II, 722.
Chirabad, I, 157.
Chiraz, I, 486, 491, 505, 509, 522, 524, 525, 535, 536, 538, 548.
Chirbedat (ras), I, 426.
Chiriboum, I, 216.
Chir-Kouh, I, 491.
Chittagong, I, 58, 77.

Chivaraï, II, 44, 47.
Choabeng, II, 341.
Cho-Bo, II, 455,559.
Cholapour, II, 96.
Cholon, II, 510.
Chon-Koul, II, 621.
Chorapour, II, 110.
Chota-Nagpor, II, 168.
Choucha, I, 215, 218, 231, 250.
Choué-Gyin, II, 350.
Chouga, II, 632, 633.
Chouhba, II, 291.
Choumaghinsk, I, 22.
Choumaka, I, 511.
Choundowsee, II, 184.
Chou-ning-fou, II, 723.
Chour, I, 492.
Choura, I, 234.
Chourakhan, I, 153.
Chouster, I, 492, 501, 505, 509, 519.
Choutar-Gardan, I, 581.
Chrysorrhoas, I, 262.
Chtchourovskiy, I, 130.
Chtchoutchina, I, 20.
Chu, II, 499.
Chunking, II, 719.
Chunte, II, 716.
Cinghalais, II, 228.
Circar, II, 7, 55, 93.
Circassiens, I, 233.
Clazomène, II, 286.
Cnide, I, 286.
Cocanada, II, 93.
Cochin, II, 4, 45, 48, 95, 96.
Cochinchine, I, 2; II, 330, 457, 509, 550.
Cocos, II, 330, 338.
Cœlé-Syrie, II, 271, 274.
Coïlum, II, 96.
Coïmbatour, II, 43, 64, 94, 168, 181.
Colaba, II, 113.
Col des Nuages, II, 425, 556.
Coléroun, II, 166.
Colombes (îles), I, 286.

Colombo, II, 48, 220, 224, 225.
Combermere, II, 336.
Commandeur (îles du), I, 22.
Comorin, I, 1; II, 2, 4, 6, 43, 45, 48, 95, 164, 168.
Condjéveram, 94.
Corée, I, 2; II, 663 à 677.
Coréens (monts), I, 29, 65, 66.
Coringa, II, 58, 59.
Coringuy, II, 263.
Coromandel, II, 3, 7, 9, 44, 47, 54, 55, 59, 62, 93, 164.
Cortelliar, II, 47.
Counour, II, 62.
Cragus, I, 258.
Crillon (cap), I, 25.
Cua-Balat, II, 455.
Cua-Ba-Thao, II, 442.
Cua-Cam, II, 456.
Cua-Dinhan, II, 442.
Cua-Dong-Hoï, II, 445.
Cua-Traly, II, 455.
Cua-Tran-Dé, II, 442.
Cuddalore, II, 7, 94.
Cuivre (île du), I, 22, 77.
Cydnus, I, 263.

D

Daba, II, 639.
Dacca, I, 77; II, 35, 77, 262.
Dacht, I, 493, 525, 603, 606.
Dacht-i-Kewir, I, 491.
Dadour, I, 606.
Dafir, I, 442.
Dagelet, II, 663.
Daghestan, I, 497.
Dagorne, II, 490.
Dahirah, I, 437.
Dahna, I, 434, 437, 443, 447, 449, 450, 451, 467.
Daïho, II, 797.
Daï-Ngaï, II, 442.
Daka, I, 581.

Dal, II, 145, 146.
Dala, II, 349.
Dalaï, II, 608.
Dalaï-gol, I, 35.
Dalaï-Koui, II, 607.
Dalaï-nor, I, 8, 38.
Dalmates, I, 33. 41.
Damah, II, 91.
Daman, II, 268.
Damanganga, II, 45.
Daman-Koh, I, 491, 562.
Damao, II, 45.
Damar, I, 412.
Damas, I, 10, 428, 436, 439, 448, 456, 464, 467.
Damegan, I, 494.
Damgban, I, 505, 509.
Damyhot, I, 438.
Damoudah, II, 77, 78, 160, 183.
Dangra, II, 636.
Dantoun, II, 171.
Daoleswaram, II, 46.
Daoudnagar, II, 78.
Daouasir, I, 434, 437, 470.
Daouros, I, 11.
Daouriens, I, 20, 121.
Daoussé, II, 658.
Daoussé-Alin, I, 29.
Dapsang, II, 620.
Dap-Cau, II, 520.
Dapta-Roum, I, 34.
Dara, I, 289.
Darab, I, 505.
Darakech, I, 507.
Darang, II, 444.
Darbanga, II, 78.
Darbich, I, 491.
Dardis, II, 89.
Dardistan, II, 20, 186.
Dardous, II, 12.
Dar-el-Hamsa, I, 439.
Dargo, I, 221, 231.
Darial, I, 214, 229, 233, 242.
Darjiling, I, 12, 14, 15; II, 12, 14, 15, 57, 70, 71, 75, 89, 167, 168, 184.
Darrang, II, 80.
Darthanga, II, 78.
Darwas, I, 135, 160, 130, 157.
Daulatabad, II, 110.

TABLE ALPHABÉTIQUE.

Dauleswaran, II, 165.
Davala-Ghiri, I, 4, 12; II, 12.
Dayabang, I, 12; II, 12, 28, 255.
Dchachpour, II, 79.
Debang, II, 642.
Debbet-er-Ramleh, I, 429.
Debhar, I, 42; II, 42.
Debi, I, 437.
Decca, II, 168.
Deesu, II, 124.
Dehaz, I, 564.
Deh-Koudi, I, 578.
Dehra-Doun, II, 83.
Dehroud, I, 507.
Deh-Sandji, I, 578.
Dejistan, I, 492.
Dejnef, I, 47.
Dekkan, II, 1, 4, 6, 43 à 96, 167.
Delghir-Mouren, II, 607.
Delhi, II, 17, 48, 88, 97, 102, 141, 150, 164, 181.
Delidji - Tchaï, I, 262.
Delijan, I, 230.
Demavend, I, 490, 520, 529, 492.
Demera, I, 426, 439.
Demir-Kapou, I, 214.
Deneskhina, I, 35.
Deneykin - Kamen, I, 29.
Denghiz, I, 10, 183.
Denghiz - Taou, I, 27.
Denguil - Tepé, I, 140.
Denkhandi, I, 35.
Denkiah, II, 12.
Deogarth, II, 37, 110.
Deoha, II, 83.
Deo-Ngang, II, 425.
Deo-Quan, II, 499.
Déorali, II, 12.
Déoudane, I, 137.
Deradjat, II, 20.
Dera-Ghazri-Khan, II, 20, 85, 603.
Dera-Ismaïl-Khan, II, 80, 85.
Derbent, I, 20, 214, 218, 231 ; II, 20.
Déré-Bayoun, II, 280.

Dereghez, I, 507.
Dereyali, I, 464, 465.
Deria, 437, 438.
Deriaz, I, 564.
Derreyeh, I, 437.
Deulgaon, II, 93.
Devangiri, II, 261.
Devan - Khana, II, 155.
Devely-Karahissar, I, 285.
Deverck, I, 262.
Devikotta, II, 47.
Dewas, II, 108.
Dhafar, I, 426, 438, 439.
Dhampour, II, 83.
Dhandooka, II, 97.
Dhângs, II, 186.
Dhaola-Dhar, II, 22.
Dharampour, II, 123.
Dharmsala, II, 87.
Dharwar, II, 26.
Dhavalaghiri, II, 28, 255.
Dhebar, II, 103.
Dhers, II, 125.
Dhiban, II, 291.
Dhobri, II, 75.
Dholera, II, 97.
Dholka, II, 97.
Dholpour, II, 103.
Dhond, II, 96.
Dhoubri, II, 33, 80, 88.
Dhoundhar, II, 152.
Dhoungars, II, 124.
Dhouns, II, 15, 255.
Diamond- Harbour, II, 75.
Diar-al-Arab, I, 425.
Diarbékir, I, 16, 289, 509.
Dibong, II, 33, 81.
Dibroughar, II, 80.
Didjle, I, 269.
Didyme, I, 286.
Diego-Garcia, II, 6.
Digh, II, 102.
Dihing, II, 34.
Dihong, II, 33, 81.
Dihongh, I, 33.
Dikeli, I, 286.
Diklosmita, I, 214.
Diksonshaven, I, 35.
Dili, II, 88.
Dilvara, II, 105.
Dinadjpour, II, 75.
Dinaloud, I, 507.
Dinapour, II, 77.
Dindgal, II, 94.

Dinding, II, 402.
Dinn-Goï, II, 425.
Diou, II, 4, 269.
Dir, I, 578.
Divanieh, I, 289.
Divalah, I, 269, 289, 487, 492.
Diyarmir, II, 13.
Dizaboul, I, 47.
Dizak, I, 606.
Dizfoul, I, 492, 504, 508, 549.
Djabalpour, II, 39, 91.
Djachpour, II, 79.
Djadji, I, 584.
Djalalpour, II, 21.
Djaffna, II, 221, 226.
Djagdalak, I, 563, 581.
Djagdalpoour, II, 92.
Djagdès, II, 103.
Djagganath, II, 79, 92.
Djaghatou, I, 10, 493.
Djaïlan, I, 438.
Djaïlap, II, 15.
Djaipour, II, 93, 101, 102, 160.
Djaïrotia, II, 34, 81.
Djaïsalmir, II, 101.
Djakôn, II, 42.
Djalalabad, I, 577, 581.
Djalanah-Koul, I, 133.
Djalba - Patan, II, 103.
Djalk, I, 507.
Djallandar, II, 87, 90.
Djallawar, II, 103.
Djaloud, II, 275.
Djamal - Baris, I, 491.
Djammou, II, 21, 88, 89, 141, 142.
Djamna, II, 12, 27, 33, 36, 81, 82, 83, 84, 88, 101, 102, 106, 108, 136, 166.
Djamnotri, II, 12, 27, 83, 84.
Djamouna, II, 25, 28, 35 75.
Djamroud, II, 85, 25.
Djanavi, II, 27.
Djanevi, II 12.
Djanglatché, II, 83, 369.

Djanik, I, 288.
Djanou, II, 255.
Djanpour, II, 27.
Djansi, II, 81.
Djanyatagh, I, 231.
Djaring-nor, I, 8; II, 610, 633, 679.
Djarmouk, I, 272.
Djaroun, I, 505.
Djask, I, 489, 507, 509.
Djates, I, 12, 565.
Djavalamouki, II, 90.
Djebaïl, II, 272.
Djebel - Akhdar, I, 437.
Djebel - Akra, II, 270.
Djebel-Boukoun, I, 492.
Djebel-Chammar, I, 428, 431, 433, 456, 466.
Djebel-ech.-Cheikh, II, 271.
Djebel-Chomoer, I, 446.
Djebel-el-Tih, II, 272.
Djebel-Katherin, II, 274.
Djebel-Tarantchi, I, 492.
Djebraïl, I, 231.
Djeddah, I, 16, 423, 435, 439, 442, 456, 457, 462.
Djehol, II, 613.
Djeipore, II, 36, 37, 166.
Djela, II, 406.
Djelam, II, 21; 141.
Djelebou, II, 406.
Djellenghi, II, 28.
Djemil, II, 271.
Djemla, II, 257.
Djenin, II, 291.
Djerach, II, 291.
Djerahi, I, 492.
Djeram - Pandjang, II, 406.
Djerim, I, 439.
Djerm, I, 158.
Djerria, II, 160.
Djevanchir, I, 231.
Djezireh-el-Arab, I, 425.
Djhang, II, 87.
Djhioun, I, 263.
Djibleh, II, 270.
Djijik, I, 135.
Djilam, II, 12, 20,

21, 85, 89, 145, 147, 148, 149, 151, 160.
Djilin-Bilin, I, 490.
Djind, II. 90.
Djiouni-raz, I, 489.
Djirgalantou, II, 607.
Djizak, I, 153, 162.
Djizan, I, 426.
Djlabad-ayoup, I, 153.
Djobbah, I, 445, 446.
Djodjpour, II, 101.
Djôf, I, 428, 434, 444, 445, 446.
Djôf-Amer, I, 436.
Djohha, I, 436.
Djohi-Kohi, I, 578.
Djohila, II, 38.
Djohol, II, 406.
Djohor, II, 400, 406.
Djotdar, II, 42.
Djouang, II, 80.
Djouari, II, 45.
Djouka-Djong, II, 15.
Djoula-merk, I, 288, 535; II, 269.
Djoulfa, I, 230.
Djoumpol, II, 406.
Djoun, I, 436.
Djounagarh, II, 92, 99.
Djouni, II, 272, 609.
Djourki, I, 154.
Djova, I, 266, 286.
Djurd, II, 271.
Doab, II, 27, 82, 83, 87, 166.
Doân, I, 434.
Dobeï, I, 437.
Dodahetta, I, 44, 63; II, 44.
Dœlgans, I, 65.
Dokerta, II, 723.
Dolon-nor, II, 614.
Don-Doung, II, 514.
Dong-Dang, II, 432, 456, 520.
Dong-Hoï, II, 516.
Dong-Khang, II, 501, 502.
Dong-Naï, II, 443.
Dong-Song, II, 499.
Donkiah, II, 12, 79.
Dora, I, 158, 562, 583.
Dori, I, 565.
Dorn, I, 256.
Dorrah, I, 436.

Dorylée, II, 286.
Do-Son, II, 518.
Douangs, II, 185.
Douars, II, 15.
Double, II, 337, 724.
Doubouchkoh, I, 507.
Douchak, I, 163, 202.
Douch-Katchan, I, 34.
Doudinko, I, 44.
Doui, I, 25, 27.
Doulia, II, 96.
Dounganes, I, 160; II, 617.
Doungarpour, II, 103.
Doungars, II, 11, 41, 103, 106.
Dounghar, II, 103, 123, 160.
Dourani, I 584.
Dourga-nor, II, 607.
Dourgoutli, I, 286.
Dourian-Sebatang, II, 403.
Dras, II, 15.
Dravi, II, 4.
Dravidiens, I, 11; II, 188.
Druses, I, 12, 303.
Dsabgan, I, 10.
Dubrovna, I, 30.
Dussiet, I, 242.
Duttiah, II, 109.
Dvan, I, 438.
Dvaras, II, 261.
Dvarka, II, 124.
Dyk-Taou, I, 214.
Dzanskar, II, 13, 20, 89.
Dzoungarie, II, 616.

E

Ebal, I, 272.
Ebi nor, ou Ibinor, I, 10, 131; II, 616.
Ecbatane, I, 506.
Echret-Abad, I, 520.
Edar, II, 124, 608.
Edremid, II, 215.
Egerdir ou Egherdir, I, 6, 10, 263, 287.
Eghin, II, 607.
Egraïs, II, 637.
Eké-gol, I, 34.
Eketarinbourg, I, 206.

Ektagh-Alaï, II, 606.
Elaeusa-Sebasti, I, 266.
El-Ahça, I, 438.
El-Akhaf, I, 451.
El-Akhyar, II, 271.
El-Ala, I, 426.
El-Arich, I, 425, 272.
El-Batroun, II, 272.
El-Beda, I, 437.
El-Bekaa, II, 271.
Elbourz, I, 3, 214, 486, 487, 488, 490, 505, 508, 511, 513, 518, 519.
El-Chakra, I, 437.
Eléphant (cap), II, 336, 442.
Elephanta, II, 4, 97, 113, 208.
El-Ermeh, I. 436.
Elgandal, II, 44, 110.
El-Hadda (ras), I, 431.
El-Hamad, I, 436.
El-Hasa, I, 290, 438, 449, 466, 479.
El-Houta, I, 437.
Elisabeth (cap), I, 25.
Elisabethpol, I, 498.
El-Katif, I, 426, 438, 462, 479.
Elken, I, 261.
Ellitchpour, II, 99.
Ellore, II, 93.
Elma-dagh, I, 260.
Elmalu, I, 286, 287.
El-Mecherafa, I, 451.
El-Mouhrez, I, 438.
El-Mousmiyeh, I, 291.
El-Nedj, I, 269.
El-Riba, II, 291.
Elvend, I, 491, 492, 506.
Emba, I, 6.
Embinsk, I, 156.
Emil, I, 133.
Emirdagh, I, 261.
Emouri, I, 20.
Enguérou, I, 261.
Enzéli, I, 488, 504, 509, 511, 516.
Epha, I, 439.
Erékli, I, 265, 852, 287.

Ergik-Targak, I, 20, 33.
Erivan, I, 230, 498.
Ermenek-sou, I, 263, 287.
Ernakolam, II, 96.
Erode, II, 184.
Ersari, I, 159.
Erzeroum, I, 16, 288, 509.
Erzingan, I, 288.
Esdraelon, I, 272.
Eski-Adalia, I, 287.
Eski-Chehr, II, 286.
Eskil, I, 264.
Eski-Stamboul, I, 285.
Esquimaux, I, 11, 66.
Es-Salt, II, 291.
Etah, II, 82.
Etawah, II, 82, 162.
Etchmiadzin, I, 215, 230, 280, 282, 498.
Etelkouyoun, I, 22.
Etoiles (lac des), II, 610.
Etsigo, II, 815.
Etziren, II, 815.
Euphrate, I, 5, 9, 267, 425, 426, 428, 432, 434, 450, 452, 486, 491, 495, 505, 589.
Europeiskaia, I, 64.
Eurymédon, I, 263.
Everek, I, 259, 285.
Everest, II, 12.

F

Fadjejew, I, 21.
Fai-foo, II, 515, 555.
Faizabad, I, 27, 157; II, 84, 583.
Fakou-Min, II, 661.
Falkenhagen, I, 206.
Famalpour, II, 77.
Fan, I, 160, 522.
Fan-daria, I, 135, 154.
Fao, I, 290, 509.
Farah-Abad, I, 504.
Farakabad, II, 82.
Faria, II, 275.
Faridpour, II, 77.
Farsak (ras), I, 431, 489.
Farsan, I, 426.

TABLE ALPHABÉTIQUE. 861

Farsistan, I, 486, 488, 493, 505, 537.
Fatehpour, II, 82.
Fath, I, 124.
Fayrer, II, 172.
Fédotika, I, 37.
Feloudjah, I, 289.
Fentcheou, II, 717.
Ferghana, I, 130, 154, 161.
Ferrah, I, 578, 585.
Feysoul, I 469, 471.
Fich-Dagh, I, 213.
Filedj, I, 426.
Filias-Tschaï, I, 261.
Filoudji, I, 426.
Finnois, 1, 11, 107.
Firouzabad, I, 505, 522.
Firozabad, II, 82.
Firozpour, II, 87.
Fleuve des Perles, II, 688.
Fleuve-Rouge, II, 330, 454, 484, 543, 688.
Fo-kien, II, 722.
Forg, I, 506.
Formose, 1, 2; II, 690.
Fort-Alexandrovsk, I, 155.
Fort-Ouralsk, I, 41.
Fort-William, II, 75.
Fouchan, II, 724.
Fouen-Ho, II, 682.
Foukoui, II, 811.
Foukouoka, II, 796.
Foukouyama, II, 812.
Fouldji, I, 434, 443.
Fou-Mou, II, 678.
Founaï, II, 811, 812.
Foung-Yang, II, 720.
Fousan, II, 665, 667.
Fousi-mi, II, 810.
Fousi-Yama, II, 793, 794.
Foutcheng, II, 719.
Foutchéou, II, 498, 719, 722, 753.
Francipett, II, 264.
Frat, I, 267.

G.

Gaddis, II, 186.
Gahrval, II, 15, 160.
Gaidaro, I, 266.
Gaïkovar, II, 122, 124.
Gaïs, I, 492.
Gak-bo, II, 331.
Gakkars, II, 187.
Galaad, II, 272.
Galilée, I, 275.
Galkine, I, 208, 209.
Galtchas, I, 154, 160; II, 624.
Gamas, I, 492, 504, 506.
Gamba, I, 255.
Gamich, I, 215.
Gandak, II, 15, 28, 78, 181, 255.
Gandawa, I, 605, 606; II, 20.
Gandi, II, 255.
Gandivi, II, 45.
Gandjam, II, 92, 160.
Gang-dis-ri, II, 33, 637.
Gange, I, 3, 5, 13, 27; II, 3, 55, 78, 81, 88, 101, 121, 637.
Gangodri, II, 27.
Gangpour, II, 79.
Gaugri, II, 13, 19, 22.
Ganja, I, 215.
Gantour, II, 93.
Gaourha, I, 434.
Gaourisankar, I, 4; II, 12, 14, 255.
Garakpour, II, 82.
Gardchistan, I, 136.
Garghich (mont), I, 491.
Gargounsa, II, 637.
Garhgaon, II, 81.
Garhval, II, 15, 84.
Garla-Mandata, II, 13.
Garm, I, 157.
Garn, I, 434.
Garpi, I, 217.
Garrarah-el-Kebir, II, 271.
Garro, II, 34, 80.
Garros, II, 186.
Gartokh, II, 15, 19.
Gatparba, II, 96.
Gaya, II, 77.
Gaza, II, 272, 291, 429.
Gaz-Koul, I, 135.
Gechik-Hachi, I, 132.
Génézareth, II, 275, 511.

Gen-san, II, 663, 667.
Georgetown, II, 403.
Georghievsk, I, 215, 229.
Géorgie, I, 497.
Ghadim, I, 289.
Ghaggar, II, 88.
Ghaghat, II, 75.
Ghandari, I, 563.
Gharm, I, 492.
Gharmsir, I, 488.
Gharrah, II, 22.
Ghatparba, II, 46.
Ghâts, II, 93, et suiv., 170, 181, 183.
Ghazipour, II, 82.
Ghazni, I, 494, 561, 564, 577.
Ghediz, II, 286.
Ghemlik, II, 265, 285.
Ghensan, II, 665.
Ghéok-Tépé, I, 147, 155, 163, 199, 201.
Ghéours, I, 202.
Ghermili, I, 260.
Ghermilou, I, 262.
Ghermsir, I, 425.
Gheuk-irmak, I, 162.
Gheuk-sou, I, 263.
Gheurdès, II, 294.
Ghiaour-Dagh, I, 217, 267.
Ghilan, I, 487 à 516, 615.
Ghilanis, I, 489.
Ghir, II, 4.
Ghirin, II, 659, 660.
Ghirisk, I, 578.
Ghirnar, II, 93, 99.
Gholdes, I, 120, 122.
Ghor, I, 275, 428.
Ghorband, I, 563.
Ghori, I, 135, 564.
Ghourian, I, 579.
Ghourkas, II, 71.
Gidou-Bandar, II, 98.
Ghiliaks ou Giliaks, I, 11, 25, 66, 120, 122.
Ghilzais, I, 584.
Gigininsk, I, 24, 45.
Gilgit, II, 11, 20, 89, 583.
Gingy, II, 262.
Girong, II, 255.
Girousi, I, 231.
Givach, I, 259.
Gjegaons, I, 215.

Glou-Khovsky, I, 209.
Gnariam, II, 12.
Goa, II, 4, 267.
Goahatti, II, 81.
Goalanda, II, 28.
Goaloundo, II, 184.
Goalpara, II, 34, 80.
Gobi, I, 4, 16; II, 606, 608, 614.
Gocong, II, 510.
Godavéri, I, 5, 9; II, 7, 38 et suiv. 55 à 92, 96, 99, 166.
Godé, I, 269.
Godhra, II, 97.
Gogra, II, 12, 27, 25, 77, 84, 256.
Gogri, II, 28.
Gokinai, II, 810.
Goklou-Sou, I, 259.
Goktcha, I, 10, 217, 233, 497.
Gok-Tchaï, I, 215.
Golaghat, II, 81.
Golconde, II, 111, 160.
Goldjak, II, 269.
Goldes, II, 659.
Golds, I, 11.
Golyks, II, 637.
Gomal, II, 85.
Gomoul, II, 20, 566, 581.
Gonda, II, 84.
Gondiatham, II, 47.
Gondjrauwala, II, 87.
Gondola, II, 103.
Gonds, I, 11, 78; II, 91, 106, 190.
Gondwana, II, 56, 90, 91, 185, 189.
Gopalpour, II, 92.
Gordiz, I, 286.
Gorglian, I, 492.
Gori, I, 230, 233.
Gorida, II, 607.
Gorkha, II, 257.
Goto, II, 796.
Gouadar, I, 489, 606.
Gouadel, I, 603.
Gouadja, I, 582.
Goualior, II, 81, 101, 103, 106, 108, 133, 139.
Gouatar, I, 487, 603, 607.
Goubden, I, 231.
Gouch-Nagan, I, 493.

TABLE ALPHABÉTIQUE.

Gouddilam, II, 94.
Goudjerate, II, 41, 43, 85, 97, 98, 102, 122, 123, 125, 188.
Gough, II, 317, 709, 723.
Goughen, I, 488.
Goui-Doui, II, 679.
Goujars, II, 185, 186.
Goul, I, 581.
Goulab, II, 103.
Goulbarga, II, 110.
Goulcha, I, 154, 163, 195.
Goulhek, I, 520.
Goulistan, I, 130, 278, 421, 487, 488.
Goul-Koh, I, 563.
Goum-Kan, II, 430.
Goumich-Khaneh, I, 288.
Goumich-Tépé, I, 488, 504.
Goumti, II, 27, 35, 84.
Goundar, II, 48.
Goundawa, I. 583.
Gounds, II, 173.
Gounfondah, I, 426.
Gounib, I, 222, 231.
Gounong-Boubou, II, 400, 411.
Gounouk, I, 268.
Gourban-Saïkhan, II, 606.
Gourdaspour, II, 87.
Gour-Emir, I, 179.
Gourgàn, I, 492.
Gourgaon, II, 88.
Gourgen, I, 504.
Gourghen, I, 492.
Gourgour, I, 268.
Gourkhas, II, 186, 257.
Gourned, I, 431.
Goursaraï, II, 81.
Gousel, I, 215.
Gouriens, I, 233.
Gourla, II, 637.
Gourouma, II, 565.
Gouroun, I, 259; II, 284.
Goutami, II, 46.
Govindgarh, II, 109.
Grand-Kebir, I, 132.
Grand-Lac, II, 441.
Grousiens, I, 233.
Grozniy, I, 229.
Guari-Korsoum, II, 15.
Guébren, I, 263.

Guédis-tschaï, I, 262.
Guemlik-Sou, I, 262.
Guerra, I, 452.
Gumich-Khaneh, II, 291.
Gyantsé, II, 639.

H

Hab, I, 605.
Habban, I, 438.
Habend-Roud, I, 492.
Hada, II, 614.
Hadd, II, 269.
Haddadin, I, 436.
Hadjanro, II, 23.
Hadjarim, I, 434.
Hadjer-el-Assoued, I, 453.
Hadji-Kak, I, 562.
Hadji-Kend, I, 231.
Hadjipour, II, 78.
Hadji-Tchaï, I, 493.
Hadramaout, I, 428, 431, 434, 438, 451.
Hafiz, I, 505.
Hahraz, I, 492.
Haïderabad, II, 23, 25, 93, 96, 98, 99, 109, 110.
Haï-Duong, II, 517.
Haï-Dzuong, II, 516.
Haïg, II, 277.
Haïl, I, 428, 436, 442, 444, 463, 464, 466.
Haïnan, I, 1; II, 703.
Haïning, II, 721.
Haï-Phong, II, 517; II, 518, 555.
Haïtchoung, II, 661.
Haï-Tsiou, II, 667.
Hakata, II, 812, 820.
Hakimpour, II, 80.
Hakkari, I, 288.
Hakkas, II, 691, 692.
Hakkiari, I, 267.
Hakodaté, II, 800, 812, 820.
Hakone, II, 795, 815.
Hakou-San, II, 795.
Hali, I, 426.
Halong, II, 519.
Halys, I, 261.

Hamad, I, 447.
Hamadan, I, 491, 547.
Hamboutotta, II, 226.
Ham-Heng, II, 667.
Hami, I, 131; II, 625.
Hamich, I, 132.
Hamid, I, 287.
Ham-Kieng, II, 667.
Hammam-Sidna, I, 431.
Hammamiyeh, I, 436.
Hamoun, I, 487, 507, 561, 565, 603.
Hamzat-Beg, I, 221.
Han-Giang, II, 442.
Hang-Tchéou, II, 719, 721.
Han-Haï, I, 5, 6; II, 606.
Han-Kéou, II, 207, 719, 754, 760.
Han-Kiang, II, 664, 687.
Hanlé, II, 19.
Hanoï, II, 455, 505, 516, 517, 538.
Hanouman, II, 158.
Hansi, II, 88.
Hanyang, II, 667, 719.
Haoura, I, 426, 438; II, 75, 77.
Haouran, I, 425, 432, 434, 436, 442; II, 271, 291.
Haramoch, II, 20.
Haramouk-Kola-hor, II, 13.
Haraoti, II, 103.
Haras, I, 490.
Harbouz-Oula, II, 610.
Hardoi, II, 85.
Hardwar, II, 15, 27, 165, 166.
Hariana, II, 88.
Harik, I, 437, 465.
Hari-Parbat, II, 145.
Haritchandagarh, II, 44.
Harnaï, I, 605.
Harra, I, 432; II, 271.
Hasara-Baba, II, 269.
Hasarasp, II, 137.
Hasbeya, II, 275.
Haschichin, I, 490.

Hasreti-Sultan, II, 130.
Hassan, I, 431, 471.
Hassanieh, I, 426.
Hassan-Kali, II, 280.
Hassan-Kouli, I, 488.
Hassik (ras), I, 426.
Ha-Tien, II, 444, 512.
Ha-Tinh, II, 516.
Hattia, II, 35, 60.
Hazara, II, 85, 181.
Hazareh, I, 578, 584.
Hazaribagh, II, 78.
Hazar-Masdjid, I, 491.
Hazel, I, 469.
Hazrat-Iman, I, 158.
Hazret, I, 143, 583.
Hébron, I, 291.
Hedjaz, I, 428, 432, 434, 435, 439, 440, 441.
Helenendorf, I, 231.
Helfer, II, 339.
Hellainyé, I, 426.
Helmend ou Hilmend, I, 507.
Helong-Krang, I, 38.
Henakya, I, 436.
Hengtchéou, II, 720.
Hensada, II, 349.
Hérat, I, 16, 136, 145, 152, 162, 202, 206, 228, 486, 494, 498, 525, 528, 531, 561, 578, 583, 585.
Heratis, I, 520.
Héri-Roud, I, 136, 162, 202, 487, 491, 493, 564, 578, 579.
Hermon, I, 271.
Hesban, I, 291.
Hiang-chan, II, 694.
Hida, II, 795.
Hidjr, I, 442.
Hien-Foung, II, 710.
Hiéou-kao, II, 717.
Hieronda, I, 286.
Hieros, I, 265.
Hikoné, II, 811.
Hilaya, II, 25.
Hilleh, I, 289.
Hilmend, I, 487, 561, 565, 583.
Hills, II, 34.
Himalaya, II, 3, 11, 13, 15, 16, 33, 54, 64, 70, 73, 75, 80,

TABLE ALPHABÉTIQUE. 863

88, 128, 141, 636.
Himetzi, II, 811.
Himry, I. 221.
Hindiah, II, 268.
Hindou-Kouch, I, 11, 13, 19, 20, 88, 128, 130; 486, 561.
Hindoustan, II, 1 à 328.
Hinganghar, II, 91.
Hiogo, II, 810.
Hirado, II, 790, 796.
Hirosima, II, 811.
Hissar, I, 88, 128, 157.
Hissarlik, II, 285.
Hit, I, 287.
Hizen, II, 796, 812.
Hoa-Chan, II, 678.
Hoai, II, 687.
Hoaiking, II, 718.
Hoang-Haï, II, 667.
Hoang-Ho, I, 4, 8; II, 610, 678, 679.
Hoang-Pou, II, 723, 724.
Hoang-Tcheou, II, 720.
Hoang-Tou, II, 679.
Hochangabad, II, 90.
Hodeidah, I, 10, 426, 439.
Hoeitcheou, II, 720.
Hof-Hof ou Hof-Houf, I, 290, 426, 438, 442, 449.
Hoi-Hou, II, 704.
Hoïran, I, 263.
Hokian, II, 716.
Hokkaido, II, 812.
Holkar, II, 108.
Honan, II, 718.
Hondo, II, 791, 793, 810.
Hone-Cohé, II, 425.
Hon-Gay, II, 519, 544.
Hong-Hoa, II, 516, 519, 545.
Hong-Kong, II, 65, 688, 700, 724.
Hong-Yen, II. 455.
Hôpe, II, 710.
Horeb, I, 429.
Hoti-Kiang, II, 688, 689.
Hound, I, 791.
Houan, II, 718, 723.
Houang-Haï, II, 690.
Houbli, II, 96.

Houéi-Kiang, II, 688.
Hougli, II, 7, 25, 28, 42, 59, 60, 75, 77, 171.
Houïdouk, 212.
Houkou, II, 720.
Houlch, II, 275.
Hounan, II, 720.
Hou-Nang, II, 425.
Houng-Choui, II, 687.
Houng-Kiang, II, 688.
Houn-Ho, II, 659.
Hount-Chouen, II, 660.
Hou-Sou, I, 289.
Houtcheou, II, 721.
Houten, II, 430.
Houto-Ho, II, 683.
Houtsi, II, 790.
Hoyang, II, 545.
Huanco, II, 168.
Hué, II, 444, 445, 500, 516, 552, 556.
Humbold (mont), II, 633.
Hung-Yen, II, 505, 516, 517.
Hu-Tinh, II, 552.
Hydaspe, II, 21, 149.
Hyphasis, II, 22.

I

Ialmal, I, 21.
Jana ou Yana, I, 8.
Iangui-Kala, I, 146.
Ibi-Gamin, II. 12, 13, 15, 27, 79, 83, 84.
Ibi-Nor, I, 131.
Ibouki, II, 795.
Ibra, I, 438.
Ichim, I, 33, 42.
Ichkachim, I, 158.
Ida, I, 261.
Idganga, II, 46.
Idokapaz, I, 213.
Idumée, I, 429, 432.
Idzou, II, 794, 815, 818.
Iékatérinbourg, 1, 29.
Ie-Khaï, I, 131.
Iélogoui, I, 35.
Iéniséi, I, 2 (V. Yé-niséi).
Igne, I, 436.
Igorrotes, II, 691.

Iia, I, 35.
Iké, II, 790.
Ike-Edjen-Khoro, II, 610.
Ike-Eral, I, 27.
Iki, II, 796.
Ildjick, I, 136.
Ilghoun, I, 264, 287.
Ili, I, 6, 10, 16, 65, 131, 133; II, 617, 619.
Ilidja, I, 288.
Iliisk, I, 154.
Ilkas-Dagh, I, 260, 284.
Ilkhouri, II. 658.
Illiats, I, 520.
Iltzk, I, 156.
Imari, II, 812.
Imbarus, I, 258, 263.
Imbro, I, 266.
Iméréthiens, I, 233.
Iméris, I, 233.
Inavasiro, II, 793.
In-Chan, I, 4; II, 609.
Indar-Ab, I, 135, 564, 583.
Indes (mer), I, 473, 475, 426.
Indigirka, I, 4, 8, 22, 37, 47, 112.
Indjeh-Sou, II, 285.
Indjir, I, 265.
Indo-Chine, II, 329 à 603.
Indore, II, 184.
Indra, II, 1.
Indraspatha, II, 88.
Indravati, II, 46, 92.
Indus, I, 3, 5, 9, 13, 15; II, 2, 12 à 28, 33, 36, 52, 55, 85, 98, 108, 128, 182, 637.
Inéboli, I, 265.
Ineboli-Sou, I, 264.
Ingoda, I, 38, 65.
Ingour, I, 214, 217.
Ira, I, 452.
Irak, I. 425, 489, 510, 537.
Irak-Adjemi, I, 505, 506.
Iran, I, 3, 4, 6, 16, 487 à 547.
Iraniens, I, 12.
Iravati, II, 21.
Irbit, I, 16, 33, 41.
Irdun-Oula. II, 606.
Iremel, I, 29.

Iren-Khabirgan, I, 131.
Irghiz ou Irgiz, I, 10, 41, 142, 156.
Irgiz-Terekli, 1, 162.
Irkoutsk, I, 20, 28, 34, 44, 63, 65, 71, 98, 206.
Irons, I, 233.
Iroulas, I, 12; II, 189.
Irraouaddi, 1, 5, 8; II, 31, 34, 331, 332, 361.
Irtich, I, 8, 20, 27, 30, 31, 64, 70, 163, 105, 867.
Isbarta, I, 287.
Ischir-Koul, I, 129.
Iset, I, 33.
Isfaïram, I, 129, 134.
Isikari, II, 796.
Iskander, I, 135.
Iskanderoun, I, 266.
Isker, I, 20, 33.
Iskiüjam, I, 134.
Iskilib, II, 285.
Islamabad, 1, 21; II, 151.
Ismid, II, 265, 285.
Isnik, II, 285.
Isnik-Gheul, I, 263.
Ispahan, I, 486 à 525.
Isri-Menanti, II, 406.
Issik-Koul, I, 5, 10, 131, 154.
Istakhar, I, 505, 548.
Istalif, I, 577.
Istankoï, I, 287.
Istifan, I, 265.
Itch-Ili, I, 287.
Itouno, II, 814.
Ivaschka, I, 8, 37.
Ivasiro, II, 817.
Iyo, II, 815.
Izmir, II, 286.

J

Jabbalpour, II, 181.
Jacobabad, I, 581; II, 98.
Jaffa, I, 272, 291.
Jaipour, II, 81.
Jal Bqug, I, 213.
Jambughoda, II, 123.
Jamia, I, 24.

TABLE ALPHABÉTIQUE.

Jangdia, II, 262.
Japon, II, 790 à 852.
Jara, II, 678.
Jashpour, II, 78.
Jats, II, 137, 185, 188.
Jaune (fleuve), I, 4, 8; II, 678, 679.
Jawardagh, I, 269.
Jazevaïa, I, 64.
Jeboulos-mta, I, 214.
Jehid, I, 439.
Jehlam, II, 21, 28.
Jenchuan, II, 665.
Jéricho, I, 275.
Jérusalem, I, 291, 428.
Jeypore, II, 101, 102, 139, 152, 153.
Jey-Sing, II, 152.
Jifara, I, 153.
Jigansk, I, 44.
Jitoï, I, 140.
Jonques (îles des), II, 692.
Joudpore, II, 139.
Joues (défilé), I, 37.
Jourdain, I, 6, 10, 275, 432.
Jubbalpour, II, 183, 187.
Jummou, II, 142.
Juning, II, 718.
Junjon, II, 403.

K

Kabaldroug, II, 100.
Kabarda, I, 214, 215, 219, 229.
Kabardins, I, 233.
Kabhet, I, 37.
Kaboul, I, 15, 16, 20, 128, 145, 206, 494, 520, 561, 565, 577, 582, 585; II, 85, 89.
Kach, II, 617.
Kachaf-Roud, I, 493, 507.
Kachan, I, 491, 505, 507, 537, 564.
Kachgar, I, 16, 128, 129, 132, 161, 207, 320; II, 624.
Kachgar-Daria, II, 620.
Kachgorie, II, 619.

Kachka, I, 157.
Kach-Kar, I, 578.
Kachmir, II, 12, 19, 85, 88, 89, 141, 147, 149, 181, 186.
Kachtau-Taou, I, 214.
Kaders, II, 189.
Kadjar, I, 504.
Kadjars, I, 495, 499, 504.
Kadj-Nagh, II, 12.
Kadjouri, II, 42.
Kadour, II, 100.
Kadzousa, II, 793.
Kaf, I, 447.
Kafir, I, 585; II, 89.
Kafiristan, I, 20, 157, 195.
Kaghi, II, 692.
Kahnpour, II, 141.
Kahrni, I, 217.
Kaïbar, I, 578.
Kaïdak, I, 141.
Kaïfoung-fou, II, 717.
Kaihoa, II, 723.
Kaïlas, II, 15, 22, 34, 637.
Kaïmour, II, 36.
Kaïn, I, 507.
Kaïnsk, I, 43.
Kaïping, II, 716.
Kaïra, II, 122.
Kaïs, I, 507.
Kaisarich, II, 285, 291.
Kaisser, I, 564.
Kaïtchéou, II, 661.
Kaïyuen, II, 661.
Kakh, I, 507.
Kakhabéri, I, 254.
Kakhétie, I, 232.
Kakyens, II, 357, 366.
Kalaat-Belkaa, I, 442.
Kalabagh, II, 20, 160.
Kalabhet, II, 37.
Kaladji, II, 96.
Kalahandi, II, 92.
Kalan, II, 220.
Kalang, II, 400.
Kalantan, II, 381, 400.
Kalaous, I, 215.
Kalat ou Kelat, I, 606.
Kalat-i-Nadir, I, 487.

Kaldjir, I, 20.
Kalegouk, II, 337.
Kaleh-Charghat, I, 289.
Kaleh-Soultanieh, II, 285.
Kalgan, II, 45, 97.
Kalhat, I, 437.
Kali, II, 75, 152.
Kaliganga, II, 256.
Kalinadi, II, 45, 83, 97.
Kalithar-Hills, II, 141.
Kalki, I, 265.
Kalkot, I, 578.
Kalloni, I, 286.
Kalmouks, I, 65, 66, 154, 215, 585; II, 617, 624.
Kalna, II, 77.
Kalnigapatam, II, 92.
Kalo-Koracésion, I, 1, 266.
Kalou, I, 583.
Kaltour, I, 524.
Kalynno, I, 266, 287.
Kama, I, 35.
Kamakoura, II, 810.
Kamamet, II, 110.
Kamar-daban, I, 28.
Kambaye, II, 160.
Kamblis, II, 100.
Kamen-Rybolov, I, 45, 65.
Kaminick, I, 103.
Kamlaï, II, 28.
Kammar (dj.), I, 426.
Kampot, II, 444, 513, 548.
Kamtchadales, I, 11, 65, 75, 82, 83.
Kamtchatka, I, 23, 75, 76, 82, 83; II, 55.
Kamti, II, 91.
Kamzava, II, 811.
Kan, I, 34.
Kanara, II, 4, 12, 79, 291.
Kanas, II, 606.
Kandahar, I, 20, 26, 85, 152, 202, 470, 494, 520, 578, 582, 603.
Kandech, II, 96.
Kandeli, II, 90.
Kandi, II, 48.

Kandil-Tach, I, 132.
Kanglanamo, II, 14.
Kang-Méas, II, 514.
Kang-Nam, II, 444.
Kangra, II, 87.
Kankaï, II, 28.
Kanoudy, II, 82.
Kanpore, II, 81, 84.
Kanpour, II, 82.
Kansk, 43, I.
Kan-Sou, II, 619, 623, 627.
Kan-Tag, I, 161.
Kantal, II, 15.
Kantilo, II, 80.
Kao-Dourek, II, 374.
Kaoloun, II, 753.
Kaomi, II, 718.
Kapitan (mont), I, 28.
Kapou, I, 261, 265.
Kapourtala, II, 90.
Kapoudjikh, I, 215.
Kappari, I, 287.
Kaptchegaï, I, 134.
Kara, I, 21, 99, 101, 106.
Karabagh, I, 216, 520.
Karabatalsk, I, 142.
Karabeldagh, I, 259, 267.
Kara-Boghaz, I, 3, 141.
Karaboulak, I, 41, 102.
Karabounar, I, 265; II, 621.
Karachar, I, 131; II, 621.
Kara-Dagh, I, 261, 205, 489, 491.
Kara-Daria, I, 134.
Karadéré, I, 262.
Karadja, I, 260, 286.
Kara-Djilza, I, 129.
Karagati, I, 134.
Karagheul, I, 265.
Karagin, I, 23.
Kara-Iaila, I, 213.
Karak, I, 496.
Kara-Kach, II, 621.
Kara-Koïn, I, 132.
Kara-Kol, I, 133, 154.
Kara-Koroum, II, 2, 13, 19, 89, 127, 608, 613.
Kara-Koul, I, 129, 134, 157, 163, 195.

TABLE ALPHABÉTIQUE.

Kara-Koum, I, 166, 564.
Kara-Man, I, 287.
Karambar, I, 583.
Kara-Narin-Oula, II, 609.
Karanjah, II, 4.
Kara-Nor, II, 623, 633.
Karaouli, II, 103.
Kara-Oussou, II, 607.
Kara-Ouzak, I, 135.
Kara-Saï, I, 134.
Kara-Sou, I, 212, 267, 268.
Karassi, II, 285.
Karatagh, I, 157.
Karatal, I, 134.
Kara-Taou, I, 132, 137.
Karatash-Bouroun, I, 266.
Karatchaïs, I, 233.
Karatchi, II, 2, 4, 23, 27, 87, 98, 184, 544.
Karatchitaou, I, 130.
Karategin, I, 128, 130, 157.
Kara-Teke, I, 133.
Kara-Touran, I, 38.
Karchi, I, 157, 162.
Karen, II, 356.
Kargalik, II, 624.
Kargat, I, 10, 33.
Karikal, II, 7, 47, 48, 61, 94, 262.
Karikdji, I, 157.
Karkaralinsk, I, 42.
Karli, II, 96, 208.
Karmaktschi, I, 142.
Karmaly-Dagh, I, 260.
Karnafouli, II, 77, 163.
Karnal, II, 88.
Karnoul, II, 13.
Karoud, II, 92.
Karoun, I, 260, 504, 505, 509, 549, 559.
Karrak, I, 499.
Karpathos, I, 287.
Kars, I, 230, 233.
Karvar. II, 4, 45, 79, 97, 181, 184.
Kas, I, 64.
Kasanich, I, 231.
Kasanli, II, 88.
Kasbei, I, 267.
Kasbin, I, 490, 505.

509, 511, 519, 523, 524, 537.
Kasch, I, 131, 133.
Kaschan, I, 524.
Kaseroum, I, 522.
Kasgandj, II, 82.
Kasi, II, 81.
Kasim ou Kacim, I, 428, 436, 441, 469.
Kassa-Dagh, I, 258.
Kassam-Sou, I, 184.
Kassan, I, 153.
Kassimabad, I, 507.
Kassipour, II, 83.
Kastakos, I, 153.
Kastamouni, II, 284, 285.
Kastro, I, 286.
Kasutin, II, 514.
Kasvin, I, 505.
Kataghan, I, 158.
Katami-Negri, I, 45.
Katar, I, 437.
Katch, II, 79, 98, 99, 123.
Katchar, II, 111.
Katchouga, I, 35, 37.
Katharin, I, 429.
Kathom, II, 513.
Katjou, I, 493.
Katmandou, II, 15.
Katoun, I, 20, 27, 30, 131, 487.
Kattaba, I, 431.
Katta-Kourgan, I, 144, 154, 163.
Kattivar ou Kattiavar, II, 4, 98, 99, 122, 194.
Katyn, I, 131.
Kavarathi, II, 5.
Kavkas, I, 213.
Kavo-Krio, I, 262.
Kazakh, I, 231.
Kazalinsk, I, 142, 144, 153, 162, 163.
Kazan, I, 29.
Kazan-Kaya, I, 260.
Kazantseff, I, 208.
Kazbek, I, 214, 213, 244.
Kaz-dagh, I, 261.
Kazeroum, I, 505.
Kazos, I, 287.
Kebao, II, 456, 519, 543, 544.
Kechgan, I, 492, 304.
Kéchin, I, 476, 488.
Kedabek, I, 229, 231, 233.

Kedah, II, 381.
Kechef, I, 491.
Kefar, I, 436.
Kefen-Koull, I, 519.
Kelakont, I, 231.
Kelat, I, 606.
Kelata, I, 155.
Kelat-i-Nadir, I, 491, 507.
Keloung, II, 692.
Kem, I, 107.
Kemakh, I, 288.
Kemarat, II, 381.
Kemmerat, II, 430.
Kemtchik, II, 607.
Kemtschik, I, 33, 120.
Kéna, 27.
Kénaberg, I, 35.
Kendjan, I, 505.
Kendjez, I, 262, 263.
Kendyrlik, I, 31.
Keng-Kanien, II, 489.
Keng-Kaniok, II, 489.
Keng-Kouang, II, 430.
Keng-Yapeut, II, 430.
Ken-Pou, II, 331.
Kentei, I, 20, 28, 38; II, 608.
Kenti, II, 35, 160.
Kep, II, 499.
Képet, I, 155.
Kérak, II, 275, 291.
Keraoli, II, 103.
Kerasos, I, 265.
Kerasoun, II, 284.
Kerbelah, I, 289, 412, 533, 534, 536.
Kéredi, I, 265.
Kéráli, I, 264.
Kerembeh, I, 265.
Kérim-Wakil, I, 495.
Kerkha, I, 269, 492.
Kerkhah, I, 543.
Kerki, I, 136, 157.
Kerkouk, I, 289.
Kermanshah, I, 525, 547.
Kermineh, I, 157, 163.
Keroulen, I, 8, 38; II, 608, 613.
Kerouli, II, 139.
Kertch, I, 212.
Kesi, II, 23.
Kè-So, II, 455.
Kesrouan, II, 272.
Kestel, I, 263.
Ket, I, 34, 64.

Kettah, II, 98.
Keupek, I, 264.
Keuprusou, I, 262.
Khabarassou, I, 20, 27.
Khabarovka, I, 24, 38, 39, 45, 65.
Khabis, I, 487.
Khabour, II, 268.
Khadjar-Khan, I, 150.
Khaen, I, 21.
Khaïber, II, 85.
Khaïdou-Gol, II, 621.
Khaïfa, II, 272, 291.
Khaïlar, I, 138, 208, 608, 613.
Khairabad, II, 85.
Khairagarh, II, 92.
Khakik, I, 470.
Khalikhi, II, 102.
Khalkas, I, 11.
Kham, II, 331.
Khamba-La, II, 13.
Khamgaon, II, 99.
Khami, II, 625.
Khamroup, II, 80.
Khamsch, I, 505.
Khamti, II, 357.
Khandachefsky, I, 61.
Khandjiri, II, 79.
Khandona, II, 90.
Khandpara, II, 80.
Khanesh, I, 538.
Khan-Hoa, II, 444, 505, 515.
Khanka, I, 8, 29, 45, 52, 65, 136; II, 659.
Khan-Sou, I, 262.
Khantaï, II, 606.
Khan-Tengri, I, 132.
Khanzir-Dagh, 259.
Khaou, I, 431.
Khara-Naryn-Oula, II, 606.
Kharaoulakh, I, 28.
Kharaoussou, II, 637.
Kharaz, I, 431.
Kharchout, I, 260.
Kharedj, I, 496.
Kharfah, I, 437.
Kharghin, II, 633.
Kharisme, I, 136, 494.
Kharpout, I, 288.
Kharsaouan, II, 78.
Khartakcho, II, 20.

LANIER — ASIE. 2º PARTIE.   49

TABLE ALPHABÉTIQUE.

Kharzan, I, 490, 505, 519.
Khas, II, 257.
Khassias, II, 34, 81, 160.
Khatanga, I, 8, 21, 35, 61; II, 256.
Khatchi, II, 636, 639.
Khatmandou, II, 255, 256.
Khau-Phra, II, 400.
Khcïbar, I, 436, 432, 431.
Kheri, II, 85.
Kheria, I, 85.
Kherka, I, 491.
Khersours, I, 233.
Khéta, I, 35.
Khilindri, I, 266.
Khing, I, 490, 493.
Khingan, I, 29, 609, 658.
Khing-Han, I, 4.
Khioung-Tchcou, II, 703.
Khiva, I, 16, 138, 140, 144, 153, 156, 161, 162, 163, 187, 414.
Khivabad, I, 507.
Khmers, II, 583.
Khobar, I, 489.
Khodja-Dagh, I, 259.
Khodja-Khisr, I, 25.
Khodja-Saleh, I, 136, 155.
Khodjent, I, 153, 162, 163, 206.
Khodj-Hissar, I, 264.
Khoï, I, 503, 520.
Khokand, I, 16 et 18, 112, 153, 162, 163.
Khollar, I, 505.
Khonds, I, 11.
Khong, II, 381, 432.
Khopa, I, 212.
Khor, I, 431.
Khor-Amabad, I, 492, 504.
Khorassan, I, 4, 27, 487, 490, 491, 405, 507, 510, 538.
Khori, I, 267.
Khoro-la, II, 13.
Khorsabad, I, 289.
Khotan, II, 89, 621.
Khotan-Daria, II, 621.

Khotas. I, 12.
Khoua-Kem, I, 33.
Khoudaferim, I, 216.
Khoui, I, 229.
Khoulm, I, 158, 159.
Khoulna, II, 75.
Khounds, II, 79, 80, 92.
Khounzakh, I, 221.
Khouriun-Mourian, I, 426.
Khourkha, II, 659.
Khouroud, I, 523.
Khousar, I, 506.
Khousk, I, 155.
Khouzistan, I, 269, 491.
Kiahing, II, 721.
Kiaï-Tchcou, II, 717.
Kiakhta, I, 10, 34, 63, 65, 206.
Kia-Kiang, II, 687.
Kiang-Ka, II, 640.
Kiang-ning, II, 720.
Kiang-Sou, II, 720, 721.
Kiang-Tchouen, II, 685, 729.
Kiao-Ho, II, 678.
Kiaotcheou, II, 718.
Kiating, II, 719.
Kiayou, II, 623.
Kiayou-Kouan, II, 625.
Kichan, I, 506.
Kichanganga, II, 21.
Kichangarh, II, 103, 139.
Kichm, I, 488.
Kichwar, II, 21.
Kidarnath, II, 12, 27, 83, 84.
Kieban-Maaden, II, 294.
Kieng-Dza, II, 667.
Kienkei, II, 667.
Kien-Soai, II, 513.
Kien-Tchang, II, 685, 720.
Kievo, I, 103.
Ki-Hoa, II, 470.
Ki-Hua, II, 456.
Kila-Bar-Pandja, I, 157, 158.
Kilakoumb, II, 157, 160.
Kilar, II, 21.
Kilchipour, II, 108.
Kilian, II, 624.

Kilif, I, 136, 157.
Kilouug, II, 754.
Kincha-Kiang, II, 685.
Kinchân, II, 721.
Kinderlé, I, 141.
Kindwin, II, 332.
Kinfao, II, 722.
Kingan, II, 720.
Kingetechen, II, 720.
Kingtchéoufou, II, 661.
King-Yang, II, 717.
Kinhoa, II, 722.
Kinkiang, II, 687.
Kinta, II, 400, 405.
Kin-Tcha-Kiang, II, 637.
Kintchéou, II, 661.
Kintchindjinga, II, 4, 12, 14, 70, 73, 75, 79.
Kioufao, II, 718.
Kioukiang, II, 754.
Kioungar, II, 15.
Kioung-Tcheou, II, 719, 751.
Kiourren-Dagh, I, 130, 139.
Kiou-Siou, II, 790, 792.
Kiptchak, I, 136, 480.
Kir-Chchr, II, 285.
Kirdjin, I, 513.
Kirenga, I, 37.
Kirensk, I, 37, 44.
Kiresoun, I, 288.
Kirghiz, I, 62, 159, 164; II, 607, 624.
Kirghiznor, II, 10.
Kir-Guetchid-Sou, I, 262.
Kirkagatch, I, 286.
Kirman ou Kerman. I, 506, 507, 510, 524, 525.
Kirmanchah, I, 492, 501.
Kirong, II, 12.
Kir-Tor, I, 493.
Kisi, I, 38.
Kislar, I, 232.
Kistna ou Krichna, I, 5, 60; II, 41, 44, 47, 96, 98, 99, 100, 165.
Kitab, I, 57.
Kitchou, II, 637.
Kitchvar, II, 89.
Kitoï, I, 35.
Kizi, I, 24.

Kizil-Agatch, I, 110, 418.
Kizil-Art, I, 128, 129, 195.
Kizil-Arvat, I, 146, 155, 163, 199, 201.
Kizil-Bach, II, 616.
Kizil-Dagh, I, 155.
Kizil-Djak, I, 195.
Kizil-Irmak, I, 5, 9, 261.
Kizil-Ouzin, I, 492.
Kizil-Sou, I, 129.
Kiziltach, I, 217.
Kizlar, I, 229.
Ko, I, 266, 287.
Kobdo, II. 607, 613.
Kobi, I, 242.
Kocheti, I, 131.
Kodagous, II, 101.
Kodja-Ili, II, 285.
Kodjar, I, 229.
Kodjor, I, 241.
Kodj-Tchaï, I, 262.
Koeiling, II, 723.
Kog-Art, I, 129, 133.
Kohat, II, 85.
Koh-I-Ambar, I, 158.
Kohi-Baba, I, 130.
Koh-i-Noor. I, 491.
Kohistan, I, 154, 160, 491.
Koh-Kout, II, 377.
Kohmon, II, 377.
Kohroud, I, 491.
Koh-Sabap, II, 375.
Koh-Tang, II, 377.
Koh-Tchang, II, 377.
Koïki, II, 91.
Koïl, II, 82.
Koïson, I, 222.
Kokab, II, 139.
Kokarit, II, 331.
Kokbekti, I, 42.
Kok-Chaal, I, 182.
Kok-Chaal-Taou, II, 621.
Kokchetav, I, 42.
Kok-Koun, I, 166.
Kokpekty, I, 31.
Kok-Sou, I, 134.
Koktcha, I, 435.
Kok-Teke, I. 132.
Kolaba, II, 97.
Kolachy-Koleng, II, 96.
Kolahandi, II, 46.
Kolar, II, 46, 100.
Kolatchal, II, 96.
Kolat-Dagh, I, 260.

TABLE ALPHABÉTIQUE.   867

Kolattour, II, 47, 95.
Koleroun, II, 46, 47.
Kòles, II, 78, 185, 190.
Kolhapour, II, 98.
Kolias, II, 96.
Kolikotta, II, 95.
Kolima ou Kolyma, I, 8, 22, 37, 44.
Koli-Nadi, I, 27.
Kolloutchin, I, 22.
Kolpakov-Skiy, I, 132.
Kols, II, 78.
Kolyvan, I, 30, 31, 43, 64.
Kompong-Chuang, II, 442, 514.
K-Luang, II, 442, 514.
Kompong-Prac, II, 514.
Kompong-Som, II, 444, 513.
Kompong-Thom, II, 514.
K-Tiam, II, 514.
Kompong-Tuong, II, 513.
Kondo, I, 33, 35.
Konds, II, 292.
Kong, II, 618, 710.
Kongoun, I, 488, 505.
Kong-Pisey, II, 513.
Konieh, I, 261, 287.
Konkaï, II, 28.
Konkan, II, 4, 41, 43, 97, 152, 188, 207.
Kopal, I, 143, 154, 207.
Kop-Dagh, I, 260.
Kopet-Dagh, I, 130, 491.
Korat, II, 381, 432.
Kor-Dagh, I, 262.
Koriaks, I, 11, 23, 65, 66, 75.
Korla, II, 624.
Korna, II, 268, 290, 492.
Kornegalle, II, 227.
Korsakov, I, 27.
Korykos, I, 266.
Kos, I, 287.
Kos-Dagh, I, 260.
Kosi, II, 12, 15, 28.
Kosio, I, 8, 28.
Kossimbazar, II, 262.
Kossogol, I, 8, 20.

28, 34; II, 607.
Kotahs, II, 103, 189.
Kotar, II, 96.
Kotchak, I, 141.
Kotch-Behar, II, 79.
Kotoui, I, 35.
Kotri, II, 38, 184.
Kouala-Kangsa, II, 405, 407.
Kouan - Hien, II, 719.
Kouang-ming, II, 658, 661.
Kouang-Si, II, 478, 723.
Kouang-Tang, II, 678.
Kouang-Toung, II, 724.
Kouanping, II, 716.
Kouba, I, 231.
Kouban, I, 214, 217.
Kouei-Tchéou, II, 478, 719.
Kouei-Yang, II, 719.
Kouen-Loun, II, 89, 627, 632, 636.
Koufa, I, 289, 536.
Kouhistan, I, 507.
Kouh-i-Birg, I, 491.
Kouh - i - Dena, I, 491.
Kouh-i-Hazar, I, 491.
Kouk-Dinar, I, 491.
Koukis, II, 113.
Koukou-Koto, II, 614.
Koukou-Nor, I, 5, 9; II, 614, 623, 627, 633.
Koula, I, 286, 294.
Koulab, I, 157.
Koulachi, I, 229; II, 85.
Kouladan, II, 330.
Kouldja, I, 154, 162; II, 619.
Kouldour, I, 38.
Kouléli, I, 265.
Kouliouk, I, 152.
Koulou, II, 22, 160, 186, 264.
Koum, I, 506.
Kouma, I, 6, 214, 215, 233.
Koumaoun, II, 15, 28, 83, 160, 168.
Koumara, I, 39.
Koumicheh, I, 505.
Koumillah, II, 77.
Koumuks, I, 233.
Koun, II, 13.

Koundouz, I, 128, 135, 157, 158.
Koungès, I, 131, 133; II, 617.
Koung-Kotou, I, 31.
Koungrad, I, 136, 162.
Koung-Tchang, II, 717.
Kounia-Daria, I, 137.
Kounia-Ourghendj, I, 138.
Kountchéou, II, 717.
Kountoung, II, 350.
Kour, I, 215, 494.
Koura, I, 4, 6, 10, 140, 214, 275.
Kouram, II, 20, 55.
Kourama, I, 152.
Kourdes, I, 12, 495, 504.
Kourdistan, I, 251, 486, et suiv., 515.
Koureika, I, 35.
Kouren-Dagh, I, 491.
Kourg, II, 100, 101.
Kourgan, I, 42.
Kouriles, I, 25, 555.
Kourilskoï, I, 23.
Kourinsk, I, 215.
Kouristan, I, 504.
Kourja, II, 82.
Kourmekti, l. 134.
Koornali, II, 22, 256.
Kouro-Sivo, I, 6, 22.
Kourouk-Tagh, II, 621.
Kourouloun, I, 38.
Kourounegala, II, 227.
Kourtchoum, I, 31.
Kourvaï, II, 108.
Kousounaï, I, 27.
Koutaieh, II, 286.
Koutais, I, 218, 229, 231, 238.
Koutchane, I, 137.
Koutch-Béhar, II, 75, 168.
Koutché-Daria, II, 621.
Koutchéou, II, 717.
Koutchouk, I, 261.
Koutchouk - Kaï - nardji, I, 219.
Koutchoum, I, 47.
Koutchout - Men - diré, I, 262.
Kouti, II, 255.

Koutour, II, 46.
Kouvam, II, 93.
Kouyoun-Djik, I, 289.
Kouzmine - Kara - vaiw, I, 126.
Kouznetzk, I, 43.
Kowéit, I, 426, 437, 470.
Koyakhel, II, 42.
Kozakevitch, I, 24, 58.
Kozan, I, 287.
Kra, II, 334, 335, 339.
Krang-Samré, II. 514.
Krasnoiarsk, I, 43, 64, 65, 199, 205, 206.
Krasnovadsk, I, 130, 140, 141, 155, 162, 163.
Kratieh, II, 438, 513, 514.
Kranchmar, II, 441, 514.
Krichna (V. Kistna), II, 43, 46, 82.
Krichnagar, II, 75.
Krio, I, 266, 286.
Kronotskoï, I, 23.
Kroung-Kao, II, 380.
Kuratchi, I, 18.
Kvirily, I, 231.
Kyambil, I, 215.
Kyatpyen, II, 371.
Kyeban-Maaden, I, 288.
Kyen-Douen, II, 332.
Kyen-Dwen, II, 351.
Kymores, II, 109.
Kyrdasch, I, 522.
Kyrmore, II, 36.

L

Ladak, II, 15, 20, 21, 89, 186.
Ladik, I, 265.
Ladrones, II, 690.
Lagiteh, I, 231.
La grande Aldée, II, 262.
Lahedj, I, 439, 476.
Laheji, I, 434.
Lahidjan, I, 504.
Lahore, II, 20, 21, 22, 33, 84, 87, 97, 106, 141, 179, 184.

TABLE ALPHABÉTIQUE.

Lahoul, II, 21.
Laïchan, II, 455, 559.
Laï-Tcheou, II, 683; 504.
Laiyang, II, 718.
Lajourd, I, 159.
Lakhon, II, 380, 430.
Laknau, II, 48, 84.
Lalin, II, 660.
La Martinière (pic), I, 25.
La Mecque, I, 16.
Lamma, II, 688.
Lamourt-Koï, I, 286.
Lamoutes, I, 18.
Lampi, II, 337.
Lamsaki, II, 285.
Langour, II, 13.
Lang-Son, II, 456, 516, 520.
Langtan, II, 33, 330.
Lanka, II. 158.
Lankavi, II, 400.
Lanki, II, 722.
Lantao, II, 688.
Lantar-Trotto, II, 400.
Lantchéou, II, 716.
Lan-tsan-Kiang, II, 427, 637.
Laokaï, II, 454, 455, 519, 545, 723.
Laotiens, I, 11; II, 398.
La Pérouse (détr. de), I, 25.
Lapha, II, 37.
Lappa, II, 753.
Laquedives, II, 4, 5, 6.
Lar, I, 490, 506, 524.
Laristan, I, 488, 409.
Larkana, II, 98.
Laront, II, 400, 405.
Lars, I, 284.
Latakié, I, 16.
Latoga, I, 25.
Latzala, I, 286.
Lay, II, 711.
Lazistan, I, 212, 288.
Lebiaji, I, 140.
Lédébour, I, 50, 124.
Ledjah, I, 271.
Ledjoun, I, 291.
Lefké, I, 261.
Léfou, I, 8, 39.
Lch, II, 15, 20, 85, 89.
Léna, I, 4, 8, 21,

28, 29, 35, 62, 106, 111.
Lengeroud, I, 488, 504.
Lenkoran, I, 140, 212, 231, 233, 488.
Leontès, I, 274.
Lepchas, II, 71.
Lepsa, I, 134, 154.
Lepsinsk, I, 154.
Lero, I, 266.
Lesbos, I, 266.
Lesghis, I, 233.
Letchkoum, I, 229.
Lezghiens, I, 495.
Lhassa, II, 14, 15, 33, 639, 640.
Li, II, 703.
Liachva, I, 215.
Liakhof, I, 49.
Liakovky, I, 48.
Liang-Tchéou, II, 625, 717.
Liaoang, II, 661.
Liaotoung, II, 658, 663, 716.
Lias-Ho, II, 659.
Liban, I, 4, 270, 272, 425.
Lidar, II, 21.
Lientcheou, II, 724.
Liéou-Khiéou, I, 2.
Ligor, II, 381, 400.
Li-Kiang, II, 456, 637.
Limni, I, 266.
Lindja, I, 488, 506.
Lingan, II, 723.
Lingeh, I, 488.
Lingsagar, II, 110.
Linkiang, II, 720.
Lintin, II, 688.
Lintsing, II, 718.
Linya, II, 334, 506.
Liou-Kiang, II, 720.
Liou-Youen, II, 718.
Liping, II, 719.
Lipso, I, 266.
Lisan, I, 275.
Listevenitz, I. 72.
Litang, II, 719.
Litchik, I, 268.
Lith, I, 439.
Lizan, I, 266.
Lob-Nor, I, 5, 9; II, 621.
Lochan, II, 678.
Loc-Nam, II, 456.
Lofou, II, 687.
Logtak, II, 2.
Lohardaga, II, 78.

Loheiyah, I, 426, 435, 439.
Lohit, II, 34, 81.
Lo-Ho, II, 679, 682.
Loisa, II, 88.
Lokao, II, 718
Lo-Kiang, I, 4.
Lomovataïa, I, 64.
Long (détr.), I, 22.
Longtcheou, II, 754.
Long-Xuyen, II, 442, 512.
Loni, II, 42.
Lopatka, I, 2, 23.
Lopha-Bouri, II, 380.
Louang, II, 400.
Louang-Prabang, II, 380.
Louchais, II, 34.
Loudania, II, 23.
Loudhiana, II, 87.
Loukan, II, 683.
Lou-Kiang, II, 331, 332, 637.
Lou-Kiéou, II, 791.
Lounavara, II, 124.
Loungan, II, 717, 719.
Louni, II, 85, 101, 103.
Louress, I, 12.
Louristan, I, 491, 492, 494, 504, 510.
Lout, I, 487, 491.
Loutcheou, II, 720, 791.
Loutswoun, II, 717, 742.
Loutze-Kiang, II, 332, 637.
Louzilin, I, 210.
Lovea-Em, II, 513.
Lowa, I, 437.
Loyang, II, 687.
Lucknow, II, 84, 97, 184, 486.
Lukinsk, I, 35.
Lutfabad, I, 507.

M

Maack, I, 59, 124.
Maaden-Kharpour, I, 288, 294.
Macao, II, 688, 690, 694, 724.
Macri, I, 266.
Madagandj, II, 77.
Madaïn-Saleh, I, 442.

Madapolam, II, 46, 55.
Madara, I, 261.
Madeeya, II, 370.
Maden, I, 508.
Madhim, I, 289.
Madhupour, II, 166.
Madian, I, 274, 429, 431, 439.
Madjouj, I, 492.
Madoura, II, 45, 82, 94, 118, 166, 174.
Madras, II, 7, 8, 9, 10, 34, 44, 46, 48, 59, 62, 66, 74, 93, 100, 160, 165, 168, 179, 181, 183, 184, 475.
Maduri, II, 168.
Magdarah, I, 440.
Maghistan, I, 507.
Mahaban, II, 20, 82.
Mahabbadra, II, 22.
Mahablechwar, II, 181, 441.
Mahadeo, II, 37, 90, 159.
Mahanaddi, II, 2, 7, 28, 38, 41, 42, 78, 79, 80, 164, 165, 181, 190.
Mahananda, II, 78.
Mahavelli-Ganga, II, 220.
Mahé, II, 4, 262, 264, 269.
Mahi, I, 41, 103, 123, 124.
Mahikanta, II, 124.
Mahomedgarh, II, 108.
Mahra, I, 438.
Mahrattes, I, 12, 125, 139; II, 188.
Maidak, II, 110.
Maïdan-I-Sebz, I, 521.
Maïdan-i-Topk, I, 520.
Maikal, II, 37, 42.
Maikop, I, 229.
Maïmansinh, II, 77.
Maimatchin, I, 20, 65.
Maïmene, I, 155, 159.
Mainech, I, 215.
Mainpouri, II, 82.
Maïrs, II, 99.
Maïrwara, II, 99.
Maïsan, II, 100.
Maïssour, II, 46, 47,

TABLE ALPHABÉTIQUE. 869

94, 100, 160, 167, 168, 170.
Makalla, I, 431, 438, 476.
Makatchinga, I, 22.
Makhlaf, I, 438.
Makmel, I, 270.
Makua, I, 439.
Makoung, II, 694.
Makrai, II, 41.
Makrams, I, 153.
Makri, I, 286.
Makrialos, I, 212, 265.
Malabar, II, 3, 5, 44, 95, 96, 113, 160, 189, 399.
Malacca, I, 2, 3, 402; II, 403.
Malaise (Péninsule) II, 399 à 422.
Malaisie, II, 167.
Malatia, I, 289.
Malayalam, I, 12.
Maldah, II, 78.
Maldives, II, 4, 5, 6. 444, 456, 458, 461, 462.
Malegaon, II, 110.
Malers, II, 187.
Malevatti, II, 47.
Malgouzar, I, 153.
Mali, II, 5, 6.
Malka, I, 215.
Malkapour, II, 99.
Malparba, II, 46.
Malsclaï - Mon, II, 330.
Malva, II, 26, 36, 101, 103.
Malwah, II, 106, 108.
Mama, I, 45.
Mamia-Rinzo, I, 24.
Mamour, 1, 52.
Mamouret-el-Aziz, I, 288.
Manaar, II, 7, 160, 219, 226.
Manas, II, 34.
Mânasa, I, 22.
Manbhoum, II, 78.
Mând, II, 79.
Mandalay, II, 112, 332, 343, 344, 350, 351, 362.
Mandarghiri, II, 78.
Mandavi, II, 4, 98.
Mandchourie, II, 658.
Mandchous, II, 659.
Mandhata, II, 90.
Mandhour, I, 275.
Mandi, II, 90.

Mandidroug, II, 100.
Mandjera, II, 46.
Mandla, II, 37, 91.
Mane, II, 444.
Manègres, I, 11, 120, 121; II, 659.
Manfouhah, I, 437, 467.
Mangalore, II, 4, 95.
Mangalpour, II, 99.
Manghichlak, I, 140, 141, 155.
Mango, 1, 38.
Mangou, I, 107.
Mangounes, I, 120.
Man-Hao, II, 454.
Manikpour, II, 84.
Manipour, II, 34, 81, 111, 330.
Manissa, I, 286.
Manitch, I, 215.
Maniyas, I, 10, 263.
Mankali, I, 488.
Mankia, II, 692.
Manora, II, 26, 98.
Manoue, I, 27.
Manouïn, II, 332.
Mansaraouar, II, 13, 15, 22, 23.
Mansarov, I, 256.
Mantotte, II, 226.
Manvyne, II, 332.
Maou, II, 81.
Maracanda, I, 179.
Maragha, I, 503.
Maraingandj, II, 77.
Maralbachi, II, 624.
Maravar, II, 94.
Mardin, I, 289.
Mareb, I, 428, 452.
Marghilan ou Marghelan, I, 153.
Margiane, I, 150.
Mangrota, II, 85.
Mariam-la, II, 13, 19.
Mariinsk, I, 38, 43, 47.
Marim, I, 438.
Mari - Wardwar, I, 31.
Marka - Koul, I, 8, 31.
Markara, II, 101.
Marmara (îles), I, 265.
Maronites, I, 12.
Maroukh, I, 213.
Maroustada, II, 101.
Marri, II, 57, 85.
Martaban, II, 337, 368.
Marvar, I, 42, 101.
Marvin, I, 208.

Marwa, II, 161.
Marwari, II, 187.
Masa, I, 452.
Mascate, I, 16, 426, 432, 434, 435, 438, 464, 481, 482, 483, 520.
Massirab, I, 426.
Massouri, II, 83.
Mastoudj, 1, 195.
Masulipatam, II, 264.
Matabança, II, 59.
Matalé, II, 226.
Matchas, I, 160.
Matheran, II, 57.
Matoura, II, 48, 226.
Matra, II, 97.
Matsou - Siva, II, 663.
Mattra, II, 82, 426, 438, 481.
Maulmein, II, 350.
Maures, II, 228.
Maxwells - Hills, II, 407.
Maya, 1, 37.
Mazanderan, I, 140, 488, 489, 490, 492, 494, 499, 504, 510, 523, 527, 545, 558.
Mazar-i-Chérif, I, 159.
Mazulipatam, II, 7, 55, 487.
Mcharpore, II, 59.
Mechari, I, 466.
Méched, I, 16, 145, 152, 162, 163, 493, 499, 507, 508, 520.
Meched-Ali, I, 442.
Meched-i-Mourghat I, 505.
Meched-i-Ser, I, 504.
Mecque. I, 428 à 463, 520, 536.
Médine, I, 428, 431, 432, 436, 456, 457, 533.
Medjingert, I, 258.
Medjmaa, I, 437.
Medzamor, I, 217.
Meghasani, II, 37, 42.
Meghna, II, 7, 30, 34, 35, 68, 77, 330.
Mehad, II, 41.
Mehaïl, I, 439.
Meikal, II, 92.
Meïling, II, 654, 759.
Meiwar, II, 103.

Mekhar, II, 99.
Mekkik, I, 146.
Méklong, II, 375, 379.
Mekok, II, 428.
Mékong, I, 5, 8; II, 329, 330, 427, 430, 433, 438, 441, 543, 545, 549, 688.
Mékouang, II, 375.
Mekran, I, 487, 489, 492, 507, 512, 524.
Mélès-sou, I, 262.
Melghat, II, 99.
Ménam, I, 8; II, 329, 330, 375, 463.
Menamah, I, 426, 438, 479.
Ménam-Phé, II, 376.
Mendeli, I, 266.
Mendéré-sou, I, 262.
Mendhaval, II, 82.
Mendjhil, I, 504.
Menemen, I, 286.
Menghoa, II, 723.
Menheli, I, 1, 426.
Menhla, II, 351.
Menteche, I, 286.
Menzil, I, 518.
Mé-Ping, II, 375.
Mergen, II, 660.
Mergui, II, 334, 337, 350.
Mer Jaune, II, 690.
Merkam, II, 640.
Mermereh, I, 286.
Merméri, I, 263.
Mérom, I, 275.
Merou, II, 22.
Méroua, I, 458.
Mersa-Ali, I, 439.
Mersifoun, I, 284.
Mersina, I, 266, 287.
Mersiwan, I, 284.
Mertvoï - Koultouk, I, 3, 137, 141.
Merv, I, 145, 149, 151, 155, 162, 163, 199, 202, 205, 494, 508.
Merv-Dacht, I, 493.
Meschcd, I, 228, 509, 524.
Meskakeh, I, 436, 447.
Mésopotamie, I, 294, 487, 425, 452, 463.
Messerschmidt, I, 48.
Messileh, I, 434.
Metdesis, I, 259.
Mè-Teng, II, 375.
Methora, II, 82.

Métouali, I, 12.
Mettapolium, II, 62.
Mevar, II, 103, 153, 160.
Mevattis, II, 102.
Mézen, I, 20.
Miaotze, II, 780.
Mhairs. II, 186, 188.
Mhow, II, 124.
Michie, I, 124.
Michni, II, 85, 186.
Midnapour, II, 59, 77, 171.
Mi-Duc, II, 545.
Midyat, I, 289.
Midzeghis, I, 233.
Mien - Tcheou, II, 719.
Migri, I, 216.
Mikhaïlovsk, I, 155.
Milam, II, 15.
Milan-Sou, I, 261.
Milez-Gherd, I, 288.
Mille-Iles, II, 519.
Minab, I, 507, 508.
Minars, II, 185.
Minawara, 163.
Mincopi, II, 339.
Mindapour, II, 160, 171.
Mingan, II, 722.
Mingrélie, I, 212, 217.
Mingréliens, I, 233.
Mingyuen, II, 719.
Minho, II, 685.
Minikoï, II, 5.
Minousinsk, I, 34, 107.
Mirath, II, 82.
Mirbab, I, 426, 438.
Mirout, II, 82.
Mirpour, II, 141.
Mirvan, I, 242.
Mirzapour, II, 27, 82, 181.
Misoghis, I, 261.
Missoua, I, 434.
Mitan, II, 685.
Mithankot, II, 21.
Mlet, I, 242.
Moab, I, 272.
Moali, I, 436.
Moan, I, 412.
Moar, II, 406.
Modavar, I, 12.
Moderak, I, 438.
Mogok, II, 370.
Mogoung, II, 331, 350.
Mohammed (ras), I, 425.

Mohammedabad, I, 507.
Mohammera, I, 257, 487, 504, 509.
Moharrek, I, 426, 479, 498.
Moira, II, 27.
Moïs, I, 11; II, 574, 578.
Moka, I, 426, 439.
Mokoundra, II, 103.
Molla-Karry, I, 163.
Mollah-Mohammed, I, 220.
Momein, II, 334, 366.
Mon, II, 356.
Mondla, II, 37, 39.
Monghir, II, 28.
Monghyr, 2, 78.
Mongolie, 606 à 616.
Mongols, I, 108.
Monkay, II, 456, 519.
Mont-Abou, II, 57, 101, 104, 106.
Montanha, II, 688.
Montefik, I, 290, 436.
Montseu, II, 754.
Monze, II, 2, 4.
Mopat, II, 34.
Moradabad, II, 184.
Morar, II, 108.
Morte (mer), I, 275, 425, 428, 493.
Mosandam, I, 426, 431, 432.
Moscos, II, 337.
Moserah, I, 426.
Moscylemah, I, 465.
Mosseib, I, 289.
Mossileh, I, 438.
Mossoul, I, 289.
Motan-Ho, II, 659.
Motihari, II, 78, 255.
Mozdok, I, 229.
Moualitch, I, 285.
Mouat, II, 339.
Mouea, I, 429.
Moudakhels, I, 503.
Moudania, I, 285.
Mouela, I, 439.
Mougan, I, 216.
Moughla, I, 286.
Moukden, II, 660.
Mouk-Sou, I, 130.
Moula, II, 20, 96.
Moulmein, II, 337, 367.
Moultan, II, 21, 87, 184.

Moultra, II, 82.
Mounchiganga, II, 35.
Mound-Oula, II, 609.
Mounkou - Sardik, II, 20, 28, 607.
Moura, I, 269.
Mourad - Dah, I, 261.
Mourad-Sou, I, 257.
Mourchidabad, II, 75, 179.
Mourdab, I, 488, 503, 504, 511.
Mourgh-Ab, I, 95, 128, 135, 151, 155.
Mourgoulis, I, 217.
Mourgouz, I, 215.
Mourou-Oussou, II, 633, 637, 685.
Mourrar, II, 109.
Mourtad, I, 261.
Mourtcha, I, 494.
Mousa, I, 272.
Mousour, I, 267.
Moussa, II, 110.
Moutons (île des), I, 493.
Mouzafarabad, II, 89, 141, 149.
Mouzaffargarh, II, 87.
Mouzaffarnagar, II, 83.
Mouzaffarpour, II, 78.
Mouz-Art, I, 132, 621.
Mouz-Tagh, II, 89, 128, 129.
Mouztaou, I, 27.
Mrohoung, II, 349.
Muckunpoura, II, 131.
Munphul, I, 240.
Muong-Pré, II, 380.
Muongs, II, 516, 520, 574.
Murree, II, 141.
Muskiyah, I, 270.
Mycdaï, II, 349.
Myen, II, 342.
Myi-Kyan, II, 351.
Myitghi, II, 331.
Myo, II. 370.
Myra, II, 162.
Mysore, II, 64, 65, 99.
Mytho, II, 442, 510, 512, 577.
Mytilini, I, 266, 286.
Mzimta, I, 217.

N

Naakhali, II, 77.
Nabha, II, 90.
Nablous, I, 291.
Nadiya, II, 75.
Nadym, I, 61.
Naf, II, 336.
Nag, II, 91.
Naga, II, 2.
Nagar, II, 22, 100.
Nagaristan, I, 520.
Nagarkarnoul, II, 110.
Nagas, II, 34, 80, 111, 113, 186.
Nagasaki, I, 49, 65.
Nagoin, I, 429.
Nagpour, II, 46, 91, 92, 179, 181, 183, 184.
Nahr-Belik, I, 268.
Nahr-el-Asi, I, 274.
Nahr-el-Banias, I, 275.
Nahr-el-Hasbani, I, 275.
Nahr-el-Kebir, I, 270, 274.
Nahr-el-Kelb, I, 274.
Nahr-el-Leddan, I, 275.
Nahr-el-Leitani, I, 274.
Nahr-Ibrahim, I, 274.
Nahr-Kadiseha, I, 270, 274.
Nahr-Zerka-Maïn, I, 274.
Naïssi, II, 88.
Nakitché-Van, I, 217, 230.
Nakhodka, I, 24, 45.
Nakhon-Saouan, II, 380.
Nakil-el-Hadda, I, 631.
Nakil-Lessel, I, 431.
Nakl, I, 292.
Nak-Tchou, II, 636, 837.
Naldroug, II, 110.
Nalganga, II, 99.
Nalgonda, II, 110.
Nallamaleh, II, 44.
Namangan, I, 134, 145, 153.
Nam-Chane, II, 429, 430.
Nam-Dinh, II, 454, 505, 516, 517.

TABLE ALPHABÉTIQUE. 871

Nam-Hin-Boun, II, 430.
Nam-Ho, II, 558.
Nam-Hou, II, 429.
Nam-Kadin, II, 430.
Nam-Kan, II, 428, 429.
Nam-Kathé, II, 112, 332.
Nam-Khong, II, 331.
Nam-Kok, II, 428.
Nam-Leui, II, 429.
Namling, II, 33, 637.
Nam-Ou, II, 428.
Nam-Ouang, II, 4, 429.
Namour, II, 636.
Namuz, I, 439.
Nam-pout, II, 428.
Namsak, II, 376, 429.
Nam-Taou, I, 131.
Nam-Taping, II, 332.
Namtso, II, 636.
Nan-Chan, I, 131; II, 428, 627, 633, 684.
Nanchora, II, 85.
Nanda-Devi, II, 12, 28, 83.
Nan'dair, II, 110.
Nandgaon, II, 92.
Nandidroug, II, 100.
Nandoi, II, 124.
Nangan, II, 720.
Nanga-Parbat, II, 13, 20.
Nan-Haï, II, 690.
Nan-Kaori, II, 341.
Nanking, II, 709, 720.
Nan-Ling, II, 684.
Nanning, II, 403, 723.
Nan-Tchang, II, 720.
Nantsin, II, 721.
Nanyang, II, 718.
Naogong, II, 80.
Naou, I, 153.
Naoukat, I, 154.
Naphte (île du), I, 140.
Narajana, II, 255.
Narayana, II, 12, 28.
Narcondam, II, 339.
Narghen, I, 140.
Narghis, I, 493.

Nari, II, 20.
Nariad, II, 97.
Nariéman, I, 258.
Narim, I, 30. 31.
Narin, I, 132, 134.
Narmada, II, 38.
Naroukot, II, 123.
Narsingarh, II, 108.
Narsinha, II, 90.
Narsinhpour, II, 90.
Narym, I, 43, 64, 607.
Naryn, II, 607.
Nasik ou Nassik, II, 43, 45, 96, 164.
Nasika, II, 96.
Nasirabad, II, 3, 17, 507.
Nattoung, II, 331.
Navarin (cap), I, 22.
Nawagar, II, 99.
Naya-Doumka, II, 78.
Nazareth, I, 291.
Nazim-Bagh, II, 147.
Nazrieh, I, 290.
Nedjed, I, 415, 432, 435, 436, 437, 450, 456, 463, 464, 465, 466.
Nedjef, I, 268, 289.
Nedjefabad, I, 506.
Nedjran, I, 438.
Nedouncadou, II, 262.
Nefoud, I, 432, 441, 443, 446, 447, 448, 449.
Negapatam, II, 47, 94, 184.
Negda, I, 120.
Negombo, II, 226.
Negrais, II, 330.
Negri-Sembilan, II, 406.
Negritos, I, 11.
Nellore, II, 47, 71, 93, 165.
Nenda, II, 683.
Nepal, II, 12, 14, 15, 28, 33, 76, 82, 84, 100, 176, 186, 254.
Népalais, II, 71.
Neraukot, II, 96.
Nerbadah, Narbada ou Nerbada, II, 38 à 41, 90, 97, 101, 124, 160, 163, 183.
Nertchinsk, I, 44, 52.

Nertchinskiy.-Zavod, I, 44.
Nervar, I, 490.
Netravati, II, 95.
Nev-Chehr, I, 287.
Neviansk, I, 33, 41.
Névir, I, 120.
Newars, II, 257.
Neziwah, I, 437.
Nganga, II, 636.
Nganhaï, II, 722.
Ngan-King, II, 720.
Nganlou, II, 720.
Ngansi, II, 623, 625.
Nga-Ouan, II, 334.
Ngari, II, 639.
Nge-An, II, 552.
Nghe-An, II, 516.
Ngomi-Chan, II, 678.
Nguyên, II, 465.
Nha-Trang, II, 444, 515.
Nichapour, I, 507, 508, 509.
Nicobar, II, 330. 340.
Nicobariens, II, 341.
Nieveran, I, 541, 520, 539.
Nigdeh, I, 287.
Nih-Neh, I, 507.
Ninte-Kolymsk, I, 44.
Nijne-Oudinsk, I, 44.
Nijni-Tagilsk, I, 60.
Nikah, I, 492.
Nikaria, I, 266.
Nikh, I, 507.
Nikolaievsk, I, 20, 24, 45, 65, 103, 155.
Nikolavoskaia, I, 229.
Nikoljsk, I, 30.
Niksar, I, 288.
Nilamalaya, II, 44, 93.
Nilgherries ou Nilghiri, II, 44, 45, 62 à 65, 94, 95, 99, 168, 170, 185.
Nil-i-Moubarek, I, 136.
Nimar, II, 90.
Nimroud, I, 267, 289.
Nindjin-Tangla, II, 636.
Ninghia, II, 715.
Ningkouo, II, 720.

Ningouta, II, 660.
Ning-Po, II, 722, 753.
Ning-wou, II, 717.
Ningyuen, II, 641.
Ninh-Binh, II, 455, 516, 517.
Ninh-Hoa, II, 444.
Ninsen, II, 665.
Niou-Tchouang, II, 661, 753.
Nippon, II, 790, 792.
Niris, I, 493, 518, 505.
Nisats, I, 438, 440.
Nisbet, II, 149.
Nisbàt-Bagh, II, 147, 157.
Nisibin, I, 289.
Nisim-Bagh, II, 147.
Nisiro, I, 266.
Nisonah, I, 437.
Nisyros, I, 287.
Niti, II, 15.
Nitza, I, 33.
Nizam, II, 46.
Nizamot, II, 166.
Nizampatam, II, 7.
Nizona, I, 440.
Nogaïs, I, 215, 233.
Nong-Kaï, II, 381.
Nong-Kin, II, 640.
Nong-Klao, II, 81.
Nonni, II, 658, 659.
Nopal, II, 34.
Noukha, I, 231.
Nou-Kiang, II, 331, 332.
Nouki-Talao, II, 104.
Noukous, I, 136. 145.
Nouksan, I, 130, 158.
Noun, II, 13.
Noun-koun, II, 15, 20.
Nour, I, 492.
Noura, I, 10.
Nouran, I, 153.
Nourmahal, II, 147.
Noursing, II, 73.
Nouvelle-Sibérie, I, 2, 21.
Nouvera-Elia, II, 226.
Nossari, II, 45.
Novi-Bandar, II, 95.
Novo-Bayazet, I, 230.

TABLE ALPHABÉTIQUE.

Novo-Grigorievsk, I, 228.
Novo-Ilinsk, I, 30.

O

Obdorsk, I, 30, 42.
Obi *ou* Ob, I, 2, 4, 8, 21, 29, 30, 62, 105, 106.
Obock, I, 477.
Obourdan, I, 154.
Observatoire (île de l'), I, 24.
Ocha, I, 272.
Ochanin, I, 130.
Ochten, I, 213.
Odikbis, I, 233.
Odon-Tala, II, 633, 679.
Ogharra, I, 268.
Ogourtchi, I, 140.
Ohud, I, 432.
Oiseaux (île des), II, 692.
Oka, I, 35.
Okamandel, II, 124.
Okdah, I, 437.
Okhotsk, I, 2, 23, 24, 45, 75, 82, 791.
Oki, II, 790.
Oldoï, I, 120.
Olekma, I, 4, 37.
Olekminsk, I, 37.
Olënok, I, 8, 21, 35.
Olga (île), I, 24.
Oliviers (havre des), I, 286.
Olkhon, I, 34, 75.
Ollouto, II, 663.
Olokminsk, I, 37, 44.
Olon-Daba, II, 606.
Olon-nor, II, 607.
Olti, I, 212, 230, 251.
Olympe, I, 261.
Om, I, 33.
Oman, I, 3; II, 4, 43, 99, 164, 428 à 437, 469, 479, 486 à 507.
Omarkot, II, 98.
Om-el-Kora, I, 451.
Omolon, I, 37.
Omra, I, 458.
Omsk, I, 18, 33, 42, 64, 163, 206, 207.
Omtchou, II, 427.
Oñon, I, 38; II, 608.
Ophir, II, 400.
Ora, I, 434.

Orangs-Outan, I, 11.
Orangs-Sakeys, I, 11.
Orangs-Semang, I, 11.
Ordoss, II, 609.
Ordoubad, I, 230.
Orenbourg, I, 18, 20, 29, 41, 142, 162, 163, 206.
Oriental (cap), I, 2, 22.
Ori-Kang, II, 664.
Oring-nor, II, 633, 679.
Orissa, 3, 7, 42, 79, 80, 93, 166, 171, 172, 181, 183.
Orkhon, I, 34; II, 608.
Orko-Chouk, I, 27.
Ormouz, I, 487, 488, 492, 507, 519.
Ormuz, I, 426, 431.
Oroks, I, 25; II, 607.
Oron, I, 37.
Oronte, I, 5, 270, 271.
Orotches, I, 11.
Orotchones, I, 120.
Orpiri, I, 229.
Orsk, I, 21, 29, 41, 142, 162.
Orskaia, I, 2.
Osch, I, 154, 163.
Osiki, II, 790.
Ossètes, I, 214, 233.
Ossourgheti, I, 229.
Ostiaks, I, 12, 65, 66, 82, 103, 105, 109.
Otamych, I, 131.
Otchtapa, I, 215.
Otrar, I, 153, 180.
Ouadi-el-Arabah, I, 429.
Ouadi-el-Arich, I, 429.
Ouadi-Daousir, I, 466.
Ouadi-el-Djerafeh, I, 429.
Ouadi-el-Fikreh, I, 429.
Ouadi-en-Nar, I, 275.
Ouakhan, I, 135, 158.
Ouakra, I, 437.
Ouamour, I, 157.
Ouarcha, II, 160.

Ouarna, II, 46.
Oubikhs, I, 233.
Oubône, II, 432.
Oubsa, I, 27.
Oubsanor, I, 9; II, 607.
Ouchak, I, 294.
Ouch-Tourfan, II, 624.
Oud, I, 45.
Ouda, I, 34, 35.
Oudampour, II, 89.
Oudeïpour, II, 35, 42, 66, 78, 79, 108, 139, 166.
Oudjars-Kaia, I, 154.
Oudong, II, 442, 514, 552.
Oudskay-Ostroag, I, 45.
Oudskoï, I, 24.
O. Haouran, I, 268.
Ouedi-Monna, I, 463.
Oueïzah, I, 436, 437.
Ouen, II, 685.
Ouen-Tsiou, II, 667.
Oufa, I, 29.
Ouflis, I, 230.
Oughin, II, 607.
Oui, I, 229.
Oui-Chan, II, 722.
Ouji, I, 33.
Oulan, I, 134.
Oulan-Daban, I, 27.
Oulan-Mouren, II, 610.
Oulas, II, 45, 97.
Oulbinsk, I, 42.
Ouliassoutaï, II, 613.
Oulou-Bourlou, I, 287.
Oulou-Kem, I, 33.
Oulou-Khoul, I, 214.
Ouloungour, I, 8, 31, 616.
Oum-Chomer, I, 274, 429.
Oumravati, II, 99.
Ounich, I, 265, 288.
Ountsoukoul, I, 222.
Ouochem, I, 437, 466.
Oural, I, 1, 6, 29, 46, 60.
Ourals, I, 29, 127.
Ouralsk, I, 142, 156.
Ourals-Kaïa, I, 64.
Ouranga, II, 123.

Oura-Tioubé, I, 153, 162.
Ourdabad, I, 216.
Ourenga, I, 29.
Ourga, I, 16, 65, 207, 613.
Ourgendj, I, 156.
Ourgoub, I, 285.
Ouriankhes, I, 65, 107.
Ourmiah, I, 10, 257, 487, 489, 503, 508.
Ouroumitan, I, 154.
Ouroumtsi, I, 131; II, 625.
Ouroungou, II, 616.
Ouroukh, I, 215.
Ourtcha, II, 109.
Ousbecks, I, 495.
Ousghent, I, 154.
Ouskend, I, 154.
Ouskoub, I, 285.
Ousouri, I, 4, 16, 20, 39, 45, 62, 65, 659.
Oust-Kamenogorsk, I, 31, 42.
Oust-Kiakhta, I, 34.
Oustkiakhtinskaia, I, 44.
Oust-Ourt, I, 137, 141, 195, 201.
Oust-Strelka, I, 65.
Oust-Tougounskoï, I, 43.
Outacamound, II, 54, 57, 62, 63, 65, 95, 181.
Outaï-Chan, II, 678.
Outchangfou, II, 719.
Outchi-Chan, II, 703.
Outer-Hills, II, 15.
Outing-Fou, II, 718.
Outram, I, 499.
Outzera, I, 229.
Ouvelka, I, 33.
Ouzbegs, I, 11, 160.
Ouzboï, I, 137, 138, 140.
Ouzoun-Ada, I, 155, 162, 163, 199, 200, 499.
Ouzoun-Agatch, I, 143.
Ovcïs-Karaaym, I, 36.
Oxus, I, 128, 130, 155, 199, 494, 495.

TABLE ALPHABÉTIQUE. 873

P

Pabb, II, 98.
Pabna, II, 75.
Pac-Khoï, I, 29.
Pactole, I, 262.
Padda, II, 28, 34.
Padma, II, 28, 34, 75.
Pagan, II, 351.
Pagan-Min, II, 343.
Pahang, II, 400, 406.
Pahari, II, 37, 186.
Pahlanpour, II, 124.
Païk-Tousan, II, 664.
Pakchan, II, 399.
Pakhoï, II, 552, 724, 753.
Pak-Lam, II, 379.
Paklay, II, 429.
Pak-Loung, II, 424, 456.
Pak-Moun, II, 381, 430.
Pak-Nam, II, 379.
Pak-Ouan-Chan, II, 687.
Paktchan, II, 330, 334, 335, 336.
Palamao, II, 37.
Palamkottaï, II, 94.
Palar, II, 43, 47, 94, 100.
Palestine, I, 295.
Pal-Ghat, II, 44, 95.
Palgou, II, 15; 255.
Palibothra, II, 77.
Palikat, II, 7.
Palk, II, 7, 219.
Palkandas, II, 44.
Palmyras, II, 42.
Palmyre, I, 425, 436.
Palni, II, 45.
Palou, I, 268.
Palouk, II, 334.
Paloun, II, 332.
Palti, I, 9; II, 13, 637.
Pamir, I, 3, 7, 11, 89, 127, 154.
Pampour, II, 21.
Panam, II, 124.
Pandja, II, 135.
Pandjab, II, 4, 12, 19, 48, 54, 81, 85, 98, 102, 106, 141, 152, 160, 164, 167, 170, 179, 181, 184, 187.

Pandjad, II, 21.
Pandjim, II, 267.
Pandjnad, II, 21.
Pandjra, II, 96.
Pandou-Lena, II, 96.
Pandyas, II, 94.
Panipat, II, 88.
Panjal, II, 149.
Pannah, II, 160, 161, 162, 163, 165.
Pannipout, I, 494.
Pantch-Mehal, II, 97.
Panya, II, 342, 350.
Pao-King, II, 720.
Paoning, II, 719.
Paoting, II, 716.
Paouri, II, 83.
Par, II, 123.
Parahat, II, 78.
Parasnath, II, 37.
Paratwara, II, 99.
Parbati, II, 106.
Parbhani, II, 110.
Parganas, II, 78.
Parmandal, II, 21.
Parri-Nisbet, II, 149.
Parris, II, 188.
Parvatti, II, 12.
Pasina, I, 35.
Patala, II, 98.
Patalipoutra, II, 77.
Patan, II, 256.
Patani, II, 381, 400.
Patavi, II, 374.
Patchmardi, II, 90.
Patchmari, II, 37.
Pathari, II, 108.
Patiala, II, 90.
Patience, I, 25.
Patkoï, II, 330.
Patlam, II, 227.
Patmo, I, 266.
Patna, II, 28, 48, 75, 77, 92, 166, 262.
Pavlodar, I, 42.
Pawanagher, II, 129.
Pchaves, I, 233.
Péchaver, I, 206; II, 20, 48, 85, 87, 89, 181, 184.
Pêcheurs (îles des), II, 602.
Péchoui, II, 685.
Pedrotalla-Galla, II, 220.
Pégou, II, 336.
Pégou-Yoma, II, 331.

Pei-Ho, I, 4; II, 683.
Pei-Ho-Houam, II, 692.
Peïma, II, 678.
Peï-Youn-Chan, II, 687.
Pékan, II, 406.
Pé-Kiang, II, 688.
Péking, I, 6, 16, 55, 65; II, 716, 724.
Pelim, I, 41.
Pemiongtchi, II, 79.
Pemmiautsi, II, 79.
Pendjikent, I, 154, 180.
Pondjnad, II, 21.
Penjdeh, I, 155, 202.
Penjina, I, 23.
Penjinsk, I, 24, 45.
Pennar, II, 43, 47, 93, 100.
Penschin, I, 112.
Peradenia, II, 226, 238.
Perak, II, 400, 404, 405.
Pérangui, I, 254.
Periar, II, 45.
Périm, I, 426, 431.
Péristérides, I, 286.
Perles (lac des), II, 82.
Perli-Dagh, I, 214, 257, 267.
Perm, I, 2, 16, 20, 29, 41.
Permykim, I, 51.
Pernamali, II, 45.
Pernanghil, II, 401.
Persans, I, 498.
Perse, I, 486 à 561.
Persépolis, I, 486, 493, 505, 547, 548.
Persique (golfe), I, 3, 436, 450, 464, 479.
Pertabgarth, II, 103.
Pertab-Singh, II, 149.
Pescadores, II, 690, 692.
Pestchani, I, 40.
Petchabouri, II, 379.
Petchili, II, 683.
Petchora, I, 2, 20.
Petckola, I, 103.
Péting, II, 692.
Pétra, I, 492, 452.
Petriou, II, 379.
Petro-Alexan-drovsk, I, 136, 145, 153.
Petropavlosk, I, 29, 42, 45.
Petrovsk, I, 231.
Peu-Nom, II, 430.
Pha-Den, II, 428.
Phan-Rang, II, 444.
Phan-Ry, II, 444.
Phan-Thit, II, 444.
Phase, I, 219.
Pho-vi, II, 499.
Phu-Doan, II, 455.
Phu-Ly, II, 456.
Phuong-Lam, II, 520.
Phu-Yen, II, 444, 515.
Pialma, II, 624.
Pic d'Adam, II, 220, 229.
Pichan, I, 131.
Pidjan, II, 625.
Pieng-Anto, II, 667.
Pieng-Yang, II, 667.
Pierre-le-Grand (mont), I, 130.
Pimpalgaon, II, 99.
Pinakini, II, 47.
Pinang, II, 400, 402, 403.
Pind-Dadar-Khan, II, 35.
Pindi, II, 21.
Pingliang, II, 717.
Pingyang, II, 717.
Pingyao, II, 717.
Ping-Yi-Chan, II, 687.
Pingchan, II, 685.
Piotigorsk, I, 234.
Pir-i-Bazar, I, 488, 504, 513, 514.
Pir-Ratan, II, 141.
Pitchougin, I, 110.
Pitnak, I, 136.
Pitsalok, II, 380.
Pitzounda, I, 217.
Plassey, II, 75.
Platana, I, 288.
Plouss, II, 400, 405.
Pnom-Deck, II, 544.
Pnom-Penh, II, 441, 513.
Pnongs, II, 441.
Pochang-Ho, II, 704.
Pointe-de-Galle, II, 48, 220, 226.
Pollanaroua, II, 226.
Polvar, I, 423, 505, 548.

49.

TABLE ALPHABÉTIQUE.

Ponaui, II, 4, 45.
Pondichéry, II. 47, 48, 61, 94, 262.
Ponghou, II, 602.
Pon-Pissay, II, 381.
Porbandar, II, 99.
Poronai, I, 25.
Port-Adams, II, 661.
Port-Blair, II, 339.
Port-Cornwallis, II, 339.
Port-Hamilton, II, 663.
Port-Lazareff, II, 663, 665, 667.
Possiet, I, 20, 21.
Poti, I, 206, 212, 229, 233.
Potou, II, 15, 255.
Poudoucota, II, 95.
Poulaya, I, 12.
Pouliantivé, II, 227.
Poulo-Condor, II, 463, 465.
Poulo-Panjang, II, 377.
Poulo-Way, II, 377.
Pouna, II, 96.
Pouné, II, 47.
Poung-Loung, II, 331.
Pountch, II, 141.
Pouppa-Doung, II, 331.
Poura, I, 507.
Pourandhar, II, 44.
Pouri ou Pori, II, 42, 70, 197.
Pourna, II, 36, 37, 45, 99.
Pourniah, II, 78.
Poursak, I, 261.
Pourwa, II, 84.
Pou-Tchcou, II, 717.
Poutchi-Koh, I. 491.
Pouto, II, 722.
Poyang, I, 4, 8; II. 685.
Po-Youl, II, 640.
Pranhita, I, 43, 46, 91, 99, 160.
Prayag, II, 81.
Préa, II, 433.
Préakhan, II, 591.
Préapatang, II, 434.
Preboung, II, 642.
Prec-Koi, II, 514.
Préhang, II, 335.
Prek-Kompong-Thom, II, 442.

Preparis, II, 330, 338.
Prey-Veng, II. 514.
Primorskaia, I, 45.
Princes (îles), I, 265.
Prinkipo, I, 265.
Proches (îles), I, 22.
Prôme II, 184, 332, 342, 349.
Prybilov, I, 76.
Psara, I, 266.
Puroulia, II, 78.
Pursat, II, 513.
Pyre, II, 403.

Q

Quatre-Montagnes (îles), I, 22.
Quelpaert, II, 663.
Quetta, I, 606; II, 20.
Quang-Binh, II, 516, 552.
Quang-Duc, II, 516.
Quang-Nam, II, 515.
Quang-Ngai, II, 555.
Quang-Si, II, 552.
Quang-Tri, II, 516.
Quang-Yen, II, 516, 518, 519.
Qui-Nhone, II, 444, 515, 555.

R

Rabba, I, 291.
Rabkob, II, 78.
Rachi, I, 489.
Rach-Gia, II, 444, 512.
Radde, I, 28, 51, 125, 256.
Radhanpour, II, 124.
Radja-Mahendri, II, 46.
Radjamantris, II, 93.
Radjaori, II, 141.
Radjapouri, II, 379.
Radjchahi, II, 75.
Radjgarh, II, 108.
Radikot, II, 99.
Radjkeumar, II, 108.
Radjmahal, II, 35, 37, 78.
Radjpipla, II, 124.

Radjpouri, II, 4, 45.
Radjpoutana, II, 36, 88, 99, 101, 102, 152, 160, 166, 167, 188.
Radjpoutes, I, 12; II, 103, 104.
Radloff, I, 210.
Radok, II, 89.
Rai-Bareli, II, 84.
Raïpour, II, 42, 91, 184.
Raïtchour, II, 110, 183.
Rajampour, II, 85.
Rajasthan, II, 139, 152.
Rajgarh, II, 102.
Rajpouts, II, 137, 185, 188.
Rakous-Tal, II, 13.
Ramban, II, 141.
Ramesvaram, II. 7.
Ramganga, I, 127; II, 27, 83.
Ramgarh, II, 102, 160.
Ram-Hormuz, I, 514.
Ramiseram, II, 219.
Ramleh, I, 291.
Ramnad, II, 7, 94.
Ramnagar, II, 21, 39, 81.
Ramousis, II, 186.
Rampour, II, 15, 23, 81, 84.
Ramri, II, 336, 349.
Ranns, I, 42.
Ranchi, II, 78.
Rangamati, II, 77.
Rangit, II, 70, 71.
Rang-Koul, I, 129, 195.
Rangoun, I, 18; II, 184, 332, 342, 345, 349, 357.
Rangpour, II, 75.
Raniar, II, 21.
Ranigandj, II, 77, 160.
Rann, II, 4, 97.
Rapti, II, 82, 256.
Ras-el-Bazit, I, 270.
Ras-el-Had, I, 3, 438.
Ras-el-Khanzir, I, 269.
Ras-ibmani, I, 270.
Ratan, II, 141.
Ratangarh, II, 102.
Ratanpour, II, 92, 163, 164.

Ratchol, II, 45.
Ratnagiri, II, 97.
Rats (îles aux), I, 22.
Ravat, I, 154.
Ravi, II, 12, 21, 22, 87, 89, 166.
Rawa, II, 21.
Rawal-Pindi, II, 20, 21, 85, 141, 181.
Rawati, I, 21.
Rayn, I, 506.
Rayoum, I, 506.
Razdolnoï, I, 45.
Recht, I, 488, 490, 498, 499, 503, 508, 509, 511, 514.
Redang, II, 401.
Redout-Kaleh, I, 212, 229.
Regar, I, 157.
Rekkam (ras), I, 426.
Rembaou, II, 406.
Renard (île aux), I, 22.
Restaf, I, 492.
Revah, II, 38, 109.
Revakanta, II, 124.
Revandoz, I, 524.
Rhagès, I, 505, 547.
Rhaï, I, 505.
Rhodes, I, 287.
Riad, I, 432, 435, 437, 442, 449, 463, 465, 466, 467, 468, 469.
Riam, II, 400.
Ribat, I, 4, 34.
Ribnoie, I, 43.
Righistan, I, 180.
Rilaspour, II, 90.
Rinchinpoong, II, 73.
Rio, II, 87.
Riocharis, I, 217.
Rion, I, 212, 214, 217, 233.
Rioui, I, 237.
Riou-Kiou, II, 791, 798, 812.
Ritter (Mt), II, 633.
Rivière-Blanche, I, 492.
Rivière Claire, II, 455.
Rivière Noire, II, 455.
Rivière Rouge, I, 492.
Rizeh, I, 288.
Roala, I, 436, 441.

TABLE ALPHABÉTIQUE. 875

Rochan, I, 135, 156, 157.
Rodkan, I, 507.
Rodwa, I, 431.
Rohilkand, II, 27, 83, 84.
Rohri, II, 98.
Rohtak, II, 88.
Rohtang, II, 22.
Roléa-Pier, II, 514.
Romania, I, 13.
Romanzov, I, 22.
Rom-Duol, II, 514.
Rosabad, I, 509.
Rostak, I, 438.
Rostov, I, 233.
Roudbar, I, 492.
Rouge (fleuve), I, 4.
Rouge (mer), I, 1, 3. 436, 439, 452, 457, 481, 495.
Roumma, I, 434.
Rous-es-Djebel, I, 437.
Roustak, I, 158.
Rowandiz, I, 288.
Ruad, I, 270.
Rudaoli, II, 81.
Rudbar, I, 518.
Rungit, II, 73.
Rupau, II, 166.

S

Saba, I, 428, 439, 452.
Sabandja, I, 9, 863.
Sabarika, II, 42, 108.
Sabarmati, II, 42, 123.
Sabatou, II, 160.
Sabhan, I, 426, 431.
Sabla, I, 29.
Sabountchi, I, 231.
Saddle-Peak, II, 339.
Sadec, II, 512.
Sadiya, II, 81.
Sadjour, I, 268.
Sado, II, 791, 793.
Sadras, II, 47.
Safa, I, 271, 458.
Safed, I, 272.
Safta, I, 291.
Sagain, II, 342, 350.
Sagamé, II, 795.
Sagar, II, 75, 166.
Sagor, II, 91.
Saharanpour, II, 83.
Sahrad, I, 158.
Sahyadri, II, 43.

Sai, II, 84.
Saïda, I, 272.
Saidabad, II. 141.
Saïgon, II, 443, 510, 577.
Saï-Gor, II, 89.
Saikaido, II, 811.
Saïlughem, II, 606, 615.
Saïnan, II, 724.
Saïn-Noïn-Djesak-tou, II, 613.
Saint-Elie, I, 272.
Saint-Georges, II, 27.
Saint-Jean-d'Acre, I, 272.
Saint-Laurent, I, 22.
Saïram-Nor, I, 131; II, 617.
Sakaria, I, 9.
Sakhalien, I, 2, 11, 25, 38, 99, 120.
Sakhipour, II, 81.
Sakimpour, II, 80.
Sakkar, II, 98.
Salambar, II, 103.
Salanga, II, 400.
Salat-Tambroh, II, 401.
Salavi, I, 30, 42.
Saleh, I, 439.
Salem, II, 95, 160, 168.
Salian, I, 140.
Saliany, I, 215.
Salitpour, II, 81.
Salouen, II, 330, 331, 332, 334, 337, 368, 688.
Salsette, II, 4, 45, 97, 113.
Samaghers, I, 11, 120.
Samagouting, II, 81.
Samanala, II, 220.
Saman, I, 490.
Samanlou, I, 624, 265.
Samarkand, I, 6, 10, 130, 142, 154, 162, 163, 196, 204, 206, 494, 499.
Samarova, I, 30, 42.
Sambalpour, II, 42, 92, 160.
Samber, II, 160.
Sambhal, II, 83.
Sambhur, II, 76.
Sambher, II, 153.
Samboc, II, 438, 514.

Sambor, II, 438.
Samlong, II, 664.
Samosate, I, 289.
Samothraki, I, 266.
Samour, I, 140, 231.
Samoyèdes, I, 2, 11, 66, 68, 82, 106, 107, 109.
Samrong-Tong, II, 514.
Samsar, I, 214.
Samsoun, I, 227, 265, 288.
Samtyn-Kansyr, II, 687.
Sana, I, 431, 435, 438, 451.
Sanchoui, II, 724.
Sandaori, II, 83.
Sanderban, II, 54, 56, 75, 77, 176.
Sandi, II, 85.
Sandjar, I, 150.
Sandjou, II, 624.
Sandona, II, 78.
Sandoway, II, 349.
Sangalla, II, 87.
Saniydo, II, 811.
Sannin, I, 270.
Sanpour, II, 42.
San-Sing, II, 660.
Santals, I, 11.
San-Thomé, II, 93.
Sao-Binh, II, 516.
Saomine, I, 153.
Saoud, I, 466.
Saoumal-Koul, I, 134.
Saoura, II, 78.
Saouran, I, 153, 233.
Saourou, I, 27.
Saphir (mont), I, 432.
Sapreachan, II, 441.
Sapt Gandaki, II, 28.
Sarabouri, II, 376, 429.
Saraikala, II, 78.
Sarakhs, I, 136, 152, 155, 199, 499, 507.
Saran, II, 78.
Saravati, II, 124.
Sarbar-Tor, I, 493.
Sargaroin, II, 12.
Sargondja, II, 79-80.
Sarhad, I, 135, 489, 491, 492.
Sari, I, 140, 504.

Sari-Djassin-Taou, I, 132.
Saridpour, II, 77.
Sari-Kamich, I, 9.
Sari-Karmich, I, 137, 138.
Sarikhs, I, 99, 149.
Sari-Koul, I, 135.
Saripoul, I, 159.
Sari-Sou, I, 134.
Sari-Souisk, I, 156.
Sarouk, I, 493.
Saroukha, I, 286.
Saroumchak, I, 262.
Sart, I, 286.
Sartes, II, 161, 191, 624.
Sartlam, I, 33.
Sarwada, I, 154.
Sassyk-Koul, I, 27, 133.
Satalieh, I, 266.
Satara, II, 96.
Satledj, II, 11, 12, 13, 15, 21, 22, 23, 27, 33, 87, 90, 166.
Satpoura, II, 37, 38, 41, 43, 91, 99, 101, 160, 181.
Saurati, II, 163.
Savahan, I, 489.
Savalichin, I, 125.
Savandroug, II, 100.
Savars. II, 80.
Sawalak, II, 165.
Sayan, I, 20, 27, 28, 33.
Scalanova, I, 266.
Schamkor, I, 498.
Schawar, I, 494.
Schilka, I, 4.
Schoukim, I, 51.
Schrenk, I, 51.
Scind, II, 145, 147.
Scindia, II, 108, 133, 136, 139.
Scutari, I, 16, 261, 265, 285, 298.
Se-Bang-Hien, II, 430.
Sebastich, I, 291.
Sebzewar, I, 507, 509.
Sedda, I, 431.
Sedeïr, I, 437, 466.
Sé-don, II, 432.
Seelungs, II, 337.
Seûd Koh, I, 130, 135; II, 70.
Seûd-Roud, I, 490, 492, 503, 518.
Ségamat, II, 406.

Sehend, I, 489, 493, 503.
Seidabad, I, 506.
Seihoun, I, 263.
Sé-Kéman, II, 433.
Sé-Kong, II, 433.
Sekouha, I, 507.
Selama, II, 405.
Sé-Lamphao, II, 433.
Sélefkeh, I, 266.
Selangor, II, 406.
Selenga, I, 4, 8, 20, 28, 33, 34, 65, 107; II, 687, 608.
Selenginsk, I, 34, 45.
Seleta, I, 10.
Selma, I, 439.
Sélongs, II, 337.
Selyan, I, 231.
Semao, II, 723.
Semijarsk, I, 33.
Semipalatinsk, I, 18, 42, 65, 85, 152, 207.
Semiretchensk, I, 134, 152.
Semiretchie, I, 134, 151.
Semmet, I, 438, 440.
Semnan, I, 506, 509.
Semonovka, I, 230.
Sé-Moun, I, 4, 430; II, 432.
Sénak, I, 229.
Senaki, I, 238.
Sendaï, II, 793, 811.
Sé-Ngoun, II, 428.
Senna, I, 504.
Senrasiab, I, 520.
Seo, II, 42, 45.
Seonath, II, 38, 42.
Seoni, II, 91.
Séoul, II, 667.
Sept-Pagodes, II, 47.
Sera, II, 642.
Serbal, I, 274, 429.
Serdar, I, 510.
Serdeka, I, 494.
Serdsir, I, 492.
Serdtzekammen, I, 22.
Sergiopol, I, 65, 154, 207.
Seringapatam, II, 47.
Seringham, II, 94.
Serlips, I, 510.
Sermour, II, 160.
Serohi, II, 103.

Sert, I, 289.
Sé-Sane, II, 444.
Sévan, I, 217.
Sevanga, I, 215, 217.
Shad-Roud, I, 519, 523.
Shahsévens, I, 520.
Shâlamar-Bagh, II, 147.
Shalimar, II, 150.
Shamar-Kamen, I, 72.
Shang-Haï, I, 65, 207; II, 736, 753.
Shans, II, 11, 357.
Shefar, I, 439.
Shegaon, II, 99.
Shimonoseki, II, 820.
Shimrau, I, 520.
Shinagava, II, 822.
Sholepore, II, 139.
Shouéi-Oudoung, II, 370.
Siahpoch, II, 90.
Sialkot, II, 87.
Siam, II, 330, 386, 374 à 399.
Siang, II, 685.
Siang-Kiang, II, 720.
Siangtan, II, 729.
Siapocoh, I, 12.
Siberiaks, I, 123.
Sibi, II, 20.
Sibir, I, 20, 33, 47.
Sibiriakof (île), I, 20, 35.
Sibsagar, II, 81, 160.
Siemlap, II, 428.
Siem-Réap, II, 442, 590.
Si-fan, I, 11.
Sighadjik, I, 286.
Si-Haï, I, 133, II, 681.
Si-Hou, II, 721.
Sihoun, I, 134.
Sikandar-Ka-Dhar, II, 22.
Sikanderabad, II, 111.
Sikhota-Alin, I, 24, 29, 85.
Sikhs, I, 12; II, 87, 88, 90, 137, 185, 187.
Si-Kiang, I, 48; II, 687.
Sikingchan, II, 677.
Sikkim, II, 12, 14, 34, 70, 71, 73, 79, 160, 181, 186.
Sikok, II, 790, 795.
Silgouri, II, 70.
Siloda, II. 22.
Sim, I, 35.
Simabara, II, 796.
Simala-Sa, II, 105.
Simaou, I, 263.
Simla, II, 12, 15, 21, 22, 23, 48, 57, 83, 87, 88, 181.
Sinaï, I, 274, 429, 435, 440, 442, 524.
Sinaira, I, 37.
Sinano, II, 815, 817.
Sinanogava, II, 797.
Sindh, Sind ou Sindhi, II, 19, 20, 23, 26, 98, 174, 179, 184, 188.
Sindhou, II, 1.
Singadji, II, 90.
Singalila, II, 12, 14, 72, 255.
Singan, II, 717.
Si-Ngan-Fou, I, 207.
Singapour, II, 401, 402, 418.
Singbhoum, II, 78.
Singhar, II, 44.
Singhpo, II, 34.
Singora, II, 381.
Singourlou, I, 265.
Singpos, II, 186.
Singri, II, 90.
Sinhapour, II, 93.
Siningfou, II, 717.
Sinope, I, 265, 285.
Sintcheng, II, 716.
Sintcheou, II, 723.
Sinnan-Hoa, II, 716.
Sioudo, II, 790.
Sioué-Chan, II, 678.
Sipan, I, 267.
Sipyle, I, 261.
Sira, II, 609.
Siradjgandj, II, 75.
Siraf, I, 507.
Sirah, I, 473.
Sir-Daria, I, 3, 6, 10, 116, 128, 129, 134, 142, 152, 180.
Sirgondja, II, 37.
Sirhân, I, 434, 436, 442.
Sirhind, II, 90.
Sirmour, II, 90.
Siro-Yama, II, 795.
Sis, I, 287.
Sisaghiri, II, 255.
Sitabaldi, II, 91.
Sita-Khound, II, 78.

Sitakound, II, 330.
Sitandon, II, 432.
Sitapour, II, 85.
Sitling-Gonpa, II, 639.
Sittang, II, 330, 332, 337.
Sivalik, II, 12, 15, 83, 97.
Sivan, I, 268.
Sivas, I, 284, 294.
Sivasamoudram, II, 47.
Sivend, I, 505.
Siverma, I, 35.
Sivri-Dagh, I, 258.
Sivri-Hissar, I, 286.
Siyalar, I, 490.
Skardo, II, 20, 89.
Smyrne, I, 16, 286, 296.
Sobo-Nor, I, 8; II, 623.
Socotora, I, 426, 438, 477.
Soc-Trang, II, 442, 512.
Sofiisk, I, 45.
Soghlou, I, 264.
Sogok-Nor, II, 623.
Soham, I, 437.
Sohan, II, 20.
Sahar, I, 426, 437.
Soïones, II, 65.
Soïotes, I, 107.
Soi-Rap, II, 443.
Sokh, I, 134, 153.
Sokhondo, I, 28, 38.
Sokia, I, 286.
Salaini, II, 166.
Solikamsk, I, 29.
Soliman, I, 41, 486.
Solitude (île de la), I, 21.
Solones, I, 8; II, 659.
Solyma, I, 258.
Soma, I, 286.
Somak, I, 439.
Sône, II, 28, 36, 37, 77, 78, 79, 101, 166.
Song-Bo, II, 455.
Song-Ca, II, 445.
Song-Cam, II, 455.
Song-Caou, II, 515.
Song-Cau, II, 450.
Song-Cay-Lon, II, 444.
Song-Doc, II, 444.
Song-Kiang, II, 445.
Song-Ki-Kong, II, 456.

TABLE ALPHABÉTIQUE. 877

Song-Koï, I, 4, 8; II, 425, 454.
Song-Ma, II, 445.
Song-Phu-Co, II, 456.
Song-Rang-Kiang, II, 456.
Song-Thuong, II, 456.
Sonnan, II, 219.
Sonou-Daria, I, 137.
Sonpoor, II, 78.
Sontals, II, 78, 187.
Son-Tay, II, 455, 516, 519, 545.
Sooree, II, 77.
Soping, II, 717.
Sopour, II, 21.
Sora, I, 215.
Soron, II, 82.
Sosva, I, 33.
Sou, II, 685.
Souanètes, I, 233.
Soubarnarekha, II, 42.
Souch-ech-Chioch, I, 290.
Soudaran, II, 77.
Soudj-Boulak, I, 503.
Soudjouk-Kaleh, I, 225.
Soué, I, 141.
Soueideh, I, 291.
Soufi-Kourgan, I, 163.
Souïka, I, 462.
Souk-el-Bazir, I, 438.
Souker, II, 90.
Soukna, II, 167.
Soukhoum-Kaleh, I, 212, 229.
Souïdoum, II, 619.
Souifoun, I, 45.
Souitcheou, II, 720, 721.
Souiting, II, 719.
Soujangarh, II, 162.
Soulak, I, 214.
Souleimanieh, I, 289.
Soultan-Dagh, I, 261.
Soultanieh, I, 498, 505.
Soultanpour, II, 27.
Soumbar, I, 130, 146, 155, 486.
Soumida, II, 797.
Sounaghou, II, 109.
Soundour, II, 93.

Soungari, I, 4, 30, 38; II, 659.
Soungatcha, I, 8, 39.
Soungi-Krian, II, 405.
Soungi-Oudjong, II, 406.
Soung-Panling, II, 719.
Soungi-Perak, II, 405.
Sounkiang, II, 721.
Sounth, II, 124.
Sounya, I, 214.
Souok, I, 20, 133.
Soupham-Bouri, II, 376.
Sour, I, 272, 438.
Sourachtra, II, 98.
Souradj-Mall, II, 102.
Souram, I, 230, 238.
Sourate, II, 4, 38, 97, 122, 123, 262, 183.
Sourgab, I, 157.
Sourghab, I, 135.
Sourgout, I, 30, 42.
Souri, I, 510.
Sourmah, II, 34, 81.
Sourou, I, 507; II, 20.
Souroung, II, 683.
Sourvali, II, 97.
Sou-Sou, II, 660.
Sousouya, I, 25.
Soussik-Koul, I, 129.
Soussourlou, I, 10, 262.
Soutchan, I, 45.
Soutchin, II, 123, 625, 719.
Souva, II, 797.
Souvo, II, 815.
Soweïd, I, 437.
Spiti, II, 32, 23.
Sporades, I, 266.
Srinagar, II, 13, 15, 21, 85, 89, 141, 144, 145.
Srirangam, II, 94.
Sse-Tchouen, II, 478, 627.
Stadoukim, I, 47.
Stanovoï, I, 4, 28.
Stark, I, 24.
Stavropol, I, 228.
Steamer-Point, I, 471, 473.
Stiengs, II, 390.

Stretensk, I, 44, 65, 207.
Stung-Poursat, II, 442.
Stung-Sang-Ké, II, 442.
Stung-Sen, II, 442.
Stung-Treng, II, 381.
Suetaa, I, 271.
Suez, I, 179, 429, 435, 466.
Suffren (baie), I, 24.
Sultanabad, I, 506, 507.
Sultanié, I, 265.
Sultanpour, II, 22, 84.
Suse, I, 492, 547, 548, 556.
Susiane, I, 544.
Susmanis, I, 520.
Svaï-Romiet, II, 514.
Svanie, I, 214.
Svatoï-Nos, I, 2.
Svatoï-Krest, I, 228, 514.
Sverevo, I, 35.
Sveti, II, 255, 256.
Sviatoï, I, 21, 140.
Svinoï, I, 140.
Swat, II, 85.
Swatao, II, 753.
Swateou, II, 724.
Sykes, I, 491.
Sylhet, II, 81.
Symes, II, 343.
Symi, I, 266.
Syrianka, I, 37.
Syrie, I, 269 et suiv. 425, 428, 441, 452, 463.

T

Tabak-sou, I, 261.
Tabari, II, 46.
Tabriz, I, 489, 493, 498, 503, 505, 509, 529.
Tachan, II, 690.
Tach-Davan, II, 627.
Tachi-Loumpo, II, 639.
Tachin, II, 379.
Tachkent, I, 16, 18, 142, 152, 153, 162, 165, 191, 206.
Tach-Kopri, I, 284.
Tach-Kourgan, I, 159.

Tach-Robat, I, 132.
Tadam, II, 15.
Tadjen, I, 492.
Tadjiks, I, 12, 160, 190.
Tadjourah, I, 477.
Tadoum, II, 637, 639.
Taft, I, 506.
Taganaï, I, 29.
Tagharma, I, 129.
Tagil, I, 33.
Tagoung, II, 350.
Ta-Hou, II, 687.
Tai-Chan, II, 678.
Taïf, I, 431, 435, 438, 439.
Taï-Kou, II, 607, 717.
Taimira, I, 35.
Taimour ou Taïa-nir, I, 21.
Taïmoura, I, 1, 35.
Taingan, I, 718.
Taïning, II, 716.
Taï-Ouan, II, 692, 754.
Taï-tcheou, II, 721.
Taï-tsé-Ho, II, 659.
Taiyonan, II, 717.
Taka, II, 815.
Takaoka, II, 811.
Takasaki, II, 822.
Takata, II, 811.
Takeo, II, 513, 692, 754.
Takht, II, 145.
Takht-i-poul, I, 159.
Ta-Kiang, II, 684.
Takla-Kar, II, 630.
Tak-la-Makan, II, 621.
Takou, II, 716.
Takouchan, II, 661.
Takraou, I, 10.
Taksoum, II, 625.
Tal, II, 46, 83, 155, 492.
Talaing, II, 356.
Talakoara, II, 41.
Talar, I, 492.
Talas-Taou, I, 132, 134.
Taldick, I, 195.
Talgar, I, 132.
Tal-Ghât, II, 43.
Tali, I, 230.
Talich, I, 488, 489, 503.
Tali-Dagh, I, 215.
Tali-fou, II, 367, 689, 723.
Talikhan, I, 158.

TABLE ALPHABÉTIQUE.

Talki, I, 131; II, 617.
Tal-Koutora, II, 135.
Taman, I, 212.
Tamloung, II, 79.
Tamouls, I, 12, 185, 228.
Tamraparni, II, 94.
Tansuï, II, 692, 751.
Tanan, II, 510.
Tan-Dang, II, 492.
Tandjore, II, 94, 165.
Tandourek, I, 267.
Tanéga, II, 790, 812.
Tang-Din, II, 428.
Tang-Ho, II, 428.
Tangoun, II, 28.
Tangoutes, I, 11.
Tanjour, II, 47.
Tan-la, II, 637.
Tanna, II, 97.
Tannou-Ola, I, 27, 33, 606.
Tantalam, II, 381, 401.
Tanyang, II, 721.
Taoui, I, 24.
Tapei-Chan, II, 677.
Ta-Ping, II, 336.
Tapti, I, 5; II, 37, 38, 46, 43, 45, 90, 96, 97, 99, 118.
Tara, I, 42.
Taraboulan, I, 291.
Taragaï, I, 134.
Taraïka, I, 27.
Tarantchi, I, 11, 160, 617.
Tarbagataï, I, 20, 27.
Targot, II, 636.
Tarim, I, 4, 5, 9, 120, 163, 620, 621.
Taroan, I, 406.
Tarse, I, 287.
Tarsous, I, 263.
Tarta, I, 140.
Tas, I, 21.
Tasisoudou, II, 261.
Tatars, II, 11, 65, 66, 107, 233.
Tatchang-Ho, II, 661.
Tatchin, II, 375.
Ta-tshing, II, 376.
Tating, II, 716.
Tatoang, II, 717, 717, 720.
Tatsienlou, II, 719.
Tatsouma, II, 815.

Tatta, I, 264, 573; II, 85, 98.
Tauris, I, 16.
Taurus, I, 4, 258.
Tava, II, 41.
Tavda, I, 33.
Tavi, II, 21, 89.
Tavilah, I, 488.
Tavoi, II, 334, 337, 350.
Tayang-Ho, II, 661.
Tay-Hou, II, 499.
Tay-Ninh, II, 510.
Tayoubing, II, 684.
Tayoung, II, 336, 342.
Taz, I, 33.
Tchagan-Ob, I, 27.
Tchagatai, I, 107.
Tchagos, II, 4, 6.
Tchaïdam, I, 9; II, 627.
Tchaldir, I, 214.
Tchalkar, I, 10.
Tchalta, I, 267.
Tchamalari, II, 12, 261.
Tchamba, II, 21.
Tchambal, II, 36, 27, 102, 103, 106, 160.
Tchambas, II, 89.
Tchamlibet, I, 260.
Tchamtou, II, 640.
Tchana-Kalessi, I, 260, 285.
Tchanda, II, 91, 160.
Tchandarlik, I, 286.
Tchandir, I, 139.
Tchang-Cha, II, 720.
Tchang-Houa, II, 692.
Tchang-Kiang, II, 687.
Tchangri, I, 285.
Tchang-Tchéou, II, 721, 722.
Tchangte, II, 718, 720.
Tchani, I, 10, 33.
Tchaotoung, II, 723.
Tchaoubar, I, 489, 507.
Tchapar-Khané, I, 509.
Tchapra, II, 28, 103.
Tchaprot, II, 89.
Tchardjoui, I, 36, 157, 162, 165, 199.

Tchargain-Agatch, I, 33.
Tchargoutso, II, 636.
Tcharich, I, 31.
Tcharkalyk, II, 624.
Tchat, I, 155.
Tchatch, II, 20.
Tchatchéou, II, 720.
Tchatir-Koul, I, 132, 621.
Tchattigar, II, 92.
Tchedambaram, II, 94.
Tchedouba, II, 336.
Tchefou, II, 718, 753.
Tchegra, I, 31.
Tche-Kiang, II, 721.
Tchelabinsk, I, 41.
Tchelin, II, 721.
Tcheliouskin, I, 1, 2, 81.
Tchemoulpo, II, 665, 667.
Tchengan, II, 723.
Tchengel-Keui, I, 265.
Tcheng-te-Fou, II, 613.
Tchenkiang, II, 754.
Tchépou, II, 432.
Tcherdyn, I, 29.
Tchérémisses, I, 65.
Tcherkesses, I, 101, 224, 226, 233.
Tcherra-Pondji, II, 54, 81.
Tchertchen, I, 9; II, 621, 624.
Tchesmeh, I, 286.
Tchè-Tang, II, 33, 640.
Tchetchen, I, 140.
Tchibalis, II, 186.
Tchigalze, II, 630.
Tchikalda, II, 99.
Tchikapol, II, 92.
Tchikischlar, I, 144.
Tchikmagalour, II, 100.
Tchikoul, II, 636.
Tchilik, I, 132.
Tchilka, II, 42.
Tchimbaï, I, 153.
Tchimiane, I, 152.
Tchimkent, I, 143, 152, 161.
Tchinab, II, 12, 21, 22, 23, 87, 89, 141, 142, 149.
Tchinaz, I, 142, 152, 163.

Tchindivara, II, 91.
Tchingalpat, II, 47, 91.
Tchingil, I, 214, 257, 267.
Tching-Kiang, II, 689, 721, 723.
Tchingopamari, II, 12.
Tchingoua, II, 118.
Tchingtcheou, II, 720.
Tchingte, II, 716.
Tching-ting, II, 716.
Tchingtou, II, 719.
Tchini, II, 15, 22.
Tchinsourah, II, 77.
Tchirtchik, I, 135, 152, 161, 191.
Tchita, I, 44, 165.
Tchitaldroug, II, 100.
Tchitcheou, II, 720.
Tchitchiklik, I, 129.
Tchitra, I, 128.
Tchitral, II, 20, 195.
Tchitralis, I, 72.
Tchittagong, II, 35, 168, 330.
Tchitlor, II, 103.
Tchittour, II, 93.
Tchok-Koul, II, 621.
Tchoksam, II, 15.
Tchoktal, I, 132, 135, 153.
Tchola, II, 12, 94.
Tchon, II, 703.
Tchora, II, 261.
Tchorok, I, 212, 217, 218, 235, 258, 262, 506.
Tchota-Gandak, II, 28.
Tchota-Nagpore, II, 42, 78, 89, 100.
Tchota-Oudéipour, II, 124.
Tchou, I, 10, 20, 134.
Tchouâ-Djong, II, 640.
Tchoubouk, I, 261.
Tchoudes, I, 105.
Tchougoutchak, II, 618.
Tchougtchéou, II, 722.
Tchouktchis, I, 11, 23, 65, 66, 75, 104, 111.

TABLE ALPHABÉTIQUE. 879

Tchoulim, I, 10, 30, 33.
Tchoumbi, II, 15.
Tchoumpong, II, 335, 336.
Tchoun, I, 22.
Tchouna, I, 2.
Tchoung-Kia, II, 718.
Tchoung-tcheng, II, 719.
Tchourmyn, II, 679.
Tchourouk, I, 263.
Tchourtan, I, 133.
Tchourtou, I, 10.
Tchousan, II, 690, 722.
Tchou-Sou, I, 129.
Tchoust, I, 153.
Tchouvaches, I, 65.
Tchouya, I, 20.
Tchuchen, II, 718.
Tebouk, I, 442.
Téchès, I, 260.
Tecivo, II, 796.
Tedjen, I, 136, 155, 202, 487, 507.
Tedjrich, I, 520.
Tegilsk, I, 45.
Tchama, I, 425, 434, 435.
Téhéran, I, 16, 184, 206, 495 et suiv.
Tehri, II, 83, 84.
Teïma, I, 436, 446.
Tejaga, II, 20.
Tekès, I, 131, 133, 617.
Tekkés, I, 139, 150, 151, 159, 197, 287.
Telav, I, 230.
Teletzkoïé, I, 8.
Telingua, I, 12.
Tell-Abou-Touméis, I, 271.
Tell-Asour, I, 272.
Tell-Cheiban, I, 271.
Tellitcheri, II, 4, 95.
Tello, I, 289.
Tell-Pos-Is, I, 29.
Téman, I, 446.
Temir-Khan-Choura, I, 231, 234.
Temourlik, I, 131.
Temourtou-Nor, I, 121.
Tempo-Zou, II, 797.
Tenasserim, I, 8, 334, 336; II, 350.
Tenedo, I, 266, 285.
Tengan, II, 720.

Teng-Hoa, II, 722.
Tengri-Nor, I, 9; II, 636.
Teng-Tcheou, II, 683, 718.
Tenrion-Gava, II, 797.
Teraï, II, 15, 25, 27, 56, 83, 85, 170, 176, 184, 255.
Térek, I, 6, 163, 214, 215, 233, 245.
Terek-Davan, I, 129, 154.
Térikty, II, 606.
Termetchaï, I, 262.
Terpienia, I, 25.
Ters-Agar, I, 129.
Tess, II, 607.
Tezpour, II, 80.
Thabor, I, 272.
Thaï, I, 11.
Thaï-Binh, II, 456.
Thaï-Nguyen, II, 456, 516, 520, 545.
Thaïping, II, 405, 407.
Thalé-Sap, II, 396.
Thalla, II, 35.
Than-Hoa, II, 505, 516.
Thanh-Taï, II, 507.
Tharr, II, 36, 42, 98, 101, 102.
Thaso, I, 266.
That-Ké, II, 520.
Thépong, II, 513.
Thian-Chan, I, 4, 7, 127, 128, 129, 130, 131, 207.
Thortoum-Sou, I, 217.
Thuan-An, II, 444, 516, 556, 569.
Thuan-Kanh, II, 515.
Thu-Dau-mot, II, 444, 510, 549.
Tiara, I, 25.
Tibériade, I, 275.
Tibet, I, 3, 4, 7, 11, 15, 16; II, 22, 28, 83, 89, 147, 152, 183, 281, 636 à 658.
Ti-Can, II, 520.
Tien-Cha, II, 516.
Tien-Giang, II, 442.
Tientsin, I, 55; II, 709, 716, 753.
Tiflis, I, 206, 229, 234, 498, 509.
Tigre, I, 5, 9, 268,
487, 491, 492, 533, 547.
Tih, I, 429.
Tilar, I, 492.
Tiling, II, 661.
Tilo, I, 266.
Timaroum, I, 270.
Timrouk, I, 229.
Timskioé, I, 30.
Tingha, II, 401.
Tinghaï, II, 722.
Tingri, II, 639.
Tingtsi, II, 718.
Tinh-Nghe, II, 516.
Tinnevelli, II, 48, 94, 96, 168.
Tintalia, II, 35.
Tiouk-Karagam, I, 141.
Tioumen, I, 33, 42, 47, 64, 65, 102, 206.
Tioumen-Oula, II, 664.
Tipoura, II, 77.
Tipperah, II, 35, 79, 330.
Tir, I, 12.
Tiran, I, 425.
Tireboli, I, 288.
Tirhan, I, 505, 506.
Tiroumala, II, 94.
Tista, II, 5, 12, 15, 34, 36, 79.
Titi-Bangsa, II, 400.
Tknibouli, I, 229, 231.
Tobol, I, 2, 20, 33, 64.
Tobolsk, I, 42, 70, 101, 164.
Todas, II, 68, 189.
Togouz-daban, II, 632.
Tokat, I, 284, 294.
Tokatsi, II, 793.
Tok-Fan, I, 35, 160.
Tokhtamych, I, 151.
Tokio, II, 810, 822, 827.
Tokmak, I, 154, 180.
Tokma-Sadar, I, 147.
Tokma-Sou, I, 267.
Tok-Yaloung, II, 639.
Tola, II, 608.
Tolaï, II, 623.
Tolbouzin, I, 54.
Tom, I, 30.
Tomoga-Sima, II, 796.

Tomsk, I, 42, 43, 64, 65, 70, 98, 207.
Tone-Gava, II, 793, 797.
Tong-King, II, 330, 488, 516, 577.
Tongso, II, 261.
Tonlé-Sap, I, 4, 8; II, 329, 441.
Tonlé-Tok, II, 441.
Tonsa, II, 109.
Tor, I, 272, 292, 429, 431.
Tortose, I, 270.
Tosanli-Sou, I, 262.
Totchal, I, 490.
Tottori, II, 812.
Touba, I, 34.
Touchetou-Khan, II, 613.
Touchkan-Daria, II, 621.
Touch-Karagoun, I, 155.
Toudourga, I, 265.
Touïn, II, 607.
Touk, II, 103, 139.
Toukalinsk, I, 42.
Toukhs, I, 233.
Toulaï, I, 150.
Touleu, I, 12.
Toumau-Kang, II, 664.
Toumkour, II, 100.
Toun, I, 507, 509.
Tounga, II, 100.
Tounga-Bhada, II, 46.
Toung-Haï, II, 639, 690.
Toung-Kiang, II, 688.
Toungou, II, 350.
Toungouses, I, 11, 65, 66, 82, 104, 107, 109, 659.
Toungouska, I, 34, 35, 105.
Toung-Tchang, II, 718.
Toung-Tchéou, II, 716.
Toung-Tchouan, II, 723.
Toung-Tchoueng, II, 719.
Toung-Ting, I, 4, 8, 685.
Tounka, I, 28.
Toura, I, 33, 34, 64.
Touran, I, 6, 16, 486.

TABLE ALPHABÉTIQUE.

Tourane, II, 444, 450, 465, 516, 555, 556.
Touraniens, II, 185, 187.
Tourbat-Cheikh-i-Djami, I, 507.
Tourchin, I, 507.
Tourfan, II, 625.
Tourgaï, I, 4, 10, 142, 152, 156, 162.
Tourinsk, I, 33, 42.
Tourka, I, 45.
Tourki, I, 465, 466.
Tourk - Mantchaï, II, 279, 498.
Touroug-Art, I, 132.
Touronk-hansk, I, 16, 35, 44.
Touss, I, 154.
Tousse, I, 162.
Touttícorin, II, 94, 184.
Touyun, II, 719.
Tonzgheul, I, 10, 16, 264.
Touz-Koul, I, 129.
Touzla, I, 268.
Touweïk, I, 428, 432, 434, 437, 449, 465.
Toweïn, I, 437.
Toygma, II, 811.
Tozia, I, 284.
Tphilis-Kalaki, I, 241.
Trachonitis, I, 271.
Trang, II, 513.
Tranquebar, II, 7, 47, 94.
Trans-Alaï, I, 128, 129.
Transbaïkalie, I, 44, 45, 64.
Trans-Caucasie, I, 229.
Transoxiane, I, 157.
Travancore, II, 4, 44, 45, 94, 95, 96, 160, 168.
Travinh, II, 442, 512.
Tréhizonde, I, 26, 5 288, 509.
Tréloch, II, 514.
Trialètes, I, 215.
Trichinopoli, II, 47, 48, 94, 118, 179, 184.
Trincomali, II, 220, 227.
Tringanou, II, 381.
Tripoli, I, 16.
Tripountera, II, 94.

Trisoul, II, 15, 25, 28, 256.
Tritchour, II, 96.
Trivandram, II, 4, 95.
Troade, I, 1.
Trois - cents - Pics (chaîne), II, 334.
Troitzk, I, 29, 41.
Troïtz-Kosavsk, I, 44.
Truong-Tien, II, 516.
Tsagan, II, 607.
Tsahi, I, 438.
Tsahoura, I, 431.
Tsa-Ka-la, II, 331.
Tsang, II, 639.
Tsaug-Bo, II, 9, 11, 71, 75, 19, 637.
Tsaprang, II, 637.
Tsasagtou-Bogdo, II, 606.
Tsékou, II, 427.
Tseng, II, 618, 713.
Tsetcheou, II, 717.
Tsetsen - Khan, II, 613.
Tsettoué, II, 349.
Tsiamdo, II, 640.
Tsienla, II, 667.
Tsighein, II, 607.
Tsi-Hien, II, 717.
Tsikongo, II, 796.
Tsimi, I, 718.
Tsinan, II, 718.
Tsing-Ling, II, 677.
Tsing-Tchéou, II, 717, 718.
Tsingueï, I, 37.
Tsinhaï, II, 722.
Tsiong-Tsieng, II, 607.
Tsiong-Tsiou, II, 667.
Tsiousendji, II, 797.
Tsipa, I, 45.
Tsitoung, II, 332.
Tsitsikar, II, 660.
Tsouantcheou, II, 722.
Tsougan, II, 722.
Tsougar, II, 793.
Tsoung-ling, I, 129.
Tsoung-ming, II, 687, 690, 721.
Tsousima, II, 790.
Tsouyama, II, 811.
Tsuraga, II, 822.
Tuetio, II, 384.
Tumkent, I, 152, 180.
Tun, I, 25, 30.

Turcomans, I, 11.
Turkestan, I, 3, 16, 89, 127, 152, 162, 619.
Turkmènes, I, 11, 155, 159, 491, 492, 507.
Tuyen-Quan, II, 455, 516, 520, 545.
Tzchemi-Tzchalbi, I, 238.
Tzinoubani, I, 241.

U

Udraotés, I, 21.
Ulach, I, 265.
Ulwur, II, 102, 139, 140.
Unaou, II, 84.
Unkiar-Skelessi, I, 265.
Unzec, I, 217.

V

Vaghim, I, 48.
Vahé, I, 277.
Vaïco, II, 11, 444.
Vaïga, II, 94.
Vaïkiar, II, 48.
Vainganga, II, 91.
Vuipar, II, 48.
Vaïsyas, II, 185.
Vakayama, II, 811.
Vakh, I, 30.
Valadjabad, II, 47.
Van, I, 10, 269, 288, 487.
Varaghiri, II, 45.
Varat, II, 666.
Vardjou-Pourâna, II, 22.
Varella, II, 425, 444.
Varsiminor, I, 154.
Veden, I, 221.
Vedeno, I, 229.
Velhour, II, 44, 47.
Veliki-Novgorod, I, 103.
Velikondas, II, 44.
Vellar, II, 47, 94, 95.
Vellore, II, 93.
Verawal, II, 99.
Verkne-Kolymsk, I, 44.
Verkhne - Oudinsk, I, 34, 44.

Verkne-Ouralsk, I, 41.
Verkho-Leusk, I, 44.
Verkhoturie, I, 29, 33, 41.
Verko-Yansk, I, 21, 28, 65, 67, 144.
Verniy, I, 18, 142, 154, 162, 207.
Vernoïe, I, 18, 142, 154, 162, 207.
Vert (mont), I, 432.
Vézir, I, 140.
Vichao, II, 21.
Vichvamitra, II, 123.
Victoria (baie), I, 24.
Victoria (lac), I, 135.
Victoria (île), II, 334.
Victoria (ville), II, 700.
Vidj-Minou, I, 490.
Vien-Chan, II, 429, 430.
Viéte, II, 445.
Viet-Tri, II, 519.
Villenour, II, 262.
Viloui, I, 4, 37.
Vilouisk, I, 44.
Vindhyas, I, 4; II, 11, 27, 36, 41, 91, 102, 106, 123, 124, 170.
Vinh-Long, II, 512, 522.
Vinh-Nghe, II, 516.
Vipère (île), II, 339.
Viposa, II, 22.
Visakha, II, 92.
Vitasta, II, 21.
Vitim, I, 4, 8, 28, 35, 37.
Vitimsk, I, 37.
Vizagapatam, II, 92.
Vizianagram, II, 140.
Vladikavkaz, I, 206, 229, 233, 242.
Vladimir (île), I, 24.
Vladivostok, I, 24, 45, 46, 65.
Vlavianos, II, 487.
Vogoules, I, 11, 65, 82, 103.
Vô-Khoï, II, 467.
Vostotchnii-Nos, I, 1.
Voulf, I, 140.
Voun, II, 99.
Vourlah, II, 286.
Vynood, II, 168.

TABLE ALPHABÉTIQUE. 881

W

Waï, II, 96.
Waigatch, I, 21.
Wairagarh, II, 91.
Waltair, II, 92.
Wampoa, II, 724.
Warda, II, 99.
Wardha, II, 91.
Wardovan, II, 89.
Warora, II, 91.
Wasirabad, II, 87.
Watnokor, II, 441.
Wazirabad, II, 141.
Wei-Hien, II, 718.
Wei-Ho, II, 679, 682, 689.
Weihoui, II, 718.
Weitcheou, II, 724.
Wen-Ho, II, 683.
Wentchéou, II, 721, 753.
Whampoa, II, 709.
Windsor, II, 82.
Winh-an, II, 442.
Winh-Long, II, 442.
Woudvan, II, 184.
Wouhou, II, 720, 754.
Woukiang, II, 687.
Woukoung-Chan, II, 684.
Woutcheou, II, 723.
Wrangel (terre de), I, 2, 22, 45, 50.
Wusut, I, 271.

X

Xieng-Hong, II, 351, 428.
Xieng-Maï, II, 380.
Xien-Haï, II, 380.
Xien-Kong, II, 380, 429.
Xien-Sen, II, 380, 428.
Xien-Tong, II, 351.
Xouanday, II, 515.

Y

Yablonoï, I, 4, 20, 28, 64.
Yadjoudj, I, 492.
Yagbistan, II, 20.
Yagnaou, I, 135, 160.
Yakamats, II, 811.
Yakoutes, I, 22, 37, 65, 82, 109, 111.
Yakoutsk, I, 6, 16, 37, 44, 65, 67.
Yak-Tach, I, 134.
Yalmal, I, 106.
Yalou-Kiang, II, 661.
Yaloung, II, 685.
Yaloutorovsk, I, 42.
Yamanassi, II, 811.
Yambo, I, 426, 439, 452.
Yamdok, II, 637.
Yana, I, 21, 37, 47, 65, 67.
Yanaon, II, 46, 262, 263.
Yanar, I, 258.
Yangi-Hissar, II, 624.
Yang-tchéou, II, 721.
Yang-tse-Kiang, I, 4, 8; II, 684.
Yani-daria, I, 135.
Yani-Kourgan, I, 157.
Yarkand, II, 16, 22, 89, 207, 624.
Yarkand-Daria, II, 620.
Yaro-Dzang-Do, II, 33, 331.
Yussa, II, 12.
Yassi-Taou, I, 133.
Ya-tchéou, II, 719.
Yatreb, I, 452.
Yechboum, I, 438.
Yechil-Irmak, I, 9, 262, 265.
Yedogava, II, 797.
Yeisk, I, 229, 234.
Yekate-rinodar, I, 129.
Yekatérinbourg, I, 33, 41, 63, 98.
Yekhoï, I, 35.
Yelizavetpol, I, 230.
Yellamalaia, II, 44, 93.

Yemanah, I, 466, 467, 432.
Yémen, I, 425, 428, 431, 434, 435, 442, 452, 466, 476.
Yenan-Gyong, II, 351.
Yingtzé, II, 661.
Yéniséi, I, 4, 8, 20, 21, 29, 33, 35, 39, 43, 62, 100, 607.
Yentchéou, II, 718.
Yen-Tsé, II, 519.
Yerkalo, II, 427, 723.
Yerla, II, 46.
Yerli, I, 267.
Yéso, I, 2, 11, 790, 792; II, 790, 793, 796.
Yettamalah, I, 44.
Yezasi, II, 812.
Yezd, I, 66, 491, 506, 507, 509, 524, 532.
Yezdighast, I, 505.
Yingtcheou, II, 720.
Yildiz-dagh, I, 260.
Yi-Tcheou, II, 718.
Yodogava, II, 797.
Yokohama, II, 810.
Yolo, II, 720.
Yoma, II, 330.
Yomoudes, I, 159.
Yona, I, 265.
Yosino, II, 796.
Yo-Tcheou, II, 720.
Youkagh, I, 66.
Youka-ghirs, I, 22, 65.
Youkon, I, 22.
Youldouz, I, 131, 621.
Youmour-talik, I, 287.
Yourma, I, 29.
Y-tchang, II, 719, 754.
Yuang-Chiang, II, 454.
Yuen, II, 685.
Yuen-San, II, 665.
Yuen-Tching, II, 717.
Yuen-Yen, II, 719.

Yu-Ho, II, 759.
Yu-Kiang, II, 687.
Yung-Ping, II, 722.
Yun-Ho, II, 689.
Yun-Kiang, II, 723.
Yun-Nan, II, 330, 478, 482, 552.
Yunnan-Fou, II, 367, 723.
Yuntcheou, II, 723.
Yunyang, II, 720.
Yuyao, II, 722.
Yuzgat, I, 285.

Z

Zab, I, 269, 487, 492.
Zagros, I, 491.
Zaïdpour, II, 84.
Zaisan, I, 8, 20, 27, 31.
Zalfah, I, 437.
Zamanta-Son, I, 259, 263.
Zanga, I, 217.
Zangezour, I, 231.
Zaouka, I, 134.
Zarafchan ou Zérafchan, I, 16, 135, 154, 161, 172, 176, 177.
Zebid, I, 442.
Zenanah, II, 157, 158.
Zendeh-Roud, I, 493.
Zendjan, I, 528.
Zendji-Seraï, I, 157.
Zergendeb, I, 520.
Zerka, I, 275.
Zévin, I, 280.
Zeya, I, 38, 39, 120.
Zikari, I, 214.
Zikavie, II, 721.
Ziranovsk, I, 43.
Zlatooust, I, 29.
Zmeino-Gorsk, I, 43.
Zodji, II, 15.
Zongour, I, 426.
Zougdidi, I, 229, 238.
Zulphah, I, 470.

TABLE ALPHABÉTIQUE

DES NOMS DES AUTEURS CITÉS

Ire ET IIe PARTIES

Allen, I, 81.
Annenkoff, I, 200.
Atkinson, I, 75.
Avril (d'), I, 457.
Bert (Paul), II, 504, 569.
Bigot (Charles), I, 332.
Binder, I, 499, 535.
Blunt (lady), I, 449.
Boissier (G.), I, 409.
Bonvalot, I, 151, 162, 172, 184, 187; II, 628, 651.
Botkine, I, 70.
Boulangier, I, 201, 205.
Bourde, II, 595.
Bousquet (G.), II, 792, 821, 834.
Bouteiller (de), II, 366.
Brau de Saint-Pol-Lias, II, 411, 415.
Brossard de Corbigny, II, 563.
Broussali, I, 281.
Busch, I, 85, 122.
Burnes, I, 566, 590; II, 25, 26.
Burnouf, I, 297.
Baille, II, 454, 573.
Beauvoir (de), II, 419, 758.
Bernier, II, 142, 145, 148.
Carles, II, 668.
Carpenter (miss), II, 483.
Charmes (G.), I, 373, 374.
Chauvet, I, 353.

Chevillard, II, 377, 390, 399.
Chailley, II, 450.
Cogordan, I, 406.
Collignon, I, 266.
Cordier (Henri), II, 776.
Cotteau, I, 38, 62, 93; II, 39, 62, 69, 419, 732, 751, 794, 798, 818, 841.
Courcy (de), II, 748.
Courrière, I, 70.
Cristiani (Mme), I, 86.
Dallet, II, 664, 669, 670.
Dalmas (R. de), II, 845, 849.
Darmesteter, I, 600.
Daryl (Ph.), II, 715, 775.
Déchy (Moritz), II, 73.
De la Croix, II, 405.
Delaporte, II, 589.
Deniker, I, 13.
Denis de Rivoyre, I, 277, 393.
Desgodins, II, 638.
Devay, II, 215, 219, 362, 369, 770.
Deyrolles, I, 217, 329.
Dieulafoy (Mme), I, 473, 481, 548, 556, 558.
Dubois de Montpéreux, I, 216.
Dulaurier, I, 223, 224, 227.
Dumas (Alexandre), I, 441.

Dutemple, I, 341, 395, 399.
Dutreuil de Rhins, II, 449, 604.
Ernouf, II, 147.
Favre, I, 215.
Forsyth, II, 38, 41.
Fournereau, II, 591.
Frary (R.), II, 33.
Fuchs, II, 544.
Garnier (Francis), II, 433, 435, 689, 767.
Georgiadès, I, 293, 297.
Gobineau (de), I, 483, 522, 542.
Goblet d'Alviella, II, 121, 132, 142.
Gebhart, I, 329.
Gouin, II, 532.
Gray, II, 736.
Guérin, I, 349.
Guilliny, I, 490.
Guimet, II, 832.
Hœckel, II, 238, 246.
Hansen-Blangsted, II, 694.
Harmand (Dr), II, 431.
Hocquard (Dr), II, 558.
Honschoëte, I, 103.
Houssay, I, 543, 547.
Houssaye, I, 320.
Huart, II, 764.
Hübner (de), II, 58, 71, 106, 416, 422, 154, 195, 422, 695, 696, 702, 741, 831.
Huc, II, 642, 650, 744, 745.
Isambert, I, 353,

TABLE ALPHABÉTIQUE.

Jacquemont, II, 18, 52, 150.
Kennan, I, 69.
Kœchlin-Schwartz I, 240, 244.
Kouropatkine, I, 463.
Lamartine (de), I, 363.
Landes, II, 538.
Lanessan, II, 441, 445, 461.
Lansdell, I, 103.
Lavollée, II, 223.
Lebon (Dr), II, 3, 48, 57, 185, 191.
Lejean, I, 388, 391; II, 149.
Le Marchand, I, 582.
Lemire, II, 527.
Levasseur, I, 18.
Longuinof, I, 249.
Lortet, I, 270, 344, 352, 358, 360, 408.
Loti (Pierre), II, 273, 839, 842, 843.
Mahé de la Bourdonnais, II, 202, 338, 353, 355.
Marche, II, 412.
Metchinkoff, II, 800, 819.
Meyners d'Estrey, I, 235.
Moser, I, 136, 149, 178, 182, 198.
Michelet, II, 57.
Mouhot, II, 375, 393.
Moura, II, 575.
Mourier, I, 218.
Neïs (Dr), II, 428.
Nicolas Constantinovitch, I, 138, 139.
Nordenskiold, I, 76, 118.
Orléans (prince d'), II, 623.
Orsolle, I, 488, 500, 513, 519, 526.

Otto Finsch, I, 32, 95.
Palgrave, I, 447, 450, 465, 471.
Paris, II, 557.
Patenôtre, I, 238, 518.
Perrot, I, 314, 400, 402, 417, 419.
Piassetzky, II, 749, 767, 779.
Piat, I, 386, 389.
Pina (de), II, 354.
Plauchut, II, 204, 207, 208, 664, 692, 699.
Prjevalski, II, 608, 612, 634, 635, 636, 658.
Pottinger, I, 611.
Rabot, I, 120.
Rambaud, I, 47.
Reclus (Elisée), I, 5, 22, 38, 40, 107, 110, 132, 158, 268, 271, 562, 586, 604; II, 4, 13, 15, 19, 20, 32, 36, 37, 38, 44, 48, 95, 111, 203, 227, 340, 351, 626, 678, 824.
Régamey, II, 832.
Rey, II, 459.
Reinhart, II, 582.
Richard Temple, II, 167.
Richthofen, II, 679, 680.
Rocher, II, 742, 782.
Roches, I, 452, 463.
Rosemburg, I, 490.
Rousset, II, 682, 699, 773.
Rousselet, II, 1, 5, 11, 22, 102, 108, 123, 130, 152, 153, 159, 163, 164, 173, 175, 177, 215, 216.
Routier, II, 384.
Russell, II, 229.

Russell - Killough, II, 14.
Sabir (de) I, 121.
Sachot, I, 82, 122.
Sarran, II, 544.
Sassenay (Mis de), I, 310.
Saulcy (de), I, 356, 360.
Serena (Mme), I, 233, 242.
Siegfried (J.), II, 702.
Silvestre, II, 458, 462.
Simon (Eugène), II, 745, 747.
Simonin, I, 478.
Skelton - Streeter, II, 373.
Strabon, II, 178.
Tchihatchef, I, 107, 263, 264, 333, 339.
Tennent (sir Emerson), II, 253.
Thomé, II, 550.
Trouessart, I, 81.
Ujfalvy (de), I, 134, 160, 180, 191.
Ujfalvy (Mme de), II, 21, 151.
Valbezen (de), II, 181.
Vambéry, I, 136, 146, 189.
Von Koot, II, 757.
Vereschaguine, I, 246, 254.
Vidal-Lablache, II, 165.
Vivien de Saint-Martin, II, 5, 14, 22, 34, 37, 80, 427, 607.
Vogué (de), I, 275, 347, 365.
Warren (Cte de), II, 9, 111.
Wréde (de), I, 434.
Zaleski, I, 171.

TABLE ANALYTIQUE DES MATIÈRES
DE LA DEUXIÈME PARTIE

LIVRE IV
LES INDES ORIENTALES

CHAPITRE PREMIER
L'HINDOUSTAN

1° Résumé géographique.....	1
I. Géographie physique.......	1
Vocabulaire géographique de l'Inde....................	1
Limites, situation, aspect général.....................	1
Aspect général de l'Inde (Dr Lebon)...................	2
Littoral; îles...............	4
Les Maldives (Vivien de Saint-Martin et Rousselet)......	5
La barre sur la côte de Coromandel; le Catimaran (Cte de Warren. — L. Rousselet)..	7
Relief du sol...............	11
A. Massif de l'Himalaya.....	11
L'Himalaya (Vivien de Saint-Martin. — Russel-Killough).	13
Aspect général de l'Himalaya (V. Jacquemont)..........	16
Cours d'eau................	19
L'Indus (A. Burnes).........	23
Le delta du Gange; les Sanderban (Elisée Reclus)........	28
Le Meghna (Elisée Reclus)...	35
B. Plateau central de l'Inde..	36
La Narbadah (Elisée Reclus. — Forsyth)..................	38
Les roches de marbre (E. Cotteau. — Forsyth).........	39
Cours d'eau................	45
Climats....................	48
Les saisons (V. Jacquemont)..	49
Les moussons (Dr Lebon. — Michelet. — De Hübner)...	52
Les cyclones (Ausland).......	58
Les Nilgherries; les plantations; le *sanitarium* d'Outacamound (E. Cotteau)......	62
Darjiling et le Kintchindjinga (de Hübner. — Moritz Déchy)....................	70
II. Géographie politique......	74
A. Territoires britanniques..	75
I. Présidence du Bengale....	75
Etats tributaires de la présidence du Bengale......	79
II. Gouvernement de l'Assam...................	80
III. Gouvernement des provinces du nord-ouest....	81
Etats tributaires des provinces du nord-ouest.....	84
IV. Aoude.................	84
V. Pandjab................	85
Etats tributaires du Pandjab.....................	88
VI. Gouvernement des provinces centrales.........	90
Etats tributaires des provinces centrales.........	92
VII. Présidence de Madras..	92
Etats tributaires de la présidence de Madras.......	95
VIII. Présidence de Bombay.	96
Etats tributaires de la présidence de Bombay......	98
Circonscriptions directes soumises au gouvernement général.....................	99

TABLE ANALYTIQUE.

États indigènes demi-indépendants	101
Mont Abou (de Hübner)	104
Goualior (L. Rousselet)	107
Haïderabad (Dr Warren)	110
Bombay (de Hübner)	113
Les quais de Bénarès (Goblet d'Alviella)	116
Les Ghats (de Hübner)	121
Les États du Guicowar (Rousselet)	122
Le grand sowari du Guicowar (Rousselet)	124
Combats d'animaux et chasses à Barodah (Goblet d'Alviella)	128
Un durbar (L. Rousselet)	133
Le Kachmir (Bernier.— Ernouf, d'après Drew. — G. Lejean)	141
Jeypore	152
La vallée d'Amber (L. Rousselet)	153
III. Géographie économique	160
Mines de diamants et de cornalines (L. Rousselet)	161
Agriculture	164
Canaux (Vidal-Lablache. — Richard Temple)	165
Les famines dans l'Inde	170
Les reptiles; les charmeurs (L. Rousselet)	173
Les éléphants (L. Rousselet. — Strabon)	177
Industrie	178
Commerce	179
Voies de communication (de Valbezen)	179
IV. Notions statistiques	184
Les races	184
Les religions	191
Orissa et Puri; le pèlerinage de Jaggernath (Mahé de la Bourdonnais. — Elisée Reclus)	197
Les Parsis de Bombay (Edm. Plauchut)	203
Les grottes de Karlee et d'Elephanta (F. Devay)	209
Le Taj Mahal (F. Devay)	215
Ceylan	219
La pêche des perles (C. Lavollée)	221
Notions historiques	223
Divisions politiques	225
Le pic d'Adam (C. Hœckel)	229
Peradénia; un paradis britannique (Id.)	238
Le corral dans l'île de Ceylan (Emerson Tennent)	247
États indépendants de l'Himalaya	254
A. Nepal	254
B. Bhoutan	260
Possessions européennes	264
I. Inde française	264
II. Inde portugaise	267
Mahé (France) (Pierre Loti)	269
Notice historique sur l'Inde	273
3° BIBLIOGRAPHIE. — CARTOGRAPHIE	321
A. Travaux historiques	321
B. Travaux géographiques	322

CHAPITRE II

L'INDO-CHINE

1° RÉSUMÉ GÉOGRAPHIQUE	329
Situation, limites, étendue	329
A. La Birmanie	330
I. Géographie physique	330
Les Seelungs (Mahé de la Bourdonnais)	337
Iles Andaman et Nicobar	338
II. Géographie politique	342
Notice historique	342
Birmanie méridionale ou britannique	349
Haute Birmanie	350
III. Géographie économique	351
2° EXTRAITS ET LECTURES	351
Rangoun (F. Devay)	357
L'Irraouaddi et la navigation (de Bouteiller)	362
Moulmeïn : un chantier de bois de tek (F. Devay)	367
Les mines de rubis de Mogok (D'apr. Skelton-Streeter)	371
B. Siam	374
1° RÉSUMÉ GÉOGRAPHIQUE	374
I. Géographie physique	374
Relief et cours d'eau (H. Mouhot. — S. Chevillard)	374
II. Géographie politique	378
Provinces sujettes et villes principales	378
États tributaires	380

III. Notions économiques et statistiques............ 381
Les Chinois à Siam (G. Routier)................ 382
2° EXTRAITS ET ANALYSES.... 387
Les obsèques d'un roi à Siam (l'abbé Chevillard)........ 387
Les Stiengs (H. Mouhot)..... 390
La pêche à Siam : sauriens et poissons (S. Chevillard).... 394
C. La péninsule malaise. 399
1° RÉSUMÉ GÉOGRAPHIQUE..... 399
I. Géographie physique...... 399
I. Établissements du détroit. 403
II. Etats protégés......... 404
III. Etats indépendants..... 406
2° EXTRAITS ET ANALYSES..... 407
Le pays de l'étain (Brau de Saint-Pol-Lias)........... 407
Le Gounong-Boubou; les Sakeys; la forêt vierge (Id.).. 411
Les Holothuries (Id.)........ 417
Singapour. Les Chinois dans l'île (de Beauvoir. — E. Cotteau. — De Hübner).... 418
D. L'Indo-Chine française................... 423
1° RÉSUMÉ GÉOGRAPHIQUE..... 423
I. Géographie physique...... 423
Vocabulaire géographique franco-annamite.............. 423
Le delta du Mékong (de Lanessan).................. 426
Le Mékong (de Carné. — Dr Harmand. — Francis Garnier)................... 427
La rivière à Hué et ses bords (Dutreuil de Rhins. — J. Chailley)............... 445
Les montagnes de marbre; la grotte des idoles (Baille)... 450

Le climat et les moussons (Silvestre).................. 457
Les saisons (Rey)........... 459
II. Géographie politique...... 462
Notice historique............ 462
Divisions administratives..... 509
I. Cochinchine............. 509
II. Cambodge............. 513
III. Annam................ 515
IV. Tong-King 516
Les Annamites; mœurs et coutumes (Ch. Lemire)....... 520
La fête du Tet (E. Gouin)..... 527
Les funérailles annamites (Landes)................. 532
Le service des boys à Hanoï (X.)..................... 538
III. Géographie économique... 543
Les fruits (X.)............... 546
De Hué à Tourane; les trams; le Col des nuages (G. Paris. — Hocquard).............. 556
Eléphants et palanquins (Brossard de Corbigny)......... 561
Pêcheries et pêcheurs du Grand-Lac (Buchard)...... 563
Les pêcheries de Thuan-An (Paul Bert).............. 569
Les nids d'hirondelles (Bailly). 571
IV. Notions statistiques...... 574
Les Moïs (Reinhart)......... 578
L'architecture Khmer; les monuments d'Angkor (L. Delaporte).................. 583
La mission Fournereau (Fournereau).................. 590
Les industries annamites; les incrusteurs (Paul Bourde).. 592
3° BIBLIOGRAPHIE. — CARTOGRAPHIE................. 596

LIVRE V

L'ASIE ORIENTALE

CHAPITRE PREMIER

L'EMPIRE CHINOIS

1° Résumé géographique.....	604
I. Géographie physique.......	604
Vocabulaire géographique franco-tibétain, franco-chinois, franco-mongol...........	604
A. La Mongolie.........	606
Le désert d'Ala-Chan (Prjévalski).............	610
I. Divisions administratives et militaires..............	612
II. Géographie économique....	614
B. Dzoungarie...........	616
C. Turkestan oriental ou chinois. — Le Kansou mongol.............,	619
I. Géographie physique......	619
Le Lobnor (Henri d'Orléans)..	623
Kansou extérieur ou mongol...	623
II. Divisions politiques.......	624
III. Géographie économique (E. Reclus)................	625
Le Koukou-nor et le désert tibétain (G. Bonvalot. — Prince Henri d'Orléans)....	627
Le Koukou-nor ou Lac Bleu (Prjévalski).............	633
D. Tibet...............	636
I. Géographie physique......	636
II. Géographie politique......	638
Divisions administratives....	639
Lhassa; les lamas et les lamaseries du Tibet (Huc)....	640
III. Géographie économique..	651
Le yak sauvage (Prjévalski)..	653
E. Mandchourie.........	658
I. Géographie physique......	658
II. Géographie politique et administrative..............	654
III. Géographie économique..	661
F. La Corée.............	663
I. Géographie physique......	663
II. Géographie politique......	665
Notice historique............	665
Séoul (D'ap. Carles)........	667
III. Géographie économique...	669
Tortures et supplices en Corée (Ch. Dallet).............	673
G. La Chine...........	677
I. Géographie physique......	677
1° Chine septentrionale......	677
Le pays des Terres Jaunes (Léon Rousselet)..........	679
Le Hoti-Kiang (Fr. Garnier).	689
Formose (Hansen-Blangsted)..	690
Macao (E. Plauchut)........	694
Hong-Kong (de Hübner)......	700
Haïnan....................	703
II. Géographie politique......	705
Notice historique............	705
Les Polo...................	705
Le gouvernement de la Chine.	714
Divisions administratives.....	716
Péking (E. Cotteau).........	724
Canton (M. Gray)...........	732
Shang-Haï (de Hübner).......	737
III. Géographie économique..	742
L'agriculture en Chine (Huc. — Eug. Simon).............	742
Commerce. Voies de communication (E. Cotteau)........	751
La grande muraille et le grand canal (Van Koot. — De Beauvoir).................	755
Le commerce du thé et la fabrication des briques de thé à Han-Kéou (Huart).......	760
La pêche aux cormorans (Piassetzky. — Francis Garnier).	764
L'élevage et l'engraissement des canards (Devay)......	766
IV. Notions statistiques......	770
L'émigration; l'opium (L. Rousset)....................	771
Une école en Chine (Piassetzky)..................	776

Les populations sauvages de
  l'Empire (Rocher).......... 780
3° BIBLIOGRAPHIE. — CARTO-
  GRAPHIE. 783

CHAPITRE II

LE JAPON

1° RÉSUMÉ GÉOGRAPHIQUE..... 790
I. Géographie physique 790
Vocabulaire géographique fran-
  co-japonais.............. 790
Aspect physique (G. Bousquet). 792
Le Fouzi-Yama (E. Cotteau).. 794
Le lac de Biva (E. Cotteau. —
  L. Metchnikoff).......... 798
Le climat (L. Metchnikoff).... 799
II. Géographie politique...... 800

Notice historique............ 800
Gouvernement................ 808
Divisions administratives..... 810
III. Géographie économique... 814
L'industrie japonaise (Metchni-
  koff).................... 819
IV. Notions statistiques...... 823
2° EXTRAITS ET LECTURES..... 825
Tokio (Yedo) (de Hübner).... 825
Le compradore (Guimet et Ré-
  gamey).................. 831
Les enfants du Japon (Bous-
  quet).................... 832
Kioto (Pierre Loti).......... 836
La sainte montagne de Nikko
  (E. Cotteau. — Pierre Loti). 839
Édifices et jardins japonais (G.
  Bousquet. — R. de Dalmas). 843
3° BIBLIOGRAPHIE. — CARTO-
  GRAPHIE................. 849

TABLE DES CARTES

La province du Bengale	76
Ile Bombay	114
Kachmir (carte en couleur)	144
Chemins de fer de l'Inde	182
L'île de Ceylan, côte sud de l'Hindoustan	221
Ile portugaise de Goa	268
Le cours de l'Irraouaddy et la Birmanie	333
Isthme de Kra	335
La péninsule malaise et l'Indo-Chine méridionale	401
États de Pérak	404
Ile de Singapour	420
Le Mékong	437
Hué et ses environs	448
Delta du Tonkin	496
Plan de Saïgon	511
Cochinchine française (carte en couleur)	512
Environs de Hanoï	513
Relief du sol et distribution des eaux de l'Asie centrale (carte en couleur)	608
La Corée, le littoral de la mer Jaune (carte en couleur)	664
Le bassin inférieur du Yang-tsé-Kiang	686
L'île de Formose	691
La province de Yun-nan	693
Hong-Kong, Macao et la rivière de Canton	701
L'île de Haïnan	704
La région maritime du Pe-tchi-li	727
Pékin et ses environs (carte en couleur)	728
Chang-Haï et les environs	737
Baies de Yedo et du Volcan	813
Le Japon méridional. Baie d'Osaka (carte en couleur)	816

TABLE DES VIGNETTES

Le défilé des roches de marbre sur la Nerbadah	40
Lahore : vue de la mosquée d'Aureng-Zeb	86
Vue de Goualior	107
Tombeau d'Akbar à Agra	134
Village de Kachmir	143
Srinagar (vallée de Kachmir)	146
Grand lac d'Oudeipour (Rajpoutana)	166
Multipliant (Calcutta)	169
Pont de cordage dans le Teraï	180
Temple indien	211
Vue de Pondichéry	263
Mausolée à Chandernagor	265
Palais royal de Mandalay	353
Kouala-Kangsa	409
Ancienne tour de Nanking	749
La grande muraille de Chine	757
La récolte du thé	761
La montagne d'Or	765
Vue de Tokio	828
Le Fusi-Yama	840
Yokohama	846

SAINT-CLOUD. — IMPRIMERIE BELIN FRÈRES.

www.ingramcontent.com/pod-product-compliance
Lightning Source LLC
Chambersburg PA
CBHW070853300426
44113CB00008B/815